JN305314

フランスにおける企業福祉政策の生成と展開

企業パトロナージュ・企業パテルナリスム・キリスト教企業アソシアシオン

岡田益三

関西学院大学出版会

フランスにおける企業福祉政策の生成と展開

企業パトロナージュ・企業パテルナリスム・キリスト教企業アソシアシオン

はしがき

　社会主義経済体制の崩壊を契機に，1990年代後半以降，わが国を含む先進産業社会においては，競争本位，株主利益の重視，成果主義賃金，雇用の流動化（非正規雇用の増大）といったアメリカ発の市場原理主義型企業経営がクローズアップされている．一方では，伝統的な「共同体」型経営の観点から，その弊害と限界が鋭く指摘されつつある．企業発展の最大の可能性である人材育成・技術開発を基本とした中長期的成長視点の欠如，人間らしい労働条件・労働環境の退行，モチベーションの低下，労使間のきずなの希薄化，そして労働者の生活条件の劣化と社会格差の拡大とりわけ「働く貧困層（ワーキングプア）」の大量輩出等である．

　生産の「グローバル化」が加速的に進行し，雇用の不安定化さらには労働規制の緩和が年々深刻化している今日，わが国においても企業経営のあり方が，一方における市場・貨幣的価値，他方における社会的・文化的価値あるいは伝統的規範という資本主義企業経営に内在的な2つのエリメントの相克のなかで，あらためて問い直されようとしている．

　企業は私たち国民生活の基盤であり，自己実現の場である．私たちの社会は，家族と並んで，今後とも企業なしには恐らく存在し得ないであろう．企業は資本のロジックに導かれた単なる企業家的な営利組織体ではない．企業は自主・自立的な社会的形成体でもある．いま，工業化の時代に遡り，資本主義企業経営の実態－イデアリテとレアリテ－に光をあて，その本来の姿を原初的かつ展開的に想起することが必要であろう．

　真の企業価値とは何か，企業の存在意義と責任とは何かを経営の論理と倫理（理念）の接点に立って，人間の目から－別言すれば，効率・競争・利益のグリードな追求を矯めるとともに，労働者の人間的尊厳の尊重や国民社会の調和・安定さらには思いやりを大事にするという soulful な視点から－見つめ直すことが求められているように思われる．七月王政期～戦間期フランス大企業における企業福祉政策の歩みは，現代の企業経営が抱えているこうした今日的課題と向き合ううえで，いくつかの示唆を我々にあらためて与えてくれるのではないだろうか．

注：はしがきを記すにあたっては，北村次一『経営理念と労働意識　ドイツ・キリスト教社会改革史』経済社会学叢書5，新評論，1980年から多大の啓発と教示に与った．

目　次

はしがき　i

はじめに ………………………………………………………………… 1
　Ⅰ　課題の設定　1
　Ⅱ　分析の方法　2
　Ⅲ　研究史　4
　Ⅳ　構成　8

第1部　企業パトロナージュ

第1章　七月革命前夜における産業知識人の企業パトロナージュに対する
　　　　関心状況　－C.-L. ベルジェリの『産業経済』より－ ………… 17
　Ⅰ　ベルジェリの労働者観　19
　　1　労働者はいかなる存在か
　　2　労働者にどう対応するべきか
　Ⅱ　企業パトロナージュの提起　24
　　1　生活給付的企業パトロナージュ
　　2　道徳教化的企業パトロナージュ
　Ⅲ　企業パトロナージュの経営的機能効果　28
　　1　生活給付的企業パトロナージュ
　　2　道徳教化的企業パトロナージュ
　　3　総合的考察
　Ⅳ　中小企業パトロナージュの形態的特性　30
　小括　33

第2章　企業パトロナージュの生成 ……………………………………… 34
　Ⅰ　工業化初期における近代的大企業の生成　34
　　1　近代的大企業の経営特質
　　2　近代的大企業の生成

Ⅱ 近代的大企業の労働力問題　41
　1 工場労働力の不足
　2 工場労働力の基本的存在形態
　3 「柔軟な就労形態」
　4 熟練と作業規律の欠如
Ⅲ 企業パトロナージュ　52
　1 企業パトロナージュ実践企業
　2 企業パトロナージュの具体的内容
　3 企業パトロナージュの制度的拡充
　4 企業パトロナージュ実践の動機
Ⅳ 企業パトロナージュ実践の今一つの契機
　　－雇主の社会的理念－　63
　1 リベラリスム的労働者観について
　2 「伝統主義的労働者観」
　3 カルヴィニスム博愛精神
Ⅴ 企業パトロナージュの機能と経営的成果　80
　1 企業パトロナージュの機能
　2 企業パトロナージュの経営的成果
小括　86

第3章 七月王政期シュネーデル兄弟会社の企業パトロナージュ …………　87
Ⅰ シュネーデル労働力の特質　91
　1 シュネーデル前のル・クルーゾ労働力
　2 シュネーデル兄弟会社の労働力
Ⅱ 企業パトロナージュ実践の動機　96
　1 経営の論理
　2 ウジェーヌⅠの労働者観
　3 名望家シュネーデル
Ⅲ 企業パトロナージュの具体例とその機能　105
　1 労働者住宅
　2 シュネーデル学校
　3 共済金庫
　4 貯蓄金庫
　5 社会事業
小括　－企業パトロナージュの成果－　110

1　社会道徳レベルの向上
　　　2　労働規律の向上と健康増進
　　　3　技能の向上
　　　4　生活の安定
　　　5　雇主に対する従順・感恩意識の向上
第4章　第二帝政期アルザスの綿業パトロナージュ ……………………… 116
　Ⅰ　アルザス綿業労働力の存在形態　117
　　　1　存在形態
　　　2　問題点
　Ⅱ　綿業パトロナージュの具体例　120
　　　1　共済金庫
　　　2　退職年金
　　　3　貯蓄金庫
　　　4　ミュルーズ労働者住宅協会
　　　5　その他の労働者住宅
　　　6　教育
　　　7　健康増進
　Ⅲ　綿業パトロナージュ実践の今一つの契機
　　　－綿業主の「社会的義務意識」－　141
　　　1　「社会的義務意識」
　　　2　「社会的義務意識」の源泉
　Ⅳ　綿業パトロナージュの機能と経営的成果　148
　　　1　機能
　　　2　経営的成果
第1部のまとめ ……………………………………………………………… 157

第2部　企業パトロナージュから企業パテルナリスムへの展開

第5章　1870年のストライキ　－ル・クルーゾとアルザス－ ………… 161
　Ⅰ　1870年のル・クルーゾ=ストライキ　161
　　　1　ストライキの経緯
　　　2　ストライキの性格
　　　3　ストライキと企業パトロナージュ機能の関連性について
　　結語

Ⅱ　1870 年のアルザス綿業ストライキ　173

第 6 章　社会問題の発生とル・プレェ学派社会改良論 …………………… 179
　　Ⅰ　社会問題の発生　179
　　Ⅱ　企業パトロナージュから企業パテルナリスムへ　186
　　Ⅲ　ル・プレェ学派社会改良論　189
　　Ⅳ　ジョルジュ・ピコの労働者住宅論　192
　　　1　社会改良論
　　　2　労働者住宅論
　　　3　SFHBM
　　Ⅴ　利潤分配制度に対する関心の増大　210

第 2 部のまとめ ……………………………………………………………… 216

第 3 部　企業パテルナリスム

第 7 章　第三共和政期シュネーデル会社の企業パテルナリスム ………… 219
　　Ⅰ　生活給付　226
　　　1　準備金庫
　　　2　退職年金
　　　3　貯蓄金庫
　　　4　家族手当
　　　5　病院
　　　6　養老院
　　　7　レクリエーション
　　　8　その他
　　　結語
　　Ⅱ　住宅制度　237
　　　1　賃貸住宅（社宅）制度
　　　2　持家建築資金貸付制度
　　　3　戦間期の労働者住宅
　　　結語
　　Ⅲ　「全面管理」－支配・統制－　257
　　　1　ジョレス=バスティオンのシュネーデル批判
　　　2　「工業封建制」下の労働生活

結語
　　Ⅳ　1899 年〜1900 年のル・クルーゾ＝ストライキ　264
　　　1　ストライキの経緯
　　　2　ストライキの性格
　　　3　会社組合の設立とストライキの挫折
　　Ⅴ　シュネーデル学校　272
　　　1　ストライキ前のシュネーデル学校
　　　2　ストライキ後シュネーデル学校の教育内容と卒業生の進路
　　　3　シュネーデル学校の経営・社会的機能
　　　4　家政学校
　　Ⅵ　「総規則」と「労働者代表」制度　293
　　　1　「総規則」
　　　2　「労働者代表」制度
　　　結語
　　Ⅶ　戦間期ル・クルーゾ工場の労働運動　300
　　　1　大戦期・戦後の労働運動
　　　2　社会主義市政の挫折
　　　3　シュネーデル市政の復活
　　　結語
　　小括　304

第 8 章　1920 年代前半における利潤分配制度 …………………………… 305
　　Ⅰ　利潤分配の「一般的」概念　309
　　Ⅱ　利潤分配制の実態　313
　　　1　利潤分配制実践企業
　　　2　利潤分配の形態と機能
　　Ⅲ　利潤分配制の基本性格　329
　　　1　企業パテルナリスム的接近
　　　2　基本性格
　　Ⅳ　利潤分配制の効果　332
　　Ⅴ　個別事例　333
　　　・ルクレール企業
　　　・ボン・マルシェ百貨店
　　　・ミシュラン社
　　　・総合保険会社

・シェクス印刷所

第9章　戦間期の「ミシュラン社会システム」……………………………… 359
Ⅰ　ミシュラン労働力の存在形態　363
1　地域的出自
2　大戦前の労働者
3　戦間期労働者の2タイプ
Ⅱ　ミシュラン精神　368
1　労働者観
2　経営秘密主義
3　右翼愛国主義
Ⅲ　SSMの具体例　370
1　利潤分配制
2　医薬給付
3　ミシュラン廉価住宅社
4　出産手当と家族手当
5　ミシュラン初級学校
6　「ラ・ミシオン」
7　家庭菜園
Ⅳ　SSMの経営的成果　384
1　1920年ストライキの挫折
2　1920年代ミシュラン労働運動の停滞と「孤立的閉鎖社会」の建設
Ⅴ　SSMの「自己不安定性」―1936年ストライキ―　390
1　大量解雇と労働者の生活難
2　SSMに対する不信
3　労働組合の再建とストライキ運動
4　「労働のソシアビリテ」志向
5　SSMの「自己不安定性」

第3部のまとめ ……………………………………………………………… 398

第4部　キリスト教企業アソシアシオン

第10章　アルメル紡績会社の「キリスト教コルポラシオン」………… 405
Ⅰ　アルメル会社の概要　406

Ⅱ　レオン・アルメルの「キリスト教コルポラシオン」思想形成　409
　　　1　父親の影響
　　　2　神意への「委託」
　　　3　信仰の社会的性格
　　　4　「キリスト教コルポラシオン」思想
　　Ⅲ　「キリスト教コルポラシオン」の実態　423
　　　1　基礎的制度（事業）
　　　2　宗教・道徳的制度（事業）
　　　3　経済的制度（事業）
　　　4　基礎・宗教・道徳・経済的制度（事業）の管理運営
　　　5　工場評議会の設立　－「経営参加」の道－
　　小括　466
　　　1　「キリスト教コルポラシオン」の特質
　　　2　キリスト教社会改革の視点
　　　3　「キリスト教コルポラシオン」とカトリック雇主
　　　4　「キリスト教コルポラシオン」の現代的意義

第11章　ジョワイア会社の「ロマネ・システム」………………………… 473
　　Ⅰ　エミール・ロマネの経営理念　475
　　　1　社会カトリシスム信仰
　　　2　家族手当の理念的基礎
　　　3　「生産の3要素の共働」
　　Ⅱ　「ロマネ・システム」　480
　　　1　工場評議会
　　　2　退職年金
　　　3　補償金庫
　　Ⅲ　社会事業　487
　　　1　「サン＝ブリュノのカトリック・サークル」
　　　2　「サン＝ブリュノ民衆の家」
　　　3　「サン＝ブリュノ民衆大学」
　　小括　490
第4部のまとめ ……………………………………………………………… 492

補論　フランスにおける「経営参加」制度の生成

補論Ｉ　社会カトリック左派社会経済改革論と企業委員会令 ……………… 497
  Ｉ　戦間期社会カトリックの社会経済改革論　498
    1　「フランス商業・工業・自由業総同盟，カトリック雇主連合」
    2　社会カトリック社会経済改革論に対する関心増大の事例
  Ⅱ　レジスタンス期社会カトリック左派の社会経済改革案　507
    1　社会カトリック左派
    2　社会カトリック左派と国内レジスタンス
    3　社会カトリック左派と CNR 綱領
  Ⅲ　企業委員会令　544
    1　社会カトリック左派改革案の影響
    2　工場の「ソビエト化」に対する危惧
    3　企業社会委員会との関連について
  Ⅳ　企業委員会令（オルドナンス）に対する反応　574
    1　雇主・経営者団体
    2　幹部職員団体
    3　労働組合
    4　『ル・フィガロ』
    5　「フランス組織国民委員会」
  Ⅴ　キリスト教社会経済秩序の提唱　582
    1　『国民和解に向けてのアッピール』
    2　MRP の「企業改革」
    3　第四共和政憲法前文の労働者「参加」条項
  小括　590

補論Ⅱ　戦後復興期フランスにおける企業委員会制度の機能実態 ………… 594
  Ｉ　オルドナンスの一部改正　594
  Ⅱ　企業委員会制度　598
    1　適用企業規模
    2　委員の選挙
    3　委員の任期と労働組合による罷免
    4　企業委員会の権限
    5　社会・文化的事項の財源
  Ⅲ　企業委員会制度に対する反応　614

1　適用企業の拡大
　　2　「代表的労働組合」による
　　　　候補者リストの作成規定と委員の罷免規定
　　3　経済・財務的事項に関する協議権
　Ⅳ　企業委員会における労使の対立・緊張関係の生成と展開　627
　　1　「生産の戦い」
　　2　労働条件の改善に関する企業委員会の機能発現状況
　　3　労使協調
　　4　協調から対立・緊張へ
　　　　－改正法第3条最終項をめぐる労使の不和・軋轢－
　　5　協議権をめぐる労使の対立・緊張関係の展開
　Ⅴ　企業委員会制度の機能発現状況　642
　　1　社会・文化的事項
　　2　経済・財務的事項
　　3　個別事例
　小括　－戦後復興期フランスにおける「経営参加」の特質－　671

補論Ⅱの付論　戦後復興期におけるミシュラン企業委員会の機能実態
　　　　－一般的図式(シェーマ)ではカバーできない第3の事例－ …………… 675
　Ⅰ　戦後初期の社会・文化的事項と企業委員会の設置　676
　Ⅱ　1950年ストライキと労使関係　680
　Ⅲ　社会・文化的事項の管理権をめぐる対立　685
補論のまとめ ……………………………………………………………………… 691

終わりに　695

参考文献　701
あとがき　718

はじめに

I　課題の設定

　「資本主義企業（以下，企業と略記）が，みずからの費用負担で，自発的・任意的に雇用労働者（従業員）及びその家族に対して提供する，生活過程あるいは労働過程における施設・制度・事業」．企業福祉政策の内容を，一般概念において，このように把握するとき，企業福祉政策は特殊日本的経営現象ではない．欧米諸国においても，理念や思想及び具体的発現はそれぞれの国の歴史的・経済的・社会的・文化的諸相に応じて多様であるが，いずれも第一次工業化（以下，工業化と略記）の初期段階以降現代に至るまで，企業によって広範に実践されてきた．企業福祉政策は近代資本主義経済の成立とともに生成し，展開してきた1つの経営制度として理解することが可能である．

　企業福祉政策それ自体は，市場メカニズムをとおした利潤極大化原理とは基本的に相容れない．にもかかわらず，工業化の初期から歴史的現実として広範に実践されてきた．なぜなのか．そこには，古典派から新古典派総合そしてマネタリズムに至るまでの主流派経済学の市場理論だけではカバーできない，何らかの経営合理的な実践動機－営利組織体としての存立と発展を資本適合的にはかる戦略（戦術）的な目的合理的動機（経営の論理），自主・自立的な社会的形成体としての文化的・宗教的・社会的な価値合理的動機（経営主体〈雇主 owner-entrepreneur もしくは最高経営者 directeur général〉の経営理念），更にはこれらの動機の結合－が資本主義の成立・発展と対応した形で存在し，かつその実践を持続的に維持させるに足る経営・社会的機能成果が，企業経営展開の一動力として，十分に発現していたと考えられる．こうした問題意識に導かれて，筆者は，フランス大企業によって実践された企業福祉政策に対象を限定し

て，時期的には七月王政期～戦間期を対象に，以下の課題を本書に課す．1つは，実態の史料的究明に沈潜することである．もう1つは，実態究明の堆積に立って，企業福祉政策の生成と展開の「本質」（基本性格）を歴史的に解明することである．

3つめとして，本書が対象とする企業福祉政策の1つの「型」（タイプ）－キリスト教企業アソシアシオン－の「本質」のなかに第二次大戦後フランスにおける「経営参加」制度生成の理念的源流を見出し，これを補論として付加することである．キリスト教企業アソシアシオンの「本質」について，現代的意義を，その限界を含めて，考察する．

歴史性と現代性を追究したこの一連の課題設定をとおして，七月王政期～戦間期フランス企業福祉政策の生成と展開にささやかな理解を準備する．

II 分析の方法

企業福祉政策を歴史的概念として把握する．時期的継起と発生要因にしたがって，企業パトロナージュ（patronage），企業パテルナリスム（paternalisme），キリスト教企業アソシアシオン（association chrétienne d'entreprise）の3つの「型」（タイプ）に区分する．

各「型」について，典型を表象する個別事例を準備する．個別事例について，フランス資本主義の発展に規定された社会経済構造との関連を視野に含めつつ，以下の作業を行う．
・企業福祉政策はいかなる動機・目的で実践され，具体的にどのような施設・制度・事業を展開したのか．
・それは，どのような経営・社会的機能を発現し，
・労働はそれに対してどのように反応したのか．
・その結果，企業福祉政策は企業経営展開のなかでどのように変容（あるいは定着）し，経営・労働間にいかなる関係性を創出したのか．

この実態究明作業－経営史と労働史，さらには社会経済史をクロスさせた究明作業－をとおして得られた個別的データを歴史現実的に定式化し，各「型」の「本質」解明に「動態的」に接近する．その際，一方における経営の論理，他方における経営主体の経営理念という「複眼的視点」に立ち，企業パトロナージュと企業パテルナリスムについては，⑦企業の存立と発展をはかるうえでヴ

ァイトルな役割を果たし，フランス工業化・第二次工業化のダイナミクス個性[8]を支えた労務管理 ⓘ労働者とその家族に対する生活保障に，キリスト教企業アソシアシオンについては，ⓘとともに，ⓒフランス企業経営の展開に新しい方向性（キリスト社会教義に基づく民主主義的方向性）を提示した「経営参加」[9]の先駆的生起に論点を集中する．

次に，ⓒ「経営参加」の先駆的生起を取りあげる．その現代的意義を，1945年2月22日に制定された企業委員会令（オルドナンス）及び1946年5月16日に成立した改正法の理念的源流に関する考察をとおして，実証的に解明する．[10]同時に，第二次大戦後復興期における企業委員会制度の中身と実在にアプローチし，現代的意義に付着していた限界を明らかにする．

以上の整序的作業をとおして，本書が設定する課題に接近する．

各「型」は，「雇用労働者（従業員）及びその家族に対して提供する，生活過程あるいは労働過程における施設・制度・事業」を構築し，現象的には「労働・生活共同体」システム[11]（le système de la communauté de vie et du travail）として等しく機能するものの，それぞれに異質的徴標をもっている．行論の便宜上，それぞれの徴標を必要最小限提示しておく．

・企業パトロナージュ：農業と工場労働が相補的・共生的（interdépendance）であったフランス資本主義の発展段階（工業化期）において，農民労働者・農民的労働者を対象に実践された企業福祉政策．

パトロナージュという用語がいつ頃から，どのような意味内容で使用され始めたのかについては，藤村大時郎による論考がある．[12]フレデリック・ル・プレェ（Frédéric Le Play, 1806・4・11～1882・4・24）がパトロナージュを「先見の明（prévoyance）に欠ける大衆の安全を保証することを目的とする，慣行（moeurs）と制度（institutions）の全体」として定義づけた第二帝政期（自由帝政）になると，パトロナージュには，七月王政期以来「社会事業」（oeuvres sociales），「社会的政策」（politiques sociales）あるいは「雇主の事業」（oeuvres patronales）といった用語で呼び慣わされてきた企業福祉政策の意味内容が明確に付与される．[13]

・企業パテルナリスム：農業と工場労働が分離し，工場労働が1つの自己完結的システムとなった「大不況」期以降，社会問題の発生を契機に，賃労働者[14]を対象に実践された企業福祉政策．

パテルナリスムという用語は英語のパターナリズム（paternalism）のフラン

ス語訳である．イギリスの初期ヴィクトリア朝においては，当時広く流布していた1つの社会編成原理とその実体を言いあらわすものとして，「家父長的な信条」(patriarchal principles) とか「父権的な統治」(paternal government) という用語が用いられていた．1881年6月11日付の『シカゴ・タイムズ』は，こうした用語と同義的に，パターナリズムという言葉を最初に使用した．世紀の交にこの英語がフランス語に訳されて導入され，以後フランスではパテルナリスムという言葉が，同時代の企業福祉政策を指す用語として，企業福祉政策に批判的な論者により使用されるようになった[15]．

・キリスト教企業アソシアシオン：カトリック社会教義に則り，社会問題（社会的貧困）の本質を雇主・労働者の宗教的貧困に求め，労働者の人間性とその本質的価値に対する尊重に雇主の倫理的＝経済的義務を第一義的に措定したキリスト教企業福祉政策[16]．

キリスト教企業福祉政策の範例提示的実践である「キリスト教コルポラシオン」は，アソシアシオンであった．その瞠目的形態に止目し，本書ではキリスト教企業福祉政策をキリスト教企業アソシアシオンと表記する．ただし，「キリスト教コルポラシオン」の影響を受けて実施されたキリスト教企業福祉政策が，すべてアソシアシオン形態をとっていたわけではない．

Ⅲ 研究史

欧米では，アンリ・アッツフェルド，ピエール・トリムーイユ，アルベルト・メルッチ，ピーター N. スターンズ，ルイ・ベルジュロン等により，労務管理や労働者の社会的貧困救済の視点からフランス企業福祉政策の実証研究が進められ，1970年代に成果を得ている（Hatzfeld, H., *Du paupérisme à la sécurité sociale, 1850-1940. Essai sur les origines de la Sécurité sociale en France*, Paris, Armand Colin, 1971 ; Trimouille, P., préface par Annie Kriegel, *Léon Harmel et l'usine chrétienne du Val des Bois 1840-1914 : Fécondité d'une expérience sociale*, Lyon, 1974 ; Melucci, A., "Action patronale, pouvoir, organisation : Règlements d'usine et contrôle de la main-d'oeuvre au XIXe siècle", in *Le Mouvement Social*, n°.97, octobre-décembre 1976 ; Stearns, P. N., *Paths to Authority : The middle class and the industrial labor force in France, 1820-1848*, Chicago, University of Illinois Press, 1978 ; Bergeron, L., *Les capitalistes en France ⟨1780-1914⟩*, Paris,

Gallimard, 1978).だが,企業福祉政策に対する関心は,ビジネス・ヒストリーのなかでは,依然として副次的レベルにとどまっていた(Miller, M. B., *The Bon Marché : Bourgeois culture and the department store*, 1869-1920, Princeton, New Jersey, Princeton University Press, 1981, pp.7-8).1980年代になると,ドナルド・レイドが企業福祉政策の基本性格を労働者に対する「説得と抑圧の結合」として把握する(Reid, D., "Industrial Paternalism : Discourse and Practice in Nineteenth-Century French Mining and Metallurgy", in *Comparative Studies in Society and History*, vol.27, no.4, October 1985).サンフォード・エルウィットは社会問題対策=ブルジョワ社会改革の視点から企業福祉政策の労務管理的性格を理念的・実態的に考察し,豊饒な成果を得る(Elwitt, S., *The Third Republic defended : Bourgeois reform in France*, 1880-1914, Baton Rouge, Louisiana State University Press, 1986).*Le Mouvement Social* も1988年7月～9月号で「パテルナリスム特集」(Paternalismes d'hier et d'aujourd'hui)を組み,フランス,イギリス,日本,インドを事例に,資本主義の発展における企業福祉政策の歴史性と現代性を労務管理とジェンダーの視点から類型的に考察する.企業福祉政策に対する関心は高まり,第10回国際経済史会議ルーヴァン大会(1990年8月) Session B-13(テーマ:「19世紀におけるリベラリズムとパターナリズム」)では,企業福祉政策の実践形態と労務管理的及び労働者に対する生活保障的性格が,時期区分(資本主義の発展段階)と国際比較の観点から検討される.ドイツ,ベルギー,スイス,イギリス,アメリカに関する報告とともに,フランスについても4編が Claude Beaud, Jean-Marie Moine, Nicolas Bourguinat, David M. Gordon によって報告されている(Aerts, E., Beaud, C. & J. Stengers, eds., *Liberalism and Paternalism in the 19th Century*, Session B-13, Proceedings Tenth International Economic History Congress, Leuven, Leuven University Press, August 1990).ジャック・カルティエ・センター(Centre Jacques Cartier)は「企業の社会的政策,19世紀～20世紀」をテーマに,1992年9月6日～7日にモントリオールでシンポジウムを開く.企業福祉政策を現代に接続する新しい経営社会関係形成の原基細胞として位置づけ,成果を Schweitzer, S., réunis par, *Logiques d'entreprises et politiques sociales des XIXe et XXe siècles*, Oullins, Programme Rhône-Alpes, 1993 に纏めている.

わが国では,藤村大時郎,古賀和文,中野隆生による論考が発表されて以後,フランス企業福祉政策に関する研究が進捗する.藤村は「産業革命期フラ

ンス製鉄業における工場労働者の形成－フランス中部の一工場を中心にして－」『経済論究』(九州大学)第35号,1975年において,1830年代～1840年代に工場制度を確立していた製鉄企業マルタンの労働政策を,近代的製鉄技術に対応しうる工場労働力確保の視点から考察する.同「第二帝政期フランス製鉄業において展開された経営労務諸施策に関する一考察－技能養成と労働力統轄を中心として－」『経済学研究』(九州大学)第41巻第5号,1976年では,ル・クルーゾ,フルシャンボー,エヤンジの3製鉄所を事例に取りあげ,第二帝政期製鉄パターナリズムの実態と性格を,生産技術と労働市場の存在形態をふまえつつ,良質労働力養成の視点から考察する.同「第二帝政期フランスにおける経営パターナリズムをめぐって－同時代の労働問題研究家の関心状況を中心として－」『社会経済史学』第44巻第6号,1979年では,第二帝政期に1つの経営現象として広く認識されるようになった経営パターナリズムの社会経済的位置について,存在状況と思想状況の両面から検討を加える.同「フランスのル・クルゾーにおける経営パターナリズムの展開:1836-1914－その経営的機能と経済的役割を中心として－」『鹿児島県立短期大学紀要』第31号,1980年では,シュネーデル経営パターナリズムの生成・展開過程を,経済的・経営的機能発現との関連において,概括的に考察する.同「労務管理政策の展開」原輝史編『フランス経営史』有斐閣双書,昭和55年,146-172頁では,産業革命期フランスにおける経営労働問題の位置を明らかにするとともに,その問題に対応する施策として,経営パターナリズムが,企業の個別実践として展開されていたことを明らかにする.古賀は以下の論考を発表している.「フランス工業化過程におけるパテルナリズムの役割－アルザスの企業家と労使関係－」『経営史学』第13巻第2号,1979年;「綿業経営における経営パターナリズム」原輝史編『前掲書』,173-193頁;『近代フランス産業の史的分析』学文社,昭和58年,第1章第4節「綿業経営における経営パテルナリズム」.この一連の論考において,古賀は,経営の論理と綿業企業家の社会的価値体系(カルヴィニズム博愛精神,フーリエ主義の影響,共和主義思想の伝統に支えられた一種の「レジオナリズム」)を分析の視座にすえつつ,労使の連帯促進と良質かつ安定的な工場労働力の育成政策として産業革命期アルザス綿業パテルナリズムを考察する.中野は「フランス繊維業における福祉事業と労働者の統合－1920年代のリールを中心に－」『社会経済史学』第48巻第6号,1983年において,1920年代のリール繊維業を事例に,戦間期企業福祉事業を労働者統

合政策の視点から実証的に考察する．また「フランス第二帝政期における労働者住宅の建設と販売－ミュルーズ第一次労働者都市をめぐって－」『人文学報』（東京都立大）第216号，1990年；「フランス第二帝政期における労働者住宅と民衆生活－ミュルーズ労働者都市の拡張と変容－」『人文学報』（東京都立大）第229号，1992年では，労働者住宅建設の経営政策的機能を，経営・労働の相互作用をふまえつつ，工場労働力の育成という観点から分析する．遠藤輝明は「資本主義の発達と『工場／都市』－ル・クルーゾにおける『工場の規律』と労使関係－」遠藤輝明編『地域と国家－フランス・レジョナリスムの研究－』日本経済評論社，1992年，103-184頁において，経営家族主義と労働者の小ブルジョワ的意識化を軸心にすえつつ，シュネーデル経営パテルナリスムのなかに経営・労働関係の「企業コルポラティスム化」と「工場の規律」の再建を検証する．大森弘喜は『フランス鉄鋼業史－大不況からベル＝エポックまで－』ミネルヴァ書房，1996年，第4章「ロレーヌ鉱山＝鉄鋼業におけるパテルナリスム」において，ロレーヌ鉱山＝鉄鋼パテルナリスムの実態を労働者の物質的環境整備，生活保障，モラル形成の各分野にかかわって描きだし，それが工場労働力の吸引・定着・陶冶と労働者の物質的・精神的安寧に寄与したことを実証する．同時に，ル・プレェ学派と社会カトリシスムにより鼓吹されたこれら一連の施策が，労働者を自立的存在とは認めず，労働権を否認していたゆえに，必ずしも経営の意図どおりには進まず，逆に労働者の間に「閉塞感」を生みだし，修正を迫られたことも指摘する．深澤敦は「フランス六大鉄道会社における退職年金制度の形成」『経済経営研究所年報』（関東学院大学）第22集，2000年において，鉄道員向けの退職年金制度（企業福祉）が「輸送の安全性と規則性を保障しうる安定的な従業員を長期に渡って確保・維持するための最も重要な手段（労務管理政策）」として設立されたことを明らかにする．齊藤佳史は「産業革命期フランス・アルザス地方におけるパテルナリスム」『土地制度史学』第164号，1999年において，地域社会を律するモラル・エコノミー的規範とりわけ都市精神の伝統に立脚した綿業主の自立性意識と労働力政策の視点から，第二帝政期までのアルザス綿業パテルナリスムの特質をあとづける．また「19世紀フランスの企業内福利制度に関する考察」『専修大学社会科学研究所月報』no.468, 2002年においては，企業内福利制度の成立と展開を工場労働力調達の困難性，企業家の心性的特徴，ル・プレェ及びル・プレェ学派社会改良論，企業規模の拡大と生産組織の複雑化並びに労使関係をめ

ぐる社会状況の変化という視点から，具体的形態を例示しつつ，考究する．同「第三共和政期フランスにおけるパテルナリスム」『歴史と経済』第212号，2011年7月は2002年論文を発展させ，精緻化したものである．第一次大戦前の第三共和政期におけるパテルナリスムの特質を，ポン=タ=ムソン社を事例に取りあげつつ，成立要因と基本理念の統一において考察する．考察にあたっては，良質工業労働力の安定的調達，市場経済における労働者の社会的生存保障，国家介入をめぐる国家と産業界の相互関係（国家管理主義への対抗）の3点に焦点をあわせる．またパテルナリスムを世紀転換期の社会改革及び社会改革論（パトロナージュ論＝連帯主義〔ソリダリスム〕）のコンテクストにおいて把握し，産業界におけるパテルナリスム展開のダイナミクス理解に接近する．

　わが国におけるフランス企業福祉政策の研究は，事例研究の積み重ねをとおして内容を豊かにしている．筆者はこれらの豊饒な研究から数多くの知見と教示を得た．ただ，アルザス綿業パトロナージュとロレーヌ製鉄・鉱山パテルナリスムの研究を除いては，分析軸を経営の論理に求める傾向が存在し，その分，経営理念からのアプローチが比較的に閑却されてきたように思われる．また，労働の反応に関する考察も委曲をつくして議論されているとは言いがたい．第二次大戦前フランス企業福祉政策の「本質」（基本性格）とその歴史的意義の解明に関する「動態的」分析は開扉されたばかりであるように思われる．成果の未熟，もとより忸怩たるものがあるが，本書における考察が研究史上におけるこれらの空隙を少しでも埋め合わすことになれば，そして，七月王政期～戦間期フランス大企業の経営展開における特質－とりわけ経営主体の経営理念－とその現代性＝歴史的継続性の理解に一臂を提供することができれば幸甚である．

Ⅳ　構成

　第1部では，農業的社会構造が支配的なフランス工業化期（復古王政期～第二帝政期）に，近代的大企業によって農民労働者・農民的労働者を対象に実践された企業パトロナージュの生成メカニズムと経営・社会的機能成果を，一方経営の論理，他方宗教的特性を主たる源泉にもつ雇主の社会的理念（経営社会理念）との関連において，労働の反応を視野に入れつつ，考察する．フランス工業化における大企業主導コースの展開にヴァイトルな役割を果たした企業パ

トロナージュの「労務政策機能」[18]と「生活保障機能」に対しては，積極的な評価が与えられる．

　第2部では，企業パトロナージュから企業パテルナリスムへの展開（転換）のメカニズムとそのイデオロギー的基礎を，社会問題とル・プレェ学派社会改良論[19]に着目し考察する．社会問題の発生を契機に，雇主は，企業パトロナージュに本質的であった農民労働者・農民的労働者に対する「生活保障機能」を賃労働者に対する「全面管理」の手段機能に転換し，「経営による労働の『統合』」を新しく準備する必要にせまられる．ル・プレェ学派社会改良論は，準備に一定のイデオロギー的基礎を提供する．

　第3部では，企業パテルナリスムの経営・社会的機能成果を労働者の企業パテルナリスムに対する反応とクロスさせつつ実証的に考察し，その基本性格の解明に「具体的」に接近する．企業パトロナージュに特徴的であった宗教的特性を払拭し，「経営による労働の『統合』[20]」－資本主義経営秩序（体制）の政治的・社会的安定化及び「労働力の能率的利用」－に機能する企業パテルナリスムには，「大不況」期〜第二次工業化期フランス大企業におけるヴァイトルな労務管理政策としての歴史的意義が付与される．

　教会の社会教義に基づく企業福祉政策の実践が「大不況」期〜第二次工業化期フランスの大企業において見出される．キリスト教企業アソシアシオンである．第4部では，企業経営の展開に新しい隅柱を樹立したキリスト教企業アソシアシオンの経営・社会的機能について，実態の史料的究明に沈潜する．労働者とその家族に対する生活保障とともに，キリスト教企業アソシアシオンが経営・労働関係における理念と実践の統一において工場評議会を具現し，一定の範域と度合において経営の民主化（キリスト社会教義に基づく「経営参加」）を先駆的に実践し，成果していたことを明らかにする．同時に，その理念・実践には社会経済構成のキリスト教的再編をトータルに志向する社会改革性が内包されていたことも指摘する．

　補論では，キリスト教企業アソシアシオンの「本質」すなわち経営民主化（「経営参加」）の先駆的生起について，現代に連繋する意義を，その限界を含めて，オルドナンス=改正法成立の理念的源流及び第二次大戦後復興期における企業委員会制度の中身と実在に接近することで，考察する．

　以上が本書の構成である．

注
1 　天川潤次郎「南北戦争後のアメリカ南部における近代化の理念」『経済学論究』第 32 巻第 2 号，昭和 53 年；竹中靖一・宮本又次監修『経営理念の系譜－その国際比較－』東洋文化社，昭和 54 年；藤村大時郎「第二帝政期フランスにおける経営パターナリズムをめぐって－同時代の労働問題研究家の関心状況を中心として－」『社会経済史学』第 44 巻第 6 号，1979 年，1-2 頁；野藤忠『ツァイス経営史』森山書店，1980 年；小林袈裟治・米川伸一・福応健編『西洋経営史を学ぶ（上）－工場経営の時代＝近代企業の確立と成熟－』有斐閣選書，昭和 57 年；シドニー・ポラード，山下幸夫・桂芳男・水原正亨共訳『現代企業管理の起源－イギリスにおける産業革命の研究－』千倉書房，1982 年，第 5 章；野藤忠『経営思想史』森山書店，1986 年；S. M. ジャコービィ，荒又重雄・木下順・平尾武久・森杲訳『雇用官僚制　アメリカの内部労働市場と"良い仕事"の生成史』北海道大学図書刊行会，1989 年；Aerts, E. et al., eds., *Liberalism and Paternalism in the 19th Century*, Session B-13, Proceedings Tenth International Economic History Congress, Leuven, Leuven University Press, August 1990；伊藤健市『アメリカ企業福祉論』ミネルヴァ書房，1990 年；野藤忠『社会的経営理念』森山書店，1990 年；吉田和夫・奥林康司編著『現代の労務管理』ミネルヴァ書房，1991 年，第 3 章「イギリス労務管理の生成」，第 4 章「ドイツ労務管理の生成」；岩出博『英国労務管理　その歴史と現代の課題』有斐閣，1991 年；武居良明「19 世紀イギリスにおける経営パターナリズム」『社会経済史学』第 61 巻第 4 号，1995 年；大森弘喜『フランス鉄鋼業史－大不況からベル＝エポックまで－』ミネルヴァ書房，1996 年，163 頁；太田和宏『家父長制の歴史構造－近代ドイツの労務管理と社会政策－』ミネルヴァ書房，1996 年；武居良明「産業福祉から科学的管理へ？－戦間期イギリスの場合－」『環境と経営』（静岡産業大学論集）第 3 巻第 2 号，1997 年；平尾武久・伊藤健市・関口定一・森川章編著『アメリカ大企業と労働者－1920 年代労務管理史研究－』北海道大学図書刊行会，1998 年；野藤忠『ツァイス企業家精神』九州大学出版会，1998 年；S. M. ジャコービィ，内田一秀・中本和秀・鈴木良始・平尾武久・森杲訳『会社荘園制　アメリカ型ウェルフェア・キャピタリズムの軌跡』北海道大学図書刊行会，1999 年；武居良明「パターナリズムから産業福祉へ－イギリス労務管理史の一齣－」『環境と経営』第 6 巻第 1 号，2000 年；平尾毅「キャドベリー社における産業福祉と労務管理（1899-1914 年）」『経営史学』第 36 巻第 1 号，2001 年；ロバート・フィッツジェラルド，山本通訳『イギリス企業福祉論－イギリスの労務管理と企業内福利給付：1846-1939－』白桃書房，2001 年；田中洋子『ドイツ企業社会の形成と変容－クルップ社における労働・生活・統治－』ミネルヴァ書房，2001 年；平尾毅「両大戦間期におけるインペリアル・ケミカル・インダストリーズ社の体系的労務政策の展開と福利厚生の役割」『経営史学』第 37 巻第 1 号，2002 年を参照した。
2 　owner-entrepreneur 及び directeur général の概念については，北村次一『ドイツ企業家史研究』法律文化社，1976 年を参照した。
　　本書では，企業経営の機能・目的にかかわって表明された経営主体の文化的・宗教的・社会的価値規範ないしは指導原理を経営理念として理解している（経営理念の意味理解については，中川敬一郎『比較経営史序説』東京大学出版会，1981 年，第 6 章を参考にした）。また，経営社会理念という用語を経営理念と同義的に使用している。
　　社会経済的諸条件に反応し，営利組織体としての存立と発展を資本適合的にはかる経営主体の戦略（戦術）的な企業行動については，経営論理の視点からこれを把握する。
3 　以下，特にことわりのない限り，フランス企業福祉政策あるいは単に企業福祉政策と記した場合も，フランス大企業によって実践された企業福祉政策，したがってフランス大企業の雇主（owner-entrepreneur）もしくは最高経営者（directeur général）によって意志決定され，実践された企業福祉政策を意味している。七月王政期～戦間期フランスにおいては，企業意志は基本的に雇主もしくは最高経営者の個人意志において決定され，発現している。
　　なお，本書では，企業福祉政策という用語を「企業社会政策」（la politique sociale d'entreprise, les politiques sociales dans les entreprises）を含む企業内福祉＝労働者福祉の幅広い概念において使用している。それゆえ，ドイツ的表現にいう「経営社会政策」（Betriebssozialpolitik）と意味・内容において共通する部分を多くもつ。一国全体の社会政策を「国家が体制的な諸矛盾と対立に

直面するなかで，労働および生活基準の成立を強制または誘導することによって，労働力と国民生活の再生産の最低限を確保し，体制の維持・補強をはかる」政策（相澤與一『社会保障の基本問題－「自助」と社会的保障－』未来社，1991年，4頁）と理解し，且つ「経営社会政策」を社会政策に対応する個別資本の労務管理もしくは社会政策に対する範例提示的実践として把握するとき，企業福祉政策は「経営社会政策」の意味・内容を包含する．しかし，同義ではない．

4　フランス企業福祉政策は七月王政成立期に経営制度として生成している．そして，1945年2月22日に企業委員会令（オルドナンス）が制定されるまで，第一次・第二次大戦期を除き，基本的には雇主・最高経営者の任意意志のもとに展開している．

5　本書では，特にことわりのない限り，現代あるいは現代的という用語を，世界史における時代区分概念としてではなく，今日あるいは今日に連繋・接続するという意味で使用している．今日とは，国土解放（リベラシオン）以降を指している．

6　企業福祉政策を意味する言葉として，フランスでは19世紀前半以来，「社会事業」，「社会的政策」，「雇主の事業」，「社会経済」（économie sociale），「雇主の制度」（institutions patronales），「社会的活動」（pratiques sociales），「社会的行動」（actions sociales）といった用語が用いられている．これらは企業福祉政策を一般概念においてトータルに言いあらわしたものである．本書は企業福祉政策に関するいくつかの事例研究を含む．それぞれの事例の時期的継起と発生要因を前提に，ジェラール・ノワリエルによって提起されたフランス製鉄業におけるパトロナージュとパテルナリスムの概念区分に準拠しつつ，「型」（タイプ）の3区分を試みる（Noiriel, G., "Du «patronage» au «paternalisme» : la restructuration des formes de domination de la main-d'oeuvre ouvrière dans l'industrie métallurgique française", in Le Mouvement Social, n°.144, juillet-septembre 1988, pp.17-35を参照した．ジャン゠マリー・モワーヌはG.ノワリエルの概念区分を支持する．Moine, J.-M., "Aux sources du paternalisme dans la sidérurgie lorraine avant 1914 : Esquisse d'un bilan provisoire", in Aerts, E. et al., eds., op.cit., p.20）．

7　本書では，特にことわりのない限り，当該企業における雇用労働者個々あるいはその総体もしくは労働組合組織を指している．

8　作道潤『フランス化学工業史研究－国家と企業－』有斐閣，1995年，3-5頁；大森弘喜『前掲書』，319-320頁を参照した．

9　特にことわりのない限り，経営参加という用語は労働者の経営参加を意味している．経営参加は企業の意志決定－雇主・最高経営者の本来的機能－への労働者の干渉を核心とする．ただし，本書では，広義における「被傭者が経営（本書にいう経済・財務的事項及び一般的労働条件＝引用者）に関して報告を受け，諮問に応じ協議に与る程度に過ぎない場合」（北村次一『経営理念と労働意識　ドイツ・キリスト教社会改革史』経済社会学叢書5，新評論，1980年，26頁．原典は，網野誠『西ドイツ被傭者経営参加法論』風間書房，昭和44年，12頁）を含めて経営参加を理解している．

　以下，企業の意志決定権への労働者の干渉を含む場合には経営参加あるいは参加と表記している．広義における場合は「経営参加」あるいは「参加」と表記している．所有参加と成果参加は経営参加に含めていない．

10　地域社会の編成あるいはフランス福祉国家の形成における1つの歴史的前提という観点においても，企業福祉政策には現代に連繋する意義が積極的に付与される．だが，これらについて考察することは筆者の力量を超えている．地域社会の編成については，Frey, J.-P., préface de Marcel Roncayolo, Le rôle social du patronat : Du paternalisme à l'urbanisme, Paris, Éditions L'Harmattan, 1995を参照した．福祉国家の形成における歴史的前提に関しては，第3部のまとめ　注1を参照されたい．

11　企業はただの生産手段をもった企業家的な経済活動＝市場取引活動の組織ではない．同時に，企業は自主・自立的な社会的形成体すなわちそこで働く人びとの安定的・長期的な日常生活と労働の「場」＝制度である．しかも，相互依存的もしくはアソシアシオン的関係において，雇主・労働者間（労使間）に共通の利害・心性・意識を，諸々の利益社会的な対立・対抗関係を緩和・抑制しつつ，あるいは止揚しつつ，存在する「場」＝制度である．「労働・生活共同体」システムはこうした「場」＝制度を指している．「共同体」システムの概念については，田中洋子『前掲

書』と同「企業と個人の関係史-『市場(マーケット)』と『共同体(コミュニティー)』の間で-」『岩波講座 世界歴史22 産業と革新-資本主義の発展と変容』岩波書店,1998年,267-291頁から多大の知見を得た.
12 藤村大時郎「前掲論文」1979年,3-4, 14-15頁.パトロナージュという用語は,有力者や宗教団体などによる社会福祉事業一般(慈善・救貧・衛生事業等)を意味する場合もある(「同上」,3頁).
13 廣田明「フランス・レジョナリスムの成立-ル・プレェ学派における家族,労働,地域-」遠藤輝明編『地域と国家-フランス・レジョナリスムの研究-』日本経済評論社,1992年,65頁;大森弘喜『前掲書』,214-215頁;齊藤佳史「19世紀フランスにおけるパトロナージュと社会運営-ル・プレェとシェイソンを中心として-」『専修経済学論集』第37巻第2号,2002年,140-148頁.
14 本書では,賃労働者という用語を,農民的心性・性格を払拭した近代的工場労働者という意味で使用している.
15 Frey, J.-P., *op.cit.*, pp.120-121;大森弘喜『前掲書』, 164-166頁.パテルナリスムという用語がいつ頃フランスに導入されたのかということについては,諸説があって定かではない.ジャン=ピエール・フレイは1894年頃であると言い,ジャック・デルピィ(Jacques Delpy)は1902年であるという(Frey, J.-P., *op.cit.*, p.120).マリアンヌ・ドゥブジィ(Marianne Debouzy)は,1880年~1890年の間にフランスに導入され,20世紀に入ってから広く使用されるようになったと指摘する(Debouzy, M., "Permanence du paternalisme?", in *Le Mouvement Social*, n°.144, juillet-septembre 1988, p.6).
16 私見とは異なるが,経営主体の宗教的特性を企業福祉政策の実践・推進動機として理解することにネガティブな姿勢をとる論者もいる.例えば,シルヴィ・シュワイツェルである.彼によれば,経営主体の宗教的特性は,せいぜいのところ,企業福祉政策に形態上の差異をもたらしただけでしかない.宗教と企業福祉政策の関係は,非宗教的要素を含めた広い意味での道徳的世界観就中エリートの社会的役割意識と企業福祉政策の関係に還元される(Schweitzer, S., "«Paternalismes» ou pratiques sociales?", in Schweitzer, S., réunis par, *Logiques d'entreprises et politiques sociales des XIXe et XXe siècles*, Oullins, Programme Rhône-Alpes, 1993, pp.15-16).ロバート・フィッツジェラルド,D. Roberts, P. Joyce, Mary B. Rose といったイギリス人史家も基本的に同様の立場にたつ(Rose, M. B., "Paternalism, industrial welfare and business strategy: Britain to 1939", in Aerts, E. et al., eds., *op.cit.*, p.115).
17 フランス工業化は,全体としては,小生産者的発展の道をたどる.しかし,同時に,資本(商業=貨幣資本)の集中を前提に,大資本が中心となって推進した大企業主導のコースもみとめられる(Noiriel, G., translated from the French by Helen McPhail, *Workers in French Society in the 19th and 20th Centuries*, New York, BERG, 1990, p.33; Reid, D., *The Miners of Decazeville: A Genealogy of Deindustrialization*, Cambridge, Harvard University Press, 1985, p.24;遠藤輝明「フランス産業革命の展開過程」髙橋幸八郎編『産業革命の研究』岩波書店,昭和40年,125-184頁;遠藤輝明「フランスにおける企業経営の歴史的特質」責任編集 伊東光晴・石川博友・植草益『世界の企業3 フランス・イタリアの政府と企業』シリーズ比較企業体制,筑摩書房,1975年,105-146頁;服部春彦『フランス産業革命論』未来社,1968年;原輝史『フランス資本主義-成立と展開-』日本経済評論社,1986年,第1章 第2節を参照した).
18 本書では,企業パトロナージュにおける労務管理を,企業パテルナリスムにおけるそれと区別する意味で,労務政策と記している.両者は労務管理の内容それ自体としては共通する部分をもつが,生活保障との関係においては異質的徴標が区別される.企業パトロナージュにおいては,生活保障と労務管理は動機的に独立的・自立的である.他方,企業パテルナリスムにおいては,生活保障は労務管理の手段に転換されており,両者は動機的に一体化している.
19 ル・プレェ学派社会改良論については,齊藤佳史によるシェイソン・「パトロナージュ」論の紹介がある.齊藤はル・プレェの「パトロナージュ」論を継承・発展させたシェイソン・「パトロナージュ」論を,第三共和政前期(第一次大戦前の第三共和政期)フランスにおける社会問題の発生との関連において,階級協調あるいは社会運営の視点から考察している(齊藤佳史「前掲論文」2002年,148-164頁).廣澤孝之「フランス第二帝政期の『社会問題』とル・プレー学派

の社会改革案」『論集』（松山大学）第 15 巻 第 4 号，第 2 章 第 2 節も参照されたい．
20 「経営による労働の『統合』」については，第 6 章Ⅱを参照されたい．

本書は，以下の小論・報告に大幅な修正・加筆を行ったものである．
第 1 章：「C.-L. ベルジェリの工業化初期中小企業パトロナージュ論」兵庫県社会科研究会春季大会報告（1994 年 5 月，於神戸市立博物館）．
第 2 章：「七月王政期フランスにおける経営福祉の発生 – P. N. スターンズの所論から – 」『川西高校研究紀要』第 6 号，1986 年；「フランスにおける経営パトロナージュの生成に関する一考察」『神崎工業高校研究紀要』第 3 号，1994 年．
第 3 章：「工業化初期フランスにおける経営パトロナージュの生成 – シュネーデル兄弟会社の場合 – 」『兵庫県社会科研究会研究紀要』第 41 号，1994 年．
第 4 章：「フランス第二帝政期におけるアルザス綿業パトロナージュ」『神崎工業高校研究紀要』第 4 号，1995 年．
第 5 章：「1870 年のル・クルーゾ=ストライキ」『兵庫史学研究』（兵庫県歴史学会）第 45 号，1999 年．
第 6 章：「ジョルジュ・ピコの労働者住宅論」『兵庫県社会科研究会研究紀要』第 43 号，1996 年．
第 7 章：「第三共和制前期フランスにおける経営パターナリズムの教育的展開 – シュネーデル学院を事例として – 」『川西高校職員会誌』第 1 号，1981 年；「第三共和制前期フランスにおける経営福祉政策の基本的性格 – シュネーデル社を事例として – 」『川西高校職員会誌』第 2 号，1982 年；「第三共和制前期フランスにおける経営福祉政策の実態 – シュネーデル社を事例として – 」『川西高校職員会誌』第 3 号，1983 年；「第三共和政期シュネーデル会社の学校教育制度」『兵庫県社会科研究会研究紀要』第 46 号，1999 年；「第三共和政期シュネーデル会社の住宅制度」『神崎工業高校研究紀要』第 9 号，2000 年；「1899 年～1900 年のル・クルーゾ=ストライキ」『兵庫県社会科研究会研究紀要』第 47 号，2000 年．
第 8 章：「1920 年代前半フランスにおける利潤分配制度の基本的性格」『経済学論究』（関西学院大学）第 44 巻 第 3 号，1990 年；「第三共和政期フランスにおける利潤分配制度の個別実践事例」『兵庫県社会科研究会研究紀要』第 39 号，1992 年．
第 9 章：「戦間期ミシュラン社の経営社会システム」『神崎工業高校研究紀要』第 5 号，1996 年．
第 10 章：「第三共和制前期フランスにおけるアルメル紡績会社の経営福祉 – キリスト教コルポラシオン – 」経営史学会関西部会報告（1985 年 1 月，於龍谷大学）；「アルメル紡績会社の『キリスト教コルポラシオン』」経営史学会関西部会報告（1992 年 10 月 31 日，於同志社大学）；「レオン・アルメルの経営パターナリズム思想形成」『兵庫史学研究』第 46 号，2000 年；「アルメル『キリスト教コルポラシオン』の管理運営組織」『神崎工業高校研究紀要』第 11 号，2002 年；「アルメル『キリスト教コルポラシオン』の実態」『神崎工業高校研究紀要』第 12 号，2003 年．
第 11 章：「社会カトリック企業家エミール・ロマネ」『兵庫史学研究』第 43 号，1997 年．
補論Ⅰ：「フランスにおける『経営参加』制度の生成 – 戦間期及びレジスタンス期社会カトリックの改革論と企業委員会令 – 」経営史学会関西部会報告（2009 年 11 月 28 日，於京都大学）．
補論Ⅱと付論は書きおろしである．

　稿成ってまもなく，齊藤佳史『フランスにおける産業と福祉　1815-1914』日本経済評論社，2012 年 11 月が上梓された．その問題設定と分析の視角は，筆者にとって，瞠目的であった．第 4 章などは全面的に書き直したい衝動にかられた．だが，そうすると，さらに数年の歳月を要することとなる．本書にいくつかの欠落が付着していることを認めつつも，筆者年来の作業に集約と整序を与え，残された課題を明らかにするとともに，自らのフランス企業福祉政策研究にひとまずのピリオドを打つこととした．

第 1 部

企業パトロナージュ

第 *1* 章

七月革命前夜における産業知識人の企業パトロナージュに対する関心状況
- C.-L. ベルジェリの『産業経済』より -

　クロード=ルシアン・ベルジェリ（Claude-Lucien Bergery, 1787～1863）は理工科学校（École Polytechnique）を卒業すると同時に帝国陸軍将校となり，1817年には王立メッス砲兵学校の教官に就任した．その後，メッスに新設された師範学校の教授となった．数学者で，メッス王立アカデミー（Académie royale de Metz）会員であった．理工科学校の卒業生を中心に結成されていたフランス産業教育推進グループ（代表はシャルル・デュパン Charles Dupin）に所属し，ジャン=バティスト・セー（Jean-Baptiste Say）が 1820 年に国立工芸学校（Conservatoire national des arts et métiers）に開いていた産業経済講座を見倣って，1825 年に「メッス産業科学講座」（Cours de sciences industrielles de Metz）を開講し，メッス市内の中小雇主・労働者を対象に，産業経済，天文，機械，数学にかんする公開講義を定期的に行った．*Cours de sciences industrielles : Économie industrielle*, t.I～t.III, Metz, 1829, 1830, 1831（以下，『産業経済』と略記）によってモンティオン賞を受賞し，1834 年には道徳政治科学アカデミーのコレスポンダンに選ばれた．

　『産業経済』は，彼が 1829 年～1831 年にかけて「メッス産業科学講座」で年 1 回延べ 3 回にわたって行った，中小企業の経営管理に関する講義録である．形式的には 3 部構成をとっているが，内容的には 2 部構成で，第 1 部には「労働者の経済」（*Économie de l'ouvrier*），第 2 部と第 3 部には「雇主の経済」（*Économie du fabricant*）という副題が掲げられている．第 1 部は，「できるだけ速やかに安楽と社会的幸福を得るために，すべての生産階級（労働者階級）が従うべき規則と実践すべき方法を提示する」[（　）内は引用者．以下も同様]こと，つまり「労働者が雇主になるために必要とされる資本の獲得方法を教示する」ことを目的にしている．ここで留意すべきは，ベルジェリにいう「雇主」とは，「みずからが経営管理を行う小資本家，ただ一人で工場の指揮に

全資本と全精力を傾注する（中小の）企業家」のことである．第2・3部は，企業の存立と発展をはかるうえで，同時代中小雇主が実践すべき労務政策を提起している．

ベルジェリは『産業経済』において，リベラリスム的労働者観をしばしば開陳している．例えば，「もし，労働者民衆が他の人々よりもその知性において劣っているとするならば，その欠陥（の責任）は彼ら自身のなかにある」と述べる．このとき彼は，労働者の日常的現実すなわち貧困を労働者自身の責任に帰しており，まぎれもなき自助論者である．パリ第7大学のミッシェル・ペロ教授（Michelle Perrot）も，⑦ベルジェリの描く理想的雇主は J.-B. セーの描く企業家像と判断力・活動力・忍耐力・企画力・洞察力・誠実といった企業家資質において，基本的に同一と判断される　⑦ベルジェリは自由貿易・自由競争論の立場から，保護主義を独占に導くものとして批判している　⑰労働者の定着率を向上させる手段として，パテルネルな施策よりも契約関係を重視している，の3点を根拠に，彼を経済リベラリストとして位置づけ，その立論を工業化初期フランスにおけるリベラリスム的経営管理の大いなる指針として高評価する．

しかしながら筆者は，『産業経済』の論意に，リベラリスム的視点とならび，今一つ企業パトロナージュ的視点を濃く見出すものである．とりわけ第3部「労働者に対する（雇主の）義務」の章に止目するとき，労働者の「長」・「主人」として位置づけられた雇主に対する企業パトロナージュの積極的実践提起が知れる．その場合，経営的特質と労働力構成の違いから，中小企業の企業パトロナージュと大企業のそれとでは，実践形態に一定の差異が提示されている．

以下，『産業経済』に示されたベルジェリの中小企業パトロナージュ論にポジティブな光をあて，具体的内容の解明に接近する．そして，ベルジェリに代表される産業問題研究家の間では，工業企業の規模や立地場所を問わず，企業パトロナージュの実践意義が労働力問題に対する労務政策的観点から，また雇用労働者に対する生活保障の観点から，既に七月革命前夜において一定の程度関心の対象になっていたことを検証する．

注
1 シャルル・デュパンの経歴と産業教育論については，佐々木恒男「フランスにおける経営管理思想の展開」原輝史編『フランス経営史』有斐閣双書，昭和 55 年，274-275 頁を参照した．
2 以下の業種・職種の職人労働者・工場プロレタリアが「メッス産業科学講座」に出席していた．機械工，ガラス工，鋳物工，鍛造工，金物製造工，武器製造工，建設工，煉瓦工，測量工，時計工，印刷工，刷毛工，刃物工，ブリキ工，指物工，大工，室内装飾工，石工，木工細工工，彫金工，彫刻工，四輪馬車製造工，ランプ製造工，宝石貴金属工，製帽工，ボタン工，ピン製造工，楽器製造工，製陶工，光学機器製造工，花火製造工など（Bergery, C.-L., *Cours de sciences industrielles : Économie industrielle,* t.I, Metz, 1829, pp.63-69. 以下，本文献からの引用は巻・頁のみを記す）．
3 ベルジェリは『産業経済』の他に，農民と職人労働者の日常生活に関するデータと問題点をまとめた *Arithmétique des écoles primaires, ou leçons populaires sur le calcul,* Metz, 1831 を著している．また，家族道徳及び労働者・使用人・初級学校教員・兵士に必要な資質並びに児童・生徒・見習工の初級教育について論じた *Les devoirs, petite philosophie propre aux écoles primaires,* 1843 も著している（Perrot, M., "Travailler et produire : Claude-Lucien Bergery et les débuts du ménagement en France", in *Mélanges d'histoire sociale offerts à Jean Maitron,* Paris, Les Éditions ouvrières, 1976, p.178）．
4 t.I, p.7.
5 t.II, p.5.
6 Perrot, M., *op.cit.,* p.184.
7 t.I, p.79.
8 Perrot, M., *op.cit.,* pp.181, 184, 189.

I ベルジェリの労働者観

1 労働者はいかなる存在か

ベルジェリはいう，「世人は，この階級（労働者階級）の人々は彼らに仕事とパンを与える人々（雇主）に対して本質的に妬みと反感を抱き，受けた恩を忘れている，と思っている．……しかし，雇主への卓越した献身が十分に確認される（労働者の）行為に対して，アンスティチュがモンティオン師の名で毎年称える（労働者の）美徳の価値は，あるいは人間性の諸年報が記録する，また日々眼の前で起こっている何千というその他の事実は，労働者にそなわっている意識の崇高さを十分に証明している」と．ただし，この見解に対して「世人は次のような異議を唱えるであろう．すなわち，労働者の大部分は（雇主の）配慮，そして慈善に対してさえも冷淡である．かれらは雇主が労働者のために実践しているすべての事柄を，享受すべき当然のこととみなしている．かれらは少しも感謝の念を抱かない．かれらは決して満足を示さない．逆に，かれらはより以上のことが実施されていないと不満をもらしている．かれらは人

間の最も純粋な愛を鼓吹する行為を恐怖心のせいにしている．そして，暴動のときには，かれらの恩人たちは最初の犠牲者になる」と．「残念ながら，こうした非難は根拠のあるものに他ならない．しかしながら，幸いにも，世人が非難しているような労働者は考えられている程多くはない．そして，そうした者はあらゆる教養を欠いた精神の持ち主であり，乱行が心情を腐敗させ，理性を妨害している人々である．そうした人々が感謝の念を抱かないのは当然のことである．したがって，そうした者の忘恩など，どうでもよいことではなかろうか」と結論づける．

　また，彼は次のようにも言う．確かに労働者は雇主に敵対し，危険な存在だと感じられる場合もある．だが，「（労働者の）敵意はしばしば我々（雇主）固有の所業に原因している．すなわち，……労働者の失敗に対するわれわれのブリュータルな叱責や不当な仕打ち，……不正に対するわれわれの反良俗的寛容，（労働者の）熱意や熟練の証しに対する称賛の欠如，賃金を引き下げたり，あるいは正当な賃上げを引きのばす……（雇主の）貪欲，誠実の欠如，労働者の現在の福祉や老後に対する，そして彼らの道徳的改善に対する我々（雇主）の無関心．ここに，（こうした所業とは）正反対の行為がもたらすであろう深遠な愛着にかわり，一種の憎悪が（労働者のなかに）生まれてくる理由がある．愛情あるすべての感情は相互性を要する．（労働者が雇主から）反感をもって遇されているとき，（労働者が雇主を）愛することは不可能である」と．

　ベルジェリによれば，心情が腐敗し，理性を喪失した一部の者を例外として，大多数の労働者は本来雇主に対して誠実であり，感恩意識を抱く社会的存在であった．雇主にとって労働者が危険かつ敵対的であるとき，それは主として雇主自身の労働者に対する不誠実，貪欲，配慮不足，さらには不正に因している．

　しかしながら，「思慮」（bon sens）の欠如は，労働者の属性として，明白であった．例えば，労働者がメッス市に開設されている相互扶助組合や貯蓄金庫に積極的に加入しない主因は，かれらの「極度な無分別，正しく判断することのできないエスプリ」に求められた．「かれらは遊びたいのだ．それがすべてである．ごく僅かの倹約も，かれらにとっては娯楽を損なうものにすぎないのだ」とベルジェリは指摘する．「聖月曜日」についても，「私はこの悪しき習慣を極めて非難すべき，かつ極端に非常識なものだとみなしている．生きるためにしか働かない人々は……5日間の収入で7日間の通常の支出と2日間の特別

の支出を習慣的にまかなわなければならない！かれらはそれで十分だという．嗚呼！こうした発言はまったく残念なことだ．かれらはまもなく貧困を経験するだろう．そして不幸にも，かれらは当然そうなるであろう」と述べる．将来への準備に無関心でその日暮らしに満足する，プレヴォワイアンス（prévoyance）に欠けた労働者像が呈示される．

2　労働者にどう対応するべきか

(1) リベラリスム的労働者観批判

「労働者を雇用することは，一定期間の労働を確保するために，取り決められた賃金を条件に，労働者と契約を結ぶことである．この契約は売り手と買い手の間で何らかの商品について締結される定期的取引と同じ性格のものである」とベルジェリが述べるとき，労働力は一個の商品とみなされ，労働者に対する雇主の義務は賃金の支払いに限定されている．

しかしながら，「諸君（雇主）はいうであろう．労働者がここにいることを私は強制しない．私のところで働かないのは（労働者の）自由だと．−なるほど自由である．餓死するか，ペストで汚染された空気のなかでゆっくりと死ぬかの選択に委ねるという，実に素晴らしい自由である！労働者が諸君のもとを去って見出す雇主はもっと悪質であろう．なぜならば，人間の心情をもつ雇主のところでは，ほとんど空席はないからだ」（傍点　引用者）というとき，彼はリベラリスト雇主の意見にネガティブである．ベルジェリは，リベラリスム的労働者観をディー・ジュウリには理解しつつも，ディー・ファクトには共鳴・支持していなかったと判断される．

(2) 雇主の義務

ベルジェリはいう，「雇主は，教育の欠如と苛酷な労働への束縛が本来の幸福に対して隘路となっている（労働者）階級の改善のために，配慮の範を垂れるべきである．彼（雇主）はかれら（労働者）を指揮するがゆえに彼らの長である．彼はかれらを養うがゆえに彼らの父である．資本を結実させるのは彼らの労働であるがゆえに，彼はみずからの収益と財の増加をかれらに負っている．こうしたすべてのことがらからして，彼は子に対する父の慈愛（bonté），部下に対する長の公正（justice），さらには慈善的活動と真摯な献身で，かれらを取り扱わねばならない」と．また別の箇所では，「さて諸君，私は諸君に

対して諸君の雇主としての資質が諸君に課している，労働者に対するすべての義務を精細に実践するよう勧告してきた」と述べる[12]．要するに，本来誠実で感恩意識を抱くがプレヴォワイアンスと労働規律に欠ける労働者を「長」として「指揮」し，「父」として「養う」「雇主としての資質」を体現している雇主は，「雇用労働者の福祉（bien-être）に何よりもまず専念する」「義務」を負う[13]，ということであろう．

　ここで，「指揮」とは「多大な，絶えることのないサーヴィス」を生みだす労働力を創出・利用することで企業の存立と発展を資本適合的にはかる経営の論理に同定される．「養う」とはパテルネルな経営理念の発現態であり，生活保障をとおして，労働者に「徳」（vertu）と「愛」（charité）を実践すること－けだしベルジェリは雇主の「義務」に言及して，労働者に対する「徳の実践を絶えず勧告してきた[14]」，「愛がいっそう望まれる[15]」と説くであろう－に同定される．それゆえ，「雇用労働者の福祉に……専念する」雇主の「義務」は，別言すれば雇用労働者に対する「福祉」の実践は，その根源が，一方良質かつ安定的な労働力の創出・利用という経営の論理に，他方労働者の生活を保障しようとする雇主の宗教的博愛心に求められる．

　ベルジェリによれば，「労働者に対する雇主の義務（「福祉」の実践）は2種類ある．1つは物質的なそれで，もう1つは道徳にかかわるそれである[16]」．「雇用労働者の福祉」は物質的（生活給付的）福祉と道徳教化的福祉の両面から実践される．

(3) ヒエラルキー秩序

　ベルジェリはいう，「長（雇主）の威厳と権威はなれなれしい対応や会話によって危険にさらされる[17]」恐れがあるので，「長は慈愛とともに威厳のある重々しさ（gravité）も示さなければならない[18]」と．加えて相互義務の視点から[19]，労働者には従属が要求される．即ち，労働者の雇主に対する「不従順（insubordination）は重大な過ちである[20]」，「一般に，諸君（労働者）がみずからの将来にとってあまり重要なものだとは思っていない（－実は極めて重要なのだが－）雇主に対する従属は，すべての労働者がそうあらねばならない1つの徳である．諸君が諸君の雇主に対してそうあらねばならない従属を促す1つの簡単な方法がある．それは，雇主が諸君に対して良き処方を講じた時には，雇主に対して好意を抱くことである．それ（好意）は（雇主への）献身によって

実践され,諸君に義務を負わせる.一言でいうならば,孝行息子が両親に孝行するのと同じように,雇主に対して従属するのである.愛着の意識は,諸君の雇主に対する心を広くし,自己の存在を美しくする.その結果,従属していることを忘れさせる.諸君はこれまで苦痛と感じてきたものを除去するであろう」と[21],雇主と労働者の間に,家父長的保護・従属のヒエラルキー秩序を確立することが提起されている.

注

1 t.II, pp.32–33.
2 t.II, pp.74–75.
3 t.II, p.75.
4 t.II, p.33.
5 Bergery, C.-L., "Discours prononcé dans la séance publique de la Société de prévoyance et de secours mutuels, 1831", reproduit dans t.III, p.207.
6 t.III, p.208.
7 ベルジェリは国民経済・国民生活の観点から,「聖月曜日」の悪弊を次のように論じる.「月曜日の欠勤は国民産業の1つの苦悩である.労働者の生活資料を減少させることで労働者を害する.雇主の資本を1年の1/6の間麻痺させることで雇主を害する.(物価を)高騰させることで数知れぬ安楽を消費者から奪い,消費者すなわち各地の民衆全体を害する.生産的サーヴィスの蓄積を制限し,労働者階級の道徳的改善を妨げる.……(それゆえ)フランスを害する1つの深刻な災いである」(t.II, p.233).「月曜日の欠勤の影響は……結果としてフランスに毎週200万フランの損失をもたらす.すなわち,毎年1億400万フランの価値をフランスから奪う.このことは,もし雇主が良き市民であるならば,すべての雇主が労働者に対して月曜日に働く義務を課すのに十分な根拠となる」と(t.II, p.236).
8 t.I, p.182.
9 t.II, p.226.
10 t.III, p.69.
11 t.III, p.65.
12 t.III, p.83.
13 t.III, p.64.
14 t.III, p.83.
15 t.III, p.85.
16 t.III, p.64.
17 t.III, p.62.
18 *Ibid.*
19 t.III, p.63.
20 t.I, p.90.
21 t.I, pp.91–92.

II　企業パトロナージュの提起

　ベルジェリによれば,「労働者に対する（雇主の）義務」は, 別言すれば「雇用労働者の福祉」は, 以下の施策をとおして具体的に実践される.

1　生活給付的企業パトロナージュ

(1) 労働衛生

　「労働者の健康を危険にさらすこと, 彼の諸力を喪失するがままに放置すること, あるいは彼の家族を酷使することは, 諸君が人間からすべての財産を奪い取ってしまうことで犯す罪悪と絶対的に同じ罪悪を, 労働者とその家族に対して犯すことである. いや, むしろそれ以上の罪悪を犯すことになる[1]」. なぜならば,「物的財を失うことはまったくの無一文になることにはならないが, 他に収入の途をもたぬ貧しい者（労働者）から（健康という）非物的財を奪い去ることは, 彼を乞食の境遇に追いやることになる[2]」からである. それゆえ,「労働者を健康に有害な作業場におくことは……（人間の）本性に反する罪の始まりである[3]」し, 労働者の「最も神聖な財産を侵すこと[4]」になる. かくして, ベルジェリは,「（雇主は）寒さ, 過度の高温, 湿気, 有害な蒸気, 腐敗した毒気から労働者を保護することで, 彼らの健康維持に留意しなければならない[5]」と提起する.

(2) 労働安全

　労働災害に対して「……何らの予防も講じようとしない人々（雇主）がいる. かれらは（労災が原因で）死にかけている労働者を, 就業不能に陥った本人がヘマだからだと非難するほどに冷酷である. －馬鹿者が, 気の毒だが仕方がない. ……とにかく, これは本人の責任だ, と彼らはいう－[6]」. しかし,「工場を不安に陥れる嘆かわしい事故の原因のいくつかは, 雇主の貪欲や怠慢あるいは発生が予測された諸危険を労働者に知らせる配慮に欠けていた雇主の不注意にある. このことは十分に認識されなければならない[7]」. ここでは, 雇主の労働安全に対する誠実な取り組みが提起されている.

(3) 労災補償と医療保健給付

　ベルジェリは，「もし彼（労働者）が（労災で）半身不随になれば，彼にささやかな年金を給付し，もし彼が死亡したならば，寡婦と遺児に年金を給付し続けることで，あたかも自分自身に対するようにその不幸な労働者（とその家族）の面倒をみることに最善の努力を尽くし，労災の罪を急いで償いなさい．この行為はまったく明白に公正なものである」と述べ[8]，労災補償を提起する．また，「いかなる場合においても，かれら（労働者とその家族）に対して最も誠実で最も熱烈な配慮を示しなさい．かれらが病気のときは，かれらを救済しなさい．産褥期の辛いときには，母親に優しさを付与しなさい．厳しい気候なのに子供が裸同然のままでいることに無関心であってはならない」と医療保健給付の実践も提起する[9]．

(4) 生活の保障

　「人間の諸権利の第一のもの，それは生活することである」り，「労働者の労働は，彼に十分な賃金を獲得させなければならない」とベルジェリが言うとき[10]，そして「私が諸君に望むすべてのことは，私が諸君の義務と考えるすべてのことは，彼（労働者）が就業している間，少なくとも生活しうる資料を労働者に与えよということである」と述べるとき[11]，さらに「諸君の損失が耐えられぬほどに（大きく）増えたとき，そして諸君が作業場を閉鎖せざるを得なくなったとき，諸君はおそらく何も維持し得ないであろう．しかし，私は，その時に，愛（charité）がより一層の犠牲を諸君に鼓吹することを望むものである」と説くとき[12]，兄弟愛（amour du prochain）の視点に立脚した，最低賃金保障を含む，労働者の物質的生活の保障が強力に提起されている．

(5) 老後保障

　ベルジェリは，「私は雇主が，労働者に，日々少額を（賃金から）天引きして貯蓄金庫に預金することに同意させ，工場をやめるときには複利とともに労働者に払い戻すことで，将来のための生活資料をみずから準備するように強制することを欲する」と述べる[13]．また，「貯蓄奨励金（prime d'épargne）は労働者に倹約をすすめ，安楽を得させるすばらしい方法であ」り[14]，「労働者が高齢になったときに，（彼らに）幸せな境遇を保障する」手段であると説く[15]．プレヴォワイアンスの原則に基づき，貯蓄の奨励をとおして，雇主が労働者の老後

保障にかかわるべきことが提起されている．

2 道徳教化的企業パトロナージュ

(1) 初級教育

　ベルジェリは教育を労働者の道徳性陶冶の最良の手段として位置づける．その際，読み書きそろばんの初級教育が念頭におかれていた．「教育は知性をひらき，発達させ，判断力を養い，偏見をただし，魂を浄化し，そして道徳の神聖な諸規律を効果的に受容することに（労働者の）心をひらかせる．確固として勉学している人々，あるいは良書の熱心な講読により啓発された人々を見なさい．一般に彼らは，法律は存在しているけれども，法律に違反するなどということを考えることなく社会生活を営んでいる．かれらの高度な道徳性がその代わりをしているのである．かれらの意識は彼らに行為の善悪，正・不正，適・不適を判断させるのに十分である．かれらが重罪裁判所の被告席にすわることはめったにない」．例えば，「1828 年にフランス全国で罪を告発された 8,030 人のうち，初級以上の教育を受けていたのは僅かに 118 人である．780 人は読み書きが正しくできたが，1,858 人はごく僅かしかできなかった．4,166 人は完全に非識字者であった．／それゆえ，わが県の小さな町の1つにいる，若者の勉学を妨げている工場主たちの真似をしないとはっきり約束してください」と述べる[17]．

　初級教育が，「思慮」に欠ける労働者を啓発し，かれらの判断力を高め，魂を浄化し，そして何よりも社会道徳を陶冶する手段として認識されていることが知れる．雇主は労働者の教育機会を決して妨げてはならぬと主張されている．

(2) 技能・職業教育

　ベルジェリはいう，「諸君は，諸君の見習工が少なくとも読み書きそろばんをまったく知らないときには，それを学ばせることに寛容でなければならない．のみならず，もし彼らが初級知識を身につけているならば，約束を結ばせてそれを実践するようにたびたび元気づけ，もっと勉強するように彼らを奨励しなければならない．もし諸君の住んでいる町に産業講座があるならば，諸君のもとにいるすべての人々がその講座から利益を享受しうるように，夜の 8 時少し前に作業場を閉じることが適切である．……／さらに私は，見習工が（一

般の）労働者よりも2時間早く終業する自由をもつことを望む．その時間は，雇主にとって非常に大切というほどのものではない．まだ長時間の夜間労働に耐えうるだけの十分な体力も，眠気を我慢するだけの十分な気力もそなえていない見習工は，前日の（産業講座での）講義を復習するために，1日に数時間を必要とする．／必要とあれば，私は，子供（見習工）の勉学を妨げることは，子供の知性の発達を妨げることは，過度な労働とか栄養不良によって子供の（身体的）諸力の増進を妨げるのとまさしく同じくらい罪深い行為であると主張するにやぶさかでない」と，初級教育を修めた見習工・労働者に対しては，その知識を発揮するように奨励するとともに，かれらがより高度な教育－例えば，産業講座－にアプローチしうるよう配慮すること，とりわけ見習工に対しては，労働時間を短縮してでも配慮すべきことが提起されている．

では，産業講座ではどのような科目が講じられていたのか．第1部「労働者に必要な知識」の章から具体的内容が知れる．「諸君は書物の用語を学ぶために，計算に熟達するために，図面をひくことを学ぶために，幾何がもたらす強力な知的才能を修得するために，組立てねばならない製品をデッサンし設計図に描かれたものを完成しうるようになるために，物理・化学・機械の諸法則を学ぶために，産業経済を修得することで諸々の職種における安寧と幸福享受の行動規範を見出すために，最も大いなる情熱をもって，われわれの産業科学講座を聴講しなければならない」とある[19]．主に技能・職業科目が講じられていたことが分かる．かくして，見習工を含めた労働者の技能・職業教育の推進提起が知れる．

注

1 t.III, p.68.
2 *Ibid.*
3 *Ibid.*
4 *Ibid.*
5 t.III, p.84.
6 t.III, p.70.
7 t.III, p.71.
8 *Ibid.*
9 t.III, p.72.
10 t.III, p.73.
11 *Ibid.*
12 t.III, p.74.

13 t.II, p.236.
14 t.III, p.81.
15 t.III, p.85.
16 t.III, p.76.
17 *Ibid*.
18 t.III, p.77.
19 t.I, p.51. 技能・職業教育については，t.I, pp.61-81 に詳細な内容が記されている.

III 企業パトロナージュの経営的機能効果

では，ベルジェリは企業パトロナージュにどのような経営的機能効果を見出していたのか．内容を具体的にさぐる．

1 生活給付的企業パトロナージュ

ベルジェリはいう，「その実践（生活給付的企業パトロナージュの実践）は（労働者から）寛大な行為とみなされよう．諸君は人々（労働者）の愛着を得るであろう．すべての労働者が諸君の恩に報いることを意欲するであろう」と．ここから，労働者の雇主に対する忠誠心・感恩意識の向上，ひいてはモラールの向上機能が知れる．忠誠心・感恩意識向上の効果については，「非常に短期間に大量の注文を受けたとき，もし彼らが献身的であれば，かれらは夜間も働くであろう．もし彼らが諸君を好いていなければ，かれらは大きな取引を消滅するがままに放置しておくであろう．作業場で火災が発生したとき，かれらは，諸君がかれらに感得させている感情に応じて，消火のために炎の中に突入していくか，あるいは遠くから無関心にながめるか，するであろう．－作業場を守ろうとすることは，我々の関心であると同時に，かれらの関心でもある－．だが恐らく，人間というものは悪しき感情を抱いているときには，悪しき判断を下すものである．また，戦争で作業場が脅威にさらされたと仮定しよう．もし諸君が労働者に対して親切であってきたならば，労働者はみずからの生命を危険にさらしてでも，諸君の財産を外に運び出し，守るであろう．しかし，もし労働者が諸君を冷酷だと感じ取っていたならば，かれらは掠奪者に荷担するであろう」と指摘する．モラール向上の効果については，「彼（雇主）の人間性は労働者の勤労意欲を倍にするであろう．自分の家族が無一文のままに放置されないことを一たび確信した労働者は，身を粉にして働くであろう．

なぜならば，当然のことながら，彼は思い切りがよくなり，家族のためには死をも辛酸をも気にかけなくなるからである」と述べる．そして，生活給付的企業パトロナージュの経営的効果の価値について，「嗚呼！私を信頼しなさい．労働者と使用人の愛着は雇主にとって評価しがたいほどの価値をもっている．その愛着を得るためには，費用がかさむなどとは決して考えないで欲しい」と述べる．

2 道徳教化的企業パトロナージュ

「一般に，道徳性は知識に比例しているので，教育を修めた労働者は無学な労働者よりも従順であるにちがいない．そして，あらゆる場合において，雇主に対してヨリ謙譲的で敬服的である．この点に関しては１つの経験がある．メッス産業科学講座が開かれてから６年になるが，そこで名をあげた労働者は生き生きとしており，何らの熱意も示さなかった者や怠惰から講座を途中でやめてしまった者よりも，作業場の長の側からの不満ははるかに少ない．私はこのことを確信している」と述べる．また，「非識字は間抜けな人間をつくりだ」し，「工業的繁栄の要素である時間と費用を浪費する」ので，「もし諸君が教育に対する労働者の意欲を抑圧するならば，諸君は彼らから最も貴重な資本を奪い取ることになる」とも述べる．道徳教化的企業パトロナージュは労働者の雇主に対する従順を培い，労働規律と勤労意欲を高めることで，企業の存立と発展に寄与する，とみなされている．

3 総合的考察

ベルジェリはいう，企業パトロナージュの効果は「労働者の物質的福祉の向上と道徳性の向上であろう．労働者はより壮健になり，より進取的になり，より誠実になり，より良心的になるであろう．体力を一層身につけるので容易には疲れなくなるであろう．実際，疲れを知らずにより一生懸命に，かつ長時間労働に励むであろう．より才幹をそなえることで知性をいっそう身につけ，熟練をより高め，そして同じコストでより良い製品をより多く生産するであろう．（労働者の）誠実と思慮についても，その大いなる深化を極めて容易に感じとることができよう．労働者の魂にそれらが浸透し，雇主の諸事業の繁栄に影響を及ぼすであろう」と，「労働者がかれらの雇主に負う（物質的）福祉と道徳性は，工業企業にとって繁栄の源となる」こと，「労働者に対して……か

れらの（物質的）福祉及び彼らの道徳的改善に常に配慮することは，彼（雇主）の利益になる」こと[10]，が明確に示されている．

一方における経営の論理，他方宗教的特性に基づく雇主の労働者に対する博愛心，この2つに実践の根拠が求められ，本来雇主に対して誠実で感恩的な，しかしプレヴォワイアンスに欠ける労働者に対して施される企業パトロナージュは，雇主・労働者の家父長的保護・従属のヒエラルキー秩序のもとに，「労働と勉学への愛，不摂生と乱行に対する嫌悪，秩序と貯蓄の志向，両親と雇主への敬服，他者の権利の尊重，法の遵守，一言でいうならば，家庭における良き父としての，また（社会における）良き市民としてのすべての美徳を労働者に鼓吹する」[11]．その結果，労働者とその家族に対する生活保障とともに，雇主に対して従順で感恩意識を抱く，勤労意欲と労働規律に秀でた良質かつ安定的な労働力の創出・利用に機能し，企業の存立と繁栄にポジティブな役割を果たす，と判定されている．

注
1　t.III, p.71.
2　t.III, p.72.
3　t.III, p.71.
4　t.III, p.72.
5　t.III, p.79.
6　t.I, p.55.
7　t.III, p.78.
8　t.III, p.83.
9　t.III, p.85.
10　t.II, p.34.
11　t.I, p.8.

IV　中小企業パトロナージュの形態的特性

ベルジェリが『産業経済』において想定する企業は，資金が少なく，利潤率の低い，しかしながら都市近郊1/4リュー（約1km）以内に立地し，労働力の調達が比較的に容易な中小企業である[1]．豊富な資金と高利潤に恵まれてはいるが，農村部に単独立地しているために慢性的な労働力不足に悩まされていた製鉄・炭鉱・繊維部門の近代的大企業とは経営特質と労働力構成において明確

な差異性をもつ．この差異はベルジェリ提起の中小企業パトロナージュに，近代的大企業のそれとは異なる，独自の形態的特性を付与する．

(1) 労働者住宅

ベルジェリはいう，「たとい便宜あるいは節約が，雇主に，労働者を確保するのに不適切なほど都市から離れたところに立地することを要求するとしても，雇主は，少なくとも労働者が（自前で）住居を確保しうるかなり大きな村の近くに立地するようにつとめなければならない．居住地域から遠く離れた立地は，作業場の周辺に（労働者）住宅を建てることを雇主に余儀なくさせるであろう．住宅は地方出身の労働者が通常満足する住居よりもはるかに高くつく．賃金から天引きされる家賃は，彼の（住宅建設）資金に利息をもたらすものではない．利息をもたらすことになったとしても，もし企業が（住宅建設）資金を別途より有効に活用していたならば，依然として大きな損失がでることになる．労働者住宅が5％をもたらし，別途の有効活用が12％を生みだすと仮定すると，その差だけで7％の利益が損なわれることが分かる．（住宅建設）費用が2万フランであれば，1,400フランの収益減となる．25年後には，利益は獲得しえた額よりも66,819フラン少なくなる」（傍点部　原文のママ）と，さらにベルジェリは，収益減以前の問題として，労働者住宅の建設にともなう資金の固定化が経営の資金繰りそのものを悪化させることに止目する．「例えば，革命政府がアッシニア紙幣を印刷させていたモンタルジ（Montargis）近郊のブュジェとラングレーのすばらしい製紙工場主は，およそその（住宅建設の）ために破産している．その工場では，労働者のために丈夫できれいなメゾネットが建てられ，2つの大きな（労働者）村が建設された．小麦を製粉するための風車小屋も建てられた．教会も建てられていたように思う」と指摘するであろう．

要するに，資本の固定化を避けつつ，限られた資金をより効率的に活用するために，中小雇主は労働者住宅の建設を避けなければならないと主張するのである．ベルジェリが「……良質の住宅や庭，畑，各家庭で使用する木材燃料を労働者に提供しているサン＝ルイ・ガラス工場の博愛的雇主を見習うには，巨額の資本をもっていなければならず，かつ莫大な利潤をあげていなければならない」というとき，彼は労働者住宅の建設を大企業に固有の実践であるとみなしている．

(2) 学校

　「彼（労働者）は初級学校で読み書きそろばんを学んだあと，熱意をもって産業講座を受講しなければならない」と指摘する．しかし，近代的大企業でみられるように，雇主みずからが学校を設立して，労働者の教育に直接関与すべきだとは一切述べていない．「諸君はかれら（労働者）に……教育の効用を獲得する手段を得させるようにつとめなければならない」，「雇主は諸知識を得ようと意欲している見習工に対して，あらゆる便宜をはからねばならない．無料の諸講座から利益を得ることを可能ならしめるために，労働者の労働（時間）を調整しなければならない」と述べて，既存の教育機関とりわけ無料の産業講座の可及的利用を提言するのみである．この背景には，労働者住宅の建設と同じく，学校の建設・運営費が中小企業の経営を圧迫しかねないという危惧があった．

(3) 就業秩序

　ベルジェリは中小企業労働力の社会的給源を近代的大企業に特徴的な工場周辺地域の小土地所有農民にではなく，吸引が比較的に容易な都市プロレタリア層に求めた．このことはベルジェリに「柔軟な就労（雇用）形態」についての考慮を不要ならしめ，就業秩序に関して近代的大企業のそれとは比較にならぬ厳格さを提起させた．例えば，「再々の欠勤に対しては賃金カットは決して十分（に効果的）ではない．欠勤が作業場の秩序を乱し，資本の日々の収益を奪うことで雇主に与える損失は断じて許しがたい．それゆえ，聖月曜日の欠勤者を容赦なく解雇しなさい．……／人手が足りなくなることを恐れてはならない．……／賭けごとの好きな者にも寛容であってはならない」と述べるであろう．

　ベルジェリは労働者住宅の建設にネガティブである．教育に関しては，自前で学校を設立するのではなく，既存の教育機関の活用を積極的に提起する．就業秩序については，同時期の近代的大企業とは比較にならぬ厳格さを提起する．労働力吸引の視点を略捨象しつつ，資本の固定化を可及的に避け，限られた経営資金のより効率的な運用を重視するベルジェリのこうした提言は，経営特質と労働力構成によって規定された中小企業パトロナージュの形態的特性として理解される．

注

1　Perrot, M., *op.cit.*, p.184.
2　t.II, pp.73-74.
3　t.II, p.75.
4　*Ibid.*
5　t.I, p.84.
6　t.III, p.76.
7　t.III, p.85.
8　「柔軟な就労（雇用）形態」については，第2章 Ⅱ 3を参照されたい．
9　t.III, p.52.

小括

　この時期，フランスの中小雇主はレッセ・フェール的労働者観を鋭く抱き，経営政策としての企業パトロナージュに対しては圧倒的にネガティブな態度をとっていた．「労働者や使用人に対する配慮は……家畜に対する世話よりも怠られてい」たといわれる所以である．中小雇主総体のこうした関心状況下にあって，質的密度においても量的規模においても近代的大企業のそれに比べるとはるかに低レベルではあるが，独自の形態的特性をそなえた中小企業パトロナージュを提起するベルジェリの立論は，同時代産業問題研究家の間では，企業パトロナージュの経営・社会的意義が大企業はもちろんのこと中小企業についても，一方良質かつ安定的な労働力を創出し利用するうえでの経営政策として，すなわち企業の存立と発展を資本適合的にはかるうえでの労務政策として，他方労働者とその家族の生活保障として，認識され，関心の対象となっていたことを示すものである．ベルジェリ立論は，既に七月革命前夜において，工業企業の規模や立地場所を問わず，企業パトロナージュに対する関心が労働力問題に対する労務政策の観点から，また労働者とその家族に対する生活保障の観点から，産業知識人の間では一定の程度広まっていたことを立証している．また，同時代において，大企業を中心に，企業パトロナージュが少しく実践されていたことを示唆している．

注

1　t.II, p.32.

第2章

企業パトロナージュの生成

　フランス工業化の初期段階において，近代的な資本主義大企業（la grande entreprise capitaliste. 以下，近代的大企業と略記）により，経営政策としての企業パトロナージュがかなりの程度広範に実践されている．本章の課題は，フランスにおける企業パトロナージュの生成メカニズムと経営・社会的機能成果について，製鉄・炭鉱・繊維部門の近代的大企業が直面していた労働力問題と大雇主の社会的理念（経営社会理念）を軸に，労働者の反応を視野に入れつつ，考察することである．上記3部門は工業化初期フランスにおける基幹産業とみなされる．

I　工業化初期における近代的大企業の生成

　工業化の初期段階においては，雇主個人の企業家才能が企業の技術革新や経営戦略を決定し経営特質を規定する．製鉄・炭鉱・繊維の基幹3部門においては，独自の経営特質によって同時代の中小企業とは区別された近代的大企業の生成が確認される[1]．第2-1表に，同族関係を背景に，オート・バンクや地元の銀行家・大商人・地主から巨額の創業資金を調達して初発からコークス製鉄技術を導入し，斬新な経営姿勢のもとに工業化初期フランス製鉄業をリードした主な近代的製鉄大企業を掲げる．1828年の調査によると，上位10社で製鉄資本の38%，製銑量の22.2%，精錬量の24.4%をしめる[2]．1847年には上位7社で精錬量の約38%をしめる[3]．第2-2・2-3・2-4表に，19世紀前半フランス製鉄業における技術革新状況と木炭製鉄主導の伝統的構造からコークス製鉄主導の近代的構造への漸進的移行状況を示す．この移行を牽引したのは近代的製鉄大企業である[4]．

第2-1表 工業化初期の主な近代的製鉄大企業

(千トン, 百万フラン, 人)

1828年				1845年			
企 業	製銑量	精錬量	資本金	企 業	精錬量*	資本金	労働者数
Châtillon	8.5	4.8	3.0	Terrenoire	30.0	4.0	950
Fourchambault	7.0	4.5	3.0	Châtillon	29.0	5.2	754
Hayange	6.0	5.2	4.0	Alais	22.0	7.2	705
Le Creusot	5.0	5.5	10.0	Hayange	20.0	7.6	1,300
Terrenoire	5.0	5.0	5.0	Fourchambault	17.0	6.8	1,374
Audincourt	5.0	3.0	4.0	Le Creusot	17.0	4.0	1,430
Abainville	6.0	2.0	1.0	Decazeville	16.0	7.2	2,258
				Commentry		6.6	870

*1847年の数値
Cille, B., *La sidérurgie française au XIXe siècle*, Genève, 1968, pp.52, 62, 158-162.

第2-2表 銑鉄生産量 (千トン, %)

年	木炭銑鉄 A	増加率	コークス銑鉄 B	増加率	B/(A+B)
1834	222				
1835	246	10.8			
1836	262	6.5			
1837	269	2.7	63		19.0
1838	278	3.3	70	11.1	20.1
1839	283	1.8	67	-4.3	19.1
1840	278	-1.8	70	4.5	20.1
1841	294	5.8	83	18.6	22.0
1842	303	3.1	96	15.7	24.1
1843	303	0.0	120	25.0	28.4
1844	286	-5.6	141	17.5	33.0
1845	268	-6.3	171	21.3	39.0
1846	292	9.0	230	34.5	44.1

Annuaire Statistique de la France, résumé rétrospectif, 1937, p.80 より作成.

第2-3表 錬鉄生産量 (トン, %)

年	木炭錬鉄 A	増加率	パッドル錬鉄 B	増加率	B/(A+B)
1819	73,200		1,000		1.3
1825	102,479	40.0	41,069	4006.9	28.6
1830	101,613	-0.8	46,814	14.0	31.5
1840	103,304	1.7	134,074	186.4	56.5
1847	97,000	-6.1	280,000	108.8	74.3

Gille, B., "La sidérurgie française au XIXe siècle avant l'acier", in *Revue d'Histoire de la Sidérurgie*, t.7, 1966, pp.246, 250 より作成.

第2-4表 炉数 (炉)

年	高 炉		精錬炉		鋼 炉	
	木炭炉	コークス炉	木炭炉	パッドル炉	木炭炉	石炭炉
1835	410	29	954	136	86	83
1846	363	65	723	493	56	235

Vial, J., *L'industrialisation de la sidérurgie française 1814-1864*, Paris, 1967, pp.125-126.

1 近代的大企業の経営特質

主に,製鉄企業を事例に取りあげる.

(1) 技術革新と成長志向

近代的繊維大雇主の第2・3世代は外国とくにイギリス体験をもち,中等もしくは高等教育を修めていた.ミュルーズのドルフス家の場合,創業者のジャンは初級学校を出ただけでその後は独学であったが,第2世代のダニエル(Daniel)は中等教育を修めている.第3世代のジャンはスイスのイヴェルドン(Yverdon)に学んでいる.ルーベに立地していたモットゥ=ボスュ社(Motte-Bossut et Cie)のルイ・モットゥ(Louis Motte)はサン=ベルタン・コレージュ(Saint-Bertin)を卒業したあとイギリス体験を行っている.近代的製鉄大企業の創業者・創業関与者の大部分もイギリス体験をもっていた.F. ド・ヴァンデル(1816年に体験),ドゥカズヴィルのグラシュ・カブロル(Gracchus Cabrol. 1826年同),アレのルイ・ベラール(A.-S.-Louis Bérard. 1829年同)とコミュノ(Communeau. 1829年同)及びブノワ・ダジィ(Denys Benoist d'Azy),フルシャンボーのデュフォー(Georges Dufaud. 1817年・1832年・1840年同)とルイ・ボワグ(Louis Boigues),エミール・マルタン(Émile Martin. 1837年同),J.-E. Schneider(1840年・1846年同),コマントリーのニコラ・ランブール(Nicolas Rambourg),ジョゼフ・ベシィ(Joseph Bessy),デュボ(Dubost)等である.G. デュフォーやÉ. マルタンそしてG. カブロルのように,理工科学校出身の技術者も少なくなかった.

イギリス体験や中等・高等教育は技術革新に対する鋭敏な感覚を培った.J.-E. シュネーデルは「イギリスに追いつくためには大工場(grands ateliers)が必要だ」と述べているが,「大工場」が最新の技術を導入した工場であることは言うまでもない.また,企業経営を家産(土地資産)形成の手段として位置づける心性とは別に,成長志向の経営心性も陶冶した.J. リシャール・ルノワールは,「当時われわれは唯一つの目的,唯一つの考え-常に拡大すること-しか抱いていなかった」と述べる.

(2) 自由競争の抑制

自由放任を神聖視していた中小雇主とは異なり,近代的大雇主は自由競争に

対して批判的であった．1828 年〜1832 年不況の原因を無制限な競争に基づく過剰生産に求め，「産業の自由はその約束を実現しなかった．……競争は濫用をもたらしている．それ（自由競争）は行き過ぎによって，取引における信頼と誠実を破壊してきた．無制限な生産によって，それはあらゆる市場を飽和させ，そして恐ろしい商業危機を定期的に引き起こしてきた」とピレ゠ウィル（Pillet-Will）が述べるとき，生産と販売の調整による競争の抑制が求められた．自由競争の抑制は製鉄・炭鉱・繊維の各部門における企業集中（concentration, intégration）を促すとともに，サンディカ（syndicat）の結成と近代的大企業間の合意・取決め（accord, entente. 両語は同義的に使用されている）を生みだした．

①サンディカ：「製鉄業利益連合会」の場合

1840 年 1 月 19 日に「多数の製鉄業者と鉄工場主がパリに集まり，共通の利害について協議するために結集しなければならないと考えた」．「製鉄業利益連合会」（Comité des Intérêts Métallurgiques）の結成である．代表委員にはジュール・オッシェ（Jules Hochet. フルシャンボー），F.-A. シュネーデル，D. B. ダジィ（アレ），ミュエル゠ドブラ（Muel-Doublat. アバンヴィル），ブゴン゠アルソン（Beugon-Arson. シャムイエ，スヴォ，サン・モールの各鉄工場）が選ばれた．1840 年 4 月，「製鉄業利益連合会」は『製鉄所の現状に関する下院鉄道委員会宛の意見書』のなかで，自由競争に一定のメリットを認めつつも，デメリットを重く憂え，次のように主張する．「確かに（自由）競争は，それがある一定の限られた範囲内のものであるならば，そしてそれが製造業者に対して製品あるいは生産技術の改良を促進する刺激を与えるものであるならば，また独占ならば高価である品物を競争により安く購買することを国民に可能ならしめるのであるならば，良いことである．しかし，競争は盲目的に競う性格をもっているので，価格を低下させ，生産の場を混乱させ，障害となる．また，競争は日ごと生産者に損失をもたらし，その反動として賃金に影響を及ぼす．これは悲劇的なことである．競争は単に夥しい私有財産を混乱に巻き込むばかりでなく，生産の重要な進歩にとって障害となるに違いない．なぜならば，委員各位には既に承知のことと思われるが，一日一日が不安と闘いの連続であるために自己防衛と自己の権利保全に追いまくられている製造業者は，ほとんどその精神を改良に向けることができないからである．彼（製造業者）はそのことを懸念し，また気にもかけている．平和が工業の母であり生命である

ことは周知の事実である．まさしく，それは真実である．しかし，次のこともまた真実である．すなわち（自由競争という）戦争は災いの源であり，大砲によって破滅と混乱をもたらし，破産の悲劇をもたらすことは」．「有名な公理，すなわちレッセ・フェール，レッセ・パッセに要約される間違った経済政策が実践されてきた．すべての善き人々にとって，その勝利の日が終末の日を記すものであることは，まさに本当である．なぜならば，その（レッセ・フェール，レッセ・パッセの）どのような実践も無秩序のしるしとなるに違いないからであり，その一歩一歩のあゆみは，その無能を記すに違いないからである．そして，それ（レッセ・フェール，レッセ・パッセ）が生みだした悲劇的産物は急速にこの予想を正当化しつつある．／われわれは，これ（レッセ・フェール，レッセ・パッセ）に対峙して，独占（monopole）という偉大な言葉を宣言する」．しかしながら，「神に誓って，われわれは独占による搾取を夢みたり，時代遅れの慣習の眠りのなかに麻痺してしまったり，あらゆる進歩と競争を排除しようなどとは決して思っていない．委員各位，そうではないのです．ここ数年来，重要な改良が行われてきている．われわれは，もし一層安全な状態において生産が行われるならば，それらの改良がさらに大いなるものになるであろうと述べるのに何ら躊躇しない，ということなのです」．

ここには，「レッセ・フェール，レッセ・パッセ」にかえて，「独占」が表明されている．では，「独占」すなわち「一層安全な状態」とは具体的にどのような内容を意味していたのか．それは，近代的大企業間の市場配分及び販売価格に関する極めてルースな調整的合意・取決めであった．ベルトラン・ジル（Bertrand Gille）の整理を借りる．

②合意・取決め

　a　市場の配分

　1840年にパリ～オルレアン鉄道のダリュ（Daru）は重役会で，「レールを生産する少数の工場は取決めを結んでいる．それはしばしば行われ，競争は一つの架空でしかない」と述べ，レール市場における取決めの存在を指摘する．合意・取決めは非公式に結ばれることが多く，確認することは困難であるが，それでも以下の事例が判明している．1840年にはパリ～オルレアン鉄道向けのレール1万トンに関してドゥカズヴィルとアレが，ノール鉄道向けのレール13,000トンに関してドゥカズヴィルとアレとシュネーデルが，モンペリエ～ニーム鉄道向けのレールに関してドゥカズヴィルとアレが，それぞれ取決めを結

んでいる．1841 年にはパリ～オルレアン鉄道向けレール 13,000 トンに関してドゥカズヴィル 6,500 トン，アレ 2,500 トン，シュネーデル 2,000 トン，フルシャンボー 2,000 トンの合意が成立している．1843 年にはノール鉄道向けレール 30,443 トンに関してドゥカズヴィル 8,889 トン，シュネーデル 8,148 トン，ドゥナン 5,925 トン，アンザン 4,445 トン，ド・ヴァンデル 3,036 トンの合意が成立している．レール市場の調整的配分は 1840 年～1847 年にかけて一般的に－ただし，非公式に－行われていた．レールの他，導管や錨索についても同様であった[16]．繊維部門では，1839 年にアルザス東部の綿紡諸企業が，1840 年代にはルーベの諸企業が，それぞれ取決めを結んでいる[17]．

　b　販売価格

1837 年 5 月にドゥカズヴィルとアレとシュネーデルはレールの販売価格について取決めを結んでいる．1838 年にはドゥカズヴィルとテルノワールがル・アーブル鉄道向けレールについて，トン当たり 410 フラン以下では販売しない約束を結んでいる[18]．

　c　販売コントワール（comptoir commun de vente）

1840 年にテルノワール他 2 つの近代的製鉄大企業が，統一価格を設定したうえで，販売を一元化する協定に署名している．ただし，短期間であったために，実態については不明確な点が多い[19]．

2　近代的大企業の生成

　企業の経営特質は当該業種の属性により規定される側面もあるが，基本的には雇主個人の企業家才能によって規定される．雇主の斬新な分析洞察力・構想力に基づく独自の経営特質によって，変化にネガティブで，販路といえば限られたローカル市場のみを対象としていた守旧的中小経営とは区別される．「大量生産と大利潤」をモットーとした近代的大企業の生成を製鉄業を中心に確認してきた[20]．工業化の初期，繊維業，炭鉱業においてもこうした「モダナイザー」企業の生成は確認される[21]．例えば，ルーベのモットゥ家は 1820 年代以来中規模の綿紡業を営んでいたが，イギリス体験によって積極的経営姿勢を修めた息子のルイは，父モットゥ゠ブレダール（Motte-Brédart）と母ポリーヌ゠ブレダール（Pauline-Brédart）の反対を押し切って最新技術を導入し，大綿紡工場を新設している[22]．

注

1 工業化初期における近代的大企業の生成については，以下の文献を参照した．Gille, B., *Recherches sur la formation de la grande entreprise capitaliste 1815-1848*, Paris, 1959（以下，Gille, B., [1959] と略記）; Id., *La sidérurgie française au XIXe siècle*, Genève, 1968（以下，Gille, B., [1968] と略記），ch.3 ; Stearns, P. N., *Paths to Authority : The middle class and the industrial labor force in France, 1820-1848*, Chicago, University of Illinois Press, 1978, ch.1 ; Price, R., *The Economic Modernization of France 1730-1880*, London, 1975, pp.108-117 ; Fohlen, C., "The Industrial Revolution in France," in Cameron, R. E., ed., *Essays in French Economic History*, Homewood, Illinois, 1970, pp.210-215 ; Vial, J., *L'industrialisation de la sidérurgie française 1814-1864*, Paris, 1967.

2 Gille, B., [1968], p.117.

3 *Ibid.*, p.63.

4 拙稿「フランス製鉄業近代化の資金的背景」『兵庫県社会科研究会会誌』第26号，1979年；同「19世紀前半のフランス製鉄業（上）」『兵庫県社会科研究会会誌』第27号，1980年．

5 Stearns, P. N., *op.cit.*, pp.18, 22-23.

6 Gille, B., [1959], p.25.

7 Roy, J.-A., *Histoire de la famille Schneider et du Creusot*, Paris, 1962, p.31 ; Richard-Lenoir, Jacques, *Mémoire*, Paris, 1837, p.278, cité par Stearns, P. N., *op.cit.*, p.25.

8 Pillet-Will, *Examen analytique de l'usine de Decazeville*, Paris, 1832, p.295, cité par Stearns, P. N., *op.cit.*, p.31. 近代的大雇主とは対照的に，レッセ・フェールを信奉する中小雇主は1828年～1832年不況の原因を専ら農業不作と外国製品の大量密輸入に求めた（Stearns, P. N., *op.cit.*, p.30）.

9 七月王政期における企業集中については，Gille, B., [1959], pp.47-94 ; Gille, B., [1968], ch.7, 9 ; Vial, J., *op.cit.*, pp.118-124 ; Thuillier, G., préface de Paul Leuilliot, *Georges Dufaud et les débuts du grand capitalisme dans la métallurgie en Nivernais au XIXe siècle*, Paris, SEVPEN, 1959, p.53 *sq.* を参照した．

10 王立鉱山局技師のフルネル（Henri Fournel）も代表委員補佐として参加していた．

11 Comité des Intérêts Métallurgiques, *Observations présentées à MM. les Membres de la Commission des chemins de fer à la Chambre des Députés, sur la situation des usines à fer*, Paris, 1840, p.11.

12 *Ibid.*, p.6.

13 *Ibid.*, p.7.

14 Gille, B., [1959], p.154 ; Gille, B., [1968], pp.66-67.

15 1842年現在，レールを生産していたのは以下の13企業である．ドゥカズヴィル，テルノワール，フルシャンボー，エヤンジ，アレ，シュネーデル，アンザン，ドゥナン，ロレット（Lorette），サン＝ジュリアン（Saint-Julien），アバンヴィル（Abainville），レーム（Raismes），トリ（Trith）（Gille, B., [1959], p.29）.

16 Thuillier, G., *op.cit.*, pp.70, 79 ; Gille, G., [1959], pp.154-155 ; Silly, J.-B., "La reprise du Creusot 1836-1848", in *Revue d'Histoire des Mines et de la Métallurgie*, t.1, 1969, pp.255-257.

17 Stearns, P. N., *op.cit.*, p.33.

18 Gille, B., [1959], p.153.

19 *Ibid.*, pp.156-160.

20 「大量生産と大利潤」はフルシャンボー製鉄所のモットーであった（Thuillier, G., *op.cit.*, p.38）.

21 製鉄業ほどではないが，繊維業においても，アルザスとノールにおいて近代的大企業の生成が確認される．第2-5表からは綿企業の県別平均規模が，第2-6表からはオ・ラン県コルマル綿企業（Colmar）の規模が，雇用労働者数を基準に知れる．ミュルーズでは，綿紡と捺染を結合した雇用労働者数350以上の大企業が支配的であったと言われている（Stearns, P. N., *op.cit.*, p.21）.

スターンズは工業化初期における企業を，「変化」への対応の仕方によって，以下の3つの型（タイプ）に分けている．第1型：新しい技術の導入にネガティブで，ローカル市場を対象とした伝統的経営に固執するタイプ．第2型：「変化」への対応に疎いが，国内の競争圧力を受けて

第 2 章　企業パトロナージュの生成　41

第 2-5 表　綿企業の平均雇用労働者数（県別）：1844 年　　（人）

県	綿糸企業	綿布企業
オ・ラン	290	252
ヴォージュ	167	175
ソンム	125	95
ノール	119	54
オーブ	107	
ロワール	90	140
エーヌ	85	231
セーヌ・アンフェリュール	81	141
ウール	76	

Stearns, P. N., *Paths to Authority : The middle class and the industrial labor force in France, 1820-1848*, Chicago, University of Illinois Press, 1978, p.20.

第 2-6 表　コルマル綿企業の雇用労働者数：1840 年代　　（人）

綿糸企業	雇用労働者数
Herzog（エルゾグ）	930
Ziegler（ジィーグレ）	252
Gast et Spetz（ガス・エ・スペッツ）	236
Lisch-Dollfus（リシュ゠ドルフス）	154
綿布企業	雇用労働者数
Frey et Witz（フレィ・エ・ヴィツ）	347
Kiener（キエネル）	180
Klein（クラン）	138
D. Rissler（リスレル）	90

Stearns, P. N., *op.cit.,* p.188.

新しい技術を受動的に導入し，成長を維持するタイプ．第 3 型：「変化」に対して敏感で，技術革新と経営組織の改良に積極的に取り組む革新的成長志向タイプ．それぞれの型は企業規模に反映される．第 1 型：都市の小生産者，家族企業，木炭製鉄企業など，数のうえでは圧倒的多数をしめる小企業に典型をみる．第 2 型：シャンパーニュの混合製鉄企業に代表される中規模企業に典型をみる．第 3 型：製鉄・炭鉱・繊維の近代的大企業に典型をみる（*Ibid.,* ch.1）．ヴィアルも，国内経済についての分析力・洞察力そして技術革新に対する姿勢から，コークス製鉄企業家と 18 世紀的な伝統的木炭製鉄業者を区分する（Vial, J., *op.cit.,* pp.181-183）．

22　Stearns, P. N., *op.cit.,* p.18.

II　近代的大企業の労働力問題

1　工場労働力の不足

(1) 統計的接近

ジルは 19 世紀前半全期における農業生産人口と工業生産人口の比率を略一定と見積もっている．ジャン・マルクシェフスキー（Jean Marczewski）によれば，生産人口にしめる農業人口と工業人口の比率は 1835 年～1844 年で 66 対

第 2–7 表　産業別生産人口割合　　　　　　　　　　　　　　（％）

年	農業	工業	その他
1781–1790	55.0	15.0	30.0
1856	51.7	26.8	21.5
1881	47.5	26.7	25.8

Noiriel, G., translated from the French by Helen McPhail, *Workers in French Society in the 19th and 20th Centuries,* New York, BERG, 1990, p.4 より作成.

第 2–8 表　19 世紀前半フランスの人口　　　　　　　　　　（千人）

年	人口*	期間年	年平均人口**
1801	27,349	1803–1812	28,425
1806	29,107	1815–1824	30,450
1821	30,462	1825–1834	32,570
1831	32,569	1835–1844	34,230
1836	33,541	1845–1854	35,800
1841	34,230		
1846	35,402		
1851	35,783		

*B. R. ミッチェル編, 中村宏監訳『マクミラン世界歴史統計Ⅰ　ヨーロッパ篇 1750–1975』原書房, 1983 年, 30 頁.
**Marczewski, J., *Introduction à l'histoire quantitative,* Genève, 1965, p.135.

34, 1855 年～1864 年でも 66 対 34 である[2]. ジルと略同じ結論が導かれる. 第 2–7 表から, 1791 年～1856 年の 65 年間で生産人口にしめる工業人口の割合は約 12 ポイント増加したことが知れるが, 単純平均すると 1 年間に僅か 0.18 ポイントの増加でしかない. 第 2–8 表は, 19 世紀前半におけるフランス人口の漸増を示している. 工業労働力の増加は, 基本的に人口の増加に依存していたことが分かる.

　では, 工業労働力の規模はどれくらいだったのか. ロジャー・マグロウ (Roger Magraw) によると, 1800 年で 190 万人, 1840 年 350 万人, 1848 年 440 万人であるが, この数値は工業化初期のフランス労働者階級に特徴的な 3 類型 (職人労働者, 農民労働者, 工場プロレタリア) のすべてを含む[3]. 1840 年～1845 年の『工業統計』(*Statistique générale de la France,* Industrie, 4 vols, 1847) 及び J. ミシュレによると, 雇用労働者 10 人以上の企業に雇用されている労働者数は農民労働者 80 万と工場プロレタリア 40 万の計 120 万で, その内訳は繊維・衣料部門 70 万 (58％), 製鉄・金属部門 12 万 (10％), 炭鉱部門 2.4 万 (2％)[4], その他 35.6 万 (30％) である[5].

　では, この 120 万人中, 近代的大企業に雇用されていた労働者はどれくらいであったのか. 製鉄・炭鉱・繊維の基幹 3 部門における大企業労働力について

は不明な点が多く，よく分からないというのが実情である．論者の指摘から唯一判明していることは，近代的大企業においては，労働力の不足が焦眉の課題として恒常的に認識されていたということだけである．極めて大雑把ではあるが，製鉄業について，この点をあとづけてみよう．ジルは工場単位で調査された1840年の『工業統計』を企業単位に整理し直し，生産価値額上位20製鉄企業（近代的大企業が大部分をしめる）雇用労働者数の製鉄全労働者数にしめる割合を約31％と算出する．製鉄全労働者数は外部労働者を含めて1835年～1840年の間，約12万と略一定である．1846年には154,663に増えている．近代的製鉄大企業の労働者数は1835年～1840年で約37,200（ジルの算出値31％をあてはめている），1846年で約71,900（154,663－120,000＝34,663．この増加をすべて近代的製鉄大企業における労働者の増加とみなしている）となり，その増加率は約93％である．一方，1835年～1840年の間にコークス製銑量とパッドル精錬量は激増している．1840年～1846年にも，それぞれ230％，109％の延びを示している（第2-2, 2-3表参照）．炉数をみても，1835年～1846年の間にコークス高炉は2.24倍に，パッドル炉は3.6倍に増えている（第2-4表参照）．製鉄技術の改良や外国人熟練労働者の雇用があったことを考慮に入れても，コークス鉄・コークス炉の延びに比べて，近代的製鉄大企業労働者数の増加率はあまりにも小さいと言わざるを得ない．労働力統計は必ずしも正確ではない．しかしながら，以上の統計的接近から，近代的製鉄大企業の恒常的な労働力不足は十分に窺える．ちなみにジルは，「イギリス式製鉄所」が稼働するには外部労働者を含めて最低1,000人以上の労働者が必要であると指摘しているが，1845年現在で雇用労働者数1,000以上の企業といえば，フルシャンボー，シュネーデル，ドゥカズヴィル，ド・ヴァンデルの4社でしかない（第2-1表参照）．だが，この4社にしても，恒常的な労働力不足に直面していたのである．

(2) 求人活動

統計的接近から得られた結果を求人活動の有り様で補足する．ミュルーズやセーヌ・アンフェリュール県のエルブーフでは，熟練繊維工の引き抜き合戦が行われている．ノールでも同様で，職長が始業前に他企業の門前で待ちかまえ，高賃金を提示して労働者を引き抜いている．D. B. ダジィがアレに来たとき，まず直面した最大の課題は労働力の確保であった．彼はロワール盆地にま

で求人を行うが，わずか6人を調達し得ただけである．そこで，遠くフォレ（Forez），オーベルニュ，ベルギーにまで求人を行っている[12]．ドゥカズヴィルは1835年のアレ経営危機のときに，アレ労働者をそっくりそのまま採用する計画を立てている．またロワール盆地へも求人を行っているが，10人も調達できれば上出来というありさまであった[13]．あの手この手を使った労働者引き抜き合戦は公然と行われていた[14]．石炭の需要急増にともない，1834年以降炭鉱企業も深刻な労働力不足に陥る．例えば，グラン・コンブのレオン・タラボ（Léon Talabot）はブルゴーニュ，ドーフィネ，フォレ，ラ・ミュル（La Mure），北部イタリア，ベルギーにまで求人を行っている．しかし，1846年になっても炭坑夫不足は続いている[15]．

(3) 工場労働力不足の原因

人口増加率が低かったことも1つの要因であるが，農業部門から工業部門への労働力の移動がほとんど生じなかったことに主因が求められる．移動がほとんど生じなかった原因は，㋐フランス革命によって多数の小土地所有農民が創出され，小農経営が繁栄していた　㋑伝統的な農村コミュニティに帰属する農民は独自の労働文化を保持し，他律的・人為的な工場規律を嫌悪していた，この2点に求められる[16]．

2　工場労働力の基本的存在形態

近代的大企業は農村部に単独立地するケースが多い[17]．その労働力は，一部は工場付属の労働者住宅や工場都市に居住する農民的労働者（農民的心性・性格をもつ工場プロレタリアと季節労働者）・熟練労働者から構成されていたが，大部分は工場・炭鉱の周辺地域に自宅と小土地を所有する農民－または小作農，あるいはシュネーデル労働力にみられるように，土地を所有していない日雇い農民－から構成されていた[18]．つまり，労働力の基本的存在形態は半農半工の農民労働者（ouvriers-paysans）であった．ただし，後述する労働者住宅の建設状況を考慮するとき，農民的労働者の増勢的ウエイトを看過することはできない．とりわけ，第3章で取り扱うシュネーデル労働力と第4章で言及するミュルーズ綿業労働力については，そう言いうる．農民労働者・農民的労働者はともに，農民の生活リズムで工場・炭鉱労働に従事する不熟練労働者であった．

①製鉄業

　1835 年～1840 年の製鉄全労働者約 12 万人のうち，主として労働者住宅に居住する内部労働者は 15,139（13％）で，残り約 105,000（87％）は農民労働者を中心とする外部労働者であった．1846 年でも製鉄全労働者 154,663 人のうち，17,654（11％）が内部労働者で，残り 137,000（89％）は農民労働者を中心とする外部労働者であった[19]．近代的製鉄大企業の労働力構成をとっても同じことがいえる．例えば，フルシャンボーは 1825 年現在で労働者数 2,380 であるが，そのうち内部労働者として分類される精錬工は 300 で，炭坑夫 500，木材伐採夫 650，運搬夫 930 と圧倒的に外部労働者すなわち農民労働者が多い[20]．木炭製鉄業の根強い存在がコークス製鉄業への熟練労働力の移動を妨げ，その結果製鉄大企業労働力の農民労働者への依存を高めていたという説明もなされよう[21]．ジャン・ヴィアル（Jean Vial）は，木炭製鉄業から移動してきた労働力はコークス高炉工の 1/3，パッドル工の 1/4 をしめたにすぎないと見積もっている[22]．

　1843 年 4 月 20 日の下院審議で，シュネーデルが「木炭，鉄鉱石，そして農作業の目的にとどまらず，高炉で溶解するための……さまざまな資材を運搬するのは農民である」，「（製鉄業は）農業と最も結びついている工業である」[23]と述べていることからも，農民労働者のしめるウエイトの大きさが知れる．ルイ・ベルジュロン（Louis Bergeron）の提供を借りて，ド・ディートリッヒ製鉄所（MM. de Dietrich）の場合を紹介しよう．この製鉄所では第二帝政期に入っても依然として農民労働者の大量雇用が確認される．「農業と工場労働の結合がみとめられる．小農民である労働者は長い世代にわたって製鉄労働に従事し続けている．1867 年のパリ万国博のとき，同製鉄所は 3,500 人の労働者を雇用していたが，その時でも労働者の多くは農民労働者であり，そのうちの 1/3 は数世代にわたる農民労働者の家系であった」[24]．ペリゴールのサヴィニャック製鉄所（Savignac）でも，労働力の基本は農民労働者であったことがアニ・ムーラン（Annie Moulin）によって確認されている[25]．ドゥカズヴィル，アレ，フルシャンボーでも地元の小土地所有農民が労働力の基本であった[26]．最後に，エヤンジ製鉄所に保存されている 1854 年当時の雇用記録を紹介しよう．すべての労働者は 1808 年～1848 年の間に，工場を中心とする半径 20 km 以内の地元小農民から調達されている．最古参の労働者は 1797 年 8 月にラングヴォ（Ranguevaux）で生まれ，11 歳のとき（1808 年）に雇用されたマニエ

(Magnié) という農民である．彼は 1854 年現在でも生まれ故郷の村に居住し，農業に従事する傍ら，雑役工として働いている．[27]

②炭鉱業

1820 年代に出現する炭鉱大企業の労働力も地元から調達された小土地所有農民を基本にしていた．[28] 例えば，ドゥカズヴィルの炭鉱部門は 1830 年で 122 人，1845 年 693 人，1854 年〜1855 年 1,033 人の労働者を擁していたが，そのうちの 75% は地元（Aubin）周辺に自宅と小土地をもつ農民であった．熟練を要する切羽工（hewer）のみが地元以外の地域から調達されていた．[29] ブランジィ炭鉱，カルモー炭鉱，ブラサック炭鉱（Brassac）でも同様で，労働力の 2/3 は地元に居住する小土地所有農民から構成されていた．[30]

③繊維業

古賀和文の研究から，ミュルーズを含むオ・ラン県の工場労働力の基本的存在形態は，工場から 10 km 以内に居住する地元の小土地所有農民であったことが知れる．[31] ジェラール・ノワリエル（Gérard Noiriel）は，1850 年現在のランス繊維労働者約 5 万人のうち 3/4 は小土地を耕す農民であったこと，ノルマ

第 2-9 表 綿糸企業労働者の出身地域

調査対象綿糸企業	調査対象期間年	出身地域（%）			
		*	**	***	不明
Saint-Rémy-sur-Avre （サン=レミィ=スル=アーヴル）	1792–1840	59.3	15.2	25.3	0.2
Saint-Lubin-des-Joncherets （サン=リュバン=デ=ジョンシュレ）	1792–1845	80.6	11.8	7.5	0.1
La Grive （ラ・グリーヴ）	1821–1850	82.3	16.1	0.1	1.5
Ourscamp （ウールスキャン）	1823–1852	83.1	14.1	2.7	0.1
Royaumont （ロワイヨモン）	1792–1830	77.5	1.3	21.2	
Rochefort-en-Yvelines （ロッシュフォールタン=イヴュラン）	1792–1840	72.9	3.1	23.9	0.1
Dourdan （ドールダン）	1799–1850	60.9	28.5	10.3	0.3
Essonnes （エソンヌ）	1806–1850	81.8	17.5	0.7	
Sénones （セノーヌ）	1805–1855	97.0	0.0	3.0	

*工場から 10 km 未満の地域．
**工場から 10 km 以上の地域．
***フランス以外の地域．

Chassagne, S., *Le Coton et ses Patrons, France, 1760-1840*, Paris, Éditions de École des Hautes Études en Sciences Sociales, 1991, p.495.

ンディのカルヴァドス県でも紡績工の 90％ は小農民であったことを指摘する[32].
もちろん，この数字は「商人＝製造業者的経営形態」の企業に雇用されていた労働者を含めてのことと考えられるが，工場制企業だけをとっても同じことがいえる．ピカルディ，リヨネでも同様であった[33]．第 2-9 表から，19 世紀前半の綿糸企業労働者の多くは工場から 10 km 以内に住む地元民から調達されていることが分かる．これらの地元民は小農民であったことが，セルジュ・シャサーニュ（Serge Chassagne）により確認されている[34]．繊維業においても，工場労働力の大部分は工場周辺地域の小土地所有農民から構成されていたことが知れる．

3 「柔軟な就労形態」

ノワリエルは，近代的大企業による労働者の雇用形態の特徴を農業と工場労働の結合に求め，これを「雇用の柔軟性」（flexibility or versatility of employment）と呼んでいる[35]．マグロウは「二重労働（多就業）システム」（system of pluri-activity）と表現する[36]．労働者の視点に立つと，農民的生活リズムを維持した「柔軟な就労形態」とでも表現できようか．

(1)「柔軟な就労形態」の実態
①繊維労働者
　ランスの工場労働者は，農民労働者に限らず農民的労働者も含めて，年間に 8 ヶ月ぐらいしか就業せず，他の期間は農業に従事していた．トロワでも同様である．南東部の製糸工も農閑期の 3～4 ヶ月間就業するだけであった[37]．七月王政期におけるミュルーズ労働者も約半数は小農民であり，農閑期に限って工場労働に従事していた[38]．

②炭鉱労働者
　農繁期になると専ら農業に従事していた．ドゥカズヴィルのカブロルはこの習慣を，「われわれが農民（労働者）に対して納めることを強制されている年貢」であると言っている[39]．農繁期以外でも，農作業の習慣は日常的であった．ドゥカズヴィルの収税官は 1853 年に，「日雇い労働者とほとんど同一視しうる小土地所有者は，彼らが所有する農地を……急いで耕し，それから家族と一緒に工場（炭鉱）労働者として仕事に出かける」と記録している[40]．カルモーでも事情は似たようなもので，農繁期になると労働者は農業に専念し，炭鉱に来な

くなった．普段のときでも，カルモー炭坑夫の約10％は日々の農作業のために欠勤していた[41]．約900人の炭坑夫を雇用していた低ノルマンディのリティ炭鉱（Litty）でも，収穫期になると略全員が農業に従事していた[42]．農作業のためだけではなく，村祭りなどの年中行事がある時にも欠勤するのが当たり前であった．カブロルは，「われわれが科す罰金にもかかわらず，古くからの慣習に抗うことはできなかった」と述べて，半ば諦めている[43]．一般的にいって，炭鉱労働者は午前中炭鉱で働き，午後になると持ち場を去って農業に従事（あるいは年中行事に参加）していた．

③製鉄労働者

定期的に農業に従事していたことが，ジルによって確認されている[44]．労働者住宅に居住する農民的労働者も収穫期になると故郷に帰り，あるいは近隣の農村へ出かけて，農業に従事していたことがスターンズ（Peter N. Stearns）によって確認されている[45]．

(2)「柔軟な就労形態」実践の背景

農民労働者の生活実態なり心性にメスを入れることで，「柔軟な就労形態」の根拠に接近する．

①日常生活の基盤

「土地で働くことは彼に生計の（主たる）一部分を供給し，しばしばみまわれたストライキや失業……あるいは物価高といった危機のときの飢餓に対する相当な保障を提供していた[46]」．ロランド・トランペ（Rolande Trempé）のこの指摘は，農民労働者が物質的生活の基盤を土地＝農業においていたことを物語る．だが現実には，現金収入の少ない農業だけでは安定した生活を営むことは困難であった．ノール地方の「どの地域の農民も，雨や雪の季節に仕事を提供してくれる紡績工場を欲していた」というフォーラン（Claude Fohlen）の指摘は極めて示唆的である[47]．「柔軟な就労形態」の背景には，日常生活の軸心を第一義的に土地＝農業におく一方で，物質的生活の安定を欲する農民労働者の生活実態があった[48]．

②自律性意識

ルーアンの綿業労働者であったノワレ（Ch. Noiret）は『或るルーアン労働者の覚書』において，工場は人間を魂のない機械にかえてしまう制度であると批判している[49]．土地＝農業を基礎とした伝統と慣習に基づき，日常生活の時間

と空間をみずからの手で保持せんとする自律性意識に鋭い農民労働者にとって，他律的・人為的な規則と時間に拘束された工場はあたかも監獄のごとき場であった．トランペは，「カルモー労働者は炭坑夫として収入を得ることをあまり好まず，『自分の，あるいは他人の』土地で働き続けることを好んだ」と指摘する[50]．工場労働に生活の軸心をゆだねることは収穫の「歓び」や村祭りを祝う「自由」の放棄を意味し，みずからの文化的アイデンティティの喪失を意味したからである[51]．土地に根ざした独自の伝統的生活様式を保持せんとする農民労働者の自律性意識＝心性のなかに，「柔軟な就労形態」実践の2つめの根拠が求められる[52]．

4 熟練と作業規律の欠如

恒常的な労働力不足と「柔軟な就労形態」は，近代的大企業に固有の問題として，工場労働力における熟練と作業規律の欠如を提起した．スターンズの整理を借りる[53]．

工場制企業の労働には家族的小経営に伝統的な熟練とは性格を異にする，新しい熟練が要求された．紡績工には機械操作の迅速・器用・強靱さが求められ，織布工には織機の修理技能も要求された．だが，工場労働力の不足は労働者の売り手市場を生み出し，離職率を高める方向に作用した．また，農民的生活リズムに基づく「柔軟な就労形態」は技能の修得を遅らせる方向に作用した[54]．通常，繊維作業では一定の熟練レベルに達するのに3年〜4年もあれば十分だが，それが達成されていないケースが多かった．例えば，リール近郊のル・ブラン企業（Le Blan）は熟練工に可能な織布量として織機1台当たり1日20 mを目標に設定していたが，最初の8年間は達成されていない（1840年3月31日付の記録）．製鉄業でも略同様で，ドゥカズヴィルでは創業後15年にして初めて熟練パッドル工を自前で養成しえている[55]．こうした熟練の欠如は原料・燃料の浪費に結びつき，製品コストを上昇させる一因となっていた[56]．

工場作業は労働者を生産工程の歯車に転化し，時間厳守・正確・協調といった規律を課す．しかし，「柔軟な就労形態」は工場規律とトレード・オフにあった．1847年〜1848年のパリ商業会議所の『産業統計』は，パリの大工場労働者が不規律であることを記しているが，アルザスやノールでも同様であった[57]．リールの繊維雇主バロワ（Barrois）は，週80時間労働であるにもかかわらず実質62時間労働になっているとぼやいている．マルタンは『日誌』（1838

年1月9日付)のなかで,「凡庸で無秩序な労働者」が生産に弊害をもたらしていると記している。「聖月曜日」がこれに拍車をかけた。製造工程を断続・混乱させる作業規律の欠如は,熟練の不足とともに,企業の成長にマイナスの影響を及ぼしていた.

注

1 Gille, B., [1959], p.41.
2 Marczewski, J., *Introduction à l'histoire quantitative,* Genève, 1965, p.112.
3 Magraw, R., *A history of the French working class : The age of artisan revolution,* vol.1, Oxford and Cambridge, Blackwell, 1992, pp.ix, 4.
4 ミシュレは工場プロレタリアの数を40万と見積もっている (J. ミシュレ, 大野一道訳『民衆』みすず書房, 第2刷, 1985年, 62頁).
5 Noiriel, G., translated from the French by Helen McPhail, *Workers in French Society in the 19th and 20th Centuries,* New York, BERG, 1990 (以下, Noiriel, G., [1990] と略記), p.5.
6 Gille, B., [1959], p.41 ; Noiriel, G., [1990], pp.6-8.
7 Gille, B., [1968], pp.157-158 ; Id., "La formation du prolétariat ouvrier dans l'industrie sidérurgique française", in *Revue d'Histoire de la Sidérurgie,* t.4, 1963 (以下, Gille, B., [1963] と略記), p.245.
8 Vial, J., *op.cit.,* p.145 ; Comité des Intérêts Métallurgiques, *op.cit.,* p.27.
9 Vial, J., *op.cit.,* p.145.
10 外国人労働者とくにイギリス人労働者の雇用動機は, 彼らからコークス製鉄技術を修得することにあった. 論者は, パッドル精錬や圧延にはイギリス人熟練労働者の存在が不可欠であったと記している (Gille, B., [1959], p.43 ; Gille, B., [1968], pp.111-112 ; Vial, J., *op.cit.,* p.148). アレの D. B. ダジイは1836年3月22日付の友人シャルル・マンビィ (Charles Manby) 宛の手紙のなかで,「優秀なパッドル工, 高炉操作のための優秀な製銑工, さまざまな機械を監督するための技術者, その他のことをまとめる良き意志を持った人々として, 若干名のイギリス人主任労働者をまねくのが良策だと思う」と述べ, 技術指導担当としてのイギリス人労働者の必要性を開陳している (Locke, R. R., *Les fonderies et forges d'Alais à l'époque des premiers chemins de fer 1829-1874,* Paris, 1978, pp.45-46, 100).
  では, どれくらいの外国人製鉄労働者が雇用されていたのか. イギリス人の他, ドイツ人, スペイン人, ベルギー人, オランダ人, ルクセンブルグ人もいたが, ジルは1829年の『工業統計』を分析して 10,000人〜15,000人が製鉄・金属部門に雇用されていたと見積もっている (Gille, B., [1959], pp.27, 42 ; Gille, B., [1963], p.246 ; Id., "Analyse de l'industrie sidérurgique en France à la veille de 1830", in *Revue d'Histoire de la Sidérurgie,* t.3, 1962 〈以下, Gille, B., [1962] と略記〉, pp.87-89 ; Vial, J., *op.cit.,* p.146). 七月王政期に入るとフランス人熟練工の養成がだんだんと進み, 外国人労働者のしめるウエイトは漸次低下する. 1836年の『工業統計』は,「すべての生産(技術)は今日フランス人に受け継がれた」と記しているが, ヴィアルは, これには誇張があると見ている (Vial, J., *op.cit.,* p.147).
  外国人労働者による技術指導の効果はどうであったのか. 企業間ではげしい引き抜き合戦が行われていることから, 一定の効果をあげていたと考えられる. 例えば, ド・ヴァンデルは, 大金をはたいてまねいたイギリス人労働者がアルデンヌのジャンダルヌ (Gendarne) に引き抜かれたとき, 怒り心頭に発している. アレも赴任途中のイギリス人労働者をドゥカズヴィルに引き抜かれている (Gille, B., [1963], pp.246-247). だが, 一方で, D. B. ダジイはイギリス人労働者とフランス人労働者の間の不和を懸念しているし (Locke, R. R., *op.cit.,* p.100), イギリス人労働者も工場主の指示にあまり従わず, 報酬の多寡で簡単に他企業へ移っていることから, 効果はそれほど大きなものではなかったという見方もできよう. ドゥカズヴィルの取締役会は1832年に次の

ように指摘している.「一般に,フランスの諸企業で働くために故郷を離れてやってきたイギリス人労働者たちが,イギリスでは最良の労働者でないことは明らかである.……かれらイギリス人労働者の技能と道徳性を信頼してよいものかどうかは疑わしい.また,かれらが要求する法外な報酬を彼らに与えることは,フランス人労働者の妬みを募らせるだけでしかない.恐らくイギリス人と同じくらい有能であるが,はるかに報酬の少ないフランス人労働者たちは我々のところから去っていくことで,あるいは外国人たちと同額の賃金を要求することで,(この問題を)解決しようとしている」と (Vichniac, J. E., *The Management of Labor : The British and French Iron and Steel Industries, 1860−1918*, Industrial development and social fabric, vol.10, London, JAI Press Inc., 1990, pp.59−60).1837年にフルシャンボーでは,フランス人労働者とイギリス人労働者の間で騒動が発生している.そのときフランス人労働者は「フランス人万歳,イギリス人くたばれ」(*Ibid.*) と罵っている.
11 Stearns, P. N., *op.cit.*, p.41.
12 Lambert-Dansette, J., *La vie des chefs d'entreprise 1830−1880*, Paris, Hachette, 1992, p.93 ; Gille, B., [1963], p.249.
13 Gille, B., [1959], p.42 ; Gille, B., [1963], p.249.
14 Gille, B., [1963], p.249.
15 Gille, B., [1959], p.41.
16 Gille, B., [1959], p.40 ; Stearns, P. N., *op.cit.*, p.37 ; Kemp, T., *Economic forces in French history*, London, 1971 (以下,Kemp, T., [1971] と略記), p.112.
17 近代的製鉄大企業は農村部に単独立地し,カンパニー・タウンを形成するケースが多かった.「イギリス式製鉄所」は大量の石炭を消費した.鉄道幹線網が完成する前においては石炭の輸送費は非常に高かったので,生産コストの削減をはかるために,炭鉱地域=農村部に単独立地したのである.ドゥカズヴィルなどは,「工業が魔法の杖で土の中から掘り起こした人工の町の一つ」(*Le Mot d'ordre*, 1886年4月14日付) と言われていた (Pound, N. J. G., "Historical Geography of the Iron and Steel Industry of France", in *Annals of the Association of American Geographers*, vol.47, 1957, pp.3−14).
18 Noiriel, G., [1990], pp.23, 30 ; Kemp, T., *Industrialization in Nineteenth-century Europe*, London, Longman, 1969 (以下,Kemp, T., [1969] と略記), p.62.工業化初期におけるシュネーデル労働力については,第3章12を参照されたい.
19 Vial, J., *op.cit.*, pp.144−145.
20 Thuillier, G., *op.cit.*, pp.46−47.
21 藤村大時郎「第二帝政期フランス製鉄業において展開された経営労務諸施策に関する一考察−技能養成と労働力統轄を中心として−」『経済学研究』(九州大学) 第41巻 第5号,1976年,62頁.一方,マグロウは,熟練労働力の木炭製鉄業から近代的製鉄業への移動が大量に見られたと主張する (Magraw, R., *op.cit.*, vol.1, p.13).
22 Vial, J., *op.cit.*, p.148.
23 Discours de M. Schneider (d'Autun), député de Saône-et-Loire, *Discussion de la loi sur la police du roulage-rappel de la question des canaux*, séance du 20 avril (Chambre des députés, session de 1843), pp.14−15.
24 Bergeron, L., *Les capitalistes en France (1780−1914)*, Paris, Gallimard, 1978, pp.152−153.
25 Moulin, A., translated from the French by M. C. and M. F. Cleary, *Peasantry and Society in France since 1789*, Cambridge, Cambridge University Press, 1991, p.64.
26 Gille, B., [1963], pp.248−249.
27 *Ibid.*, p.248.
28 Magraw, R., *op.cit.*, vol.1, p.99 ; Noiriel, G., [1990], p.25.
29 Reid, D., *The Miners of Decazeville : A Genealogy of Deindustrialization*, Cambridge, Harvard University Press, 1985, pp.25−26.
30 Magraw, R., *op.cit.*, vol.1, pp.14, 167 ; Moulin, A., *op.cit.*, p.64.
31 古賀和文『フランス産業の史的分析』学文社,昭和58年,108頁.

32 Noiriel, G., [1990], p.24.
33 *Ibid.*, pp.23-24.
34 Chassagne, S., *Le Coton et ses Patrons, France, 1760-1840*, Paris, Éditions de École des Hautes Études en Sciences Sociales, 1991, p.495.
35 Noiriel, G., [1990], pp.34-35.
36 Magraw, R., *op.cit.*, vol.1, p.14.
37 Noiriel, G., [1990], p.38.
38 古賀和文『前掲書』, 108頁.
39 Reid, D., *op.cit.*, p.26.
40 *Ibid.*, p.27.
41 Magraw, R., *op.cit.*, vol.1, p.240 ; Moulin, A., *op.cit.*, p.64.
42 Magraw, R., *op.cit.*, vol.1, p.99.
43 *Ibid.*, p.100.
44 Gille, B., [1959], p.42.
45 Stearns, P. N., *op.cit.*, p.41.
46 Trempé, R., *Les mineurs de Carmaux 1848-1914*, t.1, Paris, 1971, p.224.
47 Noiriel, G., [1990], p.38. かれらの生活の基軸は工場にではなく, 土地＝農業にあった.「当時, 工場労働は補足的あるいは臨時的な仕事（un travail d'appoint ou un travail temporaire）とみなされていた」（Hatzfeld, H., *Du paupérisme à la sécurité sociale, 1850-1940. Essai sur les origines de la Sécurité sociale en France,* Paris, Armand Colin, 1971, p.107）.
48 Bergeron, L., *op.cit.*, p.153 ; Moulin, A., *op.cit.*, pp.62-63 ; Noiriel, G., [1990], pp.34-35, 38.
49 Noiret, C., *Mémoires d'un ouvrier rouennais,* Rouen, 1836, *passim.*
50 Trempé, R., *op.cit.*, t.1, p.224.
51 Magraw, R., *op.cit.*, vol.1, pp.15, 100 ; Kemp, T., [1971], p.113.
52 Magraw, R., *op.cit.*, vol.1, p.290.
53 Stearns, P. N., *op.cit.*, pp.46-48.
54 *Ibid.*, pp.45-46, 49.
55 *Ibid.*, pp.44-45.
56 *Ibid.*, p.46.
57 河野健二編『資料フランス初期社会主義 二月革命とその思想』平凡社, 1979年, 15頁.
58 Thuillier, G., *op.cit.*, p.172.
59 Gille, B., [1959], p.42.

III 企業パトロナージュ

当初, 近代的大企業は伝統的小経営よりも高い賃金率を設定して労働力の吸引を試みた. アレは創業当初から, 地元の絹織工や農業労働者の賃金よりも約60％高い賃金率を設定していた. シュネーデルやアンザン炭鉱, アルザスやノールの繊維大企業も同様であった. フルシャンボーの賃金率は全国平均の約2倍であった. 第2-10表から, 資本金が多い企業ほど, また資本金／労働者数の比率が高い企業ほど, 賃金率が高いことが知れる. スターンズによれば, この高賃金政策は工場労働力の吸引に一定の成果をあげた. しかし, 作業規律と

第 2–10 表　資本金及び資本金／労働者数と賃金の関係：1844 年

（フラン）

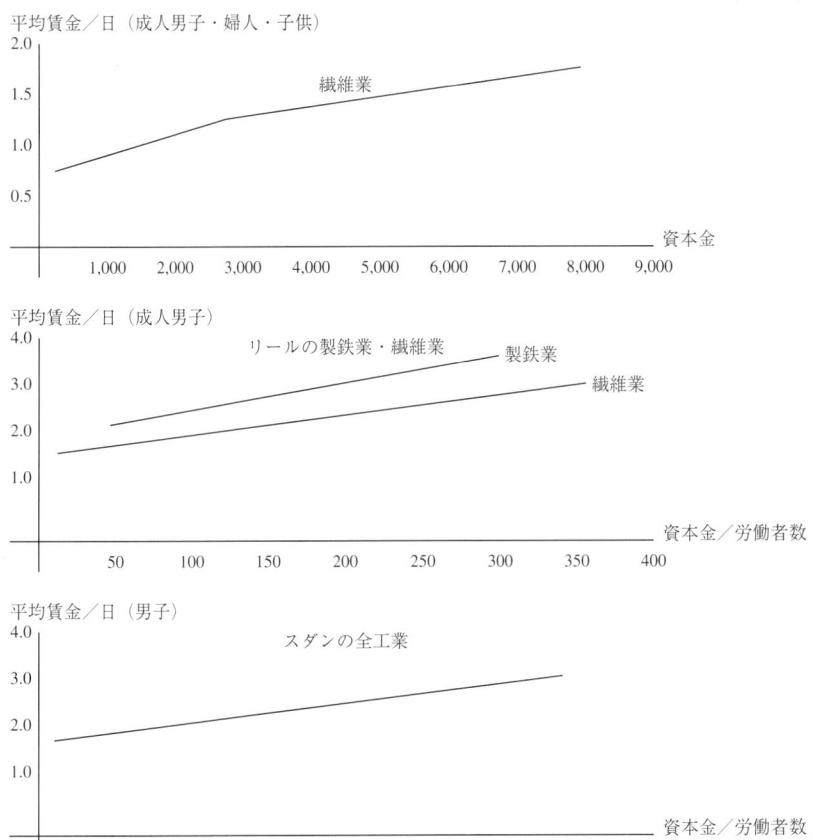

平均賃金／日（成人男子・婦人・子供）　繊維業
（資本金：1,000～9,000）

平均賃金／日（成人男子）　リールの製鉄業・繊維業　製鉄業／繊維業
（資本金／労働者数：50～400）

平均賃金／日（男子）　スダンの全工業
（資本金／労働者数：50～400）

Stearns, P. N., *op.cit.,* pp.76–77.

　熟練の向上には効果はなかった．自律性意識に鋭い農民労働者は物質的生活の安定を確保しうる程々の賃金収入で満足し，収入の最大化を志向しなかった．その結果，高賃金率はかれらの勤労意欲をポジティブに刺激するというよりも，むしろ欠勤癖（absentéisme）を助長する方向に作用したのである．高賃金政策を強化するために導入された出来高給制についても同様のことがいえる．

　高賃金政策は労働力問題を解決する手法としてはあまり効果的ではなかった．企業の存立と発展をはかるためには，土地に基盤をおく農民労働者の伝統的生活様式や自律性意識を理解しつつ彼らを工場に吸引し，そして所与の技術

水準・労働過程のもとで農民労働者個々にゆだねられていた労働イニシャチブの発現を可及的に刺激し，定着率及び労働規律・熟練の向上を具現する労務政策が新たに求められねばならなかった．企業パトロナージュである．

1 企業パトロナージュ実践企業

ルヴァスール（Émile Levasseur）によれば，企業パトロナージュは七月王政期においてはアルザス綿企業を例外として極めて稀にしか実践されておらず，第二帝政期以降に簇生する．古賀・中野・齊藤の研究からも知れるように，アルザスでは確かに活発な実践がみとめられる．1834年11月に，オ・ラン県ヴェセルランの綿業主エーメ゠フィリップ・ロマン（Aimé-Philippe Roman）も「われわれの綿工業は，そしてあらゆる工業は，一般に25年前から膨大な（生活）資料を提供している．……どれ程多くの者（労働者）が工業のなかに相当な生活を見いだしてきたことか」と述べる．けれども，アルザス以外の地域においても既に七月王政期に，製鉄・炭鉱といった農村部に単独立地する近代的大企業を中心に，企業パトロナージュの実践が一定の広がりを見せつつ，数多く見出される．

まず，1846年10月29日付の『工業報』（Moniteur industriel）は，テルノワール（ロワール県）やアンザン炭鉱（ノール県）の労働者住宅・学校・相互扶助制度・ボーナス制度・教会・共同製パン場・図書室等を例示しつつ，アルザス以外でも数十の近代的大企業が企業パトロナージュに大きな関心を示していると論じる．また，これより先1829年〜1831年にかけて，モゼル県メッスで経営管理に関する公開講義を行ったベルジェリは中小企業パトロナージュ論を力説している．七月革命の前夜以降，アルザス以外の地域においても，企業パトロナージュの経営的意義が大雇主や産業知識人の間でかなりの程度認識されていたことが知れる．

つぎに『1900年パリ万国博覧会国際審査員報告書』は，企業福祉事業の「本格的」展開は19世紀末においてであると判定しつつも，その生成を工場制度が出現した七月王政期に求めている．スターンズは1840年代フランスにおける雇用労働者50人以上の工場制企業を656社未満と算出し，このうち1848年以前に何らかの形で企業パトロナージュを実践していた企業は社名の判明する分だけで，最低461社を数えると指摘する．これはアルザスの綿企業だけではカバーしきれない数字である．藤村大時郎は「経営パターナリズムを実行す

第 2-11 表　近代的製鉄大企業の年利潤　　　（フラン）

年	シュネーデル*	フルシャンボー**
1838	283,327	
1839	271,618	323,492.77
1840	321,212	466,329.60
1841	458,001	1,001,960.78
1842	573,588	1,040,379.90
1843	704,384	1,027,435.46
1844	863,146	425,407.69
1845	1,022,385	825,338.29
1846	1,329,885	1,124,177.42
1847		1,339,166.77

*Silly, J.-B., "La reprise du Creusot 1836-1848", in *Revue d'Histoire des Mines et de la Métallurgie,* t.1, 1969, p.277.
**Thuillier, G., préface de Paul Leuillot, *Georges Dufaud et les débuts du grand capitalisme dans la métallurgie en Nivernais au XIXe siècle,* Paris, SEVPEN, 1959, pp.67, 80.

る企業は，第二帝政期以前においても少なくなかった」と指摘し，作道潤は「経営パターナリズムは第二帝政期以前からかなり普及した経営慣行であった」と述べている．アルザス綿企業のみならず，労働力問題をかかえる近代的大企業は既に工業化の初期段階において，程度の差こそあれ，何らかの形で企業パトロナージュを実践していたと判断することが許されよう．

ではこの時期，企業パトロナージュは近代的大企業に固有の，かつ共通して見出される実践であったのだろうか．ほぼ然りである．労働力問題に直面することの少なかった伝統的小経営は実践の必要をほとんど感じていなかった．たとい必要が生じたとしても，資金的に困難であった．第 2-11 表に製鉄大企業の年利潤を示す．企業パトロナージュは巨額の利潤があればこそ可能な実践であった．ロワール炭鉱は 1846 年に 222,152 フランを企業パトロナージュに支出しているが，これは同年度の利潤の 10% 以下でしかない．小利潤しか得られず，資金の固定化をできるだけ避ける必要があった伝統的小経営の場合，そうした余裕はほとんどなかったと言えよう．せいぜいのところ，心づけを提供するぐらいであったと考えられる．

2　企業パトロナージュの具体的内容

(1) 生活資料の給付
①貯蓄金庫
　賃金の一部を利息付で天引き預金させていた．一定期間を経過しなければ，引き出すことができないケースが多い．アルザスのアンドレ・ケクラン社

（André Koechlin et Cie）の場合，1846年現在で4万フランの労働者預金があり，勤続7年以上の労働者1人当たりの預金高は平均800フランにのぼった．労働者に小財産を形成させて生活の安定を実現させるとともに，企業との一体感を抱かせ，定着率を向上させるねらいがあった[17]．同時に，プレヴォワイアンス意識の陶冶をとおして労働者の道徳教化をはかるねらいもあった．

②相互扶助制度

スターンズによると，174の企業で実践されている．任意加入の場合と強制加入の場合とがあるが，1845年〜1847年の『工業報』によれば後者のケースが多い．製鉄・炭鉱企業では大抵の場合強制加入方式がとられていた．発足当初，運営資金は加入者の賃金から天引き（通常2％）して調達するケースが多かったが，次第に雇主拠出金の占める割合が大きくなっている．大多数の実践企業は1840年までに雇主の拠出を制度化している．ただし，プレヴォワイアンス意識の陶冶＝道徳教化を目的に，労働者の一部自己負担は続けられた．病気や労災で就業不能となった者に対する傷病手当の支給（通常，1日2フラン），医薬サーヴィスの提供，葬儀の無料引き受け，年金給付等を内容としていた．年金給付を実施する企業は少なく，50社程度であった．年金額は120フラン〜150フランで，永年勤続を受給資格にしている場合が多かった．アンザン炭鉱では勤続40年もしくは坑内労働10年を条件にしていた．そのため，受給者は一部の者に限られていた．

ドゥカズヴィルの事例を紹介しよう．1832年にカブロルによって強制加入方式のアヴェイロン炭鉱・精錬会社救済金庫（Caisse de secours de la Cie des Houillères et Fonderies de l'Aveyron）が設立された．運営資金は賃金の2％天引きと罰金，それにカンパニー・ストアの利益金の1％拠出でまかなわれた．扶助は労働者とその家族が病気にかかったり負傷したときに支給する傷病手当を中心にしていた．議長1，書記1，会計1（以上3名はカブロルが任命），労働者代表9の計12名から構成された救済金庫委員会が管理運営の日常業務を引き受けていた[18]．

相互扶助制度は工場労働力の吸引と定着，そして雇主に対する労働者の感恩意識の陶冶及び労働者の道徳教化に機能した[19]．

③労働者住宅

スターンズによれば，少なく見積もっても134の企業が労働者住宅を建設している．持家建築資金貸付制度を設けて労働者に持家を奨励する企業もあった

が，ごく少数であった[20]．最初は粗末な共同住宅が中心であった．その後，道徳性の陶冶を目的に，次第に菜園付の戸建て住宅に移行していった．アンザン炭鉱は1830年～1835年に，単身用共同住宅の他に，ドナン，アンザン，アブゾン（Abson），エスコダン（Escaudin）に菜園・家具付の2K戸建て住宅800戸を建設していた[21]．家賃は住宅の維持・修理費をまかなう程度に抑えられていた．アンザン炭鉱の場合は年間48フラン，ドゥカズヴィルでは42フラン～60フランといった具合である．無料のところもあった．雇用労働者のうち，どれくらいの割合が入居していたのかというと，個々の企業によって労働力の存在形態や建設戸数に差異があるので一概には言えないが，アンザン炭鉱では約25％，ドゥカズヴィルでは約50％と見積もられている[22]．シュネーデルの場合，1846年現在で約49％の労働者が入居していたと推定される．

　労働者住宅建設の目的は，離農プロレタリアと季節労働者を吸引し定着させること，そして彼らの道徳性を陶冶することにあった．アンドレ・ケクラン社のように，入居条件に貯蓄金庫と相互扶助制度への加入を義務づけているケースもあった[23]．

④医療サーヴィスの無料提供

　健康被害のリスクが大きい製鉄・炭鉱大企業を中心に実践されていた．当初，労働者本人のみに，しかも労災に限定して提供されていたが，漸次家族の疾病・負傷にまで適用範囲が拡大された．アンザン炭鉱では専属の医師4人と医療相談員3人が配属され，手術室や救急室も設けられていた．シュネーデル，テルノワール，ロワール炭鉱も自前の診療所を建設していた[24]．

⑤生活必需品の支給・提供

　数多くの企業が暖房用の石炭から昼食に至るまでの多様な生活資料を支給・提供していた．アンザン炭鉱は1817年～1847年の間，穀物を安く提供していた．病人や負傷者にはワインや下着類を支給した．アルザス綿企業は穀物の他に，市価の2/3でパンを提供していた．タルン県のレオン・タラボ製鉄所は年間4,000フランを支出して地元の食料品店と契約を結び，格安な値段で食料品を提供していた．カンパニー・ストアを設置していた企業もある．飲酒防止をかねて，ミルクとコーヒーを無料で提供していた企業も多い．こうした実践は工場労働者の健康改善に寄与し，病欠を減少させた．例えば，レオン・タラボ製鉄所では1人当たりの年間病欠日数が1838年の平均15日から，1845年には平均3日に減少した[25]．

(2) 道徳教化事業
①初級学校

　スターンズによれば，少なく見積もっても154の企業が12歳以下あるいは16歳までの子供労働者を対象に初級学校を設立している．学校を設立していない企業でも，公立の教育機関に寄付を行い，労働時間内に通学させる配慮を講じているケースが目立つ．子供労働者が比較的に少ない製鉄・炭鉱企業でも，労働規律と技能に優れ感恩意識に富む良質の将来労働力養成を目的に，就労前の子供に初級教育を施している．シュネーデル学校はその典型である[26]．

　通常，1日に2時間の授業が労働時間内に行われた．カリキュラムは宗教（学校付司祭が配属されている場合が多い）と道徳，それに読み書きそろばんの一般教養中心であった．アルザス綿企業の初級学校やシュネーデル学校ではデッサンや物理・化学の初歩も取り入れられていた．だが，技能科目は道徳・教養科目に比して当面副次的に位置づけられていたにすぎない．この時期，生産技術との関連における技能教育は，技術水準が熟練工による現場での直接的技能伝授を依然として可能にしていたために，また労働のイニシャチブ発現が労働者個々の自発性に委ねられていたために，制度的な経営課題とはみなされていなかった．労働者の道徳・教養にかかわる教育一般の問題として認識されていたにすぎない．道徳・教養教育は，労働規律と技能に関して，労働者の自発的・積極的な意欲を育む．その結果，特別な技能教育を施さずとも彼らの規律と技能はおのずから向上する．このように見なされていたのである．1847年にJ.-E.シュネーデルは教育に関して，「道徳化は企業成功の最も重要な要素の1つである．道徳なしに，永続的・規律的かつ献身的な労働力を確保することはできない」と述べ[27]，良質労働力の育成における道徳教育の基礎的重要性を指摘する．授業料については，徴収する企業もあったが，漸次無料になっている．

②家族道徳キャンペーン・就業規則

　ミュルーズ綿企業は家族道徳の向上を目的に，倹約・節酒・清潔・躾を奨励するパンフレットを各家庭に配布していた．リールのバロワ企業は労働者に子供が生まれると祝い金を贈ったが，未婚の母に対しては贈らなかった．スダンの企業は，家事を十分に行い，家庭生活を大切にするようにとの配慮から，婦人労働者の終業時刻を早めていた[28]．

　労働道徳・作業規律の向上を目的に，就業規則を定めていた企業も多い．工

場内での飲酒・喫煙・争論・私闘・放歌・不作法な言葉づかい，有害出版印刷物の持ち込み，無断外出は禁止されていた．遅刻した者には1日の賃金の1/3が罰金として科せられるケースが多かった．スダンの企業では酩酊者に対して，1回目は罰金を科し，2回目は解雇措置をとっていた．[29]

3　企業パトロナージュの制度的拡充

　1833年5月16日付の『アンザン炭鉱報告書』は，「与える者はその施物に関して，欲するままに常にどのような条件をも出すことができる．それを制限したり，あるいは廃止することも」と記す．[30]これは，企業パトロナージュの改廃・拡充が雇主個人の自由裁量に委ねられていたことを物語る．工業化初期における企業パトロナージュの実践内容は第二帝政期のそれに比べると質・量ともに劣ることは確かだが，それでも近代的大雇主のポジティブなイニシャチブにより，機能の効果的発現を目的に，一定の範囲内で制度的拡充の努力が払われていた．例えば，ロワール炭鉱は毎年の予算支出に企業パトロナージュの項目を設けている．[31]初めは相互扶助制度だけであったが，次第に事業内容を整備・拡充しているケースは数多い．テルノワールは相互扶助制度の他に，病院・学校・貯蓄金庫・年金制度を，アルザスのシュランベルジェは学校・製パン場等を，といった具合である．テリトワール・ド・ベルフォール県の時計企業ジャピィ兄弟会社は，1812年以前にはボーナス制度を実施していただけであったが，1813年に共同墓地，1818年に学校，1831年に医療サーヴィス，1842年に幼稚園と図書室，1845年には製パン場を設けている．この間，相互扶助制度を設立し，労働者住宅も建設していた．[32]アレは相互扶助制度のほか，1843年までに労災補償・退職年金・疾病手当・労働者住宅・学校・葬儀の無料引き受け等を順次整備している．[33]

4　企業パトロナージュ実践の動機

(1) 良質労働力の確保

　エミール・マルタンの『日誌』（1847年4月8日付）と妻宛の「手紙」（1848年6月2日付）から，マルタン企業パトロナージュの実践動機をさぐる．既に1838年に，マルタンは *Annuaire de la Nièvre* に寄稿して，労働者住宅・貯蓄金庫・労働者菜園・家政・「聖月曜日」に言及しつつ，企業パトロナージュ実践の必要性を説いていた．この略10年の間に，企業パトロナージュは近代的

大企業の間でかなりの普及をみている．『日誌』と「手紙」に述べられた内容は，この間における彼の経験をふまえたうえでの企業パトロナージュ論骨子とみなされる．『日誌』にいう，「生産に必要な手段を完成すること，それは生産の発展を真に実現する労働者の身体的及び道徳的改善のなかにある．労働の共同体（communauté）を組織して労働者に福祉を提供することは，彼らに健康と誠実を付与し，生産を増大させる唯一の方途である」と，「工業の真の発展は労働者の身体的及び道徳的改善のなかにある」から，「労働者（という）資本は社会的資本と同じくらい配慮に値するものである．工業企業は速やかに労働者の知的そして道徳的水準を向上させることに着手するべきである」というのである．では，労働者の「改善」・「向上」は具体的にどのようにして実現されるのか．「手紙」に記された実践プランから知れる．「㋐小麦・混合麦の提供と製パン場　㋑豚肉の提供　㋒洗濯場　㋓学校とスープ付子供裁縫場　㋔医療サーヴィス　㋕病人・障害者・高齢者・寡婦・遺児のための相互扶助制度　㋖労働者住宅」の建設・整備である．マルタンは「労働者の身体的及び道徳的改善」すなわち良質労働力の確保を企業の存立と発展をはかるうえでの必須条件とみなし，そのために企業パトロナージュの実践を意欲した．

「機械製造業者同盟連合会」（Comité de l'Union des constructeurs de Machines）は1843年に，「機械製造に雇用されている労働者階級の福祉は，機械の細部に施される（かれらの）熟練の精神を増勢的に刺激する……」と指摘する．1842年の『工業報』は，「労働者の地理的移動（転職）を減少させるために，工場主の影響力を増大させるために，そして将来（の生活）を危うくするであろうペナルティを恐れる労働者に対して良き行為を促すために」，企業パトロナージュの実践を推奨する．スターンズは，近代的大雇主がこうした点について共通認識をもっていたことを検証する．シャサーニュも，工場労働力の吸引と定着および雇主に対する労働者の感恩意識の陶冶に綿業パトロナージュ実践の動機を求めている．ベルジュロンも，ミュルーズ綿業主が「最もよく教育を受けた，そして最も知的な労働者は，一般的にいって，一層良きサーヴィスを生みだす」と確信していたことを確認する．

企業パトロナージュ実践の動機は，㋐物質的生活資料の給付をとおして工場労働力を吸引し，定着率を高める　㋑教育＝道徳教化をとおして工場労働者の雇主に対する忠誠・感恩意識を高め，かれらの労働イニシャチブ発現を刺激し，労働規律と熟練の向上をはかる，という近代的大企業の良質労働力確保・

利用の論理に求められる[43].

(2) 近代的大雇主の社会的価値観・宗教的特性

　雇主の社会的価値観・宗教的特性も企業パトロナージュの実践に大きく関与していた．ベルジュロンは「企業の社会的政策（politique sociale）は，企業自体の論理のなかに，そしてプロテスタントあるいはカトリックのアンスピラシオンのなかに打刻されている」と述べ，経営の論理とともに，雇主の宗教的特性を実践の契機にすえる[44]．ルヴァスールは「すぐれた経済的計算」（bonne opération économique）とともに，雇主の社会的義務意識を指摘する[45]．スターンズは「伝統主義」（conventional wisdom, traditionalism）を取りあげ[46]，大森弘喜は漠然たる精神風土としての「ノブレス=オブリージュ」を指摘する[47]．近代的大雇主に固有の社会的価値観・宗教的特性が，企業パトロナージュの実践を理念的に動機づけていたと把握することが可能である．叙上のマルタンは『日誌』（1850 年 7 月 14 日付）のなかで，「徳義の意識（sentiment de l'honneur）は私にとって強固に確立されたものであった」と述べ，この意識が彼を労働者に対する良き庇護者ならしめていたことを黙示する[48]．1855 年 12 月 13 日付の *Gazette de l'Angoûmois* は，「マルタン氏がどれ程，彼の労働者に対して親切で，貧民に対して慈悲深く，教会に対して熱心で，寛大でリベラルであるかを示すには，一言しかいらぬ．シィリュイル（Sireuil）『コミューン』で，貧しい人々のために最初に献金をはじめたのは彼であることを世人は知っている」と論じ[50]，シィリュイル製鉄所におけるマルタンの宗教的特性を指摘する．次節では，主としてカトリシズムに源をもつ「伝統主義的労働者観」とミュルーズ「繊維貴族」のカルヴィニスム博愛精神を取りあげ，企業パトロナージュ実践の理念的契機にいま少し詳しく接近する．

注

1　Stearns, P. N., *op.cit.*, pp.70–71, 174 ; Vial, J., *op.cit.*, p.151. 労働力の不足と熟練技能の欠如を補う施策として，労働時間の延長も実施された．炭鉱大企業では平均 8 時間／日だったものが同 10 時間に延長された．ミュルーズ綿企業では平均 12.5 時間から同 14 時間に延長された．だが，この施策は漸次放棄された．作業能率の向上にとって，長時間労働はむしろマイナスであることが判明したからである．例えば，アルザスのグロ（Gros）は 1841 年に 30 分の時短で生産量の 4% アップを確認している．N. シュランベルジェは 1.5 時間の時短を導入している．一般に，ミュルーズ綿企業は 1827 年の平均 13.5 時間から 1843 年には同 12.5 時間に，ルーアン紡績企業は 1830 年の平均 14.5 時間から 1842 年には同 13.5 時間に，ルーベ繊維企業は 1834 年の平均 13.5 時間か

ら1844年には同12時間に，短縮している．だが，労働時間の延長・短縮は労働力問題を根本から解決するものではない．一時的な対症療法でしかなかった（Stearns, P. N., *op.cit.*, pp.59-61）．
2　Thuillier, G., *op.cit.*, pp.46-47.
3　Stearns, P. N., *op.cit.*, p.80.
4　*Ibid.*, p.50.
5　*Ibid.*, pp.83-84.
6　Levasseur, É., *Histoire des classes ouvrières et de l'industrie en France de 1789 à 1870,* deuxième édit., t.2, 1903, reprinted, AMS, 1969, p.887.
7　古賀和文『前掲書』，102頁以下；中野隆生「フランス第二帝政期における労働者住宅の建設と販売－ミュルーズ第一次労働者都市をめぐって－」『人文学報』（東京都立大）第216号，1990年；齋藤佳史「産業革命期フランス・アルザス地方におけるパテルナリスム」『土地制度史学』第164号，1999年．
8　Chassagne, S., *op.cit.*, p.374.
9　Stearns, P. N., *op.cit.*, p.98.
10　第1章を参照されたい．
11　Exposition universelle internationale de 1900 à Paris, *Rapports du jury international,* Groupe XVI, Paris, M CMIV, p.112.
12　Stearns, P. N., *op.cit.*, p.89. 1840年代のフランスには雇用労働者50人以上～500人未満の企業が3,200，同500人以上の企業が133存在していた．しかし，この3,333企業の大部分は工場制企業ではなく，伝統的な「商人＝製造業者的経営形態」の企業であり，企業パトロナージュを実践する必要をほとんど感じていなかった（*Ibid.*）．
13　藤村大時郎「第二帝政期フランスにおける経営パターナリズムをめぐって－同時代の労働問題研究家の関心状況を中心として－」『社会経済史学』第44巻　第6号，1979年，7頁；作道潤「十九世紀フランスにおける企業者活動の諸特徴－産業企業家の経営理念をめぐって－」『経営史学』第25巻　第4号，1991年，34-35頁．
14　だが，近代的大企業といっても，製鉄・炭鉱企業と繊維企業とでは企業パトロナージュの開始時期に少しズレがみられる．前者は初発から高度な資本構成と大量の成人男子労働力を必要としていたこともあって，創業当初から巨額の資金を投下して開始している場合が多い．後者は創業後しばらくの間内部蓄積につとめ，その後に開始している場合が多い（Stearns, P. N., *op.cit.*, p.90 ; Vial, J., *op.cit.*, p.152 ; Thuillier, G., *op.cit.*, *passim*）．
15　Levasseur, É., *op.cit.*, t.2, p.669.
16　Stearns, P. N., *op.cit.*, p.91.
17　*Ibid.*, p.94.
18　Reid, D., *op.cit.*, pp.34-36.
19　Stearns, P. N., *op.cit.*, pp.94-95 ; Reid, D., *op.cit.*, p.36.
20　Stearns, P. N., *op.cit.*, p.96.
21　Gille, B., [1959], p.44.
22　労働者住宅に入居することで，一般的には，金額に換算して約0.5フラン／日，1年間では約183フランの家賃が節約された，とスターンズは計算している（Stearns, P. N., *op.cit.*, p.96）．
23　*Ibid.*, pp.96-97.
24　*Ibid.*, p.96.
25　*Ibid.*, pp.97-98.
26　第3章 Ⅲ 2及び第7章 Ⅴを参照されたい．
27　Schneider, J.-E., *Note remise à la Commission de la Chambre des députés chargée de l'examen du Projet de loi des Douanes,* Paris, 1847, p.29.
28　Stearns, P. N., *op.cit.*, pp.91, 93.
29　*Ibid.*, pp.91, 95.
30　*Ibid.*, p.101.
31　*Ibid.*, pp.91, 99.

32 *Ibid.*, p.98. ジャピィ兄弟会社の企業パトロナージュについては，Vitoux, M.-C., *Paupérisme et assistance à Mulhouse au XIXe siècle*, Strasbourg, Association des Publications près les Universités de Strasbourg, 1986, p.186 を参照した.
33 Locke, R. R., *op.cit.*, p.76.
34 Thuillier, G., *op.cit.*, p.173.
35 Thuillier, A., *Économie et Société Nivernaises au début du XIXe siècle*, Paris, 1974, p.308.
36 *Ibid.*
37 *Ibid.*
38 Stearns, P. N., *op.cit.*, p.78.
39 Vichniac, J. E., *op.cit.*, p.61.
40 Stearns, P. N., *op.cit.*, p.102.
41 Chassagne, S., *op.cit.*, pp.494–495, 659–660.
42 Bergeron, L., *op.cit.*, p.155.
43 企業パトロナージュによって得られる労務政策的成果と同等の成果を，個々の労働者に対する賃金増によって獲得しようとすれば，前者の方がはるかに安上がりになることを雇主は十分に認識していた（Stearns, P. N., *op.cit.*, p.91）.
44 Bergeron, L., *op.cit.*, p.154.
45 Levasseur, É., *op.cit.*, t.2, p.668.
46 Stearns, P. N., *op.cit.*, p.116 *sq.*
47 大森弘喜『フランス鉄鋼業史－大不況からベル゠エポックまで－』ミネルヴァ書房，1996年，213頁.
48 Thuillier, A., *op.cit.*, p.454.
49 *Ibid.*, p.320.
50 *Ibid.*, p.308 note. マルタンは1854年にフルシャンボー・グループと袂を分かち，シャラント県シィリュイルに製鉄所を経営した.

Ⅳ 企業パトロナージュ実践の今一つの契機
　　－雇主の社会的理念－

1 リベラリスム的労働者観について

　ルイ゠ルネ・ヴィレルメ（Louis-René Villermé）とブノワストン・ド・シャトーヌッフ（Benoiston de Châteauneuf）は道徳政治科学アカデミーから依託を受けて，1835年～1837年に，オ・ラン県やノール県をはじめとするフランス各地の綿・毛・絹織物工場の労働者の状態を調査した．ヴィレルメはその成果をもとに，*Tableau de l'état physique et moral des ouvriers employés dans les manufactures de coton, de laine et de soie*, 2 vols., Paris, 1840（以下，『調査報告』と略記）を著した．『調査報告』に対してシュヴァリエ（Michel Chevalier）は書評 *De l'industrie manufacturière en France*, Paris, 1841 を著し，「彼（ヴィレルメ氏）は労働者の物質的生活，かれらの住居，服装，栄養状態の詳細を入念に

観察した．……彼は労働者階級の道徳的悲惨を考察し，かれらをしばしば堕落させている害悪を分析し，原因は何かということとその痛ましい結果を指摘した．／ヴィレルメ氏は曖昧かつ迂闊な思弁に陥ることなく，ベーコンが観察によってヨーロッパで始めた方法に従った」と高評価を与えた．[1] シュヴァリエの評価は基本的に，ルヴァスール，アンリー・セー，F. ブローデル，E. ラブルースにより今日まで受け継がれている．[2]

　モーリス・デランドルとアルフレッド・ミシュラン（Maurice Deslandres et Alfred Michelin）及び清水克洋の『調査報告』に関する研究から，[3] ヴィレルメが1830年代フランス繊維労働者の社会的貧困の原因を「労働者自身の生活規律の喪失」と「資本家・労働者の非人間的関係」に求めていたことが知れる．[4] このことは，リベラリズム的＝セルフ・ヘルプ的アプローチが同時代フランス繊維雇主の労働者観として存在していたことを意味している．労働者の飲酒防止と道徳化に関する繊維雇主の態度について，『調査報告』は次のように記す．「かれら（製造業者＝繊維雇主）の大多数は，労働者を節度あるものにしようなどとは夢想だにしていないし，そんなことにまったく興味すら示さない者もいるだろう．そして本当のことを言うなら，かれらは皆，……この問題について関心を持たないでいるのである．……かれらが言うには，自分たちは富裕になるために製造業者になっているのであって，慈善家であるなどと見せかけるためではない，のだそうである」．[5] さらに，「多くの作業場の親方は労働者の感情や習慣，境遇に配慮していない．そして生産のための単なる機械としてしか彼らを見ていない」とも記す．[6] また同時代の労働問題研究家エメリ（H. C. Emmery）は，慈善的動機によって鼓吹され，労働者の人格を尊重していた善良な雇主も，その「心は習慣によって，またしばしば必要によって冷酷となり，あらゆる慈愛心はほどなく消えてしま」い，[7] 資本の圧力のもとに，労働者を生産の1要素としてしか見なさなくなることを指摘する．ブュレ（E. Buret）も，「いかなるサーヴィスも義務も両者（雇主と労働者）を結びつけることはない．雇主は生産費という名目でしか労働者を見なくなり，必然的に，生産を一層高めるために絶えず馴らして行かねばならない丈夫な素材として彼らを見るようになっていった」と指摘する．[8]

　では，雇主総体のなかで多数をしめる中小雇主はともかくとして，近代的大雇主についてもこうしたリベラリズム的労働者観が基調的に確認されるのであろうか．この点が問われなければならない．イギリスでは18世紀末に，「従属

・保護」の伝統的労働者観からセルフ・ヘルプ中心のリベラリズム的労働者観への転換がみとめられる．フランスでも1820年頃に類似の変化が観察される．しかし，その変化はイギリスほど社会的に広範なものではなく，ファンダメンタルなものでもなかった．中小雇主についてはともかく，近代的大雇主については，むしろそうした変化はほとんど見られなかったといっても過言ではない．スターンズは，従来主張されてきた「労働者に対するフランス工業家の最も奥深い社会的刺激としてのリベラリズムについては，注意深く検証を行う必要があり，疑問を投げかける必要がある」と述べ，「結局のところ，……（リベラリズム的労働者観は）工業家の個人的信念というよりは，むしろ工業家が社会の批判（「社会問題」）によって悩まされたときに用いる公開のショー向けのものであった」のであり，単なる外的表示としての「窓飾り」でしかなく，イギリスのような開花は，近代的大雇主においてはみられなかったと結論づける．ルヴァスールは，「大部分の雇主は排他的に自己の本来の事業，すなわち生産と販売に専心していたのであり，労働者階級に対する配慮などには無関心であるのが普通であった」と論じつつも，その前段においては，「雇主とりわけ工場あるいは大製造所の長たちは魂の救済を任としていた．われわれはこうした雇主のなかに，労働者階級のための最も熱心な配慮を見出すに違いないのではなかろうか」と述べ，大雇主がリベラリズム的労働者観にとらわれていなかったことを指摘する．

　われわれもまた，『調査報告』をもとに，工業化初期における近代的大雇主の非リベラリズム的労働者観を繊維部門を事例に析出するものである．ヴィレルメは「たとい冷酷な親方たち，労働者の不道徳や貧困に無関心で，むしろその方が自分の財産（形成）にとってヨリ都合がよいと考え，それを喜んでさえいる親方たちがいるとしても，そうではなくて，労働者に対する真の配慮に駆られた，そして労働者に仕事を提供することだけで満足せず，さらには彼らを指導し，より貧しくなく，且つ良くしようと欲している親方もまた多数いる」ことを指摘し，具体例を相互扶助制度・学校・菜園付労働者住宅・貯蓄金庫・医療サーヴィスを実践するN. シュランベルジェ，アンドレ・ケクラン等のミュルーズ綿業主に求めている．また「アルザスの製造業者はこの害悪（レッセ・フェール的労働者観の1つの大きな弊害）を認識し，それを予防することに大きな利益をみとめているのみならず，労働者の道徳化における工場主の影響のほとんど唯一的な効果を認識している」と記す．さらにヴィレルメは，「労

働者を作業場の外へ完全に放りだすことは，そしてそのサーヴィス（労役）を使い尽くし，かれら（労働者）がもはや以前と同じ利益をもたらさなくなると，かれらがどうなろうとお構いなしに解雇することは，あらゆる人間的感情に反する不正である」[17]が，このリベラリスム的「不正」を行う「冷酷な親方たち」とは，「最近になって作業場で企業主になったばかりの，あるいは資金力のない小製造業者である」[18]ことを鋭く指摘する．中小の繊維雇主は－繊維雇主の多くはこのカテゴリーに属していた－リベラリスム的労働者観を抱いていた．しかし，ミュルーズ「繊維貴族」に代表される近代的繊維大雇主は，「労働者に対する真の配慮に駆られた」固有の労働者観を抱いていたのである．

2 「伝統主義的労働者観」

(1) 「貴族パトロナージュ」理念

旧制度期フランス社会を安定的・調和的に結合・維持していた基本関係は，中世中期封建制社会の「オマージュ」に源をもち，17世紀～18世紀に貴族の家庭において典型的に発展した家父長的保護・従属の「主人・奉公人関係」であった[19]．マザ（Sarah C. Maza）は貴族の家庭で展開されたこの関係を「貴族パターナリズム」（aristocratic paternalism. 以下では，「貴族パトロナージュ」と訳す）と呼んでいる．「貴族パトロナージュ」の理念をマザの提供を借りて整理する．マザはカトリック神学者クロード・フルリ（Claude Fleury）の『主人及び奉公人の諸義務』（*Les Devoirs des maîtres et des domestiques*, 1688）[20]に主依しつつ分析を進める．

①生活保障と道徳教化の義務

主人たる貴族は，主として農民出身者から構成された奉公人[21]を「保護者」的立場から「子供に接するように」指導し，彼らに対して物質的生活保障と道徳教化を実践する義務を負う．具体的には衣食住の提供，医薬の提供，将来の生活設計，宗教教育，読み書きそろばん指導である[22]．フルリは，「（奉公人）一人ひとりが欠点をもっていること，そしてそれを愛情深く矯めることは，不可欠なことと理解しなければならない」と主人（貴族）に教示する[23]．

②権威

フルリは，「あなた方（主人）はかれら（奉公人）に対して，父として振舞わなければならない．そして分別ある父として，かれらに接しなければならない」と教示する．奉公人の不従順に対しては，「聖書は父に対して，子にムチ

を惜しむなと述べている」と指摘し，慎重な判断のもとにという条件付きで，体罰をも容認する[24]．

③兄弟愛

「かれらとあなた方との主は天にいますのであり，かつ人をかたより見ることをなさらないのである」（「エフェソ人への手紙」第6章9）．ここでは，主人と奉公人はともにキリストの「子」であり，人間のペルソナの尊厳において平等であることが示されている．フルリは「奉公人を種類の違う人間とか，われわれに仕えるために生まれてきたとか，われわれ個々の気まぐれを充足するために生まれてきたとみなす専制的精神ほど，キリストの精神からかけ離れたものはない」[25]と説き，主人の権威は兄弟愛に裏付けられたものでなければならないと教示する[26]．

④奉公人の主人に対する忠誠・従順と勤勉の義務

「労働は人間の天職であり，キリスト教徒の贖罪であり，奉公人の義務である」[27]．ここに，奉公人の勤勉が規範化される．勤勉と並び重視されたのが，主人に対する忠誠・従順の義務である．神の前での平等とは別異に，現実のヒエラルキー社会関係を維持するうえで，主人の権威と奉公人の忠誠がカトリック神学によって規範化される．フルリはいう，「あらゆる世界の，そして文明社会の調和を維持するために，世界には（権威・）忠誠関係が必然的に存在しなければならない．上層者と下層者，主人と奉公人」と[28]．また，忠誠は「奉公人の第一の義務である．それは人間社会の基礎である．とりわけ父に対する妻と子の（忠誠），そして（主人に対する）奉公人の忠誠に依存する家族社会の基礎である．忠誠がなくなれば，人間の存在は犯罪と恐るべき混乱に陥り，野獣の生活よりも劣悪なものとなるであろう」と[29]．忠誠・従順は外見的なものであってはならず，心底から内面化されたものでなければならない．「僕たる者よ，キリストに従うように，恐れおののきつつ，真心をこめて，肉による主人に従いなさい」（「同」第6章5）．「人にへつらおうとして，目先だけの勤めをするのでなく，キリストの僕として心から神の御旨を行」（「同」第6章6）うごとく主人に仕えることが，『パウロ書簡』を根拠に命じられる[30]．奉公人の主人に対する忠誠・従順と勤勉は，「貴族パトロナージュ」の，したがって人的・社会的結合のプリンシプルとして，本質にすえられる．

以上から，「貴族パトロナージュ」理念は，カトリック神学規範のもとに，㋐主人たる貴族の奉公人に対する，兄弟愛に裏付けられた権威的保護・指導の

義務　④奉公人の主人に対する内面化された忠誠・従順と勤勉の義務，この2つを掟とする家父長的保護・従属の心的原理であったことが分かる．

　ムーニエ（R. Mousnier）は「社会階梯の頂点から底辺にいたるまで，人々は人と人，主人と忠僕（fidèle）を結合する忠誠（fidélité）の絆によって，互いに結ばれていた」と指摘する．フェアチャイルズ（C. Fairchilds）とギュトン（J.-P. Gutton）は，「主人・奉公人関係」すなわち「貴族パトロナージュ」の理念が旧制度期フランスにおいて，単に家族レベルにとどまらず社会的レベルにおいても，人的結合理念として現実に機能していたことを検証する[32]．18世紀後半になると，啓蒙主義価値観の浸透にともない，カトリック神学規範は漸次希釈化する．しかし，「貴族パトロナージュ」理念は貴族および「高貴な暮らし方をする」（vivre noblement）上層ブルジョワジーによって，上層階級と下層階級を保護・従属関係のもとに結合する社会理念として維持される[33]．

　フランス革命の政治・経済的変動は社会制度を変革し，資本主義経済システムに適合的な法システムを導入した．しかし，このことは革命前の社会的価値観なり理念が，工業化の時代になっても依然として社会の基層的部分において存続し，資本主義適合的に読み替えられて機能し続けることを何ら妨げるものではない[34]．カトリシスムに本来的源泉をもち，すぐれて宗教的特性を帯びた「貴族パトロナージュ」理念は，伝統的な社会的理念として，「名望家雇主」の意識のなかに共鳴的に再構成・継承される[35]．

(2)「名望家雇主」の伝統的な社会的理念

　テュデスク（André-Jean Tudesq）は「名望家層－富裕なブルジョワジーと貴族階級－は，その富によって地域の経済的主導権を，その影響力によって政治的・社会的主導権を保持している．……貴族階級と大ブルジョワジーはしばしば同盟を結び，名望家の社会をまさしく形成している」と述べ[36]，貴族と大ブルジョワジー（grandes bourgeoisies, dynasties bourgeoises）を名望家層（grands notables）として融合的に捉え，これを工業化初期フランス社会の指導者層にすえる．テュデスク名望家概念に対しては，ギブソン（Ralph Gibson）やケンプ（Tom Kemp）による批判がある一方[37]，ランベール＝ダンセット（Jean Lambert-Dansette）やベルジュロンの基本的支持もある[38]．なかでもベルジュロンはテュデスク概念を発展させて，名望家の中核を近代的大雇主に求め，工業封建制（féodalité industrielle）を立論する．「実際，1789年～1793年の革命の

清算及びそれに続くナポレオン的再建は，民主制への強い熱望にもかかわらず，強力にヒエラルキー化した社会への結びつきの要素を除去しなかったように思われる．そこでは，名望家とりわけ大雇主（patron）が，貴族・領主が放棄して空になった地位を奪取した．とにかく，以後工業家が社会の発展に最もよく専心する中心階級の地位を占めることは疑いえない」と，工業化初期，近代的大雇主が貴族とともに，あるいは貴族以上に，社会的指導者層として位置づけられることに異論はない．彼らを「名望家雇主」として概念理解することが許されよう．

さて，ギブソンによると，「19世紀前半においては，いくつかの地方では，その（農民の貴族に対する）憎悪はまだまだ先のことであった．即ち，（貴族に対する）相当に純粋な畏敬の念が（農民の間に）存在していたように思われる」．また，テュデスクは，「中部山岳地方や西部地方においては，……貴族の社会的至上権（suprématie）は当然のこと，自明のこととして民衆から受けとめられ，至るところに（稀に，若干の都市を例外として）存在していた」と指摘する．これは，旧制度期以来の「貴族の威信」の根強い存続を示すものである．貴族と融合して，あるいは貴族以上の実力者として名望家層を形成する近代的大雇主もこの「威信」を受容・体現し，その権威を地域において発現した．その際，企業経営レベルにおいては，「貴族パトロナージュ」理念を再構成・継承した伝統的な社会的理念が「名望家雇主」の雇用労働者に対する基本的アプローチに据えられ，企業パトロナージュの実践を刺激した．アレの D. B. ダジィとイッポリット・ドルイヤール（Hippolyte Drouillard）はヒエラルキー秩序を神の摂理にもとづく神聖な社会秩序に擬定しつつ，労働者は雇主の権威に対して忠実で畏服すべきこと，勤勉たること，返務として雇主は労働者に対する物質的生活保障と道徳的指導の義務を負うと自覚するであろう．フルシャンボーのボワグにとって，「労働者は，その健康と道徳性と福祉に心底から配慮すべき家族であった」であろう．

(3)「伝統主義的労働者観」

「名望家雇主」は「貴族パトロナージュ」理念を資本主義適合的に読み替え，企業経営の場で伝統的な社会的理念を展開した．だがもう一つ，「貴族パトロナージュ」理念と並び，18世紀農村社会に支配的であった農村ブルジョワジー・富農家・村の司祭と貧農の間の物質的・道徳的な保護・従属の心的原理も

「名望家雇主」＝近代的大雇主によって経営合理的に再構成され，継承・展開された．ノワリエルにいう「伝統的農村社会から受け継いだ社会諸関係の一概念の実業界への適用」である[46]．旧制度期の農民の生活は教区単位に区分された約4万にのぼる共同体的社会構成のなかに組み込まれ，秩序づけられていた．地方ごとにばらつきは認められるものの，全国的にみると，農民の6割強は土地をもたぬ貧しい小作農か，もしくは日雇い農であった．残り4割弱も自宅と小土地と少しばかりの農具しかもたぬ貧農であった．この農村コミュニティを取り仕切っていたのは地元の農村ブルジョワジー（小官吏・法曹家・医者・地主）であり，富農家であり，道徳的には村の司祭であった．かれらは農民を保護すべき者とみなして指導した．大部分の農民はヒエラルキー秩序のもとに保護・指導を当然視・自明視しつつ受容し，農村ブルジョワジー・富農家・村の司祭に従属していた[47]．

　筆者は，「貴族パトロナージュ」理念と18世紀農村社会に支配的であった保護・従属の心的原理を範疇的に略同一と把握する．けだし，18世紀農村社会に支配的であった「社会諸関係の一概念」（保護・従属の心的原理）は村の司祭により，したがってカトリック神学規範のもとに，オーソライズされていたであろう．2つの理念は工業化の初期に，近代的大企業経営の場において資本主義適合的に読み替えられ，再構成された－前者は伝統的な社会的理念として，後者は「伝統的農村社会から受け継いだ社会諸関係の一概念の実業界への適用」として－．いま，カトリック神学規範に源泉をもつ伝統的な社会的理念と，カトリック神学規範によってオーソライズされていた「伝統的農村社会から受け継いだ社会諸関係の一概念の実業界への適用」，この2つを「伝統主義的労働者観」として統括することが許されよう[48]．「伝統主義的労働者観」は工業化期をとおして，近代的大雇主の雇用労働者に対する信念（プリンシプル）に最も近いものであった[49]．

　では，「伝統主義的労働者観」は具体的にどのような形で発現していたのか．近代的大雇主は工場労働者をいかなる存在として認識していたのか．そして，どのように対応するべきだと考えていたのか．この2点から接近する．

①工場労働者はいかなる存在か
　ブルジョワジーは労働者階級を含む下層民総体を危険視し蔑視していた，と一般には指摘されている[50]．だが，スターンズによれば，近代的大雇主の工場労働者に対するアプローチは必ずしもそうではない[51]．確かに，言葉遣い，服装，

飲酒，道徳性の点からして，労働者は名誉を尊ぶ心と志にかける不道徳・不規律な存在であり[52]，ブルジョワジーとは社会的・文化的価値観を異にする社会的劣等者（スターンズにいう「別種の人間」a different breed of man）とみなされてはいた[53]．しかし，近代的大雇主は工場労働者を理性に欠けた，蔑視すべき危険な存在であるとは決してみなしていない．むしろ，基本的には，従順で感恩意識に富み身体だけが大きくなった「子供」，リールのバロワがいう「はなはだ小学生に似た」存在，とみなしていたのである．この「子供」には固有の人格が付与されていた．1831 年〜1832 年の不況のときにサン・カンタンの繊維雇主は，創業時の苦難や競争圧力を克服しえたのは「人間の根源的美徳」をそなえた労働者の「驚異的忍耐」のおかげであったと率直にみとめる[54]．また 1840 年 10 月 21 日付の『ヴァランシエヌ商業会議所報告書』は，「われわれは，彼（労働者）の性格がわれわれ程にはデリケートでないこと，そしてこのことは文明が神さまに感謝すべき大いなる御恵であると理解する」と記す[55]．工場労働者は，社会的劣等者ではあるが，神の摂理（providence de Dieu）のもとに独自の人格をもつ存在である，とみなされていたのである．

②どのように対応するべきか

アランソンのモスリン工場主レコク゠ギベ（Lecoq-Guibé）は 1837 年に，「私は私が雇用しているすべての労働者，そして私が愛し，ある意味で私の協力者である（労働者の）父母たちの物質的福祉の増進を実現するためには……何ごとをも疎かにしないつもりである」と述べる．ブロンズ工場主のドニエール（Denière）は 1846 年 4 月 19 日に，「賃金はすべてを解決するものではない．雇主は，自己の立場がみずからに課す（労働者への）保護・指導を疎かにすることはできない」と述べる[57]．マルタンも「われわれは労働者のために，彼（労働者）に優雅で人間的な労働条件を付与するために，10 時間（労働）を超えることのないよう，時間を犠牲にしなければならない」という[58]．リールのレスティブドワ（Lestiboudois）は 1840 年 12 月 22 日に，道徳教化について，「労働者にとって教育はすべてである．それは（労働者の）道徳的・身体的再生の現実的手法である．それはすべての社会的進歩が常にその廻りを回転する基本軸である」と述べる[59]．物質的生活資料の給付と道徳教化が，神の摂理のもとに独自の人格を付与された「子供」に対する雇主の社会的義務として，すなわち神慮に適った「規範的義務」として，鋭く自覚されていたことが知れる．ただし，物質的生活資料の給付については，それが雇主の労働者に対する全面的な

アシスタンス（assistance）を意味するものではなかったことに留意すべきである．アシスタンスは労働者から勤勉を奪い去り，怠惰を助長する恐れがあるので，道徳教化上好ましくないと見なされる傾向にあった．そうではなくて，労働者の一部自己負担を導入したプレヴォワイアンスによる生活給付を意味していた．プレヴォワイアンスは労働者の自己啓発をリアルに刺激し，道徳教化を促進すると考えられたのである．例えば，J.-E. シュネーデルの手になる1849年7月9日付ソーヌ・エ・ロワール県商業会議所の『農商務大臣宛意見書』は，退職年金金庫の設置について，「われわれは，雇主のみが退職年金の負担を引き受けることの利得は，これを認めない．労働者の負担は，かれらにプレヴォワイアンスの意識を陶冶させるために必要であると思われる」と述べる[61]．

近代的大雇主のこうした社会的義務意識について，スターンズは1835年3月付のアレ文書等を分析し，次のように整理する．「雇主・労働者関係における一定の友好的・非公式的なふれあいが，諸工場において共通して，場合によっては家族企業においても，存在していた．多くの工場主は毎年，自分の誕生日やその他の機会に宴会を開き，飲んだり食べたりして（労働者と）相互の協力を誓いあった．祝日や支配人の交代のときには祝儀やボーナスが労働者に支給された．換言すれば，しばしば言われてきたように，唯一賃金のみが労働者に対してなさねばならぬ義務であるという考え方は，実際にはさほど実践されていなかったのである．雇主は形式的にも実質的にも権威者であったが，安定的な工場労働者を匿名の孤立状態のなかに投げ込むようなことはしなかった．／同様に，労働者は（労働者）災害に対して（自己）責任があると見なす荒々しい原則も（雇主の）相当な憐み（mercy）を妨げはしなかった．というのも，労働者に対する取り扱い基準は非常に多様であったので，完全な一貫性を認めることはできないからである．多くの工場主は負傷した労働者を援助した．（社会的）義務意識（a sense of obligation）は高年あるいは病弱な労働者を，たとい彼の労働能力が衰えていたとしても，可能な限り雇用し続ける多くの工場主の共通の努力のなかに強烈に表現されている．若干の工場主が高年労働者をブリュータルに解雇していたことは本当である．しかし，どれ程多くの工業家が高年労働者を解雇していなかったかを確定することができないことも，また本当である．しかしながら，実質的に，世間向けとして意図的に記録されたものでは決してない個々の企業の有益なすべての記録は，誠実な高年労働者に対して援助を提供する雇主の相当な関心を立証している」と[62]．J.-E. シュネーデ

ルなどは労働者一人ひとりに話しかけ，身上相談にのることも厭わなかった．ジャピィ兄弟会社は高年労働者の雇用を保障し，食料不足のときにはパン・穀物を配給して，かれらの生活保障につとめている．

「伝統主義的労働者観」の具体的発現が明らかとなった．主としてカトリック神学規範を源泉にもつ近代的大雇主の社会的義務意識が，雇主・労働者の保護・従属の心理的親和関係のもとに，「子供」のように従順な感恩労働者＝工場労働者に対する物質的生活保障と道徳教化を提唱している．

3　カルヴィニスム博愛精神

ミュルーズ綿業パトロナージュは実践の規模と密度において，工業化初期フランスの企業パトロナージュを代表する．ミュルーズ綿業パトロナージュ生成の理念的契機として，次のエリメントが指摘される．「繊維貴族」を形成する綿業主の，㋐カルヴィニスム博愛精神（philanthropie）㋑貴族主義に基づく伝統的な社会結合理念　㋒国家権力の干渉に対抗するリベラリスムである．3つのエリメントは合一・一体的に作用し，労働者に対する生活保障を対自的かつ対他的に，「社会的義務」として綿業主に告知する．以下，マリー＝クレール・ヴィトゥ（Marie-Claire Vitoux）の提供を借りて，カルヴィニスム博愛精神に焦点をしぼり考察する．

(1)　慈善（charité）

博愛精神の本源は綿業主個人の宗教的特性に求められる．みずからの信仰の証し，神の愛への感謝のしるしとして，ミュルーズ綿業主は貧困に対する慈善－ただし，教会内的範域での－を実践する．教会内的範域での慈善が社会的レベルにまで高められ，合理的に活性化するとき，ミュルーズ綿業主に博愛精神が形成される．その主契機は，「信仰覚醒の神学」運動とペスタロッチ教育思想の摂取に求められる．信仰の非日常的倫理は，魂の次元で自己の内面世界をみるだけでなく，世俗的・社会的に有意な行為への献身を告知する．

(2)　「信仰覚醒の神学」運動（la théologie du Réveil）

運動の萌芽は18世紀中葉にまでさかのぼるが，決定的契機は「ミュルーズ聖書協会」（Société Biblique de Mulhouse）の設立と「貧民の友協会」（Société des Amis des Pauvres）の発足に求められる．前者はミュルーズのグラフ牧師

(Graf)とバン・ド・ラ・ロシュ（Ban de la Roche）のオベルラン牧師（Oberlin）によって1820年頃に結成され，「この都市とその周辺のプロテスタントの間に聖書を広め，それによって宗教意識を覚醒することにつとめ」た[68]．後者は1840年頃に設立され，「Faites du bien à tous」をモットーに，信仰の社会的実践を刺激した[69]．「信仰覚醒の神学」運動は，労働が神の栄光を称えるものであることをあらためて確認するとともに，ミュルーズ綿業主に対して，労働者の貧困に対する有意な社会的行為を神の愛への感謝のしるしとして合理的に鋭く告知した[70]．

(3) ペスタロッチ教育思想の摂取

ミュルーズには，フランスによる併合（1798年）前の1775年に，Société de Propagation du Bon Goût et des Belles Lettres（Société Patriotique の前身）が設立されていた．この協会をとおしてペスタロッチ思想がミュルーズに伝えられた．1820年〜1825年頃，ミュルーズ綿業主の第2・3世代はスイスのイヴェルドンに学び，ペスタロッチ思想を摂取した（1792年〜1803年の間に生まれた，ミュルーズ「繊維貴族」の息子39名のイヴェルドン留学が確認されている[71]）．「カリキュラムにキリスト教道徳と社会正義の教育が大きなウエイトをしめていたこの学院における若きミュルーズ人の生活は，将来の綿業主の魂に（信仰の社会的実践という）恒久的しるしを刻み込」み[72]，「みずからとみずからの家族に対するのと同じ情熱と寛容をもって，みずからの諸力と資力を祖国と人類のために，人々の福祉のために捧げる」信念を陶冶した[73]．

(4) その他の要素

他にも，次の要素が信仰の社会的・合理的活性化に影響を与えた．

①秘密結社「完全な調和」（La Parfaite Harmonie）

1809年1月6日にミュルーズ綿業主を中心とする会員67人で発足した．第一帝政末期には100人，1830年には218人に増えた[74]．P. リュイヨは結社理念のなかにカルヴィニスム信仰をみとめ，「『完全な調和』は博愛活動に対して教育的役割を果たしていた」と指摘する[75]．

②サン・シモン思想とフーリエ思想

1826年〜1832年にかけて，医師キュリー（Paul Curie）はミュルーズに「サン・シモニアン細胞」（cellule Saint-Simonienne）を主宰した[76]．1839年と1847

年に，V. コンシデランはミュルーズにフーリエ思想の会議を開いた．コルマルの医師ジェンゲル（Jaenger）やドルナッハの綿業主オスカル・ケクラン，アンリ・シュランベルジェ，教育者のマセ（M. Macé）はフーリエ思想の教宣につとめた．[77] 1830年代〜1840年代にかけて，サン・シモン思想とフーリエ思想はミュルーズに広く知られていた．[78]

　では，両思想はどのような形でミュルーズ綿業主の博愛精神形成に影響を与えたのか．グザヴィエ・モスマン（Xavier Mossmann）は「ミュルーズのすべての労働者制度は，彼（ジェンゲル医師）の理論の実践と個別的適用に他ならない」と述べて，フーリエ思想そのものの直接的インパクトを主張する．[79] 一方ヴィトゥは，ミュルーズ工業協会々長のファロ（Fallot）が1842年のストラスブール科学会議で，「ファランステール構想」は家族精神を解体するものだと激しく批判している点を取り上げ，フーリエ思想そのものはミュルーズ綿業主の間では受容されていなかったと判断する．[80] サン・シモン思想についてもヴィトゥは，㋐グラフ牧師は，キュリー医師が「神学的」道徳にかえて「地上の，そして現実的な」道徳を提唱したとき，キュリーの主張は「神と人間の関係」と「人間同士の関係」を混同するものであると批判し，キュリーをミュルーズから追放していること　㋑大多数のミュルーズ綿業主の意見を代弁するオ・ラン県副知事の1832年2月付ミュルーズ市長宛の書簡は，「それ（サン・シモン思想）は混乱を引き起こし，そして教育のない人々の心のなかに偽りの観念と公共の安寧に対する有害な観念を植え付けるおそれがある」と述べていること，を取り上げて，フーリエ思想に対するのと同様の判断を下す．[81] ただしヴィトゥは，「サン・シモニアン的普及は都市（ミュルーズ）における新しい精神の兆しであった．キュリー医師の信条告白は，ミュルーズに付着していた政治的・経済的自由主義に対する最初の批判を確かに構成した」というブラント（A. Brandt）の見解に耳を傾ける．[82] また，1847年5月5・6日付『アルザス工業人』（L'Industriel Alsacien）の「苦悩する階級（労働者階級）の改善に関心をもっている人々（綿業主）の注目に最も値すると思われる」という両思想に関する評価にも耳を傾ける．[83] 結局，ミュルーズ綿業主は両思想を思想そのものとしてはトータルな形で受容しはしなかった．しかし，リベラリスム的労働者観を批判し，労働者貧困問題対策における綿業主のイニシャチブを主張する点については，これをポジティブに受容したとみなしうる．サン・シモン思想とフーリエ思想のこうした部分的受容は，労働者階級に対するミュルーズ綿業主

の社会的責任・役割意識を刺激し，博愛精神の形成に間接的影響を与えたと理解される．[84]

(5) ミュルーズ綿業主の労働者観

ヒエラルキー秩序社会を神の摂理によって定められた調和的・連帯的社会であるとみなすミュルーズ綿業主は，信仰の証し，神の愛への感謝のしるしとして，労働者に対する物質的・道徳的な保護・教導をみずからの魂に，社会的かつ合理的に，深々と刻み込んだ．博愛精神である．1848 年の『ミュルーズ工業協会ブリティン』は，「数千の人々は労働生活を終えると，神が依然として彼らに恵みたもうている幾ばくかの日々を送るために－かれらは快い名誉ある安らぎのなかで，それらの日々を送るのに十分値するのだ－，しばしば公共の慈善に哀願する以外には生活資料を得ることができないのです．この事実を知って，誰が苦悩せずにおられようか」と論じ，[86]綿業主の退職労働者に対する生活保障を神の御名において主張する．ミュルーズ綿業主の労働者観は，リベラリスム的労働者観とは対照的であったことが知れる．

注

1　Chevalier, M., *De l'industrie manufacturière en France*, Paris, 1841, p.6.
2　清水克洋「産業革命期における労働者の貧困問題－ヴィレルメ調査報告の検討を中心に－」『経済論叢』第 127 巻　第 2・3 号，1981 年 2 月，114 頁．
3　Deslandres, M. et A. Michelin, *Il y a cent ans : État physique et moral des ouvriers au temps du libéralisme, Témoignage de Villermé*, Paris, 1938, pp.260–261（この文献は，ヴィレルメの調査後 100 年が経過したのを機会に，100 年前と 1937 年現在の労働者階級の状態を比較すること，そして労働者階級の将来を展望すること，を目的として刊行された．『調査報告』の記録を数多く転載し，そのエッセンスを開陳している）；清水克洋「前掲論文」，115–121 頁．
4　19 世紀前半フランス労働者階級の社会的貧困については，河野健二編『前掲書』；Deslandres, M. et A. Michelin, *op.cit.*；Epsztein, L., *L'Économie et la morale aux débuts du capitalisme industriel en France et en Grande-Bretagne*, Paris, 1966 を参照した．これらの文献には，都市労働者の低賃金と彼らの悲惨な生活の様子が生々しく描き出されている．だが，最近の研究は，同時代のカトリック社会論者が唱えた「陰鬱な伝説」－離農貧民＝工場プロレタリアは苛酷な労働条件と不潔な都市スラム街のなかで，みずからの文化的・家族的結合を保持しつつ，むなしく暮らしていた－に対して，修正を加えはじめている（Magraw, R., *op.cit.*, vol.1, p.12）．
5　Deslandres, M. et A. Michelin, *op.cit.*, p.170；河野健二編『前掲書』，29 頁．
6　Deslandres, M. et A. Michelin, *op.cit.*, p.175.
7　J. ミシュレ『前掲訳書』，95–96 頁．
8　G. ルフラン，小野崎晶裕訳『労働と労働者の歴史』芸立出版，昭和 56 年，199 頁．
9　R. ベンディクス，大東英祐・鈴木良隆訳『産業における労働と権限－工業化過程における経営管理のイデオロギー－』東洋経済新報社，昭和 55 年，第 2 章．
10　Stearns, P. N., *op.cit.*, p.118.

11　*Ibid.,* p.120.
12　*Ibid.,* pp.128, 140, 175.
13　Levasseur, É., *op.cit.,* t.2, p.668.
14　*Ibid.*
15　Deslandres, M. et A. Michelin, *op.cit.,* p.246. ヴィレルメ自身，社会改良の観点から，企業パトロナージュが，労働者の「自助」努力とともに，繊維労働者の社会的貧困を解決もしくは縮減する施策であることを理解していた．これは，とりわけミュルーズにおいて発生していた「社会問題」と綿業パトロナージュ実践との関連性を示唆するものとして，注目に値する．ヴィレルメはいう，「（企業）パトロナージュは，少なくとも彼ら（親方）にとって，かれらの利己心と同じくらい有益である．労働者の（物質的）状態と道徳性の改善に最も寄与するのは，十分に理解され，十分に実践されるこの（企業）パトロナージュである」．「それゆえ，それ（企業パトロナージュ）を実践することは，すべての工業親方の主要な義務の1つである．労働者階級に対して労働者に帰属するに違いない財を現世で獲得せしめ，そして親方に対してあらゆる利得を保障し，社会を悩ましている不安をしずめ，社会に脅威をもたらす混乱と不幸を防止しうるのは，とりわけそれ（企業パトロナージュ）である」と（*Ibid.,* pp.246–247）．
16　*Ibid.,* p.248.
17　*Ibid.,* p.244.
18　*Ibid.,* p.177.
19　Maza, S. C., *Servants and Masters in Eighteenth-Century France – The uses of loyalty –,* Princeton, New Jersey, Princeton University Press, 1983, pp.16–17；M. ブロック，新村猛他訳『封建社会1』みすず書房，1973年，132頁以下を参照した．
20　17世紀～18世紀にかけて，カトリック聖職者，貴族，高級官僚がヒエラルキー的社会結合の強化を目的に，「主人・奉公人関係」に関する論考を多数纏めている．そのなかでも，クロード・フルリの *Les Devoirs des maîtres et des domestiques,* 1688は著聞であった．
21　Maza, S. C., *op.cit.,* p.19. マザはエクサン・プロヴァンスとマルセイユにおける女子奉公人の地域的出自を調査し，農村出身者が圧倒的に多いことを確認する．1715年～1733年（調査数66人）：都市出身者11％，農村出身者89％，不明（捨て子）0％．1749年～1752年（同64人）：それぞれ16％，78％，6％．1764年～1787年（同77人）：それぞれ16.5％，82％，1.5％．農村出身者の大多数は農民であった（*Ibid.,* p.31）．
22　*Ibid.,* p.9.
23　*Ibid.,* p.10.
24　*Ibid.,* p.11.
25　*Ibid.*
26　*Ibid.*
27　*Ibid.,* p.12.
28　*Ibid.,* p.13.
29　*Ibid.*
30　*Ibid.,* p.10.
31　*Ibid.,* p.17.
32　Fairchilds, C., "Masters and Servants in Eighteenth-Century Toulouse", in *Journal of Social History,* 12, Spring, 1979；Gutton, J.-P., *Domestiques et serviteurs dans la France de l'Ancien Régime,* Paris, 1981, pp.217–219 et *passim,* cité par Maza, S. C., *op.cit.,* p.314.
33　旧制度期，上層ブルジョワジーは貴族になることを欲していた．実際，豊富な財力と才能を背景に，多くの上層ブルジョワが婚姻や爵位の購入をとおして貴族に社会上昇している．アルベール・ソブールは，「法制的・社会的に身分あるいは階級という垂直的区分により規定されたこの旧制度という社会は，その最上層部における水平的社会層によって特色づけられる」と指摘する．ゴスマンは，貴族とブルジョワジーという区分はファンダメンタルなものではないと判断し，貴族＝上層ブルジョワジーと民衆という二分法を唱える．上層ブルジョワジーは貴族的価値観と貴族風生活様式への接近・同化をとおして，社会的・文化的に貴族階級と一体化していたと

みなされる (Soboul, A., *La France à la veille de la Révolution, II : le mouvement des idées,* Les cours de Sorbonne, Paris, 1969, pp.23-28, 32, 42 ; Gossman, L., *French Society and Culture : Background for eighteenth century literature,* Lionel, New Jersey, Prentice Hall, 1972, p.31 ; Barber, E., *The Bourgeoisie in Eighteenth Century France,* Princeton, New Jersey, Princeton University Press, 1955, pp.75-99, 102, 107, 117, 139, 141；吉森賢『フランス企業の発想と行動』ダイヤモンド社，昭和59年, 46頁；同『企業家精神衰退の研究』東洋経済新報社, 1989年, 98-101頁).

34 Gossman, L., *op.cit.*, p.70 ; Schweitzer, S., "«Paternalismes» ou pratiques sociales?", in Schweitzer, S., réunis par, *Logiques d'entreprises et politiques sociales des XIXe et XXe siècles,* Oullins, Programme Rhône-Alpes, 1993, pp.8-9.

35 Maza, S. C., *op.cit.*, p.314.

36 Tudesq, A.-J., *Les Grands Notables en France (1840-1849) : Étude historique d'une psychologie sociale,* Paris, 1964, vol.1, pp.8-9, cité par Gibson, R., "The French nobility in the nineteenth century-particularly in the Dordogne", in Howorth, J. and P. G. Cerny, ed., *Elites in France,* London, 1981, p.8. 柴田三千雄による「名望家」概念については、柴田三千雄『フランス史10講』岩波新書, 2006年, 146頁を参照。

37 大ブルジョワジー概念については、J. ロム、木崎喜代治訳『権力の座についた大ブルジョワジー－19世紀フランス社会史試論－』岩波書店, 昭和46年, 62, 66, 75頁を参照した。

38 ギブソンとケンプのテュデスク批判については、Gibson, R., *op.cit.*, pp.8-11 ; Kemp, T., [1971], p.75を参照した。

39 Lambert-Dansette, J., *op.cit.*, pp.45-46, 88, 100. ランベール＝ダンセットはG. デュフォー、ド・ヴァンデル、シュネーデルを事例に、テュデスク概念に基本的支持を与える。

40 Bergeron, L., *op.cit.*, p.163.

41 Gibson, R., *op.cit.*, p.32.

42 Tudesq, A.-J., *op.cit.*, vol.1, p.122, cité par Gibson, R., *op.cit.*, p.32.

43 Bergeron, L., *op.cit.*, p.144 ; Maza, S. C., *op.cit.*, p.314.

44 Locke, R. R., *op.cit.*, p.76.

45 Vial, J., *op.cit.*, p.192.

46 Noiriel, G., "Du «patronage» au «paternalisme» : la restructuration des formes de domination de la main-d'oeuvre ouvrière dans l'industrie métallurgique française", in *Le Mouvement Social,* n°.144, juillet-septembre 1988 (以下、Noiriel, G., [1988]と略記). p.19.

47 Moulin, A., *op.cit.*, pp.16-20.

48 フランスにおける「伝統主義的労働者観」は、18世紀19世紀の交にイギリスで実践されていた「従属保護の理論」(ベンディクス)に類似する. R. ベンディクス『前掲訳書』, 第2章を参照.

49 Stearns, P. N., *op.cit.*, p.129を参照した.

50 L. シュヴァリエ, 喜安朗他訳『労働階級と危険な階級－19世紀前半のパリ－』みすず書房, 1993年を参照した. ミシュレはこうした見解が社会的に流布していることを取り上げ, それは民衆を外面的かつ偏向的に判断したものにすぎないと批判する (J. ミシュレ『前掲訳書』, 16, 17, 66, 67, 72, 73, 97, 149頁).

51 Stearns, P. N., *op.cit.*, pp.111-136.

52 *Ibid.*, pp.124-125.

53 *Ibid.*, p.124.

54 *Ibid.*, p.130.

55 *Ibid.*

56 *Ibid.*, pp.129-130.

57 *Ibid.*, p.102.

58 *Ibid.*, p.150.

59 *Ibid.*, p.61.

60 *Ibid.*, p.147.

61 La Chambre de commerce du département de Saône-et-Loire, *À M. le Ministre de l'Agriculture et du Commerce,* Chalon-sur-Saône, le 9 juillet 1849, p.7.
62 Stearns, P. N., *op.cit.*, p.132.
63 Noiriel, G., [1990], p.55 ; Lambert-Dansette, J., *op.cit.*, p.97.
64 Vitoux, M.-C., *op.cit.*, p.185. スターンズは，㋐アルザス綿業パトロナージュはカトリック重工業企業パトロナージュよりも遅れて実践されている　㋑同じ時期に，カストル (Castres) やマザメ (Mazamet) といった他のプロテスタント工業都市では企業パトロナージュは実践されていない．この２つを理由に，企業パトロナージュの実践動機におけるプロテスタント的特性の強調を戒める (Stearns, P. N., *op.cit.*, p.142 note).
65 ミュルーズ綿業パトロナージュ生成の理念的諸契機については，古賀和文『前掲書』を参照した．また，Vitoux, M.-C., *op.cit.*, p.208 も参照した．
66 Vitoux, M.-C., *op.cit.*, p.188.
67 「信仰覚醒の神学」運動は，部分的には，社会事業活動をめぐるミュルーズ・カトリックとの対抗関係からも説明される (*Ibid.*, pp.85, 189–190).
68 *L'Industriel Alsacien,* no.8, 1835, cité par Vitoux, M.-C., *op.cit.*, p.191.
69 Vitoux, M.-C., *op.cit.*, p.191.
70 *Ibid.*, pp.189–190.
71 *Ibid.*, p.191.
72 *Ibid.*
73 *Ibid.*
74 「その発足当初から，ほとんどすべての会員はミュルーズ人で，肩書によると『商人』となっているが，より正確には工業家である」(*Ibid.*, p.192).
75 *Ibid.*
76 「労働者階級が群れをなしてやって来た．私の家はそれ程大きくはなかったので，全員を収容しきれなかった．この人々のなかには中産階級の青年もまじっていた」(1832 年 7 月 23 日付の P. キュリーの手紙)．ここにいう中産階級とはブルジョワジーのことである．参加者は 200 人以上と見積もられている (*Ibid.*, pp.195–196).
77 *Ibid.*, p.196.
78 もともとミュルーズ「繊維貴族」は実業に専心し，文学・歴史・地理といった人文・社会科学にはあまり関心をもっていなかった．1836 年に，ミュルーズのフランス文学教授スーヴェストル (E. Souvestre) は *Revue de Paris* と『アルザス工業人』にミュルーズ人の知的関心の閉鎖性を批判する論文を発表した．目的は，「ミュルーズ市は工業のためによりも，まずは文芸教育のためになすべき多くのことがらを有している．この点を明らかにすることにあった」(スーヴェストル)．発表が原因で，スーヴェストルは教授のポストを追われた．この出来事は文芸に対するミュルーズ「繊維貴族」のアパティックな姿勢を示している．この空気は第二帝政期に入ってからも基本的に続いた．1857 年にバタンベル (Battenberg) は，「私は，木綿が君臨し，支配している地域にいる．ここでは，あらゆる古典文学や近代文学よりも，綿屑一梱が重要視されている」と述べる．しかし，こうした空気が 1830 年代～1840 年代以降少しずつではあるが，変化し始めていたことも事実である．例えば，『アルザス工業人』の推薦書を図書分類で見てみると，1836 年～1847 年の推薦書 220 冊のうち，文学関係 62 冊 (28％)，実業関係 61 冊 (28％)，地理・歴史関係 27 冊 (12％)，教育関係 15 冊 (7％)，保健関係 14 冊，自然科学関係 10 冊……となっている．ランベール＝ダンセットは，「諸力と諸エネルギーの……他 (実業以外) の活動への……関心の注ぎ換え」がこの時期に始まったと指摘する．サン・シモン思想とフーリエ思想がミュルーズに入ってきたのも，ミュルーズ「繊維貴族」のこうした関心変化の萌芽期と軌を一にしていた (*Ibid.*, pp.192, 195).
79 *Ibid.*, p.198.
80 *Ibid.*, p.196.
81 *Ibid.*, pp.196–198.
82 *Ibid.*, p.198.

83　*Ibid.,* p.196.
84　*Ibid.,* p.199.
85　*Ibid.,* p.207.
86　Stearns, P. N., *op.cit.,* p.155.

V　企業パトロナージュの機能と経営的成果

1　企業パトロナージュの機能

　農業的社会構造が支配的な工業化の初期段階において，経営の論理と雇主の社会的理念（経営社会理念）を実践動機に，近代的大雇主により実践された企業パトロナージュは，ベルジュロンによって「（雇主と労働者）相互の諸利害と諸義務の強固な意識によって支えられた永続的な諸関係」として一般化される．叙上の考察から，その具体的展開を筆者は次のように整理する．

　工場労働力の基本的存在形態は，「柔軟な就労形態」を志向する半農半工の農民労働者であった．企業パトロナージュの機能を考察する場合，労働力のこの存在形態を考慮に入れなければならない．工場労働力の不足という状況下では，生活の基軸を土地におく農民労働者と正面切って対決し，かれらをブリュータルにプロレタリアート化することは不可能であった．土地とのアタッチメントを断ち切り，かれらを工場のなかに閉じ込め，効率的な工場リズムを導入しようとすれば，農民一揆的性格のストライキが発生した．1838 年にアランソンの工場主は，「こうした農民を工場のなかに閉じ込めようとするいかなる試みも，革命を誘発するであろう」と述べている．例えば，カルモー炭坑夫は第二帝政期になっても，農業に従事する時間が少なくなると言う理由で労働時間の延長に反対し，ストライキに突入している．アリエ県の工場でも同様で，結局雇主は労働時間の延長を断念している．土地を基盤とした農民労働者の自律的生活志向，土地へのアタッチメントはかくも強力だったのである．それゆえ，こうした労働力市場のもとでは，「固定した労働力の集合体によるよりもむしろ流動する労働力の規則的な利用」（イヴ・ルカン Yves Lequin）に焦点を定め，農民の生活様式と心性に，さらには物質的利害に配慮しつつ，かれらを柔軟な形で工場に吸引し，教育＝道徳教化をとおして労働イニシャチブを自発的に発現させ，できるだけ合理的にその労働力を利用していく施策が求められねばならなかった．このことは，労働者住宅や工場都市に居住する農民的労

働者についてもあてはまった．季節労働者として遠くから出稼ぎにきた者はもちろんのこと，極貧の農民生活から逃れ，各地を渡り歩きながら工場にやってきた離農プロレタリア[6]も本性的には農民であったからである．工場で労働生活を送ってはいるが，いずれは（あるいは農作業の季節になれば）生まれ故郷の村へ帰り，農民として土地を耕す生活に復帰することを，彼らは夢見て（予定して）いたのである．[7]近代的大雇主は，こうした農民的労働者が近隣の農村へ出かけて農作業につくことを容認することで，かれらの心性と生活様式に配慮を加えていた．ノワリエルは，労働者住宅に住む近代的製鉄大企業の労働者がしばしば農作業に従事していることを確認する．[8]

　工場労働者は，意識においても実体においても，何よりもまず農民であった．かれらの日常的関心の第一は土地＝農業を軸に自律的で安定した生活を営むことにあった．労働力不足に直面する近代的大雇主は「柔軟な就労（雇用）形態」を取り入れつつ，労働の対価である賃金の他に物質的生活資料を給付することで彼らを工場に吸引し定着させ，さらには道徳教化をとおして労働規律と熟練の向上をはかった．[9]一方農民は，「柔軟な就労形態」のもとで工場労働に従事し，安定的かつ自律的な生活を確保した．

　経営の論理に基づき実践された企業パトロナージュは，「柔軟な就労（雇用）形態」のもとに，地元周辺の農民を工場に吸引し定着させ，かれらの労働イニシャチブ発現を可及的に刺激することで，工場労働力の確保とその能率的利用に機能した．同時に，かれらの自律的で安定的な生活の保障に機能した．雇主と農民労働者の間には経済的な相互依存の共栄関係が合理的に成立し，両機能の発現を円滑ならしめていた．農民的労働者に関しても，基本的には同様のことが言える．

　今一つ，企業パトロナージュは近代的大雇主の社会的理念を実践の動機としていた．旧制度期以来のカトリック神学規範に主たる源泉をもつ「伝統主義的労働者観」は，近代的大雇主と農民労働者・農民的労働者の間に疑似的父子関係の情感に基づく保護・従属の心理的親和関係を展開した．ミュルーズ「繊維貴族」のカルヴィニスム博愛精神は，ヒエラルキー的色彩を帯びつつも，人間愛（amour de l'humanité）に基づく人的結合を綿業主と労働者の間に発現させる契機を内包していた．近代的大雇主の社会的理念に基づき実践された企業パトロナージュは，雇主・労働者の心理的親和関係のもとに，[10]農民労働者・農民的労働者の生活保障と労働道徳の向上に機能した．[11]

工業化の初期に，工場労働力の不足と工場労働力の基本的存在形態そして宗教的特性を主たる源泉にもつ雇主の社会的理念との関連において，近代的大企業によって実践された企業パトロナージュは，一方工場労働力の確保とその能率的利用という「労務政策機能」，他方農民労働者・農民的労働者に対する「生活保障機能」，この2つを本質機能として内包していた．前者は経営の論理に，後者は雇主の社会的理念に基づくものであり，動機的には互いに独立的・自立的であった．しかし，それぞれの機能発現に際しては雇主と労働者の間に経済的な相互依存の共栄関係（前者）と保護・従属の心理的親和関係（後者）が創出され，両者は一体的・合一的に作用した．

2 企業パトロナージュの経営的成果

「労務政策機能」と「生活保障機能」は合一・一体的に経営的成果を具現した．資料的制約から，成果判定の材料は感恩意識・忠誠心と定着率に限定される．工業化初期の企業パトロナージュのなかには，実践内容に必ずしも十分とはいえないものもあった．例えば，相互扶助制度のなかには，賃金の少ない婦人労働者を排除するケースがあった．労働者住宅のなかには，あばら家同然のものもあった．学校といっても教室は汚れ放題で，授業内容はおそまつ極まりない形だけのものもあった[12]．こうした不十分さを考慮に入れつつ，以下の事実が確認されている．

(1) 感恩意識・忠誠心

アレ雇主は1831年10月22日に，「（労働者の）感恩意識は，あるいは少なくとも彼らの福祉（享受）の意識は，企業の施設と幹部に対する愛着を漸増させている」と指摘する[13]．コマントリー＝フルシャンボーのアルフレッド・サグリオ（Alfred Saglio）は1871年に，ブールジュ上告裁判所第一所長宛に，「1848年まで，工場主と労働者の関係は非常に良好であった．一般的には，工場主と労働者の間には互いに信頼があり，心からの愛情ある関係が成立していたといえる」と報告している．低ノルマンディーのリティ炭坑夫は雇主を「恩恵者」[14]とみなし，畏敬の念をもって企業パトロナージュを享受している．例えば，1846年～1847年の食料不足のときに雇主はパンの無料配給を行ったが，そのときの様子を地元の官吏は次のように記録している．「実際，それ（パンの配給）はごくささやかなものであった．しかし，かれら（炭坑夫）は非常に大き

な感恩をもってそれを受けとった．……われわれは，かれらの苦難が，かれらは勇気と忍耐でその苦難に耐えてきたのだが，かれらの諸義務の細い真っ直ぐな道から，……あるいは会社のなかに確立されている良き秩序から，かれらを少しも逸脱せしめていないことに満足を覚える」[15]．第二共和政期に同炭鉱でストライキが発生した．この時にもストライキ参加者たちから，雇主のこれまでの慈悲に背く今回の忘恩行為を詫び，後悔している旨の手紙が雇主宛に直接送られている[16]．ミュルーズ綿業パトロナージュについてはどうか．1870年のアルザス大争議に際して，検事総長ティリィオ（Thiriot）は次のように回想している．「……これまでアルザス（ミュルーズ）においては，工場主たちは労働者に対して真のパトロナージュを実践してきた．工場主は必要に応じて労働者を援助し，保護とあらゆる分野での指導を行ってきた．労働者はその見返りとして，忠実な子犬のごとき従順さで彼（工場主）の指導に従ってきた」[17]と．一般にミュルーズ綿業パトロナージュに対しては，論者によって，経営的成果に高い評価が与えられている[18]．スターンズは，大抵の近代的大企業では，とくに繊維・製鉄企業では，雇主に対する労働者の感恩意識・忠誠心の向上は著しいと結論づける[19]．

(2) 定着率

シャサーニュは綿企業における定着率の向上を確認する．ヴェセルラン（19世紀前半）では労働者の25%以上が，イゼール県のヴィジィユ（1776年〜1865年）では同17%以上が勤続20年以上であった[20]．1847年10月31日付の『工業報』は，フルシャンボーよりも企業パトロナージュの実践に秀でているシュネーデルの方が，定着率において2倍であると報じている[21]．

(3) その他

スターンズは以下を確認する．道徳性の改善：スダンでは飲酒癖が減っている．多くの企業で「聖月曜日」の習慣が改められ，労働規律の向上がみとめられる．識字率の向上：シュネーデル学校は著しい成果をあげている．オ・ラン県は1827年当時教育後進県であったが，1847年には識字率第3位の県になっている[22]．

(4) 成果判定

　スターンズは「企業パトロナージュを実践している工場主は，相当程度かれらの主たる目的を達成することに成功していた」と判定する．マグロウとノワリエルも近代的製鉄大企業の実践に関する分析から，同様の結論を導き出す[23]．ベルジュロンは労働者の安定的雇用と労働規律にポジティブな成果を確認する[24]．藤村大時郎はマルタンの実践を事例に，道徳教化と技能養成に成果を確認する[25]．ヴィアルは19世紀前半のストライキのうち製鉄ストが全体の1%をしめるにすぎないことに注目し，製鉄企業における雇主と労働者の堅固な人的・社会的結合関係形成を指摘する[26]．企業パトロナージュは雇主と労働者の間に経済的・心理的な共栄・親和関係を創出し，「生活保障機能」と合一・一体化した「労務政策機能」に一定の経営的成果を具現していたと結論づけることが許されよう[27]．この成果が，19世紀前半フランス工業化における大企業主導コースの展開にポジティブな役割を果たしたことは容易に推察される．

　こうした成果発現の背景には，農民労働者・農民的労働者における工場労働者としてのアイデンティティ欠如（未成熟）があったことも銘記されるべきである．かれらの多くは敬虔なカトリックであり，性格は内向的・守旧的で，事大主義的貧民意識に支配されていた．D.レイドがドゥカズヴィル労働者を事例に指摘するごとく[28]，都市部－とくにパリとリヨン－の伝統的手工業職人労働者の間に流布していた工業化に対するラディカルな抵抗思想は[29]，かれらの間には浸透していなかった．とはいえ稀にではあるが，工場主に対する反抗もみられた．アンザン炭鉱（1833年，1846年）やロワール炭鉱（1844年，1846年）ではストライキも発生していた．だが，そうした反抗は，農民労働者・農民的労働者が工場労働者としてのアイデンティティに目覚めて起こした社会的行動ではない．素朴な農民的感情の一揆的激発であった[30]．雇主と労働者の間に少しく力と暴力の関係が隠されていたことは事実である．しかし，そうした関係は，生成期企業パトロナージュにおいては本質的関係ではなかった[31]．

注
1　Bergeron, L., *op.cit.*, p.150.
2　Noiriel, G., [1990], p.60.
3　Trempé, R., *op.cit.*, t.1, pp.190–210.
4　Noiriel, G., [1988], p.23.
5　*Ibid.*, pp.22–23. 農民労働者の「柔軟な就労形態」をトラブルなしに，できるだけ円滑に活用す

るために，ルジェオ企業（Reugeot）では，「農民労働者はすみやかに畑へ行くために，2時間の間工場を離れることが認められる」と規則化し，さらに30分の遅刻もみとめていた（*Ibid.*, p.23）．

6 農村部から工場都市への移住の契機を農村部での貧しい生活からの脱却という経済的理由のみに求める説に対しては，論者によって異論が出されている．工場都市には農村社会の因習・束縛から解放された「自由」があり，この「自由」が農民に夢と希望を与えて彼らを吸引し，工場都市への移住をうながしたとみるソシオロジカルな主張である（Moulin, A., *op.cit.*, p.68）．

7 Noiriel, G.,［1990］, p.41；Magraw, R., *op.cit.*, vol.1, p.290；Moulin, A., *op.cit.*, pp.64–65. 離農プロレタリアが故郷へ帰って農民に復帰しようという思いを放棄しはじめるのは，つまり賃労働者として工場都市に生活の拠点を構え，永住することを決意しはじめるのは，第二帝政末期以降のことである．主たる契機は，工場都市の成長とともに彼らのなかに都市住民としての心性が芽生えたことにある．「労働者菜園」（jardins ouvriers）のインパクトも見逃せない．「労働者菜園」は機能発現それ自体とは直接の因果関係なしに，離農プロレタリアの故郷復帰意欲を漸次希薄化した．けだし，離農プロレタリアは「菜園」作業を農作業に同定することで，次第に生活の現状に満足していったであろう．そして，みずからを賃労働者としてアイデンティファイし，同じ賃労働者の娘と結婚して工場都市に一家を構えたであろう（Magraw, R., *op.cit.*, vol.1, p.290）．

8 Noiriel, G.,［1988］, p.20.

9 Noiriel, G.,［1990］, p.55；Magraw, R., *op.cit.*, vol.1, pp.99–100.

10 Noiriel, G.,［1990］, p.55；Vichniac, J. E., *op.cit.*, p.61.

11 とくに，離農プロレタリアの労働道徳向上に機能した．また，かれらの子供は企業の学校で教育を受け，将来は中堅労働者になることが期待されていた．

12 Stearns, P. N., *op.cit.*, p.99.

13 *Ibid.*, p.101.

14 Bergeron, L., *op.cit.*, p.161.

15 Magraw, R., *op.cit.*, vol.1, p.99.

16 *Ibid.*, pp.166–167.

17 Vitoux, M.-C., *op.cit.*, p.209.

18 Magraw, R., *op.cit.*, vol.1, p.165.

19 Stearns, P. N., *op.cit.*, p.170.

20 Chassagne, S., *op.cit.*, pp.520–521.

21 Stearns, P. N., *op.cit.*, p.105.

22 *Ibid.*, pp.169–170；河野健二編『前掲書』，26–36頁を参照した．

23 Stearns, P. N., *op.cit.*, p.105.

24 Noiriel, G.,［1988］, pp.18–23；Magraw, R., *op.cit.*, vol.1, pp.100, 167.

25 Bergeron, L., *op.cit.*, p.153.

26 藤village大時郎「産業革命期フランス製鉄業における工場労働者の形成－フランス中部の一工場を中心にして－」『経済論究』（九州大学）第35号，1975年，165–167頁．

27 Vial, J., *op.cit.*, pp.351–352.

28 「生活保障機能」は「労務政策機能」と合一・一体的に機能した．L. エプシェシュタインは，工業化初期に労働者階級の物質的生活状態は悪化したと主張する（Epszstein, L., *op.cit.*, pp.73–75）．地域間格差や業種間・企業間格差があるので一般化を試みることは困難であるが，スターンズは，少なくとも近代的大企業労働者については，物質的生活状態は確実に改善されたと主張する（Stearns, P. N., *op.cit.*, pp.184, 187, 197）．スターンズの主張は「生活保障機能」のポジティブな成果を意味する．

29 Reid, D., *op.cit.*, pp.43, 46.

30 Magraw, R., *op.cit.*, vol.1, pp.12, 91, 100, 103, 163, 166. 七月王政期における労働運動の担い手は都市の伝統的手工業職人労働者であった．かれらは，㋐1789年～1794年の出来ごとと神話を記憶し，㋑ル・シャプリエ法による規制にもかかわらず連帯的団結精神を維持し，㋒サン=キュロット的ミリタンシーを職人組合のなかに継承していた．建築関係の職人（大工・石工・指物工・

塗装工），仕立工，印刷工，靴工，パン職人そしてリヨンの絹織物工を中心とした彼らは，みずからのアイデンティティと労働文化を掘り崩す工業化に対してラディカルに抵抗した（*Ibid.*, pp.20-21, 28；谷川稔『フランス社会運動史 アソシアシオンとサンディカリスム』山川出版社，1983年，第1章）．
31　Stearns, P. N., *op.cit.*, pp.46, 102, 109.
32　Noiriel, G., [1988], p.18.

小括

　農業的社会構造が支配的な工業化初期に，近代的大企業によって農民労働者・農民的労働者を対象に実践された企業パトロナージュは，「柔軟な就労（雇用）形態」のもとに，一方工場労働力の確保とその能率的利用に，他方労働者に対する生活保障に，本質機能をポジティブに発現した．2つの本質機能は，前者は経営の論理に，後者は主としてキリスト教的特性を源泉とする雇主の社会的理念（経営社会理念）に基づくものであり，動機的には独立的・自立的であった．しかし，それぞれの機能発現に際しては雇主と労働者の間に経済的な相互依存の共栄関係（前者）と保護・従属の心理的親和関係（後者）が創出され，両者は共栄・親和的な「労働・生活共同体」システムを形成しつつ，一体的・合一的に作用した．大企業の存立と発展に，したがって19世紀前半フランス工業化における大企業主導コースの展開にヴァイトルな役割を果たしたこの「労務政策機能」と「生活保障機能」に対しては，一定のポジティブな評価が与えられる．第二帝政期に入ると，「安定的かつ献身的な労働力を確保するために採用するべき最良の施策」として，企業パトロナージュは大企業の間で広範に実践される．

注
1　Pinot, R., *Les oeuvres sociales des industries métallurgiques*, Paris, 1924, p.17.

第**3**章

七月王政期シュネーデル兄弟会社の
企業パトロナージュ

　本章の課題は，工業化初期フランスにおける企業パトロナージュの生成メカニズムと経営・社会的機能成果を，シュネーデル兄弟会社（MM. Schneider frères et Cie）の実践を事例に個別考察することである．[1]

注

1　シュネーデル兄弟会社の設立経緯を記しておく．大革命～1836 年におけるル・クルーゾ製鉄所の資金的背景－その変遷過程－からアプローチする．1794 年 3 月 4 日の布令によって公安委員会に接収され，「武器・火薬及び炭鉱開発委員会」（Commission des Armes et Poudres et l'exploitation des Mines）の管理下におかれたル・クルーゾ製鉄所は，布令規定にもとづき，原材料の保護供給を受けた．しかし，総裁政府の成立とともに保護は打ち切られ，1796 年 9 月 22 日付で市民所有に移行した．ル・クルーゾ製鉄所の前身である「アンドレ・モンスニ王立鋳造工場及び王妃クリストー工場マニュファクチュール」（Manufacture des Fonderies royales d'Indret et de Montcenis et des Cristaux de la Reine）の設立に際して発行された持参人払い株式は，正金価値 10 万リーブル（アッシニア紙幣 1,800 万リーブルと土地証券 90 万リーブル）でコスト（Coste），カイユ（Caylus），ジェヴォダン（Gévaudan）に売却された．市民所有に移行した後の資金状況は極度に劣悪であった．そのため，1808 年から 1814 年の間に 3 度も転売決議がなされた．その間，パリの葡萄酒商人の家系をひく投資家ジャン゠フランソワ・シャゴ（Jean-François Chagot）とその弟シャゴ゠デスフェ（Chagot-Desfays）が運転資金を提供し続けた．1814 年 6 月 15 日，生産活動を停止し製鉄所を整理する旨の決議が採択され，シャゴが清算人に選ばれた．彼は 1808 年以来，製鉄所理事会（conseil d'administration）のメンバーであった．1818 年，これまでに合計 212 万フランを出資していたシャゴは，新たに 95 万フランを投じて製鉄所を完全に所有した．ル・クルーゾ製鉄所はシャゴ兄弟会社（Société Chagot frères et Cie）となった．シャゴ兄弟はやがてイギリス人のアーロン・マンビィ（Aaron Manby）とダニエル・ウィルソン（Daniel Wilson）に製鉄所を譲渡する（Roy, J.-A., *Histoire de la famille Schneider et du Creusot*, Paris, 1962, p.15 ; Beaubernard, R., *Montceau-les-Mines : Un Laboratoire social au XIXe siède*, Collection Pierre écrite, Avallon, Les Éditions de Civry, 1981, pp.15～52；拙稿「フランス製鉄業近代化の資金的背景」『兵庫県社会科研究会会誌』第 26 号，1979 年）．
　1822 年に来仏したマンビィとウィルソンは，パリ郊外のシャラントン（Charenton）にマンビィ・ウィルソン機械製造合名会社（MM. Manby, Wilson et Cie）を設立していた．1824 年に資本金 250 万フランの株式合資会社に改編する．株主にはマンビィ，ウィルソン，シャプタル子爵等がいた．1826 年，かれらは 100 万フランを投下して Vve Chagot 夫人よりシャゴ兄弟会社の利権の 10/32（ル・クルーゾの炭鉱と高炉・鍛造部門）を購入し，新しく資本金 1,000 万フランでル

第 3-1 表　ル・クルーゾ=シャラントン炭鉱・精錬・鍛造株式会社の株主

株主	職業・身分	持株数
Chagot（シャゴ）	投資家	114
Aaron Manby（アーロン・マンビィ）	工業家	54
Charles Manby（シャルル・マンビィ）	アーロン・マンビィの息子	24
Daniel Wilson（ダニエル・ウィルソン）	工業家	48
Aguado（アグアド）	金融業者	361
Beaumetz（ボーメッツ）	貴族	54
Plaisance（プレサンス）	貴族	45
Chaparède（シャパレード）	貴族	30
Chaptal（シャプタル）	貴族	不明
A. de Barente（ド・バラント）	貴族	不明
André Dosne（アンドレ・ドーヌ）	貴族	不明
Louis Fould（ルイ・フウル）	銀行家	不明
Monicault（モニコル）	鉄工業者	不明

Dureault, B., "Le Creusot à la veille de la Révolution de 1830", in *Revue d'Histoire de la Sidérurgie*, t.9, 1968, pp.202–203.

・クルーゾ製鉄所の経営に乗りだした．だが，製鉄所経営には巨額の運転資金を必要とした．しかもウィルソンはイギリス式精錬所を導入したばかりであった．彼は 1827 年 1 月 25 日の株主総会で次のように述べる．「われわれの登録資本金は 1,000 万フランである．これは 2 万フランの株式 500 株から成っている．冷静に判断すると，この登録資本金がこの巨大な経営組織をより良く機能させるのに不可欠なものであることが理解できよう．しかし，現実には，この登録資本金は旧会社の株式 125 株の償還と製鉄所の購入資金にあてられており，その結果，自由になる運転資金は 300 万フランである．この額は諸々の機械を動かすのに十分な額であると理解される．しかしながら，不幸にも，登録資本金は完全には引き受けられていない．500 株のうち 344 株しか引き受けられていないのである．それゆえ，われわれの新しい会社の設立に参加している人々は困難な状況に陥っている」と（Fargeton, A., *Les grandes heures du Creusot et de la terre de Montcenis*, Le Creusot, 1958, p.180）．引き受けられていない 156 株は必要とされた運転資金 300 万フランに充当するはずのものであった．運転資金を外部から調達する目的で，ウィルソンは株式会社への移行を決意し，1828 年 5 月 18 日にル・クルーゾ=シャラントン炭鉱・精錬・鍛造株式会社（Société anonyme des Mines, Forges et Fonderies du Creusot et de Charenton）に改編した．発行株式は 2,095 株で，そのうち 945 株を旧会社の株主に配分し，残りの 1,150 株を一般応募として，約 460 万フランを外部から調達することにした．第 3-1 表に株主構成を示す．不完全であるが，株主の社会層が知れる．貴族の参加が目につくが，かれらは旧会社のときからの株主であり，土地所有から得られた利益をル・クルーゾ製鉄所に投下し，配当を得ようとしたものと思われる．残りはシャゴ，マンビィ，ウィルソン，銀行家のルイ・フウル（Louis Fould），アグアド（Aguado）等であり，会社経営の中心をしめていた．アグアドは一般応募者であった．筆者は彼を，スペインのフェルナンド 7 世に財務官として仕え，後にフランスに帰化したパリの金融業者アレジャンドロ M. アグアド（Alejandro M. Aguado, 1784〜1842）であろうと推察している．アグアドはウィルソンの懇願を受けて 226 万フランで 361 株を引き受け，さらに毎月 10 万フランづつ最高 100 万フランまで出資する旨を重役会との間で約定した．約定は 1829 年に履行された．彼はル・クルーゾ製鉄所最大の資金提供者となった．しかし，アグアドの資金提供にもかかわらず，会社は 1831 年 5 月の決算で 149 万フランの赤字を出した．アグアドによって提供された資金は十分に活用されなかったのである．会計監査報告によると，払込資本金は旧会社の負債支払いに充当されただけであり，しかも 48 万フランがウィルソンによって横領されていた．アグアドは資金提供を打ち切った．運転資金が途絶えたル・クルーゾ=シャラントン炭鉱・精錬・鍛造株式会社は 1833 年 6 月 25 日に破産した（Roy, J.-A., *op.cit.*, pp.20–21）．

　1835 年 12 月 25 日に競売が行われた．第 3-2 表に示された人々が共同利害関係人として 185 万フランで落札した．ル・クルーゾ製鉄所はブルゴーニュ市民資本の手に移った．共同利害関係

第3-2表 落札者会社の共同利害関係人一覧 (%)

共同利害関係人	職業	住所（県・都市）	利害比率
Ferdinand Coste	鉄工業者	シャロン・スル・ソーヌ	5.0
Louis Theodore Coste	問屋商人	同上	4.0
Antoine Jules Coste	問屋商人	同上	4.0
Jules Chagot	ブランジィ炭鉱所有者	同上	25.0
Jeanne Joseph Gros	鉄工業者	コート・ドール県	10.0
Ferdinand Berthod	問屋商人	シャロン・スル・ソーヌ	5.0
J.-F. Petiot-Groffier	問屋商人	同上	5.0
Auguste Guibert	船舶建造業者	同上	3.0
J. G. François Marie	不明	同上	2.0
Eugène de Bassano	ブランジィ炭鉱所有者	同上	2.5
F. David Bouault	銀行家	ディジョン	5.0
de Batz	直接税収税管理官	ラン	2.0
Alex. de Meillonas	地主	ディジョン	8.0
Victor Moussier	地主	同上	2.0
Louis Q. de Puligny	地主	ニエーヴル県	1.0
J. M. Perret-Morin	地主	ソーヌ・エ・ロワール県	11.0
Joseph Perret	地主	コート・ドール県	5.5
合計（17人）			100.0

Silly, J.-B., "La reprise du Creusot 1836-1848", in *Revue d'Histoire des Mines et de la Métallurgie*, t.1, 1969, p.235 と Fargeton, A., *Les grandes heures du Creusot et de la terre de Montcenis*, Le Creusot, 1958, p.221 より作成。

人は落札者会社（Société des Adjudicataires）を結成して経営に乗りだそうとしたが、1年余の後にはセイエール（Florentin-Alexandre Seillière）、シュネーデル兄弟（Schneider frères）、ルイ・ボワグの3者に製鉄所を譲渡した。大まかな経緯は以下である。落札者会社代表人コスト（Antoine Jules Coste）が3者と交渉し、「コストとその共同利害関係人は、炭鉱を最大限に発展させ、銑鉄・錬鉄・諸機械を生産し、石炭を販売し、かつこれらすべての部門に規律と管理の統一性・経済性をもたらすために、セイエール、ボワグそしてシュネーデル兄弟とともに会社を組織する」旨決意し、1836年10月21日に、「1832年2月12日の王令によって規定されたル・クルーゾとモンシャナン（Montchanin）の石炭・鉄鉱石の採掘及び販売並びに銑鉄・錬鉄・圧延鉄・釘・レール・各種棒状鉄・鉄板・諸機械・鋳造物の生産を行う」株式合資会社シュネーデル兄弟会社を発足させた（Silly, J.-B., "La reprise du Creusot 1836-1848", in *Revue d'Histoire des Mines et de la Métallurgie*, t.1, 1969, p.235）。登録資本金400万フラン、5万フランの株式68株を発行し、コストとその共同利害関係人50株、セイエール5株、ボワグ5株、シュネーデル兄弟8株、発行予定株式12株とした。業務執行管理者（associés gérants solidaires et responsables）にはシュネーデル兄弟が就任し、監査役にはセイエールとボワグが就任した。その後まもなく、コストとその共同利害関係人は295万フランでセイエールとボワグに持分を譲渡した。セイエール30株、ボワグ30株、シュネーデル兄弟8株、発行予定株式12株となった（*Ibid.*, p.236）。1837年1月1日、ル・クルーゾ製鉄所は新興の銀行家・工業家の資金提供を受け、シュネーデル兄弟の指揮のもとに、再スタートを切った。

セイエール、ボワグ、シュネーデル兄弟の経歴を簡単に述べておこう。セイエール：軍の輜重業務を請け負う傍ら、毛織物の製造・販売に従事していた。1807年に金融業に参入して産をなし、1835年にはオート・バンクの一員に数えられる大銀行家になっていた。1830年代後半はフランス経済の上昇期であった。炭鉱業が成長し鉄道建設が始まった。製鉄業は両部門の要に当たる業種であった。それゆえ、セイエールが投資先としてル・クルーゾ製鉄所に注目したのは自然なことであった。セイエールと息子フロランタン=アシィユ・セイエール（Florentin-Achille Seillière）の往復書簡（1836年8月31日付、同年9月4日付）から、注目した経緯が具体的に知れる（Le Musée d'Orsay et l'Écomusée du Creusot-Montceau, *Les Schneider, Le Creusot : une famille,* une entreprise, une ville 1836-1960, Librairie Arthème Fayard / Éditions de la Réunion des musées nationaux, 1995, p.274 を参照されたい). ボワグ：18世紀末期に屑鉄商人から身を起こし，帝政期にはパリの大鉄商人として産をなしていた．フルシャンボー製鉄企業主であった．シュネーデル兄弟：兄のフランソワ＝アントワーヌは19歳でセイエール銀行に入行していた．1830年にフランス軍のアルジェリア遠征にしたがってアルジェへ赴き，セイエールが請け負っていた輻重業務を2％のコミッション付で引き受け，産をなした．帰国後，パリで織物取引業を営んでいた．ボワグと姻戚関係にあった．弟のジョゼフ＝ウジェーヌはランスで商業に従事した後，22歳でセイエール銀行に会計係として入行していた．1830年には，ド・ヌゥフリッツが所有するスダン

第3-3表　シュネーデル兄弟会社の合資持分

株主	持株数									
	1837年	1837年	1839年	1840年	1841年	1844年	1845年	1845年	1846年	1848年	*
Seillière 銀行		14	14								
F. A. Seillière	30	17	17	30	30	25	25	25	25	500	25
A. Seillière				3	3	3	3	3	3	60	3
Louis Boigues	30	17	17								
Meillard Boigues					4	2	2				
Emile Boigues					4	2	2	2	2		
Vve Boigues										60	3
Boigues et Cie										40	2
A. Schneider	4	12	12	20	20	20	20	20	20	400	20
E. Schneider	4	8	8	10	10	12	15	15	20	660	33
Cte Jaubert					4	4	4	4	1		
Hochet					4	4	1	1	1		
Michelon						1	1	1	1	20	1
de Gourcy						2	2	3	3	60	3
de Bondy						3	3	3	3	60	3
Jean Desseilligny						1	1	3	3	60	3
Guyon et Olivier								4	4		
Bonnardel 兄弟								4	4		
Jacques Minot								4	4	80	4
D'Orthal								2	2		
la Tour Randon									3		

*1848年の持分比率（％）．
Silly, J.-B., *op.cit.*, p.273.

第3-4表　セイエール銀行の運転
　　　　資金融資額　（フラン）

年	融資額
1837	575,869.41
1838	1,682,792.33
1839	326,906.32
1840	635,731.00
1841	316,440.00
1842	410,653.00
1843	791,133.00
1844	837,348.00
1845	709,484.00
合計	6,286,357.06

Silly, J.-B., *op.cit.*, pp.242, 250.

第3-5表　シュネーデル兄弟会社の運転資金調達：
　　　　1837年～1839年　　　　（フラン，％）

調達方法	調達額	比率
セイエール銀行からの融資	2,585,568.06	59.9
配当金積立	577,068.00	13.4
内部留保・その他	949,657.57	22.0
モンシャナン会社からの借入	200,000.00	4.7
合計	4,312,293.63	100.0

Silly, J.-B., *op.cit.*, pp.242-243.

近郊バゼイユ (Bazeilles) のモンティヴィリエル製鉄所 (Montivilliers) 支配人になっていた．
　シュネーデル兄弟会社の資金調達を展望しておく．第3-3表から，3者の人的結合・協力関係が知れる．ボワグ家の合資持分比率は低下しているが（これはフルシャンボー製鉄所の経営に力を入れ始めたためである），3者で全体の86％をしめ（1848年現在），関係は維持されている．セイエールの私銀行であるセイエール銀行からは，シュネーデル兄弟会社へ運転資金が継続的に投下されている．そのウエイトは看過しえない（第3-4・3-5表参照．ヴィアルによると，設立〜1848年におけるシュネーデル兄弟会社の内部留保は計642万フランである．Vial, J., *L'industrialisation de la sidérurgie française 1814-1864*, Paris, 1967, p.188）．シュネーデル兄弟会社の発足と初期成長は，セイエール（セイエール銀行）及びボワグとの結びつき抜きには語れない．

I　シュネーデル労働力の特質

1　シュネーデル前のル・クルーゾ労働力

　アーサー・ヤングは『フランス紀行』のなかで，ル・クルーゾを「一帯は貧しい地域である．ひどく劣悪な道をとおってオータンへ向かう．最初の7マイル〜8マイルの間，農業は非常にみすぼらしい状態である」（1789年8月4日付）と描写している．François-Antoine Schneider（1802〜1845．通称 Adolphe．以下，アドルフと略記）と Joseph-Eugène Schneider（1805〜1875．以下，ウジェーヌIと略記）のシュネーデル兄弟らが1836年10月21日にシュネーデル兄弟会社を設立したときも，近隣の中部山岳モルヴァン地方（Morvan）からの離農山村貧民の流入により，人口は特権マニュファクチュール期の約2倍（2,700人）に増加していたが（第3-6表参照），農業の発達はみとめられず，貧しい地域であった．ロワは，「非常にみすぼらしい住居に住む近隣地方出身

第3-6表　ル・クルーゾの人口：1782年〜1836年　　　　（人）

年	人口	労働者数
1782	（農家8戸）	
1785	1,200	
1786	1,389	1,200
1793	1,634	
1794	1,545	
1797	1,150	
1800	1,145	
1836*	2,700	1,500

Jondot, M., "La formation de la population creusotine 1780-1800", in *Milieux*, no.10, juin-septembre 1982, p.56.
*Frey, J.-P., *La ville industrielle et ses urbanités : La distinction ouvriers/employés, Le Creusot 1870-1930*, Bruxelles, 1986, p.32.

者が多く，ル・クルーゾは田舎の非常に汚れた大きな村といった様相を呈していた．旅行者は滞在するのをためらった」と指摘している[2]．シュネーデル前のル・クルーゾ「コミューン」は，主としてモルヴァン離農山村貧民から構成され，十分に稼働していないコークス製鉄所と僅かばかりの農業が存在するだけの貧しい田舎町であった．

ル・クルーゾ=シャラントン炭鉱・精錬・鍛造株式会社（いわゆるマンビィ・ウィルソン会社，1826年〜1833年）の1828年に，ウィルソンとフウルはル・クルーゾ製鉄所を2週間にわたって視察し，成果を『ル・クルーゾ工場に関する報告書』にまとめている．それによると，略全国各地に求人を行っているが，炭鉱部門も製鉄部門もともに労働力不足に直面している[3]．この時期のル・クルーゾ労働者は主としてモルヴァン離農山村貧民から構成され，農民的生活様式と心性を保持していたことが，フレイの研究から明らかとなっている[4]．かれらの一部は2階建ての兵舎型共同住宅に住んでいたが，大部分の者は工場から4km〜5km離れたモンスニ付近の農村部に居住していた[5]．農村部に居住する者は痩せた土地で農作業に従事する傍ら，工場（炭鉱）労働にも従事する農民労働者であった．けだし，1835年にル・クルーゾを訪れた鉱山学校の学生技師（élève ingénieur de l'École des Mines）シャトリュ（Chatelus）は，地元の農民が炭鉱労働に従事していると記録するであろう[6]．ただし，この農民労働者が小土地を所有する農民であったのか，それとも小作農であったのか，あるいはまた土地を所有していない日雇い農民であったのかは分からない．恐らくは日雇い農民であったと考えられる．シュネーデル労働力の存在形態についても，基本的にはこれと同じことが確認されよう．

2　シュネーデル兄弟会社の労働力

ウジェーヌIの『下院関税法案検討委員会宛の覚書，1847年』（以下，『覚書』と略記）と，労働者ミリタンでル・クルーゾ市長をつとめたこともあるデュメェ（Jean-Baptiste Dumay. 1841年ル・クルーゾに生まれ，1926年パリで死亡）の『メモワール』および論者の諸分析から，以下が知れる．

慢性的不足に悩まされながらも，シュネーデル労働者数は創業時の1,500人から1845年には2,500人に増加する（第3-7表参照）．1836年以降10年間にル・クルーゾの人口は4,054人増えているが，そのうちの3,307人（82%）は社会増加による．労働者の増加は社会増加によることが分かる．

第3-7表　ル・クルーゾの人口：1836年〜1846年　　　（人）

年	人口	増加数	出生数	死亡数	自然増加数	社会増加数	労働者数*
1836	2,700						1,500
1837	2,962	262	123	84	39	223	
1838	3,225	263	148	95	53	210	
1839	3,487	262	148	86	62	200	1,850
1840	3,749	262	173	91	82	180	
1841	4,012	263	202	115	87	176	2,100
1842	4,470	458	225	179	46	412	
1843	4,928	458	243	149	94	364	
1844	5,387	459	237	118	119	340	
1845	5,845	458	301	212	89	369	2,500
1846	6,754	909	305	229	76	833	
合計		4,054	2,105	1,358	747	3,307	

Schneider, J.-E., *Note remise à la Commission de la Chambre des députés chargée de l'examen du Projet de loi des Douanes*, Paris, 1847, extraits de *Documents statistiques sur le Creusot*（décembre 1846）, Tableau A.
*Frey, J.-P., *op.cit.*, p.32.

　では，シュネーデル労働力の社会的給源はどこに求められるのか．ウジェーヌIは『覚書』において，次のように述べている．「（社会増加の）大部分は，生活に不可欠な消費資料が最も安価であるわれわれの郡（オータン郡）の最も貧しい小郡や村々から，あるいは人口の大中心地から離れたところから，主としてわれわれの仕事に就くために続々とやってきた労働者に由来している．1日の生活費が20スー〜25スー以下の地域でひどい貧乏暮しをしていた多くの家族が，貧困から逃れる場所を求めて，生活費が最低でも35スーを下らぬル・クルーゾにやって来たのである．一方（最も貧しい小郡や村々）では仕事がなく，他方（ル・クルーゾ）では仕事が保証されている．それゆえ，次の計算がすぐにできる．同じ必要物のために40スーを得て35スーを支払うことは，何も得ずして25スーを支払うことよりも苦しくはないということが」と．シュネーデル労働者は，生活の安定を求めてル・クルーゾにやって来た．オータン郡を中心とする近隣地方の貧しい離村民からリクリュートされていたことが知れる．デュメェ家の場合を紹介しよう．デュメェの父親セバスティアン（Sébastien）はシュネーデルの炭坑夫であった．彼は1841年2月26日に坑内事故で死亡している．彼は1809年にル・クルーゾの北5kmのオータン郡サン・セルナン・デュ・ボワ村に生まれた．彼の父親はジャン゠バティストといい，1778年にやはり同村に生まれ，長い間日雇いの農業労働に従事していたが，後に木靴職人になっている．母親はジョセフィーヌ・ビドー（Joséphine Bideaux）といい，1785年にル・クルーゾの北西7kmに位置するオータン郡

サン・シンポリアン村に生まれている．2人の間には，セバスティアンを含めて息子5人と娘1人がいたが，息子は全員ル・クルーゾ炭坑夫になっている．娘もル・クルーゾ労働者に嫁いでいる．『メモワール』によると，「私の父（セバスティアン）は死亡する3ヶ月前に，ニエーブル県サン・ディディエル・スル・アルー村（ル・クルーゾの南西20km）生まれのフォレ（Forest）と結婚していた．母は父よりも15歳下で，他の多くの人々と同じように設立間もないル・クルーゾ工場にやってきた人で，木靴職人の家系であった．ル・クルーゾ近隣地方の農民は，木靴をつくったり，あちこちの畑で農業労働に数日間従事したりして得られる賃金よりも，少しばかり多い賃金が得られるので，この巨大な工場に吸引されてやって来た」．ル・クルーゾ近隣地方（モルヴァン地方）は山がちの貧しい地域で，そこに住む日雇い農民たちは農業労働だけでは生活していくことができず，木靴をつくって生計を維持していたが，貧しい生活から逃れるために離村し，生活の安定を求めてル・クルーゾに流入し，シュネーデル労働者になっていたことが知れる．ロワとフレイの研究からも，シュネーデル労働者の大部分はモルヴァン出身の離農貧民であること，一部はブルゴーニュやフランシュ・コンテから吸引されてやって来たこと，が分かっている[10]．

では，工場労働力としてのかれらの存在形態は基本的にどのようなものであったのか．ポンソ（Pierre Ponsot）は「依然として半ば農民であった労働者．かれらの多くはル・クルーゾ市街で暮らしておらず，周辺の村々で暮らしていた」ことに着目し，かれらを半農半工の農民労働者とみなしている[11]．フレイも，農村部に居住し，毎日10kmの道のりを歩いて工場にやってくる多くのシュネーデル労働者を確認する[12]．ただし，ポンソにいう農民労働者は，みずからが小土地を所有する自作農ではなかったと考えられる．

1848年にシュネーデル工場を訪れた鉱山学校の学生技師ムタール（Moutard）はル・クルーゾ農業に言及して，一帯はハン岩と花崗岩に覆われ地味はやせており，農業にはまったく不適な土地であると記録している[13]．だが，それでも1840年代後半になると農作物に対する需要が増大し，ル・クルーゾ農業にも一定の発達がみとめられる．けだし，『覚書』は「ル・クルーゾはあまり肥沃でない地域に囲まれている．一方は花崗岩質の山々で，一部は森に覆われている．もう一方の側はコート・ドール県の葡萄畑にまでつながる，豊富な生産量を誇るが低品質の葡萄畑になっている．その他の側は花崗岩質あるい

は赤味がかった砂岩質の土地で，（土質を）改良することがまず不可能と考えられる耕地になっている．……一般的にいえば，収穫量は極めて乏しく，耕地に投入するかなりの費用を回収しうるだけの生産を確保することは，……十分に高い価格での販路を見出す条件なしには不可能である．……この点からして，ル・クルーゾの町に集まった7,000人～8,000人の人口密集地が，また運搬に使用され，農作物を餌とする多くの牛馬が，工場が存在していない場合の相場に比べると十分に大きな幅で（農作物の）価格を引き上げていること，そしてこのことが（ル・クルーゾ）農業に対する著しい刺激になっていること……を述べておく必要がある」と記すであろう．この耕地と葡萄畑の大部分は，西部と南部については2人の大地主ピエール・シャルル（Pierre Charleux）とエミラン・マルティノン（Emiland Martinon）により，東部についてはプルードン（Prud'hon），ゲユニエ（Gueugnier），ヴァイヨ（Vailliau），ブティヨン（Boutillon）など少数の地主により所有されていた．そして，生産性は良くなかったが，大規模農業が営まれていた．ポンソにいう農民労働者は，これらの地主に日雇いで雇用されていた農民であったと考えられる．

しかし，シュネーデル労働者の全部が農民労働者であったわけではない．後述するように，約半数の労働者は工場に隣接して建設された兵舎型共同住宅に住み－ただし，農作業との接触を絶えず求めながら－，工場労働に従事していた．工業化初期のシュネーデル労働者は，生活の安定を求めてモルヴァン地方からル・クルーゾに流入してきた離農山村貧民を中心に構成されていた．かれらのうちの約半数はモンスニの古い村々や工場から離れた農村部に居住し，日雇いの農作業に従事する傍ら，「柔軟な就労形態」のもとで工場労働に従事する半農半工の農民労働者であった．残り約半数は，農民的心性・性格を保持しながら，工場付属の兵舎型共同住宅に居住する工場プロレタリアすなわち農民的労働者であった．

注

1 Young, A., with an introduction, biographical sketch, and notes by M. Betham-Edwards, *Travels in France*, London, 1889, p.227. ペリエ=ベタンジュ会社（Périer-Bettinger et Cie）の時期と王立マニュファクチュールの時期のル・クルーゾ労働者の出身地域については，モンスニ病院に保管されている同時代の労働者約1,200人の疾病記録から大略が知れる．1783年～1787年の労働者の出身地域は5つに大別される．㋐工場から半径10 km未満の近隣地域．労働者全体の約25%をしめた．㋑同10 km以上100 km以内の地方（オータン司教区，シャロン・スル・ソーヌ司教区，

マソン司教区），⑦オーベルニュ州とリムーザン州（クレルモン司教区，ピュイ・アン・ヴレェ司教区，リモージュ司教区を含む），労働者全体の約50％をしめた．㊤ロレーヌ州（熟練鋳造工・ガラス工），㊧ルクセンブルグ，フランドル，ドイツ，イギリス（熟練高炉工・ガラス工）．出身地域は多様であったことが知れる．南東部を除いて，略全国各地に及んでいる．大部分の者は農民出身で不熟練労働者であった．熟練労働者は外国とロレーヌ州から調達されていた（Jondot, M., "La formation de la population creusotine 1780-1800", in *Milieux*, no.10, juin-septembre 1982, pp.57-59）．

だが，大革命以後，遠隔地出身者は次第に減少し，モルヴァン地方出身者が多数をしめるようになる（G. ルフラン，小野崎晶裕訳『労働と労働者の歴史』芸立出版，昭和56年，178頁；遠藤輝明「資本主義の発達と『工場／都市』ール・クルーゾにおける『工場の規律』と労使関係ー」遠藤輝明編『地域と国家ーフランス・レジョナリスムの研究ー』日本経済評論社，1992年，126頁，図2-3）．

2　Roy, J.-A., *op.cit.*, p.16.
3　Société anonyme des Mines, Forges et Fonderies du Creusot et de Charenton, *Rapport sur les établissements du Creusot, adressé par les Membres du Conseil d'administration à MM. les membres du Conseil extraordinaire dans la séance du 24 octobre 1828,* 1828, pp.41, 45.
4　Frey, J.-P., *La ville industrielle et ses urbanités : La distinction ouvriers/employés, Le Creusot 1870-1930,* Bruxelles, 1986, pp.22-23.
5　*Ibid.*, p.24.
6　M. Chatelus, *Mémoire sur l'Usine du Creusot,* Mémoire d'élève ingénieur de l'École des Mines, 1835. この手稿資料には頁が打たれていない．
7　Schneider, J.-E., *Note remise à la Commission de la Chambre des députés chargée de l'examen du Projet de loi des Douanes,* Paris, 1847, p.24.
8　Dumay, J.-B., introduction et notes par Pierre Ponsot, préface d'Ernest Labrousse, *Mémoires d'un militant ouvrier du Creusot（1841-1905）*, Paris, Maspero-Presses Universitaires de Grenoble, 1976, pp.78, 343 note. デュメェ本人の経歴と思想については，第5章Iを参照されたい．
9　*Ibid.*, p.78.
10　Roy, J.-A., *op.cit.*, p.38；Frey, J.-P., *op.cit.*, p.37.
11　Dumay, J.-B., *op.cit.*, p.18.
12　Frey, J.-P., *op.cit.*, p.56.
13　M. Moutard, *Mémoire sur la fabrication de la fonte et du fer au Creusot,* Mémoire d'élève ingénieur de l'École des Mines, 1848. この手稿資料には頁が打たれていない．
14　Schneider, J.-E., *op.cit.*, p.21.
15　Devillers, C. et B. Huet, préface de Louis Bergeron, *Le Creusot : naissance et déveppement d'une ville industrielle, 1782-1914,* Seyssel, 1981, pp.74-75. シュネーデル社は1858年～1863年にかけて，ピエール・シャルルとエミラン・マルティノンの所有する土地をほとんどすべて購入する．しかし，東部については1893年になっても，少数の地主により農業経営が営まれている（*Ibid.*, p.75）．
16　*Ibid.*, p.164.

II　企業パトロナージュ実践の動機

ウジェーヌIは『覚書』において，「諸君．私はずっと前から，労働者階級の福祉のために働くことは単に人間性の義務や心底の願望を満たすのみなら

ず，企業の利益という点からも賢明な行為であると確信してきました」と述べる[1]．ここから，シュネーデル企業パトロナージュ実践の動機は，一方近代的大企業の経営論理，他方雇主個人の社会的理念（経営社会理念）にあったことが知れる[2]．

1 経営の論理

(1) モルヴァン人労働者の労働リズム

モルヴァン人労働者は山村農民的労働リズムを有していた．「かれらは花崗岩の山々と栗の山林のなかで育ったねっこからのモルヴァン人として，ある種のがさつさを特徴的にもっていた」．それゆえ，工場の労働リズムには極めて不慣れであった[3]．ただ，土地所有の経験がほとんどなかったために，農業への執心なり愛着は土地所有農民ほど強くはなかった．また，正直で質朴，それに小心であったために，労働道徳の陶冶と知性の開発次第では工場の労働リズムに十分適応しうる素質をそなえていた[4]．

(2) 「訓育」(entraînement)

ウジェーヌⅠは経済学者フレデリック・パシィ (Frédéric Passy) 宛の手紙のなかで，「牛を使って働く人間は行動と同じく思考も鈍い．蒸気（機関）を使って働く人間は素早く思考し，素早く行動する」と述べ[5]，家畜型の労働リズムをもつモルヴァン人労働者を蒸気（機関）型の労働者に教育しなおす必要性を開陳する．ジャン・ブーヴィエ (Jean Bouvier) は，「モルヴァン出身の雑役工は十分に丈夫な身体も，十分に鋭敏な精神も有していなかった．かれらの能力を覚醒し，そして彼らの諸力を発展させるためには，かれらを一種の訓育（シュネーデル労働者教育の特徴を指摘して，1867年にルイ・レイボー Louis Reybaud が用いた表現）に服させねばならなかった」と分析する[6]．慢性的な労働力不足のもと，「柔軟な就労形態」を受容しつつも，モルヴァン人労働者の山村農民的労働リズムを可及的に払拭し，かれらを工場労働リズムに適合的な規律ある労働者ならしめることが緊要の経営課題にすえられた[7]．

技能向上の面からも「訓育」は要求された．「地方の鉄工場や炭鉱の労働者あるいはフランス巡歴中の職人に依存していた最も熟練した，しかし最も流動的な労働者は，ル・クルーゾにやってきた最初の労働者の一部であり，工場の共同住宅に住んでいた．しかし，すぐに離職していった．工場が稼働する際の

稀少な主力であったこのカテゴリー（熟練労働者）は他の生産地点に吸引され，19世紀の20年代～30年代における工場の初期拡大以降，急速に不足する」．外部から調達された熟練労働者は少数で，しかも定着率が非常に悪かったために，あまり有効ではなかった．それゆえ，「（熟練）労働力調達の継続性は農民に依存する以外に保障され得なかった」．モルヴァン人不熟練労働者を「訓育」（教育）して熟練労働力を内部養成する施策が，基本的な定位に据えられねばならなかった．

(3) 『覚書』から

　ウジェーヌIはいう，「今日，私の経験からして，そして恐らくは同じようなことを理解している工業家の多くの経験からして，かれら（労働者）のあらゆる欲求を充足するに足りる適度に抑制された賃金を労働者に支給することは，そして彼らの知性と道徳性を開発することは，さらには彼らの信頼と愛着を得ることは，工場の成功にとって強力な1つの要素であることが知れる．そこには，最低の賃金で労働力を確保しようとする狭隘な思惑に閉じこもることなく，（労働者に対する）総体的な道徳管理に，そして企業競争の必要性と結びついた将来的展望への専心に，まったくの関心が，他の関心なしに，ある」と．また，「われわれは（労働者に対する）道徳教化が，それと密接に結びついている知的能力の開発とともに，（企業経営）成功の最も強力な条件の1つに数えられることを勿論確信している．そこでわれわれは，貯蓄金庫，保健サーヴィス，救済金庫といった最も忍耐力を要することがらに努力を傾けるのみならず，労働者のあらゆる欲求と生活を充足するための最も綿密な配慮を……工業的熟達の1条件とみなし，実施することをやめない」と．さらに，ウジェーヌIによれば，「大工場の十全な組織，従業員の態度，最後に労働者と生産諸要素の完全なる結合が，（企業経営）成功の十分なる保障であ」った．そのためには，とりわけ「……深い技能知識と最も綿密に詳細なことを実践する意志とをあわせもった専門的人材を，経験豊かな人材を，見出すこと」が必要であった．そして，そうした「人材」を確保するためには，労働者に対する「道徳教化」と「教育」が必須であった．けだしウジェーヌIは，「道徳教化なしには，われわれが普段確保しているのと同じような，コンスタントで規律正しい献身的な労働（力）を得ることはできない．教育なしには，色々な種類の仕事をこなす優秀な労働者も，また機械のように一定の仕事をこなす普通の労働

者も養成することはできない」と主張するであろう[14].

　ウジェーヌⅠは労働者の生活を保障しつつ彼らを「道徳教化」し「教育」することで－ただし，「柔軟な就労形態」に対しては一定の配慮を加えつつ－，労働規律と技能に秀でた，さらには経営に対する感恩意識と愛着に富んだ良質かつ安定的な工場労働力の確保を意欲した．目的は，企業の存立と発展を資本適合的にはかることにあった．シュネーデル企業パトロナージュの実践動機は，近代的大企業のこうした経営論理に求められる．

2　ウジェーヌⅠの労働者観

　労働者の福祉向上を「人間性の義務」・「心底の願望」として意識するウジェーヌⅠの労働者観を，ソーヌ・エ・ロワール県商業会議所の『農商務大臣宛意見書』（以下，『意見書』と略記）に主依しつつ，さぐる．『意見書』は相互扶助金庫及び退職年金金庫に関する1848年6月26日付の政府通達（circulaire）に対して，同商業会議所が農商務大臣に提出した意見具申を内容とする．1849年7月9日に機関承認され，会頭ボー（T. B. Bo）と副会頭アデノ・ラレ（Adenot Larret）が署名している．『意見書』の作成者がウジェーヌⅠであることに止目するとき，その内容はウジェーヌⅠの見解そのものを反映していると判断される．

（1）リベラリスム的労働者観批判

　『意見書』はいう，「イギリス，フランスでは，個人的自由の意識が個人主義にまで高められている．したがって，労働者はあらゆる強制から免れ，如何なる義務も課せられてはいない．しかし，如何なる権利も主張することはできない」[15]．それゆえ，「自己の賃金を得る諸力を喪失したとき，彼（労働者）は孤立し，不安定な存在となり，ほとんど常に貧困の脅威にさらされる．我々はこれを，こんにちの社会組織の憂うべき性格の1つであり，重大な欠陥であると率直に認めなければならない……」[16]．また，「親方と宣誓組合の濫用とともに，それらのパテルネルな機能は消滅してしまった．聖職者財産の世俗化は貧民の世襲財産の一部を消滅させてしまった」[17]，「われわれは，各人がその自由と尊厳を部分的に犠牲に供するのと引き換えに若干の権利を得ていた旧い社会構成を懐かしく思うものでは決してないが，（労働者）各人を各人自身（の自助）に委ねている今日の（社会）組織が深刻な貧困を準備し，そして埋め合わせなけれ

ばならない空隙を内包していることを忘れてはならない」と．ここには，労働者の貧困を生みだしたレッセ・フェールに対する批判が鋭く提起されている．同時に，労働者に対する保護の必要が示唆されている．

(2) 労働者はいかなる存在か

『意見書』はいう，「もし労働者の自立と福祉の事業において，労働者自身に活動と自由の役割を大幅に委ねなければならないというのであれば，もし彼ら自身の努力のみによって彼らを向上させることを奨励しなければならないというのであれば，それは明らかに……（労働者の）人間的弱さを無視したものである」[19]．相互扶助金庫を例にとると，「一般に，規約が賢明に作成され，管理が巧みに行われている場合に，それは成功している．しかし，（雇主の）指導と助言がなく，経験のない労働者に委ねられた管理は，急速に（金庫を）解体に導くにちがいない」と．ここには，自助力と管理能力に，したがってプレヴォワイアンスに欠ける，社会的・人間的弱者としての労働者像が提示されている．

(3) 労働者にどう対応するべきか

『意見書』は「イギリスでは……救貧税が創設された．／われわれは救貧税を望まない．それは極めてしばしば（労働者を）怠惰あるいは放蕩に向かわせる奨励金にすぎないからである」と述べ[21]，アシスタンスは労働者の福祉増進と道徳性改善に「効果がなく」，「非生産的」・「悲哀的」であると指摘する．かわりに，雇主のイニシャチブに基づくプレヴォワイアンスに指針を定める．労働者の一部自己負担を原則とするプレヴォワイアンスは労働者に，「不測の事態や高齢による貧困に宿命的に投げ込まれはしないという信念とともに，自尊心が自己の内部で高揚するのを感じ」させるので[22]，労働者の自己啓発と「道徳教化」に機能し，「労働者を注意深く保護する」ことに寄与すると判断されたのである[23]．「例外的な出費や一定の失業にそなえて常に用意されている個人的預金を受け入れる貯蓄金庫／不測の，あるいは偶発の災禍を軽減する目的の相互扶助金庫／高齢期の継続的貧困にそなえるための退職年金金庫」は[24]，プレヴォワイアンスの原則が適用される典型であった．『意見書』は退職年金金庫を事例に，「われわれは，雇主のみが退職年金の負担を引き受けることの利得は，これを認めない．労働者の負担は，かれらにプレヴォワイアンスの意識を陶冶させるために必要であると思われる」と主張する[25]．

『意見書』はプレヴォワイアンスの原則を尊重しつつ，労働者に対する雇主の社会的義務を説く．例えば，退職年金金庫については，「工業が労働者の諸力を使い尽くしたあとで，労働者を社会の負担に委ねてしまうことは正当なことではない．賃金は（労働者の）現在のニーズを充足しなければならないのみならず，老後のためにもその一部を充てなければならない．また雇主の拠出は，こんにち極めて重い負担を労働者のみに負わせないようにするうえからも，正当化される」と述べる．労働者の老後保障に関する，神慮に適った秩序における雇主の社会的義務である．

ウジェーヌⅠの労働者観を整理する．雇主は労働者に対して労働力の対価としての賃金支払い以外には何らの義務をもたないというリベラリズム的労働者観は，ウジェーヌⅠの信念ではなかった．なぜならば，レッセ・フェールは自助力と管理能力に欠ける労働者の失業保障や退職者の老後保障，さらには就業不能に陥った者の生活保障に無為・無関心であり，労働者の貧困を生みだすからであった．よしんばリベラリズム的労働者観に対してウジェーヌⅠが好意を抱いていたとしても，それは非現実的な空想（ユートピア）レベルにおいてでしかなかった．人間的・社会的弱者としてある労働者に対する雇主の対自的な社会的義務意識は，プレヴォワイアンスの原則のもとに，雇用労働者に対する「保護」と「指導」すなわち生活保障と「道徳教化」を神慮に適った秩序においてウジェーヌⅠに告知し，企業パトロナージュの実践を理念的に契機づけていた．

3 名望家シュネーデル

ウジェーヌⅠの社会的義務意識は，「名望家雇主」ウジェーヌⅠの社会的理念すなわち「伝統主義的労働者観」に同定される．略系譜の調査をとおして，名望家シュネーデルの姿を浮き彫りにしておく．

①シュネーデル兄弟の父アントワーヌ（Antoine Schneider, 1759～1828）

シュネーデル家の先祖バルタザル（Baltazar Schneider, 1630?～1678）はモゼル県オンキルク村（Honskirch）のドイツ系自営農民であった．アントワーヌの祖父 Hans-Peter（Jean-Pierre, 1673?～1772?）は村長職をつとめていた．父のジャン＝ジャック（1708～1802）はモゼル県デューズ（Dieuze）の油商人であった．アントワーヌは31歳の頃にデューズの公証人となり，革命期の1793年にはデューズの首長に選ばれ，次いで郡長となっていた．1805年には県の総参事官（conseiller général）になっていた．1792年にランベルヴィエルからビ

デストロフ（Bidestroff）の旧領地の半分を14万リーブルで購入し，さらに1796年と1798年にはエミグレの財産を購入して540ヘクタールの土地を所有する大地主となった．シャトーに住み，奉公人を雇って山林の開墾や湖沼の干拓を行い，農場経営にも進出した．曾祖父バルタザル以来，農民→商人→下級法曹家→地方行政官と一歩一歩社会階梯を上昇してきたシュネーデル家は，アントワーヌの代にビデストロフの名望家として地位と名声を獲得した[29]．彼は1815年に没落し，1821年3月にビデストロフの地所をメディ（Maidy）という人物に105,000フランで売却した[30]．しかし，彼が残した社会的向上心と土地売却代金は子シュネーデル兄弟に継承された．兄弟は企業家才能と婚姻をとおして大ブルジョワジーに上昇する．

②アントワーヌ=ヴィルジル（Antoine-Virgile Schneider, 1779～1847）

アントワーヌの弟で医師であったクリストフ（Christophe）の子である．シュネーデル兄弟の従兄にあたる．1799年に理工科学校を卒業し，軍人生活に入った．1834年にサールグミヌ選挙区から下院議員に当選し，1839年には第2次スールト内閣の陸軍大臣に就任した．レジョン・ドヌール勲章2等章受章者，男爵であった[31]．シュネーデル兄弟は，軍人政治家として国家権力の中枢にいたアントワーヌ=ヴィルジルから物心両面にわたって指導・助言を受けた．

③アドルフ

1831年にパリのサン・ドニ・ド・サン・サクルマン教会で，フルシャンボー製鉄企業主ルイ・ボワグの娘ヴァレリ・エナン（Valérie Aignan）と結婚した．ボワグ家と姻戚関係になったことはシュネーデル家に評価しがたい程の名声をもたらした．アドルフはパリのシャントレーヌ街にあるセイエール所有の邸宅で暮らすことが多く，大ブルジョワジーの一員としてパリ上流階級の社会・文化的行動様式と価値観を身につけた[32]．政界にも進出し，1840年にル・クルーゾ市会議員に，1841年2月には同市長に（在職：～1845年），1842年には71％の得票率でオータン第2選挙区から下院議員に当選した．1841年5月にレジョン・ドヌール勲章5等章を受章[33]．

④ウジェーヌⅠ

ナンシーのコレージュを卒業した後，パリの高等工芸学校（Conservatoire des Arts et Métiers）夜間講座に学んだ．1837年10月20日にコンスタンス・ルモワーヌ・デ・マール（Constance Lemoine des Mares）と結婚した．彼女は，アルデンヌの大工場主でスダン市長をつとめ，後に銀行家として活躍し，帝政貴

族に叙せられたド・ヌウフリッツの孫娘であった．持参金10万フラン．父親のジル・デ・マール（Gille des Mares）もマンシュ県選出の下院議員で，プロテスタント上流社会（la haute société protestante）に属する富裕な家系であった．ウジェーヌⅠはこの婚姻と製鉄所経営をとおして大ブルジョワジーに上昇し，社会的指導者の一員にふさわしい行動様式と価値観を身につけた[34]．彼は，小高い丘の上にそびえ立ち，公園に囲まれ，工場と街々を見下ろす旧王妃クリストー工場跡のシャトーに家族とともに住んでいた．シャトーの内部は目を奪うばかりの装飾にあふれていた．まさしく「領主の館」と呼ぶにふさわしい貴族風の堂々たる邸宅であった[35]．1843年5月にレジョン・ドヌール勲章5等章を受章．1845年8月にソーヌ・エ・ロワール県会議員に選出されたのを手始めに，1845年9月13日の補選ではオータン郡の名士40人の懇請を受けて立候補し，8月に落馬事故で死亡した兄アドルフのあとを継いで，得票率74%で下院議員に当選した．翌年8月の本選挙でも再選され，1851年には農商務大臣に就任した[36]．

⑤コンスタンス・ルモワーヌ・デ・マール

ル・クルーゾの慈善事業に情熱を注ぐ熱心なプロテスタントであった．プロテスタントに改宗した者には豚肉とじゃがいも100 kg，それに100フランを与えた．一方で，サン゠ローラン教会には十字架の道を，サン゠シャルル教会には祭服を寄進しており，カトリックにも理解を示した．子供たちは父親と同じカトリックとして育てた．1844年に旧王妃クリストー工場跡地にレース裁縫所を設置し，労働者の妻180人に仕事を提供した[37]．

ポンソによると，シュネーデル兄弟は製鉄所を購入したときに「コミューン」面積の約60%をあわせて購入し，「名望家雇主」としてル・クルーゾ住民＝労働者に絶大なる影響を及ぼしていた[38]．ステ（Marcel Sutet）とブレション（Jean-Pierre Brésillon）は，シュネーデル兄弟がル・クルーゾ住民に対して権威と保護をもって臨み，「大いなる領主」として君臨していたことを確認する．ボーキャルノ（Jean-Louis Beaucarnot）は，住民からは畏敬され，住民に対しては自明のごとく保護と指導を施すシュネーデル像を浮き彫りにし，「大家族」（grande famille）という社会編成原理をシュネーデル企業社会形成のライトモチーフにすえる[39]．筆者もまた，略系譜調査から，シュネーデル兄弟が名望家としての社会的価値観を体現し，ル・クルーゾ住民に対して「権威」と「保護」をもって臨んでいたことを確認する[40]．この社会的理念は，企業経営の場におい

ては労働者に対する生活保障と「道徳教化」を「規範的」に提唱し，労働者との間に保護・従属の心理的親和関係を形成した．[41]

注

1　Schneider, J.-E., *op.cit.*, p.25.
2　フレィは，「労働管理に対する国家の介入を排除しつつ，（ル・クルーゾ）地域の生産諸力を囲い込もうとする意志が，シュネーデル企業パテルナリスム（企業パトロナージュのこと）の特徴的性格の1つである」と指摘する．フレィは労務政策に対する国家権力の干渉排除と地域の生産独占の確立を，パトロナージュ実践の動機に加える（Frey, J.-P., *op.cit.*, p.44).
3　*Ibid.*, pp.37, 41–42, 63.
4　Beaucarnot, J.-L., *Les Schneider, une dynastie,* Paris, Hachette, 1986, p.50.
5　Roy, J.-A., *op.cit.*, p.26.
6　Frey, J.-P., *op.cit.*, p.42.
7　Devillers, C. et B. Huet, *op.cit.*, pp.80, 165 ; Frey, J.-P., *op.cit.*, pp.23, 56.
8　Frey, J.-P., *op.cit.*, pp.79–80.
9　*Ibid.*, p.80.
10　Schneider, J.-E., *op.cit.*, pp.25–26. これと同じ主旨のウジェーヌⅠの発言が，1847年10月31日付の *Moniteur industriel* にも掲載されている（Stearns, P. N., *Paths to Authority : The middle class and the industrial labor force in France, 1820–1848,* Chicago, University of Illinois Press, 1978, p.102 を参照した）．
11　Schneider, J.-E., *op.cit.*, p.26.
12　*Ibid.*, p.19.
13　*Ibid.*, p.17.
14　*Ibid.*, p.29.
15　La Chambre de commerce du département de Saône-et-Loire, *À M. le Ministre de l'Agriculture et du Commerce,* Chalon-sur-Saône, le 9 juillet 1849, p.5.
16　*Ibid.*
17　*Ibid.*
18　*Ibid.*, p.6.
19　*Ibid.*, p.2.
20　*Ibid.*, p.3.
21　*Ibid.*, p.6.
22　*Ibid.*
23　*Ibid.*, p.2.
24　*Ibid.*
25　*Ibid.*, p.7.
26　*Ibid.*
27　Melchers, R., "La cigale et la fourmi : assistance et prévoyance au Creusot, 1836–1870", in *Milieux,* no.10, juin-septembre 1982, pp.20, 24.
28　Beaucarnot, J.-L., *op.cit.*, p.27.
29　*Ibid.*, pp.30–31.
30　*Ibid.*, pp.29–31.
31　アントワーヌ＝ヴィルジル・シュネーデルの経歴については，Roy, J.-A., *op.cit.*, p.19 を参照した．
32　Beaucarnot, J.-L., *op.cit.*, pp.42, 55 ; Roy, J.-A., *op.cit.*, p.20.
33　Roy, J.-A., *op.cit.*, p.28.

34 Beaucarnot, J.-L., *op.cit.*, p.42 ; Roy, J.-A., *op.cit.*, p.20.
35 Lambert-Dansette, J., *La vie des chefs d'entreprise 1830–1880*, Paris, Hachette, 1992, pp.45–46.
36 Roy, J.-A., *op.cit.*, p.48.
37 *Ibid.*, pp.42–43.
38 Dumay, J.-B., *op.cit.*, p.18.
39 Sutet, M. et J.-P. Brésillon, *Du terroir à l'usine : Le Creusot, Montceau-les-Mines, autrefois*, Collection : Vie quotidienne autrefois, Le Coteau, Les Édition HORVATH, 1983, p.141.
40 Beaucarnot, J.-L., *op.cit.*, pp.75, 150.
41 シュネーデル兄弟と労働者の心理的親和・結合は企業パトロナージュの経営的成果によって確認されるが，労働者のシュネーデル「人気」からも窺うことができる．1842 年にアドルフが下院議員に当選したとき，約 400 人の労働者が出迎えている．なかには 6 km の道のりを歩いてやってきた者もいた．大通りには凱旋門が建てられ，祝砲が鳴り響いた．1856 年には労働者・市民約 5,000 人がナポレオン 3 世に対して，ル・クルーゾを「シュネーデルヴィル」に名称変更するよう請願している．ウジェーヌ I は丁寧に断ったが，彼の「人気」を示す好例である（*Ibid.*, p.65 ; Roy, J.-A., *op.cit.*, p.42）．
　クロード・ボー（Claude Beaud）は，経営の論理をシュネーデル企業パトロナージュの主たる実践動機にすえる．しかし，同時に，ウジェーヌ I の宗教的特性及び先祖から受け継いだ彼の「ゲルマン的心性」についても実践の動機として－ただし，副次的な動機として－言及する（Beaud, C., "Les Schneider au Creusot : un modèle paternaliste en réponse aux impératifs du libéralisme et à la montée du mouvement socialiste", in Aert, E. et al., eds., *Liberalism and Paternalism in the 19th Century, Session B–13, Proceedings Tenth International Economic History Congress*, Leuven, Leuven University Press, August 1990, p.11）．

III　企業パトロナージュの具体例とその機能

1　労働者住宅

　広い場所をとらずに多くの労働者を収容しうること，建設費が比較的に安上がりであること，監督が容易であること，こうした理由から兵舎型共同住宅（casernes des ouvriers）が建設された．目的は労働力の吸引・定着，労働者の工場労働リズムへの馴化，そして住生活の安定化にあった．最初に建てられたのはギド共同住宅（Guide）である．1840 年から 1847 年にかけて，工場の東側と北側に隣接して計 210 戸建てられた．3 階〜4 階建てで，1 棟当たり 10 戸〜60 戸を収容し，1 戸当たりの延床面積は 30 m² 弱であった．その他，ラ・コンブ共同住宅（la Combe. 41 戸），ミニュール共同住宅（Mineurs. 80 戸），メカニシィアン共同住宅（Mécaniciens. 128 戸），ヴェレリ・シェーズ共同住宅（Verrerie Chaise. 43 戸），ヴェレリ・トラス=マンサルド共同住宅（Verrerie Tlace, Mansarder. 18 戸）等が建設された．合計 18 棟 662 戸が整備されたところで，1847 年に兵舎型共同住宅の建設は突然中止された．「風俗の乱れを誘う

不道徳の温床」になりかねないというのが建設中止の第1の理由であった[3].

各戸は1K(平均延床面積約28 m²)で,石炭ストーブが備え付けられ,プレヴォワイアンスの原則のもとに月額3フラン～3.5フランの家賃が徴収された.ウジェーヌⅠの計算によると,1846年現在で,ル・クルーゾの人口6,304人中3,935人(62%)が労働者住宅に入居している[4].しかし,シュネーデル労働者の何割ぐらいが入居していたのかについては,正確には分かっていない.ただ,1854年現在の労働者(世帯主)入居率は26.7%であることが判明しているので[5],この数字から計算すると,ごく大雑把にみて,1846年には約49%の労働者が入居していたものと推定される.

　　計算式(労働者数は1846年約2,890,1854年約5,300.労働者住宅は662戸)
・1854年の労働者世帯数　　　　　　662÷0.267 = 2479
・1854年の1世帯当たり労働者数　　 5300÷2479 = 2.14
・1846年の労働者入居率　　　　　　662×2.14÷2890 = 0.49
　(2.14を1846年に適用する)

残り約51%は,モンスニの古い村々や工場から離れた農村部に住んでいたと思われる.

2　シュネーデル学校

1837年11月21日に初級・実業学校(École communale et industrielle)が設立された[6].男子クラスについてみると,設立当初の生徒数は75,教員1であった.1846年には生徒数約400,教員4に増えている.プレヴォワイアンスの原則に基づき,シュネーデル労働者を保護者にもつ生徒からは月額0.75フランを,その他の生徒からは同1.5フランの授業料を徴収した[7].カリキュラムの中心は宗教,読み書きそろばん,文法,地歴,物理・化学の初歩といった道徳・教養科目であった.測定,用器画法といった技能科目も若干含まれていた[8].学校設立の目的についてアドルフは,「小さな子供のみがわれわれを再生し,救済しうる.子供たちが正義と知性と祖国愛を身につけるべく,この若者たちに全面的に身を捧げなければならない」と述べる[9].フレーズの意味するところは,社会・労働道徳のみならず技能にも秀でた,良質で安定的な将来労働力の養成であった.生徒は14歳～15歳になると,成績に応じて,工場の各職種に配属された[10].能力主義に基づく労働力の選別が早くから実施されていた.

女子クラスの目的は,生徒が将来,労働者の妻となったときに,しっかりと

家庭を守っていくことが出来るように，良妻賢母の育成におかれていた．サン=ジョゼフ・ド・クリュニィ修道女（Saint-Joseph de Cluny）7名が指導し，生徒数は1846年現在で約300であった．

3 共済金庫（Caisse de prévoyance）

1838年に，「すべての労働者と配偶者及び（12歳未満の）その子供たちに対して，罹患したすべての病気に対応するのに必要とされるあらゆる種類の医薬上の救済を保証すること．就業の結果として傷害を負ったり病気にかかった労働者に対して，一定期間，金銭上の扶助を提供すること．就業中に非業の死をとげた労働者の未亡人と遺児に対して，年金を支給すること」を目的に，強制加入方式の共済金庫（労働者は救済金庫 Caisse de secours と言い慣わしていた）が設立された．原資は雇主の拠出金と賃金の2.5％天引きでまかなわれた．管理運営はセルヴィス長たち（chefs de service）から構成された共済金庫理事会に委ねられた．業務の内容は，医療給付と労災補償に大別される．

労災補償の中身を紹介する．当初から「リスク・プロフェシオネル」の原則が導入され，被労災者と職業病罹患者に対して金銭補償がなされた．20日以上就業不能と認定された者に対しては，1日2フランを限度に，賃金の1/3が1日目から（職業病罹患者に対しては11日目から）支給された．ただし，婦人及び18歳未満の者に対しては，1日1フランを限度としていた．支給額が2フランに達しない者で，10歳未満の扶養家族を抱える者には，その差額分も支給された．支給期間は最高6ヶ月で，それ以上就業不能が続く場合には障害年金（pension d'invalidité）が支給された．労災で死亡した労働者の遺族に対しては，未亡人に終身年金が，12歳未満（1861年からは15歳未満）の遺児には扶養年金が支給された．

終身年金と扶養年金については，デュメェの『メモワール』から実態が知れる．「ル・クルーゾ工場のパテルネルな経営が－なんと！－私に，私の誕生以降12歳になるまで，毎月3フランの扶養年金を支給していたことを述べるのを忘れてはならない．私の母は，彼女の分として，毎月8フランの（終身）年金を受け取っていた．彼女は裁縫婦としての収入とこの年金の合計で，1847年（母が再婚した年）までなんとか私を育てたのであった」．デュメェ家の場合，年金月額は合計11フランで，1日当たりに換算すると0.37フランである．裁縫婦として働く母親の収入は1日1フラン弱であったので，1日1フラン強

の生活費であったことが知れる．ちなみに 1845 年～1846 年のシュネーデル炭坑夫の賃金は 1 日 2 フランであった[16]．デュメェ母子は，母親が再婚するまでの間，決して楽な生活を送ってはいなかった．しかし，プレヴォワイアンス精神に基づく年金給付により，最低限度の生活援助は保障されていたと判断しうる．

共済金庫は医療給付と労災補償をとおして，雇主と労働者の間に心理的な親和関係を形成しつつ，労働者とその家族に最低限度の生活を保障した．同時に，工場労働力の保全に機能した．

4 貯蓄金庫（Compte de dépôts de fonds et d'épargne）

労働者に経営との一体感を抱かせること，小財産の形成をとおして生活を安定させること，この 2 つを目的に 1837 年に設立された．2 週間ごとに支払われる賃金から最低 1 フランを天引き預金するか，もしくは 100 フラン以上を新規に預金することで任意に加入しえた．利息は預金額 500 フラン以下で年 5 ％，501 フラン～2,000 フランで 4％，2,001 フラン～1 万フランで 3％ であった．原則として，一人当たりの預金限度額は 1 万フラン．預金総高は 1847 年で約 100 万フランに達していた[17]．

5 社会事業

ル・クルーゾには教会建物がなかった．長い間，礼拝は 1817 年にシャゴ家から提供された古い石炭倉庫跡で行われていた．倉庫倒壊の危険があったので，「コミューン」当局は 1836 年 4 月 26 日に倉庫の使用を禁止した．以後，礼拝は旧王妃クリストー工場の鉛丹倉庫跡で行われていた．1837 年 11 月 9 日，シュネーデル家は教会用地を寄進し，教会建築費の一部 14,000 フランを献金した[18]．泥だらけの大通りを改補修し，市街地の整備も行った．「ガラス工場通り」，「大精錬場通り」，「鍛造場通り」といった工場にちなんだ名称が大通りにつけられた．市庁舎と共同墓地を整備し，診療所と郵便局も開設した．さらに，1837 年～1848 年の間に計 245,000 フランを市に寄付した[19]．住民の大部分がシュネーデル労働者とその家族によってしめられていた七月王政期のル・クルーゾにおいては，こうした社会事業は雇主・労働者間の心理的親和関係を強めるはたらきを持っていた．

主としてモルヴァン離農山村貧民からリクリュートされていた工業化初期の

シュネーデル労働者は，約半数はモンスニの古い村々や工場から離れた農村部に居住し，日雇いの農作業に従事する傍ら，工場労働にも従事する半農半工の農民労働者であった．残り約半数は工場付属の兵舎型共同住宅に居住する工場プロレタリアすなわち農民的労働者であった．小土地所有の農民労働者に比べると彼らの土地＝農業に対する執心なり愛着は相対的に薄かったが，それでも農民的心性・性格を明確に体現していた．加えて，かれらは自助力と管理能力に欠ける社会的・人間的弱者であった．近代的大企業の経営論理と雇主個人の社会的理念（経営社会理念）を動機に，シュネーデル兄弟によって実践された企業パトロナージュは，㋐農民的生活・労働リズムをもつ労働者に対して賃金以外の物質的生活資料を給付しつつ彼らを「教育」・「道徳教化」し－ただし，「柔軟な就労形態」には一定の配慮を加えつつ－，良質かつ安定的な工場労働力を確保・利用しようする「労務政策機能」㋑「名望家雇主」の社会的理念に基づき，社会的・人間的弱者である労働者の生活をプレヴォワイアンスの原則のもとに安定させる「生活保障機能」，この2つを本質機能として内包していたことが知れる．2つの機能は動機的には互いに独立的・自立的であった．しかし，それぞれの機能発現に際しては雇主と労働者の間に経済的な共栄関係（㋐）と保護・従属の心理的親和関係（㋑）が創出され，両者は共栄・親和的な「労働・生活共同体」システムを構築しつつ，合一・一体的に作用した．

注
1　Devillers, C. et B. Huet, *op.cit.*, p.45.
2　*Ibid.*, p.48.
3　Frey, J.-P., *op.cit.*, p.121. フレイは兵舎型共同住宅建設中止の理由として，家族道徳の乱れ－夫婦喧嘩が絶えないこと，子供に対する躾が行きとどかないこと，プライバシーが守られないこと－についても言及している（*Ibid.*）．
4　Schneider, J.-E., *op.cit.*, p.28. ここに示された 6,304 という人口は，第 3-7 表に示された人口 6,754 とは異なっている．
5　Devillers, C. et B. Huet, *op.cit.*, p.51.
6　初代校長はジョアネ（Joannès）であった．1841 年には，県知事から推薦されたマソン師範学校出身のノレ（Louis-P. Nolet）が 2 代校長（在職：1841 年～1882 年）に着任する．
7　Frey, J.-P., *op.cit.*, pp.81, 85-86 ; Roy, J.-A., *op.cit.*, pp.27, 40-41.
8　Beaucarnot, J.-L., *op.cit.*, p.59.
9　Roy, J.-A., *op.cit.*, p.27.
10　Schneider, J.-E., *op.cit.*, pp.29-30.
11　*Ibid.*, p.30.
12　Schneider et Cie, *Les Établissements Schneider : Économie Sociale*, Paris, 1912, pp.149-153 ; Le Musée d'Orsay et l'Écomusée du Creusot-Montceau, *op.cit.*, p.320.

13 シュネーデル社刊行本では 2% となっているが，デュメェの『メモワール』や Roy, J.-A., *op. cit*. 及び Habaru, A., *Le Creusot, terre féodale : Schneider et les marchands de canons*, Paris-Bruxelles, 1934 では 2.5% となっている．おそらく 2.5% が正しい．
14 Schneider et Cie, *op.cit*., pp.149-153.
15 Dumay, J.-B., *op.cit*., p.78.
16 *Ibid*., p.343 note.
17 Roy, J.-A., *op.cit*., p.39 ; Schneider et Cie, *op.cit*., p.121 *sq*.
18 Beaucarnot, J.-L., *op.cit*., p.60 ; Roy, J.-A., *op.cit*., p.27.
19 Frey, J.-P., *op.cit*., p.54 ; Roy, J.-A., *op.cit*., p.47.

小括 – 企業パトロナージュの成果 –

　合一・一体的に作用した「労務政策機能」と「生活保障機能」の成果を具体的に検証する．

1　社会道徳レベルの向上

　労働者の社会道徳はかれらのモラール及び生活の安定と正の相関関係にある．それゆえ，社会道徳レベルの検証は，「労務政策機能」と「生活保障機能」の双方にかかわって，企業パトロナージュの成果いかんをその総体において明示する．シュネーデル労働者の大部分はオータン郡の元山村農民であった．したがって，ル・クルーゾを除くオータン郡（以下，単にオータン郡と略記）民の社会道徳レベルは，企業パトロナージュを享受する前のシュネーデル労働者のそれを示していると考えられる．また，オータン郡はソーヌ・エ・ロワール県のなかでも訴訟が最も少ない農村郡の1つであり，その社会道徳レベルは他の郡に比べて高かったことが確認されている．この2点から，シュネーデル労働者とその家族が大部分を占めるル・クルーゾ住民と，オータン郡民との社会道徳レベルを比較することは，シュネーデル企業パトロナージュの雇用労働者に対する社会道徳性陶冶の指標となる．

(1) 非嫡出子の割合

　ウジェーヌⅠの提示する数字によると，1836年～1846年におけるオータン郡の出生数1,000人当たりの非嫡出子数は年平均175人である．一方，第3-8表から，同期間におけるル・クルーゾのそれは年平均30人であり，オータン郡のそれの1/6強であることが知れる．しかも，ル・クルーゾでは出生数1,000

第3-8表　ル・クルーゾの出生数：1836年〜1846年　　　（人）

年	出生数 嫡出子	出生数 非嫡出子	出生数 合計	出生数1,000人当たりの非嫡出子数
1836	128	6	134	45
1837	118	5	123	41
1838	145	3	148	20
1839	143	5	148	34
1840	166	7	173	40
1841	199	3	202	15
1842	216	9	225	40
1843	235	8	243	33
1844	230	7	237	30
1845	295	6	301	20
1846	300	5	305	16
合計	2,175	64	2,239	
平均				30

Schneider, J.-E., *op.cit.*, Tableau A より作成.

人当たりの非嫡出子数は漸減傾向にある．一般に，非嫡出子の割合は農村部よりも都市部の方で高い．七月王政期のパリでは，出生数の約1/3は非嫡出子である．一般論からすると，ル・クルーゾの方がオータン郡よりも非嫡出子の割合が高くて当たり前なのだが，著しく逆になっている．

(2) 治安・民事裁判件数

第3-9表から，人口1,000人当たりのル・クルーゾの治安裁判件数は，1841年〜1845年の年平均で20であることが知れる．オータン郡の8/10である．しかもル・クルーゾでは，最も軽度な単純違反が全体の90%をしめている．民事裁判件数では，ル・クルーゾはオータン郡の1/4弱でしかない．

(3) 刑事犯罪者数

第3-10表から，1841年〜1845年における禁固刑以上の人口当たり犯罪者数は，ル・クルーゾとオータン郡ともに略同じであることが知れる．しかし，オータン郡では重罪禁固刑以上の犯罪者が全体の10%強をしめているのに対して，ル・クルーゾでは全員が軽罪であり，1人当たりの投獄日数もオータン郡の1/5でしかない．人口当たりの罰金刑受刑者数をみても，ル・クルーゾはオータン郡の約1/13である．ちなみにミシュレによると，同時代の都市部における刑事事件発生率は農村部の約2倍である．

以上の事実から，シュネーデル企業パトロナージュは雇用労働者の社会道徳

第 3-9 表　治安裁判と民事裁判の件数：1841 年～1845 年

年	人口 ル・クルーゾ	人口 オータン郡	治安裁判(1) 件数 ル・クルーゾ 単純な違反	対人 傷害	対人 名誉毀損	対物 公有物件	対物 私有物件	合計	件数 オータン郡	* ル・クルーゾ	* オータン郡	民事裁判(2) 件数 ル・クルーゾ	件数 オータン郡	** ル・クルーゾ	** オータン郡
1841	4,012	約	65	1	4	0	0	70	2,183	17	25	7	559	17	64
1842	4,470	8	73	0	3	0	6	82	1,825	18	21	9	604	20	69
1843	4,928	万	96	0	5	0	6	107	2,603	22	30	4	646	8	74
1844	5,387	7	113	1	10	1	4	129	2,230	24	26	8	581	15	67
1845	5,845	千	91	0	5	0	3	99	2,200	17	25	11	583	19	67
合計			438	2	27	1	19	487	11,041	98	127	39	2,973	79	341
年平均								97	2,208	20	25	8	595	16	68

オータン郡：ル・クルーゾを除くオータン郡．
＊人口千人当たりの件数．
＊＊人口１万人当たりの件数．
(1) ル・クルーゾについては，モンスニ治安裁判所で取り扱った訴訟による．
　　オータン郡については，オータン治安裁判所で取り扱った訴訟による．
(2) オータン民事裁判所で取り扱った訴訟による．
Schneider, J.-E., op.cit., Tableau B, C より作成．

第 3-10 表　刑事裁判に関する記録：1841 年～1845 年(1)

年	禁固刑以上の有罪判決を受けた人数 ル・クルーゾ 禁固・軽罪	禁固・重罪	懲役	強制労働	死刑	合計	オータン郡 禁固・軽罪	禁固・重罪	懲役	強制労働	終身強制労働	死刑	合計	総服役日数 ル・クルーゾ	オータン郡	* ル・クルーゾ	* オータン郡	罰金刑を受けた人数 ル・クルーゾ	オータン郡	** ル・クルーゾ	** オータン郡
1841	10	0	0	0	0	10	111	13	7	4	1	0	136	1,440	55,977	144	412	2	431	4	50
1842	8	0	0	0	0	8	119	6	3	1	1	0	130	215	25,550	27	197	3	402	6	46
1843	17	0	0	0	0	17	166	2	3	11	3	0	185	559	75,920	33	410	1	400	2	46
1844	3	0	0	0	0	3	120	3	3	2	0	1	128	31	10,402	10	82	1	425	2	49
1845	1	0	0	0	0	1	141	3	3	2	0	0	149	38	23,177	38	156	2	300	4	34
合計	39	0	0	0	0	39	657	27	19	19	5	1	728	2,283	191,026	252	1,257	9	1,958	18	225
年平均						8							146	457	38,205	50	251	2	392	3.6	45
人口１万人当たりの年平均						16							17								

オータン郡：ル・クルーゾを除くオータン郡．
＊１人当たりの平均服役日数（死刑判決を受けた者を除く）．
＊＊人口１万人当たりの人数．
(1) オータン軽罪裁判所とシャロン・スル・ソーヌ重罪裁判所の記録による．
Schneider, J.-E., op.cit., Tableau D より作成．

性陶冶において，したがって「労務政策」と「生活保障」の総体において，ポジティブな成果を具現していたと判定することが許されよう．

2　労働規律の向上と健康増進

　ウジェーヌIは次のように記す．当初，シュネーデル労働者は「のろのろとした動作で仕事をすることに慣れており，明日のことに不確実で，栄養状態が悪く，極めてしばしば体力と活動力と知性に欠けているように思われ」た[7]．しかし，「工場の諸制度や円熟した人々との接触によって，日々著しく改善され」[8]，「かれら自身とりわけ彼らの子供たちは，身体的かつ知的活動に関して，以前とはまったく別人のようになっている」[9]．労働日を例にとると，「ル・クルーゾでは酩酊者がまったくいなく」[10]なり，「やむを得ない場合を除いては，まる1日の欠勤は月曜日でも稀になっている」[11]．その結果，労働者各人の「労働日は機械工場でも，月平均24日～25日に達している」[12]．以上，労働規律の向上と労働者の健康増進の証左である．

3　技能の向上

　労働規律の向上と軌を一にして，技能の向上も確認される．ウジェーヌIは次のように記す．「賃金を漸進的かつ継続的に増やしており，私が確認した諸明細書によれば，3部門間（製鉄，炭鉱，機械・造船）の職位によって差異はみられるものの，最近6年間の賃金増加率は平均25％と見積もられる」[13]．「しかし，労働者の（賃金率の）状況をこのように改善しつつも，労働の単位当たり生産量に対して支払われる労働力の費用は，労働者の平均的熟練度の増大と工程及び道具の改良により，継続的に極めて大きな割合で低下してきている」[14]．

4　生活の安定

　『意見書』は相互扶助金庫（共済金庫）の成果に関して，「今日，相互扶助金庫の恩恵を疑うことはもはや許されない．労働者の利益のためにいくつかの大工場によってまず設置されたそれらは，労働者の困窮を緩和してきた．そのことは，事例がもたらしている成果によって十分に確認される．したがって，この制度は労働者の大密集地では至るところで普及している」と述べる．共済金庫の他に，シュネーデル労働者は労働者住宅と貯蓄金庫をとおして安定的・向上的な生活を漸次享受した[15]．貯蓄金庫の労働者1人当たり平均預金額約333フラン－これは年間賃金の45％～56％に相当した－はその徴標である．

5 雇主に対する従順・感恩意識の向上

　デュメェが6歳のときに，彼の母親は精錬場で火夫をしていたペラン（Perrin）と再婚した．ペランは他の多くのシュネーデル労働者と同様にモルヴァン地方出身であった．デュメェは義父を次のように描写している．「私の義父ペランは，私の母と同じく，読み書きができなかった．彼は正直な労働者で，日常生活における彼の主たる関心は工場の上司から（良く）評価されることにあった．彼は読み書きはできなかったが，火夫としては非常に優秀な労働者であった．……／彼は……弱者は強者に太刀打ちできないということしか，自分の意見としてもっていなかった．彼はときどき，素朴な人が今でも繰り返し言う経済的邪説を口にした．すなわち，『もし，われわれに仕事を与えてくれる富裕な人々がいなければ，われわれ（の生活）はどうなるのだ』である．そして，それがすべてであった」[17]．ペランは七月王政期シュネーデル労働者の典型と見なされる．ポンソは，「依然として半ば農民であった労働者は……デュメェの義父のように，何よりもまず就労の安定に関心をもち，要求が少なく，政治的ことがらには無関心で，重苦しい（シュネーデルの）後見を素直に受け入れていた」と指摘する[18]．ペランをとおして，事大主義的傾向をもち，雇主に対して従順で感恩意識に富むシュネーデル労働者像が知れる．就労の安定と生活給付に対する返務としての従順・感恩意識は，技能とモラールの向上に結びつき，さらには定着率の向上を促すことで，「非常に優秀な労働者」（デュメェ）を形成した．

　「労働・生活共同体」システムを構築しつつ合一・一体的に作用する「労務政策機能」と「生活保障機能」の成果を具体的に確認することができた．シュネーデル労働者の土地に対する執心・愛着が小土地を所有する農民労働者のそれに比べて相対的に薄かったことも，機能の発現を円滑ならしめていた．いま両機能の合一・一体的発現が，工業化初期シュネーデル兄弟会社の存立と発展にヴァイトルな役割を果たしたであろうことは容易に推察される．ウジェーヌⅠは，「労働者の福祉は企業の繁栄とまさしく結合していることが分かる」，「思うに，とりわけ単独立地している工場の大企業主で，こうした（企業パトロナージュの）考えを理解せず，実践していない大企業主はほとんどいない．私は，わが国民産業がわれわれの置かれている条件よりもさらに恵まれた条件のもとで生産している外国（産業）との競争の結果によって壊滅的な危機にさ

らされなければ，この実践が次第に普及するであろうことを決して疑わない」
と述べ[20]，企業パトロナージュの実践に明るい展望を見出す．

注

1　ルヴァスールによれば，企業パトロナージュの成果は，労働者の社会道徳レベルと生産効率の向上に指標が求められる（Levasseur, É., *Histoire des classes ouvrières et de l'industrie en France de 1789 à 1870,* deuxième édit., t.2, 1903, reprinted, AMS, 1969, p.771）．
2　Schneider, J.-E., *op.cit.*, pp.28–29.
3　*Ibid.*, p.28.
4　このことは統計的に確認されている．しかし，統計が都市部と農村部の住民の社会道徳レベルを正確に反映しているとは，一概には言い切れない面もある．農村部では，妊娠の噂が立つと，娘は相手の男性とすぐに結婚する傾向にあったからである．また，妊娠すると，こっそりと都市へ出かけ，施療院を探しだして出産することもしばしば行われていたからである．施療院での出産が，都市部での非嫡出子として計算されたことは言うまでもない（L. シュヴァリエ，喜安朗他訳『労働階級と危険な階級』みすず書房，1993 年，298 頁；Levasseur, É., *op.cit.*, t.2, pp.771–772）．
5　L. シュヴァリエ『前掲訳書』，298, 459 頁．
6　J. ミシュレ，大野一道訳『民衆』みすず書房，1985 年，53 頁．
7　Schneider, J.-E., *op.cit.*, p.24.
8　*Ibid.*
9　*Ibid.*
10　*Ibid.*, p.22.
11　*Ibid.*, p.27.
12　*Ibid.*
13　*Ibid.*
14　*Ibid.*
15　La Chambre de commerce du département de Saône-et-Loire, *op.cit.*, p.3.
16　Dumay, J.-B., *op.cit.*, p.78.
17　*Ibid.*, pp.79–80.
18　*Ibid.*, p.18.
19　Schneider, J.-E., *op.cit.*, p.27.
20　*Ibid.*, p.26.

第4章

第二帝政期アルザスの綿業パトロナージュ

　本章の課題は，第二帝政期アルザスにおいて，綿業主（「繊維貴族」patriciat textile）のイニシャチブに基づき実践された綿業パトロナージュの経営的機能成果を，綿業労働力の基本的存在形態と綿業主の「社会的義務意識」との関連において，個別具体的に考察することである．第二帝政期アルザスにおける綿業パトロナージュについては，既に，1870年代のドイツ併合期を含めた時期区分で，古賀和文と中野隆生により精緻な実証研究がなされている．[1] 古賀は労働者住宅にあらわれた「所有」と「労働」の結合にアルザス綿業パテルナリスムの基本理念を求めつつ，企業経営の視点から，労使の連帯と経済発展を促進する労働福祉政策として分析を行っている．中野はミュルーズ労働者都市建設の経営政策的動機を考察することからスタートし，綿業主と労働者の相互規定作用という視点から，労働者都市の経営・社会的機能成果に接近する．分析の視角において，両氏の間には一定の差異性がみとめられる．綿業パテルナリスムの良質かつ安定的な工場労働力育成機能についても，古賀が極めてポジティブな評価を与えるのに対して，[2] 中野は部分的成果を付与するにとどめる．[3] 中野は，経営・社会的目的において実体的には限定的にしか機能しなかった労働者都市の綿業パテルナリスムにしめる歴史的政策意義を，その「理念」に求める．[4]

　筆者は時期区分をドイツ併合前の第二帝政期に限定し，ジョルジュ・デュヴォー（Georges Duveau）により「ナポレオン3世治下において，アルザス労働者は確かにフランスで最もよく保護され，そして最もよく監督されていた労働者である」[5] と評価されるアルザス綿業パトロナージュの機能について，経営的成果を，良質かつ安定的な工場労働力の確保及びその利用（経営の論理）と労働者に対する生活保障（綿業主の「社会的義務意識」）の「複眼的視点」から，検証する．アルザス綿業パトロナージュの形態的特徴として，綿企業パトロナ

ージュと地元の雇主団体によって実践された綿業団体パトロナージュが互いに密接に連携しあいながら機能していたことを予め指摘しておく．

注
1　古賀和文『近代フランス産業の史的分析』第1章　第4節「綿業経営における経営パテルナリスム」学文社，昭和58年；中野隆生「フランス第二帝政期における労働者住宅の建設と販売－ミュルーズ第一次労働者都市をめぐって－」『人文学報』（東京都立大）第216号，1990年；同「フランス第二帝政期における労働者住宅と民衆生活－ミュルーズ労働者都市の拡張と変容－」『人文学報』（東京都立大）第229号，1992年；同『プラーグ街の住民たち－フランス近代の住宅・民衆・国家－』山川出版社，1999年，第1・2章．
2　古賀和文『前掲書』，136頁．
3　中野隆生「前掲論文」1992年，51-53頁．
4　「同上」，53頁．
5　Duveau, G., *La vie ouvrière en France sous le Second Empire,* Paris, Gallimard, 1946, p.396.

I　アルザス綿業労働力の存在形態

1　存在形態

アルザス綿業の中心地ミュルーズを例にとろう．1850年頃のミュルーズ綿業労働者数は市人口（第4-1表参照）の約1/3にあたる1万人強であった．ドイツ併合時には約60の綿工場に19,213人が雇用されていた[1]．第二帝政の略全

第4-1表　ミュルーズ市の人口　　　　　（人）

年	人口
1798-1800	6,000
1830	13,000
1831	13,300
1835	13,804
1836	13,932
1841	18,076
1846	29,085
1850	30,000
1860	48,000
1865	57,000
1870	65,000

Vitoux, M.-C., *Paupérisme et assistance à Mulhouse au XIXe siècle,* Strasbourg, Association des Publications près les Universités de Strasbourg, 1986, p.5 と Lynch, K. A., *Family, class, and ideology in early industrial France : Social policy and the working-class family, 1825-1848,* Madison, Wisconsin, The University of Wisconsin Press, 1988, p.71 より作成．

期，比較的に高賃金を得ていた一部の熟練工を除くと，綿業労働者の多くは農民的労働者（近隣地域もしくは外国からミュルーズに流入してきた離農プロレタリア及び遠隔地から出稼ぎにきた季節労働者）あるいはミュルーズ周辺の農村部に自宅と小耕地を所有し，農業に従事する傍ら生活資料の補充を求めて工場労働にも従事する農民労働者（小作農・日雇い農を含む）から構成されていた－ただし，帝政末期になると，工場都市の成長とともに農民的労働者・農民労働者の割合は低下し，賃労働者の割合が増大する－[2]。農民的労働者も賃金だけで生活を維持していくことは困難であったので，またいずれは（あるいは農作業の季節になれば）生まれ故郷へ帰って農民に復帰しようという希望を抱いていた（予定していた）ので，しばしば農村部と物質的・心理的結合関係を維持していた[3]。彼らもまた本性的に，何よりもまず農民であった。

　比率を測定することは困難であるが，ヴィトゥによれば，七月王政期には農民労働者が全体の43〜50%をしめていた[4]。1854年5月27日，ミュルーズ市長は県知事に対して次のように述べている。「仕事がなくなって解雇されることについて。……捺染部門においては，毎年例外なく春の製品生産のあと，一定数の労働者が工場から一時的に解雇されている。しかし，そのことが何らかの混乱を引き起こすことはない。なぜならば，それは習慣になっており，予め労働者はそのことを承知しているからである。このようにして解雇される労働者のなかには，農村部に，あるいは市内にも，耕作する幾ばくかの土地を所有している者がいる」と[5]。1854年現在，ヴィトゥによれば，ミュルーズ綿業労働者にしめる農民労働者の割合は約25%である[6]。もちろん，この数値はミュルーズ綿業の全体値であり，企業ごとに割合は異なっている。マティウ・ミーグ父子企業（Mathieu Mieg et fils）やシュワルツ・エ・ウグナン企業（Schwartz et Huguenin）では，1859年〜1862年になっても雇用労働者のかなりの部分は農民労働者である[7]。アルザス綿業全体をみた場合，農民労働者の割合はもっと高くなる。ヴェセルラン（Wesserling）のグロ゠オディエ゠ロマン企業（MM. Gros, Odier, Roman et Cie. 以下，GOR企業と略記）やゲブヴィレール（Guebwiller）のニコラ・シュランベルジェ企業では，帝政末期になるまで，葡萄栽培に従事する農民労働者の雇用労働者にしめる割合は相当に大きいものがあった[8]。

2 問題点

　一般に工場労働者は不熟練で，不規則な生活・労働習慣を身につけていた．物質的貧困と道徳的退廃の悪循環のゆえに自助心を喪失していた農民的労働者は，何スーかを手にすると酩酊のなかに唯一・瞬時の幸せを求めて居酒屋へと足を運んだ[9]．農民労働者は伝統的生活様式と自律性意識に鋭く，農繁期になると－あるいは普段でも－工場を離れるのが常であった．それゆえ，良質で安定的な労働力を確保するためには，農民的労働者・農民労働者の生活様式と心性に配慮しつつも，彼らに対して「道徳教化」を遂行し，労働規律と技能熟練の向上をはかることが重要な経営労務課題になっていた．経営の論理に基づく綿業パトロナージュの実践である．その際，1830年代に支配的であったアシスタンスは労働者の自助努力を弱め，物質的貧困と道徳的退廃の悪循環を拡大することから基本的に放棄された[10]．「人間ならしめることが重要であるので，施しは断固放棄しなければならない．無料の贈り物は富くじのようなものである．それは労働をなおざりにし，賃金を侮らせる．諸君が不幸な人々（労働者）に与える数スーにより，諸君はかれらから彼らの唯一の尊厳である自立心と，かれらの唯一の財産である労働意欲・労働習慣を奪い取ることになる」と見なされた[11]．かわって，倹約心の陶冶と規律教育を結合したプレヴォワイアンスが積極的に導入された．プレヴォワイアンスは労働者の道徳性を陶冶し，かれらの生活を物質的・道徳的に改善する．その結果，かれらの労働に対する意欲・規律はもとより技能も向上するので，労働力の効率的利用が具現し，企業の存立と繁栄に寄与すると見なされた[12]．

注

1　Vitoux, M.-C., *Paupérisme et assistance à Mulhouse au XIXe siècle,* Strasbourg, Association des Publications près les Universités de Strasbourg, 1986, pp.14–15.
2　Schmitt, abbé P., préface de Raymond Oberlé, *Mulhouse au XIXe siècle : La montée du catholicisme,* Strasbourg, Éditions Coprur, 1992, p.106.
3　Vitoux, M.-C., *op.cit.*, p.28.
4　*Ibid.*
5　*Ibid.,* pp.15–16.
6　*Ibid.,* p.28.
7　*Ibid.*
8　*Ibid.,* pp.141, 157 ; Schmitt, abbé P., *op.cit.,* p.110.
9　Véron, E., *Les institutions ouvrières de Mulhouse et des environs,* Paris, Hachette, 1866, pp.61, 63 ;

Deslandres, M. et A. Michelin, *Il y a cent ans : État physique et moral des ouvriers au temps du libéralisme, Témoignage de Villermé,* Paris, 1938, pp.21–28.
10 Véron, E., *op.cit.*, pp.66, 74–77. 七月王政期ミュルーズ労働者の物質的貧困と道徳的退廃については，Deslandres, M. et A. Michelin, *op.cit.*, pp.21–23 に記された住宅・賃金・栄養・貯蓄・心性の各状況から知れる．
11 Simon, J., *L'Ouvrière*, Paris, 1864, p.313. こうした観点からの主張は七月王政期においても見受けられた．例えば，当時市長でもあったミュルーズのアンドレ・ケクランは 1833 年 5 月の同業者宛書簡のなかで次のように述べている．「製造業者（綿業主）たちが，困窮した家庭から構成されている多数の人々（労働者）の生活を維持するために，当地に流入してきた貧しい（労働者）階級を救済するために，必要な（生活）資料として，寛大な施しを行っていることは周知の事実である．しかし，これらの施しが如何に頻繁に行われようとも，もし貧しい労働者たちが無関心で，素行不良で，家計のやりくりに無頓着で，あるいは慈善院の救済に全面的に頼りっぱなしで，体が丈夫な間に自己の現状と将来をみずから改善しようと意欲しなければ，そして何らかのものを確保しようと努力しなければ，施しは彼ら困窮者の救済に十分であることからは程遠いであろう．それゆえ，お金を与えても十分ではない．それ以上の，より効果的なことをなさねばならない．労働者に対して規律と倹約の習慣を身につけさせねばならない．（この習慣によって）労働者は労働への愛を身につけ，そしてみずからの社会的状態と道徳的行為を継続的に改善するようになるであろう．これらの称賛すべき習慣が労働者階級の心性のなかに入り込むとき，われわれは初めて，乞食の撲滅に現実的に成功するであろう．なぜならば，多かれ少なかれ尊く，純粋で，明解な救済の分配（施し）は，無為を助長して乞食を増加させ，ある意味では，言うなれば乞食状況を組織化するだけだからである．／（労働者）家族自身が，物質的関係においてと同じく，道徳的関係においても，みずからの境遇を全力でより良くしようと努めなければ，効果的ではないであろう」と (Vitoux, M.-C., *op.cit.*, pp.143–144)．
12 Véron, E., *op.cit.*, pp.338–339.

II 綿業パトロナージュの具体例

1 共済金庫

雇用労働者とその家族の疾病救済・生活扶助を目的に，大部分のアルザス綿企業で実践されていた．GOR 企業は 1853 年頃までに，強制加入方式の共済金庫を職種別に 6 つ整備していた．原資は賃金からの天引きと会社の拠出金で構成され，0.75 フラン〜1.0 フラン/日の疾病手当を支給した．潤沢な原資を背景

第4-2表　GOR 企業の 6 共済金庫の収支：1854 年 1 月 1 日現在

（人，件，フラン）

労働者数	2,620
年間支給件数	620
年間支給総額	22,388.85
年間収入総額	28,544.05
繰越残高	76,044.40
繰越残高（1855 年 1 月 1 日現在）	85,498.10
繰越残高（1864 年 1 月 1 日現在）	約 120,000.00

Véron, E., *Les institutions ouvrières de Mulhouse et des environs,* Paris, Hachette, 1866, p.140.

第 4-3 表　ミュルーズの共済金庫数

年	金庫数
1800–1810	1
1810–1820	1
1820–1830	8
1830–1840	10
1845	26
1852	21
1870	19

Vitoux, M.-C., *op.cit.*, pp.167–168.

に（第 4-2 表参照），退職年金を給付した時期もあった[1]．ゲブヴィレールのブルカール企業（MM. Bourcart）は食料品・衣類・燃料・医薬等の提供のほかに，労災で一時的に就業不能に陥った者に対して，その期間中，賃金に等しい額の手当を支給した．通常の病気にかかった者にも，勤続 6 ヶ月以上を条件に，賃金の 1/3 を支給した[2]．ミュルーズでも雇主のイニシャチブにより，七月王政期以降金庫が次々と設立された．合同や消滅をへて，第二帝政期には約 20 の金庫が存在した（第 4-3 表参照）．大抵の場合，原資は労働者の拠出（0.5 フラン～1.0 フラン/月）と会社拠出金から構成され，疾病手当と医薬の提供を主業務にしていた．金庫によっては年金の給付も行っていた．疾病手当の額は 1860 年代で成人男子 1.0 フラン～1.6 フラン/日，婦人で 0.2 フラン～0.8 フラン/日であった[3]．マンステル（Munster）のアルトマン父子企業（MM. Hartmann et fils）も共済金庫を整備していた．

共済金庫は労働者とその家族の生活保障に寄与するとともに，彼らに対してプレヴォワイアンスの意識を陶冶する機能を有していた．金庫の管理権は雇主が掌握していた．

2　退職年金

ミュルーズの主な綿企業 11 社（第 4-4 表参照）は，年金給付の拡充と養老院（Asile des vieillards）の運営を目的に，1851 年 1 月に貯蓄奨励協会（Société d'encouragement à l'épargne）を設立した．原資は賃金の 3% 天引き（この拠出は，労働者個々の名義で老齢年金国民金庫に振り込まれた）と会社拠出金（支払賃金額の 2%）から構成された．満 60 歳になると，年金 250 フランを受給できることになっていた．加入する，しないは労働者個々の選択に委ねられていた．だが，天引きに応じた労働者は発足後 2 年の 1853 年現在でも，11 企業

第 4-4 表　貯蓄奨励協会加入綿企業：1851 年〜1860 年　　（フラン）

企業	拠出額累計
MM. Dollfus, Mieg et Cie（ドルフス=ミーグ）	104,278.39
André Koechlin et Cie（アンドレ・ケクラン）	85,036.10
Steinbach-Koechlin（スタインバック=ケクラン）	63,624.00
Ch. Noegely（シャルル・ノエジェリィ）	37,632.30
Schwarts Huguenin（シュワルツ・ユグナン）	30,062.90
Koechlin Dollfus（ケクラン・ドルフス）	25,219.25
Schwartz, Trapp et Cie（シュワルツ=トラプ）	27,856.63
Frères Koechlin（ケクラン兄弟）	21,722.25
Weber frères（ヴェベェル兄弟）	9,747.95
A. Bricard（ブリカール）	3,451.15
G. Schlumberger et Cie（シュランベルジェ）	4,718.05
合計	413,348.97

Véron, E., *op.cit.,* p.150.

第 4-5 表　貯蓄奨励協会の収支：設立〜1860 年 1 月 1 日　　（フラン）

収入累計		支出累計	
雇主の拠出金	413,348.97	退職年金給付	169,270.10
賃金からの天引き	34,017.50	養老院運営費	65,597.41
利息・その他	51,470.60	老齢年金国民金庫への振込み	55,743.02
		人件費等	31,856.25
合計	498,837.07	合計	322,466.78
差引残高		176,370.29	

Véron, E., *op.cit.,* pp.150, 152 より作成．

　の雇用労働者総数約 7,000 人中僅か 861 人にすぎなかった．1860 年末には，たったの 16 人に減少する．第 4-5 表に同協会の収支状況を示す．労働者からの天引き累計額は約 34,000 フラン（収入累計額の 6.8％）にしかすぎず，年金業務の失敗が知れる．1867 年には同協会に加入する企業は 7 に減少する．フレデリック・アンジェル=ドルフス（Frédéric Engel-Dollfus）の尽力で 1870 年に 10 に増えたものの，1874 年には再び 9 に減少する[4]．

　なぜ失敗したのか．労働者の老後保障を目的として発足したものの，現在の生活を維持するのに精一杯であった労働者にとって，何十年も先の保障に思いをめぐらす余裕など経済的にも精神的にも殆どなかったことが第 1 の原因としてあげられる．共済金庫への拠出負担に加えて，賃金からの 3％ 天引きは彼らにとって現在の生活を脅かす賃金引き下げと同義であった[5]．雇主が加入圧力をかけると，離職者が続出するという有様であった．1853 年 12 月 6 日付県知事の農商務大臣宛書簡は「この乏しい成果を得るためには，大きな圧力をかけねばならなかった．その結果，相当多数の労働者が天引きを執拗に求める工場か

ら去っていった」と記す[6]．一方で，GOR 企業やアルトマン父子企業では 365 フラン以上の退職年金を給付し，成功している．強制加入方式であったことが貯蓄奨励協会とは大きく異なっていた[7]．

3　貯蓄金庫

　GOR 企業は 1821 年に貯蓄金庫を設立した．1853 年末現在の預金高は 246,389.9 フランで，通帳数 1,098，通帳当たりの預金高は平均 224 フランであった．1863 年末には，それぞれ 898,686 フラン，3,628，平均 248 フランに増えている．利息は 5％．注目すべきは，男子見習工に対して賃金の一定割合を強制的に預金させ，見習期間が終了するまで引き出しを禁止していたこと，週 5 フラン以上を得ている未婚の婦人労働者に対しても賃金の半分を強制的に預金させ，退職（大抵の場合は結婚退職）するまで引き出しを禁止していたことである[8]．若年労働力の定着率向上をはかるとともに，かれらに貯蓄の習慣をつけさせ，将来の生活設計に対する心構えを陶冶するねらいが込められていた．

　第二帝政期には，土地・家屋を担保に，高利貸しから借金をすることが労働者の間で流行した．その結果，返済不能に陥り，虎の子の小財産を失う者が続出した．労働者家族の道徳心低下を危惧した GOR 企業は，高利貸しから借金するのをやめさせるために，貸付業務を始めた．年利 5％．1853 年末で 177 人の労働者に合計 30,976 フラン（1 人当たり平均 175 フラン）を貸付けている[9]．貯蓄金庫はブルカール企業やアルトマン父子企業でも設立されていた[10]．

4　ミュルーズ労働者住宅協会（Société mulhousienne des cités ouvrières. Société des cités ouvrières de Mulhouse と記される場合もある．以下，SMCO と略記）

　ミュルーズにおける労働者住宅建設の先駆はケクラン企業に求められる．アンドレ・ケクラン（André Koechlin）は 1836 年に，R. オーウェンのニュー・ラナーク住宅をモデルとして，小菜園と地下倉付の 2 K ＋屋根裏部屋の住宅を 36 戸建設した[11]．フラマン（Jean-Paul Flamand）は，ケクラン労働者住宅の建設動機を労働者住環境の改善と居酒屋への出入りをやめさせようとする彼のプロテスタント博愛精神に求めている[12]．ヴェロン（Eugène Véron）は，家族道徳の陶冶を軸とした良質労働力の育成に求める[13]．ケクラン労働者住宅の建設動機はこの 2 つに求められよう．同じことは SMCO についても言える．

(1) SMCO の設立

1851年のロンドン万国博を見学したリル・ナポレオン（l'Ile Napoléon）の製紙企業主ジャン・ジュベル（Jean Zuber）とアメデ・リエデル（Amédée Rieder）は，クリスタル・パレスの隣に展示されていた4戸一の労働者モデル住宅に関心をもった．帰国後，ジュベルはその設計図をもとにしてみずから住宅を建設し，1851年9月24日にミュルーズ工業協会（Société industrielle de Mulhouse. 以下，SIM と略記）に労働者住宅の建設に関する意見具申を行った．リエデルは敷地面積36 m^2，1階が台所と部屋2，2階が部屋2と屋根裏部屋，100 m^2 の小菜園付戸建て住宅プランを提示した．SIM社会経済委員会の常任幹事アシィル・プノー（Achille Penot）はすぐさまこれらの住宅プランに関心を示したが，当面ミュルーズ綿業主総体の関心を引くまでには至らなかった．[14]

しかし，ドルフス＝ミーグ企業（Dollfus-Mieg et Cie. 以下，DMC と略記）のジャン・ドルフス（Jean Dollfus）はジュベルとリエデルの提案をミュルーズ綿業主の共通課題として受け止め，実践にまで高めていく．1853年6月10日，彼は資本金30万フランで SMCO を設立した．5,000フランの株式60株を発行し，11人のミュルーズ有力綿業主から出資を確保した（第4-6表参照）．政府からは公共施設の整備に充当することと住宅を原価で販売することを条件に，15万フランの補助を取り付けた．翌年，11株を追加発行して資本金を355,000フランにするとともに，政府から再度15万フランの補助を取り付けた．加えて彼は，みずからの保証引き受けで，バーゼル市とミュルーズ市から

第4-6表　ミュルーズ労働者住宅協会（SMCO）の株主：1853年

株主	持株数
Jean Dollfus（ジャン・ドルフス）	35
Mathieu Dollfus（マティウ・ドルフス）	10
Joseph Koechlin-Schlumberger（ジョゼフ・ケクラン＝シュランベルジェ）	2
Jean Zuber-Karth（ジャン・ジュベル＝カール）	2
Frédéric Engel-Dollfus（フレデリック・アンジェル＝ドルフス）	2
Steinbach, Koechlin et Cie（スタインバック＝ケクラン）	2
Schwartz, Huguenin et Cie（シュワルツ＝ユグナン）	2
Daniel Koechlin-Schouch（ダニエル・ケクラン＝シュシュ）	1
Nicolas Koechlin（ニコラ・ケクラン）	1
Frédéric Zuber（フレデリック・ジュベル）	1
Koechlin-Dollfus et frères（ケクラン＝ドルフス兄弟）	1
Schwartz, Trapp et Cie（シュワルツ＝トラプ）	1
合計	60

Véron, E., op.cit., p.206.

162,750 フランを借り入れた．クレディ・フォンシエからも 82,250 フランの融資を取り付けた[15]．こうして，SMCO は創業資金 90 万フランの大部分を地元ミュルーズと政府から調達した．

では，いかなる動機・目的で SMCO は設立されたのか．1853 年 6 月 10 日に作成された会社定款は次のように記している．「株主は労働者福祉の視点のみを有し，より健康的且つより適切な方法でかれら（労働者）を居住させることのみを，すなわち原価のままで，したがって出来るだけ安く，会社が建設する住宅とその付属物の獲得をかれらに対してうながすことのみを目的とする．各株式は 4％という低い利息及び応募資本金償還の権利しか有さず，また将来も有さない．株主は何らかの利益に対するいかなる権利も，みずから禁止する」と．1 株当たり 200 フランの配当を定めるものの[16]，労働者に住宅を所有させることで彼らの住環境の改善をはからんとする綿業主の博愛精神が知れる．一方，SMCO の設立に深く関わり，住宅建設に関して J. ドルフスに強い思想的影響を与えたプノーは 1852 年 6 月 30 日に次のように述べている．「もし，われわれがこれら同じ人々（労働者）に対して清潔で住み心地の良い住宅を提供することができれば，もし，われわれが（労働者）各人に対して彼の家族に快適で有益な仕事とささやかな収穫の期待をさずける小菜園を提供することができれば，彼（労働者）は神さまが私たちに恵みたもうた所有のこの本能を，正当な意味において理解することができるであろう．そして，われわれは社会経済の最も重要な諸問題の 1 つを満足する形で解決するのではなかろうか」（傍点部　原文イタリック）と[17]．労働者との日常的接触をとおして「所有の本能」（l'instinct de la propriété）の経営・社会的機能を看破していたプノーの主張は，SMCO に取り入れられる．けだし，SMCO 理事会（conseil d'administration）は「労働者に対して，風通しと空間の不足していない住宅を獲得させること．かれらを放浪的で無関心で節約心に欠けるアンプレヴォワイアンな労働者ならしめているプロレタリア状態から脱却させるために，（住宅の）所有者となる便宜を得させること．かれら（労働者）を，そこからパンをえ，最後には彼らと彼らの家族に秩序と倹約心を育ませる．そして，それのみがあらゆる安楽の現実的土台である労働，この労働への忍耐力を育む基盤（住宅と小菜園）と結合させること」に住宅建設の動機・目的をすえるであろう[18]．ミュルーズ綿業主は，一方において労働者家族の住生活の改善というカルヴィニスム博愛精神，他方プレヴォワイアンス意識と忍耐力・規律に富む良質労働力の育成という経

営の論理，この2点からSMCOを設立したことが知れる．

(2) 住宅の建設・販売状況

1853年6月27日に建築技師のミュレ（Émile Muller）によってマスター・プランと家屋の個別プランが作成された．7月20日には，ミュルーズからドルナック（Dornach）にかけて広がる用地8ヘクタールをJ. ドルフスから原価で購入し，基礎工事に着手した．1854年に100戸が，1867年までに800戸が，1870年までには892戸が建設された．住宅団地の人口は1861年に4,497人，1867年には約6,000人に増加した[19]．家屋は連棟型と背中合わせ連棟型及び4戸—2階建型の3タイプで[20]，連棟型は職長向けに建てられ，販売価格は少し高かった[21]．最も多く建てられたのは4戸—2階建型（1戸当たりの延床面積40 m^2，菜園面積120 m^2）であった．その内部構造をみると，1階に2部屋あり，1つは台所兼食事室に，もう1つは両親の寝室になっていた．2階には2部屋あり，屋根裏部屋は小部屋に転用できた．地下倉は物置に使うことができた．階段は両親の寝室に付いており，親の知らぬ間に子供が家から出たり入ったり出来ないよう工夫がなされていた．窓は両開きで，風通しと日当たりに配慮が加えられていた．台所には料理用ストーブやポンプなど調理用具一式が備え付けられ，快適な住生活が送れるように設計されていた[22]．

住宅の販売はSMCOの設立趣旨にそって展開された．まず，販売価格はどれくらいで，どのような返済方法がとられていたのかを見てみよう．SMCOはいう，「ここに，全面的に公開されている我々の住宅がある．なかへ入って，屋根裏部屋から地下倉まで見て下さい．土地は1 m^2 当たり1フラン20サンチームかかっている．建築費，建築技師への報酬，建築資材費を合わせると，ある住宅は2,400フラン，ある住宅は3,000フランかかっている．われわれは諸君に原価で販売する．損をしようとは思わないが，儲けようという気持ちも毛頭ない．諸君はわれわれに3,000フランを支払える状態にはない．しかし，協会としては諸君に期待している．諸君は契約と所有権移転登記費用をまかなう300フランあるいは400フランの一時金を払込む．その後，諸君はわれわれに，2,400フランの住宅については毎月18フランを，3,000フランの住宅については毎月23フランを支払う．この額は，諸君が家賃として払っている額よりも4フラン〜5フラン多い．14年間この支払いを続けることで，諸君は住宅の代金を返済し，（住宅の）所有者となるであろう」と[23]．販売価格は，建築時

第 4-7 表　SMCO の 4 戸一 2 階建型住宅の原価構成（一戸当たり）：1864 年

（フラン）

家屋	煉瓦工事	1,386.65	2,503.35（80.5%）
	大工・内装工事	499.70	
	指物工事	375.10	
	ガラス工事	101.40	
	金具工事	95.15	
	ブリキ工事	23.80	
	塗装工事	21.55	
土地	宅地	151.60	222.35（7.2%）
	住宅隣接部分の道路	55.60	
	整地工事	15.15	
共有物件・その他	道路	40.60	381.85（12.3%）
	側溝	39.95	
	歩道・下水溝	42.30	
	井戸・ポンプ	15.00	
	門付生垣	62.50	
	街路樹	5.00	
	登記費用など	112.50	
	借入金利息	28.40	
	その他	35.60	
合計		3,107.55	3,107.55（100.0%）

Levasseur, É., *Histoire des classes ouvrières et de l'industrie en France de 1789 à 1870,* deuxième édit., t.2, 1903, reprinted, AMS, 1969, pp.681–682.

期によって地価・資材費・内装費に変動があるので，また延床面積や敷地面積もタイプによって差異があるので，不定である．しかし，4 戸一 2 階建型の場合，初期には 2,400 フラン〜3,000 フラン，1859 年には約 3,000 フラン，1864 年には約 3,100 フラン（第 4-7 表参照）であったと推定される[24]．返済期間も販売時期によって差異があり，13 年〜15 年の幅が見受けられる．

　販売に際しては，返済方法の他に以下の付帯事項が義務づけられていた．㋐不動産の外観を変更してはならない　㋑菜園を耕し，維持する　㋒生け垣と道路沿いのシナノキを手入れする　㋓契約日以降 10 年間，購入者は SMCO の許可なしに不動産を転売してはならない．また，他の家族（seconde famille）に間貸しをしてはならない．ただし，SMCO によって許可された労働者（購入者）については，転売はみとめられる．同じく間貸しも，購入者に子供がいない場合もしくはその方法が購入者の家族生活を損なわぬ場合にはみとめられる　㋔子供を学校に通わせる[25]．全体として，購入者の社会道徳の向上と倹約及び家族精神の陶冶を目的にしたものであることが分かる．特に注目しなければならないのは㋓の義務である．これについてヴェロンは，「売買契約によって定められた 10 年の期間は，必要な範囲を超えて彼（労働者）の自由を拘束するこ

第 4-8 表　SMCO の住宅販売戸数　　　　　(戸)

年	販売戸数 単年度	累計
1854	49	
1855	18	67
1856	5	72
1857	52	124
1858	110	234
1859	60	294
1860	70	364
1861	87	451
1862–1865	163*	614

*1862 年 – 1865 年の 4 年間の合計値.
Simon, J., *L'Ouvrière*, Paris, 1864, pp.379–380 と Véron, E., *op.cit.*, p.233 より作成.

となく，あらゆる……投機を不可能にし，そして労働者家族に対して貯蓄の習慣を身につけさせ，自分の家に愛着を抱かせるのに十分である」と述べ，㋔[26]の義務にプレヴォワイアンスと家族心に富む良質労働力の育成機能をみとめる．もちろん，返済を完了した「諸君（労働者）は，そこ（住宅）に無料で住むのみならず，子供に譲渡し，間貸しをし，あるいは転売することもできる」[27]が，その場合，当該労働者とその家族は既に自助の体現者として規律正しい良質の工場労働力を形成している[28]．

　では，販売状況はどうであったのか．また，購入者はどういう労働者層であったのか．第 4-8 表から知れるように，当初 3 年間は計 72 戸しか売れていない．住宅団地内の生活関連施設が十分に整備されていなかったこと，労働者が不信感－兵舎にすし詰めにされるという不信感－を抱いていたことが原因である[29]．これらの問題点が払拭された 4 年目以降，販売は順調に進む．1870 年までに 859 戸（建設戸数の 96％）が売れている．販売価格と毎月の返済額の大きさから，購入者は労働者のなかでも比較的に高賃金を得ていた熟練労働者あるいは綿工場に関連する職人が多かったと指摘されている[30]．しかし，そうでない労働者もいた．住宅所有の引力にひかれて懸命に一時金を貯めて購入し，返済につとめている低賃金労働者の存在も確認できるのである[31]．

(3) 返済状況

　返済金の滞納は稀であった．とりわけ，高賃金を得ていた熟練労働者よりも，低賃金労働者の方が返済に意欲的であったというヴェロンの指摘は注目に値する[32]．1865 年 8 月 30 日現在，販売戸数 614 戸のうち 171 戸は完済されてい

第 4-9 表　ミュルーズの工場労働者家族（本人と配偶者及び子供 3 人の 5 人家族）の年間家計支出：1855 年〜1860 年の年平均　　　　　（フラン，％）

食費	676.15	（67.4）
住居費	118.85	（11.8）
被服費	200.00	（20.0）
税金	8.15	（0.8）
合計	1,003.15	（100.0）

Vitoux, M.-C., *op.cit.*, p.27. この家計を維持するには，年間労働日を 300 日として，1 日当たり 3.35 フランの賃金を必要とする．これだけの賃金を得ていたのは精紡工・糊付工・熟練機械工そして一部の捺染工でしかない（*Ibid.*）．

る．残り 443 戸についても滞納はほとんどないので，円滑な返済状況にあったことが知れる[33]．完済者は 10 年間で 2,000 フラン〜3,000 フランを貯え，それを返済に充てていたことになる．SMCO が発行する返済通帳には毎年の返済額と返済累計額が記入されており，これが購入者に対して完済に向けての勤労意欲・貯蓄意欲を刺激したことも－ヴェロンは返済通帳によって，貯蓄意欲が 10 倍も高まったと指摘する－好結果を生む要因になっていた[34]．

さて第 4-9 表から，第二帝政期ミュルーズにおける一般的な工場労働者家庭の家賃は，年間に約 120 フランであったことが知れる－しかし，プノーが SIM の協力を得て 1842 年に実施したミュルーズ綿業労働者の家計支出調査によると，住居費は年間 144 フランである．またボイヤー（R. Boyer）の研究によると，1856 年〜1890 年頃の労働者の家計支出にしめる住居費の割合は 15% 台である[35]．それゆえ，約 120 フランというこの数値はおそらく低く見積もられている－．住宅の販売価格は建築時期やタイプにより不定であるが，1864 年の 4 戸一 2 階建住宅についていえば，年間 259 フランの返済で 15 年後には完済する仕組みになっている[36]．2,400 フランの住宅についても，年間 216 フランの返済で 14 年後には完済する計算である．したがって返済額は家賃の支払いよりも年に 96 フラン〜140 フラン多かったことになる．しかし，菜園から収穫される野菜類は最大限年間 60 フランに相当したので，その分だけ食費が節約される[37]．この節約分を返済にまわすと，年に 36 フラン〜80 フラン多いだけとなる．これを単純平均すると，返済額は家賃の約 50% 高ということになる．この 50% 高が重い負担であることは疑いえない．しかし，所有の引力（夢）によって刺激された勤労・貯蓄意欲の高揚は，この負担を克服して十分なるものがあった．労働者の妻も子供も働き，家族全員が所有の夢を追求した．返済不能に陥ったケースの少なさから，そのことは立証される．ヴェロンによれ

ば，返済不能に陥ったケースはあるにはあったが，稀であった．根拠としてヴェロンは「家族の父親が急死したとき，その稼ぎが一家の収入を増加させていた青年が徴兵されたとき，そしてとりわけ最近では，綿業不況で労働者がミュルーズを去らねばならなくなったとき，とかで返済を続けることが不可能になった場合に，何人かの者は契約を解除することを余儀なくされる結果になっている」というプノーの陳述を取りあげる[38]．それゆえ，少なくとも1860年代中頃までは，高賃金を得ていた熟練労働者も低賃金不熟練労働者も，共に重い負担を抱えながらも，返済不能に陥るケースは総じて少なかったと判断される．

(4) 間貸し状況

当時アルザスでは，間貸しは半ば習慣的に行われていた．それゆえ，家族の団結と自立性を涵養する目的の間貸し禁止規定は，初めのうちはほとんど守られていなかった[39]．だが，返済が進むにつれて間貸しを行う者は減少し，完済者の大部分は間貸しを途中で止めている[40]．住宅を購入した労働者にとって，間貸しによる収入は返済の有力な資金源を構成していた．しかし，返済が進むにつれて，購入者は所有を名実ともに十全な形で実現するために，間貸しをやめていったものと思われる．間貸し習慣を漸次圧倒していく，新たな家族精神の芽生えがみとめられる．

5 その他の労働者住宅

ロトー（Rothau）のシュタインハイル゠ディテルレン企業（MM. Steinheil, Dieterlen et Cie）は1849年末から1863年5月2日の間に，56人の雇用労働者に対して，市が分譲した宅地の購入助成金として，相互扶助組合から1人当たり200フラン〜1,800フラン，総額にして37,576フランを貸付けていた．同時に，別枠で家屋の建築資金も貸付けていた[41]．ジャン゠ジャック・ブルカール（Jean-Jacques Bourcart）はSMCOを見倣って出資者を募り，1860年に資本金342,000フラン（1,000フランの株式342株発行）でゲブヴィレール労働者住宅協会（Société des cités ouvrières de Guebwiller）を設立していた．1865年までに2階建の住宅90戸を建設し，そのうちの49戸を3,600フラン〜4,500フランで労働者に販売している．販売価格が高かったのは，SMCOとは違って政府から補助金を得ることができず，公共施設の整備を全額自己負担しなければならなかったからである．ブルカール企業は労働者の住宅所有を促すため

に，購入希望者に住宅貸付を行っていた．また1860年～1865年には，2階建ての賃貸労働者住宅（計49戸）も建設していた[42]．その他，ロエラック企業（Loerrach）やウジェーヌ・シャルロ企業（Eugène Charlot），ヴェセルランのエメ・グロ企業，コルマルのアントワーヌ・エルゾ企業などでも労働者住宅の建設と住宅貸付を実践していた[43]．これらの住宅施策の動機目的はSMCOのそれと略同じであったと考えられる．

6 教育

ミュルーズ綿業主をはじめとして，アルザスの綿業主総体は「最もよく教育を受けた，そして最も知的な労働者は，一般的にいって，一層良きサーヴィスを生みだす」ことを確信していた[44]．青年労働者を対象とした教育事業への積極的取り組みが注目される．

(1) ゲェブヴィレール民衆講座（Cours populaires de Guebwiller）
①設立の動機

アルザスの人道主義的モラル・エコノミストを代表する綿業主J.-J.ブルカールは1858年に民衆講座を開いた．1864年1月18日の職業教育調査委員会での彼の陳述から，開講の動機が知れる．「工業経済の法則からして，労働者の報酬は，彼が投下する労働の質と不可避的に関係している．そして，それ（労働の質）は常に彼の知性に比例している．労働者の知性を活発にすることは，間接的にではあるが，確実に彼の資質を向上させる．そして，彼の手労働の価値を十分に発現させる．したがって，それは彼に報酬を増加させる確かな機会を付与し，そしてヨリ溌剌とした生活を彼に提供する．／労働者の利害は工場主の利害と結びついている．とりわけ（英仏）通商条約がわれわれの工業をイギリスとの直接的競争に位置づけて以来，労働の改善はわれわれにとって死活問題になってきている．労働を改善するためになすべき第1のこと，それは労働者を改善することである．／利害の問題とならび，私はそこに（労働者を改善することに）もう一つ別の，より高度な範疇の課題を見出す．労働者の自由な時間を有益かつ名誉ある勉学で満たすことによって，労働者から浪費と放逸の機会をなくすることである．われわれは彼を教育することで，彼を道徳化する」[45]．㋐教育によって労働者の知性を開発し，かれらの生活を物質的・道徳的に改善する　㋑改善をとおして労働生産性の向上を具現し，企業の存立と

発展をはかる．開講の動機はこの2点にあった．

②運営状況

　民衆講座を現場で指揮したのは民衆図書館（Bibliothèque populaire）の館員1 と J.-J. ブルカールの作成したリストから選出された委員5で構成された指導委員会（comité directeur）であった．ただし，意志決定権は常に J.-J. ブルカール個人に属していた[46]．運営費用は主として J.-J. ブルカールが引き受けていた．彼は1858年の開講から1863年末までに59,500フランを負担した．講師費用や諸経費も負担していた．1864年からは寄付も募られるようになった．1866年までに25,000フランが集まっている[47]．受講料は無料であった．

　第4-10表にカリキュラムを示す．20科目が設けられ，広範囲かつ難易度の多様な教養科目を中心としていた．技能・専門科目も一部取り入れられていた．講義は読み書きそろばんから始まり，順次専門的な科目を履修するようになっていた[48]．講師はブルカール企業の幹部とゲブヴィレール市教育関係者及び専門家から構成されていた．地域との密接な連携を取り入れた運営であっ

第4-10表　ゲブヴィレール民衆講座のカリキュラム：1863年～1864年

曜日	始業時刻	科目	担当講師 名前	担当講師 職業
日	8時 11時 11時 不明 不明	文学 線図 自在画 園芸 植物	Wirth（ヴィルト） Ulmer fils（ウルメルⅡ） Ch. Bourcart（シャルル・ブルカール） Bichler（ビシュレ） Moeder（モエデル）	ゲブヴィレール・コレージュ教員 ブルカール企業の図案長 ブルカール企業の幹部 ゲブヴィレールの園芸家 不明
月	20時 20時	算数 機械	Delunsch（ドゥランシュ） Ed. Franger（エドアール・フランジェ）	ブルカール企業の初級学校教員 工業家（École centrale 卒）
火	20時 20時	幾何 英語	Lecocq（ルコク） Marx（マルクス）	ゲブヴィレール・コレージュ校長 家庭教師
水	20時 20時	国語 簿記	Gasser（ガシェル） Rieder（リエデル）	ブルカール企業の初級学校教員 ブルカール企業の会計係
木	20時 20時	代数 調停仲裁	ドゥランシュ リエデル	
金	20時 20時	地理 線図	不明 ウルメルⅡ	
土	20時 20時	歴史 音楽	Doch（ドォシュ） Brumpt（ブランプ）	ゲブヴィレール・コレージュ教員 不明
不定	不定	合唱 衛生 物理 化学	ブランプ Durwell（デュルウェル） エドアール・フランジェ de Bary（ド・バリィ）	 ゲブヴィレールの医師 不明

Véron, E., *op.cit.*, p.346.

た．
③受講者

　受講者は毎年約 500 人で，大部分は 16 歳〜21 歳のブルカール青年労働者であった．25 歳以上の者は全体の約 2% であった．市内に住む店員，事務員，そして工場職員の一部も受講していた．

(2) ミュルーズ職業学校（École professionnelle de Mulhouse）
①設立の動機

　学校教育と工場実習を結合した教育機関として，SIM により 1854 年に設立された．対象は 15 歳〜18 歳の若者であった．1863 年に校長のバデル（Bader）は設立動機にふれて次のように述べている．「ミュルーズ職業学校は若年労働者に一定の科学教育を授ける任務を有するものではない．定められた目的，それは教養教育を受ける若者に，併せて工業的技能を直接に用意することである．かれらの教育の主要部分を構成する理科と文科の勉学に一定の範囲内で工場労働の実習（apprentissage）を組み合わせるのは，かれらにとって有益で必要な特別の実習を若いときから遅れることなく始めるためであり，若者に対して習慣と志向を付与し，天職の展開に適したミリューの中でかれらを育成して，理科的・文科的教養から副次的教育の通常の用語に至るまでを，かれら自身が自分で追求しうるようにするためである」と．[49] 理科・文科の教養と技能実習を結合した教育を施すことで，将来的に有望な専門熟練労働者を早くから育成すること，ここに設立の動機があった．

②カリキュラムと講師

　全員必修の教養教育とコース別の専門教育から構成されていた．

　　a　教養教育[50]

　　　ア　一般教養：文法　文学　現代文　歴史　簿記　商法　行政法　数学
　　　　　　　　　　物理　化学　自然史
　　　イ　技術理論：機械　デザイン　蒸気機関　初級工業建築

　　b　専門教育

　　　ア　機械コース[51]

　　　　　　座学：工業建設（鉄道・運河の建設資材）　運動力学　織機製造理
　　　　　　　　　論を含む綿糸学
　　　　　　工場実習：週 10 時間の精錬・旋盤・機械製造　機械製図　組立て

イ　繊維コース[52]

　　座学：紡績と織布の理論

　　工場実習：紡績機と織機の操作　機械製図

　　1861年以後はオ・ラン県の綿業主によって設立された機械織り学校（École de tissage mécanique）で，座学（1日2時間）と実習の授業を受けた．

ウ　化学コース[53]

　　漂白と捺染の実習　薬品分析　漂白捺染設備器具の製図

c　講師

　　ミュルーズ綿企業の職長クラス（一部は熟練労働者）が工場実習の指導に当たった．教養教育と専門教育の座学・製図は，同幹部・技師と専任講師が担当した．[54]

(3) ミュルーズ民衆教育協会（Société d'instruction populaire de Mulhouse）

①設立の動機

　SIMのイニシャチブのもとに1864年に設立された．民衆教育協会規約第1条は「少なくとも18歳の成人を対象に，読み書き，国語，ドイツ語，英語，初級計算，商業と工業の応用計算及び線図の授業を実施する目的で，ミュルーズに民衆教育協会を設立する．／国語，ドイツ語，英語の授業は純粋に実用的なものであり，生徒たちにできるだけ短期間で理解させ，話せるように指導することを唯一の目的とする．／その他の教育科目は管理委員会（comité de surveillance）が有益であると判断するごとに，あとで追加される」と規定する[55]．管理委員会メンバー[56]のF. アンジェル゠ドルフスは，「諸階級の接触と新しい諸関係の創造」という労働者に対する雇主の「献身的心情」を，したがって博愛的な動機を開陳しているが，ヴェロンによって指摘されるごとく[57]，「工業的歯車と装置を改善せんとする計算のみから意図された，巧妙かつ慎重な利己主義」に基づく，実用知識・技能をそなえた工場労働力の養成という視点も見逃せない．ただし，ヴェロンのいう工場労働力の養成とは専門熟練工の養成を意図したものではなく，ミュルーズ職業学校に欠けていた機能を補う目的で，工場労働者の下層部分とりわけ不熟練外国人労働者のレベル・アップを主に企図したものであることが，開講科目と受講者構成から知れる．授業は夜間に行われた．[58]

②開講科目と受講者構成

　第4-11表に，1864年11月11日現在と1865年7月26日現在の開講科目及び受講登録者数・受講者数を示す．読み書きと初級計算の受講者は主としてドイツ人・スイス人の不熟練労働者（第二帝政期のミュルーズには6,000人〜8,000人の外国人労働者がいた）であったことが分かっており，受講者の約2/3をしめていた．受講料も講座当たり月額20サンチームと低く設定されていた．

第4-11表　ミュルーズ民衆教育協会の開講科目と受講登録者数及び受講者数

（人，％）

開講科目	受講登録者数 1864年	比率	1865年	比率	受講者数 1864年	比率
国語入門（読み書き）	240	35.2	421	38.4	230	42.0
初級計算	165	24.2	292	26.7	131	24.0
国　　語	61	9.0	88	8.0	46	8.4
応用計算	49	7.2	70	6.4	38	6.9
英　　語	71	10.4	84	7.7	47	8.6
線　　図	95	14.0	140	12.8	55	10.1
合　計	681	100.0	1,095	100.0	547	100.0

Véron, E., *op.cit.*, pp.361-362, 366 より作成．

第4-12表　ミュルーズ民衆教育協会の職種別受講登録者数：1865年　（人，％）

職種	国語入門（読み書き）	初級計算	国語	応用計算	英語	線図	合計	比率
機械・金属工	123	109	28	38	6	81	385	35.2
紡績・織布工	118	93	12	4	3	6	236	21.6
大工・指物工	47	25	11	5	1	25	114	10.4
石工・石切工	21	9	1	2	0	7	40	3.7
日雇労働者	29	21	4	1	0	2	57	5.2
商業事務員	0	0	7	5	54	4	70	6.4
その他	83	35	25	15	20	15	193	17.5
合計	421	292	88	70	84	140	1,095	100.0

Véron, E., *op.cit.*, p.368.

第4-13表　ミュルーズ民衆教育協会の年齢別受講登録者数：1865年　（人，％）

年齢	国語入門（読み書き）	初級計算	国語	応用計算	英語	線図	合計	比率
18〜25歳	291	214	65	61	75	118	824	75.3
26〜35	109	71	22	7	9	20	238	21.7
36〜	21	7	1	2	0	2	33	3.0
合計	421	292	88	70	84	140	1,095	100.0

Véron, E., *op.cit.*, p.368.

その他の科目の受講者は主として初級教育を修了したフランス人労働者であった．[59] 受講料も線図が月額 50 サンチーム，英語が同 2 フランと比較的に高かった．第 4-12・4-13 表から，18 歳～35 歳の機械・金属及び紡績・織布労働者が全受講者の大半をしめていたことが分かる．機械・金属労働者は綿企業の機械部門労働者と考えられるので，18 歳～35 歳のドイツ人・スイス人不熟練繊維労働者が全受講者の大半をしめていたことが知れる．

(4) ミュルーズのデザイン学校（École de dessin）

1829 年に SIM によって設立された．図案工や製図工を志望する生徒を対象に，模写，花模様・人物・機械のデザイン，用器画法，原型製作などを教えた．貧困労働者の子供を含むあらゆる階層から優秀な生徒を集めるために，授業料免除制度がととのえられていた．1861 年現在，全生徒の 2/3 が免除の適用を受けている．また，カリキュラム＝授業内容の拡充をとおしてアルザス捺染の高級化を促進するために，最新の設備をそなえた新校舎を 10 万フランの予算で建設中である．[60]

(5) GOR 学校

GOR 企業は早くから雇用労働者とその子供の教育に力を入れていた．1810 年に初級学校を，1830 年には高等初級学校と成人労働者向けの夜間技能講座を設立していた．見習捺染工と見習彫刻工には夜間技能講座の受講を義務づけていた．図案工の養成を目的としたデザイン専門学校（École spéciale de dessin）も設立していた．いずれの学校でも年に数回試験を実施し，成績に応じて生徒の配属先を決めていた．[61] 能力主義に基づく労働力の選別が行われていたことが知れる．GOR 学校は知力と技能に秀でた工場労働力の養成機関であった．

(6) 初級学校

オ・ラン県綿企業の大部分は就業時間内に子供労働者を公立の初級学校（École communale）[62] に通わせていた．単独立地の企業を中心に，工場の内部に学校を設立していた企業も少なくない．1863 年現在，ミュルーズだけでも 8 企業が初級学校を設立し，読み書きそろばん中心の教育を施していた[63]（第 4–14 表参照）．

第4-14表　初級学校を設立しているミュルーズ綿企業：1863年

設立年	綿企業
1848年	Trapp（トラプ） Koechlin-Dollfus（ケクラン=ドルフス） Dollfus-Mieg（ドルフス=ミーグ）
1854年－1856年	Ch. Naegely（シャルル・ナエジェリィ） Steinbach-Koechlin（スタインバック=ケクラン） Frank et Boeringer（フランク・エ・ボエランジェ）
1863年	Ch. Mieg（シャルル・ミーグ） Thierry-Mieg（ティエリィ=ミーグ）

Vitoux, M.-C., *op.cit.*, p.179 note.

（7）図書施設

ミュルーズ民衆教育協会は民衆図書館を設立していた．ブルカール企業（蔵書数 2,000）やミュルーズのトラプ企業（Trapp. 同 1,200）などは工場のなかに図書室を設置し，貸出しも行っていた．図書施設は労働者の知的・道徳的発達をうながすのに寄与した[64]．

7　健康増進

（1）出産有給休暇制度

1862年11月1日，DMCのJ. ドルフスは約8,000フランの年間予算を組み，産褥期の婦人労働者を対象に出産15日目から6週間の間，本人が乳児の世話を直接行うことを条件に，出産前と同額の賃金を支給する制度を導入した．出産有給休暇制度である．この制度は乳児死亡率の低下を実現した．1862年11月1日～1863年10月31日の1年間に，DMCの婦人労働者1,150人のうち102人が出産したが，生まれた子供102人のうち1年以内の死亡数は23に減少した．次の1年間は出生数98に対して同死亡数27であった．この時期，ミュルーズ市全体の乳児死亡率は平均33/100で，工場労働者世帯だけを見ると39/100であった．DMCのそれは約25/100であり，低率であることが分かる[65]．

では，J. ドルフスはどのような動機でこの制度を始めたのか．それまでDMC婦人労働者は日常生活を維持するために，出産直後から就労していた．これは母体を害し，かえって生活苦を増大させる結果をまねいていた．同時に，乳児死亡率を高める原因にもなっていた[66]．悪循環を断ち切り，労働者家族の生活を改善するとともに，母子の健康増進をとおして現在の，そして将来の労働力を確保しようとする観点から導入されたと考えられる．この制度は，

DMCのほかシュタインバック=ケクラン (Steinbach-Koechlin et Cie), ティエリ・ミーグ (Thierry Mieg et Cie), ラルソニエ兄弟 (Larsonnier Frères), ケクラン兄弟 (Frères Koechlin), ハイルマン兄弟 (Frères Heilmann), Ed. ヴォシェ (Ed. Vaucher et Cie), ドルフス・エ・マント (Dollfus et Mantz) の7企業を結集して出産婦人労働者救済金庫へと発展した．原資は雇主の拠出金を中心に，婦人労働者の0.3フラン／15日の拠出を追加して構成された．本人が乳児の世話を直接行うことのみを条件に，産褥期の労働者に18フラン／15日を6週間支給した[67]．この金庫に参加していない多くのアルザス綿企業も類似の制度を独自に実施していた[68]．

(2) 浴場と共同洗濯場

プノーは1855年にオ・ラン県綿業労働者の健康増進問題にふれて，「何人かの製造業者は十分にその問題を理解している．ミュルーズのDMC，コルマルのオスマン企業 (MM. Haussmann) とジョルダン・エ・イルン企業 (Jordan et Hirn), ゲブヴィレールのブルカール企業は工場内に労働者 (とその家族) の使用に供する浴場と共同洗濯場を設置している．そこでは，以前には捨てられていた工場諸機械から出る温水の一部がごく僅かな使用料で提供されている」と述べる[69]．ナポレオン・ケクランもマセヴォー工場 (Massevaux) に無料の温水浴場を設置していた．1866年現在，大部分のオ・ラン県綿企業は，皮膚疾患の予防と体力増進という労働力の維持・保全及び清潔が生みだす道徳的効果に期待をよせ，浴場と共同洗濯場を設置している[70]．

(3) 食堂と日用生活品の提供

J. ドルフスは，市民とくに独身者の誰もが快適に利用できる食堂を労働者住宅団地内に建設した．スープが5サンチーム，牛肉と野菜の煮物が10サンチーム，子牛の肉100 gが15サンチーム，葡萄酒1リットルが15サンチームといったメニューで，他の民間食堂に比べて20%～25%ほど割安であった．食堂はふだんから満員で，活気にあふれていた．同時に，一定のマナーが保たれていた．隣同士の客が歓談し，新聞を交換しあう光景もしばしば見受けられた．ルイ・レイボーは，J. ドルフスのプロテスタント博愛精神と彼に対する労働者の畏敬の念を食堂成功の第1要因にあげている．同時に，労働者の栄養状態の改善も指摘する[71]．ミュルーズ労働者住宅団地には企業直営の製パン場や食

料雑貨購買組合も設置され，市価よりも 10％ ほど安い値段でパンや日用生活品が提供されていた[72]．その他，ミュルーズをはじめとするオ・ラン県の大部分の綿業主は，不作の年や物価高騰期には，しばしば原価以下で小麦粉，野菜，塩，木材等を提供していた．

注

1 GOR 企業では，1825 年に綿糸労働者を対象とした共済金庫が設置された．その後，捺染・彫刻労働者を，次いで綿布労働者を，さらに漂白労働者を対象とした金庫がそれぞれ設置された．1845 年には上記以外の工場労働者を対象に総合共済金庫が設けられ，1853 年には，それまで対象外とされてきた外国人労働者・大工・石切工・臨時工を対象にした金庫も設置された（Véron, E., *op.cit.*, pp.139-140）．

2 *Ibid.*, p.105.

3 Vitoux, M.-C., *op.cit.*, pp.166-170.

4 Mossmann, X., *Un industriel alsacien : Vie de F. Engel-Dollfus,* Mulhouse, 1886, p.183 ; Véron, E., *op.cit.*, pp.151-152 ; Vitoux, M.-C., *op.cit.*, p.164.

5 Véron, E., *op.cit.*, p.155.

6 Vitoux, M.-C., *op.cit.*, p.163.

7 Véron, E., *op.cit.*, p.157.

8 *Ibid.*, p.167.

9 *Ibid.*, p.168.

10 *Ibid.*

11 Deslandres, M. et A. Michelin, *op.cit.*, p.36.

12 Flamand, J.-P., *Loger le peuple : Essai sur l'histoire du logement social en France,* Paris, 1989, p.67.

13 Véron, E., *op.cit.*, pp.202-203.

14 *Ibid.*, pp.203-205.

15 Simon, J., *op.cit.*, pp.385-386 ; Véron, E., *op.cit.*, pp.206, 209. クレディ・フォンシエからの借入金は年利 5％ で，半年ごとに 60 回で返済する条件であった．しかし，利子率が引き上げられたので，その時点で契約を解消し，借入金の残額を一括して全部返済した（Véron, E., *op.cit.*, p.210）．

16 Véron, E., *op.cit.*, p.210.

17 *Ibid.*, pp.214-215.

18 *Ibid.*, p.239.

19 *Ibid.*, p.207.

20 Flamand, J.-P., *op.cit.*, p.68 ; Simon, J., *op.cit.*, p.380 note ; Véron, E., *op.cit.*, pp.209, 211.

21 Levasseur, É., *Histoire des classes ouvrières et de l'industrie en France de 1789 à 1870,* deuxième édit., t.2, 1903, reprinted, AMS, 1969, p.680 ; Véron, E., *op.cit.*, p.208 ; 中野隆生「前掲論文」1992 年，31 頁．

22 Simon, J., *op.cit.*, pp.373-374.

23 *Ibid.*, pp.377-378.

24 Levasseur, É., *op.cit.*, t.2, p.681 ; Simon, J., *op.cit.*, pp.377-378.

25 Véron, E., *op.cit.*, p.223 ; Simon, J., *op.cit.*, p.375.

26 Véron, E., *op.cit.*, p.226.

27 Simon, J., *op.cit.*, p.378.

28 Véron, E., *op.cit.*, pp.223-226.

29 *Ibid.*, pp.232–233.
30 中野隆生「前掲論文」1992 年, 26–28 頁；Véron, E., *op.cit.*, p.222.
31 Véron, E., *op.cit.*, p.222.
32 *Ibid.*, p.229.
33 *Ibid.*, pp.220–221. ただしドイツ併合期になると，滞納したり，転売するケースが目立つ（中野隆生「前掲論文」1992 年, 36 頁）. その原因として，普仏戦争による混乱とフランクフルト条約第 2 条に基づく併合地域からフランス国内への移住が考えられる（併合地域の人口の約 1/3 にあたる 40 万〜50 万人がフランスへ移住した．この中には綿業労働者が多く含まれていた〈古賀和文『前掲書』, 98–99 頁〉）. 吉田克己は，20 世紀の初頭までにミュルーズ労働者住宅の約 1/4 で所有権の移転がみられたという論者の意見を紹介している（吉田克己『フランス住宅法の形成－住宅をめぐる国家・契約・所有権－』東京大学出版会, 1997 年, 283 頁）.
34 Véron, E., *op.cit.*, pp.228–229.
35 Vitoux, M.-C., *op.cit.*, p.24；水島茂樹「労働者の生活様式と資本蓄積の体制（上）」『経済評論』第 32 巻 第 4 号, 1983 年, 112 頁.
36 Butler, R. et P. Noisette, *Le logement social en France 1815–1981 : De la cité ouvrière au grand ensemble*, Paris, Librairie François Maspero, 1983, p.109.
37 *Ibid.*
38 Véron, E., *op.cit.*, p.229.
39 *Ibid.*, pp.223–226.
40 *Ibid.*, p.227.
41 *Ibid.*, p.250.
42 *Ibid.*, pp.170, 252.
43 *Ibid.*, pp.168–169, 250–251.
44 Bergeron, L., *Les capitalistes en France (1780–1914)*, Paris, Gallimard, 1978, p.155.
45 Véron, E., *op.cit.*, p.337.
46 *Ibid.*, pp.342–343.
47 *Ibid.*, pp.349–350.
48 *Ibid.*, pp.344–345.
49 *Ibid.*, pp.373–374.
50 *Ibid.*, p.375.
51 *Ibid.*, pp.375–376.
52 *Ibid.*, p.376.
53 *Ibid.*, p.377.
54 *Ibid.*, pp.376–377.
55 *Ibid.*, p.360.
56 管理委員会は J.-J. ブルカール, F. アンジェル=ドルフス, J. ケクラン=ドルフス, プノー, バデルの 5 名で構成されていた（*Ibid.*, p.359）.
57 *Ibid.*, p.364.
58 *Ibid.*, p.365. 商業事務員・大工・指物工といった綿業以外の労働者たちの技能・知識の向上も視野に入れられていた（第 4–12 表参照）. なお，DMC はミュルーズ民衆教育協会を手本にして，ドルナックに民衆講座（Cours populaires de Dornach）を開講している（*Ibid.*, pp.370–371）.
59 *Ibid.*, pp.366–367.
60 Bergeron, L., *op.cit.*, p.156；Mossmann, X., *op.cit.*, pp.41–42；Véron, E., *op.cit.*, pp.372–373.
61 Véron, E., *op.cit.*, pp.371–372.
62 ミュルーズ市は 1831 年 10 月 17 日に，市長アンドレ・ケクランのイニシャチブに基づき，プロテスタント系私立学校とカトリック系私立学校を統合して最初の市立初級学校（École communale de Mulhouse）を設立した．1865 年 12 月 15 日現在，ミュルーズ労働者住宅団地の一画に位置するこの市立初級学校には男女合わせて 2,428 人が在籍していた．また，サン・ミッシェル通りとケクラン通り，そしてドルナックには分校があり，計 1,058 人が在籍していた．市立

と企業立の学校の他に，ミュルーズには私立の男子初級学校（在籍者数200）と女子のÉcole des soeurs（同700）があった．1870年現在，ミュルーズの児童就学率は80％に達していた（Simon, J., *op.cit.*, p.372 ; Schmitt, abbé P., *op.cit.*, pp.89–92 ; Véron, E., *op.cit.*, pp.292–293）．
63 Véron, E., *op.cit.*, pp.290–291．ミュルーズの綿企業のほか，マンステルではアルトマン父子企業が，ゲブヴィレールではシュランベルジェ企業が初級学校を設立していた．
64 *Ibid.*, pp.301, 315, 333, 361.
65 *Ibid.*, pp.90, 92–93.
66 *Ibid.*, p.91.
67 Vitoux, M.-C., *op.cit.*, p.172.
68 例えば，ブルカール企業である（Véron, E., *op.cit.*, p.96を参照した）．
69 *Ibid.*, p.128.
70 *Ibid.*, pp.127–128.
71 *Ibid.*, pp.121–123.
72 *Ibid.*, p.118.

Ⅲ　綿業パトロナージュ実践の今一つの契機
　　－綿業主の「社会的義務意識」－

　フレデリック・アンジェル＝ドルフス（1818・3・27～1883・9・16. 以下，アンジェルと略記）の「社会的義務意識」（経営社会理念）をとおして，アルザス綿業パトロナージュの実践におけるもう一つの契機に接近する．ミュルーズ繊維ファミリーの出であるアンジェルはパリのアンリ4世コレージュを卒業した後，Ed. ヴォシェ企業に入った．1837年にはル・アーブルに赴任して4年間クーラン企業（MM. F.-C. Courant et Cie）の通信連絡業務に携わった．イングランド，スコットランド，アイルランドに海外体験を行った後，25歳でジャン・ドルフスの長女と結婚し，DMCの経営に参画した．国際的視野をそなえ，SIMの有力メンバーとしてミュルーズ綿業パトロナージュの実践に手腕を発揮した．彼は1870年の綿業ストライキを経験した後もなおル・アーブルに移住したジュール・シーグフリード（Jules Siegfried, 1837–1922）やヴォージュ県タオン（Thaon）に新工場を経営した「アルザス企業家のエリート」アルマン・ルデルラン（Armand Lederlin）とは対照的に－，第二帝政期アルザスの「繊維貴族」に特徴的である「社会的義務意識」を堅持した．

1　「社会的義務意識」

　アンジェルは，労働者の道徳的・物質的福祉への専心を雇主の「社会的義務」として対自的かつ対他的に認識していた．彼は1867年にSIM公益委員会

（社会経済委員会は1859年に発展的に解散され，公益委員会として再編・拡充された）を代表して，「工場主は彼の労働者に対して，賃金以外のものも付与しなければならない．／労働者の道徳的・身体的状態に専心することは工場主の義務である．この義務は，まったく道徳的なものであり，賃金では決して置きかえることのできないものであり，私的な利害の諸考察に優先しなければならない」（傍点部　原文イタリック）と述べる．「義務」の具体的内容は1868年12月の労働者サークルでの彼の発言から知れる．「教育，信用，住宅，衣類，身体の栄養そして精神の涵養が重要である．……食料品購買組合，労働者住宅，信用協同組合，生産協同組合，教育組織，図書館は究極的に……（労働者の）道徳的・物質的福祉の普及という1つの，そして共通の目的を追求している」．

　1876年5月にSIM創立50周年記念事業の一環として，467頁にのぼる記念誌が発刊された．アンジェルは公益委員会を代表して，半世紀も前からミュルーズ綿業主の経営理念であり続け，自身もまた永年確信し続けてきた「雇主の労働者に対する義務」をテーマに「ミュルーズで実施されてきた貯蓄とプレヴォワイアンスに関するメモワール」（Mémoire sur l'épargne et la prévoyance dans leur manifestations à Mulhouse）の章を著す．彼の「社会的義務意識」は「メモワール」のなかに集約されている．以下である．

(1) 雇主の「社会的義務」

　「模範的な工業都市においては，救済とプレヴォワイアンスの制度は，人々が実践しうる理想として常に第一級の地位をしめている．なぜか．この制度は至るところで疎かにされている．そこでは労働者の不満と苦悩と貧困が存在し，結局のところ，公的あるいは私的な慈善がその対策として重い負担を引き受けている．しかし，それらは極めて不十分な方策でしかない」．それゆえ，不十分な公的あるいは私的慈善にかわる雇主の「社会的義務」が，SIM設立規定の主旨に沿って喚起されねばならない．「私は絶対的にいうが，雇主にはもはや議論するに値しない（自明の）義務がある．プレヴォワイアンスの制度を堅固かつ決定的に実践することは，これらの義務の1つである．／財をなした雇主に対してヨリ重大に課せられる道徳的義務．それは，歳をとり，廃疾し，あるいは衰弱して，もはやみずからの手で生計を営むことができなくなった労働者を救済することである．／技術的改良に向けての理念と同じく，道徳

的理念が工場には存在している．われわれは双方に，同じようにエネルギーを傾注しなければならない」．また，「勤勉で善良でありさえすれば，すべての労働者は没個性的な1つの単位と見なされ，利潤の産出に何らかの度合いで寄与する要素と見なされるべきである．われわれの配慮に対する彼（労働者）の権利は，彼がどのような労働レベルで働いていようとも同一であり，もし賃金に加えて（労働者の）集団に付与すべき何かがあるとすれば，彼をそこから排除してはならない．その理由は極めて明解である．即ち，いかに初歩的な仕事であれ，彼の労働がなければ，……工場は機能を停止し，利潤をあげることはできないからである」と述べて，雇主の「社会的義務」は永年勤続のエリート労働者だけにではなく，不熟練労働者も含めたすべての労働者を対象にしたものでなければならないと主張する．

(2) 「社会的義務」の内容

日々の生活資料の提供はもちろんのことであるが，医薬の提供と老後保障を最重点に，教育，住宅，労災補償の整備がとくに指摘される．さらにアンジェルは，企業利潤の10%を毎年これらの実践に充当すべきであると主張する（第4-15表参照）．

(3) 団体パトロナージュの提起

「転職を罰したり，永年の定着（sédentarité）に褒美を授けることで労働者の自由を間接的に束縛するかわりに，短期間しか就労しない各々の労働者は（転職した）彼らの先輩たちの権利と資格の正当な後継者に他ならない，と見なすことの方が，恐らくより適切であろう．そうすれば，人々はまったく論理的に，諸々のプレヴォワイアンス制度を1つの組合にまとめる考え方に，そして

第4-15表　アンジェルによる「社会的義務」の主な内容　　（%）

内容	充当すべき経費の企業利潤に占める割合
疾病対策としての相互扶助制度	4.0
退職年金制度	3.0
託児所・学校・授産施設	1.0
労働者住宅の営繕	1.0
出産手当等	0.5
労災補償制度	0.5
合計	10.0

Mossmann, X., *Un industriel alsacien : Vie de F. Engel-Dollfus,* Mulhouse, 1886, p.156.

同じ地域に立地するすべての綿企業を1つの同じ企業とみなす考え方に,到達するであろう.あるいは,もしこの考え方の実行が非常に困難で躊躇しなければならないのであれば,同じ産業部門のすべての企業が,すべての有資格労働者にプレヴォワイアンス金庫への加入を広く開放するとともに,同じ契約を結ぶいくつかの企業において有資格労働者が勤めたそれぞれの年月を勤務年数に合算するという統一的規則を導入することで,(常識的にみて)より自然で確実に実現可能な考え方に到達するであろう」.アンジェルの「社会的義務意識」[9]は労働者の経済的自由(職業選択の自由)の尊重と綿業主の共同意識のもとに,個別企業の枠を超えた,地域産業レベルでの綿業団体パトロナージュを展望する.

2 「社会的義務意識」の源泉

では,アンジェルに内在する「社会的義務意識」は,源泉を何に求めることができるのか.3つのエリメントが考えられる.

(1) カルヴィニスム博愛精神

アンジェルは1878年7月3日に開かれた「プレヴォワイアンス制度の科学会議」において,SIMを代表して Enquête décennale sur les institutions d'initiative privée destinées à favoriser l'amélioration de l'état matériel et moral de la population de la Haute-Alsace の調査結果を報告し,「神慮(le voeu de la Providence)と道徳の真の原理にしたがい,兄弟愛的かつ相互的なプレヴォワイアンス(原文はアシスタンス assistance となっている.ここではプレヴォワイアンスの意味に解釈する)の神聖な義務を遂行することにより,社会のすべての階級の連帯をはぐくむ」必要性を訴える[10].しかし,同時代コルマルの古文書学者でアンジェル伝の著者グザヴィエ・モスマンは,「彼(アンジェル)の伝記は,死後,彼の評価を高めている数多くの彼の慈善事業や社会的福祉のなかに彼の信仰や敬虔を介在させることを決して認めない」と述べて[11],アンジェル「社会的義務意識」の源泉における宗教的エリメントに極めてネガティブな態度をとる.確かに,アンジェルが関心をもっていたのは歴史としてのキリスト教であって,彼が教義とかプロテスタント神学には殆ど興味を示さなかったと主張することは,あながち不可能なことでもない[12].「信仰覚醒の神学」運動期のミュルーズ綿業主に比べて,アンジェルが信仰の非日常的倫理に希薄であったことは否定

しえぬからである．しかし，労働者の人間的尊厳に対する深い洞察に表象される，アンジェルに内面化された宗教的特性を全面否定することも，かなり無理があるように思われる．一般に，アンジェルを含めて第二帝政期のアルザス綿業主は，労働者の貧困に対する「社会的義務」を神の栄光を称える証しとして世俗内的に合理化し，対自化していた．けだし，アンドレ・シーグフリード（André Siegfried）はミュルーズ時代における父ジュールの宗教的博愛精神を想起しつつ，次のように述べるであろう．「彼（ジュール）が自発的に宗教を明示するのは，神学上の議論とは別の，社会的行為においてである．すなわち，神に奉仕する最も効果的な方法はわれわれの隣人の物質的状態を改善することであると彼はいう．19世紀中葉のミュルーズの空気は，恐らく彼のなかにそうした信念を抱かせていた．工業の営みのなかに，フランスで最初に社会的関心を導入したのは，ジャン・ドルフスのような大アルザス人のそれ（空気）である」と．[13]

(2) 貴族主義に基づく伝統的社会結合理念

　アンジェルは1856年に貯蓄奨励協会の委員となり，1872年には会長に就任する．協会の活動をとおして彼は労働者と直に接する機会をもち，労働者の生活実態に精通する．彼にとって，「貧困の責任を労働者自身に帰属させることを拒否することは（ミュルーズの）パトロナルなヴィジョンの1要素であ」った．[14] 1867年の報告に引き続き，1879年の貯蓄奨励協会活動報告のなかで，彼が労働者に対する生活保障を力説して，「その日暮らしをしていない者はこの言葉（その日暮らし）や窮乏や，それが内包している無限の苦しみの本当の意味をかろうじて理解しうるにすぎないであろう．その日暮らしとは，しばしば不当な貧困の巨大な地平線なのである．子供のときから，かれらは大抵の場合，お金もなしに，援助もほとんどなしに，教育も受けずに，必要最小限の身のまわり品さえ持たずに，長い旅路につかねばならない．驚くべきことに，その辿り着いたところで，かれらは出発したときと同じように消耗し尽くし，窮乏した状態に陥っているのだ」（傍点部　原文イタリック）と述べるとき，[15]「労働者に対して絶えず大いなる配慮を施すDMCの伝統」[16]を継承したアンジェルの姿がみとめられる．「彼（アンジェル）が労働者のために行ったことがら，彼は簡潔かつ貴族風に，長子が弟たちに対して後見人あるいは教育者としての役割を果たすがごとくに，それらを行った」．[17]

(3) 国家権力の干渉排除

　国家の経営権とりわけ労務政策への介入・干渉は，ミュルーズ綿業主にとって容認しがたいものであった．国家権力に対する抵抗意識は雇用労働者に対する綿業主の「社会的義務意識」形成の1源泉となっていた[18]．抵抗意識の本源をさぐるとき，1つには18世紀末以来永年にわたって受け継がれてきた同族企業の所有権意識にたどりつく．だがもう一つ，13世紀以来およそ500年にわたって培われてきた都市共和国ミュルーズの共和主義的自由・自治の伝統にも止目しなければならない[19]．アンジェルもこの伝統を受け継ぎ，国家権力に対する抵抗精神を体現していた．彼はいう，「国家はあらゆる点において巨大な権力をもっている．……もし（国家が），アルザスにおいて非常に素晴らしい事業を実践している寛大なイニシャチブの精神を破壊しようと思えば，命令を下すだけで十分である．（だが）われわれはこの非常に素晴らしい（プレヴォワイアンス）諸制度のみならず，伝統を維持する理念を私的イニシャチブに負っている．その負荷を恐れずに，われわれの事業をわれわれ自身で（われわれのイニシャチブで）実践することは，まさにわれわれの規範（自由・自治の伝統）に則っている……」と[20]．

　リベラリスム的労働者観を排しつつ，カルヴィニスム博愛精神，貴族主義に基づく伝統的社会結合理念，国家権力に対する抵抗意識を三位一体的源泉に，アンジェルは労働者の物質的・道徳的生活保障を綿業主の「社会的義務」として対自的かつ対他的に認識し，顕示していた．この「義務意識」は単に個別企業レベルにとどまらず，地域的な産業レベルにまで及ぶものであった．第二帝政期アルザスにおける綿業パトロナージュは，良質かつ安定的な工場労働力の確保・利用という経営論理とともに，綿業主の労働者に対する「社会的義務意識」を実践の動機として有していたことが知れる[21]．

注

1　Mossmann, X., *op.cit.*, pp.7–8, 242.

2　Rapport du comité de mécanique sur l'Association pour prévenir les accidents de fabrique, p.67, cité par Mossmann, X., *op.cit.*, p.85. ジャン・ドルフスも1850年に，「雇主は労働者に対して賃金以外のものを付与する義務がある」と主張していた（Leménorel, A., "Les comités d'entreprise et le social : paternalisme, néo-paternalisme, démocratie 1945–1990", in Gueslin, A. et P. Guillaume, sous la direction de, *De la charité médiévale à la sécurité sociale : Économie de la protection sociale du Moyen Âge à l'époque contemporaine,* Paris, Les Éditions Ouvrières, 1992, p.252）．

3 Mossmann, X., *op.cit.*, p.85.
4 *Ibid.*, pp.149–150.
5 *Ibid.*, p.155.
6 *Ibid.*, p.157.
7 *Ibid.*, p.159.
8 *Ibid.*, p.156.
9 *Ibid.*, p.161.
10 *Ibid.*, p.166.
11 *Ibid.*, p.73.
12 *Ibid.*
13 Bergeron, L., *op.cit.*, pp.145–146.
14 Vitoux, M.-C., *op.cit.*, p.202.
15 Mossmann, X., *op.cit.*, p.185.
16 *Ibid.*, p.74.
17 *Ibid.*, p.73.
18 古賀和文『前掲書』，111頁．
19 ミュルーズにおける共和主義的自由・自治の伝統については，古賀和文による簡潔な整理がある（『同上』，110, 112頁）．ヴェロンの提供を借りて，もう少し詳細に整理しておく．
　　フランスによって1798年に併合されるまでの約500年間，ミュルーズは皇帝，封建諸侯，カトリック勢力，そして総裁政府との戦いに明け暮れた．戦いはミュルーズ・ブルジョワジーに自由・自治の歴史的伝統を刻み込んだ．まず1273年にハプスブルグ家のルードルフ1世から領地所有権と不告訴権を，1293年にはナッサウのアドルフから司法特権と関税・通行税特権を獲得した．これらの権利はいずれも実体を伴わぬものであったが，ミュルーズにとっては自由・自治の根拠となるものであった．13世紀末には市参事会（conseil de la cité）を設置し，行政・警察組織を独自に整備した．市参事会はミュルーズ市民の間に共同と友愛の意識を陶冶し，愛国心を醸成した．1347年にはカール4世から市代表者（bourguemestre）をみずから選出する権利を獲得した．1376年には司法権も獲得した．これらの権利は帝国判事（préteur impérial）の職権を有名無実化し，1397年には皇帝ヴェンツェルから帝国判事職そのものの廃止を勝ち取った．
　　その後，封建諸侯の侵入をたびたび受けながらも，ミュルーズは経済的繁栄を享受し続け，市参事会を中心に自治都市共和国を名実ともに形成した．1466年にはスイスの都市ベルヌ（Berne）とソルール（Soleure）それにスイス諸州と同盟を結び，自由・自治の強化をはかった．1473年と1476年にはシャルル勇胆公の侵入を撃退した．1515年にはスイス・プロテスタント諸州との同盟関係を強化した．同盟はフランスによる併合まで堅持された．かくして，「中世末期における大きな戦いは遂に終わった．封建勢力，封建的アナーキーは敗北した．ブルジョワジーの勇気と不撓不屈の愛国心により，勝利はブルジョワジーが代表する法と正義の理想に輝いている」（1860年代ミュルーズのコレージュ校長で，*Revue d'Alsace* に「ミュルーズとミュルーズ人の歴史」を寄稿したド・ラサブリエール de Lasablière の評価）という政治・社会状況が創出された．「理想」は大小の市参事会（小参事会 petit conseil は24人のブルジョワジーから構成され，刑事訴訟の終審権，民事訴訟の初審権をもっていた．大参事会 grand conseil は78人のブルジョワジーから構成され，法律制定権，条約締結権，外交官派遣権，宗教係争処理権，教育管理権，財政監査権，上訴判断権をもっていた．その他，以下の司法機関があった．tribunal de la commune, tribunal des orphelins, tribunaux de police. 行政の実務は3人の市代表者に委ねられていた．市代表者の補佐として，財務官2人，道路監理官1人，穀物・肉・パン・日用品全般の販売状況を監理する検査官1人がいた）を中心に，「非常な犠牲を払って獲得した，非常に勇敢に守ってきた，自由と組織のエリメント」（ド・ラサブリエール）であった．
　　1746年，シュマルゼル（Jean-Jacques Smalzer, Schmalzer と綴る場合もある）とサミュエル・ケクラン（Samuel Koechlin），それにジャン=アンリ・ドルフス（Jean-Henri Dollfus）の3人によってミュルーズに最初の綿工場が設立された．1752年には2番目の綿工場としてアルトマン企業（Hartmann et Cie）が，1754年には3番目の綿工場としてアンテ，フェレル企業（Anthés, Fehrer

et Cie) が設立された．1770 年には 15, 1785 年には 20 の綿工場が稼働し，この頃になると綿業主が「Messieurs les fabricants」として，自治都市にして工業都市ミュルーズの政治・経済・社会的実権を執行していた．だがミュルーズ綿業の繁栄はフランス政府に再び領土的野心を呼び起こさせた．フランス政府はミュルーズに対して経済封鎖を断行した．外部に通じる 11 の道路を封鎖されたミュルーズは陸の孤島と化し，商工業活動は完全に停止した．市民の生活は窮乏を極めた．人口は 7,670 人から 6,500 人に激減した．市当局は公有財産を売却し，市民に対して 1 人当たり 250 フランの緊急生活援助金を出したが焼け石に水であった．ミュルーズは自由・自治を守るために，ジョスエ・オフェ（Josué Hofer）を先頭に，幾多の苦難に耐えつつ，あらゆる外交手段を尽くして戦った．だが封鎖は徹底的であった．市代表者ジャン・ドルフス以下のミュルーズ・ブルジョワジーは 1798 年 1 月 4 日に，断腸の思いで独立放棄の決定を下した．

　1798 年 1 月 28 日，総裁政府との間で協定が結ばれた．都市共和国ミュルーズはフランスに併合された．しかし，ミュルーズは既に 500 年に及ぶ共和主義的自由・自治の歴史＝伝統を有していた．共和主義的自由・自治の伝統はフランス併合後もミュルーズ・ブルジョワジーの精神的根幹として生き続けた（Véron, E., *op.cit.*, pp.17-38）．

20　Mossmann, X., *op.cit.*, p.158.
21　論者によっては，工業発展に対する「繊維貴族」－かれらは「工業家支配」（fabricantocratie）を形成していた－の地域的・社会的共同意識（SIM はその体現態）がアルザス綿業パトロナージュの実践を加速したと主張する．J.-C. ドマはアルザス時代のブラン・エ・ブラン企業を事例に，この点について，具体的解説を試みている（Daumas, J.-C., "Des politiques paternalistes dans la draperie elbeuvienne à la fin du XIXe siècle", in Schweitzer, S., réunis par, *Logiques d'entreprises et politiques sociales des XIXe et XXe siècles*, Oullins, Programme Rhône-Alpes, 1993, pp.228-232）．また，Lynch, K. A., *Family, class, and ideology in early industrial France : Social policy and the working-class family, 1825-1848*, Madison, Wisconsin, The University of Wisconsin Press, 1988, pp.75-76 も参照されたい．

Ⅳ　綿業パトロナージュの機能と経営的成果

1　機能

　第二帝政期アルザスにおける綿業労働力の基本的存在形態は農民労働者・農民的労働者であった．かれらは一般に技能において不熟練で，労働作業において不規律であった．それゆえ，農民としての生活様式と心性に配慮しつつ－「柔軟な就労形態」のもとで－，かれらを「教育」・「道徳教化」し，技能と規律に秀でた安定的工場労働力ならしめて，これを能率的に利用する経営政策が要請された．綿業パトロナージュである．

　経営の論理に加えて，労働者とその家族に対する綿業主の「社会的義務意識」が綿業パトロナージュ実践のもう一つの契機として検証された．カルヴィニスム博愛精神，貴族主義に基づく伝統的社会結合理念，国家権力に対する抵抗意識を三位一体的源泉とする「社会的義務意識」は，「工業家支配」（ファブリカントクラシー）を形成する綿業主の共同意識に支えられて，企業レベルのみならず地域的広がりをも

つ産業レベルにおいても，労働者の物質的・道徳的生活保障に対する雇主の献身を告知した．

　アルザス綿業パトロナージュは，一方良質かつ安定的な工場労働力の確保・利用に，他方労働者とその家族の生活保障に，機能を合一・一体的に発現した．前者は経営の論理に，後者は綿業主の「社会的義務意識」に基づいていた．共済金庫と貯蓄金庫は労働者とその家族の物質的生活保障及び「道徳教化」に，更には熟練労働力の企業内蓄積に機能した．労働者住宅は労働者の貧困の軽減と良質かつ安定的な工場労働力の育成に機能した．教育施策は労働者の物質的・道徳的生活改善と労働生産性の向上に機能した．SIM は，不熟練外国人労働者を主対象に基礎的な実用知識・技能を授ける民衆教育協会とフランス人専門熟練労働力の早期育成を目的とした職業学校及び図案工・製図工の育成を目的としたデザイン学校を相互補完的視点から一体的に設立し，教育施策の効率的展開をはかった．健康増進施策は労働者の生活改善と工場労働力の維持・保全に機能した．

2　経営的成果

　SIM 幹事のシャルル・ティエリ=ミーグ（Charles Thierry-Mieg）は『オ・ラン県工業の物質的及び道徳的諸力に関する報告，1862 年』において，「しかし，最も工夫された機械以上に有益で，さらにより関心を引くのは，人材のそれである．私は労働者について述べたい．……そこにもまた，取り組むべき諸進歩が存在していた．そして，もしわれわれの工業が（労働者の）物質的観点において（進歩を）実現しているとするならば，知的・道徳的観点においてもそれと同程度に，いやそれ以上に（進歩を）実現している」と述べ，良質労働力の育成における綿業パトロナージュの経営的成果にポジティブな評価を与える．またルヴァスールは，マンステル，ゲブヴィレール，ヴェセルラン，ミュルーズにおける実践を分析し，「要するに，われわれは……その道徳性，知的教養，組織的活力，寿命といった諸事実において，アルザスの人々（労働者）は良き水準にあると言いうる」と評価を下す．以下では，SMCO と教育施策を事例に取りあげ，主として同時代論者による第二帝政期アルザス綿業パトロナージュの経営的成果に関する分析を少し詳細に紹介する．まず，SMCO について．

①シモン

「問題は，労働者に対して，情熱的に倹約する手段を提供することであった．救済に関する心理学の注目すべき実践は，いうなれば労働者本人を信頼しつつ彼らに行動することを喚起することが，そして手助けしつつ労働者の気力（énergie）を高揚させる方法が，保護の方法よりも如何に好ましいかを，そして保護なしに彼らの欲求に応えていることを，既に立証している．人間的活動の最も大きな刺激，それは異論なく所有である，に訴えることで，この方向において成功しえないであろうか．貯蓄金庫が預かり，そして長い年月の後にそれが生みだす利息によって増額される不十分な金額にかえて，その倹約の代償として，労働者に対して住宅と小区画地の直接的かつ堅固な享受を付与しえないであろうか．もし，この計画が実現されるならば，そのことだけの中に，いうなればあらゆる改革が内包されることになる．というのも，それは導入しうる他のあらゆる方法に比べてより一層強力に労働への志向と貯蓄への志向を陶冶するのみならず，住宅所有のなかに労働者のあらゆる希望を凝集させるので，労働者に家族道徳への志向を直接的にインスパイアするからである．真に根本的なこの改革は可能なのであろうか．可能である．なぜならば，それは実践されているからである．各人はみずからの目で，ミュルーズの労働者住宅のなかに，それが実現されているのを見ることができる」（傍点　引用者）という．では労働と貯蓄への志向及び家族道徳への志向は，具体的にどのような形で実現されているのであろうか．シモンは次のようにいう．「仕事が終わっても，父親はもはやあばら家へ帰るか，居酒屋へ行くかの選択を強制されなくなっている．住宅と同じように快適な住宅団地のなかに居酒屋はない．仕事から帰ってきて夕食までにしばらく時間があるとき，父親は菜園を耕し，若木に支柱をたて，野菜の種子を播き，花壇の手入れをしている．これは家族全員の幸せであり，仕事である．というのも，母親は草むしりを好み，菜園の手入れをすることを好む．男の子は大型のじょうろに水を入れるのを熱心に引き受けている」と．また，「歳をとり，体力が労働を拒むようになったときでも，労働者は自分の息子の賃金で生活することに恥じ入ることはないであろう．なぜならば，彼は家族のために十分に（働き，）負債を返済してきているからである．彼は自宅で歳をとり，死んで行くであろう．彼の子供たちは彼を養い続け，父親と一緒に依然として生活するであろう．恐らく彼は，かれら（子供たち）に住宅以外にも遺産を残すであろう．というのも，14年の後には貯蓄の習慣が

ついているであろうし，そして年間 276 フランであった返済額を貯蓄にまわすことができるからである．遺産！そこには労働者家族の歴史における1つの新しい合い言葉がある．然り．父親のあと，子供たちがその所有権を相続するであろう．かれらは今度は，子供のときに眺めたこのきれいな庭の，母親が自分たちに微笑みかけていたこの家庭の主人になるであろう．……今度はかれらがみずからの歴史を自分の子供たちに話し聞かせるであろう．なぜならば，家族は1つの歴史をもち，今や家族はこの土地の一区画と結合しているからである．かれらは，家主の要求であばら家からあばら家へと追い立てられていた，不潔になれていた，必要に迫られて家族がバラバラに暮らしていた，永久に貧しさを思い出すことしか考えつかず，居酒屋へ行ってしばしば気晴らしと忘却の一時として酩酊することを余儀なくされていた，放浪者，半ば野蛮な者から，遠く隔たった現在にいる．この住宅はつつましいものである．しかし，父の遺した家である（C'est la maison paternelle）．そして，そこに住み，それを所有している労働者はみずからを，もはや社会のミリューとエトランゼであるとは考えていない．かれらは恐らく初めてのことであろうが，所有と労働の緊密な結合関係を理解する」（傍点部　原文イタリック）と[6]．

　以上を要するに，ミュルーズ労働者は「人間的活動の最も大きな刺激」である住宅と菜園の「所有」をとおしてプレヴォワイアンス精神を陶冶し，倹約を遂行することで，家族道徳と労働への愛を醸成し，「所有と労働の緊密な結合」に基づく勤勉かつ自立的な労働者家族を形成しているということであろう．「ミュルーズ労働者の（この）変化は急激であった．労働によって所有者となったアルザスの（曾ての）粗野な労働者は，（今では）いうなれば几帳面に（小財産を）保全し，労働と倹約によってそれを増大させることを決して疎まなくなり，みずからの家庭を良識と誠実と堅固さでもって治めている」[7]．それゆえ，「ミュルーズの住民たちがルーアンやリールへ向けて放浪の生活に乗りだそうとして，みずからの財産を手放す恐れはない」[8]．いまやシモンは，「ミュルーズでは他者が夢みていることを大いなる程度において実現し，標示している．これは工業都市ミュルーズの誇りである」と述べ[9]，自立的家族の形成を基軸とした良質労働力の確保・利用と労働者の貧困解決に成果する SMCO を，綿業主・労働者の結合を促進する「祝福に満ちた革命」であると評価する[10]．

②ヴェロン

　ヴェロンは，労働者が住宅購入貸付の返済のために貯蓄に熱心となり，勤勉

かつ規律正しく働く習慣を身につけるようになったことに着目して,「かれら(SMCO の設立者たち)の目的は労働者を(経営に)取り込む(embrigader)ことにあるのではなくて,労働者を所有に導くことにある．かれらの巧妙な施策は,ごく僅かの労苦を,しかもその変化(労苦)を受け入れるのに必要な努力と忍耐を労働者にほとんど感じさせることなく,労働者に課すことで,かれらをそこ(所有)に導いている」と述べる[11]．また未購入労働者も住宅の購入に必要な一時金を貯えるために規則正しい労働生活を送るようになったことを確認し,良質労働力の育成とその利用効果を指摘する[12]．とりわけ彼は,J. シモンの提供を借りてバカラ硝子企業(Baccarat)とエソンヌ製紙企業(Essonne)の社宅を引きあいに出し,SMCO の良質労働力育成効果を称賛する．いわく,「バカラ硝子工場では－この工場は雇用労働者に対する会社側の配慮によって注目される－,非常に住み心地の良い快適ないくつかのメゾネットが建設されていた．そこにはエリート労働者が無料で入居していた．かれら(エリート労働者)にとって,それは名誉ある報酬であり,同時に会社にとっても彼らからサーヴィスを得るので,1 つの利得となっていた．しかし,道徳的効果は十分ではなかった．というのも,エリート労働者は持家に住んでおらず,それゆえ自立していなかったからである．エソンヌ製紙企業は労働者に対して非常に健康的な住宅を,最初は極めて安く,そして 5 年目以降は無料で貸していた．それは会社に有益な成果をもたらすと期待されていた．しかし,労働者総体の道徳的改善という点においては,成果はごく平凡なものでしかなかった．バカラとエソンヌの実践を総括すると,(雇用)労働者の道徳的状態に顕著かつ継続的な変化はほとんど見出せない．一方,ミュルーズの労働者住宅を総括すると,そこでは貧困を生みだしていた害悪の大部分が消滅している」と[13]．

ヴェロンはまた,「住宅団地のなかで出会う人々や子供たちは健康的で,快活で,清潔で,かれらは十分に進歩した証拠を示している．バトビエ氏(Batbie)が注目するごとく,住宅団地の組織は私的で自由な生活と共同生活の利点のいくつかを円滑に結合させている．各人はそれぞれの喜びをもち,同時に製パン場,浴場,食料雑貨購買組合,店舗,食堂が孤立的生活では重くのしかかってくる雑費(負担)の一部を軽減している．労働者たちは可及的多くの利益をそこから引きだし得ているわけではないが,しかしそれでも,今日,日常生活において,より良き状態を見出している」と述べて[14],私的生活と共同生活の調和の観点から,住環境の改善をポジティブに評価する．

③プノー

1865年に,「住宅団地だけが労働者を倹約に導くことができた。この大きな成果を生みだしたのは,所有のもつ正当かつ強力な引力であったに違いない」と述べる[15]。

④L. レイボー

「ヴィレルメ氏が1836年に(ミュルーズを)訪れたとき,労働者たちの住居は痛ましいものであった。……(現在の)労働者住宅はそれとはまったく別の光景を呈している。……各世帯は各々の住宅・菜園を所有している。所有しているがゆえに,各世帯はそれらを整頓している。……ここでは1つの制度が労働者の心的傾向を支配している。その効用は善きことのみを維持するために,悪しき要素を排除している。労働者を拘束する(売買)契約は無秩序とは両立しない。……彼(労働者)の権利は契約に違反すると消滅する。彼の利益は彼の行動を規制し,全面的に規定する。今やこの規制は自発的なものとなっている」[16]。レイボーは,「所有」と売買契約が労働者の生活と習慣を内面から規定し,かれらを道徳化していることを指摘する。さらにレイボーは,より意義のある利益への絶えざる専心によって浪費の習性がまもなく消滅し,労働者の間にプレヴォワイアンスの意識が定着することを展望する[17]。

⑤L. ベルジュロン

1862年3月31日までに653,124フランが住宅の返済に充てられているが,これは従来まで居酒屋で浪費されていたものである。貧しい労働者も住宅購入の一時金を貯えるために家計をやりくりし,規則正しい倹約生活を実践している。この実践はミュルーズ労働者の間に急速に浸透し,個々の労働者にプレヴォワイアンス精神を植えつけている。かくして,住宅所有への情熱は良質労働力の育成にポジティブな成果を具現した,とベルジュロンは結論づける[18]。

次に教育施策についてみてみよう。J.-J. ブルカールは民衆講座の成果について,「夏になると,スケッチで時間をすごすためにスケッチ帳を脇に抱えて散策したり,植物採集を始める若者の姿が見受けられる。冬になると,かれらは,もし講座がなければ,余暇を家庭ですごしている。かれらは弟や妹そして友人に対して,われわれの図書館で見つけた教訓的で興味深い歴史の本を読み聞かせている。数年後,かれらが家庭の父親になったとき,成果はより明白なものになるであろうことを私は確信している。かれらは,なぜ子供を学校に通わせねばならないのかを理解しているであろう」と述べて,「道徳教化」[19]的成

果を指摘する．また，ヴェロンはミュルーズ職業学校について，学校教育と工場実習の結合がスムーズに機能し，道徳性と専門技能に秀でたエリート熟練労働者の養成に成果していると分析する[20]．

以上，同時代労働問題研究家は，そしてベルジュロンは，アルザス綿業パトロナージュの経営的成果にポジティブな評価を与えている．筆者もまた，企業経営の視点にたって，同様な判断を下す．まずSMCOについては，建設・販売状況，返済状況，住宅団地労働者の日常生活実態から，所有（あるいは所有への意欲）・労働・家族道徳の一体的結合を基礎に，SMCOが自立的で勤勉な労働者家族の形成に成果していたことを確認する．そして，家族の形成を軸に，良質労働力の育成とその能率的利用が促進され，雇主・労働者の結合基盤が，すなわち「労働・生活共同体」システムの基礎が，企業社会のなかで漸次構築されていたことを確認する．その際，SMCO理事会によって制度的に導入されていた生活習慣の向上に関する労働者間競争が，システムの構築を加速させていたことも見逃せない．住宅の維持・管理に秀でた者，菜園耕作に熱心に取り組んだ者，家具・調度品の手入れに精励した者，日常生活の規律と子供の通学・躾にすぐれた者は，毎年表彰された．受賞は大変名誉なこととされていたので，労働者家族はこぞって向上に取り組んだ．「所有」すなわち「人間的活動の最も大きな刺激」は，第二帝政期ミュルーズ労働者住宅において，その効果をポジティブに発現していたと判断することが許されよう．

次に民衆講座に接近する．これまで居酒屋に入りびたりであった労働者も倹約家になり，熱心に講座と取り組んでいる姿がヴェロンによって確認されている．無断欠席者が20サンチーム/日のペナルティを自発的に科し，ペン・コンパス・インク・鉛筆など学習用具の共同購入費用に充てている事実は，受講者の熱意を物語る．受講者の賃金が未受講者のそれよりも比較的に高くなっていることも[21]，知性の開発と「道徳教化」による労働生産性の向上を物語る．ミュルーズ職業学校，ミュルーズ民衆教育協会，デザイン学校，またGOR学校に

第4-16表　ミュルーズ労働者の識字率　　　　　　　　　　(%)

職種	1841年-1850年の平均	1861年-1870年の平均
紡績工・継糸工	50.3	68.6
日雇労働者	50.8	69.2
機械工	92.4	96.9
捺染工・彫刻工	93.1	98.9

Vitoux, M.-C., *op.cit.*, p.29.

ついても，経営的成果のポジティブな発現が確認される．初級学校に対する雇主の配慮については，第4-16表に示したミュルーズ労働者の識字率の向上から，成果が知れる．

　健康増進施策について．乳児死亡率の低下と出産婦人労働者救済金庫の設立から，生活の安定と労働力の確保・保全における出産有給休暇制度の成果が知れる．浴場と共同洗濯場の成果を判定することはむつかしい．しかし，1851年に政府・市・J. ドルフスの三者1/3 ずつの出資によってミュルーズに最初に設置されたディドンエーム浴場・洗濯場（Didenheim）の利用状況から，間接的にではあるが，成果の大略を窺うことができる．この浴場は個人用を8つ，家族用を2つそなえ，14人〜15人が1度に利用しえた．入浴料は1人5サンチーム，洗濯料は2時間当たり1人15サンチームであった．1851年の利用者は，浴場が7,674人（1日当たり平均21人），洗濯場が47,649人（同131人）であった．1865年にはそれぞれ8,348（同23），41,805（同115）になっている．1851年〜1865年の14年間に公共の浴場・洗濯場が市内に2ヶ所新設されたこと，市内の綿企業が労働者向けの浴場・洗濯場を次々に建設したことを考慮に入れると，ミュルーズ労働者とその家族の浴場・洗濯場利用度は確実にアップしていたと判定される．労働力の維持・保全と道徳性の向上という所期の目的は漸次実現されていたと考えられる．

　大部分の綿企業で実践されていた共済金庫は，主として労働者とその家族の物質的生活保障及び「道徳教化」にポジティブに成果した．貯蓄金庫についても同様である．退職年金制度については貯蓄奨励協会の不振に目を奪われがちであるが，強制加入方式をとる個別企業レベルのそれらは，大抵の場合，効果的に機能している．

　以上の考察から，経営の論理と雇主の「社会的義務意識」を実践動機に，本性的に農民である労働者を対象に，かれらの伝統的生活様式と心性に配慮しつつ第二帝政期アルザスにおいて実践された綿業パトロナージュは，綿業主の地域的・社会的共同意識にも支えられて，一方良質かつ安定的な工場労働力の確保及びその利用に，他方労働者とその家族の生活保障に，一定の経営合理的成果を合一的に具現していたと判定することが許されよう．これらの成果は，アルザス綿企業社会のなかに，そこで働く人びとの安定的・長期的な日常生活と労働の「場」=制度を，別言すれば「労働・生活共同体」システムの構築を準備・具現した．

注

1. F. エンゲルスとドイツの史家ヘルクナー (Herkner) は階級史観に立って、第二帝政期ミュルーズの綿業パトロナージュを、政治的には労働者を支配し、経済的には搾取する労務政策であると判定している（F. エンゲルス、大内兵衛訳『住宅問題』岩波文庫 第5刷、1993年、41-42頁；Vitoux, M.-C., *op.cit.*, p.206）。しかし、エンゲルス＝ヘルクナー見解に対してはグザヴィエ・モスマンとルヴァスールによる批判がある（Vitoux, M.-C., *op.cit.*, p.206；Levasseur, É., *op.cit.*, t.2, pp.887-888）。
2. Bergeron, L., *op.cit.*, p.155.
3. Levasseur, É., *op.cit.*, t.2, p.781.
4. Simon, J., *op.cit.*, pp.363-364.
5. *Ibid.*, pp.380-381. 1868年には、シャルル・ティエリ＝ミーグⅡのイニシャチブで、「心身の発達に資すること」及び健全な「家族精神（ésprit de famille）の育成」を目的に、マンチェスターの Peel-park、ハリファックスの People Park、ロンドンの公園を手本に、ミュルーズ市に動物園（le jardin zoologique）が設立された（Vitoux, M.-C., *op.cit.*, p.154）。
6. Simon, J., *op.cit.*, pp.381-382. シモンのこうした観察と分析は、ヴェロンによっても確認されている（Véron, E., *op.cit.*, p.238）。
7. Simon, J., *op.cit.*, pp.389-390.
8. *Ibid.*, p.389.
9. *Ibid.*, p.383.
10. *Ibid.*, p.365.
11. Véron, E., *op.cit.*, pp.231-232.
12. *Ibid.*, pp.229-230, 235.
13. *Ibid.*, pp.248-249（原典は Simon, J., *op.cit.*, pp.388-389）.
14. *Ibid.*, pp.235-236.
15. Flamand, J.-P., *op.cit.*, p.68.
16. Véron, E., *op.cit.*, pp.236-237.
17. *Ibid.*, p.237.
18. Bergeron, L., *op.cit.*, p.157.
19. Véron, E., *op.cit.*, pp.351-352.
20. *Ibid.*, p.377.
21. *Ibid.*, pp.344, 351.
22. *Ibid.*, pp.128-129.

第1部のまとめ

　既に七月革命前夜において，労働力問題に対する労務政策として，また労働者とその家族に対する生活保障として，産業知識人の間では企業パトロナージュが一定の程度関心の対象となっていた．大企業による実践もいくつか確認される．農業的社会構造が支配的なフランス工業化期において，近代的大企業によって実践された企業パトロナージュの実態をシュネーデル兄弟会社とアルザス綿業を個別事例に取り上げつつ，工場労働力の不足，工場労働力の基本的存在形態そして雇主の社会的理念（経営社会理念）との関連において，可及的忠実にフォローしてきた．その結果，経営の論理と雇主の「伝統主義的労働者観」（アルザス〈ミュルーズ〉綿業においては「社会的義務意識」）を実践動機に農民労働者・農民的労働者を対象として実践された企業パトロナージュは，農民労働者・農民的労働者の伝統的生活習慣・生活様式と自律性意識の尊重のもとに，別言すれば「柔軟な就労（雇用）形態」のもとに，一方工場労働力の確保とその能率的利用に，他方労働者とその家族に対する生活保障に，本質機能をポジティブに発現していることが確認された．2つの本質機能は，前者は経営の論理に，後者は主としてキリスト教的特性を源泉とする雇主の「伝統主義的労働者観」（「社会的義務意識」）に基づくものであり，動機的には互いに独立的・自立的であった．しかし，それぞれの機能発現に際しては雇主と労働者の間に経済的な相互依存の共栄関係（前者）と保護・従属の心理的親和関係（後者）が創出され，両者は共栄・親和的な「労働・生活共同体」システムを構築しつつ，一体的・合一的に作用した．大企業の存立と発展に，したがってフランス工業化における大企業主導コースの展開にヴァイトルな役割を果たしたこの「労務政策機能」と「生活保障機能」に対しては，一定の経営政策的意義がポジティブに付与される．第二帝政期には，大企業の間で広範に実践される．

第 2 部

企業パトロナージュから企業パテルナリスムへの展開

第 5 章

1870年のストライキ
－ル・クルーゾとアルザス－

　本章の課題は，企業パトロナージュから企業パテルナリスムへの展開（転換）について，1870年のル・クルーゾ=ストライキとアルザス（ミュルーズ）綿業ストライキを事例に，契機理解を個別具体的に準備することである．まず，企業パトロナージュの機能発現を前提に，ストライキの発生・展開の経緯をフォローする．次に，ストライキの性格を解明する．最後に，ストライキの発生及び展開の主因確定に接近する．

I　1870年のル・クルーゾ=ストライキ

1　ストライキの経緯

(1)　共済金庫の管理権をめぐる「小コメディ」

　1869年12月1日，ウジェーヌIは立法院議長に再任された．皇帝の信任厚きウジェーヌIであったが，国事院の中枢指導者で「副皇帝」とあだ名されたウジェーヌ・ルエル（Eugène Rouher）からは敵視されていた．ウジェーヌ・ルエルは，「ル・クルーゾのパシャは労働者から十分に慕われてはいない．その証拠に，1869年の選挙では800票以上の反対票があったではないか」と *Le Parlement* にシュネーデル誹毀の論陣をはった．ウジェーヌIは，「反対票を投じたのは労働者ではなく，市内の商人たちだ」と反論した[1]．丁度この頃，フランス各地で共済金庫（以下，本章では金庫と略記）の管理権をめぐり，労使間で軋轢が多発していた．ウジェーヌIは，自分がいかに労働者から慕われているかを金庫管理権の投票で立証しようと決意し，1870年1月13日に，もし投票の結果過半数の労働者が自主管理を欲するのならば，それに同意すると公言した．彼はこれまでに学校，病院，労働者住宅等々を建設整備し，労働者に多大の恩恵を施してきたので，労働者から信頼され，慕われているという確固

とした自負をもっていた．こうして，「小コメディ」(petite comédie) の幕が切って落とされた．

「われわれは共済金庫を管理することを望まない．われわれは金庫が良好に管理されていることを知っている」，「注意！もし諸君が（自主管理）賛成票を投じたならば，雇主は，諸君が自分を信頼していないのだと思うだろう！」．この種のビラが作業場に張りめぐらされた．経営のクリエンテス的存在である職長は労働者に「ノン」を投じるように指示した．投票前日まで，「シュネーデル氏は，労働者が満場一致で自分に信任票を投じるであろうと確信していた」．1870年1月15日～16日の投票結果は，自主管理賛成票が1,843（1,943ともいわれる），反対票536，白票16，棄権約7,000であった．棄権票も事実上「ウイ」の意志表示として理解される．ウジェーヌⅠにとって，この結果はまさしく青天の霹靂であった．彼は，自主管理により，金庫がストライキ資金に転用されるのではないかと懸念した．

(2) ストライキの発生

1867年の不況以来，約10％に及ぶ実質賃金の低下（名目賃金は約5％低下）は誰の目にも明らかであった．生活水準の低下を危惧する労働者は，「社会研究サークル」(Cercle d'études sociales) が市内のカフェで開いた公開集会 (réunion publique) に参加した．そこで，「ル・クルーゾ工場の共済金庫の管理について」討議が行われた．「社会研究サークル」の議長はデュメェであったが，丁度病床に臥していたので，かわりにアシ (Adolphe-Alphonse Assi. Assyとも綴る) が議長に選出された．副議長には誰もなり手がなかったが，精錬工のラケイユ (Lacaille) が推薦された．彼は，「この集会の事務局に加わることを引き受けよう．ただし，もし明日，これは大いにあり得ることだが，われわれが解雇されたときには，諸君も一斉に職場放棄することを約束してもらいたい」といって引き受けた．討議では慎重意見も出されたが，「われわれに申し出された管理を受け入れよう」という意見が結局のところ大勢をしめた．投票の結果は，公開集会の影響が大であったと考えられる．

1月19日，投票結果は無視され，予想どおりアシとラケイユ等が解雇された．ストが決行された．ストは機械工場から精錬場へ，そして全部門へと雪ダルマ式に広がっていった．9,000人の労働者が参加した．各作業場から代表計19人が選ばれ，「ストライキ委員会」(comité de grève) が結成された．金庫の

自主管理，労働時間の短縮，賃上げ，解雇の撤回，アシの直属上司である残忍な職長ルノー（Renaud）の解雇，が要求に掲げられた[9]．シュネーデルはすぐさま工場を閉鎖し，内務大臣に軍隊の出動を要請した．1月21日の朝7時頃にディジョンとオータンの歩兵2個連隊と騎兵40が，午後にはムーラン槍騎兵中隊が市内に入った．ウジェーヌIは将校を居館に食事招待し，兵にはタバコを支給して，軍に謝意を表した[10]．

(3) ストライキの挫折

　軍隊の導入は労働者を「意気消沈」させるのに十分であった．「ストライキ委員会」は実体を欠いていた．統一的な指揮管理を欠くストは「悲しげで」，「陰鬱な」状況に陥った[11]．1月24日，ウジェーヌIは通知を出す．「明日土曜日の午前6時に，すべての作業場で操業が再開される．初めのうち，概してル・クルーゾとは無縁な若干の扇動者によって騙され，あるいは血迷った一団によって不意をつかれ，ストライキに巻き込まれた労働者も，直ちに職場に復帰することで住民としての良識を示すことができよう．必要とあれば，十分な力（軍隊）が労働の自由を保障するであろう」と．知事も告示を出した[12]．「偽りの集会で，錯乱した若干の者が暴力的に労働を停止させた．……工場の大部分の労働者はこの圧力に抗議してきた．……かれらは（労働の）再開を強く望んでいる．労働者諸君，諸君は今や再び仕事に就くことにおいて自由である．作業場は開かれている」と[13]．ストは失敗に終わった．インターナショナル（インター・パリ支部〈プルードン左派〉，以下，本章では，特にことわりのない限り，ロンドン支部＝総評議会派〈マルクス派〉と区別する意味で，インターとはインター・パリ支部のことを指している）の機関紙的存在をかねていた *La Marseillaise*（1月28日付）は「ストライキは終わった．ここでは恐怖が支配している」と記す[14]．2月1日，ウジェーヌIは「今や扇動者を恐れる必要はまったくない．ル・クルーゾには軍隊が常駐している」と鎮圧宣言を残し，立法院へ戻った[15]．

(4) 炭鉱ストライキ

　3月20日，農民的心性・性格を比較的に大きく残し，労働者のなかで最も抵抗力の弱かった炭坑夫に対して，突然50サンチーム/日の賃下げが言い渡された．管理権問題の約束不履行に続く会社側のこの一方的賃下げ通知に憤慨し

た炭坑夫は，翌日「社会研究サークル」の指導のもとに，ストに蹶起した．「ストライキ委員会」が結成され，賃上げと時短を中心とする要求が掲げられた．炭坑夫は 8 時間労働で 5 フランとし荷積みは行わないこと，雨天のなかで就業するすべての労働者は最大 5 時間労働で 5 フランとすること，坑の補修は最大 4 時間労働で 5 フランとすること，雑役夫は 8 時間労働で 3.75 フランとすること，子供労働者は 2.25 フランとすること，暖房用石炭を 6 ヘクトリットル/月支給すること，懲戒制度を改めること，金庫を労働者の自主管理とすること，である[16]．

1 回目のストのときと同様に，軍隊が導入された．炭坑夫は製鉄・機械部門の労働者に連帯ストを要請したが，賃下げを被らなかった彼らは要請を拒否した．炭坑夫の生活は日々苦しくなり，スト資金は底をつき始めた．労働側の団結不一致をついて，会社側は「ストライキ委員会」のメンバーを逮捕した．4 月 9 日，オータン軽罪裁判所は 25 名の労働者に合計 298 ヶ月の禁固刑を言い渡した[17]．論告求刑のなかで，検察当局は次のように言う．「ル・クルーゾの出来事は歴史のなかに陰鬱な 1 頁としてしるされるであろう．……それまで献身的であり信頼するに足りていた住民（炭坑夫）が突然恩知らずになり，原因不明のストライキが発生した．それは，外国人が称賛し，妬み深いイギリス人が羨望してきたこの工業中心地に，福祉と教育を拡充することにつとめ，そのために財源を確保し，また可及的に高い賃金率を維持し，3,000 人の子供たちを就学させてきた経営に対する最も悪質な忘恩行為である」[18]と．

4 月 15 日，「ストライキ委員会」は敗北宣言を出した．「ル・クルーゾ炭鉱労働者諸君へ．親愛なる同志諸君，23 日間にわたる苦しい闘いの末，われわれは敗北した．それゆえ，われわれは諸君が坑に復帰することをすすめる．有罪判決で結果するであろう，待ち受けているであろう数多くの解雇を，これ以上の労働停止によって増やすことはない．われわれの手元に残っている資金と，いまなお寄せられている支援金は，ひどく虐げられた人々とりわけオータンで有罪判決を宣告された家族の救済のために最大限活用する」[19]と．数百人の炭坑夫が解雇され，ル・クルーゾを去っていった[20]．

2 ストライキの性格

まず，「社会研究サークル」の性格とアシの政治・思想的背景に接近する．12 歳でシュネーデル見習工となり，18 歳のとき（1859 年）に班長に対する抗議

行動を煽ったかどで解雇され，「フランス巡歴」をへたあと，27 歳のとき（1868年 6 月）に組立工として再び雇用されたデュメェは，すぐさま「民主図書館」(Bibliothèque démocratique) を結成した．「民主図書館」という名称は当局の目をごまかすためのもので，実体は帝政に反対し，シュネーデルの支配と戦うことを目的とした労働者主義 (ouvriérisme) 組織であった．仲間うちでは専ら「社会研究サークル」でとおっていた．構成メンバーはデュメェのシュネーデル学校時代の同級生労働者約 20 人と市内の小商人・職人 9 人であった．事務局はシャロン通りにあるヴェルノ兄弟（Verneau）のカフェに秘密裏におかれた．「社会研究サークル」はストを経験するなかでインターの影響を受け，急速かつ明確にコレクティヴィスム化する．

ノールに移民してきたイタリア人労働者を父親にもつアシは，1841 年にルーベで生まれた．17 歳でフランス陸軍に入営し，25 歳のときにガリバルディ軍に参加したといわれている．その後「フランス巡歴」をへて，27 歳のときに－デュメェの少し後で－偶然シュネーデル社に機械工として採用された．英独仏伊の 4 ヶ国語に堪能で，十分な教養を身につけていた．アシの政治・思想的経歴については不明な点が多い．だが，ル・クルーゾに来る前から既に労働者主義的傾向をもっていたことは確かである．インターとの関係について，『ル・フィガロ』がアシはインター加入者であるという記事を載せているが，これについてはアシ自身が『同』紙（1870 年 1 月 25 日付）への投書で否定し，抗議している．しかし，後述するように，ストを指導する過程で彼がインターに加入している事実は否定できない．パリ・コミューンでは評議会議長に選ばれた．コミューン崩壊後は終身流刑を宣告され，9 年間ニューカレドニアに追放されている．

こうしてみると，スト指導者はもともと職人的経歴を持つよそ者労働者であり，かれらはストを遂行する過程で，インターの影響のもとに労働者主義＝階級意識を明確にしていったことが分かる．しかしながら，シュネーデル労働者総体が彼らと同じように階級化していったわけでは決してない．むしろシュネーデル労働者総体は資本・賃労働関係を意識することに疎く，関心さえ抱いていなかったと考えられる．1 回目のストのとき，軍隊が導入されるやいなや多くの者は「意気消沈」してしまい，翌朝には早くも自主的に労働に復帰している．ウジェーヌⅠが工場再開通知を出す 2 日も前のことである．この事実は，かれらがはっきりとした目的意識と計画性をもってストに参加したのではない

こと，むしろ生活保障に対する不安と本能的な憤怒から，衝動的にストに参加したことを物語っている．それだけに，諦めもまた早かったのである．シュネーデル労働者総体の間では，階級的アイデンティティは形成されていなかったと判断して差し支えない．炭鉱ストに際して，賃下げを被らなかった製鉄・機械労働者は炭坑夫の連帯要請を拒否している．経済的にはともかく，社会・政治的には，一部のインター労働者を除いて，ル・クルーゾには労働者「階級」はまだ形成されていなかったのである．ストの要求は経済的事項にウエイトがおかれていた．労働者の社会的自立性要求あるいは資本制システムそのものに係わる体制関連的問題は，シュネーデル労働者総体の意識には上っていなかった．後述するように，金庫の自主管理要求も本質的には副次的な要求にすぎなかった．

　その一方で，市内の小ブルジョワジーがスト労働者に対して生活支援を展開していたことに止目しなければならない．シャロン通りでは支援金が募られ，居酒屋の主人，書店主，文房具店主といった小商人が醵金している．かれらはスト期間中に合計200万フランにのぼる生活資料を掛け売りしている（このうち，70万フランはパン代）．労働者と小ブルジョワジーの間に階級的な連帯が形成されていたわけではない．そこには，みずからの生活維持のために立ちあがった労働者に対する，同じ都市化地域に生活する者同士としての素朴な住民的支援（apport）の感情（sensibilité）が見出される[27]．

　こうしてみると，ストは主体性に目覚めたシュネーデル労働者の資本に対する階級的な社会・政治的闘争として把握されるよりも，むしろ物価騰貴が続くなかでの賃金低下に鋭く反応し，これまでの企業パトロナージュ生活保障に不安を抱いたシュネーデル労働者の，地元小ブルジョワジーの「ユナニミスム[28]」的支援を受けた，集団的生活防衛行動として理解される．確かに，パリ・プレスとインターの策励・影響を受けたよそ者労働者を中心とするスト指導者には体制関連的問題意識が打刻されていた．しかし，シュネーデル労働者総体はそうした問題意識と一体化することに，常に一定の距離をおいていた．古くからのシュネーデル労働者は誰一人として，ストの展開過程において，体制関連的行動の先頭に立つことはなかった[29]．

3　ストライキと企業パトロナージュ機能の関連性について

　論者はシュネーデル企業パトロナージュと1870年ストの内的関連性を重視

し，企業パトロナージュ機能に内在する矛盾が漸次深化・拡大して労働者の雇主に対する抵抗意識を資本・賃労働関係において醸成し，ストを発生させたと主張する．しかし，筆者は，企業パトロナージュに内在する矛盾の深化・拡大にスト発生及び展開の主因を求めるのではなく，むしろ企業パトロナージュの機能それ自体とは直接の因果関係をもたぬ外部的・客体的な要因に主因を求める．

まず，工業化の進展にともなって客体的に生起する労働力の基本的存在形態の変化及び労働者のアイデンティティ形成に止目する．炭鉱部門を中心に，農民労働者・農民的労働者は依然として存在していた．しかし，帝政末期になると，工場=都市の成長とともに農民労働者・農民的労働者は減少する．加えて，「労働者菜園」(jardins ouvriers) の普及が－「労働者菜園」の本来の機能発現とは直接の因果関係なしに－離農プロレタリアの故郷復帰思考を希薄化した．いまや，農民的心性・性格を払拭し，都市住民としての心性をもつ工場プロレタリアすなわち賃労働者がシュネーデル労働力の主たる部分をしめる．かれらは，一部は階級意識化していたものの，総体的には政治に無関心で，資本に対する労働の社会的反抗意識に目覚めてはいなかった．ソーヌ・エ・ロワール県知事は1852年に，「この工場の長たちによって実施されている堅固でパテルネルなディシプリンが，いつも変わらぬ労働と結びついて，労働者に秩序と倹約の意識を日々ますます醸成させる傾向にある」と記しているが，帝政末期になってもシュネーデル労働者は社会的に守旧的であり，ヒエラルキー秩序に従順であったことが確認されている．しかしながら一方，かれら賃労働者が，階級意識には到らずとも共通の生活意識を漸次陶冶し，集団的共同行動をとり得るだけのアイデンティティを形成していたことも確認される．既に1859年に，デュメェら約30人の見習工が班長ルノーに対してとった抗議行動はその先駆的事例である．

通常，このストの直接的発生原因は金庫の自主管理権要求に求められている．しかし，その根底的背景には，帝政末期における実質賃金の大幅な低下とそれにともなって現出した労働者の企業パトロナージュ生活保障に対する不安が存在していたことを見逃してはならない．ストの要求項目には，何よりもまず賃上げと時短が盛り込まれていたのである．実際のところ，シュネーデル労働者は金庫の自主管理を，ストに先立ってどれほど熱望していたのであろうか．これについてのサーヴェイは，企業パトロナージュ機能とストとの内的関

連性如何を理解するうえで端倪すべからざる意味をもつ．金庫の資金は 1869 年末で 45 万フランにのぼり，そのうち 40 万フランは準備金として保有されていた．この 40 万フランのうち 25 万フランは労働者の拠出によるものであった．毎年，シュネーデル学校に 4 万〜5 万フラン，医薬事業に 7 万フラン，労災補償に 5 万〜6 万フラン，教会に 25,000 フランが計上されていた．一方，老齢年金国民金庫への払込みはゼロで，救済への支出は限定されていた[36]．管理運営については，労働者は一切関与し得なかった．では，こういう状況下にあって，労働者が金庫の管理運営に不満を抱き，自主管理を要求していたのかというと，必ずしもそうとは言えないのである．シュネーデル学校教育による労働者の知的水準の向上が労働者の自律性なり社会的主体意識を陶冶し，かれらに金庫の自主管理権を要求ならしめたと主張する論者もいるが[37]，他方，労働者のそうした意識変化はパリやリヨンのように自由の空気があふれる大都市ではともかく，ル・クルーゾのような地方のカンパニー・タウンでは容易には起こり得なかったと判定する論者もいる[38]．シュネーデル学校教育が労働者の知的水準を向上させ，かれらに人間としての尊厳の自覚を促す側面を有していたことは事実である．しかし，共和主義ジャーナリストのフェリクス・マルタン（Félix Martin）が地元紙『呼子』（Le Sifflet）に金庫管理権の不公正を指摘する記事を掲載したときでも，労働者の間では管理権問題はほとんど話題にのぼらなかったことに留意しなければならない[39]．ウジェーヌⅠの公言（1870 年 1 月 13 日）に対しては，労働者の方がむしろびっくりし，戸惑ったほどなのである[40]．労働者総体は投票直前の公開集会の日まで，自主管理を要求することはなかった．そんなことは思ってもいなかったのである．

　3 つ目の要因として，パリ・プレスとインターの関与があげられる．1 月 20 日以降，パリ・プレスのル・クルーゾ特派員はアシに接近し，ストの展開を策励した．とりわけ『ル・パルルマン』と『ラ・マルセイエーズ』の関与は著しい[41]．『ル・パルルマン』のジャン・ラロック記者はアシを説得して，1 月 23 日に，「資本と労働の結合」を骨子とした「ストライキ・プログラム」を準備させている．「ストライキ委員会」にも出席し，工場評議会の設置と経営への関与も説いている[42]．かくしてジャン・ラロックは，社会改良主義の視点からストを策励した．『ラ・マルセイエーズ』はストを個別資本と個別労働の対立に限定することなく，広く「帝政に対する政治闘争」として位置づけた．ル・クルーゾにおいては勿論のこと，パリ，リヨン，マルセイユなどの大都市において

もスト支援活動を展開した[43]．炭鉱ストのときには独自に支援金を出した[44]．

1870年1月26日，アシはパリのドワイヤン（Doyen）宛にスト失敗を打電し，資金援助を要請している．ドワイヤンが如何なる人物であったのかは正確には分からないが，フェルナン・リュイリエル（Fernand L'Huillier）によれば，インター関係者であったことに略間違いはない．アシはストを遂行するなかで，社会改良主義よりもむしろドワイヤン=インターと政治・思想的スタンスを同じくするようになっていたと解釈して差し支えない[45]．パリのインター系組織「労働者協同組織連合評議会」（Chambre fédérale des sociétés ouvrières．議長はコレクティヴィスト〈プルードン左派〉で，インター・パリ支部の指導者でもあったLouis Eugène Varlin．ルイ・ウジェーヌ・ヴァルランは後にパリ・コミューンのバリケード市街戦でヴェルサイユ政府軍に捕らえられ，銃殺された．享年31歳）と密接に連絡を取っている事実からも，そのことは確認される．また，スト挫折後の3月18日にはヴァルランがル・クルーゾに来てアシと密会している．その後1週間以内に，インター=ル・クルーゾ支部の設立が決定されている[46]．炭鉱ストが発生したときには，アシはインター・ジュネーブ支部とも連絡を取っている．4月3日にはヴァルランの代理としてブノワ・マロン（Benoît Malon）が『ラ・マルセイエーズ』特派員の肩書でル・クルーゾに入り，インター=ル・クルーゾ支部を発足させている[47]．支部書記にはデュメェが就任する．炭鉱ストの終結宣言で「ストライキ委員会」は，「……声高らかに，偉大な国際労働者協会に属していることを宣言する」[48]．スト展開のなかで，スト指導労働者とインターとの間に結びつきが生まれ，後者が前者に対して政治・思想的影響を及ぼしたことは明白である．

かくして，1870年ストの発生と展開の主因は，シュネーデル企業パトロナージュ機能の射程外にあって，㋐工業化の進展にともなって客体的に生起するシュネーデル労働力の基本的存在形態における変化及び労働者のアイデンティティ形成（一部階級意識化）　㋑実質賃金の低下を契機として現出した，企業パトロナージュ生活保障に対する労働者の不安　㋒パリ・プレスとインターのポジティブな政治・思想的影響，この3点に求められる．

結語

工業化の進展は，農民労働者・農民的労働者にかわり，よそ者を中心とする一部の階級的賃労働者と，階級意識をもつまでには到っていないが労働者とし

てのアイデンティティを意識する大量の賃労働者を創出した．階級的賃労働者は金庫管理権の問題を契機に，生活に不安を覚えるシュネーデル労働者総体の本能的不満を的確に吸いあげ，インターやパリ・プレスの政治・思想的支援のもとにこれを鋭く指導し，企業パトロナージュのもとで略十全に機能してきた雇主・労働者の心理的親和関係に痛烈なくさびを打ち込まんとした．シュネーデル労働者総体はアイデンティティの実体と範囲において，これに共振共鳴した．もともと労働運動対策機能に希薄であった企業パトロナージュは，みずからの機能の射程外にあって，みずからの経営的成果を凌駕しつつ進捗するこの外部的・客体的な変化とその影響をコントロールすることには極めて不適応であった．

　1870年ストを階級闘争として位置づけることには[49]，シュネーデル労働者総体の意識状況からして，無理がある．また，「ユナニミスム」を基礎に，住民集団と賃労働者がシュネーデル労務政策に対して展開した批判運動であるとする見方も[50]，それだけでは依然説得力に欠ける．工業化の進展とインターの波及にともなって外部的・客体的に生起した新しい社会経済構造（賃労働者－ただし，社会変革の意識・イデオロギーには希薄な賃労働者－の形成）と思想状況（労働者主義＝社会主義(ソシアリスム)の関与）のもとで，これまでの企業パトロナージュによる生活保障に不安を抱いたシュネーデル労働者が，地元小ブルジョワジーの「ユナニミスム」的支援を受けつつ，雇主に対して展開した集団的生活防衛行動として理解するのが適切であろう．体制関連的問題意識は，シュネーデル労働者総体の意識にはのぼっていなかった．

　シュネーデルの心胆を寒からしめた1870年ストは失敗に終わった．しかし，このストを体験するなかで（さらには，後続するル・クルーゾ＝コミューンを経験するなかで），シュネーデル労働者は自由で自律的な人民主権なり労働者主義に触れ，社会変革＝体制批判のイデオロギーを知る．彼らのなかの一部は，以後反シュネーデルのプレスに接近する．ジャンヌ・ファノンネル（Jeanne Fanonnel）は「戦争の苦痛をともなった1870年～1871年の災禍は，労働者のエスプリのなかに社会変革のイデーを芽生えさせることを決定づけた．小判1枚に印刷された多数の秘密の刷り物，『呼子』のような社会批判紙が労働者の間に流布した．かれらは……お金をもっていなかったので，1つのもの（小新聞）を手から手へとこっそりと廻し読みした．これらの小新聞は大衆紙の不存在を埋め合わせていた」と記す[51]．シュネーデル労働者は資本・賃労働関係にお

ける自己の社会的存在に目覚めはじめる．

　一方経営は，1870年ストを契機に，金庫のみならず，これまで円滑に機能してきた企業パトロナージュの略全部について自己改革を遂行する．そして，生起する新たな社会経済構造と思想状況に対応的な政策すなわち企業パテルナリスムを準備する．[52]

注

1　Dumay, J.-B., introduction et notes par Pierre Ponsot, préface d'Ernest Labrousse, *Mémoires d'un militant ouvrier du Creusot* (*1841–1905*), Paris, Maspero-Presses Universitaires de Grenoble, 1976, p.121. 1842年，アドルフは投票総数328のうち233票を獲得してオータン第2選挙区から下院議員に当選した．1852年，ウジェーヌIは有権者数38,408，投票総数24,469のうち24,333票を得て下院議員に4たび当選した．ル・クルーゾだけで見ると，投票総数1,567のうち1,554票を獲得している．ル・クルーゾとその周辺地域の有権者はシュネーデルに投票することを当然のこととみなしていた．1857年と1863年の選挙でも，ウジェーヌIの得票は満票に近かった．ところが1869年の選挙では，ウジェーヌIの得票率は62％（オータン選挙区の有権者数38,608，投票総数30,975，得票数19,129）にまで低下する．8,043票が急進共和派のミション（Michon）に，3,803票が独立共和派のド・ルアンクール（de Louencourt）に投じられたのである．ル・クルーゾ市内だけでみると，投票総数5,668のうち，ウジェーヌIの得票数は4,877であった．791票がミションとド・ルアンクールに流れた．ウジェーヌ・ルエルのいう「800票以上の反対票」とは，この791票を指している（Habaru, A., *Le Creusot, terre féodale : Schneider et les marchands de canons,* Paris-Bruxelles, 1934, p.110 ; Roy, J.-A., *Histoire de la famille Schneider et du Creusot,* Paris, 1962, p.50）．

2　Dumay, J.-B., *op.cit.*, p.121.
3　*Ibid.*, p.122 ; Habaru, A., *op.cit.*, p.34.
4　Dumay, J.-B., *op.cit.*, p.122.
5　L'Huillier, F., *La lutte ouvrière à la fin du Second Empire,* Paris, Armand Colin, 1957, p.40 ; Beaucarnot, J.-L., *Les Schneider, une dynastie,* Paris, Hachette, 1986, p.109 ; Roy, J.-A., *op.cit.*, p.57.
6　Schneider et Cie, *Les Établissements Schneider : Économie Sociale,* Paris, 1912, p.87.
7　Dumay, J.-B., *op.cit.*, p.124.
8　*Ibid.*
9　Roy, J.-A., *op.cit.*, p.57.
10　L'Huillier, F., *op.cit.*, pp.41–43.
11　*Ibid.*, p.43.
12　Habaru, A., *op.cit.*, p.38.
13　L'Huillier, F., *op.cit.*, p.44.
14　Roy, J.-A., *op.cit.*, p.58.
15　Habaru, A., *op.cit.*, p.40.
16　L'Huillier, F., *op.cit.*, p.49.
17　*Ibid.*, p.47.
18　Roy, J.-A., *op.cit.*, p.60.
19　Habaru, A., *op.cit.*, p.44.
20　「解雇された炭坑夫は数百人にのぼる．シュネーデルはシャゴから，かれらのうちの一人たりともモンソー炭鉱では雇用しないという約束を取り付けていた」．「工場を去って，他のところで働く？もし，あなたがシュネーデルのブラック・リストに載っていれば，誰もあなたを雇わない

だろうよ」(*Ibid.*, pp.44-45, 62-63). したがって, かれらはル・クルーゾとその周辺地域では仕事にありつくことが出来なかった. パリや遠く離れた炭鉱地域へ移住するか, もしくは地元に残って日雇いの農業労働者になるしかなかった (桂圭男「産業革命期における新興工業都市の経済発展と労働運動-フランスのクルーゾ市を事例として-」谷和雄編『西洋都市の発達』山川出版社, 1965年, 336頁).

21 デュメェの義父が職長に家うさぎ1羽とシャコ1匹を贈ったので再雇用されたと言われている (Beaucarnot, J.-L., *op.cit.*, p.109). デュメェは帝政崩壊後の1870年9月24日にル・クルーゾの臨時市長に任命され, 1871年3月26日には市庁舎に赤旗を掲げてコミューンを宣言する. しかし, 翌日にコミューンは崩壊し, シュネーデルの支配が復活する. コミューン崩壊後, デュメェは終身強制労働を宣告されたが, スイスへ亡命する. 1879年に恩赦を受けて帰国. その後, アルマニストとしてセーヌ県から下院議員 (コミュナールの流れをくむ革命的社会主義労働者党 Parti Ouvrier Socialiste Révolutionnaire) に当選する (*Ibid.*, pp.118-119 ; Le Musée d'Orsay et l'Écomusée du Creusot-Montceau, *Les Schneider, Le Creusot : une famille, une entreprise, une ville 1836-1960*, Librairie Arthème Fayard / Éditions de la Réunion des musées nationaux, 1995, p.296).

22 Dumay, J.-B., *op.cit.*, p.116 ; Bouvier, P., *Travail et expression ouvrière : pouvoirs et contraintes des comités d'entreprise*, Paris, Éditions Galilée, 1980, pp.149-150. 谷川稔の提供を借りて, 労働者主義の骨子を示しておこう. 労働者主義とは, 社会変革において, 日常改良闘争の主体と経済変革の主体及び政治変革の主体が厳密に同一つまり労働者・労働組合自身でなければならないとする思想 (イデオロギー) である. ただし, この主体はたんに職人や熟練労働者のインテリ・ホワイトカラーに対する排他性といった感情の次元において理解されるものではなく, ブルー・カラー以外の社会階層をも労働者の隊列に組み込みつつ, 「代行主義」の否定という今少し幅の広い歴史的な意味内容において把握されるものである. 労働者主義は社会主義思想の1つである. 革命論としてのサンディカリスムの基本的エートスを指しており, パリ・コミューン以後のフランス労働組合運動に最も顕著な思想であった (谷川稔『フランス社会運動史 アソシアシオンとサンディカリスム』山川出版社, 1983年, 132-137, 208-209, 222, 276-277頁).

23 市内の小商人・職人9人とは次の人々であった. ビール小売店主の Alémanus, 帽子職人の Troncy, 刃物職人の Royer, 籠・ざる職人の Gaffiot, 時計職人の Supplissy, 靴職人の Lemoine 兄弟, カフェ店主のヴェルノ兄弟 (Dumay, J.-B., *op.cit.*, p.118).

24 Roy, J.-A., *op.cit.*, p.56.

25 Dumay, J.-B., *op.cit.*, pp.346-347 ; Roy, J.-A., *op.cit.*, p.56 ; L'Huillier, F., *op.cit.*, pp.39-40 ; Beaucarnot, J.-L., *op.cit.*, p.110.

26 L'Huillier, F., *op.cit.*, p.44.

27 *Ibid.*, p.46 ; Roy, J.-A., *op.cit.*, p.59.

28 「ユナニミスム」(unanimisme) については, 遠藤輝明「資本主義の発達と『工場/都市』-ル・クルーゾにおける『工場の規律』と労使関係-」同編『地域と国家 フランス・レジオナリスムの研究』日本経済評論社, 1992年, 152頁を参照した.

29 Duveau, G., *La vie ouvrière en France sous le Second Empire*, Paris, Gallimard, 1946, p.546.

30 桂圭男「前掲論文」を参照した.

31 Dumay, J.-B., *op.cit.*, p.18.

32 L'Huillier, F., *op.cit.*, p.39. 第2章 V 注7及び第7章 II 注30も参照されたい. 菜園付社宅の建設や労働者の持家建築 (第7章 II を参照されたい) がこうした変化に一部かかわっていたことは首肯しうる.

33 La Broise, T. de et F. Torres, *Schneider, l'histoire en force*, Paris, Éditions Jean-Pierre de Monza, 1996, pp.42-43.

34 *Ibid.*

35 Dumay, J.-B., *op.cit.*, p.84.

36 L'Huillier, F., *op.cit.*, p.39.

37 桂圭男「前掲論文」, 325頁を参照した.

38 Frey, J.-P., *La ville industrielle et ses urbanités : La distinction ouvriers/employés, Le Creusot 1870-*

1930, Bruxelles, 1986, p.60.
39　Dumay, J.-B., *op.cit.*, p.122.
40　*Ibid.*
41　この2紙の他にも *Le Rappel, Paris-Journal, Le Progrès de Saône-et-Loire, le Progrès de la Côte-d'Or, l'Eclaireur de Saint-Etienne, le Peuple de Marseille* の各紙がストを支援した (*Ibid.*, p.128；L'Huillier, F., *op.cit.*, p.50).
42　L'Huillier, F., *op.cit.*, pp.44, 46.
43　*Ibid.*, p.45.『ラ・マルセイエーズ』は反帝政・反シュネーデルの一点において，さまざまな社会層からル・クルーゾストに対する支援を結集しようと試みた．Habaru, A., *op.cit.*, p.39 に示されたスト支援募金者リストの抜粋からも，そのことは知れる．
44　L'Huillier, F., *op.cit.*, p.50.
45　*Ibid.*, p.45. F. リュイリエルは，ドワイヤンが『ラ・マルセイエーズ』の社員であった可能性も否定してはいない．
46　*Ibid.*, p.47. サンディカリスムの先駆者の一人ルイ・ウジェーヌ・ヴァルランの経歴と思想については，谷川稔『前掲書』，124-137 頁；木下賢一『第二帝政とパリ民衆の世界 「進歩」と「伝統」のはざまで』山川出版社，2000年，213-286 頁を参照した．
47　L'Huillier, F., *op.cit.*, pp.50, 53；Dumay, J.-B., *op.cit.*, pp.22, 128.
48　L'Huillier, F., *op.cit.*, p.53.
49　桂圭男「前掲論文」，309, 338 頁．
50　遠藤輝明「前掲論文」，152 頁．
51　Fanonnel, J., "La commune du Creusot en 71", in *Cahiers de l'Institut Maurice Thorez*, no.21, 1er trim. 1971, p.82, cité par Frey, J.-P., *op.cit.*, p.78.
52　クロード・ボーによれば，シュネーデル企業パトロナージュは1848年3月の「階級的」ストライキを契機に自己改革を遂行し，企業パテルナリスムに転化した (Beaud, C., "Les Schneider au Creusot : un modèle paternaliste en réponse aux impératifs du libéralisme et à la montée du mouvement socialiste", in Aerts, E. et al., eds., *Liberalism and Paternalism in the 19th Century, Session B-13, Proceedings Tenth International Economic History Congress*, Leuven, Leuven University Press, August 1990, pp.9, 12). しかし，私見はボー立論とは異なる．1848年3月ストのシュネーデル企業パトロナージュに対する影響は著しく微小であり，表層的であった．同スト (1850年5月の炭鉱ストを含めて) の非階級的性格と自己改革の実態及び同時代のル・クルーゾにおける社会経済構造・思想状況を考慮するとき，シュネーデル企業パテルナリスムに対する影響は本質的に捨象しうる．1848年3月ストと1850年5月ストの非階級的性格については，Noiriel, G., translated from the French by Helen McPhail, *Workers in French Society in the 19th and 20th Centuries*, New York, BERG, 1990, p.63；Magraw, R., *A history of the French working class : The age of artisan revolution*, vol.1, Oxford and Cambridge, Blackwell, 1992, p.167 を参照した．なお，ピエール・ブーヴィエもボーと略同様に，企業パトロナージュから企業パテルナリスムへの展開の契機を1830年と1848年の社会労働運動に求めている (Bouvier, P., *op.cit.*, p.88).

II　1870年のアルザス綿業ストライキ

　同盟権 (1864年) と集会権 (1868年) の法認以降，フランスでも労働者の階級的自覚は漸次高まった．しかし，アルザス綿業地域においては，労働運動は極めて低調であった．1869年2月7日付の綿業界紙『アルザス工業人』は「……今われわれが直面している工業危機に際して，労働者は企業主の負担を

少し緩和する（賃金引き下げという）犠牲に同意するに違いない」と自負する[2]．しかし，物価高騰期における賃下げは事態を『アルザス工業人』の予想とは逆の方向に急速に展開させた．1867年4月～1868年2月にかけて，オ・ラン県の略全域で綿労働賃金が引き下げられた．その後一時的に回復したものの，1869年の冬以降再び引き下げられた．タン，ラプトゥロワ（Lapoutroie），ロジェルバック（Logelback）では引き下げ率は特に大きかった[3]．その結果，引き下げに対する抗議すなわちオ・ラン県当局にいう「労働者の主張」状況（prétention ouvrière）が発生した[4]．その際，パリやバーゼルとの労働交流をとおしてアルザスに波及していたインターの影響が「労働者の主張」を一層刺激した[5]．1870年5月8日の人民投票に際して，タン綿業労働者がとった帝政支持の行動も「労働者の主張」の1つの表れであった．「われわれはウイを投じる．なぜならば，製造業者たちはノンを投じるからだ」[6]．以下では，ミュルーズのストを取り上げ，アルザス綿業ストライキの性格解明とスト発生要因の確定に接近する．

　「労働者の主張」は高揚し，1870年7月4日にDMC，G.シュランベルジェ，アンドレ・ケクラン企業などでストライキが発生した．13日になると，ストはアルザスの略全域に広がり，ミュルーズだけで6,500人以上，オ・ラン県全体では22,000人以上を結集した[7]．ヴンデルラン（Wunderlin）を議長とするミュルーズ「ストライキ委員会」は賃上げ，時短，企業福祉の改革，就業規則の緩和などを内容とした12ヶ条の要求を決議した（第5-1表参照）．対抗して，綿業主は軍隊の出動を当局に要請した．7月8日の夜半から9日にかけて，歩兵3個大隊，騎兵，憲兵がミュルーズに導入された．衝突が起った．約70人の労働者が逮捕された．11日，労働時間を11時間に短縮することを表明したのち，綿業主は12ヶ条要求の拒絶を通告した[8]．スト解決の緒が見えぬまま，事態は長期化の様相を呈した．しかし，知事が調停に乗り出すと，ストは

第5-1表　ミュルーズ「ストライキ委員会」の12ヶ条要求－抜粋－

第1条	10時間労働
第3条	罰金の廃止
第4条	職長の権限縮小
第5条	解雇予告期間を8日に延長
第10条	共済金庫管理権への労働者の参加
第11条	労災補償制度の全面的整備
第12条	賃上げ（熟練工は一律0.5フラン/日の賃上げ．雑役工は一律3フラン/日とするなど）

L'Huillier, F., *La lutte ouvrière à la fin du Second Empire*, Paris, Armand Colin, 1957, pp.66-67.

急速に収束に向かった．「ストライキ委員会」には知事の調停を期待していたふしも見受けられる．15日になると，ヴンデルランは「ストライキ委員会」の解散を宣言した[9]．

さて，このストはどういう性格のものであったのか．スト発生の4ヶ月も前から，労働交流を契機に出現したインター労働者の情宣活動が確認される．12ヶ条要求はインター労働者でケクラン企業のローラー捺染工であったウジェーヌ・ヴァイス（Eugène Weiss）等の指導で作成され発せられている．7月9日の軍隊との衝突で逮捕された者のなかには，1869年9月のバーゼル大会参加者2名をはじめとして多数のインター関係者が含まれている[10]．これらの事実から，スト指導者のなかには労働者主義＝階級意識をもつ工場労働者が含まれていたことは間違いない．しかし，ヴンデルランは7月9日の衝突以後，ストが体制関連的社会闘争に発展するのを恐れてヴァイスから遠ざかっている[11]．また，衝突でインター労働者の大部分が逮捕されてしまうと，ストそのものは急速に穏健化している．デモは整然と行われるようになり，子供・婦人は手に手にタンネンヴァルトで摘んだ小枝をかざし，隊列の先頭には子供たちが立って歌をうたいながら行進している．大抵の場合，アルトキルク郡庁舎前で流れ解散している[12]．さらに，社会的ボナパルティスムに共鳴を示す「皇帝万歳！」というデモ労働者たちのシュプレヒコールが至るところで聞かれたことも，比較的に高賃金を得ていた捺染部門の労働者は初めからストに参加していなかったことも，考慮に入れなければならない．こうしてみると，ストは資本に対する労働の反抗に目覚めたミュルーズ綿業労働者の階級的な社会闘争として理解されるよりも，物価高騰下での賃金引き下げを契機に，これまでの綿業パトロナージュ生活保障に急速に不安を抱いた綿業労働者の雇主に対する集団的生活防衛行動として把握されよう．資本制生産システムそのものに関わる体制関連的問題は，ミュルーズ綿業労働者総体の意識には上っていなかった[13]．

ストの発生要因に触れておこう．論者によれば，綿業パトロナージュ機能のなかに設計・建設の当初から組み込まれていた矛盾が漸次深化・拡大し，労働者の雇主に対する抵抗意識を形成してストを発生させたと結論づける[14]．綿業パトロナージュの機能成果とストとの内的関連性を重視した見解である．しかし，筆者は，ストの発生要因をミュルーズ綿業パトロナージュの機能成果それ自体とは切り離して考察する．すなわち，㋐工業化の進展にともなって客体的に変容する綿業労働力の基本的存在形態と労働者のアイデンティティ形成（一

部階級意識化）　㋑賃金引き下げを契機として現出した，綿業パトロナージュ生活保障に対する労働者の不安　㋒インター労働者のイニシャチブ，この3点に止目する．

　1854年のオ・ラン県アルシィーヴは「ミュルーズ綿業に雇用されているすべての労働者のうち，約1/4は農村部に居住し，……かれらの大部分は耕地を所有する」と記している[15]．アルザス綿業全体でみた場合，農民労働者の割合は1/4よりも高かったと推定される．また農民的労働者を含めると，アルザス綿業労働者にしめる農民労働者・農民的労働者の割合は第二帝政の略全期をとおして相当大きかったと考えられる．しかし，工場＝都市の成長とともに，帝政末期になると，農民労働者・農民的労働者の割合は減少する．農業＝土地との結びつきを放棄し，都市住民としての意識・心性をもつ工場プロレタリアすなわち賃労働者が増大したからである．綿業労働力の基本的存在形態におけるこの変化は[16]，ミュルーズにおいては，インターの刺激のもとに，労働者主義を社会革命の思想的基軸にすえる階級的賃労働者を一部創出した．けだし，1870年3月6日付ヴァイスのルイ・ウジェーヌ・ヴァルラン宛手紙は次のように記すであろう．「およそ1年程前から，少し政治的な話をするために，私は毎週自宅に捺染工や機械工や紡績工など，市内のさまざまな工場で働く同志を20人程集めています．来週の水曜日には，ル・クルゾの同志へ送る醵金をあつめるために集まる予定です．……われわれは多くの困難を抱えています．（資本家連中は）今日まで主人として君臨してきており［シュネーデル社システム］，……すべてを掌握しています．人々（労働者）はかれらに対抗することを欲しています．……そのために，私は不正義と資本に対する戦いを始める計画を立てました．……人々（労働者）は隅々の至るところにスパイがいることに気がついています．でも，それがどうしたというのでしょう．われわれは極秘のうちに行動します．2月24日の記念すべき集会に約60人の勇気ある市民（労働者）が結集したとき，多くの人々は大変驚いていました」と[17]．これは何もミュルーズ綿業に限られた現象ではない．第二帝政末期，全国各地の炭鉱業や製鉄業においても共通して確認される．ストに先立って，ミュルーズ綿業労働者総体が「労働者の主張」という共同行動をとっていた事実にも留意しなければならない[18]．この事実は，かれらが，階級意識を抱くまでには到っていないが，労働力の存在形態の変容という客体的・外部的変化のなかで共通の生活意識を陶治し，労働者としての集団的共同行動を取りうるだけのアイデンティテ

ィを形成していたことを意味する．農業的社会構造の漸進的変容は，内向的・保守的で事大主義的性格をもつ農民労働者・農民的労働者にかわり，一部の階級的賃労働者と，階級意識を抱くまでには到っていないが労働者としてのアイデンティティをもつ大量の賃労働者を造出した．インターの影響下にあった階級的賃労働者は生活不安を覚えるミュルーズ綿業労働者総体の[19]－ただし，農民労働者の割合が高く，比較的に高賃金を得ていた捺染部門労働者を除く－本能的不満を的確に吸いあげ，これを鋭く指導し，綿業パトロナージュのもとで略十全に機能してきた雇主・労働者の心理的親和関係に最初のくさびを打ち込まんとした．綿業労働者総体はアイデンティティの実体と範囲において，これに共振共鳴した．もともと労働運動対策機能に希薄であったミュルーズ綿業パトロナージュは，みずからの経営的成果を凌駕しつつ進捗する外部的・客体的なこの変化(コントロール)を制御することに極めて不適応であった．検事総長ティリィオは次のように述べている．「1870年のストはアルザス（ミュルーズ）で発生した最初のものである．それは労働者の意識のなかで漸次進行していた，そして工場主たちが茫然自失するなかで突如勃発した，潜在的変化（アイデンティティ形成と生活不安）の合図であり結果である．……これまでアルザス（ミュルーズ）においては，工場主たちは労働者に対して真のパトロナージュを実践してきた．工場主は必要に応じて労働者を援助し，保護とあらゆる分野での指導を行ってきた．労働者はその見返りとして，忠実な子犬のごとき従順さで彼（工場主）の指導に従ってきた．……いま分裂が始まった」と[20]．

　第二帝政期ミュルーズにおける綿業パトロナージュは，総体的にみると略十全に機能を発現し，雇主・労働者の結合に一定の経営的成果を具現してきた．しかし，帝政末期になると，工業化の進展とインターの波及にともなって外部的・客体的に生起した新たな社会経済構造（賃労働者－ただし，社会変革意識＝体制関連的問題意識には希薄な賃労働者－の形成）と思想状況（労働者主義の関与）に十分対応することができず，激発するストライキ運動のなかに，その内在的限界をしるした．綿業主はこれまで雇用労働者に対して抱いてきた素朴で従順な，保護と指導を施すに値する農民的感恩労働者というイメージを払拭する．労働運動対策機能に希薄で，農業と工場労働が相補的・共生的であった七月王政期～第二帝政期に機能していた綿業パトロナージュは，社会経済的基盤とともにカルヴィニスム的特性を帯びた理念的基礎も喪失する．

　1870年ストを経験するなかで，ミュルーズ綿業労働者は社会改革のイデオ

ロギー＝労働者主義に触れた．かれらのなかの一部は資本・賃労働関係における自己の社会的存在に目覚めはじめる．一方綿業主は，1870年代を境界域として，綿業パトロナージュに本質的であった農民労働者・農民的労働者に対する「生活保障機能」を賃労働者に対する「全面管理」の手段機能に転換し，新たな状況に対応的な政策を準備する必要にせまられる[21]．

注

1　Magraw, R., *op.cit.*, vol.1, pp.194-195.
2　L'Huillier, F., *op.cit.*, p.62.
3　*Ibid.*, pp.17-20.
4　*Ibid.*, pp.18, 64.
5　*Ibid.*, p.19.
6　*Ibid.*, p.62.
7　*Ibid.*, p.65.
8　*Ibid.*, pp.66, 68.
9　*Ibid.*, p.69.
10　*Ibid.*, pp.67-69.
11　*Ibid.*, p.69.
12　*Ibid.*, pp.65-66.
13　Magraw, R., *op.cit.*, vol.1, pp.243-244.
14　中野隆生「フランス第二帝政期における労働者住宅と民衆生活－ミュルーズ労働者都市の拡張と変容－」『人文学報』(東京都立大) 第229号，1992年；市村卓彦『アルザス文化史』人文書院，2002年，297頁．
15　Vitoux, M.-C., *Paupérisme et assistance à Mulhouse au XIXe siècle*, Strasbourg, Association des Publications près les Universités de Strasbourg, 1986, p.28.
16　労働者住宅の建設・販売 (第4章 II 4を参照されたい) が，この変化に一部かかわっていたことは首肯しうる．
17　L'Huillier, F., *op.cit.*, p.60.
18　Magraw, R., *op.cit.*, vol.1, pp.242-243, 290.
19　Vitoux, M.-C., *op.cit.*, p.22.
20　*Ibid.*, p.209.
21　こうした動きはフランクフルト条約後に国内の他地域へ移転した，あるいは他地域に新設されたアルザス綿業の直系企業 (約20社) に受け継がれる．例えば，1872年にヴォージュ県タオンに新設されたタオン漂白捺染会社 (La Blanchisserie et Teinturerie de Thaon) の企業福祉政策がそうである．タオン企業福祉政策については，Ferry, C., *La Blanchisserie et teinturerie de Thaon : 1872-1914*, Nancy, Presses Universitaires de Nancy, 1992を参照した．ドイツ併合期におけるアルザス綿業の企業福祉政策については，さしあたり，Kott, S., "Le paternalisme alsacien à l'épreuve de la législation sociale allemande (1850-1914)", in Aerts, E. et al., eds., *op.cit.*, pp.55-59 ; Ott, F., "La Société industrielle de Mulhouse face aux bouleversements de l'annexion allemande", in Tuffery-Andrieu, J.-M., sous la dir. de, *La responsabilité sociale de l'entreprise en Alsace et en Lorraine du XIXe au XXIe siècle*, Collection 〈Pour une histoire du travail〉, Rennes Cedex, Presses Universitaires de Rennes, 2011, pp.167-179を参照．

第 **6** 章

社会問題の発生と
ル・プレェ学派社会改良論

　本章の課題は，企業パトロナージュから企業パテルナリスムへの展開（転換）のメカニズムとそのイデオロギー的基礎を，社会問題の発生とル・プレェ学派社会改良論に着目し，考察することである．

I　社会問題の発生

　1860年英仏通商条約の締結と鉄道・舟運網の拡充・整備による国内統一市場の形成を契機に，伝統的な構造と制度を維持・温存しながらも，生産と資本の集中・集積に立脚した新しい工業構造が漸次形成されてくる．ノワリエルによれば，1870年代以降，農村の繊維業は衰退過程に入った．ランス地域では1876年以後19世紀末までに，41の小規模な農村毛織物工場が消滅した．サン゠ルミ（Saint-Remi）では300台の織機が廃棄された．トロワの家内靴下製造業とグルノーブルの手袋製造業は外国製品との競争に敗れて崩壊した．冶金・鉱山業においても事情は似かよっていた．サン・テチィエンヌの中小武器製造業は安価なベルギー銃の前に衰退した．ブリエに開発された大鉄鉱床経営は農民労働者の生計を補充していた数多くの小規模鉄鉱山を廃山に追いやった．東部と北部の大製鉄業は木炭製鉄業に壊滅的打撃を与えた．一方，工業全体のエネルギー消費量は1864年〜1913年の間に14倍に増加した．リヨン絹工業の動力織機は1873年に織機の5％をしめるだけであったが，1900年には33％，1913年には80％をしめた．アンシァン・レジーム期以来ほとんど変わることのなかったガラス製造業も機械化されたガラスブロー法（glass-blowing process）の導入によって近代化された．資本の淘汰と生産の寡占化が漸次進捗し，1901年には雇用労働者数2,000以上の会社がフランス全体で57を数えた．「大不況」期〜20世紀初頭は，フランスにおける「工業的運命の転回軸であっ

た」(Y. ルカン[2]).

　新しい工業構造は社会主義思想（サンディカリスム）を得て，19世紀末には労働の組織化を進捗させた（第6-1表参照）．都市の中小企業労働者や職人労働者，それに農村部から流入してきた工場労働者の一部が結集し団結した[3]．農民労働者・農民的労働者とは社会的性格を異にするこれらの労働者は，組織化を背景に，「個別的労使関係」からの解放をみずからの力で勝ちとり，新たに「資本の集中に対する労働の集中」[4]すなわち「集団的労使関係」[5]を創出した．そして，男子普通選挙や議会外反体制運動さらには社会主義諸派の結成をとおして獲得した政治的自由を武器に，資本に対する労働の反抗を組織した．

第6-1表　労働者の組織化　　　　　　　　　　（人）

年	労働組合数	組合員数
1876	182	32,728
1880	478	64,046
1883	670	94,782
1884	543	72,268
1885	616	90,045
1886	710	110,542
1887	810	124,468
1888	953	138,882
1889	1,270	172,836
1890	1,481	230,665
1891	1,779	300,599
1892	2,056	365,250
1893	2,369	447,108
1894	2,424	439,629
1895	2,314	436,949
1896	2,376	434,461
1897	2,304	432,098
1898	2,361	419,761
1899	2,685	492,647
1900	3,287	588,832
1901	3,680	614,204
1902	3,934	645,426
1903	4,227	715,576
1904	4,625	781,344
1905	4,857	836,134
1906	5,322	896,012
1907	5,524	957,102
1908	5,354	944,761
1909	5,260	977,530
1910	5,325	1,029,238
1911	5,217	1,064,413
1912	5,046	1,027,259
1913	4,846	1,026,302

Vichniac, J. E., *The Management of Labor : The British and French Iron and Steel Industries, 1860-1918,* Industrial development and social fabric, vol.10, London, JAI Press Inc., 1990, p.91.

第 6–2 表　第二帝政末期〜第三共和政前期におけるストライキ（人，日）

期間年	件数	参加労働者数	損失日数
1864–1869	426	154,425	
1870–1874	421	136,173	420,026
1875–1879	419	143,555	1,642,082
1880–1884	963	319,833	3,671,528
1885–1889	900	234,800	2,896,915
1890–1894	1,894	521,478	8,262,035
1895–1899	2,344	423,500	6,809,000
1900–1904	3,530	441,100	16,675,000
1905–1909	5,512	1,080,700	21,060,000
1910–1913	5,162	1,000,000	13,468,000

Perrot, M., *Les Ouvriers en grève,* vol.1, Paris, 1974, pp.51, 66, cité par Vichniac, J. E., *op.cit.,* p.82.

19世紀末〜20世紀初頭，労働者・労働組合の政治的自由の拡大と経済的隷属の現実－フェルディナン・ブュイソン（Ferdinand Buisson）のいう「政治制度と経済制度の間に存在する，この深刻な不一致」－は労働のサンディカリスム・ミリタンシーを鋭く刺激し，「活動的少数派」（minorité agissante）に指導された体制変革型の組織的ストライキを「抗いがたい潮流のごとく，全国・全産業を巻き込み」（ミッシェル・ペロ），噴出させた（第6–2 表参照）．

労働の組織化の進捗及び「孤高の意志」（volonté de scission）に立脚した「活動的少数派」の闘争心は，工場労働者である数多くの無名活動家＝革命的サンディカリストの倦むことを知らぬ情宣活動に支えられて，ブルジョワジーに「世紀末神経症候」（ジャン゠マリー・マイヨール Jean-Marie Mayeur）を植えつけた．元コミュナールのジャン・アルマーヌ（Jean Allemane）は 1888 年に，「ブルジョワジーはその最期の暗影に，その最期の望みに到達している．ブルジョワジーはもはや成すべきことを何ももたない．ブルジョワジーが無力であることを認識し，そしてブルジョワジーがあらゆる進歩に逆らう存在であることを確信しよう．－民衆とともに歩もう」と檄を飛ばし，「力の対決」すなわち部分ストの連合蜂起＝革命的ゼネストによる社会変革を宣言する．体制変革型ストライキに凝縮された労使の組織的対立・対抗関係は，「世紀末神経症候」にとり憑かれた雇主階級により，政治・経済・社会の全領域にトータルにかかわる社会問題として認識された．「労働と資本の諸関係に鋭く焦点があわせられた形での社会問題が，真剣かつ組織的に，そして広範に，ブルジョワジーの関心の的となる」（S. エルウィット）．

注

1 Noiriel, G., translated from the French by Helen McPhail, *Workers in French Society in the 19th and 20th Centuries*, New York, BERG, 1990（以下，Noiriel, G., [1990] と略記），pp.58, 75-76, 82-83；市川文彦「近代フランス地域企業家群と輸送体系再組織化策－舟運＝鉄道連係への新機軸－」『企業家研究』(企業家研究フォーラム) 第 6 号，2009 年，とくに 36-39 頁．

2 Noiriel, G., [1990], pp.75-76, 82-83.「大不況」期～第一次大戦にかけてのフランス製鉄業・製鉄大企業の変遷過程については，大森弘喜『フランス鉄鋼業史－大不況からベル＝エポックまで－』ミネルヴァ書房，1996 年を参照した．1900 年現在，フランス企業の 90％ 以上は雇用労働者 5 人未満の零細企業であった．しかし，労働者総数の 40％ 以上は同 50 人以上の企業によって雇用されていた．1906 年になると，労働者総数の 40％ は同 100 人以上の企業によって雇用されている．こうした傾向は，とりわけ基幹産業部門において著しかった．炭鉱業では，1880 年～1906 年の間に企業数は 12％ 減少したが，労働者数は 78％ 増加した（Elwitt, S., *The Third Republic defended : Bourgeois reform in France, 1880-1914*, Baton Rouge, Louisiana State University Press, 1986, p.4）．

製鉄業を例にとろう．1860 年の英仏通商条約によって鉄の保護関税が 50％ 引き下げられた．その結果，伝統的な木炭製鉄業は壊滅的打撃を受けた（第 6-3 表参照）．1882 年に始まる金属不況は鉄価格を下落させた．生産コストの削減に失敗した企業は整理されていった．しかも丁度，鉄から鋼への転換期にあたっていたために，鋼炉建設費の調達というプレッシャーも受けた．生産の集中・集積が，地理的再編をともないつつ進行した（第 6-4 表参考）．

中部製鉄業：アリエ，シェール，アンドル，ニエーヴル，ソーヌ・エ・ロワール，ローヌ，ロワールの 7 県からなる中部製鉄業は，1820 年～1875 年の間，レールを中心とした鉄道建設資材等の生産でフランス製鉄業を牽引した．1817 年にジャクソン（J. Jackson）がフランスで最初の製鋼所を建設したのも，またフランスで最初にコークス高炉とベッセマー転炉が導入されたのも，中部であった．ロワール炭田と木炭製鉄熟練労働力の豊富な存在が中部製鉄業の早期発展を可能にしたと指摘されている（Vichniac, J. E., *The Management of Labor : The British and French Iron and Steel Industries, 1860-1918*, Industrial development and the social fabric, vol.10, London, JAI

第 6-3 表　木炭製鉄業の衰退　　　　　　　　（トン，％）

年	木炭製銑量 A	コークス製銑量 B	A+B	A/(A+B)
1860	316,500	582,000	898,500	35.2
1865	193,900	1,010,000	1,203,900	16.1
1869	112,700	1,262,000	1,374,700	8.2

Vichniac, J. E., *op.cit.,* p.54.

第 6-4 表　フランス製鉄業の集中：1912 年
－上位 10 社の資産／製鉄業総資産－　　　　　　（％）

Marine-Homécourt（マリーヌ＝オメクール）	10.9
Le Creusot（ル・クルーゾ）	9.9
Longwy（ロンウィ）	8.6
Micheville（ミシュヴィル）	8.0
Aciéries de France（フランス製鋼所）	7.4
Châtillon（シャティヨン）	7.4
Nord et Est（ノール・エ・エスト）	5.5
Denain-Anzin（ドナン＝アンザン）	5.0
Caen-Normandie（カン＝ノルマンディ）	4.1
Basse-Loire（バス＝ロワール）	3.7
合計	70.5

Gille, B., *La sidérurgie française au XIXe siècle,* Genève, 1968, p.199.

第 6-5 表　フランス製鉄業にしめる中部製鉄業の割合　　　　(%)

	1880 年	1890 年	1913 年
製銑量	22.0	8.1	4.0
鉄加工品生産額	31.7	20.7	

Vichniac, J. E., *op.cit.*, p.55.

第 6-6 表　中部製鉄業のレール生産量　(トン)

年	レール生産量
1885	58,072
1890	8,575
1900	2,438

Vichniac, J. E., *op.cit.*, p.55.

第 6-7 表　中部製鉄業の特殊鋼生産量　(トン)

年	特殊鋼生産量
1885	58,234
1895	100,177
1900	168,749

Vichniac, J. E., *op.cit.*, p.55.

第 6-8 表　ムルト・エ・モゼル県製鉄業の発展　　(千トン，%)

年	フランス全体 製銑量 A	フランス全体 製鋼量 B	ムルト・エ・モゼル県 製銑量 C	C/A	ムルト・エ・モゼル県 製鋼量 D	D/B
1872	1,218	142	224	18.4		
1890	1,962	683	1,084	55.2	178	26.1
1913	5,311	4,635	3,493	65.8	2,456	53.0

Moine, J.-M., *Les Barons du fer : Les maîtres de forges en Lorraine du milieu du 19ᵉ siècle aux années trente : Histoire sociale d'un patronat sidérurgique*, Nancy, Presses Universitaires de Nancy, 1989, p.452 より作成．

Press Inc., 1990, p.55）．しかし，良質の石炭と鉄鉱石が枯渇するにつれて単位当たりの生産コストが上昇し，競争力は低下した．しかも燃料節約技術が発達するにつれて，炭田にかわり鉄鉱床に隣接することが製鉄業立地の第 1 条件となった．1880 年代以降になると，第 1 条件を満たす東部地域が次第に発展し，中部製鉄業を圧倒する (*Ibid.*)．第 6-5・6-6 表は中部製鉄業の比重低下傾向を示す．以後，中部製鉄業は付加価値の高い高品質鋼や重機械生産（特に兵器製造．1885 年に兵器の輸出が法認された），造船に特化していった (Pinot, R., *Le Comité des Forges de France au service de la nation*, Paris, Armand Colin, 1919〔以下，Pinot, R., [1919] と略記〕，pp.55-56）．第 6-7 表から，特殊鋼生産の増大が知れる．

東部製鉄業：普仏戦争の結果，エヤンジをはじめとするロレーヌの主な製鉄所はドイツに接収された．しかし，ド・ヴァンデルはジュフ（Joeuf）に新しく製鉄所を建設した．1875 年にはポンペイ高炉・精錬所・製鋼所会社 (Société des Hauts Fourneaux, Forges et Aciéries de Pompey) が発足した．1879 年のギルクリスト・トーマス法の発明は東部製鉄業に飛躍的な発展をもたらした (*Ibid.*, pp.56-57 ; Vichniac, J. E., *op.cit.*, p.56)．第 6-8 表から知れるとおり，第一次大戦前夜にはムルト・エ・モゼル県だけでフランスの全製銑量の約 66%，全製鋼量の約 53% をしめた．この発展は第 6-9・6-10・6-11・6-12 表に示されるように，同地域における大製鉄企業の成長に負っていた．

北部製鉄業：フランス最大の炭田と港湾に恵まれ，第一次大戦前夜には製銑・製鋼量でフランス全体の約 20% をしめた (Pinot, R., [1919], pp.58-59)．

3　中木康夫『フランス政治史　上』未来社，1976 年，345-346 頁；木下賢一「労働運動とストライキ」原輝史編『フランス経営史』有斐閣双書，昭和 55 年，235 頁．19 世紀末～20 世紀初頭においても，農村部と都市部の若者は職人になることを望んでいた．しかし，農村工業の衰退と都市手工業の停滞そして大工業の漸進的発展は，職人技能に対する需要を制約するとともに，その社会的存在基盤を漸次圧迫していた．職人になりたいと思いつつも，職人になる機会が狭隘化

第 6-9 表　マリーヌ=オメクール社

(人，トン，フラン，hp)

	1900 年	1913 年
工場数	4	6
労働者数	5,871	13,207
製銑量	65,919	463,859
レール・小梁・その他の圧延製品生産量	66,278	452,102
支払賃金総額	8,387,849	21,806,000
総売上高	34,953,913	105,997,000
動力機関	4,500	64,000

Pinot, R., *Le Comité des Forges de France au service de la nation,* Paris, Armand Colin, 1919, p.240.

第 6-10 表　ポン=タ=ムッソン社　　(トン，フラン)

	1883 年	1899 年	1913 年
工場数	1	1	3
製銑量	57,000	81,000	285,000
支払賃金総額		3,423,753	11,377,700
総売上高		11,600,000	41,800,000

Pinot, R., *op.cit.,* p.241 と Moine, J.-M., *op.cit.,* p.162 より作成.

第 6-11 表　ミシュヴィル社　　(トン，フラン)

	1883 年	1900 年	1913 年
工場数	1	1	2
製銑量	60,000		443,000
製鋼量		206,000	330,000
圧延製品生産量		174,000	331,000
支払賃金総額		133,000	13,450,000
総売上高		4,500,000	64,921,000

Pinot, R., *op.cit.,* p.241 と Moine, J.-M., *op.cit.,* p.162 より作成.

第 6-12 表　ロンウィ社

(ha，人，トン，フラン，hp)

	1883 年	1899 年	1913 年	1915 年
工場面積		81		198
労働者数		4,188		6,744
製銑量	118,000	190,000	388,000	388,000
製鋼量	1,500	310,000	314,000	649,000
レール・小梁・その他の圧延製品生産量		87,000		231,000
総売上高		27,500,000		62,250,000
動力機関		15,000		60,000

Pinot, R., *op.cit.,* p.239 と Moine, J.-M., *op.cit.,* p.162 より作成.

していたために，かれらは仕方なく工場労働者になった．かれらの一部は労働組合運動のなかに自己実現の「場」を求め，階級化していった (Stearns, P. N., *Lives of Labor : Work in a Maturing Industrial Society,* New York, Holmes and Meier Publishers, 1975, pp.47-53, 76, 148-170, 178).

4　Elwitt, S., *op.cit.,* p.6.

5 第三共和政前期における「集団的労使関係」は、一方において革命的サンディカリスムのもとにゼネストで既存の資本主義経済体制を廃絶し、組合を基軸とした新しい社会を建設しようとする労働組合、他方において所有権に由来する「オトリテ」を根拠に労働組合運動を防圧しようとする雇主組合、両者の直接「対決」を形態的特質としていた。労働組合と雇主組合の間に「交渉」的関係が成立する余地は存在しなかった。資本・賃労働の激しい剥き出しの集団的な直接「対決」が現出していた（Laroque, P., *Les rapports entre patrons et ouvriers : leur évolution en France depuis le XVIIIe siècle, leur organisation contemporaine en France et à l'étranger*, Paris, Fernand Aubier, 1938, pp.136–138, 160）.

6 Stone, J. F., *The Search for Social Peace : Reform legislation in France, 1890–1914*, Albany, State University of New York Press, 1985, p.3.

7 Noiriel, G., [1990], pp.73, 76.

8 1890年以前のストライキに特徴的であった自然発生的・単発的・短期的性格は、次第に影を薄くしていった（Vichniac, J. E., *op.cit.*, pp.84–85）.

9 Noiriel, G., [1990], pp.73, 89. 1875年には、ストライキの日数は1件当たり平均7日であった。1902年には同21日になっている。一般に、同時代のストライキは成否の如何にかかわらず、「プロレタリア的連帯の教育の学校であり、……労働者の団結をつよめ、その組織性の成長を助け」（ソ連科学アカデミー、国際関係研究所訳『国際労働運動史』第2巻、協同産業出版部、1983年、183–184頁）、体制変革意識を陶冶し、ブルジョワ階級に一定の圧力を加えるはたらきを有していた。「ストライキ運動の実際の効果は全体として、個々のストライキの直接的結果から考えられるものよりもずっと大きかった」（『同上』、183頁）.「活動的少数派」に指導されたストライキ運動は、組合組織率やスト参加者数だけでは判断し得ない、それ以上の脅威を雇主階級に与えていた。マドレーヌ・リベリウ（Madeleine Rebérioux）によれば、「20世紀（のフランス）は、プロレタリアートの日常的生活様式の一部としてのストライキ闘争で幕を開いた」（Noiriel, G., [1990], p.89）.

10 Goetz-Girey, R., *Le mouvement des grèves en France*, Paris, Éditions Sirey, 1965, p.26.

11 Elwitt, S., *op.cit.*, pp.73, 79.

12 Flamand, J.-P., *Loger le peuple : Essai sur l'histoire du logement social en France*, Paris, 1989, p.39. ジャン・アルマーヌとアルマニスト及びサンディカリスムの先駆としてのアルマニスムについては、谷川稔『フランス社会運動史　アソシアシオンとサンディカリスム』山川出版社、1983年、第5章　アルマニスムとサンディカリスムを参照した.

13 19世紀末フランスにおける社会問題の特質については、本久洋一「フランスにおける初期『労働契約』論争の研究－パテルナリストとコントラクチュアリスト－」『早稲田法学』第72巻第2号、1997年、361–365頁も参照した.

「個別的労使関係」が支配的であった工業化の初期段階においては、とりわけ大都市における大衆貧困現象（都市に固有の、都市における「労働」と結びついた、労働者大衆の構造的な貧困現象）として、「社会問題」（急速な都市化と産業化による都市貧困層の出現、その結果としての公的秩序の攪乱）が存在していた（田中拓道『貧困と共和国－社会的連帯の誕生－』人文書院、2006年、67, 75, 82頁）。だが、「社会問題」においては体制関連的・体制批判的性格は醸成していなかった。基本的に経済リベラリストであった同時代のブルジョワ労働問題研究家は、「社会問題」の原因を労働者民衆の属性としての道徳レベルの低さ－放蕩・飲酒癖・怠惰、要するに「モラルの問題」－にもとめ、純粋にソシオロジカルな視点から社会病理現象としてこの「問題」に接近する傾向があった。かれらは、経済リベラリズムに主導された資本主義が発展するとともに、労働者大衆の道徳性は資本合理的に陶冶・改善され、諸階級は融合し（fusion）、この社会病理現象も必然的に解消すると楽観視していた（Elwitt, S., *op.cit.*, pp.3, 328）.

農村部に単独立地する近代的大企業の雇主が「社会問題」を、したがってその解決策を、みずからの経営労働課題として対自的に意識していたのかどうかについては不明確な部分が多い。今後、カンパニータウンに「社会問題」が存在していたのかどうかをも含めて、実態を個別具体的に考察する作業が課せられる.

一方、Philippe Buchez, Auguste Ott, Marius Rampal, Jules Bastide, Feugueray（以上、ビュシェ

派), Charles de Coux, Frédéric Ozanam, de Gerbet (以上,『未来』派), Armand de Melun, Augustin Cochin, Alexandre de Lambel, François Beslay, Alexis Chevalier (以上, *Annales de la Charité* 派), Ledreuille 神父, Crozes 神父, de Dreux Brézé 神父, Théodore Nisard, Casimir Gaillardin (以上, Société de Saint-François-Xavier 派), そしてヴィルヌーヴ=バルジュモン (A. de Villeneuve-Bargemont) といった初期社会カリシスム (le premier catholicisme social) の活動家たちは-かれらはごく少数派であった-「社会問題」の本質を経済リベラリスムに因する経済的分配の不義に求め, キリスト教的公正の観点から, 経済リベラリスム規制立法と任意的結合体による貧困の社会的救済を主張した (Moon, P. T., *The labor problem and the social catholic movement in France : A study in the history of social politics,* New York, 1921, ch.1).

14 Elwitt, S., *op.cit.*, p.3. 社会問題の実在に関して否定的な立論もある. スターンズはその代表的論者である. 彼によれば, フランス労働者は共和主義コンセンサスのなかに「統合」されていた.「サンディカリスムは労働者階級による経済と社会の支配を目標にした1つの運動であった. しかし, 労働者の多くはものごとの現状に満足していた. 或る労働者は体制内での利益のみを求めて働いていた. ……恐らく労働者のアジテーションのこのピークの時期において, 労働者階級はまったく存在していなかった」と (Stearns, P. N., *Revolutionary Syndicalism and French Labor : A Cause without Rebels,* New Brunswick, New Jersey, Rutgers University Press, 1971, p.7). また, 「政府にとっても雇主にとっても, サンディカリスムはそれほど深刻なものではなかった. サンディカリスムは, 1910年以後のイギリスで巨大なストライキの波のインパクトのもとに発生したものよりも, より穏健な危機の感覚をつくり出していた. フランス労働者の見解と行動は第三共和政の機能を妨げなかったし, 脅威にもならなかった」と (*Ibid.*, p.104). B. H. モスもスターンズと同様の立場にたつ (Moss, B. H., *The Origins of the French Labor Movement 1830-1914 : The socialism of skilled workers,* Berkeley, University of California Press, 1976, pp.103-160).

他方, エルウィットやノワリエル, ヴィクニアック, G. C. ハンフリーズはサンディカリスムの強力な反体制的性格とその社会的影響力の大きさに着目し, ラディカルな労資対立を析出する (Elwitt, S., *op.cit.*, introduction ; Noiriel, G., [1990], ch.1, 2 ; Vichniac, J. E., *op.cit.*, ch.3, 4 ; Humphreys, G. C., *Taylorism in France : The impact of scientific management on factory relations and society,* New York, Garland Publishing, 1986, ch.2). 例えば, G. C. ハンフリーズは「第三共和政前期, フランス・ブルジョワジーの労働者階級に対する恐怖と不安はエスカレートしていたという主張に疑問の余地はない」と断定する (Humphreys, G. C., *op.cit.*, pp.39, 244). スターンズ見解に対して一定の理解を示すマグロウも, フランス労働者階級がノン・ラディカルであったという議論には, いわんや労働者は「階級」としては存在していなかったという主張には, 鋭い批判を加える (Magraw, R., *A history of the French working class : Workers and the bourgeois republic,* vol.2, Oxford and Cambridge, Blackwell, 1992, p.4). なお, 同時代論者のジュール・ウリィ (リベラルな社会主義者, 控訴院弁護士) は「集団的紛争についての和解調停に関する1892年12月27日の法律」の機能実態を統計的に分析し, 社会問題の実在を浮き彫りにしている (Uhry, J., *Les grèves en France et leur solutions,* Paris, 1903).

II　企業パトロナージュから企業パテルナリスムへ

19世紀の第4四半期以降, 伝統的な構造と制度を維持・温存しながらも, 生産と資本の集中・集積に立脚した新しい工業構造の形成が漸次進捗した. 「大不況」と農業恐慌 (crise agricole) をへるなかで, 農業と工場労働は分離し, 工場労働が1つの自己完結的システムとなった. 工場の農業社会からの自

立である．工場労働力の基本的存在形態は，工業化期に特徴的であった農民労働者・農民的労働者から賃労働者へと決定的に移行した[1]．

工場労働力の基本的存在形態の変化は，地域・産業・企業ごとに遅速・程度差をともないながらも，総体として，労働者の間に，共通の生活様態・生活意識に基づくアイデンティティを形成した．新たな思想状況＝サンディカリスムがこれにインパクトを与えた．労働者は資本・賃労働関係における自己の社会的存在に目覚めはじめた．対応して，これまで雇主が抱いてきた「伝統主義的労働者観」(「社会的義務意識」) に変化が生じた．労働強化と労働の複雑化そして就業規則が貫徹し，個人のイニシャチブ発現の余地がほとんど存在していない工場は，内部昇進に関しても展望のもてぬ「場」であった．土地との関係を断ち切られた賃労働者は生活不安と苛立ちを共有しつつ，日常労働生活を営んだ．ある者は工場規律からの自由を求めて転職を繰り返した．ある者は労働組合運動のなかに自己実現の「場」を求めて階級化し，無名の活動家＝革命的サンディカリストになっていった[2]．社会問題というシチュエーションにおいて，サンディカリスト言説(ディスクール)を介して工場労働者の階級的労働者「像」(イメージ)がクローズアップされてくると，雇主はこれまで抱いてきた素朴で従順な，保護と指導をほどこすに値する感恩労働者というイメージに大幅な修正を加えた．企業パトロナージュは，社会経済的基盤とともに宗教的特性を帯びた理念的基礎も喪失した．

こうした変化は19世紀末に本格化するが，個別企業レベルにおいては略1870年～1871年以降漸次進行していた現象である．けだし，フルシャンボーとアンフィ製鉄所の工場長グランシャン (Eugène Glanchant) は1878年に，雇主・労働者間に存在していた心理的親和関係の崩壊に触れて，次のように述べるであろう．「この苦悩の時期（1871年コミューンの時期）以来，工場主と労働者の間に存在していた旧来の真心あふれる結合は崩れ去ってしまった．そして，相互不信のみが残っている．……そこにはインターのあらゆる思想が潜伏して存在している．……この地方にもインターの支持者そしてメンバーがいる」と[3]．

社会問題の発生を契機に，およそ1870年～1871年以降資本による労働の支配と資本に対する労働の反抗という資本・賃労働の対立・対抗関係に主たる照準を定めて個別的に実践されていた企業パテルナリスムが，すぐれて階級的なコンテクストにおいて「本格的」に展開される．すなわち，経営は企業パトロ

ナージュに本質的であった労働者に対する「生活保障機能」を賃労働者に対する「全面管理」(le contrôle total. 就業規則によって，賃金及び生活資料の確保を含む労働者の日常労働・生活過程を，さらには彼らの思想様式をも，経営体制のもとに秩序づけ従属させること)の手段機能に転換し，⑦労働者の勤労意欲を刺激して生産能率を高め，利潤の増大をはかる「労働力の能率的利用」①資本主義経営の政治的・社会的安定をはかる「労使関係改善」・「労働運動対策」に本質機能を定める「経営による労働の『統合』」を，反社会主義・反労働者主義的価値構造を内包したル・プレェ学派社会改良論を一定のイデオロギー的基礎として，社会的・制度的に実践する．もともとル・プレェ学派社会改良論には社会それ自体の改良を志向するカトリック的社会理念が内在していたが，現実の工場における企業福祉の実践に際しては，宗教的社会改良理念は経営によってほとんど意識されず，専ら労務管理と労使関係の資本合理的あり方のみに焦点が合わされる．企業パトロナージュに特徴的であった宗教的特性は，そこでは＝企業パテルナリスムでは払拭されている．

注

1　農民労働者の賃労働者への決定的な転化は，一般的には次のように説明される．1873年 (1882年という説もある) に始まった「大不況」は未曾有の長期不況であった．1882年～1886年にはパリだけで20万人が失業した．全国的には工業労働者の約10％が失業した．これまで労働力不足に悩まされ続けてきた大企業は初めて労働力の過剰を経験し，農民労働者を雇用した (Noiriel, G., [1990], p.76)．企業パトロナージュのもとで生活の安定を維持してきた農民労働者は困窮した．農業恐慌がこれに拍車をかけた．農民労働者とりわけ日雇い農と零細自作農の青年たちは農業を捨て，新たな生活基盤を求めて工場＝都市へと漸次流出した．彼らは熟練あるいは半熟練の賃労働者に転化した (Noiriel, G., "Du «patronage» au «paternalisme» : la restructuration des formes de domination de la main-d'oeuvre ouvrière dans l'industrie métallurgique française", in *Le Mouvement Social*, n°.144, juillet-septembre 1988〈以下，Noiriel, G., [1988] と略記〉, pp.20–21, 26. 大森弘喜「19世紀末農業恐慌とフランス農業の構造変化」『エコノミア』〈横浜国立大学〉第55号，1975年，103–112頁も参照した)．農民的労働者から賃労働者への転化については，第2章 Ⅴ 注7を参照されたい．

2　Stearns, P. N., *Lives of Labor*…, pp.148–170, 178；木下賢一「前掲論文」, 235頁．

3　Vitoux, M.-C., *Paupérisme et assistance à Mulhouse au XIXe siècle*, Strasbourg, Association des Publications près les Universités de Strasbourg, 1986, pp.209–210；Bergeron, L., *Les capitalistes en France (1780–1914)*, Paris, Gallimard, 1978, p.162. 他の都市・地域に先駆けて労働力の基本的存在形態が賃労働者 (とりわけ約60％をしめた「シュブリム」という工場労働者) に移行し，かつミューチュアリスム・プルードニスム・コレクティヴィスムといった同時代にいわゆる「共産主義」・「社会主義」がどこよりも早く賃労働者の間に浸透していたパリの冶金・機械工業ミリューにおいては，こうした変化が新しい現象として，既に第二帝政期に，すなわち例外的早期に，観察された (ドニ・プロ，見富尚人訳『崇高なる者－19世紀パリ民衆生活誌－』岩波文庫，1990年)．

4 「統合」とは，㋐資本主義経営の政治的・社会的安定化 ㋑剰余価値の増殖のために，労働者の労働意欲を刺激して生産能率を高める，この 2 点を目的に，労働者（階級）を支配制度である資本主義経営内に組み入れ，従属させることである（村田和彦『労資共同決定の経営学』増補版千倉書房，昭和 62 年，212-213 頁）．

5 企業パトロナージュから企業パテルナリスムへの展開（転換）の論理については，本久洋一（「前掲論文」，390-396 頁）と齊藤佳史（「19 世紀フランスの企業内福利制度に関する考察」『専修大学社会科学研究所月報』no.468, 2002 年，とくに 6-10 頁）による整理がある．あわせて参照されたい．齊藤によれば，パトロナージュからパテルナリスムへの転換を規定した要因は，何よりもまず，企業規模の拡大や生産組織の複雑化といった経営内部における変化に求められる．だが，私見によれば，企業パトロナージュから企業パテルナリスムへの展開を「本格的」に生起せしめた直接の要因は，「大不況」とそれに続く農業恐慌，生産と資本の集中・集積に立脚した新しい工業構造の漸次的形成，そして労働者主義の関与，つまり経営内部における変化を含む社会経済状況と思想状況の多元的な変化に，別言すれば社会問題の発生に求められる．ただし，齊藤も「第三共和政期フランスにおけるパテルナリスム」『歴史と経済』第 212 号，2011 年 7 月において，第一次大戦前の第三共和政期における企業パテルナリスムの成立と展開のダイナミクスを，主として社会問題対策−労働運動対策，労使協調の構築，共和政維持．要するに「社会改革の実践手段としての役割」−の視点から把握している．

III ル・プレェ学派社会改良論

19 世紀後半，ル・プレェ学派社会改良論は「労働運動対策」・「労使関係改善」イデオロギーとして広く認識され，企業パトロナージュから企業パテルナリスムへの展開に一定のイデオロギー的基礎を提供した．社会的経済協会（Société d'économie sociale. 正式名称は社会的経済実践研究国際協会 Société internationale d'études pratiques d'économie sociale. 1856 年 11 月設立．初代会長はヴィレルメ．ル・プレェは初代事務局長に就任）の機関誌は 1894 年にいう，「社会主義（社会問題）に対する最良の防禦は社会改良である」と．1870 年代以降，階級対立を本質とする社会問題の発生を契機に，労務管理と労使関係のあり方が広く社会的関心を集め，体制維持に関わる重要な経営課題としてクローズアップされた．ル・プレェ学派労働問題研究家・社会技師及び同学派に共振共鳴する大雇主を中心に社会的経済協会に結集した「社会エコノミスト」（social economist）は，社会主義・労働運動に対する資本主義経営秩序（体制）防衛の社会的戦略（social management, social control）すなわち「社会平和」（paix sociale）のイデオロギーとして，社会改良論を積極的に提起した．ル・プレェジアン Émile Cheysson の労働者住宅論や同 Charles Robert の利潤分配論はその代表的立論である．エルウィットの提供を借りて，骨子を簡潔にスケッチしよう．

ル・プレによれば，近代社会の個人主義的自由主義は，生産の社会化にともなって必然的に生起する資本・賃労働の対立・対抗関係を解決することに極めて不適である．雇主のイニシャチブに基づき，資本制生産関係を前近代的な伝統的社会調整関係で包摂しつつ，労使間に連帯と調和を造出することによってのみ解決しうる．ル・プレのこの社会イデオロギーは社会的経済協会に結集する「社会エコノミスト」によって発展的に継承された[4]．エミール・シェイソン労働者住宅論もその1つである．セルフ・ヘルプを基礎にすえたリベラリスムの社会問題解決力に疑問を呈するシェイソンは，「生産点」と「生活点」の双方における階級調和の樹立に社会問題解決の緒を求めた．その際，㋐「生産点」における労使関係の安定・調和は何よりもまず「生活点」における労働者「家族」の形成を前提とする　㋑労働者「家族」の形成は経営のイニシャチブによって包摂された労働者の「住宅所有」に依存する，と考えた．かくして彼は，経営による労働者の「住宅所有」を社会問題解決の第一義的切り込みにすえる．労働者「家族」の形成＝経営による労働者の「住宅所有」は，「すべての社会的害悪の源泉」である労働者と土地との断絶を克服し，「労働と資本の間に調和関係を樹立して，階級闘争を防止する」本質要素とみなされた．シェイソンはジュール・シーグフリードやジョルジュ・ピコ等とともに，1889年のパリ万国博に「労働者住宅国際会議」を主宰し，「工場内平和」・「体制内平和」の観点から，「社会秩序の安定装置」・「革命に対する最良の武器」・「貧困と社会主義に対抗して戦う」労働者住宅の重要性を訴えた．この主張は「フランス廉価住宅協会」（Société française des habitations à bon marché. 以下，SFHBMと略記）とフランス住宅＝菜園協会（Association des cité-jardins de France）の結成に連繫する[5]．

　アルザスの繊維ファミリーに育ち，シュタインハイルやアンジェル等の綿業パトロナージュに直接接する機会をもっていたシャルル・ロベールは，労働問題に早くから関心を抱いた．1863年〜1870年にかけて教育相ヴィクトル・デュリ（Victor Duruy）のもとに事務次官をつとめ，また保険会社の経営にも参画していた彼は，みずからの実務体験を利潤分配制度に収斂させ，資本・賃労働関係の脈絡のなかに同制度を位置づけた[6]．1867年パリ万国博に際して，「多くの工業指導者にとって，利潤分配制はストライキの時代を全面的に終焉させ，そして如何なる場合においても失業の影響を緩和させる施策であると思われる．……利潤分配が実践されるところでは何処でも，生産は増大し，労働諸

関係は改善される」と述べ[7]，さらには「その（労働者の金銭的）関心が衰えるとき，不況と社会危機が到来する．その関心が高まるとき，生産性と公共の安寧は進捗する」と指摘するとき[8]，労働力の能率的利用とともに，階級対立を防止して「社会平和」を実現する機能が利潤分配制の本質にすえられる．ロベールは1879年5月30日に，ド・クールシィ，アルバン・シェクス，エドアール・ゴフィノン，ポール・デロンブル等のブルジョワ労働問題研究家・大雇主を結集して「利潤分配実践研究会」を発足させた．「研究会」の目的は，利潤分配制を理論的に体系化し，その成果を公開して実践を広く促すことで社会問題を克服し，資本主義経営秩序（体制）を安定強化することにあった．また1889年のパリ万国博に際しては，英独仏伊の代表を招いて，名誉会長E. ルヴァスールのもとに第1回「利潤分配国際会議」を主宰した[9]．企業パテルナリスムの一形態としての利潤分配制は，社会主義・労働運動に対抗しつつ，既存の経営社会秩序（体制）を維持強化する社会改良策として，およそ1870年前後以降活発に論議される．

注

1　Elwitt, S., *op.cit.*, p.1.
2　社会的経済協会の他にも，以下の社会・準政治団体が労務管理と労使関係のあり方に積極的関心を払っていた．社会博物館（Musée Social），社会防衛及び進歩協会（Comité de défense et de progrès social），SFHBM，社会平和の友の同盟（Unions des amis de la paix sociale），社会平和同盟（Unions de la paix sociale）（*Ibid.*, pp.10, 39）．
3　「社会平和」という用語は国家干渉論の出現とともに，1870年代になって一般に使用され始めた．それ以前にはほとんど使用されていない（*Ibid.*, p.9）．
4　*Ibid.*, pp.20-26.
5　*Ibid.*, pp.51-71, 115, 133. シェイソン労働者住宅論を取り扱った邦文文献としては，栗田啓子「世紀転換期フランスの企業パターナリズムと住宅政策－エミール・シェイソンの労働者都市と田園都市構想－」『経済と社会』（東京女子大学社会学会紀要）第34号，2006年がある．とくに，45-51頁を参照されたい．
6　Elwitt, S., *op.cit.*, p.93.
7　*Ibid.*, p.96.
8　Robert, C., *La suppression du grèves par l'association aux bénéfices*, Paris, 1870, pp.64-65, cité par Elwitt, S., *op.cit.*, p.97.
9　Trombert, A., *La participation aux bénéfices, exposé des différentes méthodes adoptées pouvant servir de guide pratique pour l'application du régime*, troisième édit., Paris, 1924, p.253.

Ⅳ　ジョルジュ・ピコの労働者住宅論

　ジョルジュ・ピコ著（Georges Picot, 1838〜1909）『社会的義務と労働者住宅』（*Un Devoir social et les logements d'ouvriers,* Paris, C. Lévy, 1885）に主依しつつ，ル・プレェ学派社会改良論の隅柱をなす労働者住宅論について考察する．この作業をとおして，企業パトロナージュから企業パテルナリスムへの展開（転換）のイデオロギー的基礎を個別具体的に理解する．補完資料として，ピコの同心同意的友人レオン・ルフェブュル（Léon Lefébure）[1]の *Le Devoir social,* Paris, 1890 を使用する．ピコ住宅論では労働者住宅の建設（提供）主体に関し，雇主個人による実践を補強する目的で，私的イニシャチブを結集したアソシアシオンの設立が示唆されている．「一種の」団体パテルナリスム論（oeuvres sociales collectives, oeuvres sociales corporatives）である．この示唆が，労働者住宅の建設を促進し奨励するための機関 SFHBM の結成に連繋することについても触れる．

1　社会改良論

(1) 社会問題
①社会問題の認識

　ピコは三部会に関する研究により歴史家として著名であったが，PLM 鉄道の重役に就く傍らル・プレェジアンとして社会博物館，社会防衛及び進歩協会，道徳政治科学アカデミー（Académie des sciences morales et politiques），社会衛生同盟（Alliance d'hygiène sociale），フランス住宅=菜園協会，教育自由連盟（Ligue de la Liberté d'Enseignement）に関与し，社会問題にも精通していた．1892 年には社会的経済協会の会長に就任し，1895 年には『革命的社会主義に対する戦い』（*La lutte contre le socialisme révolutionnaire,* Paris, Armand Colin, 1895）を著す．

　社会主義（サンディカリスム）の高揚を目の当たりに見たピコは，「それ（社会主義）は幻想を抱かせる根拠のない狂気である．その害悪を真正面から見据えなければならない．もし，拡大しつつあるこの思想の運動がすぐにでも停止されなければ，まもなく社会主義議員たちが我が国の諸立法のなかに社会主義を導入するであろう」と警告する[2]．そして，「かれら（社会主義者）の唯

一の武器は憎悪であり，かれらは民衆に対して憎悪をインスパイアすることにつとめ，そうすることで国民の魂そのものを虜にして」いる「最も信用のおけない，最も危険な敵対者であ」り，「今日，文明を襲っている最も重大な災禍である」と認識する．ピコにおいては，「良い社会主義などは存在せず，国家の活動によって社会の自然法則を急激かつ人為的に変革するこの思想（社会主義）のなかには，あらゆる改革を損ない，人間と諸制度を同時に害する1つの絶対悪が存在する」のみであった．

労働者階級に関しても，ピコは次のように警告する．労働者階級は目下のところ，「みずからの手で働かない者は皆民衆を搾取する陣営に属しているので，そうした者を殲滅しなければならない」と情宣するアナーキストに全面的に与しているわけではない．「しかし，民衆（労働者階級）のこうした状態は決して長くは続かないであろう．このままでは，いつかは社会的爆発が起こるであろう」と．とりわけ，その抵抗精神と情熱が体制転覆の起爆剤へと容易に転化する青年労働者は－これは歴史が証明している，とピコはいう－急進的革命思想に呑み込まれる寸前にあると分析する．

ピコの現状分析をルフェブルの考察で補足しよう．「200以上の都市あるいは各地の工業中心地における社会主義的抵抗と，次第に恐るべきものとなり伝播と長期化の様相を呈している諸々のストライキの同時（発生）性は，怪しいほどに不気味な事実である．／再建されたインターナショナルはかつてないほどに強力で，あらゆる行動手段をとりうることを立証している．／今日みずからの力を自覚した労働者が，かれらの指導者の指令に基づいて各地で一斉に行動を起こし，……『大規模な略奪が社会改革の第一のものである』と確信する日に」われわれは直面している．ルフェブルはこうした現状を内乱もしくは内乱前夜に同定する．「多くの地域でストが勃発しているとき，激しいものであれ穏やかなものであれ，対立が階級間の当たり前の法則となっているとき，やはりわれわれは平和であるといえるのであろうか．それは戦争状態ではないのか．あるいは少なくとも，それは世界の様々な国における場合と同じく，一国の市民間の武装平和ではないのか」と．そして，社会主義者・労働運動家の目的は，「動産であれ不動産であれ，中産階級及び上層階級（classes élevées）の資産を没収し，それらを以後自分たちの利益のために利用する労働者大衆に分配することにある．かれらの行動手法は国家を支配するために暴力を使用し，労働者に奉仕するためという絶対的権力メカニズムを構築すること

に要約される」と述べる[12].

　階級対立を本質とする社会問題とその体制的脅威を認識するピコは，社会問題の発生要因を解明することからスタートして，社会問題を解決するためには，誰が，何を，どのように実践するべきかと問う[13].

②社会問題の発生要因

　フランス革命後，政治経済権力を掌握したブルジョワジーはみずからの「社会的義務」を疎かにし，労働者階級に対する軽蔑と無関心のなかに自己を埋没させている，とピコは指摘する－ピコのいう「社会的義務」とは，「全面管理」の手段機能としての生活保障を意味している．企業パトロナージュの実践動機における雇主の社会的理念（経営社会理念）を意味するものではない－．「ブルジョワジーは自分自身である限りにおいて，貴族と戦う限りにおいて，労働に専念する限りにおいて，強力になり続けた．（しかし）ブルジョワジーが権力の座についたその日から，衰退は始まった．勝利者としてのブルジョワジーは，かれらが征服した人々（貴族）の悪弊を模倣することに専念した．ブルジョワジーの一部は労働と労働者階級を蔑むことで，みずからの出自を忘れることができると思っていた[14]」，「かれら（ブルジョワジー）は社会的義務の存在を否定することを躊躇わない．かれらは紳士であることができ，家庭の良き父であることができ，あらゆる私的美徳の範を垂れることができる．しかし，かれらは彼らの能力を社会的義務に適用しない．かれらはそんなことは無用なことだと考え，あるいは否定している」と．そして，「人々（上層階級）の意志（社会的義務）が堅固なものである限り，国民は進歩し続ける．それがぐらつくとき，発展への歩みは遅くなり，国民はまさしく衰退する[15]」が，今日のフランス社会はまさしく上層階級のこの「社会的義務」の忘却・否定のゆえに社会的結合を喪失し，憎悪で引き裂かれた諸階級の「社会的闘争」(guerre sociale)状態すなわち社会問題を現出している，と分析する[17].

(2) 社会改良論

　ピコは上層階級に対して，「社会問題は次第に他のあらゆる事柄に優先するに違いない．……この新しい状況の諸要因を勇気をもって認識しよう．躊躇したり無関心になるのではなくて，単に虚しいだけの願望によってではなくて，思慮深いそして建設的な活動によって（社会問題の解決という）必要の前に立とう」と呼びかける[18]．また「苦悩している人々に対して，いま現在においては

深い同情を示し，将来については希望を与え，行動することが必要である．この考え方を絶えず持たなければならない．もし，近い将来に危機が勃発する可能性があるとするならば，われわれはそれを回避するために，そうしなければならない」と述べて[19]，社会改良の実践をとおして「組織された，そして生き生きとした社会」の再建を訴える[20]．

(3) 社会改良の実践形態

「宿命論（リベラリスム）を支持する楽天主義者の発言を退けておこう．激しい要求（国家干渉論）には耳を傾けまい．解決することが重要な問題の前にわれわれを位置づけよう」[21]．ピコはリベラリスムと国家干渉論を批判しつつ，社会改良の実践形態をさぐる．

①リベラリスム批判

リベラリスムの「社会的権威」は社会問題の発生要因を労働者民衆の道徳性欠如と習俗の腐敗に求める．そして，労働者の境遇改善は労働者自身の努力にまかせるべきであり，国家や「コミューン」はこの問題に一切介入すべきではないという自助論（セルフ・ヘルプ）を展開する．例えばルフォール（J^H. Lefort. 控訴院弁護士，政治経済協会 Société d'économie politique のメンバー．1874 年に『労働者階級の道徳化と安楽に関する研究』で道徳政治科学アカデミーの F. de Beaujour 賞を受賞）は，社会問題を引き起こしている「社会的貧困は消費資料の不足や雇用の欠如に由来しているのではなく，心性の腐敗に由来している．今日，一般的にいって，賃金は十分である．社会的貧困は賃金率から生じているというよりもむしろ彼ら（労働者）の不品行な（賃金の）使い方から生じている．突然上昇した賃金は，道徳性が制御の働きをしないときには，浪費を刺激する以外の何物でもない」と指摘し[22]，何よりもまず労働者自身の道徳的覚醒を社会問題の解決策として提起する．またアナトール・ルロワ゠ボーリュー（Anatole Leroy-Beaulieu）も，「労働者の現在の習慣からすると，『3 つの八』から生じる時間の大部分は居酒屋とその店主を利するであろうことが分かる．……社会問題は道徳問題である．……労働問題はこれら道徳問題に密接に従属している」と述べて，労働者の道徳的自己改革を説く[23]．こうしたレッセ・フェール論者はポール・ルロワ゠ボーリュー（Paul Leroy-Beaulieu）の主宰する *l'Économiste français* に結集し，労働者住宅問題についてもリベラリスム論を展開する．1890 年にパリ市議会が貧窮家族の家賃補助として 6 万フラン（それまでは 3

万フラン)の支出を可決したとき,エルネスト・ブルレェ (Ernest Brelay) は,それは自由放任の原則に反するとして抗議したであろう[24].

　しかしながら,ピコによれば,「社会はあるがままに形成されている」ので「何もしない」のが最善の策であると主張する『レコノミスト・フランセ』のようなリベラリスムは,「狂気」であり「宿命論」であり,「このうえもなく軽率な主張であ」った[25].なぜならば,レッセ・フェールは個人の能力を過大視することで個人を破滅に追い込み,「貧しい人々の大群を政治的大ほら吹き(社会主義者)の腕の中へ投げ入れる」からであった[26].国家干渉の排除と反社会主義の2点において『レコノミスト・フランセ』と同じスタンスに立ちつつも,労働者を冷酷な経済法則のなかに放置する主張は,ピコにとって承服しがたいものがあった.

②国家干渉論批判

　穏健共和派のフェリィ (Jules François Camille Ferry) は,「社会が民主的になればなるほど,生活のための闘争が激しくなればなるほど,工業主義の波がもはや逆流することのない満潮のごとく押し寄せてくればくるほど,社会はますます問題を抱えるようになり,平準化する.国家が行政官や憲兵や経営者としての役割のみならず,高等研究の庇護者の役割をも,そして,もしこういう言い方が許されるならば,理念の庇護者としての役割をも引き受けることがますます重要になってくる」(*Journal Officiel*, 1884年4月1日付) と述べる[27].国家干渉論が政府部内はもちろんのこと,ソリダリストや共和主義者一般の間にも流布するなかで,ピコは,「社会問題への国家権力の干渉」は「ものごとの本質」を侵し,「その第一義的結末は(個人の)努力(の発現)を抑圧する体制!」を生み出すだけであると指弾する[28].彼はその証左を19世紀アジア民衆の沈滞と未発展のなかに求め,「アジアの人々をみよ.かれらに欠けているのは人口でも知性でもない.(国家干渉という)単一の鋳型のなかに流し込まれているから,かれらは行動しないのである.非常に高度な文明(をもっている)にもかかわらず,かれらは永遠に幼稚なままで歳をとる.多様性,良い意味での競争心,イニシャチブ,そして個人的活動がまったく欠如しているということは,言いかえれば自由を構成するものがないということである」と述べる[29].そして,労働者住宅の建設という個別分野についても,「パリとロンドンにおける労働者住宅問題」(*La Réforme sociale*, 1885年9月15日号) において,「立法者に訴えることは意味のないことである.国家は貧困を軽減するこ

とができないし，家賃を修正することもできないし，労働者に対して健全な住宅を提供するべく家主にとって代わることもできない．もし国家がこの道に入り込めば，国家は破産するであろう．私的イニシャチブのみが，狭くて不健康な住宅によって引き起こされた害悪を矯正するに違いない」と述べて，国家の介入を批判する[30]．

ルフェブュルも画一性と一般性を属性とする立法の限界を見極め，「社会的苦悩に対して立法的治療が存在するという考え方を，法的なものはすべて正当であるという考え方を－これらはデモクラシーの誤謬でありリスクである－民衆の精神のなかに注入することは極めて危険なことである．世人はこの誤った考え方を民衆に植え付けることで失望をつくり出し，あるいは法律にみせかけた不公平をつくり出すのである．立法はすべてではない．それは，それが至上の掟（loi suprême）と調和するのを止めるとき，もはや立法ではなくなる」と訴える[31]．

では，ピコやルフェブュルは国家の役割をまったく認めていなかったのかというと，そうでもない．ピコは，「諸階級を調和させることを展望する集団的実体（私的イニシャチブに基づくアソシアシオン）の創出を刺激する」ことに限定して，国家の役割をみとめる[32]．ルフェブュルの提供を借りて補足しよう．国家の機能は「個人を抑圧することなしに，個人を支援し発展させること[33]」にあると考えるルフェブュルは，「国家の干渉は，それなしには保障されえないであろう全体利益のみに限定されなければならない．たとい私的イニシャチブの衰退が国家の干渉を不可避的に導入するとしても，それは限定的でなければならず，且つその効果が現れたときには（私的イニシャチブの発現が活発になったときには）干渉を中止するという条件で行われ」なければならないと述べる[34]．具体的には，「その目的（労働者の境遇を改善する目的）のために雇主が実践するイニシャチブを奨励すること．個人を孤立した無力者（もの）として放置することのないようにするために，（私的イニシャチブに基づく）アソシアシオンの発展を良き法律でもって刺激すること．より広い範囲において，その（アソシアシオン）設立の自由を保障すること．……」と主張する[35]．要するに，雇主等の私的イニシャチブを尊重し，これを奨励・刺激することに限定して国家の役割をみとめるのである．

③企業パテルナリスム
　a　社会改良の実践主体と客体
　「(理性と伝統の精神をそなえた)上層階級は，……みずからの知性と意志をそれ(社会問題の解決)に傾注し，……今日の政治状況は悪しく，習俗は依然として危機的であると述べる勇気をもたなければならない．上層階級の無為は，それらを腐敗させ堕落させる[36]」と考えるピコは，「上層階級」による「oeuvre sociale」の実践のみがフランス社会に「社会的結合」(liens sociaux)を再生させ，社会問題を解決する，と主張する[37]．では，ピコのいう「上層階級」とは具体的にどのような社会層をさしているのか．これまでの彼の発言からブルジョワジーであることは明らかだが，正確には大雇主，有識者，大地主である[38]．ルフェブュルの提供を借りて補足しよう．「声を大にして言おう．とりわけこの(社会問題の解決という)重大な任務を負っているのは上層階級，見識のある階級である．彼らは倦まずたゆまず，この目的を追求しなければならない[39]」．「産業の将帥，大地主，魂を引き受けているすべての人々が，これらの制度に，これらの施策に，これらのすべての実践の普及と模倣の提唱に情熱を傾けるならば，……いくつかの点で，労働者の境遇の改善と工場の平和の維持に，瞠目的に成功するであろう．そして，大いなる成果が速やかに確保されるであろう[40]」．社会改良の実践主体には大雇主，大地主，そして専門知識をそなえた(ル・プレジアン)社会技師がすえられ，改良の客体には労働者－とりわけ工場労働者－が位置づけられている．

　b　社会改良の具体的内容
　次に，「oeuvre sociale」とは具体的にどのような内容をさしているのか．ピコによれば，労働者住宅，退職年金制度，貯蓄金庫，相互扶助組合，託児所，幼稚園，学校，見習工制度などである[41]．そして，「oeuvre socialeがその機能を十全に発現するためには，決して無料であってはならない．労働者の尊厳は労働者が使用料を払ってはじめて完全に保たれる．彼(労働者)は恥を覚え，悩むこととなる貧困の明確なしるしとしての無料の施しよりもむしろ少額の使用料を払って託児所や幼稚園や共同洗濯場を利用することの方を選ぶであろう．諸々のサーヴィスを購入することで，彼は自分の目の高さまで立ちあがるであろう[42]」と述べ，また，「もし富裕者(大雇主・大地主)が賢明なプレヴォワイアンスで……パテルナリスム(原文はpatronage．パテルナリスムを意味している)を引き受けるならば，組織された，そして生き生きとした1つの社会が

存在すると言うことができる」と述べる。ピコは,「oeuvre sociale」を慈善とかアシスタンスではなくて,プレヴォワイアンスに基づく企業福祉事業に同定している.

2 労働者住宅論

(1) 住宅問題
①パリ労働者の住宅状況：1885 年

不衛生住宅委員会と社会医師マルジョランの調査報告『不衛生住宅の原因とその影響についての考察』によれば,サント・マルグリット通り,サン・タントワーヌ通り,サン・セヴラン通り,レ・アレ近辺,元モベル広場付近の場末は貧民窟の様相を呈している.住宅の出入り口は狭くて暗く,部屋のなかに入るとゴミや糞便の異臭で喉が締めつけられる.手探りで前へ進むと,足先が階段の第 1 段目の踏板にぶつかり,壁に手をかけると,冷たくてべとべとしている.部屋は仕切り板で区分され,複数の労働者家族が住んでいる.日当たり・風通しは悪い.各世帯の空間は,最低でも 14 m^3 は必要といわれているのに,僅か 3 m^3 しかない.伝染病の蔓延を防ぐために,窓は 1 つだけである.窓から外をのぞくと,下着が干されてあり,それが日差しを遮っている.道路には窓から投げ捨てられた汚物とゴミが溜まり,腐臭を放っている.1,200 世帯 2,000 人の労働者が住むジャンヌ・ダルク地区でも不潔と悪臭が充満している.最下層貧民労働者が住むクルミール地区とドーレ地区では数年前から廃材・廃物を利用したバラック小屋が建てられているが,無秩序で居住条件は劣悪である.家賃は最低でも年間 80 フランである.工場に近いところでは 150 フラン,高ければ 220 フランもする.小さな部屋が 1 つ付け加わると,260 フラン～300 フランになる.家族は全員がざこ寝である.ゆったりと眠るために 3 部屋を確保しようとすれば,300 フラン以上の家賃が必要となる.しかし,この家賃を払うには 1 日 7 フラン～8 フランの賃金を得ていなければならず,労働者には高嶺の花である.

②住宅問題の認識

パリ労働者の住宅状況はピコにどのような認識を抱かせたのであろうか.まず労働者とその家族についてピコは,「冒された健康,危機に瀕した道徳性,効果のない教育,労働者を誘惑する居酒屋,崩壊した家族生活.これらはこうした住宅の帰結である」と指摘する.社会経済的な影響については,「労働者

階級の健康を害し，彼らの道徳性を損なうのみならず，貧しい者（労働者）が富裕者（雇主）に楯突くのを促すのに寄与している．それは（楯突くことは）畢竟，賃金を引き上げることで，我々が直面している危機のときに，パリの諸工業に対して致命的打撃を与える」と指摘する．*La Réforme sociale* も，「もし，家族生活が労働者階級のなかに存在していないとするならば，それは住宅の狭さ・不潔と結びついている．こうして居酒屋が会合と気晴らしの場となる．或る者（労働者）はここ（居酒屋）で嫉妬深くなると同時に貪欲になり，革命的になり，疑い深くなり，そして最後にはコミュニストになる」と指摘する．かくしてピコは，「われわれが直面している諸局面において，われわれは住宅問題が社会問題の中心であると考えている」，「今日，明確な解決を迫られている唯一の社会問題は住宅の改善である」と結論づける．

グルー（Groux）とレヴィ（Lévy）による近年の研究成果は，劣悪な居住状況が，㋐労働者を居酒屋へかよわせ，「路上の占拠」を，さらには社会的騒擾をたびたび引き起こしていた　㋑「労働者の放浪癖」（nomadisme ouvrier）を促していた，この2点を検証する．そして，ピコの認識が正鵠を射たものであることを確認する．

(2) 労働者住宅の機能
①道徳教化
「家族の精神」・「勤勉な家族生活」は規律正しく，道徳性に富んだ労働者を形成する．しかし，住宅が衛生的・健康的でなければこうした「精神」・「生活」は陶冶されない．ピコは，青年労働者が結婚して新しく家庭をもったときに直面する住環境の問題点を次のように指摘する．「もはや小さな部屋1つでは十分ではない．彼は広い住宅を熱心に求める．しかし，家賃の恐怖に襲われて，たじろぐ．／彼は1部屋だけで生活することに甘んずる．だが，ストーブから少し離れたところで両足をバタバタさせて泣き叫ぶ子供たちもそこに住んでいる．……以前からの1部屋にはベッドと衣類がつめ込まれている．この混雑と喧騒の光景が，しばしば父親（彼）に対して居酒屋への道筋を教えることに寄与していないと誰が断言しえようか．貧困を思い起こさせるこの住宅の外側で休息をとることを，少なくとも彼に習慣づけていないと誰があえて断言しえようか」．また別の箇所では，「諸害悪はほとんど常に不十分さから生じている．格別に秀でた資質（をもつ労働者）は別として，住生活の日常的諸困難以

上に魂を弱化させるものはない」、「あらゆる種類の堕落は不健全な住宅に由来している．／不道徳が，貧しい人々（労働者）を襲っている精神的・物質的腐敗の第1の原因ではない．労働者を腐敗させ，不道徳にしているのは（第一義的に）住宅の不十分さである」と主張する．そして，「あらゆる実践のうちでも第1のものは，多くの子供を抱えた諸家族がすし詰めで暮らしている不潔なあばら家にかえて，健全な（労働者）住宅を用意することである」，「（労働者）住宅の建設はあらゆるもののなかで，第1の事業であると思われる．なぜならば，それは家庭の核を構築するからである．今日の救済のこの真の方策により，したがって労働者のために……健康的で衛生的で魅力ある住宅を提供することにより，……われわれは家族の再建をなしとげる……」と断定する．

それゆえ「健全な住宅」が用意されるとき，「……突然の変化が生じるのが分かるであろう．すべてが落ち着くであろう．まず住まいが，次いで家族が，そして価値観が．短期間に家族の団らんが再生するであろう．これまで，こうした空間を望むべくもなかった父親は，家庭のなかに喜びを見出すであろう．父親がいる家庭は，それがいかに慎ましいものであれ，一定の申し分ない雰囲気を醸しだすであろう．次の年，世人は，工場の仕事が終わり夕方になると，労働者（父親）が（去年までは）居酒屋へ行っていた時間を家庭菜園での野菜づくりに費やし，菜園作業者に変身しているのを見出すであろう」と述べる．

ピコは持家住宅のなかに，それがかなわぬ場合には健全な賃貸住宅のなかに，労働者とその家族の精神的・物質的腐敗を防止し，かれらの思想・行動様式を小ブルジョワ的に教化する機能を見出していた．しかも彼は，「こうした変化（教化）は想像のなかで追求する1つの空想であろうか．フランスのあらゆる工業都市をまわって工場支配人や企業主に聞いてみなさい．かれらの述べることは一致しているであろう．道徳・家族精神は住宅の状態に応じて発達する．これは1つの普遍法則であり，われわれはそれが（この法則が）妥当であることを非常に多くの国々で観察する機会をもつ」と述べ，労働者住宅の労働者とその家族に対する道徳教化機能の現実性を確信する．

② 「社会主義・労働運動対策」

労働者住宅の機能は道徳教化のみに終わるものではない．ピコの意識には常に社会問題の解決が，したがって「社会主義・労働運動対策」が打刻されていた．道徳教化もそのためのステップとして位置づけられる．彼によれば，社会問題は労働者の道徳向上により解決される．道徳は「家族」の形成により陶冶

され，「家族」は健全な住宅の確保によって形成される．「ここ（労働者住宅の建設）に（社会問題の）解決方法がある．われわれはここに全力を傾けなければならない」．

ピコの図式を具体的にサーヴェイしよう．これまで「雇主は労働者を（工場に）定着させるために住宅の問題に取り組んできた．これは称賛すべき考え方であった．しかし（今日では）それは，正確にいうと，われわれの目的ではない」．今や「（社会）平和と良き秩序の維持」に目的がある．すなわち，「社会主義よりも優れている私的イニシャチブに基づいて行動することで社会主義と戦おう．（そのために）労働者に健康的で道徳的な（労働者）住宅を提供し，家族生活，家庭の習俗・美徳を回復させよう．かれらのための（生活）資料と支えを組織しよう」とピコは述べる．そして，「数年間の辛抱づよい努力の後に，労働者階級の心性は改められ」，この目的は達成されると確信する．これまで労働者の雇主に対する抵抗と拒否の表象であった「所有」を，日常生活の根幹である「住宅」に限定して，また経営のもとへの労働の従属の範囲において，逆に労働者自身の「所有」（「自分の家」・「自分の土地」・「世襲財産」）とならしめることで，もしくは「所有にアプローチさせる」ことで－あるいはまた，一戸建ての「所有」がベストであるが，条件が適わぬ場合には健全な賃貸住宅を労働者に提供することで－，労働者を資本主義経営秩序（体制）に「統合」し，サンディカリスムやゲーディスムなどの反体制運動を防圧して社会問題を柔軟に解決せんと考えるのである．まさしく，「（住宅を）所有する者は既存の社会秩序（体制）を打破することを欲しない」（ジュール・シーグフリード）であろう．

ここで，ピコの親友ジュール・シーグフリードの主張を紹介して，ピコ立論を補強しよう．ミュルーズ繊維ファミリーに育ち，南北戦争中にボンベイ綿花市場に進出して巨富をなしたジュール・シーグフリードは，フランクフルト条約後，工場をル・アーブルに移転した．弟のジャックに経営をゆだねた後は政界に進出し，ル・アーブル市長，下院議員，上院議員，商工大臣を歴任した．1875年に，「マンチェスター労働者クラブ」と「ミュルーズ・サークル」（Cercle Mulhousien）をまねて，労働者の知的・道徳的改善を目的とした「フランクリン・サークル」をル・アーブルに設立した．こうした政治・社会活動をとおして，彼は次第に住宅問題に関心をもった．次のようにいう．「道徳性に及ぼす，したがって貧困の解決に及ぼす労働者住宅の影響力には相当なものがある．

(住宅)所有者になろうとする意欲がどれほど人々を勤勉に，倹約的に，謹直にするかを，そして彼らの生活をどれほど活動的かつ有益なものにするかを，誰が理解しないであろうか．否する」，「労働者を幸福な人であると同時に，真の保守主義者にすることを欲するか．貧困および社会主義的誤謬と戦うことを欲するか．秩序と道徳と政治・社会的安寧の保障を強化することを欲するか．(欲するのならば)労働者住宅を建設せよ！」と．シーグフリードにおいても，労働者の「住宅所有」あるいは「住宅所有へのアプローチ」は労働者をマイホーム主義化させ，かれらを政治・社会運動から遠ざける最善の策であった．

(3) まとめ

ピコは，「上層階級」における「社会的義務」の忘却もしくは否定に，階級対立を本質とする「社会的闘争」すなわち社会問題の発生要因を求めた．彼はル・クルーゾ，アンザン，ブランジィ，オンフルール等の労働者住宅を調査観察しつつ，社会問題の解決のためには誰が，何を，どのように実践するべきかと問う．そして，居住環境決定論の立場から住宅問題を社会問題の核心にすえ，大雇主が，ル・プレジアン社会技師の協力のもとに，労働者に対して以下の2つを積極的に実践するべきであると説く．㋐経営のもとへの労働の従属の範囲において，日常生活の根幹である「住宅」を「所有」させること，あるいは「所有へのアプローチ」を意欲させること．㋑条件が適わぬ場合には，衛生的で健康的な賃貸住宅を提供すること．資本・賃労働の対立・対抗関係のコンテクストにおいて，家族精神・倹約心・勤労意欲・労働規律を陶冶し，労働者の思想・行動様式を体制内的なそれへと修正・転換する－したがって，労使の対立を縮減・解消して「(社会)平和と良き秩序の維持」を具現する－社会秩序のミニマム・エッセンシャルとして，経営による労働者「住宅所有」・「住宅所有へのアプローチ」もしくは健全な賃貸住宅の提供を定立するのである．ピコ労働者住宅論は，社会問題の解決すなわち資本主義経営秩序(体制)の存立と発展をはからんとする「社会主義・労働運動対策」論であった．「経営による労働の『統合』」である．

ピコ立論はシーグフリードをはじめとする同時代のブルジョワ労働問題研究家とくにル・プレジアン＝「社会エコノミスト」の間では，共通認識されていた理論構成である．例えばシェイソンは，「われわれは人民革命と世界破壊によってのみ無産者たちの幸福を実現することが出来る」(*Catéchisme* révolutionnaire）と主張するバクーニンに反駁して，1891年に「私は言いたい－それは不道徳な，われわれがまさしく反対するプログラムだ．工業的利益の観点からと同じく，社会平和の観点においても，労働者を和らげなければならない．誠実と献身でもって彼らを（秩序に）調和させなければならない．かれらの欲求就中とくに（notamment et surtout）住宅についての欲求を満足させなければならない」と述べるであろう[72]．また，パリ市議会住宅委員会も1898年に，労働者の「住宅所有」もしくは「住宅所有へのアプローチ」は「労働者を道徳化する．そして，革命的な社会主義空想家たちの精神につきまとっている多くのユートピアを消滅させる誠実と家族心並びにプレヴォワイアンスの釉薬をかれら（社会主義空想家たち）に付与する」と提言するであろう[73]．

3 SFHBM

1889年の「労働者住宅国際会議」において，労働者住宅の建設を奨励促進するための機関 SFHBM の設立が決議された．ピコらル・プレジアン住宅論に主導されたこの決議は，翌1890年に具体化した．

(1) 労働者住宅の建設（提供）主体

ピコは，雇主個人が単独で労働者住宅を建設しうる場合には，単独で建設することを薦める．とくに農村部に立地する大企業では，単独建設の可能なケースは多い．しかし，都市部においては，単独で建設しようとしても－中企業はいうに及ばず，大企業でも－資金面でしばしば困難がともなう[74]．そうした場合，彼は雇主の私的イニシャチブを結集して結成されたアソシアシオンで建設することを説く．「一種の」団体パテルナリスム論である．「個人だけで実践することが不可能なもの，国家が実践すれば（国庫の）破産は避けられず，市民（生活）を麻痺させるもの，それ（労働者住宅の建設）を試みることができる力，それはアソシアシオンである」と，また「（住宅問題と）戦うためには，かれら（雇主）のまわりに希望を甦らせる団体を結成し，それを機能させなければならない．唯一アソシアシオンのみが我々にその貴重な武器を提供するであろう」[76]と．アソシアシオンには社会改良の専門家（ル・プレジアン社会技師）が運営の助言者として関与すべきことも言い添える[77]．ピコのアソシアシオン論は SFHBM 設立決議に連繋する．

(2)「労働者住宅国際会議」

1889年パリ万国博のときに,廃兵院広場にエミール・ムニエ(Émile Menier)のノワジエル・チョコレート工場住宅(Noisiel)他6つのモデル住宅を展示した「社会経済グループ」は,シェイソンの呼びかけで,ジュール・シーグフリードを議長に,そしてピコを副議長に,6月26日〜28日にかけて「労働者住宅国際会議」(Congrès international des habitations ouvrières)を開催した.会議は「倹約的となり,将来のことを考え,革命的・社会主義的空想から目覚め,居酒屋からきっぱりと遠ざかった」「住宅所有」労働者に対するシーグフリードの賛辞で幕を開いた.そして,廉価住宅に関する4つの基調報告 –「経済的・資金的観点におけるHBM」,「法制的観点におけるHBM」,「建築・衛生上の観点におけるHBM」,「道徳的観点におけるHBM」– を叩き台に,ピコやシーグフリードの労働者住宅論に沿って進められた.SFHBMの設立決議とともに,住宅建設に関して以下の3点が決議された.[78] ㋐国家干渉の排除:「各々の場合において,適切な解決法を見出すのは(雇主の)個人的イニシャチブか,もしくは(雇主の)私的アソシアシオンである.国家あるいは地方当局のこの(住宅)分野への介入は,私企業と競合し,家賃を固定化させるので,避けなければならない」.[79] ㋑労働者の団結防止・分断:「経済的条件の許すところではどこでも,小菜園付の戸建て住宅が労働者とその家族の利益において選好されなければならない」.条件の適わぬ場合には集合住宅もみとめられるが,その場合でも,「賃借人同士が顔を合わせるすべての機会を回避する考え方に基づき設計されるべきである.……いかなるものであれ,(共同使用の)廊下や通路は厳しく禁止されなければならない」.[80] ㋒労働道徳・労働規律の陶冶:住宅は健康的で衛生的でなければならない.なぜならば,「風通しをよくし,家庭のストーブを再びともし,住宅を魅力的にすることで,(労働者の)怒りはおさまり,満足とともに(雇主に対する)妬みは減少し,そしてより一層の従順さで日々の非常に厳しい労働条件は受容される」からである.[81] 労働者住宅(habitation ouvrière)にかえて廉価住宅(habitation à bon marché. HBM)という名称を使用することも決められた.[82] 名称変更には,労働者のみならず広く職人・店員・中下層民一般をも視野に入れた住宅問題への取り組みが含意されていた.とはいっても,労働者を主対象としていたことに変わりはない.

(3) SFHBM

「労働者住宅国際会議」の決議を受けて，1890年2月2日にオテル・コンティナンタルで SFHBM 設立総会が開かれた．名誉会長 J. シモン，会長ジュール・シーグフリード，副会長ピコとシェイソン，会計ロベール．以下の人々が理事に就任した．シャルル・ブレシュ（Charles Blech. オ・ラン県の綿業主），ジャック・シーグフリード，J.-J. ブルカール（ゲブヴィレール綿業主），J. ドルフス（ミュルーズ工業協会々長），アルベール・ジゴ（Albert Gigot. アレ製鉄所経営者，前パリ警視総監），エミール・ムニエ（チョコレート企業主），C.-P.-E. シュネーデル，アルマン・プジョー（Armand Peugeot. 自動車企業主），オーギュスト・ドルフス（ミュルーズ綿業主），アルベール・トロンベール（Albert Trombert. 労働問題研究家，「利潤分配実践研究会」事務局長），オクタヴ・デュ・ムスニル（Octave du Mesnil. 住宅問題専門家），エドアール・エイナール（Edouard Aynard. リヨン商業会議所会頭），ジョゼフ・バルブレ（Joseph Barberet. 1879年に J. ゲードによって労働運動から追放された元社会主義者．この時期には労働運動対策のリーダーになっていた）等，大雇主・経営者・社会技師など，大企業の利害を擁護する「社会エコノミスト」すなわちル・プレェジアンを中心に構成されていたことが知れる．

SFHBM の機能・目的をさぐる．1890年3月1日に採択された SFHBM 規約第1条は，「それ（SFHBM）はフランス全土において，個人，工業家あるいは地域の団体（アソシアシオン）による衛生的かつ廉価な住宅の建設を，あるいは既存の住宅の改善を，奨励することを目的とする．それはとりわけ店員，職人そして労働者に対して，住宅の所有を促すための適切な諸手段の普及につとめる．／この目的のために，アソシアシオン（SFHBM）は最もよく知られた諸計画，規約と賃貸借契約のひな型及び必要なあらゆる資料と情報を，個人あるいは（工業家や地域の）団体（アソシアシオン）の自由な使用にゆだねるつもりである．それ（SFHBM）は貸付，借入，土地の購入あるいは住宅の建設行為を，あらゆる政治的もしくは宗教的議論と同様に，みずから明確に禁止する」と明記する．この機能・目的を遂行するために，『SFHBM ブリティン』は1891年に，「われわれは雇主たちに対して言いたい．……富裕者階級（雇主たち）には遂行すべき諸義務がある．法律上の観点からは，約定された賃金を支払えば雇主は被傭者に対する義務を免除されるのであるが，道徳的観点からすると，彼の義務免除は（それだけでは）十分ではない」と述べて，雇主階級

に対して「諸義務」の実践を喚起する．この喚起が雇主による労働者の体制内管理（gestion sociale）を労働者住宅－「労働者住宅国際会議」の決議①⑦に則った労働者住宅－の建設をとおして遂行せんとするル・プレジアン住宅論の意図から発せられたものであることは言を俟たない．名誉会長 J. シモンは前年の SFHBM 設立総会において，「もし，われわれが機敏であるならば，われわれは自分自身のために（労働者階級の）福祉に関心をもつべきである．……われわれが HBM について語るとき，人間性の慈善家であるなどと言いふらさないようにしようではありませんか．われわれは，我々自身の個人的利益のためにも（HBM を）建設するのです」と発言し，階級利益追求手段としての HBM を吐露したであろう．また SFHBM 事務局長フルリ=ラヴァラン（Fleury-Ravarin）も次のように述べ，階級的意図を明言するであろう．「労働者階級の間に社会主義の理論が広まるのを防止する最良の手段は，自由の慈悲深い影響のもとに至るところで花開いている社会的事業（HBM の建設）を普及させることにあると考える．現在の経済秩序の基礎を強化するために，情け容赦のない敵の絶えざる攻撃からそれ（現在の経済秩序）を持ちこたえるようにするために」[87]と．

　ル・プレジアンを結集して結成された SFHBM は労働者住宅に関する調査研究を実践し，全国規模の運動で HBM の階級的意義を雇主に訴えた．HBM の建設にかかるアソシアシオンや私的イニシャチブを刺激する法制定にも力を注いだ[88]．1907 年にはシェイソンの発議にしたがい，「諸都市における HBM 協会は……年収 2,400 フラン未満で，少なくとも 3 人の子供を抱える労働者あるいは被傭者家族に対して，かれらの住宅の少なくとも 1/4 を充当する決意」を採択した[89]．この時期，大部分の労働者は年収 2,400 フラン未満であった[90]．SFHBM は紆余曲折をへながらも，「社会主義・労働運動対策」としての労働者住宅（廉価住宅）建設奨励機関として機能する．

注

1　ルフェブュルはピコと同じくル・プレジアンであった．ピコはルフェブュルの *Le Devoir social*, Paris, 1874（1890 年の著作と同じタイトル．筆者未見）から社会改良に関して思想的影響を受けていた．*Un Devoir social et les logements d'ouvriers*, Paris, C. Lévy, 1885（以下，Picot, G., [1885] と略記）を著したのも，ルフェブュルのこの著作に触発されてのことであった（Lefébure, L., *Le Devoir social*, Paris, 1890, p.5 note）．なお，ピコには本文中で紹介した著作のほかに，"Un devoir social", in *La Réforme Sociale*, 1er juin 1891；"Les habitations ouvrières", in

Bulletin de la société française de HBM ； "Rapport du jury international à l'Exposition universelle de 1889 à Paris", 3, 1891（いずれも筆者未見）の著業がある．
2　Picot, G., [1885], p.60.
3　Picot, G., *Discours prononcé à Orléans le 21 Septembre 1902,* Au siège de la Ligue de la Liberté d'Enseignement, Paris, 1902（以下，Picot, G., [1902] と略記），pp.18-19.
4　*Ibid.*
5　Picot, G., [1885], p.60. Id., *La lutte contre le socialisme révolutionnaire,* Paris, Armand Colin, 1895, pp.14-30 も参照されたい．ピコはこの著作のなかで，反社会主義論を鋭く展開している．
6　Guerrand, R.-H., *Les origines du logement social en France,* Paris, Les Éditions Ouvrières, 1967, p.280.「社会主義に対抗して所有権と自由を守る連合」ロンドン総会（1891年）におけるピコ報告の一節．
7　Picot, G., [1885], p.16.
8　*Ibid.*
9　*Ibid.,* pp.17-19.
10　Lefébure, L., *op.cit.,* pp.24-25.
11　*Ibid.,* p.214.
12　*Ibid.,* p.7.
13　Picot, G., [1885], p.26.
14　*Ibid.,* pp.13-14.
15　*Ibid.,* p.5.
16　*Ibid.,* p.4.
17　*Ibid.,* p.13.
18　*Ibid.,* p.91.
19　*Ibid.,* p.62.
20　*Ibid.,* p.9.
21　*Ibid.,* p.63.
22　Lefort, J[H]., *Intempérance et misère,* Paris, 1875, p.111.
23　Guerrand, R.-H., *op.cit.,* p.273.
24　*Ibid.,* p.276.
25　Picot, G., [1885], p.62.
26　*Ibid.*
27　Cité par Lefébure, L., *op.cit.,* pp.9-10.
28　Picot, G., [1885], p.60.
29　Picot, G., [1902], pp.22-23.
30　Flamand, J.-P., *op.cit.,* p.78.
31　Lefébure, L., *op.cit.,* pp.204-205.
32　Elwitt, S., *op.cit.,* p.59.
33　Lefébure, L., *op.cit.,* pp.11-12, 14.
34　*Ibid.,* p.203.
35　*Ibid.,* pp.201-202.
36　Picot, G., [1885], p.92.
37　*Ibid.,* pp.ii-iii, 2-3.
38　*Ibid.,* p.89.
39　Lefébure, L., *op.cit.,* p.207.
40　*Ibid.,* p.212.
41　Picot, G., [1885], *passim.*
42　*Ibid.,* p.28.
43　*Ibid.,* pp.8-9.
44　*Ibid.,* pp.35-38, 40-41.

45 *Ibid.,* p.42 ; Pelloutier, F. et M. Pelloutier, *La vie ouvrière en France,* Paris, 1900, réimpression, 1975, p.237 を参照した．ピコによれば，一般的にいって，家賃は家計収入の 1/6 以下であることが望ましい（Lahor, J., *Les habitations à bon marché et un art nouveau pour le peuple,* Paris, 1904, p.94）．
46 Picot, G., [1885], pp.43-44.
47 *Ibid.,* pp.45-46.
48 Stovall, T., *The Rise of the Paris Red Belt,* Berkeley, University of California Press, 1990, p.34.
49 Picot, G., [1885], p.46.
50 Elwitt, S., *op.cit.,* p.130.
51 Groux, G. et C. Lévy, *La possession ouvrière : Du taudis à la propriété（XIXe-XXe siècles）,* Paris, 1993, pp.23-24.
52 Picot, G., [1885], pp.31-32.
53 *Ibid.,* pp.32-33.
54 *Ibid.*
55 *Ibid.,* p.68.
56 *Ibid.*
57 *Ibid.,* p.82.
58 *Ibid.,* pp.46-47.
59 論者によれば，この時期になると，工場労働者の生活のなかに小ブルジョワ的価値観が入り込み始める（Woronoff, D., *Histoire de l'industrie en France : Du XVIe siècle à nos jours,* Paris, 1994, p.446）．
60 Picot, G., [1885], p.47.
61 *Ibid.,* p.82.
62 *Ibid.,* p.129.
63 *Ibid.,* p.127.
64 *Ibid.,* pp.93-94.
65 *Ibid.,* p.71.
66 Groux, G. et C. Lévy, *op.cit.,* p.65.
67 Elwitt, S., *op.cit.,* pp.133-135.
68 Guerrand, R.-H., *op.cit.,* p.283.
69 Butler, R. et P. Noisette, *Le logement social en France 1815-1981 : De la cité ouvrière au grand ensemble,* Paris, Librairie François Maspero, 1983, p.58.
70 Elwitt, S., *op.cit.,* p.139.
71 Picot, G., [1885], pp.9-14, 47, 60-61, 67-68 ; Groux, G. et C. Lévy, *op.cit.,* pp.32-33 ; Féron-Vrau, M., *Des habitations ouvrières à Lille en 1896,* Lille, 1899, pp.5, 86, 98 ; Stovall, T., *op.cit.,* p.34.
72 Groux, G. et C. Lévy, *op.cit.,* p.67.
73 Butler, R. et P. Noisette, *op.cit.,* p.112.
74 Picot, G., [1885], p.89.
75 *Ibid.,* p.65.
76 *Ibid.,* p.5.
77 Elwitt, S., *op.cit.,* p.131.
78 Flamand, J.-P., *op.cit.,* p.6 ; Guerrand, R.-H., *op.cit.,* p.284.
79 Flamand, J.-P., *op.cit.,* p.79 ; Guerrand, R.-H., *op.cit.,* pp.285-286.
80 Flamand, J.-P., *op.cit.,* p.79 ; Guerrand, R.-H., *op.cit.,* pp.285-286.
81 Flamand, J.-P., *op.cit.,* p.79 ; Guerrand, R.-H., *op.cit.,* pp.285-286.
82 Flamand, J.-P., *op.cit.,* p.6. 名称の変更は Société des habitations économiques d'Auteuil 会長で上院議員でもあったディエ゠モナン（Dietz-Monin）により提案され，採択された（Butler, R. et P. Noisette, *op.cit.,* p.59）．HBM という名称は 1950 年に低家賃住宅（habitation à loyer modéré．HLM）と変更されるまで使用され続けた．

83 Elwitt, S., *op.cit.*, pp.132-133 ; Flamand, J.-P., *op.cit.*, p.80.
84 Taricat, J. et M. Villars, *Le logement à bon marché : Chronique, Paris, 1850/1930*, Boulogne, Éditions Apogée, 1982, p.92 ; Guerrand, R.-H., *op.cit.*, p.290.
85 Groux, G. et C. Lévy, *op.cit.*, pp.31-32.
86 Elwitt, S., *op.cit.*, p.141.
87 Guerrand, R.-H., *op.cit.*, p.289.
88 その努力が実って, 1894年11月30日には「廉価住宅に関する法律」(通称シーグフリード法) が成立する. シーグフリード法の成立とその意義については, Guerrand, R.-H., *op.cit.*, pp.297-306 及び吉田克己『フランス住宅法の形成-住宅をめぐる国家・契約・所有権-』東京大学出版会, 1997年, 318-359頁を参照した.
89 Groux, G. et C. Lévy, *op.cit.*, p.39.
90 Pelloutier, F. et M. Pelloutier, *op.cit.*, p.237 を参照した.

V　利潤分配制度に対する関心の増大

　第二帝政末期～19世紀20世紀の交にかけて, ル・プレェ学派労働問題研究家・団体の間で利潤分配制に対する理論的・実践的関心が高まる. 関心内容を具体的にサーヴェイすることで, この時期に, ル・プレェ学派が利潤分配制を資本主義経営秩序 (体制) を維持・強化するための社会改良策として理解し, 積極的に評価していたことを明らかにする.

(1)『1867年パリ万国博覧会国際審査員報告書』

　「利潤分配制により, 雇主は労働者に道徳的かつ物質的満足を与えるのみならず, そのために支出した経費が倍のもうけになって返ってくる……ことを確信している. しばしば遺憾で悲惨な結果を招いてきた対立にかわり, 社会の調和がもたらされるであろう. この制度により, あらゆる人々に大きな害をもたらしてきたストライキはごく稀になるであろう. ……労働者の企業に対する忠誠心が高まるであろう」. 企業利潤の増大とストライキの激減, そして体制内社会平和の実現に利潤分配制の機能がすえられている.

(2) シャルル・ロベール

　S. エルウィットによって「利潤分配制度の理論的確立者」と評されるル・プレジアンのロベールはアルザスの繊維ファミリーに育ち, 早くからシュタインハイルやDMCの企業パトロナージュに接していた. 彼は資本主義社会の存立と発展に関心をいだき, その具体的方途を利潤分配制に求めた. 1869年

末，パリに「ソルボンヌの夕べの集い」(les soirées de la Sorbonne) を開講し，利潤分配制を柱にすえた経営社会秩序の安定を訴えた．「ソルボンヌの夕べの集い」は世論に大きなインパクトを与え，ナポレオン3世も関心を示した．ロベールは利潤分配論の体系化にも力を注ぎ，1889年には代表作 *Le Contrat de participation aux bénéfices : Son caractère et ses résultats* を著す[2]．

(3) ポール・ビュロー (Paul Bureau)

パリ・カトリック研究院 (l'Institut catholique de Paris) 教授のビュローは，ケンブリッジ大学トリニティ・カレッジ教授セドレイ゠テイラー (Sedley-Taylor) の指摘を引用する．「利潤分配制は雇主と労働者の関係に瞠目的な安定をもたらし，世人が大いに欲している平和をもたらす．賃金率の激変は回避されよう．労働者は年度末に自分たちが利潤の一部を受け取ることを知っているので，大量の注文があったときでも，もはや賃上げを要求する根拠をもたぬからである．数ヶ月間にわたって賃金をストップさせるのみならず，年度末に受け取る利潤を減少させることを理解している労働者にとって，労働の停止はもはや魅力のあるものではない」と，ストライキの激減と労使関係の改善・安定に，すなわち「社会平和」の実現に利潤分配制の機能がすえられている[3]．

(4) エミール・シェイソン

ル・プレ学派のシェイソンは利潤分配制のなかに，「雇主と労働者の緊密で永続的な接触（コンタクト）を実現」し，経営権体制（オトリテ）のもとに労使の企業共同体 (communauté d'entreprise) を実現する機能を見出している[4]．

(5) ポール・デロンブル (Paul Delombre)

元商工・郵政大臣で「利潤分配実践研究会」2代会長の要職にあったデロンブルは，1900年の第2回「利潤分配国際会議」において，「世人は，雇主が巨額の利益を得ていると思い込んでいる．……利潤分配制が普及し，どのようにして利益が生み出され分配されているかを労働者が考えるようになれば，新しい社会平和の基礎ができあがるであろう．なぜならば，そのときには，対立をもたらす無謀な要求やアジテーションそして不毛しかもたらさぬストライキにかわり，工業を救済することに関心をもつ労働者が……出現するからである」と報告し[5]，利潤分配制のなかに，労働者の意識を資本適合的に変革し，経営社

会秩序を体制内的に安定させる機能を看取する．また，ロシア革命の影響を受けてフランスに波及しつつあった「ソビエト主義」（soviétisme）の脅威から資本主義体制を守るためには，国政レベルでのボルシェヴィスム対策とならび，企業レベルにおいても労使を一体化させて階級対立を緩和することが必要であると主張し，具体策を利潤分配制に求める．

(6) アルベール・トロンベール

「利潤分配実践研究会」の事務局長をつとめ，「利潤分配制度の不屈の使徒」と形容されたトロンベールは，利潤分配制は社会問題を解決する万能薬であるとは言えぬまでも，「その本質上，労働者の状態を十分に改善して困窮を軽減し，（雇主に対する）憎悪を和らげる」機能をもつと主張する．加えて，労働者の勤労意欲を刺激し，経営への忠誠心を高めると主張する．

(7) エミール・ルヴァスール（Émile Levasseur）

利潤分配制は「労働者の勤労意欲を刺激する」ので，利潤の増大に寄与する．また，「労働と資本の対立に対する最も確実な対応策」である．さらに，「労働者に企業の成功について……関心を抱かせる一方，雇主に経営権を完全に掌握せしめ」，「工場内の（労使）調和を強化」する．それゆえ，「社会平和の発展にとって効果的な刺激」となる．ル・プレ学派の流れをくむルヴァスールは利潤分配制のなかに，企業利潤を増大させるとともに経営権体制を強化し，資本主義経営秩序を安定させる機能を見出す．

(8) その他の論者

元海軍大臣で医学教授有資格者のド・ラヌサン（J. L. de Lanessan），G. ピコ，経済学者で総合保険会社の重役でもあったアルフレッド・ド・クールシィ（Alfred de Courcy），建設業界紙 *l'Echo des Chambres syndicales* の主筆フランソワ・ウッソン（François Husson）．かれらもまた叙上の論者と同様に，労働者の勤労意欲刺激→労働生産性向上→企業利潤の増大という経済的機能と，労使対立の緩和・解消→オトリテ体制のもとでの企業内平和→体制内平和という社会的・階級的機能を利潤分配制のなかに見出す．

(9)「利潤分配実践研究会」

　第二帝政末期，利潤分配に対する関心が高まり，1867 年のパリ万国博では利潤分配制がテーマの 1 つに選ばれた．1879 年 5 月 30 日にはロベール，ド・クールシィ，アルバン・シェクス，エドアール・ゴフィノンといったル・プレ学派労働問題研究家及び同学派に共鳴する大雇主の結集を得て，「利潤分配実践研究会」がスタートした．「研究会」の目的は利潤分配制を理論的に体系化し，その成果を公表して広く実践を促し，同時代に深刻化しつつあった社会問題を克服して資本主義経営秩序（体制）を安定強化することにあった．発足当初から機関誌 *Bulletin de la participation aux bénéfices* を年 4 回発行したほか，トロンベールやデロンブルらの研究書及び国内外における利潤分配会議のリポートを刊行した．1892 年には「博物館＝図書館」（Musée-Bibliothèque）を設立し，社会労働関係資料の収集と公開につとめた．さらに，利潤分配制の理論的・実践的進捗に貢献した個人・団体に対しては賞やメダルを授与し，活動を奨励した．その他，利潤分配の実践を促すための環境づくりとして会社組合（黄色組合）の結成を積極的に支援した．初代会長はロベール（在職：1879 年～1899 年）であった．第 1 回と第 2 回の「利潤分配国際会議」は「研究会」のイニシャチブに基づく．

(10)「利潤分配国際会議」

　1889 年のパリ万国博「社会経済グループ」(エコノミー・ソシアル)は英独仏伊 4 ヶ国の代表を招いて，名誉議長ルヴァスール，議長ロベールのもとに，7 月 16 日～19 日にかけて利潤分配に関する最初の国際会議を開いた．フランスからはジュール・シーグフリード，オーギュスト・ラランス（プファシュタット綿業主），オーギュスト・ショイレル・ケスネール（アルザス綿業主），シャルル・ジッド，ワルデュック・ルソーらが参加した．この会議において，利潤分配制に 2 つの課題が設定された．1 つはストライキを防止して，資本主義経営秩序に基づく体制内社会平和を確立すること．もう 1 つは労働者の勤労意欲を刺激して，利潤の増大をはかることであった．2 つの課題をスムーズに遂行するために，会社組合の結成も奨励された．1900 年 7 月 15 日～18 日にはルヴァスールとデロンブルのはたらきかけで第 2 回「利潤分配国際会議」が開かれ，計 20 の決議が採択された．決議 17 は「利潤分配制はその諸効果のうち，とりわけストライキを排除し，資本と労働の間に平和と調和を保障する効果をもつ」と謳う．決議

18は「利潤分配制はその本質上，労働者の熱意と定着率を大いに高める」と謳う．第1回会議で設定された2つの課題が再度確認されている[14]．

　第二帝政末期～19世紀20世紀の交に代表的なル・プレェ学派労働問題研究家・団体の利潤分配制に対する関心内容をサーヴェイしてきた．㋐労使が直接に対峙する経営の場において，オトリテの維持強化をはかりつつ労働者を経営のなかに取り込み，企業内平和さらには体制内社会平和を確立せんとする，すぐれて社会的・階級的な機能　㋑労働者の勤労意欲を刺激して利潤の増大をはからんとする，すぐれて経済的な機能．この2つの機能が利潤分配制の基本にすえられ，積極的に評価されていたことが知れる．「経営による労働の『統合』」である．

　では，これらの機能を推進する本源的な力は何に求められたのか．ロベールの提供を借りよう．利潤分配制は雇主のオトリテのもとで実践される．この条件のもとでは，労働者は分配額・配分額の多寡にのみ関心をもつ．「その（労働者の金銭的）関心が衰えるとき，不況と社会危機が到来する．その関心が高まるとき，生産性と公共の安寧は進捗する」[15]．ロベールによれば，利潤分配制とはまさしく労働者に金銭的関心を抱かせることであり，その関心の高まりこそが経営権体制のもとに労働者を従属せしめ，階級意識を希薄化し，ストライキを消滅させる[16]．同時に，労働者の勤労意欲を刺激して利潤の増大をもたらす．つまり，社会改良策としての利潤分配制の基本機能は労働者の金銭に対する関心（欲求）を本源とする，と認識されていたのである．

　関心の高まりを受けて，第三共和政前期に利潤分配に関する法案がいくつか提出されている．いずれも法律として成立するには至らなかったが，企業パテルナリスムの一形態としての利潤分配制が国政レベルにおいてもかなりの程度関心を呼んでいたことが知れる．例えば，以下である．Laroche-Joubert法案（1879年．国及び地方自治体の公共事業落札企業に対して利潤分配の実施を義務づけた）．Ballu, Jules Roche, Lagrange et Laisant法案（1882年．国及び地方自治体によって認可された経済開発事業に携わる企業に対して利潤分配の実施を義務づけた）．Guillemet, Maujan, Laroche-Joubert法案（1891年．同上）．Guillemet法案（1895年．同上）．Naquet法案（1892年．株式制企業に対して利潤分配の実施を義務づけた）．Justin Godart法案（1909年．同上）．Doumer法案（1906年）．Balande法案（1906年，1910年）．Tournade法案（1911年）．

注

1　*Rapports du jury international de l'Exposition universelle de 1867,* publiés par M. Michel Chevalier, t.1, introduction, p.146 et suivantes, cité par Maison Leclaire, Alfred Defournaux et Cie, *Procès-verbal de la 30e Assemblée générale de la Société de prévoyance et de secours mutuels des ouvriers et employés de la Maison Leclaire,* 16 mai 1869, p.8, reproduit dans *Règlement de la Maison Leclaire, A. Defournaux et Cie, Mis en vigueur à partir du 16 février 1869,* Paris, 1869, pp.xiv–xv.

2　Mottez, B., *Systèmes de salaire et politiques patronales : Essai sur l'évolution des pratiques et des idéologies patronales,* Paris, 1966, pp.81, 83–84. 利潤分配制度に関するシャルル・ロベールの主要著作一覧は Trombert, A., *op.cit.,* pp.247–248 に掲載されている。

3　Sedley-Taylor, *Profit Sharing between Capital and Labor,* London, 1884, p.63, cité par Bureau, P., *L'association de l'ouvrier aux profits du patron et la participation aux bénéfices,* Paris, 1898, p.116.

4　Mottez, B., *op.cit.,* p.83.

5　*Ibid.*

6　Trombert, A., *op.cit.,* pp.i–ii.

7　*Ibid.,* pp.xiv, 234.

8　Levasseur, É., *The American Workman,* Baltimore, 1900, p.468, cité par Elwitt, S., *op.cit.,* p.86.

9　Lanessan, J.-L. de, *La concurrence sociale et les devoirs sociaux,* Paris, 1904, p.187 ; Mottez, B., *op.cit.,* p.82 ; Husson, F., *L'industrie devant les problèmes économiques et sociaux, travail-mutualité-épargne,* Tours, 1888, pp.64–65, 238, 312–313.

10　Trombert, A., *op.cit.,* p.253.

11　「利潤分配実践研究会」の出版・刊行物一覧は *Ibid.,* pp.252–253 に掲載されている。

12　Elwitt, S., *op.cit.,* p.104.

13　*Ibid.,* p.102. サポスによれば、フランスでは会社組合はそう多くは設立されていない。しかし、労使混合委員会や合同委員会といった組織が会社組合にかわる役割を果たしていた。会社組合の組合員数は、第一次大戦直後の時期で数万人程度であったと推定されている（Saposs, D. J., *The labor movement in post-war France,* first published in 1931, reissued by Russell & Russell, New York, 1972, pp.319–321）。

14　Résolutions votées par le Congrès international de la participation aux bénéfices, tenu en juillet 1900 au Palais de l'Économie sociale, résolutions XVII et XVIII, reproduit dans Trombert, A., *op.cit.,* p.278, annexe no.1.

15　オトリテ（autorité）とは、雇主・経営者の経営労務に関する専制的指揮権のことである。神意の法（loi divine）によって根拠づけられた所有権に由来する。もしくは経営者の基本機能に由来する。Trimouille, P., préface par Annie Kriegel, *Léon Harmel et l'usine chrétienne du Val des Bois (1840–1914) : Fécondité d'une expérience sociale,* Lyon, 1974, p.117；本久洋一「前掲論文」、417頁を参照。

16　Robert, C., *La suppression du grèves…,* pp.64–65, cité par Elwitt, S., *op.cit.,* p.97.

第 2 部のまとめ

　企業パトロナージュから企業パテルナリスムへの展開（転換）のメカニズムとそのイデオロギー的基礎を，ル・クルーゾ=ストライキとアルザス（ミュルーズ）綿業ストライキを契機理解にすえつつ，社会問題の発生とル・プレェ学派社会改良論に着目し，考察してきた．工業化の進展とインターの波及にともなって，企業パトロナージュの機能成果それ自体とは直接の因果関係なしに客体的に生起する新しい社会経済構造（賃労働者の形成）と思想状況（労働者主義＝社会主義の関与）は，政治・経済・社会の全領域にトータルにかかわる社会問題を発生させた．農業と工場労働が相補的・共生的であった工業初期に農民労働者・農民的労働者を対象に機能していた企業パトロナージュは，労働運動対策機能には希薄であった．それゆえ，この新たな状況に十分対応することができず，激発するストライキ運動のなかに，その内在的限界をしるした．
　社会問題の発生を契機に，経営は企業パトロナージュに特徴的であった宗教的特性を払拭し，本質機能であった「生活保障機能」を賃労働者に対する「全面管理」の手段機能に転換する．そして，賃労働者の主体的意志なり心性を資本合理的にコントロールする政策すなわち「経営による労働の『統合』」を本質にすえた企業パテルナリスムを積極的に準備する．この準備をイデオロギー的に支えたのはル・プレェ学派社会改良論であった．ル・プレェ学派社会改良論は資本主義経営秩序（体制）維持・強化の社会的戦略として認識・受容され，企業パテルナリスムの設計・建設に一定のイデオロギー的基礎を提供した．「社会主義・労働運動対策」を力説するピコ労働者住宅論や「社会平和」の確立と労働意欲の刺激を説く利潤分配論は，まさしく「経営による労働の『統合』」イデオロギーに他ならない．

第 3 部

企業パテルナリスム

第7章

第三共和政期シュネーデル会社の企業パテルナリスム

　1836年10月21日，シュネーデル兄弟は資本金400万フランで，株式合資会社組織の近代的製鉄一貫企業（製銑 – 精錬 – 圧延）シュネーデル兄弟会社をル・クルーゾに設立した（1845年にアドルフが落馬事故で死亡して以後は，ウジェーヌⅠが単独の業務執行管理者 gérant となり，社名をシュネーデル会社 MM. Schneider et Cie と改めた）．初発から技術＝製品開発型の経営を積極的に展開し，棒状鉄，薄鉄板のほか，1900年までに船舶用蒸気機関265台（485,020馬力），定置蒸気機関890台（115,600馬力），蒸気ハンマー183台，蒸気機関車2,684両（1838年にパリ～サン＝ジェルマン鉄道の注文で製造した「ラ・ジロンド」号は国産第1号の蒸気機関車といわれている），炭水車2,192両，鉄道レール1,655,318トン（1897年現在），装甲板53,187トン，各種工作

第7-1表　ル・クルーゾ工場の鉄・鋼生産量　　　（万トン）

年	製銑量	精錬量	製鋼量
1837	0.6		
1847	2.0	2.0	
1860	15.0		
1864			0.3
1865	10.0	10.0	
1867	13.0	11.0	
1869	13.0		
1870		12.0	
1873	18.0	9.0	6.0
1875	19.0	9.0	7.0
1878			6.0
1890			7.5
1905		7.5	
1913			19.0
1916			30.0
1929			12.0
1932			5.0
1938		8.0	10.0

Roy, J.-A., *Histoire de la famille Schneider et du Creusot,* Paris, 1962, p.137.

第 7-2 表　ル・クルーゾ工場の労働者数　　　　　　　　（人）

年	労働者数	年	労働者数	年	労働者数	年	労働者数
1838	1,850	1872	6,944	1891	8,019	1910	11,209
1852	3,211	1873	7,996	1892	8,721	1911	11,240
1855	6,365	1874	8,773	1893	9,256	1912	11,453
1856	6,359	1875	9,005	1894	9,348	1913	11,544
1857	6,212	1876	8,644	1895	9,268	1914	12,081
1858	5,646	1877	8,076	1896	9,270	1915	8,993
1859	5,804	1878	7,980	1897	9,239	1916	14,261
1860	6,631	1879	7,738	1898	9,275	1917	19,488
1861	6,423	1880	8,027	1899	9,648	1918	19,618
1862	7,663	1881	8,343	1900	9,548	1919	18,933
1863	8,373	1882	8,685	1901	8,599	1920	17,414
1864	8,816	1883	8,785	1902	8,672	1921	18,475
1865	8,812	1884	8,172	1903	8,621	1922	15,499
1866	8,467	1885	7,781	1904	8,297	1923	12,456
1867	8,882	1886	7,275	1905	8,159	1924	13,214
1868	8,473	1887	6,449	1906	9,696	1925	13,878
1869	9,237	1888	7,153	1907	10,555	1926	12,715
1870	9,376	1889	7,513	1908	10,737	1927	12,449
1871	6,342	1890	7,488	1909	11,232	1928	12,086

Académie Bourdon, *Étude démographique sur le Creusot*, Dd 12-O[30], avril-mai 1929, documents annexes préparatoires, cité par Le Musée d'Orsay et l'Écomusée du Creusot-Montceau, *Les Schneider, Le Creusot : une famille, une entreprise, une ville (1836-1960)*, Librairie Arthème Fayard/Éditions de la Réunion des musées nationaux, 1995, p.188. ただし，1852 年（原文では 1854 年となっているが，1852 年の誤植と思われる）の労働者数は *Ibid.*, p.179 と Schneider et Cie, *Les Établissements Schneider : Économie Sociale*, Paris, 1912（以下，Schneider et Cie, [1912] と略記），p.82 の数値をもとに，引用者が修正したものである．

機械 501 台，各種大砲 9 万門以上（9 万という数字は恐らく誇張されている）を生産した．その他にも，1837 年から 1911 年の間に各種艦船 529 隻，ボイラーと絞り加工品 61,800 基，建設用鉄骨 65,365 トン，鉄橋梁 213 本，クレーン 281 基，ケーソン 33 基(24,752 トン)，航行標識 520 台，浮きドック 22 基(1907 年現在)，灯台 20 基（1908 年現在)，水門 12 基などを生産した．企業家精神，経営管理，政治権力との結合，銀行との関係といった経営特質の面においては勿論のことであるが，総売上高，純利益，雇用労働者数（第 7-2 表参照）からみても，シュネーデル社はフランス工業化・第二次工業化における大企業主導のコースをリードした重工業企業の典型と見なされる．その歩みは，3 つの時期に分けてあとづけられる．

・急成長期（設立〜ウジェーヌⅠが死亡した 1875 年）：1848 年と 1850 年，そして 1870 年〜1871 年に大きな政治・社会的混乱を経験しているものの，著しい成長を具現した．総売上高は年平均 9.4％ の割合で増え，1837 年〜1838

第 7-3 表　ル・クルーゾ工場の生産設備等：1867 年

工場敷地面積	125 ha
工場建物面積	20 ha
従業員数	9,950 人
工場内の線路	70 km
工場内の機関車	16 両
鉄鉱石産出量	30 万トン
採炭量	25 万トン
高炉	14 基
圧延装置	41 列
パッドル炉	130 基
加熱炉	85 基
工作機械	650 台
蒸気ハンマー	56 台
蒸気機関	132 台（7,360 hp）
鉄加工品生産額	1,400 万フラン

Frey, J.-P., *La ville industrielle et ses urbanités : La distinction ouvriers/employés, Le Creuset 1870-1930*, Bruxelles, 1986, p.35 より作成.

年の約 200 万フランから 1874 年〜1875 年には約 6,000 万フランに増加した．純利益も，1860 年の英仏通商条約によって一時的には減少したが，同 6.1％ の割合で増え，1837 年〜1838 年の 50 万フランから 1874 年〜1875 年には 470 万フランに増加した．配当率は最低でも 5％ を保ち，高いときには 20％ を示した．第 7-3 表に第二帝政期末におけるル・クルーゾ工場の生産設備等を示す．既にこの頃になると，シュネーデル社は世界的に名声を博していた．市場は国内中心で，棒状鉄，薄鉄板，鉄骨，鉄道レール，蒸気機関，蒸気機関車，工作機械，蒸気船（外輪船とスクリュー船）などを供給していた．海外向け生産は少なかった．しかし，1840 年にイタリアへ蒸気機関車を輸出したのを皮切りに（1872 年までに 73 両），1857 年にはスペイン（1922 年までに 253 両），ロシア（1875 年までに 366 両）へ，1866 年にはイギリスのグレート・イースタン鉄道（16 両）へも輸出した．その他，スイス，オーストリア，地中海諸国，南米諸国，インドシナ，ロシア向けの鉄骨・鉄橋輸出にも力を注いだ．

・安定成長期（1876 年〜第一次大戦）：この期の特徴は，それまで主力部門であった炭鉱・製銑・精錬のウエイトが低下する一方で，鉄加工・製鋼部門における技術革新が進捗し，多角生産が一層進展したことである．とりわけ兵器生産の延びは瞠目的であった（第 7-4 表参照）．技術革新の例としては，1878 年の 100 トン大動力ハンマー設置，1883 年のマルタン炉 7 基（最初の導入は 1867 年）とベッセマー転炉 6 基（同 1870 年）の拡充整備，1889 年のニッケル鋼開発があげられる．1895 年に開始された工場の電化も進捗し，1900 年には

第7-4表　ル・クルーゾ工場労働力の部門別構成比　　　　　(%)

部門	1852年	1869年	1895年	1914年
炭鉱・鉱山	29.4	18.9	4.7	3.1
精錬	27.6	33.4	31.5	28.5
製銑	8.8	9.3	6.4	14.9
製鋼			16.5	
機械	28.7	26.8	22.8	23.7
大砲			5.5	17.1
その他			12.6	12.7
合計	94.5	88.4	100.0	100.0

Le Musée d'Orsay et l'Écomusée du Creusot-Montceau, *op.cit.*, p.188 より作成.

第7-5表　シュネーデル社のシャロン・スル・ソーヌ造船所における艦船建造

(隻)

年	建造数	軍艦	輸出	年	建造数	軍艦	輸出	年	建造数	軍艦	輸出	年	建造数	軍艦	輸出
1839	6			1868	4		1	1885	1			1899	8	8	2
1842	4			1869	1		1	1886	22	12	3	1900	53	50	2
1844	7			1870	1		1	1887	2	1		1901	2	2	
1846	5			1873	1			1888	10			1902	77	77	1
1848	9			1875	1			1889	22	22	19	1903	19	10	7
1852	10		7	1876	21			1890	9	3		1904	18	15	16
1853	5			1877	5		1	1891	3	2	1	1905	2	2	
1854	7		4	1878	7			1892	7		1	1906	8	8	4
1856	1			1879	2	2		1893	10			1907	3	1	1
1860	1		1	1880	4		1	1894	3	3	8	1908	3		
1861	1		1	1881	1			1895	4			1909	1		
1863	2			1882	4	1		1896	47		41	1910	5	2	3
1865	8			1883	4			1897	34		30	1911	3	3	
1866	2		2	1884	8			1898	12	8	2	合計	529	232	163

Schneider et Cie, *Chantiers de Chalon-sur-Saône : Constructions navales*, Paris, 1912 より作成.

電気機関車第1号を製造した．この間，1881年に資本金は3,300万フランを超えた．「大不況」期をへているために，総売上高にみるこの期全体の年平均成長率は2.4％と相対的に低い（1912年〜1913年の総売上高は1億3,240万フラン，純利益は720万フラン）．しかし，1880年代後半以降は大砲，軍艦，装甲鋼板といった兵器生産への傾斜が進行し（第7-5・7-6表参照），これが牽引力となって年平均5.6％の成長を具現した．もう一つの特徴は海外市場向け生産のウエイトが大きくなったことである．輸出額は1880年代初頭には総売上高の6％弱をしめるにすぎなかったが，中欧諸国，北欧諸国，南米諸国，ロシア，イタリア，スペインに次々と取引代理店を設置して営業網を整備し，積極的な海外市場開拓策をとった結果，1906年〜1907年には同41％をしめた．この輸出を支えたのも，やはり兵器であった（第7-5・7-6表参照）．もちろん，

第7-6表　装甲鋼板の生産量と供給先：1876年～1900年
(トン，％)

生産量	53,187	
供給先	供給量	比率
フランス海軍	28,981	54.5
イタリア	8,040	
スペイン	4,613	
ロシア	2,805	
スウェーデン・ノルウェー	2,582	
日本	2,367	
チリ	1,387	
デンマーク	1,027	
ギリシア	777	
中国	342	
アメリカ	132	
オランダ	98	
ベルギー	17	
ポルトガル	15	
オーストリア=ハンガリー	4	
外国合計	24,206	45.5

Schneider et Cie, *Établissements de MM. Schneider et Cie*, Paris, 1901（以下，Schneider et Cie, [1901] と略記），p.82 より作成．

第7-7表　蒸気機関車と炭水車の製造数と供給先：1838年～1900年
(両，％)

	蒸気機関車		炭水車	
製造数	2,684		2,192	
供給先	供給数	比率	供給数	比率
フランス国内	1,863	69.4	1,443	65.8
フランス植民地	9	0.3		
ロシア	367		361	
スペイン	253		238	
イタリア	82		78	
エジプト	22		20	
ベルギー	18			
アルゼンチン	17		15	
イギリス	16		16	
スイス	14		3	
チリ	10		10	
ポルトガル	8		8	
トルコ	3			
オーストリア=ハンガリー	2			
外国合計	812	30.3	749	34.2

Schneider et Cie, [1901], p.118 より作成．

機関車・炭水車（第7-7表参考），鉄道レール（第7-8表参考），橋梁，港湾施設といった民需輸出も無視できない．しかし，兵器生産は1898年現在で，

第 7-8 表　鋼レールの生産量と供給先：1871 年～1897 年
(トン, %)

生産量	823,402	
供給先	供給量	比率
フランス国内	667,061	81.0
ロシア	66,242	
イタリア	35,008	
アルゼンチン	13,558	
スイス	11,950	
アメリカ	11,500	
トルコ	8,021	
ブラジル	3,829	
オーストリア＝ハンガリー	3,253	
ドイツ	2,458	
スウェーデン	522	
外国合計	156,341	19.0

Schneider et Cie, [1901], p.87 より作成．

既に総売上高の 27%，輸出額の 80% 以上をしめていた[6]．

・成熟期（戦間期）：第一次大戦の終結とともに軍需受注は激減した．その結果，1919 年～1920 年の総売上高は戦前の水準にまで低下した（約 1 億 2,000 万フラン）．資本金は 1 億フランに達したものの，総売上高，純利益ともにあまり延びは見られなくなった．兵器部門は縮小され，大砲の生産はル・アーブルとアンフェリュールの 2 工場に整理された．1935 年にはル・クルーゾ工場の高炉の火が消され，炭鉱も閉鎖された．その一方で，「ヴィルゴ」ステンレス鋼，電気機関車，蒸気タービン，水力タービン，ディーゼル機関，電気機械といった特殊鋼の開発や高品質重機械生産への傾斜が進められた[7]．この期の特徴は，民需用高付加価値生産に生産構造が転換したことにある．また，国内外の産業企業と銀行計 182 社に対して資本参加と人的参加を積極的に押し進め，フランスのみならず国際的にも屈指の「企業グループ」を形成したことも見逃せない[8]．

本章の課題は，1870 年ストライキの後に展開されたシュネーデル社の企業福祉政策について，実態の史料的究明に沈潜すること，そして経営・社会的機能成果を「具体的」に考察することである[9]．

注
1　1829 年～1834 年にかけて，フランス人技術者マルク・セギュイン（Marc Seguin）により，サ

ン・テチィエンヌ鉄道向けに，リヨンで12両の蒸気機関車が製造されている．12両のうち，後半につくられた数両は純国産であった．したがって，正確にいえば，「ラ・ジロンド」号は国産第1号ではない．にもかかわらず，「同」号に国産第1号の栄誉が与えられるのは，「同」号によってフランス国内におけるイギリス製蒸気機関車の独占を打破する契機が確立されたからに他ならない．「ラ・ジロンド」号の産業的・社会的意義は極めて大であった（La Broise, T. de et F. Torres, *Schneider, l'histoire en force*, Paris, Éditions Jean-Pierre de Monza, 1996, p.31）．

2　Schneider et Cie, *Établissements de MM. Schneider et Cie*, Paris, 1901（以下，Schneider et Cie, ［1901］と略記）; Schneider et Cie, *Chantiers de Chalon-sur-Saône : Constructions navales*, Paris, 1912; Schneider et Cie, *The Schneider Works : Social Economy*, Paris, 1914（以下，Schneider et Cie, ［1914］と略記）．

3　こうした経営特質については，Beaucarnot, J.-L., *Les Schneider, une dynastie*, Paris, Hachette, 1986; Roy, J.-A., *Histoire de la famille Schneider et du Creusot*, Paris, 1962 を参照した．

4　La Broise, T. de et F. Torres, *op.cit.*, pp.40, 101, 152 に，1837年から1943年にかけてのシュネーデル社の総売上高と純利益の推移を示すグラフが記されている．Habaru, A., *Le Creusot, terre féodale : Schneider et les marchands de canons*, Paris-Bruxelles, 1934, p.151 には，1924年から1933年にかけての純利益と株式配当が記されている．また，Gille, B., *La sidérurgie française au XIXe siècle*, Genève, 1968, pp.252, 257, 278, 284 と Silly, J.-B., "La reprise du Creusot 1836–1848", in *Revue d'Histoire des Mines et de la Métallurgie*, t.1, 1969, p.277 には，七月王政期と第二帝政期における純利益が記されている．

5　La Broise, T. de et F. Torres, *op.cit.*, p.40.

6　*Ibid.*, p.101; Schneider et Cie, ［1901］; Schneider et Cie, *Chantiers*….

7　La Broise, T. de et F. Torres, *op.cit.*, p.152.

8　Roy, J.-A., *op.cit.*, pp.107–108;島田悦子『欧州経済発展史論：欧州石炭鉄鋼共同体の源流』日本経済評論社，1999年，173–196頁．

人民戦線期，シュネーデル社は軍需生産にかかる工場の国有化（nationalisation）に関する1936年8月11日の法律と1937年3月13日付デクレの適用を受けた．その結果，ル・アーブル，アンフェリュール，オック，ラ・ロンド・デ・モール，ボルドー＝バカランの各工場が政府によって収用された（Dautry, R., *Notice sur la vie et les travaux de M. Eugène Schneider 1868–1942*, Paris, 1948, p.10）．ウジェーヌⅡ（後述）は「この国有化の措置はわれわれから機械設備の非常に重要な部分を，われわれの研究・開発・実験施設の大部分を奪い去った」（La Broise, T. de et F. Torres, *op.cit.*, p.154）と述べて，遺憾の意をあらわした．以後，シュネーデル社は否応なしに戦争の渦に巻き込まれていった．

1940年6月19日，ル・クルーゾ市はドイツ軍によって占領された．多くの市民が約60km離れた自由地区へ避難した．旧王妃クリストー工場跡に占領駐屯軍司令部が置かれた．大戦中，ル・クルーゾは1942年10月17日と1943年6月20日の2度にわたりイギリス空軍の爆撃を受けた．工場と公共施設，そして住宅約4,000戸が破壊された．民間人を含めて約1,300人が死傷した．1944年9月7日の解放の日まで，ル・クルーゾ工場はドイツ軍の管理下に置かれた．

9　1913年現在，シュネーデル社は主力工場であるル・クルーゾ工場の他に，国内に以下の工場・事業所を有していた．シャロン・スル・ソーヌ造船所（ソーヌ・エ・ロワール県），ドロワトモンとブリエの鉄鉱山（ムルト・エ・モゼル県），シャンパーニュ＝スル＝セーヌ電気機械工場（Champagne-sur-Seine. セーヌ・エ・マルヌ県），ル・アーブルとダルフルールの大砲工場（Le Havre, d'Harfleur. セーヌ・アンフェリュール県），パリ精密機械工場，レ・モール水雷工場（les Maures. ヴァール県），クルゥ＝サン＝ジョルジュ造船所（Creux-Saint-Georges. ヴァール県），ドゥシーズ炭鉱（Decize. ニエーヴル県），ペリュイユ耐火煉瓦工場（Perreuil. ソーヌ・エ・ロワール県）（Schneider et Cie, ［1914］, pp.7–8）．

本稿では，ル・クルーゾ工場で実践された企業福祉政策を取りあげる．シュネーデル企業福祉政策はル・クルーゾ工場における企業福祉政策のなかに凝縮されている．

I 生活給付

1 準備金庫

共済金庫は1870年〜1871年の社会・政治的混乱を契機に改編され，1872年に準備金庫として再スタートした（名称はCaisse de prévoyanceのまま）[1]．労働者の拠出（賃金の2.5%）は廃止され，原則として原資は全額会社負担となった．準備金庫の業務は医薬給付と労災補償に大別される．

(1) 医薬給付

改編後，給付対象者が拡大された．労働者本人と配偶者，子供（満15歳未満）はもとより，両親，寡婦，遺児，勤続30年以上の退職者にも適用された．市内は4つの医療区に分けられ，各区に専任の医師1名〜2名が配属された．郊外にも6名が配属された．薬剤は薬剤師と調合士及び助手若干名で構成された薬局か，もしくは市中央部に設けられた薬剤所（poste de distribution）で無料給付された[2]．

1897年に「訪問看護婦」制度（Soeurs gardes-malades à domicile）が導入された．業務はモンフォコン=デュ=ヴェレ・フランシスコ女子修道会に委託された．介護を希望する労働者とその家族は，何らの手続きを要することなく，同女子修道会に直接申し込めばよかった．女子修道会は昼夜を問わず，病人・負傷者の介護にあたった．必要な場合には，医療の手助けも行った．処方箋にもとづいて投薬もした[3]．1912年現在，12人の修道女がこの制度に専従していた．会社は費用の一切を引き受けるとともに，自動車を提供して活動の便宜をはかった．「訪問看護婦」制度は本来の医薬給付を補完する機能を担った．

第7-9表から，受給者が非常に多いこと，そして増加傾向にあることが知れる．給付の効果はル・クルーゾ市における乳児の低死亡率から確認される．

第7-9表 医薬給付の受給者数* （人）

	1908年	1909年	1910年	1911年
受診者数	69,228	71,870	72,013	74,868
被投薬者数	70,698	72,083	72,108	78,446
合計	139,926	143,953	144,121	153,314

*「訪問看護婦」制度による受給者は含まれていない．
Schneider et Cie, [1912], p.152.

人口学者のピノール（Pinord）が 1905 年に医学アカデミーに提出したリポートによると，乳児の死亡率は全国平均 15/100 であったが，ル・クルーゾ市のそれは 10/100 であり，最も低いレベルにあった[4]．ロベール・ピノ（Robert Pinot）の整理によると，フランス全体の乳児死亡率は 1900 年直前の数年間で年平均 16/100，1900 年〜1910 年で同 13.5/100 であったが，ル・クルーゾ市では 1893 年〜1902 年で同 11/100，1900 年〜1910 年では同 8.6/100 であった[5]．

（2）労災補償

1838 年当初から共済金庫は「リスク・プロフェシオネル」の原則を導入し，被労災者と職業病罹患者に対する金銭補償を行っていた[6]．改編後も同様であるが，就業不能者に対する補償額は 4 ヶ月以内の場合で賃金の 100％，5〜8 ヶ月以内で 50％，9〜12 ヶ月以内の場合には 25％ に改められた[7]．

改編前には，共済の原理を逸脱した管理運営も一部見受けられた[8]．改編後は，十分とは言えないにしても－とりわけ長期間就業不能に陥った者に対する労災補償についてはそう言える－，社会立法に先行して医薬給付と労災補償が「無料」で実施され，健康と生活維持の面で労働者とその家族に最低限度の保障を提供する仕組みが整備された．1898 年 4 月 9 日に労働者災害責任法が制定された．だが，補償内容はシュネーデル準備金庫のほうが充実していた．

2 退職年金

会社創立 40 周年記念事業の一環として，1877 年 5 月 1 日に，全従業員を対象に退職年金制度が設立された．「旧退職年金規則，1877 年 3 月 25 日」（Retraites, ancien système, le 25 mars 1877, Règlement）の提供を借りる[9]．「1877 年 5 月 1 日以降，シュネーデル社は，従業員が勤続期間と賃金額に応じた退職年金を受給することを保証するために，自発的に，みずからの負担で必要な掛金の払込みを行う」（第 1 条）．「払込みは，シュネーデル社により，老齢年金国民金庫に対して行われる．その額は賃金支払簿に記載されている額の 2％ である．従業員が妻帯者の場合，妻が 25 歳に達すると，妻に対しても別途同 1％ の払込みがなされる」（第 4 条）．「1877 年 5 月 1 日現在，あるいは同日付以降に 25 歳以上に達したフランス国籍を有する従業員で，勤続 3 年以上の者に対して」（第 2 条），この制度は適用される．1895 年，適用年齢は 23 歳に引き下げられた．「年金受給年齢は 50 歳と定める．ただし，各名義人（従業員）

は，毎年，65歳まで受給を延期することができる」（第12条）．「理由のいかんを問わず，シュネーデル社を退職した名義人は老齢年金国民金庫に対して，自分の通帳の返却を請求することができる．その場合，掛金の払込みから生じる諸権利は，名義人に対して完全に付与される．名義人は，みずからの判断で，払込みを自発的に継続することも，中止することもできる」（第13条）．「シュネーデル社は，この年金形成のための一切の費用を負担する」（第15条）．「上記の諸行為は純粋に恩恵の性格をもつものである」（第16条）．

第1・15・16条から知れるとおり，この制度は労働者の負担をまったく必要としない，アシスタンスの原則に基づいた，経営の労働に対する完全な「恩恵」であった．年金額は当初90フラン～100フランでしかなかったが，1893年に最低300フランに，Charles-Prosper-Eugène Schneider（1868～1942．以下，ウジェーヌⅡと略記）がHenri-Adolphe-Eugène Schneider（1840～1898．以下，アンリと略記）のあとを継いだ1898年には同365フランに引き上げられた．労働局が1898年に全国の工業企業296,797社（雇用労働者総数2,673,000）を対象にして行った調査によると，1896年現在で退職年金制度を実践している企業はわずか229社で，加入者数は115,986にしかすぎない．このうち，シュネーデル社が従業員本人9,513，配偶者7,216の計16,729（14.4％）をしめていた．年金制度は稀な経営実践であったが，そのなかでもシュネーデル社が突出的に大きなウエイトをしめていたことが分かる．1894年6月29日の法律により，炭鉱主は坑夫のために賃金の2％を老齢年金国民金庫に払込むことを義務づけられたが，このときにもシュネーデル社は他のセルヴィスとの均衡をはかるために，3％を払込んでいる．

1903年にアシスタンスの原則が放棄された．かわって，プレヴォワイアンスの原則に基づく「新退職年金規則，1903年1月9日」（Retraites, nouveau système, le 9 janvier 1903, Règlement）が制定された．労働者に倹約を促すとともに，老後の生活は労働と経営が一体となって準備するものだという心構えを労働者に育ませるのがねらいであった．「シュネーデル社は従業員の利益のために，無料で，老齢年金国民金庫に対して，掛金の払込みを行う．……既婚男子に対しては，以下の条文に規定された，彼らの払込額の2倍とする．ただし，賃金の4％を超えることはできない．未婚男子と婦人に対しては，以下の条文に規定された，彼らの払込額と同額とする．ただし，賃金の2％を超えることはできない」（第1条）．「この払込みの利益を享受するためには，従業員

は，少なくとも自己の賃金の 1% を掛金として退職年金基金形成のために払込まねばならない」(第 2 条)．したがって，老齢年金国民金庫への払込額は既婚男子で最大限賃金の 6%，未婚男子と婦人で同 4% に達したと考えられる．これは旧規則比 2 倍の掛金率であった．「上記第 1 条に規定されている払込みを少なくとも 3 年間享受している従業員で，もし年金受給額が 500 フランに達しない場合には，シュネーデル社はみずからの負担で，その額が 500 フランに達するのに必要な補足額を……保証する」(第 4 条)．この規定によって，年金額は最低 500 フランに引き上げられた．「シュネーデル社の払込みを享受するためには，従業員は 18 歳以上 60 歳未満であらねばならない」(第 5 条)とあり，適用年齢も 5 歳引き下げられた．「……障害を負い，就業不能に陥った従業員は，既に払込まれた額に応じて，50 歳（年金受給年齢）以前に自己の掛金を精算することができる」(第 12 条)．新規則は，1911 年 7 月 1 日に労働者・農民退職年金法が施行されるまで機能した．その間，毎年，シュネーデル社によって約 100 万フランが老齢年金国民金庫に労働者個々の名義で払込まれた[15]．

　労働者・農民退職年金法は年収 3,000 フラン未満の労働者に年金加入を義務づけた．シュネーデル社はこの法律を遵守したうえで，さらに独自の方式を展開した．同法が雇主に対して課す掛金負担は，成人男子については年間 9 フラン，婦人 6 フラン，未成年者 4.5 フランで，労働者に対してもこれと同額を課していた．シュネーデル社はこれに追加して，既婚男子に年間 15 フラン，配偶者に 5 フラン，独身男子に 10 フラン，婦人に 6 フラン，未成年者に 5 フランを，労働者も同額を払込むことを条件に，払込むこととしたのである．さらに会社は，独自に，みずからの負担で，成人男子に年間 9 フラン，婦人に 6 フラン，未成年者に 5 フランを払込んだ．以上の掛金により，例えば既婚労働者の場合，配偶者の分と合わせると，最低でも 1,250 フランの年金を受けとることができた．受給年齢は 50 歳で変わりはなかった[16]．

　1920 年 5 月 1 日，ウジェーヌ II は任意加入の年金制度を新設した．労働者と会社の払込額を第 7-10 表に示す．この払込みに加えて，会社は勤続 10 年・60 歳以上の者を対象に割増払込みを行った（第 7-11 表参照）．この新制度によって得られる年金額はどれくらいであったのか．20 歳で加入し，60 歳で退職する労働者は，退職時の年間賃金を 3,600 フランと仮定した場合，2,125 フランを得ることができた．年間賃金を 6,400 フランと仮定した場合には 3,160 フランを得ることができた．既存の年金制度と合算すると，それぞれ 3,375 フ

第7-10表　任意加入の退職年金制度への払込額

年間賃金 (フラン)	独身労働者			既婚労働者		
	労働者の 払込額	会社の 払込額	合計	労働者の 払込額	会社の 払込額	合計
6,001 未満	賃金の 1.0%	賃金の 2.0%	3.0%	賃金の 1.5%	賃金の 3.0%	4.5%
6,001-9,000	1.5	2.0	3.5	2.25	3.0	5.25
9,001-15,000	2.0	2.0	4.0	3.0	3.0	6.0

Pinot, R., *Les oeuvres sociales des industries métallurgiques,* Paris, Armand Colin, 1924, p.208.

第7-11表　任意加入の退職年金制度
への会社の割増払込額
(年額)　　(フラン)

年間賃金	割増払込額
6,001 未満	12
6,001-9,000	15
9,001-12,000	18
12,001-15,000	21
15,001 以上	25

Pinot, R., *op.cit.,* p.209.

第7-12表　最低年金額の推移
(フラン, %)

年	最低年金額 A	年間平均賃金 B	A/B
1877	90-100	1,200	7.50-8.30
1893	300	1,200***	25.0
1898	365	1,260***	29.0
1903	500	1,320***	37.9
1911	1,250*	1,500	83.3
1920	3,375**	3,600	93.8

*労働者本人と配偶者の受給合計額.
**1911年の制度と任意加入の年金制度の合計額.
***Schneider et Cie, [1912], p.87 の賃金グラフから読み取った値.

ラン，4,410 フランになる．これは夫婦 2 人が老後の生活を送るうえで十分な額であった．1924 年現在，シュネーデル労働者の 88% がこの新制度に加入していた．[17]

第7-12表に最低年金額の推移を示す．アシスタンスの原則に基づいて実施されていた年金制度は完全な「恩恵」であった．しかし，安心して老後を送るには不十分な年金額でしかなかった．プレヴォワイアンスの原則を導入して以後は漸増し，慎ましい生活を送るうえで十分な額にまで引き上げられた．退職年金制度は，労働者の物質的生活に対するシュネーデルの「恩恵」的性格が十分に反映された制度であった．

退職年金制度の導入については，1877 年に実施された賃金引き下げの代償措置であったと見なす見解もある．デュメェはその代表的論者である．[18] 賃金は 1877 年～1878 年にかけて 10% 以上引き下げられ，その後漸増して，1895 年になってやっと 1876 年の水準にまで回復した．[19] したがって，デュメェの主張には一定の説得力があるようにも思われる．しかし，この賃下げは不況によって引き起こされた外部的な市場圧力の結果であって，経営が剰余価値の増大を目的として任意的に引き下げたものではない．むしろ，賃下げを行わざるを得

ない客体的状況下にありながら，40周年記念事業の一環として，年金制度を発足させたアンリの労働者に対する温情意識に積極的評価を与えるのが妥当であろう．

3　貯蓄金庫

　会社設立の当初から設置されていた貯蓄金庫は，1877年に名称をCaisse d'épargne[20]と改めた．預金高は着実に増加し，1854年200万フラン，1866年300万フラン，1868年400万フラン，1870年500万フラン，1877年800万フラン，1898年1,000万フラン，1910年には1,300万フランに達した．1911年現在，通帳数は8,000であった．これは労働者数の約70%にあたった[21]．通帳当たりの預金額は平均1,625フランで，これは労働者の年間平均賃金を若干上廻っていた[22]．預金は，主に自宅を建てるときに引き出された．また，持家建築資金貸付の原資としても活用された[23]．貯蓄金庫は労働者に小財産の形成を，したがって小ブルジョワ的価値観の陶冶を促した．

4　家族手当

　1892年8月1日に導入された．15歳未満の子供を6人以上もつ者を対象に，第6子以下の子供一人につき月額5フランを給付した．受給者数はそれほど多くはなかった．しかし，労働者世帯の出生率の向上と多子家族の生活安定に寄与した[24]．後に改正され，1924年には第1子に月額25フラン，第2子以下に一人当たり同10フランを給付した[25]．

5　病院

　当初，工場に付属して診療所が設置されていた．1863年に内科医3，外科医1，ベッド数30の小病院が建てられた．1879年には2つめの小病院がシャプタル通りに建てられた．1894年，シュネーデル家の寄付金をもとにして，総額165万フランでベッド数128（1924年までに275に増床）の近代的総合病院オテル゠デュ（Hôtel-Dieu）が市郊外に建設された．労働者本人と配偶者及び15歳未満の子供は無料で受診しえた．入院費も1日当たり1フランと格安であった．他にも，アントワネット結核療養所，産院，妊産婦相談所が建設された．この時期，労働者が個人的に民間の病院・診療所で診療を受けるのは容易なことではなかった．労働事故や健康不良のリスクが高い炭鉱・製鉄労働者にとっ

て，こうした医療施設は，準備金庫とともに，かれらの健康維持と傷病対策に機能する必須の生活基盤であった．[26]

6　養老院

1887年1月4日にMaison de Retraiteとして開院した．ウジェーヌⅠの未亡人とアンリ夫妻の寄付金をもとに，会社が補助金を出して，総額34万フランで建設された．定員80人．無料であった．入居資格は60歳（70歳ともいわれる）以上．シュネーデル退職者とその配偶者は優先的に入居することができた．定員に満たない場合に限り，市内の高齢困窮者も入居しえた．院内には医務室と礼拝室があり，サン=ジョゼフ・ド・クリュニィ修道女が入居者の日常生活を世話していた．入居者はシュネーデル「家族」の「子供」として遇された．[27]

7　レクリエーション

文化・体育施設として，図書館，モンポルシェ労働者公園（1901年開園．人形劇場，音楽会場，自転車競技場，フットボール場が付設されていた），モランボ射撃場（Morambeau），エポント競馬場（Épontots），そしてフェンシング，ビリヤード，ボート，体操の各サークルが会社によって建設・整備されていた．青少年を対象とした野外キャンプも活発に行われた．[28] レクリエーション活動はふだん娯楽や成就感とは縁遠い日常生活を送っている労働者や子供たちに開放感と喜びを味わわせるとともに，自己表現の機会を提供した．その結果，かれらの企業帰属意識を育むことに寄与した．また，労働者が政治・労働集会や居酒屋・カフェへ足を運ぶのを防止することにも役立った．[29]

8　その他

（1）予備役・国土防衛兵手当：1875年に設置．勤続3ヶ月以上の労働者を対象に，兵役期間中，賃金の1/3（ただし，最低1フラン/日，最高2フラン/日）を支給した．[30]

（2）出産有給休暇制度：出産後3週間～4週間の有給休暇を定めていた．希望者には1年間の休職（無給）もみとめていた．産婦には産着一式を支給した．[31] 1908年4月9日の法律よりも充実した内容であった．

(3) 物価手当：以前から支給していたが，1910年に改正した．1日当たりの賃金が4.75フラン未満の労働者及び年間賃金が2,000フラン未満の下級職員を対象に，食料品価格が高騰する時期（とくに冬期）に，賃金と扶養家族数に応じて支給した．支給総額は毎年約15万フランにのぼった．[32]

(4) 寡婦・遺児に対する職業斡旋：父親労働者を亡くして困窮している遺族が，できるだけ自立して生活を送ることができるように，寡婦・遺児に対して，工場での洗濯や繕いといった手仕事あるいは電話交換手やタイピスト・保母といった専門的仕事を優先的に斡旋した．[33]

(5) アルコール中毒撲滅運動としてのコーヒーの無料配給，退職者会館（1887年），孤児院（Maison de famille, 1908年），家族会館（1908年）を会社の全額負担で実施・運営した．

結語

　生活給付は日常労働生活の広範な領域にわたる物質的生活保障として実施された．労働者本人はもとより，乳幼児から退職高齢者までの家族全員をカバーしていた．大抵の場合は「無料」で，しかも給付そのもののなかに労働者に対する支配・抑圧のメカニズムは直接的にはビルト・インされていなかった．恩恵・実利的性格をもつ生活給付の実践動機を整理する．

　1870年ストライキのすぐあと，アンリは「工場内の秩序とディシプリンを回復する」ために，ル・プレ学派労働問題研究家エミール・シェイソンを工場長として招聘した．アンリは「社会平和」＝社会改良に関してシェイソンから教えを受け，社会の基本構成単位は個人ではなく「家族」であること，「家族は企業の根本である」こと，したがって工場の平和は労働者「家族」の建設に，さらには拡大シュネーデル「家族」の構築に依存していること，を認識した．[34] 別言すれば，「家族」の形成は労働者の経営に対する帰属意識を培い，労働者を自発的に「従業員」化ならしめるイデオロギー装置であると認識した．生活給付は，第一義的には，1870年ストを契機とする労働者「家族」の建設そして拡大シュネーデル「家族」の構築という労務管理的視点から展開された．

　第2の動機は，国家権力の経営権とりわけ労務管理への介入（国家管理化）

に対する抵抗意識である．アンリは「労働者問題への国家の介入．非常に悪しきこと，非常に．私は，知事がストライキに介入することも，とにかく認めない」と強調する．ウジェーヌⅡも 1933 年に「社会保険について」次のように述べ，国家の労務管理への介入を痛烈に批判する．「法律によって施行された社会保険は寛大な思想にしたがったものである．しかし，費用のかかるものである．シュネーデルの社会的事業は既に相互扶助組合，医療サーヴィス，病院，産院，養老院を建設している．立法に対するその優位は簡潔さ，柔軟さ，労働者と雇主の緊密な協力にある．さらに，それは労働者の信頼を得ている．……（一方，法律によって施行された）社会保険は複雑で不適切な 1 つの理論的構成物である．それは，雇主と所謂相互的パテルナリスム（企業パテルナリスムのこと）に対する立法者の不当な不信を標示している．……社会保険は……労働者の労働と雇主の思慮によって繁栄している良き企業にとっては有害なものである．それは，しばしば数多くの凡庸な官吏をつくりだす．それは，人間の尊厳と自由をほとんど尊重していない．最後に，それは巨額の資金を固定化する」．労務管理政策の国家管理化に対する抵抗意識は，雇主の労働者に対する生活保障の拡充を刺激した．

　シュネーデル社は生活給付に毎年 200 万フラン〜300 万フランを支出していた（1899 年 230 万フラン，1911 年 299 万フラン，第 7-13 表参照）．労働者は，恩恵・実利的性格をもち生活を安定させるこの給付を基本的にはポジティブに受容した．そして，労働者「家族」の形成を基礎に擬制的に構築された拡

第 7-13 表　生活給付支出：1911 年　　　（万フラン）

内訳	支出額
託児所・家政学校 シュネーデル学校	34.0
予備役・国土防衛兵手当 家族手当・多子家族住宅手当 物価手当・暖房費 健康飲料（コーヒー）	80.0
レクリエーション	9.0
労災補償	32.5
医薬給付 病院・救助班	45.0
退職年金 永年勤続者への補助貸付	95.0
その他	3.5
合計	299.0

Schneider et Cie, [1912], p.89.

第7-14表　シュネーデル労働者の勤続年数分布：1904年　　（人，％）

勤続年数	労働者数	比率
1–5 年	3,977	31.2
6–10	2,294	18.0
11–15	1,890	14.8
16–20	1,021	8.0
21–25	1,067	8.4
26–30	884	7.0
31–35	845	6.6
36–40	446	3.5
41–	321	2.5
合計	12,745	100.0

Schneider et Cie, *Économie Sociale : Institutions de MM. Schneider et Cie*, Nevers, 1905（以下，Schneider et Cie，[1905] と略記），p.142.

　大シュネーデル「家族」に生活するル・クルーゾ人＝シュネーデル「従業員」として，みずからを－一定の範囲と度合において－位置づけた[38]．かれらの定着率の高さはその証左である．シュネーデル社全体の数字だが，1913年現在，正式工だけをみると，勤続20年～24年の者が25.7％，25年～29年の者が17.6％，30年以上の者が12.7％（以上，合計56.0％）をしめる．平均勤続年数は13年を超えている[39]．恐らく，補助工と日雇工を含めても，勤続11年以上の者が全体の約50％をしめるであろう（第7-14表参考）．

　しかしながら，恩恵・実利的性格をもつこの生活給付が，経営の労働に対する支配・統制の手段として「実質的」に機能していたことも指摘しておかねばならない．「全面管理」の節（本章Ⅲ節）で指摘するように，経営に対して反抗的な労働者は生活給付から直ちに排除された．排除された労働者はたちまち生活に窮した．みずからとみずからの家族の生活を維持するためには，労働は経営の支配・統制に服さなければならなかった．物質的生活保障としての生活給付は，「全面管理」の手段機能としての性格を明確に有していたのである．

注

1　共済金庫については，第3章Ⅲ3を参照されたい．
2　Schneider et Cie, *Les Établissements Schneider : Économie Sociale*, Paris, 1912（以下，Schneider et Cie，[1912] と略記），p.152.
3　*Ibid.*, pp.152–153.
4　Roy, J.-A., *op.cit.*, p.93.
5　Pinot, R., *Les oeuvres sociales des industries métallurgiques*, Paris, Armand Colin, 1924, p.199.
6　共済金庫による労災補償については，第3章Ⅲ3を参照されたい．
7　Schneider et Cie, [1912], pp.191–192.

8 藤村大時郎「フランスのル・クルゾーにおける経営パターナリズムの展開：1836～1914－その経営的機能と経済的役割を中心として－」『鹿児島県立短期大学紀要』第31号，1980年，46頁参照．アバルは管理運営の恣意的性格を次のように指摘している．「共済金庫は潤沢であった．年間25万フランが掛金として入っていた．しかし，シュネーデル氏は金庫に1スーも入れていなかった．かれらは何らの説明も行わず，給与係による労働者賃金の2.5%強制天引きで金庫の原資を調達していた．労働者は自分たちが拠出しているこの金庫の会計について，何ら知り得なかった．金庫から享受しうる救済はわずかな額でしかなく，また，その救済を受けることさえも困難であった．一方，シュネーデル学校には（毎年）4万フラン～5万フランが運営・建設のために使われ，教会には2.5万フランが寄付されていた」と（Habaru, A., op.cit., pp.31-32）．

9 「旧退職年金規則」は Schneider et Cie, *Économie Sociale : Institutions de MM. Schneider et Cie*, Nevers, 1905（以下，Schneider et Cie, [1905] と略記），pp.145-147に全文が収録されている．

10 Dumay, J.-B., *Un fief capitaliste, Le Creusot*, Dijon, 1891（以下，Dumay, J.-B., *Un fief* と略記），p.25.

11 Schneider et Cie, [1912], p.198.

12 *Ibid.*

13 *Ibid.*

14 「新退職年金規則」は Schneider et Cie, [1905], pp.148-152に全文が収録されている．

15 Schneider et Cie, [1912], p.201.

16 *Ibid.*, pp.202-203.

17 Pinot, R., *op.cit.*, pp.209-210.

18 Dumay, J.-B., *Un fief*, p.25.

19 Schneider et Cie, [1912], p.87の賃金推移グラフを参照した．

20 1877年以前の貯蓄金庫については，第3章 III 4を参照されたい．

21 Roy, J.-A., *op.cit.*, pp.39, 94.

22 Schneider et Cie, [1912], p.123.

23 *Ibid.*, pp.124-125 ; Schneider et Cie, [1914], p.43.

24 20世紀初頭，ル・クルーゾ市の出生率は全国平均のおよそ2倍に達していた（Beaucarnot, J.-L., *op.cit.*, p.157 ; La Broise, T. de et F. Torres, *op.cit.*, pp.84-85）．

25 Pinot, R., *op.cit.*, p.199.

26 Schneider et Cie, [1905], pp.171-172 ; La Broise, T. de et F. Torres, *op.cit.*, p.81 ; Le Musée d'Orsay et l'Écomusée du Creusot-Montceau, *Les Schneider, Le Creusot : une famille, une entreprise, une ville (1836-1960)*, Librairie Arthème Fayard/Éditions de la Réunion des musées nationaux, 1995, p.320.

27 Schneider et Cie, [1905], pp.173-174 ; Roy, J.-A., *op.cit.*, p.82.

28 Dautry, R., *op.cit.*, p.11 ; La Broise, T. de et F. Torres, *op.cit.*, pp.84-85.

29 Devillers, C. et B. Huet, préface de Louis Bergeron, *Le Creusot : naissance et développement d'une ville industrielle, 1782-1914*, Seyssel, 1981, p.118.

30 Schneider et Cie, [1912], p.131.

31 *Ibid.*, p.82.

32 *Ibid.*, p.130.

33 *Ibid.*, p.132.

34 Le Musée d'Orsay et l'Écomusée du Creusot-Montceau, *op.cit.*, p.330. シェイソンは約3年間工場長の職にあり，シュネーデル企業福祉事業の拡充・再編につとめた．シェイソンの労使協調論については，Elwitt, S., *The Third Republic defended : Bourgeois reform in France, 1880-1914*, Baton Rouge, Louisiana State University Press, 1986, ch.2 と Bibliothèque du Musée Social, *Émile Cheysson : sa vie et son oeuvre*, Paris, 1910を参照した．

35 Roy, J.-A., *op.cit.*, p.73.

36 *Ibid.*, p.123 ; La Broise, T. de et F. Torres, *op.cit.*, p.156.

37 論者によっては，生活給付実践の第一義的動機を雇主の労働者に対する博愛心に求める．例え

ば，ロワは，アンリを搾取者に同定するデュメェを批判して次のようにいう．「われわれは，無私な，そして利益追求を目的としていない幾つかの事業の性格でもって（デュメェの批判に）反論することができる．すなわち退職年金，養老院あるいは疾病手当や病院といった……人道的エスプリである．非常にしばしば，シュネーデル社は社会立法よりも50年先行していた．この成果は労働者の圧力によって実現されたものではない．サンディカリスムはまったく見られなかった．アンリの指揮下，ストライキは一度も発生していないのである．それゆえ，これら（生活給付）は雇主に固有の性格……心の寛容に帰さなければならない」と（Roy, J.-A., op.cit., pp.83–84）．ロワは，アンリが母コンスタンスの宗教的情熱を受け継いでいたと主張する．コンスタンス自身はプロテスタントであったが，彼女の宗教的慈愛はカトリックとして成長したアンリにも大きな影響を及ぼしていたと（Ibid., p.79）．ロワによれば，「心の寛容」とは宗教的特性を源泉とした博愛心に同定される．ウジェーヌⅡについても，労働者に対する彼の博愛心を実践の第一義的動機にすえる見解が，レオン・ギュイレ（Léon Guillet）やロン・メルシェール（Ron Melchers）などによって表明されている（Guillet, L., "Notice biographique : Eugène Schneider 1868–1942", in Revue de Métallurgie, no.5, mai 1943, p.159 ; Melchers, R., "la cigale et la fourmi, assistance et prévoyance au Creusot 1836–1870", in Milieux, no.10, juin-septembre 1982, p.20 ; La Broise, T. de F. Torres, op.cit., p.76）．

しかしながら，私見によれば，1870年〜1871年の社会・政治的混乱以降，こうした動機（雇主の博愛心）は拡大シュネーデル「家族」の構築という労務管理概念に包摂されて初めて存在しえた副次的心性・意識である．
38 拡大シュネーデル「家族」という擬制概念は「パテルナリスト言説（ディスクール）」を媒介にして，シュネーデル労働者社会のなかに一定の程度，しかし確実に，浸透していた．例えば，労働者ジュール＝オーギュスト M. ブルディ（Jules-Auguste M. Burdy）は「労働者の父としてあること，そこにシュネーデル氏（ウジェーヌⅡ）の絶えざる専心がある」と表明するであろう（Le Musée d'Orsay et l'Écomusée du Creusot-Montceau, op.cit., p.330）．
39 Schneider et Cie, [1914], p.36.

Ⅱ 住宅制度

1 賃貸住宅（社宅）制度

(1) 労働者住宅のタイプ

①兵舎型共同住宅

当初，労働力の吸引・定着と労働者の工場労働リズムへの馴化を目的に，1棟に数十戸を収容しうる2階〜4階建ての大規模住宅が建設された．兵舎型共同住宅である．「アンドレ・モンスニ王立……マニュファクチュール」の前身ペリエ＝ベタンジェ会社の時期に建てられていたアルーエット共同住宅（Alouettes. 1785年建設，3階建て，96戸，一戸当たりの専有面積32.19 m^2）を手本にして，ギド地区の北側と東側に建設されたメカニシィアン共同住宅（1845年建設，4階建て，128戸，同 31.5 m^2）とミニュール共同住宅（1845年建設，4階建て，80戸，同 34.8 m^2）はその代表的なものである[1]．

第7-15表 『メモワール』 兵舎型共同住宅入居状況（一部）：1852年8月現在

(人, m²)

兵舎型共同住宅	戸数	入居者数	A	B	B/A
la Combe（ラ・コンブ）	41	234	5.7	22.5	3.94
Mineurs（ミニュール）	80	363	4.5	34.8	7.73
Mécaniciens（メカニシィアン）	124	559	4.5	31.5	7.00
Alouettes（アルーエット）	96	461	4.8	32.2	6.71
Verrerie Chaise（ヴェレリ・シェーズ）	43	205	4.8	20.5	4.27
Verrerie Tlace, Mansarder（ヴェレリ・トラス=マンサルド）	18	67	3.7	24.6	6.65
合計	402	1,889			
平均			4.7	27.7	6.05

A 一戸あたりの平均入居者数.
B 一戸あたりの平均専有面積.
Devillers, C. et B. Huet, préface de Louis Bergeron, *Le Creusot : naissance et développement d'une ville industrielle, 1782-1914,* Seyssel, 1981, p.49.

　シュネーデル社の労働統計『メモワール』から，1852年現在の労働者住宅状況が知れる. 兵舎型共同住宅は18棟662戸を数え，全戸居間1と台所から構成されていた. 第7-15表から，約5人の家族が「すし詰め」状態で生活していたことが知れる. 家賃は3.0フラン～3.5フラン/月に抑えられていた. 建設費が割安で，狭い場所に多数の労働者を収容することができ，監督も容易であるという一定のメリットをもってはいたものの，反面，プライバシーが守られにくく，不衛生であり，本来の家族生活を営むには不適であった. 不道徳と犯罪の温床にもなりかねなかった. 労働者自身も，つい最近までは農村部での居住空間になれていたので，「すし詰め」の生活には堪えがたい苦痛を感じていた. こうした理由から，兵舎型共同住宅の建設は1847年に中止された. 662戸をピークに，以後取り壊しと作業場への転用が進められ，1861年には609戸に減少した. 1870年までに，単身労働者用としての一部を除き，全部取り壊された.

② 4戸一

　第二帝政期の後半になると，ミュルーズ労働者住宅を手本に4戸一の集合住宅が建設された. 兵舎型の建設を中止したものの，生産力増強のためには労働力の吸引・定着は必須であった. しかも，家族道徳をベースとした良質の安定的労働力が必要であった. こうした理由から，1860年には消防夫=労働者用としてポンピエ住宅団地（Pompiers）が建設された. 10棟で合計40戸. 居間1と台所，それに屋根裏部屋もしくは地下倉から構成され，一戸当たりの延床面積は45m²であった.

③戸建て

　第二帝政末期になると，ゆとりある家族生活空間の確保と家庭菜園活動を目的に，戸建てタイプが建設された[9]．1865年～1872年にかけて建設されたラ・ヴィルデュー住宅団地（La Villedieu）は最初の事例である．合計105戸で，基本的な構造は居間1～2，台所，地下倉，物置小屋．延床面積は40 m²～55 m²で，約300 m²の菜園が付いていた．ラ・ヴィルデュー住宅は以後シュネーデル労働者住宅の基本モデルとなる[10]．1865年に着工されたミニュール住宅団地（Mineurs．合計80戸，菜園付）も戸建てであった[11]．

　当初，労働力の吸引・定着と労働者の工場労働リズムへの馴化を目的に，兵舎型共同住宅が建設された．しかし，その不道徳・非衛生的居住環境が明らかになると，4戸一タイプへ，さらには菜園付戸建てタイプへと移行していった．労働者住宅タイプにおけるこうした変化の原動力は，家族生活空間と家庭菜園活動を基礎に，道徳的に安定的な良質労働力を確保しようとする経営の労務管理的動機に求められる．

(2) 職階による賃貸住宅の「差別化」

①職階

　シュネーデル社は生産効率を高めるために，1870年代前半に事務管理部を含めて10の部（セルヴィス）を設置し，各部にヒエラルキー的職階を導入した[12]．1874年には人事部も設置した[13]．ヒエラルキー的職階の導入はル・クルーゾ工場長に就任したシェイソン（在職期間：1871年8月～1874年末）のイニシャチブに基づく．彼は1872年12月に「勤務評定表」(Note sur les feuilles signalétiques)を作成し，職員を対象に適性，知識，教育力，行動力，協調性，部長（chef de service）の考課等20項目に及ぶ評価を行い，資質の向上をはかった[14]．職員数は年々増加し，20世紀初頭には全従業員の約10％をしめた（第7-16表参照）．職員には事務職員と技術職員（以上，上級職員）の他に，職長，班長，監督，守衛，学校・病院施設等の用務員（以上，下級職員）も含まれていた．部長，技師，施設長，製造長，病院医師は通常の職員とは区別され，幹部として扱われた．職員以外の者は労働者として分類された．労働者は正式工（titulaires．労働者全体の80％～85％をしめた），補助工（auxiliaires），日雇工（journaliers）から構成されていた[15]．

　以下では，労働者住宅と職員・幹部住宅の内部構造及び建設地区について比

第7-16表　ル・クルーゾ工場の職員数と職員数／従業員数（人，％）

年	従業員数 A	職員数 B	B/A
1838	1,869	19	1.0
1852	3,254	43	1.3
1856	6,453	94	1.5
1861	6,705	282	4.2
1866	8,824	357	4.0
1872	7,315	371	5.1
1881	8,853	510	5.8
1886	7,738	463	6.0
1891	8,662	643	7.4
1896	10,080	810	8.0
1901	9,610	1,011	10.5
1906	10,788	1,092	10.1
1911	12,643	1,403	11.1
1921	20,507	2,032	9.9
1926	14,462	1,747	12.1

Le Musée d'Orsay et l'Écomusée du Creusot-Montceau, *op.cit.*, p.179.

較検討し，職階を基準とする賃貸住宅の「差別化」が第三共和政前期に制度化されたことを明らかにする．「差別化」の機能についてもアプローチする．

②初期の差異

ルイ=ローラン・シモナン（Louis-Laurent Simonin）は 1865 年にシュネーデル住宅に言及して，「伍長が一兵卒よりも良い宿舎にすむのは当然のことである」と記している．L. レイボーも 1867 年に「（シュネーデル）工場の所有にある住宅……．最も広い住宅には事務室の職員や職長が入居している．そこは暖房付きである」と記している．既に第二帝政末期に，敷地や延床面積の広狭，暖房の有無による差異が，労働者と職員の住宅の間に存在していたことが知れる．だが，差異は慣習的なものであり，まだ制度化されていなかったようである．

③労働者住宅

1875 年～1908 年に建設されたサン=トゥジェーヌ住宅団地（St-Eugène）は第三共和政期シュネーデル労働者住宅の典型であった．約 100 万 m^2 の用地にラ・ヴィルデュー住宅の改良タイプが 160 戸（すべて戸建て）建設されていた．一戸当たりの敷地面積は平均 720 m^2 で，そのうち 640 m^2 は菜園であった．延床面積は 40 m^2〜55 m^2 で，居間 1〜2 と台所，物置小屋から成っていた．念のために入居者の職階を確認しておくと，1881 年現在で，調査対象 123 戸のうち労働者が 109（89％），退職労働者が 7，職員が 4，その他 3 である．職員がわずかながら入居しているが，全員が班長や監督といった下級職員であ

った[18]．職長をのぞく班長以下の下級職員については，労働者と同タイプの住宅に入居しているケースが時として見受けられる．1908年の団地竣工時でも，入居者の職階に変化は見られない．

建設地区は市の郊外に集中していた．郊外は市中心部や市街地に比べると，地理的条件において下位に位置づけられる．このことは，労働者住宅が，市中心部や市街地に立地する住宅よりも社会的ステイタスにおいて下位にあることを明示していた．

④職員住宅

1870年ストライキとそれに続くル・クルーゾ＝コミューンを契機に，労働者住宅とは区別される職員住宅の建設が開始された[19]．最初の事例は1870年～1875年に建設されたモンシャナン住宅（Montchanin）である．職員住宅の建設は20世紀初頭に略完了する．

　a　内部構造

職員内部にも職位によって「差別」が存在し，ひとくちに職員住宅といっても一様ではなかった．上級職員用と下級職員用とではグレードに著大な差異があった．そのなかでも，1907年に完成したサン＝ソヴゥール職員住宅（St-Sauveur）はさしあたり上級職員用住宅の標準タイプと見なされる[20]．2戸一の2階建てで，居間3，食事室，台所，屋根裏部屋，浴室，WCから構成され（延床面積は70 m²～120 m²），四囲は庭で，菜園にはあずまやもあった．職長用住宅としては，クレマンソー通りに面した3階建て3戸一の住宅が代表例としてあげられる[21]．各階が一戸になっており，居間2，食事室，台所，WCから成っていた．食事室は労働者住宅には備わっていないステイタス・シンボルであった[22]．2階以上の住宅の窓にはベランダもついていた．最上級の職員用としては，クロワ＝ムネ通り（Croix-Menée）にあるキャロン氏の住宅が代表例としてあげられる．地下1階2階建てで，1階は玄関フロア，応接室，居間，書斎，食事室，台所から構成され，2階は居間5，浴室，WCから成っていた．四囲は庭であった．

　b　建設地区

『ル・クルーゾ年鑑，1876年版』（*Almanach du Creusot de 1876*）によると，職員数は事務管理部80，機械製造部104，炭鉱部22，製銑部34，化学研究部1，製鋼部13，精錬・鍛造部80，鉄道部16，各種事業部43，医療部6の計399人で，従業員全体の約5％をしめる[23]．この399人のうち，精錬・鍛造部の監督

ブラン (Blin) だけがサン゠トゥジェーヌ労働者住宅団地に住んでいた．1881年の時点でも，最下級のカテゴリーに属する 12 人の職員がサン゠トゥジェーヌとラ・ヴィルデュー両労働者住宅団地に住んでいただけである[24]．では，他の職員はどのような地区に住んでいたのか．事務管理部の 80 人を例にとると，半数は公共施設の集中するギド地区に居住していた[25]．サン゠ソヴゥール職員住宅団地のような特別なケースもあるが，一般に職員住宅はギド地区や商業施設の集中するサントル地区 (Centre) あるいはサン゠ローラン地区 (St-Laurent) といった市中心部か，もしくは旧市街地のサン゠シャルル地区 (St-Charles) に建設されていた．地理的条件において，職員住宅には社会的ステイタスがそなわっていた．

⑤幹部住宅

技師住宅が最初に建てられたのは 1898 年のことである．さながら邸宅の観を呈しており，パヴィヨンあるいはヴィラと呼ばれた．広々とした庭があり，四囲は木々，塀，大きな格子で囲まれていた．道路に面した門から家屋まではアプローチで結ばれていた．石段を 3 段のぼるとひさし付きの玄関があった．家屋は地下 1 階 2 階建てであった．1 階には玄関フロア，居間，書斎，応接室，食事室，台所があった．2 階は居間 3，納戸，WC から構成されていた．屋根裏には居間 1，大部屋 2，衣裳室があった．内部の装飾・設備は質素であったが，各室は暖房装置を含めて十分に調えられていた[26]．建設地区は職員住宅と同じく，市中心部に集中していた．

⑥「差別化」の経営・社会的機能

ヒエラルキー的職階に対応した住宅の制度的「差別化」は，職員・幹部の労働者に対する特権的ステイタスなりプレスティジを空間的に明示するものであった[27]．明示は労働者とその家族に対して，職員に，さらには幹部に「立身出世」することを生活・労働目標として意欲させる方向に作用し，彼らの意識と行動を制御(コントロール)した[28]．後述するシュネーデル学校教育制度と同様に，住宅の「差別化」は労働者の間に体制内における社会的上昇・昇進志向を醸成したのである．上昇・昇進志向は労働者に経営の一員となることに「生きがい」を見出させ，工場規律の受容と経営に対する従順意識を陶冶し，かれらの階級的アイデンティティ形成に阻止的に作用した．かくして，1870 年～1871 年の社会・政治的混乱を契機に実践された賃貸住宅の制度的「差別化」は，良質労働力の創出と企業内労使関係の安定に機能した．

(3) 労働者住宅の供給数,家賃,入居者選考方法

　第二帝政期〜第三共和政初頭における労働者住宅の建設状況については,不明確な部分が多い.建設戸数がそれ程多くなかったことのみを確認する.1860年にポンピエ住宅団地が,1865年〜1872年にかけてラ・ヴィルデュー住宅団地とミニュール住宅団地が,1873年にサン=トゥドクシィ住宅団地（St-Eudoxie）が,1874年にはヌーヴェル住宅団地（Nouvelle）が建設されているが,これらを含めて合計しても1850年〜1875年にル・クルーゾ市内に建てられた全住宅の8％弱をしめたにすぎない[29].この間,市人口とシュネーデル労働者数はそれぞれ約3倍に増えている.シュネーデル労働者の住居にしめる労働者住宅の割合は低下傾向にあった（第7-17表参照）.

　1912年現在,労働者住宅は2,427戸（このうち,1,968戸は菜園付[30]）に増えているが,それでも市内の全住宅の十数％をしめるにすぎない.この2,427戸という数字のなかには,サントル地区を中心に,民間不動産業者から買い上げて修繕した中古の住宅も数多く含まれている[31].1920年現在でも2,540戸で,ほ

第7-17表　労働者住宅に入居している労働者（世帯主）の割合

(％)

年	割合
1852	32.6
1854	26.7
1860	16.2

Devillers, C. et B. Huet, *op.cit.,* p.51.

第7-18表　兵舎型共同住宅を除いた労働者住宅の供給数（累計）

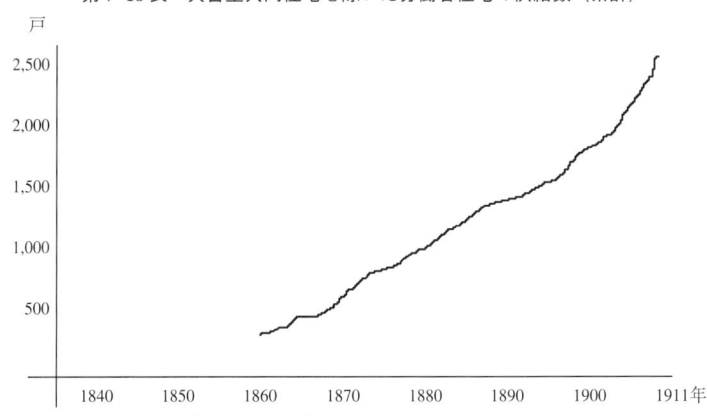

Schneider et Cie,［1912］,p.114 より作成.

とんど変化は見られない[32]．労働者数に比べると，労働者住宅の供給数は少なかったと言わざるを得ない（第7-18表参考）．

家賃はタイプ，部屋数，建設時期，建設地区によって異なっているものの，大抵の場合は平均賃金収入の約10％以内に抑えられていた（第7-19表参照）．値上げをする場合でも，賃金の上昇率を上廻ることはなかった．格安に設定されていたといえる．会社が家賃収入で建設費を回収する意図をもっていなかったことは言うまでもない．

第7-19表　労働者住宅の家賃（年額）　　　（フラン，％）

年	家賃 A	年間平均賃金 B	A/B
1852	12–60	790	1.5–7.6
1867	100–140	1,100	9.1–12.7
1870	140	1,010	13.9
1905	15–100	1,370	1.1–7.3
1912	15–120	1,600	0.9–7.5

Devillers, C. et B. Huet, *op.cit.*, p.72 と Beaucarnot, J.-L., *Les Schneider : une dynastie*, Paris, Hachette, 1986, p.108 及び Schneider et C[ie], [1912], p.87 より作成．

第7-20表　労働者住宅の入居者選考方法－事例－

労働者名	年齢	勤続年数	未婚の子供数 就業者 男子 シュネーデル社で	未婚の子供数 就業者 男子 他企業で	未婚の子供数 就業者 女子	未婚の子供数 非就業者 健常者	未婚の子供数 非就業者 障害者	扶養している親の数 同居	扶養している親の数 別居	被労災 労働能力が減少	被労災 労働能力を喪失	被労災 労働能力に影響なし	昼夜交代勤務	職務評定	シュネーデル社に就業している専属数	係数の合計	入居順位
係数		0.1/年	0.5/人	0.1/人	0.5/人	1/人	2/人	1.5/人	0.5/人	1 *1	1～3 *2	0.1 *3	1	1～10	0.5/人		
M. Jean	62	3.4			0.5									6		9.9	185
B. Vivant	44	2.5	0.5			6			義父 0.5				1	9	義父 0.5	20.0	2
V. Félix	44	1.8	0.5			4			義父 0.5	a 2		0.3		6		15.1	99
D. Eugène	21	0.7				2		実母 1.5						10	実父 0.5	14.7	111
B. Jean-Marie	51	2.5	1			4								9	義父 0.5	17.0	39
L. Jean	44	2.7	0.5			6		実父 0.5				0.4	1	7	実父・義父 1	19.1	7
L. Jean-Baptiste	30	0.4				3				b 0.7		0.5	1	7	義父 0.5	13.1	156

＊1：賃金/日の減少1フラン当たり1．
＊2：負傷の程度に応じて1～3．
＊3：休職1ヶ月当たり0.1．
a：指を2本切断し，賃金/日が4.8フランから2.75フランに減少．
b：足を負傷し，賃金/日が4フランから3.25フランに減少．
Schneider et C[ie], [1905], pp.178–179 と Schneider et C[ie], [1912], p.117 より作成．

入居者の選考は，14項目に及ぶ選考要素の係数値の合計で行われた（第7-20表参照）．空家ができ次第，入居順位にしたがって入居した．選考要素のうち，上司による職務評定のウエイトがずば抜けて高いことが知れる．職務評定とは「作業場における労働者の価値に関するセルヴィスの評定」のことであるが，内実は労働者個々の経営への忠誠度や企業帰属意識に関する評価であった．入居順位は客観的な基準によって決定されていたというよりもむしろ経営の恣意的判断で，論功行賞的に決定されていたといえる[33]．

　供給数の少なさ，家賃の安さ，入居者選考の実態から，経営に忠実な者，経営帰属意識の高い者が，したがって「全面管理」を従順に受容する者が優先的に労働者住宅に入居しえたことが分かる．経営の論理からすれば，この方法は労働者を経営に「統合」するうえで極めて効果的であった．

2　持家建築資金貸付制度

　労働者数に比べると，労働者住宅の供給数は常に少なかった．シュネーデル労働者の一部をカバーしていたのみである[34]．では，残りの労働者はどのようにして住居を確保していたのであろうか．シュネーデル社は労働者住宅（賃貸住宅）の建設よりもむしろ労働者自身による持家の建築に住宅政策の重点を置いていたのではないかと考えられる．労働者・職員を対象にした持家建築資金貸付制度である．この制度は1875年に発足しているが，宅地の分譲と貸付それ自体は既に30年も前から，しかもかなり頻繁に行われていた．けだし，ピノは「1845年以降，シュネーデル工場は従業員に対して，宅地を購入して住宅を建てることを奨励している．工場は労働者に対して宅地を安く分譲し，そして住宅を建てるための資金を前貸しすることを承諾している．……このようにして，ル・クルーゾの数多くの労働者は自分の好みにそって建てた住宅の所有者になっている」と記すであろう[35]．またシェイソンは1867年に，「シュネーデル社は（住宅）建設の端緒を担った．……建設が（労働者）個人に取って代わられるようになってからは，その活動（シュネーデル社による労働者住宅の建設）は緩慢になった」と記し，労働者による持家建築の進捗を強調している．第7-21表からも，1845年から貸付が行われていたことが確認される[36]．しかし，持家建築が増加し，労働者住宅と肩を並べるようになるのは，1875年の制度化以降のことである．－1875年以前においては，宅地分譲と建築資金の貸付はシュネーデル社と無関係な者（小商人，職人，小地主など）にも適用さ

第7-21表　持家建築資金貸付額の推移

フラン

Schneider et Cie, [1905], p.154.

れていた．しかも，かれらのしめる割合はかなり大きかった．貸付額については不明であるが，宅地分譲についてみると，1867年以前には全体の56%を彼らがしめていた．それゆえ，制度化以前の貸付を企業福祉のカテゴリーに含めることについては，慎重であらねばならない－．

　この制度の導入・実施にあたっては，ウジェーヌIはル・プレェから，アンリはシェイソン等ル・プレェジアン労働問題研究家から，思想的影響を受けたと言われている．筆者は，影響の実態を明らかにする資料を持ち合わせていない．しかし，シュネーデルが同時代のブルジョワ労働問題研究家とりわけル・プレェとその学派の労働者住宅論からインパクトを受けていたことは疑いえない．ル・プレェはミュルーズ労働者住宅の建設を契機に，「(労働者)家族と住宅の不可分離な結合は，労働者家族の道徳性と安楽に対して最も健全な影響を及ぼす実践である」と認識し，労働者の社会的・道徳的再生・刷新を「住宅所有」すなわち「家族」の形成において理解する．この理解は19世紀の第4四半期～20世紀初めにかけて，シェイソンやピコ等ル・プレェジアンにより発展的に継承された．例えば，シェイソンは「住宅の所有は完全な変化を彼(労働者)にもたらす．……小さな家と菜園でもって，人々は労働者をまさにその名に値する，別言すれば道徳的で穏健で，足が地についた，そして家族に対するオトリテをもつ，家族の長ならしめる．……彼が『所有する』住宅は直ちに彼を道徳化し，落ち着かせ，変身させる」(『レコノミスト・フランセ』，1881年8月27日号)と述べて，「住宅所有」が労働者を道徳化し，かれらをサンデ

ィカリスムや政治的アジテーションから遠ざけると主張する．さらに，「今日，住宅が労働者家族の運命に対して及ぼす決定的な影響に異論をはさむ者はいない」，「住宅問題は社会問題の丸天井の要石である．様々な貧困に対して，あらゆる戦いを開始しなければならないのはそれ（住宅）によってである」と記す[41]．ル・プレェ学派労働者住宅論がシュネーデルにどれ程の影響を及ぼしていたかについては，アンリが J. シモンの「住宅なくして家族なし，家族なくして道徳なし，道徳なくして人間なし，人間なくして祖国なし」[42]をモットーにしていたことからも窺い知れる．

(1) 貸付額

シェイソンは，1837 年（フレイによる引用では 1887 年となっているが，1837 年の誤植と思われる）～1900 年の間に合計 4,503,271 フランが労働者・職員 3,780 人に貸付けられたと計算している[43]．ピノは，1845 年～1912 年の間に約 500 万フランが貸付けられたと見積もっている[44]．シュネーデル社刊行本は，1837 年～1904 年の間に 3,860 件，合計 4,562,111 フランが貸付けられたと記している[45]．大雑把に見積もって，1912 年までに 500 万フラン前後が貸付けられたと判断される．

(2) 貸付の条件

「宅地売買規則条項」（Clauses réglementaires attachées aux actes de vente de Schneider et Cie aux particuliers）の 1863 年 1 月の条は，「シュネーデル社は買主に対して，住宅建築費（宅地購入費と家屋建築費）の 1/2 を償還付き信用として年内に融資する．残りは 1 年後に融資する」と規定する．また同年 5 月の条は，「住宅建築費の 1/2 について償還付き信用を行う．残りは 4 年間に年利 5% で融資する」と規定する[46]．それゆえ，この時期には住宅建築に必要な資金の全部が貸付けられていたことが分かる．しかし，労働者・職員を貸付の対象とした 1875 年の制度化以降は，持家建築に必要な費用の 1/2 を，残り 1/2 を貸付申請者本人が用意しかつ倹約勤勉な生活を営むという条件で，貸付けることになる．この変更は，貸付を可及的に実効ある制度とするために，貸付申請者に対して持家への強い意志を求めたものである．貸付を受けたものの，途中で返済ができなくなり，仕方なく持家を担保物件として会社に譲渡するといったことのないようにするための措置であった．1900 年 5 月 12 日付の「家屋建

築・宅地購入・住宅修理に関する貸付」(Prêts pour constructions, achats de terrain, réparations de maison, in Instructions relatives aux prêts demandés par les membres du personnel)は次のように規定している.「この貸付は,原則として,居住に供する住宅の建築あるいは既に(住宅を)所有している場合にはその修繕のための便宜を労働者(ouvrier)に供することを目的とする.これ(貸付)を投機に用いてはならない.貸付は,宅地の購入を含めて,計画している建築に必要な費用の少なくとも半分を既に用意している労働者に対してみとめられる.しかしながら,もし労働者が倹約によって住宅を建てることが可能であると見通し,まず宅地を購入しようとするならば,少なくとも(宅地の)購入に必要な費用の半分を既に用意していることを条件に,彼は貸付を受けることができる.……労働者は,もし彼が用意周到であろうと欲するならば,自己の賃金と財産に応じて,支出を調整しなければならない.また,不測の事態という真に例外的な状況-特別かつ費用のかかる長期の病気,死亡,結婚,ベッドの購入を必要とする家族増など-が一時的に彼の家計の均衡を破ったときにしか,借金に頼ってはならない」[47].

(3) 建築戸数と持家労働者(世帯主)の割合

この点に関する記録には不確実なものが多く,正確に判定することはむつかしい.ドヴィエル(C. Devillers)とウエ(B. Huet)は,1867年現在の労働者数8,550人,そのうち持家労働者は1,230人で,全体の14.4%であるというシェイソンの調査値を紹介している.そして,持家労働者の割合は以後もこの値で略一定していると説く.しかしながら,シェイソンの調査値には,貸付を受けて持家を建てた労働者以外の,その他の持家労働者も含まれていることに留意すべきである[48].

ジャン=ルイ・ボーキャルノによると,1866年までに700人の労働者が貸付を受けて持家を建てている[49].ボーキャルノによるこの数値と戸建て賃貸住宅建築費,貸付総額,貸付件数から,ごく大雑把ではあるが,次のような推定を行うことが可能である.建築費は1875年～1908年にかけて建設されたサン=トゥジェーヌ住宅を例にとった場合,居間2と台所と物置小屋タイプで3,270フラン[50],居間1と台所と物置小屋付では2,790フランである[51].平均値をとって建築費を約3,000フランとした場合,労働者・職員に対する貸付総額を500万フランとして,1912年までに約3,300戸が建てられたことになる.貸付件数は修

繕貸付を含めて4,000件弱なので，この数字は略妥当なものと考えられる．しかし，貸付を受けたのは労働者だけではない．職員も受けている．分譲宅地購入者の社会層に関するサンプル調査から，1875年以降は労働者が64％，職員が30％，不明が6％をしめていたことが確認されている[52]．したがって，被貸付者の68％は労働者で，32％は職員であったことが－宅地を購入した労働者・職員の全員が貸付を受けたものと仮定して－知れる．ここで，1875年以降を1867年以降と読み替えると，次の計算ができる．

- ～1866年までの労働者の建築戸数　　　　　　　　700
- 1867年～1912年の労働者と職員の建築戸数　　3300 - 700 = 2600
- 1867年～1912年の労働者の建築戸数　　　　　2600 × 0.68 = 1770
- ～1912年までの労働者の建築戸数　　　　　　　1770 + 700 = 2470

非常に大雑把ではあるが，貸付を受けた労働者による持家建築戸数は，1912年までで2,470戸と見積もることができる．1912年のル・クルーゾ工場の労働者数は11,453人であるので，21.6％の労働者が貸付を受けて持家労働者になっていたと見積もられる．ただし，貸付を受けずに持家を建てた労働者もいると考えられるので，持家労働者全部の割合はこの値よりも大きいと見積もられる．トリスタン・ド・ラ・ブロワーズ（Tristan de la Broise）とフェリクス・トレ（Félix Torres）は最近の研究において，シュネーデル労働者にしめる持家労働者の割合は，貸付制度によって1880年頃から増加しはじめ，世紀の交には約25％に達していたと指摘しているが[53]，この判定は妥当であろう．ドヴィエルとウエの見解には修正の要があると思われる．シュネーデル持家労働者（世帯主）の割合と労働者住宅に入居している賃貸住宅労働者（世帯主）の割合（1912年現在で約21％）を比べると，前者の方がやや大きかったと判定される．

(4) 返済状況

貸付金は，最初の2年間で1/2を，その後の5年間で残り1/2を，それぞれ年利5％で返済しなければならない．デュメェは，この条件での返済状況を次のように記している．「工場当局は労働者に宅地を分譲し，そして必要とあれば，賃金から毎月天引きする方法で支払わせる便宜で，労働者に家屋を建てさせる．契約が一度結ばれると，この不幸な人々（労働者）は小さな家に付属する伝説的な小菜園をつるはしで掘り返し，肥やしを施し，整地することで日々

疲れ果てる．かれら（労働者）が1年～2年がかりでこの土地を耕すと，かれらは上司の気まぐれと侮辱に従うことを，そしてまさかの時には賃金カットを被ることを，余儀なくされる．なぜならば，かれらは借金の返済を終わらせるだけのお金をもっていないので，心血を注いできたこのささやかな土地を購入した時の価格で会社に譲渡するか，さもなければ，憤慨しつつも頭を下げるしかないからである」と，デュメェの記述からは，返済不能に陥り，住宅を担保物件として会社に譲渡せざるを得なくなった労働者の姿が浮かび上がってくる．

その一方で，聞き取り調査を行ったジュール・ウレ（Jules Huret）は次のように記している．

　労働者　「……家屋と宅地は3,500フランしました」．
　ウレ　　「あなたは倹約していますか？」
　労働者　「……私は元金と利子，5％の利子です，を合わせて，毎月40フランを返済のために払込んでいます．これは厳しいです．私は平均して1日に100スー（120スーの誤植と思われる）つまり6フラン稼いでいます．計算すると，（1ヶ月に）23日から25日仕事をしていますので，約140フランが手に入ります．家計には100フランが残ります．もし，私が毎日何本かのたばこを飲み，日曜日ごとに一杯ひっかけるとしたら，脂肉などとても，とても無理な話です！……嗚呼！しかし，私は嘆きはしません．私よりもっと苦しい生活を送っている人がいるのを十分に知っていますから」．

毎月の返済額は賃金収入の29％をしめており，非常に大きな負担であったことが分かる．けれども，「住宅所有」への強い「憧れ」は，その困難を克服するのに十分な魅力と刺激を持っていたことも知れる．1880年代以降，シュネーデル労働者は戸建て持家志向を強めている．日々の食費を切り詰めてでも返済しようとする彼らの意欲と主体的緊張には，目を見張るものがある．

シェイソンの調査によると，1837年～1900年の貸付総額のうち，1907年までに93％（4,191,124フラン）が返済されている．シュネーデル社刊行本によると，1837年～1904年の貸付総額のうち，1905年までに99％（4,499,318フラン）が返済されている．デュメェの指摘を考慮に入れるとしても，返済状況は概ね良好であったと判定することが許されよう．

(5) 宅地の分譲

　持家建築の奨励はシュネーデル社による宅地の分譲を前提としていた．宅地分譲は大土地所有を必要とする．1836年にシュネーデル兄弟がル・クルーゾ製鉄所を購入したとき，付属していた土地は281ヘクタールであった（当時のル・クルーゾ「コミューン」の面積は約480ヘクタール）．その後，1842年に工場と中央運河を結ぶ鉄道用地を，1847年にモロー未亡人（Moreau）からモンシャナン地区を，1858年にはエミラン・マルティノンから市の南部（532,840 m^2）を，1863年にはピエール・シャルルから市の西部（494,440 m^2）を，1874年にはペロ（J.-F.-F. Perrot）から市の東部の一部（1,005,099 m^2）をそれぞれ購入し，1870年代前半までにシュネーデル社は市の略全域を所有する大地主となっていた[59]．将来宅地分譲を行うことを目的として土地を購入していたわけではないが－土地購入の主たる動機は，名望家の社会的属性と地域的工業独占志向に求められる[60]－，この土地がシュネーデルの都市計画に基づいて区画整理され[61]，持家建築用の宅地として分譲されたのである．大規模な分譲地としては以下があった．モンシャナン，ギド，ラ・ヴィルデュー（住宅団地とは別のもの），クロワ=ムネ，サントル，サン=シャルル，ラ・サブリエール（la Sablière），モレット（Molette），サン=タンリ（St-Henri），シャンリオ（Chanliau）[62]，クーロンヌ（Couronne）．分譲価格は分譲の時期と地区，また同じ地区内でも場所によって異なっていたが[63]，一般的にはシュネーデル社が土地購入したときの価格の約10倍であり（例外的に50倍の宅地もあった），市場価格に比べると割安であった[64]．もちろん，投機的性格はなかった．宅地購入者は，シュネーデル社が定めた「宅地売買規則条項」を遵守する義務を負った．

(6) 持家建築資金貸付制度の経営・社会的機能

　この制度は，賃貸住宅の建設にともなう資本の固定化を避けるメリットをもっていた．加えて，労働者の「住宅所有」がこのメリット以上の経営・社会的機能を発現していた．シュネーデル社刊行本は，「家族の財産つまり庭あるいは住宅を（労働者が）所有することは，資本の形成よりも更によい成果をもたらす1つの方法である」と記すであろう[65]．私有財産と社会的ステイタスの獲得という意味で，住宅を所有することがシュネーデル労働者社会に1つの生活目標＝「憧れ」を深々と打刻していたことに留意すべきである．持家建築資金貸付制度は，この「憧れ」を現実のものにするための「刺激」（incitation à la propriété)あるいは「修練」(noviciat de la propriété)として強力に作用した[66]. 「刺激」・「修練」は労働者に質素で勤勉な生活を営ませ，かれらの生活意識と態度を主体的緊張のなかで堅実かつ保守的な方向へと向かわせた．その成果は，経営の意図に適った良質かつ安定的な労働力の造出として具現した．小ブルジョワ的価値観に目覚めた「住宅所有」労働者は意識と行動の両面において反経営的要素を縮減し，「全面管理」を受容して，個別資本の営利動機に適合的な社会的安定勢力を形成した[67]．1870年〜1871年の社会・政治的混乱をへたのち，ル・プレェ学派労働者住宅論の影響のもとに導入された貸付制度は，経営と「住宅所有」労働者あるいは「住宅所有に接近しようと意欲する」労働者との間に相互利害関係を構築し，新たな企業内社会関係の創出に機能した．

3 戦間期の労働者住宅

(1) 被「差別化」の緩和

戦間期にはラ・ムイユロング住宅団地(la Mouillelongue. 1919年．4戸一が46棟，2戸一が2棟の計188戸．菜園付)，サン=ローラン・ダンドネィ住宅団地(St-Laurent d'Andenay. 1921年．4戸一，菜園付)，ジュフロワ住宅団地(Jouffroy. 1923年．4戸一，計88戸．居間1〜2と台所と食事室，菜園付)，ラペルース住宅団地(Lapérouse. 1923年．4戸一，計60戸．居間2と台所と食事室，菜園付)，トランスヴァール住宅団地(Transvaal. 1923年．4戸一，計28戸．居間2と台所と食事室，菜園付) など，合計すると約600戸の労働者住宅が建設された[68]．その際，注目すべきは，大戦前の労働者住宅を特徴づけていた被「差別化」が緩和されたことである．例えば，1920年に竣工したラ・ムイユロング住宅団地には労働者住宅と下級職員住宅が区別されることなく混在して建てられており，しかも双方の住宅の内部構造に差異はほとんどみとめられない[69]．サン=ローラン・ダンドネィ住宅団地についても同様のことがいえる．この住宅団地は主として労働者向けに建設されたものであるが，内部構造は居間2，食事室，台所，物置小屋，ベランダ付になっている[70]．大戦前の労働者住宅に比べると，内部構造は大幅に改善され，職長用住宅とほとんど変わらなくなっている．では，何故こうした変化が生じたのか．戦間期になると，労働者の間に体制内における社会的上昇・昇進志向が浸透・定着し，「差別化」を必要以上に強調する意義が薄れたからである．「差別化」よりもむしろ労働者住宅それ自体の改善＝質の向上が重視されるようになったといえよう．

(2) 外国人労働者用の長屋

　大戦期から戦後にかけて，大量の外国人労働者が雇用された．1918年5月現在で3,446人（ル・クルーゾ工場労働者全体の17.6％），1921年には3,891人（同21％）に達していた[71]．かれらは居間と台所だけの粗末な長屋（cantonnement）に住み，それぞれの民族文化と生活習慣を維持しながら，国籍ごとに独自の居住小社会を形成していた．長屋はすべて市の外縁部か市外に建てられていた．フランス人労働者との間に交流はなかった．かれらはフランス人労働者が嫌う苛酷な肉体労働に従事した．外国人労働者は一種の社会的隔離状態におかれ，最底辺の生活を送っていた[72]．

　以下の長屋が建てられた[73]．マンビィ：1916年建設．6棟．240人の単身者が入居．ラ・ガール（la Gare）：アルジェリア人単身用の9棟とスペイン人用の8棟．アカシア（Acacias）：捕虜収容所を転用したもので，16棟．サン゠トゥジェーヌ：世帯用で10棟．ラペルースとアルフルール（Harfleur）：ポーランド人世帯用で，最も大規模な長屋であった．モンシャナンとマズネィ：白ロシア人用．ラ・ムイユロング：7棟．モネトワ（Monnetois）：1923年に建設．1918年～1923年には，約400人にのぼる中国人用の長屋も建設された[74]．

結語

　1870年ストライキと1871年のル・クルーゾ＝コミューン後におけるシュネーデル住宅制度の経営・社会的機能を次のように整理する．

　菜園付の戸建て住宅あるいは集合住宅の提供をとおして，労働者の住生活を改善するとともに，道徳的安定と勤労意欲及び経営への忠誠・帰属意識に秀でた良質の工場労働力を創出した．

　賃貸住宅の「差別化」でもって，労働者の間に企業内における職と地位の向上を目指す意識と行動を醸成し，彼らの階級的アイデンティティ形成をカウンタラクトした．そして，企業内労使関係を安定化させた．

　持家建築資金貸付制度は住宅への資本固定化を回避するとともに，小ブルジョワ的価値観に覚醒した社会的安定勢力としての労働者を創出した．経営は「住宅所有」労働者あるいは「住宅所有を意欲する」労働者の主体的意志を効果的にコントロールし，彼らとの間に相互利害関係を構築することで，安定した企業内社会関係を創出した．

　ル・プレェ学派労働者住宅論の影響を受けて実践された賃貸住宅制度と持家

建築資金貸付制度は、相互的・補完的に一体のものとして理解される。この2つの制度から構成された第三共和政期シュネーデル住宅制度は、後述する「全面管理」のもとで、労働者の主体的意志なり心性を資本適合的にコントロールし、「経営による労働の『統合』」に機能した。

注

1　Devillers, C. et B. Huet, *op.cit.*, pp.45, 48. マンビィ・ウィルソン会社の時期に、イギリス・ウェールズ地方の炭鉱住宅をモデルにした2階建ての4戸一集合住宅コンブ・ド・ミニュール (Combe des Mineurs) が10棟建てられていた (一戸当たりの専有面積は22.5 m^2)。しかし、シュネーデル兄弟はこのタイプの住宅には関心を示さなかったようである (*Ibid.*, p.48)。
2　『メモワール』の一部は *Ibid.*, p.49に収録されている。
3　Frey, J.-P., *La ville industrielle et ses urbanités : La distinction ouvriers/employés, Le Creusot 1870–1930*, Bruxelles, 1986, p.121 ; Le Musée d'Orsay et l'Écomusée du Creusot-Montceau, *op.cit.*, p.336.
4　Devillers, C. et B. Huet, *op.cit.*, p.66.
5　Frey, J.-P., *op.cit.*, p.121.
6　Devillers, C. et B. Huet, *op.cit.*, pp.50–51.
7　Le Musée d'Orsay et l'Écomusée du Creusot-Montceau, *op.cit.*, p.320.
8　Frey, J.-P., *op.cit.*, p.137.
9　Dubuisson は *Cité ouvrière*, 1874 において、住宅の4タイプを開陳している。各タイプの特徴を指摘しながら、理想は戸建てであるが、建設費、建設地域、入居者の職位を勘案して最適配分を行うことが望ましいと提言する。㋐戸建て：建設費が高いので、地価の安い農村部で、職員用として建設するのに適する。建設費3,200フラン〜3,500フラン、菜園付　㋑2戸一：地価があまり高くない地域で、基幹労働者用として建てるのに適する。建設費3,000フラン、菜園付　㋒4戸一：最も合理的なタイプである。一般労働者用に適する。延床面積は一戸当たり50 m^{2}あれば十分だが、敷地面積は100 m^{2}以上あるのが望ましい。建設費1,750フラン〜2,500フラン、菜園付　㋓共同住宅：建設費は最も安い。しかし、宅地難で地価の高い都市部に限定して建設するのが望ましい。一戸当たりの専有面積は45 m^2〜50 m^2。2階〜3階建ての場合は30 m^2〜40 m^2 (Frey, J.-P., *op.cit.*, p.149)。
10　*Ibid.*, p.150.
11　Le Musée d'Orsay et l'Écomusée du Creusot-Montceau, *op.cit.*, p.338.
12　ヒエラルキー的職階の導入はシュネーデル社発展の1要素であった。しかし、直接的生産過程においては、熟練労働者や職長の技能が事実上大きなウエイトをしめ続けた。それゆえ、1920年頃になっても、工場長は技師に対してよりもむしろ職長に一層の敬意を払っていたふしが見受けられる (*Ibid.*, pp.179, 194)。
13　*Ibid.*, p.179.
14　Frey, J.-P., *op.cit.*, pp.352–356に、「勤務評定表」の全項目が収録されている。
15　正式工：シュネーデル学校の卒業生もしくは満35歳未満で採用された者から構成されていた。熟練工が多い。補助工：満35歳以上で採用された者から構成されていた。職種配属が不定で、不熟練工が多い。日雇工：簡単な手作業に従事する雑役工。補助工と日雇工は雇用調整弁の役割も果たしていた (Schneider et Cie, [1912], p.81)。
16　Frey, J.-P., *op.cit.*, p.158.
17　*Ibid.*, pp.200–202.
18　*Ibid.*, pp.202–203.
19　*Ibid.*, p.170.

20 *Ibid.*, p.168.
21 *Ibid.*
22 *Ibid.*, p.141.
23 *Ibid.*, p.185.
24 *Ibid.*
25 *Ibid.*
26 *Ibid.*, p.143.
27 *Ibid.*, pp.107-108, 167, 269.
28 *Ibid.*
29 Devillers, C. et B. Huet, *op.cit.*, pp.70-71.
30 住宅に付属する家庭菜園は労働者を土地と接触させ、健全な気晴らしなりレクリエーションを提供した。収穫物は家計の足しにもなった。それゆえ、企業福祉事業のなかでも次第に大きなウエイトをしめるようになった。家庭菜園の面積は、あとになる程、郊外の地区ほど、広くなっている。最も狭いのはギド住宅とサントル住宅の 100 m² であった。モレット住宅は 200 m²〜300 m²、ラ・ヴィルデュー住宅では 250 m²〜350 m²、サン=トゥジェーヌ住宅やサン=タンリ住宅では 650 m² になっている (*Ibid.*, p.109)。

シュネーデル社は住宅に付属する家庭菜園とは別に「労働者菜園」を設立し、賃貸していた。「労働者菜園」は 1920 年現在で 2,250 区画を有していた。利用希望者が多かったために、賃貸住宅の入居者選考方法と同じ方法で利用者を決めていた (Schneider et Cⁱᵉ, [1912], p.118)。利用者は会社の支援のもとに「ル・クルーゾ園芸労働者組合」(Syndicat ouvrier horticole du Creusot) を結成し、土壌や栽培等についての改良工夫を行った。郊外には会社直営の育苗場があり、利用者は野菜や果樹の苗・苗木を購入することができた (*Ibid.*)。
31 Devillers, C. et B. Huet, *op.cit.*, pp.71, 109. 中古住宅の買い上げはスラム化対策も兼ねていた。アルコール中毒や犯罪・不道徳の巣を取り除くために、労働者の「たまり場」である居酒屋も買い上げていた (*Ibid.*, p.109)。
32 *Ibid.*, p.71.
33 La Broise, T. de et F. Torres, *op.cit.*, p.72 ; Devillers, C. et B. Huet, *op.cit.*, p.71 ; Frey, J.-P., *op.cit.*, p.186. なお、職員住宅の入居者選考方法については不明な点が多い。職員住宅の家賃は 1870 年頃まで無料であったことが分かっているので、このことを考慮すると、労働者住宅のそれとは別の方法で決められていたと考えるのが妥当であろう。幹部住宅の場合は戸数も少なく、特別な条件のもとで決められていた (Frey, J.-P., *op.cit.*, pp.186-187)。
34 Devillers, C. et B. Huet, *op.cit.*, p.72.
35 Pinot, R., *op.cit.*, pp.213-214.
36 Devillers, C. et B. Huet, *op.cit.*, p.72.
37 Le Musée d'Orsay et l'Écomusée du Creusot-Montceau, *op.cit.*, p.346.
38 Le Play, F., *L'École de la paix sociale, son histoire, sa méthode et sa doctrine*, 1881, cité par Guerrand, R.-H., "La formation du mythe pavillonnaire", in *Milieux*, no.28, 1987, p.30.
39 ピコの労働者住宅論については、第 6 章 Ⅳを参照されたい。
40 Guerrand, R.-H., *op.cit.*, p.30.
41 Cheysson, É., *L'intervention patronale en matière de logements ouvriers*, 1908, pp.1, 3, cité par Frey, J.-P., *op.cit.*, p.128.
42 ジュール・シモンが 1890 年 2 月 2 日の SFHBM 設立総会で述べたフレーズ (Schneider et Cⁱᵉ, [1912], p.108)。
43 Frey, J.-P., *op.cit.*, p.189.
44 Pinot, R., *op.cit.*, p.13.
45 Schneider et Cⁱᵉ, [1905], p.154.
46 「宅地売買規則条項」の全文は Devillers, C. et B. Huet, *op.cit.*, annexe 2, pp.242-245 に収録されている。
47 「家屋建築・宅地購入・住宅修理に関する貸付」の全文は Schneider et Cⁱᵉ, [1905], p.155 に収録

48 Devillers, C. et B. Huet, *op.cit.*, p.72. 吉田克己もドヴィエルとウエの見解を取りあげている．さらに同氏は，シュネーデル社は労働者の持家建築に対してあまり関心を払っていなかったと判定しているが，この点についても疑問を感じる（吉田克己『フランス住宅法の形成－住宅をめぐる国家・契約・所有権－』東京大学出版会，1997 年，272 頁）．
49 Beaucarnot, J.-L., *op.cit.*, p.157.
50 Frey, J.-P., *op.cit.*, p.204.
51 *Ibid.*, p.205.
52 Devillers, C. et B. Huet, *op.cit.*, p.72.
53 La Broise, T. de et F. Torres, *op.cit.*, p.73. 19 世紀末期以降とくに 20 世紀初頭になると，地元の不動産業者が住宅建設に乗り出し，分譲地の開発も一部手掛ける．1894 年のシャンリオ分譲地がそうである．民間の不動産業者を介して住宅を購入したシュネーデル労働者もまれではない（Devillers, C. et B. Huet, *op.cit.*, pp.80, 89）．
54 Dumay, J.-B., *Un fief*, p.19.
55 Huret, J., *Enquête sur la question sociale en Europe*, Paris, 1897, p.39, cité par Frey, J.-P., *op.cit.*, p.190.
56 Devillers, C. et B. Huet, *op.cit.*, p.73.
57 Frey, J.-P., *op.cit.*, p.189.
58 Schneider et Cie, [1905], p.154.
59 Devillers, C. et B. Huet, *op.cit.*, pp.74-75.
60 *Ibid.*, p.74.
61 シュネーデル社は分譲地の基本設計をとおして，労働者の居住生活空間に対するコントロールを確保していた．道路一つをとっても，快適な都市空間美をつくり出すとともに，万が一労働紛争が発生した場合には軍隊が速やかに街の中に入れるように，道幅を十分に広くとってあった．保健衛生にも配慮していた．アンリは 8 km 離れたランソン川から市内に水を引き，飲料水を確保していた（La Broise, T. de et F. Torres, *op.cit.*, p.74）．居酒屋・酒類小売店・賭博屋は公序良俗の観点から禁止されていた．住宅そのものに対しても，家屋の構造，形態，境界線さらには大便つぼの設置に至るまで，規制を加えていた．こうした基本設計によって，シュネーデル社は労働生活にふさわしい画一的・統一的な都市「秩序」を労働者の居住生活空間そのものの中に敷設していた（上述の「宅地売買規則条項」を参照されたい）．
62 サン＝タンリは最大規模の分譲地であった．1875 年～1895 年にかけて，戸建て，2 戸一，4 戸一の住宅が合計 1,028 戸（入居者数 3,722 人）建てられている．入居者の社会構成は 1896 年現在で，シュネーデル労働者 73%，シュネーデル職員 7%，商人・その他 20% である（Frey, J.-P., *op.cit.*, pp.232, 234）．
63 Devillers, C. et B. Huet, *op.cit.*, p.76.
64 *Ibid.*, p.75.
65 Schneider et Cie, [1912], p.123.
66 Le Musée d'Orsay et l'Écomusée du Creusot-Montceau, *op.cit.*, p.347 ; La Broise, T. de et F. Torres, *op.cit.*, p.72 ; Devillers, C. et B. Huet, *op.cit.*, p.73.
67 Frey, J.-P., *op.cit.*, pp.182-183, 189, 348.
68 Pinot, R., *op.cit.*, p.214 ; Devillers, C. et B. Huet, *op.cit.*, p.237.
69 Frey, J.-P., *op.cit.*, p.304 ; Devillers, C. et B. Huet, *op.cit.*, p.71.
70 Frey, J.-P., *op.cit.*, p.319.
71 Le Musée d'Orsay et l'Écomusée du Creusot-Montceau, *op.cit.*, p.192. 1921 年現在の外国人労働者 3,891 人のうち，602 人はフランス人労働者と同じように生活しており，ル・クルーゾ人と見なされていた．残り 3,289 人が専用の長屋に住んでいた（Frey, J.-P., *op.cit.*, p.337）．なお，大戦前においては，外国人労働者はごく僅かしかいなかった．1906 年の調査では 170 人である（Bergeron, L., *Le Creusot, une ville industrielle, un patrimoine glorieux*, Paris, 2001, p.156）．
72 Frey, J.-P., *op.cit.*, p.340.

73　*Ibid.*, pp.337-339.
74　鄧小平(トンシアオピン)もシュネーデル労働者として，1923年に中国人用の長屋に入居していた．La Broise, T. de et F. Torres, *op.cit.*, pp.124-125 に掲載されている写真と説明を参照した．

III　「全面管理」－支配・統制－

1　ジョレス＝バスティオンのシュネーデル批判

　ミッシェル・ペロは，フランスにおける工場労働者の雇主に対するイメージがパリ・コミューン以後全般的に変化したと分析する．ペロによれば，㋐生産の場と雇主の居宅が同一である　㋑雇主と労働者の間に家族的な生活・労働様式なり情感が存在している　㋒こうした様式・情感が労働者によって受け入れられている．この3条件が満たされていた企業パトロナージュのもとでは，雇主と労働者の関係は父親＝子供の家族関係に擬制され，双方は心理的に親和関係にあった．しかし，労働者がみずからの社会的人格における主体性に目覚めるにつれて－すなわち，パリ・コミューン以後は－，雇主に対するイメージは従来の「庇護者」像から，「抑圧者」・「享楽人」・「富裕者」・「専制者」・「工業封建領主」へと変化した．そして，この変化は第一次大戦まで広く観察されたと．同時代の碩学ルヴァスールも，㋐工場の外では，労働者は雇主と顔をあわせることを嫌がっている　㋑労働者はサンディカリストの雇主批判を受け入れ，雇主を金ピカの鎖で自分たちを縛り付ける「支配者」・「抑圧者」であるとイメージしている．この2点を観察する．もっとも，ルヴァスール自身はこうした傾向に遺憾の意をあらわすのだが．

　みずからを拡大シュネーデル「家族」に生活するル・クルーゾ人として－一定の範囲と度合において－位置づけるシュネーデル労働者の間では，さしあたり叙上のイメージ変化はイクスプリシットにはみとめられない．しかし，同時代のジャン・ジョレス（Jean Jaurès）とシャルル・バスティオン（Charles Bastion）はシュネーデル社会に浸透している「封建的資本主義」を看破し，ウジェーヌII＝「抑圧者」像を鋭く展開する．ジョレスは1900年5月13日付の *Le Réveil creusotin* 紙上で次のように述べる．「これは中世の封建制よりもさらに封建的である．というのも，封建制が支配的で標準的な型であった世界で生活していた封建領主は，自己の権利を疑うことはなかったからである．彼（封建領主）は自分の家臣の服従と忠誠を疑うことはなかった．そして，彼は

果てしのないスパイ行為に頼る必要などはまったくないと思っていた．しかし，これとは違い，シュネーデル氏がこの都市を服従と沈黙のもとに維持しようとしているのは，共和主義者や労働者の強力で広範な運動にもかかわらず，依然として動揺しているが，民主主義のもとにおいてである．それゆえ，監視と抑圧という容赦なき仕業が日々生じてくる．玄関や窓がピシッと閉じられていないと気がすまない偏執病者のごとく，不安症で疑い深い封建的資本主義は，そこから外の空気，自由と生命の空気が入り込んでくる少しの隙間をも閉じている．何という暗くてじめじめしたところか！」と，バスティオンは1905年7月23日付アルベール・トマ宛の手紙で，次のようにいう．「ル・クルーゾでは，たとい労働者階級の物質的状態が他のところよりも良好であるとしても，道徳的状態は他のところよりも一層悲惨です．その理由の一つは（労働者の）無気力に求められます．労働者は意識においても，私生活の安楽においても，自由ではありません．……住居の不可侵は無意味な言葉でしかありません．（1899年〜1900年の）ストライキ以前から相当ひどかった絶え間のない圧力や監視といった抑圧は，今では一層ひどくなっています．というのも，会社は，新たな動きが生じる可能性を根絶しようと意図しているからです」と．ジョレス=バスティオンのシュネーデル批判は，経営の労働に対する制度的な「全面管理」の存在を，そして日常労働生活におけるシュネーデル労働者のインプリシットな被支配意識・閉塞感を示唆する．「全面管理」の実態を可及的忠実にフォローする作業が課せられる．

2 「工業封建制」下の労働生活

当時セーヌ県選出の下院議員であったデュメェの提供を借りる．「ル・クルーゾは工業的徒刑場の類としては最もうまくいっている見本である．そこでは，労働者は一ヶ所に集められ，宿営させられ，番号を付けられ，そして何よりも，仕事をしている間のみならず，私的かつ内面的な生活の面でも監視されている」．冒頭こう切り出したデュメェは，「この大会社の専制組織を暴露しなければ，社会主義者としての義務を怠ると考え」，学校教育制度，賃金，労働条件，懲罰制度，婦人労働，準備金庫，退職年金等について論を進める．そして，次のように結論づける．ル・クルーゾでは，人間の尊厳をかえりみない競争と誘惑の資本主義管理が幅を利かせている．会社は支配を維持強化するためには手段を選ばない．力と強迫が充満している．反抗的な労働者は生活給付か

ら直ちに排除され，更には自分自身のみならず，家族や親類までもが解雇されることを心配しなければならないので，生活の糧を奪われはしないかという恐怖に常に襲われている．それゆえ，会社の労働者に対する支配・抑圧網は極めて強固なものになっている．ル・クルーゾでは「工業封建制」が君臨している．「ル・クルーゾは国家の中の一国家である」と．具体例を示そう．

(1) 労働条件

1893 年にシュネーデル社の労働条件を調査したジュール・ウレは，なぜ暴動を起こさないのかと労働者にたずねたい衝動に駆られたという[8]．

①マズネィ鉄鉱山（ソーヌ・エ・ロワール県）

「水平坑道は鉱脈の厚さにより，幅 7 m～8 m，高さ 50 cm～60 cm である．ところどころ 48 cm しかない箇所もある．この地獄のような坑内で 2 人の鉱夫が並んで，互いに邪魔にならないように，両側の層に向かって，それぞれ働いている．この労働においては，この状態が 1 日に 10 時間しばしば 12 時間もの間続くので，本当に苦痛であることが容易に推察される．とりわけ，そしてこれはしばしば起こるのだが，2 cm～3 cm の出水があるときには苦痛である．この労働は，坑内にみなぎる湿気のために一層危険である．鉱夫は数分間も休息すれば悪寒を覚えずにはいられない．それゆえ，体を温めるために，かれらは一層強くつるはしを打ち込むことを繰り返さねばならない．かれら鉱夫は炭坑夫と同様，月に平均 100 フランを与えられている[9]」．

②大精錬場

加熱技術の進歩にともなって労働強化が進み，従来までは 170 kg～180 kg の操作を 1 日に 8 回行えばよかったものが，今では 11 回～13 回に増えている．労働時間は 10 時間～12 時間のままであるのに，賃金は引き下げられ，パッドル工では最高 6.5 フラン/日，補助工では同 4 フランになっている[10]．しかも，賃金カットが頻繁に行われるように仕組まれている．例えば以下である．パッドル工は 1 人平均 2,680 kg の銑鉄を受け持ち，棒鉄 44 本（2,332 kg）を製造しなければならない．したがって，348 kg までの減失は許されているのだが，1 kg 多く減失するごとに 1 サンチームが賃金から差し引かれる．さらに，次の場合にも賃金が差し引かれる．錬鉄塊が動力ハンマーにかけられるときに，もしハンマー工が精錬上の欠陥を発見した場合には，その錬鉄塊はパッドル工に送り返され，彼は自腹を切ってその錬鉄塊を再加熱しなければならな

いのである．また，錬鉄は1級品と2級品に分類されるが，1級品をつくった場合にはトン当たり3.9フランが支払われるものの，2級品をつくった場合には同2フランしか支払われない．しかも，この分類はしばしば出たらめに行われており，2級品と判定された錬鉄のうち約1/4は1級品として十分に通用するものである．この種の2級品はパッドル工1人当たり約1トン/週（原文では1日当たりとなっているが，週当たりの誤植と思われる）にものぼっており，パッドル工1人当たり1.9フラン/週（原文では1日当たりとなっているが，週当たりの誤植と思われる）がカットされている勘定になる[11]．こうした類の賃金カットは圧延部門や製鋼部門でも日常的に行われている[12]．

(2) 私生活への介入

ガストン・ボネフォン（Gaston Bonnefont）は1905年に次のように記している．「（労働者）住宅はシュネーデル会社の費用で清潔かつ衛生的に維持されている．専従の監督官が住宅を検査し，良好な保全を確実にすることを任務にしている」と[13]．デュメェは次のように記録している．「最も厄介な手法がここにある．特別な職員が，かれらの好きなときに随時（労働者の）家を訪問しうることである．それゆえ，共和派の新聞を読んでいる労働者は時間を選んで読むことを余儀なくされている．読み終わったあとの新聞は注意深く隠さなければならない」と[14]．住宅という最もプライベートな空間も工場の管理下に置かれ，経営の親衛隊である特別な職員が労働者の私生活を随時隈々まで監視していたことが知れる[15]．こうした空気のなかで，一般の労働者が精神的に閉塞感を覚えずにいることが出来たであろうか．

(3) 厳罰主義

一例をあげよう．1881年の厳冬，老妻が足を骨折して困っている老坑夫がいた．暖をとろうにも燃料がなく，妻には寒さがこたえるだろうと思い，悩んだあげく，悪いこととは知りながら，10時間の労働が終わったある日の夕方，炭坑から石炭一塊を上着の下に隠してそっと持ち帰ろうとした．しかし，守衛に見つかった．会社はこの老坑夫を告訴した．オータン裁判所は即座に禁固3ヶ月の判決を下した．石炭は僅か2kgであった[16]．デュメェのこの記録には多少の誇張が込められているかも知れない．というのも，就業規則がいかに厳しいものであれ，和解や示談も時々は行われていたからである[17]．ともあれ，司法

当局との密接な連携のもとに，厳罰主義がとられていたことは明らかである．各作業場には会社の監視員が必ず配置されていた．

(4) 精神訓育

1888年12月1日，オータン司教総代理プラニュ（Planus）は工場から依頼を受けて，サン=ローラン教会（St-Laurent）[18]で精錬労働者に訓話を行った[19]．

　人は皆，「キリストにある兄弟」であって平等です．しかし，兄弟愛にもかかわらず，現実には少数のエリート精神労働者と大勢の肉体労働者から構成された社会ヒエラルキーが存在しています．でも，悲観する必要はまったくありません．イエズスさまは最も慎ましい者，最も貧しい者を選ばれ給うのであり，あなた方（肉体労働者）は主によって祝福されているからです．注意しなければならないのはむしろ，不正義と誤謬に満ち，あなた方を不平不満に駆りたてる社会主義者や労働運動家の詭弁です．「これらのソフィスムは，肉体労働の排他的利益のために，精神労働の価値と現実を否定することから構成されています」[20]．しかし，良識をもって誠実かつ公正に雇主や技師の仕事を観察すれば，肉体労働よりも精神労働の方がはるかに苦しく，重労働であることは直ぐに分かります．「今日の進歩は明日の出発点でしかありません．他の者に追い越されず，負かされないようにするために，彼（技師）は一層努力し，研究し，工夫しなければならないのです．同じように，経営全体の頂点にあって会社の発展と繁栄の重責を背負わされている者（雇主：アンリ）が，やり切れぬ程の労苦なしに，その任務を果たすことができると思いますか」[21]．また，「知的（精神）労働によって消費される神経的・頭脳的エネルギーの量をはかると，それは肉体労働が必要とする量を上廻っています．精神労働に従事する者は……見かけとは逆に，肉体労働者よりも多くの体力を消耗しているのです．このことは明確な観察と実験によって科学的に証明されています」[22]．あなた方は「労働者の運命である肉体労働を卑下してはなりません．少数の者の精神労苦を否定してはなりません．同胞に対して益をなす者には，その提供する奉仕に応じて，誰であれ敬意を払うべきです．そこに真の解決があります．他に解決はありません」[23]．

　プラニュは労働者に対して，㋐不平不満を抱かずにヒエラルキー社会の現実を素直に受け入れること　㋑雇主と職員に敬意を払うこと　㋒社会主義者・労働運動家に対しては用心すること　㋓肉体労働者であることを卑下しないこ

と, を説いている. とりわけ⑦に関しては訓話の後半で, ポール・ルロワ=ボーリューの『集産主義－新しい社会主義に対する批判試論－, 1885年』を引用しつつ, 社会主義・集産主義・共産主義は本質的に非人間的であり, 社会に害悪をもたらす思想・制度であると強調する.[24] 以上を要するに, 工場当局は宗教を「利用」して, 労働者の精神なり倫理の領域にまで踏み込み, かれらに対する「思想的」・「人格的」統制を遂行していたといえよう.

結語

　経営は種々の就業規則で労働者を厳しい労働条件と厳罰主義のもとに位置づけ, 労働過程における支配・統制を遂行した. 私生活や精神・倫理の領域にも随時介入し, 「思想的」・「人格的」にも労働者を管理した. 賃金及び生活資料の確保を含む労働者の日常労働・生活過程全体を, さらには彼らの思想様式をも, 経営体制のもとに秩序づけ従属させる「全面管理」の制度的遂行である. シュネーデル労働者がこの「全面管理」に対して被支配意識なり閉塞感を抱いていたことは否定しがたい. けれども, 物質的生活給付がもたらす恩恵・実利的生活保障はこうした意識なり感情をカウンタラクトし, 「全面管理」との間に均衡をつくり出していた. むしろ労働者は, みずからの社会的人格存在における矛盾をインプリシットに意識しながらも, この均衡を, したがって生活保障の反対給付としての「全面管理」を, 自発的に受容していた. 加えて, 住宅制度と学校教育制度 (本章Vを参照されたい) の経営・社会的機能も, 小ブルジョワ的価値観に覚醒した労働者を創出することで, また彼らに労働規律の受容を促すことで, 「全面管理」の遂行を促進する役割を果たしていた.

注

1　Perrot, M., "Le regard de l'autre : les patrons français vus par les ouvriers (1880-1914)", in Levy-Leboyer, M., études rassemblées, *Le Patronat de la seconde industrialisation*, Cahiers du "Mouvement Social", no.4, Paris, Les Éditions ouvrières, 1979, p.294.

2　*Ibid.*, pp.294-296. 労働力の基本的存在形態が他の都市・地域に先駆けて賃労働者 (とりわけ「シュブリム」) に移行し, かつ同時代にいわゆる「共産主義」・「社会主義」がどこよりも早く労働者の間に浸透していたパリの冶金・機械工業ミリューにおいては, 労働者の雇主に対するイメージのこうした変化は新しい現象として, 既に第二帝政期 (自由帝政) に, すなわち例外的早期にあらわれている. けだし, 第二帝政期パリの工作機械企業主ドニ・プロは1869年に次のように記すであろう. わずか25年程前までは, 雇主と労働者の間には家族的雰囲気につつまれた相互尊重と相互信頼の関係が存在していた. しかし, いまや労働者にとって「雇用主は敵であり, 搾取者とみなされている. 一方, 雇用主もまたそのとおりに振る舞う……. 今日では, 雇用主と

労働者の間にはもはや共感の情はないと言える」と（ドニ・プロ，見富尚人訳『崇高なる者 - 19世紀パリ民衆生活誌 - 』岩波文庫，1990年，110-111，280頁）．木下賢一『第二帝政とパリ民衆の世界 「進歩」と「伝統」のはざまで』山川出版社，2000年，156頁もあわせて参照した．

3 Perrot, M., *op.cit.*, p.297.
4 Levasseur, É., *Histoire des classes ouvrières et de l'industrie en France de 1789 à 1870*, deuxième édit., t.2, 1903, reprinted, AMS, 1969, pp.668-669.
5 Parize, R., "La stratégie patronale au Creusot pendant les grèves de 1899-1900", in *Cahiers de l'Institut Maurice Thorez*, no.24, 1978, p.14；遠藤輝明「資本主義の発達と『工場／都市』- ル・クルーゾにおける『工場の規律』と労使関係 - 」遠藤輝明編『地域と国家 フランス・レジョナリスムの研究』日本経済評論社，1992年，174頁．市内の小ブルジョワジーの間でも，シュネーデル＝「抑圧者」のイメージが生成していた．しかし，「職人と小商人はすべて工場に依存して（生活して）いた．かれらはシュネーデル出入りの職人・商人であった．悪い印が付けられた職人・商人のところでは，いかなる労働者も買物をしな」くなるので，かれらがイクスプリシットに反シュネーデルの態度を取ることはなかった（Habaru, A., *op.cit.*, p.64）．ル・クルーゾ＝コミューン後にスイスへ逃れ，1879年に恩赦を受けて再びル・クルーゾに戻ってきたデュメェの場合を示そう．彼は友人たちからカンパを受けて，市内で本屋を開いた．しかし，インター関係やブノワ・マロンの著作をおいたところ，直ぐさま会社のブラック・リストに載った．その結果，シュネーデルの労働者・職員はデュメェの店に立ち寄らなくなった．その後，本屋をたたんでカフェに商売がえをしたが，これまた開店休業状態に追い込まれた（Dumay, J.-B., introduction et note par Pierre Ponsot, préface d'Ernest Labrousse, *Mémoires d'un militant ouvrier du Creusot* (*1841-1905*), Paris, Maspero-Presses Universitaires de Grenoble, 1976［以下，Dumay, J.-B., *Mémoires* と略記］, pp.294, 305）．
6 Vichniac, J. E., *The Management of Labor : The British and French Iron and Steel Industries, 1860-1918*, Industrial development and social fabric, vol.10, London, JAI Press Inc., 1990, p.109.
7 Dumay, J.-B., *Un fief*, p.1.
8 Pelloutier, F. et M. Pelloutier, *La vie ouvrière en France*, Paris, 1900, réimpression, 1975, p.6.
9 Dumay, J.-B., *Un fief*, p.9；桂圭男「産業革命期における新興工業都市の経済発展と労働運動 - フランスのクルーゾ市を事例として - 」谷和雄編『西洋都市の発達』山川出版社，1965年，305-306頁．
10 Dumay, J.-B., *Un fief*, pp.10-11.
11 *Ibid.*, pp.12-13.
12 *Ibid.*, pp.13-14.
13 Bonnefont, G., *Souvenir d'un vieil ingénieur au Creusot*, 1905, p.284, cité par Frey, J.-P., *op.cit.*, p.153.
14 Dumay, J.-B., *Un fief*, p.7.
15 一方，シモナンは1867年に次のように記している．「住宅の近くの池は，労働者にとってさまざまな娯楽の場所である．かれらは家族連れで堤防を自由に散策する．池で水浴びをすることもできる．また，いつも優しくパテルネルな工場当局は，労働者たちが釣りのおもしろさに熱中することも許可している．……会社は住宅を建てた．しかし，かれら（労働者）にそこに住むことを決して強制はしていない．労働者の私生活に対するあらゆる干渉は，思慮深く慎まれている」と（Simonin, *Les cités ouvrières des houilleurs*, 1867, pp.11-12, cité par Frey, J.-P., *op.cit.*, pp.152-153）．シモナンの記録は「全面管理」とは縁遠い企業パトロナージュの時期に記されたものである．それゆえ，ボネフォンやデュメェの記録とは対照的な内容になっている．
16 Dumay, J.-B., *Un fief*, p.16.
17 La Broise, T. de et F. Torres, *op.cit.*, p.80.
18 サン＝ローラン教会（1848年）の他に，シュネーデルは市内にサン＝シャルル教会（1865年），サン＝タンリ教会（1883年），サン＝トゥジェーヌ教会（1912年）を建てている．教会はル・クルーゾ住民にとって身近な存在であった．
19 Planus, *Aux forgerons du Creusot : discours prononcé dans l'église de Saint-Laurent du Creusot*,

Autun, 1888.
20　*Ibid.*, p.10.
21　*Ibid.*, p.7.
22　*Ibid.*, p.6.
23　*Ibid.*, p.10.
24　*Ibid.*, pp.11-15.

Ⅳ　1899年～1900年のル・クルーゾ=ストライキ

シュネーデル労働史に例外的なブリュータリテをしるす1899年～1900年ストライキを事例に，シュネーデル企業パテルナリスムが内包する経営・社会的機能のネガティブな側面に光をあてる．シュネーデル企業パテルナリスムの基本機能はさしあたり，「経営による労働の『統合』」として理解することが可能である．しかし，同パテルナリスムはいつもいつもこの機能をスムーズに発現していたわけではない．一方におけるポジティブ，他方ネガティブという制度それ自体の中にビルト・インされていた矛盾の統一において発現している．

1　ストライキの経緯

1899年5月16日，製銑部門の労働者490人中140人が0.5フラン/日の賃上げを要求してストに決起した．好景気にともなう労働強化の現実をみとめた会社側は，オータン郡長の調停を受け入れて譲歩し，要求の半分にあたる0.25フラン/日の賃上げを行った．この勝利は他部門の労働者を勇気づけ，5月29日には賃上げを要求する工場ゼネストが発生した．9,261人のル・クルーゾ工場労働者のうち，略全員にあたる9,000人が参加した．5月31日には，機械製造部門のフライス工ジャン=バティスト・シャルル（Jean-Baptiste Charleux）のアッピール「労働組合なしには何も達成できない」に呼応して，工場のなかに「金属労働者組合」（Syndicat des ouvriers métallurgistes．以下，SOMと略記）が結成された．約6,000人が結集した．書記長にはロワール・アンフェリュール県出身のよそ者労働者ジャン=バティスト・アダム（Jean-Baptiste Adam）が選ばれた．SOMは，㋐時間給と出来高給の全面的引き上げ　㋑勤続30年未満で退職した労働者への医薬の無料提供　㋒経営はすべての職長・現場監督に対して，労働者に丁寧に接するよう指示すること　㋓労働組合の承認，この4項目を要求した．軍隊が導入され，第29歩兵連隊，ヌヴェール第13歩兵連隊，

ボーヌ第16猟騎兵連隊が市内に駐留した．6月1日，ウジェーヌⅡは「信頼アッピール」を出して，労働者に無条件で労働に復帰するよう呼びかけた．「労働者諸君へ．本日より労働の自由が回復される．工場は明日金曜日より全面的に再開される．30年前，2日間にわたる罷業の後，労働者は工場に再び入り，私の両親を信頼し，そしてそのことを後悔しなかった．かれらと同じように行動しなさい．再び職場に戻る者は，私を信頼したことを後悔しないであろう」と．今回，労働者は軍隊を前にしても「意気消沈」しなかった．統一された指揮系統をもつSOMは，逆に「対抗アッピール」を発してスト続行を指示した．「労働者諸君へ．雇主は明日労働を再開するようにわれわれを誘っている．策略に注意せよ．それは，われわれがその結末を知っている約束でしかない．その目的は労働者を分断し，歩兵に力を発揮させることを可能にすることにあるのだ」と．この間に，リヨン株式取引所ではシュネーデル株が暴落した．会社はパリ地下鉄工事の受注がキャンセルされるのを懸念して，6月2日に，㋐ストの処分を行わない　㋑21歳以上の労働者には1日当たり25サンチーム，15歳〜20歳の労働者には同20サンチーム，14歳以下の労働者には同15サンチームの賃上げを行う　㋒退職労働者の医薬無料化を実施する，を提案して事態の収拾をはかった．「専制者の時代は去った！」という歓声のなかで，SOMは提案を受け入れた．しかし，これは一時的な欺瞞でもって態勢を立て直そうとするウジェーヌⅡの巧妙な戦術でしかなかった．労働は再開されたものの，賃上げは実施されず，SOMが申し入れた団体交渉は悉く拒絶された．8月には，組合専従であることを理由に書記長アダムが解雇された．

9月18日，班長のジェルマン(Germain)を彼の自宅にまで押しかけていって罵倒したという理由で，電気部門の組合員2人が副工場長ジェニィ(Gény)によって解雇された．この処分に抗議して，9月20日に電気部門と大砲部門の労働者がストに突入した．夕方6時頃までに，工場ゼネストに発展した．今回SOMは，㋐賃上げ　㋑労働組合と団体交渉の承認　㋒思想の自由，を要求した．団体交渉の承認要求については次のようにいうであろう，「われわれは我々が集約した要求と不平不満を開陳し，対立の原因を回避するために，緊急の場合を除いて，2ヶ月に1回，あなた方あるいはあなた方の代理と交渉をもつことができる」と．ウジェーヌⅡはすぐさますべての要求を拒否した．団体交渉の承認要求については，「私の労働者は全員が，2ヶ月に1回とは限らずに，常に，かれらの要求を彼らの上司あるいは私自身に提出することができる

ことを知っている．私はこのことを繰り返して十分に明言してきた」と述べる．郡長の調停は不調に終わった．全国各地から左翼議員と労働ミリタンがル・クルーゾに集まってきた．そのなかには独立派の社会主義者ヴィヴィアニ（Viviani），革命的社会主義者党（Parti socialiste révolutionnaire）のラッサール，*La Petite République* のマクサンス・ロルド（Maxence Roldes）もいた．婦人・子供も加わって，トランペットと太鼓入りでインターナショナルやラ・カルマニョールを歌いながら街頭デモが繰り広げられた．9月24日には7,000人が市中を覆った．アダムはウジェーヌIIに団体交渉を申し入れたがすぐに拒絶された．再び軍隊が導入された．SOMは対抗措置として，ロルドの提案に従い，「パリ行進」を決議した．「パリ行進」はバスチーユ襲撃を連想させ，センセーションを巻き起こした．数日のうちに数多くの赤旗と食料運搬用荷車が集められ，「行進」の準備がととのえられた．労働者は事務管理部の前でラ・カルマニョールを歌い，気勢をあげた．その間，SOMはヴィヴィアニの助言を受け入れ，政府に仲裁を依頼していた．「パリ行進」に危機感を覚えたウジェーヌIIは，ストを終わらせるためにヴァルデック・ルソーの仲裁に応じた．1899年10月7日の裁定は以下であった．㋐賃上げに関する6月2日の労使合意を尊重する　㋑組合員と非組合員を平等に取り扱う　㋒スト参加を理由に解雇を行わない　㋓人員整理を行うときには，組合員と非組合員を同数とする　㋔「労働者代表」制度の導入（ただし，これが団体交渉を認めたものかどうかについては曖昧なままであった）　㋕工場当局は会社組合を設立する権利をもつ（これは労働組合の承認を意味した）．SOMは要求が全面的に受け入れられたと解釈して，勝利宣言を出す．「この勝利は，恐らくフランス・プロレタリアートの歴史において前代未聞のものであろう．われわれの力とすべての労働者の連帯と社会主義友人の不撓不屈の献身によるこの勝利は，すべての労働者によって熱烈に歓迎されるであろう．この勝利により，われわれは，我々の権利と自由の尊重を確実なものにするであろう．そして，社会的共和政の勝利に向けて断固前進するであろう」．

続けざまに2度の工場ゼネストに見まわれたウジェーヌIIは，総力を挙げてSOM壊滅に乗り出した．裁定については無視する態度をとり続けた．1900年7月9日，精錬場で会社組合（後述）員のブイレ（Bouillet）とSOM組合員のヴァンディアン（Vandian）が争いごとを起こした．工場当局は前者に2日間の，後者に15日間の停職を科した．不公平な処分を組合に対する弾圧として

受け止めた SOM は，7月13日に精錬・鍛造部門にスト突入を指示した．会社側は対抗措置として精錬場を閉鎖し，精錬・鍛造労働者を全員解雇したうえで，再雇用を希望する者は個人的に申し出て再度労働契約を結ぶように通告した．7月18日，SOM は裁定の尊重を求める最後通告をウジェーヌⅡに出し，応じない場合には工場占拠を行うと決議した．しかし，この戦術は会社組合の抵抗にあって敢えなくも挫折した．軍隊，裁判所，県・市当局は挙げてシュネーデルに荷担した．7月21日，知事のジョリィ（Joly）は，工場に招待するという名目でアダムを呼び出し，即座に彼を逮捕した．次々と SOM 幹部が捕らえられ，オータン軽罪裁判所は 55 名に即刻有罪判決を下した．アダムは 6 ヶ月の禁固刑に処せられた．指導者を失った SOM は孤立し，約 1,200 人の労働者が「社会主義万歳」と叫び，インターナショナルを歌いながらル・クルーゾを去っていった[12]．ストは敗北に終わった．

2　ストライキの性格

(1) 発生の要因
①1890 年代後半の経済・社会・政治状況

　経済状況について．1895 年以降フランス経済は好況期に入っていた．ル・クルーゾ工場はパリ地下鉄事業，1900 年の万国博工事，大砲・装甲鋼板・水雷艇等の兵器需要で，応じきれぬ程の注文を抱えていた．シュネーデル株は 45 万フランにまで値上がりしていた．労働強化が進行し，それでも不足する労働力はアンドレやブレトンから調達していた[13]．労働者も会社の繁栄を肌で感じ取り，賃上げを要求する気運がおのずと高まっていた．「機械労働者同盟」（Union des mécaniciens）の会計担当プロス（Prost）は 1899 年に，「全ヨーロッパの製鉄労働者にとって，状況は瞠目的である．すべての製鉄所は納品すべき注文をすでに応じきれぬ程かかえているので，幾つかの取引契約を結ぶのを断っている．それゆえ，ル・クルーゾの同志たちは闘争を行ううえで素晴らしい情勢にある」と記す[14]．次に CGT の結成とストライキの全産業的噴出である．社会状況はル・クルーゾ労働者の間にも団結の機運を醸成した．シュネーデル社の某部長は，「労働組合の問題は至るところで合い言葉になっているようだ」と記す[15]．第 3 に，社会主義勢力が 1898 年 5 月の国政選挙で躍進し，翌年 6 月 22 日には社会主義者ミルランがヴァルデック・ルソー内閣に商工大臣として入閣したことである．この政治的出来ごとは農民的心性・性格を払拭していたル・ク

ルーゾ労働者に[16],労働に対する社会給付の拡充手段としてのストライキを身近なものに感じさせた[17].1890年代後半の経済・社会・政治状況はル・クルーゾ労働者に団結と賃上げと社会給付の拡充要求をインスパイアした.

②階級的アイデンティティ

5月29日の工場ゼネストに際して,SOMは4項目の要求を掲げた.労働省労働局はこの要求を次のように分析している.「現実問題として,スト労働者にとって最も重要なのは最後の項目（労働組合の承認）である.もし,幸福が物質的満足度で計測されるのであるならば,労働者はここでは不幸である.しかし,人間にはそれ以上のものがある.そして,その領域のなかにこそ,ストの原因が求められねばならない」と[18],賃上げという経済的要求もさることながら,労働者自身の社会的存在における「自由と自立」要求にストの第一義的原因が求められている.そうだとすれば,これまで約30年間経営に対して従順であってきた労働者の間に,どのようにして,こうした主体的要求が芽生えたのであろうか.考えられる最大の要因は,「全面管理」に対する労働のリアクションの変化である.「全面管理」は,企業パテルナリスムの恩恵・実利的給付と表裏一体に,経営が労働に課していた労働者の労働・生活過程全般に関わる－「思想的」・「人格的」領域をも含めた－強制的秩序づけであった.労働者はこの秩序を,生活保障が「全面管理」を凌駕し包摂している限り,もしくは双方の間に相互依存的均衡が成立している限り,被抑圧意識なり閉塞感を覚えつつも,受容していた.だがこのことは,労働者が「全面管理」をみずからの社会的人格存在において十全に納得・受容し,経営に対する抵抗を全面的に放棄していたことを意味するものでは決してない.かれらは「全面管理」と生活保障の均衡のなかに,みずからの社会的存在における人格的矛盾（自分自身の生活状態及び思想状況を自分で管理できないという矛盾）を常に意識していた.企業パテルナリスムは,労働者をして彼ら自身の社会的存在にかかる矛盾を主体的に自覚させるというパラドクシカルな「自己不安定性」を,機能発現それ自体のなかに内包していたのである.この微妙な均衡が外部的・客体的に生起する経済・社会・政治状況のインパクトを受けて揺らぐとき,労働は階級的アイデンティティの一点に結集することで社会的存在における人格的自己矛盾の解決をはかる.「全面管理」に対する抵抗,別言すれば「自由と自立」の要求である.

(2) 階級的性格

ストの性格を実態的に検証しよう．1899年5月29日の工場ゼネストに際して，電気部長兼機械製造部長であったエルメール（Helmer）は工場幹部の意見を代弁して，以下の対応策を提起した．「労働者の間に平穏を回復するには……何よりもまず，手抜かりなく，最も危険な首謀者たちを排除しなければならない」．ストに参加している労働者についても，「厳しいディスィプリンを課す必要がある．ためらうことなく，その結果生じるかも知れない生産の減少をいたずらに懸念することなく，従わない者を解雇しなければならない」．そして，「悪しき労働者あるいは現在アンディスィプリンである労働者に対してとるべき態度を，近いうちに速やかに検討するのがよい．かれらのうちの何人かは遅かれ早かれ，ストの先頭に立つか，あるいは係わり合うようになるであろう」と．工場当局は，「労働の自由」を回復するためには多少の犠牲をかえりみることなく，要求を拒絶し，解雇と浄化（épurer）を遂行すべきだと決断した．だが，この古典的スト対応策すなわちディスィプリンの強化は労働者の団結によって跳ね返され，会社側の敗北に終わった．けだし，SOMの結成を阻止することができず，賃上げ要求を形式的にであれ受け入れ，1899年9月20日の工場ゼネストに際しては労働側に譲歩してヴァルデック・ルソー裁定を受け入れたであろう．ル・クルーゾ労働者の階級的アイデンティティは指揮系統において一定の統一性を確立していた．統一性は労働者の約2/3をSOMに結集し，賃上げ要求をはじめとして，労働組合の承認や団体交渉権の要求にまで争点を深化拡大させていた．ストはシュネーデルの支配・統制すなわち「全面管理」に対する労働の階級的反抗であった．

3 会社組合の設立とストライキの挫折

1899年10月29日，工場当局は「ル・クルーゾ工場労働者職業組合」(Syndicat des corporations ouvrières des usines du Creusot. 以下，SCOと略記．組合長は倉庫係のマンジュマタン Mangematin）を設立した．炭鉱部長ポワソ（Poisot）は設立の目的を次のようにいう．「新組合（SCO）は旧組合（SOM）を蚕食して増勢し，非常に長い間にわたってル・クルーゾの最もすばらしい栄光の1つであってきた調和を雇主と労働者の間に再建することに成功するであろう」と．これを要するに，会社のクリエンテス的組合として労働者の階級的アイデンティティにくさびを打ち込み，内部分断をはかることでストを防止し，SOM

を無力化することである．組合員は1900年1月末で2,000人，その後4,000人に増加した．組合員は生活給付と住宅制度の両面において優遇された．

　SOMは急速に衰微した．当初，意気揚々とストに加わっていた労働者も，いつまでたっても政府裁定が履行されないので，とうとう落胆してSOMから離脱していった．ポワソは，「労働者は2つのスト（1899年5月と9月の工場ゼネスト）の間の時期よりも，より従順になっているように思われる．かれらは仕事に対して几帳面であり熱心である．そして，かれらに対して科せられる幾つかの罰を十分に素直に受け入れている．かれらがこれまで労働組合（SOM）の力に対しておいていた信頼は，大きくぐらついてしまっているように思われる」と記す[22]．ストの発端を画した製銑，電気，大砲の各部門あるいは機械製造部門でも，SOMの影響力低下は著しかった．一方，これに反比例するかのようにSCOは増勢した．1900年7月の精錬・鍛造部門ストに際しては，「パリ金属労働者連盟」（Fédération des métallurgistes de Paris）はフィリップ・モレル（Philippe Morel）をル・クルーゾに派遣し，SOMに梃子入れをした．だが，SOMにはもはや自己を活性化するだけの力は残っていなかった．SOM組合員は生活給付から排除されていた．社宅から追い出された者もいた．労働者は再結集を呼びかけるモレルのアッピールに応じなかった．呼応した少数の者も工場当局の報復を恐れて名前をかくし，登録番号で活動するという有様であった[23]．精錬・鍛造ストは全面的な敗北に終わった．およそ1,200人の労働者が解雇され，あるいは自発的に離職して，ル・クルーゾを去っていった．J.-B. シャルルもそのなかにいた．「誇り高く，屈服することを潔しとしない数百人が追放される道を選んだ．……数日のうちに，家族をともなった1,000人以上の労働者がル・クルーゾを去っていった．……／他の土地へ移るにはあまりにも歳を取りすぎていたある労働者は－彼はその生涯をシュネーデル社で過ごしてきた－自殺した[24]」．

　古典的対応策にかわる会社組合の設立を契機に，ル・クルーゾ労働者の主体的要求は急速に萎靡した．新たなスト対策すなわちSCOによる経営の反撃に対して，SOMはほとんど無力であった．そこには，ル・クルーゾ労働者における階級的アイデンティティの脆弱性が見出される．生活保障と「全面管理」の間の微妙な均衡が経済・社会・政治の外部的・客体的インパクトを受けて揺らぐとき，階級的アイデンティティは一挙に浮出し結集された．そして，ストの発生と展開を主導した．この事実は否定できない．しかし，その影響力は一

時的なものでしかなかった．総体的には，生活給付や住宅制度をはじめとする企業福祉の恩恵・実利的性格が階級的アイデンティティの持続・拡大に対してネガティブに作用した．階級的アイデンティティの脆弱性は，シュネーデル企業パテルナリスムによって打刻されていたル・クルーゾ労働者総体の属性＝階級意識の未成熟として理解される[25]．

1899年〜1900年のストは企業パテルナリスムに内在的に組み込まれていた機能上の矛盾の，外部的・客観的インパクトのもとにおける，一時的激発であった．シュネーデル労働史に前代未聞のブリュータリテをしるしたこのストを契機に，ウジェーヌⅡは，1870年のスト以降アンリによって着手されていたシュネーデル学校の能力主義的改編・拡充をより強力かつ速やかに実行する．そして，個人主義的メリトクラシーに基づく「立身出世システム」を十全に整備し，労働者の社会的存在における人格的自己矛盾意識の緩和・抑制に，すなわち生活給付や住宅制度の恩恵・実利的整備だけでは未だ十分ではなかった労働者の階級的アイデンティティ縮減・抑止に，積極的に乗り出す．同時に，労働運動を「排除し抹殺する戦術[26]」を導入し，「総規則」＝懲戒規則を制定して労働者に対する「全面管理」を強化する．

注

1　1899年5月29日現在，ル・クルーゾ工場の労働者数は次のとおりである．炭鉱部344，製銑部489，精錬・鍛造部2,808，製鋼部1,448，機械製造部2,053，大砲部671，電気部400，各種事業部987，その他61の計9,261人（Parize, R., *op.cit.*, p.18）．
2　Vichniac, J. E., *op.cit.*, p.104.
3　Habaru, A., *op.cit.*, pp.69-70.
4　*Ibid.*, p.70.
5　*Ibid.*, pp.71-72.
6　Vichniac, J. E., *op.cit.*, p.106.
7　*Ibid.*; Beaucarnot, J.-L., *op.cit.*, pp.185-186; Le Crom, J.-P., *L'introuvable démocratie salariale : Le droit de la représentation du personnel dans l'entreprise (1890-2002)*, Collection "Le Présent Avenir", Paris, Éditions Syllepse, 2003, p.10.
8　Le Crom, J.-P., *op.cit.*, p.10.
9　*Ibid.*
10　Parize, R., *op.cit.*, p.41; Vichniac, J. E., *op.cit.*, p.107; Beaucarnot, J.-L., *op.cit.*, p.187.
11　Habaru, A., *op.cit.*, p.80. ヴァルデック・ルソー裁定の成立を知ったジャン・ジョレスは，「ル・クルーゾ労働者の勝利は，20年来戦ってきた労働者が獲得した一層完全な勝利の1つである」と述べて，前途を祝している（*Ibid.*）．
12　Roy, J.-A., *op.cit.*, p.100; Parize, R., *op.cit.*, pp.42-43; Habaru, A., *op.cit.*, pp.84-87; Beaucarnot, J.-L., *op.cit.*, pp.187-188.
13　Parize, R., *op.cit.*, pp.14-15; Le Musée d'Orsay et l'Écomusée du Creusot-Montceau, *op.cit.*, p.311.

14 Prost, *L'Union républicaine,* Mâcon, 6 juin 1899, cité par Parize, R., *op.cit.,* p.15.
15 Parize, R., *op.cit.,* p.16.
16 マルセル・マサールによれば，19世紀20世紀の交のル・クルーゾ労働者はル・クルーゾ労働者の第2・3世代にあたる．かれらはル・クルーゾ市で生まれ育ち，2/3は市内に，残り1/3は近隣の「コミューン」に居住する賃労働者であった（Massard, M., "Syndicalisme et milieu social 1900–1940", in *Le Mouvement Social,* n°.99, 1977, p.24）．
17 Vichniac, J. E., *op.cit.,* p.104.
18 Office du travail, *Statistique des grèves,* 1899, cité par Vichniac, J. E., *op.cit.,* p.104.
19 Parize, R., *op.cit.,* pp.23–24．某部門の部長コルネス（Cornesse）も，ストを無条件で中止させ，「労働の自由」を確保するためには，賃上げ要求を峻拒し，労働者に圧力をかけるべきだと主張した（*Ibid.,* pp.25–26）．
20 SCOのモットーは「平和・労働」であった．その主旨は，コルポラティフ精神に基づいて「雇主を敬い」，経営と一体化して組合員の利益を守ることにあった．経営もSCOに対して物心両面から援助を与えた．例えば，SCO組合員で予備役あるいは国土防衛兵として召集された者にはそれぞれ賃金の13日分，28日分を餞別として支給した．他方SOM組合員に対しては，この種の援助は一切行わなかった．逆に，SOM組合員を社宅から追い出していた（*Ibid.,* p.28）．
21 *Ibid.,* p.31.
22 *Ibid.*
23 これまで社会主義者に対して好意的態度をとり，ストのときには集会用として部屋を提供していた宿屋の主人たちも，工場当局の報復を恐れて，部屋の提供を拒むようになったという（*Ibid.,* p.34）．
24 Habaru, A., *op.cit.,* p.86.「ストは失敗に終わった．工場の採用事務所に再度出頭することを潔しとしなかった数百の家族は，ついにル・クルーゾを去る決心をした．パリや東部地域へ2,300人が旅立っていった．ル・クルーゾ市の人口は一時的に32,000人から30,500人に減った．……／かくして，シュネーデル社は最も頑強な敵対者を追い払った」（Roy, J.-A., *op.cit.,* p.100）．
25 ジャン・ジョレスは *Le Réveil de Saône-et-Loire*（1900年7月29日号）に「小共和国」（La petite république）と題する論文を寄稿している．そのなかで，SOMがSCOによる反撃に無力であったことを取り上げ，ル・クルーゾスト挫折の主因を同時代フランス労働組合運動に共通する脆弱性（階級意識の未成熟，政治権力論の欠如）に求めている．「小共和国」は Parize, R., *op.cit.,* annexe III, pp.45–46 に全文が収録されている．
26 *Ibid.,* pp.13–14, 37–38.

V　シュネーデル学校

　本節の課題は，シュネーデル会社によって実践された学校教育制度（シュネーデル学校 Écoles Schneider[1]）の実態を可及的忠実にフォローするとともに，その機能成果を労務管理政策の視点から具体的に考察することである．シュネーデル学校教育制度については既に遠藤輝明によって，労働力創出政策の観点から先導的研究がなされている[2]．そこでは，シュネーデル学校によってもたらされた「能力主義」と「立身出世主義」の普及およびシュネーデル学校によって育成された技師と労働者の間における新たな「情緒的結びつきによる階層関係」の生成が，シュネーデル労働社会における生活意識の変化すなわち労働者

の小ブルジョワ的意識化を推進し，経営に忠実な次世代労働力の安定的確保に機能したと結論づけられている．筆者はこの先行研究をふまえつつ，能力主義選抜システム（「能力主義」）に基づくシュネーデル学校の工場労働力創出機能を教育課程と技能形成の実態に即して出来るだけ具体的に理解する．同時に，能力主義選抜システムによって生み出されたシュネーデル労働者とその家族の社会的上昇・昇進志向（「立身出世主義」）が，かれらの労働・生活過程にどのようなインパクトを与え，その結果，企業内社会関係がどのように変容したのか，という点についてもアプローチする．

1　ストライキ前のシュネーデル学校

　工業化初期のシュネーデル労働力は，生活の安定を求めてモルヴァン地方からル・クルーゾに流入してきた離農山村貧民を中心に構成されていた．かれらは一般に，農民的生活・労働リズムを身につけており，工場の規律に疎く，自助力と自己管理力に欠ける社会的弱者であった[3]．シュネーデル兄弟は経営の論理と「伝統主義的労働者観」に基づき，かれらの子供に対して初級教育を施した．この施策は社会生活と労働生活の両面において，旧来の陋習を払拭した，規律正しい次世代労働力の創出に機能した[4]．

　1837年11月21日，シュネーデル兄弟会社は旧王妃クリストー工場跡に初級・実業学校を設立した（認可は1838年12月21日[5]）．当初，ル・クルーゾ労働者の学校教育に対する関心は薄く，1841年に市人口が4,500を超えた時でも生徒数は僅か75（教員1）であった．だが，人口が増え，教育に対する理解が進むにつれて生徒数は増加し，1853年には445（教員4）になった[6]．この年の8月，校長ノレ[7]は当時名声を博していたアルザスの諸学校を訪問し，教育制度についての見聞を広めた[8]．ミュルーズから帰ったノレは，1856年に定員640名の新校舎を建設した．また，初級・実業学校卒業者に中級教養教育を施す目的で，定員300名の特別学校（École spéciale）を新設した[9]．生徒数は900を超え，教員数も11に増えた．

　第二帝政末期までのシュネーデル学校は道徳性の陶冶に重点をおいた教養教育を中心としていた．「道徳化は企業成功の最も重要な要素の1つである．道徳（教育）なしに，永続的・規律的かつ献身的な労働力を確保することはできない」とウジェーヌⅠは明言する[10]．職長や製図工の供給源としての機能を充実するために，技能に関連した授業も行われてはいた－授業科目は宗教，道徳，

第 7-22 表　ル・クルーゾにおける徴兵適齢者の識字率　　　（人，%）

年	徴兵適齢者数 市内出身者	市外出身者	識字率 市内出身者	市外出身者
1860	37（37）	99（68）	100	69
1861	42（37）	115（71）	88	62
1862	39（38）	121（85）	97	70
1863	51（43）	134（93）	84	69
1864	50（44）	118（74）	88	63
1865	66（63）	122（84）	95	69
1866	56（48）	132（98）	86	74
合計	341（310）	841（573）		
平均			91	68

（　）の数値は，読み書きができた者．
Frey, J.-P., *op.cit.*, p.88.

初級教養，初級高等教養，算数，化学・物理の初歩（理科），デッサン，測定[11]－．しかし教養教育に比べると，技能関連の教育は副次的に位置づけられていたにすぎない．こうした教育は一定の成果をあげた．第 7-22 表に示されたル・クルーゾ市出身者の識字率の高さから，成果が確認される．

2　ストライキ後シュネーデル学校の教育内容と卒業生の進路

(1) 教育体系の改革

　1870 年のストライキを契機に，シュネーデル学校は自己改革をはかった．1873 年，工場長シェイソンの提言に基づき，初級・実業学校と特別学校を廃止した．かわって，市内の主要労働者街区に初級学校を 1 つずつ，計 4 校新設し（中央校，東校，西校，南校），これを Groupe Élémentaire（以下，GE と略記）として位置づけた．また，内部労働市場の基盤整備を目的に，中級の技能・技術教育課程として Groupe Spécial（以下，GS と略記）を新設した．GS は選抜試験に合格した GE 卒業生を受け入れた．授業料はすべて廃止された[12]．この改革によって，シュネーデル学校の学級数は 32，教員数は最大 44，生徒数は 2,000 以上となった（第 7-23・7-24 参照）．シュネーデル労働者の子供の就学率は著しく高まった．

　初級教育の義務化に関する 1882 年 3 月 28 日の法律施行にともない，市当局は人口に見合った初級学校（École municipale）を設立する義務を負った．地域経済を独占するとともに市長としても市政を掌握していたアンリは，GE をそっくりそのまま市に移管した[13]．だが，入学者が増加し，「すし詰め」学級が出現した．市の教育予算は逼迫していた．公立初級学校の新増設は不可能であ

第 7-23 表　シュネーデル学校の生徒数推移：公立移管前

Schneider et Cie, [1912], p.22.

第 7-24 表　シュネーデル学校の規模：1882 年 3 月現在　　　　（名）

		学級数						生徒数						教員数
		GS			GE			合計	GS			GE			合計	
		1re	2^e	3^e	A	B	C		1re	2^e	3^e	A	B	C		
GS		1	1	1				3	34	49	70				153	4
G E	中央校				1	2	4	7				80	141	242	463	8
	東校				1	3	5	9				78	138	401	617	10
	西校				1	2	3	6				73	126	231	430	7
	南校				1	2	4	7				81	167	259	507	8
合計		1	1	1	4	9	16	32	34	49	70	312	572	1,133	2,170	37

Frey, J.-P., *op.cit.*, p.94.

った．この状況を前にして，アンリは 1891 年に初級学校を 3 校新設した[14]．GE の復活である．この頃になると，GS 修了生のなかで成績の優秀な上位 8 名は国立エクサン・プロヴァンス工芸学校（École des Arts-et-Métiers d'Aix-en-Provence）へ進学し，高等技術教育を修めることが制度的に定着していた．だが，同工芸学校は急進主義的教育方針をとっていたので，この学校へ生徒を送り込むことにシュネーデル社は次第に嫌悪をいだくようになっていた．1899 年～1900 年にストライキが発生した．このストを契機に，会社は同工芸学校への進学制度を廃止した．そして，みずからの経営イデオロギーに沿った技師を内部養成する目的で，高等技術課程 Cours Supérieur（以下，CS と略記）を新設した[15]．同時に，技能・技術教育の拡充を目的に，初級技能課程として Groupe Préparatoire（以下，GP と略記）を設置した[16]．また，GS の定員をおよそ 2 倍弱に増やした．

　2 度にわたるストライキをへて，それまでの教養中心の教育体系が根本的に改められた[17]．熟練工・職員・技師を養成する内部労働市場の基盤を整備する目

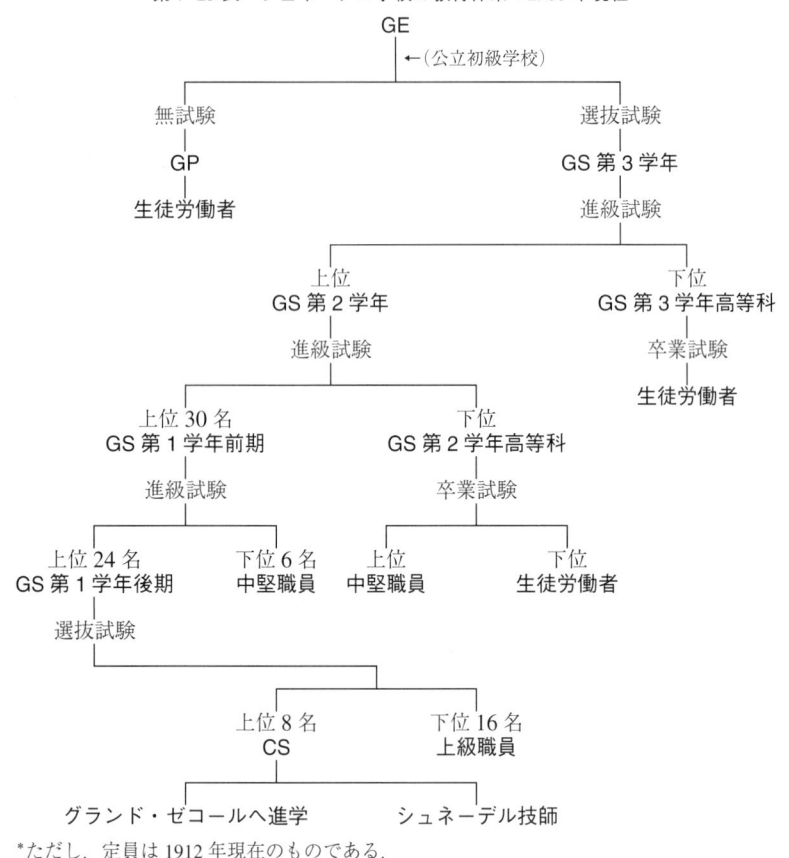

第 7-25 表　シュネーデル学校の教育体系：1900 年現在*

```
                          GE
                          ←（公立初級学校）
        ┌─────────────────┴─────────────────┐
      無試験                              選抜試験
        GP                              GS 第 3 学年
     生徒労働者                              │
                                         進級試験
                          ┌─────────────────┴─────────────────┐
                         上位                                下位
                       GS 第 2 学年                       GS 第 3 学年高等科
                          │                                   │
                        進級試験                              卒業試験
                                                            生徒労働者
              ┌───────────┴───────────┐
           上位 30 名                  下位
         GS 第 1 学年前期           GS 第 2 学年高等科
              │                         │
            進級試験                    卒業試験
         ┌────┴────┐              ┌────┴────┐
       上位 24 名   下位 6 名      上位        下位
      GS 第 1 学年後期  中堅職員    中堅職員    生徒労働者
            │
          選抜試験
         ┌──┴──┐
       上位 8 名  下位 16 名
         CS     上級職員
    グランド・ゼコールへ進学   シュネーデル技師
```

*ただし，定員は 1912 年現在のものである．
Schneider et Cie, [1912], vers p.31 の付表より作成．

的で，初級教養課程（GE）→初級技能課程（GP）あるいは中級技能・技術課程（GS）→高等技術課程（CS）という技能・技術を中心とした一貫教育体系が個人主義的能力主義に基づいて階梯的に組織された（第 7-25 表参照）．第 7-26 表に，各課程における生徒数の推移を示す．

(2) GE

　総定員 600 名．満 5 歳 6 ヶ月以上 – 定員に満たない場合は満 5 歳以上 – 12 歳未満の男子で，シュネーデル関係者（退職者・寡婦を含む）の子供を受け入れた．さらに定員に満たない場合には，シュネーデル社と無関係な家庭の子供

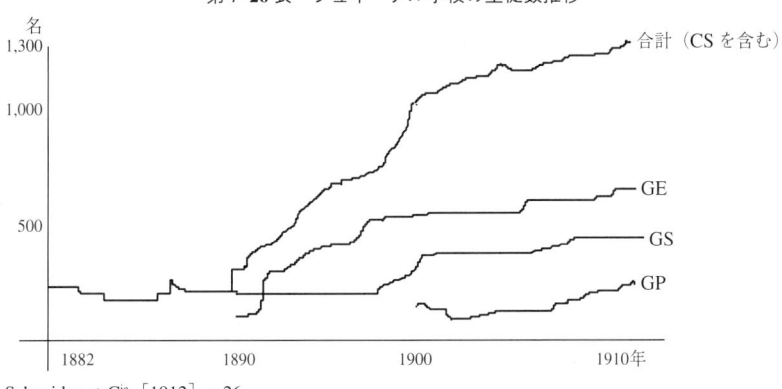

第7-26表　シュネーデル学校の生徒数推移

Schneider et Cie, [1912], p.26.

も受け入れた．しかし，市人口の90％がシュネーデル関係者であることを思えば，後者の比率は著しく低かったと推定される．履修科目は公立の初級学校に準じており，初級教養中心であった．朗読　作文　文法　写本　歴史　地理　算数　線図　道徳　測定　カトリック教理問答．学習レベルは公立のそれを凌駕していた．3校13学級あり，エキパジュ校（Équipage）は3年制，クロワ＝ムネ校とサン＝タンリ校は4年制であった．学年末に進級試験があった．最終学年になると選抜試験があり，合格者はGSへ進んだ．GSに進学できなかった者はGPへ進んだ．GEはシュネーデル労働力養成の第1ステップとして位置づけられる．

(3) GP[20]

総定員220名．満12歳2ヶ月以上で初級学校卒業の男子であれば，誰でも無試験で入学することができた．したがって，公立初級学校からの入学者もいた．履修科目は以下のとおりで，理工科目を軸に専ら初級工業教育が施された．文系科目は社会批判力の陶冶に結びつく「無益な教養」と見なされ，排除された．［算数］加減乗除　メートル法　分数　三角法　利子　割引　比例　実務計算問題　［幾何］座標　直角線　多角形　円　面積　体積　実務問題　［画法幾何］点　線　面　等角投影　［製図］平行線　垂直線　三角形　円周分割曲線　［技工］裁断　厚紙工作　紙製品工作　［物理］物質の三態　空気　風　気圧　ポンプ　膨張　温度　光　水　雨　雷雨　蒸気機関　［化学］燃焼　燃料　一酸化炭素　二酸化炭素　硫黄　リン　ナトリウム塩　石灰　鉄　非鉄金属　［衛

生]骨　筋肉　神経　皮膚　消化・呼吸・循環　アルコール．1～2年制（4学級）で，14歳に達した者は略全員が生徒労働者（élèves-ouvriers）としてシュネーデル工場に入った．生徒は成績順に職種を選択することができた．最優秀の者は職員として就職することも可能であった．ただし，昇進可能な職位は副監督までであった．

(4) GS[21]

総定員450名．当初，受験資格はGE卒業生に限られていた．のちに改められ，公立初級学校の卒業生も自由に受験できるようになった．周辺都市からの受験生もいた．ただし年齢制限があり，満11歳以上13歳未満の者に限られていた．シュネーデル学校はシュネーデル関係者の子供のみを受け入れる排他的教育機関であるという非難[22]は当を得ていない．もっとも，GEの学習レベルが他よりも高かったために，入学者にしめるGE出身者の割合は圧倒的に大きかった（第7-27表参照）．

第3学年（4学級），第2学年（2学級），第1学年前期（1学級），第1学年後期（1学級）の4年制で，学年が進むにつれて定員は少なくなっていた．年齢制限があり，第2学年へは満14歳未満，第1学年前期へは満15歳未満，第1学年後期へは満16歳未満の者しか進級できなかった．原級留置者の再進級は認められていない．進級に際しては厳しい試験があり，成績に応じて上級学年へ進む者と就職科に進む者とに振り分けられた．就職科には第3学年高等科と第2学年高等科（ともに1年制1学級）があり，GPと同じく，専ら技能教

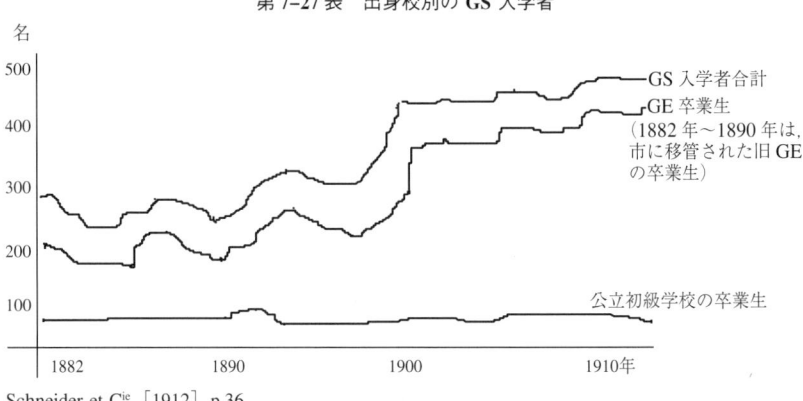

第7-27表　出身校別のGS入学者

Schneider et Cie, [1912], p.36.

育が施された[23].

　最新の製造技術に対応するために，学習内容はしばしば改訂された[24]．教養科目の授業もあったが，中心をなしていたのは実用的な技術・工業科目であった．工場見学も行事予定に組み込まれていた．教育レベルはパリの市立実業学校と同等であった[25]．履修科目を示す．《学年共通》［国語］文法　文学史　作文　語源　作品講読［歴史］フランス史　古代史　世界史［地理］フランス地誌　植民地地誌　ヨーロッパ地理　世界地理［工業製図］部品図　半製品図［デザイン］観察図［外国語］英語　ドイツ語［宗教］《第3学年》［基礎数学］四則計算の基礎概念　整除性　分数　メートル法　応用実務問題［代数］1・2次方程式［基礎幾何］［物理］重力　液体静力学　密度　温度［化学］水　酸素　窒素　塩素　アンモニア［博物学］解剖［書法］《第2学年》［基礎数学］理論的考察［代数］根の計算　1・2次方程式［基礎幾何］初級平面幾何［物理］気体静力学　水蒸気　熱　蒸気機関［化学］硫黄　炭素　珪素　アルカリ金属　金属の一般的特性［博物学］医学の概念［書法］《第1学年前期》［基礎数学］理論的考察［代数］多項式の分割　不等式　対数級数［基礎幾何］点　線　面　交叉［力学］初級静力学　等速運動　機械の概念［物理］熱量　光学　音響学　静電気［化学］金属一般　初級有機化学　水素炭化物　《第1学年後期》［三角法］三角形の解法　応用問題［代数］2次の3項式　極大極小　関数のグラフ［基礎幾何］特別研究［画法幾何］平面の回転と折り曲げ　回転面と多面の射影　断面［力学］多変化運動　運動の構造と変化　力の大きさ　抵抗［物理］電気　磁気　初級工業電気［化学］製鉄技術　初級有機化学．就職科では午前中に第3・2学年の復習とデッサン及び製図の授業が行われ，午後には工場で実習が行われた[26]．

　GSを修了すると，通常，シュネーデル工場に就職した[27]．毎年，工場から求人リストが職種別に提示され，生徒は成績順に職種を選択した．修了学年ごとに求人の職位に差異があり，第1学年後期修了生16名は技術あるいは事務の上級職員として採用された．第1学年前期修了生6名は，成績によっては後期修了生と同等の上級職員になることもできたが，通常は中堅技術職員として採用され，設計に携わった．就職科卒業生は生徒労働者として採用され，各種の専門労働に従事した．場合によっては，監督の仕事にも就いた．ただし，第2学年高等科の上位卒業生は中堅製図職員として採用された．20世紀初頭に実施された進路調査によると，CSに進学した者7％，職員になった者21％，生

徒労働者になった者58％，その他14％である．GSはシュネーデル基幹労働力の供給源として位置づけられる．

(5) CS

　総定員24名．3年制．GS第1学年後期修了生のなかから試験選抜された．履修科目を示す．《学年共通》［代数］組合せ　二項定理　一般関数　対数曲線　無限概念　虚数　行列式　代数方程式の理論　微分積分　2・3重積分　微分方程式［解析幾何］曲線一般理論［画法幾何］多面交叉　回転面の特性　円錐体と塔の交叉　球［化学］生化学　有機化学　金属学［電気学］静電気学　磁気学　電気力学　電気化学　陰極線　X線　応用電気［製図］金属構造物機械［外国語］英語　ドイツ語《第3学年》［技術］金属分類　機械［基礎数学］横断線　極点　極線　反転　接線　球面幾何　円錐曲線　螺線　サイクロイド　近似法　測量［三角法］概論［実習］［工場見学］《第2学年》［物理学］重力　流体・気体静力学　熱学　熱量測定　幾何光学　音響学［土木工学］地質学　建築材料　モルタル　盛土　石工事　板ガラス　左官工事　塗装　暖房　壁布［機械工学］高炉　精錬炉　ボイラー［国語］報告文　作品講読　講演《第1学年》［力学］理論運動学　応用運動学　計数測定　金属抵抗　図式静力学［製鉄学］燃料　耐火材料　製銑　精錬　圧延　実習［工業電気］直流交流　受・発信器　電話　変電送電［機械］ボイラー　乾燥機　加熱器　集煙装置　発電機　ドラフト　安全制御器　蒸気機関　蒸気タービン　ガス機関　内燃機関［熱力学］[28]．第3学年の週時間割（1905年現在）は次のとおりである．道徳1，国語4，英語2，ドイツ語2，基礎数学6.5，特別数学5，物理・化学3，デッサン7.5，実習・工場見学7.5，計38.5時限[29]．履修科目と週時間割から分かるように，CSでは工場のニーズに見合った高度な技術教育が施されていた．グランド・ゼコール出身のシュネーデル技師が講義を担当し，水準は中央工芸学校（École Centrale des Arts et Manufactures）と同レベルにあった．実習と工場見学は実践的な技術感覚を身につけるのに役だった[30]．奨学金制度があり，経済的に苦しい家庭の生徒でも能力があり成績に秀でていれば，CSに進学することができた[31]．卒業生のうち，ごく一部の者はグランド・ゼコールに進学したが，大多数の者は成績と適性に応じて，製造，研究開発，経理，商務のシュネーデル技師として就職した．1919年に廃止されるまでの20年間に計152人の技師がCSから巣立っている[32]．かれらはシュネーデル学校教育の結晶であり，

「カブロタン」(Caboulotins) と呼ばれ，生涯を経営に捧げる個性であった[33]．

(6) 宗教・国防・道徳教育

　社会・労働道徳を陶冶する観点から，カトリック教育が重視された．学校付司祭には教育内容についての意見具申権が与えられていた．各校舎には礼拝室があり，カトリックの生徒は7歳になると，全員が信仰告白を行った．もちろん，日曜ミサへの出席も義務づけられていた．この教育をとおして，シュネーデル学校は生徒の心奥深くに経営と勤労に対する忠誠・献身・義務の観念をうえつけ，品性と善行を血肉化した労働力養成の素地づくりとした．元[34]シュネーデル組立=旋盤工（ajusteur-tourneur）で，同時代における反シュネーデルの代表的人物デュメェの記録から宗教教育の実態が知れる．もっともデュメェは反聖職者主義者であったので，記録には誇張と非難が含まれているが，「祈り，カトリック要理，聖人伝，ミサ，告白，聖体拝領は，これらはすべて結局のところは若者の理性を喪失させるのだが，学校のプログラムの一部を構成している．そして，初聖体拝領をすませていない者は見習工になれない．／初級教育に関する新しい法律の制定以後，聖人伝の授業は廃止され，学校付司祭は以前行っていた程には教育課程に関与しなくなった．しかし，カトリック司祭は毎日，学校で，以前と同じように，相変わらず，生徒に告白を行わせている．……／2,500名の生徒を，何とまあ受身的な服従に慣れさせていることか」[35]．少数ではあるが，プロテスタントの生徒もいた．かれらに対しては，市内の改革派牧師によって別途宗教教育が施されていた[36]．

　普仏戦争後，シュネーデル社は軍需企業化し，各種艦艇，装甲鋼板，大砲の生産が飛躍的に増大した．1885年8月に武器輸出入に関する自由化法が成立すると，シュネーデル砲は海外22ヶ国に輸出され，クルップ砲と並ぶ名声を得た[37]．この社会情勢に歩調を合わせて，国防意識を発揚するために，軍事教練がGSに導入された．「学校旅団」（brigade scolaire）が結成され，毎月数時間，予備役配属将校の指導のもとに分列行進や武器の操作が教練された．1908年11月7日に「軍事教練の義務化に関するデクレ」が発令されると，国防教育は一層強化された[38]．

　「将来への準備の精神．彼（アンリ）はかれら（労働者）に貯蓄の習慣を子供のときから身につけさせようと考えた．それがなければ，儲けたお金は資力となるかわりに，いとも簡単に危険なものとなる．彼が1875年に，最も良い

成果をもたらしている学校貯蓄金庫（caisse d'épargne scolaire）を設置したのはこうした思いからであ」った[39]．生徒は毎月1回，小遣いを持ち寄って預金した．各家庭の家計事情のちがいに配慮し，預金は1回につき5フランを，預金高は1人につき500フランを上限にしていた．利息は5%．1911年現在，657名が加入し，預金総額は58,000フランに達していた[40]．

こうした宗教・国防・道徳教育に取り組んでいたのは，何も学校付司祭・配属将校・貯蓄担当者だけではない．かれら以上に一般の教員が生徒と直接にかかわり，指導に取り組んでいたと考えられる．それゆえ，一般教員の教育に対する日常姿勢が生徒に対して大きな影響を及ぼしていたことは疑いえない．日々の教科指導と生活指導のなかで，どのようなコンタクトが生徒と教員の間に保たれていたのか，それを明らかにすることは今のところ資料的に困難である．したがって，具体的なことは不明である．ただ，シュネーデル社もそのことを十分に承知していた．会社は教員任用権を掌握すると同時に[41]，各課程に職制を導入し，教育方針の徹底をはかった．教員も自主的に毎月1回研修会を開き，指導に必要な資質の向上に取り組んでいた[42]．

3 シュネーデル学校の経営・社会的機能

(1) 工場労働力の供給源

叙上の行論論旨から，シュネーデル学校が工場との一体的連関のもとに－「工場の1セクション[43]」として－労働力の創出・供給に機能していたことが知れる．学校設立の当初から企図されていたこの機能は[44]，ストライキを契機とする体系的な教育改革をへるなかで一層強化された．既にシェイソンは第二帝政末期に，「（シュネーデル）学校は貯蔵所である．そこから工場の人員が準備され，供給される．……学校は毎週そして毎年，全生徒についての一種の知的かつ道徳的な当座勘定をもっている」と指摘する[45]．デュメェの『メモワール』から，その実態に接近することができる．「この時期（1854年），ル・クルーゾの工場当局は，現在（1902年～1922年頃）でも依然としてそうであるが，各作業場の見習工をすべて『シュネーデル氏の学校』と通称される初級・実業学校から採用していた．……校長のノレ氏がまず第1学年（最終学年）の教室にやってきて，『精錬場や組立工場やボイラー工場でたくさんの見習工を必要としている．誰か行きたい者は？』と生徒たちにいった．……私は誰に相談することもなく，組立工見習の生徒求人があるまで学校をやめないと決心してい

た．……しかし，ある日のこと，旋盤工見習の求人があった．学校の先生がちょっとした過ちをとがめて私を平手で殴ったので，私は気分を悪くしていた．私は応募した．私は受け入れられた．こうして1854年の春に，まだ13歳になっていなかった私はル・クルーゾ工場の見習工になった」[46]．20世紀初頭に関しても，ジャン・フォレ（Jean Forest）の回想から実態に接近することが可能である．「父が別の初級学校（GEのサン=タンリ校）を選んでいたならば，私はその初級学校からシュネーデルの歯車装置に組み込まれた準備課程（GP）に入り，特別課程（GS）で勉強をつづけ，そして今では小職員として，シュネーデル工場の事務室での仕事に従事することで終わっていたでしょう」[47]．

(2) 生徒労働者の技能形成

では，シュネーデル工場に入った生徒労働者はどのような技能形成 (formation professionnelle) を受けていたのか．第二帝政期における見習工の技能形成との比較で考察する．

①第二帝政期における見習工の技能形成

デュメェの『メモワール』は次のように記している．「工場のこの部門で実施されていた見習システム（système d'apprentissage）……．約30人の旋盤見習工が一堂に集められていた．各人は6ヶ月，1年，2年あるいはそれ以上の期間にわたって，多かれ少なかれいつもと同じようにボルトとナットづくりに専ら従事する．この絶えざる繰り返しにより，かれらは手先の非常な器用さを発達させる」[48]と．論者はこの回想を根拠に，既に第二帝政期には「会社の指導計画にもとづいて」，「単能工の養成」が実施されていたと指摘する[49]．「単能工の養成」については首肯できるが[50]，「会社の指導計画」がこの時期に作成・実施されていたと見る点に関しては少し疑問がある．というのも，デュメェはそのあとで，見習工の賃金引き下げに対する抗議行動を回想して，次のように記しているからである．「1859年末に，私は見習工同僚たちに，もとの賃金を要求すべきこと，そして，そのためにルノーという名前の極悪な班長（chef des travaux）に対して何らかの集団行動を取るべきだと提案した．約30人の抗議者（見習工）が一同揃ってやって来たのを見たルノーは，文字どおりびっくり仰天した」[51]．時期に少しずれがあるものの，この2カ所の回想から，次のことが分かる．⑦旋盤見習工は1つの班にまとめられてはいたが，統一的・組織的な技能形成システムは導入されておらず，見習工が熟練工に就いて個々にスキ

ルを磨いていた．見習期間が各人ばらばらであるのは－デュメェの場合は，5年半を経過した後も依然として見習工である－その証左であろう．班長ルノーは技能指導員というよりも，むしろ見習工監督であったと理解される．①スキルを修得した者から順に正式工に昇進し，正式工になった人数分が学校の生徒のなかから見習工として常時補充されていた．見習期間がばらばらであったにもかかわらず，見習工の人数が約 30 人と一定しているのはその証左であろう．したがって，この時期，「会社の指導計画にもとづい」た技能形成が制度として整備されていたとは考えがたい．第二帝政期シュネーデル社の技能形成についてはレイドが，見習工は基本的に成人労働者に就いて個々にスキルを磨いていたと指摘し[52]，フレイは，見習工の技能形成は工場内での熟練労働者を中心とした労働者のソシアビリテ志向的な伝授方式に依存しており，技術の進歩に比べると，まだまだ遅れた状態にあったと論じている[53]．

②生徒労働者の技能形成

　2 度のストライキを契機とするシュネーデル教育体系の改革と軌を一にして，経営による生徒労働者の技能形成が統一的な指揮管理のもとに制度的に展開された[54]．経営みずからが技能形成の主導権を握ることで労働者の熟練形成における「自家受粉」機能（endogamie）を切り崩し，かれらの自律性根拠を蚕食して階級的アイデンティティ醸成の芽を可及的に摘み取り，心性的にも文化的にもこれまでの労働者とは異なる新しいタイプの労働者を創出することに目的が置かれた[55]．同時にこの展開は，もはや「自家受粉」型の熟練形成では対応し得なくなっていた，直接的生産過程における高度な技術進歩に対処するための新たな技能形成過程でもあった[56]．

　では，技能形成の実態はどのようなものであったのか．シュネーデル学校の教育内容は最新の技術進歩をふまえたものであった．それゆえ，生徒労働者に残された課題は既習の知識をいかにして速やかに実践に移すかにあった．かれらは「総規則」（本章Ⅳを参照されたい）の適用のもとに特別の作業班にまとめられ，道徳性と技能に秀でた専任の技能指導員数名による指導を，技能実践のイロハからはじめて，2 年〜3 年の間受けた[57]．指導期間中，講義はまったく行われなかった[58]．製造に必要な知識は既に学校で修得していたからである．それゆえ，かれらは他のことに気を奪われることなく，全力を技能形成に投入した．指導期間が修了すると効果測定を受けた．合格者には「職業適任証」(certificat d'aptitude professionnelle) が授与され，一人前の労働者となった[59]．18

歳になると，一般の作業班に組み入れられた[60]．

　シュネーデル学校教育との一体的構成のもとに遂行されたこの統一的技能形成は，経営と親和的な心理的連関をもつ熟練労働者の創出に寄与した．効果は見習工保護協会（Société de protection des apprentis）による推奨（1912年）から確認することができる．「36年前から，見習工保護協会は工場に雇用されている見習工と子供労働者の状態に関心をもってきた．その結果，本協会は（シュネーデル）工場でのこうした見習制度によって，初めて彼らが良き労働者になりうることを確認するに至った[61]」．なお，職員・技師として工場に入った生徒の企業内初任者研修については，今のところ，それを明らかにする資料を筆者は持ち合わせていない．

(3)「経営による労働の『統合』」
①能力主義選抜システム

　シュネーデル学校では進級試験・選抜試験に合格した者のみが上級学年・上級課程に進むことができた．就職に際しても，本人の成績が選考の基準となっていた．「卒業するとき，各々の生徒は，家柄など学校から与えられた権利以外の特別な地位にかかわりなく，成績，適性そして功績を基準に，工場の上司によって配属される．事務管理部の重要な職位に就いたり技師になるのは，こうした（成績の優秀な）生徒である．一方，（成績の劣る）他の生徒にはもっと下級の仕事が割り当てられることになってい[62]」た．家柄・財産・地縁・血縁にかかわりなく，個人の能力と努力で職員・技師になれるチャンスが誰に対しても均等に与えられていたのである．それゆえ，1838年に13歳で鋳物工見習としてシュネーデル工場に入ったジュール゠オーギュスト M. ブルディのように，息子のピエールはGS出身の技術職員，孫はCS出身の技師，自分自身は息子の下で働く肉体労働者，という家族も決して珍しくはなかった[63]．

　「全面管理」のもとに位置づけられていた労働者とその家族は，シュネーデル学校に導入された能力主義選抜システムすなわちメリトクラシー（meritocracy, méritocratie）を日常労働生活全般における意識と行動の準拠として漸次受容した．

②社会的上昇・昇進志向

　職員・技師には労働者よりも恵まれた生活と多大な職権が保証・付与されていた．両者の間には「差別化のシステム」（system of differentiation）に基づく

社会的懸隔がヒエラルキー的に造出されていた[64]．労働者とその家族は生活過程と労働過程におけるこの懸隔を個人の努力・能力に還元することで受容した．同時に，自分も，そして自分の家族が，職員・技師に「立身出世」することを生活・労働目標として意欲した．シュネーデル学校に導入された能力主義選抜システム＝メリトクラシーは，労働者の間に，シュネーデル体制内における社会的上昇・昇進志向を醸成するはたらきを有していた．

　a 「差別化のシステム」の事例

　誰がどの職位にあるかが一目で分かるように，日雇工，正式工，班長，職長等々はそれぞれに定められた帽子をかぶらねばならなかった．ジャケットは部門の責任者にのみ許されていた[65]．夕刻になると，技師はシルクハットを，職員は山高帽をかぶり，背広姿で工場から出てきた．労働者はというと，まびさし帽に仕事着のまま，汚れた青色の上着を脇にかかえて家路についた．日曜日には大勢の人がモンポルシェ労働者公園に集い，ミディ遊歩道を往来するが，設計技師と旋盤工とでは身なりからして一目で区別がついた．人々はそれぞれの職位に応じて，ヒエラルキー的に挨拶を交わした[66]．服装によるこうした可視的「差別化」に加えて，社宅にも労働者用と職員・技師用とではグレードに大きな差異が設けられていた[67]．また，経営は職員に対して，労働者として工場や炭鉱で肉体労働に従事しているシュネーデル学校時代の同級生とは私生活の面で親しくしてはならないという指示を出し，心理面からも「差別」の制度化をはかっていた[68]．

　b 「立身出世」意欲の事例

　デュメェの提供を借りよう．「手工労働者よりも遙かに多くの報酬を受け取る職員は，給料の他にも住宅や暖房に関するさまざまな追加手当を受け取る．それゆえ，かれらが享受する数多くの特権は，人々のなかにあって，かれらを一種の特権的カーストにしている．したがって，その職位は大きな憧れの的になっている．自分の息子を鉄床や万力の仕事に就かせるよりも事務室に入れたいと願って，下劣な行為さえ厭わぬ父親の姿を見るのも決して珍しくはない」[69]．シュネーデル社刊行本には，子供を進級試験に合格させようとして，帰宅後，デザインの説明をしたり，機械の操作方法を一生懸命に教える教育パパの姿が記されている[70]．

③「経営による労働の『統合』」

　「この制度（シュネーデル学校）は，子供たちに努力することを奨励する効

果をもつだけではない．最も有能な者にオトリテが委ねられているということを示すことで，すべての人々にオトリテに対して尊敬の念を抱かせることにも強力に役立つ．最後に，この制度は，もはや現実とはまったく一致していない，そして公正な感覚を常にいらだたせる階級という区分をル・クルーゾから消滅させることに役立つ」．シェイソンは第二帝政末期に，現実にはまだ発現していないけれども，もし教育と技能形成のシステムが経営によって十分に整備されるならばと仮定して，シュネーデル学校の機能を叙上のように指摘する．この指摘は1899年〜1900年ストライキ後のシュネーデル学校教育制度の機能成果を，本質において，見事に言いあてている．

　シュネーデル学校の能力主義選抜システム＝メリトクラシーに由来する社会的上昇・昇進志向は，労働者とその家族に，経営の一員としてみずからを実現することに「生きがい」＝生活・労働目標を見出させた．すなわち，㋐労働者自身による就業規律の自覚化された受容を漸次創出し，㋑労働者とその家族の意識と行動をシュネーデル体制内的なそれ（ヒエラルキー的経営社会秩序の尊重）へと傾斜させた．この方向づけは，労働者の社会的存在における人格的な自己矛盾意識を緩和・抑制し，かれらの階級的アイデンティティなり労働者意識（conscience ouvrière）の形成にネガティブに作用した．

　この方向づけに「カブロタン」が関与していたことも見逃せない．「カブロタン」は経営権限の分配に与りつつ，労働条件や住宅問題さらには都市問題全般にも取り組むことで，対立的・分裂的になりやすい労使関係を平穏裏に調整し，労働者によるヒエラルキー経営秩序と労働規律の自覚化された受容促進に機能した．けだし，ガストン・ボネフォンは自身「カブロタン」の任務をふり返り，次のように記すであろう．「労働と資本の同盟は不可能だと考える人々もいる．かれらがル・クルーゾに来たならば，この同盟が実現していないかどうかを知るであろう」と．

　シュネーデル学校教育の能力主義選抜システムに源を発し，労働者とその家族の間に漸次浸透した社会的上昇・昇進志向は，「全面管理」のもとに位置づけられていた労働者の社会的人格存在における自己矛盾意識を体制内的に緩和・抑制し，かれらの階級的アイデンティティ形成にネガティブに作用した．別言すれば，労働者の勤労意欲刺激と資本主義経営の政治的・社会的安定化に，すなわち「経営による労働の『統合』」の前進に機能した．ル・クルーゾでは，フランスにおけるサンディカリスムの伝統あるいは政党指導による社会革命運

動（ボルシェヴィスム）の展開にもかかわらず，1899年～1900年のストライキ以後－1936年においても－労働の組織化と労働組合運動は低調であった。ジャン＝ピエール・ル・クロ（Jean-Pierre Le Crom）にいう「社会平和の30年」(trente ans de paix sociale) である．

4 家政学校

最後に，家政学校（École Ménagère）について触れておこう．1899年～1900年のストライキに婦人たちも積極的に参加した．ウジェーヌIの銅像を指さしながら，自分の子供に，「見てごらん，この人がおまえの服を奪い取った人だよ」と教える母親がいたし，銅像によじ登って赤旗を振りまわす女性もいた。製銑工である夫にSOMに加入するよう勧める妻も見受けられた．同時に，丁度この頃，専業主婦の浪費癖と怠惰を解決することが焦眉の急となっていた．家事と育児をかえりみず，奢侈品買いに熱中して家計は火の車という労働者家庭も決して珍しくはなかった．婦人のこうした思想・生活態度を矯めるために，「良妻賢母」の教育を強化する必要が痛感された．労働者家庭の徳育を推し進める手段として，労働者の妻を健全に育成することが1つのイデオロギーと化し，家政教育の実施が正当化された．かくして，シュネーデル社は1906年に，将来は労働者の妻となるであろう若い娘や少女を対象に，授業料無料の家政学校を設立した．

家政学校は3つのコースから構成されていた．そのうち，④と⑦はそれぞれ1909年と1910年に設置された．⑦本科コース（cours ménagers）：2年制．入学資格は13歳以上で，初級学校卒業の女子．日曜と木曜以外のすべての曜日に1日3時間の授業が行われた．卒業試験があり，合格者には「家政教育修了証」が授与された．④成人コース（cours d'adultes）：1年制．16歳以上の女子を対象．木曜日に授業が行われた．⑦成人日曜コース（causeries ménagères）：自由に時間がとれない未婚の成人女子を対象．隔週日曜日に1時間半の授業が行われた．「清貧に満足することを心がけよ．そこに思慮と真実がある」（フランソワ・コッペ）を校是に，質素・勤勉・明朗そして道徳的家庭の建設を教育目標に掲げていた．目標を達成するために，近代的な家政科目（enseignement ménager：家計，園芸，衛生）と通常の家事（料理，掃除，裁縫，洗濯，修繕）が座学と実習の両面から講義された．衛生を例にとると，以下の科目目標が掲げられていた．⑦不衛生は生活資料の不足が原因ではない　④道徳心は衛生状

態を向上させる　㋒家族の団欒は家庭形成の基礎である　㋓不平不満は家庭を崩壊させるもとである[87]．

　家政学校の機能成果を整理しよう．教育内容の実利・実践的側面は労働者の物質的生活を安定させる方向に作用した．小ブルジョワ的価値観の尊重を説く道徳的側面は労働者家庭の内側から経営に対する従順意識を培い，階級的アイデンティティの形成を防止することに作用した．これらの作用は，シュネーデル学校教育の機能成果を労働者家庭の内部から補完する役割を果たした．

注

1　本書にいうシュネーデル学校とは，シュネーデル社の主力工場であるル・クルーゾ工場の学校制度を指している．
2　遠藤輝明「前掲論文」，155-173頁．この他にシュネーデル学校教育制度を取り扱った邦文文献としては，藤村大時郎「前掲論文」がある．
3　第3章Iを参照．
4　Schneider, J.-E., *Note remise à la Commission de la Chambre des députés chargée de l'examen du Projet de loi des Douanes*, Paris, 1847, p.24.
5　会社設立の直後に作成され，1838年初めに公表された工場編成規則（Règlement）は次のように記している．「ル・クルーゾ工場の所有者であるシュネーデル兄弟は，工場に雇用されている労働者に対して，かれらと彼らの家族の福利についてあらゆる配慮を示すことを欲し，以下の設置を決意した．㋐共済金庫　㋑工場のさまざまな職種に適応するための，児童を対象とした初級学校と少年を対象とした高等初級学校．……かれら（シュネーデル兄弟）は学校用地を提供し，校舎を建て，教員宿舎及び暖房設備をととのえる．学校の通常経費の半分は共済金庫の基金から，残りは各人の授業料からまかなわれる．親が工場に雇用されていない児童や少年も2倍の授業料を払うことで，入学が認められる．授業料は，1838年については一人当たり月額0.75フランとする」．初級・実業学校はこの規則に沿って整備された．成績優秀者と経済的に就学困難な児童・生徒に対しては，授業料を半額にする措置が講じられた．寡婦年金受給家庭の子供もしくは扶養年金を支給されている遺児については，授業料は全額免除された（Schneider et Cie, [1912], pp.22-24 ; Chazelle, H., *Le Creusot : histoire générale*, Dôle, 1936, p.193）．旧王妃クリストー工場の右半分が男子クラスの校舎にあてられた．左半分は女子クラスの校舎にあてられた（Roy, J.-A., *op.cit.*, pp.40-41）．
6　Schneider et Cie, [1912], p.24.
7　ノレは2代校長である．初代校長はジョアネであった．ジョアネは相互教育法を取り入れ，読み書きそろばんを中心に，リベラルな教育を実践した．しかし，彼の自由主義的教育理念は次世代労働力の育成を目指す会社の方針とはあまりにもかけ離れていた．ジョアネは1841年に辞職した．辞職後，彼は市内のネルリ通りに私立学校を開いた．生徒数は200を数え，校風はシュネーデル学校と対照的であった．校則はほとんどなく，自由の空気に溢れていたという．だが，3年間しか存続しなかった（Frey, J.-P., *op.cit.*, p.85）．
8　*Ibid.*, pp.90, 92.
9　Roy, J.-A., *op.cit.*, p.41.
10　Schneider, J.-E., *op.cit.*, p.29.
11　*Ibid.*, p.30.
12　Schneider et Cie, [1912], pp.25-26.
13　*Ibid.*, p.26.

14 *Ibid.,* p.28.
15 Reid, D., "Schools and the paternalist project at Le Creusot 1850–1914", in *Journal of Social History,* fall, 1993, p.133.
16 Schneider et Cie, [1912], p.29.
17 こうしたシュネーデル学校の運営費は年間 30 万～35 万フランにのぼっていた.
18 Schneider et Cie, [1912], pp.32-33. 子供を GE に入学させるか, あるいは公立初級学校に入学させるかは保護者の判断に委ねられていた. 大部分のシュネーデル労働者は経営に対する忠誠心を示すために, 自分の子供を GE に入れた. しかし, 子供の将来を方向づけるうえで, この選択は非常に重要であった. ジャン・フォレの父親のように, あえて公立の初級学校に入学させる者もいた (Frey, J.-P., *op.cit.,* p.87).
19 Schneider et Cie, [1912], pp.32-33.
20 GP についての記述は, *Ibid.,* pp.33-35 と Habaru, A., *op.cit.,* pp.104-105 による.
21 GS についての記述は, 主として Schneider et Cie, [1912], pp.35-44 による.
22 Habaru, A., *op.cit.,* p.104.
23 *Ibid.*
24 Schneider et Cie, [1912], p.38.
25 Schneider et Cie, [1914], p.27. しかし, 教育効果の観点から GS あるいは GP とパリの市立実業学校を比較した場合, 前者の方がはるかに良い成果をあげていた. 1900 年の統計によると, パリ市立ブール校 (École Boulle. 4 年制) の室内装飾科入学生 55 名のうち, ストレートで卒業した生徒は 29 名で, 製鉄科では同 44 名中 19 名でしかない. しかも, 大多数の生徒は専攻とは無関係の職種に就職している (Schneider et Cie, [1912], p.59). また, パリ市会議員のマルスラン (Marsoulan) が 1904 年に行った調査によれば, 入学年度から卒業年度までの市立実業学校生徒の原級留置率 (中退者を含む) は, エティエンヌ校で 50%, ベルナール=パリシィ校で 50%, ジェルマン=ピロン校で 55%, ブール校では 67% にも達している. 一方, GS では 86% 以上の生徒が, GP でも 80% 以上の生徒がストレートに卒業し, シュネーデル工場に就職している (*Ibid.,* p.60).
26 Chazelle, H., *op.cit.,* p.205.
27 学校は, 生徒がル・クルーゾ市から他の都市・地域へ流出するのを防止するために, 生徒に対して国家試験や資格試験に関する情報を一切知らせなかった (Reid, D., *op.cit.,* p.132).
28 Schneider et Cie, [1912], pp.44-50.
29 Beaucarnot, J.-L., *op.cit.,* p.153. 履修科目は 1912 年現在のもので, 週時間割は 1905 年現在のものである. カリキュラムはしばしば改訂されているので, ここに掲げられている履修科目と週時間割の科目とは必ずしも一致しない.
30 Schneider et Cie, [1912], p.50.
31 奨学金の貸与月額は, GS 第 1 学年後期を修了してシュネーデル社に入った同年齢の職員の給料月額に等しかった. 返還の義務があった. 奨学生は卒業後略全員がシュネーデル技師となり, 給料のなかから毎月返還している (Habaru, A., *op.cit.,* p.105).
32 Schneider et Cie, [1912], pp.28-29. CS 卒業生の略全員がシュネーデル技師になっている最大の理由は, かれらがシュネーデル精神を血肉化していたことに求められる. しかし, 一方で,「(かれらは) 十分な科学的トレーニングを積んでいたけれども, 卒業に際しては何らの資格・免状も (公的・社会的には) 授与されなかった. それゆえ, この人的資本への投資の排他的享受者であるシュネーデル工場以外では, 昇進の望みを持ち得なかった」ことも理由の 1 つであったと指摘されている (Bédarida, R., préface de Paul Vignaux, *Un non-conformiste chez Schneider : Edouard Morin 1897–1967,* Paris, 1984, p.12).
33 CS が「le Caboulot」と通称されていたことから,「カブロタン」と言われるようになった. 退職した元「カブロタン」は次のように述べている.「われわれは皆シュネーデル少年であった. われわれはシュネーデルにあり, 全面的にシュネーデル化していた」と (Reid, D., *op.cit.,* p.134).
34 Schneider et Cie, [1912], pp.40, 50-53.
35 Dumay, J.-B., *Un fief,* p.3.

36 Schneider et Cie, [1912], p.53.
37 Roy, J.-A., *op.cit.*, pp.75-78.
38 Schneider et Cie, [1912], pp.40-41, 50. 国防教育の強化は生徒に対する保健管理（健康診断，身体計測，保健カードの作成）と体育授業の拡充をもたらした．
39 Courtois, F., *Les écoles du Creusot 1787-1882*, Autun, 1893, p.19, cité par Frey, J.-P., *op.cit.*, p.99.
40 Schneider et Cie, [1912], p.52.
41 GE, GP, GS の教員の多くは師範学校出身者で，公立学校を退職した教員のなかから採用されていた（Beaucarnot, J.-L., *op.cit.*, p.15）．
42 Schneider et Cie, [1912], p.53.
43 アバルの表現．Habaru, A., *op.cit.*, p.105.
44 Frey, J.-P., *op.cit.*, pp.79, 83 ; Reid, D., *op.cit.*, pp.130-131.
45 Cheysson, É., "Le Creusot : Condition matérielle, intellectuelle et morale de la population : institutions et relations sociales", in *Bulletin de l'Association internationale pour le développement du commerce et des expositions,* 19 juillet 1869, p.12, cité par Frey, J.-P., *op.cit.*, p.81.
46 Dumay, J.-B., *Mémoires*, p.82.
47 Forest, J., *L'emprise*, Paris, 1971, pp.99-100, cité par Frey, J.-P., *op.cit.*, pp.87, 90.
48 Dumay, J.-B., *Mémoires*, p.83.
49 遠藤輝明「前掲論文」，163 頁．
50 1859 年末に，見習工の賃金が 1 日当たり 1.25 フランから 1.15 フランに引き下げられた．デュメェは見習工を煽動して賃下げ撤回行動を起こした．これが原因で，デュメェは直ぐさま解雇された．彼はパリへ出て職を探したが，そのときに，自分がボルトとナットばかりを作っていたために，旋盤工としては一人前の技能を身につけていないことを知った（Dumay, J.-B., *Mémoires*, p.85）．
51 *Ibid.*, p.84.
52 Reid, D., *op.cit.*, p.133.
53 Frey, J.-P., *op.cit.*, p.82.
54 レイドは，1867 年パリ万国博特別審査員に提出されたノートと 1912 年のシュネーデル社刊行本を比較して，19 世紀 20 世紀の交に，生徒労働者に対する技能形成が経営による統一的な指揮管理のもとに，制度的に実施されるようになったと分析する（Reid, D., *op.cit.*, p.133）．ボーキャルノは，1910 年頃に制度化されたと指摘する（Beaucarnot, J.-L., *op.cit.*, p.155）．
55 Reid, D., *op.cit.*, pp.131-132, 136.
56 Reid, D., "Industrial Paternalism : Discourse and Practice in Nineteenth-Century French Mining and Metallurgy", in *Comparative Studies in Society and History,* vol.27, no.4, October 1985, p.603.
57 Schneider et Cie, [1912], p.63.
58 *Ibid.*, p.64.
59 Chazelle, H., *op.cit.*, p.194.
60 Schneider et Cie, [1912], p.63.
61 労働高等評議会（Conseil supérieur du Travail）常任委員会における，ジョルジュ・ピコの答弁より（*Ibid.*）．
62 Cheysson, É., *op.cit.*, p.12, cité par Frey, J.-P., *op.cit.*, p.81.
63 Reid, D., "Schools…", p.135.
64 *Ibid.*, p.136 ; Beaucarnot, J.-L., *op.cit.*, p.167. シュネーデル体制内での社会的上昇・昇進志向は労働者の間に広く浸透していた．シュネーデル学校卒業後，職員・技師になれなかった者も，またシュネーデル学校を出ていない者も，技能を磨き，経営への忠誠を示すことで，35 歳～40 歳ぐらいになれば職長に昇進する道が開けていた．労働者 150 人～160 人に 1 人の割合で配置されていた職長は，労働者から嫌われ，あまり尊敬されることはなかったが，一方でその地位が保証する生活水準の高さと特権は労働者にとって「憧れ」の的であった（職長の数は 1846 年 5 人，1856 年 32 人，1861 年 46 人，1866 年 53 人，1872 年 62 人．Bourdelais, P., "Des représentations aux réalités, les contremaîtres du Creusot 1850-1900", in Lequin, Y. et S. Vandecasteele, éd., *L'Usine et le*

  bureau : Itinéraires sociaux et professionnels dans l'entreprise XIXe et XXe siècles, Lyon, Presses Universitaires de Lyon, 1990, p.154). 少し例示しよう. 1880年頃, 職長昇進者の初年度の年間賃金は, 年齢・勤続年数・経歴によって違いはあるものの, おおよそ2,200フラン〜3,000フランであった. 一方, 労働者は熟練機械組立工でも5.4フラン/日であった. 労働日を300日とすると, 年間賃金は1,620フランである. 不熟練工だと1,000フラン〜1,100フランでしかない. したがって, 職長と労働者の賃金格差は2対1もしくは3対1であった (Ibid., p.158). いわんや事務・技術職員との格差はもっと大きく, 5対1から10対1であった (Parize, R., op.cit., p.20). 賃金の他にも, 職長を含む職員以下の特権 (アヴァンタージュ) があった. まず, 住宅手当 (家賃の10％) と高品質の石炭6ヘクトリットル/月および薪1束/月の無料支給である. 労働者はというと, 支給される石炭は低品質で, しかも3ヘクトリットル/年でしかなかった. 職員は8時間労働であったが, 労働者は10時間〜12時間労働であった. 1899年のストライキ以前から, 労働者には0.5フラン/日の物価手当が支給されていたが, 職員はというと, 月給の10％相当額 (最低30フラン/月, 最高50フラン/月) が支給されていた. しかも労働者は7月〜12月の半年間でしかなかったが, 職員には年間をとおして支給されていた (Ibid.). それゆえ, 労働者から職長に昇進することは, あるいは自分の家族が事務・技術職員になることは, 社会的ステイタスを獲得するだけではなく, 生活水準が突然急激にアップすることを意味していた.
65 Reid, D., "Schools…", p.135.
66 Ibid., p.136 ; Beaucarnot, J.-L., op.cit., pp.149, 166.
67 本章Ⅱ1 (2) を参照されたい.
68 Dumay, J.-B., Un fief, p.5. 昇進意欲に燃える下級・中堅職員はこの指示を忠実に守っていた. 一方, 上級職員は比較的にルースであったという (Ibid.).
69 Ibid.
70 Schneider et Cie, [1912], pp.38-39, 60.
71 Cheysson, É., op.cit., p.12, cité par Frey, J.-P., op.cit., pp.81-82.
72 Frey, J.-P., op.cit., p.82.
73 もちろん, 「カプロタン」は経営サイドに立って調整をはかっていた. ジョルジュ・ラミランは次のように記している. 「労働者はもはや『雇主』を知らない. 『雇主』は, 労働者が決して会うことのない見知らぬ人物のミステリアスな総称になっている. そして, 労働者にとっては, 技師が見知らぬ人物の代表者となる」と (Lamirand, G., Le rôle social de l'ingénieur, scènes de la vie d'usine, Paris, 1932, p.29, cité par Frey, J.-P., op.cit., p.101).
74 Bonnefont, G., op.cit., p.25, cité par Frey, J.-P., op.cit., p.102.
75 例えば, 同時代論者は19世紀末から20世紀初めにかけてのフランス労働社会の状況を次のように観察している. デュメェは, 「資本と労働の対立は, 労働者がみずからの権利をよりよく理解するにつれて激しくなるであろう. われわれは激化の証左をストライキの続発のなかに見出す. ……この対立は, 労働者の側においては, 貧困が原因となっている憎しみにより不可避的に激化しよう. そして, 資本家の側においては, 逆上と労働者に対する抑圧により激化しよう. そして, このときに, 両陣営において対立はますます激しくなり, 大いなる戦いの日が到来するであろう」と (Dumay, J.-B., Un fief, p.31). シェイソンは, 「諸工場は煙突のまわりに労働者の大群を集めた. かれら (労働者) の習慣, 熱望, 心性は雇主のそれとはまったく異なっている. ……この巨大な集中は両階級の分裂, 不安, いらいらさせる比較, 敵対感情, お互いを激情させる精神の発酵, そして集団的要求の恐るべき圧力を生みだした」と (Cheysson, É., Le rôle social de l'ingénieur, 1911, p.23, cité par Frey, J.-P., op.cit., p.100).
76 戦間期においても, シュネーデル学校は経営・社会的機能を発現し続けている. けだし, 1933年5月13日に, 労働者の代表がル・クルーゾ市における公教育の立ちおくれを指摘して, 状況を早急に改善するよう要望書を県議会に提出したとき, 当局は財政上の理由に続いて次のように答弁し, 要望を却下するであろう. 「ル・クルーゾには生徒に高等かつ技術的な教育を施す私立学校 (シュネーデル学校) があるではないか. この学校はその力量を発揮している. この学校では技師, 技術者, 経理担当そして熟練工が養成されている. 初級学校を卒業した生徒ならば誰でも, 試験を受けて (合格すれば) この学校に入学することができる」と (Habaru, A., op.cit.,

p.109）.
77 Le Crom, J.-P., *op.cit.*, p.11.
78 *Ibid.*, p.78.
79 Reid, D., "Schools…", p.137.
80 Reid, D., "Industrial Paternalism…", pp.583–584, note 17 ; Parize, R., *op.cit.*, p.26.
81 Parize, R., *op.cit.*, p.26.
82 既に七月王政期に，少女を対象とした初級学校が設立されていた．しかし，そこでの授業は読み書きそろばんと宗教・道徳が中心で，実用的な家政科目は重視されていなかった（Schneider et Cie, ［1912］, p.69）. 19 世紀末期に「教育連盟」（Ligue de l'Enseignement）とカトリック諸団体によって近代的家政教育の必要が唱えられたが，その重要性が実践的に認識されるようになったのは 1900 年パリ万国博覧会以後のことである（*Ibid.*）.
83 *Ibid.*, pp.70–71.
84 *Ibid.*, p.72.
85 *Ibid.*
86 *Ibid.*, pp.68, 71, 76, 78 ; Le Musée d'Orsay et l'Écomusée du Creusot-Montceau, *op.cit.*, p.323 ; Noiriel, G., "Du «patronage» au «paternalisme» : la restructuration des formes de domination de la main-d'oeuvre ouvrière dans l'industrie métallurgique française", in *Le Mouvement Social*, n°.144, juillet-septembre 1988, pp.34–35.
87 Schneider et Cie, ［1912］, p.74.

Ⅵ 「総規則」と「労働者代表」制度

1 「総規則」

　1899 年 5 月と 9 月の 2 度にわたる工場ゼネストが収束したのち，1900 年 6 月 20 日に，シュネーデル社は「総規則」（Règlement général）を定めた．この規則は何も真新しいものではなく，従来個々に定められていた就業規則を集大成し，一部（「労働者代表」制度）を新しく追加したものであった．しかし，これによって労働者に対する就業規律が強化された．全部で 24 条から成る．労働契約（第 1 条～第 4 条），賃金（第 5 条～第 6 条），恩恵の提供（第 6 条～第 7 条），服務（第 8 条～第 13 条），上司との関係（第 14 条），労働安全（第 15 条），酒類販売及び商業行為の禁止（第 16 条），工場内での禁止事項（第 17 条～第 18 条），懲戒（第 19 条～第 22 条），「労働者代表」制度（第 23 条），規則の交付（第 24 条）．主な条を紹介する．「労働契約は不定期間結ばれるので，労働者とシュネーデル社は，いつでも，契約解除の理由を示すことなく，自由を回復できる」（第 3 条）．これは，経営の一方的解雇権を明示したものである．「……労働者は上司に対して敬意と服従の義務がある」（第 14 条），「この規則に対して以下に列挙する違反は，明確かつ無制約に解雇の対象となる．

……上司に対する不服従，不敬，反抗．……上司，訪問者，信任状をもった代理人に対する侮辱的で礼を失した言葉づかい．……」（第20条）．これらは，就業におけるヒエラルキー的人格関係を要求したものである．「労働者は工場内で以下の行為をしてはならない．……印刷物・新聞・その他の出版物を読むこと，集団をなすこと，放歌すること，何らかの示威行為をすること」（第17条），「……特別の許可がない限り，要望書あるいは何らかの文書を工場内に掲示したり回覧すること……は禁止される」（第18条）．これらは，労働者に対する思想及び表現の自由の統制を明示したものである．さらに，「この規則に定められていないものでも，規律や秩序を害することになる違反は，その都度，その重大さに応じて処罰される」（第22条）とある．経営は「今後すべての労働者は，工場に採用されるにあたり，前もって，この規則を承認しなければならない」（第2条）と定めて，労働者に対する合法的支配を確認した．違反者には，「労働者に対して適用される懲戒は譴責あるいは叱責，予告解雇，即時解雇である」（第19条）と規定した．

第19条を受けて，1902年1月に懲戒規則が制定された．懲戒規則は「懲戒に関する規則」（Règlement concernant les punitions）と「懲戒表」（Nomenclature des infractions au règlement et des punitions qu'elles peuvent occasionner）から成る．前者は総則である．懲戒は4等級に分かれており，比較的に軽度なものは職員が，重度なものは幹部が行った．最も軽度なものは監督（surveillant）・職長（contremaître）・掛長（chef de chantier）が行い，次いで軽度なものは作業長（chef d'atelier）・製造職員（employé de fabrication）が行った．重度なものは技師（ingénieur）・製造長（chef de fabrication）が行い，最も重度なものは部長（chef de service）が行った．すべての懲戒は本人に直接口頭で申し渡され，人事部長（chef du personnel）の事後承認を受けた．ただし，部長が行う懲戒は解雇もしくは降格を含んでいたので，人事部長の事前承認を必要とした．人事部は懲戒に関する一切を総務し，個人記録を保管した．「懲戒表」には全38項目にわたる懲戒対象行為と懲戒執行者の職位が記されていた．明記されていない違反的行為については，懲戒対象行為が準用された．

解雇された者がル・クルーゾ市あるいは市周辺地域で新しく仕事に就くことは，ほぼ不可能であった．というのも，「シュネーデル社が施工主になっている工事に参加する事業主は，3ヶ月以内にシュネーデル工場もしくはシュネーデル社の名義で操業している作業施設を，自己都合であれそうでなかれ，やめ

た労働者を雇用することは如何なる場合においても出来ない」(1901年制定，1918年修正) ことになっていたからである．それゆえ，会社に対する反抗あるいは反抗的態度は即生活の糧を失う脅威と結びついていた．「総規則」=懲戒規則による就業規律の強化は戦間期においても確認される．

2 「労働者代表」制度

(1) 導入の経緯

　先に考察したごとく，ウジェーヌⅡはストを終わらせるために，ヴァルデック・ルソー裁定を受け入れた．裁定には「労働者代表」制度 (délégués ouvriers) の導入が明記されていた．しかし，団体交渉権の承認がそこに含まれているのかどうかについては漠然としたままであった．というのも，裁定第3条は，「(労働者) 代表たちは1つの職業組合に1名の割合で，作業場により任命される．かれらは2ヶ月ごとに会社の代表者たち，そして必要な場合には重役会と協議する」と記すだけであり，商務大臣ミルランが1899年11月24日に下院で行った説明も，「代表たちは労働者全体の代表者であると同時に，作業場に導入された諸方策の必要性と正当性を労働の同僚たちに理解させるために指名された仲介者である」と，これまた曖昧な表現のままに終わっていたからである．SOMにすれば，「労働者代表」制度は，労働組合の承認とともに，ストによって，みずからの手でシュネーデルから勝ち取った自由と権利に他ならず，当然団体交渉権の承認を含むものであった．だが，「雇主のみがみずから経営する工場の利害を管理し，擁護する権利をもつ」と信念するウジェーヌⅡは，団体交渉権を否定するべく，ヴァルデック・ルソーに対して，「私の尊厳のみならず，私の権威が裁定によって明確に尊重され，かつ認められるという確固たる保証が必要である」こと，雇主には「工場の良き営みと両立する協力者であると判定しえない労働者には応じない権利」が与えられていること，の承認を迫る．しかし，政府は明確な意志表示を回避し続けた．おそらく政府は，団体交渉権の存否を労使の力関係に委ねるつもりでいたのであろう．

　こうした経緯のなかで，ウジェーヌⅡは1899年12月15日に「労働者代表の選挙に関する規則」(Règlement sur l'élection des délégués ouvriers) を作成した．その第1条で，「それぞれの作業場には，各職業組合のために，各職業組合の同僚により秘密投票で選出される代表1名と代表代理1名が存在する」と規定し，代表はシュネーデル労働者全体の代表者ではなく，各職業組合に固有

の代表者であること，したがって代表には団体交渉権がないことを明示した．また，代表が個々の組合員に精通してその機能を十分に発揮しうるように，1つの職業組合に所属する労働者数を50人以下と定めた[11]．1900年1月8日，「通知」（Avis）でもって団体交渉権を排除した「労働者代表」制度の内容を公表し[12]，6月20日に「総規則」第23条として組み入れた．いわく，「雇用された労働者は各職業組合（corporations professionnelles）に分類される．各組合は秘密投票によって選出された代表（délégué）1名と代表代理（délégué suppléant）1名をもつ．／代表は労働者の代表者であると同時に，作業場に導入された諸措置の必要性と正当性を労働の同僚たちに理解させるよう指名された仲介者（intermédiaires）である．各組合の代表，代表に差し支えのある場合には代表代理は，当該組合に所属する労働者の要求を聴取し，それについて労働者と検討し討議しなければならない．これらの要求が正当であると思うときには，代表は，検討に応じて，職長あるいは関係する作業長に要求を提出する．／緊急の場合を除いて，代表は，代表がいない場合代表代理は，利害関係者の意向に沿った解決がなされていない要求を，2ヶ月ごとに，部長またはその代理に提訴することができる．／また代表は，もし彼が有益だと判断すれば，部長への通知後に，人事部長またはその代理，重役会（direction）に対しても直接提訴することができる．／最後に，すべての労働者は誰でも自由に，適切だと判断すれば，個人的に，毎日，組合代表の仲介をへることなしに，要求を，勤務にあたっては職場の上司に，さらに必要に応じては重役会（人事部）に提出することができる[13]」．

(2) 目的

では，いかなる目的でウジェーヌⅡは「労働者代表」制度の導入に踏み切ったのか．この点に関してシュネーデル社刊行本は，経営が「仲介者として」使用する「代表は，二重の使命をもつ．1つは彼の同僚の（労働）状態の改善に関する使命であり，もう1つは和解（pacification）と調停（conciliation）の使命である」と記す．後者については具体的に，「（経営に対する労働の）誤解を解き，根拠のない要求を中止させ，そうすることで（労使の）不和や対立を防止する」ことと記す[14]．これを要するに，経営の「補助者」である「労働者代表」を媒介として，経営が直接的労働過程に関して理解を深め，労働条件・労働環境の改善を推進するとともに，ストライキを含むあらゆる不和・対立を未

(3) 機能実態

1900年～1904年には，200余の職業組合が年間に1,200件～1,400件強の要求を提出している．このうち，経営に受理されたのは10％～20％弱である．そして，認可されたのは，そのうちの約1/2である．1組合当たりに換算すると，要求件数は年間に6～7で，そのうち受理されたのは約1件，認可されたのは約0.5件となる（第7-28表参照）．1905年以降は，受理された要求件数のうち約2/3が認可されている（第7-29表参照）．第7-30・7-31表から，受理された要求事項の内容別割合及び認可率が知れる．機械・道具と労働衛生関係の受理率・認可率は比較的高く，賃金やディスィプリン関係のそれは低い．制度導入の初期，少なくとも1900年～1904年には，経営は要求を安易には受け入れていないことが分かる．日常業務的労働条件・労働環境の改善整備に関

第7-28表 要求提出件数と受理・拒否・認可件数

年	職業組合数	「労働者代表」数	*1	*2	*3	*4	*2/*1	*4/*1
1900	210	216人	1,265	226	117	109	17.9%	8.6%
1904	212	239	1,429	155	71	84	10.8	5.9
合計			2,694	381	188	193	14.1	7.2

*1 労働者が「労働者代表」に提出した要求件数．
*2 「労働者代表」が経営に提出し，受理された要求件数．
*3 受理された後，拒否された件数．
*4 受理された後，認可された件数．

Schneider et Cie, [1905], pp.26-27, 30-31.

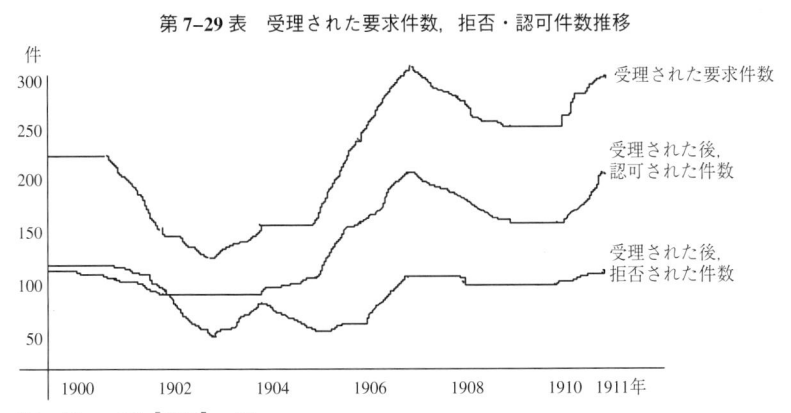

第7-29表 受理された要求件数，拒否・認可件数推移

Schneider et Cie, [1912], p.95.

第 7-30 表　受理された要求事項の内容別割合推移

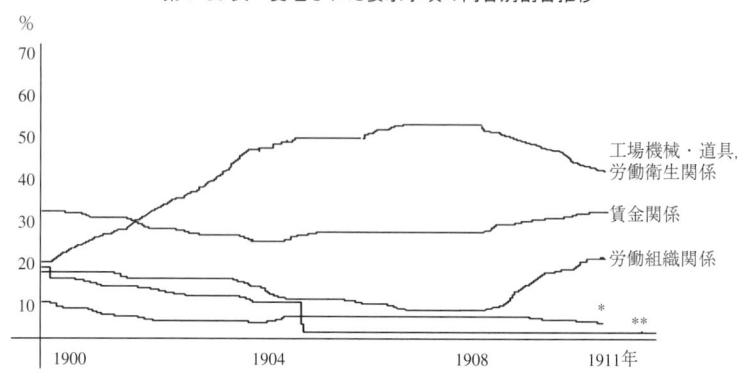

（グラフ：1900年～1911年の推移。工場機械・道具, 労働衛生関係／賃金関係／労働組織関係／*失業, 労働時間関係／**ディスィプリン関係）

*失業，労働時間関係
**ディスィプリン関係
Schneider et Cie, [1912], p.96.

第 7-31 表　受理された要求事項の内容別認可率　　　　　　　　　　（％）

内容	1900年 認可	拒否	認可率	1904年 認可	拒否	認可率	合計 認可	拒否	認可率
機械・道具，労働衛生関係	41	5	89.1	58	13	81.7	99	18	84.6
失業，労働時間関係	15	10	60.0	2	5	28.6	17	15	53.1
労働組織関係	17	22	43.6	11	12	47.8	28	34	45.2
ディスィプリン関係	16	26	38.1	4	12	25.0	20	38	34.5
賃金関係	20	54	27.0	9	29	23.7	29	83	25.9
合計	109	117		84	71		193	188	
認可率			48.2			54.2			50.7

Schneider et Cie, [1905], pp.26-27, 30-31.

わる要求には比較的寛容であったのに対して，経営の指揮に直接関わる要求に対しては峻厳であった．

　戦間期においてはどうであったのか．労働者が「労働者代表」に提出した要求件数等の資料を入手できていないので具体的なことは不明である．しかし，マルセル・マサール（Marcel Massard）によれば，所期の機能を十分に発現していた[15]．ロワの提供を借りると，1930年現在で，「代表」は250人，選挙は毎年実施されており，投票率も70％〜80％で労働者の関心は高い．要求事項の約60％は機械・道具と労働衛生関係で，賃金関係は25％である．受理された要求の認可率は50％〜70％である[16]．戦間期においても，機能の実態は大戦前とほとんど差はなかったと推察される．

結語

　シュネーデル企業パテルナリスムに内在的に組み込まれていた機能上の矛盾の階級的激発である1899年〜1900年ストライキ（正確には，1899年5月と9月の工場ゼネスト）に対応して，経営は「総規則」=懲戒規則を制定した．目的は労働者に対する就業規則の，したがって「全面管理」の強化にあった．「労働者代表」制度も「総規則」第23条において実施されており，「総規則」=懲戒規則との一体性において理解される．

　「労働者代表」の選挙は経営によってコントロールされ[17]，立候補者も導入後数年間は SCO 組合員によって略独占されていた[18]．戦間期においても，「代表」は「経営の諸決定の背後にある良き正当性を労働者に納得させる」役割をもつ「補助者」・説明者であることに変わりはなかった[19]．経営は，経営・労働間の直接的な意志伝達経路であるこの制度をとおして労働者の苦情・要求を一定程度受け入れ，かれらの不満を蒸散させることで彼らをみずからのコントロール下に置き，労働紛争を含む不和・対立を防止した．「労働者代表」制度に労使協議の場は設けられていない．したがって，労働の主体的意志を積極的に反映する仕組みはビルト・インされていない．苦情・要求も経営の恣意的セレクションをへて受容されていたにすぎない．「労働者代表」制度は，経営・労働間に情感的な一体感を醸成し，「総規則」=懲戒規則との一体性のもとに，「全面管理」を柔軟かつ巧妙に強化するための苦情処理・不満蒸散機関であった[20]．

注

1　「総規則」は Schneider et Cie, [1905], pp.2-7 に全文が収録されている．また遠藤輝明による邦訳が，遠藤輝明「前掲論文」，178-181 頁に掲載されている．
2　「懲戒に関する規則」と「懲戒表」は Schneider et Cie, [1905], pp.8-17 に全文が収録されている．
3　Frey, J.-P., *op.cit.*, p.70.
4　*Ibid.*
5　Schneider et Cie, [1905], p.21.
6　*Ibid.*
7　ウジェーヌⅡの「備忘録」（日付は不明）より（Le Musée d'Orsay et l'Écomusée du Creusot-Montceau, *op.cit.*, p.315）．
8　ウジェーヌⅡの1899年11月29日付ノートより（*Ibid.*, pp.314-315）．既に1899年6月3日に，ウジェーヌⅡは，「われわれは労働組合の存在を無視する．もし組合員によって要求が出されたならば，その要求を無下に撥ね付けはしない．私は要求を聞く．しかし，私に話をするのは私の従業員である．私はそれ（話をする者）が労働組合であることを無視する」と語勢つよく明言している（Parize, R., *op.cit.*, p.22）．

9　Vichniac, J. E., *op.cit.,* p.109.
10　「労働者代表の選挙に関する規則」は Schneider et Cie, [1905], pp.19-20 に全文が収録されている.
11　*Ibid.,* p.18.「労働者代表の選挙に関する規則」第2条に基づき，婦人と未成年者及び外国人には選挙権はみとめられていない.
12　「総規則」第23条は，「通知」で公表された内容と略同一であった.「通知」は *Ibid.,* p.21 に全文が収録されている.
13　*Ibid.,* pp.6-7. この条の訳出にあたっては，遠藤輝明「前掲論文」, 180-181 頁を参考にした.
14　Schneider et Cie, [1912], pp.94-95.
15　Massard, M., *op.cit.,* p.32.
16　Roy, J.-A., *op.cit.,* p.122. 第一次大戦後，「労働者代表」制度はル・クルーゾ工場以外のシュネーデル社工場にも導入された.
17　「労働者代表の選挙に関する規則」第5条と「通知」を参照した.
18　Parize, R., *op.cit.,* p.34.
19　Dautry, R., *op.cit.,* p.8.
20　私見とは異なるが，「労働者代表」制度をシュネーデル労使の協力・協調的方向に向けての変化を画する制度としてとらえる見解もある. 例えば，D. レイドや J. E. ヴィクニアックは次のように指摘する. 労働現場における職長の任意的権限はしばしば労働者の不評を買い，経営そのものに対する労働の反感をつのらせる大きな原因となっていた.「労働者代表」制度は職長をとおり越して経営に苦情・要求を直接提出することを可能にした. その結果，職長の任意的権限が制限されるとともに，経営・労働間に直接的な意志疎通関係が生成した. 経営に対する労働の反感の源泉は縮減し，双方の間に「信頼と協力の意識」が芽生えたと (Reid, D., "Industrial Paternalism …", pp.604-606; Vichniac, J. E., *op.cit.,* p.108). また，ロワは，労働者はみずからの自立 (indépendance) と尊厳 (dignité) そして公正 (justice) を，限定的にではあるが，この制度のなかに見出したと指摘する (Roy, J.-A., *op.cit.,* p.122). R. ドトリに至っては，人民戦線期に制度化された「従業員代表」制度 (délégués du personnel) の原型を「労働者代表」制度に求める (Dautry, R., *op.cit.,* pp.8, 11-12).

VII　戦間期ル・クルーゾ工場の労働運動

1　大戦期・戦後の労働運動

　軍需増産はパリやサン・テチィエンヌ等から 5,000 人～6,000 人のよそ者労働者（主として「召集兵労働者」ouvriers mobilisés, ouvriers militaires から構成されていた）をル・クルーゾ工場に吸引した. この数は当時のル・クルーゾ工場労働者の約 30% に相当した. かれらのなかには，大戦前まで労働運動に携わっていたミリタンも相当数いた. キーンタール平和主義者もいた. 一方で，1914 年 4 月～5 月にはオータン選挙区から SFIO ソーヌ・エ・ロワール県書記のジョルジュ・ブラ（Georges Bras）が，モンソ・レ・ミーヌ選挙区からは社会主義者のジャン・ブーヴェリ（Jean Bouveri）が下院議員に当選していた. 社会主義議員の誕生とよそ者労働ミリタンの流入を契機に，ル・クルーゾ工場

に再び労働運動が芽生えた．1916 年 5 月，工場のなかに「金属労働組合」が結成された．よそ者労働者を中心に約 1,900 人が結集した．「ソーヌ・エ・ロワール県労働同盟」(Union syndicale de Saône-et-Loire) に加入し，ブラの事務所に事務局を置いた．「組合」は *La Plèbe* と *La Vague* を発刊して反戦活動を繰り広げた[3]．この状況に危惧を覚えた「軍需労働力管理局」(Contrôle de la Main-d'oeuvre) は「組合」に弾圧を加え，1918 年 6 月に多数のミリタンをル・クルーゾ工場から追放した．活動家を失った「組合」は急衰するかにみえたが，穏健派ルシアン・トマ (Lucien Thomas) の指導のもとに労使協調路線を打ち出し，1 年後には組合員を 4,000 人に増やした．だが，トマ路線は長続きしなかった．「組合」内部で路線闘争が生じ，「県労働同盟」とも対立して急速に勢力を失ったのである．1923 年 9 月，トマはル・クルーゾ工場を去った[4]．戦間期，ル・クルーゾ周辺の「コミューン」では労働運動は比較的に活発であった[5]．だが，もはやル・クルーゾ工場に労働運動が甦ることはなかった．

2 社会主義市政の挫折

1925 年，SFIO 書記長で下院議員のポール・フォール (Paul Faure) が「社会的民主政」(démocratie sociale) を掲げてル・クルーゾ市長に当選した．彼は市政の刷新をとおしてシュネーデルの支配にくさびを打ち込まんとした．公立学校の整備拡充，市主催の余暇活動，市民講座，市立吹奏楽団，市立演劇団の設立は教育文化面における具体的実践であった．市内の大通りもジョレス通り，ゲード通り，サンバ通り，ヴェラン通り，デュメェ通りというふうに社会主義者の名前に改め，日常空間表象におけるシュネーデル体制との訣別を明視化した[6]．だが，こうした試みもシュネーデルの支配を揺るがすには程遠いものでしかなかった．都市社会政策については手を触れることさえ出来なかった．街区もまた工場の延長にあったのである．労働運動についても同様であった．1926 年 5 月，ポール・フォールは「金属労働組合」を再建するべく何度もアッピールを出した．しかし，効果はなかった．1929 年 7 月に「県労働同盟」が主催した集会に参加した労働者は僅か 21 人にしかすぎなかった[7]．「社会的民主政」はシュネーデル企業パテルナリスムの前に跳ね返され，くさび一本打ち込むこともできなかった[8]．

3 シュネーデル市政の復活

 1929 年,シュネーデル側候補のヴィクトル・バターユ (Victor Bataille) が市長と下院議員に当選した.彼は社会主義・労働運動の芽を一掃するために,「共和主義行動と社会平和の運動」(Mouvement d'action républicaine et de paix sociale. 以下,MARPS と略記.議長はオテル=デュ外科医長で市助役のラグット Lagoutte)を組織した.市内を 4 つの区に分け,それぞれに MARPS 区委員会を設置し,労働者のみならず小ブルジョワジーをも結集して,住民レベルからシュネーデル体制を強化した.1936 年現在,MARPS 加入者は 9,500 人(5,280 人ともいわれる)にのぼった.[9] 1936 年の選挙に際しては,人民戦線派候補が県内で次々と当選したが,ル・クルーゾでは MARPS を背景に,ヴィクトル・バターユが再選を果たした.[10]

結語

 戦間期,一時期を除くと,ル・クルーゾ工場では労働運動は皆無に等しかった.運動路線をめぐる「組合」内部の分裂や上部組織との対立も一因と考えられる.外国人労働者の大量流入に伴うフランス人労働者の職と地位の上昇可能性拡大も看過しえない要因である.[11] しかし,何よりもまず,「自己不安定性」というパラドクシカルな矛盾を制度それ自体に内包しつつも,生活過程と労働過程の両面から組織的・体系的に実践された-しかも,不断に自己改革を遂行しつつ実践された-シュネーデル企業パテルナリスムのポジティブな機能発現に,すなわち「経営による労働の『統合』」に主因が求められる.矛盾を内包しつつも,その緩和・抑制あるいは均衡(バランス)において,経営・労働間には共通の利害・心性・意識が育まれつつあった.[12] 労働者の間には,もはや急激な変革を志向する意識と行動(闘争型リアクション)はほとんど見出されなかった.そうした意識と行動は,いまや「福祉の享受」のもとに十全に制御(コントロール)されていた.ある者は文化的資本(学校教育)をもとに,シュネーデル体制内での職と地位の向上を意欲した.あるいは経済的資本(貯蓄)をもとに,小ブルジョワに上昇転化することを志向した(立身出世型リアクション).また,ある者は変化を望まず,平穏無事な日常労働生活のなかに平安を求めた(安定型リアクション).[13] 同時代シュネーデル労働者の証言は,「全面管理」のもとにおける労働主体の意識と行動におけるこうした体制内傾斜について,われわれに新鮮なイン

プレッションを与える．既に1900年代前半に，労働者アドルフ・バリュリオ（Adolphe Balluriaux）は次のように述べている．「彼（ウジェーヌⅡ）のみが，地域の利益とともに，私たちのあらゆる利益を支えることができます．私の印象は，それは微々たるものですが，彼が他の人にその地位を譲ってはならないということです．というのも，彼のみが私たちの権利を守ることができるからです．シュネーデル氏の成功を心より願いつつ，私は彼に敬意を表する次第です」と．曾祖父以来四代続く労働者家系で，自身も1920年に見習工となり，1929年まで働いていたジャン・デュパキエール（Jean Dupaquier）は大略次のように述懐する．労働運動はル・クルーゾにはそぐわぬものでした．それは不可能でした．1920年以後，ル・クルーゾにサンディカリスムや政党指導の社会革命運動（ボルシェヴィスム）は存在していませんでした．1936年のときもそうでした．シュネーデル労働者はフランスの他の労働者よりも恵まれた物質的生活を送っていました．工場のディスィプリンを厳しいと感じたことはないし，仕事のリズムもそれほどハードではありませんでした．一生懸命に働いた者は自宅を建てていたし，小土地も所有していました．そして，そうした人（労働者）はかなりの数にのぼっていました．

注
1 Massard, M., op.cit., p.27.
2 ジョルジュ・ブラは元シュネーデル労働者であった．1898年に解雇され，その後はサン=フィルマン（Saint-Firmin）の小村ブーヴィエ（Bouvier）で石切工として働いていた．ブラとブーヴィエ村との関係については，Habaru, A., op.cit., pp.118-120を参照．
3 Massard, M., op.cit., p.28.
4 Ibid., p.29.
5 1934年現在，ル・クルーゾ市とその周辺「コミューン」における労働団体の数は次のとおりである（カッコ内は組合員数）．CGT系：シャロン・スル・ソーヌ8（410），モンソ・レ・ミーヌ6（2,898），ル・クルーゾ2〈鉄道労組と製パン労組〉（74），オータン・その他6（1,482）．CGTU系：シャロン・スル・ソーヌ6（350），モンソ・レ・ミーヌ3（387），モンシャナン1（250），オータン4（570），その他2（190）．合計すると，労働団体は38で，組合員は6,611人であった（Parize, R., op.cit., p.33）．
6 Ibid., p.30; Habaru, A., op.cit., p.113.
7 Massard, M., op.cit., p.31.
8 その後，ポール・フォールはル・クルーゾ市会議員に当選する（議員在職：1929年〜1935年）．左翼系議員は彼を含めて3名しかいなかった．他は全員シュネーデル派議員であった．それゆえ，市議会では活動らしい活動はできなかったと言われている（Ibid., p.30）．
9 Ibid., p.32; Habaru, A., op.cit., p.116.
10 ブルム政権下，シュネーデル社もマティニョン協定を受け入れた．しかし，労働側との交渉は「労働者代表」としか行わなかった．ブルムの社会政策はル・クルーゾ工場にほとんど影響を及

ぼしていない (Parize, R., *op.cit.*, p.34).
11 Noiriel, G., *op.cit.*, p.35. ノワリエルは戦間期フランス鉄鋼業における労働運動衰退の要因を，㋐外国人労働者の大量流入にともなうフランス人労働者の職と地位の上昇可能性拡大と組合離れ ㋑企業福祉から排除されながらも，低賃金・重労働を従順に受け入れていた外国人労働者の労働組合運動に対する無関心，に求めている．一方で D. レイドは，ドュカズヴィル炭鉱を事例に，戦間期における外国人労働者と労働組合運動のポジティブな関係について指摘している (Reid, D., "The Limits of Paternalism : Immigrant Coal Miner's Communities in France 1919-1945", in *European History Quarterly*, vol.15, 1985).
12 その際，「カブロタン」が果たした役割も積極的に評価されるべきである．「カブロタン」の役割については，Le Musée d'Orsay et l'Écomusée du Creusot-Montceau, *op.cit.*, pp.306, 308, 316 を参照した．
13 シュネーデル労働者の意識と行動における体制内傾斜については，Frey, J.-P., *op.cit.*, pp.74-78 を参照した．
14 Le Musée d'Orsay et l'Écomusée du Creusot-Montceau, *op.cit.*, p.288.
15 Massard, M., *op.cit.*, pp.35-36.

小括

1870 年のストライキを契機に企業パトロナージュから企業パテルナリスムへと展開したシュネーデル企業福祉政策の実態を生活給付，住宅制度，「全面管理」，1899 年～1900 年ストライキ，シュネーデル学校，「総規則」と「労働者代表」制度，そして戦間期ル・クルーゾ工場の労働運動をとおして可及的忠実にフォローしてきた．シュネーデル企業パテルナリスムは企業パトロナージュに特徴的であった宗教的特性を払拭し，「生活保障機能」を賃労働者に対する「全面管理」の手段機能に転換しつつ，雇主＝労働者の相互利害関係のもとに，一方人的要素の重視（「人」の管理），他方「自己不安定性」の緩和・抑制をとおして，略 70 年間にわたり－ただし，1899 年～1900 年ストの一時期を除いて－「経営による労働の『統合』」にポジティブに機能していることが確認された．「大不況」期～第二次工業化期シュネーデル社の存立と発展を資本適合的にはかるうえでのヴァイトルな労務管理政策であった．別言すれば，シュネーデル企業社会における，「全面管理」を基調にすえた「労働・生活共同体」システムの形成であった．

第 *8* 章

1920 年代前半における利潤分配制度

　本章の課題は，1920 年代前半のフランスにおいて，ル・プレェ学派社会改良論の影響のもとに，個別企業によって任意的に実践されていた利潤分配制度 (participation aux bénéfices, association aux bénéfices) の実態と基本的機能成果を，七月王政期（企業パトロナージュの生成期）における利潤分配制度との比較をとおして，「具体的」に考察することである．

　19 世紀中葉から 20 世紀初めにかけて，フランスは利潤分配制の主導的地位にあった（第 8-1 表参照）．なかでもルクレールが 1826 年にパリに創業したルクレール家屋塗装企業は，1842 年以降，読み書きそろばんができて品性にすぐれ，労働現場を直接指揮・監督する任務をもった「中核」(Noyaux) とよばれる，全被傭者の 10％〜20％しか占めていない，一部特定の経営に忠実な基幹労働者と職員（1842 年当初で計 44 名）を対象に利潤分配を先駆的に実施し，指導的地位を確実なものにしていた．そこでまず，ルクレールがどのような動機・目的で利潤分配を実施したのかを探り，企業パトロナージュ生成期における利潤分配制の基本機能に接近する．

　ルクレールは 1869 年 5 月 16 日に開かれた第 30 回「ルクレール企業労働者

第 8-1 表　利潤分配制実践企業数

国	1820 年 – 1870 年*	1890 年	1893 年	1900 年	1911 年
フランス	16	81	143	88	114
イギリス	2	49	89	84	77
ドイツ	3	21	22	32	46
アメリカ	0	39	35	23	43
スイス	0	14	17	7	14
合計	21	204	306	234	294

*は Trombert, A., *La participation aux bénéfices, exposé des différentes méthodes adoptées pouvant servir de guide pratique pour l'application du régime*, troisième édit., Paris, 1924, pp.397–419. その他の年の数値は Mottez, B., *Systèmes de salaire et politiques patronales : Essai sur l'évolution des pratiques et des idéologies patronales*, Paris, 1966, p.97 による．

・職員準備及び相互扶助の組合」総会において，注文が殺到して応ずることができないほど忙しかった1842年当時のことを回顧し，「私が私の企業において利潤分配制を実施しようと決心したのは，それが私の利益になる……」と考えたからであると述べている。続けて「私の企業において，1人の労働者は彼の活動，彼の善き意欲および彼の労働時間のより賢明な使用によって，同じ労働時間内に，1（労働）時間分の労働の増加すなわち同時代の1（労働）時間の賃金率である60サンチームに等しい労働の増加を造出しうるであろうか。さらに彼は，彼に委ねられている商品の破損をさけ，使用する道具の保管に気をつけることによって，1日当たり25サンチームを節約しうるであろうか。（見通しは）すべて肯定的であった。したがって，もし1人の労働者がこの結果をもたらすとすれば，私の計算では1日当たり85サンチームが創出され，300日の労働日については255フランが創出され，そして（1842年当時の）会社の平均雇用労働者数を300人とすると，年間に76,500フランが創出されることになる」と考えたと述べている。また，1842年の利潤分配制実施にあたっては，「私は計算する人間であり，1人の実業人である。私は25,000フランを儲けて，それを全部自分のものにするよりも，（一般労働者の勤労意欲をも刺激して）10万フランを儲け，その半分を分配することの方を望む。その方が私の利益は多い」と表明している。ルクレール自身の回顧・表明から，筆者は，利潤分配制が基幹労働者・職員のみならず基幹労働者への昇進願望を抱く一般労働者の自発的・積極的な勤労意欲をも組織的に刺激して多くの注文にこたえ，利潤の増大をもたらすであろうことをルクレールが見通していたと理解する。このことは，企業パトロナージュ生成期利潤分配制実施の動機が，労働者の勤労意欲を刺激することによって彼らを自発的・積極的な労働強度の組織的強化に駆りたて，その結果として利潤の増大を具現せんとする，すぐれて経済的な「労働力の能率的利用」にあったことを意味している。

「利潤分配制度の理論的確立者」と評される同時代のル・プレェ学派労働問題研究家シャルル・ロベールは，ルクレールがアラゴ（Dominique-François Arago）立論に代表される共和主義的社会改良論の影響を受けていたことを理由に，またポール・ビュローは，ルクレールが貧しい靴屋の息子に生まれ，若いときには職人体験をもっていたことを理由に，利潤分配制実施の動機を彼の社会改良的心性あるいは労働者に対する博愛心にそれぞれ求めている。しかし，19世紀前半のフランス雇主が社会改良や労働者に対する貧困救済を本気

で自己の経営信条に組み入れていたかどうか，疑わしいと指摘する見解もある[7]．ルクレールの場合，賃金の少ない一般労働者を除外し，中間管理職である一部特定の基幹労働者と職員のみを対象にして利潤分配制を発足させている．したがって，ルクレールの共和主義的社会改良心性とか労働者に対する博愛心を実践の動機とみなすことには，慎重であらねばならない[8]．

ルクレールの実践動機を共和主義的社会改良論者あるいはかつての職人労働者ルクレールのなかに求めることには慎重を期し，現に雇主であるルクレールのなかに求める．その際，高田馨はパリ警察当局の警告を無視してまでも労働者の定着を確保せんとしたところにルクレールの第一義的動機を求めている[9]が，本質的契機の1つとして首肯できる[10]．定着率の向上は企業競争を勝ち抜くのに必要な熟練労働力の企業内蓄積と同義であり，生産効率の上昇に直結するからである．同時に，ルクレールが圧倒的多数をしめていた一般労働者との関係つまり資本主義生産関係に基底的な労使関係視点を利潤分配実践の直接的契機に組み入れていなかったことにも留意する必要がある[11]．

以上の動機・目的をもち，保険・製紙・活字鋳造・繊維といった比較的に経験や熟練を要するごく少数の企業で実践されていた企業パトロナージュ生成期利潤分配制も，19世紀末になると形態や方法を多様化しつつ，機能に少し変化を呈するようになる．第二帝政末期～第三共和政前期（第一次大戦前の第三共和政期），生産と資本の集中・集積及び労働の組織化にともなって社会問題が発生し，労使関係が緊張の度を増す[12]．資本と労働が直接に対峙する経営の場においてこの問題に対処し，資本主義経営秩序（体制）を安定的に維持強化する施策として，利潤分配制がル・プレ学派労働問題研究家・団体により積極的に評価される[13]．その結果，これまでの「労働力の能率的利用機能」に加えて，新たに社会的・階級的な「労使関係改善機能」・「労働運動対策機能」が利潤分配制の基本機能としてクローズアップされてくる．

以下では，第三共和政期において利潤分配であるといわれるために必要な条件を確定したあと，利潤分配制の基本機能における変化を，1920年代前半における利潤分配制の実態分析をとおして「具体的」に考察する．そして，その変化が資本主義企業経営の存立と発展に対してもっていた同時代的意義を明らかにする．また，早期の実践的蓄積にもかかわらず，第一次大戦後においても利潤分配を実施する企業が極めて少数であったことに注目し，その原因についても言及する．フランスでは第二次大戦後に，法令に基づいて，利潤分配制度

が普及しはじめる[14].

注

1　Maison Leclaire, Alfred Defournaux et Cie, *Procès-verbal de la 30e Assemblée générale de la Société de prévoyance et de secours mutuels des ouvriers et employés de la Maison Leclaire*, 16 mai 1869, p.8, reproduit dans *Règlement de la Maison Leclaire, A. Defournaux et Cie, Mise en vigueur à partir du 16 février 1869*, Paris, 1869（以下，*Règlement* 1869 と略記）; *Règlement de la Maison Leclaire, A. Defournaux et Cie : Instructions pour les ouvriers et employés*, p.8, reproduit dans *Règlement* 1869. フランスで最初に利潤分配を実施したのはルクレール企業ではない．1820年にラ・ナシオナル保険会社（La Nationale）が，1838年にはルニオン保険会社（l'Union）が，1839年にはパチュール=ルパン繊維企業（Paturle-Lupin）が実施している．しかし，一般にルクレールが「利潤分配の父」とよばれ，ルクレール企業がフランスにおける利潤分配企業のパイオニアとして評価されているのは，ルクレールが制度的・体系的に利潤分配を実践し，かつ一定の経営的成果をあげ，国内外の企業や社会労働問題研究家に大きな影響を与えたからである（Mottez, B., *Systèmes de salaire et politiques patronales : Essai sur l'évolution des pratiques et des idéologies patronales*, Paris, 1966, p.79）.

2　M. Leclaire, *Suite du compte rendu*, Paris, 1869, p.8, reproduit dans *Règlement* 1869.

3　Maison Leclaire, Alfred Defournaux et Cie, *Procès-verbal*…, pp.50–51.

4　*Ibid.* 1842年におけるルクレール企業の時間当たり賃金率60サンチームは誇張された数値である．この値は，恐らく1869年5月16日現在におけるルクレール企業の時間当たり賃金率であろう．

5　Elwitt, S., *The Third Republic defended : Bourgeois reform in France, 1880–1914*, Baton Rouge, Louisiana State University Press, 1986, p.88 ; Mottez, B., *op. cit.*, p.79.

6　Elwitt, S., *op. cit.*, p.88 ; Bureau, P., *L'association de l'ouvrier aux profits du patron et la participation aux bénéfices*, Paris, 1898, p.105.

7　Pinot, R., *Les oeuvres sociales des industries métallurgiques*, Paris, 1924, pp.10–13.

8　確かに，一部の同時代知識人・社会労働問題研究家の間では，共和主義的社会改良や労働者に対する貧困救済さらには階級調和の観点から，利潤分配制を積極的に評価する動きがあった．理工科学校（エコール・ポリテクニック）の教授で共和主義政治家でもあったアラゴは，「遠くない将来において，それ（利潤分配）は富者を貧しくすることによってではなく，貧者を富ますことによって，労働者階級の幸福を増大させるに違いない」（Arago, F., *Discours aux électeurs de Rouen*, 1839, candidature Laffite-National, 26 mars, même année, reproduit dans *Règlement* 1869, pp.viii–ix）と述べているし，サン・シモン主義者で経済学者のウォロウスキ（L. F. M. R. Wolowski）も「利潤分配は（労使）アソシアシオンへの特別な第一歩である．（労使）アソシアシオンは産業と資本を指揮するのに必要な知識と労働者の諸力が結合したときに完成されるであろう．労働者が……計上されたすべての利潤の分配に与る権利を有するようになったとき，もしこういった言い方が許されるならば，労働者は初めて一個の集団工業家（un fabricant collectif）になるであろう」（Wolowski, *Revue de législation et jurisprudence*, t. V, 1844, reproduit dans *Règlement* 1869, p.ix）と主張している．しかしながら，利潤分配制に関するこうした考察は一部の知識人・社会労働問題研究家の意識レベルにおいて存在していたにすぎない．工業化初期，こと利潤分配制度に関しては，労働者に対する雇主の博愛心なり社会的義務意識あるいは共和主義的社会改良心性に基づく実践を見出すことは，極めてむつかしい．

9　1843年にパリ警察当局は，利潤分配は営業の自由に反すると判断し，ルクレールに対して中止するよう警告した．いわく，「そこには，奨励されてはならず，かつ法律で禁止されていると思われる労働者の賃金規則問題がある．労働者は賃金の決定と統制から十全に自由であらねばならない．労働者は雇主と約定を結んではならない．ルクレール某が今日意図しているのは，これ

に触れる．……それは，共和暦11年芽月22日の法律第15条によって禁止されている」と（cité par Bureau, P., *op.cit.*, p.106 et par Mottez, B., *op.cit.*, p.85）．
10 高田馨『成果分配論』経営学全書13，丸善，昭和46年，84-85頁．他に同時代のポール・ルロワ=ボーリューなどは，世間の注目をあつめて注文を多くとるための宣伝行為にルクレールの実践動機を求めている（Gueslin, A., *L'invention de l'économie sociale : Le XIXe siècle français*, Paris, Economica, 1987, p.104）．
11 パリ・コミューン後，ルクレールは利潤分配の対象を一般労働者にまで拡大し，労使関係視点を「本格的」に取り入れる（M. Leclaire, Suite…, p.8；平実「フランスにおける労働者の企業利益参加について」『大阪経大論集』第66号，昭和43年，48頁）．
12 1860年代前半以前，労働運動は停滞的・沈滞的であった．当局は労働者を体制内勢力として結集しうると展望するほどに楽観的であった．しかし，自由帝政末期になると，同盟権と集会権の法認も与って，労働運動は高揚する（Magraw, R., *A history of the French working class : The age of artisan revolution*, vol.1, Oxford and Cambridge, Blackwell, 1992, pp.194-195）．同時代のシャルル・ド・マザド（Charles de Mazade）は，「ストライキは一つの習慣となり，一種の平和的魔法となっている．ストはローヌやドロームの地方のように，いくつかの地方ではほとんどすべての工業に及んでいる」と分析し，「工業社会」は「戒厳状態」下にあるとみなす（Mazade, C. de, "Chronique de la Quinzaine", in *Revue des Deux Monde*, 1er avril 1870, pp.757-758, cité par L'Huillier, F., *La lutte ouvrière à la fin du Second Empire*, Paris, Armand Colin, 1957, p.75）．
13 利潤分配制に対する社会的関心の高まりについては，"Aux ouvriers et employés de la Maison Leclaire, A. Defournaux et Cie", reproduit dans *Règlement* 1869, pp.viii-xxvi；Elwitt, S., *op.cit.*, pp.85-86；Mottez, B., *op.cit.*, p.83；Bureau, P., *op.cit.*, p.116；Trombert, A., *La participation aux bénéfices, exposé des différentes méthodes adoptées pouvant servir de guide pratique pour l'application du régime*, troisième édit., Paris, 1924, pp.i-ii, 252 sq. を参照した．
14 Mottez, B., *op.cit.*, p.76．第二次大戦後，利潤分配制度に関する法令が次々に制定された（大谷眞忠「フランスにおける労働者の経営成果への参加-ルクレールからリベラシオンまで-」『経済論集』〈大分大学〉第27巻　第3号，1975年，126頁参照）．その結果，1975年には1万以上の企業で利潤分配が実践され，労働人口の22.5％にあたる475万人が成果分配に与っている（Baddon, L., Hunter, L., Hyman, J., Leopold, J. and Ramsay, H., *People's Capitalism? : A Critical Analysis of Profit-sharing and Employee Share Ownership*, London and New York, Routledge, 1989, p.25）．

I　利潤分配の「一般的」概念

　その多様な形態のゆえに利潤分配を定義づけることは不可能である，と同時代の労働法制史家ポール・ピク（Paul Pic）は断言する．第三共和政期に代表的な論者・団体の利潤分配概念をいくつか紹介し，この時期に利潤分配であるといわれるために必要な最低限の条件を確定する．実態分析はこの条件を満たしているものに対象限定される．

①シャルル・ロベール

　「状況に応じて成文あるいは不文の任意契約であり，これによって雇主が彼の労働者（ouvrier）に対して，通常の賃金の他に，損失への参加なしに，利潤

の一部を与える」こと[2]．1873年に規定されたこの概念は，その後多くの論者によって打ちだされた概念の準拠になっている．要は，任意契約に基づき，通常の賃金とは別に，利潤の一部を被傭者（同時代的解釈によれば，ロベールにいう「労働者」とは職員 employé を含んでいる[3]）に与えることである．

②エミール・ルヴァスール

「労働雇用契約の一形態である．これによって，被傭者の報酬は予め定められた通常の賃金制度に基づく日給あるいは出来高給のみではなく，2つの部分から構成される．すなわち，一定の期日に支払われる予め定められた通常の賃金と，会計年度の決算に基づき，もし計上されれば被傭者に対して分配される利潤の未確定な一部である[4]」．1897年に出されたこの概念はロベールのそれとほぼ同じ内容であるが，分配される額（率）が未確定である旨明示されている．これは，利潤分配率が不定であることを強調したものである．

③ポール・ルロワ=ボーリュー

1900年に利潤分配の支給形態に着目し，「個人的かつ直接的な分配として成り立っていてはじめて，利潤分配を純粋かつ明白な制度とみなすことができる[5]」と述べている．被傭者個人に対して直接に支給することを必要条件と捉えている．

④シャルル・ジッド（Charles Gide）

「いかなる場合においても，契約すなわち労働契約の……一部でなければならない．そして，会社の規約に明記され，一つの権利として，予め定められた一般的要件にしたがい，公正に実践されなければならない[6]」．ここでは，契約は成文であること，そして被傭者の権利であること，が強調されている．

⑤ポール・デロンブル

「利潤分配は任意に結ばれた契約に基づき，労働者あるいは職員に対して，通常の賃金の他に，損失への参加なしに，企業の利潤の一部を割り当てる，労働の報酬の一形態である[7]」と「利潤分配実践研究会」（Société pour l'étude pratique de la participation aux bénéfices）会長のデロンブルはいう．ロベールの規定と同じである．

⑥第2回「利潤分配国際会議」（Congrès international de la participation aux bénéfices, 1900）の決議1

「それによって，労働者あるいは職員が利潤の予め規定された一部を受け取る，任意に合意された契約」[8]．ここでは，任意の契約であること，利潤分配率

は予め定められていること，つまり定率であること，が明示されている．
⑦労働高等評議会
　1923年に「利潤分配は一つの契約である．それにより，雇主は自己の企業の被傭者に対して，通常の賃金支払いの他に，損失への参加なしに，純利潤の一部を分配する義務を負う」と表明する．これもロベールの規定とほぼ同じ内容であるが，「雇主は……義務を負う」とあり，被傭者の権利であることが強調されている．
⑧ウジェーヌ・デイクタル（Eugène d'Eichthal）
　成文契約であること，利潤分配率は定率であること，管理運営に労働者の代表がサンカしていること，この3つを利潤分配の必要条件とみなしている．
　以上，第三共和政期に代表的な論者・団体の利潤分配概念を技術的・制度的視点からの概念把握，つまり「一般的」概念把握に限定して紹介してきた．ロベールの規定を軸にしながらも，「一般的」概念そのものにこれといった定型がなく，多義多様な様相を呈していることが知れる．契約は任意であるが，成文化されていなければならないのか，あるいは不文・慣習的なものでもよいのか．また，契約には権利・義務関係が伴っていなければならないのかどうか．利潤分配率は定率でなければならないのか，あるいは不定でもよいのか．配分額はその全部もしくは一部が直接個人に支給されていなければならないのかどうか．管理運営への労働者のサンカ云々．技術的・制度的事項に関しても，論者の間で意見が一致していないというのが実情であった．
　しかしながら，さしあたり，本期利潤分配の「一般的」概念を一定の基準で固定しておかねばならない．けだし，実態分析にアプローチする場合，分析対象は一定の条件をみたす事例に限定的でなければならないであろう．そこで，この時期における利潤分配の必要条件をロベールの「一般的」概念を基礎にして最大公約数的に提示していた，フランス労働省労働局（Office du Travail）の規定に着目する．㋐「任意の契約であること」．この条件については「利潤分配実践研究会」，トロンベール，ウッソンら同時代多くの論者・団体の同意するところである．任意の制度であってはじめて，労働者は自発的・積極的に勤労意欲を発現し，その結果，企業の利潤は増大し，労使の協調関係もおのずと促進される，というのが根拠である．成文であるか，不文・慣習であるかは問わない．㋑「賃金と利潤分配分とは別個であること」．つまり利潤分配分は，売上額から賃金を含む費用を差し引いて残る利潤のなかから割り当てられるも

のであって，賃金とは区別されること．したがって，生産奨励金や売上歩合などは利潤分配から除外される．㋒「利潤分配率は定率である，なしを問わない」．つまり利潤分配の対象者全体に割り当てられる分配額／純利潤は，予め決定されている，いないを問わない．㋓利潤分配の対象者個人に「配分される額の全部もしくは一部は，直接本人に支給されること」．つまり利潤分配は，個人を対象とした金銭給付であること．[13]㋔「被傭者の損失への参加の有無は問わない」．ただし，損失への参加を実践していたのは，世界的に見てもスイスのデュパキエール時計企業（Dupasquier）など2・3の事例があるだけで，実質的にはなかったとみなして差し支えない．

以上，フランス労働局がまとめた「一般的」概念である．この概念に限定的な事例を対象として，1920年代前半における利潤分配制の実態にアプローチする．

注

1 Pic, P., *Traité élémentaire de législation industrielle : les lois ouvrières,* quatrième édit., Paris, 1912, p.1002.
2 Robert, C., *Le partage des fruits du travail : Étude sur la participation des employés et ouvriers dans les bénéfices,* 1873, p.201, cité par Ministère du Travail, Office du Travail, *Enquête sur la participation aux bénéfices,* Paris, 1923（以下，*Enquête* 1923 と略記），p.55.
3 *Enquête* 1923, p.55.
4 Levasseur, É., *Le concours sur la participation aux bénéfices au Musée Social,* Paris, 1897, cité par *Enquête* 1923, p.55.
5 Leroy-Beaulieu, P., *Traité théorique et pratique d'économie politique,* Paris, 1900, p.532, cité par *Enquête* 1923, p.55.
6 Gide, C., *Cours d'économie politique,* t.II, Paris, 1919, p.402, cité par *Enquête* 1923, p.56.
7 Trombert, A., *op.cit.,* p.viii.
8 Résolutions votées par le Congrès international de la participation aux bénéfices, tenu en juillet 1900 au Palais de l'Économie Sociale, résolution I, reproduit dans Trombert, A., *op.cit.,* annexe no.1, p.276.
9 Trombert, A., *op.cit.,* p.viii.
10 D'Eichthal, E., *La participation aux bénéfices : facultative et obligatoire*（Extrait des *Annales Économiques*），Paris, 1892, p.19.
11 *Enquête* 1923, pp.56-57.
12 Trombert, A., *op.cit.,* pp.iii-iv.
13 この条件にしたがい，本書では「集団的分配」（participation collective）と「個人的分配」（participation individuelle）を峻別する．そして，本期利潤分配の「一般的」概念から前者を捨象し，後者のみに対象を限定する．「集団的分配」とは受給資格者全体を1つの対象単位とし，利潤の一部を支給することである．「個人的分配」とは利潤分配に与る資格をもつ労働者一人ひとりを対象単位とし，利潤の一部を支給することである．同時代のトロンベールやポール・ビュローは「集団的分配」を利潤分配の一形態とみなしている．「集団的分配」については，Husson, F., *L'industrie devant les problèmes économiques et sociaux : travail-mutualité-épargne,* Tours, 1888,

pp.222-223；Bureau, P., *op.cit.,* pp.278-279；Trombert, A., *op.cit.,* p.84 を参照した.

II 利潤分配制の実態

1 利潤分配制実践企業

(1) 実践企業数

　利潤分配を実践していた企業数を第 8-2 表に示す．第二帝政末期でも 16 企業が実践していたにすぎない．1890 年以降漸増していることが知れるが，調査者（推定者）個人の利潤分配概念の差異や調査規模の違いのゆえに，正確な比較を行うことは困難である．実践企業が極端に少なかったことのみを確認する．

　では，少なかったことの原因はいったい何に求められるのか．この点については既に大谷眞忠による整理がある．大谷は大別 2 つの要因をあげる．利潤分配制は経済リベラリスムに支配された資本主義の論理と根本的に矛盾すること，もう 1 つは利潤分配の実施にともなう技術上の問題及び利潤分配制そのものに対する労使双方の心理的不信である．このうち，大谷は F. ペルーの指摘

第 8-2 表　フランスにおける利潤分配制実践企業数

年	企業数	調査者（推定者）
1820-1850	11[1]	トロンベール
1870	16[1]	トロンベール
1890	81[2]	（ヤヴァノヴィッチ）
1891	80[3]	（エルウィット）
1893	115[4]	（ピク）
1893	143[2]	利潤分配実践研究会
1893	145[5]	ロベール
1900	88[2]	利潤分配実践研究会
1900	120[3]	（エルウィット）
1905	107[4]	（ピク）
1911	114[2]	利潤分配実践研究会
1922	75[5]	フランス労働局

(1) Trombert, A., *op.cit.,* pp.397-399.
(2) Mottez, B., *op.cit.* p.97.
(3) Elwitt, S., *The Third Republic defended : Bourgeois reform in France, 1880-1914,* Baton Rouge, Louisiana State University Press, 1986, p.104.
(4) Pic, P., *Traité élémentaire de législation industrielle : les lois ouvrières,* quatrième édit., Paris, 1912, p.1126.
(5) Ministère du Travail, Office du Travail, *Enquête sur la participation aux bénéfices,* Paris, 1923（以下，*Enquête* 1923 と略記），pp.v-vii.

にしたがい，後者を副次的要因として処理する．しかしながら，筆者は，後者のウエイトが比較的に大きかったのではないかと考えている．なぜならば，同時代のフランス雇主にいう経済リベラリズムとは，主として国家権力および競争企業とのかかわりにおける個人主義的自由主義を意味するのであって，雇用労働者に対しては必ずしも経済リベラリズムの視点から対応していたわけではなかったからである．その証左はフランス大企業における企業パテルナリスムの広範な実践に求められる．企業パテルナリスムは労働者の生活過程あるいは労働過程に関与・介入し，それにかかる費用は原則として企業利潤のなかから支出されていたが，同時代の資本主義経営論理とディー・ファクトに整合するものであった．後述するごとく，利潤分配制もまた企業パテルナリスムの一形態である．したがって，フランス雇主にとり，同時代の資本主義経営論理と利潤分配制とは実質上矛盾するものではなかったと理解されるのである．もちろん経済リベラリズムの原則を雇用労働者に対しても堅持し，利潤は本来資本提供者に帰属するものであり，通常の賃金とは別に利潤の一部を労働者に分配することはこの原則に反し，労使間の「自明の調和」を破壊して社会的混乱を誘発する，と主張する雇主もいた．1889年にパリで開かれた第1回「利潤分配国際会議」で，パシィ（H. Passy）やクールセル=スヌイユ（Courcelle-Seneuil），デュ・ピュイノッド（G. du Puynode）はそうした意見を代弁する[2]．しかし，かれらの意見は会議のなかでは少数でしかなかった．それゆえ，同時代のデイクタルやピク，アンジェル，そして現代ではモテッツ（Bernard Mottez）やフィリップ（André Philip），ゲラン（André Gueslin）の指摘に見られるごとく，利潤分配制に対する労使双方の心理的不信及び導入に際して予測される運営上の技術的問題が大きな隘路となって，実践企業を著しく少数ならしめていたと理解されるのである[3]．具体的に示そう．㋐雇主は利潤分配制の導入により企業の財務秘密が外部にもれることを懸念していた．㋑雇主はこの制度の導入によって労働者による経営権の蚕食が発生するのではないかと懸念していた．㋒サンディカリスムを信奉する労働者は，この制度のなかに労働に対する支配あるいは反組合的性格を看取し，強い不信をいだいていた．㋓利潤の計算など運営上の技術的困難が予測された．㋔利潤そのものが市場の影響を受けやすく，不安定であるとみなされた．とりわけ雇主にオトリテ意識が強く，労働者にサンディカリスムの影響が及んでいる限り，企業内労使関係に心理的緊張が存在し，利潤分配制が導入される余地はほとんどなかった[4]．

同時代雇主・論者の利潤分配制に対するネガティブな姿勢を例示しておく．
① アンジェル

　ミュルーズ綿業パトロナージュの推進者で，1870年の綿業ストライキをへた後も「繊維貴族」に特徴的な「社会的義務意識」を堅持し続けたアンジェルは，技術上の理由から，利潤分配制に関してはネガティブな評価を与えている．彼は1876年に刊行されたSIM創立50周年記念誌のなかで，利潤分配制は労働者の歓心を即時に得るであろうが，配分基準が曖昧になること，労働者の飲酒癖が進むこと，市場の要因により利潤そのものが不規則に変動し，制度自体が不安定にならざるを得ないこと，を指摘する．また，「極めて大雑把な言い方であるが，将来への準備制度と利潤分配制度を労働者に対して同時に保証しようとは思わない．それは，最も確実な部分をも見失う危険を冒して，同一水源の水を分かつこととなろう」とも指摘する．こうした理由から，従来からの「将来への準備制度を堅固かつ決定的に確立す」べきであると主張し，利潤分配制を拒否する．DMCにおいては，彼の存命中（1883年に死亡）利潤分配制は導入されていない．

② アルマン・オディガンヌ（Armand Audiganne）

　同時代の労働問題研究家オディガンヌは1868年11月19日付のルクレール宛書簡のなかで，「私はあなたの会社で実施されている利潤の分配の原理を肯定します．この点について，私はすでに何回か公にしてきました」と述べ，理論としての利潤分配をポジティブに評価する．しかし，実践については技術的・制度的理由から，労使の不信を募らせ，対立関係を激化させるのではないかと危惧していた．同じような見解は第1回「利潤分配国際会議」の場で，ヴュイローメ（Vuillaumé），セルニュシィ（Cernuschi），バルバロ（Barbaroux）などからも出されている．

　利潤分配制は実践上予測される技術的・制度的問題点や労使双方の心理的軋轢のゆえに，極めて限られた企業でしか実践されなかった．ゲランにいう利潤分配制の「実験段階」たるゆえんである．

(2) 実践企業のタイプ

　第二帝政前までの実践11企業のうち，8が株式制企業で，残りも製紙企業のラロシュ=ジュベール，家屋塗装企業のルクレールと大企業がしめている．業種別にみると，保険4，鉄道，ガス・照明，家屋塗装，製紙，繊維，活字鋳

第 8-3 表　実践企業の形態

形態	企業数
株式会社	43
株式合資会社	4
合資会社	6
合名会社	5
個人企業	16
不明	1
合計	75

Enquête 1923, p.115.

第 8-4 表　実践企業の労働者数
(人)

労働者数	企業数
1–99	25
100–499	32
500–999	7
1,000–9,999	10
10,000–	1
合計	75

Enquête 1923, p.116.

第 8-5 表　実践企業の業種

業種	企業数*	企業数**
保険・銀行	17	23
商業	7	11
機械・金属	15	23
繊維・被服	5	9
建築・塗装	3	5
食品	4	7
製紙・紙器	2	6
化学	1	5
窯業	3	3
炭鉱	2	2
出版・印刷	4	6
鉄道・輸送	4	4
その他	8	20
合計	75	124

Enquête 1923, p.115.
**Trombert, A., *op.cit.*, pp.397–403.

造が各 1, 不明 1 で, 保険会社が多い. 地域別にみると, パリに 8 企業が集中している[10].

では, 1920 年代前半における実践企業はどのような特徴をもっていたのであろうか. 1923 年のフランス労働局アンケート (実践企業数 75)[11] と, 同アンケートを基礎にトロンベールが 1924 年にまとめた調査研究成果 (同 124)[12] をもとにして明らかにする.

①形態と規模

第 8-3 表から株式制企業が 47 (63％) をしめていることが, 第 8-4 表から雇用労働者数 100〜499 人以上の企業が 50 (67％) をしめていることが知れる. 実践企業の過半数は株式制の大企業であったことが分かる[13].

②業種

第 8-5 表から, 保険・銀行, 金属・機械, 商業に多いことが知れる. 被傭者個人の営業経験と経営成果の間に高い相関関係があった保険・銀行では, かれらの定着率を高水準に維持しておくことは重要な経営労務課題であり, その手段として利潤分配制が導入されていた. 通常, かれらは被保険者なり預金者と密接な個人的関係を保持していたので, もし競争企業に引き抜かれたりすると, 会社は多大の損害を被ることになりかねなかったからである[14]. 保険・銀行ほどではないが, 商業企業についても同じことがいえる. また, 比較的に熟練を要する金属・機械についても, 労働者の定着化は重要な経営課題であった.

③立地地域

労働局アンケートによると，75企業のうち，パリ地域に32，セーヌ・マリティム県に7，ムルト・エ・モゼル県に4，ドローム県とノール県に各3，ジロンド県とアルプ・マリティム県とカルヴァドス県とパ・ド・カレー県に各2，その他18の県に各1が立地している．パリ地域に多いことが知れる．トロンベールの研究成果をみても，124企業中47がパリ地域に集中している[15]．[16]

④利潤分配制の実施時期

労働局アンケートに記載された75企業中61で実施年が判明している．第8-6表から，第三共和政期に実施している企業の多いことが知れる．労働組合運動が高揚し，社会問題が発生した時期と軌を一にしていることが分かる．

第8-6表　実施時期

実施時期	企業数*	企業数**
1850年以前	6	11
1851年－1870年	3	5
1871年－1918年	24	70
1919年－1922年	28	38
合計	61	124

*Enquête 1923, p.116.
**Trombert, A., op.cit., pp.397–403.

以上から，利潤分配制実践企業の数は第三共和政に入ってから漸増していることが確認される．しかし，企業の規模，形態，業種，立地地域に関しては，七月王政期と第三共和政期を比較しても著しい差異を見出すことはできない．むしろ，競争の激しいパリ地域＝都市部に立地し，保険や金属といった比較的に経験・熟練が要求された業種の大企業に多くみられるという共通の特徴が知れる．したがって，以下では，七月王政期と20世紀初めの実践企業のタイプに著しい差異・変化はみられないという前提に立ち，論が進められる．別言すれば，利潤分配制度の基本機能における変化の契機は，実践企業のタイプ変化にではなく，労使の対立・対抗関係の深化・拡大によってもたらされた社会問題の発生のなかに求められる．

2　利潤分配制の形態と機能

(1) 契約

労働局アンケートによると，75企業中42は会社定款もしくは規約で利潤分配制を定めている．6は労働協約で定めている．残り27は慣習的に実践している[17]．成文化の比率は64%である．

(2) 分配

労働局アンケートによると，75企業中50（67%）は定率分配（participation avec quantum déterminé）を採用しており，利潤分配の対象となっている者全体に分配される純利潤の割合は雇主により予め定められている．残り25（33%）は不定率分配（participation sans quantum déterminé）であり，毎年，雇主の自由裁量で分配される純利潤の割合が決められている．トロンベールの提供によると，定率分配をとっている企業は124企業中86（69%），不定率分配は28（23%），不明10（8%）である[18]．

①純利潤×所定の分配率

労働局アンケートによると，定率分配を採用している50企業中46で，またトロンベールによると，同86企業中75で，社内留保や減価償却費を差し引いた残りの純利潤に所定の利潤分配率をかけて分配額を算出している．第8-7表から，所定の分配率が知れる．20%以内の企業が過半数をしめている．とりわけ10%以内のケースが多い．

第8-7表　所定の利潤分配率
(%)

分配率	企業数*	企業数**
1–10	16	37
11–20	12	14
21–30	3	3
31–40	4	8
41–50	6	6
51–60	0	2
61–	5	2
不明	0	3
合計	46	75

*Enquête 1923, p.117.
**Trombert, A., op.cit., pp.3–18.

②その他

定率分配を採用している企業のうち，純利潤に賃金総額／（資本金＋賃金総額）をかけて分配額を算出している企業が労働局アンケート，トロンベールともに4を数える．またトロンベールによると，売上額に一定の割合をかけて分配額を算出している企業が5，純利潤に賃金総額／（資本利子＋賃金総額）をかけて算出している企業が1，前年度までの年平均利潤を超える利潤が計上された場合に限りその一部を分配している企業が1ある[19]．

かくして，定率分配とりわけ純利潤に所定の利潤分配率をかけて分配額を算出するケースが最も一般的であることが知れる．分配率は大抵の場合，20%以下である．ただし，雇主は任意にこの率を変更し，いつでも引き下げることができたことに留意しておく必要がある[20]．

(3) 配分
①配分の基準

　第8-8表から，利潤分配の対象者一人ひとりに対する配分は，単一の基準とりわけ賃金を基準にして行われているケースが多いことが分かる．複数基準の場合でも，勤続年数や職位，家族数，出勤日数を係数化し，それらを賃金にかけて基準値を算出しているケースが多い．したがって，主基準は賃金にあり，他の基準は副次的なものであったとみなして差し支えない．では，なぜ賃金が主たる基準に選ばれていたのか．同時代の利潤分配研究家ポール・ビューローによれば，配分は利潤の蓄積に対する労働者個々の貢献度に応じて実施されるべきであり，貢献度は賃金で客観的にあらわされるからであった[21]．

　次にトロンベールの提供に基づく第8-9表をみる．やはり，賃金を主基準にしていることが分かる．ただし，勤務評定を基準要素に加えている企業が24あり，これに雇主（もしくは取締役会）の自由裁量による配分を加えると，配分基準に勤務評定という雇主の恣意的判断を組み込んでいる企業が29（23%）あることが分かる．また勤続年数を基準に入れている企業が55（44%）あり，そのウエイトも大きい．

第8-8表　配分の基準（その1）

基準		企業数
	雇主の自由裁量	5
単一の基準	賃金	33
	職位	4
	勤続年数	3
	家族数	2
	小計	42
複数の基準	賃金・勤続年数	9
	賃金・勤続年数・職位	4
	賃金・勤続年数・家族数	3
	賃金・勤続年数・出勤日数*	2
	賃金・出勤日数*	2
	賃金・職位	1
	勤続年数・職位	2
	勤続年数・家族数	2
	勤続年数・出勤日数*	1
	小計	26
	不明	2
	合計	75

*当該期年の出勤日数．
Enquête 1923, pp.119-120.

第8-9表　配分の基準（その2）

基準		企業数
	雇主の自由裁量	5
単一の基準	賃金	36
	職位	3
	勤続年数	5
	社内預金高	4
	小計	48
複数の基準	賃金・勤続年数	22
	賃金・勤務評定	6
	賃金・作業能率	2
	賃金・勤続年数・家族数	10
	賃金・勤続年数・勤務評定	9
	勤続年数・勤務評定	9
	小計	58
	不明	13
	合計	124

Trombert, A., *op.cit.*, pp.52-80.

事例1：賃金のみを基準（ル・パレ衣料品店，パリ）

1917年以降，Le Palais des Nouveautés は純利潤の6%を分配している．勤続3年以上の労働者は各自の年間賃金に比例して，ただし年間賃金の4%を限度に，配分を受ける[22]．

事例2：賃金・勤続年数を基準（ベルジュロン紙器企業，パリ）

Bergeron紙器企業では，勤続3年〜5年の労働者には0.75を，同6年〜10年の者には1を，同11年以上の者には1.25を，それぞれの年間賃金にかけ，その値を配分の基準としている[23]．

事例3：賃金・勤務評定を基準（フーケ建設資材企業，カン）

J.-B. Fouquet建設資材企業では，一部は賃金を基準に，一部は労働者の仕事に対する情熱と勤勉を雇主が恣意的に評定して，配分している[24]．当然，労働者の企業に対する忠誠度が問われた．

事例4：勤続年数・勤務評定を基準（カルヴァン炭鉱株式会社，パ・ド・カレー県）

Société anonyme des Mines de Carvin は勤続15年以上の者を対象に，以下の項目ごとに係数を定め，その合計値を基準にして配分を行っている．勤続15年を超える1年ごとに2，息子もしくは婿が1年以上いっしょに就業している場合には1，作業知識と技能に関する評定で1〜10，仕事に対する情熱・正確さ・勤勉度の評定で1〜15，善行・模範行為に対して1〜15．経営の恣意的評定である後3項目のウエイトが圧倒的に大きいことが知れる[25]．

事例5：賃金・勤続年数・職位を基準（ラロシュ=ジュベール製紙企業，アングレーム）

勤続年数10年以上の者に2，同15年以上の者に2.5，同20年以上の者に3，同25年以上の者に3.5，同30年以上の者には4の係数を付与している．また職位を3等級に分け，それぞれに1.5, 2, 3の係数を付与している．係数の和を労働者の年間賃金にかけ，その値を基準にして配分している[26]．

結局，企業利潤の蓄積に対する貢献度を客観的に表示するとみなされた賃金を主基準にして，また勤務評定や勤続年数，職位等を副基準にして，配分が行われていたとみなされる．そこには，労働者の勤労意欲を刺激すると同時に，企業への忠誠と定着率の向上をはからんとする経営の意図が窺われる．

②配分額

では，配分額はどれくらいであったのか．配分の基準からして熟練技能者，

永年勤続者，経営に忠実な者ほど多いことは分かるが，具体的な額を知ることはむつかしい．ただ，一般的な労働者は年間賃金の約 10% に相当する額を受け取っていたと指摘されている．裕福ではない労働者世帯にとって，収入の約 10% という額の家計にしめる比重は大きいといわねばならない．

労働局アンケートから第 8-10 表が知れる．労働者一人当たりの企業

第 8-10 表　労働者一人当たりの平均配分額別企業数　　（フラン）

一人当たりの平均配分額	企業数
24–100	4
101–300	16
301–500	5
501–700	8
701–900	7
901–1,100	7
1,301–1,900	3
3,001–4,000	2
4,169	1
合計	53

Enquête 1923, p.124.
75 企業中，残り 22 企業の数値は不明である．

別平均配分額は最低の 24 フランから最高の 4,169 フランまで大きな幅があるが，度数としては 101 フラン〜300 フランの間が最も大きい．また 53 企業の分配総額は 25,743,000 フランで，これを 53 企業の労働者総数 36,500 で割ると，一人当たり 705 フランとなる．ただし，1,100 万フランも分配している企業が 1 つあるので，これを例外視すると，一人当たり 400 フラン〜470 フランとなる．いずれにしても，労働者の家計収入にしめる配分額のウエイトは無視しえぬ大きさである．ちなみに 1906 年〜1907 年のフランス労働者の年間平均賃金は 1,373 フランで，1926 年頃のルーベ=トゥルコワン繊維労働者のそれは 2,000 フラン弱であった．配分額は労働者とその家族の生活を企業に緊縛するうえで十分な額であったとみなされよう．

(4) 支給

これまで，利潤分配の対象者全体に対する分配および対象者個人に対する配分の決定形態とその機能を明らかにしてきた．支給形態とその機能を，後述する失権規定と関連させて，明らかにする．第 8-11 表から，形態は直接現金払い，据置払い，混合払いの 3 つの方式に大別され，労働局アンケートによると，直接現金払い方式のみを採用している企業が据置払い・混合払い方式を採用している企業よりも若干多い．逆にトロンベールの提供によると，直接現金払い方式のみを採用している企業よりも，据置払い・混合払い方式を採用している企業の方が多い．少数ではあるが，全額自社株式購入方式をとる企業もある．

労働局アンケートの提供を借りて，75 企業中 53 を対象に，支給形態ごとの

第8-11表　支給の形態

形態		企業数**	企業数***
*	全額現金支給	40	43
据置払	全額社内積立預金	6	23
	全額年金積立	4	7
	小計	10	30
混合払い	現金支給・社内積立預金	9	15
	現金支給・相互扶助組合払込み	3	12
	現金支給・年金積立	2	8
	現金支給・社内積立預金・相互扶助組合払込み	2	0
	現金支給・社内積立預金・年金積立	7	1
	小計	23	36
	全額自社株式購入	2	6
	不明	0	9
	合計	75	124

*直接現金払い（当座預金を含む）．
**Enquête 1923, p.121.
***Trombert, A., op.cit., pp.85-142.

　支給額を割り出すと，支給総額25,743,000フランのうち現金支給が11,095,000フラン（43％），社内積立預金が6,146,000フラン（24％），年金積立と相互扶助組合払込みと株式購入が合わせて8,502,000フラン（33％）となる．[30] 直接現金払いに比べて，据置払いの比率が少し高いことが知れる．

　支給形態において大別される直接現金払い，据置払い，混合払いのうち，特にウエイトの高い方式というものは見出せない．[31]

　事例1：全額現金支給（DMC，ミュルーズ）

　労働者に経営に対する感恩と信頼をいだかせるうえで有効であった．しかし，アンジェルが懸念していたように，労働者の飲酒癖を助長して道徳レベルを低下させるというマイナスの効果もみられた．[32]

　事例2：全額社内積立預金（総合保険会社，パリ）

　1850年以降，配分額は労働者個人の名義で会社の準備金庫に全額強制的に預け入れられている．預金を引き出すには，勤続25年以上もしくは60歳という条件を満たさねばならない．それゆえ，定着率は確実に向上したと言われている．[33]

　事例3：全額年金積立（アルデンヌ馬車用ボルト・金具製造所，アルデンヌ県）

　Manufacture ardennaise de boulons et ferrures de wagonsは配分額を会社の退職金庫に全額強制的に払い込んでいる．60歳になると，男子で360フラン，女子で180フランの年金が支給された．ただし，中途退職者は年金受給資格を剥

奪された[34]．定着率を強制的に向上させようとする経営の意図が窺われる．

事例4：現金支給・社内積立預金（フランス精米株式会社，ル・アーブル）

Société anonyme des rizeries françaises は配分額の 1/2 を社内当座預金に，1/2 を社内積立金庫に強制的に預け入れている．後者は退職時に払い戻されることになっているが，勤続4年未満の者には清算権が与えられていない．同4年～6年で積立額の 1/3 を，同7年～9年で 2/3 を，同10年以上で初めて全額を引き出すことが認められていた．この形態は労働者の定着化に最良の効果を発揮したといわれている[35]．

事例5：全額自社株式購入（カルヴァン炭鉱株式会社）

資本金 1,972,500 フランの同炭鉱では，労働者の自立的な連帯形成を防止して労使の結合を促進するために，配分額を「1/5株」の強制購入という形で支給している．第一次大戦前夜までに，資本金の約12％が労働株によって占められている（第8-12表参照）．

直接現金払い方式は労働者に収入増を実感させるので，雇主に対する感恩と信頼をいだかせる機能をもつ．据置払い方式は労働者を工場に緊縛するので，熟練技能労働力を企業内部に蓄積する機能をもつ．混合払い方式はこの2つの機能を兼ねそなえる．株式購入方式は，本来労働者に帰属すべき資金の企業資本化すなわち半永久的据置を意味する．これは経営権を蚕食しない範囲で労働者を小株主化し，配当金受領者ならしめて，かれらを経営と一体化させる機能をもつ．

第8-12表　カルヴァン炭鉱における「1/5株」支給数　（フラン）

年	利潤分配額	「1/5株」支給数
1900	15,895.52	25
1901	20,308.93	45
1902	16,062.95	37
1903	0.00	0
1904	7,563.32	20
1905	0.00	0
1906	0.00	0
1907	10,454.71	30
1908	21,428.58	48
1909	23,475.09	44
1910	27,675.57	36
1911	27,157.27	37
1912	29,821.27	31
1913	34,072.56	34
合計	233,915.77	387

Trombert, A., *op.cit.*, p.151.

(5) 受給資格

　利潤分配に与るためには，通常，所定の勤続期間を満たしていることが要件になっている．この勤続期間のことをスタジュ (stage) という．スタジュの判明している企業を対象に第 8-13 表を作成する．1 年以内のケースが圧倒的に多いことが知れる．他に，所定の年齢に達していること，一定額以上の賃金を得ていること，経営への忠誠が十分であること，を受給資格に入れている企業が 30% 弱みられる[36]．

　では，こうした受給資格を満たしている労働者はどれくらいの割合でいたのか．労働局アンケートから受給者数／労働者数が判明している 53 の企業を取りあげ，第 8-14 表に示す．51% 以上の労働者が利潤分配に与っているのは，42 企業（80%）であることが知れる．

　受給資格はどのような目的で設定されたのであろうか．オ・ラン県プファシュタットのシェフェル＝ラランス (Schaeffer, Lalance) 綿企業主オーギュスト・ラランスに代弁させる．「利潤が多く，労働者がそれほど多くない工場では，すべての者に分配の恩恵を施すことができる．しかし，紡績や織布や機械製造のように多数の労働者を雇用している工場では，選ばれた一定の労働者に対してのみ利潤を分配するしかない．さもなければ，そうした工場は巨額の負担を引き受けることになるか，あるいは制度の効用をまったく無にしてしまうような少額を個人に支給することになるからである」[37]．受給者数を制限することで一人当たりの配分額を引き上げ，労働者の勤労意欲や感恩意識，さらには定着率の向上といった利潤分配の諸機能を効果的に発現させることに目的があったことが分かる．また，スタジュの間に，未受給者の勤務態度や経営への従順度を見定めるねらいもあったと推察される．

第 8-13 表　スタジュ

スタジュ	企業数*	企業数**
1 年以内	23	20
2 年	4	7
3 年	3	9
4 年	1	1
5 年	3	6
10 年以上	1	2
合計	35	45

*Enquête 1923, p.118.
**Trombert, A., op.cit., pp.42-45.

第 8-14 表　受給者数／労働者数
(%)

比率	企業数
24-50	11
51-60	6
61-70	6
71-80	8
81-90	6
91-100	16
合計	53

Enquête 1923, p.124.

(6) 失権規定

　据置払い方式と混合払い方式については失権（déchéance）の問題が存在し，同時代論者の関心を集めていた．積立預金や年金積立は本人の退職（解雇）時に，勤続年数や退職（解雇）理由とは関係なく，無条件で全額払い戻すべきなのか．それとも，規約や雇主の自由裁量で定められた勤続年数・年齢・その他の条件を満たさなければ払い戻すべきではないのか，という問題である．失権については第1回「利潤分配国際会議」で，ロベールやラロシュ=ジュベールが失権賛成論を，シェイソンやル・トラヴァイユ塗装企業（le Travail）のブュイソン（Buisson），ヌーヴェル印刷所（Nouvelle）のバーレ（Barré）などが反対論を唱え，議論をたたかわせている．定着率を向上させるためには，また利潤分配制度それ自体の秩序を維持するためには，失権規定は必要不可欠であるというのがロベールらの賛成根拠であった．他方，利潤分配分はもともと労働者個人に帰属する資産であるので，経営はその清算に一切関与すべきではないというのが反対論の根拠であった[38]．

　では，現実に，失権規定はどれくらいの割合の企業で導入されていたのか．別言すれば，利潤分配の実践において，失権規定はどのように評価されていたのか．トロンベールの提供によると，失権規定を設けていない企業は5にしかすぎない[39]．労働局アンケートに依拠して，強制的に社内積立を実施していた24企業を例にとって調べても，勤続10年〜20年と60歳を払い戻し条件にしている企業が圧倒的に多い．ただし，24企業中9は勤続5年以上の者に積立額の1/4を，同10年以上の者に1/2を，同15年以上の者には3/4をというように，勤続年数に段階を設けて部分的な払い戻しをみとめている[40]．大部分の企業は労働者を工場に緊縛し，定着率を向上させる手段として，失権規定をポジティブに評価していたことが知れる．失権反対論者シェイソンによれば，失権規定は封建領主が農民を土地に縛りつけたのと同じように，労働者を工場に不当に縛りつけるための手法であった[41]．その他，解雇による失権を定めている企業も多くあり，労働者を経営に従属させる手段であったことも窺われる．

　事例：カイヤール機械企業（ル・アーブル）

　Caillard社は勤続20年・45歳を払い戻しの条件にしている．ただし，この条件を満たしても，自己都合で退職する場合には積立額の1/2しか清算されない．また，長期欠勤や勤務不誠実あるいは過失で解雇された場合には，清算権はすべて剥奪される[42]．

(7) 管理運営

労働局アンケートの提供を借りて，第8-15表に2つの形態（タイプ）を示す．

①雇主専制型

全体の77％をしめる．利潤分配制は雇主個人がみずからの意志に基づき任意に設立したものであるので，改廃を含む管理運営権は

第8-15表　管理運営の形態
(％)

形態	企業数	比率
雇主専制型	58	77.3
諮問委員会型	13	17.3
その他	4	5.4
合計	75	100.0

Enquête 1923, pp.122-123.

唯一雇主に帰属し，労働者はこれに一切関与しえないという考え方に基づく．例えば，ベオン゠リュイリュ石灰・セメント企業（Béon-Luyrieu）のクイブ（Couïbes）は，「利潤分配制は（雇主と労働者の）信頼関係にのみ立脚するものであって，（雇主を）信頼しえぬ労働者は退職して別途仕事を探すしかない．……管理権に対する（労働者の）関与は一切みとめない」と述べている[43]．ラ・サマリテーヌ百貨店（la Samaritaine）の定款第53条も，「受益者（労働者）に対して，何らかの干渉権や管理へのコントロール権を付与するものではない」と記している[44]．このタイプの管理は，利潤分配制が労働者に対する雇主の私的施しであることを周知徹底させると同時に，オトリテの堅持さらには強化をもねらいにしていた．

②諮問委員会型

13（17％）の企業で，労働者・職員・雇主の3者構成による諮問委員会（comité consultatif）あるいは工場評議会が設置されている．だが，この種の委員会（議長は雇主である）は労使の協議機関ではない．オトリテの尊重を前提とした単なる雇主の協賛機関にすぎない．もちろん，管理運営に関して決定権は与えられていない．モテッツによると，委員の選出にあたっては雇主の意向が強く反映されており，目的は労働者を管理運営に擬制的に関与させることで彼らの経営に対する積極的・情感的協力を培い，企業への彼らの帰属意識を高め，経営の内部から労働運動を抑制・予防することにあった．シェイソンの同時代的分析によると，「それ（諮問委員会）は（労働者の）短気を静める．それは（労働者との）接触を多くして関係を緩和し，（労使）相互の偏見を解消する．それは……（労働者の）貴重な協力をひきだす」とある[45]．第2回「利潤分配国際会議」において，「経営者あるいは企業主によって主宰され」，「その権限は明確かつ純粋に定められて，経営者や企業主のオトリテに絶対に牴触」してはならず，「企業主によって任命された労働者と職員から構成される」と決議さ

れたこの種の委員会は,畢竟,雇主が労働者と意志の疎通を情感的にはかり,利潤分配の実践を円滑ならしめんとする労働者懐柔装置であった[47].

事例:ボネ印刷所(カレー)

Imprimerie Bonnet では,労働者2と職員1を含む3者5人構成の諮問委員会が設置され,利潤分配の日常的実践に関して雇主に協賛していた[48].

かくして,形態の如何を問わず,利潤分配制の管理運営権は「企業の良き営みにとって不可欠である秩序とヒエラルキーの原理」に則り,専ら雇主に属していた[49].

注

1 大谷眞忠「前掲論文」,130-132頁;同「フランスにおける労働者の経営参加-F. ペルーの所説を中心として(1)-」『経済論集』(大分大学) 第25巻 第2号,1973年,37-38頁.

2 Mottez, B., op.cit., p.88.

3 D'Eichthal, E., op.cit., pp.10-11, 15; Pic, P., op.cit., p.1126; Mottez, B., op.cit., pp.102, 106; Philip, A., La démocratie industrielle, Paris, Presses Universitaires de France, 1955, pp.16-17; Gueslin, A., op.cit., p.104.

4 『ラトリエ』は既に1844年に,ルクレールの実践は労働者に対する「全面的な監視であり,考えられる最も完全なパトロナージュ(「労働力の能率的利用」)である」(Gueslin, A., op.cit., p.104)と非難していた.マルクスは利潤分配を,「労働者をペテンにかけ,事業の状況に左右される利潤というあいまいな形式で,彼らの労賃の一部を彼らから留保する特別なやり方である」(K. マルクス,高木幸二郎監訳『経済学批判要項(草案)』第2分冊 大月書店,1959年,211頁)と批判していた.

　ポール・ビューローの整理のよれば,同時代の労働者総体は利潤分配制を,低賃金を覆い隠す一方,年度末には利潤を分配するという名目で労働組合の賃上げ要求根拠をつみ取り,存在理由(レゾン・デートル)を形骸化して労働者の団結にくさびを打ち込まんとする,会社側の「組合対策」であるとみなしていた(Bureau, P., op.cit., pp.173-177, 225-226).マルクス主義者のガルミも同様の論旨を展開していた(Garmy, R., Histoire du mouvement syndical en France, Des origines à 1914, Paris, Bureau d'Éditions, 1933, p.133).

　トロンベールは,「利潤分配制が正常に生成し機能するためには,何よりもまず好ましいミリューを必要とする」と述べているが,雇主のみならず労働者の側にも,利潤分配制に対してはこうした不信が根強く存在していた.

5 Mossmann, X., Un Industriel alsacien : Vie de F. Engel-Dollfus, Mulhouse, 1886, pp.148-150.

6 Ibid., p.163.

7 DMC ではアンジェルの死後,1901年に利潤分配制が導入された.全額現金支給であった.1901年~1914年の年平均配分額は同期間における年間平均賃金の約12%に相当した(Trombert, A., op.cit., p.39).

8 Lettre de A. Audiganne à M. Leclaire du 19 novembre 1868, reproduit dans Règlement 1869, p.xvii.

9 Gueslin, A., op.cit., p.105.

10 Trombert, A., op.cit., pp.397-399 と Freedeman, C. E., Joint-Stock Enterprise in France 1807-1867 : from privileged company to modern corporation, Chapel Hill, The University of North Carolina Press, 1979, appendix, p.145 sq. を参照した.

11 Enquête 1923. このアンケートは労働大臣ペイロネ(Peyronnet)の認可を得て,労働省労働局

長ピクナール（Picquenard）が1922年に実施し，1923年に公刊したものである．
12　Trombert, A., *op.cit.* トロンベールは労働局アンケートを基礎に，「利潤分配実践研究会」が独自に行った調査結果を追加して，総合的に整理している．
13　雇用労働者数1,000人以上の利潤分配制実践企業を示しておく．*Enquête* 1923, pp.115-116 による．ミシュラン会社（15,000人），パリ～オルレアン鉄道（62,000人．ただし赤字決算が続いており，1922年の調査時点では利潤分配を中止している），ボン・マルシェ百貨店（5,200人），ラ・サマリテーヌ百貨店（4,500人），フィヴ・リール機械製造会社（4,500人），ル・パレ衣料品店（4,000人），スエズ運河会社（3,146人），ギューズ暖房器具会社（2,200人），アルジェリア銀行（1,850人），エピナク炭鉱（1,600人），ラロシュ=ジュベール製紙会社（1,139人），シェクス印刷所（1,050人）．
14　Bureau, P., *op.cit.*, pp.156-158. 保険会社や銀行ではホワイトカラーが多かった．かれらは利潤分配制をインプリシットに受け入れる傾向にあった（Miller, M. B., *The Bon Marché : Bourgeois culture and the department store, 1869-1920*, Princeton, New Jersey, Princeton University Press, 1981, p.104）.
15　*Enquête* 1923, p.59 sq.
16　Trombert, A., *op.cit.*, pp.397-403.
17　*Enquête* 1923, p.116.
18　Trombert, A., *op.cit.*, pp.3-18, 37-39.
19　*Ibid.*, pp.26-29.
20　Bureau, P., *op.cit.*, pp.251-252.
21　*Ibid.*, p.274. 配分基準となる賃金には，通常，生産割増金や諸手当は含まれていない．
22　*Enquête* 1923, pp.99-100.
23　Trombert, A., *op.cit.*, p.58.
24　*Ibid.*, p.62.
25　*Ibid.*, p.65.
26　*Ibid.*, p.289 ; *Enquête* 1923, p.64.
27　J.-B. A. ゴダン企業の労働者は1912年に，平均すると，年間賃金の9.34%に相当する額を受け取っていた（Trombert, A., *op.cit.*, p.296）.
28　Marczewski, J., *Introduction à l'histoire quantitative*, Genève, 1965, p.117.
29　Dumortier, J., *Le syndicat patronal textile de Roubaix-Tourcoing de 1942 à 1972*, Lille, 1975, pp.224-225.
30　*Enquête* 1923, p.125.
31　ポール・ビュローやピク，ミラーは混合払い方式が主流であったと指摘している（Bureau, P., *op.cit.*, p.284 ; Pic, P., *op.cit.*, p.1124 ; Miller, M. B., *op.cit.*, p.103）.
32　Trombert, A., *op.cit.*, pp.84-85 ; Pic, P., *op.cit.*, p.1124.
33　Trombert, A., *op.cit.*, pp.91-93.
34　*Ibid.*, p.123.
35　*Ibid.*, pp.111, 121.
36　*Enquête* 1923, p.119.
37　Trombert, A., *op.cit.*, p.42.
38　*Ibid.*, p.208.
39　*Ibid.*, pp.214-215.
40　*Enquête* 1923, p.122 ; Bureau, P., *op.cit.*, p.295. 保険会社や銀行では，失権規定の他に，退職後も労働者は会社の同意なしには同業種他企業に再就職してはならないことを定めていた．もし，勝手に再就職した場合には，清算権・年金受給権を失う規定が設けられていた．退職後も労働者を会社に緊縛して顧客を競争企業に奪われないようにし，企業競争に勝ち抜こうとする経営の意図が知れる（Trombert, A., *op.cit.*, p.127）.
41　Trombert, A., *op.cit.*, p.217.
42　*Ibid.*, pp.215-216.

43 *Le Monde économique,* du 14 mai 1921, Étude sur le 〈système de la participation aux bénéfices〉 organisé par M. Couïbes, cité par Trombert, A., *op.cit.,* p.222.
44 Trombert, A., *op.cit.,* p.312.
45 Mottez, B., *op.cit.,* pp.95–96.
46 *Rapport sur la section XIV du Groupe de l'Économie Sociale à l'Exposition universelle de 1889,* Paris, 1892, cité par Trombert, A., *op.cit.,* p.223.
47 Résolutions votées par le Congrès international de la participation aux bénéfices, tenu en juillet 1900 au Palais de l'Économie Sociale, résolution XX, reproduit dans Trombert, A., *op.cit.,* annexe no.1, p.279.
48 *Enquête* 1923, p.67.
49 第8–15表の「その他」の形態（企業数4, 比率5.4％）には，J.-B. A. ゴダン企業に典型をみる労働者「参加」型が想定されているのではないかと思われる．しかし，不明を含む可能性もあり，定かではない．
　損益計算書の作成を会計専門家（arbitre-expert）にまかせている企業も少数ではあるが存在した．その場合でも，会計専門家は経営の息がかかった者のなかから選ばれていた（Dehove, G., préface de René Hubert, *Le contrôle ouvrier en France : l'élaboration de sa notion, ses conceptions,* Paris, Librairie du Recueil Sirey, 1937, p.208）．

III　利潤分配制の基本性格

　企業間競争の激しいパリ地域＝都市部に立地する要熟練・要経験業種の大企業を中心として，第二次工業化期に，極めて少数ではあるが，漸次実践されていた利潤分配制度の実態と機能を可及的に明らかにしてきた．成果をふまえ，基本性格に接近する．

1　企業パテルナリスム的接近

　利潤分配制は主として，自由で私的な契約に基づいていた．契約は雇主と労働者の間に権利・義務関係を発生させて，これを強制する実体をともなったものでは決してなかった．単に利潤分配制が雇主の労働者に対する任意的な金銭的施し＝恩恵であることを明示したものでしかなかった．けだし，契約の形をとり，実践上の制度条件を一応定めてはいたものの，管理の実態をみるに，雇主個人の自由裁量で解釈・執行・改廃され，労働者はこれに関与し得なかったであろう．シェクス印刷所のアルバン・シェクスが「利潤分配制を実施するとき，雇主は（労働者に対して）恩恵を施すことを意図しているのか，それとも権利を与えることを意図しているのか．この違いは重大である．恩恵の場合，雇主は企業の管理と利潤の決定に関して十全な自由をもつ．彼（雇主）は利潤分配の受給者（労働者）に対して，いかなる会計上のコントロール権も与えな

い」と「科学進歩協会」大会で強調するとき[1]，契約つまり利潤分配制は雇主の恩恵であったことが明確に知れる．さらに，「この原則は大部分の定款において見出される」と指摘するとき[2]，恩恵が同時代実践雇主の一般的視点であったことが確認される．

それゆえ，この時期の利潤分配を労働者の権利とみて，そのなかに「参加」あるいは参加のディー・ファクトな萌芽を看取し，そこに労使パートナーシップ・労使アソシアシオン形成の第一歩を展望するイヴ・ギュイオ（Yves Guyot）やフィリップそしてジョルジュ・オー（Georges Hoog）などの分析視角には無理があるといわざるを得ない[3]．1920年代前半フランスにおける利潤分配制の本質は，管理運営の実態に基づき，雇主個人の労働者に対する任意的な恩恵つまり企業パテルナリスムの視点から接近・分析されねばならない．利潤は労使パートナーシップ・労使アソシアシオンの結果として得られた成果であるので，一方の協力者(パートナー・アソシエ)たる労働者がその分配に与るのは当然だとみなす「参加」あるいは参加の概念を本期利潤分配制のなかに見出すことは極めて困難である．これは，同時代のルヴァスールやピク，ポール・ルロワ=ボーリュー，現代ではゲランや平実，古賀和文の分析視角に共通する[4]．

2 基本性格

では，この恩恵はどのような基本性格をもっていたのであろうか．先に筆者は，実態分析をとおして利潤分配制の諸機能を確認した．諸機能は2つに要約される．熟練技能労働力を企業内部に安定的に蓄積し，その労働力を労働者自身の創意によって自発的・積極的・組織的に発現せしめんとする経済的な機能．労働者の経営帰属意識を高め，オトリテを強化することで，企業の内部から労働運動を抑制・予防せんとする社会的・階級的な機能．

1920年代前半フランスにおける利潤分配制は，労働者の収入を増加させて彼らの生活を安定させるはたらき（「生活保障機能」）を有していたが，これを手段機能としつつ，⑦熟練労働力の企業内蓄積と労働者に対する意識管理を遂行して，熟練労働者自身の創意にもとづく労働意欲の組織的強化を，つまり熟練労働力の自発的にして効率的な発現を具現せんとする，すぐれて経済的な「労働力の能率的利用機能」⑦労使が直接に対峙する経営の場において労働運動を抑制・予防し，雇主のヘゲモニーのもとに資本主義経営秩序（体制）を強化的に安定させ，社会問題を経営の場から解決せんとする，すぐれて社会的・

階級的な「労使関係改善機能」・「労働運動対策機能」，この⑦と⑦2つを本質にすえる労務管理政策であった．社会倫理的契機にもとづき，労働者の人間性とその本質的価値に対する尊重を第一義的に志向する利潤分配を本期フランス利潤分配制のなかに見出すことは，J.-B. A. ゴダン企業を例外として，極めて困難である．「利潤分配の享受」は「権威（雇主）への従属」を不可避的にともなっていた．

第二次工業化期，生産と資本の集中・集積及び労働の組織化にともなって階級対立が激化した．労使の対立・対抗関係の深化・拡大は社会問題を噴出させた．第一次大戦期以降，CGT は「参加政策」(politique de présence) への傾斜を年々深めていったが，決して改良主義へと逸脱していたわけではなかった．革命的サンディカリスムの思想的正統性は CGT において依然として堅持されていた．国有化＝構造改革はトータルな社会改革を遂行するための過渡的・教育的実践として措定されていたにすぎなかった．CGTU は政治主義的組合運動に活路を求め，政党指導の社会革命を展望していた[5]．こうした社会情勢下，1920年代前半における利潤分配制の基本機能に，七月王政期以来の「労働力の能率的利用機能」に加えて，新しく社会的・階級的な「労使関係改善機能」・「労働運動対策機能」が導入され，展開された．ヒエラルキー的権威を重視し，家父長的経営・労働関係を基本にすえるル・プレ学派社会改良イデオロギーの影響を受けて－ただし，その宗教的特性を払拭して－実践された本期利潤分配制の本質におけるこの2つの機能は，「経営のもとへの労働の『統合』」として統一的に把握される．

注

1　Discours de M. Chaix au Congrès de l'Association pour l'avancement des sciences, Blois, 1884, cité par D'Eichthal, E., *op.cit.*, pp.12-13.
2　*Ibid.*
3　フィリップとオーは，ルクレール個別実践のなかに経営管理への労働者の「参加」をみとめ，労使アソシアシオンへの道を展望する（Philip, A., *op.cit.*, p.16；Hoog, G., *La coopération de production : origines et institutions*, Paris, Presses Universitaires de France, 1942, pp.105, 166）．同時代のギュイオとフールニエルも労使アソシアシオンの視点から利潤分配制を評価する（Guyot, Y., translated from the French by Leppington, *Principles of social economy*, London, 1884, pp.209-210；Fournière, E., *Ouvriers et Patrons*, Paris, 1905, pp.368-369）．
4　Levasseur, É., *Histoire des classes ouvrières et de l'industrie en France de 1789 à 1870*, deuxième édit., t.2, 1903, reprinted, AMS, 1969, pp.673, 887；Pic, P., *op.cit.*, pp.1120-1122；Leroy-Beaulieu, P., *op.cit.*, cité par Enquête 1923, pp.55-56；Gueslin, A., *op.cit.*, pp.101-102, 104；平実「前掲論

文」,50頁;古賀和文『近代フランス産業の史的分析』学文社,昭和58年,129-133頁.
5 谷川稔『フランス社会運動史 アソシアシオンとサンディカリスム』山川出版社,1983年,第7章及び第8章を参照した.

Ⅳ 利潤分配制の効果

　叙上の基本性格をもつ本期利潤分配制は,労使が直接に対峙する経営の場において,どの程度の実践的効果をあげたのか.正確に測定することはむつかしいが,労働局アンケートから第8-16表が知れるので,効果の大略を判定することは可能である.質問3項目に対して,75名の雇主中53名が回答を寄せている.

　まず,経済的な「労働力の能率的利用機能」に係わる定着率の項をみると,「保留」が26と多いが,「ノン」はわずかに3であり,ほぼポジティブな効果があったと判定しうる.しかし,勤労意欲については雇主の評価は2つに分かれており,どちらとも言えない.社会的・階級的な「労使関係改善機能」については,「ウイ」と答えた雇主は「非常に緊密になった」,「素晴らしく良く維持されている」といった表現で積極的に評価している.「ある雇主は,40年の間会社でストライキがまったく発生していない原因を利潤分配制の実施に求めている.その他多くの工業家も,労働者との対立をまったく経験していない理由を利潤分配制に求めている」.第8-16表をみる限り,「ノン」はわずかに5であり,ポジティブな効果を読み取ることができる.

　ただ,ここで留意すべきは,利潤分配制を導入しながらも,1922年までに廃止している企業が41を数えるという事実である.しかし,廃止の理由を即利潤分配制の基本機能の不効果に求めることは慎まねばならない.労働局アンケートに掲載された廃止企業の一覧には,廃止の理由が何ら記されていないからである.利潤分配制そのものとは無関係な市場の変動がもとで廃止した企業もあると考えられるからである.この41企業を念頭に置き,そして判定には

第8-16表　利潤分配制の効果　　　　　(人)

質問項目	ウイ	ノン	保留	合計
労働者の定着率は向上したか	24	3	26	53
労働者の勤労意欲は向上したか	20	17	16	53
労使関係は改善されたか	27	5	21	53

Enquête 1923, pp.125-126.

精度が欠けていることを認めつつも，第8-16表に則り，企業パテルナリズムの一形態としての本期利潤分配制がもつ基本機能は，同時代資本主義大企業の存立と発展をはかるうえで一定の資本合理的効果をあげていたとみる．

注
1　*Enquête* 1923, p.126.
2　*Ibid.*, p.114.

V　個別事例

・　ルクレール企業
1　企業の概要

　エドム゠ジャン・ルクレール（Edme-Jean Leclaire, 1801～1872）はヨンヌ県のトネールに貧しい靴屋の子として生まれた．10歳のときから地元の塗装請負業者のもとで見習いとして働いていた．17歳のときに上京して塗装職人になった．1826年にパリの銀行家デイクタル（Adolphe d'Eichthal）より資金の提供を受け，ルクレール家屋塗装企業（Maison Leclaire）をパリに創業した．1842年に，「中核」とよばれる，一部特定の基幹労働者と職員を対象に利潤分配制度を先駆的に実施した．1864年にドゥフールノ（J.-B.-Alfred Defournaux）から10万フランの出資を受けると，5年後にはルクレールとドゥフールノを業務執行社員とし，「ルクレール企業労働者・職員準備及び相互扶助の組合」（Société de prévoyance et de secours mutuels des ouvriers et employés de la Maison Leclaire. 以下，「準備及び相互扶助の組合」と略記）を業務執行権をもたぬ出資社員とした合資会社に改編し，社名を Maison Leclaire, Alfred Defournaux et Cie（資本金40万フラン）と改めた．以後，会社は金箔・壁紙・ガラス・鏡といった室内装飾業にも進出し，1922年までに資本金80万フラン，従業員約1,000人の大合資会社に成長した．ルクレールはその生存中，唯一人において「会社の最高指揮権と懲戒権を保持」（会社定款 Acte de Société 第8条）し，名実ともに絶対雇主として君臨した．ルクレールが死亡すると，定款第8条に基づき，「中核」総会において選出された業務執行社員が経営権を掌握した．1924年現在，業務執行社員の名前を冠して，ローラン゠フールニエル会社

(MM. Laurent, Fournier et Cie) と称する.

2　1869 年の利潤分配制度改定

(1) 改定の背景と目的

　1869 年 1 月 4 日の会社規約 (Règlement de la Maison) 改定と同年 1 月 6 日の会社定款改定に基づき，1842 年以来実施されてきた利潤分配制が改められた．主な改定点は，㋐基幹労働者への昇進機会の制度化　㋑一般労働者 (auxiliaire) に対する手当の設定　㋒「調停委員会」(comité de conciliation) の設置　㋓「中核」総会の設置　㋔「会計委員」の設置，この 5 つであった．塗装基幹労働者のバラル (Baral) は 1869 年 5 月 16 日に開かれた第 30 回「準備及び相互扶助の組合」総会において，「われわれの会社のすべての組織が改められた．昨年まで行われてきたことは，この 2 月 16 日から施行されている新しい基礎と最早比較することが出来ない」と述べ，改定が従来の利潤分配制を大幅に変更したものであることを確認する.

　改定の背景をさぐる．ルクレールは第 30 回「準備及び相互扶助の組合」総会において，第二帝政末期のパリにおける労使関係の変容を総括して次のようにいう．「雇主は，苦労，心配，落胆にもかかわらず，労働者に対して丁寧に，しかも優しく話しかけることを余儀なくされている．労働者は自分たちの利害を話題にし，論じあっている．かれらはストライキを打ち，そして，近年の法律 (1864 年 5 月 25 日の同盟〈団結〉の自由に関する法律，1868 年 6 月 11 日の集会の自由に関する法律) の庇護のもとに同盟することもできる．もちろん，この労働者保護立法の成立前においても，雇主と労働者の間で紛争は発生していた．なぜならば，しばしば (労働者の) 同盟が結成され，それに対する厳しい弾圧が一方の，そして他方の怒りを存続させ，増大させていたからである．私の身体的・精神的諸力は，大いに発展している私の事業の諸要求に私一人で全部目をとおして対応するには不十分である．それゆえ，雇主である私には，雇主と労働者の間の対立は一層つらく，悩ましく，そして障害になっている」と．また同年 2 月 15 日にも，新旧の「中核」に対して，「多くの誤謬と幻想が白昼に生起している今日，野心的で悪しき精神，混乱と革命の精神である 1 つの宿命的・不道徳的思想が，食べるためにしか働かない者の心に取り入らんとしているのを見出す．それは，あらゆるパトロナージュとあらゆる協力を排斥することのなかに存在する……思想であり，……心のなかにあるすべての

友愛の情を消滅させ，憎しみと復讐心を代置せんとする傾向をもつ思想である」と訴える．ルクレールの発言から，第二帝政末期のパリではいわゆる「社会主義」・「共産主義」が広まり，労使間に対立・対抗関係が生起していたことが分かる．利潤分配制改定の背景には，社会経済構造と思想状況の変化にともなう労使関係の対立・対抗的変容の生起があった．

同じく第30回「準備及び相互扶助の組合」総会におけるルクレールの発言から，改定の目的が知れる．いわく，「労働者をより密接に会社の利益と結合させる新しい規約と新しい定款が，3ヶ月前から施行されている．……この機会に，利潤分配が（労働者の）同盟とストライキを防止し，工場の生産能力を高め，雇主に対して利益をもたらすことを，また注意と勤勉の努力の見返りとして配分と年金の希望を受け取る労働者に対しては，（利潤分配が）現在における福利と将来における保障を，通常の賃金に加えて，享受せしめることを表明しておこう．……われわれは，雇主と労働者のアソシアシオンが一種の慣習となる日を，向こう見ずにではなく，予見することができる」と．また，塗装・金箔基幹労働者のフロマン（Froment）も「同」総会において，「かれら（ルクレールとドゥフールノ）は，かれらの企業の利潤にわれわれを係わらせることで，昨日までは単なる労働者であったわれわれを，今日には真のアソシエ，かれらと同じ真の雇主にしている」と述べる．改定の目的は，㋐労働者と雇主の利害共属性を謳うことで労働者の経営帰属意識を高め，ストライキを含む労働紛争を防止する　㋑利潤の増大をめざして，労働生産性の向上を具現する，この2点にあったことが知れる．改定された規約と定款を受け取った農商務・公共事業大臣グルシエ（Gressier）のルクレール宛書簡からも，このことは確認される．いわく，「労働と資本のより緊密なアソシアシオンと非常に豊饒な相互原理の実践により，労働者の道徳的・物質的福祉が保障されるであろう．それは，今日われわれを苦しめ悩ましている社会問題の1つを解決の方向に導くものである．それは，労働者の利益と雇主の利益を結合する連帯の絆を強化し，双方の間に工場繁栄の第1条件である良き合意を生みだし，生産の改善に寄与するものである」と．

(2) 1869年利潤分配制の実態
①分配・配分
「利潤の分配は次の方法で行われる．あらゆる分配に先立って，利潤の10%

が（会社定款）120頁の第7条に規定された社内留保形成のために控除される．この控除は，社内留保会計が10万フランに達したときに停止し，そして，もしこの留保金が全部あるいは一部使用されたならば，再開される．同じく，ルクレール氏のために5％が控除される．ただし，この5％はルクレール氏の申し出に基づき，6,000フランを超えることはできない．これらの控除のあと，1/4つまり25％はドゥフールノ氏に分配される．2番目の1/4つまり25％は……準備及び相互扶助の組合に分配される．残り50％は……賃金あるいは報酬に応じて（「中核」に）配分される」（会社定款第15条[11]）．「超勤や時間外労働に支払われる賃金は，（利潤分配）受給者への配分の基準には決して含まれない．例えば，夜間労働や日曜・祝日出勤および地方勤務に支払われる割増金」（同第15条[12]）．配分の基準となる賃金は基本賃金であった．

　純利潤の50％が利潤分配分とされ，賃金を基準にして配分額が決定されていた．配分の基準から，賃金の多い者ほど配分額が多いことは分かるが，具体的な額を知ることはむつかしい．ただ，1843年〜1845年の配分額が平均約388フランであったことだけは判明しており[13]，この額を下廻ることはまずなかったと考えられる．1869年の「中核」の年間平均賃金1,725フラン（5.75フラン×300日）を基準にして考えると，少なくとも年間賃金の22％強を受け取っていたことが知れる．1871年のパリ地域における年間平均賃金1,000フラン[14]を基準にして考えても，同じく年間賃金の39％を受け取っていたことが知れる．家計にしめるウエイトは非常に大きいと言わねばならず，受給者とその家族の生活を企業に緊縛するうえで十分な額であった．配分の基準からは，「中核」の勤労意欲を刺激する機能が，配分額からは，かれらの定着率を向上させる機能が，したがって熟練労働力の企業内蓄積機能が確認される．

②受給資格

　利潤分配に与ることができるのは「中核」と呼ばれる，基幹労働者と職員のみであった．1869年利潤分配制の基本性格に接近するためには，「中核」とりわけ基幹労働者に要求される資質と役割を考察し，受給資格に実在する機能を明らかにしておく必要がある．

　　a 「中核」に昇進するための要件

　「中核」は「職務に精通し，素行と道徳性において非の打ち所がない労働者，および雇主がその業績を（ポジティブに）評価する職員から構成され」[15]た．1869年2月16日現在，一般労働者が「中核」に昇進するためには以下の資質・資

格・手続きを満たさなければならない．「勤続序列は中核になる権利を構成するものではない．功績が考慮される最良の推薦である．しかし，その能力がどうであれ，道徳性と素行において遺憾である労働者は承認されない．中核になるには，少なくとも25歳以上・40歳未満で，読み書きそろばんができなければならない．……中核になるには，会社に申請書を提出しなければならない．申請者は自己の出生証明書あるいは婚姻証明の抜粋で年齢を確認する．これらすべての書類は，（会社規約）53頁の第75条に定められた調停委員会に送付される．調停委員会は調査を行った後，52頁の第74条に記された，申請を認可あるいは却下する（「中核」）総会に報告を行う」（会社規約第12条）[16]．したがって，一般労働者が基幹労働者に昇進するためには，企業への貢献度が高く，技能と知識そして道徳性において秀でていなければならない．会社規約改定前，「中核」はルクレールの自由裁量によって選出された一部特定の特権的集団であった．改定後，上記要件を満たす者であれば，規約上は誰でも「中核」に昇進する機会が与えられた．

  b 「中核」の特典

 中断なく5年以上勤続し，企業への忠誠心に富む「中核」は，「準備及び相互扶助の組合」への加入が認められ，勤続20年・50歳を条件に，自己掛金なしに，最低500フラン・最高1,000フランの終身年金を受け取る資格が与えられた．ただし，年金額は在職中の勤勉度とりわけ経営への忠誠度を基準にして決定されたので，1,000フランの年金を得ようと思えば，全精力を仕事に傾注しなければならなかった[17]．本人が死亡した場合には，寡婦あるいは遺児に対して半額給付が保証された．その他，「準備及び相互扶助の組合」の提供する医薬給付・疾病手当（1日当たり2.5フラン）・無料葬儀等を受けることができた．賃金率はパリ市のそれ（1日当たり平均5.5フラン）よりも25サンチーム多かった．冬季には，特別に，最高100フランまでの暖房貸付を受けることができた[18]．

  c 「中核」の数

 会社規約の改定によって「中核」に昇進するための要件が制度化され，昇進の機会がディー・ジュリにオープンとなった．しかし，「中核」の数はディー・ファクトに被傭者全体の10%～20%に限定されていた．1842年で44名（このうち，基幹労働者は20～30），1869年でも90名（同じく，50～60）であった．ルクレールの死後も，一般労働者に対する特権的エリートとしての地位

を保持するために, 「中核」の数は制限され続けた. 例えば, 1919年〜1921年の3年間の「中核」数は平均198名であり, 全体 (職員68, 基幹労働者130, 一般労働者752, 見習工31, 合計981) の20%をしめていたにすぎない.[19]

d 「中核」の役割

「多くの仕事に着手し, そして多数の労働者を上手に就業させることを可能にしているのは, この献身的な協力者のおかげである」(会社規約第12条)[20]と積極的に評価される「中核」に対して, ルクレールは以下の希望 (rêve) を述べ, かれらに高度な役割を要求した. 「準備及び相互扶助の組合の組合員 (『中核』) はもはや, 機械的に行動し, 時計が終業時刻を告げる前に作業をやめるといった, 単なる日雇いの労働者ではない. すべての組合員はみずからの計算で仕事を行うアソシエである. その資格から, かれらは作業場において (労働に) 無関心であってはならない. すべての組合員は注意深く, あたかも自分が特別の番人であるかのごとく, 道具と製品に気を配らねばならない. そして, もし目の前でトラブルが発生した場合には, それは会社の利益を危うくする結果をもたらすがゆえに, ヒエラルキー的視点から直ちに収拾しなければならない」[21]と. 「中核」に対して求められている役割は, 労働現場において一般労働者を直接指揮・監督し, ヒエラルキー的経営秩序の維持と労働作業の能率的遂行に鋭意努力する, 経営に忠実な中間管理者のそれであった.

受給資格に関して, 以下の機能が確認される. 従来まで雇主の自由裁量に委ねられていた「中核」への昇進をディー・ジュゥリに制度化したことは, 一般労働者の「中核」昇進意欲を刺激し, かれら自身の創意に基づく自発的・積極的な労働意欲の向上と道徳性の陶冶をうながした. これは, 圧倒的多数をしめる一般労働者を自発的・積極的な労働強化に駆りたてる機能と同義である. 「中核」の数が事実上制限されていたこと, そして, 付与された特典および彼らに要求された役割は, 「中核」の経営帰属意識を高めるとともに彼らにエリート意識を植えつけ, 経営に忠実な中間管理者ならしめる機能を有した. 同時に, かれらの熟練技能・知識を効率的に発現させつつ, 定着率を高める機能も有した.

③管理運営

第30回「準備及び相互扶助の組合」総会において, ルクレールは「会社を代表し, 唯一経営を指揮するのは雇主である. 何人も, 会社定款の諸条の精神に反する, あるいは会社の不利益になるような干渉で, 雇主の管理を蚕食する

ことはできない」と表明し,利潤分配制の管理権が専らルクレール個人に属することを確認する.利潤分配にかかわって発生する内部問題を解決するために,1869年2月に「基幹労働者もしくは作業長5,職員3,当然議長である雇主の計9名で構成される」(会社規約第75条)「調停委員会」が発足しているが,「調停委員会」のなかに協議機関としての性格を見出すことは困難である.意志決定権は,当然のことながら,議長である雇主に属していた.新しく設置された「中核」総会(ルクレールの生存中は,事実上機能していない)には,「準備及び相互扶助の組合」の長(ルクレール)と協議のうえで,損益計算書の作成に関与する「会計委員」(「中核」より選出)2名の選出権が与えられていたが,「会計委員」の機能も単なる形式にしかすぎず,損益計算書作成権は事実上ルクレール個人に属していた.

管理運営の実態は,ルクレール利潤分配制が雇主の個人的意志に基づいて実践されていたことを,したがって「中核」に対するルクレールの個人的な施し=恩恵であったことを明らかにしている.「調停委員会」と「会計委員」は,「中核」を利潤分配制の管理運営に擬制的に関与させることで彼らの経営に対する積極的・感情的協力態度を培い,経営に対する忠誠心と帰属意識を高めんとする装置であった.

④一般労働者に対する施策

改定前の会社規約は一般労働者に対する施策を何ら規定していなかった.改定後は,「会社は,会社のために働いている勤勉かつ分別のあるすべての労働者が利潤に与ることを望み,臨時あるいは一般労働者の資格でしか働いていない者についても,次の規定を定める.1869年2月16日以降,自己の職務に精励しているすべての労働者は,第12条の規定にしたがい,1日10時間の労働につき,パリ市の賃金率で定められた賃金よりも50サンチーム多く受け取ることができる.……将来的には,一般労働者に割り当てられるこの手当の基準として,利潤分配に与っている(基幹)労働者が自己の配分として前年度に受け取った額が考慮に入れられるであろう」(会社規約第17条)と規定した.さらに,就業中の事故が原因で労働不能に陥ったり,死亡した場合には,本人もしくは寡婦・遺児に対して,「準備及び相互扶助の組合」から労災補償もしくは年金給付が保証されることとなった.手当-しかも将来的には,基幹労働者の配分額に準じた額-と労災補償もしくは労災年金の設定は,利潤分配の対象外に位置づけられていた一般労働者と見習工の勤労意欲を高めるとともに,か

れらの反経営感情を和らげる方向に作用した．同時代に生起しつつあった労働運動を経営の内部から予防する施策－ただし，微温的・萌芽的なそれ－であった．

(3) 基本性格

1869年利潤分配制の管理運営権は雇主個人に属していた．したがって，基本性格は雇主個人の「中核」に対する私的な恩恵＝企業パテルナリスムの視点からアプローチされねばならない．

実態分析から，以下の機能が確認された．㋐労働者の自発的・積極的な勤労意欲を組織的に育むとともに，「中核」の定着率を向上させて熟練労働力の企業内蓄積を具現し，利潤の増大をはからんとする七月王政期以来のすぐれて経済的な「労働力の能率的利用機能」㋑「中核」のエリート意識・経営帰属意識を高め，かれらを経営に忠実な中間管理者ならしめんとする「幹部養成機能」㋒圧倒的多数をしめる一般労働者と見習工を対象とした「労使関係改善機能」・「労働運動対策機能」－ただし，微温的・萌芽的なそれ－．「幹部養成機能」は実質的に「労働力の能率的利用」と「労働運動対策」に発現する．

1869年ルクレール利潤分配制は，労働者の収入を増加させて彼らの生活を安定させるはたらき（「生活保障機能」）を有していたが，これを手段機能としつつ，㋐「労働力の能率的利用」㋑微温的・萌芽的な「労使関係改善」・「労働運動対策」，この2つに本質機能をすえる労務管理政策であった．

3 パリ・コミューン後の利潤分配制度

パリ・コミューン後，ルクレール利潤分配制は一般労働者と見習工を受給対象に組み入れ，「労使関係改善」・「労働運動対策」を「本格的」に本質機能にすえる．

(1) 分配・配分

1923年現在，資本利子と社内留保を控除したあとに残る純利潤のうち，15％を業務執行社員に，35％を「準備及び相互扶助の組合」に割り当て，残り50％を利潤分配に充当している．配分の基準は基本賃金である．1919年～1921年の年間平均をみると，純利潤は1,199,070フランで，分配額は599,535フランである．受給者数は950人なので，配分額は平均631フランである．これは

年間平均賃金の15.4％に相当する．1919年だけをみると，分配額は733,941フラン，受給者数770人，配分額は平均953フラン（年間平均賃金の約23％）である．配分基準と配分額が「労働力の能率的利用」に機能したことはいうまでもない．しかし，注目すべきは受給資格の改定である．

(2) 受給資格の改定

　1871年まで，受給者は「中核」に限定されていた．1872年以降，スタジュを満たすすべての労働者が利潤分配の対象となる．この改定のもつ意味は大きい．パリ・コミューンを目の当たりに見たルクレールは体制内社会平和の必要を痛感し，「社会平和」の安定的実現こそが新しく利潤分配制度に課せられた第一義的使命であるとの確信を強烈に抱いたものと思われる．けだし，彼は，コミューンが崩壊するやいなや，コミューン末期に場景を設定した小冊子『利潤分配に関する某老労働者と某ブルジョワの対話』を著し，そのなかで利潤分配制を柱とした「労使アソシアシオン」形成の必要性を鋭く説くであろう．ただし，この「労使アソシアシオン」を実現するためには，したがって「社会平和」を実現するためには，これまでのように一部特定の「中核」のみを対象にして利潤分配を実践するだけでは不十分であった．スタジュを満たすすべての労働者を対象にして実践することが重要であり，かれらを強力に経営のなかに取り込み，当面する社会労働問題を経営の内部から解決していくことが肝要であった．ルクレールはこうした認識をもつに至ったと推察される．だが，筆者には，ルクレールの認識過程をあとづけるだけの準備ができていない．そこで，ルクレールの影響を受けて1843年に利潤分配制を導入し，1873年までは一部特定の従業員のみを対象にして実践していたが，コミューン後の1874年にはこれまたルクレールに見倣って規約を改定し，対象をすべての労働者にまで拡大したアングレームのパテルナリスト製紙雇主ラロシュ=ジュベール（Jean E. Laroche-Joubert, 1820～1884）に代弁させることで満足しよう．いわく，「もし世人がストライキや暴力革命の廃絶を欲するのならば，一言でいえば，もし世人が工業の騒乱者たちから騒乱の主な原因を除去しようと欲するのならば，労働者の不満のもっともな根拠を是非とも速やかに根絶しなければならない．協力（coopération）すなわち企業主の利潤への（すべての）労働者の『参加』のみが，唯一この望ましい成果を獲得させる．実際，協力は労働者の物質的状態を改善するだけではなく，かれらの本来の精神において，かれらを立ち直ら

せる．現実問題として，企業主の利潤に『参加』するときに見出される，少なからず企業主と対等であると労働者が感じる気持ほど，労働者の自尊心を満足させるものはない．煽動者がそうした労働者を味方に引き込もうとするとき，煽動者は時間を無駄にするであろう」（傍点部　原文イタリック）[32]．

結語

　1869年の改定をとおして微温的・萌芽的に定められた「労使関係改善機能」・「労働運動対策機能」は，パリ・コミューンの激動をへるなかで，ルクレールによって急速に重要性が認識された．その結果，利潤分配の対象が一般労働者と見習工にまで拡大された．ルクレール利潤分配制の本質における「労使関係改善機能」・「労働運動対策機能」の「本格的」な導入・展開である．われわれは，経済的な「労働力の能率的利用機能」と社会的・階級的な「労使関係改善機能」・「労働運動対策機能」を個別資本・個別労働の対立・対抗関係のもとでの「経営による労働の『統合』」という視点から統一的に把握する．この把握において，企業パテルナリスムの一形態としての第三共和政期ルクレール利潤分配制に実在する基本性格を科学的に理解する．

注

1　M. Leclaire, *Suite du compte rendu*…, p.4 ; Elwitt, S., *op.cit.,* p.87.
2　「1843年（1842年の誤植と思われる）2月13日，ルクレールは利潤分配の対象者44名を集め，エキュ金貨が12,200フラン入った袋をテーブルのうえに置いた」（Hoog, G., *op.cit.,* p.98）．これが始まりである．翌年には19,174フラン，翌々年には20,000フランを分配した．この分配に対して，ルクレール労働者は当初，「この方法によってルクレールが意図していること，それは40サンチームの賃金で60サンチームの労働を獲得せんとすることだ」（*Ibid.*）とみなし，あからさまに反感を示した．
3　Maison Leclaire, A. Defournaux et Cie, *Acte de Société, le 6 janvier 1869*, p.121, reproduit dans Règlement 1869.
4　*Règlement de la Maison Leclaire, A. Defournaux et Cie : Instructions*…, p.1.
5　Maison Leclaire, Alfred Defournaux et Cie, *Procès-verbal*…, pp.35–36.
6　*Ibid.,* p.49.
7　Leclaire, *À nos anciens et nouveaux collaborateurs,* 15 fév. 1869, reproduit dans M. Leclaire, *Suite du compte rendu*…, p.58.
8　Maison Leclaire, Alfred Defournaux et Cie, *Procès-verbal*…, pp.6–7.
9　*Ibid.,* p.15.
10　*Ibid.,* pp.11–12.
11　Maison Leclaire, A. Defournaux et Cie, *Acte de Société*…, pp.125–126.
12　*Ibid.*
13　Hoog, G., *op.cit.,* p.98.

14　Marczewski, J., *op.cit.*, p.117.
15　Exposition universelle internationale de 1900 à Paris, *Rapports du jury international,* Groupe XVI, Paris, M CMIV, p.154.
16　*Règlement de la Maison Leclaire, A. Defournaux et Cie : Instructions*…, pp.8-9.
17　第 30 回「準備及び相互扶助の組合」総会における塗装基幹労働者バラルの発言内容から (Maison Leclaire, Alfred Defournaux et Cie, *Procès-verbal* …, p.38).
18　Exposition universelle internationale de 1900 à Paris, *op.cit.,* p.155 ; *Règlement de la Maison Leclaire, A. Defournaux et Cie : Instructions*…, pp.9-10.
19　Trombert, A., *op.cit.,* p.281.
20　*Ibid.,* p.8.
21　*Ibid.,* p.285.
22　Maison Leclaire, Alfred Defournaux et Cie, *Procès-verbal* …, p.11.
23　*Règlement de la Maison Leclaire, A. Defournaux et Cie : Instructions*…, pp.9-10.
24　Trombert, A., *op.cit.,* p.281.
25　Maison Leclaire, Alfred Defournaux et Cie, *Procès-verbal* …, p.11.
26　*Règlement de la Maison Leclaire, A. Defournaux et Cie : Instructions*…, p.13.
27　Maison Leclaire, Alfred Defournaux et Cie, *Procès-verbal* …, p.9.
28　1848 年にルクレールは M. シュヴァリエに対して,「労働者によって生みだされた労働の増加量は,労働者に付与した経費を大幅に償う」と述べている．またヴィローム (Villaume) は 1857 年に,「ルクレール氏は利潤の非常に多くの部分を分配することで,巨額の富を得た」と指摘している (Trombert, A., *op.cit.,* p.286).
29　*Enquête* 1923, p.85 ; Trombert, A., *op.cit.,* p.282.「準備及び相互扶助の組合」に割り当てられた 35% は,勤続 20 年・50 歳以上を条件として給付される退職年金 2,700 フランの原資に充当された．
30　Elwitt, S., *op.cit.,* p.106 ; *Enquête* 1923, p.85.
31　この間のいきさつについては,Elwitt, S., *op.cit.,* p.90 を参照した．小冊子のタイトルは,*Dialogue entre un vieil ouvrier et un bourgeois sur l'association de l'ouvrier aux bénéfices du patron* である．
32　下院議員でもあったラロシュ=ジュベールが,1882 年 3 月 27 日付の利潤分配に関する法案「提案理由書」のなかで述べた一節 (Gaudemar, J.-P. de, *L'ordre et la production : naissance et formes de la discipline d'usine,* Dunod, 1982, pp.67-68).

・　ボン・マルシェ百貨店
1　企業の概要

　アリスティッド・ブシコ (Aristide Boucicaut, 1810～1877) はオルヌ県ベレムの小さな帽子屋の家庭に生まれ育った．18 歳のときに生地の巡回商人と出会い,上京を決意した．上京後,パリのプティ・サン・トマ衣料品店 (Petit Saint Thomas) に勤め,25 歳の頃には売場主任になった．1852 年にヴィドー (J. Videau) の所有するボン・マルシェ (Le Bon Marché) の経営に加わり,1863 年には事実上の単独企業主となった．彼は卓越した商才を発揮して百貨店経営に成功し,1869 年には新店舗を建設した．1876 年 7 月 31 日に「ブシコ準備金

第 8-17 表　ボン・マルシェ百貨店の発展　　（万フラン）

年	総売上高*	総売上高**
1852	45	
1863	700	
1869	2,000	2,100
1872		2,500
1877	8,200	6,670
1884		10,000
1889	13,100	13,400
1895		15,000
1898		16,200
1900	15,000	18,000
1903		19,000
1924	40,000	

*Trombert, A., *op.cit.*, p.302.
**松田愼三『改訂　デパートメントストア』日本評論社, 昭和 8 年, 21 頁.

庫」(Prévoyance Boucicaut. 以下,「準備金庫」と略記）を設立し，勤続 5 年以上の従業員を対象に利潤分配を発足させた．彼の死後，一人息子があとを継いだが息子も 2 年後に死亡したので，ブシコ未亡人（Marguerite Boucicaut）が経営を引き継いだ．彼女は 1880 年 1 月 14 日に最も功績のある 96 名の従業員をソシエテールに任命し，企業形態を合資会社に改編した．1887 年に未亡人が死亡すると，株式合資会社に改められ，さらに 1920 年 8 月 1 日には株式会社（資本金 2,000 万フラン）に改編された．株式会社に移行後も合資会社の伝統は保持され，1920 年現在，発行株式 128,000 株の略全部が従業員もしくは旧従業員によって保有されている．ボン・マルシェ百貨店（Société du Bon Marché）は順調に発展を続け（第 8-17 表参照），1924 年には資本金 6,400 万フラン（400 フランの株式 16 万株発行）の大百貨店に成長している．

2　実態分析

　株式会社への移行と同時に改定された「準備金庫規約」（Règlement de la Prévoyance Boucicaut）に依拠しつつ，1920 年代前半におけるボン・マルシェ利潤分配制の機能実態に接近する．

(1) 分配

　改定前「準備金庫規約」においては，ブシコ（ブシコの死後は息子，息子の死後はブシコ未亡人，未亡人が亡くなった後は業務執行社員）の自由裁量で，毎年，分配率が決定されていた．改定後は，資本利子と社内留保を予め控除し

た後,「ブシコ準備金庫は定款第43条に基づき,ボン・マルシェ会社の利潤の20％を,歳入として,提供される」(「準備金庫規約」第3条)[6].

(2) 配分

「この歳入の配分のために,売場及び業務の主任と副主任には係数3が,職員には係数2が,両性労働者と案内係と見習には係数1が与えられる」(「同」第4条)[7]. 職位を基準に配分された.

(3) 支給

「毎年,各人に帰属する額のうち,1/2は各人の年金形成のために徴収され,法律で定められた最高限度に達するまで,各人の名義で,老齢年金国民金庫の通帳に譲渡可能な資金として払込まれる. 残り1/2は各受給者の名義で設けられた(「準備金庫」の)個人勘定に払込まれる. 各受給者は,ブシコ準備金庫にかかる自己の状態が記載された通帳を受け取る」(「同」第4条)とある[8]. 全額据置払い方式であり(後述.「同」第6・15条を参照されたい),労働者の定着率を向上させる機能を有した.

(4) 受給資格

「会社において利害関係人(intéressés)の資格をもつ上級職員を唯一の例外として,毎年7月31日現在で中断なく5年以上勤務しているすべての被傭者は,本金庫の利益に参加することがみとめられる」(「同」第2条)[9]. 1922年現在,労働者全体の80％にあたる4,251人に受給資格が与えられていた.

(5) 失権規定

「ブシコ準備金庫の通帳に記載された額に対する権利について,1° 中断なしに会社勤続8年の受給者に対してはその1/3が,2° 中断なしに同12年の受給者に対してはその2/3が,3° 中断なしに同15年の受給者に対しては全額が,4° 満45歳の女子と満50歳の男子に対しては同じく全額が,与えられる」(「同」第6条)[10].「受給者は第6条に規定された諸条件を満たさない限り,自己の個人勘定に払込まれた額に関して,如何なる権利も主張することはできない」(「同」第15条)[11].「自己都合により,あるいはその理由が如何なるものであれ解雇により,第6条に規定された年齢あるいは勤続年数に達する前に会社

をやめた受給者は，利潤分配に関するすべての権利を失う．彼の勘定に記載されている可処分額は第4条に規定された方法で，すべての受給者の勘定に……配分される」(「同」第12条)[12]．労働者を会社に緊縛し，定着率の向上をはからんとする経営の意図が明確に知れる．また労働者は，年金受給資格や個人勘定引き出し権が成立する直前に経営によって解雇されないようにするために，職制に対して常に従順であらねばならなかったことも推察される．

(6) 管理運営

「ブシコ準備金庫はボン・マルシェ会社定款第3章にしたがって設置された取締役会により，会社の利害関係人の協力を得て，管理される．取締役会は本規約の実施にかかわるあらゆる問題を最終的に決定する」(「同」第1条)[13]．「本規約にかかわる苦情と要求に関しては，唯一の裁定者である取締役会により，控訴も上告もなしに，終審裁決される」(「同」第18条)[14]．管理運営権は専ら取締役会に属し，労働者はこれに一切関与し得なかったことが知れる．さらに「取締役会は，解雇される者が犯した過失の大きさ，あるいは自主的に退職する者によって申し出られた(退職の)理由を裁量し，本人の勘定に記載されている額の全部もしくは一部を名義人に対して払い戻しするかどうかを決定する権限を……有する」(「同」第12条)とある[15]．これは，自己都合により退職する者あるいは解雇される者について，取締役会による第6・15条規定の恣意的な適用・不適用権限を明示したものである．払い戻しされるかどうかは，当該労働者の経営に対する日頃の忠誠いかんにかかっていたであろう．取締役会は管理運営権をとおして，労働者に対する支配を遂行しえたことが知れる．

3 基本性格

(1) 恩恵的視点

「如何なる場合においても，本規約に基づき，受給者あるいはその配偶者，尊属，卑属もしくはその他の指名された，あるいは指名される者に対して支払われる金銭あるいは年金は，明白な恩恵として，また扶助として，与えられるものである」(「同」第16条)[16]．労働者の管理運営への関与は見出されない．基本性格に関するアプローチは，経営(取締役会)の労働者に対する金銭的施し＝恩恵という視点からなされなければならない．

(2) 基本性格

　実態分析から，以下の機能が知れる．配分：職位を基準にしている．これは労働者の昇進意欲を刺激し，かれらの勤労意欲を高める機能をもつ．支給：労働者の定着率を向上させる機能をもつ．受給資格：スタジュ5年を唯一の条件にしている．定着率を向上させると同時に，可及的多数の労働者に対して利潤分配制のもつ諸機能を発現させる機能をもつ．失権規定：労働者を企業に緊縛するとともに，かれらに対する経営の求心力を強化する機能をもつ．管理運営：労働者の経営に対する忠誠を高める機能をもつ．

　ボン・マルシェ利潤分配制は，貯蓄と年金形成をとおして労働者の生活を安定させるはたらき（「生活保障機能」）をもっていたが，これを手段機能としつつ，㋐熟練労働力の企業内蓄積と労働意欲の刺激をとおして利潤の増大をはからんとする，経済的な「労働力の能率的利用機能」㋑労働者の経営に対する忠誠心を自発的に高めることで彼らの反経営的活動を企業の内部から抑止し，いわゆる「経営大家族」(grande famille) を創出せんとする，社会的・階級的な機能，この2つを本質にすえる労務管理政策であった．[17]

4　効果

　第8-18表から「準備金庫」の着実な発展が知れる．第8-19・8-20表からは，定着率の確実な向上が知れる．「労働力の能率的利用機能」に関する限り，ボン・マルシェ利潤分配制は一定の具体的効果を発現していたと見なして差し支えない．[18]「経営大家族」創出機能については，筆者は判定材料をもちあわせ

第8-18表　「ブシコ準備金庫」の発展　　（人，フラン）

年	加入者数	資金高
1876	128	62,020
1880	443	377,223
1885	851	885,948
1890	1,588	1,455,483
1895	2,236	2,286,215
1896	2,431	2,490,286
1897	2,537	2,692,915
1898	2,670	2,918,824
1899	2,741	3,125,947
1903	2,796	3,902,548
1922*	4,251	8,877,590

*は Trombert, A., *op. cit.*, p.305. その他の年の数値は Exposition universelle internationale de 1900 à Paris, *Rapports du jury international*, Groupe XVI, Paris, M CMIV, p.174 による．

第 8-19 表 ボン・マルシェ労働者の勤続年数分布：
1923 年　　　　　　　　　　　　（人，％）

勤続年数	労働者数	比率
5 年未満	810	15.6
5-13	2,662	51.2
14-16	319	6.1
17-19	294	5.7
20 年以上	1,114	21.4
合計	5,199	100.0

Trombert, A., *op.cit.*, p.310.

第 8-20 表　勤続 5 年以上の労働者の
比率　　　　　　　　（％）

年	比率
1876	8
1881	22
1887	39
1905	70
1923	84

Miller, M. B., *The Bon Marché : Bourgeois culture and the department store, 1869-1920,* Princeton, New Jersey, Princeton University Press, 1981, p.101.

ていない．「ボン・マルシェ企業パテルナリスムは……労働組合とストライキの脅威と戦うことにおいて，事実上，非常に効果的であった」というミラー（Michael B. Miller）の指摘を引用するにとどめる[19]．

注

1　D'Ydewalle, C., *Au Bon Marché : de la boutique au grand magasin,* Paris, Plon, 1965, pp.12-15, 32；辰馬信男「ボン・マルシェ」原輝史編『フランス経営史』有斐閣双書，昭和 55 年，105 頁；鹿島茂『デパートを発明した夫婦』講談社現代新書，第 3 刷，1992 年．
2　Trombert, A., *op.cit.*, pp.303-304. 1876 年の「準備金庫規約」前文に，「準備金庫」の設立目的が記されている．「われわれは，被傭者を企業に結合するに違いない堅固な連帯とはどのようなものなのかを被傭者に対して明確な形で示そうと思う．かれらは仕事への情熱，企業利益への関心，そして彼らに任されている資材の経済的活用が，自己の利益となってかえってくる義務であることをより良く理解するであろう．……より直接的に（自己の）利益とかかわっていることから，かれらはみずからの努力，良き行動，そしてお客を満足させる配慮が成功の源泉であることを一層理解するであろう．以上が，われわれ全員の目的である」(*Ibid.*)．
3　*Ibid.*, pp.301-303. 株式合資会社のときの出資社員数は，1890 年 408，1900 年 760，1914 年 2,050. 株式会社になってからも従業員の持株比率は高い．1924 年現在でも，400 フランの株式 16 万株の大部分は従業員もしくは旧従業員の間で保有されている（*Ibid.*, p.303）．
4　1920 年 8 月 1 日改定の「準備金庫規約」は Trombert, A., *op.cit.*, pp.305-308 に収録されている．
5　Miller, M. B., *op.cit.*, p.99；Trombert, A., *op.cit.*, p.303.
6　Trombert, A., *op.cit.*, p.305. なお，利潤の 64％ は株主に，2％ は取締役に，14％ は上級職員に割り当てられた．
7　*Ibid.*
8　*Ibid.*, p.306. この社内預金には 4％ の利息がついた．
9　*Ibid.*, p.305.
10　*Ibid.*, p.306.
11　*Ibid.*, p.308.
12　*Ibid.*, p.307.
13　*Ibid.*, p.305.
14　*Ibid.*, p.308.
15　*Ibid.*, p.307.

16　*Ibid.*, p.308.
17　Miller, M. B., *op.cit.*, p.111.
18　いうまでもなく，定着率の向上は利潤分配制度のみに負うものではない．利潤分配制を含めたボン・マルシェ企業パテルナリスム総体の効果として具現したものである．
19　Miller, M. B., *op.cit.*, p.103.

・　ミシュラン社
1　企業の概要

　株式合資会社ミシュランの起源は，1832年にクレルモン＝フェラン近郊に建設された小さなゴムまり工場にまでさかのぼる．1889年にアンドレ・ミシュランとエドアール・ミシュランがミシュラン・ゴム製造所を設立してから，タイヤ・メーカーとして発展した．1891年に自転車用タイヤの，1895年には自動車用タイヤの生産を本格的に開始し，同族経営による徹底した経営秘密主義で成長を遂げた．今日でも世界屈指のタイヤ・メーカーである[1]．

2　「利潤分配規約」の制定

　1898年に利潤分配制を導入した．第一次大戦後に，新しく「利潤分配規約」（Règlement）が制定された．前文にいう．「われわれは，（利潤分配の）受給者たちが工場を自分の家と見なすことを望んでいる」，「もし誰かが，『彼はミシュラン工場の受給者だ』と言えば，『では，彼は誠実な人物で，善良な従業員だ』と言われなければならない」[2]と．また，「規約」の追加条項は「利潤分配は，ミシュラン・タイヤを世界で最も優秀なタイヤにするために常に全力でわれわれに協力している分別のある良心的な者に用意されているのであ」[3]って，「勤続年数に報いるために実践されるのではない」[4]という．経営と一体になって会社の発展に貢献する「絶対的に確実で，最も信頼しうる」[5]従業員の育成を目的に，新たに「利潤分配規約」が制定されたことが知れる．

3　実態分析

（1）分配

　「毎年の分配は，たとい会社の利潤がゼロであっても，あるいは損失を計上したとしても，契約によって受給者に保証されている最低額を下廻ることはできない．しかし，その分配額は毎年12月31日以前にミシュラン社の重役会

(gérance) によって決定される」(「利潤分配規約」第2条)[7]. 「契約によって……保証されている」と明記されているので，利潤分配が労働者の権利であるかのごとき印象を与えるが，後述する管理運営の条をみると，そうではなかったことが知れる．

(2) 配分・支給

受給者に対して最低130フランの配分が規定されていた－だが，「同」第7条から知れるように，この最低配分額は必ずしも保証されていたわけではない－．勤務評定の良い者や永年勤続者は増額される仕組みになっていた．配分額の25%は現金で直接支給され，75%は社内金庫に強制的に預け入れられた[8].

(3) 受給資格

23歳以上・スタジュ1年を満たし，経営によって「良心的かつ献身的で，情熱のある従業員である[9]」と認められた者に，受給資格が与えられた．1923年現在，労働者全体の52%に与えられている．

(4) 失権規定

「受給者は……その退職理由のいかんを問わず，ミシュラン社を辞めて以降3年間はミシュラン社と競合する企業に就職したり，あるいは何らかの形で手助けをしたりしてはならない．もし，受給者がこの条件に違反した場合には，恩恵はすべて取り消され，通帳に払込まれている全額が会社に返還される」(「同」第3条)[10]. 「受給者が会社を辞めるとき，ミシュラン社は，その退職理由のいかんを問わず，本規約によって定められた通帳に払込まれている全額を3年間保管する．その間，彼が第3条の規定に違反していなければ，その期間経過後に，全額が受給者に対して支払われる」(「同」第5条) とある[11].

(5) 管理運営

「受給者の通帳にこのようにして払込まれる金額は，(雇主の)恩恵……であることが予め明確に知らされる」(「同」第4条)[12]. さらに，「もし満足のゆく成果が得られない場合には，ミシュラン社の重役会は本規約の実施を施行日以降に停止する権限を明確に有する」(「同」第7条)[13]. 管理運営権は専ら雇主=重役会に属していること，利潤分配が労働者に対する雇主個人の金銭的な施しであ

4 基本性格と効果

　ミシュラン利潤分配制は，労働者の現金収入と貯蓄を増大させて彼らの生活を安定させるはたらき（「生活保障機能」）をもっていたが，これを手段機能としつつ，㋐労働者の労働意欲を刺激するとともに，かれらの定着率を向上させる機能（「労働力の能率的利用機能」）㋑経営帰属意識の高い献身的労働者の育成をはかる機能（「労働運動対策機能」），この2つを本質にすえる労務管理政策であったことが知れる[14]．

　では，効果はどうであったのか．ミシュラン社は1923年1月16日に，「われわれはこの制度について，まったく満足している．この制度は善良で分別のある，かつ勤勉で良心的な労働者の中核を，われわれに結合させることを可能にしている」という．ミシュラン利潤分配制は本質機能において，一定の資本合理的効果を発現していた[15]．

注

1　J. ボーミエ，青山保訳『フランス財閥物語』ダイヤモンド社，昭和46年，39-45頁；伊東光晴他編『世界の企業3　フランス・イタリアの政府と企業』シリーズ比較企業体制，筑摩書房，1975年，210-219頁．
2　ミシュラン社の「利潤分配規約」はTrombert, A., *op.cit.*, pp.349-352に収録されている．
3　Trombert, A., *op.cit.*, p.350.
4　*Ibid.*, p.352.
5　*Ibid.*
6　*Ibid.*
7　*Ibid.*, p.350.
8　*Ibid.*, p.349. 社内金庫預金には5％の利息がついた．1920年からは7％．
9　*Ibid.*
10　*Ibid.*, p.350.
11　*Ibid.*, pp.350-351.
12　*Ibid.*, p.350.
13　*Ibid.*, p.351.
14　ミシュラン社は利潤分配制の他に，以下の企業福祉を実践していた．学校，医薬給付，労働者住宅，託児所，出産手当，産休手当，授乳手当，家族手当，遺児手当，疾病手当，労働者菜園，保養所，協同購入制度，スポーツ協会，レクリエーションなど（Saposs, D. J., *The labor movement in post-war France,* first published in 1931, reissued by Russell & Russell, New York, 1972, pp.324-325）．
15　Trombert, A., *op.cit.*, p.352. ミシュラン社はこの効果について，支給形態（配分額の75％を社内金庫に強制的に預け入れる方式）に負うところが大であったと自己評価している．第8-21表に，1922年1月1日現在におけるミシュラン労働者の社内預金状況を示す．

第 8-21 表　ミシュラン労働者の社内預金：1922 年 1 月 1 日現在

（フラン，人）

社内金庫の預金高	人数
1,000–5,000	1,272
5,001–10,000	234
10,001–15,000	71
15,001–20,000	17
20,001–25,000	6
25,001–30,000	2
合計	1,602

Trombert, A., *op.cit.,* pp.120, 352.

・　総合保険会社
1　企業の概要

　総合保険会社（Cie d'Assurances générales）は陸上及び海上輸送保険を業務とする株式会社として，1818 年にパリに創業された．1923 年現在，海上・火災・生命・災害の 4 部門を擁する資本金 1,300 万フランの大会社である．1850 年に「年金金庫」（Caisse de pension．後に「準備金庫」Caisse de prévoyance と改称）を設立して，利潤分配制度を導入した[1]．以下，1921 年 5 月 10 日現在の「利潤分配規約」（Règlement）[2]に基づき，1920 年代前半における総合保険会社利潤分配制の実態に接近する．

2　実態分析

(1) 分配

　「取締役会は毎年，株主総会の決定にしたがい，配当……として株主に割り当てる純利潤の 5% を準備金庫に払込む」（「利潤分配規約」第 3 条）[3]．比較的に低い分配率であったことが知れる．

(2) 配分・支給

　「（利潤分配に与る）従業員本人の名義で個人勘定が設けられる．第 3 条に基づいて準備金庫に払込まれる額は，個々の従業員が分配前の 12 月 31 日で締め切られた 1 年間に受け取った賃金に比例して，個人勘定間に配分される」（「同」第 4 条）[4]．配分の基準は賃金であったことが知れる．さらに，「従業員は勤続 25 年もしくは 60 歳になったときに，つまりこの 2 つの条件のどちらか一方を満たしたときに，準備金庫に対する権利を得る」（「同」第 7 条）[5]とあり，

長期の据置払い方式であったことが分かる．

(3) 受給資格
　スタジュ1年と経営に対する忠誠心及び勤勉を基準にして，取締役会が任意に受給者を決定した．1922年現在，全労働者952人中706人（74％）に受給資格が与えられている．

(4) 失権規定
　第7条を満たさずに「退職した従業員あるいは解雇又は罷免された従業員は，それが不慮の場合であれ，準備金庫に対する一切の権利を失う」（「同」第13条）．加えて，留意すべきは次の規定である．「取締役会はまた，解雇されることになる従業員の過失の重大さを決定する権限をも」（「同」第13条）ち，「その決定理由の詳述を必要としない罷免に関しては，いかなる場合においても，従業員に対する十全な行動とオトリテを明確にもつ至上の裁定者である」（「同」第18条）．これは，事実上，取締役会が半ば絶対的な解雇権をもち，いつでも，任意に，労働者に対して失権を申し渡すことができたことを意味している．さらに，「勘定を清算するすべての従業員は，……会社の明確かつ文書による許可なしには，それが如何なるものであれ，他の保険会社の仕事には就かないという信義契約に署名する．もし，この契約を欠くならば，勘定の清算に基づいて彼が受け取るすべての額とすべての年金は，準備金庫に返還されるべく，請求される」（「同」第16条）とある．取締役会は，半ば絶対的な解雇・罷免権＝失権宣告権を保持することで，労働者に対する支配を遂行することができたと言えよう．また，退職労働者に対しても，信義契約によって退職後の生活費をコントロールしえたことが知れる．

(5) 管理運営
　「海上・火災・生命及び災害4部門の総合保険会社の従業員と業務見習者のために純粋な恩恵として設立された準備金庫は，取締役会のオトリテのもとに……管理される」（「同」第1条）．「本規約の規則にかかわる何らかの苦情や要求については，唯一かつ至上の裁定者である取締役会によって，控訴・上告なしの終審として裁定される」（「同」第20条）．利潤分配制は労働者に対する経営の施し＝恩恵として実践され，専ら取締役会によって管理運営されていたこ

3 基本性格

　総合保険会社利潤分配制は，年金と貯蓄の形成をとおして労働者の生活を安定させるはたらき（「生活保障機能」）をもっていたが，これを手段機能としつつ，㋐企業競争に勝ち抜くために労働者の労働意欲を刺激し，定着率を向上させる機能（「労働力の能率的利用機能」）㋑労働者の経営に対する忠誠を自発的に高めるとともに，かれらに対する支配を強化する機能（「労働運動対策機能」），この2つを本質にすえる労務管理政策であった．

注

1　Trombert, A., *op.cit.*, p.321.
2　総合保険会社の「利潤分配規約」は *Ibid.*, pp.323–326 に収録されている．
3　*Ibid.*, p.323.
4　*Ibid.*
5　*Ibid.*, p.324.
6　*Enquête* 1923, p.112.
7　Trombert, A., *op.cit.*, p.325. 第13条の適用を受けた労働者の勘定は，「すでに（準備金庫に）預け入れられている（他の受給者）各人の配分累計額に比例して，他の受給者各人の勘定に払込まれる」（「利潤分配規約」第13条）ことになっていた（*Ibid.*）．
8　*Ibid.*
9　*Ibid.*, p.326.
10　*Ibid.*
11　*Ibid.*, p.323.
12　*Ibid.*, p.326.

・ シェクス印刷所

1 企業の概要

　1845年にナポレオン・シェクス（Napoléon Chaix）によって，鉄道・金融・大製造企業の文書を印刷する合資会社 Imprimerie Chaix として創業された．出版・印刷の総合企業として着実に成長をとげ，20世紀初頭にはパリ本社工場の他に，サン゠トゥアン（Saint-Ouen）とサン゠ミッシェル（Saint-Michel）にも工場を有した．雇用労働者数は1855年200，1867年400，1878年700，1923年1,100．1881年に資本金300万フランの株式会社に改編した[1]．

2 実態分析

　1872年に利潤分配制を導入した．分配率は15％．スタジュ3年を満たす労働者を対象に，各人の賃金に比例して配分を行った．配分額の1/3は直接現金支給，残り2/3は社内金庫に預け入れられた（1887年〜1895年の間は，国債の購入にあてられた）．社内預金の50％は本人が退職するときに無条件で払い戻しされたが，残り50％は勤続20年・60歳の条件を満たさなければ払い戻しされなかった．[2] 1895年に支給形態が改められ，全額が老齢年金国民金庫に振り込まれることとなった．[3] 1920年1月1日に再び規約が改定された．再改定された「利潤分配規約」（Règlement）[4]に基づき，1920年代前半におけるシェクス利潤分配制の機能実態に接近する．

(1) 分配

　「……（分配）率は，追って規定のあるまでは，さまざまな償還や経費に充当される35万フランを控除したあとに残る年間利潤の15％に固定される」（「利潤分配規約」第1条）[5]．ただし，15％というこの数値は基準値であり，株主総会によって任意に変更されえた．

(2) 配分

　「利潤分配にあてられる額は，報酬あるいは賃金として1年間に受け取った額，ただし8,000フランを上限とする，に比例して，また4つのカテゴリーに分類された勤続年数に応じて，受給者に配分される．すなわち，勤続5年をへた受給者は，まる10年までは係数1の権利をもつ．勤続11年からまる15年までは係数2，勤続16年からまる20年までは係数3，勤続21年以上の者は係数4の権利をもつ」（「同」第4条）[6]．賃金に勤続年数の係数をかけて配分の基準値を算出した．その際，ボーナスとか諸手当は賃金のなかに含まれなかった．配分額をみると，1920年は平均310フラン，1921年は平均412フランであった．これは年間平均賃金の約6％に相当した．[7] 労働者の勤労意欲を刺激するとともに，かれらの定着率を高めんとする経営の意図が知れる．

(3) 支給

　「利潤分配にあてられる額は，当事者各人が55歳で終身年金を受け取れるよ

うに，毎年，全額が老齢年金国民金庫に，その制度を管理する法律と規則にしたがって，振り込まれる」（「同」第9条）[8]．全額据置払い方式であり，労働者の定着率を向上させる機能をそなえていたことが分かる．

(4) 受給資格

「両性労働者と職員が受給者として認められるためには，会社勤続5年をへていなければならず，職務において情熱と能力を立証するとともに，アルバン・シェクス（Alban Chaix）氏に出生証明の抜粋を添えて申請しなければならない」（「同」第2条）[9]．スタジュ5年と良好な勤務態度が受給の条件であった．労働者の定着率を向上させるとともに，かれらの経営に対する献身をうながさんとする意図が知れる．

(5) 管理運営

「受給者は会計帳簿に関与する権利をもたず，毎年の分配は会社の株主によって承認された勘定にしたがって実施される．株主総会は提出された勘定を承認する唯一の主人であり，取締役会によって提出された分配（率）の維持あるいは引き下げを常に決定することができる」（「同」第1条）[10]．「アルバン・シェクス氏が本規約に関して生じるあらゆる異議の唯一の裁定者であると宣言される」（「同」第23条）[11]．「取締役会は常に，……会社の利益に損害をもたらした当事者の利潤分配に関する諸権利を……剥奪することができる」．「また，取締役会は，もし満足のいく成果が得られない場合には，会社における利潤分配制を廃止する権限をもつ」（「同」第25条）[12]とある．制度廃止権や異議審査権を含む一切の管理運営権は株主総会，取締役会，雇主アルバン・シェクスに帰属し，労働者はこれに関与しえなかったことが知れる．また，取締役会は受給資格剥奪権をとおして労働者を支配・統制し，彼らの反経営的行動を防止しえたことも知れる．

「利潤分配に関する諸規定の実施にかかわって，アルバン・シェクス氏を補佐するために諮問及び監督委員会（Comité consultatif et de surveillance）が設置され」（「同」第19条）[13]ていた．「アルバン・シェクス氏，相互扶助組合事務局から9（総会で毎年1/3を改選），古参のセルヴィス長及び職長から3，会社古参の両性労働者及び職員から6」（「同」第20条）の計19名構成であった[14]．労使合同形態をとってはいたものの，労働者メンバーは極めて少数であった．し

かも雇主の意向を反映した「会社古参の」労働者のなかから経営によって直接任命されていた．かれらが雇用労働者全体の意志を代弁する「真の労働者代表」であったかどうか，極めて疑問である．会議は「アルバン・シェクス氏によって召集され」（「同」第21条）[15]，その機能は事実上アルバン・シェクス氏に協賛することにあった．「諮問及び監督委員会」のなかに労使協議の性格を見出すことは極めて困難である．

3 基本機能と効果

　実態分析から，以下の機能が確認される．配分：労働者の勤労意欲を刺激するとともに，かれらの定着率を向上させる機能．支給：労働者の定着率を向上させる機能．受給資格：労働者の定着率を向上させるとともに，かれらの経営に対する献身をうながす機能．管理運営：労働者を支配・統制し，かれらの反経営的行動を防止する機能．シェクス利潤分配制を「労働力の能率的利用機能」と「労働運動対策機能」を基本にもつ労務管理政策として把握することが許される．

　では，シェクス利潤分配制は，資本と労働が直接に対峙する経営の場においてどのような効果をあげていたのか．第8-22表から，利潤分配制導入後50年（1922年）におけるシェクス労働者の定着率が知れる．勤続5年未満の者が約43%とかなり高い比率をしめている．時期は少し遡るが，1899年8月のパリ印刷ストと1906年のCGTゼネストの時には，シェクス労働者は略全員がストに参加している－利潤分配制導入後6年に発生した1878年印刷ストの時は，シェクス労働者は700人中わずか62人（8.9%）が参加しただけであったが－．[16] 定着率の低さとストへの参加はシェクス企業パテルナリスム総体における機能上の矛盾の発現として理解されるが，同時にそれは，シェクス利潤分配制が内包する機能上の矛盾の発現でもあった．シェクス利潤分配制は「労働

第 8-22 表　シェクス労働者の勤続年数分布：1922 年　（人，%）

勤続年数	労働者数	比率
5 年未満	448	42.7
5-10	184	17.5
11-20	196	18.7
21-30	98	9.3
31 年以上	124	11.8
合計	1,050	100.0

Enquête 1923, p.67 と Trombert, A., *op.cit.*, p.344 より作成．

力の能率的利用機能」と「労働運動対策機能」において，ポジティブな効果を常にあげていたわけではなかったことが知れる．

　企業パテルナリスムの一形態である利潤分配制は，いつもいつもポジティブな機能をスムーズに発現していたわけではなかった．経営に対する労働のコンテスタシオンを醸成し発生させる契機すなわち「自己不安定性」を機能の発現メカニズムそれ自体のなかにパラドクシカルに内包していた．「自己不安定性」は「利潤分配の享受」と「全面管理」－支配・統制－の間に相互依存的均衡が成立している限り，経営体制の範囲内にとどまって，陰伏的である．しかし，外部的・客体的インパクトを受けてその微妙な均衡がゆらぐとき，顕現する．19世紀20世紀の交～1920年代前半のシェクス利潤分配制はその具体例を提供する．

注
1　Trombert, A., *op.cit.*, p.339.
2　*Enquête* 1923, p.66.
3　Trombert, A., *op.cit.*, p.341.
4　シェクス印刷所の「利潤分配規約」は *Ibid.*, pp.344-348 に収録されている．
5　*Ibid.*, p.344.
6　*Ibid.*, p.345.
7　*Enquête* 1923, p.66.
8　Trombert, A., *op.cit.*, p.346.
9　*Ibid.*, p.344.
10　*Ibid.*
11　*Ibid.*, p.348.
12　*Ibid.*
13　*Ibid.*, p.347.
14　*Ibid.*, p.348.
15　*Ibid.*
16　*Ibid.*, pp.343-344.

第9章

戦間期の「ミシュラン社会システム」

　1831年，従兄弟同士の軽騎兵大尉ニコラ・エドアール・ドブレ（Nicolas Édouard Daubrée）と公証人アリスティッド・バルビエ（Aristide Barbier）は小規模な製糖所兼製糖機械製作所をアリエ県に設立した．しかし，洪水で作業場は流された．翌年，2人はピュイ=ド=ドーム県（以下，PDDと略記）クレルモン=フェラン（以下，CFと略記）近くのカルム（Carmes）に，ブラジル産天然ゴムを原料とする小規模なゴムまり工場を設立した．その際，イギリス・ゴム工業の先駆者チャールズ・マキントシュ（Charles McIntosh）の姪にあたるエリザベス・ドブレ夫人の技術指導があったと口承されているが，確かな証拠は残っていない．カルム工場は発展し，1836年に雇用労働者100人を数えた．1837年には鋳造場と機械組立場を併設した．1860年には雇用労働者300人～400人．1863年に社名をバルビエ=ドブレ株式合資会社（Société Barbier, Daubrée et Cie）と定めた．2人の創業者が1863年と1864年に相次いで死亡すると，息子のエルネスト・ドブレがあとを継いだ．しかし，彼は実業の才に欠け，経営危機をまねいた．公証人のジャン=ジルベール・ビドー（Jean-Gilbert Bideau）が株式を購入し，1868年に社名をJ.-G. ビドー会社（Société J.-G. Bideau et Cie）と改めたが，彼もまた1886年に経営から手をひいた．創業者バルビエの娘アデル（Adèle）と婿ジュール・ミシュラン（Jules Michelin, 1817-1870. 税関職員）の長男で，中央工芸学校出身の地図製作技師André Michelin（1853～1931. 以下，アンドレと略記）が招かれたのは丁度こうした時期であった．1889年には，パリの美術学校（École des Beaux-Arts）を卒業したものの画才に欠けていた弟のÉdouard Michelin（1859～1940. 以下，エドアールと略記）も共同雇主として招かれた．ミシュラン兄弟は1889年に社名をミシュラン株式合資会社（Société Michelin et Cie. Manufacture de Caoutchouc Michelinとも呼ばれた．以下，SMCと略記）と改め，ゴム製造設備と労働者12人だけを残し

てあとは全部整理し，経営の再建に乗り出した[1]．

第 9-1・9-2 表から SMC の発展が知れる．第一次大戦期には航空機日産 7 機をはじめとして軍需生産に集中し，雇用労働者も 8,000 人を超えた．1920 年代の成長はさらに瞠目的であった．その要因としては，㋐自動車工業の発展にともなうタイヤ需要の増大[2] ㋑立地地域における労働運動の欠如（以上，外部

第 9-1 表　第一次大戦前ミシュラン社の発展　　（万フラン，人）

年	資本金	総売上高	従業員数
1891	90	46	62
1892	90	125	182
1893	90	183	
1894	90	163	268
1895	90	204	
1896	90	238	
1897	160	292	
1898	200	392	698
1899	200	588	
1900	200		1,000
1902	400		
1903			2,000
1905	400	1,200	3,000
1906	1,400	3,700	3,400
1907			4,006
1910			4,313

Dumond, L.,"L'arrière-plan technique et commercial", in Gueslin, A., sous la direction de, *Michelin, les hommes du pneu : Les ouvriers Michelin, à Clermond-Ferrand, de 1889 à 1940,* Paris, Les Éditions de l'Atelier/Les Éditions Ouvrières, 1993, pp.23, 50, 54 より作成．

第 9-2 表　戦間期ミシュラン社の発展　　（万フラン，人）

年	利潤	従業員数
1919		10,385
1925		17,522
1926	8,730	18,000
1927	12,600	
1928	11,870	17,000
1929	9,370	15,500
1930	4,090	12,000
1931	3,190	9,600
1932	3,270	
1933	3,340	
1934	600	
1935	3,080	
1936	−1,010	8,000
1937	3,460	

Dumond, L., *op.cit.,* pp.54, 57–58, 62, 77 と Lamy, C. et J.-P. Fornaro, *Michelin-ville : Le logement ouvrier de l'entreprise Michelin 1911-1987,* Nonette, Éditions Créer, 1990, p.12 より作成．

要因）㈦技術開発とゴム・プランテーションへの積極投資　㊃広告宣伝活動と海外市場の開拓　㊄エドアールのイニシャチブに基づく企業福祉政策の実践（以上，内部要因）の5つが考えられる．1934年12月にはシトロエン社株式の53%を5,900万フランで買い占め，同社を支配下においた．積極的経営を展開していたが，大不況の影響をこうむり，やがて大量解雇と操業短縮を余儀なくされた．

　1940年8月25日にエドアールが死亡したとき，孫のフランソワは14歳だった．娘アン（Anne）の婿ロベール・ピュイズ（Robert Puiseux）とエドアールの腹心の部下ピエール=ジュール・ブーランジェ（Pierre-Jules Boulanger）が，フランソワが社長に就任する1957年10月まで社長代理（régence）として指揮をとった（この時期の社名はピュイズ=ブーランジェ会社 Puiseux, Boulanger et Cie．フランソワは1955年〜1957年の間，共同経営者 co-gérant の地位にあった）．1965年にはクレベール・コロンブ社を支配下におき，国内タイヤ生産の独占体制を確立した．1983年現在，同族企業ミシュランとそのグループは国内に19工場，海外に35工場（ブラジル，ナイジェリア，コートジボワールにはゴム・プランテーションを所有），国内従業員50,000人，海外同81,000人を擁する．スチールラジアル・タイヤに優れた技術開発力を発揮し，世界有数のタイヤ・メーカーとして成長を続けている．

　本章の目的は，戦間期におけるSMC発展の1要因であるミシュラン企業福祉政策（アンドレ・ゲラン André Gueslin にいう「ミシュラン社会システム」Système Social Michelin．以下，戦間期SSMあるいは単にSSMと略記）について，展開を，ミシュラン精神，大戦期・大戦直後におけるサンディカリスムの高揚，SSMの機能発現メカニズムそれ自体に組み込まれていた賃労働者の社会的人格における自己矛盾意識及び大不況に基因する外部的インパクトとの関連において，「具体的」に考察することである．この作業をとおして，戦間期SSMの基本（本質）機能と基本機能に内在する矛盾（「自己不安定性」）を動態的かつ統一的に把握する．

　戦間期SSMの基本機能については，論者によって既にいくつかの視点からアプローチが試みられている．1つは，「ミシュランの揺りかごで生まれてから死ぬまでの間，（労働者は）労働と余暇を（SMCによって）買い占められ，その後はミシュラン・タイヤを装備した有蓋自動車で墓地まで運ばれて行くであろう．この新しい封建的権力の奴隷として閉じ込められてきた（労働者の）

生涯はかくのごとく終える」と述べるラヴォ (J. Lavaud) や「全体主義国家の縮図」と要約するミケル (R. Miquel) の支配抑圧説である[8]. もう1つは, エドアールへの弔詞において,「勝利を誇るタイヤ以上に, 彼は労働者の幸福について考えていた. 彼は労働者の自由を全面的に尊重しつつ, かれらを幸福かつ立派にすることを望んでいた. 彼の人道主義的事業はこの願いに由来していた」と述べるオフレ (A. Auffray) の博愛説である[9]. ゲランは SSM に労働者に対する専制と庇護の両面をみとめ, 支配統制と博愛の総合(二重性)において基本機能を理解する[10]. 筆者はゲラン総合説を受容しつつも, 労務管理政策の視点から, 支配統制と博愛の基本機能を統一・一体的に把握する. さらに, 基本機能の発現メカニズムそれ自体のなかに「自己不安定性」が付着していることを見出し, 戦間期 SSM に内在する矛盾についても指摘する.

注

1 Gueslin, A., "Le Système Social Michelin 1889-1940" (以下, Gueslin, A., [1993] と略記), in Gueslin, A., sous la direction de, *Michelin, les hommes du pneu : Les ouvriers Michelin, à Clermont-Ferrand, de 1889 à 1940*, Paris, Les Éditions de l'Atelier/Les Éditions Ouvrières, 1993, p.75 ; Lamy, C. et J.-P. Fornaro, *Michelin-ville : Le logement ouvrier de l'entreprise Michelin 1911-1987*, Nonette, Éditions Créer, 1990, p.13 ; Harp, S. L., *Marketing Michelin : Advertising and Cultural Identity in Twentieth-Century France*, Baltimore, The Johns Hopkins University Press, 2001, pp.6-7；伊東光晴・石川博友・植草益編『世界の企業 3 フランス・イタリアの政府と企業』シリーズ比較企業体制, 筑摩書房, 1975 年, 215-216 頁；J. ボーミエ, 青山保訳『フランス財閥物語』ダイヤモンド社, 昭和 46 年, 39-40 頁.

2 自動車工業はフランス第二次工業化のリーディング・セクターの 1 つであった. 年間生産台数は 1913 年の 45,000 台から 1929 年には 254,000 台に増加し, アメリカに次いで世界 2 位の地位にあった. 当時, ルノー社のビヤンクール工場はヨーロッパ最大の工場で,「新しい工場」のプロトタイプであった (Kolboom, I., traduit de l'allemand par J. Etoré, préface de Henri Weber, *La revanche des patrons : le patronat face au Front populaire*, Paris, Flammarion, 1986, pp.43, 62-63).

3 ブラジル (1899 年) とインドネシア (1925 年) でゴム・プランテーションを経営していた.

4 海外市場の開拓に際しては, 海外支店網の整備が重要なポイントであった. イタリア (1901 年), イギリス (1904 年), ドイツ (1907 年), アメリカ (1908 年) に支店を設置している (Gueslin, A., "Le Système Social Michelin 1899-1940"〈以下, Gueslin, A., [1992] と略記), in Gueslin, A. et P. Guillaume, sous la direction de, *De la charité médiévale à la sécurité sociale : Économie de la protection sociale du Moyen Âge à l'époque contemporaine*, Paris, Les Éditions Ouvrières, 1992, p.225). 広告宣伝活動については, Harp, S. L., *op.cit.* に詳しい.

5 Gueslin, A., [1993], p.79.

6 伊東・石川・植草編『前掲書』, 217 頁.

7 Lamy, C. et J.-P. Fornaro, *op.cit.*, p.16. 第二次大戦後におけるミシュラン社の発展については, 第 9-3・9-4 表を参照されたい.

8 Gueslin, A., [1993], pp.73-74.

9 *Ibid.*, p.74.

10 *Ibid.*, p.119 *sq.* ; Gueslin, A., [1992], *passim*.

第9-3表　第二次大戦後ミシュラン社の発展　　　　（人）

年	CF 工場の従業員数	Petites Unités*
1944	7,442	
1945	8,513	
1946	10,407	
1947	11,000	
1948	12,800	
1949	13,846	
1950	13,500	
1951		オルレアン工場（Orléans. 1,137）
1953		ブールジュ工場（Bourges. 3,396）
1956		トロワ工場（Troyes. 658）
1958	16,264	
1960	16,900	トゥール工場（Tours. 3,060）
1964	19,072	ヴァンヌ工場（Vannes. 1,121），ボルドー工場（301）
1968	22,122	
1969		エピナル=ゴルベェ工場（Epinal-Golbey. 数百）
1970	25,211	モンソ=レ=ミヌ工場（400），シォレ工場（Cholet. 400）
1971		パリのブルトゥイユ事務所（Breteuil）
1979	28,800	

*第二次大戦後に設立されたミシュラン社国内工場の総称．（　）の数値は1970年初頭における従業員数である．
Quincy-Lefebvre, P., "Le système social Michelin de 1945 à 1973 ou l'épuisement d'un modèle", in Gueslin, A., sous la dir. de, *Les hommes du pneu : Les ouvriers Michelin à Clermont-Ferrand de 1940 à 1980*, Paris, Les Éditions de l'Atelier/Les Éditions Ouvrières, 1999（以下，Gueslin, A., ［1999］と略記），pp.101, 144-145, 201, 213, 218 と Mazataud, P., "Les salariés des usines Michelin de Clermont en 1970, radiographie d'une main-d'oeuvre", in Gueslin, A., ［1999］, pp.225-227 より作成．

第9-4表　ヨーロッパの主要国におけるミシュラン・タイヤのシェア　　　　（％）

国	1957年-1958年	1970年
フランス	50	54
ベネルックス3国	50	30
スペイン	33	40
イタリア	25	30
西ドイツ		11
イギリス	10	20

Dumond, L., "Le défi technique", in Gueslin, A., ［1999］, p.86.

I　ミシュラン労働力の存在形態

　ピエール・マザトー（Pierre Mazataud）は『PDD アルシィーヴ，1911年・1921年及び1936年の調査名簿一覧』を駆使して，ミシュラン労働力の存在形態を明らかにしている．マザトーの整理を借りる．

1 地域的出自

　第9-5表から，1911年現在のミシュラン労働力の約90％は，PDDと隣接6県から調達されていたことが分かる．1921年においても，PDDの比率は約13ポイント低下しているものの，隣接6県を合わせると約81％をしめる．PDDに限定して観察しても，CFやコトー，コンブレーユといった地元周辺の比率が，漸減的ではあるが，圧倒的に高い．第9-6表に，幹部・職員を除いた労働者だけの出自を示す．1911年から1921年にかけて，CF, PDD, 隣接6県の比率は90％から82％に低下しているものの，これらの地域が労働力供給の中心を形成していたことに変わりはない．

第9-5表　ミシュラン従業員の地域的出自　　　　　（％）

出身地域	1911年	1921年	1936年
PDD	75.8	63.1	60.5
隣接6県*	13.5	17.7	20.8
その他の県	10.5	14.4	16.7
外国	0.2	4.6	2.0
合計	100.0	99.8	100.0

*アリエ，クルーズ，コレーズ，カンタル，ロワール，オート・ロワールの6県．

（％）

出身地域（PDD内）	1911年	1921年	1936年
CF	26.1	21.6	21.6
コトー（Coteaux. 葡萄栽培地域）	14.3	11.1	9.5
コンブレーユ（Combrailles. 西部山岳地域）	17.2	12.6	11.2
リマーニュ（Limagne. 東部地域）	7.6	8.1	9.1
ティエール・リヴラドワ・フォレ （Thiers・Livradois・Forez. 遠東部地域）	10.6	9.7	9.1
合計	75.8	63.1	60.5

Mazataud, P., "Force industrielle et tempérament familial"（以下，Mazataud, P., [1993]と略記），in Gueslin, A., sous la direction de, Michelin, …, pp.163-164, 183-184, 217, 219 より作成．

第9-6表　ミシュラン労働者の地域的出自　　　　　（％）

出身地域	1911年	1921年
CF	15.2	12.2
PDD（CFを除く）	62.3	52.3
隣接6県	12.4	17.7
その他の県	9.9	14.0
外国*	0.2	3.8
合計	100.0	100.0

*労働者住宅と工場の建設に従事していたイタリア人労働者は含まれていない．
Mazataud, P., [1993], p.187 より作成．

地元周辺と PDD の比率漸減，遠隔地域の比率漸増という地域的出自にみられる小変化の要因は何か．これについては第一次大戦の影響を指摘しなければならない．軍需増産は SMC の労働力需要を急増させた（およそ 5,000 人）．しかし，地元・県内だけでこれを調達することはできなかった．フランス北部・東部からの戦争避難民，遠隔地県出身者，カビリア人（Kabyles）とスペイン人を中心とする外国人なども数多く雇用しなければならなかった．小変化の要因はここに求められる．

　1936 年現在でも，PDD と隣接 6 県で約 81％ をしめる．PDD に限っても，地元周辺の比率は微減である．大戦前から戦間期にかけてのミシュラン労働力の地域的出自は，漸減的ではあるが，CF と PDD そして隣接 6 県を中心に構成されていた．

2　大戦前の労働者

　CF を含む PDD の略全域は農山村であった．隣接 6 県もアリエ県の一部を除くと略同様であった．ミシュラン労働者の大部分は，以前ぶどう栽培や砂糖大根・挽割麦の生産に従事していた離農貧民あるいは地味の劣った小土地を耕していた元山村貧農から構成されていたと考えられる．1909 年 4 月 18 日付の L'Ami du Peuple は，「かれら（ミシュラン労働者）の圧倒的大部分はオーベルニュの小土地所有農民出身で，フィロクセラによって彼らの小土地を追われ，都市の文明に魅惑されて一旗揚げようと近隣のあらゆる村々からクレルモンにやって来た者たちである．……ミシュラン工場への道！」と記す．第 9-7 表はこの記述の妥当性を裏付ける．PDD と隣接 5 県の出身者は半・不熟練工及び雑役工になっている割合が約 60％ と高い．これは専門知識や熟練技能をもたぬ農山村貧民出身者の割合が高かったことを示している．一方，パリ地域とアリエ県（コマントリーとモンリュソン製鉄所出身の熟練工が相当数いた）及

第 9-7 表　ミシュラン従業員の出身地域別職位比率：1911 年　　（％）

出身地域	幹部・職員	熟練工	半・不熟練工，雑役工	不明	合計
PDD	27.9	9.7	62.4		100.0
隣接 5 県	28.7	13.5	57.8		100.0
アリエ県	35.8	18.4	45.8		100.0
パリ地域	44.0	5.3	50.6	0.1	100.0
その他の県	32.5	9.1	38.9	19.5	100.0

Mazataud, P., [1993], p.170.

びその他の県出身者は幹部・職員・熟練工になっている割合が比較的に高い．これは都市部出身で，専門知識や熟練技能を身につけていた者が多かったことを示している．

　生活の安定を求めて SMC にやって来た農山村貧民出身者は，さしあたり農民的心性・性格をもち続けた．例えば，1911 年現在旧モンフェラン区タンプル通りにはミシュラン労働者が 10 世帯住んでいたが，農繁期になると全員が CF 郊外で農作業に従事していた．かれらは労働力の提供と賃金及び少しばかりの生活給付の享受という物質的利害の相互依存関係に立って，「柔軟な就労形態」のもとに，SMC と結合していた．経営への忠誠心は必ずしも高くはなかったが，内向的・事大主義的傾向が強く，農民的心性が充足される限り，経営が課す「工場の規律」や生産の合理的組織化を従順に受容した．

　だが，大戦期になると，工場労働が 1 つの自己完結的システムとなり，この種の労働者は激減した．大戦後新設されたミシュラン住宅に入居した農民的労働者も急速に賃労働者に転化していった．もちろん農業＝土地との結合を欲する者はいた．なかには個人で小耕地を求める者もいた．例えば，両親がミシュラン労働者でラシォー住宅（Lachaux）に住んでいたエルヴェ（Hervé）は，クリスティアン・ラミィ（Christian Lamy）による聞き取り調査（以下，C. ラミィによる聞き取り調査を「聞き取り調査」と略記）において，「彼（父親）は畑を耕し，家畜を飼育することを夢見ていました．労働者住宅の菜園の他に，彼はセゾー（Cézeaux）の小さな丘の斜面に土地を借りることになります」と回想するであろう．大戦前ミシュラン労働者の大部分は農民的労働者であった．1889 年に発足した新興大企業 SMC は，工業が未発達で貧しい農山村地域に囲まれた宗教都市 CF に立地していたゆえに，第二次工業化期にあっても，創業後しばらくの間は必要な労働力の大部分を，この時期には稀な存在形態である農民的労働者に依存しなければならなかった．大戦期になって初めて，労働力の基本的存在形態は農民的労働者から賃労働者へ移行した．

3　戦間期労働者の 2 タイプ

　戦間期ミシュラン労働者を，地域的・社会的出自に基づく文化・イデオロギー的特性及び特性に規定されて発現する SSM への対応をクライティアリアに，2 つのタイプに区分する．

(1) 賃労働者

　宗教実践に熱心であった一部の山村地域（ヴレェ Velay，ラ・ロゼール la Lozère, PDD 南部のル・セザリエル le Cézallier，フォレ）出身者はミシュラン的文化価値を積極的に受け入れ，SMC に忠実な賃労働者になっていた[6]．労働者住宅あるいは旧市街区・中間区の民間住宅に入居するその他大勢の労働者も工場都市住民としての心性を共通して涵養し，「全面管理」との均衡において－社会的存在における人格的自己矛盾をインプリシットに意識しながらも－SSM の生活給付を享受していた．かれらは戦間期ミシュラン労働力の中核を構成した．

(2) 階級的賃労働者

　労働力調達地域の拡大にともない，社会主義や非カトリック的価値に共鳴する階級的賃労働者が漸増した．かれらは，とりわけ 1930 年代に増加した都市部出身の熟練工や各地の文化・思想を体験しながら SMC に流入してきた半熟練工，あるいは宗教実践にかわり社会主義思想が浸透し始めていたティエール（Thiers），リヴラドワ（Livradois），リオム（Riom）などの PDD 出身者の間に多く見出された．階級的賃労働者は当初から社会変革の実践を鋭く意識し，SSM に対して批判的であった[7]．1936 年にはストライキ運動の先頭に立ち，ミシュラン労働者を牽引した．

注

1　Gueslin, A., [1993], pp.181, 186, 189.
2　*Ibid.*, p.165. 第一次大戦前，SMC を除くと，CF 地域には以下の工業企業が存在するのみであった．トルリョン・ゴム企業（Torrilhon. 1852 年創業．CF に隣接するシャマリエールに立地．ゴム製のレインコートと履物を製造した．1937 年に破産），ベルグニャン・ゴム企業（Bergougnan. オート・ガロンヌ県出身のベルグニャン 3 兄弟が 1886 年に設立した．ゴム・スタンプの製造からスタートし，タイヤ生産にも進出した．1959 年に SMC に吸収された），フォール＝ケスレ過燐酸肥料工場（Faure-Kessler. 1868 年創業），コンション＝キネット被服工場（Conchon-Quinette. 1870 年創業），エルヴェ機械工場（Hervais. 1890 年代に創業），Olier 機械企業とその前身（1849 年創業．1899 年にオリエ機械企業に改編）（*Ibid.*, pp.75-76）．
3　*Ibid.*, p.121.
4　*Ibid.*, p.91.
5　Lamy, C. et J.-P. Fornaro, *op.cit.*, p.37.
6　Gueslin, A., [1993], p.121 ; Mazataud, P., "Force industrielle et tempérament familial", in Gueslin, A., sous la direction de, *Michelin*, …, p.224.
7　Gueslin, A., [1992], p.234 ; Mazataud, P., *op.cit.*, p.224.

II　ミシュラン精神

　エドアール個人の労働者観・イデオロギーは SSM 実践の理念的背景を構成する．これをミシュラン精神と呼ぼう．

1　労働者観

　「雇主は不正義と非人間性が存在しているところではどこでも，（労働者の間に見出される）その悪弊を正さなければならない」，「雇主は（労働者を）罰するすべを心得ていなければならない」とエドアールはいう[1]．また「規律と善き意志」と題する『エドアール・ミシュラン＝ノート』（1925 年 9 月 16 日付）において，「私は 1 つの命令を出さねばならなかった．……この命令，私は労働者に対してそれ（命令）を説明し，異議があれば申し出るように促した．……私は，このやり方が彼らの悪弊を矯めるうえで極めて効果的であり，有益であることを見出しているので，私の生涯をとおして，このやり方を続ける」と述べる[2]．ここには，雇主すなわち「指導する者」，労働者すなわち「指導される者」というヒエラルキー的規律関係のもとで，労働者を支配・統制するポジティヴィストにしてプラグマティスト，エドアールの姿が見出される．ル・プレェ学派労働者観に通ずるこの姿勢は，SSM 実践の通奏低音を構成した．

2　経営秘密主義

　同時代のフランス雇主は多かれ少なかれ対外的に閉鎖的であった．エドアールの場合，それが徹底していたところに特徴がある．例えば，地元雇主団体との関係では，クレルモン商業会議所，工業家地域連盟，HBM パトロナージュ県連合会（1908 年設立）への加入を拒否している．1910 年には市内商店会の反対を無視して購買組合（Société coopérative du personnel）を設立している[3]．接触や関係を一切断っているのである[4]．政府・県当局に対しては，ロビー工作の必要上アンドレ（営業・広告宣伝部門担当．パリに常駐していた）だけは政府高官・県幹部と接触を保っていたが，エドアールは大戦中の国防協力を唯一の例外として，政府・県当局と一切接触していない[5]．徹底した秘密主義であった[6]．CF 特別検察委員は 1930 年 7 月 3 日に，SMC における人員整理の情報に関して，「ミシュラン工場は工業活動に関する限り，非常に閉鎖的である．そ

れゆえ，私は世間の人々が言っていることの確証あるいは無根拠さを入手することができなかった」と述べている[7]．またゴム業界紙 *Revue Générale du Caoutchouc*（1931年5月～6月号）も，SMC については資産や技術に関する情報を入手することが非常に困難であると記している[8]．いずれも SMC の秘密主義を証拠立てるものである．エドアール経営秘密主義の源泉は，産業スパイ対策も確かにその1つといえるのだが，彼の徹底した企業所有権意識に求められる．経営秘密主義は経営権なかんずく労務管理に対する外部の干渉－とりわけ国家権力の干渉－を排除するとともに，労働者に対しては「精神統制」を課し，「孤立的閉鎖社会」（後述）の建設に理念的基礎を提供した．

3　右翼愛国主義

エドアールは1898年以来，「フランス祖国同盟」（Ligue de la Patrie Française）に加入していた．1930年代にはラ・ロック大佐率いる「火の十字団」に資金援助を行っていた．彼の愛国主義は「革命行動秘密委員会」（Comité Secret d'Action Révolutionnaire. 1936年にアクシオン・フランセーズ内部の一部過激派によって結成された武装＝極右反共産主義団体．カグール団あるいはカグラール団とも呼ばれた．指導者はウジェーヌ・ドゥロンクル Eugène Deloncle）に対する会社ぐるみの援助を生み出し，1937年9月には SMC 幹部4名のカグール事件関与を引き起こした[9]．彼の右翼愛国主義が SSM 実践の1背景を形成していたことは，労働力創出策としての出産手当に関する1926年のエドアールの発言から窺われる．「われわれは次のように考える．もし，この状態が続けば，われわれの工場は次第に空になるであろう．そうすれば，外国人でその空隙を埋めなければならなくなるであろう．われわれは例外ではないのであって，（出生率を高めなければ）フランスは無人の野になるか，さもなければ子供の多い諸外国によって植民地化されるであろう」[10]．

注

1　Gueslin, A., [1993], p.81.
2　*Ibid.*, p.80.
3　SMC は1901年に，個人的用途に限定して，労働者にタイヤの格安な提供と自動車の貸出しを始めた．1902年には暖房用木材，1906年には石炭，1910年からはじゃがいもの格安な提供も始めた．この実績をふまえて，1910年に購買組合を設立した．エドアールが96％出資し，管理運営は SMC 職員が行った．石炭，木材，衣類，家具，パン，肉，じゃがいも，葡萄酒といった日

用生活品・食料品の販売の他に，レストランと男子用宿泊施設も運営した．CF には浴場がなかったので，翌年には組合員とその家族の健康増進を目的に温水浴場も開設した．26 のキャビネットを備え，入浴料は 0.2 フランであった．1932 年 2 月現在，購買組合の組合員数はミシュラン従業員数よりも多い 10,200 人である．恐らく，退職者の何割かは組合員のままでいたものと思われる．1931 年の売上高は 4,200 万フランで，組合員 1 人当たりの購買額は平均約 4,000 フラン/年である．非常に高い利用度であったことが分かる．利益の 2% は内部留保にまわされたが，残り 98% は組合員に還元された．購買組合は日用生活品や食料品等の格安な提供をとおして，労働力の吸引と定着に機能した．宿泊施設は労働力を検出する機能もそなえていた（*Ibid.*, pp.96-97, 106）．

4　*Ibid.*, pp.84-85.
5　国防協力の具体例としては以下がある．ドイツ支店の閉鎖，3,200 万フランの戦時債購入，航空機・砲弾・軍用テント・軍用レインコート・軍需機械等の原価納入，ゴム倉庫の陸軍病院への転用（*Ibid.*, p.85）．
6　*Ibid.*, pp.84-85.
7　*Ibid.*, p.84.
8　*Ibid.*
9　*Ibid.*, p.87；Harp, S. L., *op.cit.*, p.270；Spinazze, C., *École et Entreprise : Les écoles primaires Michelin à Clermont-Ferrand de 1940 à 1967*, Thèse présentée pour le doctorat de nouveau régime, 1993-1994, pp.56-57.
10　Gueslin, A., [1993], p.116. 出産手当の実践動機について，ハープはミシュラン兄弟の愛国主義的プロナタリズム（nationalist pronatalism）を指摘する（Harp, S. L., *op.cit.*, pp.126-155）．

III　SSM の具体例

　第一次大戦期・大戦直後におけるサンディカリスムの全国的高揚と 1920 年 5 月 1 日の CF ストライキを目の当たりに見たエドアールは，労働組合運動（CGT．1922 年 7 月以後は CGT と CGTU）の大波がミシュラン工場に押し寄せて来るのではないかと危惧した．エドアールはそれまでの「良質労働力の確保とその能率的利用」に加えて，新たに「労働運動対策」の視点から－「全面管理」のもとに－SSM を拡充した．約 20 の施設・制度・事業からなる SSM の一覧が，D. J. サポスによって纏められている[1]．主なものを紹介する．

1　利潤分配制

　企業の繁栄を維持するためには利潤分配制が必要であると痛感していた義父オーギュスト・ヴォルフ（Auguste Wolff. パリのプレイエル Pleyel ピアノ製造企業主．保守的な社会カトリック）の影響を受けて，1898 年 6 月に導入した[2]．エドアールは導入に際して発行した『利潤分配の手引き』（*Le livret de participation*）において，「われわれの工場は，すべての労働者が受給者とな

り，受給者であるに値するようになったときに，模範的な工場となるであろう」と述べる．1920 年 3 月 17 日付の労働者に対する「警告」から，「受給者であるに値する」労働者とは誠実で勤労意欲に富む者であることが知れる．いわく，「私は再度，それ（利潤分配）に十分値する者のみを『受給者』として維持することの必要性を主張する．……われわれの製品は非常に貴重であるので，私は労働者がそれら（の製品）を注意深く取り扱うことに関心をもっている．そして，情熱をもって仕事に取り組むすべての労働者に関心をもつ一方，（そうではない）労働者を解雇することにも関心をもっている」と．また『手引き』は，「……彼（受給者）が会社を辞めるとき，退職理由の如何にかかわらず，そして勤続期間（の長短）にかかわらず，退職後 3 年の間彼はフランス及び外国において，競合企業への指導・助言あるいは出資による如何なる関与も行ってはならない義務を負う」と定める．誠実で勤労意欲に富んでいた者が，退職後も経営に忠実であり続けるという保証はない．それゆえ，この規定によって退職後も労働者を経営に帰属させ，緊縛しようと試みたのである．利潤分配制の第一義的目的は，勤労意欲に富むと同時に経営に対して忠実な，そして退職後も経営に帰属し続ける，良質労働力の育成・利用にあった．

　第一次大戦後まもなくして，新たに「利潤分配規約」が制定された．その内容は『手引き』とほとんど変わっていない．ただ，雇用労働者全体に占める受給者の割合が導入初年度の 5.8%，大戦前夜の 6.9% から，1923 年には 52% に急増している．恐らく，受給資格が改められ，多くの労働者が利潤分配の対象になったものと思われる．このことは，大戦前においては利潤分配制の主目的が「良質労働力の確保とその能率的利用」におかれていたのに対して，大戦後は「労働運動対策」の視点も同じように重視されるようになったことを示している．経営に反抗的な労働者は直ちに利潤分配から排除あるいは解雇された．SMC は経営的成果について，1923 年 1 月 16 日に，「われわれはこの制度（利潤分配制度）について，まったく満足している．この制度は善良で分別のある，かつ勤勉で良心的な労働者の中核を，われわれに結合させることを可能にしている」と述べ，ポジティブな評価を下す．

2 医薬給付

　1901 年に工場内に診療所が設けられ，一定の勤続年数を満たす労働者に医薬が無料で提供された．1905 年にはエドアールの個人負担で医療扶助制度が

整備され，勤続2年以上の労働者には無料で診療・薬剤給付が行われた．勤続4年以上の者は家族も無料とされた．大戦後，工場付属病院（内科・外科・小児科）と結核予防施設が建てられた．1921年にはノール通り結核診療所が竣工した．1925年にはヌッフ＝ソレイユ病院（Neuf-Soleils）とシャナ結核療養所（Chanat）の建設が始まった．療養者には疾病手当も支給された．葬儀に際しては，SMCが費用を全額負担した[8]．労働者にとって必須の生活基盤であるこれらの事業は，労働力の定着と保全及び彼らの経営帰属意識向上に機能した．

3　ミシュラン廉価住宅会社（Société des habitations à bon marché Michelin. 以下，SHBMMと略記）

(1) SHBMMの設立

市参事であった公衆衛生医師ゴトレ（Gautrez）がまとめたCF住宅事情に関する報告書を読み，労働生産性を高めるには労働者の居住環境の改善が必要であると痛感したエドアールは，全額自己出資して，1909年1月に株式会社SHBMMを設立した[9]．エドアールが経営責任者で，従業員は全員SMCから派遣された．SMCの完全な子会社であった．1909年にカルム工場に隣接してタンニ・エ・カタルー共同住宅（Tennis et Cataroux）を建てたのを皮切りに，大戦までに約400戸を建設した[10]．ただし，家賃が高かったために，入居者は幹部・職員及び一部の熟練工に限られていた[11]．

(2) 大戦後のCF住宅事情と労働者住宅の建設

CF住宅事情は大戦前よりも悪化していた．警察当局は「クレルモンに住むことは事実上不可能」（1924年）と報告し，市長は「むさくるしいあばらや．5人，6人あるいは8人がすし詰めになっている部屋」（1926年）と指摘する[12]．大戦中の家賃凍結令が戦後もしばらくの間施行され続け，民間業者の住宅建設意欲を削いでいたこと，遠隔地からの人口流入が続いていたこと，この2つが住宅事情を悪化させていた原因であった[13]．エドアールは，「労働者住宅は企業主が実践しうる最善の社会的事業の1つであると考える．／大戦後，クレルモンのわが工場の発展と住宅の危機は，とりわけこの（労働者の住宅）問題の解決に緊急性を付与している」と認識し[14]，1920年～1929年に，時間測定法を導入して[15]，ラ・プレヌ住宅団地（La Plaine. 1926年着工～1929年竣工）を中心に約3,000戸の住宅を建設した（第9-8表参照）．2K・3Kが中心であった（第

第 9-8 表　ミシュラン住宅の建設状況　　　　（戸）

期間年	建設戸数	累計
1909–1911	181	
1912–1913	213	394
1914–1917	37	431
1920–1922	596	1,027
1923–1924	664	1,691
1925–1929	1,752	3,443

Gueslin, A., "Le Système Social Michelin 1889-1940"（以下，Gueslin, A., ［1993］と略記），in Gueslin, A., sous la direction de, Michelin, …, p.102.

第 9-9 表　ミシュラン住宅の間取り：1922 年 10 月現在　（％）

間取り	戸数	比率
1 K	33	3.4
2 K	408	41.7
3 K	508	51.9
4 K	23	2.4
5 K	6	0.6
合計	978	100.0

Trombert, A., *La participation aux bénéfices, exposé des différentes méthodes adoptées pouvant servir de guide pratique pour l'application du régime*, troisième édit., Paris, 1924, p.354.

9-9 表参照）．

(3) 住宅と住宅団地の構造
①住宅の構造

　全部で 10 タイプの住宅が SHBMM によって建設された．そのうち，ミュルーズ住宅を手本にした U 型とその変型が圧倒的に多かった．ミシュラン労働者住宅を代表するラ・プレヌ住宅は全部この 2 タイプであった[16]．エドアールは U 型住宅の構造について次のような原則をたてている．「……部屋は十分に広くあるべきだ．しかし，疲労をともなう掃除は避けなければならないので，過度に広くあってはならない．／大仕事である水くみを避けるために，炊事場の流しには水道が備え付けられるであろう．電気・ガス器具・洗濯室が備え付けられるであろう．／料理用の野菜を提供する菜園が隣接してつくられるであろう．父親はそこに畑仕事を見出すであろう．母親は家事を中断することなく，良き衛生状態のなかで子供を遊ばせておくことができよう．……／われわれは出来る限り家賃を安くする．それゆえ，最も経済的に，しかし必要なすべての快適さをそなえた住宅を建設する」[17]．衛生的で健康的な，しかも建設コストの

安い菜園付住宅が考えられていた．共用部分を排し，各戸を独立した個別居住空間として位置づけることで家族の独立性を確保し，労働者同士の交流と連帯の形成を防止することにも配慮がなされた．

「『乞食でも家では大将』．賃借人（労働者）は住宅のなかで最も大いなる自由を享受しなければならない．／……大臣であれ，工業家であれ，問い合わせようとして（かれらの住宅を）訪れてはならない．／いかなる場合においても労働者は，もし，人々が彼らの檻（住宅）を訪問しようとすれば，好奇心の強い動物（労働運動に関心をもつ者）に転化するであろう．……／もし，主婦が下着を大空の下で干したいと思うのなら，そうすればよい．もし，彼女が窓にそれ（下着）を吊したいと思うのなら，そうすればよい．もし，労働者が洒落たあずまやを建てたいと思うのなら，奮発して建てればよい．もし，彼がうさぎが大好きであるのなら，ゴムを入れてあった古箱か波板トタンでうさぎ小屋をつくることができよう．彼の自由である．彼は（住宅において）絶対的な主人である」[18]．

以上の原則のもとに建設された U 型住宅は 4 戸一 2 階建ての集合住宅で，玄関，台所，居間 1，洗濯室，シャワー，トイレ（以上，1 階部分）と居間 2（2 階部分）から構成されていた．各戸には 200 m^2〜400 m^2 の菜園が付いていた．変型はこれに居間 1 か補助部屋もしくは地下倉が付け加わった[19]．

ラ・プレヌ住宅団地に入居している労働者の家族形態を観察する．ほぼ全部が核家族であった．1936 年現在，「義務通り」に住んでいる労働者家族を例示する．㋐フランシスク・ヴォワス家：半熟練ゴム工，34 歳，PDD 南部イソワール（Issoire）近郊メイローの貧農出身．妻も同郷出身．子供 3 人の核家族㋑ジョゼフ・フルニエ家：熟練旋盤工，36 歳，ロゼール県の貧農出身．妻も同郷出身．移住を繰り返して SMC にやって来た．子供 3 人の核家族 ㋒ジャン・コンスタンティ家：鉄板工，35 歳，コレーズ県ブール＝ラスティック小郡の農民出身．妻と子供 3 人の核家族，といった具合である．大戦前のミシュラン労働者に典型的であった「複合家族」(familles complexes) とは対照的である[20]．労働者住宅は家族の独立性を確立することで，南フランス農山村貧民出身者の間に伝統的であった「同族同郷の大家族的気質」(tempérament familial)[22]を切り崩していったと考えられる[21]．

大戦前に旧サン＝アリル区ペリー通り 9 番地に住んでいたミシュラン労働者バティスト・シモン家を事例に，「同族同郷の大家族的気質」に基づく「複合

家族」の実態を紹介しておく．家長のバティストは 32 歳の半熟練ゴム工で，PDD リオム小郡の農民出身であった．家族はコンブレーユ出身の妻マリー＝ムーランと，10 歳と 9 歳になる 2 人の子供，妻の母親，ミシュラン半熟練ゴム工で 32 歳になる妻の兄，ミシュラン半熟練ゴム工である同郷出身のアルディ（Hardy）とその家族 5 人の計 12 人であった[23]．旧クレルモン区シャルレティエ通りには 18 世帯のミシュラン労働者が住んでいたが，この 18 世帯も略全部が「複合家族」であり，互助的な共同生活を営んでいた．他の区でも，大戦前においてはこうした事例に事欠かない[24]．

② 住宅団地の構造

住宅団地内ではカフェや居酒屋は禁止されていた．「たまり場」を排除することで労働者個々を孤立的存在ならしめ，労働者間の交流と連帯形成を防止せんとしたのである．「市民巡察隊」（garde civique. gardes de quartiers とも記す）が設置され，団地内の秩序維持と風俗美化も遂行された．教会は必ず建設された．日曜ミサ，クリスマス礼拝，聖体拝領，さらには団地全体を 1 つの小教区にイメージする環境づくり（日常的空間表象の宗教化）が実行され，労働者とその家族に対する信仰強化がはかられた．例えば，ラ・プレヌ住宅団地には収容人員 1,000 人の「イエズス＝労働者教会」（Jésus-Ouvrier）が建てられ，各通りには「信仰」・「のぞみ」・「慈悲」・「義務」・「意志」等々の名称が冠された[25]．その他，学校・購買組合・医療施設・スポーツ施設などが建設され[26]，労働者とその家族が「外の世界」から遮断された形で生活を営むのに必要な諸条件が整備された．

労働者家族をモナド化して労働者同士の交流と連帯を防止するとともに，かれらの日常生活過程全体を，さらには意識までをも経営のなかに取り込み，「外の世界」から隔離された 1 つの自己完結的な「孤立的閉鎖社会」を建設せんとする意図が，住宅と住宅団地の構造のなかに見出される．

(4) 入居基準

1937 年の『ミシュラン内部ノート』から，住宅セルヴィス（Service logement de l'entreprise）の定める入居資格と入居順位の決定方法が知れる．入居資格は，継続して 12 ヶ月以上前から SMC の従業員であること，胎児を含めて 18 歳未満の扶養子供をかかえる家長であること，この 2 つであった．入居希望者は入居申請書を住宅セルヴィス長に提出する．住宅セルヴィスは申請書に基づ

き，以下の基準でポイントを計算する．勤続年数：勤続1年につき1ポイント．扶養子供数と子供の年齢：胎児は30ポイント．以下年齢とともにポイントは下がり，17歳の子供は1ポイント．初申請からの経過年数：経過年数1年につき1ポイント．申請者の経営への「貢献度」：住宅セルヴィス長が任意に，したがって論功行賞的に査定し，ポイントに加算する．「貢献度」の内容とポイント数は秘密にされており不明だが，ラミィ（Lamy）とフォルナロ（Fornaro）によれば，経営に対する忠誠，仕事への情熱，勤勉が大きなウエイトをしめた[27]．ポイントの高い者から順に，エドアールの恩恵として，入居がみとめられた．入居基準は定着率の向上，将来労働力の創出，とりわけ経営に対する労働者の忠誠と勤労意欲の刺激，この3点に機能した．

(5) 家賃と入居者

労働者住宅の家賃は1924年現在で年間426フラン（1 K）〜1,050フラン（5 K）であった．他の住宅と比べて20％以上安い（第9-10表参考）．この時期，ミシュラン労働者の年間賃金は6,000フラン〜9,000フランであった．家賃／賃金はおおよそ7％〜12％で，家計にしめる上限とみなされていた17％を下廻っていた[28]．

第9-11表から，ミシュラン従業員は大戦前には旧市街区と中間区に集中的に居住していたが，戦間期になると過半数がミシュラン住宅に入居していたことが知れる．第9-11表は6つの区の住宅団地に限定しているが，住宅団地は他の区にも建設されており，マザトーによれば1930年代ミシュラン従業員の2/3はミシュラン住宅に入居していた[29]．さらに第9-12表から，住宅入居者の80％は労働者であったことが知れる．戦間期ミシュラン労働者の大部分は労働者住宅に入居していたと判断される．

第9-10表　クレルモン=フェラン市内の住宅の年間家賃　　（フラン）

間取り	年	ミシュラン住宅	HBM県連合会	民間住宅
1 K	1929	630	800–1,500	
2 K	1929	1,000		1,400
3 K	1924–1925	900	1,100以上	

Gueslin, A., [1993], p.104.

第 9–11 表　ミシュラン従業員の居住地区　　　　　（人，％）

居住地区	1911 年 人数	比率	1921 年 人数	比率	1936 年 人数	比率
旧市街区	1,990	59.9	2,777	57.5	1,165	17.5
中間区	599	18.0	813	16.8	493	7.4
市郊外・その他	155	4.7	70	1.5	1,312	19.7
ミシュラン住宅*	578	17.4	1,167	24.2	3,694	55.4
調査対象人数合計	3,322	100.0	4,827	100.0	6,664	100.0

*ラ・プレヌ，モンフェラン：FgSW，シャンテル／バ・デ・コテ（Chanter/Bas des Côtes），グラシエール（Glacière），ラ・レイエ=デュー／ラファイエット（La Raye-Dieu /Lafayette），エルベ／ラ・サール（Herbet/la Sarre）の 6 区にあるミシュラン住宅団地に限定している．
Mazataud, P., [1993], pp.200–201, 205 より作成．

第 9–12 表　ミシュラン住宅*入居者の職位別比率：1936 年　　（％）

職位	幹部・事務職員	技術職員	熟練工	半・不熟練工	不明	合計
比率	5.3	14.3	22.8	57.4	0.2	100.0

*第 9–11 表に同じ．
Mazataud, P., [1993], p.207.

第 9–13 表　ラ・プレヌ住宅入居者の出身地域　　（％）

出身地域	比率
CF	8.0
PDD（CF を除く）	38.7
隣接 6 県	25.2
その他	28.1
合計	100.0

Mazataud, P., [1993], p.213.

第 9–14 表　ミシュラン住宅入居者の勤続年数別比率：1942 年現在　　（％）

勤続年数	比率
1 年未満	4.5
5 年未満	40.0
10 年未満	22.5
10 年以上	33.0
合計	100.0

Gueslin, A., [1993], p.104.

(6) 労働力の吸引・定着

　エルヴェは「聞き取り調査」において，「私の父は 2 年前（1927 年）からミシュランで働いており，（1927 年当時）27 歳で，3 人の子供がいました．彼（私の父）は社会的事業の福祉を享受するためにミシュラン社に入りました．すなわち，他の企業では実践されていなかった家族手当と社宅です」と回想する[30]．労働者住宅の労働力吸引機能が知れる（第 9–13 表参照）．第 9–14 表からは，定着率向上機能も読みとれる．

4　出産手当と家族手当

　右翼愛国主義との係わりにおいて労働力の将来的不足に不安を抱いていたエ

ドアールは，1926 年に次のように記している．「複数の子供（をもつ労働者）は稀である．なぜならば，育てるのに多くの費用がかかるからである．とくに第 3 子からは（養育が）困難である」[31]と．多子家族の形成をとおして将来労働力の内部創出をはかるべく，SMC は出産手当と家族手当を実施した．

「フランス人口増加促進国民同盟」（Alliance nationale pour la repopulation française）のメンバーであったエドアールは，大戦前夜に 30 フランの出産手当（母親本人がミシュラン労働者である場合には 90 フラン）と出産に必要な衣類一式の支給を決定した．戦争による人的損失は出産手当の必要性を一層認識させた[32]．大戦後，支給額を第 1 子 400 フラン，第 2 子以下は 250 フランに引き上げた[33]．また，母体の保護と乳児の死亡率低減を目的に出産有給休暇制度を導入し，出産前後の少なくとも 2 ヶ月の間，400 フランの手当を支給した[34]．1916年 5 月 22 日には 16 歳未満の子供をかかえる勤続 2 年以上の労働者を対象に，6 月 1 日から家族手当を給付する決定を行っていた．第 9–15 表に給付額を示す．給付額は他の家族手当金庫・補償金庫よりも比較的に多かった[35]．

1914 年には多子家族労働者を対象に，20％～70％の家賃減額措置を講じていた．例えば，ラ・ロダド住宅（la Rodade）の 3 K の家賃は 1916 年現在で年間 300 フランであったが，扶養子供が 4 人いる場合には 230 フランに，8 人いる場合には 150 フランに減額した[36]．

これらの措置は労働力の吸引とともに出生率の向上を具現し，十全とはいえないまでも，将来労働力の内部創出に機能した．労働者の年齢構成や年間収入を考慮に入れなければならないので精度に欠けることは否めないが，CF におけるミシュラン労働者家族と非ミシュラン労働者家族の出生率を比較すると，1924 年現在で，前者が後者よりも 42 ポイント高くなっていた[37]．これらの措置はまた，労働者とその家族の経営帰属意識の向上に寄与した．

第 9–15 表　家族手当の給付額／月　　　　　　　　　　（フラン）

扶養子供数	ミシュラン社 1916 年	ミシュラン社 1929 年	諸々の補償金庫の平均 1929 年	公務員 1930 年	全国平均 1930 年
1	0	100	60	55	28
2	20	200	138	135	70
3	45	405	276	265	123
4	54				
5		675	558	586	270
6					
7	80				

Gueslin, A., [1993], pp.110–111.

5　ミシュラン初級学校

(1) 構成

　1912年にエドアール夫人によって3クラス150人の少女学校（École de filles）がノール通りに設立された．1920年1月には5クラス2年制の少年学校（École de garçons）がシャルラ通りに設立された．以後，少年学校は各住宅団地に1校づつ設立された．1927年には17校・教員数173を，1940年には21校・生徒数4,830を数えた．

(2) 教育方針

　校長が学校全体を統轄した．各校には主任が配置され，校長と連絡を密にしてヒエラルキー的に校務を運営した．教員は全員が熱心なカトリックであった．修道士，元修道士もいた．カリキュラムは少年学校，少女学校ごとに統一されていた．知育よりも教員の人格にもとづく徳育が重視された．今日の学習指導要録にあたる「生徒個人カード」も整備され，実習をふくむ各教科・科目の成績と行動性格が記録された．ただし，この「カード」がいつ，どのような経緯で作成され，具体的にいかなる目的に使用されたのかは分かっていない．

(3) 教育内容

　カリキュラムに「宗教」という教科・科目はなかった．しかし，宗教教育は最も重視された．毎日，授業の始まりと終わりにはお祈りの時間があった．「主よ　父，母，そして私たちすべての両親に祝福を給わりますように．私がよく賢明に，よく公正でありますように．ミシュラン家に祝福を給わりますように」．日曜ミサへの出席は義務になっていた．第二次大戦後もしばらくの間同様であったので，エルヴェに回想させよう．1949年頃の「（ミシュラン）学校は教会そして教理問答と結合していました．月曜日の朝，生徒は主任司祭から配られた日曜ミサの出席証を先生に提出しなければなりませんでした．先生は，私たちが一生懸命に（説教を）聴いていたかどうかを確認するために，説教について質問しました．答えることができなかった生徒は注意されました．……／年に1回，クレルモンのすべてのミシュラン学校はノートル゠ダム゠デュ゠ポール（Notre-Dame-du-Port）へ巡礼に出かけました」．マドレーヌ（Madeleine）も「聞き取り調査」において，「1947年に私たちはラ・プレヌ住

宅に入居しました．私の息子は9歳でした．息子はピュイ=ギュイローム (Puy-Guillaume) の公立学校に通っていましたが，ミシュラン学校に転校しました．息子は先生からミサの祈祷集と宗教史の本を支給されました……」と回想している[41]．

　宗教に次いで重視されたのは技能科目である．『ミシュラン内部ノート』は，「その（少年学校の）時間割には……簡単な手作業が組み込まれている．刃物研ぎ，電線の接続，木製ケースの制作，チューブの取り出し，修理等である．われわれはこの時間割を，それがこうした教育に関して不備である公立初級学校を凌駕しているという点で，尊重する．われわれはこの時間割に二重の利益をみとめる．生徒の手先を器用にすること，そしてとりわけ彼（生徒）の教科知識（初級教養）とともに実用知識も増大させることである．われわれは彼に……実際の労働について考えることを学ばせている」と記す[42]．

(4) 経営的機能

　入学は強制ではなく，保護者の判断に任されていた．しかし，学習教材・学用品はSMCから全部支給されたうえに授業料は無料で，しかもごく近くに設立されていたので，ミシュラン労働者の略全部が自分の子供を公立初級学校にではなく，ミシュラン初級学校に入学させていた[43]．ミシュラン初級学校はカトリック道徳とともに，男子には技能教育と初級教養を，女子には初級教養を施し，子供たちがミシュラン文化価値を積極的に受容して，将来経営に忠実な良質労働者となるための素地を培った．少女学校を修了した女子労働者に対しては，家政講座 (Cours de formation ménagère) で良妻賢母の教育を施した[44]．

6　「ラ・ミシオン」

　1921年に2年制のミシュラン見習学校 (École d'apprentissage Michelin) が設立された．1924年に改編され，少年学校を修了した生徒はシャルラ通りに設立された1年制の準見習学校 (École pré-apprentissage) に入学し，ここでの成績に応じて，上位者は見習学校 (École d'apprentis) に，下位者は見習下級学校 (École petits-apprentis) に進級することとなった[45]．これらの学校は，校舎が la Mission と通称されていた修道院の一角にあったので，一括して「ラ・ミシオン」とよばれた．

　「ラ・ミシオン」では技能実習が最も重視された．次いで「身体の健康のた

めの体育と精神の教育のための歌唱」が,「この2つはそれが課す訓育によって労働者育成に寄与」するとみなされ,重要視された．逆に,国語と歴史はカリキュラムから除外された．技能の習得とともに,経営の課す命令と要求を従順に受け入れる訓育に力点がおかれた一方で,人間的観察力や社会的判断力の陶冶は反経営・反カトリック的思考を醸成することに,したがって労働組合運動に親和的な思考を醸成することに繋がりかねないと危惧され,排除されたのである．卒業時にCAP試験を受けた．合格率は約96％で,全国平均の約72％を上廻っていた．生徒の大部分は卒業と同時に半熟練工としてSMCに入った[47]．「ラ・ミシオン」は少年学校での教育の堆積に立って,能力主義に基づき,技能と経営内秩序に秀でた良質労働力を養成する1つの経営セクションであった．

7 家庭菜園

労働者住宅には各戸ごとに家庭菜園が付いていた．最初に建てられたタンニ・エ・カタルー共同住宅にも一戸当たり $250 m^2$ の菜園が付いていた．家庭菜園は労働者を労働組合運動から遠ざける機能を有するとともに[48],労働者の故郷復帰意欲を漸次希薄化することで－ただし,家庭菜園の機能発現とは直接の因果関係なしに－,かれらを工場都市に定着させることにも寄与した[49]．

注

1　Saposs, D. J., *The labor movement in post-war France*, first published in 1931, reissued by Russell & Russell, New York, 1972, pp.324-325. また, Morge, R. L., *Michel, Marius, Marie et les autres…*, Clermont-Ferrand, 2001, pp.149-162 も参照した.
2　Gueslin, A., [1993], p.93.
3　*Ibid.*, p.94.
4　*Ibid.*
5　*Ibid.*, p.95.
6　第8章 V 個別事例　ミシュラン社も参照されたい.
7　Trombert, A., *La participation aux bénéfices, exposé des différentes méthodes adoptées pouvant servir de guide pratique pour l'application du régime*, troisième édit., Paris, 1924, p.352. 第8章 V 個別事例　ミシュラン社を参照されたい.
8　*Ibid.*, p.355 ; Gueslin, A., [1993], pp.98, 106, 108 ; Harp, S. L., *op.cit.*, pp.222-223.
9　法認可は1909年5月24日.
10　タンニ・エ・カタルーは4階建ての共同住宅であった．各戸にはガス・水道・洗面所が設置され,当時としては衛生面への配慮が十分になされていた．しかし,風紀上の問題から,以後共同住宅の建設は中止され,集合住宅が建設された．建設資金はSMCからの借入金と政府の低利融資でまかなった（Lamy, C. et J.-P. Fornaro, *op.cit.*, p.157 ; Gueslin, A., [1993], p.101）.

11 家賃は1部屋当たり年間70フラン〜80フランであった．2Kで年間約225フラン，3Kでは約300フランであった．この額は当時のミシュラン労働者の平均年収の25％〜33％に相当し，上限と考えられる17％を大幅に上回っていた（Gueslin, A., [1993], pp.102, 109）．
12 *Ibid.,* pp.102–103.
13 Hirsch, A., "Le logement", in Sauvy, A., *Histoire économique de la France entre les deux guerres, divers sujets∗∗∗,* Paris, Fayard, 1972, pp.76–110.
14 Lamy, C. et J.-P. Fornaro, *op.cit.,* p.164.
15 時間測定法の導入によって，1戸当たりの建設日数は平均1/2に短縮されたという．その結果，建設原価の引き下げが可能となった（Michelin et Cⁱᵉ, *Deux exemples d'application de la méthode Taylor chez Michelin,* Clermont-Ferrand, 1925, p.16）．SMCは *La construction des maisons ouvrières en série chez Michelin,* Clermont-Ferrand, 1925において，「限られた資金で出来るだけ多くの住宅を速やかに建設しなければならない．それゆえ，1920年以降われわれは，労働者住宅の建設を科学的に組織することに取り組んでいる」（傍点部　原文イタリック）と記す．そして，テイラー主義の導入によって住宅1戸当たりの建設時間を1920年から1925年の5年間で平均51％短縮しえたと記す（テイラー主義を普及させようとする意図があったのであろう．この51％という数字は誇張されているように思われる）（Lamy, C. et J.- P. Fornaro, *op.cit.,* pp.164–166）．

SMCのテイラー主義導入過程については，ゲランによる簡潔な要約がある（Gueslin, A., [1993], pp.88–89, 107–108）．ここではラミィとフォルナロの提供を借りて，エドアールがいかなる動機・目的でテイラー主義を導入したのかを整理しておこう．SMCは *Cela vaut-il la peine de s'occuper de la méthode Taylor,* 1927のなかで，テイラー主義を「企業主と労働者の友」として位置づけ，「労働者の賃金が増えれば増えるほど，企業主の収益も増える．企業主と労働者は連帯的となる．両者は同一の意識のもとに歩む．両者の利害はもはや対立していない．そして，ここにテイラーの方法の真の成果がある……」と記す（Lamy, C. et J.-P. Fornaro, *op.cit.,* p.23）．また，*Prospérité ou Sam et François,* 1927においては，「ビバンドゥム」（Bibendum）の図解入りで「時間の無駄」（temps perdu）と「原料の無駄」（gaspillage）に対する「戦い」を訴え，テイラー主義に基づく労働生産性の向上によってフランス人労働者もアメリカ人労働者と同じ生活水準に到達することができると説く（Lamy, C. et J.-P. Fornaro, *op.cit.,* pp.26–28）．労働者の労働に対する意識を改革することで労使の連帯を促進するとともに，労働生産性を向上させる機能が上記2つの小冊子のなかに記されている．SMCはテイラー主義をSSMとの相補的関係において把握し，「労働運動の防圧」と「労働力の能率的利用」に活用せんとしていたことが知れる．エドアールは「テイラー主義」と題する『エドアール・ミシュラン＝ノート』（1926年10月16日付）のなかで，「（ミシュラン）工場はテイラー法を速やかに導入し始める．私はそのことに狂喜している」と述べて，テイラー主義の導入に対する喜びを語る（*Ibid.,* p.24）．なお，ハーブもテイラー主義とSSMの機能を相補的視点から把握している（Harp, S. L., *op.cit.,* pp.223–224）．

テイラー主義のフランスへの導入については，原輝史による一連の論考がある．それによると，テイラー主義のフランスにおける適用は戦間期に至っても必ずしも多くはなく，しかも導入の成功例は，とくに1930年代以前においては，極めて例外的である．SMCは，大戦後，民間で最初にテイラー主義の体系的導入をはかった企業の1つである（原輝史編著『科学的管理法の導入と展開−その歴史的国際比較−』昭和堂，1990年，第Ⅳ章；原輝史『フランス資本主義−成立と展開−』日本経済評論社，1986年，第3章第2節；同「戦間期フランス企業における科学的管理法の導入と展開−ポン＝タ＝ムソン社の事例を中心に−」『経営史学』第28巻　第1号，1993年；Harp, S. L., *op.cit.,* pp.197–206）．
16 Lamy, C. et J.-P. Fornaro, *op.cit.,* p.70.
17 *Ibid.,* p.58.
18 *Ibid.*
19 *Ibid.,* pp.73, 107.
20 Mazataud, P., *op.cit.,* pp.213–214.
21 *Ibid.,* pp.155–156.
22 *Ibid.*

23　*Ibid.*, p.177.
24　*Ibid.*
25　Lamy, C. et J.-P. Fornaro, *op.cit.*, pp.144-145.
26　エドアールの甥マルセル（Marcel）は 1911 年に「ミシュラン・スポーツ協会」（Association Sportive Michelin：ASM）を設立した．ASM は 1920 年に，会長マルセル，副会長ジャック・オヴェト（Jacques Hauvette．マルセルの甥）のもとに「モンフェラン・スポーツ協会」（Association Sportive Montferrandaise：ASM）として再編拡充された．陸上競技場，プール，体育館をそなえ，ラグビー，サッカー，フェンシング，自転車競技，体操などが奨励された．ASM の他にも音楽団，合唱団，釣り，狩り，切手収集などのレクリエーション団体が SMC のイニシャチブのもとに設立されていた（Gueslin, A., [1993], pp.106-107）．これらの団体の目的は，㋐健康と体力の増進　㋑労働の場での不平不満を健全な娯楽で蒸散させ，労働者の階級化を防止する　㋒小市民的道徳を涵養する，この 3 点にあった．
27　Lamy, C. et J.-P. Fornaro, *op.cit.*, pp.85-86.
28　ボワイエ（R. Boyer）の研究によると，一般的にいって，フランス労働者の家計支出にしめる家賃の割合は 1856 年 15.2％，1890 年 15.7％，1905 年 17.1％，1930 年 17.8％である（水島茂樹「労働者の生活様式と資本蓄積の体制　上」『経済評論』第 32 巻　第 4 号，1983 年，112 頁）．
29　Mazataud, P., *op.cit.*, p.200. Lamy, C. et J.-P. Fornaro, *op.cit.*, p.51 に誌されたミシュラン労働者住宅団地の分布図を参照した．
30　Lamy, C. et J.-P. Fornaro, *op.cit.*, p.37.
31　Gueslin, A., [1993], p.109.
32　Hatzfeld, H., *Du paupérisme à la sécurité sociale, 1850-1940 : Essai sur les origines de la Sécurité sociale en France,* Paris, Armand Colin, 1971, p.175.
33　Trombert, A., *op.cit.*, p.353.
34　*Ibid.* 1 歳未満の乳児をかかえる労働者を対象に，月額 600 フランの授乳手当も支給された（*Ibid.*）．また，授乳・育児・託児についての相談・指導がエドアール夫人の組織する乳幼児向けの牛乳廉売団体「ミルクのしずく」（La Goutte de lait）によって行われた．「託児所を開いたとき，不合理な迷信を信じる何人かの母親は子供を風呂に入れるのを好まず，垢の層皮が頭にたまるままにし，子供の爪を決して切らなかった」が，そうした旧来の陋習は急速に改められ，乳幼児の死亡率低下に寄与した（Gueslin, A., [1993], p.112）．
35　SMC は，労働者である父親が死亡した場合，第 2 子以下・16 歳未満の子供を対象に遺児手当を支給していた．支給額は対象となる遺児数が 2 人の場合月額 25 フラン，3 人の場合 70 フラン，4 人の場合 88 フラン，5 人の場合 100 フランであった．1915 年 2 月 17 日には戦没者遺族手当を設けた．支給額は扶養子供数が 1 人の場合 400 フラン，2 人の場合 600 フラン，3 人の場合 800 フランであった（Trombert, A., *op.cit.*, pp. 353-354；Harp, S. L., *op.cit.*, p.313 note）．
36　Gueslin, A., [1993], p.111；Harp, S. L., *op.cit.*, pp.145-152.
37　Gueslin, A., [1993], pp.112-113.
38　*Ibid.*
39　ミシュラン学校の生徒であったシャルル・ティシィエの回想より．Lottman, H., traduit de l'anglais（américain）par Marianne Véron, *Michelin 100 ans d'aventure,* Paris, Flammarion, 1998, p.239.
40　Lamy, C. et J.-P. Fornaro, *op.cit.*, p.38.
41　Lamy, C., "Mémoires d'entreprise", in Gueslin, A., sous la dir. de, *Michelin,* ⋯, pp.247-248.
42　Gueslin, A., [1993], p.113. 技能以外の教科学習においても，ミシュラン初級学校は市内の公立初級学校の水準を凌駕していた（Spinazze, C., *op.cit.*, p.110）．
43　Gueslin, A., [1993], p.112.
44　1987 年 1 月 23 日の「聞き取り調査」において，元ミシュラン労働者のイヴォンヌ（Yvonne）は，家政講座指導員をしていた母親の話をもとに，次のように回想している．「講座はミシュランに雇用されている若い娘さんを対象に開かれていました．彼女たちは嫁入り道具を作っていました．午後に働く者のためには午前中に，午前に働く者のためには午後に，講座は開かれていま

した．講座はミシュラン社の事業の1つであり，ミシュラン夫人と学校責任者の管理のもとにおかれていました．そこには……家庭で良き母親となるための……道徳を陶冶する目的がありました」と（Lamy, C., *op.cit.*, p.239）．
45 Gueslin, A., [1993], p.114.
46 1918年にモンボワシエル（Montboissier）とセルヴァン（Servant）で夏季学校が開かれた．1927年からはアンドレの息子ジャンの指導のもとに，エスコロル（Escolor）とラ・ペイルース（La Peyrouse）で野外学校（Colonies de vacances）も開かれた．野外学校では初級学校と「ラ・ミシオン」の生徒を対象に，体育と集団規律訓練が実施された（*Ibid.*）．
47 *Ibid.*
48 *Ibid.*, pp.117, 120-121.
49 第2章 V 注7も参照されたい．

IV SSMの経営的成果

1 1920年ストライキの挫折

(1) 『人民の友』と『山岳』

　第一次大戦前のミシュランは労働運動不毛の地であった．SFIO右派のアレクサンドル・ヴァレンヌ（Alexandre Varenne）は1904年に『人民の友』（*L'Ami du Peuple*）を創刊し，「博愛でもって専制主義を偽り隠している……絶対支配者」エドアールへの非難を開始した．しかし，この反SMCキャンペーンがミシュラン労働者に受け入れられることはなかった．大戦直後，彼は新しく『山岳』（*La Montagne*）を発刊し，「服従・受容・規律」を強制するSSMにかえて，労働者自身の主体性と責任に基づく「共同・解放・民主主義」を訴えた．

(2) ストライキの発生と経緯

　ヴァレンヌの訴えが下地となり，1920年5月1日に，5月1日を休日にせよと要求するデモが労働者・市民約6,500人を結集してCFで発生した．ねらいは言うまでもなくSMCにあった．SSMの経営的成果を自負するエドアールは要求を無視した．地元保守系紙 *Le Moniteur*（5月2日・3日付）は次のように報じている．「デモ隊に対して工場は何ら挑戦しない，とエドアール・ミシュラン氏は（デモの）代表団にいっている．すなわち，ミシュラン社は5月1日に就業する，しないの絶対的自由を労働者に委ねているのである．しかし，会社は，12,000人の労働者・職員のうち，罷業することを欲しているのは僅かに500人～600人でしかないという確信をもっている．この状況のもと，労働者に対して，門は開かれている，希望する者は就業しうる，と述べることがミ

シュラン社の義務であることを諸氏は理解するであろう」と.

　カルム工場長のレピナス（Lespinasse）とデモ隊の代表は，市長マンコンブ（Philippe Mancombes）の仲介で交渉をもった．しかし，決裂した．デモ隊はゴム化学労連の指示に基づき，ストに突入した．ストは経済ストから政治ストへと発展した．だが，ストに参加したミシュラン労働者は約 600 人でしかなかった．エドアールは「われわれの予想どおり，今朝の（工場）再開に際しては略全員の労働者がそろった．われわれの労働者は労働することのみを欲している．しかし，かれらは安堵してはいないし，確実に保護されているという気持ちも持っていない．……われわれは，かれらが効果的に保護されることを切に望むものである」と述べて，市当局に従業員の身の安全を要求した．その結果，5 月 3 日の 12 時 45 分に騎兵 50，歩兵 60 が導入された．流血をともなう激しい衝突の末，負傷者 10 人を含む多数の労働者が逮捕された．5 月 4 日付の保守系紙 *L'Avenir* は衝突の様子を次のように生々しく報じている．「当初の成功に勇気づけられたデモ隊は熱狂していた．広場を舗装するために，破砕されて山のように積み上げられていた石が，かれらに無尽蔵の弾丸貯蔵庫を提供した．げんこつや棒が振り下ろされた．石，ビン，石炭の塊，そして鉱滓があられのように降り注いだ．衝突は続いた．……多数の者が倒れ，負傷した．婦人たちは泣き叫びながら逃げていった．デモ隊の激情はとどまるところを知らなかった」と．5 月 5 日，CF ゴム労働組合書記でミシュラン冶金工であったルイ・ムストル（Louis Mestre）はストの挫折をみとめた．『山岳』は「今日，われわれは武装解除された．われわれは何ら得るところなく，外面を壊すことに成功しただけである．……われわれは，我々が資本主義社会のタンクや機関銃に対抗しうる武器と軍需品を手に入れた時には，革命を成就するであろう」と声明をだす．

(3) ストライキの挫折要因

　挫折の直接要因は，ミシュラン労働者の圧倒的大部分がストに参加しなかったことにある．1920 年 5 月 5 日付知事の内務大臣宛報告書によると，ストに参加したミシュラン労働者は数百人で，しかもその大部分は大戦中に雇用されたカビリア人とスペイン人であった．では，なぜフランス人労働者はストに参加しなかったのか．外国人労働者は SSM から除外されていた．それゆえ，賃金や労働条件について不平不満を抱きやすく，ストに対してストレートに親和

的であった. 一方 CF や PDD あるいは隣接 6 県の出身者が大部分をしめるフランス人労働者は SSM を享受し, 大戦期以来「工場の規律」を従順に受け入れていた. 物質的生活資料を提供することで, SMC はフランス人労働者との共属一体感をカルティベイトすることに成功していたのである[10].

2　1920 年代ミシュラン労働運動の停滞と「孤立的閉鎖社会」の建設

(1) 労働運動の停滞

ストライキの後, 約 1,200 人いた外国人労働者はストに参加した, 参加しなかったに拘わらず, 略全員が解雇された. 工場のなかに「秩序セルヴィス」(Service d'ordre) が設置され, 班長 (chefs d'équipe) 全員が任に就いた. 1920 年 5 月 26 日,「秩序セルヴィス」は「市民巡察隊」に改編され, 工場 (生産点) のみならず労働者住宅団地 (生活点) においても秩序の強化と不穏分子の摘発に乗り出した[11]. エミールは「聞き取り調査」において次のように回想し, 労働者住宅団地の秩序管理に「市民巡察隊」が機能したことを証言する.「われわれはミシュラン巡察隊に恐怖を抱いていました. かれらは我々を怯えさせていました. ……しばしば彼らは古ぼけたひさし帽をかぶり, 自転車に乗ってわれわれを追いかけてきました. かれらは, 人々が街区を清潔にするように住宅団地を監視しなければなりませんでした. かれらは建物の壁に掛けられた連絡箱を集めていました[12]」. 工場内でも同様であった. 1925 年 12 月 5 日付 CF 警察当局の知事宛報告書は,「すべての従業員は落ち着いている. たとい不穏分子が, 古参でしっかりしている労働者の間に紛れ込むことに成功したとしても, (市民巡察隊によって) 摘発されるのに時間はかからず, そして容赦なく追放されるであろう. なぜならば, それが会社のやり方だからだ」と記している[13].

1920 年ストの後, 十数年間, SSM は SMC の「目」であり「耳」である「市民巡察隊」と一体となって労働運動の芽を摘みとっていた. 唯一 1925 年 2 月 12 日に, 25 人のミシュラン労働者が PCF のオクチュリエル (Aucouturier) の指導のもとに CGTU 系の「ゴム労働者統一組合」(Syndicat Unitaire des Caoutchoutiers. 以下, SUC と略記) を工場のなかに結成したが, 1930 年 3 月～4 月までに潰されている[14].

(2)「孤立的閉鎖社会」の建設

　大戦前の「同族同郷の大家族的気質」に基づく互助的「複合家族」にかわり，戦間期 SSM はミシュラン労働者に物質的生活資料を－労働者住宅をはじめとして，農山村貧民出身の労働者がこれまでに経験したこともない物質的生活資料を－リアルに提供することで，かれらの生活保障に十全に機能した．社会変革意識に鋭い一部の階級的賃労働者を除いて，ミシュラン労働者総体はみずからの物質的生活が充足される限り，この「生活保障機能」が内包する強制すなわち「全面管理」－就業規則によって，賃金及び生活資料の確保を含む労働者の日常労働・生活過程を，さらには彼らの思想様式をも，経営体制のもとに秩序づけ従属させること－を受容した．

　労働者による「全面管理」の受容は，かれらの日常労働生活全体において，SSM が意図した「孤立的閉鎖社会」の建設を実現した．SSM は労働者住宅，学校，購買組合，病院，菜園，諸手当，ASM，レクリエーション等の建設・提供をとおして，労働者とその家族が簡素で無駄のない生活を送るのに必要な物質的・精神的条件（環境）を十分に整備していた．第 9-16 表に条件（環境）整備の進捗にともなう担当職員の増加を示す．さらには，核家族化を推進して労働者を孤立・モナド的存在ならしめ，労働者間の交流と連帯形成を防止していた．とりわけカトリック道徳教化には力を入れていた．外部者との交流や「分別を欠く会話」を厳禁し，かれらの意識や思考を丸ごと経営のなかに取り込む「精神統制」－思考することを停止させ，批判することを放棄させ，仕事(レイバー)にのみ従わせること－も遂行していた．[15] 外部から隔離された「孤立的閉鎖社会」の建設すなわち「経営による労働の『統合』」である．

　労働者とその家族の「孤立的閉鎖社会」受容の姿を具体的に観察しよう．「聞き取り調査」によれば，かれらはミシュラン夫妻に対して敬意を払い，概ね満足した気持ちで日常生活を送っていた．1902 年に CF で生まれ，シャン

第 9-16 表　生活条件（環境）整備担当の職員数　　（人）

部門	1921 年	1936 年
食料品担当	25	44
日用生活品担当	6	27
教育・宗教担当	1	104
その他	6	36
合計	38	211

Mazataud, P., [1993], p.216.

トランヌ住宅（Chanteranne）に住みながらカルム工場に勤めていたアントワネットは，子供の生活について，「子供たちはすぐそばにあるミシュラン初級学校に通っていました．すべてが無料でした．……看護婦が子供たちの世話をしてくれました．子供たちは毎週歯医者へ通いましたが，会社が（費用）を払ってくれました．子供たちはASM，そしてミシュラン社のプールへスポーツをしに行っていました．私は平穏無事に働いていました」と回想する[16]．大人の生活については，「私はいつも購買組合で買い物をしていました．通りは静かでした．全員が顔なじみでした．『こんにちは，こんばんは』．人々は家庭菜園ごしに雑談をしていました．住宅団地の住民が入れ替わることはほとんどありませんでした．死亡したときに入れ替わっただけでした」と回想する[17]．ミシュラン労働者を父親にもち，当時ラショー住宅に住んでいたソランジュ（Solange）は自分の子供時代をふり返りつつ，「私はミシュラン夫妻を大変尊敬していました．非常に誇り高く，非常に厳格でしたが，ミシュラン夫人は極めて愛想がよく，しかも公正でした．毎月1回，夫人は私たちに会うために学校に来ました．そして3ヶ月に1回，夫人は褒美をもって来てくれました．クリスマスの日には黒いエプロンをもって来てくれました．休暇に入る前には下着や玩具をもって来てくれました．とても素晴らしい玩具でした．また，ミシュラン氏も少年学校で同じことをしていました」と述べる[18]．さらに，或る労働者は極めて明確に次のように回想する．「確か私が17歳のときでした．私は何気なしにリセの玄関に入って行きました．すると突然，私は壁の大掲示板に受験案内が張られてあるのを見つけました．PTT（郵便・電信・電話局）とSNCF（フランス国有鉄道）の職員採用試験，パリのグランド・ゼコール入学試験，教員採用試験等々です．私は他にも（選択しうる）道があったことを（このとき）初めて知りました．（ミシュランの）学校では，こうしたことがらについて誰も私に話してくれませんでした．そして，そのことに私は何らの疑問もいだいていませんでした」と[19]．戦間期SSMは「孤立的閉鎖社会」の建設をとおしてSMCの繁栄を実現していた．エドアールはいう，「われわれは会社が，その社会的事業（oeuvres sociales: SSM）によって繁栄することを確信している」[20]．

　ミシュラン精神を理念的背景にもつ戦間期SSMは，「生活保障機能」を労働者に対する「全面管理」の手段機能としつつ，経営＝労働の相互利害関係のもとに彼らの意志なり心性を資本適合的にコントロールし，およそ1920年代

～1930 年代前半にかけて，㋐労働力の吸引と定着　㋑労働力の内部創出とその能率的利用　㋒労働運動の防圧，この 3 点に本質機能をポジティブに発現した．3 つの本質機能は互いに重なり合い，入り組みあいつつ，統一的・一体的に「孤立的閉鎖社会」の実現に，すなわち「経営による労働の『統合』」に，成果した．ミシュラン企業社会における，「全面管理」を基調にすえた「労働・生活共同体」システムの構築である．[21]

注

1　ヴァレンヌ（1870～1947）は CF に生まれ，27 歳で学位（法学）をとり，パリ弁護士会のメンバーとなった．その後，CF の社会主義グループに参加した．1902 年に SFIO（フランス社会党：労働者インターナショナル［第 2 インター］フランス支部）右派から立候補して下院議員に当選．1914 年までジョレス派（Jaurésiens）に属していた（Gueslin, A., [1993], p.124）．
2　1904 年 11 月 11 日に賃金体系と労働条件に抗議して，ごく少数のタイヤ労働者がストに突入した．しかし，利潤分配の受給労働者によって直ちに排除された．「混乱の種をまいた者」は解雇された（*Ibid.*, p.126）．
3　Lamy, C., *op.cit.*, p.234.
4　Gueslin, A., [1993], p.128.
5　*Ibid.*, p.129.
6　*Ibid.*, p.130.
7　*Ibid.*, p.131.
8　*Ibid.*, p.132.
9　1920 年現在，ミシュラン工場における外国人労働者のうち 1/2 はカビリア人で，1/4 はスペイン人であった．スペイン人のなかには熟練工も一部いたが，大部分の外国人労働者は半・不熟練工であった．残り 1/4 は工場と住宅の建設に従事するイタリア人労働者であった（Mazataud, P., *op.cit.*, p.182）．
10　Gueslin, A., [1993], pp.119, 123, 153.
11　*Ibid.*, p.133.
12　Lamy, C. et J.-P. Fornaro, *op.cit.*, p.98.
13　Gueslin, A., [1993], p.137.
14　*Ibid.*, p.138.
15　Lamy, C. et J.-P. Fornaro, *op.cit.*, p.20 ; Gueslin, A., [1992], p.227.
16　Lamy, C. et J.-P. Fornaro, *op.cit.*, p.32.
17　*Ibid.*, p.34.
18　*Ibid.*, p.67.
19　*Ibid.*, p.175.
20　Michelin, *Oeuvres sociales de Michelin et Compagnie*, 1927 において，エドアールが SSM の実践動機に触れて述べた一節（Gueslin, A., [1993], p.90）．
21　ゲランは SSM 実践の目的を「生産力の増大」に求め，これ以外の目的は「生産力の増大のあとに，そしてこの目的と結合した形ではじめて登場してくるものである」と解釈する．彼は「生産力の増大」を，㋐農民的労働者の吸引　㋑熟練技能労働力の確保　㋒労働生産性の向上　㋓良質労働力の内部創出　㋔ミシュラン文化構造の形成，この 5 要素に分類する．そして，これらの要素は互いに入り組み合いながらも，SMC の発展に対応しつつ，戦間期においては全体として㋐から㋔へと漸次ウエイトを移行させていったと結論づける（Gueslin, A., [1993], p.90）．ゲラン解釈は各要素のもつ労務管理諸機能を統一的・一体的に把握する視点に欠けている．

V　SSM の「自己不安定性」− 1936 年ストライキ −

1　大量解雇と労働者の生活難

「容赦なく，習慣のごとく行われている，とりわけ多子家族の父親に対して行われている解雇」(1932 年 2 月 17 日付 PDD 知事の内務大臣宛報告書). 1930 年〜1936 年にかけて，ミシュラン労働者の 1/3 にあたる約 4,000 人が解雇された. この大量解雇は 1931 年 10 月 9 日付の CF 市議会議事録から，㋐自動車工業の不況にともなうタイヤ需要の減少　㋑北米・オーストラリアにおけるタイヤ市場の喪失　㋒テイラー主義の導入と生産の機械化，に原因していることが分かっている. 第 9-17 表から，熟練工の比率増と半・不熟練工の比率減が知れる. この変化は不況と生産の機械化にともなう半・不熟練工の解雇を示している. 熟練工は 1911 年の 375 人から，1936 年には 1,331 人に増加している.

大量解雇は労働者の生活難を早激的にまねいた. 多少の誇張が入っているかも知れないが，或る高齢失業者は次のようにいう.「憂鬱な時代. 解雇, 従業員の大量解雇がやってきた. 1930 年から 1931 年にかけて 5,000 人の労働者と職員が整理された. ……生活の著しい変化は多くの家庭に困窮をもたらしている」と. カプチン会修道士ジュリアン・ド・ヴィリュルバンヌ (Julien de Villeurbanne) は，当時 CF 全域が貧困状態にあったことを証言する.「私は現在，去年の 1 月 6 日以来行っている事業に専念しています. 困窮者と失業者に対する救済とアシスタンスの事業です. ……失業に由来する異常な危機によって引き起こされた貧困を目の当たりに見て，私は修道院長に対して民衆スープを始める許可を申請しました」. この時期，CF には SMC の他にゴム企業 5 を

第 9-17 表　ミシュラン従業員の職位別構成比　　(%)

職位	1911 年	1921 年	1936 年
幹部・事務職員	8.5	4.5	7.1
技術職員	21.7	16.4	17.1
熟練労働者*	10.5	14.6	20.1
半**・不熟練労働者	52.5	60.2	52.7
その他	6.8	4.3	3.0
合計	100.0	100.0	100.0

*熟練労働者：長期見習訓練を受けた者で，組立工，フライス工，旋盤工，ボイラー工，冶金工に多い.
**半熟練労働者：短期見習訓練を受けた者で，小技能を身につけている.
Mazataud, P., [1993], p.221.

含めて 14 の企業が存在していたが，どの企業も不況のまっただ中にあり，ミシュラン失業者を受け入れる余裕などはなかった．しかも，ミシュラン失業者は「利潤分配規約」第 3 条によって競合企業への再就職を制限されていた．解雇されなかった者も土曜休業と賃金の 10% カットによって大幅な収入減＝生活難に陥っていた．

2 SSM に対する不信

　生活難が SSM への期待を凌駕し，生活保障に対する労働者の不信が増大した．第 23 Union régionale de la CGTU は「『ゴム王』によって路上に放り出される恐怖」を情宣し，労働者に反ミシュラン感情を植えつけた．1932 年 2 月，知事はミシュラン労働者の間に経営に対する「反抗的空気」が醸成していることを観察する．生活保障と「全面管理」の間の微妙な均衡が揺らぐとき，労働の内部から SSM に対するコンテスタシオンが発生した．

3 労働組合の再建とストライキ運動

(1)「化学製品労働組合」（Syndicat des produits chimiques. 以下，SPC と略記）

　ミシュラン冶金工で PCF 党員であったアンリ・ヴェルドゥ（Henri Verde），ロベール・マルシャディエ（Robert Marchadier），エノ（Hénot）の 3 名は 50 人以上のミシュラン労働者を結集して工場のなかに SUC を再建した．同時に *Le Combat* を発刊して，反ミシュラン・キャンペーンを開始した．1935 年 10 月，CF の CGTU は CGT との合同をなし遂げた．そして，ミシュラン冶金工を中心に約 600 人の労働者を結集し，ヴェルドゥとマルシャディエの指導のもとに SPC を結成した．冶金工は熟練労働者であった．かれらの大部分は革命的社会変革運動の伝統をもつフランス各地の都市部からミシュランにやって来た者で，ミシュラン学校出身の者は少なかった．当初から階級意識に鋭く，組合運動に高い関心をもっていた．冶金工はストライキ運動の先頭に立ってミシュラン労働者を牽引した．

(2) 1936 年ストライキ

　SPC 書記長に立候補してから数日後，ヴェルドゥが突然解雇された．SPC は，㋐解雇の撤回と組合権の尊重　㋑労働安全と労働衛生の改善，を要求して 1936 年 2 月 25 日にスト突入を決議した．㋑はミシュラン労働者総体の組合へ

の結集を促す戦術として掲げられたもので，主目的は⑦にあった．ところが今度は，ストを決議して秩序を乱したという理由でマルシャディエが解雇された．組合に対する露骨な弾圧に抗議して，ミシュラン冶金工300人がストに突入した．紆余曲折をへて，結局，知事が調停に入り，ヴェルドゥとマルシャディエの解雇，組合権の尊重，スト参加者の不処分を提示した．労使双方は知事の調停を受け入れた．冶金部門だけのストであったが，スト中に約100人のミシュラン労働者がSPCに新規加入した．部分的にしろ，ミシュラン労働運動史上初めての勝利であった．SMCに与えた打撃は大きかった．

人民戦線運動の影響のもとに，ミシュラン労働者は6月6日に再びストに突入した．そして，工場を占拠した．今回，労働者とその家族の大部分がストの隊列に加わった．占拠は16日間に及んだ．SMCは1フラン/日の賃上げと，スト参加者に対する3日分の賃金支給を提示して事態を収拾した．だが，工場占拠の間に，ミシュランの社会状況は大きく変化していた．SPCの社会的地位と役割が著しく向上・増勢していた．ミシュラン労働者は「労働のソシアビリテ」（sociabilité ouvrière）を志向した．

4 「労働のソシアビリテ」志向

エストルグ（D. Estorgues）とパントゥ（É. Panthou）の研究によると，PDDのゴム労働者13,270人（1937年4月現在）中CGT組合員は1936年3月の850人から，7月5,500人，9月6,000人，そして1937年4月には7,000人に急増した．組織率は52％を超えた．ミシュラン工場における「職場代表」選挙のCGT得票数（率）は1937年6,000票（95％），1938年7,200票，1939年6月6,300票（91％）であった．ミシュラン労働者はCGTに結集し，組合の主導のもとにSSM体制からの自立を志向した．

工場占拠やCGT祝祭委員会（Commission des Fêtes）主催のプロムナード・音楽会・舞踏会・ピクニックといった一連の行事は，ミシュラン労働者の，自分たちはもはや生産のための単なる「道具」ではありたくないという社会的存在における自己認識と，認識を主体的に確立するための社会的デモクラシー志向をあらわしていた．そこには，SSMによって構築された閉鎖的・ヒエラルキー的労働生活からの脱却と新しく自由で自立的な「労働のソシアビリテ」を建設せんとする意欲が明確に存在していた．労働組合に加入していない者も，これまでは労働組合を嫌悪していた者も，ともにCGTに信頼と期待をよせ，

CGT に結集した. スローガン「CGT は労働者の大家族である」が SSM にかわる新たな生活モデルとして掲げられた.

さて,「労働のソシアビリテ」志向は大不況に基因する外部的インパクト（生活難と人民戦線運動）からだけでは，その生成（発生）を十分に説明することはできない. 筆者は, 戦間期 SSM すなわち「孤立的閉鎖社会」の機能発現それ自体がパラドクシカルに生みだしていた, そしてミシュラン労働者の間で漸次蓄積されていた, ミシュラン労働者における社会的人格の自己矛盾認識（自分自身の生活状態及び思想状況を自分自身で管理できないという矛盾の認識）が,「労働のソシアビリテ」志向の素地を形成していたことに止目する. 自己矛盾認識はミシュラン労働者の日常生活における主体的行動から徴標が知れる.「共同的生活関係」の造出と「非宗教化」である.

(1)「共同的生活関係」の造出

「孤立的閉鎖社会」の建設に対応して，ミシュラン労働者の間では，核家族化の進捗にともなう孤立・モナド化にもかかわらず，既に 1920 年代から互助連帯の「共同的生活関係」が漸次パラドクシカルに造出されていた.「孤立的閉鎖社会」の属性としての生活様式・生活空間の統制, 思想・意識レベルにおける秩序と従属の画一的強制, 事故・労災に対する生活不安. こうした諸相が世帯主の年齢（30 歳代〜40 歳代）も家族構成も略同一であるミシュラン労働者の間に日常生活における社会的人格存在の自己矛盾を共通認識させ, 一種の運命共有感のもとに,「共同的生活関係」を新しく主体的に生みだしていた.

元ミシュラン労働者に対する 1987 年 5 月 15 日の「聞き取り調査」から実態を例示する.「（労働者）各人はそれぞれのやり方で, 片手間仕事に才を発揮していました. 私の父のそれは接木であり, 母は小教区の文書を配布することでした. 或る人は靴屋, 或る人は仕立屋, また或る人は散髪屋になりました. 正月になると, 私たちはちょっと一杯ひっかけながら家々を廻り, 新年の挨拶をしました. 結婚式とか葬式のときには献金を集めてまわりました」.「私の母がじゃがいものコロッケやポテトフライをつくった時には, 通りの子供たち全員が家にやって来て, それらを食べました. 私たちは近所の人々の家でクリスマスを祝いました. 日曜日には皆で集まり, 歌いました. 私たちは歌うことが好きでした」. さらに休暇旅行で家を留守にするときには, 近所同士で家禽, 菜園の世話をしあっていた. こうした社会的連帯に加えて, 新聞を共同で購入し

て廻し読みをしたり，家計が苦しくなる賃金支払日前には副収入を得るために，近くのコンシォン=キネット被服工場へ皆で連れだってエプロン作りに出かけたり，洗濯やアイロンかけの内職を一緒にするといった経済的連帯も実践していた．[18]「共同的生活関係」は機能を効率的に発現するために，大抵の場合，通りごとの 20 戸～30 戸から構成されていた．[19]「孤立的閉鎖社会」のなかで，核家族間の互助連帯的な「共同的生活関係」は高密度に展開していた．[20]

(2)「非宗教化」

　労働者住宅団地の教会職務に就いていたルイは，1987 年の「聞き取り調査」で戦間期をふり返り，「ミシュランは小教区に対して援助を行っていました．例えば，暖房のための配給切符・その他です．労働者住宅団地の各々の小教区における（教会の）慈善事業はミシュラン社によって援助されていました．また，ミシュラン社は教会の建設用地購入のために，そして修繕のためにも援助を行っていました．／私が別の小教区にいたとき，教会はミシュラン社によって建てられていました．司祭館は（ミシュラン）住宅のようでした．同じつくりでした」と述べて，SMC の教会に対する物的援助を証言する．[21]また，「路上では地元諸企業の労働者がミシュラン社に入れるようにと，私に推薦状を一筆頼んできました．しかし，私は助任司祭でしたし，主任司祭でもそんな大それたことはできなかったでしょう．しかし，彼らは『ミシュラン氏はカトリックだ．ミシュラン夫人もカトリックだ．司祭は宗教を説いている．だから，かれら（ミシュラン夫妻と司祭）は懇意にしているはずだ』と呟いていました．……こういう状態でした」と述べる．[22]さらに，「ある日，私は 1 人の子供に『なぜ，あなたは聖体拝領を受けるのですか』と尋ねました．そうしたら子供は私に，『よく分からないけど，母が私に受けておいた方がいいと言うからです』と答えました．それは（ミシュラン）工場との関係においてでした」とも述べて，[23]SMC と教会の結合が CF 労働者の間では周知の事実であったこと，そしてこの事実のなかで労働者が宗教を物質的利益享受の手段と考えるようになっていたことを証言する．最後に，「宗教的観点からすると，うわべだけの信仰が（労働者の）家から家へと広まっていました……」，「（SMC の）経営者は物質的権力を行使することで，（労働者の）精神に十分な影響を及ぼすことができると信じていました．しかし，それは逆にしか作用しませんでした」と結論づける．[24]

宗教実践をとおしてミシュラン労働者とその家族に秩序・敬服・規律といった伝統的価値観を浸透させ,「孤立的閉鎖社会」の「精神統制」を維持・強化せんとした SSM のカトリック的道徳教化は, 逆にミシュラン労働者の間に社会的人格における自己矛盾を自覚させ,「非宗教化」を発現させた.[25]「非宗教化」はやがて労働者とその家族の間に精神面における非ミシュラン化を醸成し, 1930 年代にはラ・プレヌ住宅団地やラショー住宅団地においてカトリック系活動団体に対する批判を生み出した.[26] 1936 年には, ミサに出席する者に「スト破り」の非難が浴びせられた.[27]

5　SSM の「自己不安定性」

　経営の労働に対する生活保障とその反対給付としての労働の経営に対する忠誠・協力は「孤立的閉鎖社会」の実現に, すなわち「経営による労働の『統合』」にポジティブに機能した. だが, この忠誠・協力には限界が付着していた. ミシュラン労働者は決して SSM の虜にはなっていなかった. 経営の労働に対する恩恵給付, そして労働の経営に対する全面的な忠誠・協力という図式は, SSM の「ステレオタイプ」にしかすぎず,「リアルタイプ」ではなかった.「ステレオタイプ」からは, 戦間期 SSM が造出する諸現象の内的関連を現実のなかで整合的に意味理解することは不可能である. 生活保障が「全面管理」を凌駕し包摂している限り, もしくは双方の間に利害の相互依存的均衡が成立している限り,「孤立的閉鎖社会」という企業内社会関係の労働者による受容は存続する. しかし, この受容は, ミシュラン労働者が SSM をみずからの社会的人格存在において十全に納得し, 消化・血肉化して, SSM にコンテスタシオンすることを放棄していたことを意味するものではなかった. ミシュラン労働者は, SSM の手段機能と本質 (目的) 機能の均衡のなかに, みずからの社会的人格における矛盾 (自分自身の生活状態及び思想状況を自分自身で管理できないという矛盾) を認識していた. SSM は手段機能を発現すればする程,「全面管理」を強化した. 労働者はそれだけ一層社会的人格におけるみずからの矛盾的存在を自覚した. SSM は, ミシュラン労働者に彼ら自身の社会的存在にかかる矛盾を主体的に自覚させるというパラドクシカルな「自己不安定性」を, 機能発現それ自体のなかに付着させていたのである.「共同的生活関係」の造出と「非宗教化」はその徴標である.

　大不況に基因する外部的インパクト (生活難と人民戦線運動) は労働者の

SSM生活保障に対する不信を噴出させた．そして，「全面管理」を受容する合理的理由を急速に消滅させた．経営=労働の相互依存的利害関係において均衡の外被が崩壊の一点に達したとき，階級的アイデンティティを意識することに比較的希薄だったミシュラン労働者もCGTに信頼と期待をよせ，SSMのもとにおいて自覚してきた社会的存在にかかる人格的自己矛盾の解決をCGT大家族=「労働のソシアビリテ」のなかに求めた．そして，「全面管理」を一挙に破壊した．SSMは機能発現メカニズムそれ自体のなかに経営に対する労働のコンテスタシオンを醸成し発生させる契機を，別言すれば労働者の社会的存在にかかる人格的矛盾を労働者自身に主体的に認識させる契機を，パラドクシカルに内包し，「労働のソシアビリテ」志向の素地を形成していた．ミシュラン労働者の主体的・自立的な「労働のソシアビリテ」志向は，SSMに内在する「自己不安定性」と大不況に基因する外部的インパクトとの統一において把握される．

注

1 Gueslin, A., [1993], p.135.
2 Mazataud, P., *op.cit.*, p.221.
3 *Ibid.*
4 Gueslin, A., [1993], pp.135–136.
5 *Ibid.*
6 20世紀に入ってCFに設立された工場のなかには，国防政策にそって移転してきたものも多い．Ateliers de Mécanique du Centre（大戦前夜），Omnium Technique Industriel de Contrôle（大戦前夜），Ateliers Industriels de l'Aéronautique（1914年），Imprimerie des billets de la Banque de France（1918年），Ateliers de Construction du Centre（1919年）がそうである．
　SMCを除くゴム企業5は以下である．トルリョン社，ベルグニャン社，テス=ケスレ社（Teisset-Kessler. 20世紀初頭に創業），フリティス・エ・ヌリ社（Fritisse et Nourry. 1908年創業．雇用労働者数100〜250．工業用ゴム部品の専門メーカー），アドリーヌ社（Société des Établissements Adeline. 1922年創業．雇用労働者数50．ゴム靴の踵と靴底を製造）（*Ibid.*, p.78）．
7 *Ibid.*, pp.136–138. *Le Cri du Peuple*（1932年8月20日付）は「ミシュランの本当の姿」と題して次のように情宣している．「その行動から判断して，ミシュランとは何なのか．偽善の極み，嘘のうわぬり……．彼（ミシュラン）は労働者を住まわせるために住宅団地を建設した．……だが，その背後に隠されているものは何か．／賃金奴隷（労働者）の内面生活へのイエズス会の浸透．……彼は購買組合をとおして，労働者が何を飲み，何を食べているのかを知る．……彼は学校をとおして，将来の世代を鋳型にはめ，一方的な教育を施し，かれらに宗教的愚鈍と隷属心を植えつけている．見習講座をとおして，雇主が欲する，国家が望む，一連のミシュラン労働者をつくり出している．……／彼は雇主に忠実な見廻り市民巡察隊を設置し，工場のなかにスパイ網を組織している」（Lottman, H., *op.cit.*, p.237）．
8 Gueslin, A., [1993], pp.138–140.
9 Mazataud, P., *op.cit.*, pp.221–224.

10 Gueslin, A., [1993], pp.140–141.
11 *Ibid.*, p.141. このときに,「利潤分配規約」第3条の失権規定も廃止された (Harp, S. L., *op.cit.*, p.202).
12 Gueslin, A., [1993], p.146.
13 *Ibid.*, pp.152–154 ; Gueslin, A., [1992], pp.234–236. 谷川稔『フランス社会運動史 アソシアシオンとサンディカリスム』山川出版社, 1983年, 第8章 3−工場占拠ストライキの性格及び第9章 6−人民戦線と工場占拠も参照した.
14 Gueslin, A., [1993], p.147.
15 *Ibid.*, p.154.
16 Lamy, C., *op.cit.*, p.242.
17 *Ibid.*, p.243.
18 *Ibid.*, p.244.
19 Lamy, C. et J.-P. Fornaro, *op.cit.*, p.115.
20 Lamy, C., *op.cit.*, p.244.
21 Lamy, C. et J.-P. Fornaro, *op.cit.*, p.115.
22 Lamy, C., *op.cit.*, p.246.
23 *Ibid.*, p.247.
24 Lamy, C. et J.-P. Fornaro, *op.cit.*, p.154.
25 エドアールがカトリック信仰に触れるのは, 1894年にオーギュスト・ヴォルフの娘マリー=テレーズと結婚してからのことであった. ヴォルフ家は保守的な社会カトリックであった (Gueslin, A., *L'Invention de l'économie sociale : Le XIXe siècle français,* Paris, Economica, 1987, pp.69–91). アンドレもマリー=テレーズの姉ソフィと結婚していた (ソフィが1918年に死亡すると, アンドレはヴォルフ家の三女ジャンヌと再婚した). 姉妹はミシュラン兄弟を社会カトリシスムに接近させた. とはいっても, エドアールとアンドレが信仰において真摯な社会カトリックであったわけではない. エドアールは本質的に, A. コントの実証主義とクロード・ベルナール (Claude Bernard) のプラグマティスムの影響下にあったと言われている (Gueslin, A., [1993], p.82).
26 Lamy, C., *op.cit.*, p.248.
27 Lamy, C. et J.-P. Fornaro, *op.cit.*, p.154.

第3部のまとめ

　社会問題の発生を契機に，資本による労働の支配と資本に対する労働の反抗という資本・賃労働の対立・対抗関係に主たる照準を定めた企業パテルナリスムが，すぐれて階級的なコンテクストにおいて「本格的」に展開された．個別事例として，シュネーデル企業パテルナリスム，利潤分配制度，戦間期 SSM を取りあげ，実態を可及的忠実にフォローしてきた．企業パテルナリスムは企業パトロナージュに特徴的であった宗教的特性を払拭し，「生活保障機能」を賃労働者に対する「全面管理」の手段機能に転換しつつ，経営＝労働の相互利害関係のもとに，㋐賃労働者の勤労意欲を刺激して生産能率を高め，利潤の増大をはかる「労働力の能率的利用」㋑資本主義経営の政治的・社会的安定をはかる「労使関係改善」・「労働運動対策」にポジティブに機能していることが確認された．「経営による労働の『統合』」すなわち「大不況」期～第二次工業化期フランスにおける資本主義大企業の存立と発展を資本適合的にはかるうえでのヴァイトルな労務管理政策である．別言すれば，企業社会における，「全面管理」を基調にすえた「労働・生活共同体」システムの形成である．フランス労務管理史上におけるその史的意義には積極的評価が付与される．

　「経営による労働の『統合』」の発現を様態的特性において整理しておく．1つは人的要素の重視（「人」の管理）である．「全面管理」のもとに，住宅を含めた生活保障や職と地位の社会的上昇・昇進システムをとおして労働者の主体的意志なり心性を資本合理的にコントロールすることで，かれらの意識と行動を自主・自発的に小ブルジョワ化し，経営と共通の利害・心性・記憶をもつ政治・社会的安定勢力ならしめたことである．且つ労働意欲を刺激して生産能率を高めたことである．

　もう1つは「自己不安定性」をパラドクシカルに付着させていたことである．「全面管理」－支配・統制－のもとに，労働者の社会的人格における「自由

と自立」は基本的にネガティブであった．それゆえ，「福祉の享受」・「利潤分配の享受」は労働者自身に社会的存在における人格的自己矛盾の意識を生起させた．ル・プレェ学派社会改良イデオロギーの一定の影響を受けて－ただし，その宗教的特性を払拭して－実践された企業パテルナリスムの属性的矛盾＝「自己不安定性」である．「自己不安定性」は，「福祉の享受」・「利潤分配の享受」が「全面管理」を凌駕し包摂している限り，もしくは双方の間に利害の相互依存的均衡が成立している限り，経営体制の範囲内にとどまって，陰伏的である．労働者の社会的意識と行動は労働者自身によって体制内的に緩和・抑制され，コントロールされている．しかし，外部的・客体的インパクトを受けてその微妙な均衡・包摂がゆらぐとき，労働は階級的アイデンティティの一点に結集することで，社会的存在における人格的自己矛盾の解決を「自由と自立」要求のなかに求め，「全面管理」に対する抵抗を試みる．そのとき，「自己不安定性」は顕現する．

　「経営による労働の『統合』」の発現は，対立・対抗的であると同時に表裏一体的である．この2つの様態的特性の統一において把握される．

　第二次大戦後における企業パテルナリスムの継続について触れておこう．企業パテルナリスムにおいては，労働者の社会的人格における「自由と自立」は基本的にネガティブであった．本源は労働者の人間性とその本質的価値に対する尊重の欠如に求められる．この欠如が付着している限り，経営の民主化（「経営参加」）という方向性においては，企業パテルナリスムのなかに現代に接続する「建設的」意義を見出すことは困難である[1]．むしろ，企業パテルナリスムは「経営参加」に対して著しくネガティブである．このネガティブな性格は，第二次大戦後復興期以降もフランス大企業によって維持され[2]，企業委員会法令によって法制化された「経営参加」の発現を中身と実在において大きく制約し限界づける．ユジノール＝ルオン社（Usinor-Rehon）の企業福祉政策に関するマルセル・ドナティ（Marcel Donati）の回想[3]や第二次大戦後における「ミシュラン社会システム」（SSM）の継続的展開[4]，ロンウィ地域におけるスネル（Senelle），ラ・シェール（la Chiers），モン＝サン＝マルタン（Mont-Saint-Martin）各製鉄所の企業福祉[5]，さらには「戦う雇主」（patron de combat）と渾名されたCNPF副会長兼社会委員会の長マルセル・ムーニエ（Marcel Meunier）の思想と行動[6]は制約・限界を例示する．企業パテルナリスムは経営社会関係形成の1つの伝統的基盤（要因）として第二次大戦後もディー・ファ

クトに継続し，フランスにおける経営民主化（「経営参加」）の特質（限界）を規定する．

注

1 一方で，フランス福祉国家の形成という観点からすると，企業パテルナリスムには現代に発展的に連繋する意義が積極的に付与される．㋐企業パテルナリスムの堆積に立って，企業パテルナリスムを補完しつつ簇生する産業レベルあるいは地域レベルの団体パテルナリスム（oeuvres sociales collectives, oeuvres sociales corporatives）は企業福祉施策の慣行化を促進した．社会的に慣行化した施策のうち，主要なものは大雇主の合意と大企業労働者の支持のもとに漸次法制化（国家政策化，公的機能化）された．企業パテルナリスムから団体パテルナリスムへ，そして社会保障体制＝福祉国家へと接続する資本主義経営社会秩序（体制）の展開である－例えば，家族手当制度－．㋑今一つは，団体パテルナリスムをへることなく，国家干渉論者あるいは労働組合の働きかけのもとに，「立法化」をとおして，企業パテルナリスムから社会保障体制＝福祉国家へ直接的に接続する展開である－例えば，疾病・退職年金制度－．H. アッツフェルドと P. N. スターンズによるフランス福祉国家形成に関するインセンティブな問題提起以来（Hatzfeld, H., *Du paupérisme à la sécurité sociale, 1850–1940. Essai sur les origines de la Sécurité sociale en France*, Paris, Armand Colin, 1971, pp.25-31, ch.III とくに pp.103-110, 172-173, ch.V；Stearns, P. N., *Paths to Authority : The middle class and the industrial labor force in France*, 1820-1848, Chicago, University of Illinois Press, 1978, pp.179-180, 182），企業パテルナリスムをフランス福祉国家形成の 1 源流として位置づける作業が内外多くの論者によって進められている．わが国では，とりわけ深澤敦によって精力的に進められてきた．Elwitt, S., *The Third Republic defended : Bourgeois reform in France, 1880–1914*, Baton Rouge, Louisiana State University Press, 1986；Ambler, J. S., ed., *The French welfare state : Surviving social and ideological change*, New York, New York University Press, 1991；Dewerpe, A., "Conventions patronales : L'impératif de justification dans les politiques sociales des patronats français（1800-1936）", in Schweitzer, S., réunis par, *Logiques d'entreprises et politiques sociales des XIXe et XXe siècles*, Oullins, Programme Rhône-Alpes, 1993；Kersbergen, K. van, *Social Capitalism : A study of Christian democracy and the welfare state*, London and New York, Routledge, 1995；Dutton, P. V., *Origins of the French welfare state : The struggle for social reform in France 1914–1947*, Cambridge, Cambridge University Press, 2002；Horne, J. R., *A Social Laboratory for Modern France : The Musée Social & the rise of the welfare state*, Durham and London, Duke University Press, 2002；大森弘喜『フランス鉄鋼業史－大不況からベル＝エポックまで－』ミネルヴァ書房，1996 年，第 4 章，322 頁；同「第一次大戦前フランスにおける社会事業の組織化」（権上康男・廣田明・大森弘喜編『20 世紀資本主義の生成　自由と組織化』東京大学出版会，1996 年）；藤田至孝・塩野谷祐一編『企業内福祉と社会保障』東京大学出版会，1997 年，第 14 章；深澤敦「非市場的調整の発展－20 世紀フランスにおける労働と福祉－」『土地制度史学』別冊（創立 50 周年記念大会報告集），1999 年 9 月，62-66 頁；同「フランス六大鉄道会社における退職年金制度の形成」『経済経営研究所年報』（関東学院大学）第 22 集，2000 年；中野隆生「日本におけるフランス労働史研究」『大原社会問題研究所雑誌』No.516, 2001 年 11 月；宮本悟「フランス労働組合の社会保障運動－労働価値説の視点から－」『静岡県立大学短期大学部特別研究報告書』（平成 17 年度）；深澤敦「フランスにおける家族手当制度の形成と展開－第一次世界大戦後のパリ地域補償金庫を中心として－（上）」『立命館産業社会論集』第 43 巻　第 4 号，2008 年 3 月；拙稿「フランスにおける雇主の組織化と団体経営パターナリズムの生成」『神崎工業高校研究紀要』第 7 号，平成 10 年（1998 年）2 月；同「戦間期フランスにおける団体経営パターナリズムの事例補足」『神崎工業高校研究紀要』第 8 号，平成 11 年（1999 年）2 月；同「1932 年フランス家族手当法と補償金庫」『神崎工業高校研究紀要』第 8 号，平成 11 年（1999

年) 2 月である.
2　Ehrmann, H. W., traduit de l'anglais par André Michel, *La politique du patronat français 1936–1955*, Paris, Armand Colin, 1959, pp.354, 359–360 ; Steinhouse, A., *Workers' Participation in Post-Liberation France*, Lanham, Lexington Books, 2001, pp.34, 119, 121, 134.
3　Debouzy, M., "Interview de Marcel Donati, ouvrier lamineur à Usinor-Rehon, militant CGT (30 septembre 1985)", in *Le Mouvement Social*, n°.144, juillet-septembre 1988, pp.37–49. マルセル・ドナティは第二次大戦後ルオン製鉄所において実践された企業福祉政策について, 具体例を列挙したあと (スポーツ施設, 映画館, 図書室, 労働者住宅, 病院, 野外学校, 家政学校, 見習工センター, 勤勉手当, クリスマス・プレゼント, 社内報), 機能 (労働力保全, 労働運動対策) 及び労働の反応, そして機能に付着していた限界 (「自己不安定性」) を回想している. ドナティについては, 第 10 章　小括　注 16 を参照されたい.
4　第二次大戦後におけるフランス最強のパテルナリスト企業ミシュランの企業福祉政策とミシュラン企業委員会については, 以下の文献を参照した. Lamy, C. et J.-P. Fornaro, *Michelin-ville : Le logement ouvrier de l'entreprise Michelin 1911–1987*, Nonette, Éditions Créer, 1990 ; Spinazze, C., *École et Entreprise : Les écoles primaires Michelin à Clermont-Ferrand de 1940 à 1967*, Thèse présentée pour le doctorat de nouveau régime, 1993–1994 ; François Michelin avec Ivan Lévaï et Yves Messarovitch, *Et Pourquoi pas ?*, Paris, Bernard Grasset, 1998 ; Lottman, H., traduit de l'anglais (américain) par Marianne Véron, *Michelin 100 ans d'aventure*, Paris, Flammarion, 1998 ; Gueslin, A., sous la direction de, *Les hommes du pneu : Les ouvriers Michelin à Clermont-Ferrand de 1940 à 1980*, Paris, Les Éditions de l'Atelier/ Les Éditions Ouvrières, 1999 ; Morge, R. L., *Michel, Marius, Marie et les autres…*, Clermont-Ferrand, De Barée, 2001. なお, 補論 II の付論「戦後復興期におけるミシュラン企業委員会の機能実態——一般的図式ではカバーできない第 3 の事例 - 」も参照されたい.
5　Debouzy, M., *op.cit.*, p.39 を参照した.
6　Ehrmann, H. W. *op.cit.*, pp.354–355 を参照した.

第 4 部

キリスト教企業アソシアシオン

第 *10* 章

アルメル紡績会社の「キリスト教コルポラシオン」

　本章の課題は2つある．1つは第三共和政前期にアルメル紡績会社（Société Harmel．以下，アルメル会社と略記）によって実践されたキリスト教企業アソシアシオンすなわち「キリスト教コルポラシオン」（Corporation chrétienne）[1]について，実態の史料的究明に沈潜することである．もう1つは，実態究明の堆積に立って，「キリスト教コルポラシオン」の生成と展開の「本質」を歴史的に考察することである．レオン=ピエール=ルイ・アルメル（Léon-Pierre-Louis Harmel, 1829・2・17〜1915・11・25．以下，レオンと略記）の理解によれば，コルポラシオンとは「共通の目的を達成するために結成された同一職業に属する諸個人のアソシアシオンのことである」[2]．アソシアシオンとは共通の目的，共通の関心，あるいは強力な倫理的結びつきである共通の信仰をもつ諸個人の，自由な合意に立脚した，利益獲得を目的としない，任意的結合体（結合関係）のことである[3]．筆者はアルメル「キリスト教コルポラシオン」を，さしあたり，カトリック社会教義（愛 charité と正義 justice）に適った目的を掲げて結成されたアルメル企業に属する諸個人の任意的結合体（結合関係），この結合体（結合関係）をベースとして実践された企業福祉政策と理解する[4]．

注
1　アルメル会社における企業福祉政策の名称として，「キリスト教コルポラシオン」の他に，「雇主の諸義務」（Devoirs des Patrons），「キリスト教工場の組織」（Organisation d'une usine chrétienne），「工場教程」（Manuel de l'Usine）が候補にのぼっていた．しかし，後の3つはアソシアシオン及び労働者の役割に関する視点を欠くために，不適と判断された．最終的に「キリスト教コルポラシオン」に落ちついた（Harmel, L., *Manuel d'une corporation chrétienne*, première édition, Tours, Alfred Mame et fils, Libraires-Éditeurs, 1877, p.167. この文献には，1879年に出された第2版がある．以下，初版を *Manuel*，第2版を *Manuel* 1879 と略記する）．
　本章を纏めるにあたっては，*Manuel* の他に，Guitton, G. S. J., *Léon Harmel 1829–1915*, 2 tomes, Paris, Éditions Spes, 1927；Trimouille, P., préface par Annie Kriegel, *Léon Harmel et l'usine*

chrétienne du Val des Bois (1840–1914): *Fécondité d'une expérience sociale,* Lyon, 1974 の提供を借りている．ジョルジュ・ギュイトンには *La vie ardente et féconde de Léon Harmel,* Paris, Éditions Spes, 1929 の著述もあるが，これは 1927 年著作のコンパクト版で，記述内容も構成も略同一である．それゆえ，ギュイトンからの引用はすべて 1927 年の著作に拠った．イエズス会神父であるギュイトンは，アルメル家私文書を用いてレオンの心理と個性をヴィヴィッドに浮かびあがらせており，その著業はアルメル研究の古典とまで言われている．ただ，歴史的客観性に欠ける記述も一部見受けられる．ピエール・トリムーイユは近年におけるアルメル研究の第一人者である．トリムーイユの著作は天川潤次郎先生と藤村大時郎教授の御厚意で見知しえた．記して御礼申しあげる．

2　*Manuel,* p.168.
3　*Ibid.,* p.103.
4　レオンは「キリスト教コルポラシオン」を「正義と愛の君臨を目的とした，同一あるいは類似の職業に属する雇主（層）と労働者（階級）のアソシアシオン」と定義づけている（Harmel, L., *Catéchisme du patron,* Paris, 1889, p.163, cité par Coffey, J. L., *Léon Harmel : Entrepreneur as Catholic Social Reformer,* Notre Dame, Indiana, University of Notre Dame Press, 2003, p.103）．

I　アルメル会社の概要

　アルメル会社の創設はレオンの父ジャック゠ジョゼフ・アルメル（Jacques-Joseph Harmel）に負う．彼は 19 世紀前半フランス繊維企業に特徴的な家族的連帯を体現した企業家であった．1833 年に 2 人の弟（ウベール Hubert とジョゼフ゠フェリクス Joseph-Félix）と共同でブルジクール（Boulzicourt）にアルメル兄弟紡績会社（Société Harmel Frères）を設立した．1840 年にはランスから 17 km 離れたマルヌ県ワルメリヴィル（Warmériville）に工場を移転・拡張した（このとき，2 人の弟はジャック゠ジョゼフと別れた．社名もアルメル会社に改められた）．ラ・スイップ川の谷間に位置するワルメリヴィルは，彼の妻アレクサンドリーヌの命名により，爾来ヴァル・デ・ボワ（Val des Bois, 林の谷間）と通称された．1849 年に蒸気機関を導入した．同時代繊維企業の常としてアルメル会社も同族形態をとり（第 10-1・10-2 表参照），自己金融を中心に，一部はランスの銀行から借り入れを行いつつ，とりわけ第二帝政期に成長をとげた．1874 年に工場が大火災にみまわれたが，これを機会に選別・洗浄から梳毛・紡糸に至るすべての機械設備をドイツ製最新のものに入れ替えた．雇用労働者数から知れるとおり巨大企業ではなかったが（第 10-3 表参照），それでも 1880 年にはランスに子会社ジョルジュ・ビュロー（Georges Bureau et C[ie]）を，1884 年にパリ代理店を，1890 年頃にはニューヨーク代理店を，1891 年にはアメリカのコネチカット州にマンチェスター工場を，1892 年

第10-1表　アルメル家の略系図

```
                    Jacques Harmel (1763-1824)
        ┌──────────────────┼──────────────────┐
Jacques-Joseph (1795-1884)  Hubert (1798-1856)  Joseph-Félix (1806-1877)
                                                        │
                                              Albert (1843-1905)
     ┌──────┬──────────┬───────────┐         Léopold (1844-1926)
   Jules  Léon       Ernest
  (1827-  (1829-    (1830-1885)
   1894)   1915)
     │       │
   Maurice  Félix      Léon II (1868-1961)
  (1854-   (1857-
   1923)    1899)
              │
         Jacques II (1885-)   Jean (1904-)
```

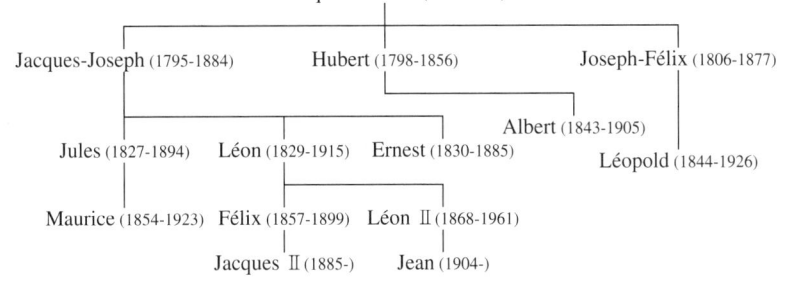

Trimouille, P., préface par Annie Kriegel, *Léon Harmel et l'usine chrétienne du Val des Bois (1840-1914): Fécondité d'une expérience sociale*, Lyon, 1974, p.84.

第10-2表　アルメル会社の雇主

年	雇　主
-1875	ジャック゠ジョゼフ，ジュール，レオン，エルネスト
1876-	ジュール，レオン，エルネスト，アルベール
1883-	ジュール，レオン，アルベール，モーリス，フェリクス
1899-	レオン，アルベール，モーリス，レオンⅡ
1902-	アルベール，レオンⅡ，フェリクス未亡人，ピエール・ソクール (Pierre Saucourt)*
1905-	レオン，レオンⅡ，フェリクス未亡人
1911-	レオンⅡ，ジャックⅡ，ピエール・ソクール

*ピエール・ソクールはレオンの外孫．1908年にアルメル家の一員となる．
1902年から3年間，レオンは経営管理の職務から離れていた．
Trimouille, P., *op.cit.*, p.85.

第10-3表　アルメル会社の労働者数：ヴァル・デ・ボワ工場　（人）

年	労働者数
1850	300
1860	400
1867	550
1874	375
1894	610
1896	655
1899	635*
1904	478

*678人とも言われる．
Trimouille, P., *op.cit.*, pp.75-81 と Guitton, G. S. J., *Léon Harmel 1829-1915*, t.1, Paris, Éditions Spes, 1927, p.292 より作成．

にはスペインのバルセローナにサバデル工場（Sabadell）を建設して，積極経営を展開した．前4つは数年後に閉鎖されたが，サバデル工場は軌道に乗り，1912年に労働者数150，紡錘数1万，生産額160万フランを記した．1900年に紡績不況のあおりを受けてアルメル会社も経営危機に陥ったが，人員整理

(ただし，対象は一部の寡婦と既婚女子及び不品行な独身男子に限定）と海外市場の開拓及び高品質生産への傾斜によってこれを克服した[5].

　こうした中，アルメル会社はワルメリヴィル市を政治・経済・社会的に十全に自己の影響下に位置づけていた．すなわち，㋐1846年～1871年（1848年～1852年を除く）にジャック=ジョゼフが，1872年～1891年にはレオンが，その後は息子のフェリクスが，それぞれ市議会に席をしめた．㋑1896年にフェリクスが市長となり，その後も1914年まで甥のモーリスが市長をつとめた．㋒アルメル家は市内の農地・山林・原野の大部分を所有する大地主であった．㋓住民の90％以上はアルメル工場に依存して生活を送っていた[6]．ワルメリヴィルはアルメル会社の企業町であった．

注

1 　レオンの祖父ジャック・アルメル（Jacques Harmel）はフランス領アルデンヌ地方キャリナン（Carignan）の北西に位置するプル=オ=ボワ（Pouru-aux-Bois）に生まれた．初めメサンプレ（Messempré）で，次いでサント=セシル（Sainte-Cécile）で鍛冶屋を営んだが，1793年に革命の混乱に巻き込まれて破壊された．その後，ランスやスダンの毛織物工場へ糸を卸す代理業をへて，1800年にはサント=セシルに，1817年にはシニィ=ラベイユ（Signy-l'Abbaye）に紡績工場を営んだ．だが，いずれも破産した．しかし，1818年にはアンジュクール（Angecourt）に，1820年には息子ジャック=ジョゼフとともにラ・ヌーヴィル=レ=ヴァシィニィ（la Neuville-les-Wasigny）に工場を再建し，ブルジクール工場設立の基礎を築いた（Trimouille, P., *op.cit.*, pp.15–16 ; Lambert-Dansette, J., *La vie des chefs d'entreprise 1830–1880*, Paris, Hachette, 1992, pp.79–80）.

2 　19世紀前半フランス繊維企業の同族的性格については，Landes, D. S., "Religion and Enterprise : The case of the French Textile Industry", in Carter II, E. C., Forster, R. & J. N. Moody, eds., *Enterprise and Entrepreneurs in Nineteenth and Twentieth Century France*, Baltimore, The Johns Hopkins University Press, 1976, pp.42, 50を参照した．

3 　Trimouille, P., *op.cit.*, pp.16–17, 75–76 ; Henry, P., préface de M. Joseph Zamanski, *Le mouvement patronal catholique en France*, Paris, Librairie du Recueil Sirey, 1936, pp.49–51. 1854年冬，父ジャック=ジョゼフは病気のために第一線を退いた．以後は，レオンが経営の指揮をとった．

4 　Trimouille, P., *op.cit.*, pp.78–79.

5 　*Ibid.*, p.81. 1899年から1910年の間に紡錘数は33,000から38,000に，生産量は2,510トンから3,000トンに増加した．生産量にしめる海外輸出の割合は約50％に増大した．主な輸出先はドイツ，オーストリア，イタリア，ロシア，スイス，アメリカであった（*Ibid.*）．

6 　1896年～1899年のワルメリヴィル市人口2,118の内訳を見ると，アルメル労働者678，アルメル職員45，労働者と職員の家族1,283，農民55，その他57である．市人口の95％はアルメル会社に依存して暮らしていたことが知れる（*Ibid.*, p.79 ; Lambert-Dansette, J., *op.cit.*, p.87）．

Ⅱ　レオン・アルメルの「キリスト教コルポラシオン」思想形成

1　父親の影響

　父ジャック＝ジョゼフには「Bon père」という渾名がついていた．これには2つの意味が込められていた．1つは質素・寛容・温和に代表されるブルジョワ的美徳の教導者という意味である．彼の遺言の一節を示そう．「私があなた方に伝える質素の遺産を遵守しなさい．贅沢は家庭を破壊し，しばしば神との離反をもたらし，神を冒瀆するものである……．家風と習慣は質素でありなさい．常に，あなた方の置かれた立場よりも慎ましくありなさい」．父親のこの生活信条が若きレオンの精神形成に大きな影響を与えたであろうことは，レオン（当時19歳）がパリの6月蜂起を目撃したときに，その感想を両親宛の手紙のなかで次のように記していることからも容易に窺われる．「御両親様．私は御両親様の心情が，その情感において，まったく高雅であることを十分に再認識いたしました．もし，すべての富裕者が御両親様と同じように善であり，寛容な心の持ち主であったならば，この6月の日々の恐ろしい虐殺は起こらなかったでありましょうし，世の中は貧困や恐るべき苦悩によって悲しまずにすんだでありましょう……」．もう1つは労働者の庇護者という意味である．ジャック＝ジョゼフは雇用労働者に対する生活保障につとめるとともに，かれらとの個人的接触を可及的に深め，節約と責任そして信仰を説き，雇主・労働者の人格的信頼関係の構築に努めていた．例示しよう．彼は1840年以来ずっと，賃金を家族ごとに一括して，みずからの手で直接支払っていた（paie collective）．そうすることで「労働者との接触を確保し」，「個々の労働者に子供あるいは病気療養中の両親のことをたずね……必要な場合には適切な助言と救済を施し」，「父権的権威とともに，同じ釜の飯を食って生活している者同士としての団結をつよめた」のであった．また，1842年には労働者に倹約を奨励する意味で，年利率4％の貯蓄金庫（Caisse de économies）を設置していた．1846年には救済金庫（Caisse de secours）を設置し，「労働者が病気にかかった時に賃金の半分と医薬及びキリスト教葬儀の無料提供」を保証していた．食料品の廉価供給を目的とする共同購入制度も導入していた．1847年には音楽団も設置していた．工場の祝日にはすべての労働者を午前中ミサに与らせ，午後には労働者の代表と職長を自宅にまねき，食事を共にする習慣をつくってい

た[7].病人の介護や困窮者の救済にも妻とともに尽くしていた.こうした企業福祉の実践をとおして,彼は労働者に対する物質的生活保障とともに,アソシアシオン意識に富んだ雇主・労働者の人格的信頼関係の構築につとめていた.

父親の生活信条と企業福祉実践が,すなわち「Bon père」たることが,子レオンの「キリスト教コルポラシオン」思想形成に少なからざる影響を与えたことは疑いえない.レオン自身,父の死後,この渾名を受け継いでいる[8].

2　神意への「委託」

レオンの雇主個性を理解しつつ,「キリスト教コルポラシオン」思想形成の源泉と展開の基軸を求めんとすれば,父親からの影響と並び,いやそれ以上に,彼の強烈なカトリック信仰を中核にすえねばならない.レオンの思想形成は信仰に著しく由来し,信仰のなかで醸成され,実体化しているからである.道程は祖母による規律遵守の教えと両親の情熱的かつ厳格な家庭教育に始まり[9],サンリ(Senlis)のサン=ヴァンサン・コレージュでの学生生活(14歳～21歳の青年期)のなかで深められた.コレージュを卒業するやいなや,彼はみずからの全存在を神意に委ねる宗教ミリタンとして歩み始めた[10].1885年に教皇レオ13世とランジェニュ猊下(Langénieux)に謁見してからは,ますます,不撓不屈の精神で活動を続けた.1904年6月の記録を示そう[11].レオン75歳である.5日:地元の聖体の大祝日(聖体行列),8日～9日:パリのOeuvre des Cercles に参加,10日:聖心の祝日,14日～16日:クラマールでの黙想会,17日～18日:パリの「商工業友愛連合」会議に出席,19日:地元での聖体大行列,24日～25日:パリへ,26日:パリのリシャール枢機卿による聖心の聖別に参加,30日:ランスの親戚を訪問.加えて,毎日10通～30通の手紙をしたためている.この瞠目的な日常信仰実践は,まさしく神の御心への「委託」(abandon)以外の何ものにも由来していない.1894年11月5日付の従弟レオポール宛の手紙にいう.本質的,然り本質的なことは,「主の祈りに自己を委託することであり,永遠のハレルヤにわが魂をおくこと」であると[12].「聖心」(Sacré-Coeur)に「委託」するレオンは,1910年に,「伝道の職は明らかに,神が私に与えたもう た命である」とも述べている[13].

とはいえ,レオン自身,つねに十分な自負をもってこの実践を遂行していたわけでは決してない.「私は身を隠そうと試みたこともあった.しばしば,人々を前にして私が述べた聖書の一節について,自失におそわれることもあっ

た．しかし，私は私の心身を励まし，歩みを続ける」と述べる．彼は「委託」を確信するために，「毎日の聖体拝領」(communion quotidienne) を実践し，一日一日の精神及び倫理生活の糧とした．「毎日の聖体拝領」は彼の「苦難観」(souffrance) と深く結びつき，レオンの強烈に緊張に満ちた信仰生活を支えた．「最も高名なる神の御恵みとして苦難を意欲し，そして神の栄光を称えねばならない．神は，あらゆるものが苦難の賜であることを願われている[15]」．「苦難は一つの光明である．苦難は多くを教示する．苦難は神と隣人への愛に心をひらく[16]」．「すべてをイエズスのために」(Tout pour Jésus)[17]．「苦難への意志」．レオンの強烈なカトリック信仰が明らかとなった．

3　信仰の社会的性格

　アンジェ司教フレペル猊下（Freppel）の 1876 年 10 月 1 日付レオン宛書簡は次のように記している．「私は，個人的にしか自分の宗教的義務を果たさず，自分の指揮下にある労働者家族に信仰を広め堅固にすることについては少しの責任も負っていないかのごとく，何らの行動も起こさない工業家を知っています．これは，わが国の大きな過ち，すなわちリベラリスムの帰結です．工業家は－カトリック工業家でさえも－，宗教は純粋に個人的なものであり内面的な裁き (for) であるという口実のもとに，また，彼（労働者個人）が望むところのものを彼が信じ，彼が良いと思うところのものを彼が実践する十分かつ完全なる自由を彼に委ねなければならぬという口実のもとに，雇用している労働者の宗教的・道徳的状態についてはまったく無関心でいるのです．……教会はこうした状態に決して同意するものではありません」と．「イエズスの聖心」に「委託」し，「自分自身にのみ没頭することは悪しきことである[18]」と確信するレオンの信心は，フレペル司教の信念と同様に純粋に教会内的範囲に限定されたものではなく，むしろ大きく社会的性格を帯びていた．この性格は，レオンが，そして彼の家族全員が，1860 年以来「フランシスコ会第三会」(Tiers-Ordre franciscain) に加入していたことに大きく因している．レオンは，「第三会は 2 つの目的をもつ．会員の成聖と当該地域民衆の改善である．……第三会は，まさに，ヴァル・デ・ボワの宗教活動の源泉である」と述べる[20]．トリムーイユも，「レオンは第三会のなかで，その（信仰の）社会性を決定的なまでに形成した」と指摘する[21]．

　かくして，労働者とその家族の社会的貧困を「魂の回復」(guérison des

âmes）として救済することが，雇主レオンの信仰確立として強烈に，かつ深々と打刻される[22]．魂の次元で自己の内面世界をみるだけでなく，積極的に社会問題とかかわっていく，そういう問題意識をレオンが強くもっていたことは明白である．彼は畏友ルネ・ド・ラ・トゥール・デュ・パン（René de La Tour du Pin）宛の1876年9月13日付書簡で，「われわれの命の熱情は，われわれが日常的に生活しているミリューにおける労働者の救済にあります．そこに，われわれの信仰の唯一の目的があります．その他のあらゆることがらは手段でしか，したがって副次的なものでしかありません」と述べる[23]．いま，信仰の社会的性格はレオンの「キリスト教コルポラシオン」思想形成に礎石をなす．

4 「キリスト教コルポラシオン」思想

　この時期，ヴァル・デ・ボワを含むランス地域の社会労働状況は低賃金，苛酷な労働条件，労使の不和・対立，無秩序，失業不安，軽犯罪，投獄といった言葉に示されていた．レオンは信仰の社会性を視座にこの状況を鋭く観察し，倫理規範たる信仰を，その延長線上にあるがなお高次のレベルに属する労働者救済の実践指針にまで高めていく．

(1) 社会的貧困（社会問題）の原因

　社会的貧困したがって社会問題（レオンによれば，労使対立を現象態とする社会問題は第一義的に労働者民衆の社会的貧困に由来する．それゆえ，社会問題は本質的に社会的貧困と同義的に理解される）を「魂の病によって引き起こされた」道徳的卑屈と物質的困窮（misère）の構造的発現と規定するレオンは，「魂の病」の原因を「宗教と信仰を欠いた工業主義（industrialisme）」のなかに求めた[24]．すなわち「第1は，労働者の心から神を引き離すことで，雇主たちが50年来犯してきた社会的大罪．第2は，（工業）指導者層におけるパトロナージュ義務の悲しむべき忘却．第3は，大工場の建設と労働者のアソシアシオン消滅に由来する経済的変化．……すなわち，労働者と親方の漸進的乖離，労働者の孤立化，家内労働の消滅，大工場への労働の集中，畑の放棄，魂を堕落させる雰囲気のなかでの子供の労働．最後に，社会的貧困の第4の原因は，労働者の魂と心を次第に腐敗させている或る種の害悪の蔓延のなかに求められる」[25]と．前3つは経済リベラリズム（私経済的効用原理に導かれた希釈されない資本主義）批判に，第4の原因は社会主義批判に及ぶ．

(2) 経済リベラリズム批判

　レオンはいう，「リベラリズムの害悪は何か．それは，超自然的秩序へのあらゆるものの服従から人間秩序を解放し，そして，すべての社会的諸力を地上の富の追求に充当したことである」[26]と．彼は，フランス革命が生みだした「経済システムの制限なき自由」を，無神論と唯物論を生みだし，富の追求を至上化し，限度を知らぬ労働搾取をもたらした根本悪であると批判する[27]．賃金に関する彼の見解を引用しよう．

　賃金は「労働価格の正常な状態において，……労働者とその家族の生活に必要な額」すなわち「適正な額」であらねばならないが，リベラリズムの需給メカニズムはこれを保証しない．なぜならば，リベラリズムは，「人間の労働力は1つの商品である．したがって，それは廉価であるのが望ましい」[28]と考えるからである．「労働者は任意にみずからを供給したり，課せられた苦しい条件を受容・拒絶したりしうる自由の身では決してない．賃金が必要な額以下のとき，……家族は大いなる困窮に陥る．すでにその時から，あらゆる反抗は不可能となる．空腹で締めつけられた労働者の群れ，そうした精神状態にある婦人や子供の考えることを想像してみよ．貪欲な雇主が自己の欲するままに賃金を悲惨な額にまで引き下げるのを見たことはないか……．雇主は双方（雇主と労働者）の平等と労働者の労働価値に相当するだけの賃金を謳い，正当性を声高に主張しているが，これはその主張に反するものである」[29]．

　雇主は自己の欲するままに賃金を引き下げており，労働者は「適正な額」以下の飢餓賃金を忍受している．この現実は，レオンによれば，経済リベラリズムの帰結すなわち「不義」（神との関係において正しくないこと）に他ならない．彼によれば，ここから「あらゆるキリスト教秩序に反する病的現象」としての「プロレタリア状況」が発生する．そして，「この病的現象をつくりだしたいわゆる人為（経済リベラリズム）は，神と人間のあらゆる秩序に反している」がゆえに，フランスの労働社会に「無秩序，家庭崩壊，全般的腐敗，そして今なお増大し続けている（社会的）貧困を生みだしている」と結論づける[30]．1894年にパレ=ル=モニアル（Paray-le-Monial）で開かれた第2回「フランシスコ会第三会」会議においては，「たとい社会主義が今日の社会の切迫した危難の要因になっているとしても，資本主義（経済リベラリズム）が，すなわち資本の不義な支配とその帰結としての濫用が，現代社会の混乱の真の原因になっている」とまで決議する[31]．

ただし，ここで，レオンが資本主義経済制度それ自体を否定していたのではないということを確認しておかねばならない．資本主義がつくりだす工業文明は賛美に値するものであった．1877年にピュイ（Puy）で開かれた「カトリック労働事業同盟」（Union des oeuvres ouvrières catholiques）会議での報告にいう．「蒸気機関の堂々たる振動，機械の作動する甲高い音，工場の諸活動．労働社会はついに，人類を創造し，人間に知性と天賦の才をめぐみたもうた神の栄光を謳わんとしている．そびえ立つ煙突から出る煙……キリスト教徒はこの煙を，すばらしい感動を抱きつつ，率直に，動力の流れに喩えるものである．なぜならば，この煙は神聖な労働の敬意として天空に昇っているからである」と．レオンにとって非難すべきは，神の御心を逸脱してまでも飽くことのない，無神論者雇主の貪欲な営利追求行為にあったのである．逆に，信仰に基礎をおく資本主義経営は推奨されるべきものであった．「信心あつき者は文明と実業の王国を享受するであろう」と記し，末っ子アルフォンスに宛てた1893年春の手紙のなかで，「生涯において，重要な，選択すべき唯一つのこと．それは実業を営むことである」と教示していることをおもえ．

(3) 社会主義批判

1882年8月にオータンで開かれた「カトリック労働事業同盟」会議において，レオンは，「社会主義は……一種の妬みである．この社会は神と家族と財産に基礎をおくが，社会主義はあらゆる社会の基礎であるこの3つを廃止しようとしている．廃止して何を代置しようとするのか．……誰も知らぬ．新しい思想（社会主義）の族長の処方によれば，それは人間性の回復であるという．これは……まったくの話，無教養な唯物論であり，卑屈な享楽願望であり，アラーも摂理もない狂信的なネオ・イスラームである」と報告する．また，「労働者アソシアシオンの夢は労働の解放にある．換言すれば，雇主と資本の廃止である．これは実現することのできない二重の妄想であり，その（妄想の）追求はわが国を破滅に導くであろう」とも述べる．遡って1879年の「同」アンジェ会議においては，「社会主義は，雇主の私欲とエゴイズムのゆえにその真価がみとめられずにあるイエズス・キリストの王国に対して，復讐する任務を引き受けている．然り，十字架は弱められ瓦解し，その重圧はわれわれの社会を闘争と破滅のなかに押し潰そうとしている．諸君！浜辺に立って嵐を眺めることは恐らく素晴らしいことであろう．しかし，諸君はまさに沈まんとしてい

る小舟のなかにあるのだ……」と述べて，社会主義の脅威を訴えている．レオンにとって，社会主義は本性的に人間社会とは相容れぬ思想であった．

(4)「キリスト教コルポラシオン」思想：雇主の「規範的義務」

　経済リベラリズムと社会主義をともに批判するレオンは，では労働者民衆の社会的貧困救済，したがって社会問題解決の方途を具体的に何に求めたのか．レオンの分析によると，そもそも社会的貧困とは雇主・労働者の「非キリスト教化」(déchristianisation) に起因する「魂の病」のことであった．それゆえ，レオンにとって，社会的貧困は第一義的に「魂の回復」=宗教問題として把握された．しかし，「非キリスト教化」の原因究明作業は彼を経済リベラリズム批判と社会主義批判に導き，その結果，貧困を単に宗教問題としてではなく，政治・経済・社会の全領域にかかわる問題として認識させた．かくして，レオンにとって，労働者民衆の救済方途は，宗教を本質にすえつつも，同時に政治・経済・社会を含めた人間生活の全領域にかかわるトータルな改革として認識された．この認識は，必然的に社会経済構成を視野に含めた．実際，「聖心の信心」を本質とするレオンは，1889年9月の立法院選挙活動と翌1890年1月の「民衆事務所」(Secrétariat du Peuple) の設立を端緒に，ランス地域を中心に，キリスト教民主主義や「社会研究キリスト教サークル」(Cercles chrétiens d'études sociales)，キリスト教労働運動，キリスト教民衆教育，カトリック雇主団体の設立・推進に積極的に関与する．しかしながら今，筆者は企業レベルに集中して，彼の社会的貧困救済方途（社会問題解決の方途）をさぐる．

　社会的貧困に対する「あらゆる救済策は，その（貧困）原因が取り除かれない限り，無益にも姑息な方策に終わるであろう」，「多数の者の福楽は，神が最前列に位置される社会においてのみ達成される」と確信するレオンは，「魂の回復」を基底にすえた「キリスト教コルポラシオン」思想のなかに貧困救済の本質を見出す．彼によれば，キリスト教雇主は社会主義を排除しつつ，「社会的パテルニテ」の実践をとおして，「適正な賃金」・安息日・福利事業・家庭の団欒など「現在の生活の悪弊を償うに違いない新しい生活への展望」を労働者の全生活・労働過程において保証しなければならない．その場合，この「展望」は経済的レベルに限定されたものではなく，倫理的レベルとも深く結びついている．なぜならば，「とりわけ癒すべき魂の病が存在している．神の掟の実践のみが唯一の効果的治療であ」り，「最も巧妙な経済的諸制度も，それが

宗教精神によって命を与えられていなければ，労働者を道徳化することに関しては絶対的に不毛とな」るからであった[48]．かくして，経済リベラリスム主導でもなく，社会主義の導入でもない，「愛」と「正義」に基づいたキリスト教社会教義が[49]，すなわち信仰の社会的性格を土台にすえた「キリスト教コルポラシオン」思想が，労働者民衆の社会的貧困救済の本質＝実践指針にすえられる．いまや，旧来の伝統的貧困解決法（「貧困を自発的に甘受せよ」，「みずからの責任で貧困を解決せよ」）は容認しがたい．1873年の「カトリック労働事業同盟」ナント会議での彼の報告は，使命の具体的切り込みを示している．「現代の大事業は，われわれの兄弟労働者を救済することにある」[50]．今日の労働者の社会的貧困は，リベラリスムに由来する家庭の崩壊と「神の不在」にある．「大都市の両端に位置するいくつかの工場に子供たちと両親が分散していることほど，家族にとって不幸なことがあろうか．こうした家族以上に悲惨な家族があるであろうか．かれら貧しい者は眠い目をこすりながら夜明け前に別れ，疲労困憊して眠ることしか欲しない夜の7時〜8時になるまで再会しえない．……夫婦は互いに意志不通となり，一人で生活することに慣れてしまった子供たちはあらゆる愛情・尊敬心・素直さを失ってしまっている」[51]．こうした状況を改善することは，雇主にとって「規範的義務」であり，決して任意的義務ではない．「かかる不道徳に雇主は責任がないのであろうか．……雇主は労働者に対して，謹厳な正義，工場労働から直接的に生じる魂の喪失への予防的配慮，そして同時に，その魂への日常的糧を保証するための配慮を実践しなければならないのではなかろうか．……工場をキリスト教的に組織して，信仰と道徳の事業体に転換すること」，ここに真の義務が存在する[52]．

Manuel 第1部　第1・2章の提供を借りて，雇主の「規範的義務」に今しばらく言及しよう．「『キリスト教徒は兄弟と社会の救済に無関心である権利をもってはいない』．神によって多くの労働者の先頭に位置づけられた……工業家にとっては，この義務が……一層厳格なものではないとどうして言えようか」[53]．雇主は「神と社会に対する義務」を負う．

神に対する義務：「労働者の魂に対する雇主の義務は，労働者の身体に対して遂行するべき責任における義務よりも，厳しくなくてよいのであろうか．それは，これらの人々（労働者）に対して日々のパンを保証するための配慮と同様に，工場における労働それ自体の結果によって彼らの魂が衰弱するのを予防するための配慮でなくてはならないのではないのか．……それゆえ，その名が

示すごとく,雇主が父たらねばならないとすれば,神は彼(雇主)に,物質的観点においてと同様に,精神的観点においても,パテルニテのあらゆる義務を(労働者に対して)果たすことを課している」.

社会に対する義務:大工場体制の出現以来,「雇主は子供を工場に雇い入れ,そして彼(子供)から父親の保護を奪い去った.彼(雇主)は保護を引き受けなければならないのではないのか.雇主は,社会に対して,工場によって生みだされた混乱をあらゆる適切な方法でもって償う義務を負ってはいないのであろうか.……それゆえ,社会もまた雇主に対して,労働者に対する義務の遂行を要求している.社会は,雇主が……かれらのみが効果的に解決しうる問題に無関心でいることを許しはしない」.

(5)「キリスト教コルポラシオン」思想の実践方法

父「Bon père」の影響を受けて少年期をすごしたレオンは,次に青年期をサン=ヴァンサン・コレージュですごした.そこでプレ神父(Poullet)の薫陶を受け,1分たりとも無駄にせず,すべてを犠牲の精神に捧げる「キリスト受難の魂」を確立した.この学生生活において,レオンは自己の信仰生活に強烈な自負を抱いた.自負はレオンをして,対自的にも対他的にも「鉄の意志」(volonté de fer)をもつ個性に成長させた.さらに,その後の信仰深化の過程で,彼は対自的意志を一層確信し,自己の限界に挑戦し,あらゆる障害に立ち向かう人間となっていった.その強烈な自負は,「家庭と教会における道徳的かつ宗教的行為である労働者の私的生活及び彼らの家族に関する事象は,(雇主の)道徳的権威あるいは教導の対象になる」ことを認識させ,労働者の魂と身体と生活に関して,レオン自身の生き方を範例化させた.ここから,労働者の意識と行為にかかわる「並外れた力の意志」(extraordinaire volonté de puissance)が,レオンの雇主個性として,したがって「キリスト教コルポラシオン」思想の実践における「かしら石」として,顕示される.

論者によっては,「並外れた力の意志」を労働者に対する専制とシノニムに理解する.しかし,筆者はこれを,労働者に対する「愛」を根底にすえた「希望」(espérance)すなわちキリスト教生活の福音的規則と理解する.けだし,レオンは「この目的(労働者の再キリスト教化)を達成するためには,われわれは,労働者を義務に拘束された人間とすることで,かれら(労働者)を変革しなければならない.かれらが,かれら自身と彼らの家族のための明日に思い

を馳せるように．かれらが，かれらの子供と子供を取り巻く人々に対して献身するように．われわれは超自然的な献身で，彼らのなかにあるエゴイスムと戦わなければならない．望みの高潔と穏健さで，彼らのなかの贅沢や享楽への欲望と戦わなければならない．キリスト教的希望と純粋及び神聖な香気で魂をつつむこの天の花で，彼らのなかにある官能主義や放埓と戦わなければならない[61]」と表明するであろう．「希望」は，労働者の不十分な信仰を覚醒させる「権威の義務」と「善の自由（liberté du bien）の義務」によって補強される．

「権威の義務」：「彼（雇主）の権威は，彼にとって譲渡しえない神聖な啓示であり，神のみもとに労働者を導くために奉仕しなければならないものである[62]．……この権威が強力であればある程，かれら（労働者）はそれ（雇主の権威）にしたがい，それが弱体であればある程，それを軽んじる．……労働者は，ディシィプリンが尊重されていない工場についてはとりわけ軽蔑を示す性向をもつ．逆にかれらは，秩序が十分に維持されている工場に属していることを誇りに思う．かれらは率直と勇気を好み，そして，そうしたことがらを自分たちの雇主のなかに見出すことを望んでいる．かれらの弱さは，この（雇主の）力の保護を安心して信頼する[63]」．

「善の自由の義務」：「真の自由は『秩序の範囲内で行動し，活動する権利』として理解されねばならない」（傍点部 原文イタリック[64]）．「善の自由」とはこのことを指している．「善の自由」の対極は「悪の自由」（liberté du mal）である．これは秩序の範囲を超えて行動する自由であり，リベラリスムに典型をみる．雇主は「善の自由」すなわち唯一無限に「自由」であるイエス・キリストの王威を工場のなかに確立し，「悪」から労働者を守る義務を負っている．各人を正しい自律に導き，不敬・野卑な言動を戒めねばならぬ[65]．

雇主の「規範的義務」と「希望」は，工場の内部に「イエズス・キリストの社会的統治（le règne social de Jésus-Christ）を実現すること[66]」を目的に，「キリスト教コルポラシオン」を生みだす．1880年，レオ13世は小勅書を発してレオンの経営実践を祝福する．「われらは大工場のすべての雇主と労働者に対して，かれら自身のためのみならず，祖国及び宗教のために，その目をヴァル・デ・ボワの工場で大いに実践されている秩序と平和と兄弟愛に向けることを，そして，その良き事例を見習うようにつとめることを，すすめる[67]」．また，1884年には，「社会カトリシスムの不滅の創始者」マインツの司教W. E. F. フォン・ケッテラー，そしてケッテラーの影響を受けたフランス・カトリック社会派[68]

等の衷情的はたらきかけを受けとめて「フリブール連盟」(Union catholique d'études sociales de Fribourg) を準備し, 1891 年 5 月 15 日に, 労働条件に関する教権最初の文書『レールム・ノヴァルム－労働者の境遇について－』("*Rerum novarum*" *de conditione opificum*) を発する[69]. レオンは小勅書及び労働回勅を真摯に受けとめ,「キリスト教コルポラシオン」に渾身の熱誠をかたむける[70].

注
1 Trimouille, P., *op.cit.*, p.18.
2 1848 年 7 月 9 日付レオンの両親宛手紙 (Guitton, G. S. J., *op.cit.*, t.1, p.26).
3 Moon, P. T., *The labor problem and the social catholic movement in France : A study in the history of social politics*, New York, 1921, p.113 ; Henry, P., *op.cit.*, pp.51–53. レオンは次のように記している.「その目的(労働者との人格的信頼関係の構築)を達成するために, 父は労働者たちから信頼を得なければならなかった. これは, 人間関係が不可避的に希薄である大きな工場においては, 極めて困難なことであった. まず最初, 彼(父)は質素な生活と簡素な住居で成功しようと考えた. ……彼は本来いう労働以外の場では, 雇主としてよりもむしろ 1 人の友人として振る舞い, 労働の諸問題については, 雇主としてよりもむしろ 1 人のアソシエとして振る舞った」と (Guitton, G. S. J., *op.cit.*, t.1, p.40).
4 *Manuel*, p.6 ; *L'Histoire d'une Usine*, publiée par Léon Harmel en feuilleton de *la France Nouvelle*, le 21 et le 28 mars 1875, cité par Guitton, G. S. J., *op.cit.*, t.1, pp.40–41.
5 *Manuel*, p.6.
6 *Ibid.*
7 *Ibid.*
8 レオンも父親の実践を継承し, 労働者の代表との食事会, 遺児労働者の結婚の世話などを行った. 労働者の子供のうち, 10 人に 1 人はレオンが代父であった (Guitton, G. S. J., *op.cit.*, t.1, pp.304–306).
9 *Manuel*, pp.5–6.
10 Guitton, G. S. J., *op.cit.*, t.1, p.33.
11 Trimouille, P., *op.cit.*, p.29.
12 *Ibid.*
13 *Ibid.*
14 *Journal de Nice*, 8ème envoi, jeudi 10 février 1910, cité par Trimouille, P., *op.cit.*, p.29. レオンは大きな声で自己の憂いをイエス・キリストに打ち明け, 翌日の聖体拝領のときに答えの言葉を待っていたと言われている (Trimouille, P., *op.cit.*, p.30). 信仰者としてのレオンの実存は, 超自然的 (surnaturelles) 事象のレアリテ意識のなかに最もよく見出される. 1924 年 3 月 25 日付ウジェーヌ・フロルノワ (Eugène Flornoy) のギュイトン宛書簡は次のように記している.「ある日, アルメルが私にいったことがある.『私が悪しく語るとき, それはアルメルが語っている. 私が善く語るとき, それは主イエズス・キリストが私の口をとおして語っている』と. ここには, アルメルの生命感覚のすべてが凝縮されてある. 彼の言葉のいくつかは不条理なように思える. しかし, 感動を引き起こす. なぜならば, その言葉はすべて, 神を観ているからである」と (Guitton, G. S. J., *op.cit.*, t.1, pp.121–122).
15 *Annales de Notre-Dame de l'Usine*, no.1, 1886, p.8, cité par Trimouille, P., *op.cit.*, p.30.
16 *Manuel*, p.275. レオンの「苦難観」は『イエズスの聖心の使者』(*Messager du Coeur de Jésus*) から影響を受けていた.『イエズスの聖心の使者』は *Manuel*, Documents annexés, document G, pp.329–331 に抜粋が収録されている.

17 「Tout pour Jésus」は，1853年にイギリス人フェイバー（P. Faber）が著した本のタイトルである．レオンはこの本を愛読していた．
18 Lettre de S. G. R. Monseigneur Freppel à M. Léon Harmel, 1er octobre 1876, in *Manuel*, pp.viii-ix. この書簡は *Ibid.*, pp.vii-x に収録されている．
19 「苦難」は個人の完徳（perfection）のみを目的とするものではないと理解するレオンは，この格言を常に念頭においていた（Guitton, G. S. J., *op.cit.*, t.1, p.84）．
20 Harmel, L., *Le Val des Bois et ses institutions ouvrières,* Paris, 1890, p.97, cité par Trimouille, P., *op. cit.,* p.31.
21 Trimouille, P., *op.cit.,* p.32. 「フランシスコ会第三会」の思想については，Hoog, G., *Histoire du catholicisme social en France 1871-1931,* Nouvelle Édition, Paris, Éditions Domat, 1946, p.68 を参照した．
22 賃金の引き上げと物質的福利の提供のみから構成された救済は，往々にして労働者に絶えることのない欲望を抱かせるだけである，とレオンは考えていた（*Manuel*, p.31）．また，「宗教アソシアシオンをともなっていない大いなる経済的制度の総体が魂を欠いた身体であるとすれば，世俗的必要への配慮を欠いた信仰のアソシアシオンは身体をともなっていない魂である」（Guitton, G. S. J., *op.cit.*, t.1, p.110）とも述べ，労働者の社会的貧困救済には，宗教倫理と経済的福利の双方が必要であることを説いている．
23 Lettre à M. Le comte de la Tour du Pin Chambly, in *Manuel*, p.4. この書簡は *Ibid.*, pp.3-4 に収録されている．
24 *Manuel*, p.17.
25 *Ibid.*, p.18.
26 Trimouille, P., *op.cit.*, p.88. トリムーイユはこれを *Manuel* 1879 のパラグラフ 239 から引用している．初版本では，「リベラリスムの害悪は何か．それは超自然的秩序を自然的秩序から切り離し，そして，すべての諸力を後者の目的に充当したことである．いかなる結果がこの思想の実践から生起したか．少数者への過度な富と，多数者の果てしなき貧困である」（*Manuel*, p.204）となっている．
27 レオンの経済リベラリスム批判については，*Manuel*, pp.21-26, 190-192 を参照した．また，フランス革命批判については，Coffey, J. L., *op.cit.*, pp.24-25 を参照した．
28 *Manuel*, p.191.
29 Congrès des directeurs des associations ouvrières catholiques, *Rapport de M. Harmel,* Le Mans, 1881, pp.12-14, 19, cité par Trimouille, P., *op.cit.,* p.90.
30 "Rapport de Léon Harmel au congrès d'Autun, 1882", in *L'Association catholique,* no. du 15 août et du 15 septembre 1882, pp.16-32, cité par Trimouille, P., *op.cit.,* p.90.
31 Hoog, G., *op.cit.,* p.68.
32 Guitton, G. S. J., *op.cit.,* t.1, p.119.
33 Nitti, *Le Socialisme catholique,* Paris, 1894, pp. 303-304 ; Bruhat, J., "Anticléricalisme et Mouvement ouvrier en France avant 1914", in *Christianisme et monde ouvrier,* études coordonnées par F. Bédarida et J. Maitron, Cahier du "Mouvement Social", n°.1, Paris, Les Éditions Ouvrières, 1975, pp.87, 109 ; Guitton, G. S. J., *op.cit.,* t.1, p.120 ; Hoog, G., *op.cit.,* p.69.
34 *Echos du Val des Bois,* novembre 1908, p.1, cité par Trimouille, P., *op.cit.,* p.27. 月刊社内報『エコ・デュ・ヴァル・デ・ボワ』は，レオンが直接編集していたものではない．しかし，レオンの思想的影響のもとに編集されていた．レオンの経営社会理念を代弁していたと理解して差し支えない．1905年11月から第一次大戦直前まで計98号が刊行され，労働者の家庭に無料で配布された．
35 Trimouille, P., *op.cit.,* p.27.
36 *L'Association catholique,* no. du 15 août et du 15 septembre 1882, p.16, cité par Trimouille, P., *op. cit.,* p.91.
37 *Manuel*, p.236.
38 Guitton, G. S. J., *op.cit.,* t.1, p.118. レオンは1880年頃までは，社会主義に対して漠然とした脅

威を感じていたにすぎない．彼が反社会主義の立場を理論的に明確にするのは，1881年以後のことである．同年の「カトリック労働事業同盟」ル・マン会議ではプルードン，マルクス，ラッサールを引きあいにだし，また翌年の「同」オータン会議ではB. マロンの *Le nouveau parti* を引きあいにだして，集産主義批判を鋭く展開している．1893年には *Bibliothèque socialiste* 全巻を読破している（Trimouille, P., *op.cit.*, p.27）．1890年代になると，カトリック雇主の間では，社会主義・集産主義はカトリシズムとは相容れぬ全体主義イデオロギーであるとの見方が一般化する（Hilaire, Y.-M., "Les Ouvriers de la région du Nord devant l'Eglise catholique 19e et 20e siècles", in *Christianisme et monde ouvrier*, p.235）．

39 Guitton, G. S. J., *op.cit.*, t.1, p.129. 労働者民衆の貧困をキリスト教的公正の視点から直視し，社会的救済を主張するカトリシズムは，既に19世紀前半にデビューしていた．J.-B. デュロゼルにいう初期社会カトリシズムである（Duroselle, J.-B., *Les débuts du catholicisme social en France 1822–1870*, Paris, Presses Universitaires de France, 1951, pp.699–700）．だが，労使相互の信頼と協力のもとに資本と労働の結合（union）を志向するデモクラティックな理念・運動としての社会カトリシズムは，一般に，その生起を1871年以降になるまで待たねばならないと言われている（Moon, P. T., *op.cit.*, p.6）．アンリ・ギュイトンによれば，「真の社会カトリシズムは，19世紀の前半においては，まだ時の鐘を鳴らすことはできなかった」（傍点 引用者）（Guitton, H., *Le catholicisme social*, Paris, Les Publications Techniques, 1945, p.16），「社会カトリシズムがその名にふさわしいものとして登場しうるには，労働者の貧困がより深刻に，より不可避的に，そしてより不当に現出しなければならなかった．新しい精神をもつ人々は，かれら自身の内奥において，慈善的な苦悩をより一層痛ましく感じなければならなかった．これらすべての条件は1871年～1891年の時期に一体となって見出される．この思想（社会カトリシズム）の前史は1891年に終わる．社会カトリシズムの固有の歴史は，このときに始まる．……（『レールム・ノヴァルム』の発布でもって）教権は沈黙をやぶった．社会カトリシズムが誕生した」（傍点 引用者）（*Ibid.*, p.17）．いま，工業化初期における初期社会カトリシズムとキリスト教企業アソシアシオン思想（したがって，真の社会カトリシズム）の間の思想的関連性如何を，とりわけ社会経済構成と企業経営のあり方に関する両者の思想的関連性如何を，考究する作業が課せられる．しかし，この作業は筆者の力量を超えている．J.-B. デュロゼルは初期社会カトリシズムと真の社会カトリシズムの思想的脈絡（filiation）について，間接的な有意を－労働者民衆の惨状改善という総論的視点から－示唆するにとどめる（Duroselle, J.-B., *op.cit.*, pp.702, 708）．今後の課題としたい．

40 「民衆事務所」については，Trimouille, P., *op.cit.*, p.162を参照した．

41 Guitton, G. S. J., *op.cit.*, t.2, ch.16 et ch.20; Trimouille, P., *op.cit.*, pp.10, 34–35, 163–164.

42 *Manuel*, p.191.

43 ベルギーのルーヴァン・カトリック大学経済学教授シャルル・ペラン（Charles Périn）の著作 *De la Richesse dans les Sociétés chrétiennes*, Paris, 1861 からの引用（*Manuel*, p.204）．

44 Moon, P. T., *op.cit.*, p.113; *Manuel*, pp.3, 36–37, 169.

45 Landes, D. S., *op.cit.*, p.78.

46 Nitti, *op.cit.*, p.304. フレペル司教も「この（雇主の）責任は物質的なことがらに限定されるものではない．なぜならば，物質的なことがらは宗教的・道徳的なことがらと区別されはするが，分離され得ぬものだからである」と1876年10月1日付レオン宛の書簡で述べている（*Manuel*, p.viii）．

47 "Rapport de Léon Harmel au congrès d'Autun, 1882", in *L'Association catholique*, no. du 15 août et du 15 septembre 1882, p.8, cité par Trimouille, P., *op.cit.*, p.91.

48 *Manuel*, p.231.

49 *Ibid.*, p.206に，Économie politique chrétienne に関するレオンの認識が記されている．

50 Guitton, G. S. J., *op.cit.*, t.1, p.35.

51 *Manuel*, p.258.

52 Guitton, G. S. J., *op.cit.*, t.1, p.36.

53 *Manuel*, pp.18–19.

54　*Ibid.*, p.19.
55　*Ibid.*, pp.19–20.
56　Guitton, G. S. J., *op.cit.*, t.1, p.12.
57　Harmel, L., *Catéchisme du patron,* Paris, 1889, p.11, cité par Palewski, J.-P., *Histoire des chefs d'entreprise,* Paris, 1928, pp.317–318.
58　*Manuel,* pp.23, 26–30.
59　Trimouille, P., *op.cit.*, p.115 の分析を参照．
60　「並外れた力の意志」の具体的事例を紹介しよう．古参の事務職員はレオンについて次のように語っている．「当時，工場の門は午前5時に開きました．レオン・アルメル氏は常にその時刻よりも早く，しばしば20分以上も早く，工場に来ていました．彼は作業場を見廻り，機械を点検し，隅々に注意を配り，羊毛の荷を確認し，……記録しました．事務室に戻ったあとは，遅刻者を見つけると，諸氏であれ，自分の兄弟であれ，従兄弟であれ，早く来るようにと竿で窓をたたいていました．だらだらとはしませんでした．彼はセルヴィス長を一人ずつ，次々と呼んでいました．頭に血がのぼるようなことは決してありませんでした．『この荷包みはどこへ送るのかね．どのようにして引き渡すのかね』，『あと何 kg 残っているのかね』．たずねられた者は少し考えて，『それは……，ちょっと見て来ます』と答える．『なぜかね．直ぐに確かめなさい……』」と（Guitton, G. S. J., *op.cit.*, t.1, p.169）．こうしたパンクチュアリティと勤勉は彼の強烈な意志に因していた．
　労働者・職員に対してだけでなく，レオンは自分の子供に対しても意志の教育を施していた．彼は1876年8月11日付の手紙で，被昇天場修道会寄宿長に次のように言っている（この時期，レオンは11歳になる娘のマリーを同修道会の寄宿舎に入れていた）．「彼女（マリー）があなたから厳しい，そして雄々しい生活教育を受ければ受ける程，あなたの魂から影響を受ければ受ける程，私は満足するでしょう．なにがしかの家事を，とくに冬の季節にさせねばならないということについては，私としても何ら異存のないところです．逆にそれは，彼女が手仕事をこなせるようになるので，良いことだと思います．それは女子にとって，とても大切なことですし，今日ではあまり行われていないことです．……もし，彼女が，私があなたに要望しているやり方に苦悩しなければならないとしても，私はそのことを喜んで欲するものです」と（*Ibid.*, pp.170–171）．一方，寄宿生活を送っている娘マリーに対しては，1879年5月23日に次のような手紙をしたためている．「……あなたは後日，苦難が神さまからの素晴らしい贈物であることを理解するでしょう．……自発的かつ寛容に受容する苦難，それは永遠に輝くダイヤです」と（*Ibid.*, pp.174–175）．息子に対しても，同様のことを1889年3月22日付の手紙で言っている．「われわれが必要なことを行うとき，神さま御自身がその必要に応じた配慮をわれわれに施して下さる．苦難は，われわれに成功を手助けするという唯一的な目的をもっています．もし，私がいくつかの苦難に遭遇したとすれば，勿論それは，私が完遂するように，より良き方途をとることを神さまが望まれているからであり，努力を，力の根源を望まれているからです」と（*Ibid.*, p.175）．1870年秋に，レオンは最愛の妻ガブリエルを病気でなくしていた．子供たちに対する彼の意志は，「父親と母親の合一の心（papamaman）」から成り立っていたといえよう．こうした事例は，「並外れた力の意志」が「愛」を根底にすえたものであることを示している．
61　*Manuel,* p.163.
62　他方，人為に基づく「権威」は専制すなわち奴隷制度に帰結する，とレオンは考えていた（*Ibid.*, p.22）．
63　*Ibid.*, p.23.
64　*Ibid.*, p.24.
65　*Ibid.*, p.25.
66　*Ibid.*, p.194.
67　Guitton, G. S. J., *op.cit.*, t.1, pp.115–116.
68　Hoog, G., *op.cit.* p.vii. フランス・カトリック社会派のなかにあって，一般にルネ・ド・ラ・トゥール・デュ・パンは思想「確立者」として，アルベール・ド・マン（Albert de Mun）は思想「普及者」として，レオン・アルメルは思想「実践者」として，位置づけられる傾向にある．こ

うした傾向については，今後慎重に検討を加える必要があると思われる．ドイツ・カトリック社会派の指導者フォン・ケッテラーについては，北村次一『経営理念と労働意識　ドイツ・キリスト教社会改革史』経済社会学叢書 5，新評論，1980 年，48-49，60 頁；増田正勝『キリスト教経営思想－近代経営体制とドイツ・カトリシズム－』森山書店，2000 年，15-40 頁；W. E. フォン・ケテラー，桜井健吾訳・解説『労働者問題とキリスト教』晃洋書房，2004 年；Kersbergen, K. van, *Social Capitalism : A study of Christian democracy and the welfare state,* London and New York, Routledge, 1995, pp.216-219 を参照した．
69　労働回勅『レールム・ノヴァルム』については，Hoog, G., *op.cit.,* pp.43-48；Talmy, R., *Le syndicalisme chrétien en France 1871-1930,* Paris, 1965, pp.34-37；中央出版社編『教会の社会教書』中央出版社，1991 年を参照した．ジェーン L. コフィは，「キリスト教コルポラシオン」とローマ巡礼が『レールム・ノヴァルム』発布に直接の影響を与えたと解釈している．レオンとレオ 13 世との結びつきについては，Coffey, J. L., *op.cit.,* pp.133-144 を参照されたい．「フリブール連盟」については，*Ibid.,* pp.136-137 を参照した．
70　Dansette, A., *Histoire religieuse de la France contemporaine : l'église catholique dans la mêlée politique et sociale,* Paris, Flammarion, 1965, édition revue et corrigée, 1984, pp.505-509；Hoog, G., *op.cit.,* pp.14-16.

III　「キリスト教コルポラシオン」の実態

1　基礎的制度（事業）

(1)　アルメル労働者の宗教的貧困

　自宅と畑を所有し，後に宿屋を営むようになる比較的裕福なマルヌ県の或るカトリック農家（4 人家族）に関するデルベ（E. Delbet）の調査記録（1856 年 5 月）は，この家族が教会にまったく通わず宗教実践を怠っていることを明らかにしている．ル・プレの調査によれば，この農家に限らず，近隣地域の農民の間でも宗教的無関心は蔓延している．また，ランス近郊の運河・鉄道建設に従事する労働者も不道徳で，その日暮らしを行う，信仰とは縁遠い無法者である．宗教と労働者階級の関係をテーマとした近年の研究も，19 世紀後半から 20 世紀初頭にかけてのノール地域労働者の「非キリスト教化」を工業化の進展と関連させつつ検証している．イレール（Yves-Marie Hilaire）はレダントリスト文書（Rédemptoriste）を分析して，アラス，リール，カレー，ルーベ，トゥルコワン，アヴェーヌ，カンブレの工場労働者の「非キリスト教化」を指摘，ブルーア（Jean Bruhat）は「反聖職者主義」（anticléricalisme）の広がりを異論なき事実として析出している．またウィラール（Claude Willard）も工場聖マリア会（Notre-Dame de l'Usine）について，「何らかのイエズス会の事業ではなく，資本家の搾取の当然の産物」として労働者がこれを批判していたこ

とを検証している。1860年代のヴァル・デ・ボワもこの種の宗教的貧困を内蔵していた。レオンは、「多くの（労働者）家族は口論や無秩序によって混乱している。……娘たちは両親の監督から逃れ、両親（の保護）なしで生活しうるようになるやいなや、親もとを去っていく光景が見うけられる。霊魂の存在を信じない両親によって宗教的無知のなかで育てられた子供たちは、以前よりもさらに悪しき世代を予感させる」と悲嘆している。また、「2,200人からなる村々では、日曜日になると、依然として2つの舞踏会が催されている。……われわれの谷間では、神からの離反と人口密集に由来する貧困が蔓延している。日曜日の舞踏会、しばしば開かれる世俗的・享楽的催し物。これらは至るところで若者を乱行に導いている。大都市のどのような無秩序もここで見られぬことはない。ヴァル・デ・ボワが都会ではないにしても、もはや真の田園地帯ではないことを世人は知っている」と記している。ギュイトンも当時のヴァル・デ・ボワ住民を生来の唯物論者、肉欲的で人を嘲笑する性向をもち、信仰を欠き、葡萄酒を好み、安逸をむさぼるデラシネであると指摘している。こうした「プロレタリア状況」は、レオンにとって「一種の禍であり、正常な状態ではない……病的現象……、あらゆるキリスト教社会秩序に反するもの……神と人類のすべての秩序に反するもの……」以外の何物でもなかった。かくして、労働者とその家族の宗教的貧困を救済することが、経営レベルにおける「工場の再キリスト教化」(ré-christianisation) の定礎として緊急に要請されていた。人間の本性的結合としてのアソシアシオンとりわけ宗教意識によってインスパイアされたアソシアシオンの結成に始まり、工場評議会の設立とその改革に完成をみる「キリスト教コルポラシオン」の発足。

(2) 宗教的基礎：カトリック・アソシアシオン

レオンはいう、「（労働者の幸福に関して）確固たる成果を獲得するためには、（カトリック・）アソシアシオンが絶対的に必要である。たとい唯一の方途ではないにしても、それは工場のキリスト教化のために最も確実で、最も簡明で、最も誤りの少ない方法である」と。また、「キリスト教社会生活の再建というコルポラシオンの所期の目的を達成するためには、われわれはコルポラシオンをキリスト教的諸要素から構成しなければならない。……その最良の保証は、宗教的感性によって鼓舞された諸々のアソシアシオンのなかに見出される。それゆえ、われわれは必ずカトリック・アソシアシオンをへて、そこ（コ

ルポラシオン）に入ることが必要であると確信する．もしコルポラシオンがアソシアシオンと別個に存在するならば，コルポラシオンが信仰とは縁遠い，あるいは宗教に対して無関心なものになるのをどうして防止しえようか．その結果，社会の幸福にとって無力なものとなるのをどうして防止しえようか．歴史はわれわれの意見（の正しさ）を証明している．コルポラシオンをつくりだすのは信心会（confréries）であって，コルポラシオンが信心会をつくりだすのではない」と．かくして，明瞭かつトータルにカトリック的であるアソシアシオンが「工場の再キリスト教化」の「隅のおや石」として明示される．

　1861 年 2 月 2 日，ジャック゠ジョゼフとレオンはサン・ヴァンサン・ド・ポールから 3 名の修道女を，次いで 2 名のラザリスト会修道士をまねいた．修道女は粗末な宿に居をかまえ，すぐさま託児所を開いた．かれらは宗教的アパシーのなかにあって，根気強く労働者民衆の教化につとめた．成果はカトリック・アソシアシオンの設立に収斂した．

① カトリック・アソシアシオンの設立

　1874 年 8 月 24 日～28 日の「カトリック労働事業同盟」リヨン会議において，レオンは次のように報告している．「われわれは，アソシアシオンが必要であることを確信している．しかし，それ（アソシアシオン）が家族全体をカバーしていなければ，その目的を遂行することはできないであろう．害悪が父親に，したがって息子に，母親に，したがって娘に及ばないであろうか．（それゆえ）各世代がさまざまな義務と主張をもつように，男子を対象としたいくつかのアソシアシオンが，そして婦人と少女を対象としたいくつかのアソシアシオンが設立されなければならないのではなかろうか」，「家族の全世代と全成員にアソシアシオンが及んでいなければ，工場の諸事業は完全とはいえない．堅固に建設されたこのアソシアシオン網は，絶えることのない真に効果的な運営により，家族全体を神の御もとに導くであろう．そのとき，工場は十全にキリスト教的になるであろう」と．かくして，あらゆる世代に対応したカトリック・アソシアシオンが男女別に建設された．

　a　少女・女子を対象としたもの

・「Association des Enfants de Marie」

　1863 年 8 月 15 日設立．14・15 歳以上の未婚の女子を対象．

・「Association de Saints-Anges」

　1864 年 8 月 15 日設立．11 歳～14・15 歳未満の少女を対象．

・「Association de Sainte-Philomène」

1869年8月15日設立．初聖体拝領前の少女を対象．

　b　母親を対象としたもの

・「Association des Mères chrétiennes, dite de Sainte-Anne」

1868年2月10日設立．

　c　少年を対象としたもの

・「Association de Saint-Louis-de-Gonzague」

1872年11月12日設立．初聖体拝領前もしくは9歳未満の少年を対象．

・「Le petit Cercle」

1872年11月21日設立．初聖体拝領をすませた16・17歳未満の少年を対象．

　d　男子を対象としたもの

・「労働者カトリック・サークル」（Le Cercle catholique d'ouvriers. Société de Saint-Joseph とも記す）．

1867年4月28日設立．16・17歳以上の男子（既婚者を含む）を対象．

②カトリック・アソシアシオンの性格

　各アソシアシオンは個々に自律的な団体である．しかし，性格において統一性をもつ．すなわち，「その目的を実践的に実現するために，すべてのアソシアシオンは宗教意識から生まれなければならないし，個人的自由から発生しなければならない．そして，メンバーを内部の管理に参加させ，キリスト教的ヒエラルキーにおいて行動させ，個人の変革によって家族を再建し，各人の道徳的・物質的福楽（bien-être）に機能しなければならない．この6つの性格は，われわれが理解しているアソシアシオンのエッセンスを構成する」[16]．「6つの性格」を説明しよう．

　a　宗教意識

　信心会の形態をとり，会員は秘跡に近づくように求められる．隣人愛を基底としたカトリック規範の明瞭性にしたがう[17]．

　b　個人的自由

　「自由は個人的責任の源泉である．それは実りの多い，永続的な活動を生みだす」[18]．アソシアシオンへの入会あるいは脱会は個人の意志に委ねられる[19]．

　c　労働者の管理参加

　「アソシアシオンの管理における労働者メンバーの参加（participation）は，

しっかりと形成された労働者評議会（conseils ouvriers）によって保証される[20]」．「各アソシアシオンは，それがそれぞれの労働者評議会によって管理されることで，初めてその名に真に値する[21]」．

　d　キリスト教的ヒエラルキー

　アソシアシオンにあって，雇主は「bon père」，「vénérable patron」としてある[22]．

　e　家族の再建

　「神の不在……のゆえに，もはや家族は存在せず，すべて消滅する傾向にある．われわれのアソシアシオンは，この大きな禍を矯めるべく構成されて」いる[23]．すなわち，「個人の変革をとおして家族を再建し，家族の至聖所（sanctuaire）を再生すること[24]」．

　f　道徳的・物質的福楽

　兄弟愛に基づき，労働者とその家族の福楽につとめる[25]．

③カトリック・アソシアシオンの成果

　「アソシアシオンは，心の結合でもって，孤立にとって代わった．それは善の自由をもたらした．それは外部の敵に対抗する力であった．そして，それは宗教実践を導いた」とレオンは記す[26]．大多数の労働者とその家族はアソシアシオンに加入していた．1887年5月5日現在で，256世帯の会員と12人の入会志願者（aspirantes）がいた．未加入者は40人程であった[27]．

　「心の結合」とは，雇主と労働者及び労働者相互の信頼と協力を意味する．「善の自由」とは，先に述べたごとく，世間体にとらわれない誠実と規律すなわち「秩序」の体現である．「外部の敵に対抗する力」とは，悪徳商人，政治屋，不道徳な労働者の誘いを拒絶する精神力である[28]．4つ目の「宗教実践」については少し詳しく説明しよう．レオンはいう，「ミサ，総聖体拝領（communions générales），定例集会，指導修道士・指導修道女（Frère directeur, Soeur directrice）及び評議員（conseillers, conseillères）の絶えざる活動，示される模範．これらのすべてはキリスト教を広めることに，無節操な人々を教化することに，収斂している．家族は再建され，工場は変革された．……諸成果は期待以上のものであった．われわれは，アソシアシオンは奇跡をおこしたと高らかに言うことができる」と．具体的にあとづけよう[29]．カトリック・アソシアシオンが設立されるまでは，工場の内部に「いかなる宗教的しるしも見出されなかった．……いかなる信仰の聖像も安置されてはいなかった」．宗教的香気

は，修道女が婦人労働者に工場内での「朝の祈り」をすすめたことで初めて生まれた．1874 年 9 月 13 日の工場大火災は，労働者に聖マリアを信心の対象としてクローズアップさせた．かくして，1877 年になると，「工場のなかにキリスト教的香気が満ち」る．婦人作業場では，始業直後に鈴を鳴らすと，労働者たちは聖マリア像の前に跪く．修道女が高らかに「信仰の行い」（acte de Foi），「希望の行い」（acte d'Espérance），「愛の行い」（acte de Charité）を誦える．お祈りが終わると，彼女たちは持ち場に戻る．男子作業場には十字架像が安置されている．「あらゆる便宜が宗教実践のために用意されている．信仰告白，黙想会，月例会，……労働者は作業着のまま工場付属礼拝堂に赴き，告白を行う」．「工場付属礼拝堂司祭（aumônerie. 以下，司祭と略記）と修道士は男子の作業場を，修道女は婦人の作業場を訪問し，悩みを共有しつつ，愛情をこめて労働者個々の身上相談にのっている」．こうした工場内での宗教実践は，カトリック・アソシアシオンなしには不可能なことであった．

④カトリック・アソシアシオンの事例

　a 「マリアの子たちのアソシアシオン」

「マリアの子たちのアソシアシオン規則」（Règlement de l'association des Enfants de Marie）の提供を借りる．

・目的

娘たちを雄々しく教育し，献身と克己の実践をとおして，家庭のなかに若々しい魂を形成する．

・宗教実践

修道女と評議員の動機づけで入会志願者に登録されると，髪型・化粧・交友関係を含めて，「ボナンジュ」（bon ange）から信心と徳の陶冶について指導を受ける．「集まり」（réunion）と黙想会に参加する．毎月の第 1 月曜日にはアソシアシオンの長から助言を受ける（「同規則」第 2 条）．6 ヶ月の修練期間を終えると，労働者評議会で入会審査を受ける．許可されると，司祭によって工場付属礼拝堂に迎え入れられる．不許可の場合は修練期間が延長される（「同規則」第 2・3 条）．会員はブルーのリボンを，入会志願者はグリーンのリボンを付ける．リボンは義務を自覚させ，他者に宗教的影響を与える（「同規則」第 4 条）．主日の夕方 4 時～5 時に「集まり」がもたれる．月例の「集まり」は司祭によって主宰され，「イマクラタ・コンセプシオ」（聖母の無原罪のやどり）の室で行われる（「同規則」第 5 条）．毎月の第 1 日曜日には総聖体拝領が

行われる．会員は2週間ごとに聖体を拝領する．年1回，ラザリスト会修道士によって黙想会が開かれる（「同規則」第6・7条）．

・管理

労働者評議会と指導修道女及び司祭の3者が連絡を密にして管理する（「同規則」第8条）．日常業務は評議員が執行する（「同規則」第9条）．

・活動

会員とその母親を対象に観劇会がもたれる．祝祭日にはプロムナードが催される．前者は貞節と純潔の陶冶を，後者は祝祭日に多発する非行・誘惑から会員を守ることを目的とする（「同規則」第13条）．3年の間会員で品行の良い者には，雇主から100フランの花嫁持参金が与えられる．会員の結婚式は，通常，日曜日の朝に，読唱ミサが終わったあと，修道女が花嫁のブルーのリボンを取り外すことから始められる（「同規則」第18条）．病人に対する介護活動（「同規則」第19条）．

b 「キリスト教母親アソシアシオン，いわゆるサント゠アンヌ・アソシアシオン」

「キリスト教母親アソシアシオン，いわゆるサント゠アンヌ・アソシアシオン規則」（Règlement de l'association des Mères chrétiennes, dite de Sainte-Anne）の提供を借りる[36]．

・目的

「もし，母親がわれわれに対抗する存在であるならば，若者を道徳化しようとするわれわれの努力は虚しいものとなろう」[37]．それゆえ，母親に対する教化が要請される．

・活動

献身と扶助の精神に基づき，病人，遺児，多子家族の介護・世話を行う（「同規則」慈善事業婦人）．毎月1回，火曜日か木曜日のできるだけゆとりのある時間帯を選んで「集まり」をもち，司祭の指導のもとに，子供の教育，家庭における信仰の意義，母親の幸福と宗教実践，「聖心」の愛について理解を深める（「同規則」第2・3条）．9月には黙想会を開く（「同規則」第4条）．祝祭（「同規則」第15条）．

c 「労働者カトリック・サークル」

「労働者カトリック・サークル」は「アソシアシオンのなかで最も重要なものである．コルポラシオンという船を操っているのは（労働者カトリック・）

サークルであり，コルポラシオンの真の中心は（労働者カトリック・）サークルである」。聖ヨゼフの祝日に会員40名で発足した．1868年80名，1873年115名，1874年には144名に増加した．入会許可は評議員（conseillers de service）の投票で決定された．

・目的

「工場のキリスト教的ディシプリンを維持すること．そして，各アソシアシオンの活動を活発にする適切な措置を講じること」。

・管理

「労働者カトリック・サークル」は「キリスト教コルポラシオン」の執行機関としての機能をもつ内部評議会（Conseil intérieur. 後述）によって管理される．評議員の半数は労働者である．

・活動

ア　生活習慣の純化：精神の純潔と祈り働くことをうながす．

イ　キリスト教的結婚：「家庭を変えなければ，われわれは社会を改革することはできないであろう．そこに到る最も効果的な方法は，キリスト教的結婚を行うことではないのか．労働者カトリック・サークルの主たる目的は，青年をキリスト教的結婚に導くことにあらねばならないのではないか」。かくして，家庭及び社会再建の基礎をなすキリスト教的結婚を推奨する．

ウ　キリスト教社会生活の啓発：年間37回に及ぶ全体行事の他に，プロムナード，夜間講座，講演会を開催する．会員の一部は「聖心の天軍」（Milice du Sacré-Coeur）の名のもとに労働者の回心集会を開く．会員は工場聖マリア会と聖ヨゼフ信心会（Confrérie de Saint Joseph），祈りの伝道（Apostolat de la prière）に属し，日常の宗教実践をとおして相互回心をはかる．

エ　「集まり」：司祭と指導修道士の参加のもとに，日曜大ミサのあと，付属礼拝堂で夜10時まで行う．

オ　レクリエーション：器楽，合唱，演劇，騎銃，軍事教練の5クラブがあった．日曜日には音楽会，射撃会，ビリヤード，ピクニック，観劇会を催す．5月の好季には1泊2日もしくは日帰りの巡礼を実施する．

d　「小サークル」

「小サークル規則」（Règlement du petit Cercle）の提供を借りる．「1° 会員の信仰と習俗を守ること　2° 健全な娯楽をかれら（会員）に提供すること　3° キリスト教的で，世間体をまったく気にしない労働者となるように，かれら

（会員）を育成すること」を目的とした．「小サークル」は少年に堅固な信心と責任感及び隣人愛に基づく相互伝道精神を教示することで，「労働者カトリック・サークル」の苗床として機能した．

(3) 篤信労働力の調達

「心と魂の統一」(unité de coeur et d'âme) をそなえた労働者の確保につとめた．

①アルメル労働者の地域的出自

アドリアン・ダンセット（Adrien Dansette）は，アルメル労働者の大部分は地元出身者であると判断し，ヴァル・デ・ボワの地域的閉鎖性を主張する[45]．ウィラールもダンセット見解を支持する[46]．一方トリムーイユは1850年～1891年のワルメリヴィル市戸籍簿を調査して，㋐1870年頃までは地元出身者と並び仏領アルデンヌ出身の労働者が多い　㋑その後，ベルギー領アルデンヌ出身の労働者が漸増している　㋒1890年～1891年になると，北部と東部を中心に，ブルターニュ地方や中部地方などフランス各地からの労働者が増加している，この3点を確認する[47]．具体的に1890年～1891年のワルメリヴィル市転入労働者の出身地域をみると，第一に両アルデンヌ，次いでルクセンブルグ，モゼル県，オ・ラン県，バ・ラン県，エーヌ県，ソンム県，ノール県，バーデンの順になっている[48]．全国各地から労働者が調達されていたとは言い難いにしても，地元出身者で固められていたわけではないことが知れる．1886年にはラ・スイップ鉄道が開通し，ランスとは30分で結ばれる．ヴァル・デ・ボワの地域的閉鎖性を主張することは困難である．

②家族単位の採用

扶養家族をかかえた労働者は温厚で，規則的に仕事をする性向をもつ．その子供たちも次世代労働力として有望である．この観点から，宗教心豊かなカトリック家族を可及的に選択し，家族をまるごと採用する方針がとられた（recrutement familial）．最初のうちは当該地域の司祭に依頼して家族の信心度を調査してもらっていたが，1890年代になると職員が直接調査に乗りだした．1900年代に入ると，身元調査を担当する人事係（agents recruteurs）が設けられた．既に第二帝政末期には，地元出身者と並び，仏領アルデンヌから「根本的に道徳的」である15家族（1家族は平均10人）が採用されていた[49]．渡り鳥労働者や飲酒癖のある者，聖月曜日の習慣をもつ者，妾を囲う者，妻子と別れ

た者は採用対象から除外された．

③「家族の家」：若年女子労働力の確保

正式には「聖マリアの家」(Maison de Sainte-Marie）というが，「家族の家」(Maison de famille）と通称されていた．1863年8月15日に設立され，翌年から宗教心に富む若年女子労働力を供給していた．1876年50人，1877年54人，その後約100人，1887年19人，1889年22人，1904年19人，その後約50人，1932年〜1933年には約80人を供給していた．アルメル会社の女子労働力確保の基本姿勢を示す事例と考えられる．1875年の状況を示そう．原則として12歳以上21歳未満の女子遺児あるいは病気の女子が入所を認められ，13歳以上の者はサン・ヴァンサン・ド・ポール修道女の指導・監督を受けつつ，1日当たり9時間の梱包・撚糸・糸繰り作業と3時間の裁縫及び学校での勉強に従事した．月曜日には司祭から教理問答を授けられた．十分に教化された彼女たちは良質の，しかも非常に安価な労働力であった．通常，会社から100フランの持参金を受け取り，アルメル男子労働者と結婚した．夫婦はともに信仰に篤く，付属礼拝堂での儀式には必ずといってよい程参加した．それゆえ，「家族の家」は宗教実践に熱心なキリスト教徒労働力の新しい世代を再生産する機能を兼ねそなえていた．1889年に入所規則が改定され，遺児あるいは病者という資格条項が削除された．その結果，外国も含めて，全国各地から入所者が集まるようになった．1895年11月15日〜1903年12月10日のマルヌ県を除く出身地域別入所者数をみると，明確に判別できる者だけで，パリ地域10人，ブルターニュ11人，エーヌ県4人，ベルギーとヴェルテンベルグ各1人となっている．規則改定後も遺児救済とともに，宗教心に富んだ安価な女子労働力の供給源として機能したことに変わりはない．

(4) 労働条件の「正義」(justice)

①労働時間

仕事は午前5時に鐘の合図で始まる（「工場総規則」Règlement général des ateliers 第2条）．労働時間は1892年までは平日11.5時間，土曜日9時間，週当たり66.5時間で，法定の72時間よりも5.5時間少なかった．ただし，終業後に毎日30分間の掃除があった（「同規則」第3条）．1893年1月1日以降は平日11時間に，1902年4月1日以降は同10.5時間に，1904年4月1日以降は同10時間に短縮された．

②雇用の保障

　雇主は1週間の予告期間付きで労働者を任意に解雇しうる権利をもっていた（「同規則」第1条）．しかし，先に述べた1900年の紡績不況を唯一の例外として，解雇権が行使されたことはない．工場大火災のときもそうであった．注文が激減し，人員整理の必要にせまられたときでも，男子労働者に対しては盛り土や中庭の整理といった「多かれ少なかれ有用な仕事」を提供することで，女子労働者に対しては裁縫や構内の掃除を割り当てることで，利潤の減少をかえりみることなく，雇用を保障した．もちろん，その場合でも賃金カットは行っていない．この事実はレオンが，「労働権」の保障とまでは言えないにしても，それに近い概念を抱いていたことを示唆している．彼は，「失業は病気よりも重い禍である．……われわれはそれを防止することに努めなければならない．われわれは一定の範囲でそれを行うことができる」と確信し，「もし雇主が労働者のことをよりよく知っていれば，もし贅沢や富への欲求がキリスト教精神によって希釈されていれば，諸企業はより賢明に営まれ，そして失業はより少なくなるであろう」と主張する．そして，現実の失業に対しては，「教会の教えがわれわれに……効果的な救済策を直ちに与えてくれるであろう」，「予め，失業が生みだす貧困を救済する諸方策を組織しておこう．禍（失業）が発生するであろう至る所で団結し，われわれの愛の奉納をもたらそう」と提言する．

③賃金

　a　ミニマム

　ランス地域の繊維賃金を基準に，年齢を加味して，最低水準を設定していた．少なくとも1877年までは，賃金率が引き下げられたことはない．ミニマムと「賃金の永続性」（permanence des salaires）はレオンの「適正賃金」論，すなわち「労働力は商品ではないので，賃金はそれが適正であるためには，それを受け取る労働者を生活させうるものでなければならない」に拠っていた．彼は「神の掟」（loi de Dieu）に基づき，需給法則が定める以上の賃金をみずからに課していた．

　b　形態

　「賃金の規則性は家計の安定に大きな影響を及ぼす．……（出来高給の場合）家計はその予算を最も高い（賃金）水準にあわせる．習慣は急速に欲求に転化する．そして，低賃金の週は困窮をもたらす」．「この危機に対する解決策として，われわれは時間給と賃金補充（supplément de salaire）を結合させる．補充

第10-4表　ミュノ・ジョゼフ家（Muno Joseph）の賃金支払い明細書：
　　　　　1876年3月13日～19日の週　　　　　　　　　　（フラン）

賃金		控除	
アドルフ	33.20	家賃	3.05
ジャン	33.15	相互扶助組合費	3.15
ルイ	12.00	前貸付	0.00
アンリ	9.00	購入物品	10.00
メラニー	10.20		
アレクサンドリーヌ	10.20		
賃金合計	107.75	控除合計	16.20
		支給額	91.55

Harmel, L., *Manuel d'une corporation chrétienne*, première édit., Tours, Alfred Mame et fils, Libraires-Éditeurs, 1877（以下，*Manuel* と略記），document C, Billet de paye, p.324.

は毎月末に（労働者が）受け取るもので，2週間分あるいは1週間分の賃金に相当するプライムから成る．このようにして，われわれは時間給の特性を失うことなく，出来高給の労働刺激を確保している」[61]．

　c　支払い

「支払いは毎週木曜日に事務室で行われる．家族全員の賃金が支払い明細書に詳しく記入され，家族の長あるいは彼が指定する者に手渡される」（「同規則」第18条）（第10-4表参照）[62]．浪費を防ぐために，市のたつ日（木曜日）の午前中に，家族全員の賃金を一括して，家庭の和合と倹約の中心である母親に手渡すケースが1880年頃までは多かった．その後，1889年の記録によると，父親に手渡すケースも増えている．20世紀初頭には大抵の場合，父親に手渡している[63]．おそらく，居酒屋やカフェでの浪費習慣が改められたためと考えられる．

④ディスィプリン

　労働条件の「正義」は工場における「神の統治」とシノニムである．それゆえ，「真の信仰に適った工場組織を熱心に求めなければならない」（傍点部　原文イタリック）[64]．就業規則はその1つである．

　a　就業規則

「工場総規則」は以下を規定する．〈即時解雇〉：雇主あるいは職員を侮辱した者，徒党を組んだ者，繰り返して醜聞を起こし秩序を乱した者は即時解雇とする（第1条）．〈遅刻〉：10分未満の遅刻には0.05フランの罰金が科せられる（第5条）．〈欠勤〉：無許可あるいは正当な理由のない場合，月曜日については1日の賃金の1/2，その他の曜日については同1/3の罰金が科せられる（第6

条).〈喫煙〉:就業時間中の喫煙は禁止される(第11条).〈部外者の連れ込み〉:禁止.違反者には1フランの罰金が科せられる(第12条).〈酩酊〉:酩酊状態で出勤した者には停職1日と1日の賃金の1/3の罰金が科せられる.2度目の場合は解雇される.無許可で葡萄酒やアルコール類を工場内に持ち込んだ者には2フランの罰金が科せられる(第13条).〈風紀〉:政治・宗教的議論は禁止される.礼節を欠いた言動は禁止される.工場内で喧嘩をした場合,初回は罰金1フラン,2回目は解雇とする.必要もないのに持ち場を離れた者には10サンチームの罰金が科せられる(第15条).就業規則は,公平・良きエスプリ・良き模範を体現した職長によって適正に運用されていた.「キリスト教徒職長は工場から無礼な言葉,野卑な言動,見習工に対するブリュータルな行為,カトリック事業に所属する労働者が晒されている数多くの中傷を漸次追放している.彼は工場をディスィプリンし,同僚の信仰と徳性にとって危険と思われる労働者を遠ざけることで,工場に良き精神を導入している」.

b 工場外でのディスィプリン

レオンはいう.「(労働者の私生活における)破廉恥な,あるいは危険なできごとについて対応しない雇主は彼の義務を怠っていないのであろうか.そこには,工場のキリスト教的ディスィプリンの一部がないのであろうか」と.労働者の私生活も工場の延長において理解されていたことが知れる.

2 宗教・道徳的制度(事業)

(1) レクリエーション

司祭が主催する青少年団と読書会に加えて,吹奏楽団,合唱団,射撃・体育会,劇団,消防団といったクラブがこの範疇に属する.これらは「Sociétés de préservation」と総称されていた.不道徳の温床になる舞踏会を廃止し,「すべての者が確実に参加できる行事を準備すること」,「有害な影響を与える悪質な出版物や危険な娯楽を,健全な講座や誠実なレクリエーションで遠ざけること」,そして「家庭のなかに善き団欒と魅力ある善き明朗を回復すること」が目的であった.論者によれば,これを要するに,単調な労働に由来する疲労を集団活動で回復させ,勤労意欲を高める手法であったという.また,集団活動が家庭の団欒を犠牲にして,しかも画一的に実施されていた点を強調し,労働者の意識と行動を強制的に他律化せんとする意図があったという.しかしながら,クラブや読書会などに入るかどうかは,またクラブに入るにしてもどのク

ラブにするかは個人の自由に全面的に委ねられていた．この点を考慮すると
き，レクリエーション活動のもつカトリック的家庭生活再生及び社会生活再生
の機能はポジティブに評価される．

(2) 信仰団体

　聖ヨゼフ信心会で信仰団体（Oeuvres de piété）を代表させよう．会員は「朝
のお祈りが作業場で実践されているかどうかを確認し，始業前に十字をきるこ
と，蠟燭を灯すこと，各作業場に安置されている聖像に終夜燈を灯すことを奨
励する」．また，「無料で配布されるキリスト受難の像も図像もない家庭に対し
ては慎重な関心を払い」，各家庭における宗教実践の普及につとめる．信仰団
体は工場の内外において，労働者の宗教心の涵養に機能した[71]．信仰団体には聖
ヨゼフ信心会の他に，「フランシスコ会第三会」，全能の聖体の信心会（Confrérie
du Très Saint Sacrement），サン・ヴァンサン・ド・ポール信心会（Confrérie de
Saint-Vincent-de-Paul），祈りの伝道，ロザリオの会（Association du Rosaire）が
あった．

(3) 工場聖マリア会

　1874年9月13日に工場が火災に遭ったとき，聖マリア像の前で自然鎮火し
たことに奇蹟を感得したレオンの発心で，1875年8月28日に設立された[73]．レ
オン自身が長であった．会員の義務第3項は，「カトリック的情熱が設立し発
展させようとつとめている労働事業を全力をあげて支援する」と定める[74]．これ
を受けて，会員は「放縦な議論」・「不作法な行為」・「不道徳な出版物」を規制
して「青少年の純潔」を守り，カトリック的結婚を広め，「生活と仕事の悩み
について可及的に（労働者に）奉仕する」こと，すなわち労働者の回心と人間
性の尊重に精励することを本務とした．論者によっては，㋐司祭が主催する月
例会において，個々の労働者の宗教実践・私生活・男女交友関係が報告されて
いること　㋑修道士による家庭訪問で労働者個々に対する指導が行われている
こと，を取りあげ，工場聖マリア会のなかに労働者の反教権的動きを監視する
機能を見出している[75]．

(4) アルメル学校

　アルメル会社は修道士と修道女の協力を得て，1863年に，15歳以上の見習

工に 1 日 1 時間の宗教教育を施す目的で青少年学級を開いた[76]．1873 年，この学級には男女合わせて 232 名が学んでいた．1875 年，レオンは無料の少年学校と少女学校を計 4 クラス設置し，就学を義務化した．「満 12 歳未満の子供は工場で就業することがみとめられない．この年齢までは，工場の学校へ通わなければならない．／12 歳以上 16 歳までの子供で，工場で働いている者は，1 日当たり 1 時間は学校へ通わなければならない．30 分は休息時間から，30 分は労働時間から割り当てられる」（「工場総規則」第 4 条）[77]．12 歳未満の生徒は 1 日 6 時間の授業を受けた．カトリック科目と日曜ミサは必修であった．少年学校ではデッサン・農工業・生活・賃金といった技能実業科目が，少女学校では裁縫・料理・修繕・洗濯・掃除といった「慎ましい家計」を遣り繰りするための科目が実施された．少女学校を卒業すると，希望者は家政学校（École ménagère）へ進むことができた[78]．

　教育方針は宗教を重視するレオンの教育観に則っていた．レオンの教育観は，聖書を疎かにしているコレージュ・カリキュラム批判のなかに示されている．いわく，「われわれは，我々の息子・娘の教育に関する要望をあえて表明する．教育のなかにカトリック的社会科目の分野が付け加えられることを．無知は宗教実践を困難にする．さて，われわれの不幸は社会的義務を放棄していることのなかに，まさしくその原因が求められる．そして，もし，われわれが若者に対してそうしたことを教え始めなければ，若者にそのことを理解させることは決してできないであろう．われわれは心底から，コレージュ及び寄宿学校において，特別な小科目（カトリック科目）が設けられることを広く訴えるものである」[79]，「道徳的・物質的幸福は，宗教と専門科学が決して分離していない堅固な教育によって準備されるであろう」と[80]．出欠席の管理と成績評定は厳しく行われた[81]．

　アルメル学校の目的は，篤信的かつ技能に長けた労働力の養成，そして良妻賢母の育成におかれていた．見習工を対象に，蔵書数 1,000 冊以上の図書室で，内部評議会の意向を受けた修道士の指導のもとに，月 1 回の読書会も開かれていた．宗教書のほか，*La Croix de Paris, La Croix de Reims, L'Ouvrier et les Veillées des chaumières* などのカトリック誌が教材として使用された[82]．

(5) 夜間講座

　レオンはいう，「われわれは諸状況に応じた職業概念を労働者に対して付与

することに，とくに取り組まねばならない」[83]．この観点に立って，毎年10月1日から翌年4月1日までの6ヶ月間，16歳以上の労働者を対象に，週3回の夜間講座がアルメル学校教育の延長において開かれた．教材費のみが個人負担であった．宗教と一般教養の他に，職業デッサン，工業製法入門，道具・機械の作図，職業と家族にかかわる法規，キリスト教経済（Économie politique chrétienne），貯蓄，プレヴォワイアンスといった実業科目が設けられていた[84]．

3 経済的制度（事業）

(1) 相互扶助組合

ジャック゠ジョゼフによって1846年1月21日に設置された救済金庫が前身である．救済金庫は改編拡充され，相互扶助組合となった．「ヴァル・デ・ボワ紡績工場の相互扶助組合規約」（Statuts de la Société de secours mutuels de la filature du Val-des-Bois）の提供を借りて，1877年現在の実態をフォローする．

①原資

組合に加入するときの払込金と2週間ごとに払込まれる組合費を中心にしていた．これに，会社からの補助金と罰金が繰り入れられた．補助金のしめる割合は漸次大きくなっている．［1887年～1896年の10年間の原資の内訳をみると，払込金と組合費の収入合計は12,978フラン（14%），補助金収入は80,920フラン（86%）である］[85]．

②管理

組合長（アルメル家のメンバー），会計兼書記，労働者によって互選された委員（commissaire）6の計8名で構成された「評議会」（conseil）が日常業務を管理した．委員の半数は年次総会（assemblée générale）で改選された（再選可）．会計兼書記は「評議会」によって任命された．3年間委員をつとめた労働者は名誉委員（commissaire honoraire）に任命されえた．委員と名誉委員は組合長のもとに「総評議会」（conseil général）を構成し，規約の改正，手当の増額，特別組合費の徴収など重要事項を協議・決定した．組合長は日常業務の管理及び重要事項の協議・決定に事実上口出しせず，実質的に労働者による自主管理が実現していた[86]．

③扶助の内容

・疾病手当：原則として，医師の証明をへたのち，発病4日目から，賃金/日に応じて，0.5フラン/日～1.5フラン/日が支給された．4ヶ月をこえても就

業できない場合は慢性病と認定され，手当は半分に減額された．8ヶ月をこえては支給されない．
- 医薬：無料提供．
- 出産手当：10フランが支給された．
- 葬儀費用：死亡者の年齢に応じて，9.25フラン〜38フランが支給された．
- 労災補償：（後述）．

「ヴァル・デ・ボワ紡績工場の相互扶助組合規約」－抜粋－[87]
第1章　組合の組織と財源

第1条〈組合の目的〉　相互扶助組合は1846年1月21日に，アルメル兄弟によってヴァル・デ・ボワの紡績工場に設立された．本組合は以下の目的をもつ．
1　病気にかかった組合員に医薬を提供する．
2　かれら（組合員）の療養期間中，かれらに手当を支給する．
3　労災の場合，かれらに追加手当を支給する．
4　かれらに葬儀費用を支給する．

組合は政治的あるいは宗教的事項を取り扱う権利をみずから禁じる．この種のすべての議論は厳しく禁止される．

第2条〈組合員〉　すべての労働者は，工場で働いていることそれ自体によって，相互扶助組合の組合員である．かれらは，解雇について工場から1ヶ月前あるいは1週間前に予告されたその日から，（組合に）所属することを停止する．

工場を離職する組合員は，かれらの払込みに対する補償の権利を一切もたない．

第3条〈組合の財源〉　組合の財源は以下によって構成される．
1　金庫（相互扶助組合）の発足に際して，すべての労働者によって納められた最初の払込金．次いで，すべての新規組合員による払込金．
2　2週間ごとに組合員によって払込まれる組合費（第4・5・6条）．
3　罰金の全部．
4　組合への寄付．

第4条〈通常の払込み〉　組合費は賃金を基準とする．既婚の婦人を除き，以下のように定める．

（フラン）

分類	賃金／日	最低賃金／週	組合費／2週間
1	3.30〜	20.00	0.75
2	2.50〜3.25	15.00	0.60
3	2.00〜2.45	12.00	0.50
4	1.50〜1.95	9.00	0.35
5	1.00〜1.45	6.00	0.25

　第5条〈既婚の婦人〉　工場で働いている，あるいは家事に専念している既婚の婦人は，2週間ごとに0.45フランを払込まなければならない．この条件で，彼女たちは相互扶助組合に加入し，以下の権利をもつ．……

　第6条〈12歳以上の子供〉　12歳以上の子供で，工場で働いていない者あるいは無職の者は，両親の申請に基づき，2週間ごとに0.15フランを払込むことで，相互扶助組合に加入することができる．

　第7条〈家族〉　工場あるいは雇主によって提供された仕事によってのみ生計をたてているすべての家族は，12歳以上のすべての家族が第4・5そして6条で述べられた組合費を払込んでいれば，相互扶助組合に所属する．この場合，12歳未満のすべての子供は以下の権利をもつ．……

　　　　　　　　　第2章　組合の管理

　第11条〈評議会〉　管理は組合長，会計兼書記及び選出された6名の委員の8名から構成された評議会に委ねられる．

　当然，工場の長が組合長である．

　委員は毎年，総会において，半数が改選される．

　委員は再選されうる．かれら（委員）は比較多数で選出される．

　第12条〈選挙人〉　18歳未満の者は選挙人になれない．22歳未満の者は委員になれない．

　第20条〈名誉委員〉　3年間委員をつとめたすべての組合員は，名誉委員に任命されうる．

　第21条〈総評議会〉　名誉委員と6名の現職委員の集まりは，雇主の主宰のもとに，総評議会を構成する．

　この会は総会に先行する週に開かれる．

　この会は以下の特別な決定を行うために召集される．追加手当，廉価購入，特別組合費の徴収，規約の改正．

第3章　扶助の給付

第28条〈必要とされる手続き〉　組合員が病気にかかったとき，彼は委員にそのことを届け出なければならない．委員は工場の医師に通知し，就業を停止した日付を証明したカードを交付する．

手当は，医師が病気を証明した，そして必要とあれば就業を再開しうる日付を記したカードに基づいて，初めて支給される．

手当は，2週間ごとに開かれる評議会によって決定される．それ（手当）は，少なくとも3名の委員と会計兼書記によって署名されたカードに基づいて支給される．

第29条〈手当〉　第28条に記された手続きに則り，病気と認定されたすべての組合員は，以下に定められた手当を受ける．

（フラン）

第1分類	1.5/日
第2分類	1.2
第3分類	1.0
第4分類	0.7
第5分類	0.5

日曜日，祝日あるいはそれが突然のことであれ休業日については，支給されない．

就業中に工場で負傷した場合及びその負傷が第36条に規定された手当をもたらす場合を例外として，病気にかかった最初の3日間は，手当は支給されない

第30条〈慢性病〉　4ヶ月以上就業できない場合は，病人は慢性疾患にかかっていると見なされる．……手当は4ヶ月経過後半分に減じられ，8ヶ月を経過すると打ち切られる．

第31条〈出産〉　既婚の婦人に支給される出産手当は，10日の間一切の世話を行うにちがいない産婆に対して支払われる10フランとする．

第37条〈葬儀〉　相互扶助組合はすべての組合員に対して葬儀の費用を支給する．

16歳以上：38フラン，13歳～15歳：21.75フラン，11歳～12歳：19.25フラン，9歳～10歳：18.25フラン，7歳～8歳：17.50フラン，4歳～6歳：12.00フラン，1歳～3歳：9.75フラン，1歳未満：9.25フラン．

(2) 労災補償

「相互扶助組合規約」第36条は次のように規定する．「労働者災害．相互扶助組合はすべての労働者を対象として，労災保険会社（ブリュッセルのロワイヤル・ベルジュ社 Royale belge）に保険をかける（年間保険料は，支払賃金総額÷1000×1.8 フラン）．この保険により，工場のなかで，あるいはアルメル兄弟のために被保険者が一時的に就業しているあらゆる場所で負傷した労働者は，第29条において支給される（疾病）手当に加えて，（1日当たり）1日の賃金の1/2に等しい補償を受ける．ただし，この補償は26週をこえる期間については支給されない．／負傷によって手足をなくした者は，負傷者の1日当たりの賃金の400倍に等しい額に年齢年金率（第10-5表参照）を乗じた年金を3ヶ月ごとに受ける．／労災死の場合，被労災者の家族は，死亡後3ヶ月以内に，400労働日の賃金に等しい額を受ける」．具体例を示そう[88]．

・単純な負傷の場合：労災にあったときに5フラン/日を得ていた者は，ロワイヤル・ベルジュ社から2.5フラン/日，相互扶助組合から1.5フラン/日の計4フラン/日を受け取る．

・手足をなくして永久に就業不能となった場合，もしくは肢体の一部に障害を残し，配置転換または転職・離職を余儀なくされた場合：労災にあったときに25歳で，6フラン/日を得ていた者は，6フラン×400×年齢年金率0.0568＝136.32フランの年金を年4回，計545.28フラン受け取る．その後，規約の改定があり，1894年現在では，年金額は1日の賃金（ただし，4フランを上限とする）の150倍となる[89]．

第10-5表　年齢年金率　　　　　　（％）

年　　齢	年齢年金率
−15	5.27
16−25	5.68
26−45	6.81
46−60	9.57

Manuel, p.96.

(3) 労働者住宅

当初，兵舎型共同住宅が建設された．しかし，個人のプライバシーが保たれないこと，不道徳行為の温床になること，を理由に建設中止となった．1855年以後は「魂と身体の健康」という観点から，菜園付戸建て住宅が建設され

た．1904年までにジャンヌ・ダルク住宅（21戸）やサント・ヴィルジィニ住宅（24戸）をはじめとして，計138戸が建設された．他に，アルメル会社が民間業者と契約を結んで労働者に賃貸していた住宅が44戸あった．したがって，この時期，労働者204世帯中22世帯（12世帯は持家，10世帯は不明）のみが社宅外に住んでいたことになる．住宅の標準的な構造を示す．「側面が柵で囲まれた小さな庭が正面にあり，その隅には家畜用あるいは貯蔵用の小屋がある．道路はこの小屋の外側を通っているので，大きな声で話したり，叫んだりしても，隣人や通行人には聞こえない．各戸には地下倉1と地下室2がある．（間取りは）2部屋で，広い屋根裏部屋もある．家族が増えたときには補助部屋に改造できる．各戸には菜園がついており，耕作できる」．家賃は古い住宅で年間70フラン，新しい住宅で220フランであった．全戸一律の家賃という形式的平等は，居住性の差異（立地場所と内部構造の違い）のゆえに，実質的に不平等をもたらすと考えられた．住宅が労働者の道徳性陶冶に多大の影響を及ぼす福利事業であったことは周知の事実である．アルメル労働者住宅についても同様のことがいえる．

　持家制度に関しては特別な措置は講じられていない．社内預金を住宅建築資金にあてる者も若干名いたが，持家世帯は全体の5％〜6％にとどまっていた．レオンはというと，労働者の定着率向上と小ブルジョワ的価値観陶冶の観点から住宅所有の効用を積極的に評価してはいたが，持家建築資金貸付制度などは設けていない．希望者に対して心理的奨励を行ったのみである．

(4) 貯蓄金庫（Caisse d'épargne）

　ジャック゠ジョゼフが1842年に設置した貯蓄金庫を前身とする．預金高は1850年で約1,000フラン．1870年代に急増しはじめ，1884年に160,000フラン，1887年に312,187フラン，1914年には922,331フラン（通帳数240，通帳当たり平均3,843フラン）に増加している．1894年までは「貯蓄金庫規則」第6条で，1人当たりの預金限度額を1,000フランと定めていたが，コルポラティフ評議会の決定で2,000フランに引き上げられ，さらにその後は事実上無制限になっている．レオンは「4％の利率で15日ごとに50サンチームを預金すると，20年後には約600フランになる」といって，アルメル学校の生徒にも貯蓄を勧め，1896年までに預金生徒1人当たり平均25フラン，合計5,589フランの生徒預金を実現している．当時の国営貯蓄金庫（郵便貯金）利率が2.5

%であったのに対して，貯蓄金庫の利率が4％〜5％であったことも預金増の一因とみなすことができる．だが，それ以上に，カトリック・アソシアシオンに因る倹約心の高まりが預金増の直接要因であったと考えられる．「倹約は1つの徳である．すべての徳は，当然のことながら，信仰に発している」であろう．[97]

(5) 「賃金の家族補填」

　「賃金は労働の見返りとして労働者に支払われる報酬である．模範社会においては，報酬は2つの部分から構成される．1つは（本来いう賃金で）労働者の労働に対応するもの，もう1つは（補助金 subventions で）労働者家族の必要に対応するものである」[98]．レオンのこの賃金論は『レールム・ノヴァルム』にいう適正賃金で確定され[99]，最低生活保障（minimum vital）として精緻化された．レオンはいう，「教皇は，雇主が地域の（賃金）相場のみならず，賃金率と生活の必要の間に存在する諸関係についても深く考慮することを望まれている．／それゆえ，われわれは，通常の状態にある労働者によって行われる通常の労働が，労働者とその家族（の生活）にとって十分な報酬を生みださねばならないと考える．……われわれは，諸経費のなかに，多子家族の必要に応ずることを目的とした予備費を用意しておかなければならないと考える」[100]と．

　1891年，レオンは扶養家族をもつ労働者を対象に，家族1人当たり週4.2フランの最低生活費を定めた．この額に満たない労働者に対しては，会社が全額出資する「家族金庫」（Caisse de famille）から，「賃金の家族補填」（supplément familial au salaire）を給付した．〔例えば，労働者と配偶者と子供6の8人家族で，家計総収入が週に27フランの家庭の場合．4.2フラン×8人＝33.6フラン．差額の6.6フランを「賃金の家族補填」として給付〕[101]．この制度の適用を受けたのは主として多子家族，老人家族，病人・障害者家族であった．給付総額は年間に1,800フラン〜2,000フランとそう多くはなかった．「家族金庫」の管理運営は「労働者委員会」（commission ouvrière）に委ねられ，雇主が口出しすることはなかった．レオンは，「この支出によってたびたび予防されている禍及びこの支出によって改善されあるいは維持されている諸状況をかえりみた場合，この支出は比較的に慎ましやかなものである」[102]と述べ，「賃金の家族補填」がもつ家族生活維持機能をポジティブに評価する[103]．

（6）退職年金

会社の全額出資で，「将来への準備金庫」（Caisse de prévoyance）が設けられていた．退職年金金庫である．年金額は300フランであった．会社は労働者本人の体力と年齢を考慮しながら就業を可及的に保障していたので，受給者はそれほど多くはなかった．1896年を例にとると，新規受給者は78歳と79歳の男性労働者2と老婦人労働者1の計3名であった[104]．

（7）生命保険

1876年5月1日に，アルメル会社はジュネヴォワーズ生命保険会社（Genevoise）と契約を結んでいる．カトリック・アソシアシオンに所属する労働者が死亡した場合，100フランが支給された[105]．

（8）日用生活品・食料品の廉価供給

石炭とじゃがいもを直接仕入れ，市価よりも10％〜20％安く提供していた．また，パン屋，肉屋，食料品店，衣料品店と個々に契約を結び，パンは市価よりも10％，肉は7％，その他は5％程安く提供していた[106]．労働者は購買券（bons）で日用生活品や食料品を購入することができた．仕入れと契約は，コルポラティフ評議会（後述）の労働者メンバーが担当した[107]．

（9）経済的制度（事業）とカトリック・アソシアシオン

経済的制度は労働者とその家族の実利的福祉の向上に寄与した．しかし，レオンにとって，経済的制度それ自体は人間生活の表層に係わるものでしかなく，内奥的「生活」それ自体に対しては決定的影響を及ぼすものではなかった．レオンがシャルル・ペランの一節を引用して，「アソシアシオン（経済的制度）は，それが兄弟愛の原理に立脚しているときに初めて教化する力となる．……慈悲あふれる献身と愛がともなっていなければ，アソシアシオン（経済的制度）は人々（労働者）を各人固有の利害のなかに閉じ込めてしまい，個人主義が培養し増大させている如何なる害悪をも矯めることに無力な存在となる」というとき[108]，経済的制度はキリスト教倫理を基礎に展開されていたことが知れる．実利的福祉の享受は，原則として，カトリック・アソシアシオンへの加入を前提としていた．

4 基礎・宗教・道徳・経済的制度（事業）の管理運営

(1) コルポラシオン委員会
①構成メンバー

コルポラシオン委員会（Comité de la Corporation. Comité corporatif とも記す）のメンバーはアルメル家と聖職者の他に，レオンによって「献身的なキリスト教徒，正しい思想と経験をつんだ情熱家，事業の実施にともなう責任を前にして後込みしない果敢な人物」とみとめられた職員から構成された．アルメル家からはレオンとフェリクスを含めて7名．司祭と修道士．職員は「法規者」（règlementaire）の肩書をもち，『年間慣例集』の編集を担当していたシャンピオン（François Champion）とオルネール（Léon Aulner）の2名．計11名構成であった[109]．

②部会

委員会は4つの部会（セクシオン）に分かれていた．2週間に1回の割合で会議がもたれた．「コルポラシオン委員会の会議組織」（Ordre des séances du comité de la corporation）の提供を借りる[110]．

a 第1部会

総務，渉外．「キリスト教コルポラシオン」の全般的方向性を確定する．

b 第2部会

カトリック・アソシアシオン，工場のディスィプリン．「（カトリック・）アソシアシオンを担当する委員会の委員は[111]，……各アソシアシオンの精神，会員の信仰を高める方策，工場のキリスト教的ディスィプリン，各アソシアシオンの発展をうながすのに適した措置」について協議し，その内容を各アソシアシオンの労働者評議会に伝達する[112]．カトリック・アソシアシオンにおける「信仰と思想の領域の諸問題について，全面的な権限をもつことで，教会の全権を代表する」[113]．

c 第3部会

会計，経済的制度．「会計状況，収入予想，各アソシアシオンの支出，経済的事業，貯蓄金庫など．／毎月，諸事業の運営を詳しく報告する．すなわち，利益，宗教・慈善的セルヴィスの支出，学校・コンクール，結婚式，花嫁持参金，キリスト教宿舎，病人介護，若い母親に対する世話，貯蓄金庫，購買券の流通など」[114]．コルポラティフ評議会の事務局長（secrétaire général）はこの部会にお

いて経済的制度の収支状況を報告し，必要とあれば制度の改善を提案する．

　d　第4部会

　宗教教育．「カトリック要理，最近2週間及び次の1ヶ月間についての司祭と宣教師及び付属礼拝堂の年間慣例集に関するあらゆる事柄，信仰告白の数，聖体拝領の数，ミサへの出席，各アソシアシオンのための図書と出版物[115]，学校教育，成人講座，職業講座，講演」について協議する．

③機能

　「キリスト教コルポラシオン」を総監する（「ヴァル・デ・ボワの労働者キリスト教コルポラシオン規則」Règlement de la corporation chrétienne ouvrière du Val-des-Bois 第1条）とともに，宗教実践と小ブルジョワ的美徳を推進するための条件整備を行う．その際，雇主の意志は「共働者」（coopérateurs）と呼ばれた委員たち（構成メンバー）[116]との協議をへて初めて決定・発現された．レオンは自身を客体視して次のようにいう，「委員会を設立した雇主（レオン）は，（「共働者」たちから）啓蒙されたいという真摯な願いを，したがって共働者たちのイニシャチブを奨励するための特別な配慮を抱いていたと思わなければならない」[117]と．委員会は雇主の単独意志ではなく，「共働者」との共同意志で運営されていた．

(2) 内部評議会
①構成メンバー

　1890年現在の構成は次のとおりであった．経営メンバーは名誉会長のレオン，名誉副会長のフェリクス，会長のシャンピオン，名誉会員の指導修道士と司祭，それにオルネールと職員2の8名．労働メンバーは「労働者カトリック・サークル」の会員によって互選された8名．計16名．任期は不定であった．[118]

②機能

　1878年までは月に1回，以後は週に1回の割合で会議がもたれた．「労働者カトリック・サークル」の管理機関としてのみならず，「キリスト教コルポラシオン」の執行機関としても日常業務を処理し，「諸組織に必要な統一を維持」した．とくに宗教・道徳的制度（事業）の評議会には代表を派遣して指導・助言を直接行い，「常時かつ至るところでキリスト教精神を堅持」し，雇主・労働者の間に信頼と協力を培った．「雇主及び司祭は毎回会議に出席し，二次的評議会（conseils secondaires：宗教・道徳・経済的制度〈事業〉の評議会）の

実情に関して質問を行い，諸制度（事業）の実態に精通し」た。[119]

(3) コルポラティフ評議会
①構成メンバー

　1877年現在，コルポラティフ評議会（Conseil corporatif. Conseil syndicalとも記す）の構成は次のとおりであった。会長，事務局長（以上2名はコルポラシオン委員会の委員），会計，労働メンバー9名の計12名。事務局長は決定事項を執行した。会計は労働者にコルポラティフ手帳（livret corporatif）[120]と購買券を交付し，3ヶ月ごとに利益（boni corporatif）を計算した。[121]労働メンバーはコルポラシオン委員会の提示したリストに基づき，内部評議会によって任命された。

　1890年現在，経営メンバーは指導修道士と司祭を除く内部評議会の経営メンバーに，職員1を追加した7名。労働メンバーは8名で，うち7は内部評議会の労働メンバーのなかから選ばれた。残りの1はコルポラティフ評議会によって任命され，経済的制度（事業）の日常事務に携わった。[122]

　1900年，労働者による管理運営を推進するために，メンバー構成が改められた。アルメル家からのメンバーは廃止され，会長には労働者アルフレッド・ジョリヴェ（Alfred Jolivet），書記には労働者アドルフ・サコット（Adolphe Sacotte）が就任した。[123]会計と副会長2名（このうち1はシャンピオン）は職員のなかから選ばれたが，労働メンバー9名は労働者によって直接選出されることになった。[124]評議員の選出方法と権限において，労働者のウエイトは著しく増大した。

②機能

　「ヴァル・デ・ボワの労働者キリスト教コルポラシオン規則」第4条は，「コルポラシオンに所属している家族を対象とする経済的諸制度は，コルポラティフ評議会によって管理される」と定める。また，レオンは，コルポラティフ評議会の機能について1890年に次のように記す。「それ（コルポラティフ評議会）は（労働者の）家族生活，知的・職業的能力，健康，倹約，就業の安定，経済的利益，相互扶助，物質的生活の向上のために，諸組織の改善につとめる。／それは計画を立案し，既存あるいは新設の（二次的）評議会に実行を委ねる。最後に，それは会計委員会から提案された予算と利益及びあらゆる種類の資材について支出と配分の研究を行い，修正を加える」と。[125]かくして，コル

ポラティフ評議会は経済的制度（事業）の管理と改善及び労働者家族生活の健全化を主務とした．

（4） 労働者の管理参加
①レオン・アルメルの参加思想：雇主の「規範的義務」
　a　労働者の人間性とその本質的価値に対する尊重

　1871年9月8日，ヌヴェール司教フォルキャド猊下（Forcade）のイニシャチブに基づき，「カトリック労働事業同盟中央事務局」(Bureau central de l'Union des oeuvres ouvrières catholiques) が発足した．ド・セギュール猊下（de Ségur）から労働者のキリスト教化に関する実践報告を依頼されていたレオンは，翌年の第2回「カトリック労働事業同盟」ナント会議で「工場のキリスト教的組織」と題して報告を行った．そのなかで彼は，雇主の義務と労働者の自立を基調に，「雇主は権威よりも献身を必要とする．それは，ちょうど愛の修道女が……情愛深い繊細さで悲しみに接するごとくに，（労働者の）魂に触れるものでなければならない．この非常に重要な事柄は……雇主を，自分自身が行わなければならぬものと，他者（労働者）に委ねなければならないものとの選択へと導くであろう」と訴える．労働者への慈しみに満ちたイエス・キリストの王国の再建というレオンの信念は，すなわち労働者の人間性とその本質的価値に対する尊重は，「キリスト教コルポラシオン」の諸事業における労働者の管理参加（participation）を信仰の必然において要請する．「私にとって，民衆（労働者）的でないものはすべて，われわれの努力に値しないものに思われます．これは，私本来の熱情です」(1889年6月12日付レオンのルネ・ド・ラ・トゥール・デュ・パン宛の手紙)．宗教的衝動に駆られた労働者評議会，二次的評議会，内部評議会，そしてコルポラティフ評議会の設立である．

　b　経済的制度（事業）における労働者の管理参加

　労働者自身による経済的制度（事業）の管理について，レオンは次のように述べている．「雇主が労働者たちの（経済的）事業を指揮しようと欲するとき，彼は思い違いをしている．彼は最もしばしば徒労しか得られない」(1885年6月22日のラ・ロッシュ=スル=ヨン la Roche-sur-Yon での講演)．「雇主は，（経済的）事業に関して保護者（protecteur）であらねばならない．もし管理者（gouverneur）であれば，彼の重圧の手がすべてを圧し潰してしまうであろう」(1895年5月18日付の息子フェリクス宛の手紙)．レオンは「十分に注意せ

よ！他者（労働者）に委ねうることをあなた（雇主）自身で行うことのないように注意せよ！」，「（労働者の）なすがままに任せよ」と信念する[129].

　c　雇主・労働者のきずな

　カトリック・アソシアシオンで例示しよう．レオンはいう，「（カトリック・）アソシアシオンは，労働者評議会によってそれ自体が管理されて初めて，真にその名に値する．本来的にいって，（雇主・労働者の）心情と意志の融合を確立するのは評議会である．もし評議会が名目上の役割しかもたないとすれば，（雇主・労働者の）真の結びつきはあり得ない」（傍点部　原文イタリック）[130]．なぜならば，「（労働者）評議会は加入者全員をそれぞれの公正な価値において判断することで，また共通の利害において講じられる諸措置を同僚たちに評価せしめることで，良きエスプリを維持」するからであり，「労働者と雇主双方の間に何らの悪意がなくとも生じる非常に多くの誤解を回避する」ことで，「（雇主・労働者間に）良き協調を確立し，共同の活動を可能にする真のきずな（trait d'union）」となるからであると[131]．それゆえ，労働者評議会の評議員には十全な自律性が保証されていた．レオンはいう，「彼（雇主すなわちレオン自身のこと）は（労働者）評議員の心のなかに魂の愛を芽生えさせ，その情熱を刺激し，勇気を奮い立たせることに……つとめる．彼は評議員に対して，雇主に対する絶対的なキリスト教的自律性をもつよう奨励する．そして彼は，……彼が素晴らしいと思う措置の導入に関して，彼が克服しようと十分に留意している（評議員の）抵抗に出会うとき，とりわけ幸せである．こうした（評議員の）自律性をうながすために，あらゆる投票は秘密用紙で行われる．／一言でいえば，彼のあらゆる活動は（評議員から）信頼を得て，かれらが心を開くことを目的としている」[132]と．

②管理参加の実態

　ギュイトンは経済的制度（事業）における労働者の管理参加の様態を次のように記している．「労働者は確かに，経済的事業において決定の主人であった．労働者はそのことを自覚しており，しばしば失敗から教訓を得ていた．レオン・アルメルは至るところで，かれらが脇道にそれるのを見た．しかし，レオンはそれを止めはしなかった」[133]と．ギュイトンの分析は的を射ている．けだし，レオンは労働者の管理参加について次のように記すであろう．「かれら（労働者）は利益をあげたり，損失をだしたりしている．肉供給の試みは彼らに落胆のみしか与えなかった．布地倉庫は継起的に設置，廃止，再建されてきた．……

もし，われわれが我々の手中に事業を掌握していたならば，より多くの成果と結果が得られたであろう．しかし，それは我々の原則に反することである．われわれは雇主の口出しによって得られる持続的繁栄よりも，労働者の管理によるヨリ不完全な成果の歩みの方を好む」と[134]．

　一例をあげよう．日用生活品の廉価供給が予想以上の利益をあげたので，会長のレオンが利益の一部を乳幼児をもつ多子家族に分配することを提案した．配分額は一世帯当たり僅か90フラン弱／年であった．しかし，管理の原則からすれば，これは重大な問題であった．レオンは「お互いに愛しあおう」と同意を求めた．だが，秘密投票の結果は27対20でノンであった．数年後，或る労働者が同様の提案を行った．今度は可決された．その労働者は低い声で呟いた．もしアルメル氏が管理の原則を忠実に守っていたならば，自分で提案せずに他者（労働者）に委ねたはずだ．そうすれば恐らく，最初のときに提案は可決されていたであろうにと[135]．

③管理参加の経営的成果

　1887年5月5日に，ボルチモア大司教ギボンズ枢機卿がアルメル工場を訪問した．そのときにレオンは，労働者評議会と二次的評議会の成果を次のように報告している．「明確に特定の権限をそなえたこれらの評議会は，（労働者の）多様な献身と資質を開発することで，（労働者の）個性の発現をうながしている．それら（評議会）は当事者自身にとって道徳的そして物質的再生の装置になっている．それらは（労働者）各人に対して宗教的，経済的そして職業的領域における義務と責任の一層純粋な意識を付与している」と[136]．雇主・労働者の信頼関係の醸成及び良心的労働意識の形成というポジティブな経営成果が確認される．

(5) 工場評議会の胎動：「工場のキリスト教的組織化」に対する労働者の反応

　レオンはカトリック・アソシアシオンの設立に始まる「工場のキリスト教的組織化」の成果を，早くも1877年に，労働者の反応を観察しつつ，暫定的にではあるが，次のように記している．「数年間にわたる堅忍不抜の活動によって，われわれは志した目標に到達している．家族は再建され，家庭では和合と愛が揉め事と口論にとって代わっている．母親は夫と子供たちに見出されるこの変化を喜んでいる．父親は新しい生活のなかに勇気と労働の楽しさを再発見している．彼の内面は，子供たちの尊敬と妻の熱意及びあらゆる愛によって満

たされている．倹約は借金を返済し，貯金をつくりだしている．……この実り豊かな感激は生活の疲れを癒し，そして道のりを歩み続けるための新たな情熱をつくりだしている．キリスト教の影響によって変革されたこの善き誠実な光景のミリューにわれわれ全体が結集するとき，われわれは人々の間に信頼と愛を見出し，ヴァル・デ・ボワの大家族をつくりたもうた神さまに感謝する」と[137]．また，1879年には次のようにもいう．「キリスト教工場は……キリスト教教育とパトロナージュの実践とカトリック・アソシアシオンの永続的影響によって，人々のなかにイエズス・キリストの王国を再構築している．……（他の）パトロナージュや単独のサークルも多くの福利を提供してはいるが，それらの影響力は常に断続的であり限定的である．一方，キリスト教工場は一丸となった全労働者のいだく期待を完全に実現している」と[138]．少数の労働者が雑談するために工場付属礼拝堂の隅に集まったり，禁止されている舞踏会にこっそりと出かけたりすることはあった．また，労働者の間に宗教的・職務的規律の弛緩がみられなかったわけでもない．時期は少し移るが，1893年6月21日付レオンのシャルコセ神父（Charcosset）宛の手紙では労働者の宗教的規律の弛緩が，1894年4月27日付の手紙ではベルギー人労働者の職務規律の弛緩が指摘されている．また1894年～1895年にかけては，賃金引き下げの噂や生産調整のための計画配転の噂が労働者の間に広まり，かれらの勤労意欲が低下したことも指摘されている[139]．しかし，アルメル労働者総体が意識的・組織的に経営に抵抗を企てるようなことはまったくなかった．第一次大戦前夜においても基礎徴標たる宗教実践は遵守されていた．聖体拝領は1907年に11,500回，1911年には16,200回を数えた．ガイヤール司祭は「瞠目的な進展であり，工場を真に模範的な小教区ならしめている」と驚嘆する[140]．「キリスト教コルポラシオン」は労働者の家族生活の再建と雇主・労働者の「共働」を道徳的，精神的，経済的に力強く，穏やかに遂行していたと判定することが許されよう．

　こうした成果は，何よりもまず，1860年代前半以来蓄積されてきたカトリック・アソシアシオン及び宗教・道徳・経済的制度（事業）における労働者の管理参加を「隅のかしら石」としていた．「労働者の，労働者による，そして労働者とともにある善（幸福と秩序のこと）．決して労働者抜きではない，況してや労働者の意志に決して反したものではない善！」(le bien de l'ouvrier par l'ouvrier, et avec lui, jamais sans lui, à plus forte raison malgré lui!)[141]．労働者の人間性とその本質的価値に対する共感と敬意を深々と打刻するこの原理は，「愛」

を根底にすえた「希望」のもとに，工場内部に「イエズス・キリストの社会的統治を実現する」べく，工場評議会の設立（「キリスト教コルポラシオン」の完成）を展望する．

5 工場評議会の設立－「経営参加」の道－

(1) 職業評議会

「責任感がなくなるとき，人間的尊厳は暗礁に乗りあげ，もはや奴隷根性と暴動しか残らなくなる[142]」と確信するレオンは，基礎・宗教・道徳・経済的制度（事業）の管理における労働者参加の堆積に立って，「（雇主・労働者）共通の利益の管理に労働者を的確に『参加』（participation）させる－ただし，それによって雇主の権威(オトリテ)が侵されることのない－」ことを決意し[143]，1883年に職業評議会（Conseil professionnel）を発足させた．

①構成メンバー

会長はアルメル家のモーリス．内部評議会から派遣されたジョリヴェが会長を補佐した．書記は職員．労働メンバーは12名で，内部評議会によって任命された[144]．計15名構成．

②機能性格

労働メンバーの任務は「機械設備の不備の有無を点検するとともに，換気・衛生・器具及び始終業ベルの作動状況等を管理して，労働事故の防止につとめること，事故とその原因を確認すること，職務上の問題について，（雇主の見解を）労働者に説明すること，工場の善き営みに必要な訓育を，改悪することなく施して，作業場内に善きエスプリをもち込むこと」にあった[145]．2週間ごとに開かれる会議の付議事項は事実上，賃金率を除く労働条件全般に及んでいた．決定は雇主に対して諮問的性格をもった[146]．

(2) 工場評議会

「工場をキリスト教的に組織して，信仰と道徳の事業体に転換すること」を召命とするレオンは，「愛」を根底にすえた「希望」のさらなる衝動に駆られて職業評議会を発展的に解消し，1893年に工場評議会（Conseil d'usine）を設立した．いわく，「（労働者に対して）自分自身による思考と行動と判断の権利を回復させよう．労働者に個性を付与する創造性の任務を回復させよう．かくして，あなた方（雇主）は労働者に対して，かれらが権利として有していた自

由と主権（souveraineté）を回復させる．そのためには何がなされなければならないか．明らかである．工場評議会を設立することにより，工場の全般的歩みに労働者を関与させつつ（en l'associant à la marche générale de l'usine），労働者自身に責任感を陶冶させることである」（レオンが1893年5月の「ランス・キリスト教労働者会議」に向けて用意した報告の草稿．傍点　引用者）[147]と．

①構成メンバー

　職業評議会と同じであった．しかし，1896年以降，ジョリヴェを除く労働メンバーは内部評議会によってではなく，コルポラティフ評議会の労働メンバーによって選出されることとなった．[148]労働メンバーは労働者自身による選出の性格を濃くする．

②労働メンバーの役割

　毎日10人程の労働者と対話し，かれらの要求や苦情を吸いあげて，2週間ごとに開かれる会議に付した．その一方で，労働者に対して雇主の個人的・友好的意見を伝達した．かくして，労働メンバーは雇主と労働者の仲介者（intermédiaire）であった．[149]

③機能

　レオンはいう，「この雰囲気のなかで，愛情ある信頼がすべての者を福楽にしている．苦情があるときには，人々は気楽に，また親しみを込めて，些細な苦情を述べる．かくして，もし注意しなければ，燃えあがり激化するかも知れない不平不満を解決している．労働者は，自分たちが正式に代表を有していること……を知っている．また，評議会のメンバーは雇主の共働者となっており，したがって工場の繁栄に寄与している．……工場の運営に評議会メンバーがこうして『参加』（participation）していることは何といっても本当であり，われわれはその有益さを記すものである」と．[150]工場評議会は，「参加」をとおして雇主・労働者の間に家族的な信頼関係を醸成し，苦情処理と対立・紛争の防止に機能した．雇主の諮問機関であったが，付議事項によっては－とりわけ賃金率を含む労働条件と見習工の養成を含む技術改良事項に関しては－企業の意志決定にディー・ファクトに影響を及ぼした．1900年の小冊子によると，工場評議会は毳立工（cardé）の賃金引き上げに大きな役割を果たし，更に梳毛工（peigné）の賃金も不十分であると判定して，引き上げを検討している．アルメル家の息子たちの専決事項である見習工コンクールの審査にも関与している．[151]

(3) 工場評議会の改革

　レオンは 1903 年 3 月 1 日にローマで，「工場における民主主義」（La démocratie dans l'usine）と題する報告を行っている．その報告から，改革の動機が知れる．いわく，「かれら（労働者）の同僚によって選出された若干名の代表を集め，彼ら（代表）にわれわれの真意を伝え，われわれの考え方を理解させ，工場の営みと歩みについて－かれらに関心を抱かせるために－精通させる．一言でいうならば，かれらを真の共働者ならしめるのである．彼らはといえば，かれらの同僚の間に，彼らがインスパイアされた善きエスプリとわれわれが彼らにインスパイアした信頼感をもち込むであろう」．レオンは労働者を「真の共働者ならしめる」ために，別言すれば，労働者の「自由と主権」を尊重し，「相互信頼に立脚した愛情ある協調（entente）を雇主と労働者の間に維持することを目的として」（1909 年の「工場総規則」第 7 条），1903 年 3 月に工場評議会を改革した．

①構成メンバー

　これまでと同じで，雇主と書記を含めて 15 名構成である．だが，ジョリヴェを除く労働メンバー 12 名は労働者による直接・秘密投票で選出された．

②機能

　「工場評議会は工場の職務上及びディスィプリンの指導に関して，労働者と真の共働（réelle coopération）を確立する．……かれら（評議員に選出された労働者）は賃金のあらゆる改正，ディスィプリンについて講じられるべき諸措置，労働災害・労働衛生・見習工制度，そして労働の諸問題に関して意見を述べることを求められる．かれらは彼らの同僚（労働者）が雇主に対して提出する要求について，かれらの同僚の説明者（interprètes）である．最後にかれらは，労働を促進して一層の収益をもたらす諸改良について研究する」（1909 年の「工場総規則」第 7 条．傍点　引用者）．労働災害の防止，労働衛生の改善，見習工の養成は，改革の直後から事実上工場評議会の責任において実践された．技術上の改良については，労働メンバーによって，工場評議会のなかに「専門技術の諸問題について研究し，製品の改良について研究する」「技術改良セクシオン」が設置された．一般の労働者も自由に「セクシオン」の協議に参加しえた．就業規則についても，「本規則（工場総規則）に関するあらゆる不調和（tout désaccord）は，工場評議会において解決される」（第 18 条）こととなった．レオンはいう，「労働者は，かれらの道徳的向上，諸事業の管理及び

彼らの職務活動の組織において，責任と行動のイニシャチブの正当な役割を引き受けることを求められ」[157]と．会議は2週間に1回開かれた．工場評議会は，人事・商財務はともかくとして，賃金・労働条件・就業規則・見習工制度・職務上の諸問題等その他一切の領域にかかわって，企業の意志決定にディー・ファクトに影響を及ぼした．

③改革の成果

「技術改良セクシオン」で例証しよう．ジョベール（Jaubert）は1904年に，この「セクシオン」によって労働者が「工場を自分自身の財産とみなし，工場の利益を自分の利益と考えるようになっている」と述べる[158]．レオンは，「われわれは（技術改良の）議論と熱気を支配している活力に驚かされる．（その活力は）かれら勇気ある労働者が自分たちの財産であるとみなしている工場の繁栄のために示すものである．雇主は，しばしば数時間にも及ぶこれらの議論の成果から多く（の収穫）を得ている」と記し[159]，技術改良研究が労働者のモラールを高め，経営との共属一体感を陶冶していることを確認する．

パリ市統計局長で「フランス人口増加促進国民同盟」会長でもあったジャック・ベルティオン（Jacques Bertillon）は1910年に，職長から解雇の強迫を受けた労働者の抗議を引用しつつ，工場評議会の苦情処理機能が労使相互の理解を深めることに成果している事実を報告する[160]．

最後に，成果に関するレオンの総括的な評価を紹介しておこう．「工場評議会はディシプリンを強化した．というのも，それ（工場評議会）はより簡潔でより情感的な関係を（雇主・労働者間に）生みだしたからである．労働者の尊厳を尊重することで，そして彼らの間に責任感を陶冶することで，われわれは強制による結果よりも1000倍も好ましい（労働者の）自発的な合意を導きだすことができた」[161]．レオンは「真の共働」の確立を確認する．

(4) 工場評議会の性格

①労働者に対する支配・懐柔

a 情報収集・調査機能

ゲルニエ（E. Guernier）は1904年8月15日付の『ランス労働紹介所ブリティン』で，「私もまた，例えばアルメル氏によるそうした工場評議会の噂を耳にしている．そして，アルメル氏がヴァチカンで述べたこと（1903年3月1日の「工場における民主主義」報告）とはまったく異なる鐘の音を聞いてい

る．アルメル工場の古参労働者は私に，ヴァル・デ・ボワの雇主はこの制度のなかに……密告の策源地を見出している，といっている．アルメル氏は工場評議会によって，自己の支配下にある大部分の者（労働者）の行動や態度，そして思想までも知るのである」と述べる[162]．またベルギーの弁護士スタンダール（E. Standaert）は1902年に，「この独創的な仕組み（改革前の工場評議会）は……工場を隅から隅まで管理するために機能している．これは一種の専制を可能にするものである．この状況のもとで，雇主は至るところに目と耳をもつのである」と述べる[163]．トリムーイユも，「工場評議会によって，雇主が工場内でのできごとを知るようになるのは疑いえない．しかし周知のごとく，工場評議会にはもう1つの機能がある．すなわち，工場評議会によって，雇主は労働者・職員を調査しうるということである．工場評議会の本当のねらいは，この社会的意味あいのなかにある」と指摘する[164]．

  b 支配・懐柔機能

トリムーイユは工場評議会を「欺瞞的性格」をもつ企業パテルナリスムの典型とみなし，労働者を巧みに懐柔して経営に取り込み，雇主の支配のもとに－共同管理のエスプリとは正反対のエスプリのもとに－企業内労使関係を体制内的に安定させる装置であったと主張する[165]．木元進一郎はILO資料を引用して，「労資の対立を緩和し，紛争を未然に防止して経営実践を円滑たらしめようと」する制度であったとみなす[166]．またジェラール・ドゥオブ（Gérard Dehove）は，「命令をだすために部下の同意を期待すること」に工場評議会の使命があったのではなく，「服従する動機を労働者の精神に植えつけることで，必要な同意をうながし」，労働者の「自発的な服従」を引きだすことに第一義的使命があったと分析する[167]．

② 「工場民主主義」

1909年の「工場総規則」第7条から知れるように，工場評議会の労働メンバーには意見陳述権が付与されていたのみで，議決権は与えられていない．付議事項も限定的である．工場評議会の機能性格は諮問レベルにとどめられている．工場評議会のなかに，労働者の経営参加を見出すことは不可能である．トリムーイユはいう，「（雇主・労働者の）協調は現実に存在している．しかし，（雇主・労働者による）オトリテの共有は決して存在していないし，工場の指揮への労働者の『参加』も決して存在していない」[168]（Au Val des Bois la coopéraion est réelle mais il n'y a jamais eu partage de l'autorité ni participation à la direction de l'usine）と．

　だが，職業評議会から工場評議会へ，そして工場評議会の改革へという一連の歩みは，その展開において，ディー・ファクトに，経営に直接的にかかわる管理事項への労働者の「参加」の実在を浮き彫りにしている．けだし，㋐評議会のメンバー 15 名中 12 名をしめる労働者（ジョリヴェを除く）は，当初は内部評議会によって任命されていたが，労働者自身による直接・秘密投票で選出されるようになっている　㋑付議事項は労働条件にはじまり，賃金・就業規則・職業形成教育・労働衛生・労働安全・その他の職務上の問題など，人事・商財務を除く工場の全般的運営一切にまで拡大している　㋒機能性格は労働条件やディスィプリンに関する苦情処理機関あるいは雇主に対する単なる諮問機関から，企業の意志決定に－ただし，人事・商財務を除いて－影響を及ぼす協議的機関へとディー・ファクトに発展している，であろう．支配・懐柔説が説くように，労働者の経営管理事項への「参加」を「擬制」と判定してしまうことには無理がある．また，「一種の専制」とみなす判定が当を得ていないことも，レオンの「並外れた力の意志」を思い起こせば容易に理解される．

　工場評議会には時代的制約にともなう欠陥がいくつか付着していた．この事実は否定できない．しかし，反経済リベラリズムと反社会主義の二重の闘いのなかで，キリスト社会教義のもとに，工場評議会が経営に直接的にかかわる管理事項－ただし，人事・商財務を除く－への労働者の「参加」すなわち「工場民主主義」の道を開いた事実は，基礎・宗教・道徳・経済的制度（事業）の管理における労働者の参加と合わせて，フランスにおける「経営参加」の先駆として積極的に評価される[169]．

注

1　Le Play, F., sous la direction de, *Ouvriers des Deux Mondes,* collection : est-ce ainsi que les hommes vivent? A l'enseigne de l'Arbre Verdoyant Éditeur, 1983, pp.39–60.

2　*Ibid.*

3　Hilaire, Y.-M., *op.cit., passim.*

4　Bruhat, J., *op.cit., passim.*

5　Willard, C., "Les attaques contre Notre-Dame de l'Usine", in *Christianisme et monde ouvrier, passim.* 19 世紀末期フランスにおける労働者階級の「非キリスト教化」とその原因については，Coffey, J. L., *op.cit.,* pp.65–71 を参照した．

6　*Manuel,* p.7.

7　*Ibid.,* pp.11–12. ヴァル・デ・ボワにおけるこうした宗教的貧困は，ジャック=ジョゼフがワルメリヴィルにやってきた当初から見受けられた．レオンは次のように記している．「彼（ジャッ

第 10 章　アルメル紡績会社の「キリスト教コルポラシオン」　459

　　ク=ジョゼフ）は新しい土地の小教区ミサに出席したときに感じた，胸が張り裂けるような辛い思いをしばしば私たちに語った．約 2,000 人の住民のうち，（ミサに出席していたのは）数人でしかなかった．これから生活して行かねばならないこの新しい土地の人々の驚くべき（宗教的）無関心に，彼はなんと悩んだことであったか！」と（Ibid., p.5）．ジャック=ジョゼフの企業福祉事業にもかかわらず，宗教的アパシーはほとんど改善されずにあった．
8　Guitton, G. S. J., op.cit., t.1, pp.38-39.
9　"Rapport de Léon Harmel au Congrès d'Autun, 1882", in L'Association catholique, no. du 15 août et du 15 septembre 1882, p.9, cité par Trimouille, P., op.cit., p.38.
10　アソシアシオンへの結集は，中世と同様に 19 世紀後半においても，人間の本性（nature）として認識されていた．「過去の社会にあって，……善行……結合……契約の永続性そして社会平和は，アソシアシオンの結果であった」（Manuel, p.103）．
11　Rémont, C., Union des oeuvres ouvrières catholiques, Congrès de Lyon, Compte rendu, 24-28 août 1874, Paris, 1875, p.396.
12　Manuel, pp.271-272.
13　Ibid., pp.8-9.
14　Rémont, C., op.cit., pp.400, 411.
15　レオンは次のようにも述べている．「われわれは，一つの家庭における多様な家族と同じ数だけのアソシアシオンを設立しなければならない．この方法によって，各々の家族は回心し，信仰において保護され，そしてキリスト教的再生の諸要素が多くの家庭にもたらされるであろう．こうしたアソシアシオンの集まりがなければ，キリスト教社会生活をどうして再建しえようか」と（Manuel, pp.272-273）．
16　Ibid., p.111.
17　Ibid., p.112.
18　Ibid.
19　「われわれのコルポラシオン（カトリック・アソシアシオン）は諸個人の自由な合意に立脚している．われわれは何人をも強制しない．各人は困難なしにコルポラシオンに入会し，あるいは脱会することができる」（Ibid., p.262）．
20　Ibid., p.170.
21　Ibid., p.113.
22　Ibid., p.115.
23　Ibid., p.116.
24　Ibid., p.115.
25　Ibid., p.116.
26　Ibid., p.117.
27　経済的制度（事業）の福祉を享受するためには，原則として，カトリック・アソシアシオンに加入していることが条件であった．それゆえ，大部分の労働者はカトリック・アソシアシオンに加入していた．もちろん，未加入の労働者もいた（Trimouille, P., op.cit., p.46）．1887 年 5 月 5 日現在の未加入者のなかには勤続 20 年，30 年，40 年の者もいた（Guitton, G. S. J., op.cit., t.1, p.276）．無信仰者（未加入者）でも，罪を犯さず，反教権的意見の持ち主でなければ，アルメル労働者として生活することは可能であった（Trimouille, P., op.cit., p.46）．
28　Manuel, p.28.
29　Ibid., p.118.
30　Ibid., p.63.
31　思いもかけなかったことだが，火災は聖マリア像の前で自然鎮火した．1875 年 8 月 28 日の工場再建祝別式のときに，付属礼拝堂に安置された聖マリア像が「工場の聖マリア」の名であがめられたのは，この出来ごとによる（Ibid.）．
32　Ibid., p.65.
33　Ibid., pp.64-65. ここで，工場付属礼拝堂と司祭について述べておく．レオンは 1862 年 9 月 4 日に小さなオラトワールを 2,000 フランで建設した．1867 年と 1869 年に増築したが，やがて手

狭となり，1872 年に 1 万フランを投じて工場の中庭に付属礼拝堂（正式名称は「聖心礼拝堂」Chapelle du Sacré-Coeur）を新設した．付属礼拝堂の中心には「イエズスの聖心」（Sacré-Coeur de Jésus）の像が安置されていた．小さなステンドグラスと薔薇窓はエンブレムを描きだしていた．左手には工場聖マリア像が，右手には労働者の保護聖人ヨゼフ像が安置されていた．奥のステンドグラスにはアッシジの聖フランソワが描かれていた．その横のステンドグラスにはサン・ヴァンサン・ド・ポールが描かれていた．半円形室の周りには 4 つの聖像が安置されていた．ピウス 9 世の大肖像画と記念物が置かれていた．昼夜をとわず，聖体ランプが 3 つ灯されていた．礼拝堂の壁には十字架の道行があった（Ibid., pp.9, 73–75）．1865 年 11 月 6 日付ランス大司教グセ枢機卿（T. Gousset）のワルメリヴィル主任司祭宛書簡は，「私がヴァル・デ・ボワの大工場のなかに工場付属礼拝堂を建設する許可をアルメル家に与えたとき，私の意図はその地に集まっている労働者に宗教的義務の実践をうながすことにありました」（Ibid., document D, pp.324–325, Lettre de Monseigneur le Cardinal Gousset）と記す．付属礼拝堂は「労働者の心を神さまの愛に向かって開かせることで，彼らを敬虔に陶冶する唯一の方法である」と理解されていた．労働者は親しみを込めて，「われわれの礼拝堂」と呼んでいた．

　司祭（初代はラザリスト会修道士のゴルティエ P. Gaultier）は『慣例集』（Coutumier de l'aumônier. Ibid., document H, pp.331–333 に全文が収録されている）に則り，宗教実践の先頭にあって労働者を導いた．黙想会と総聖体拝領に際しては，ラザリスト会宣教師の協力を得ていた（Coutumier du missionnaire lazariste. Ibid., document J, p.333）．

34 「マリアの子たちのアソシアシオン規則」は Ibid., document L, pp.336–341 に収録されている．
35 労働者評議員が，そしてしばしば母親自身が「ボナンジュ」の任務を引き受けていた．入会志願者を励まし，支えることに役割があった（Ibid., pp.128–129）．
36 「キリスト教母親アソシアシオン，いわゆるサント＝アンヌ・アソシアシオン規則」は Ibid., document R, pp.353–357 に収録されている．
37 Ibid., pp.135, 138.
38 Ibid., p.156.
39 Ibid., p.148.
40 Ibid., p.152.
41 Ibid., p.155. 1 年間に 37 回あった全体行事については，Ibid., document T, p.363 の Coutumier annuel du cercle catholique d'ouvriers pour 1876 を参照した．
42 Ibid., p.156.
43 Ibid., pp.157–158. 各クラブの長にはコルポラシオン委員会のメンバーが，副長には内部評議会のメンバーが就任していた．毎年，クラブ員の互選で 4 名の委員が選出され，クラブ長と副長そして委員の計 6 名でクラブを運営していた．こうして，クラブ活動における統一性が確保されていた（Ibid.）．
44 「小サークル規則」は Ibid., document X, pp.367–369 に収録されている．
45 Dansette, A., op.cit., p.497.
46 Willard, C., op.cit., p.245.
47 Trimouille, P., op.cit., pp.64–65.
48 Ibid., pp.57–60.
49 Guitton, G. S. J., op.cit., t.1, p.46.
50 「聖マリアの家の規則と入所条件」（Règlement et conditions d'entrée à la Maison de Sainte-Marie）によると，12 歳未満の者は入所できない．しかし，この条はアルメル労働者家族以外の者にのみ適用されていたようで，アルメル労働者の子供については 12 歳未満でも受け入れられていた（Manuel, p.88）．「聖マリアの家の規則と入所条件」は Ibid., document D¹, pp.375–376 に収録されている．
51 報酬は 1 日当たり 10 サンチーム〜20 サンチームであった．年間労働日を 300 日として，彼女たちは 1 年間に 30 フラン〜60 フランを得ていたにすぎない．2 年以上入所している者には，別途年間 25 フラン〜60 フランが報奨金として支給されていた．これらの報酬は積立てられ，退所年齢である 21 歳になって初めて，花嫁持参金 100 フランとともに手渡された．なお，希望者は

52 *Ibid.*, pp.88–89.
53 Trimouille, P., *op.cit.*, p.67. 第二帝政期以降フランス各地で，若年女子労働力の確保を目的に，この種の女子孤児院が個別企業によって数多く建設された．例えば，アン県のジュジュリィユ企業（Jujurieux）とタラレ企業（Tarare），パヴィオ＝ヴォワロン（Paviot-Voiron）のルビィ企業（Ruby），ヴィジィユ（Vizille）のデュラン絹企業（Durand），ポン＝デュ＝クレ（Pont-du-Claix）のブレトン兄弟製紙企業（Breton）である（Bruhat, J., *op.cit.*, pp.103–104）．その他の事例については，Maisonneuve, P., *Les institutions sociales en faveur des ouvrières d'usine*, Paris, 1923, p.69 *sq.* を参照．
54 1877年現在の「工場総規則」は *Manuel*, document A, pp.317–322 に収録されている．
55 Trimouille, P., *op.cit.*, p.99. 原則として，レオンは夜間労働を禁止していた．1880年には夜間労働禁止法の制定を議会に請願している（*Ibid.*, p.100）．ただし，設備維持班（équipes d'entretien）については，例外的に夜間の臨時作業をみとめていた．
56 *Ibid.*, p.93.
57 *Manuel*, pp.247–248.
58 *Ibid.*, pp.248–249.
59 *Ibid.*, p.50.
60 *Ibid.*, p.251.
61 *Ibid.*, p.50. レオンは賃金形態について，「労働に対する報酬の形態は3つある．生産協同組合あるいは利潤参加，出来高給，そして時間給である」（*Ibid.*, p.251）と述べ，次のような論を展開している．生産協同組合は「共産主義者の願望であり，労働の解放の理想である．そこでは全員が雇主であり，賃金，労働時間，利益の分配等すべてが組合員によって決められる．しかし，このアソシアシオン形態は最も確固たる徳を必要とする．……普通の人にそれ（徳）を要求することは不可能である．かくして，ほとんどすべての（生産協同組合の）設立は失敗に終わっている．……これらの試みは非常に多くの費用がかかり，苦い失敗をもたらすだけである」（*Ibid.*, pp.251–252）．利潤参加制度は一見魅力的であるが，現実には多くの技術的問題を抱えており，実行することはむつかしい（*Ibid.*, pp.252–253）．出来高給は収入が不規則であり，労働者の身体的健康にとってもマイナスである（*Ibid.*, p.253）．最良の形態は出来高給と時間給の結合である．そこでは，収入の規則的安定と労働への刺激が共存している．ただし，賃金率を頻繁にかえることは避けなければならない（*Ibid.*）．
62 *Ibid.*, p.50.
63 Guitton, G. S. J., *op.cit.*, t.1, p.292.
64 *Manuel*, p.62.
65 「工場総規則」に加えて，各々の作業場では個別の就業規則が設けられていた．例えば，「Règlement concernant les ouvriers employés aux métiers à filer automates」である（*Ibid.*, document B, pp.322–323 を参照）．
66 *Ibid.*, pp.51–52. 職長は労働者に対して「不謹慎であってはならず，偽りの熱意で接してはならず，また圧力をかける素振りを決して見せてはならない」と指示されていた（Trimouille, P., *op.cit.*, p.103）．これに違反した職長はレオンから叱責された．
67 *Manuel*, p.62.
68 Harmel, L., *Le Val des Bois et ses institutions*…, p.77, cité par Trimouille, P., *op.cit.*, p.50.
69 Trimouille, P., *op.cit.*, p.72.
70 *Ibid.*, p.50.
71 *Ibid.*
72 工場では宗教実践のために，あらゆる便宜がはかられていた．その結果，初めのうちは宗教に無関心であった者も，次第に熱心な信者になっていった（*Manuel*, pp.63–64）．
73 Guitton, G. S. J., *op.cit.*, t.1, pp.93–95.

74 「工場聖マリア大信心会」(*Manuel*, document F, p.328).
75 Willard, C., *op.cit.*, p.249 ; Trimouille, P., *op.cit.*, p.51.
76 Guitton, G. S. J., *op.cit.*, t.1, p.45.
77 1874年5月19日の法律は，半日の通学を条件に，10歳～12歳の子供が1日あたり6時間就業することを認めていた．
78 *Manuel*, p.83.
79 *Manuel* 1879, pp.275-276, cité par Guitton, G. S. J., *op.cit.*, t.1, p.112. レオンの公教育批判については，*Manuel*, p.228 sq. を参照した．
80 *Manuel*, pp.226, 229.
81 12歳～16歳の生徒については，「授業が終わると，教員が生徒一人ひとりに出席カードを手渡す．このカードを（翌朝，職長に）提出することで，（生徒は）作業場に入ることが許可される」（「工場総規則」第4条）．12歳未満の生徒については，2週間ごとに出欠表が作成され，保護者に連絡された．年2回，欠席者リストが公表された（*Ibid.*, p.82）．成績評定も厳格に行われた．毎週の評価で「優」の者には赤色の札，「良」の者には白色の札が渡された．毎月の評価では，優秀者に雇主から名誉札（billet d'honneur）が渡された．3学期制であった．終業式では学期総合評定が発表された．優秀者は呼名され，雇主から賞品が授与された．成績不良者・怠学者も罰として名前が発表された．終業式にはアルメル家の関係者全員が出席していた．賞罰を目の当たりに見た生徒・保護者の間に競争意識が生まれたことは想像するに難くない（*Ibid.*, pp.83-84）．
82 Harmel, L., *Le Val des Bois et ses institutions…*, pp.80-81, cité par Trimouille, P., *op.cit.*, p.71. 1874年現在のアルメル図書室については，Rémont, C., *op.cit.*, p.419 を参照した．
83 *Manuel*, p.226.
84 *Ibid.*, p.227.「ヴァル・デ・ボワの労働者キリスト教コルポラシオン規則」第6条を参照．「同規則」は *Ibid.*, document Y, pp.369-370 に収録されている．
85 Guitton, G. S. J., *op.cit.*, t.1, pp.296-297.
86 Trimouille, P., *op.cit.*, p.232 note 95.
87 「ヴァル・デ・ボワ紡績工場の相互扶助組合規約」は *Manuel*, document E¹, pp.377-386 に収録されている．
88 *Ibid.*, pp.95-96.
89 Guitton, G. S. J., *op.cit.*, t.1, p.297.
90 Trimouille, P., *op.cit.*, p.102.
91 Guitton, G. S. J., *op.cit.*, t.1, pp.294-295.
92 *Manuel*, p.99.
93 *Ibid.*, p.59. 労働者の住宅所有については，それが地域の風紀を乱す一因に転化する可能性があると危惧する論者もいた．借入金の返済に行き詰まり，ついには居酒屋に家を売却して風紀を乱すもとになってしまうとか，工場を離職しても住宅を所有しているために地元から去ることができず，結局は窮して貧困を蔓延させるという危惧である．レオンもこうしたリスクを承知していた．しかし，そうしたリスクを差し引いても，住宅所有の効用はポジティブに評価されるべきであるとレオンは考えていた（*Ibid.*, pp.58-59）．
94 *Ibid.*
95 Guitton, G. S. J., *op.cit.*, t.1, pp.293-294. なお，貯蓄をもとにした労働者の所有参加について，トリムーイユは何ら言及していない．ギュイトンと P. アンリは，労働者の経営帰属意識を高めるためにレオンが所有参加を推進したと指摘している（*Ibid.*, p.294 ; Henry, P., *op.cit.*, pp.58-59）．だが，レオンは *Manuel* のなかで所有参加については何も触れていない．ごく一部で，少額の事例があっただけであろうと推定される．
96 Guitton, G. S. J., *op.cit.*, t.1, p.286.「貯蓄金庫規則」第1条によると，貯蓄金庫は3つのセクションから構成されている．大貯蓄金庫（grande caisse d'épargne）は18歳以上の者を対象とし，預金最低額1フラン．小貯蓄金庫（petite caisse d'épargne）は18歳未満の者を対象とし，同20サンチーム．学校貯蓄金庫（caisse d'épargne scolaire）はアルメル学校の生徒を対象とし，同5サンチームである（*Manuel*, document G, Règlement de la Caisse d'épargne, p.390）．

97 *Ibid.*, p.98.
98 Guitton, G. S. J., *op.cit.*, t.1, p.290.
99 Harmel, L., *Mémoire sur le Val des Bois, 31 mars 1897,* Reims, p.12, cité par Trimouille, P., *op.cit.*, p.95.
100 Dreyfus, P., *Émile Romanet : père des Allocations Familiales,* Paris, Arthaud, 1964, p.69.「賃金の家族補填」は家族手当の先駆形態とみなしうる.
101 Exposition universelle internationale de 1900 à Paris, Comité départemental de la Marne, *L'Économie Sociale et les institutions de prévoyance,* Reims, 1900, p.28.
102 Dreyfus, P., *op.cit.*, p.70 ; Henry, P., *op.cit.*, pp.57-58.
103 Guitton, G. S. J., *op.cit.*, t.1, p.291.
104 Trimouille, P., *op.cit.*, p.96.
105 「ジュネヴォワーズとの生命保険契約」(Contrat d'assurance sur la vie avec la Genevoise) は *Manuel,* document F^1, pp.387-388 に収録されている.
106 「コルポラシオンの出入り商人と結んだ契約」(Traités faits avec les fournisseurs privilégiés de la corporation) を参照 (*Ibid.*, document K^1, pp.396-400). 食料品雑貨兼小間物商人のシャルリエ・アンロとは 1876 年 3 月 19 日に, パン屋のロテランとは同年 11 月 18 日に, それぞれ契約を結んでいる.
107 *Ibid.*, pp.180-183.
108 Périn, C., *op.cit.*, t.2, p.265, cité par *Manuel,* pp.110-111.
109 Trimouille, P., *op.cit.*, p.45.
110 「コルポラシオン委員会の会議組織」は *Manuel,* document B^1, p.373 に収録されている.
111 男子カトリック・アソシアシオンは指導修道士, 女子カトリック・アソシアシオンはアルメル家が担当した. ただし, サント゠アンヌ・アソシアシオンについては評議員の夫である職員が担当した.
112 協議の内容は各アソシアシオンの『年間慣例集』(*Coutumier annuel*) に纏められた. 1876 年については以下があった.『付属礼拝堂の年間慣例集』(*Manuel,* document K, pp.334-335 に収録),『マリアの子たちのアソシアシオン年間慣例集』(*Ibid.*, document M, p.342 に収録),『労働者カトリック・サークル年間慣例集』(*Ibid.*, document T, p.363 に収録),『コルポラシオン年間慣例集』(*Ibid.*, document Z, p.371 に収録). さらに, これらの『年間慣例集』は『コルポラシオン総カレンダー』(*Calendrier général de la Corporation. Ibid.*, document A^1, p.372 に収録)に集録された.
113 *Ibid.*, p.211.
114 キリスト教宿舎はコルポラティフ評議会の指導のもとに設置されていた.「労働者カトリック・サークル」の会員で, 母親もしくは自立した生計を営む姉妹のいない者が格安の費用で入所できた (「ヴァル・デ・ボワの労働者キリスト教コルポラシオン規則」第 8 条).
115 各アソシアシオンには図書室がそなわっていた. 日曜日に開室し, 貸出業務 (病気の者には宅配貸出) も行っていた. 地元紙 *France Nouvelle* のほか, *Bulletin de l'union, Messager du Sacré-Coeur, Annales catholiques, les Missions catholiques, Bulletin du diocèse, le Clocher* などのカトリック系新聞・雑誌も用意されていた (*Ibid.*, p.174).
116 *Ibid.*, p.369.
117 *Ibid.*, p.175.
118 Trimouille, P., *op.cit.*, p.46.
119 *Ibid.*
120 コルポラティフ手帳には「ヴァル・デ・ボワの労働者キリスト教コルポラシオン規則」が記され, その下には購買券の額と購入金額を記入する欄があった. 労働者は 3 ヶ月ごとに手帳を会計に提出した. 会計は購入物品の合計金額を計算したのち, 手帳を各人に返却した (*Manuel,* p.183).
121 利益は 1875 年度 3,053.95 フラン, 1876 年度 5,171.05 フラン (*Ibid.*, p.393).
122 Trimouille, P., *op.cit.*, pp.48-49.
123 労働者アルフレッド・ジョリヴェ：内部評議会のメンバー. 1854 年に 9 歳でアルメル工場に入り, 生え抜きの永年熟練労働者としてレオンの信頼を得ていた. 職業評議会, 読書会, 吹奏楽

団などを監督した (*Ibid.*, pp.46, 48, 226). 労働者アドルフ・サコット：経済的制度の事務担当者. 消防団と相互扶助組合の会計も兼ねていた. レオンは,「サコットは知性があり,極めて献身的かつ寛容で,普通の労働者が決して理解しないものごとの流れ全体を理解する人物である. 彼は自分に与えられたことは,それが如何なるものであれ,不平を言わずに実行する. 彼は,他の人々にしばしば見受けられる悪しき自惚れをもっていない」,「雇主の最良の友人,労働者の普遍的仲間」と述べ,その知性と経営への忠誠心及び労働者に対する類まれなる説明資質を高く評価していた (*Ibid.* Une lettre d'avril 1890 adressée au Père Flour, la citation d'Eugène Standaert, *Chez le Bon Père,* Paris-Bruges, 1902, p.79, cité par Trimouille, P., *op.cit.,* p.51).

124 Trimouille, P., *op.cit.,* p.134.

125 Harmel, L., *Le Val des Bois et ses institutions*…, p.44, cité par Trimouille, P., *op.cit.,* p.49.

126 Harmel, L., *Organisation chrétienne de l'usine,* 1873, pp.8, 31, cité par Guitton, G. S. J., *op.cit.,* t.1, pp.86-87. こうした考え方は,レオンのシャゴ企業福祉政策挫折要因に関する分析からも窺える. レオンは「実に立派なこれらの制度の管理に労働者が関与していなかった」ことを,つまり労働者の管理参加が欠如していたことを,挫折要因にあげる. そして,欠如の根底には,労働者が「自由と自立」を志向する存在であることについて,シャゴの理解不足があったと指摘する (Trimouille, P., *op.cit.,* pp.104-105).

127 労働者に対するレオンの誠実な愛情を示す一節を掲げておこう. 1890年6月2日の聖霊降臨節の日に,レオンはアングレームで次のように述べている. 「学者も弁護士も芸術家も詩人もいない社会をわれわれは想い描くことができる. しかし,如何に原初的な社会であっても,労働者なしで済ますことはできない. 労働者はその経験と技で生活に必要なモノをつくる. 食料,住宅,衣類である. 農民,大工,石工－さらにレオンは,ヴァル・デ・ボワの〈子供たち〉を念頭におきつつ,紡績工と織布工を付け加える－は社会の基礎そのものである」. こう言って,レオンは労働者に愛情を示し,敬意を表するのであった. レオンにとって,労働者はみずからの存在における「軸心」であった (Guitton, G. S. J., *op.cit.,* t.1, p.303).

128 Guitton, G. S. J., *op.cit.,* t.2, p.3.

129 Harmel, L., *Mémoire sur le Val des Bois*…, p.2, cité par Guitton, G. S. J., *op.cit.,* t.1, p.286.

130 *Manuel,* p.113.

131 *Ibid.,* p.114. レオンはまた,労働者評議会の機能を次のようにも述べる. 「労働者に（カトリック・）アソシアシオンのささやかな名誉を自己の名誉と同一視させるのは労働者評議会であり,労働者に全体の善に向けて活動させる活力と勇気を与えるのも労働者評議会である. 不撓不屈の,そして容易に納得させる活動によって,評議員は（労働者）各人の道徳的改革に効果的に機能する. かれらの意見は（労働者によって）自発的に傾聴され,受け入れられる. （カトリック・）アソシアシオンは（評議員の）模範をともなった献身によって支えられるときに,全能となる」と (*Ibid.,* pp.113-114).

132 *Ibid.,* pp.148-149.

133 Guitton, G. S. J., *op.cit.,* t.1, p.287.

134 Harmel, L., *Mémoire sur le Val des Bois*…, p.11, cité par Guitton, G. S. J., *op.cit.,* t.1, p.287.

135 Guitton, G. S. J., *op.cit.,* t.1, pp.288-289.

136 *Ibid.,* p.279. レオンは *Manuel,* pp.185-186においても,管理参加の経営的成果をポジティブに評価している.

137 *Manuel,* p.12.

138 *Congrès des directeurs des Associations ouvrières catholiques, Rapport de M. Harmel,* 1879, p.6, cité par Trimouille, P., *op.cit.,* p.42.

139 Trimouille, P., *op.cit.,* pp.124-125.

140 *Echos du Val des Bois,* 1911, p.66, cité par Trimouille, P., *op.cit.,* p.133.

141 Harmel, L., *La démocratie dans l'usine : Le Conseil d'usine du Val des Bois,* Roubaix, 1903, p.3, cité par Guitton, G. S. J., *op.cit.,* t.1, p.299 ; Trimouille, P., *op.cit.,* p.115 ; Hoog, G., *op.cit.,* p.32. 1903年3月1日に開催された Cercle de l'Immaculée（於ローマ, Agliardi と Macchi 両枢機卿主宰）で行った報告「工場における民主主義」のなかで,レオンが述べたフレーズ. レオンはこの

フレーズをずっと前から使用していた．このフレーズは古くから－いつ頃かは不明だが－存在していたと言われている（Trimouille, P., *op.cit.,* p.233 note 135）．
142 Harmel, L., *Discours sur l'importance des autorités secondaires dans l'usine,* 1884, p.4, cité par Guitton, G. S. J., *op.cit.,* t.1, p.266.
143 Trimouille, P., *op.cit.,* p.106.
144 *Ibid.,* p.108.
145 Exposition universelle internationale de 1900 à Paris, *op.cit.,* p.92.
146 Trimouille, P., *op.cit.,* p.108.
147 *Compte-rendu manuscrit de la préparation au Congrès ouvrier chrétien de Reims,* mai 1893, cité par Trimouille, P., *op.cit.,* p.110.
148 Trimouille, P., *op.cit.,* p.110.
149 *Compte-rendu manuscrit*…, cité par Trimouille, P., *op.cit.,* p.110.
150 *Discours publié le titre Le Val des Bois*（*Exposition de l'organisation*），Reims, 1896, p.8, cité par Trimouille, P., *op.cit.,* p.111. レオンは1898年2月17日付の息子フェリクス宛の手紙のなかでも，次のように述べている．「……指導者（私たち）に対するあなた方（永年勤続労働者）の善き精神と信頼に感謝しています．私たちは工場評議会を設立しています．それは雇主（私たち）と労働者の努力を企業の繁栄に向けて結合しています．同時に，あなた方に工場の統治とディシプリンにおける真の『参加』機能をみとめています」と（Coffey, J. L., *op.cit.,* p.99）．レオンは親しみをこめて，工場評議会を「家族評議会」（Conseil de famille）と呼んでいた．
151 *Brochure,* 1900, pp.26-27, cité par Trimouille, P., *op.cit.,* p.113. Trimouille, P., *op.cit.,* pp.110, 115.
152 Harmel, L., *La démocratie dans l'usine*…, pp.3-4, cité par Trimouille, P., *op.cit.,* p.112.
153 Guitton, G. S. J., *op.cit.,* t.2, pp.261-262 ; Dehove, G., préface de René Hubert, *Le contrôle ouvrier en France : l'élaboration de sa notion, ses conceptions,* Paris, Librairie du Recueil Sirey, 1937, pp.178-179.
154 Hoog, G., *op.cit.,* p.79 ; Guitton, G. S. J., *op.cit.,* t.2, pp.261-262.
155 1909年の「工場総規則」第2条は次のように定める．「労働者が（製造）作業を効率化する，あるいはより完全な製品を生みだす何らかの改良法を発見した場合，雇主は工場評議会の管理のもとに，より良い条件のもとで，その方法を試行する費用をすすんで提供する．もし，改良が良好で実用的であるとみとめられたならば，その労働者に対しては，発明価値にふさわしい報酬が与えられる」（Guitton, G. S. J., *op.cit.,* t.2, p.267 ; Henry, P., *op.cit.,* pp.63-64）．一例をあげよう．或る労働者が巻き戻し機を停止させる新しい方法を発明した．その内容は工場評議会の「技術改良セクシオン」において説明された．労働者には5,000フランの報酬が与えられた（Trimouille, P., *op.cit.,* p.105）．

見習工養成にかかわる権限は，既に改革前からディー・ファクトに工場評議会に属していた．「見習工制度に関する規則」（Règlement relatif à l'apprentissage）によると，見習工は工場評議会の指導にしたがい，熟練工に付いて研修を受ける．研修成果は1ヶ月ごとに工場評議会に報告される．工場評議会は毎年，約1ヶ月にわたって技能コンクールを開き，作業速度・清潔・熱意・塗油について見習工の総合的技能を高める（Exposition universelle internationale de 1900 à Paris, *op.cit.,* pp.2-3）．1910年には工場評議会のもとに見習工協議会が設置された．13歳～15歳の見習工を対象に月例集会が開かれ，技能及び道徳的資質の向上がはかられた．
156 Guitton, G. S. J., *op.cit.,* t.2, p.270.
157 *Ibid.,* p.263.
158 Jaubert, *L'Organisation actuelle du Val des Bois,* 1904, p.7, cité par Trimouille, P., *op.cit.,* p.113.
159 Guitton, G. S. J., *op.cit.,* t.2, p.267.
160 *Ibid.,* pp.266, 268.
161 *Ibid.,* p.269. 1905年にアルメル家によって出された覚書の一節．
162 *Le Bulletin de la Bourse du Travail de Reims,* 15 août 1904, cité par Guitton, G. S. J., *op.cit.,* t.2, p.271.
163 Standaert, E., *op.cit.,* p.86, cité par Trimouille, P., *op.cit.,* p.114.

164 Trimouille, P., *op.cit.*, p.114.
165 *Ibid.*, p.115-117. 一方でトリムーイユは，工場評議会が新しい製造方法や見習工の資質向上といった技能技術分野において「共働」を実現していることに止まし，労働者の技能技術を効率的に発揮させることで生産性の向上をはからんとする機関であったとも指摘する．工場評議会の生産性向上＝利潤増大機能である（*Ibid.*, p.116）．
166 木元進一郎『労働組合の「経営参加」』新訂増補　森山書店，1986年，56頁．
167 Dehove, G., *op.cit.*, pp.179-180. 改革前の工場評議会に関連して，左翼紙 *Le Franc Parleur* も次のようなアルメル批判を展開している．「アルメル氏は市のほとんど唯一の所有者である．彼はつぎからつぎへと自立した市民を買収している．彼は工場主であり，労働者に1日当たり1.5フランへ2フランを支払う．労働者はこの飢餓賃金を忍受している」（1896年8月19日付）．「諸君はベネディクト派の修道士，信心会，牢獄，そして修道院地下牢をそなえたこの中世的戦慄を覚えるヴィジョンを欲するのか．……嗚呼，私は諸君に警告する．そこには恐るべき危険が横たわっている……」と（1897年6月27日付）．『ル・フラン・パルリュール』は1898年11月7日にアルメル会社によって廃刊に追い込まれた（Trimouille, P., *op.cit.*, pp.128-129）．
168 Trimouille, P., *op.cit.*, p.115.
169 何人かの同時代論者もケイエイサンカの視点から工場評議会の性格を簡潔にスケッチしている－ただし，サンカの範疇と度合については論証が十分になされておらず，参加と「参加」の区別も曖昧なままである－．ギュイトンは，労働者が労働者自身のイニシアチブに基づき，雇主と共同で工場を管理運営する組織であったとみなしている（Guitton, G. S. J., *op.cit.*, t.1, pp.306-307）．ピカール（Roger Picard）は労働者のサンカ制度とみなしている（Picard, R., *Le contrôle ouvrier sur la gestion des entreprises*, Paris, 1922, pp.214-215）．オーは雇主と労働者のアソシアシオンと位置づけている（Hoog, G., *op.cit.*, pp.35-36, 79）．ピエール・ド・メゾンヌーヴは労使を結合させる協調機関であったと位置づける（Maisonneuve, P. de, *op.cit.*, p.61）．F. S. ニティも労働者のサンカ機関と位置づける（Nitti, *op.cit.*, p.304）．ムーン（Parker Thomas Moon）は，雇主と労働者の双方がカトリック社会教義にもとづき，民主的に意志決定を行うアソシアシオンであったと述べる（Moon, P. T., *op.cit.*, pp.114-115）．ヴェイユ（Georges Weill）は雇主と労働者の人格的信頼関係を基礎とした協調機関であったとみなす（Weill, G., *Histoire du mouvement social en France 1852-1902*, Paris, 1904, p.177）．1902年にレオンらの肝煎りで設立された「ノール県及びパ・ド・カレー県炭鉱労働者独立組合」（Syndicat indépendant des Mineurs du Nord et du Pas-de-Calais）書記のコトン（Ildefonse Cotton）は，「炭坑夫はヴァル・デ・ボワの労働者を羨望している．あなた方は階級対立とか，雇主と労働者の紛争といった炭鉱業界の禍を知らない．雇主と労働者の間に横たわる越えがたい深淵が，あなた方には存在していない」と述べ，工場評議会のもつ労使協調機能をポジティブに評価する（*Echos du Val des Bois*, 1910, p.138, cité par Trimouille, P., *op.cit.*, p.114）．
「労働者独立組合」はキリスト教民主主義者や青年聖職者の支持を得て，1891年以降にかなりの数設立されている．階級的組合でも黄色組合でもなかった．CFTC（1919年結成）に接続するキリスト教労働者組織であった（Trimouille, P., *op.cit.*, p.178）．

小括

1　「キリスト教コルポラシオン」の特質

　社会的貧困（社会問題）の現実を前にして，労働者とその家族の救済を一視同仁の態度にたって追求する「キリスト教コルポラシオン」は，カトリック・アソシアシオン（第1段階），宗教・道徳・経済的制度（事業）（第2段階），

制度（事業）管理への労働者の参加（第3段階），そして工場評議会＝「工場民主主義」（第4段階）を継起的・体系的に実践し，労働者とその家族の物質的生活保障とかれらの社会的人格における「自由と自立」の尊重に機能した，「工場のキリスト教的再編」である．そこでは，企業パテルナリスムの属性である「全面管理」の要素はみとめられなかった．労働者もまた，共振共鳴して救済を受け入れた．「労働力の能率的利用機能」と「労働運動対策機能」は結果として付随的に生起していたにすぎない．生産性や収益性の問題は，些事とまでは言えないにしても，最優先の課題ではなかった．「キリストにある兄弟」たる労働者の人間性とその本質的価値に対する尊重という民主的掟が，企業経営展開の動力として，雇主を第一義的に教導していた．動機・目的，機能発現，労働者の反応，そのいずれにおいても企業パテルナリスムとは性格を質的に異にする「キリスト教コルポラシオン」は，物質的生活と思想の自由を労働者に保障するとともに，「労働者の，労働者による，そして労働者とともにある善（幸福と秩序のこと），決して労働者抜きではない，況してや労働者の意志に決して反したものではない善！」という労使相互の信頼と協力と善意のもとに，一定の範域と度合において，フランスにおける経営民主化（「経営参加」）の道を先駆的に開いた．企業経営の展開における新しい，キリスト社会教義に基づく方向性の提示である．

2 キリスト教社会改革の視点

「キリスト教コルポラシオン」は各段階に対応して以下の経営・社会的機能を体系的に発現し，ヴァル・デ・ボワにおけるキリスト教社会調和の確立に邁進した．第1段階：アルメル労働社会におけるキリスト教的生活の再建，第2段階：アルメル労働者の物質的・道徳的福楽の保障，第3・4段階：雇主と労働者の結合（union）である．

だが，「キリスト教コルポラシオン」は体系の総体において，企業の枠にとどまらず，教会の社会教義を根幹にすえた社会改革遂行の原基細胞としても鋭く認識されていた．社会的貧困（社会問題）に対するレオンの関心は，信仰を本質にすえつつ，社会経済構成のキリスト教的再編をトータルに志向する社会改革的視点を内包していたのである．けだし，レオンは社会問題にかかる「キリスト教コルポラシオン」の役割を次のように記すであろう．「われわれが目撃している社会運動（社会問題）を前にして，雇主は3つの態度をとることが

できる．ずっと前からのやり方にしたがい，超然としていること，闘争を受け入れ，雇主のアソシアシオンでもって労働者のアソシアシオンと対決すること，単一の（経営）家族を形成するために労働者と結合すること，である．超然としていることは最悪の方法である．それは雇主にみずからの義務をすべて忘れさせることに導く．現在の危機は，行動する権利と義務をもっているにもかかわらず，何もしない雇主のそうした信じがたい無分別に由来している．……闘争を受け入れることは……団結でもって団結と対決するために，雇主のアソシアシオンを組織しなければならない．しかし，闘争は両陣営に破壊と悲惨をもたらす．……それゆえ，3番目の態度が唯一適切である．宗教意識（信仰）に立脚した雇主と労働者の結合は社会改革に導く」と．また「コルポラティフ制度（『キリスト教コルポラシオン』）は，われわれが生活している今日の無秩序状況が生みだした諸害悪を矯める唯一の方法である」と記すであろう[4]．かくして，カトリック社会教義のもとに労働者の物質的・道徳的福楽と「経営参加」を実現する「キリスト教コルポラシオン」は，個別経営レベルにおける社会問題対策であると同時に，社会経済構成にかかる改革の原基的指針として認識されていた．「一方の（雇主・雇主階級の）エゴイスムと他方の（労働者・労働者階級の）反抗に直面して，現代人を激しく動揺させている社会問題の真の解決策」[5]．工場を単に企業の論理に導かれた経済活動の場としてではなく，自主・自立的な社会的形成体として把握し，経営は家庭に人格的な紐帯で結ばれた制度であると考えるレオンが，「キリスト教コルポラシオン」を礎に「民衆事務所」や「社会研究キリスト教サークル」そして「商工業友愛連合」等を組織するとき，彼は企業レベルにおける「工場の再キリスト教化」を志向する一個の社会倫理的雇主から，社会経済構成のキリスト教的再編をトータルに志向するキリスト教社会改革雇主へと具体的に脱皮する．

3 「キリスト教コルポラシオン」とカトリック雇主

では，「キリスト教コルポラシオン」は同時代のカトリック雇主によってどのように受けとめられていたのか．レオ13世は1880年の小勅書に続き，1887年にも「大工業のすべての雇主とすべての労働者は，ヴァル・デ・ボワの例を見習うようつとめるべきであろう」と祝福する[6]．レオンは「キリスト教コルポラシオン」の「伝道」を意欲し，1879年3月にはサン゠シャモン雇主（Saint-Chamond）の招きを受けて，経営社会理念を説く．その後もリール，マルセイ

ユ，ルーベ=トゥルコワン，ルーアン，シャルルヴィル等をまわり，「工場のキリスト教的再編」を訴える[7]．だが，こうした努力にもかかわらず，「伝道」は遅々として進まなかった．最大の障害は「経営参加」にあった．当初，積極的に関心を示したノールのカトリック繊維雇主も「公正」概念と「労働者のイニシャチブ」に対しては明確に拒否の態度を示した．そして，1894年9月にはレオンと訣別した[8]．この時期，「キリスト教コルポラシオン」のように制度的に体系化されたキリスト教企業福祉政策を他に見出すことは極めて困難である[9]．クサンス=オ=フォルジュ（Cousances-aux-Forges）の冶金企業主アンドレ（Hippolyte André）が建設した「小ヴァル・デ・ボワ」，ユーヴィユ（Eurville）製鉄企業主マルセロ（Jacques Marcellot）が「ヴァルで見てきたことを模倣し」て実践した工場聖マリア会を含む試み，セピュルシュル（Sepulchre）やド・レスピナ（de Lespinats）及びド・サンティニョン（de Saintignon）等ムルト・エ・モゼル県製鉄企業主による実践，トロワの社会カトリック繊維企業主オプノ（Émile Hoppenot）やヴァルトン（Pierre Valton）等による試み．これらが知られているが，質・量ともに「キリスト教コルポラシオン」には遠く及ばない[10]．ブランジィ炭鉱のシャゴはカトリック社会理念のもとに多様な労働者福祉事業を実践したが，工場評議会のような制度を設けておらず体系化に欠く．1899年には激しい労働攻勢を受けて挫折した[11]．先のサン=シャモンにおいては，ティオリエール企業（Camille Thiollière）とネイラン企業（Charles Neyrand）に一定の成果が見られたと指摘されているが，具体的内容については不明な部分が多い[12]．その他，アンプレピュイ（Amplepuis）の綿業主デシュレット（Eugène Déchelette），トゥール（Tours）の印刷企業主マム（Alfred Mame），リジィユ（Lisieux）のジャルダン（Grand Jardin）織物企業主ランベール（Eugène Lambert），マルセイユの繊維企業主フールニエル（Félix Fournier）がヴァル・デ・ボワを模倣していた形跡がみとめられるが，いずれもはっきりとは確認できない[13]．ブロワ（Blois）の印刷企業主エマニュエル・リヴィエール（Emmanuel Rivière）がヴァル・デ・ボワを見倣って設立した工場評議会が唯一注目されるぐらいである．エマニュエル・リヴィエールは「職業的領域における雇主と労働者の交わりは近代工場に平和をもたらすに違いない」と確信し，カトリック社会教義の基礎に立って－ただし，ヴァル・デ・ボワほどには精緻でなかった－就業規則や技術改良を労使共同で作成・実践している[14]．

　総じて，同時代のカトリック雇主は宗教を労働者に対する統制の手段として

「利用」していたように思われる．教会を「利用」し，労働者を精神面から統制していた事例は数多く確認される．古くはシュネーデルとサン＝ローラン教会のケース，新しくはミシュランと地元教会のケースである．ロレーヌ製鉄パテルナリスムに関する最近の研究成果も，雇主が教会を工場労働の体制内秩序要素（facteur d'ordre）としてイデオロギー的に「利用」していたことを実証している．

4 「キリスト教コルポラシオン」の現代的意義

補論との関連において，「キリスト教コルポラシオン」の現代的意義に予め触れておこう．「大不況」期～第二次工業化期フランスにおける企業福祉政策のなかにあって，「キリスト教コルポラシオン」は例外的な経営実践であった．しかし，このことは，労使相互の信頼と協力と善意という瑞々しい視点を倫理的＝経済的に内包・発現していた「キリスト教コルポラシオン」の歴史的意義を損なうものでは決してない．レオンの蒔いた一粒の種子はよき土とめぐりあい，芽をだし，やがて継起する次の世代において緑に色づきはじめる．ジョワイア会社の「ロマネ・システム」，戦間期における「フランス商業・工業・自由業総同盟，カトリック雇主連合」の結成と社会カトリック社会経済改革論，そしてリベラシオン期企業経営における労働者の品位・尊厳，従ってまた人間性の回復を求める民主主義的経営社会関係（「経営参加」）の醸成．これらは社会的貧困（社会問題）という現実の諸矛盾を直視し，それらを不断の宗教的吟味のもとに倫理的＝経済的に止揚することを希求したレオンの社会カトリシスム経営社会理念・実践，すなわちキリスト教原理に基づく新しい企業内社会関係の樹立＝工場評議会に淵源を発している．

注

1 実際には，各段階の時期的継起は互いに重なり合っていた．
2 ここにいう道徳的とは，「福音に基づいた」という意味である．
3 *Manuel,* pp.237–238.
4 「カトリック労働事業同盟」オータン会議（1882年8月）の決議より（Guitton, G. S. J., *op.cit.,* t.1, p.162）．
5 1876年10月1日付フレベル司教のレオン宛書簡より．本章Ⅱ注18を参照されたい．
6 Guitton, G. S. J., *op.cit.,* t.1, p.228.
7 *Ibid.,* pp.230–256を参照した．
8 Coffey, J. L., *op.cit.,* pp.127–132 ; Trimouille, P., *op.cit.,* pp.143–150, 170–173.「1894年9月16日付フェロン＝ヴローのレオン・アルメル宛書簡」（Lettre envoyée par M. Féron-Vrau à Léon Harmel,

第 10 章　アルメル紡績会社の「キリスト教コルポラシオン」　471

le 16 septembre 1894. Trimouille, P., *op.cit.,* annexe, pp.219–222 に収録）は訣別の証左である。『レールム・ノヴァルム』の発布を契機に，「ノール雇主カトリック連合」（Association Catholique des Patrons du Nord）に結集するノール繊維雇主（カミーユ・フェロン=ヴローはリールの亜麻布工場主で，「ノール雇主カトリック連合」の中心人物であった）とレオンの間で，「社会の均衡」－とりわけ，㋐雇主の役割と権限　㋑労働者の自由の度合　㋒サンディカリスムの性格－について激しい論争が展開された。論争の経緯に関しては，Trimouille, P., "Léon Harmel et les patrons du Nord : la crise de 1893–1894", in *Revue du Nord,* Cent ans de catholicisme social dans la région du Nord, Actes du colloque de Lille des 7 et 8 décembre 1990, n°s. 290–291, avril-septembre 1991, pp.271–282 を参照した。

9　大都市に立地する企業が「キリスト教コルポラシオン」のような体系的制度を実践することは，安定的な篤信労働力の欠如と労働組合運動の影響からして困難であったと主張する論者もいる（Hoog, G., *op.cit.,* p.77 ; Le Crom, J.-P., *L'introuvable démocratie salariale : Le droit de la représentation du personnel dans l'entreprise〈1890–2002〉,* Collection "Le Présent Avenir", Paris, Éditions Syllepse, 2003, p.10）。しかしながら，「キリスト教コルポラシオン」が十全に機能した最大の要因は宗教的特性にあった。地理的・社会的要因にあったわけではない。レオン自身，次のように述べている。「工場の諸事業（『キリスト教コルポラシオン』）は都市において（実践）可能であろうか？……それら（『キリスト教コルポラシオン』）は農村よりも都市において，より容易に建設しうる」，「工場の諸事業は都市において（実践）可能である。というのも，都市の工場は何ら本質的な障害にでくわさないからである」と（Rémont, C., *op.cit.,* p.421）。

10　Moine, J.-M., *Les Barons du fer : Les maîtres de forges en Lorraine du milieu du 19e siècle aux années trente : Histoire sociale d'un patronat sidérurgique,* Nancy, Presses Universitaires de Nancy, 1989, p.323.

11　Guitton, G. S. J., *op.cit.,* t.1, p.164. シャゴ企業福祉については，Beaubernard, R., *Montceau-les-Mines : Un Laboratoire Social au XIXe siècle,* Collection Pierre écrite, Avallon, Les Éditions de Civry, 1981 ; Sutet, M. et J.-P. Brésillon, *Du Terroir à l'Usine : Le Creusot, Montceau-les-Mines autrefois,* Collection : Vie quotidienne autrefois, Le Coteau, Les Éditions HORVATH, 1983 ; Delpal, B., "Léonce Chagot : maître de forges à Montceau-les-Mines", in Durand, J.-D. et al., sous la direction de, *Cent ans de Catholicisme social à Lyon et en Rhône-Alpes : La postérité de Rerum novarum,* Paris, Les Éditions Ouvrières, 1992 を参照した。

12　Guitton, G. S. J., *op.cit.,* t.1, p.228.

13　Schweitzer, S., réunis par, *Logiques d'entreprises et politiques sociales des XIXe et XXe siècles,* Oullins, Programme Rhône-Alpes, 1993, p.38.

14　Trimouille, P., *op.cit.,* pp.151–152 ; Dehove, G., *op.cit.,* p.180.

15　Stearns, P. N., *Paths to Authority : The middle class and the industrial labor force in France,* 1820–1848, Chicago, University of Illinois Press, 1978, p.93.

16　19世紀中葉～戦間期にかけてのロレーヌ製鉄業者は，アデルスヴァール（Adelsward. プロテスタント），フウル（Dupont-Dreyfus-Fould. ユダヤ教徒），グロディディエ（Grosdidier. 無神論者）の3名を除くと，全員がカトリックであった。彼らは教会を建てたり，多額の献金を行うことで聖職者と接触していた。例えば，ラベ（Labbé），ド・サンティニョン（de Saintignon），ジロー（Pierre Giraud），ド・ヴァンデル，キャヴァリエ（Cavallier），ルジョンドル（Jules Joseph Legendre），ラティ（Raty），スネル=モブジュ（Senelle-Maubeuge），キュリック（Curicque），ロラン（Georges Rolland）である。加えて，司祭に住居と暖房を無料で提供し，「心づけ」を常時用意していた。また，女子修道会に対しては衣食住を無料で提供し，教育・医療・福祉における修道女たちの奉仕活動を援助していた。例えば，モン=サン・マルタン企業（Mont-Saint Martin）とオブエ企業（Auboué）はラ・プロヴィダンス女子修道会（la Providence）に，ソルヌ企業（Saulnes）とゴルシィ企業（Gorcy）はラ・ドクトリン・クレティアンヌ女子修道会（la Doctrine chrétienne）に，オメクール企業はサン・ヴァンサン・ド・ポール女子修道会に，ヌーヴ=メゾン企業（Neuves-Maisons）はサン=シャルル女子修道会（Saint-Charles）に，といった具合である。

　　　しかし，われわれは，ロレーヌ製鉄業者が信仰からこうした献金なり援助を行っていたのでは

ないという事実に止目する。宗教的特性に基づく社会的義務意識に駆られて実践していた雇主も確かにいたであろう。だが，全体としてみると，圧倒的に，なんらかの見返りを意図してそうした行為を行っていた事実が確認されるのである。例えば，ド・ヴァンデルとキャヴァリエは，そうした行為と引きかえに，地元住民の道徳・思想調査を司祭に依頼し，司祭の発行する「善良証明書」や「道徳推薦状」をもつ者のみを採用の対象にしていた。修道女に対しては，何よりもまず企業に協賛するイデオローグとして活動することを期待していた（Moine, J.-M., *op.cit.*, pp.311–316）。

ルオン製鉄所の事例からも，企業と聖職者の結びつきは確認される。パリ第8大学現代史教授マリアンヌ・ドゥブジィが，1954年以来ユジノール=ルオン製鉄所（1954年当時の社名は Société anonyme des Forges de Rehon）で働いていた圧延労働者マルセル・ドナティ（1922～）に対して行ったインタビュー（1985年9月30日実施）の一部を紹介しよう。ドナティの父親はイタリア移民で，1926年以来ルオン労働者であった。父子2代にわたって戦間期から戦後にかけての略60年間をユジノール=ルオン企業パテルナリスムのなかですごしている。ドナティは父親から聞いた話と少年時代の記憶，そしてみずからの労働体験に基づいて，インタビューに答えている。精度は極めて高いといわねばならない。

　　ドゥブジィ　「宗教についてですが，宗教的諸事業をとおして労働者の道徳性を統制するような体系はありましたか」。

　　ドナティ　「私にはそのような体験はありませんでした。（しかし，第二次大戦前について）私の知っていることは，工場の大株主の1人がジュール神父であったということです。彼はルオン工場付の司祭でした。私は，彼が採用と解雇に関して，とくに若者のそれに関して，特権を行使していたことを知っています。彼は若者に対して恐るべき圧力をかけていました。工場で働いてはいるが，教会にほとんど通わない者には大きな危険がふりかかりました。それまで教会に通っていた者が通わなくなると，最も大きな危険がふりかかりました。そこには秩序を連想させるものがありました。第二次大戦後の数年間にそういった圧力はなくなったのですが，それでもそうした宗教の力の痕跡は1972～1973年頃まで感じられました」（Debouzy, M., "Interview de Marcel Donati, ouvrier lamineur à Usinor-Rehon, militant CGT 〈30 septembre 1985〉", in *Le Mouvement Social*, n°.144, juillet-septembre 1988, pp.40–41）。

　　ドナティ　「雇主は最もしばしば，宗教とともにこの全体状況のなかに存在していました。……両者－パテルナリスムとカトリック－の関係は非常に緊密でした」（*Ibid.*, p.39）。

17　ヴァル・デ・ボワは第一次大戦の戦場になった。アルメル工場は破壊され，1915年2月には操業を停止した。同年11月25日にはレオンが疎開先のニースで召天した。1922年，大戦前の規模と機能を取り戻すまでにはいたらなかったが，息子レオンⅡと甥のモーリスによって，工場施設とともに「キリスト教コルポラシオン」は再建された。ローマ巡礼も1929年に再開された。第二次大戦後，工場評議会はごく自然に企業委員会へ移行した。しかし，戦後初期～復興期における経済的・技術的条件の変化（例えば，原料・燃料費の高騰にともなう昼夜3交替制勤務の導入）と労働組合運動の増勢が与って，工場をおおっていた宗教的香気は次第に希薄化していった。工場付属礼拝堂司祭の職は1957年に廃止された。翌年には修道士・修道女がヴァル・デ・ボワを去っていった。1960年代後半になると，ヴァル・デ・ボワにカトリック社会教義の影響を見出すことはもはや不可能であった。こうした中，1970年代前半に，アルメル会社は約130年にわたる歩みにピリオドを打った。「キリスト教コルポラシオン」はその歴史的使命を終えた（Trimouille, P., *op.cit.*, pp.136–137；Coffey, J. L., *op.cit.*, p.243）。

第 11 章

ジョワイア会社の「ロマネ・システム」

　エミール・ロマネ（Émile Romanet, 1873・3・16～1962・1・14）は低ドーフィネのヴィル゠スー゠アンジュ（Ville-sous-Anjou）に，小自営農民ジャン゠フィリップ（Jean-Philippe Romanet）とマリー゠ジュスティーヌ（Marie-Justine Romanet）の二男として生まれた．地元の初級学校を卒業したのち，4年制の国立ヴォワロン実業学校（École nationale professionnelle de Voiron）へ進学した．そこで校長ボネ（Bonnet）の薫陶を受け，後にロマネ自身の経営実践を支える精神的バックボーン－豊かな人間性，勤勉，苦難への意志－を陶冶した[1]．晩年，同窓会長として在校生に対して行った訓話の一節はその信念である．「諸君は人生において成功することを欲しますか．（欲するのならば）懸命に働きなさい．苦難に雄々しく立ち向かいなさい．試練に負けてはいけません．常に前向きで明朗でありなさい．／諸君のまわりに存在する貧困と対立に関心をもち，進んでそれらを救済し，和らげなさい．嫉妬をしてはいけません．人を蹴落とすような競争心をもってはいけません．しかし，良い意味での心情豊かなライバル心と友愛的協調心はもちなさい．一人では何も達成できないこと，人々の努力の結集で発展がなされることを銘記しなさい」[2]．1889年，ヴォワロン実業学校を首席で卒業したロマネはボネの推薦でジョワイア会社（Joya）に就職した．ロマネ16歳のときである．ジョワイア会社は1848年にナポリから移住してきたシャルル（Charles Joya）によってイゼール県ヴィジユ（Vizille）に設立された金物工場に起源をもつ．1860年，「フランス巡歴」を終えた息子のジョアニィ（Joanny Joya）が父親のあとを継ぐと，進取の気象に富む彼は交通至便なグルノーブル市サン゠ニコラ通りに工場を移転した．1862年にはエリゼ通りに再び移転した．水力発電所建設資材の需要増大を見とおすや，導管・ボイラー・鉄骨・機械の生産に積極的に進出し，第三共和政前期には会社をグルノーブル屈指の大企業に育てあげた[3]．1891年，3代目のレジ

(Régis Joya) が経営に参画すると，ジョアニィ・ジョワイア父子企業 (Joanny Joya, père et fils. 以下，ジョワイア会社と略記) と社名を定めた．1899 年現在，資本金 1,375,000 フラン．1921 年 1 月 1 日には株式会社に移行し，ジョワイア株式会社 (Société anonyme des établissements Joya. 以下，ジョワイア会社と略記. 資本金 800 万フラン) と社名を定めた[4]．製図工としてスタートしたロマネはたちまち頭角をあらわした．設計の仕事についたのち，製品発送係，会計補佐をへて技術連絡兼見積もり担当となった．1894 年から 1 年間兵役につき，除隊後は設計部門の責任者となった．その後，営業，労務，総務各部門の責任者をへて，1897 年にレジとともに工場長 (directeur) に就任した．ロマネ 24 歳のときである．1899 年から 10 年間は 5 人の出資者の 1 人に名を連ねた[5]．株式会社への移行とともに，社長レジのもとに経営管理者 (administrateur-directeur) の職責も兼ね，1926 年 12 月 10 日に経営悪化の責任をとって辞任するまで，ジョワイア会社の実質的指揮を一身に引き受けていた[6]．

　16 歳から 53 歳までの 37 年間をすごしたジョワイアを去ったあと，ロマネはいかなる企業にも関与しなかった．そのかわり，教会の社会教義に基づく経営社会理念の前進とカトリック社会改革の推進に全エネルギーを投入した．就中家族手当の普及には晩年に至るまで家族手当中央連合会 (Comité central des Allocations familiales) 名誉副会長として情熱を傾けた．1953 年 9 月 30 日にレジョン・ドヌール勲章 3 等章受章[7]．

　本章の目的は，ジョワイア企業福祉政策とグルノーブル補償金庫の建設に献身した社会カトリック企業家エミール・ロマネの思想と行動に光をあてることで－ただし，その一部分に，しかし本質的な部分に－，第三共和政期フランス社会カトリシスムによって規定された経営理念・実践の基本性格について，個別具体的な理解を準備することにある．使用する主資料は，Paul Dreyfus, *Émile Romanet : père des Allocations Familiales,* Paris, Arthaud, 1964 である．私見によれば，ポール・ドレフュスにはロマネを過度に美化し，英雄視する傾向が見受けられる．そうした点については吟味を加えつつ注意を払って取り除き，可及的に客観的な記述につとめる．

注
1　Dreyfus, P., *Émile Romanet : père des Allocations Familiales,* Paris, Arthaud, 1964, pp.14–15, 19.

2 *Ibid.*, p.19.
3 *Ibid.*, pp.22-23 ; Trombert, A., *La participation aux bénéfices, exposé des différentes méthodes adoptées pouvant servir de guide pratique pour l'application du régime*, troisième édit., Paris, 1924, pp.356-357.
4 Dreyfus, P., *op.cit.*, pp.29-30, 87.
5 1899年現在，ジョワイア会社の出資者と出資額は次のとおりである．なお，ロマネの持分は1909年9月22日にレジが買い取っている．ジョアニィ・ジョワイア 387,500 フラン（28.2％），レジ・ジョワイア 367,500 フラン（26.7％），ロマネ 10,000 フラン（0.75％），ラミュ（Ramus）10,000 フラン（0.75％），テレ（Terray）600,000 フラン（43.6％）（*Ibid.*, p.30）．
6 *Ibid.*, pp.87, 114-117. ロマネ辞任の背景にはパリ資本の介入があった．地元の銀行家ジョルジュ・シャルペネェ（Georges Charpenay）はジョワイア会社の経営危機を回避するために，可及的援助をレジ゠ロマネに提供した．しかし，1926年末にパリのブシャイエ（Bouchayer）がジョワイアの経営権を事実上掌握した（Chorel, A. P., "Émile Romanet : un catholique social dans l'industrie grenobloise au début du siècle", in Durand, J.-P., Comte, B., Delpal, B., Ladous, R., Prudhomme, C., sous la direction de, *Cent ans de catholicisme social à Lyon et en Rhône-Alpes : La postérité de Rerum novarum*, Paris, Les Éditions Ouvrières, 1992, p.235）．
7 Dreyfus, P., *op.cit.*, pp.150, 156.

I　エミール・ロマネの経営理念

1　社会カトリシスム信仰

　1929年12月14日の「労働に関する会議」において，ロマネは「18世紀に，フリーメーソンやヴォルテール派，そしてジャン・ジャック・ルソー派に仕える百科全書主義者たちはキリスト教とキリスト教文明を憎悪し，今日われわれがその痛ましい結末を確認している衰頽の諸思想（doctrines de mort）を普及させた」と指摘する．「衰頽の諸思想」とは言うまでもなく，旧フランス社団社会を壊滅に追い込んだ啓蒙思想のことであり，社会的貧困（社会問題）を生みだした個人主義的自由主義のことである．グルノーブル労働者の日常生活のなかに経済リベラリズムが生みだした「下層諸階級の不幸と不当な貧困」を見て取るロマネは，『レールム・ノヴァルム』の教えのもとに，社会的貧困（社会問題）の本質を雇主・労働者の宗教的貧困に求め，その救済に倫理゠経済的使命をいだく．「公にされたもの（『レールム・ノヴァルム』）を読むことで，私は社会問題に関心をもちました」，「私は労働者の境遇に関する回勅『レールム・ノヴァルム』を懸命に読み，研究しました．レオ13世の教えは，私が設立することのできたすべての制度と事業をインスパイアしていました」と晩年に回想する．『レールム・ノヴァルム』から多大の教示と啓発を受けたロマネは，1902年にサン・ヴァンサン・ド・ポールに，1912年10月4日には「フラ

ンシスコ会第三会」に入会する[4]．そして，「委託」を確信するために，7つの生活信条－高ぶることなかれ，私たちは常に学び続けねばならない．正直を心がけよ．範を垂れよ．非難を軽蔑せよ．世間体を気にすることなかれ．根拠なく嘆くことなかれ．神に向けてわが魂を高めよ[5]－を定めて日々自己審査し，隣人愛を基底とした労働者の貧困救済に，すなわち労働者の人間性とその本質的価値に対する尊重にみずからを捧げる．「卑下することなく救済しなければならない．高ぶることなく，つつしみ深く，兄弟として行動し，貧しい人々の尊厳を尊重しなければならない[6]」．

ロマネの信仰は純粋に教会内的範域に限定されたものではなく，むしろ大きく社会的性格を帯びていた．この性格は社会主義と資本主義の二大潮流の対立に起因する階級闘争を「否である，断じて否である」と排しつつ，「諸階級の結合（union）」をロマネ自身の信仰召命に措定する[7]．そして，彼は言明する．「いかなる方策と手段によって資本と労働の調和（accord）を堅固にすることができるのかを考察するなかで，唯一つの解決法が見出される．すなわち，工業生活においてのみならず，家族及び社会生活においても，キリスト社会教義を実践することである．換言すれば，われわれの生活のあらゆる行為をわれわれの信仰と調和させることである」と[8]．争いのあるところにゆるしを，分裂のあるところに調和を，憎しみのあるところに愛を措定するロマネの社会カトリシスム信仰は，家族手当の理念的基礎を提供するとともに，「生産の3要素の共働」を生みだす[9]．

2 家族手当の理念的基礎

家族は自然に由来する単なる社会的存在ではない．家族は神権（droit divin）における社会的存在であって，「社会細胞」（cellule sociale）すなわち社会構成の基本単位をなす．ロマネが労働者家族を救済せんとするのは，まさしく信仰の大本にかかわってのことであった．ロマネ『家族賃金論』（*Le salaire familial,* 1918）はいう．「神が彼（父親）にめぐみ給うた子供を父親が愛し，世話するごとくに，（雇主は）労働者に対してみずから関心をいだき，かれらを愛さなければならない」と[10]．労働者とその家族の生活を保障する家族賃金（家族手当）の給付が，「愛」と「正義」において，雇主の義務すなわち信仰における「絶対命令」（impératif absolu）として定立される．

1918年7月13日，ロマネは20歳になったばかりの一人息子ノエルの戦病

死をラ・トロンシュ病院で迎えた．長いお祈りのあと，ロマネは命運的告白を行う．「今，私にはもはや子供はいません．45歳（原文では47歳となっているが，45の誤植と思われる）の私の人生に目標はないように思えます．お金を儲ける？そんなことをして何になりましょう．実業に専心する？なぜですか．栄光，名誉，名声，これらはすべて空虚です．今後，私の人生において私を活かす唯一のこと，それは私が着手した，そして為すべきことが非常に多く残されているこの事業（家族手当）です．生活に苦しみ，しばしば困窮に陥っているすべての（労働者）家族のことを思うとき，飢えと寒さで震えているすべての子供たちのことを思うとき，……．／主よ，私にいのちを与える限り，かれらを救済する力を私に与え給え」．社会カトリシズム信仰におけるロマネの静かに深く秘匿された宗教的衝動に，苦難をこえて人間性の根幹を揺りうごかす熱誠に，家族手当の理念的基礎が求められる．

3 「生産の3要素の共働」

　20世紀に入ると，ロマネは折あるごとに「生産の3要素の共働」(collaboration des facteurs de la production) を開陳する．1920年4月15日にグルノーブル商業会議所で行った講演「利潤の公正な分配」(La répartition équitable des bénéfices) のなかでも述べている．「共働」は『資本＝指揮＝労働』(*Capital-Direction-Travail*, 1929) において精緻化される．ショレル (Alain P. Chorel) の整理を借りる．

(1) 資本

　資本は先行労働による蓄積と投資による蓄積の和で，雇主＝資本提供者 (patron, bailleur de fonds) に体現される．ロマネにおいては，資本蓄積過程の問題は捨象されている．

(2) 指揮

　「指揮は精神的労働である．これを引き受ける者は，彼の職責について十全なる知識をもち，調査し，組織し，管理し，労働者に命令し，販売し，購入し，機械と製造方法を改良することができ，そしてとりわけ彼の権限を彼の技術的・商務的そして社会的能力に立脚させることが出来なければならない．彼は横柄な，そしてよそよそしい態度を取ることなく，命令することが出来なけ

ればならない．もし予め，彼自身が命令に従うことを経験していれば，彼はそれ（命令すること）をよりよく行いうるであろう．なぜならば，彼は実践可能なことしか命令しないだろうからである．彼は，（自己の労働生活に）満足している労働者の生産性は，苛立ち，そして落胆している労働者のそれよりも遙かに高いことを認識しつつ，彼の命令のもとで働いている労働者を愛し，尊重し，かれらが満足するのに必要なことがらを実施しなければならない[14]」．ロマネはみずからの経験をふまえつつ，技術的・商務的・社会的・博愛的能力を必要条件とし，労働体験を十分条件とする，資本家機能とは区別された，企業家（directeur général, technicien-organisateur）機能としての指揮を開陳する．

(3) 労働

労働は商品ではない．労働は原罪の償いであり，贖罪の証しである．それゆえ，労働はそれ自体においてカトリック的価値であり，義務である．その世俗的機能は「何よりもまず，生活の維持に必要なものを得ること」に据えられる[15]．

(4)「生産の3要素の共働」

資本，指揮，労働を人間の身体にたとえると，それぞれ胴，頭，手足に相当する．3者は一体にして不可分離である．「……指揮，資本，労働のどれ1つも，他の2つの協力なしには存在し得ない[16]」．3要素は神慮に適った秩序における自由とパワーをそれぞれ授けられているが，その自由とパワーは「カトリック的社会契約」に基づいて形成された企業という調和のとれた身体において，初めてみずからの存在と機能を社会的に発現する[17]．ここから，対立でも従属でもなく，信頼と協力と善意のもとにそれぞれが行動をともにする，3要素の「共働」が措定される．

では，「カトリック的社会契約」とは具体的に何を意味しているのか．ロマネによれば，各要素に対して，それぞれの社会・経営的機能に応じた報酬を「適正」に，すなわちカトリック社会教義に適った秩序において分配すること，そして労働者の「経営参加」を実践すること，である[18]．「適正」な分配とは，具体的には以下である[19]．

①労働への分配

「適正賃金」であること．「適正賃金」は，㋐投下労働の経済的価値に対応す

る本来の賃金　④労働者の社会的価値に対応する家族賃金と生活給付　⑦利潤分配，この3つから構成される．

②指揮への分配

月給と利潤分配から構成される．

③資本への分配

⑦資本利子　④年間準備金（純利潤の5％）　⑦リスク手当（純利潤の10％）から構成される．

ここで，ロマネ経営理念が，『レールム・ノヴァルム』の教えと並び，アルメル「キリスト教コルポラシオン」の刺激を受けて形成されたものであることを指摘しておこう．1947年3月13日付ロマネのランス大司教マルモタン猊下（Marmottin）宛の書簡は，「今世紀の初め，私はBon Père レオン・アルメル氏と長い間文通していました．私のささやかな権限の範囲内で，私は彼の実践を手本に（家族手当と『生産の3要素の共働』を）試みる決心をしました」と記す．1940年にロマネ自身が著したノートにも，「1905年から1914年の間，レオン・アルメル氏と文通」とある．ロマネ経営理念と「キリスト教コルポラシオン」の結びつきが浮かびあがってくる．

注
1　Chorel, A. P., *op.cit.*, p.236.
2　*Ibid.*, pp.233, 235.
3　Dreyfus, P., *op.cit.*, p.35.
4　ロマネは1930年～1939年の10年間，サン=ブリュノ信心会の長を，さらに1939年から1957年の間は，ロマネ自身がイニシャチブをとって設立したサン=ルイ信心会の長をつとめている（*Ibid.*, p.170）．
5　*Ibid.*, p.183.
6　*Ibid.*, p.170.
7　Chorel, A. P., *op.cit.*, p.235.
8　Dreyfus, P., *op.cit.*, p.95.
9　宮本悟は労働者の対経営闘争とそれに対する雇主のリスポンスのなかに，ロマネ家族手当制度の生成要因を見出す（宮本悟「1932年フランス『家族手当制度』の形成過程－企業内福利厚生施策から家族手当制度へ－」『大学院研究年報』〈中央大学〉第24号，1995年2月，98頁）．労働運動のインパクトは看過しえない．しかし，1916年11月の家族賃金給付と1918年4月29日の「グルノーブル冶金雇主組合補償金庫」設立の直接的契機は，何よりもまず，ロマネの社会カトリシスム経営理念に帰される．
10　Pedersen, S., *Family, dependence, and the origins of the welfare state. Britain and France, 1914-1915*, Cambridge, Cambridge University Press, 1993, p.227.
11　Dreyfus, P., *op.cit.*, p.60.
12　ロマネは社会カトリックの友人マリウス・ゴナン（Marius Gonin．「社会週間」の創始者の1

人，シヨンのリヨン地区責任者であった．シヨンについては補論ⅠⅡ注1 ⑦を参照されたい）が編集する *La Chronique Sociale de France*（1922年4月号）に「家族手当：起源，機能，現状，実務知識」を寄稿している．その一節に，「耐え忍んだ長い戦争の後にわれわれが得たフランスの勝利は，多大の犠牲を払って獲得したものである．／フランス国民は，すぐれて国民的な力になってきた多子家族に恩義をうけている．／さて，勝利者であることは素晴らしいことである．しかし，勝利して後も偉大であり続けること，これが肝要である．多子家族の拡大を推進しなければ，いかにしてわが国が偉大であり続けられようか．／そのため（偉大であり続けるため）には，われわれは家族について不十分である点に関して，社会を改革しなければならない．現在の社会は個人のために形成されている．フランス革命以来，個人が（社会構成の基本）単位であった．しかし，家族を単位にしなければならない」（*Ibid.*, p.99）と記す．ロマネは多子家族労働者の社会的貧困を救済せんとして，別言すれば，労働者「家族」の再建に駆られて，家族手当の給付を始めた．この一節からは，宗教的衝動と並び，今一つ愛国的政策論としてのプロナタリズム＝「多子家族の形成と拡大」がロマネ家族手当の推進動機として浮かびあがってくる．

13　Chorel, A. P., *op.cit.*, p.238.
14　*Ibid.*, p.237.
15　*Ibid.*, p.236.
16　*Ibid.*, p.239.
17　*Ibid.*
18　*Ibid.*
19　*Ibid.*, pp.239-240.
20　Dreyfus, P., *op.cit.*, p.68 note.
21　*Ibid.*

Ⅱ 「ロマネ・システム」

ロマネ経営理念は，シォレルにいう「ロマネ・システム」（Système Romanet[1]）に具体化している．

1 工場評議会

(1) 設立の経緯

19世紀末～20世紀初頭にかけてのジョワイア労働者の労働条件・生活状況は，同時代フランスにおける工場労働者一般のそれと同じく，苛酷であった．労働時間は午前6時～午後7時で，12時に短い昼食時間があるだけであった．日曜就業は日常茶飯事であった．労働災害に遭っても補償はなかった．病気になると，労働者とその家族はたちまち生活に窮した．一方，経営はというと，労働者の生活実態にはほとんど無関心であった．ロマネは晩年に，「私が経験[2]してきたさまざまな職務から，……私はある人々（労働者）の不当な貧困と，別の人々（雇主・経営者）の社会的義務意識（労働者の人間性とその本質的価

値に対する尊重）の欠如に精通することができました」と回想する[3].

　こうしたなかで，1906年にグルノーブル全域を席巻するストライキが発生した．ストのなかに労働者の不幸と不当な貧困（社会問題）の極みをみてとった工場長ロマネは，労働者の人間的尊厳の尊重に駆られて，1906年10月に工場評議会を設立した．目的は，「1° 労働者と職員及び経営幹部を結合する親愛の絆を強化する　2° より大きな繁栄を築くすべての事柄を（労使）共同で検討する　3° 企業経営の全般的な歩みに労働者を『参加』させる」ことにあった[4]．

(2) 機能

　経営幹部，上級職員，職員，勤続20年以上の労働者のなかから経営によって選ばれた労働者代表，この4者で構成され，毎月第1火曜日に会議がもたれた[5]．具体的な機能は，㋐労働条件を改善し，最低賃金率を定める　㋑企業福祉事業を管理運営する　㋒技師と作業長（chefs d'atelier）及び労働者の代表5（ただし，勤続5年以上の者）の計7名で構成された「技能協議会」（conseil technique）を設置し，労働生産性の向上と技能及び作業内容の改良・改善をはかる，この3点にあった[6]．労働者代表には協議権は与えられていたものの，議決権は与えられていなかった．さらに，工場評議会の決定は経営に対して諮問的性格をもつだけで，拘束力はなかった[7]．「企業経営の全般的な歩み」への労働者の「参加」とはいっても，範域と度合は限定的であった．工場評議会には大きな欠陥が付着していたと言わねばならない．しかし，限定的レベルであれ，「経営参加」は，労使の原理的対立にかえて，労使相互の信頼と協力を育む民主的一歩をジョワイアに深々と打刻するものであった．ロマネ経営理念（「資本と労働の結合」）の最初の実践をしるすものとして評価される．ロマネは1922年にジュネーブで，工場評議会に関連して次のように発言している．「人々はほとんど常に，当事者同士の話しあいのなかで達した合意によってストライキを収拾している．もし，紛争を発生させる原因についての話しあいが，紛争そのものよりも先に（工場評議会において）行われるならば，大抵の場合，ストを回避することが出来るであろうことは十分に考えられる」と[8]．

2　退職年金

　1910年4月5日の労働者・農民退職年金法と1912年2月27日の同修正法

は，それぞれ 360 フラン，400 フランを上限とする少額給付であった．これでは老後の生活を維持することは到底不可能であった．法定年金を補うために，ロマネは 1919 年 10 月 1 日に独自の退職年金制度を設立した[9]．

① 原資

会社は勤続 5 年以下の者には賃金の 1% を，同 6 年～10 年の者には 2% を，同 11 年～15 年の者には 2.5% を，同 16 年をこえる者には 3% を拠出した．労働者は自己負担として，少なくとも賃金の 1% を拠出した[10]．

② 年金額

事例 1：1919 年 10 月 1 日以降に 25 歳でジョワイア工場に入り，60 歳で退職し，勤続期間中の年間平均賃金が 5,000 フランである労働者は，法定年金 299.7 フランとジョワイア年金 1,272.5 フランの計 1,572.2 フランを受け取る[11]．

事例 2：1919 年 10 月 1 日以降に 15 歳でジョワイア工場に入り，60 歳で退職し，勤続期間中の年間平均賃金が 5,000 フランである労働者は，法定年金とジョワイア年金を合わせて 2,239.5 フラン受け取る[12]．

当時，これだけの年金があれば，老夫婦が暮らしていくのには十分であると考えられた．

3　補償金庫

(1) 聞き取り調査

第一次大戦が始まると物価が急騰し，労働者の生活水準は著しく低下した．1916 年 10 月 4 日，ロマネが指導するカトリック社会連帯事業「サン=ブリュノ民衆の家」(Maison populaire Saint-Bruno) 集会で，多子家族労働者の困窮が提起された．ロマネはジョワイア労働者の生活実態を把握するために，勤続 8 年以上の労働者のなかから独身者 1，妻帯者 7（扶養子供数が 0～6 の者各 1）の計 8 人を選び，みずから聞き取り調査を行った[13]．

① 独身者（於　工場長室）

ロマネ　「あなたの賃金は日々の暮らしに十分ですか」．

労働者　「はい，もちろんです．十分に暮らしていけます．私は必要なお金をもっています」．

② 子供のいない妻帯者（於　工場長室）

ロマネ　「あなたの賃金は日々の暮らしに十分ですか」．

労働者　「完全に十分であるというわけではありませんが，妻が国防製品を

つくっている会社で仕立て仕事をしているので，私たち2人が慎ましく暮らしていくうえでは，それほど苦しくはありません」．

③**子供を1人もつ妻帯者**（於　労働者宅）

　ロマネ　「あなたのご主人の賃金は，あなた方が暮らしていくのに十分ですか」．

　労働者の妻　「はい，なんとか．でも，もう少しあればいいのですが」．

④**子供を2人もつ妻帯者**（於　労働者宅）

　ロマネ　「あなたの賃金はあなた方の暮らしに十分ですか」．

　労働者　「妻の両親が農村に住んでいるので，バターには事欠きません．両親は定期的に私たちに食料を送ってくれます．それがなければ，子供たちに腹一杯食べさせることはできないでしょう」．

⑤**子供を3人もち，妻が妊娠している妻帯者**（於　労働者宅）

　ロマネ　「奥さん，もしご迷惑でなければ，家計簿を見せていただけると有難いのですが」．

　労働者の妻　「いいですとも，ロマネさん．でも，あなたも知ってのとおり，大したものではありませんよ」．

ロマネは手垢とインクで汚れた家計簿に目をとおした．それによると，週に2回馬肉を食べている．子供のために牛乳を1日2リットル買っている．父親は葡萄酒を1日に1リットル飲んでいる．ロマネが目をとおしている間，労働者の妻は寸時を惜しんで厚手の灰色の布地で兵士用の背嚢を縫っていた．愛国心から縫っているのではない．何スーかの手間賃を稼いでいるのである．この夫婦はこのようにして5人家族の生活を支えているのである．まもなく4人目の子供が生まれる．6人家族になったとき，共同住宅の4階にある2Kの小さな家に住むこの家族の生活は一体どうなるのであろうか．ロマネがそう考えていたとき，熟練鍛造工である夫が突然叫んだ．

　労働者　「ロマネさん，これは公正ではない．人々は私たち（労働者）に対して子供を産むようにいう．ところが，子供ができてしまったら無関心になる．私は言いたい．『何とかしてくれ』と」．

以下，子供を4人以上もつ妻帯者家族の生活実態は⑤から容易に推察される．聞き取り調査から，ロマネは，独身者と子供のいない妻帯者家庭は賃金収入だけで生活することができるが，子供が1人いる妻帯者の家庭では生活するのがやっとであること，子供を2人以上もつ妻帯者家族の生活は惨憺たるもの

であることを確認した.

(2) 生活費の試算

ロマネは労働者家庭の標準的な生活費を試算して，賃金収入と生活費の差を調査した．その結果，子供のいない妻帯者家庭の標準生活費は約 31.4 フラン/週であることが判明した（第 11-1 表参照）．これに必要な賃金は約 5.23 フラン/日であった．同様に，子供を 2 人もつ妻帯者家庭の場合だと約 7.74 フラン/日の賃金が必要であることが判明した[14]．多子家族の場合，労働者の賃金だけでは十分な生活を送ることは難しいという結論が客観的に導きだされた[15]．

(3) 補償金庫の設立

1916 年 10 月 25 日，信仰における「絶対命令」として労働者とその家族の社会的貧困救済にみずからを捧げるロマネは，聞き取り調査と生活費の試算をもとにして，満 13 歳未満の子供を扶養する労働者に子供 1 人当たり 0.2 フラン/日の家族賃金（salaire familial）を 11 月 1 日以降給付することを工場評議会に提案した．提案は受け入れられた．翌日，社長レジの承認のもとに，すべてのジョワイア労働者に対して文書でその決定が通知された[16]．引き続き，ロマネは「イゼール県機械製造・製罐・鋳造雇主組合」（Syndicat des Constructeurs-Mécaniciens Chaudronniers et Fondeurs de l'Isère）に上記家族賃金の一斉実施を

第 11-1 表　子供のいない妻帯労働者家庭の年間標準生活費試算

（フラン）

食費		889.3	石鹸・灰汁費	27.6
内訳	バター 18.2 kg	72.8	ガラス費	2.8
	葡萄酒 260 リットル	91.0	照明費	24.0
	砂糖 18.2 kg	11.8	家賃	300.0
	パン 312 kg	124.8	暖房費	108.0
	チョコレート 8.8 kg	24.8	下着・被服費	90.0
	チーズ 18.2 kg	45.5	履物費	57.0
	油 18.2 kg	27.3	化粧費	60.0
	練粉 18.2 kg	14.6	薬代・税金・その他	72.0
	米 33.8 kg	22.0	合計	1,630.7
	ジャガイモ 520 kg	72.0		
	肉 104 kg	223.6		
	卵 208 個	26.0		
	牛乳 260 リットル	52.0		
	コーヒー 15.6 kg	81.4		

Dreyfus, P., *Émile Romanet : père des Allocations Familiales,* Paris, Arthaud, 1964, pp.50-51 より作成.

提案し，1916年11月24日の総会で承認を得た．しかし，組合加入の各企業はそれぞれ個別に，みずからの全額負担で家族賃金を給付したので，子供をもつ妻帯労働者を多く雇用している企業ほど負担が大きくなり，競争力が低下することが明らかとなった．その結果，子供をもつ労働者を整理し，独身者や子供のいない妻帯者を優先的に雇用する動きが生じた．多子家族労働者の生活保障という家族賃金本来の目的が，逆にかれらの生活を圧迫するという皮肉な現象を引き起こしたのである．[17]

1918年4月29日，ロマネは「グルノーブル冶金雇主組合補償金庫」(Caisse de compensation du Syndicat de la métallurgie de Grenoble) を設立した．金庫に加入する各企業の家族賃金拠出額は家族賃金給付総額×(各企業の支払賃金額÷加入全企業の支払賃金額) に基づいて算出された．[18] その結果，上記の問題点は解決された．「グルノーブル冶金雇主組合補償金庫」は当初6企業で発足したが，社会的使命を自覚するロマネの熱心な教宣により，1922年までにグルノーブル金属・冶金企業の大部分にあたる48企業を結集した．[19] 満13歳未満の第1子には月額7.5フラン，第2子18フラン，第3子31フラン，第4子48フラン，第5子以下には1人当たり12フランを給付した．1921年1月には給付対象年齢と給付額を引き上げ，満14歳未満の第1子には月額20フラン，第2子25フラン，第3子以下には1人当たり30フランを給付した．[20]

(4) 普及活動

ロマネはレオン・アルメルのイニシャチブに基づいて設立された「商工業友愛連合」[21]の援助のもとにフランス各地の工業都市を訪れ，講演会や集会を開き，隣人愛に基づく補償金庫の倫理的・社会的意義を懸命に説いた．1920年4月リヨン，10月ルーアン，1921年11月7日ヴィエンヌ，8日ディジョン，9日ミュルーズ，1922年1月サン・テチィエンヌ，3月リヨンといった具合である．1924年11月にはパリのヴォギラール通り (Vaugirard) の劇場に大集会を開き，「社会的雇主とグルノーブルの社会的事業」と題する講演を行った．[22] 宗教的衝動に駆られた彼の熱誠的普及活動はグルノーブルのみならずフランス全土に少なからざるインパクトを与えた（第11-2・11-3表参照）．[23] ロマネにインスパイアされたルーアンの社会カトリック繊維雇主ルイ・デション (Louis Deschamps) は地元の繊維雇主を結集して，1919年に「家族付加賃金雇主金庫」(Caisse patronale de sursalaire familial) を設立した．ミュルーズ工業協会々[24]

第11-2表　補償金庫の発展（グルノーブル）：1922年3月現在

（フラン）

業種	金庫設立年・月	加入企業数	家族手当給付総額（月額）
冶金・金属	1918・4	48	51,338
BTP	1921・10	13	3,286
製紙	1921・10	19	4,446
Ets à pers. mixte	1921・11	15	5,206
卸売	1922・1	60	7,321
手袋製造	1922・3	51	14,734
小売	1922・3	450	80,000

Chorel, A. P., "Émile Romanet : un catholique social dans l'industrie grenobloise au début du siècle", in Durand, J.-P., Comte, B., Delpal, B., Ladous, R., Prudhomme, C., sous la dir. de, *Cent ans de catholicisme social à Lyon et en Rhône-Alpes : La postérité de Rerum novarum,* Paris, Les Éditions Ouvrières, 1992, p.243.

第11-3表　補償金庫の発展（フランス全体）：1920年〜1925年

（万人，百万フラン）

年	金庫数	金庫加入企業の雇用労働者総数	家族手当給付総額
1920	58		
1921	72		
1922	92	70	80
1923	120	88	92
1924	152	111	128
1925	184	122	168

Chorel, A. P., *op.cit.,* p.243.

長のドルフスは，「社会的観点からみた企業組織」と題するロマネの講演が終わるやいなや，「私はこれまで家族手当に反対していました．しかし，あなたの講演に心を動かされました．今日，私は賛同者になりました」と述べる[25]．隣人愛を基底とした補償金庫の創始，エネルギシュな普及活動，さらには家族手当法制化への取り組み，ロマネの一連の活動は戦間期フランスに補償金庫の慣行的広がりをもたらすうえで著大な役割を果たした．企業レベルにおける一個の社会倫理的企業家ロマネには，「家族手当の父」（Père des allocations familiales）というカトリック社会改革家の称が与えられる[26]．

注

1　Chorel, A. P., *op.cit.,* p.238.
2　Dreyfus, P., *op.cit.,* p.24.
3　*Ibid.*
4　Trombert, A., *op.cit.,* p.359.
5　Chorel, A. P., *op.cit.,* p.241.
6　*Ibid.*

7 *Ibid.*
8 *Ibid.*, p.240.
9 Trombert, A., *op.cit.,* p.360.
10 *Ibid.*
11 *Ibid.*
12 *Ibid.*
13 Coirard, R., *L'apport des catholiques sociaux à la politique familiale française,* Aix-en-Provence, 1943, p.275；Dreyfus, P., *op.cit.,* pp.47–49. 宮本悟「前掲論文」，96–97 頁には，聞き取り調査の要約が簡潔に記されている．
14 Dreyfus, P., *op.cit.,* p.51.
15 *Ibid.*
16 *Ibid.*, p.55；Pinot, R., *Les oeuvres sociales des industries métallurgiques,* Paris, 1924, p.155.
17 Coirard, R., *op.cit.,* p.275；Pedersen, S., *op.cit.,* p.228；Villey, E., *L'Organisation professionnelle des employeurs dans l'industrie française,* Paris, 1923, p.299；Gignoux, C.-J., *L'économie française entre les deux guerres 1919–1939,* Paris, 1943, p.311.
18 Barjot, A., "La sécurité sociale", in Sauvy, A., *Histoire économique de la France entre les deux guerres,* divers sujets＊＊＊, Paris, Fayard, 1972, p.382；Villey, E., *op.cit.,* p.299. しかし，R. コワラールと R. ピカールによれば，以下の算出方法がとられていた．加入各企業の家族賃金拠出額＝家族賃金給付総額×(各企業の雇用労働者数÷加入全企業の雇用労働者数) (Coirard, R., *op.cit.,* pp.275–276；Picard, R., *Le salaire et ses compléments : allocations familiales, assurances sociales,* Paris, 1928, p.48)．
19 Pedersen, S., *op.cit.,* p.228. 宮本悟は労働側の要求と雇主の「譲歩」に，「グルノーブル冶金雇主組合補償金庫」の設立動機と発展要因を求めている（宮本悟「フランスにおける家族手当制度の形成過程－1932 年『家族手当法』の成立とその後－」『経済研究所年報』（中央大学）第 26 号Ⅰ，1995 年，173 頁）．
20 Dreyfus, P., *op.cit.,* p.79；Trombert, A., *op.cit.,* p.360.
21 「商工業友愛連合」については，補論Ⅰ 1 (1) ①を参照されたい．
22 Dreyfus, P., *op.cit.,* pp.96–97.
23 1922 年 3 月現在，グルノーブルには 7 つの補償金庫が業種レベルで設立されている．4 年間で，ロマネのイニシャチブがグルノーブルの主要雇主の間に浸透していたことが知れる．
24 Pedersen, S., *op.cit.,* p.228.
25 Dreyfus, P., *op.cit.,* p.97.
26 ロリアン補償金庫のエミール・マルセッシュ（Émile Marcesche）や「ルーベ=トゥルコワン繊維コンソルショム」のウジェーヌ・マトン（Eugène Mathon）にではなく，ロマネに「家族手当の父」の称が与えられたのは，彼が補償金庫の創始者であるという理由からだけではない．不撓不屈の使命感をもって家族手当の倫理的・社会的意義をフランス各地に説いてまわり，その普及に努めたからである（*Ibid.,* pp.9–10）．

Ⅲ　社会事業

1　「サン=ブリュノのカトリック・サークル」

　工場の内外において社会的貧困（社会問題）の解決にみずからを捧げるロマネは「サン=ブリュノのカトリック・サークル」（Cercle Catholique de Saint-Bruno）に参加した．「サークル」は 1901 年以来コンスタンタン神父

(Constantin) の指導のもとに労働者の「再キリスト教化」に取り組んでいた. 当時, サン=ブリュノ小教区 (ジョワイア会社はこの小教区に立地していた. ジョワイア労働者も大部分がこの小教区に住んでいた) は工場が集中する典型的な労働者地区であった. ロマネは「サークル」で, 反社会主義・反経済リベラリズムを標榜しつつ, ミサ, 規律, 社会生活, 私立学校等をテーマに労働者向けの講演を度々行った. 1905 年 10 月にはランスの「民衆行動」(Action populaire) を手本に,「サークル」内に失業者救済事業「労働による保障」(Assurance par le travail) を設置し, 紙器づくりや薪割り, 印刷物の配布作業を提供した.「労働による保障」は第一次大戦前夜まで存続し, 延べ 2,919 人に仕事を提供した. ロマネはこの奉仕=救済事業をとおして労働者の苦悩に直接触れるとともに, 資本主義が生みだす社会的貧困の悲惨を直視した. いわく,「労働者家族. 彼らはしばしば困窮と苦悩によって圧倒されている. 貯えなどない. 穀物用の地下倉と物置のなかは空っぽである!」と.「サークル」はロマネ奉仕召命を緊迫感をもって鼓吹した.

2 「サン=ブリュノ民衆の家」

1905 年 1 月 4 日, ロマネは「サークル」で「資本=指揮=労働=連帯」と題して講演を行い,「われわれ(雇主と労働者)を対立させているあらゆる社会的偏見をなくそう. われわれの時間, 精力, 能力を, われわれが侮辱しあい, 圧迫しあうことに使うかわりに, われわれが助けあい, 高めあい, われわれ自身を改善するために, われわれの品行を少しづつ改善することのために, 使おう」と訴えた. グルノーブル司教区の社会事業統括者ミヨン神父 (Millon) はこの講演に感銘を受け, ミュルーズからセティ神父 (Cetty) をサン=ブリュノにまねき, 1905 年 3 月 20 日〜26 日にかけて, セティ=ロマネの連続講演会を主宰した. 連続講演会は小教区における労働者救済事業を大いに策励した. 1913 年, ミュルーズにセティ神父を訪れたロマネは,「師が蒔かれた一粒の種子はいばらや石のうえには落ちませんでした. よき土とめぐりあい, そして芽をだしました. すべての収穫物が緑に色づきはじめております」と感謝する.

「収穫物」の第一は 1906 年 7 月 1 日に設立された「サン=ブリュノ民衆の巣」(Ruche populaire Saint-Bruno. 会長はロマネ) であった. 設立目的にいう,「相互扶助の確固たる意志をもつ会員は, 家族を基礎としつつ, キリスト友愛精神のもとに, さまざまな社会的制度によって, すべからく連帯を築くべし」. 1910

第 11-4 表　「サン=ブリュノ民衆の家」の活動一覧

出産祝金制度	救済友愛会
家賃補助制度	レクリエーション・講演会
貯蓄奨励制度	職業斡旋・失業対策事業
高齢者援助制度	読書会
嫁入支度金庫	工業デッサン講座
相互扶助組合	CFTC との交流
葬儀互助会	*La réponse du Sud-Est***の発行
青年互助会	無料生活相談所
Secrétariat social*	民衆温水浴場

*1892 年にマリウス・ゴナンがリヨンに設立していたものを手本に，1907 年に設立．デスコ（H. Descos）の指導のもとに，カトリック社会教義に基づく民衆教育の普及に努めた．
**月刊誌．1919 年以降は発行部数 6,000～11,000/月．
Dreyfus, P., *op.cit.*, pp.39–40.

年，「民衆の巣」は「民衆の家」と改称した．「民衆の家」は活動の体系化と合理化をはかり，戦間期のグルノーブルに社会保障省とでもいうべき役割を果たした[7]．第 11-4 表に活動の一覧を掲げる．

3　「サン=ブリュノ民衆大学」

1907 年にロマネのイニシャチブに基づき，「サン=ブリュノ民衆大学」（Université populaire Saint-Bruno）が設立された．目的は「民衆教育を発展させ，さまざまな状況におかれている人々の互助教育を推進する」ことにあった．労働者をカトリック的に教化・啓発する講演会活動を中心にすえていた[8]．

注
1　Dreyfus, P., *op.cit.*, pp.34–36.
2　*Ibid.*, p.37.
3　*Ibid.*
4　*Ibid.*
5　*Ibid.*, p.44. セティ神父については，Monicat, P., *Contribution à l'étude du mouvement social chrétien au XIXe siècle*, Lyon, Imprimerie et Librairie M. Paquet, 1898, pp.190–191 を参照した．
6　Dreyfus, P., *op.cit.*, p.39.
7　*Ibid.*, pp.39, 43.
8　*Ibid.*, p.42.

小括

　教会の社会教義に則り，労働者とその家族の物質的・精神的生活保障と雇主・労働者間の疎外の増大の防止に専心するエミール・ロマネの思想と行動の本質部分に光をあててきた．「ロマネ・システム」とサン゠ブリュノ社会事業は等しくロマネ経営社会理念の体現態であった．一方は経営内的なそれ，他方は経営外的なそれという形態上の差異はあるものの，小教区もまた工場の延長において理解されるのであって，両者は互いに独立的・自立的であるというよりはむしろ相互的・補完的に一体のものとして理解される．労使相互の信頼と協力をアプリオリに志向する「ロマネ・システム」は，サン゠ブリュノ社会事業の諧調的補完を受けて，ジョワイア個別企業の枠内にとどまらず，地域レベルにおいても，労働者とその家族の生活保障及びかれらのサンディカリスム意識の修正に機能した．同時に，地元雇主のブリュータルな経営理念にも一定の質的転換をせまった．ロマネはいう，「当初，CGTの労働組合は家族手当を激しく非難した．そして，組合員に対して雇主の恩恵を拒絶するように強制した．／しかしながら，CGTの抵抗は常に十分に良く（組合員によって）受け止められていたわけではない．われわれの地域では，製紙工場やセメント工場の労働者もCGTの指示を拒否して，雇主の行為（家族手当）をみとめているのを例証することができる．／加えて，時の経過が疑い深い人々（CGT労働者）の心性を修正しているように思われる」と[1]．そして，「ロマネ・システム」＝補償金庫の影響を受けたグルノーブルの某雇主はいう，「労働者－かれらは友・兄弟である－は，かつてわれわれとの間に存在していた確執を（いまや）忘れ去っている．われわれの視線は調和と平和の地平に向かって注がれている．（労働者と）協力しあおう，愛しあおう」と[2]．企業経営展開の動力としての「共働」すなわち「資本と労働の結合（調和）」の経営主体と労働主体における醸成の一端が確認される．

　他方，企業家の責任において，ロマネがジョワイア経営の生産性と効率化について腐心していたことも指摘しておかねばならない．彼は記す，「企業主の役割は，もはや以前のように職業上の技術的な事柄だけに限定されてはいない．企業主は，現出している諸問題にも専心しなければならない．すなわち，技術に関する問題，商務的困難，社会的組織である．私は社会的組織

(*organisation sociale*) について述べる．そして，これへの関心は，企業主にとって些細な事柄ではない．なぜならば，労働者がみずからの労働諸条件に，したがって彼に保証されている生活諸手段に満足するか，しないかに応じて，企業の生産性は高くもなり，低くもなるからである」（傍点部　原文イタリック）と．ただし，ロマネにとって，生産性の問題は決して最優先の課題ではなかった．彼においては，利潤への関心もさることながら，それ以上に，労働者とその家族の人間性とその本質的価値に対する尊重に企業家としての義務が措定されていたことを申し添えておこう．

　工場評議会にみられるごとく，「ロマネ・システム」には幾つかの欠陥が付着していた．この事実は否定できない．しかし，これらの欠陥は同時代の歴史的コンテクストにおいて理解されるべきものであって，その時代的制約性を考慮に入れるとき，現代に連繋する「共働」の歴史的意義は決して損なわれることはない．『レールム・ノヴァルム』の教えのもとに，そして「キリスト教コルポラシオン」の刺激のもとに実践された「ロマネ・システム」には－憎しみのあるところに愛を，対立のあるところに協調を，分裂のあるところに調和を措定する「ロマネ・システム」には－，キリスト教ヒューマニズムの基礎のうえに展開された経営（キリスト教兄弟愛の企業経済的発現）という評価が与えられる．

注
1　Dreyfus, P., *op.cit.,* pp.105-106.
2　*Ibid.,* p.43.
3　*La Chronique Sociale de France,* avril 1922, cité par Dreyfus, P., *op.cit.,* p.98.
4　北村次一『経営理念と労働意識　ドイツ・キリスト教社会改革史』経済社会学叢書5，新評論，1980年，142頁を参照した．

第4部のまとめ

　「大不況」期〜第二次工業化期フランスの大企業において，教会の社会教義－企業はただの生産手段をもった企業家的な経済活動＝市場取引活動の組織ではない．企業は存在自体が1つの人間共同体（communauté humaine）である－に導かれた企業福祉政策の実践が見出される．企業パテルナリスムと同じく社会問題への対応を核心にすえつつも，企業パテルナリスムとは経営社会理念を異にし，社会問題の本質を資本・賃労働の対立・対抗関係に求めるのではなく，雇主・労働者の宗教的貧困に求めるキリスト教企業アソシアシオンである．アルメル「キリスト教コルポラシオン」と「ロマネ・システム」を事例に，キリスト教企業アソシアシオンの経営・社会的機能について，実態の史料的究明に沈潜してきた．
　労働者の人間性とその本質的価値に対する尊重に雇主の義務を第一義的に措定する「キリスト教コルポラシオン」は，経営・労働関係における理念と実践の統一において工場評議会を具現し，一定の範囲と度合において経営の民主化（「経営参加」）を先駆的に実践・成果した．企業経営の展開における新しい－経済リベラリスムでもなく，社会主義でもない，キリスト社会教義を基底にすえた－隅柱の樹立である．第二次大戦後のフランス経営社会システム形成に1つの基礎を準備する企業内社会関係の歴史的「型」として，瑞々しい現代的意義を内包していた．
　社会的貧困（社会問題）の現実を前にして，労働者とその家族の救済を一視同仁の態度に立って追求する「キリスト教コルポラシオン」は，「経営参加」とともに，「キリストにある兄弟」たる労働者の物質的生活保障にも機能を発現した．そこでは，労働者の社会的人格における「自由と自立」はキリスト教生活の福音的規則においてポジティブに尊重されており，企業パトロナージュにおける保護・従属関係や企業パテルナリスムの属性である「全面管理」の要

素はみとめられない．「労働力の能率的利用機能」と「労働運動対策機能」は結果として付随的に生起していたにすぎない．生産性や収益性の問題は副次的であり，最優先の課題ではなかった．労働者の人間的尊厳の尊重という民主的掟が，企業経営展開の動力として，雇主を第一義的に教導していた．

「キリスト教コルポラシオン」は同時代において例外的な経営実践であった．だが，このことは，労使相互の信頼と協力という視点を内包・発現する「キリスト教コルポラシオン」の歴史的意義を損なうものでは決してない．レオンの蒔いた一粒の種子はよき土とめぐりあい，芽を出し，やがて継起する次の世代において緑に色づきはじめる．人間性の回復を求める民主主義的経営社会関係すなわち「経営参加」の醸成は，社会的貧困（社会問題）という現実の諸矛盾を直視し，それらを不断の宗教的吟味のもとに倫理的=経済的に止揚することを希求したレオンの社会カトリシスム経営理念・実践，すなわちキリスト教原理に基づく新しい企業内社会関係の樹立＝工場評議会に淵源を発している．

「ロマネ・システム」もまた，「経営参加」とともに，「キリストにある兄弟」たる労働者とその家族の物質的・精神的生活保障に機能した．だが，工場評議会にみられるごとく，「ロマネ・システム」には幾つかの欠陥が付着していた．この事実は否定できない．しかし，これらの欠陥は同時代の歴史的コンテクストにおいて理解されるべきものであって，その時代的制約性を考慮に入れるとき，すぐれて現代的な課題を内包していた「共働」すなわち企業経営展開の動力としての「資本と労働の結合（調和）」の歴史的意義は決して損なわれることはない．「ロマネ・システム」には，キリスト教ヒューマニズムの基礎のうえに展開された経営実践という評価が与えられる．

レオンにしてもロマネにしても，かれらは企業レベルにおける「工場の再キリスト教化」に限定的な一個の社会倫理的雇主・企業家にとどまってはいなかった．その理念・実践は，ともに社会経済構成のキリスト教的再編をトータルに志向する性格を内包し発現していた．「キリスト教コルポラシオン」=「ロマネ・システム」の社会改革性である．反社会主義と反経済リベラリスムという二重の闘いのなかで，ヴァル・デ・ボワ=ジョワイア経営労働社会にポジティブに機能したキリスト教企業アソシアシオンは，第三共和政期フランスにおける，すぐれて現代的な課題を内包した，キリスト教社会倫理・社会改革的企業福祉のイデアリテでありレアリテであった．

今日，経営（経済）民主化の問題は依然として，わが国を含む先進産業社会

に共通する緊要の課題である[1].キリスト教企業アソシアシオンの生成と展開－その歴史的考察－は,民主化問題の本質と現象形態の追究・把握に一定の啓発と知見をもたらすであろう.

注
1 北村次一『経営理念と労働意識 ドイツ・キリスト教社会改革史』経済社会学叢書5,新評論,1980年,23頁を参照した.

補論

フランスにおける「経営参加」制度の生成

補論 I

社会カトリック左派社会経済改革論と企業委員会令

　キリスト教企業アソシアシオンの基本性格は，第二次大戦後フランスにおける「経営参加」制度（企業委員会制度）生成の理念的源流をなす．キリスト教企業アソシアシオンの現代に連繋する積極的意義である．戦間期及びレジスタンス期社会カトリック左派の社会経済改革論と企業委員会法令(1945 年 2 月 22 日の企業委員会令〈オルドナンス〉と 1946 年 5 月 16 日の一部改正）を軸にすえ，検証する．補論 I では企業委員会令を取りあげる．一部改正は補論 II で検討する．

　企業委員会法令の成立とその歴史的意味理解については，田端博邦による精緻な先行研究がある[2]．同氏は経済史と労働史さらには経営史をクロスさせつつ，サンカを資本による労働の「統合」と資本に対する労働の「統制」の緊張関係において把握し，資本・賃労働の対立・対抗関係の視点から行論する．そして，企業委員会法令によって成立した「この制度（企業委員会制度 - 引用者）が解放期における特殊な政治的社会的かつ経済的条件のもとにおいて，資本の抵抗に対する労働者階級の勝利によってもたらされたこと」[3]を，つまり企業委員会法令（企業委員会制度）は「労働者階級の下からの運動」=対資本・対経営闘争によって「獲得」されたものであることを明らかにする．分析の視点と法令の歴史的意味理解において，私見とは異なる．

注
1　「経営参加」制度（企業委員会制度）は基幹産業の国有化，社会保障制度とともに，第二次大戦後フランスにおける三大社会経済改革の 1 つに数えられる．論者によれば，企業委員会制度は「革命的叡智」(la sagesse révolutionnaire) を結集した「三大改革の第 3 の柱」(le troisième pilier du triptyque réformateur) であり，「20 世紀資本主義制度の本質そのものに関わる」制度である (Pepy, D. M., "Les comités d'entreprise. L'ordonnance du 23 Février 1945", in *Droit social*, mars 1945, p.45 ; Le Crom, J.-P., "La naissance des comités d'entreprise : une révolution par la loi?", in

Travail et Emploi, no.63, 2/1995, p.59).
  2　田端博邦「フランスにおける労働者参加制度 (1), (2) – 企業委員会制度の成立と展開 – 」『社会科学研究』(東京大学) 第26巻　第6号, 第27巻　第1号, 1975年.
  3　田端博邦「前掲論文 (2)」, 99頁.

I　戦間期社会カトリックの社会経済改革論

1　「フランス商業・工業・自由業総同盟, カトリック雇主連合」

(1)　結成

　教会の社会教義を行動規範にすえる「商工業友愛連合」(Union fraternelle du commerce et de l'industrie) と「同盟連合中央組合」(Le Syndicat central des Unions fédérales. Unions fédérales professionnelles catholiques と記す場合もある) は1926年1月9日に合同し, 新たに「フランス商業・工業・自由業総同盟, カトリック雇主連合」(Confédération Française des Professions commerciales, industrielles et libérales, Union patronale catholique. 以下, CFP と略記) を結成した. 本部はパリ. 合同の目的は, 企業・業種の枠を超えて, キリスト教企業アソシアシオンの理念と実践を社会経済構成に発展的に拡延することにあった[1]. まず, 合同前の2雇主組合に触れておく.

①「商工業友愛連合」

　1891年11月4日, 「聖心」の旗の高揚を目的に, レオンのイニシャチブに基づいて結成された. 初代会長はレオンである. 彼は死去するまでの24年間, 会長職にあった. レオンの死後, 息子のレオンⅡが会長に推挙された. しかし, レオンⅡは第一次大戦で破壊されたヴァル・デ・ボワ工場の再建という重要な任務を抱えていたので辞退した. かわってヴァランシエヌの社会カトリック雇主で, レオンの良き理解者ドゥルクール=エロー (Delcourt-Haillot) が2代会長に選ばれた. 中小雇主を中心に, 1914年には約7,000名の個人会員を結集していた. 本部はパリ. マルセイユ, ナント, リヨンに支部を置いていた. 毎年, 「聖心」の祝日にヴァル・デ・ボワ工場で総会を開いた[2]. エミール・ロマネも有力メンバーであった.

　以下の2点が活動の基本方針にすえられていた. ㋐「資本は労働なくしては成立せず, 労働は資本なくしては成立しない」(『レールム・ノヴァルム』15節)[3] に則り, 労働者の人間的尊厳を尊重し, 商工業ミリューに労使相互の信頼

と協力と善意の精神を広める．④労働者の社会生活が提起する困難な問題の総体すなわち社会的貧困（社会問題）の現実を直視し，国家に先んじてその悲惨を提起・解明する．そして，救済を樹立するために，労働立法について調査研究を行う．機関誌 Annuaire と L'Efficience を発行して『レールム・ノヴァルム』=「キリスト教コルポラシオン」の理念を会員に教示するとともに，ローマ巡礼を組織した．かくして，「商工業友愛連合」は中小雇主に教会の社会教義を広めた．

② 「同盟連合中央組合」

1899 年 11 月 19 日に，カレーのチュール織社会カトリック雇主エミール・ドナン（Émile Dognin）のイニシャチブに基づき，商工業者・医師・法曹家・会計士・地主等の中産階層を結集して結成された．その際，アルフレッド・ペラン（Alfred Perrin）の協力を得た．職業における道徳的・物質的利益をカトリック社会教義の観点から協議し，保護することを目的とした．初代会長はエミール・ドナン．2 代会長はドゥルクール=エローの同心同意的友人ジョゼフ・ザマンスキ（Joseph Zamanski）．「商工業友愛連合」によって 1897 年 1 月 25 日に結成された「建築友愛組合連合」（Union des syndicats fraternels du bâtiment）をはじめ，家具，食料品，被服，出版印刷等 26 の中小雇主組合を傘下に擁した．機関誌 Moniteur des Unions fédérales（1900 年創刊）を発行した．

③ CFP の構成メンバー

1926 年に作成され，1934 年 6 月 21 日の総会で正式に採択された「規約」第 1 条は「一方においてカトリックの雇主・商人・工業家及び純粋に個人的な資格で加入する産業企業と自由職業のメンバーを，他方において団体の資格で加入する上記雇主・経営者から構成されたアソシアシオン，サンディカ及びサンディカの連合体を結集する」と謳う．「根本的に，真に」カトリックであることが入会資格であった．中小雇主・経営者と中小雇主組合が会員の大部分を占め，その数は 1926 年～1929 年で 3,000～4,000，1930 年末で 5,000，1934 年 10,000，1935 年 12,000，1936 年 13,000 であった．中小雇主・経営者の最も強力な全国組織の 1 つであった．会長は「カトリック活動団」（Action catholique）の青年部である「フランス青年カトリック協会」（Association Catholique de la Jeunesse Française. 以下，ACJF と略記）の元副会長ジョゼフ・ザマンスキ．名誉会長はドゥルクール=エロー．ロマネはグルノーブル支部長の要職にあった．CFP 執行委員会（comité directeur）には教会の顧問が出席した．

(2) 社会経済改革論

『レールム・ノヴァルム』と「キリスト教コルポラシオン」を基本に，のちにピオ11世回勅『クアドラジェジモ・アンノ－社会秩序の再建－』(*"Quadragesimo anno" Litterae Encyclicae de reconstructione ordinis socialis*, 1931年5月15日) 他2つのカトリック社会教書を加えて，改革理念を構成した．『クアドラジェジモ・アンノ』を少し紹介しておこう．「自由競争は自己を破壊して経済的独裁が市場の自由にとってかわり，利得に対する欲求が飽くことのない支配欲に席をゆずった．経済生活全体はおそろしく苛酷なもの，非情なもの，残酷なものとなった」(117節)．[11] 経済の営みにおける個人主義的自由競争をこのように批判する『クアドラジェジモ・アンノ』は，「国家は貧しい階級に属する労働者に特別に留意し，配慮しなければならない」(27節)，[12] 「労働は単なる商品ではなく，労働者の人間としての尊厳をそのなかにみとめなければならないし，なにかの商品のように売買されてはならない」(90節)，[13] 「労働者の生命，その健康，その体力，その家族，その住居，職場，賃金，保険，一言でいうならば，労働者の条件，とくにその妻子の条件」(30節) を保障しなければならない，[14] と説く．さらに，「社会という団体も，もしもこれを構成するすべての成員が相互にかたく結合して真の一致を保たなければ，真に秩序あるものとはいえない．さて，この一致の原理は，各職場については，これを構成する雇い主と労働者との協力による活動の目ざす財貨の生産，あるいは，サービスの供給にあるし，種々の職業全体については……共同善にある」(91節) と述べて，[15] 労使調和社会の建設を教示する．

他2つのカトリック社会教書とは『la Sacrée Congrégation du Concile のリエナール猊下 (S. G. Mgr. Liénart. リール司教) 宛1929年8月3日付書簡』と『フランスの枢機卿・大司教・司教の「声明」*Les grandes leçons des événements*, 1934年3月24日付』である．前者は歴代教皇 (レオ13世，ピオ10世，ベネディクト15世) の教書をもとに，社会問題は単なる経済問題ではなく教権にかかわる問題であること，社会問題解決のためには信仰とキリスト教道徳を基底としたアソシアシオンの設立が，とりわけ混合委員会 (commissions mixtes) の設立が必要であると説く．[16] 後者もまた，経済的・職業的諸問題の解決を「愛」と「正義」に立脚した混合委員会に求める．[17]

CFPは以下の改革を提起する．

①ザマンスキの提言（1920年代末）
　「近代社会のなかに，とりわけ我々のなかに，実業のなかに，物質的仕事と生活の1/3をしめる労働のなかに，道徳と信仰を回復させることが肝要である．これらの武器（道徳と信仰）で不義と欺瞞を克服することは幻想であろうか．不可能な挑戦であろうか．否である．聖パウロは可能であると我々に勧めておられる[18]」．これを要するに，倫理規範たる信仰の社会実践をとおして経営労働社会の「再キリスト教化」を実現することといえよう．
②第1回CFPリヨン大会報告（1930年3月7日〜9日）
　閉会の辞で，ザマンスキは次のようにいう．「生産の世界にわれわれが持ち込むもの．それはとりわけ，まず常に正義に導くわれわれの道徳的専心，次いで正義の完成に導くわれわれの信仰である．それは愛である．この言葉を真の意味で理解しよう．すなわち……共働者のなかに，（したがって）労働者のなかに兄弟をみるという絶えざる専心をも[19]」つことと，「キリストにある兄弟」たる労働者の人間性とその本質的価値に対する尊重が主張される．
③第2回CFPアンジェ大会報告（1931年4月17日〜19日）
　リモージュの商事訴訟代理人ポール・ベギュイン（Paul Béguin）は「経済的及び法的救済」と題する報告で資本主義の行き過ぎ－正義を欠いた，飽くなき利潤追求－を非難し，交換における正義を強調する[20]．ザマンスキとフールモン（Fourmond）の共同報告「経済危機，道徳性の危機」は，雇主・経営者に対して，それがたとい合法的な行為であるとしても，生産は利潤追求のみに目的があるのではなく，他に社会的な目的すなわち労働者とその家族の生活を保障する義務があることを強調する．経済リベラリズムにかわる新たな資本主義経済秩序－キリスト教経済秩序－の定立である．共同報告は具体的にいう，「われわれのすべての解決方法は，適正な交換，適正な価格，適正な契約，適正な賃金という厳密な正義の領域に関心が向けられている．……われわれは，神がすべての人々に与え給う富の正当な分配，これを保障するあらゆる社会的制度を求める．そうすることで，われわれは社会正義の領域にある」[21]と．また，「われわれは人間として，労働者の境遇に，彼らがわれわれに貢献しているという理由のみならず，彼らはわれわれの兄弟であり，われわれと同じ神ご自身の血によって贖われた魂であるがゆえに，専心する．……ここに，いま結集しているわれわれに与えられた特別な使命がある．ここに，生産の世界におけるCFPの使命がある」と[22]．「社会正義」・「兄弟愛」の観点から，労働者の境遇に心血

を注ぐ雇主・経営者の使命が主張される．

(3) 社会経済改革論の実践－混合委員会－
①先行事例－「商工業友愛連合」とカトリック労働組合の混合委員会－[23]
　雇主・経営者代表4，商業労働者代表5，冶金労働者代表3，自由業・婦人労働者代表3の15名構成で1919年に設置された[24]．毎月第1日曜日に会議が開かれ，労働紛争の防止，賃金，8時間労働制，日曜休業など職業と労働条件にかかわる問題が協議に付された[25]．ただし，委員会の決定に拘束力はなかった．
②**CFP**と「フランス・キリスト教労働者同盟」（Confédération Française des Travailleurs Chrétiens. 以下，CFTCと略記）の混合委員会
　CFP代表18，CFTC代表18の労使同数36名構成で，「職業間混合委員会」（Comité interprofessionnel mixte. 以下，CIMと略記）が1929年12月12日に設置された[26]．目的は「a 生産と労働の社会全般にかかわる諸問題を研究し，意見の不一致や熱狂的議論によってしばしば行き詰っているカトリック職業者に対して，すぐれて有益であると思われる見解を提示する．b 同一業種の雇主組合と労働組合に対して，個別混合委員会（commission mixte particulière）の設置を勧める」ことにあった[27]．要するに，労使双方がカトリック社会教義に基づき，見習工制度，労働者家族の保護，職業道徳，賃金・労働条件，プレヴォワイアンス，労働紛争の防止・調停等について協議し，信頼と協力のもとに共同見解をまとめることといえよう[28]．
　1932年2月27日の「労働の科学的方法」に関する決議から，CIMの活動の具体例が知れる．「CIMは……今日，合理化という言葉で言い表されている労働組織の近代的方法について，道徳的，技術的そして社会的観点から，……以下の決議を採択する．Ⅰ道徳的観点から．……CIMは，人間の活動は一時的かつ永久的な運命及び共同善の函数として規定されていなければならないことを想起する．それゆえ，労働の科学的組織においては，生産は資本の利益という目的を唯一的にもつのではなく，同時に生産のあらゆる共働者の生活と消費者の必要を満たすことを目的にしている，という掟を考慮に入れなければならない．この掟の忘却は経済的危機の源になる．／Ⅱ技術的観点から……／Ⅲ社会的観点から．人間の貴い尊厳を想起しつつ，CIMは，労働の新しい方法がよりよく理解され，そして受け入れられるために，労働者をこれらの方法の研究と実践に『参加』させることが適切であると考える．／この目的のために，

職業組合の協力がまず企業レベルで，次いで地域，地方，全国そして国際レベルで，大いに推奨される．……生産を増大させる効果をもたらす労働の科学的方法の利用による利潤は，生産の増大において労働者に帰属する部分を労働者が受け取るために，……公平に割り当てられねばならない」[29]．要するに CIM は，利潤至上主義をいましめる一方で，労働者の生活保障と「経営参加」及び分配の正義を決議する．

(4) CFP 社会経済改革論の社会的意義

魂の正義と犠牲の精神及び思想の高貴というカトリック社会教義に基づき，CFP は雇主・経営者に対して，労働者の生活保障，「経営参加」，分配の正義，適正な労働条件の確立を訴えた．企業経営における労働者の品位・尊厳，したがってまた労働者の人間性の回復を求める主張は，キリスト教企業アソシアシオンの理念を社会経済構成に拡延し，戦間期フランス社会にカトリック社会経済改革に対する関心を増大させた．また，レジスタンス期社会カトリック左派の社会経済改革案生成に一定の基本的素地を提供した[30]．

2　社会カトリック社会経済改革論に対する関心増大の事例

(1) Robert Lengelé, *La mission économique et sociale du patronat français*, Paris, 1942（脱稿は 1939 年 10 月）

ロベール・ランジュレは『フランス雇主の経済的・社会的使命』において，隣人愛の立場から経済リベラリズムを批判し，雇主が真の「自由」に復帰することの必要性を説く[31]．

①経済リベラリズム批判

ランジュレは次のようにいう．雇主の無制限な自由の追求と「各人は自己のために」という忌まわしい思考はリベラリズムの誤謬である．あらゆる道徳的価値の衰微はこの誤謬に因している[32]．これまで，多くの雇主にとって，個人的自由の原理は，現実には，他者（労働者）のことを顧みることなしにあらゆることを行う自由であった．それはあらゆるモノと存在を濫用する自由，他者（労働者）を傷つける自由，社会的規律から逃れる自由であった．このような自由は一時的で不安定な自由でしかない．雇主はこうした偽りの，誤った自由を払拭し，真の「自由」を回復しなければならない．個人の「自由」には制約があることを理解しなければならない．個人的な，社会的な，そしてコルポラ

ティフなプランに関して，他者（労働者）の正当な利益を尊重するという観点から，他者（労働者）との関係において，みずから自身を規制しなければならない[33]．雇主は自己規律を怠り，大いなる文明の永続性を唯一保証する精神的・道徳的諸価値を蔑ろにしてきた．こうした怠慢からブリュータルに脱却し，本来の「自由」に雄々しく復帰しなければならない[34]．

②雇主の義務

では，具体的に，どうすれば真の「自由」を回復することができるのか．ランジュレは次のようにいう．㋐雇主は労働者を共働者とみなし，かれらに経営の組織及び運営に関する情報を－ただし，重要な事項を除いて－提供して，共同の協議に付す（経営に直接的にかかわる管理事項における，協議権レベルでの労働者の「参加」）㋑企業福祉事業の労使共同管理（いわゆる社会・文化的事項〈後述〉における，議決権レベルでの労働者の参加）㋒利潤参加 ㋓現実の生活様態においては人間には貧富の差があり，不平等である．これは各人のもつ資質や適性，そして能力の差による．しかし，たとい原理的にはそうであるにしても，この不平等は無制限に容認されるべきものではない[35]．雇主は労働者に対する生活給付で，不平等の縮減に専心しなければならない（労働者の生活保障[36]）．以上の経営社会改革を対自的かつ対他的義務として実践することにより，雇主は真の「自由」を回復し，新しい秩序を開くことができる．

(2) モーリス・オリヴィエ゠ドヴァヴランの提案（1940年）

キリスト教民主主義の影響を受けていたルーベの「新自由主義」派企業主Maurice Olivier-Dewavrin（「ルーベ゠トゥルコワン職業間雇主連盟」Groupement patronal interprofessionnel de Roubaix-Tourcoing の会長，「同業組織中央委員会」Comité central de l'organisation professionnelle : CCOP のメンバー）は，ヴィシー政権成立直前の1940年4月18日に，CGT書記のルネ・ブラン（René Belin）に対して企業福祉事業の労使共同管理（cogestion）を提案した．彼は共同管理によって労使相互の信頼と協力が培われ，職業における共同善が進捗すると確信した．いわく，「（企業）パテルナリスムは1つの公式のなかにある．すなわち，すべては労働者のために，決して労働者によってではなく（という公式のなかに）である．ところで，この公式は至るところでネガティブな実態を露呈している．労働者は何を望んでいるのか．／彼（労働者）は共同管理を要求している．彼（労働者）の安全を保証するにちがいない企業福祉（oeuvres sociales)の雇主・経営者と労働者による共同管理である．しかし彼（労働者）は，その経済的・財務的責任が雇主・経営者に属している工場の管理については，何ら重要視していない（経済・財務的事項〈後述〉の管理には関与しようとは考えていない）．／物質的観点からすると，労使共同管理によって達成される成果は恐らく（企業パテルナリスムの場合と）同じであろう．いや，むしろ劣るであろうし，輝かしくはないであろう．しかしながら，道徳的にはあらゆることが変化する．企業福祉（の管理）と結合した労働者は，それに関心をもち，それを自分のものとして理解し，そして雇主・経営者の提供はもはや施し物とはみなされなくなる．不可欠な，制度的な，高度に慈善的な貢献とみなされるのである．／雇主・経営者と労働者は，共同管理のなかに，要求あるいは利己的な抵抗のエスプリとは一切無関係な交わりを見出す．かれらは互いに理解しあうことを学び，互いに不満を述べあうことを学ぶ．かれらは職業善に向けて共働する……」と．ノールの「新自由主義」派雇主・経営者の間でもいわゆる社会・文化的事項の管理への労働者の参加が，したがって職業における共同善の意義が認識されていた．

注

1 Hoog, G., *Histoire du catholicisme social en France 1871–1931,* Nouvelle Édition, Paris, Éditions Domat, 1946, p.221；Henry, P., préface de M. Joseph Zamanski, *Le mouvement patronal catholique en France,* Paris, Librairie du Recueil Sirey, 1936, p.84. オーによれば，CFPの第一目的は「カトリック諸原理と教会の教えのもとに，社会的・経済的諸問題の解決を追求すること」にあった（Hoog, G., *op.cit.,* p.221）．

2 Guitton, G. S. J., *Léon Harmel 1829–1915,* t.2, Paris, Éditions Spes, 1927, p.31；Henry, P., *op.cit.,* pp.85, 96；Hoog, G., *op.cit.,* p.73 *sq.*

3 中央出版社編『教会の社会教書』中央出版社，1991年，44–45頁．

4 Henry, P., *op.cit.,* pp.84–85；Hoog, G., *op.cit.,* p.78.

5 Henry, P., *op.cit.,* pp.84, 96.

6 Guitton, G. S. J., *op.cit.,* t.2, p.34.

7 Lefranc, G., *Les organisations patronales en France : du passé au présent,* Paris, Payot, 1976, p.243.

8 Hoog, G., *op.cit.,* p.219；Henry, P., *op.cit.,* pp.98, 119–120.

9 Henry, P., *op.cit.,* p.111.

10 *Ibid.,* p.116. CFPの付属組織として，「パリ・カトリック・センター」（Centre catholique de Paris）と「カトリック雇主青年」（Jeunesse patronale catholique）があった．前者は社会経済問題に関心をもつ青年中小雇主・経営者から構成されていた．事務局はCFP事務局内に置かれた．後者は前者のイニシャチブに基づき，1929年12月7日に社会経済問題を具体的に調査研究する目的で結成された．調査研究のテーマは以下であった．1930年「サンディカリスムと社会保険及び合理化問題」，1931年「失業と経済不況」，1932年「見習工制度と職業指導」，1933年「アソシエ間の義務，プロレタリアートと中産階級」，1934年「経済活動における政府の役割」，1935年「コルポラティフ運動」，1936年「職業道徳（適正賃金，利潤の適正分配）」（*Ibid.,* pp.121–

122).
11 中央出版社編『前掲書』，228 頁．
12 『同上』，137 頁．
13 『同上』，193 頁．
14 『同上』，138-139 頁．
15 『同上』，194 頁．
16 Henry, P., *op.cit.*, p.105.
17 *Ibid.*, pp.106-107. 混合委員会には，企業レベルの工場評議会（conseil d'usine），産業・地域・地方レベルの混合委員会，全国レベルの労働国民評議会（conseil national du travail）の3つが想定されていた（*Ibid.*, p.182）．
18 *Ibid.*, p.102.
19 *Ibid.*, p.127.
20 *Ibid.*, p.130.
21 *Ibid.*, p.174.
22 *Ibid.*
23 例えば，イエロン神父（Hiéron）のイニシャチブに基づき，2,000人の組合員を集めて1887年9月13日にパリで結成された「商工業カトリック被傭者組合」（Syndicat des employés catholiques du commerce et de l'industrie）である．この組合はフランス最初のカトリック労働組合の1つで，後に，リヨンの「絹労働者組合」（1886年結成）とともにCFTCの中核を構成した（Hoog, G., *op.cit.*, p.75；西川知一『近代政治史とカトリシズム』有斐閣，昭和52年，160頁）．
24 Henry, P., *op.cit.*, p.147. 更にこれよりも以前に，「同盟連合中央組合」のイニシャチブに基づき，傘下の出版印刷，工芸，建築の各雇主組合によって混合委員会が設置されていた．「商工業友愛連合」はそうした前例を参考にして，混合委員会を設置した（Hoog, G., *op.cit.*, p.220）．
25 Henry, P., *op.cit.*, p.147.
26 CIM の設立前においても，CFP と CFTC の間で一時的に混合委員会が設置されていた．CFP より12，CFTCより12の労使同数24名構成であった．見習工制度，労働紛争の調停，失業保険等について何回か協議がもたれたが，やがて自然解散した（*Ibid.*）．
27 *Ibid.*
28 *Ibid.*, p.183.
29 *Ibid.*, pp.148-149.
30 CFP は第二次大戦中も存続した．北部占領地域では地下で再建された CFTC と協力した．戦後，1948年7月9日に Centre français du patronat chrétien（CFPC）と名称を変えた．1958年には Centre chrétien des patrons et dirigeants d'entreprises françaises（CCPDEF）と再び変えた．名称は変更しても，理念は一貫していた．教会の社会教義にしたがい，企業委員会の機能発現の必要性を雇主・経営者に対して熱心に訴えた．「商工業友愛連合」から CCPDEF に至る一連の歩みは，社会カトリシズム左派の一貫した流れのもとに理解される（Lefranc, G., *op.cit.*, pp.245-248）．
31 Lengelé, R., *La mission économique et sociale du patronat français,* Paris, Librairie Bernard Grasset, 1942.
32 *Ibid.*, pp.33, 35-36.
33 *Ibid.*, p.39.
34 *Ibid.*, p.40.
35 *Ibid.*, pp.164, 175, 179.
36 *Ibid.*, pp.169, 170-172.
37 ここでは疾病手当，家族手当，専業主婦手当，労働者住宅，相互扶助組合，貯蓄金庫，失業金庫，退職年金，職業教育研修などが想定されている．
38 Lefranc, G., *op.cit.*, annexe XVIII, Programme social d'un employeur du Nord（avril 1940），p.349.
39 社会カトリシズム社会経済改革論とフランス「新自由主義」（néo-libéralisme）の思想的・理論的な関連性をサーヴェイすることが今後の課題となる．本補論 II 注94を参照されたい．

Ⅱ　レジスタンス期社会カトリック左派の社会経済改革案

1　社会カトリック左派

(1) 区分

　教会の社会教義に基づいて労働者とその家族の物質的・道徳的救済を実践する社会カトリックにあって，労働者のイニシャチブと責任を尊重し，かれらの「参加」と協力のもとに救済＝社会改革を実現しようとするグループを社会カトリック左派（catholiques sociaux de gauche. 改革派）と位置づける．労使相互の信頼と協力に立って職業善の遂行を追求するレオン，ロマネ，ザマンスキ，マリウス・ゴナン，アンリ・ロラン（Henri Lorin）などが代表的人物である．正統王朝論者のアルベール・ド・マンも穏健改革派として左派に位置づけられる．組織としては，ACJF，「社会週間」（Les Semaines Sociales de France），ACJF傘下の「キリスト教労働青年」（La Jeunesse Ouvrière Chrétienne），狭義の「キリスト教民主主義派」（La démocratie chrétienne. マルク・サンニエ Marc Sangnier によって結成されたシヨン Le Sillon と青年共和国 Ligue de la Jeune République，また ACJF やシヨンを母体として結成された人民民主党 Le Parti Démocrate Populaire がこの派に属する）などがこのグループに分類される．

　他方，労働者とその家族の物質的・道徳的救済をみずからの責務として認識しつつも，社会カトリシズムの民主的要素を捨象し，貴族主義的ヒエラルキー要素を重視するグループを社会カトリック右派（catholiques sociaux de droite. 保守派）と位置づける．かれらは雇主を主人とした擬似的家族関係を経営・労働関係の基本にすえ，労働者の「参加」による社会改革よりも，雇主の権威による改革を確信する．モナルシストのルネ・ド・ラ・トゥール・デュ・パン，ルーヴァン・カトリック大学経済学教授のシャルル・ペランが代表的人物である．ル・プレェ及びル・プレェ学派も経営社会理念において，この派と重なり合う部分をもつ．左派と右派の間には，キリスト教社会経済改革の実践方法において，理念上明確な差異がみとめられる．

(2) 人的系譜

　人的系譜をとおして，レオン，ザマンスキ，CFP と社会カトリック左派諸組織の結びつきを整理しておく．この作業は，キリスト教企業アソシアシオン

=CFP の経営社会理念とレジスタンス期社会カトリック左派改革案の繋がりを理解するうえで重要な資となる．まずレオンは，1896 年と 1897 年の 2 度にわたり，リヨンで開かれたキリスト教民主主義全国大会（Congrès national de la Démocratie chrétienne）で議長をつとめた．マルク・サンニエは若いときからヴァル・デ・ボワの集会に度々参加し，レオンから思想的影響を受けていた．2 人はカトリック社会教義について，理解を共有する師弟関係にあった．[3]

　レオンと「社会週間」の結びつきは，「キリスト教民主主義派」ほどダイレクトではない．とはいえ，決して希薄なわけではなかった．けだし，「社会週間」は結成準備の多くをレオンの助言に依存していたであろう．また，結成初期の熱誠的メンバーの多くをヴァル・デ・ボワからリクリュートしていたであろう．レオン自身も 1904 年 7 月 26 日〜8 月 2 日の第 1 回「社会週間」リヨン大会の開催に関わっていた．1912 年には第 9 回リモージュ大会に参加し，初代会長のアンリ・ロランに共鳴のエールを送っている．第 10 回ヴェルサイユ大会にも出席していた．活動テーマについても，ヴァル・デ・ボワと「社会週間」の間には著しい共通性がみとめられる．レオンと「社会週間」の間には，人的・思想的交流において，明確な血縁関係があったと判断して差し支えない．[4]

　「キリスト教的社会秩序の再建のために協力し合う」ことを目的に，アルベール・ド・マンによって 1886 年 3 月に結成された ACJF は，もともと右派的な要素を内包し，エリート・ブルジョワジー主導の社会改革を唱えていた．だがレオンの指導・提言を受け入れて以降，左派へ転向した．[5] 転向後，ACJF の副会長にはザマンスキ（後に CFP 会長）が就任した．ザマンスキは「社会週間」の講師を兼ねており，ACJF と「社会週間」の人的・思想的交流に著大な役割を果たした．やがて，ACJF は「社会週間」に人材を供給する機関としての役割を果たすことになる．[6]

　「キリスト教民主主義派」は真摯な共和主義を内実とする政治的デモクラシーの主張において，ACJF・「社会週間」よりもラディカルであった．この点，両者の間には一定の差異性がみとめられる．しかし，社会経済改革の立論においては，両者の間に違いはほとんどみとめられない．[7]「キリスト教民主主義派」，ACJF，「社会週間」等の社会カトリック左派諸組織は，レオン＝ザマンスキ＝CFP を結節点として，人的・思想的結びつきを深めていた．[8]

2　社会カトリック左派と国内レジスタンス（la Résistance intérieure française, appelée en France la Résistance）

（1）国内レジスタンスの始まり

　国内レジスタンスはキリスト教信仰の社会的性格に由来する愛国的熟慮として，別言すれば祖国の魂を救うための対ナチス抵抗思想として始まった（la Résistance sprituelle）．プロテスタントであったが社会カトリシスム左派に鋭く共鳴し，精力的シンパ（sympathisant）として「闘争」[本節2（4）②を参照されたい]に参加していた抵抗戦士ルネ・クルタン（René Courtin）は1969年に当時のことを次のように回想している．「初めの頃，われわれは祖国の魂を救うために，身体が救われるかどうかを考えることなく，戦っていました」と．社会カトリシスム左派は国内レジスタンス精神の創生において本源的な役割を果たした．地下発行された『新時代』（Temps nouveau. 1940年秋創刊），『自由』（Liberté. 1940年11月創刊），『ヴァルミ』（Valmy. 1941年1月創刊），『つばさ』（Les Petites Ailes. 1941年6月創刊．後の『真実』Vérités），『闘争』（Le Combat. 1941年12月創刊）等である．とりわけ，レジスタンスに不朽の名をしるすピエール・シャイエ神父（Père Pierre Chaillet）によって発行された『キリスト者の証言ノート』（Cahiers du Témoignage chrétien. 1941年11月創刊）と『キリスト者の証言フランス通信』（Courrier français du Témoignage chrétien）はその徴標である．2紙は「教会に対する超自然の愛」（キリスト教の良心）に則り，「祖国に対する自然の愛」（ナチズムとヴィシー体制に対する愛国的抵抗精神）をカトリック・ミリタンに浸透させ，占領下のフランス世論に著大な影響を与えた．前者は解放までに31号，延べ55万部発行され，サリエージュ枢機卿（Saliège）をはじめとして数多くのカトリック・ミリューから支持を得た．ロンドンとアメリカで発行された英語版創刊号には，ネオ・トミスムの創始者の1人で「企業の管理と指揮への労働者の知性の参加」論者ジャック・マリタン（Jacques Maritain）の筆になる祝「キリストの精神とフランスの使命の真の証し」が掲載された．後者は前者の大衆版として1943年6月に創刊された．「ヒトラー主義に対する精神的抵抗戦線の絆」（Lien du Front de Résistance Spirituelle contre l'Hitlérisme）という副タイトルが掲げられた．解放までに12号，延べ123万部発行され，カトリック・ミリタンをレジスタンスの第一線へと導いた．

国内レジスタンス運動においても，社会カトリック左派は端緒をひらいた[14]．論者によれば，社会カトリック左派のレジスタンス運動は「個別的」なものにしかすぎず，運動総体（les Mouvements de Résistance）にしめるウエイトは小さかった[15]．確かに，独ソ開戦の直前に結成された PCF 系の「国民戦線」（フロン・ナシオナル）（Le Front National de lutte pour l'indépendance de la France. 通常 Front National と記す）は献身的活動と犠牲の規模において，国内レジスタンス運動体のなかで一等群を抜くものがあった．1944 年には最大の組織になっていた[16]．組織力・動員力の比較から，社会カトリック左派レジスタンス運動体のウエイトが小さかったことは否定しがたい．しかし，エミール=フランソワ・キャロ（Émile-François Callot）とフランソワ=ジョルジュ・ドレフュス（François-Georges Dreyfus）の分析によれば，その運動のもつ社会的・精神的「重み」・求心力は組織力・動員力という量的計測以上のものを内包していた[17]．「全国抵抗評議会」（Conseil National de la Résistance. 1943 年 5 月 27 日結成．以下，CNR と略記）の初代議長ジャン・ムーラン（Jean Moulin）はもともとアンリ・フルネ大尉（Henri Frenay）及び『自由』のフランソワ・ド・マントン（François de Menthon）と親交をもち，「闘争」の活動に関与していた．J. ムーランが悲劇的な死をとげたあと，2 代議長に選出されたのは元 ACJF 副会長で，マルク・サンニエの良き理解者，そして「闘争」のリーダーであった熱誠の社会カトリック左派ジョルジュ=オーギュスタン・ビドー（Georges-Augustin Bidault）であった．ビドーは国内レジスタンス運動体のリーダー達から慕われ，あつい信頼を得ていた．明確な反共主義者であったが，議長立候補に際しては PCF からの支持も得た[18]．国内レジスタンスの端緒をひらいた社会カトリック左派は，リベラシオン前夜においても，精神と運動の両面において，PCF とならび CNR 内部に明確な求心力・発言力を有していた．

(2) 国内レジスタンスと「自由フランス」（France libre）
①社会カトリック左派レジスタンス運動体と「自由フランス」

　社会カトリック左派レジスタンス運動体は思想・政策・武装闘争において，「自由フランス」と連合体（un seul bloc）を形成していた[19]．

　レジスタンスの初期，社会カトリック左派は「自由フランス」のリジティマシィに疑問を抱いていた．『真実』（1941 年 10 月 15 日号）は「フランスだけがロンドンに合法的な代表部をもっていない．ドゴール政府は法的効力を有し

ていない」と主張するであろう.『ヴァルミ』(青年共和国のビュルガール R. Burgard によって創刊された)と『闘争』も同様の立場をとっていた.『フランスの防衛』(*Cahiers de Défense de la France*)は 1942 年 1 月 25 日号で初めてドゴールについて触れた[20]. しかし,「自由フランス」の社会カトリック左派レジスタンス運動体に対する資金・武器供与をきっかけに,両者は連合体形成へとすすんだ. 社会カトリック左派レジスタンスは 1942 年末までに,ドゴールを指導者(chef)としてみとめた. 例示しよう.『闘争』(1942 年 12 月号)は「すべてのフランス人は,すべてのフランスの大地は,唯一の祖国のための唯一の戦いにおいて,ドゴール将軍のもとに団結しなければならない. ……われわれが団結して戦うことは,われわれの掟である. フランスは彼(ドゴール将軍)を信頼している. ……/……何百万もの人びとが意識の奥において,彼を象徴として,また指導者として受け入れている」と述べる[21].『フランスの防衛』(1943 年 4 月 20 日号)は,「ドゴールがフランスのすべての重荷を背負っている」という[22]. 社会カトリック左派のジャック・デストレ(Jacques Destrée. マルセル・レネ Marcel Renet の暗号名)が結成した「レジスタンス」(Résistance)の機関誌『レジスタンス』(*Résistance*, 1943 年 1 月 23 日号)は,「ドゴールはすべての人びとに希望をもたらしている」と断言する[24].

② 「国民戦線」と「自由フランス」

一方,PCF と全面的に結びついていた「国民戦線」は思想・政策において,「自由フランス」とは本質的に異質的であった. モーリス・トレーズとデュクロは「ドゴールとエドガール・ド・ラルミナの運動は本質的に反動的かつ反民主主義的である. イギリスが勝利した暁には,わが国民からすべての自由を剥奪することしか考えていない」(『ユマニテ』, 1941 年 3 月 18 日号)と非難していた[25]. ソビエトが「自由フランス」を承認すると,「国民戦線」はすぐさまドゴールに対してラリマンを表明したが,PCF のフェルナン・グルニエ(Fernand Grenier)に至っては「私はドゴール将軍を信頼している. 彼は正確な情報をもち,レジスタンスのためによりよく行動している」と述べるが,ラリマンは PCF=「国民戦線」の「政治的戦術」でしかなかった[27]. PCF=「国民戦線」がゴーリストに対して積極的に協力することは決してなかった.「自由フランス」も PCF=「国民戦線」の本心を見抜いていた. 元「国民戦線」幹部のイヴ・ファルジュ(Yves Farge)は「(『自由フランス』の)上層部にとって,われわれは単なる工作員でしかなかった. 情報行動局のやり方は非常にしばし

ばわれわれの心を傷つけた」と述懐するであろう[28]．樹立予定の臨時政府に対して，PCFは「臨時政府の期間と権限はできるかぎり制限されなければならない」と主張する（*Cahiers du Communisme*, 1944年1～3月号[29]）．

(3)「レジスタンス理念」の形成
①社会カトリック左派の愛国的熟慮

『レジスタンス』（1942年12月号）は，「レジスタンスは何よりもまず祖国愛の行動である」と宣言する[30]．『闘争』（1942年9月号）は，「レジスタンスはフランスの存在を確実なものとするために戦っている」と謳う[31]．『フランスの防衛』によれば，「われわれは祖国を救うという唯一つの目的を追求している．別言すれば，祖国のスピリチュアルな使命を守ることを追求している」（1942年7月30日号[32]），「われわれの唯一つの目的，唯一つの熱情，それは常に祖国であり，われわれの唯一つの大志は祖国に奉仕することにある」（1944年2月号[33]）．

信仰の社会的性格に由来する社会カトリック左派の愛国的熟慮はカトリック殉国者の「最後の言葉」からも知れる．「私は口もとに微笑を浮かべながら死に行きます．なぜならば，それが最も素晴らしい理想だからです．私は祖国に命を捧げます．だから，私は何も後悔しておりません」（リセ〈ブュフォン校〉の学生ルシィアン・ルグロ Lucien Legros の両親宛2月7日付遺書．1943年2月8日に銃殺された．享年18歳[34]）．「私は祖国に私のすべての愛を，心のかぎりのすべての愛を捧げてまいりました」（アンドレ・ポール André Paul の遺書．1944年1月18日にノルマンディーで銃殺された．享年18歳[35]）．

②社会カトリック左派における「レジスタンス理念」の形成
a 資本主義的リベラリズム批判

『ビル＝アケーム』（*Bir-Hakeim*．社会カトリシスム左派の影響のもとにジャックラン A. Jacquelin によって1943年3月に創刊された）によれば，「19世紀全期に役割を果たしてきた資本主義（経済リベラリスム）は機械論的文明によってつくり出された複雑な分配の問題を解決することに，また平和を維持することに，25年前から無力である．資本主義の権威は衰微し，失われているとみなさなければならない」，「それゆえ，特権と抑圧の階級としてのブルジョワジーは消滅しなければならない」[36]．社会カトリック左派の資本主義的リベラリスム＝ブルジョワジー批判は，他の非 PCF 系国内レジスタンス運動体によって

も共有された．社会党・CGT系の『自由射手』（1943年3月20日号）は，「ブルジョワジーは指導者階級としてのみずからの使命に背いてきた．ブルジョワジーは自由の神秘的信仰を創出することができなかった」，「資本主義（的リベラリスム）の人びとはフランスを専制主義にゆだねることで，フランスを裏切ってきた」と断ずる．

b　マルクス主義批判

マルクス主義は人間性の本質を抑圧し，新たな支配=被支配の社会関係を創出した．それゆえ，グリードな資本主義と同様に，否それ以上に，排斥されなければならない．

c　「人道的社会主義」

「闘争」の幹部アンドレ・オーリュー（André Hauriou）は，「レジスタンス運動体の代表たちが（愛国的熱慮に駆られて）数ヶ月間にわたり議論し考究した成果」である著業『人道的社会主義』（*Le Socialisme Humaniste*, Fontaine, Alger, 1944）において，国内レジスタンスの「道標」すなわち「レジスタンス理念」を「人道的社会主義」として総括する．「苦難と行動の試練のなかで成長したレジスタンスは，自由と社会主義の方向に同時に進むことを確認しつつ……，この二重の意志のなかに人間的真実と現代的必要の直感的認識を見出した．テーゼである資本主義的リベラリスム，アンチテーゼである唯物論的集産主義，相反するこの2つを超えて，創造の努力によりジンテーゼを実現しなければならない．それは人道的社会主義である」（傍点　引用者）と，一方においてキリスト社会教義に導かれた「熱情とイデー」・「人間的真実」である「自由」，他方「社会主義」－ただし，マルクス主義的社会主義ではなく，法令に基づいて経済の民主化と部分的国有化の実現をめざす「デモクラシーによる社会主義」すなわち共和主義的社会主義－，この2つの融合が「人道的社会主義」として確定された．

③「人道的社会主義」の具体的内容

a　「……サンカする」社会の実現に向けて

愛国的熱慮に始まる社会カトリック左派レジスタンスの運動は，キリスト教的理想と「サン・シモンからプルードンとフーリエをへて，ジャン・ジョレスに至る」共和主義的社会主義の融合した「人道的社会主義」（アンリ・ミッシェル Henri Michel も A. オーリューの造語を借りて，「レジスタンス理念」を le socialisme humaniste と言いあらわしている）を CNR 内部に生みだしていた．

けだし，1943年11月11日のアルジェ諮問評議会（Assemblée Consultative d'Alger）において，アンドレ・フィリップ（André Philip）は「かつてフランスにおいて区別され分裂していた，一方におけるキリスト教的伝統のフランス，他方革命的伝統のフランスという2つの偉大な精神的血族（les deux grandes familles spirituelles）は，それぞれの信仰（foi）が同じであることに気づいた」（傍点　引用者）と報告するであろう[42]．

アンリ・ミッシェルの提供を借りる．「人道的社会主義」の社会は「統治者と被統治者双方の意識的かつ共働的な努力によってつくり出される社会」（傍点　引用者）である[43]．具体的には，各人の人間性とその本質的価値に対する尊重というキリスト社会教義に導かれて，「各人（統治者と被統治者）が各人のしたがう秩序の創成にサンカする（participer）」（傍点　引用者）社会である[44]．反経済リベラリズムと反社会主義という二重の闘いのなかで，「共働」を志向する「人道的社会主義」は，戦間期社会カトリック改革理念を基調に社会カトリック左派レジスタンスの運動を実践的に教導し，国内レジスタンスを略トータルにインスパイアした．そして「対立でも従属でもなく，それぞれが自立性を保ちながら，信頼と協力と善意のもとに，ともに行動する」社会すなわち「……サンカする」社会の実現に向けて，いまだ成らざるフランス革命に同一化した「革命」（第二フランス革命）の遂行を告知した．

b 「革命」（第二フランス革命）：国内レジスタンス運動体の共通スローガン

CNRを含めて殆どすべての国内レジスタンス運動体は「革命」を謳った．『闘争』（1942年9月号）はH. フルネ，C. ブールデ，A. オーリューの共同論文「闘争と革命」を掲載し，「われわれが我々のなかで温めている革命，それは新しい文明の夜明けである．そこに世界的内戦（レジスタンス闘争）の意味がある」，「89年の原理は全面的な成果をもたらすことから程遠い状態にある．フランス革命は成就されていない．革命は遂行されるべきである」と訴える[45]．『それから』（Après. 1943年6月に「闘争」によって創刊された）は，「1つの革命意志が全国民を奮い立たせる．1つの共通意志（第二フランス革命）が新しい社会の建設を明確にする」と主張する．『フランスの防衛』（1943年2月5日号）は，「建設的な革命（第二フランス革命）は本来の，自由な，そして力強いフランスを復活させる意志（『ヒューマニズム革命』）に向かって前進する」と謳う[47]．「戦術はイデオロギーにまさる」（La tactique l'emporte sur l'idéologie）［本節3（2）③を参照されたい］という観点から，「国民戦線」も

「革命」に抗わず，同調的態度をとった．

c 「精神の革命」

「革命」においては，キリスト社会教義に導かれた「自由」のもとに，「精神的人格主義」(le personnalisme spiritualiste) が昭示された[48]．『キリスト者の証言ノート』（1941 年 12 月号）でシャイエ神父はいう，「それ（革命）は，人びとを非人間化する，そして人間的尊厳の保持と享受から人びとを妨げる，精神的隷属状態から人びとを解放することを求める」と[49]．『闘争』（1942 年 9 月号）は，「われわれが心に描いている革命は物質的革命以上のものである．それ（革命）は人間性の発展的歩みにおいて，1 つの段階を打ち刻む精神のための基礎となる変革である」と述べる[50]．また『フランスの防衛』（1944 年 3 月号）でロベール・サルモン（Robert Salmon）は，「ブルジョワ的物質主義を延命させる……経済の優位性を排斥する．人びとが精神の至上性（la primauté du Spirituel）を認識して初めて，真の革命が生起するであろう．なぜならば，精神のみが自主と刷新と創造を可能にするからである」という[51]．『レジスタンス』（1944 年 6 月 23 日号）は「この第二フランス革命の目的は，公共の利益のもとに人格（personnalité humaine）の開花を保証することにある」という[52]．

「精神的人格主義」との一体性において，共和主義的社会主義も繰り返し強調された．『闘争』（1944 年 2 月 13 日号）は，「われわれの試練のなかから，1 つの階級の革命ではなくて，労働者・農民・技術者そして思想家たちがそれぞれの功績と努力に応じてそれぞれの地位と役割を有するであろう革命が生まれる．それは（単なる）物質的革命ではなくて，精神的革命，青年と国民の革命である．もはや言葉のうえではなく，実践することにおいて，（「1 つの段階を打ち刻む精神のため」に）強力な寡占支配者から経済のコントロール権と利益を取りあげるときが，そして場合によっては経済の重要な部門を国民（Nation）及び生産者と消費者の共同組織（Communautés）にゆだねるときが到来している．この意味で，革命は（共和主義的）社会主義である．この革命は新しい文明の夜明けである．この革命は自由・平等・友愛の権利に基づいて組織されたヨーロッパ連盟に通じている」と「宣言」する（「宣言」は，既に『闘争』〈1942 年 9 月号〉において発表されていた．再掲載されたものである[53]）．

「闘争」，「フランスの防衛」，「研究総合委員会」，「軍民統一戦線」，「自由射手」，「秘密部隊」，「ビル＝アケーム」，「レジスタンス」など数多くの非 PCF 系国内レジスタンス運動体が，程度の差こそあれ，「人道的社会主義」社会すな

わち「……サンカする」社会の実現に向けて,「人格主義」的な, そして「法令の枠内における, 共和主義的合法性の原則の尊重における」[54]–したがって共産主義や社会主義とはダイメンションを異にする–全国民的な「騎士とジャコバンの革命」(la révolution des Chevaliers et des Jacobins) を希求した.[55]「革命」(第二フランス革命), アンリ・ミッシェルにいう「精神の革命」(la révolution de l'Esprit) の遂行である.[56]

(4) 社会カトリシスム左派レジスタンス運動体

宗教的衝動に駆られて (motivées par un fort ancrage catholique) 社会カトリック左派が主導・結成した主な国内レジスタンス運動体は, 後に「自由フランス」の正式機関となる「研究総合委員会」を含めて, 以下の3つである.

① 「フランスの防衛」(Défense de la France)

ガス・電気会社の企業主マルセル・ルボン (Marcel Lebon) の支援を受けて, 社会カトリック左派ジャーナリストのフィリップ・ヴィアネ (Philippe Viannay)[57] を中心に, 妻エレーヌ・ヴィアネのほか, ロベール・サルモン, ジャン=ダニエル・ジュルジャンサン (Jean-Daniel Jurgensen), ジャック・リュセイラン (Jacques Lusseyran), シャルロット・ナデル (Charlotte Nadel) などの学生を結集して, 1940年秋 (10月もしくは11月) にカルティエ・ラタンで結成された. 北部占領地域を主たる活動の場とした. 1941年4月に機関誌『フランスの防衛』を創刊した.[58]

② 「闘争」(Combat)

1940年8月に南東部で結成された「国民解放運動」(Mouvement de libération nationale : MLN. 中心者はアンリ・フルネ大尉) と同年9月にマルセイユで結成された「自由」(中心者はフランソワ・ド・マントン) を前身とする. 1941年11月に両運動体は合併し, 「闘争」と名乗った (正式名称は「フランス解放運動」Mouvement de libération française : MLF.「闘争」は通称). ピエール・シャイエ神父の友人アンリ・フルネ大尉やナンシー大学法学教授 (後にリヨン大学へ移籍) で1926年から3年間 ACJF の会長をつとめたフランソワ・ド・マントン,[59] モンペリエ大学法学部法学教授のピエール=アンリ・テトジャン (Pierre-Henri Teitgen), 同大学法学部経済学教授のルネ・クルタン,[60] そしてプロテスタントのベルティ・アルブレクト (Berty Albrecht) など ACJF・「社会週間」のメンバーとそのシンパを中核としていた. かれらはキリスト教信仰に

したがい，「闘争」に結集した－ces militants considèrent que leur foi chrétienne leur impose d'agir aux côtés de la Résistance. 機関誌『闘争』を発行（ド・マントン，テトジャン，クルタン，社会カトリックのアルフレッド・コスト゠フロレ Alfred Coste-Floret によって1940年11月25日にマルセイユで創刊された『自由』と，1941年8月25日にアンリ・フルネ大尉等によって創刊された『真実』〈前身は MLN の『情報・宣伝雑誌』 Bulletin d'Information et de Propagande，後の『つばさ』〉の2誌が合併）．1942年初頭には国内レジスタンス運動体のなかで最もよく組織化され，最も強力であった．

③「研究総合委員会」（Comité général d'Études de la Résistance. 以下，CGE と略記）

1942年4月にド・マントンの建言に基づき，J. ムーランの指導で北部占領地域に「情報報道局」（Bureau d'Information et de Presse）が地下組織された．局長は G. ビドー．同年7月1日に「情報報道局」との関係で，同じく J. ムーランとド・マントンのイニシャチブに基づき専門家委員会（Comité des experts）が結成された．構成メンバーはド・マントン，穏健社会主義者のロベール・ラコスト（Robert Lacoste. 大蔵省公務員登録審理官，元 CGT プラニスト，ドゴール派），アレクサンドル・パロディ（Alexandre Maurice Marie Parodi. 国務院評議官 le auditeur au Conseil d'Etat, 同審理官 le maître des requêtes au Conseil d'Etat, ドゴール派），ポール・バスティド（Paul Bastid. 法学教授，急進党の元閣僚），テトジャン，クルタンの6名であった（後2名は2～3ヶ月遅れで参加）．1943年2月，専門家委員会は CGE として発展的に自己改編し，解放後フランスの社会・経済・政治・行政についてトータルに調査研究をおこなう任務をみずからに課した．同年4月末に機関誌『レジスタンス政治手帖』（Les Cahiers politiques de la Résistance）を創刊した．

(5)「CGE－「レジスタンスのシンク・タンク」－
①CGE の結成
　a　専門家委員会の結成
　　㋐　結成の目的

1943年1月28日付の「中央情報行動局」（Bureau central de renseignement et d'action. 以下，BCRA と略記）宛書簡で J. ムーランはいう．「専門家委員会は1942年7月に以下の任務をもって結成された．／a) 体制変革（解放）の

ときに講じられる緊要な措置を準備する．／b) 新体制の全般的方針を策定する．／c) 不可避と思われる政府職員の更迭にそなえる」と，8年後の1951年に，元 BCRA 局長アンドレ・ドヴァヴラン（André Dewavrin）も「Rex（J. ムーランの暗号名）の気持のなかでは，この組織は解放のときに臨時政府に対して助言を付与するにちがいなかった……．かくして Rex は，公正な思想と労働のこの聖堂（専門家委員会）のなかに高級官僚の苗床を，戦争勝利の後に政府の長がそこから高級幹部をリクリュートする苗床を，集結しうると期待していた」という．

⑦ 構成メンバーの社会的・思想的・宗教的特性

補Ⅰ－1表から，協力者を含む CGE メンバーの略全員が裕福なブルジョワ出身で，法律・経済の専門家，非 PCF 系の国内レジスタンスであったことが知れる．キリスト者であると同時にリベラルな共和主義者が多く，とりわけ代表報告者（rapporteur général）のド・マントンとテトジャンは熱誠の社会カトリック左派であった．クルタンはプロテスタントであったけれども社会カトリシスム左派に共振共鳴し，「闘争」のモンペリエ地区責任者の職責を兼ねつつ，全重量をもって荷担する精力的シンパであった．3人は CGE のなかでも中核的ミリタンを形成した．パロディとバスティドもド・マントン及び「闘争」のルネ・カピタンと交友関係にあった．

b 専門家委員会と「自由フランス」

「自由フランス」（1942年7月14日に「戦うフランス」France combattante と改称）は専門家委員会の結成に組織としては何ら関与しなかった．まず，この点を確認しておかねばならない．しかし，J. ムーランは結成直後に「自由フランス国民委員会」（Comité National de la France libre）に電報を打ち，「種々の協議の後に，専門家委員会を結成した」と報告している．彼自身が「自由フランス国民委員会」フランス代表であったからであろう．報告を受けたドゴールはすぐさま結成支持を表明した．以後，「専門家委員会の活動状況は『戦うフランス国民委員会』に報告された」．国内レジスタンス運動体として結成された専門家委員会＝CGE は，「自由フランス」と密接に連絡を取りあった．

②専門家委員会から CGE へ

a 組織の拡充

1943年2月13日，専門家委員会は CGE として発展的に自己を改編した．本部もリヨンからパリへ移した．ミッシェル・ドブレ（Michel Debré,

補論 I　社会カトリック左派社会経済改革論と企業委員会令　519

補 I-1 表　CGE のメンバーと協力者の一覧

名前	戦争前の職歴	父・祖父の職業	学位・資格	所属していたレジスタンス運動体	思想的・政治的傾向 所属政党・党派
ド・マントン	ナンシー大学法学教授	父：下院議員	法学博士（経済学）アグレジェ（経済学）	「自由」「闘争」	社会カトリシスム左派 MRP
バスティド	下院議員 パリ大学法学教授 文筆家	父：下院議員（共和主義者）祖父：下院議員（共和主義者）	文学博士，法学博士 アグレジェ(哲学・公法)	CNR 評議員（急進党）	急進党
ラコスト	下院議員 大蔵省公務員登録審理官	父：SNCF 職員	法学士	「南部解放」	穏やかな社会主義 ドゴール派
パロディ	国務院評議官 国務院審理官	父：哲学教授 総視学* 祖父：下院議員 詩人・劇作家	法学士 文学士	「南部解放」「自由フランス代表部」主席	リベラルな共和主義 ドゴール派
テトジャン	弁護士 モンペリエ大学法学教授	父：下院議員 国民議会副議長	法学博士 アグレジェ（公法）	「自由」「闘争」	社会カトリシスム左派 MRP
クルタン	モンペリエ大学経済学教授	父：会計検査院長	法学博士，アグレジェ（経済学），エコール・ド・シアンス・ポリティック高等教育免許状取得者	「自由」「闘争」のモンペリエ地区責任者	社会カトリシスム左派のシンパ プロテスタント リベラルな共和主義
ドブレ	国務院評議官	父：医学教授	法学博士，エコール・ド・シアンス・ポリティック高等教育免許状取得者	「CDLR」	ドゴール派
シャルパンティエ	弁護士	父：弁護士 祖父：医師	法学博士 文学士		リベラルな共和主義
ルフォシュ	炉建設会社社長	父：大地主 祖父：銃・拳銃製造業者	法学博士 工芸技師**	「OCM」	
協力者 テルノワール	CFTC ミリタン *La Voix sociale*, *Nouveau Journal de Lyon*, 『ローブ』の編集者	義父の F. ゲェ：『ローブ』の創刊者・主筆		「南部解放」CNR 書記	社会カトリシスム左派 MRP
協力者アモン			法学博士	「闘争」のトゥールーズ地区責任者 『闘争』の編集者	社会カトリシスム左派 MRP
協力者 ダンヌミュレ	テルノワールの友人　CFTC				社会カトリシスム左派
協力者 G. ビドー	ACJF 副会長 リセ（ルイ=ル・グラン校）の歴史学教授			「闘争」CNR 議長	社会カトリシスム左派 MRP
協力者 ブリュイエ					社会カトリシスム左派

*Inspecteur général de l'Instruction publique.
**Ingénieur des Arts et Manufactures.

Bellescize, Diane de, "Le Comité général d'Études de la Résistance", in *Revue d'Histoire de la Deuxième Guerre Mondiale*, no.99, juillet 1975, pp.6-7, 11 を参考にして作成.

「CDLR」), ジャック・シャルパンティエ (Jacques Charpentier. 弁護士), ピエール・ルフォシュ (Pierre Lefaucheux.「軍民統一戦線」) を新メンバーとして受け入れ, 国内レジスタンス運動体との結びつきを強化した. ルイ・テルノワール (Louis Terrenoire. CFTC ミリタン, のちに CNR 書記), レオ・アモン (Léo Hamon.「闘争」のトゥルーズ地区責任者,『闘争』の編集者), ダンヌミュレ (Dannemuller. CFTC), G. ビドー (のちにルネ・ブリュイエ René Brouillet と交代) も協力者として迎え入れた. 略全員が熱烈な社会カトリシズム左派レジスタンであった (補Ⅰ-1表参照). かれらは労働・経済問題の調査研究にたずさわった.

b CGE の活動

a) 戦後フランスの経済復興と社会経済の基本的あり方に関する提言「戦後の経済政策に関するリポート」の作成　*b*) 臨時政府の問題と解放にともなう暫定的政治制度の調査研究　*c*) 解放にともなう司法・行政・社会改革の総合的考察　*d*) コラボ (対独協力者) の処分. 結成の目的にしたがい, 以上4つの課題に取り組んだ[69]. CGE は「レジスタンスのシンク・タンク」(le brain-trust de la Résistance) として機能した.

③「フランス国民解放委員会」(Comité Français de Libération Nationale. 以下, CFLN と略記) の正式機関

a 「自由フランス代表部」との一体性

CGE は,「フランスの団結はドゴール将軍の指揮のもとで初めて実現される. 政治指導者としてのジローの退場のみが, ……解放フランスの再建のための重要な役割をジローの支持者及びジロー自身に演じさせることを可能にするであろう」と表明し, ドゴール支持を再確認した[70]. 一方で, 1943年6月21日に J. ムーランが逮捕されて以降「自由フランス代表部」(Délégation générale de la France libre. 以下, DGFL と略記) 主席代行に就任していた BCRA のクロード・セリュール (Claude Serreulles) も10月7日に,「(国内) レジスタンス運動体との間に思想上の軋轢が生じると, その都度われわれは CGE に助言を求めて協議を行った」と述べ, CGE との一体的結びつきを確認した[71]. 1943年秋に CGE は CFLN の正式機関となり, 経済・社会政策の立案と知事及び大臣職務代行の指名にかかわった. 1944年初頭から解放までの間, CGE は DGFL と連絡を緊密にしつつ, CFLN・「フランス共和国臨時政府」(Gouvernement Provisoire de la République Française. 以下, GPRF と略記) において,「影の国

務院」（Conseil d'Etat clandestin）とでもいうべき役割を果たした[72]．

b　CNR・国内レジスタンス運動体との関係

1943年夏以降，CGEはCNR・国内レジスタンス運動体とも緊密な関係を構築・維持した．CGEは国内レジスタンス運動体から親しみを込めてComité national d'Études（CNE）と呼ばれた[73]．1943年7月24日にクロード・セリュールは，「今やCNEと呼ばれているCGEは国内レジスタンス運動体との良好な関係をよろこんでいる」と述べる．ド・マントンは，「解放のときには，CFLNがレジスタンス評議会（CNR）を国民的意志を代表する臨時の最高機関として正式に承認すること」を要望した[74]．1944年3月，パロディはCGEとCNRの緊密な関係を再確認する[75][76]．

補Ⅰ-2表　CGEメンバーの公職

メンバー	公職		
	CFLN	GPRF (1944.6.3-1944.9.9)	ドゴール臨時政府 第1次内閣 (1944.9.10-1945.11.21)
ド・マントン	法務大臣（アルジェ）	法務大臣	法務大臣（-1945.5.29）
テトジャン	情報大臣職務代理・代行	情報大臣職務代行	情報大臣（-1945.5.29） 法務大臣（1945.5.30-）
クルタン	財政大臣職務代理・代行	財政大臣職務代行 国民経済大臣職務代行 （1944.8.20-9.9）	
パロディ	大臣職務代理・代行会議議長 「自由フランス代表部」主席	大臣職務代行会議議長 被占領地区担当大臣 （1944.9.4-9.9）	労働・社会保障大臣
ラコスト	工業生産大臣職務代理・代行	工業生産大臣職務代行 工業生産大臣 （1944.9.4-9.9）	工業生産大臣
バスティド	外務大臣職務代理・代行	外務大臣職務代行	
ドブレ	アンジェの共和国監察官 Commission des Désignations 議長	アンジェの共和国監察官	内閣官房付
シャルパンティエ	法務大臣職務代理を辞退 弁護士会会長	弁護士会会長	

大臣職務代理と大臣職務代行：Ordonnance du 19 mai 1944 portant création de secrétaires généraux provisoires の発布にともない，大臣職務代理（secrétaire général）は大臣職務代行（secrétaire général provisoire）と改称された．大臣職務代行はCFLN・GPRFの大臣（commissaire）がパリに赴任するまでの間，大臣職を代行した．大臣職務代行の権限は上記法令の第2・3条に規定されている（http://mjp.univ-perp.fr/france/co1944-3.htm）．
Bellescize, D. de, *op.cit.*, pp.7, 16 と Coston, H., publié sous la direction de, *Dictionnaire de la Politique Française,* Tome 2, Paris, Publications Henry Coston, 1972, pp.758-759 及び Gruson, C., "René Courtin, 1900-1964", in *Revue de l'Institut International de Statistique,* vol.32, 1964, p.352 より作成．

c　CFLN・GPRF・DGFL における CGE の地位

　CGE メンバーの多くはディー・ファクトに CFLN・GPRF の閣僚であった（補Ⅰ-2 表参照）[77]．1944 年 3 月にはパロディが DGFL 主席に就任した[78]．CGE は実質上 DGFL の「諮問評議会」（Conseil consultatif）として機能した．CGE はドゴール第 1 次内閣にも人材（閣僚）を供給した．

④「レジスタンスのシンク・タンク」

　「フランスの防衛」の指導者フィリップ・ヴィアネはいう．「（社会カトリック左派の）テトジャン氏は明らかにレジスタンスに参加していた．彼が『闘争』の同志とともに，国民に対して収斂的・啓蒙的かつ建設的な影響を及ぼしうるチーム（CGE）を結成することは容易であった」と．また「南部解放」のパスカル・コポー（Pascal Copeau）によれば，CGE は「カトリック専門家たちのシナルシー」（La synarchie des catholiques professionnels）であった[79]．ディアーヌ・ド・ベルシーズ（Diane de Bellescize）によれば，CGE は「共和主義国家に奉仕する高級官吏及び行政の大立者たちのシナルシー」（la synarchie des hauts fonctionnaires au service de l'Etat républicain, et des seigneurs de l'administration）であった[80][81]．

　叙上の行論論旨にしたがい，以下のまとめを得る．CGE は社会カトリック左派のイニシャチブによって結成された国内レジスタンス運動体であり，社会カトリシズム左派社会経済理念（したがって「人道的社会主義」）を運動の原理にすえた，共和主義官僚・大学人・法曹家からなる「レジスタンスのシンク・タンク」であった[82]．「レジスタンスのシンク・タンク」として，一方「CNR の意志の発現」（une émanation du CNR）に機能するとともに，他方 CFLN・GPRF・ドゴール臨時政府の意志決定にも関与した[83]．両者の諧調において，CGE は社会カトリシズム左派社会経済理念を政策・提言に具体化した．パロディによって起草された臨時政府のオルドナンス草案（本補論 Ⅲ 1 を参照されたい）はその結実である．

3　社会カトリック左派と CNR 綱領

(1)　社会カトリック左派の戦後社会経済改革案－「経営参加」を中心に－

　ドゴールと PCF は対ナチス＝ヴィシー武装闘争において第一線にあった．だが，戦後の社会経済改革については戦略的観点から主張を明確にせず，むしろ意図的に沈黙を守っていた．一方社会カトリック左派は戦後経済の民主化・近

代化に関して，戦間期社会カトリックの社会経済改革論を継承しつつ，熱誠的に提案を行った．「経営参加」は，自由かつ組織された市場経済制度の建設を志向する社会カトリック左派改革案のなかで，最優先事項の1つにすえられた．

① 「社会週間」アンリ・ギュイトンの主張

Henri Guitton, *Le catholicisme social,* Paris, 1945 を取りあげる．「社会週間」のアンリ・ギュイトンはディジョン大学法学教授で，「社会週間」の2代会長ウジェーヌ・デュトワ（Eugène Duthoit）と親交をもっていた．此の書もデュトワに捧げられたものである．パリ解放直前の1944年7月15日に脱稿していた．レジスタンス期社会カトリック左派「経営参加」論を総括する著業の1つとみなされる．

㋐ 企業

企業は労使の対立・対抗の場ではない．経済リベラリスムの悪しき帰結である対立・対抗の場としての企業から，いまや「人間共同体」（communauté humaine）としての企業への脱皮が望まれる[84]．

㋑ 「人間共同体」

では，「人間共同体」であるには，具体的にいかなる要件が満たされねばならないのか．ギュイトンによれば，「人間的共働」（collaboration humaine）の形成である．労働力の所有者である労働者が商品としてではなく，「キリストにある兄弟」として扱われ，経営・労働間に「共働」が成立していること，そして「共働」に向けて不断の努力がなされていることである[85]．「共働」とは，「対立でも従属でもなく，それぞれ（労使）が自立性を保ちながら，信頼と協力と善意のもとに，ともに行動すること」である．

㋒ 経営・労働の希釈化されたヒエラルキー関係

教権は人間の平等を謳う．しかし，その平等は人間の位格（ペルソナ）の尊厳における平等を意味しているのであって，個々の人間の現実の生活様態における平等を意味しているのではない．社会カトリシズム左派は雇主・労働者のヒエラルキー関係すなわち資本主義賃労働制度を全面的に否定して廃止しようなどとは決して考えていない．賃労働制度はキリスト教的な良心に照らしてみて恥じないものであり，キリスト教的な人間像に矛盾するものではないからである[86]．社会カトリシズム左派は社会主義や協同組合思想とは明確に区別される．ギュイトンは『クアドラジェジモ・アンノ』の教えを仰ぐ．「まず，労働

の賃借契約は本質的に不正義であるから，その代わりに，社会契約を採用すべきであると主張した人々の深い誤りを指摘したい．このように主張する者は，私の先任者をはなはだしく侮辱する者である．なぜなら，回勅『レールム・ノヴァルム』は，賃金制度の正当性をみとめているばかりでなく，これを正義の規準に従って規正する方法を詳述しているからである」(71節)．[87]

いうまでもなく，教権は雇主・労働者のヒエラルキー関係を強力に維持しようなどとは考えていない．その廃止は私有財産制の全面否定と同義であるので否定されるが，賃労働契約の不適正な部分を矯正することによる希釈化は，「共働」の形成に結びつくがゆえに望ましいと考える．[88] ギュイトンによれば，希釈化の具体的方途はサンカに求められる．ギュイトンは再び『クアドラジェジモ・アンノ』を仰ぐ．「しかしながら，私は，労働契約を，なるべく，社会契約から借りた諸要素によって緩和することは，社会生活の現在の条件に合致していると考える．これは，すでに，いろいろな形で実施されていて，労働者にも，資本の所有者にも，いちじるしい利益をもたらしている．このようにして，労働者と被雇用者は，なんらかの形で共同所有者になって（従業員持株制－引用者），あるいは経営にサンカし（中央出版社編『教会の社会教書』中央出版社，1991年における岳野慶作訳では，単に参加となっている．岳野訳においては，「参加」と参加の区別はなされていないと考えられる），あるいは，利潤の分配にあずかる（利潤分配制－引用者）ことができるのである」(72節)．[89]

　㈢　「経営参加」

ギュイトンの理解によれば，『クアドラジェジモ・アンノ』にいうサンカは，一方雇主・経営者のオトリテ強化を目的とするものではなく，他方労働者による企業の意志決定権－雇主・経営者の本来的機能－への干渉を目的とするものでもない．これらの対極から等しく距離をおくものである．[90] ギュイトンにおいては，サンカは諮問・協議権レベルにおいて理解される．「参加」である．

② 「闘争」の提案

「革命は国民社会のすべての階級を再統合することから構成されなければならない．それゆえ，労働者に対して，彼に帰属する地位を（彼に）与えねばならない」．[91] 「彼（労働者）に帰属する地位」は「経済革命」(révolution économique) をとおして実現される．ギュイトンのいう「経営参加」・利潤参加と同義である．

③**CGE プラン:「クルタン・リポート」**

　1943 年 11 月,CGE は「戦後の経済政策に関するリポート」(Rapport sur la politique économique d'après guerre. いわゆる「クルタン・リポート」) を作成し,『闘争』に発表した. 起草者はド・マントン,テトジャン,クルタン−ACJF・「社会週間」のメンバーとそのシンパーの 3 名である. レジスタンス期に策定された戦後再建プログラムのなかで,最も精緻なものである[92]. 主内容は,㋐経済的・社会的構造改革　㋑国民の道徳的・精神的構造改革　㋒資本主義寡頭経済の排除　㋓「経営参加」(経済・財務的事項に関する労働者代表の議決権は否定されている) と利潤参加[93]　㋔「労働憲章」の廃止　㋕社会保障計画の策定　㋖基幹産業の漸進的な国有化(ナショナリザシオン)　㋗インフレ抑制のための通貨政策　㋘雇用保障　㋙市場の自由を念頭においた経済計画　㋚技術教育改革　㋛人口・家族政策である. 戦後社会経済の基本的あり方として,「『科学と現実の諸要求』とレジスタンスの革命理念 (『人道的社会主義』) を結合した」「エコノミー・プログレッシブ (Économie progressive)」(クルタン) の建設を志向した[94]. H. W. エールマン,アンリ・ミッシェル,モーリス・コーアン,そしてジャン゠ピエール・ル・クロの分析によれば,社会カトリシズム左派経営社会理念をベースとして作成された「クルタン・リポート」は CNR 綱領の策定に一定の明確な影響を,したがって生産力の増強を重視した戦後の社会経済改革とりわけ企業委員会令の策定に大きな影響を与えた[95].

　アンリ・ミッシェルの所説を借りて,㋓「経営参加」に接近する.「クルタン・リポート」は社会カトリシズム左派レジスタンス運動体の主体的実践を裏付けにしつつ,次のようにいう.「労働者大衆は解放(リベラシオン)に,みずからが何らの気兼ねもなしに十全に活動することのできる新しい社会の誕生を期待している. この事実を考慮に入れなければならない」と. フレーズの真意は,労働者の人間性とその本質的価値に対する深い共感と敬意にあった[96].「クルタン・リポート」はこの召命のもとにサンカすなわち「企業委員会」(comité d'entreprise) の設置を提起する (私見によれば,「企業委員会」という用語を最初に使用したのは「クルタン・リポート」である).「法令,規則そして (団体) 協約の適用を監督する (contrôler) ために,労働方法及び設備・施設の改善に寄与する (aider) ために,(労働) 安全と (労働) 衛生とディシプリンの措置の策定に寄与する (aider) ために,また余暇の組織化と生活扶助の展開に寄与する (aider) ために,3 者 (雇主・経営者,技術者,労働者) で構成された」「企業

委員会」を企業のなかに設置すること，と．サンカの範域は就業規則を含む労働条件と作業方法及び社会・文化的事項にあることが知れる．サンカの度合については，「contrôler」・「aider」とあるので監督権・提案権を含むことは確かだが，議決権・管理権が含まれているかどうかは定かではない．R. F. キュイゼルによれば，「aider」には議決権・管理権が含まれる．

「クルタン・リポート」のなかに，経済・財務的事項に関する記述を見出すことは容易ではない．だが，企業の管理（gestion）への労働者の「サンカ（participation）は延期されてはならない．しかし，企業の良好な営み（la bonne marche des affaires）を害することなく」と記されている．モーリス・コーアンによれば，このフレーズの意図は「雇主の労働者代表に対する企業の一般的運営，計画，成果についての，『さらには会計文書を開示することによる』情報の提供にある」．株式会社の場合には「複数の労働者代表が企業の取締役会に出席する」ことが望ましいと記されている．そして「労働者階級の経済的教養は依然として不十分であ」り，かれらが協議に必要な見識と能力を有していないことは自明であるが，したがって実質的には協議に加わることができず，雇主から侮辱されることがあるかも知れないが，それでも尚，「出席する」ことが望ましいと記されている．

要するに，経済・財務的事項に関しては，労働者代表は議決に加わるだけの知識と論理的判断力に欠けている．それゆえ，かれらには議決権はみとめられない．しかし，情報の提供を受け，さらに株式会社の場合には，形式的であれ「諮問的資格で」取締役会に出席することはみとめられる，というのである．

最後に「クルタン・リポート」は，「企業委員会」が機能を発現すれば，「労働組合は（経営に対する）原理的な対抗や組織的要求の姿勢を改めるであろう」と記している．「企業委員会」の設置によって派生的に生みだされる効用である．「参加」すなわち労働者の人間性とその本質的価値に対する尊重によって，労使相互の協力・協調の方向への変化が生成すると期待される．

「クルタン・リポート」に対するPCF=「国民戦線」の反応を記しておく．革命戦術上，CGEとの提携（union）が政治的に必須であると判断していたPCF=「国民戦線」は，イデオロギー的には受け入れがたい「クルタン・リポート」を敢えて批判しなかった．だが，積極的に賛同もしなかった．「戦っている民衆は将来の政治組織原理についてと同様に，将来の経済的及び社会的組織についてもその原理をみずから定める権利を有する」と表明し，黙認ないしは消極

的受容の態度をとった[106].

④「フランスの防衛」の提案

『フランスの防衛』(1944 年 1 月号) に発表された「明日の経済政策」(La Politique économique de demain) はいう[107].「われわれはヒューマニズム革命を欲する．リベラリズムは個人のなかにしか人間を見てこなかった．そして，無秩序を導いた．……ヒューマニズムはトータルな人間を再発見するにちがいない．そして，われわれを真の自由に導くにちがいない」と[108].では，「真の自由に導く」方途すなわち「ヒューマニズム革命」は具体的に何に求められたのか．「明日の経済政策」によれば，経営参加である．企業レベルに意志決定機関としての「管理委員会」(Conseil de contrôle) を設置し,「勤続 1 年・25 歳以上のフランス人で，高等労働学校 (École supérieure ouvrière) から交付された証明書により保証された，欠くべからざる資質をもつ」[109]労働者代表を経営の代表とともに会議に参加させることである．

F.-G. ドレフュスとオリヴィエ・ウィエヴィオルカ (O. Wieviorka) の提供を借りて，参加を確認する．F.-G. ドレフュスは「明日の経済政策」の一節「指揮は"ただ 1 つのもの"の所為である (la direction est le fait d'un "seul")．責任とオトリテは表裏一体でなければならないからである」を引用し,「言うまでもないことだが，企業におけるオトリテが再び問題として取りあげられることはない．(企業の) 管理権は管理委員会 ("ただ 1 つのもの") に属するからである」と明言する．労使共同管理 (cogestion) である[110]．O. ウィエヴィオルカも「労働者が企業の指揮と管理に，そして経済の全般的指揮に，直接かつ広範に参加しうること」を取りあげ，ロベール・サルモンの主張にしたがって，「フランスの防衛」は労使共同管理を推奨していると指摘する[111].

将来的には資本主義諸原理 (生産手段の私的所有，出資者のみに帰属する利潤，市場経済，自由競争) の漸次的制約を展望する「フランスの防衛」は[112]，レジスタンス期社会カトリック左派のなかにあって，思想的には最も急進的・反経済リベラリスム的少数派であった．CNR に参加せず，したがって CNR 綱領の策定には係わっていない．社会的・経済的主張は CFTC のそれに近いものがあり，戦後における人民共和運動 (Mouvement Républicain Populaire. 以下，MRP と略記．本補論 V 2 を参照されたい) 急進派の「労使共同管理」論を先取りしていたとも言える．レジスタンス期社会カトリック左派といっても，運動体によっては，社会的・経済的主張・提言は必ずしも等質ではなかっ

た．

(2) CNR 綱領 (1944年3月15日)

①CGT プラン・人民連合綱領と PCF=「国民戦線」の影響

　論者は，社会カトリシスム左派レジスタンス運動体によって発表された戦後社会経済改革案は大戦末期には忘れ去られ，第五共和政になるまでその意義がみとめられることはなかったと判定する[113]．そして，社会経済の民主化・国有化・計画化を基調とする CNR 綱領（以下，CNR 綱領あるいは単に綱領と記した場合，特にことわりのない限り，第Ⅱ部：解放後に実施すべき諸措置　5 緊要な諸改革を遂行するために　a 経済的改革に関して　b 社会的改革に関して，を指している）は「クルタン・リポート」や「経済革命」論，「人間共同体」論といったレジスタンス期社会カトリック左派改革案からよりも，むしろ人民連合綱領（1936年1月）から－さらには人民連合綱領の策定に影響を与えた CGT プラン（「CGT 経済社会刷新プラン」Le Plan de rénovation économique et sociale de la CGT．1934年9月作成，1935年9月採択）から－，そして CNR のなかに強力な地位を漸次確立していた PCF（したがって「国民戦線」）から，大きな影響を受けたと主張する．以上の立論を大雑把にまとめると，注114のごとくである[114]．

②社会カトリック左派改革案の影響

　CGT プラン・人民連合綱領と PCF=「国民戦線」の影響を無視することはできない．しかし，リベラシオン前夜に社会カトリック左派が CNR 内部において明確な社会的・精神的求心力を構築し，「レジスタンス理念」を生みだしていた事実に止目するとき，同派の改革案が CGT プラン・人民連合綱領や PCF=「国民戦線」の試案と並び，否それ以上に，CNR 綱領の策定にインパクトを与えたことは否めない．綱領にいう「真の経済的・社会的民主主義の樹立」や「すべての生産要素の代表者の協議」，人間的生活の保障，雇用保障といった社会改革プログラムは，労働における人間の尊厳と労働者に対する深い共感と敬意に基づいて改革を志向する社会カトリック左派改革案との接続を明示している[115]．とりわけ，「経営参加」に関する条「労働者が，企業の範域において指揮と管理の機能に関与する権利」についてはそうである．アンリ・ミッシェルとモーリス・コーアンの所説によれば，CNR 綱領就中この条は「クルタン・リポート」の理念すなわち社会カトリック左派経営社会理念=「参加」に基づい

て策定されている[116]．CGT プランのいう国有化＝構造改革は労働者の議決権・管理参加を明確にインプライしていた[117]．人民連合綱領にはケイエイサンカの視点はみとめられない[118]．反ファッショ統一戦線理論を結晶した PCF 第 8 回ヴィルールバンヌ大会（1936 年 1 月 23 日～25 日）での書記長モーリス・トレーズの報告及び第 9 回アルル大会（1937 年 12 月 25 日～29 日）での同報告もサンカに関しては何ら触れていない[119]．社会カトリック左派改革案と CNR 綱領の内的関連が知れる．

ところで，CNR 綱領はレジスタンス・労働組合・政党各派諸提案の最大公約数的原則＝妥協の産物（le fruit de compromis）であり，何も社会カトリック左派改革案との接続・内的関連をとりたてて主張せずとも，その中に「……指揮と管理の機能に関与する権利」や信用・基幹産業の「国民への復帰」あるいは「経済の合理的組織化」，「経済的・金融的封建制の排除」，「社会保障」，「自立したサンディカリスムを再建すること」等を含むのは当然の帰結であるとみなすことも可能である．「国民戦線」や PCF，社会党も含めて，いずれのレジスタンス運動体・労働組合・政党もその点に関してはほぼ共通のスタンスをとっていたからである－ただし，用語の意味理解には明確かつ多様な差異があった－[120]．例えば，1943 年 12 月に急進党左派のジョルジュ・ボリス（Georges Boris）や社会主義者活動委員会（Comité d'action socialiste）＝社会党のダニエル・マイエール（Daniel Mayer）など「構造改革派」[121]が CNR に提出した「共同行動プログラム」（Le programme d'action commune）がそうである[122]．CGT プラニストで社会主義者ジュール・モック（Jules Moch）の「政治経済再建プログラム」（Projet de reconstruction politique et économique, 1942 年）にいう企業評議会と事業所評議会も然りである[123]．だが，R. F. キュイゼルの分析によれば，CGT プランを継承したこれら社会主義各派の「構造改革」プログラムは CNR 内部で活発に討議はされたものの，自派以外の CNR 各派・組織には受容されず，とくに，CNR においてのみならず CDL（「県解放委員会」Comités départementaux de la Libération）と FFI（「フランス国内軍」Forces Françaises de l'intérieur）においても指導権をめぐり確執をくり返していた PCF からは受け入れられず，綱領の策定に大きな影響を及ぼすことはなかった[124]．1941 年 12 月に脱稿してはいたものの 1945 年になるまで刊行されることのなかったレオン・ブルムの À l'Échelle humaine や 1944 年 7 月 18 日にドゴールに提出されたアンドレ・フィリップの「経済刷新プラン」，これらについては CNR 内部で

討議されたのかどうかも定かではない. 社会主義各派が要求した「国有化」あるいは「社会化」(socialisation) という表現は, 社会カトリック左派と同派に政治戦術上 (tactique politique) 同調した PCF=「国民戦線」によって,「国民への復帰」(retour à la nation) と改められた. 同じく「大企業と中企業においては, 労働者と技術者は彼らがかかわっている (企業の) 成功のために, 管理の全部に参加してしかるべきである」(Le Populaire, no.13, 1943 年 6 月)(傍点引用者)という主張も, したがって議決権・管理参加を含意する労働者の「積極的な参加」(participation active) という表現も, 社会カトリック左派の主張にそって,「関与する権利」(droit d'accès) あるいは単に「参加」(participation) と穏やかな表現に−そこでは労働者の議決権・管理参加はインプリシットに退けられている−改められた.

③PCF=「国民戦線」の社会カトリック左派改革案に対する態度

CNR 綱領の策定に際して, PCF=「国民戦線」が社会カトリック左派改革案に対してとった態度について触れておこう. アンリ・ミッシェルの提供を借りる. PCF=「国民戦線」は,「われわれの党は人民大衆を守る, 倦むことのない組織でなければならない」,「資本主義, それは飢えであり抑圧である. 共産主義, それは豊饒であり自由である」と標榜していた. それゆえ, PCF=「国民戦線」は政治・経済・社会・文化の全領域にかかわって, 本質的に CFLN・GPRF・臨時政府したがって社会カトリック左派とイデオロギー的に対立・対抗的であった. だが, 先に示した「クルタン・リポート」の場合と同様に, CNR 綱領の策定に際しても対立・対抗的態度をとってはいない. 批判的でもなかった. むしろ, 社会カトリック左派改革案に対して同調的態度を示した. なぜなのか. PCF=「国民戦線」は資本主義体制の打倒という目的において, トラスト (200 家族) を非常に激しく非難した. 路線闘争の観点から, 社会主義各派の「構造改革」プログラムに対しても鋭い批判を浴びせた. その一方で, PCF=「国民戦線」は「資本主義の打倒は中産階級の支持があって初めて可能である」ことを認識しており, さしあたり中産階級との提携を重視していた. それゆえ, 社会カトリック左派改革案に対してはみずからの政策主張を慎重かつ意図的に抑制し, 譲歩的に同調的態度をとったのである. 社会カトリック左派に対抗して本来の共産主義的社会経済政策を開陳し, CNR 綱領の策定を主体的に主導すれば, 総じてカトリシズムに心理的に親和的である中産階級は恐怖を抱き, 提携可能性が消滅してしまうと考えたのである. PCF=「国民戦線」におい

ては,「戦術はイデオロギーにまさる」のであった[134].

キース・ファン・ケルスベルヘン(Kees van Kersbergen)によれば,CNR綱領に「一般的原則」・「遠望の目標」を提供したのは労働者の人間性とその本質的価値に対する尊重という社会カトリシスム左派社会経済理念そのものであった[135]. A. ゲランの分析によれば,CNR綱領は「実際上,本質的にキリスト教的性格をもつ[136]」. 次節では,戦後フランスにおける「経営参加」制度の隅柱をなす企業委員会令を取りあげ,オルドナンスがレジスタンス期社会カトリック左派の理念・運動の結実であることを検証する[137].

注

1 ㋐ シヨン：論者によれば,「フランスにおける現代カトリシスムの歴史に1つの決定的転換点」をしるした魂であり運動であった(Caron, J., *Le Sillon et la démocratie chrétienne, 1894–1914*, Paris, Plon, 1967, p.15, cité par Callot, E.-F., *Le Mouvement Républicain Populaire, Origine, Structure, Doctrine, Programme et action politique*, Paris, Éditions Marcel Rivière et Cie, 1978, p.31). M. サンニエはシヨンの目的を次のようにいう.「各人（労働者民衆）の自覚と市民的責任を最大限に発現するのは,政治的・社会的制度である. その発現のために,いまだ決して実現されていない民主主義はつねに（シヨンによって実現が）追求されるべきものである」(Dreyfus, F.-G., *Histoire de la démocratie chrétienne en France : De Chateaubriand à Raymond Barre*, Paris, Éditions Albin Michel, 1988, p.98),「われわれシヨンの民主主義者は,我々が夢みている将来の民主主義社会建設のために,社会カトリックが今日の社会のために実施してきたことがら（社会改革）を実践するつもりである. キリスト教はわれわれに,いま現在の社会を一時的に矯正する力を恵み給うているのみならず,今日の社会が心のなかに抱いている夢を精緻化し,明確化し,実現する力も恵み給うている」と (*Ibid.*). 要するに,シヨニストは労働者民衆の人間性とその本質的価値にみずからを等しくし,キリスト社会教義に基づく社会改革すなわち「労働者民衆がその市民的役割を最大限に発揮しうる1つのシステム」=「民主主義」を追求するということである.

1894年に結成されたシヨンは,もともとは純粋に宗教的・社会的運動であった. だが,1905年頃から政治に関心を示し始めた. 1907年には政治団体「最大のシヨン」(Le plus grand Sillon)を結成した. 1910年8月25日に,行き過ぎた政治主義化等のゆえにピオ10世から「静粛指導」を受けた（教皇書簡『わが使徒的職務』*Notre charge apostolique*）. 翌日,M. サンニエは自主的にシヨンを解散した. シヨンについては,西川知一『前掲書』,157-159頁；槙原茂「世紀転換期フランスにおけるカトリック結社運動」『西洋史学報』(広島大学西洋史学研究会) 20号,1993年,101-103頁；Irving, R. E. M., *Christian Democracy in France*, first published in 1973, Oxon, Routledge Revivals, 2010, pp.36-39, 46 もあわせて参照した.

㋑ 青年共和国：1912年7月1日に,M. サンニエを中心として結成された. 行動プログラムとして以下を策定していた. 婦人参政権,比例代表選挙制,人民投票制,労働組合や教会等の代表から構成された社会経済議会の設立,財の所有における資本と労働の協力・協調,労働条件の改善と労働者の利益擁護,「経営参加」,民主主義の基礎である精神的価値の尊重,国際平和機関の設置. 機関誌 *La Jeune République* と *La Démocratie* を発行. 党員数は1912年15,000,1936年25,000. 下院議員数は1932年3,1935年1,1936年4. 議会政党としては限定的な活動しか行い得なかった. しかし,リーグ(Ligue)としてはキリスト教民主主義の情宣・普及機関として,また精神的支柱として,政治・経済・社会の全領域にわたり熱誠的・非妥協的に機能した (Callot, E.-F., *op.cit.*, pp.40-45).

⑦　人民民主党：ACJF と Bureau d'action civique 及び旧シヨンのメンバー等を結集して，1924 年 11 月 16 日に結成された．初代執行委員長はジョルジュ・チボー（Georges Thibaut）．初代幹事長はジャン・レイモン゠ローラン（Jean Raymond-Laurent）．結成大会で「4 つの基本方針」(quatre points cardinaux) を採択した．1．共和政と政治的自由（良心の自由，教育の自由，出版印刷の自由，結社の自由）の擁護　2．社会経済状況の改革及び雇主=労働者の誠実な協力に基づく真の民主主義の実現　3．宗教的信念の尊重を基礎とした道徳・公民教育の推進　4．国益の擁護と国際協調外交である（Ibid., p.47；Irving, R. E. M., op.cit., p.46）.「4 つの基本方針」を基礎に，活動プログラムが年次大会ごとに決定された．例えば，以下である．〈政治プラン〉比例代表選挙制，人民投票制，家族投票制，行政の地方分権化，経済的・社会的・家族的利益評議会の設置，公務員ストライキ法の制定．〈社会プラン〉8 時間労働制，日曜休業制，有給休暇制，団体協約の推進，「経営参加」，家族手当制，社会保険，工場評議会，職業教育の推進，国民道徳運動，アルコール中毒対策，奨学金制度による教育機会の保障．〈金融／財政プラン〉累進課税制度，日用生活品に対する消費税率の引き下げ，相続税率の引き下げ．〈経済プラン〉植民地資源の有効活用，エネルギー資源の最適利用，物価の安定．〈国際政治プラン〉国際連盟の機能強化，世界軍縮，ヨーロッパ国家連合の建設（Callot, E.-F., op.cit., p.50）．機関誌 Le Petit Démocrate を発行（約 2 万部）．Politiques は準機関誌の役割を果たした．党員数は最多の 1930 年代で約 37,000．下院議員数は 1924 年 13，1927 年 14，1928 年 18，1932 年 16，1936 年 11（この年には 75 人が立候補し，11 人が当選．得票総数は 256,000 票，得票率 2.6％），1938 年 12 であった．議会勢力としてはマージナルであったと言わねばならない（Ibid., pp.49, 51）．人民民主党は「フランスの政治的営みにおいて，キリスト教的インスピレーションを受けた民主主義の新しい段階をしる」した（ジャン・レイモン゠ローラン）．しかし，政治的・世論形成的影響力は左右二大勢力のはざまにあって限定的・停滞的であった（Ibid., p.54）．

2　社会カトリック左派と右派の区分に関しては，以下を参考にした．Hoog, G., op.cit., pp.18-39, 57-80；Elwitt, S., The Third Republic defended : Bourgeois reform in France, 1880-1914, Baton Rouge, Louisiana State University Press, 1986, pp.19-38；Moon, P. T., The labor problem and the social catholic movement in France : A study in the history of social politics, New York, 1921, ch.2-5, 10-11；Callot, E.-F., op.cit., p.80. 西川知一『前掲書』，141-163 頁及び槙原茂「前掲論文」，94 頁もあわせて参照した．

当初，レオンはル・プレとシャルル・ペランから思想的影響を受けていた．レオンはペランと文通し，「カトリック労働者サークル事業団」(Oeuvre des cercles catholiques ouvriers) では行動をともにしていた．レオンの Catéchisme du patron, 1889 がペランの Le Patron sa fonction, ses devoirs, ses responsabilités, 1886 と構成・内容において酷似しているのはそのためである．だが，レオンとル・プレ゠ペランは思想上のベクトルを次第に異にしていく．後者 2 人は終生のモナルシストであり，労働者との係わりにおけるオトリテの緩和に絶対的にネガティブであった．レオンは「キリスト教コルポラシオン」の実践過程において，とりわけ『レールム・ノヴァルム』が発布されて以降，ル・プレ゠ペランと経営社会改革の方法理念を異にしていく（Coffey, J. L., Léon Harmel : Entrepreneur as Catholic Social Reformer, Notre Dame, Indiana, University of Notre Dame Press, 2003, pp.110-114）．

ルネ・ド・ラ・トゥール・デュ・パンの考え方には，後のファシズム型コルポラティスムに繋がる要素が内包されていた．彼は 1908 年にシャルル・モーラスのアクション・フランセーズと結合する（Ibid., pp.120, 122）．

なお，次の社会階層別組織も社会カトリック左派として分類される．「キリスト教農業青年」(La Jeunesse Agricole Chrétienne. 1929 年 3 月結成），「キリスト教学生青年」(La Jeunesse Étudiante Chrétienne. 1929 年 10 月結成），「キリスト教船員青年」(La Jeunesse Maritime Chrétienne. 1930 年結成），職人と店員を対象とした「キリスト教独立青年」(La Jeunesse Indépendante Chrétienne. 1931 年結成．以上，ACJF 傘下の組織．「社会エキップ」(Les Équipes sociales. 1919 年 5 月にロベール・ガリク Robert Garric によって結成された），「キリスト教労働者連盟」(Ligue Ouvrière Chrétienne Masculine. 1935 年結成）．

3　Moon, P. T., op.cit., p.366；Trimouille, P., préface par Annie Kriegel, Léon Harmel et l'usine

chrétienne du Val des Bois（1840-1914）: Fécondité d'une expérience sociale, Lyon, 1974, p.183 ; Coffey, J. L., op.cit., p.230.
4　Guitton, G. S. J., op.cit., t.2, pp.349-351 ; Trimouille, P., op.cit., p.194 ; Coffey, J. L., op.cit., pp.221-223.「社会週間」は 1904 年にリヨンではじまった．創始者はマリウス・ゴナン（もともとはリヨンの絹工場の職長で，1904 年当時はシヨンのリヨン地区責任者であった）とアデオダ・ボアサール（Adéodat Boissard．パリのカトリック法科大学教授）の 2 人である．「社会週間」の設立経緯と「同」年次大会共通論題については，冨永理恵「フランスにおける社会カトリシスムと経済社会の組織化（1904-39 年）－『フランス社会週間』の活動を中心にして－」『歴史と経済』第 194 号，2007 年，19-21 頁を参照した．
5　Moon, P. T., op.cit., pp.349, 367；槇原茂「前掲論文」，98-101 頁．第一次大戦前においては，ACJF は略排他的にブルジョワジーの組織であった．それゆえ，キリスト教民主主義社会改革運動という観点からすると，重要性はシヨンや「社会週間」と比べてさしあたり小さかった．1911 年現在，ACJF は傘下に労働者組織 26，農民組織 150，協同組合 20，共済組合 118，社会事業団体 8 を擁していた（Irving, R. E. M., op.cit., p.40）．1914 年現在の会員数 14 万人．
6　Moon, P. T., op.cit., p.350.
7　Ibid., p.365.
8　Ibid., p.369.
9　Kuisel, R. F., Capitalism and the state in modern France : Renovation and economic management in the twentieth century, Cambridge, Cambridge University Press, 1981, pp.163-164.
10　ピエール・シャイエ神父（1900・5・13～1972・4・27）はドゥー県セイ=メシエールの敬虔な自営小農家に生まれた．メシュ（Maîche）とファヴェルネ（Faverney）の小神学校を卒業したのち，ブザンソンの大神学校に学んだ．22 歳のときにイエズス会に入り，1931 年に司祭に叙せられた．1940 年 12 月にハンガリーから帰国すると，リヨン神学大学に進み，そこでヴィシー体制とナチズムに抵抗するキリスト者と交わった．既に 1930 年代に神学者として名を馳せていた彼は，レジスタンス運動によって一層著名になった．彼をレジスタンスに導いたのはカトリック信仰の社会的性格に由来する愛国的熱誠であった．1941 年春にアンリ・フルネと出会った．出会いは彼を地下新聞活動に向かわせた．Testis という暗号名で信仰に基づく抵抗論を『つばさ』と『真実』に寄稿した後，1941 年 11 月に『キリスト者の証言ノート』を創刊した．同紙は 1944 年 8 月のパリ解放まで刊行された．1943 年 6 月には『キリスト者の証言フランス通信』を発行した．2 紙は社会カトリシズム左派に基づき，キリスト教と全人類に対するナチスの脅威を訴え，レジスタンス精神を広く人々にアッピールした．彼は「レジスタンス社会事業委員会」（Comité des oeuvres sociales de la Résistance）の議長もつとめ，カトリックのみならず，プロテスタント，ユダヤ教徒の善意を動員して社会事業にも力を注いだ．モリス・シューマン（Maurice Schumann．「自由フランス」のスポークスマン，青年共和国）は 1944 年 9 月にロンドンから「レジスタンスの精神的指導者」シャイエ神父に書簡を送り，敬意を表している（http : //fr.wikipedia.org/wiki/Pierre-Chaillet〈2011・2・27 付〉）．
11　ジャック・マリタン（1882・11・18～1973・4・28）はパリに生まれた．父親は弁護士のポール・マリタン，母親はジュネヴィエール・ファーヴル（Geneviève Favre．ジュール・ファーヴルの娘）．共和主義・反聖職者主義のミリューで育った．リセ（アンリ 4 世校）を卒業すると，ソルボンヌで化学，生物，哲学を修めた．ウクライナ出身のロシア系ユダヤ人 Raissa Oumançoff と 1904 年に結婚．彼は当時ソルボンヌで流行していた科学万能主義に失望していた．彼によれば，科学万能主義は現実のヴァイトルな実存的問題の解決に無力であった．1906 年にレオン・ブロイ（Léon Bloy）の感化を受け，妻とともにカトリックに改宗した．1907 年にハイデルベルグへ移った．彼はそこでドミニク派修道士ウンペール・クレリサック（Humbert Clérissac）の指導をうけ，聖トマス・アキナスにふれた．そして，聖トマスのなかに「堅信の秘跡」を見出した．1912 年にスタニスラス・コレージュとパリ・カトリック研究院で教鞭をとった．1916 年～1917 年にはヴェルサイユの小神学校で講義を行った．1917 年にフランスの司教グループからカトリック大学と神学校で使用する教科書 Manuels の執筆を依頼されると，著業を一人でやり遂げ，1920 年に Eléments de Philosophie として刊行した．テキストは数多くのカトリック神学校で

使用された．1933 年に北米へ渡り，トロント大学の l'Institut pontifical d'études médievales の教授に就任した．コロンビア大学，シカゴ大学，ノートル・ダム大学，プリンストン大学でも教鞭をとった．カトリックに改宗したこと，聖トマスにふれたこと，この 2 つは彼にとって命運的であった．渡米中に第二次大戦が勃発した．彼はキリスト教民主主義の信念に基づき，反ナチス＝反ヴィシーを標榜した．戦後は 1945 年から 3 年間，駐ヴァチカン・フランス大使をつとめた (http://en.wikipedia.org/wiki/Jacques-Maritain 〈2011・2・27 付〉).

12　Dreyfus, F.-G., *op.cit.*, pp.141-142.

13　*Ibid.*, p.141.

14　*Ibid.*, pp.140, 149. 社会主義者による国内レジスタンス運動体の結成は，1940 年 11 月の「北部解放」(Libération-Nord. 社会党・CGT 系．ただし，初期にはガストン・テシィエ Gaston Tessier のように，CFTC のレジスタンが「北部解放」の結成と活動に積極的に関与していた）を例外として，社会カトリック左派のそれよりも約 1 年遅い．「南部解放」(Libération-Sud) は 1941 年 7 月に，「自由射手」(Franc-Tireur) は 1941 年 11 月に結成されている．この時期，社会主義者・急進派の大部分はペタンに，したがってヴィシー政権に迎合・従属していた．けだし，社会主義者・急進派は 1940 年 7 月 10 日の国民議会における全権付与投票に際して，ためらうことなく賛成票を投じたであろう（社会主義者議員は 153 名中 36 名のみがノンもしくは棄権，急進派議員は 145 名中 32 名のみがノンもしくは棄権であった）．また，社会主義系の地下プレスも 1941 年 12 月の *Socialisme et liberté*（社会主義者活動委員会の機関紙）まで発刊されていない．*Le Populaire* はというと，1942 年 5 月 15 日になるまで復刊されなかった．急進派は当初，レジスタンス運動にほとんど係わっていなかったというのが実情である．PCF も曖昧な態度をとり続け，1941 年 6 月 22 日にドイツ軍がソビエトに侵攻するまでレジスタンスには関与していない．しかし，独ソ開戦以後は「国民戦線」(1941 年 5 月結成) を全面的に支援し，組織力と地下活動の経験を生かしてレジスタンス運動に献身的・犠牲的に参加した－実質的には 1941 年末以降に運動を開始した－．1944 年現在，「国民戦線」は国内レジスタンス運動体のなかで最大の組織力をもち，影響力は強大であった (*Ibid.*, pp.152-153; Kuisel, R. F., *op.cit.*, p.164 淡徳三郎『レジスタンス　第二次大戦におけるフランス市民の対独抵抗史』新人物往来社，昭和 45 年，48-53 頁；J. エレンスタインほか，杉江栄一・安藤隆之訳『フランス現代史　上』青木書店，1974 年，151 頁以下；アルベール・シャンボン，福元啓二郎訳『仏レジスタンスの真実　神話・伝説・タブーの終わり』河出書房新社，1997 年，104-105 頁).

　　アンリ・ミッシェルの提供を借りて，思想・信条 (éthique)，行動 (action)，政策 (politique) を基準に，国内レジスタンス運動体を 5 つに分類する（補Ⅰ-3 表参照）．分類に関しては，「少なくとも，1942 年頃まではレジスタンス運動体における政治的色分けは比較的あやふやであったように思える．……ある運動体に所属していることはその組織が機関誌で表明している政治的見解を全面的に受け入れることを意味するのではなかったのである」と主張し，1942 年頃以前については，分類の有意性に疑問をなげかける見解もある (J.-F. ミュラシオル，福本直之訳『フランス・レジスタンス史』文庫クセジュ，白水社，2008 年，124 頁)．しかし，少なくとも社会カトリシズム左派のレジスタンについては，結成当初から比較的に有意性がみとめられる．

15　中木康夫『フランス政治史　中』未来社，1975 年，144 頁．1942 年 11 月 8 日には連合軍が仏領北アフリカに上陸した．だが，その後もペタンはナチスに対する戦いを拒否し続けた．このことはフランス国民にドイツ占領軍すなわちヴィシー政権という構図を明確に認識させた．これをきっかけに，それまでペタンに信頼を寄せていた伝統的共和主義者も反ヴィシー闘争＝レジスタンスに荷担した．その結果，社共のレジスタンス参加で低下していた社会カトリック左派のレジスタンス運動にしめる「量的」ウエイトは一層低下した (Dreyfus, F.-G., *op.cit.*, p.153; Michel, H., *Les courants de pensée de la Résistance*, Paris, Presses Universitaires de France, 1962, p.11).

16　Michel, H., *op.cit.*, pp.121, 552-554；中木康夫『前掲書』, 144 頁．

17　Callot, E.-F., *op.cit.*, pp.89-90；Dreyfus, F.-G., *op.cit.*, p.211.

18　ジャン・ムーランについては，淡徳三郎『前掲書』，100-103 頁及びモーリス・ラーキン，向井喜典監訳『フランス現代史　人民戦線期以後の政府と民衆 1936-1996 年』大阪経済法科大学出版部，2004 年，127 頁を参照した．

補Ⅰ-3表　国内レジスタンス運動体

右派（droite）
国内レジスタンス運動にしめるウエイトは小さかった．1944年までに発言力を失っており，主張がCNR綱領に反映されることはなかった．CNR綱領については，批判することもなく，受け入れた．フランス社会党とアクシオン・フランセーズに由来するグループ及び「義勇軍」（Armée des Volontaires）・「解放者」（Ceux de la libération）・「抵抗者」（Ceux de la Résistance）・「軍民統一戦線」（Organisation civile et militaire）のもとになったグループがこの派に分類される．
最左派（extrême gauche）
国内レジスタンス運動の初期，共産主義者レジスタンとそのシンパ（communiste ou communisante）は少数であった．しかし，活動的であった．彼らは社会党系の「南部解放」に個人的に加入し，そこから「統一レジスタンス運動」（MUR：Mouvements Unis de Résistance）の指導者になっていった．その後，彼らは北部占領地域のレジスタンス運動体の指導者と武装闘争部隊を「国民戦線」に結集した．1944年現在，「国民戦線」は国内レジスタンス運動において最大の組織力・動員力を有し，影響力は強大である．
左派（socialiste ou syndicaliste socialisants）
社会党・CGT系．「北部解放」・「南部解放」・「自由射手」・「北部の声」（La Voix du Nord）・「解放と連邦」（Libérer-Fédérer）・「反抗」（l'Insurgé）などがこの派に分類される．
中道左派（national et socialisant）
nationalかつsocialisantな傾向をもつグループ．政党の結成を志向していた．少数で，勢力は微少であった．
社会カトリシスム左派
MLN・「自由」・「闘争」・「フランスの防衛」・「レジスタンス」・「ビル=アケーム」・CGEなどがこの派に分類される．

Michel, H., *Les courants de pensée de la Résistance,* Paris, Presses Universitaires de France, 1962, pp.120-121, 442-443 より作成．

　　ジョルジュ・ビドー（1899・10・5〜1983・1・26）はアリエ県ムーランに生まれた．18歳で歴史学士，26歳で歴史学のアグレガシオンを取得．1926年から5年間，ランスで歴史学の教授をつとめ，1931年にパリのリセ教授（ルイ=ル・グラン校）に就任した．第一次大戦後にACJFに加入し，副会長職をつとめた．1931年に社会カトリック政党である人民民主党に入党．1934年には『ローブ』（*L'Aube*）の編集者となった．ミュンヘン協定を痛烈に批判．熱烈な社会カトリック左派で，ドイツ軍への降伏に反対する論説を『ローブ』に掲載して一躍有名になった．1940年にヴィシー当局によって逮捕されたが，第一次大戦の戦士であったので翌年7月に釈放された．「闘争」のリーダー．第二次大戦後もMRPの実力者として，1954年にディエン・ビエン・フーが陥落するまで，同党の政策決定に大きな影響力をもち続けた（Callot, E.-F., *op.cit.,* p.103 ; Dreyfus, F.-G., *op.cit.,* p.212）．

19　Michel, H., *op.cit.,* p.222.
20　*Ibid.,* pp.223-224.
21　*Ibid.,* pp.225, 233-235 を参照されたい．社会カトリシスム左派レジスタンス運動体をはじめとして，数多くの国内レジスタンス運動体が「ロンドン詣で」を始めた．1942年春には「北部解放」のクリスチャン・ピノー（Christian Pineau）がロンドンから「シャルト」（Charte）を持ち帰った．南部自由地域の3大レジスタンス機関誌（『闘争』，『自由射手』，『解放』）が「シャルト」を掲載した．1943年になると，PCF系の「国民戦線」を除く略すべての国内レジスタンス運動体はドゴールを指導者（chef）とみなした（*Ibid.,* pp.225, 233-235, 730-732, 754, 770）．
　　1940年には，「自発的にしろ，非自発的にしろ，みずからの意志で外国へ，外国の地へも亡命したこの元将校（ドゴール）は脱走兵である」，「フランスにいるゴーリストの宣伝の首謀者たちは国民の利益に反した活動を行っている」とドゴール非難を繰り返していたラ・ロック大佐も，フ

ランス社会党 (Parti Social Français) の分裂後, 1942 年 10 月にシャルル・ヴァラン (Charles Vallin) がブロソレット (Brossolette) とともにロンドンへ行ってからはドゴール支持に転向した (Ibid., p.734). ジョゼフ・ラニエル (Joseph Laniel. 民主同盟) やジャック・デュブ゠ブリデル (Jacques Debû-Bridel. 共和連合) といった右翼実力者もドゴール支持に転向した (Ibid.).

22　Ibid., pp.226-227.
23　Ibid., p.227.
24　Ibid., p.730.
25　Ibid., p.732.
26　Ibid.
27　Ibid.
28　Farge, Y., *Rebelles, soldats et citoyens, passim,* cité par Michel, H., *op.cit.,* p.233.
29　*Cahiers du Communisme,* janvier-mars 1944, p.45, cité par Michel, H., *op.cit.,* p.687.
30　Michel, H., *op.cit.,* p.427.
31　Ibid.
32　Ibid., p.429.
33　Ibid., p.427.
34　Ibid.
35　Ibid.
36　Ibid., p.389.
37　Ibid.
38　Ibid., p.390.
39　Ibid.
40　Ibid., p.391.
41　Ibid., pp.391, 547-548.
42　Ibid., p.767.
43　Ibid., p.391.
44　Ibid.
45　Ibid., pp.385-386.
46　Ibid., p.385.
47　Ibid., p.386.
48　Callot, E.-F., *op.cit.,* p.146 ; Dreyfus, F.-G., *op.cit.,* pp.163-165.
49　Michel, H., *op.cit.,* p.387.
50　Ibid.
51　Ibid.
52　Ibid., p.388.
53　Ibid., pp.389, 438.
54　Terrou, *Économie et législation de la presse,* Paris, Le Cours de Droit, 1947, p.109, cité par Bellescize, Diane de, "Le Comité général d'Études de la Résistance", in *Revue d'Histoire de la Deuxième Guerre Mondiale,* no.99, juillet 1975, p.23.「人格主義」的革命の希求については, Michel, H., *op.cit.,* pp.387-389 を参照した.
55　*Les Cahiers politiques de la Résistance,* no.11, juillet 1943, cité par Bellescize, Diane de, *op.cit.,* p.20 ; Michel, H., *op.cit.,* pp.385-387.
56　Michel, H., *op.cit.,* pp.385-386.
57　フィリップ・ヴィアネ (1917・8・15〜1986・11・27) はイゼール県サン゠ジャンド゠ブルネに生まれた. ジャーナリスト. 「フランスの防衛」の指導者. サント゠クロワ・ド・ニュウリィ・コレージュ (Sainte-Croix de Neuilly) に学んだのち, イシィ゠レ゠ムリノ神学校 (Issy-les-Moulineaux) に入学. 熱誠の社会カトリック左派. 『フランスの防衛』を創刊 (1944 年 1 月には発行部数 45 万). 1944 年にはクロード・ブールデとともに Mouvement de libération nationale を結成. 1943 年 2 月以降は抵抗運動のウエイトを武装闘争に移し, セーヌ・エ・オワーズ県でマキを指導した

（Wieviorka, O., *Une certaine idée de la Résistance : Défense de la France 1940–1949*, Paris, Éditions du Seuil, 1995, pp.21–23 ; http : //fr.wikipedia.org/wiki/Philippe-Viannay〈2011・2・27付〉）．

58　Dreyfus, F.-G., *op.cit.*, p.152.『フランスの防衛』の発行部数/月は 1944 年で平均 20 万部，最も多い時期には 40〜45 万部であった．「フランスの防衛」の正式メンバーは 2,500 人でしかなかったが，支援者は少なく見積もっても 3 万人いた（J.-F. ミュラシオル『前掲訳書』，98, 123 頁）．

59　ド・マントン（1900・1・8〜1984・6・2）はオート・ソーヌ県モンミレ=ラ・ヴィルの旧家に生まれた．早くから ACJF に加入し，1926 年〜1929 年には会長職をつとめた．この時期に法学のアグレガシオンを取得した．ACJF における彼の役割は非常に重要であった．JOC 運動が始まったのは，彼が会長のときである．1930 年から 10 年間，ナンシー大学の法学教授．その間，1933 年〜1935 年にはナンシー市会議員もつとめた．1938 年にはテトジャンとともに労働法の専門誌 *Droit social* を創刊した．

　ニコル・ド・サン=セーヌ（Nicole de Saint-Seine）と結婚．6 人の男の子を授かり，総動員令の適用は免除されていた．しかし，信仰の社会的性格に由来する愛国的衝動に駆られて 1940 年 5 月に兵役志願した．同年 6 月，ヴォージュ県の戦場で負傷し捕虜となったが，脱走に成功した．アンシーで従兄弟の Gérard du Jeu と出会った．ジェラール・デュ・ジュは地下新聞 *Liberté* の創刊を準備していたところであった．ド・マントンは 1940 年 9 月〜1941 年 11 月にかけて，「*Liberté*」の指導者として活躍した．社会カトリック左派の人脈をたどって *Liberté* の販売拡大につとめ，自由地区で最も発行部数の多い地下新聞に育てあげた．この間，J. ムーランとマントン=サン=ベルナールのシャトーで度々会合をもった．1941 年 11 月に逮捕されたが，まもなく釈放された．その後も「闘争」で活躍した．1942 年，J. ムーランとともに専門家委員会（CGE）を設立した．彼は身の危険をかえりみず，CGE の任務に奮励した．1943 年 8 月，ロンドンでドゴール将軍と会った．その後，アルジェへ赴いた．1943 年 9 月以降は CFLN・GPRF・ドゴール臨時政府第 1 次内閣で法務大臣をつとめた．1944 年 9 月初めまでアルジェで活動を続け，MRP 立党に際してはメンバーの 1 人として社会カトリシスム左派の実践知を提供した（http : //fr. wikipedia.org/wiki/Fran%C3%A7ois-de-Menthon〈2011・2・27付〉）．

60　クルタン（1900・7・27〜1964・5・6）はパリに生まれた．父親は初代会計検査院長．クルタン家はフランス南部のプロテスタント旧家であった．クルタンは何よりもまず研究と教育に情熱を傾ける大学人であった．1926 年〜1941 年の間，モンペリエ大学の経済学教授であった．しかし，ドイツ軍のフランス占領にともない，ヴィシー政権によって大学を追われた．その後は「戦う宗教人」（camisard）として社会カトリシスム左派に鋭く共鳴し，ド・マントン等が指導する「自由」・「闘争」に加わった．経済問題担当として専門家委員会にも参加した．パリで地下刊行された CGE の「戦後の経済政策に関するリポート」起草に際しては中心的役割を果たした．1944 年 8 月 20 日のパリ蜂起政府には国民経済省の責任者として参加した．戦後はパリ大学法学部で教鞭をとった．『ル・モンド』の創刊と編集にも加わり，5 年間金融・財政・経済一般の欄を担当した．1946 年には *Revue d'Economie Politique* の編集長も引き受けた．ヨーロッパ連盟の建設を唱え，1947 年にダンカン・サンディ（Duncan Sandys），ブルグマン（Brugmans），クーデンホフ=カレルギー伯爵（Coudenhove-Kalergi）などとともに Mouvement Européen を設立した（Gruson, Claude, "René Courtin, 1900–1964", in *Revue de l'Institut International de Statistique*, vol.32, 1964, pp.352–353）．

61　Dreyfus, F.-G., *op.cit.*, p.152 ; Kuisel, R. F., *op.cit.*, p.164.『闘争』の発行部数は，当初約 1 万．月に 3 回発行（アルベール・シャンボン『前掲訳書』，96 頁）．1942 年末には発行部数 8 万，1944 年 5 月には 25 万部に達していた（J.-F. ミュラシオル『前掲訳書』，31 頁）．

62　パロディ（1901・6・1〜1979・3・15）．高等師範卒のドレフュス派哲学者ドミニク（Dominique）を父とし，政治家アレクシ・ヴァヴァン（Alexis Vavin）の娘アレクサンドラを母とする裕福なブルジョワ家庭に生まれ育った．1926 年に国務院評議官に就任．1938 年には同審理官に就任．1929 年〜1938 年の 9 年間は経済国民評議会副幹事長（le sécrétaire général adjoint du Conseil National Économique）であった．1939 年〜1940 年には労働及び労働力局長をつとめた．1940 年 3 月から労働大臣シャルル・ポマレ（Charles Pomaret）の大臣官房付（技術担当）．しかし，ヴィシー政権が成立すると，6 月に公職を追われた．パロディは思慮ぶかく，他人を思いや

る高潔な愛国的共和主義左翼であった.「北部解放」のレジスタンであった弟ルネ（1942年にドイツ軍によって銃殺された）の影響を受けて，1941年秋に「南部解放」に参加した．その間,「闘争」・「自由フランス」に属するルネ・カピタンやクレルモン=フェランに疎開していたストラスブール大学の教授たちと交友をもった．またバスティド－彼はペタン全権付与法案に反対し，1941年以来公職を追われていた－のまわりに結集していた政治家グループ「Groupe de Lyon」とも交友をもった．ド・マントンを介して，バスティドともども J. ムーランと知己になり，社会カトリック左派とも親密に交際した．1942年7月に結成された専門家委員会には当初から参加した．1944年3月,「自由フランス代表部」主席に就任．解放のときにはドゴール派のスポークスマンを兼ねていた（Studer, S., L'engagement résistant d'Alexandre Parodi 1940-1944, pp.4-13）.

63　Kuisel, R. F., op.cit., p.167；J.-F. ミュラシオル『前掲訳書』, 135-136頁.
64　Courrier J. Moulin, 28 janvier 1943, B. C. R. A., A. N., cité par Bellescize, Diane de, op.cit., p.3.
65　Passy-Dewavrin, Missions secrétes en France, Plon, 1951, t.2, p.131, cité par Bellescize, Diane de, op.cit., p.3（パシィ Passy はアンドレ・ドヴァヴランの暗号名）.
66　Bellescize, Diane de, op.cit., p.4.
67　Tél. no.35, du 1er juillet 1942, cité par Bellescize, Diane de, op.cit., p.3.
68　Bellescize, Diane de, op.cit., p.5.
69　Ibid., p.8.
70　Note sur le conflit de Gaulle-Giraud, CGE, cité par Bellescize, Diane de, op.cit., p.14.
71　Rapport de Clovis（pseudonyme de Serreulles）, 7 oct. 1943, cité par Bellescize, Diane de, op.cit., p.14.
72　Michel Debré, lettre du 12 août 1971, cité par Bellescize, Diane de, op.cit., p.12.
73　Bellescize, Diane de, op.cit., p.13.
74　Note de dernière heure du 24 juillet 1943, cité par Bellescize, Diane de, op.cit., p.13.
75　Plan général de liaison entre le CFLN et la France, troisième partie, Rapport F. de Menthon, cité par Bellescize, Diane de, op.cit., p.14.
76　Bellescize, Diane de, op.cit., p.14.
77　その他にも，CGEに協力していた活動家がCGEの推薦で大臣職務代理に就任していた．プロテスタントのエミール・ラフォン（Emile Laffon）は内務大臣職務代理に就任した．エマニュエル・モニク（Emmanuel Monick）は国民経済大臣職務代理に，ミヌ（L. Mine）は食料・生活物資担当大臣職務代理に就任した．
78　「自由フランス」は1942年7月14日に「戦うフランス」と改称していた．それゆえ，正確には「戦うフランス代表部」主席である．しかし，1942年7月14日以後も従来どおり「自由フランス」が「戦うフランス」の意味で慣習的に使用され続けた（Bellescize, Diane de, op.cit., p.16）.
79　Indomitus（Philippe Viannay）, Nous sommes des rebelles, Paris, édit. Défense de la France, 1945, p.92, cité par Bellescize, Diane de, op.cit., p.19.
80　Bellescize, Diane de, op.cit., p.22.
81　Ibid.
82　1971年8月12日付のミッシェル・ドブレの書簡によれば，結成メンバー6名の間には共通の「ある精神状態（un état d'esprit）が……醸成していた」（Ibid.）.「ある精神状態」とは社会カトリシスム左派社会経済理念を礎としたレジスタンス精神であった．
83　Cohen, M., préface de M. Jean Laroque, Le droit des comités d'entreprise et des comités de groupe, 6e édition, Paris, LGDJ, 2000, p.40.
84　Guitton, H., Le catholicisme social, Paris, Les Publications Techniques, 1945, pp.107-109.
85　Ibid., pp.110-114, 118.
86　ヨーゼフ・エーデルマン監修，坂本康實訳『ヘフナー　社会・経済倫理』同文舘，昭和42年, 140-145頁.
87　中央出版社編『前掲書』, 182頁.
88　Guitton, H., op.cit., p.116.

89 中央出版社編『前掲書』，183頁．
90 Guitton, H., *op.cit.*, p.118.
91 Dreyfus, F.,-G., *op.cit.*, p.158.
92 Le Crom, J.-P., *L'introuvable démocratie salariale. Le droit de la représentation du personnel dans l'entreprise*（1890-2002），Collection "Le Présent Avenir", Paris, Éditions Syllepse, 2003, p.31.
93 クルタンは労働者の「参加」を支持する．同時に，労働者が議決権をもってマネジに参加することの「危険性」（the dangers）を指摘する（Kuisel, R. F., *op.cit.*, p.170）．
94 *Ibid.*, pp.168-172. R. F. キュイゼルとアメリカの政治学者ニコラス・ワール（Nicolas Wahl）はクルタンのいう「エコノミー・プログレッシブ」をそれぞれ Neo-liberal planning, néo-libérale と言いあらわし，1936年頃に生成したフランス「新自由主義」に同定する（*Ibid.*, p.163 *sq.*）．廣田功も同様の立場をとる（廣田功『現代フランスの史的形成　両大戦期期の経済と社会』東京大学出版会，1994年，390頁）．⑦「新自由主義とキリスト教社会論の間には，『真の対立というものは』存在しない」（ヨーゼフ・エーデルマン監修『前掲訳書』，170頁）④クルタンとラコストは「新自由主義」に関わっていた．この2点を考慮すれば，キュイゼル=ワール理解は可能である．しかし，キリスト教社会論と「新自由主義」的考えの間には，市場機構の解釈と評価において依然として深い対立がみとめられる（ヨーゼフ・エーデルマン監修『前掲訳書』，171-172頁）．「エコノミー・プログレッシブ」を「新自由主義」に同定することには慎重であらねばならない．今後，キリスト教社会論（社会カトリシズム左派社会経済改革論）とフランス「新自由主義」の思想的・理論的な内的関連性を，とりわけ前者が後者の生成と展開に対して及ぼした影響の範囲と程度を，サーヴェイすることが課題となるであろう．フランス「新自由主義」については，権上康男「新自由主義の歴史的起源と戦後フランス資本主義（1938-73年）」『歴史と経済』第181号，2003年，20-37頁及び Denord, F. et O. Henry, "La〈modernisation〉avant la lettre : le patronat français et la rationalisation（1925-1940）", in *Sociétés contemporaines*, no.68, 2007/4, pp.92-100 を参照した．
95 Ehrmann, H. W., traduit de l'anglais par André Michel, *La politique du patronat français 1936-1955*, Paris, Armand Colin, 1959, pp.373-374 ; Michel, H., *op.cit.*, p.395 ; Cohen, M., *op.cit.*, p.40 ; Le Crom, J.-P., *L'introuvable démocratie salariale*…, p.31. しかし，田端博邦によれば，「クルタン・リポート」は CNR 綱領の策定に，したがって企業委員会令の策定に影響を及ぼしていない．「このような専門家グループ（CGE-引用者）の制度的な構想は，『解放』後の現実的条件の前にどれだけの力をもつことになるかは，きわめて疑問である．解放後の企業委員会制度の成立を主導する参加思想は，このような制度的考案のなかにではなく，別のところに求められるべきであろう」．そして，「抵抗評議会綱領の参加思想をより具体的に検討するためには，レジスタンス運動を担った諸主体の参加思想を分析することの方が重要な意味をもつであろう」と述べる．同氏は CNR 綱領の策定に対する社会主義各派「構造改革」プログラムの影響を示唆する（田端博邦「前掲論文〈1〉」，19-21頁）．

確かに，CGE は武装闘争運動体ではない．政策の企画立案及び情宣を主務とするシンク・タンクである．しかし，それは「レジスタンスのシンク・タンク」である．私見によれば，⑦CGE のメンバー及び協力者はさまざまな武装闘争運動体を指導あるいは経験する（した）レジスタンである（補論 I-1表参照）．「クルタン・リポート」には，とりわけ社会カトリシズム左派レジスタンス運動体の主体的実践に裏付けられた思想・政策的考察が凝縮されてある．④CNR 綱領の「経営参加」に関する条策定における「クルタン・リポート」の理念の重要性は，既述のとおりである（本補論 II 3（2）②を参照されたい）．⑦本補論 III 1で考察するように，臨時諮問評議会で戦わされたオルドンナンス草案に関する議論と臨時政府の判断は，「クルタン・リポート」の企業委員会令に対する著大な影響を証示している．田端の主張に対しては慎重にならざるを得ない．

96 Michel, H., *op.cit.*, p.399.
97 *Ibid.*, p.402.
98 Kuisel, R. F., *op.cit.*, p.170. Cohen, M., *op.cit.*, p.40 ; Le Crom, J.-P., *L'introuvable démocratie salariale*…, p.31 も参照した．

99　Michel, H., *op.cit.,* p.402.
100　Cohen, M., *op.cit.,* p.40.
101　Michel, H., *op.cit.,* p.402.
102　*Ibid.*
103　*Ibid.* 一般的にいって，労働者の代表が協議に「参加」するためには，経済と法律の知識及び論理的思考力が必須であった（"L'expérience des Comités d'entreprises : Bilan d'une enquête", in *Droit social,* février 1952, p.102).
104　Michel, H., *op.cit.,* p.402. 労働者代表の取締役会への出席について，田端博邦はドレアン=ドゥオブ（É. Dolléans et G. Dehove）の「真の共同管理 cogestion」説を紹介している（田端博邦「前掲論文〈1〉」, 17頁）。私見とは異なる。
105　Michel, H., *op.cit.,* p.402.
106　"Autour du rapport du CGE sur la politique d'après-guerre", s.d., in archives du Comités d'Histoire de la Deuxième Guerre Mondiale, cité par Michel, H., *op.cit.,* p.696. もっとも組織内においては，PCF=「国民戦線」は「クルタン・リポート」のいう「企業委員会」を「全面的に権限を欠いている」として鋭く批判し，ヴィシー政権下の企業社会委員会に同定していた（Le Crom, J.-P., *L'introuvable démocratie salariale*…, p.31.）
107　「明日の経済政策」も資本主義寡頭経済の排除＝国民経済の生産力的再編という視点から，基幹産業の国有化（「部分的国有化」nationalisation partielle）を提案している。「すべての企業，すべての経済部門を同じように扱ってはならない……。それゆえ，計画は国有化部門（secteur nationalisé：重役会に政府，技師，労働者の各代表が参加する）を創出しなければならないし，また自由部門（secteur libre：私企業）も存続させねばならない。そして，双方の間に統制部門（secteur contrôlé：政府出資が部分的に行われる。政府は企業の社会的目的を確定し，利潤を限定することができる）の形態をとる柔軟な蝶番を設けねばならない」と，国有化すべき部門として，エネルギー産業（石炭・ガス・電気・石油），鉄鋼・金属，鉄道・海上輸送，銀行・保険，国防産業をあげている（Dreyfus, F.-G., *op.cit.,* p.159 ; Michel, H., *op.cit.,* p.396）。
　「部分的国有化」をポジティブに論じたレジスタンス刊行誌は数多い。『闘争』，『それから』，『解放と連邦』, *Le Coq Enchaîné, La France Intérieure, Jeune Résistance, Les Volontaires de la Liberté* などがある（Michel, H., *op.cit.,* p.396）。
108　Dreyfus, F.-G., *op.cit.,* p.164.
109　*Ibid.,* p.159.
110　*Ibid.*
111　Wieviorka, O., *op.cit.,* p.264.
112　*Ibid.*
113　Dreyfus, F.-G., *op.cit.,* pp.160-161. アンリ・ミッシェルは，この判定が一面的であることを指摘する（Michel, H., *op.cit.,* p.775）。
114　Dreyfus, F.-G., *op.cit.,* pp.160-161. 海原峻は「それ（CNR綱領）は，人民戦線綱領を継承し深化したもの」ととらえている（海原峻『フランス現代史』平凡社，昭和49年，124頁）。渡辺和行も柴田三千雄他編『世界歴史大系　フランス史3』山川出版社，1995年，294頁において，CNRの経済綱領は人民連合綱領を継承したものであると述べている。フランソワ=ジョルジュ・ドレフュスも然りである（Dreyfus, F.-G., *op.cit.,* pp.160-161）。1936年1月12日に発表された人民連合綱領は前文，政治的要求，経済的要求の3部構成であった。G. ルフラン，高橋治男訳『フランス人民戦線』文庫クセジュ，白水社，1969年，147-156頁；人民戦線史翻訳刊行委員会訳『フランス人民戦線史』新日本出版社，1971年，236-242頁；海原峻『フランス人民戦線　統一の論理と倫理』中公新書，昭和49年，10版，90-96頁；平瀬徹也『フランス人民戦線』近藤出版社，1974年，233-241頁にそれぞれの邦訳が掲載されている。
　平田好成によれば，人民連合綱領は，資本主義=共和政擁護派として位置づけられる急進社会党レベルの要求綱領を基調とした社会改良的綱領であった。したがって，基幹産業や大銀行・保険会社の国有化及び主要生産手段等の私的所有の制限，政治権力機関の規制といった一連の重要な政治的・経済的及び社会的構造そのものの根本的改革に関する要求は，当面の問題としては極

めて慎重に留保されていた（平田好成『フランス人民戦線論史序説』法律文化社，1977年，82–83頁）。この点をふまえた中木康夫は（中木康夫『前掲書』，101–122頁を参照されたい），マルサス主義的分配政策に集中していた人民連合綱領に比較して，CNR綱領が構造的な生産力創出視点を積極的に導入している点に注目し，CNR綱領は人民連合綱領の単なる再版ではなく，それを画期的に前進させたものとしてとらえている．そして，その策定にはPCF（および「国民戦線」）の主導があったと指摘する（『同上』，122, 150–151, 159, 165頁）．ミュラシオルも，CNR綱領の策定に対するPCFの影響を明確に指摘する（J.-F. ミュラシオル『前掲訳書』，69頁）．

一方，モーリス・ラーキンはAndrieu, C., *Le Programme commun de la Résistance. Des idées dans la guerre*, Paris, Les Éditions de l'Érudit, 1984に依拠しつつ，「CNRの社会綱領に対して強い影響力をもっていたのは，1930年代半ばのCGTプランであった．そして，CNR憲章に戦後の社会改革綱領を与えるという決定は，主として，社会党の主導でなされた」と主張している（M. ラーキン『前掲訳書』，150頁）．廣田功もクレール・アンドリューの研究成果を紹介している（廣田功『前掲書』，390–391頁）．Jean Defrasneもクレール・アンドリューに先立ち，「1944年の3月につくられた抵抗全国評議会の憲章は社会党的な発想によるものだった」と指摘している（ジャン・ドフラーヌ，野沢協訳『フランスの左翼　1789年から今日まで』文庫クセジュ，白水社，1972年，123頁）．さらに佐伯哲朗も「（CGT）プランは人民戦線綱領には取り入れられず，……を経て，1944年3月に発表されたレジスタンス全国評議会（CNR）綱領に大きな影響を与えた」と明示する（佐伯哲朗「フランス労働総同盟の経済革新プランと反ファシズム闘争」『労働運動史研究』〈労働運動史研究会〉63号，1980年，93頁）．

115　CNR綱領（Le programme du Conseil National de la Résistance, le 15 mars 1944）−抜粋−

a）経済的改革に関して：
- 経済管理における強大な経済的・金融的封建制の排除を含む，真の経済的・社会的民主主義の樹立
- 個別利益の全体利益への従属を保障する，そしてファシスト国家に似せて構築された職業的専制から解放された，経済の合理的組織化
- すべての生産要素の代表者の協議にしたがい，国家によって設定される計画路線による国民的生産の強化
- 共同労働の成果たる巨大な独占的生産手段，エネルギー資源，地下資源，保険会社及び大銀行の国民への復帰
- 農業及び手工業的な生産・購買・販売における協同組合の展開と支援
- 必要な資質をそなえた労働者が，企業の範域において指揮と管理の機能に関与する権利（droit d'accès）及び経済の指揮への労働者の参加（participation）

b）社会的改革に関して：
- とりわけ労働協約制度の回復と改善による労働の権利と休息の権利（の保障）
- 賃金の重要な調整並びに個々の労働者とその家族に対して十分に人間的な生活を保障し尊厳づけることを可能にする賃金及び給料水準の保障
- 通貨安定政策による国民購買力の保障
- 伝統的自由のもとに，経済的及び社会的生活を組織することにおいて大いなる権限をもつ，自立したサンディカリスムを再建すること
- 国民が労働によって必要な生活資料を獲得しえないあらゆる場合，利害関係者の代表と国家の代表の管理でもって，そうしたすべての国民に対して生活資料を保障する社会保障を完全に計画すること
- 職業の保障，雇用と解雇の条件に関する規則化，職場代表制度の再設置
- 農業労働者の生活水準を引き上げ，そして保障すること　−以下，略−
- 高齢労働者が老後の生活を十分に送りうる退職手当の設置
- ファシスト・テロによる犠牲者と被害者に対する，年金あるいは手当による補償

Gueslin, A., *L'État, l'économie et la société française XIXe-XXe siècle*, Paris, Hachette, 1992,

Documents, p.149；http://perso.orange.fr/felina/social/programme-cnr.htm（2007. 2. 6付）．
116 Michel, H., *op.cit.*, p.395；Cohen, M., *op.cit.*, p.40.
117 湯浅越男「30年代フランスにおける危機への対応－『改革プラン』と『人民戦線』－」『社会経済史学』第41巻 第6号，1976年，40-50頁；佐伯哲朗「前掲論文」，79頁．
118 人民連合綱領の策定に影響を与えたCGTプランは，基幹産業の国有化（社会化）を軸とする構造改革を提案していた．廣田功によれば，その提案は，社会改革の基礎として，資本主義体制の枠内における国民経済の生産力的再編の必要を第一次大戦期以降一貫して強調してきたCGTの伝統的立場の延長において理解される（廣田功『前掲書』，219頁；同「フランス労働運動における『国有化』政策の生成－第一次大戦後危機とCGT多数派－」『労働運動史研究』〈労働運動史研究会〉63号，1980年；同「戦間期フランス労働運動とディリジスム」，遠藤輝明編『国家と経済　フランス・ディリジスムの研究』東京大学出版会，1982年，269, 276-279頁；同「『大戦』とフランス経済社会の再編」『歴史と経済』第191号，2006年4月．なお，深澤敦「フランスにおける第一次大戦時『行動委員会〈PS・CGT・FNCC〉』上・下－救済・連帯活動の分析を中心として－」『立命館産業社会論集』第32巻　第2・3号，1996年もあわせて参照されたい．深澤によれば，CGTは大戦期に『行動委員会』の活動をとおして「直接行動」型サンディカリスムと「断絶」し，理論・運動のレベルにおいて「構造改革」路線に転換する．言いかえれば，第一次大戦を契機として，CGT多数派は大戦前の革命的サンディカリスムを完全に払拭し，改良主義へ純化する）．
　しかし筆者は，CGTが大戦期・大戦直後の「参加政策」の当初から国有化＝構造改革それ自体を自己目的としていたのではないことに留意するものである．以下，谷川稔の提供を借りる．第一次大戦後，CGTは「参加政策」への傾斜を年々深めていたものの，したがって戦前の革命的サンディカリスムから遠ざかっていたものの，決して改良主義へと逸脱していたわけではなかった．「そのリアリズムはいまだトータルな社会変革への展望を放棄するものではなかった」（谷川稔『フランス社会運動史　アソシアシオンとサンディカリスム』山川出版社，1983年，290頁）．大戦期あるいは大戦後のCGTをたんに改良主義への転向とのみ規定するのは一面的な見方である．大戦前の革命的サンディカリスムも改良闘争を決して否定していなかったし，むしろ革命的ゼネストを準備するものとして称揚していた．大戦後においても，戦前における革命的サンディカリスムの思想的正統性はCGTのなかに脈々と流れていた（『同上』，273-278頁）．CGTは国有化＝構造改革すなわち改良闘争をとおして，経済変革主体の形成（経済権力の掌握）を具現し，従ってまた政治変革主体の形成（政治権力の解体）を遂行し，社会をトータルに変革することを依然として基本的に展望していた．別言すれば，国有化＝構造改革は社会変革のための過渡的・教育的実践（機関）であり，労働者の自己統治能力の涵養＝「積み重ねに基づく自己形成」（G.ルフラン）をはかるものとして－アミアン憲章の核心にそって表現するならば，将来的任務（目的）のための日常的任務（手段）として－措定されていたにすぎない（『同上』，199-202, 237-290頁；G.ルフラン，谷川稔訳『フランス労働組合運動史』文庫クセジュ，白水社，第3刷，1982年，68頁）．
　しかし，およそ1927年以後，CGTは「徐々に労働立法による労働条件の改善という改良主義的路線を強め，かつてのサンディカリスムから次第に乖離して」いく（谷川稔『前掲書』，323頁）．書記長ジュオーは1929年までに，「自らの思想性をプルードニスト的というよりもむしろサン・シモニスト的な色彩を帯びたものに」する．「積み重ねに基づく自己形成」だけでは明日の革命に不可欠なカードルを十分に養成しえないことを自覚したのである（G.ルフラン『フランス労働組合運動史』，89頁）．かつての「直接行動」型サンディカリスムは後景に退いていった．CGTプランは，「仕事場（アトリエ）が国家を消滅させるだろう」という労働者主義的＝プルードニスト左派的思考との決別であった．すなわち，国有化＝混合経済体制への構造改革それ自体を自己目的にすえることの表明であった．1936年6月8日，国民議会総選挙における人民戦線派の勝利・工場占拠・マティニョン協定の成立という政治・社会構造の激変とCGTの飛躍的な組織拡大のなかで，ジュオーはラジオ演説をとおしてサンディカリスムの解体＝「労働者社会主義」の終焉を最終的に宣言する．CGTは資本主義の枠内での国民経済再建への協力者になる道を決定的に選んだのである（谷川稔『前掲書』，308-310, 358-366頁）．

ところがこの国有化＝構造改革にしても，自由主義経済体制に固執する急進社会党とプラニスムを国家資本主義として排斥する PCF=CGTU の反対によって，人民連合綱領から除外されていた．経済政策の中心はフランス銀行の改革，兵器産業の国有化，小麦公団の設立という 3 点のみにとどまっていた．CGT プラニストの要求は形骸化した形でしか取り入れられなかったのである（『同上』，360 頁；海原峻『フランス人民戦線……』，96 頁；湯浅赳男「前掲論文」，45–46 頁）．兵器部門を除くと，人民連合綱領のなかに産業レベルにおけるサンカの視点はみとめられない．いわんや企業レベルにおけるケイエイサンカにおいてをや，である．

119 平田好成『前掲書』，67, 87–89, 115, 118, 147 頁．1934 年 6 月 23 日〜26 日に開かれた PCF イヴリー全国協議会におけるモーリス・トレーズの中央委員会報告も，同年 10 月 9 日にパリのビュリエ会館で開かれた PCF 主催人民集会でのモーリス・トレーズの報告も，サンカに関しては何ら触れてはいない．当時，PCF は政治闘争優先主義をとっていた．資本主義体制内での国有化＝構造改革などは論外であった（『同上』，61–62, 70–71, 84, 291–292 頁）．

120 Michel, H., op.cit. を参照した．とりわけレジスタンス諸組織のスタンスについては第 2 部第 7 章を，社会主義者（社会党）のそれについては第 4 部第 3 章を，共産主義者（PCF）のそれについては第 5 部第 5 章を参照した．

121 社会主義者やサンディカリストのレジスタン・グループ．アンドレ・フィリップ，ジュール・モック，「解放」（Libération）のパスカル・コポー，急進党の P. マンデス＝フランス等のプラニストがこの派に分類される（Kuisel, R. F., op.cit., p.159）．ジョルジュ・ボリスはブルムの元ブレーンであった．ジュール・モックは人民戦線ブルム内閣の官房長官であった．

122 「共同行動プログラム」については，Ibid., pp.174–175；Michel, H., op.cit., p.506 を参照した．

123 「政治経済再建プログラム」については，Kuisel, R. F., op.cit., p.175；Michel, H., op.cit., p.513 を参照した．この「プログラム」は「闘争」と「解放」の代表たちに提示されたあと，ロンドンの G. ボリスに送付された．その後，CFLN に付設されたアルジェの諮問議会に提出され，ドゴールにも送り届けられた．Moch, J., Confrontations, Gallimard, 1952 に収録された（Michel, H., op.cit., p.513）．

124 Kuisel, R. F., op.cit., p.176．社会主義者と共産主義者の間の軋轢は，「戦うフランス」の特派員アルノルフ（Arnolphe）の 1944 年 4 月付 CFLN 内務省宛リポートに記されている．「アルノルフ・リポート」によれば，社会党は「共産主義を忌み嫌うすべての人々の避難所になっている」（Michel, H., op.cit., pp.477, 543–544）．アンリ・ミッシェルは，レオン・ブルムなど社会主義者（社会党）に対する共産主義者（共産党）の憎悪にも似た感情的非難を生々しく描写している（Ibid., pp.690–691）．

125 レオン・ブルムは敗戦責任者＝囚われの身であった．ヴィシー政権によって 1944 年 2 月にリオムで裁判にかけられ，同年 4 月にはドイツへ連行された．アンドレ・フィリップの「経済刷新プラン」は「構造の経済的改革」（Réformes économiques de structure）というタイトルで Etudes et Documents（no.1–2, 1945 年 3 月〜4 月）に掲載された（Michel, H., op.cit., pp.810–811）．

126 Michel, H., op.cit., pp.696–697, 732.

127 社会主義各派が要求した「国有化」あるいは「社会化」の内容については，Ibid., pp.522–527 及び Kuisel, R. F., op.cit., p.176 を参照した．

128 Michel, H., op.cit., p.527.

129 Kuisel, R. F., op.cit., p.174.

130 La vie du parti, 1er trimestre, pp.9, 42, cité par Michel, H., op.cit., pp.695–696.

131 PCF のトラスト非難については，Michel, H., op.cit., pp.697–704 を参照した．

132 L'Université Libre, no.78, 28 novembre 1942, cité par Michel, H., op.cit., p.696.

133 この方針は 1943 年 11 月 14 日〜15 日の PCF アジャクシオ大会で決定されていた．PCF「国民戦線」は 1943 年 10 月のコルシカ解放闘争に勝利して後，「食料品配給共通委員会」（Comité unique de répartition des denrées alimentaires）の設置や年金制度，賃金スライド制の導入をとおして，コルシカ経済の革命的管理に成功していた．行政権も PCF ミリタンが革命的に掌握していた．しかし，コルシカの経験はフランス本土ではまだ適用しうる段階ではないと判断された（Michel, H., op.cit., pp.691, 696）．

134 *Ibid.*, p.697.
135 Kersbergen, K. van, *Social Capitalism : A study of Christian democracy and the welfare state*, London and New York, Routledge, 1995, pp.2, 29. ただし，CNR 綱領 第Ⅰ部：当面の行動計画（Plan d'action immédiate）は，1943 年 11 月に発表された PCF=「国民戦線」の試案（「レジスタンス憲章草案」，本書にいうヴィヨン案）から著大な影響を受けていた．ヴィヨン案を原案としたといっても過言ではない．ヴィヨン案は反ナチス=反フランス・ファシスト闘争のあり方に重点を置いていた．起草者のピエール・ヴィヨン（Pierre Villon. 本名はロジェ・ジャンスベルジェ Roger Ginsberger）は「国民戦線」の CNR 評議員であり PCF 党員であった．また CNR の最重要機関 COMAC（軍事活動委員会 Comité d'action militaire）の委員でもあった．後に COMAC 委員長に就任した．
136 Gueslin, A., *op.cit.*, p.174.
137 企業委員会令（オルドナンス）の一部改正を含めた企業委員会法令の成立とその歴史的意味に関しては，田端博邦による精緻な先行研究がある（田端博邦「前掲論文〈1〉〈2〉」）．本補論の冒頭で記したように，同氏はサンカを資本による労働の「統合」と資本に対する労働の「統制」の緊張関係において把握し，資本・賃労働の対立・対抗関係の視点から行論する．そして，企業委員会法令によって成立した「この制度（企業委員会制度－引用者）が解放期における特殊な政治的社会的かつ経済的条件のもとにおいて，資本の抵抗に対する労働者階級の勝利によってもたらされたこと，それゆえ，また資本家陣営の再建とともにこの制度に加えられる妨害が増大し，制度の『挫折』をみるにいたったこと」（田端博邦「前掲論文〈2〉」，99 頁）を同時代の議会資料等を使って明らかにする．分析の視点と法令の歴史的意味理解において，私見とは異なる．

Ⅲ　企業委員会令

1　社会カトリック左派改革案の影響

（1）企業委員会令の制定要素：社会カトリシスム左派経営社会理念

　1945 年 2 月 22 日の企業委員会令（Ordonnance N°45-280 du 22 février 1945 instituant des comités d'entreprises. オルドナンス）の「提案理由書」（Exposé des motifs）は冒頭次のようにいう．「敵からフランスを解放した偉大な民衆運動は単に民族解放の運動であっただけではなく，社会解放の運動でもあった．ロンドンにおけると同様に，秘密のレジスタンスのなかで，ドゴール将軍を中心に，フランスの経済的・社会的再建諸計画が入念に作成された．／これらほとんどすべての計画のなかに見出される理念の 1 つは，経済の指導と企業の管理に労働者を結合させる（associer）必要があるということである．／それにまた，リベラシオン以後，多くの工場において，生産委員会（comités de production）や管理委員会（comités de gestion）が自発的に設立されている．これらの委員会の目的は，至るところで戦争の努力に必要な産業を再び起動させ，生産力を増大することであった．そして，イギリス，アメリカ，カナダにおける 4 年来の試みが示しているように，この種の委員会への従業員の『参

加』(participation) は，この点について，最も望ましい効果をあげるであろうことは疑いえない．／これらの組織の存在を法制化し，一般化するときがきたように思われる．以上が企業委員会及び事業所委員会を設立しようとするオルドナンス案の目的である」．そして，次のように結ぶ．「企業委員会制度は重要な経済的・社会的改革である．この制度は，フランス共和国臨時政府が歩もうとする新しい方向を示している．それは，とりわけ，フランスに繁栄と栄光をもたらすための，生産のあらゆる要素の実り多い結合のしるしでなければならない」と．

「提案理由書」からオルドナンスの制定要素が知れる．1つは，そして本質的な要素は，「社会解放の」，「フランスに繁栄と栄光をもたらすための」，即ちレジスタンスによって提示された「経済的・社会的再建諸計画」の理念である．レジスタンスの「経済的・社会的再建諸計画」理念とは「経済の指導と企業の管理に労働者を結合させる必要があるということである」．「オルドナンス草案は CNR 綱領に直接的に由来していた」というジャン=ノエル・ジャンヌネ（Jean-Noël Jeanneney）の所説を借りると，これは CNR 綱領にいう「……労働者が，企業の範囲において指揮と管理の機能に関与する権利及び経済の指揮への労働者の参加」と同義である．アンリ・ミッシェルとモーリス・コーアンの分析によれば，CNR 綱領は「クルタン・リポート」の理念を受け継いで策定された．とりわけ CNR 綱領のこの条は「クルタン・リポート」にいう「参加」と同義である．「クルタン・リポート」の理念とは社会カトリシスム左派経営社会理念に他ならない．

もう1つの制定要素は，「参加」から派生的に，「参加」に依存して，しかし「参加」と一体化して現出する生産力の増大への期待である．「生産力を増大すること」は，戦後の経済再建を遂行するうえで必須であった．

以上の立論をパロディ等の発言・分析から検証する．

①1944 年 12 月 12 日の臨時諮問評議会審議におけるパロディの発言

オルドナンスの起草者であるパロディは制定要素に関して，冒頭次のようにいう．「労働者を，かれらが働いている工場の営みに非常に広範に結合させる．このことによって，かれらに，かれらを機械の歯車にする立場のみならず，かれらが人間として存在するにちがいない考察と思考の地位（une place de réflexion et de pensée）を提供する」と．草案は，何よりもまず労働者の人間的尊厳の尊重という社会カトリシスム左派経営社会理念にしたがって策定された

ことが知れる．次いで，パロディはいう．「他方でわれわれは，もしフランス人労働者が（経営から）自己の労働状況について熟考することを求められたならば，かれら（労働者）が十全に提供することができる企業の経済的営みへの『参加』とか，あるいは彼らが（経営との）協力に価値を見出すようになる意識の向上といったあらゆる技術的及び組織的改良により，生産性の増大が具現することを期待しうる」と[7]．ここでは「参加」から派生的に，しかし「参加」と一体化して現出する「生産性の増大」が「期待」されている．第3の制定要素として，パロディは「最後にわれわれは，あなた方に提出した草案にもう1つの将来性豊かな成果を期待している．それは，技術という狭隘なレベルから企業の経済的考察や組織それ自体というより広大なレベルへと成長しうるますます度量の大きい労働者エリートの漸次的造出に，草案が寄与することである」という[8]．「参加」をとおして，労働者の資質が向上し，労使相互の協調的方向への変化が派生すると「期待」されている．オルドナンス制定の第一義的要素（動機）は社会カトリシズム左派経営社会理念の実践にあった．

②1944年10月1日のリールにおけるドゴール演説

マルク・サンニエや CGE をとおして社会カトリシズム左派の影響を受けていたドゴールは，1944年10月1日にリールで，「生産性増大」の礎である「参加」を説く．「働く者と指揮する者の協力（collaboration）の形態と度合は企業の性格と規模によって多様であるが，協力は両者の間において組織的な形で確立されなければならない．もちろん，当然のことながら，（企業の）指揮に責任を負う者の活動を決して妨げることなしにである」と[9]．

③ダニエル・ペピィの分析

1945年3月に Daniel Pepy はいう，「オルドナンスの唯一の目的は，『提案理由書』が明確に述べているように，国土の解放を実現したごとくに，労働者の社会的解放を獲得することであった」と[10]．ペピィによれば，オルドナンス制定の動機は，企業を資本と労働が直接的に対峙する「場」と捉える19世紀的経済リベラリズムと唯物論的観念の止揚に，つまり労働者を企業の指揮（direction）に「参加」させようとする「意志」＝社会カトリシズム左派経営社会理念に求められる[11]．ペピィと同時代の労働省労働局次長オルガ・ラファロヴィッチも，オルドナンス制定の第一義的動機を労働者の人間的尊厳の尊重すなわち労働者の社会的解放に求める[12]．

④ル・クロの分析

　ジャン=ピエール・ル・クロは,「経済状況の要素以上に,企業委員会はその生成を社会諸関係の刷新という強い意志に負っている」と指摘する.[13] 戦後フランスの経済再建すなわち「生産の増大」という要素以上に,オルドナンスはその制定動機を「社会諸関係の刷新への強い意志に負っている」.「社会諸関係の刷新への強い意志」とは社会カトリシスム左派経営社会理念に他ならない.

⑤「参加」の昭示

　当時,サンカの概念は多様な様相を呈していた.生産合同委員会（comités mixtes à la production）,管理委員会,生産委員会（comités à la production.「提案理由書」のなかでは comités de production と言いあらわされている）,そして企業愛国委員会（comités patriotiques d'entreprises）におけるサンカである.オルドナンスはそれらを統一・法制化し,「参加」を戦後における社会経済秩序及び経済再建の隅柱ならしめんとした.[14]「参加」を確認する.「提案理由書」は,「社会的領域についての権限は今後のデクレによって定められるであろうこれらの委員会は,経済的領域に関しては決定の組織ではない.みずからが指揮している事業の責任を国民に対して負っている企業の長に対して,その責任に相当する権限をゆだねることは,不可欠なことのように思われる」と記す.[15]これは,経済・財務的事項に関しては,企業の意志決定権が雇主・経営者に属することを昭示する.労働者自主管理（autogestion ouvrière）はもちろんのこと,労使共同管理（cogestion）したがって参加も排除するオルドナンスは,キリスト社会教義を基底とするレジスタンス期社会カトリック左派改革案-ただし,「明日の経済政策」（「フランスの防衛」）を除く-から影響を受けていた.

(2) オルドナンス草案をめぐる議論

　この時期,サンカの範域と度合をめぐって3つの潮流が鼎立していた.臨時政府や MRP は社会カトリック左派改革案を受け継ぎ,労働者は企業福祉すなわち社会・文化的事項については決定に参加しうるが,企業の組織や管理運営すなわち経済・財務的事項については決定に関与し得ないという立場をとっていた.他方,CGT=PCF と社会党及び CFTC は,戦間期からの持論に基づいて完全な労使共同管理を主張し,労働者はすべての事項の決定に関わるべきであるという立場をとっていた.[16] 雇主はというと,心底では草案そのものに反対していた.以下,例示する.

オルドナンス草案（ドゴール臨時政府草案，avant-projet d'ordonnance）は1944年10月に，CGEの結成メンバーであった労働・社会保障大臣パロディによって起草された．ドゴール臨時政府は10月31日に草案を閣議承認し，11月21日に臨時諮問評議会（Assemblée consultative provisoire, Session exceptionnelle, アルジェ）に提出して「意見」（Avis）を求めた．[17]

①**CGTとCFTCのプレスによる要求**

　CGT幹部で社会党員であったアルベール・ガジエ（Albert Gazier）は1944年11月4日付の*Le Peuple*に論考を寄せ，労働者・労働組合の企業管理への主体的参加を要求する．「労働者は機械でも奴隷でもない．かれらの労働の能力はディシプリンの厳しさにも，職長の厳格さにも依存していない．……労働者は人間である．かれらは自分たちが働いている内容について知りたいと欲している．かれらは彼らの賃金と雇用が，かれらの判断が何ら関与していない決断に依存していることを，あるいは彼らが何ら関わっていない経済政策に依存していることを，諒としていない．……工場において，労働者各人が自分自身であると自覚できるようにせよ．……労働組合をとおして（企業）経済の管理に労働者を（議決権をもって）参加させよ．……これはフランスの産業を復興に導く道である」と．[18]

　CFTCのジャン・ブロディエ（Jean Brodier）も*Syndicalisme CFTC*（1944年11月4日　創刊号）において，重要事項の決定に関して企業委員会の合意が必要であると明記されないのであれば，また，もし企業委員会の委員に対して「情報の提供を受ける」権利のみしか与えられないのであれば，委員会は「間抜けな者たちの戯れ」にしかすぎないものになると主張する．1944年11月11日号では，複数の労働者委員が議決権をもって取締役会に参加すべきこと，大会社の場合は「労働組合の代表」も取締役会に出席すべきことを主張する．[19]

②**労働・社会問題委員会の報告書**[20]

　臨時諮問評議会に提出された草案はただちに労働・社会問題委員会（議長アンブロワーズ・クロワザAmbroise Croizat．報告者ガジエ）に付託された．委員会は10日間で草案を検討し終わり，12月1日に報告書を採択し，12月5日付で臨時諮問評議会に提出した．報告書は以下を付託意見とした．㋐委員会は労働者による企業の指揮の支配すなわち労働者自主管理を要求するものでは決してない．㋑しかし，企業経営における企業委員会の統制権限つまり「労働者統制」＝労使共同管理を，別言すれば経済・財務的事項への管理参加を要求す

る。[21]

③臨時諮問評議会の「意見」

a CGT幹部の草案批判

1944年12月12日～13日の臨時諮問評議会でのオルドナンス草案審議において，ガジエ，フランソワ・ヴェルディエ（François Verdier. 社会党），CGT金属労連書記長 A. クロワザ（PCF），CGT幹部ガストン・モンムッソー（Gaston Monmousseau.PCF）はとりわけ第3条規定をとりあげ，オルドナンス草案には管理委員会や生産委員会の経験が何ら生かされていないと批判し，経済・財務的事項の決定への労働者の参加を主張した．雇主階級の全般的衰退したがって資本主義経営の衰微を見通すとともに，サンディカリスト型企業国有化の実現を確信していたガジエは，「国有化される企業において設立されねばならないのは国民の監督下にある管理者委員会（comités gérants）であり経営者委員会（comités patrons）であって，単なる諮問委員会（simples comités consultatifs）ではない」と主張するであろう[22]．そして，「労働者階級なしには，工具と拳と身体と血でもってレジスタンスに参加した労働者なしには，今日のフランスは恐らくあり得なかったであろう．労働者階級の英雄的行為に報いるためにではなく，かれら労働者は新しいフランスの再建に必要不可欠な資質，能力，勇気，愛国心そして決断力を有することを立証しているがゆえに，かれらに対して，そして彼らの代表に対して新しい諸権利を付与しなければならない」，「現実の出来ごとは急速に進んでいるので，もしわれわれが躊躇い，待機し，あらゆる分野において過度な慎重を示すならば，われわれは何ら大きなことをなし得ないであろう」と述べて，企業の管理への労働者の参加を急がねばならないと訴える[23]．F. ヴェルディエは「すべての民主主義は，それが市民にのみ関係し，仕事場（アトリエ）の生産者にも同じように関係するものでないならば，不完全である．……経済の集権的組織は，もし自由なサンディカリスムの発展と組織という対重（contrepoids）がなければ，どこへ至るのかをわれわれは知っている」と発言し，労働者・労働組合の議決権をともなった参加（経済民主主義）を主張する[24]．A. クロワザは「すべての労働者を軍需生産の要素に，祖国の復興の要素にしなければならない」というガストン・モンムッソーの対トラスト闘争（対200家族闘争）における黙示的発言を，議決権をともなった労働者の企業経営への参加すなわち「労働の賃金労働者を資本にたずさわらせねばならない」ことに同定する[26]．

b　CFTC の草案批判

草案第3条 *a* ）項「……それ（企業委員会）は企業の一般的組織にかかわる要望を（経営に）提出することができる」を「それは企業の一般的組織に関して，合意（accord）を（経営に対して）付与することが求められる」と修正するように要求した．[27]

c　臨時諮問評議会の「意見」

臨時諮問評議会は2日にわたって審議を行い，報告書に「若干の修正」を加えた「意見」を採択した．「若干の修正」とは"株式会社の場合，諮問的資格において，労働者委員の取締役会への出席権を定めたこと"である．[28]

④「雇主代表委員会」（Commission de Représentation patronale. 以下，CRP と略記．補Ⅰ-4表参照）の草案批判

1944年10月22日，CRP は企業委員会の経済・財務的事項に関する権限条項の削除を臨時政府に対して要求した．CRP が労働省社会組織局長アンリ・オーク（Henry Hauck）に提出した1944年10月18日付の覚書から要求の根拠が知れる．「われわれは，企業の財務運営が管理全体のなかで最もデリケートな部分を構成していることを知っている．なぜならば，財務運営は技術的進歩と商務的発展の推移を反映しているからであり，信用へのアッピール（appel au crédit）のさまざまな形態を含んでいるからである．また，それは本質的に最も完全な秘密厳守を要するエリメントとみなされる．この秘密厳守を逸脱することについて，企業の長の嫌悪は普遍的である」．[29] 10月31日にも，財務管理は雇主にのみ帰属する権限であると表明して，「激しく」かつ「満場一致で」再び同条項の削除を要求した．[30] 草案が提出された翌日の11月22日にも，CRP は臨時政府に対して意見書を出した．「雇主は，企業委員会の財務的権限（compétence financière）は草案から削除されねばならず，その権限は後日の段階で準備される慎重な考察に委ねられねばならないと考える．実際，その権限は即席に作成されたもの（オルドナンス草案）に対して危険性を明確に付与している．それゆえ，完全な刷新（innovation）を求めるものである．／経営の財務的権限を堅持するために，雇主は草案第2条の最後から2番目の項の終わり（「第3条の最後の項」の誤植と思われる）に規定された公認会計士の出席条項の削除を強く求める．法定監査人（commissaires aux comptes）は企業経営者の利害を代表していない．かれらは株主の利害を代表している．それゆえ，かれらの公平を疑う根拠は何もない．かれらに対峙して公認会計士を導入する

補I−4表　CRPのメンバー

メンバー	業種	メンバー・リスト作成時の役職：1944年10月 （　）はヴィシー期の役職
Pierre Fournier	[会長]	穀物取引業者 パリ商業会議所事務局メンバー〈「奇妙な戦争」期間〉 CGPF 経済セクシオンのリーダー〈「奇妙な戦争」期間〉
Etienne Villey	[事務局長]	Groupe des Industries métallurgiques, mécaniques et connexes de la région parisienne のブレーン
Georges Guignard	食品	Chambre syndicale des Raffineurs de Sucre 組合長 Raffineries Lebaudy-Sommier 社長
Jacques Fougerolle	建設	Chambre syndicale des Constructeurs en Ciment armé de France 組合長 Entreprises Boussiron 社長
Paul Charlin	木材	(Comité d'Organisation du Bois 議長) Etablissements Paul-Charlin 社長
Félix Beny	皮革	Syndicat national des Fabricants de Peaux 組合長 Etablissements Combes 社長
Henri Donon	繊維	Union des Industries textiles 会長 Société des Etablissements David et Maigret 社長
Paul Guittet	化学	Union des Industries chimiques 会長 Etablissements Guittet 社長
Louis de Mijolla	製鉄	Forges de Commentry, Fourchambault et Decazeville 社長
Jean Raty	鋳造	Société générale de Fonderie 社長
Marcel Lambert	機械	Syndicat général de la Mécanique 組合長 Société Marinoni 社長
Boutteville	電力	(Comité d'Organisation de l'Energie électrique 議長) Union d'Electricité 会長
Emile Marterer	炭鉱	Fédération des Houillères du Centre et du Midi 会長 Mines de Blangy 社長
Alexandre Célier	銀行	Comptoir national d'Escompte et de la Cie du Gaz de Paris 会長
Léon Pinet	中小企業	Groupement PMI de la Métallurgie parisienne 会長

Jeanneney, J.-N., "Hommes d'affaires au piquet. Le difficile intérim d'une représentation patronale (septembre 1944-janvier 1946)", in *Revue historique,* no.533, janvier-mars 1980, p.85.

ことは……協議に異議と反対の遺憾な状況をますます付与する」と．要するに，オトリテ堅持の立場から，㋐経済・財務的事項に関する企業委員会の権限条項の削除　㋑株式会社の場合における公認会計士の出席条項の削除，を要求したのである．この他にも CRP は，㋒適用企業規模を従業員 500 人以上の企業に限定する　㋓委員選挙に際しての「代表的労働組合」による候補者リストの作成規定の削除，を要求していた．なお，パリ商業会議所も工業生産大臣ラコストに対して，CRP と同様の意見書を提出していた．

⑤「公共事業全国連合」(Fédération nationale des travaux publiques) の草案批判

「公共事業全国連合」は 1945 年 1 月 20 日付労働大臣パロディ宛の書簡で，草案は「論理的にみて，雇主のオトリテの崩壊を，（雇主の）権利に対する侵害を，そして混乱と無秩序をもたらす重大かつ絶えざる（労使）対立を引き起

こすにちがいない」と批判した[34].

⑥フランス雇主層の草案に対する態度

　総じて，フランス雇主層は，企業委員会は社員食堂とクリスマスツリーの管理に専念していればよいと考えていた．心底において，草案それ自体に反対していたことは明らかである[35].

⑦オーギュスト・ドゥトゥフ（Auguste Detoeuf）の草案支持意見

　『ヌーヴォー・カイユ』（*Nouveaux Cahiers*）の元編集長で，雇主の権威(オトリテ)の再検討をとおして新たな労使協調関係（coopération）の建設を構想する「新自由主義者」（ネオ・リベラル）A.ドゥトゥフはいう．草案は「フランス雇主の行き過ぎた経営秘密主義に対する戦いの手段」であり，「われわれの復興にとって，決定的なエリメント」になると[36].

⑧パロディの CGT・CFTC に対する反批判

　1944年12月12日の臨時諮問評議会審議において，パロディはいう．「企業の長のオトリテを侵害することは……政府の意図ではない」，「オルドナンス草案は社会立法において，前進への非常に大きな一歩をしるすものである．しかし，この改革は（労使間に）紛争を引きおこす危険を冒してまで，つまりフランス経済にとって有害な試みになりかねない程度にまで，推し進められては決してならない」[37]と．「フランス経済にとって有害な試みになりかねない程度」とは，CGT や CFTC の主張する労使共同管理のことであった．さらにパロディは「われわれは，フランス労働者階級が労働諸条件の改善についてみずから責任を引き受けることを，また拡大された諮問権（un pouvoir de consultation）あるいは直接的な決定権（un pouvoir de décision directe）で労働者の生活施設を構成するすべてのことに漸次深く関与することを願うものである」が，「工場の経済的営み（la vie économique des établissements）への労働者の干渉（intervention）」については「企業の長のオトリテを侵害（atteinte）しない範囲で，という条件のもとで」考えていると述べて，CGT・CFTC の主張に対して繰り返し強く反論した[38].

⑨『ローブ』（1944年12月14日号）の見解

　国民社会への労働者階級の再結集（réintégration），つまり労働者の人間性とその本質的価値に対する尊重を社会改革の本質にすえる『ローブ』（MRP の事実上の機関紙．本補論 V 注21を参照されたい）はいう．「社会問題の真の解決は，19世紀の資本主義によって彼ら労働者が追いやられた孤立的プロレタ

リア状況から彼らを脱却させ，また非人格的な生産システムにおける交換可能な要素として彼らをみなし続けるのをやめ，かれら労働者を企業の正会員に復帰させることである」．そのための具体的方法を労働者自主管理に求めることはできない．労働者自主管理は「西ヨーロッパ世界に比類なき物質的繁栄をもたらしてきたシステム」を覆すことになるからである．それゆえ，利潤分配制とならび，とりわけ次の方法が採用されるべきである．「企業のなかに，それによって労働者が自分自身の社会的利害を監督しうる（contrôler：諮問的関与のこと），また企業の全般的状況について十分な情報を受けとることのできる，制度を設置すること」と．以上要するに，『ローブ』はオルドナンス草案第3条c）項「企業委員会は企業の管理及び一般的運営に関する問題について，義務的に情報の提供を受ける」を積極的に評価しつつ，社会カトリシズム左派経営社会理念のより高度な実現を求めて，経済・財務的事項について，諮問的資格における協議権の設置を忌憚なく首唱するのであった．

⑩**MRP の見解**

元シヨニストで CFTC 副会長であった MRP のポワンブフ（Jean-Paul Edouard Marcel Poimboeuf）は 1944 年 12 月 12 日の臨時諮問評議会審議で，ヴィシー政権期の企業社会委員会と比較しながら，オルドナンス草案をポジティブに評価した．「（草案は）生産について責任をもつさまざまなエリメント間の－かれらは非常に長い間にわたって対立してきたが－真の協力のはじまり」を画するであろうと．

(3) **草案第3条 c）項に諮問的資格における協議権が盛り込まれなかった理由**

ここで，オルドナンス草案第3条1項及び c）項に目を移そう．「経済的領域に関しては，企業委員会は諮問的資格において，以下の権限を有する．／……／c）企業委員会は企業の管理及び一般的運営に関する問題について，義務的に情報の提供を受ける．……」とある．臨時政府は－MRP もそうだが－，なぜ「情報の提供を受ける」権利のみに限定したのであろうか．「参加」であれば，議決権をともなわぬ協議権を規定してもよかったのではないか，という"疑問"がおのずと浮かんでくる．この点について，われわれは田端博邦の提供を借りることで"解"のヒントを得ることができる．すなわち，臨時諮問評議会でのオルドナンス草案審議において，ガジエや A. クロワザなど評議会多数派が企業の組織，管理及び一般的運営に関して企業委員会の「諮問を受ける

権利」(Il〈Comité d'entreprise〉est obligatoirement consulté sur des questions intéressant l'organisation, la gestion et la marche générale de entreprise)・「諮問権」(les pouvoirs consultatifs des comités d'entreprises)を主張したとき,「諮問を受ける権利」・「諮問権」には議決権をともなった協議権＝参加が実体的に含意されていたという理解である.田端によれば,「諮問を受ける権利」・「諮問権」は以下を内実としていた.㋐1920年代以来のCGTの構造改革的な「労働者統制」(contrôle ouvrier).㋑企業管理権に対する,労働者の創意に依拠した,労働者による統制権限.㋒「経済的問題に関し,……労働者を直接代表させようとする要求の総体」としての企業レベルにおける「経済的民主主義」.㋓労働者による企業管理の統制思想.㋔「企業の技術的経営的商業的かつ財政的機関のすべてについて,効果的統制(contrôle efficace)を可能とする監視権(droit de regard)を行使すること」.「監視権」は「非常に強い経済的権限をもち,その活動は,企業管理部の権利の大巾な制約に照応している」.以上,表現はさまざまであるが,要するに,所有権に基づく企業の管理権限の労働者による制約である.そして,「諮問を受ける権利」・「諮問権」すなわち企業管理権の労働者による制約の実体的含意という図式の背景には,「雇主層の全般的後退のなかで資本主義的な所有と管理の復活に対する(CGT＝PCFと社会党の)軽視があった」と考えられている.

「諮問を受ける権利」・「諮問権」についての田端の解釈は,オルドナンス草案に関する労働・社会問題委員会の1944年12月5日付報告書前文からも確認することができる.「労働・社会問題委員会は,労働者がそこで就労して生計を立てている企業の運営に労働者をかかわらせる時がきたと考える. ／…… ／リベラシオン後にいくつかの県において提起されているイニシャチブにしたがい,徴用,収用あるいは国有化（ここでは,原輝史,モーリス・ベイエ,L.ジュリオ・ド・ラ・モランディエール,M.エノディ他のいうサンディカリスト型の国有化が想定されている－引用者）された企業は,規約で,機関の設置を用意しなければならない.その機関において,労働者の代表はもはや単なる諮問権のみを有するのではなくて,（企業の）管理に参加することがみとめられる(seront admis à participer à la gestion)」.ディー・ジュゥリには,「企業委員会は社会・文化的事項(oeuvres sociales)の管理者機能と生産委員会の機能及び労働条件と企業の管理に関して意見を表明する協議会の機能を同時に果たす. ／これらの機能は,社会・文化的事項に関わるものを除き,純粋に諮問的

である」と表明しつつも，臨時諮問評議会の労働・社会問題委員会が上記「機関」を，サンディカリスト型企業国有化の実現確信＝前提のもとに，企業委員会のディー・ファクトなモデルとして認識していたことは言を俟たない．

　"疑問"に対する"解"のヒントが得られた．雇主・経営者階級の全般的衰微という抗いがたい現実にあって，臨時政府は，諮問的資格における協議権に付着する上記実体の蓋然性（probabilité）を危惧した．それゆえ，企業経営において最も重要な事項である組織，管理及び一般的運営に関しては，諮問的資格における協議権をオルドナンス草案に盛り込まなかった．

(4) オルドナンス草案をめぐる議論の帰結

　臨時諮問評議会審議は，雇主・経営者の決定権の自由と労働者・労働組合の意見の尊重という相矛盾する2つの要素の両立に腐心した．激論の末，臨時諮問評議会はCGT=PCFと社会党の主張を全面的に取り入れた「意見」を提出した．一方臨時政府はというと，何度も閣議（Conseil des ministres）をひらき，慎重に協議を重ねた．既に政府の「省間経済委員会」（Comité économique interministériel）は1944年11月26日に，国民経済大臣P. マンデス=フランスの意見を取り入れて次の4項目を決議していた．㋐企業委員会は経済・財務的事項に関して，過度に広範な権限を有しない　㋑株主総会に出す文書のみを企業委員会に提出する　㋒草案に規定された公認会計士の会議への出席権はみとめない　㋓公認会計士の検査権はみとめない．農業大臣タンギュイ・プリジャン（Tanguy Prigent）の「1945年2月13日付ノート」（未公開）によると，臨時政府は草案を「過度に重苦しくしない」（ne pas trop alourdir）と決定した．政府は，CRPをはじめとする雇主団体の要求や臨時諮問評議会の「意見」にとらわれることなく－とらわれたとしても，重要ではない項目に限定して－，草案をほぼ無修正のままで可決する方針を固めた．以下が修正されただけであった．㋐CRPの主張を受け入れて，公認会計士の出席条項を削除する．選挙権資格のうち，勤続期間を6ヶ月から12ヶ月に引き上げる．㋑「意見」に譲歩して，株式会社あるいは従業員を常時500人以上雇用している企業については，企業委員会は利潤について情報の提供を受ける－ただし，義務的にではない－．経営による情報の提供に基づき，企業委員会は利潤の利用について提案を行うことができる．選挙権年齢を21歳から18歳に引き下げる．

　「オルドナンスは，概念と基本的方向性において，（臨時）政府の草案を変更

していない」というロベール・ル・ゴエレル（Robert Le Goherel）の判定は正鵠を失ってはいない.[57]

『ローブ』の主張について, MRP はどのように処理したのであろうか. 社会カトリシスム左派経営社会理念のより高度な実現を希求する MRP は, 経済・財務的事項とりわけ企業の組織, 管理及び一般的運営について, 心底では, 企業委員会が諮問的資格において協議権をもつことを欲していた. しかし, 諮問的資格での協議権に付着する実体の蓋然性つまり企業の管理権限の労働者による大幅な制限＝「労働者統制」についても, 危惧を抱きつつ十分に警戒していた. ドゴール臨時政府の一翼を担っていた MRP はリスクを避けるために『ローブ』の主張を慎重にしりぞけ, さしあたり草案に賛同した.

1945 年 2 月 22 日, パロディやポワンブフなどのドゴール派=MRP の意見に沿って, ほぼ臨時政府の原案どおりに「参加」が採択された.[58]「提案理由書」はいう,「企業委員会は, 企業の社会的諸制度（institutions sociales de l'entreprise. 臨時政府草案では oeuvres sociales de l'entreprise となっていた）の管理にかかわるものを除いて, 諮問的である. だが, その権限に委ねられる範域は広大である. 企業委員会は, 生産性を改善し生産を増大させる傾向をもつあらゆる措置を提案する権限を有するのみならず, 企業の営みに関するあらゆる要素を通知されるにちがいない. ……かくして経営のオトリテは完全に維持され, 同時に従業員は彼の代表者たちの仲介をとおして彼が働いている企業の全般的な営みに緊密に結びつけられうるであろう. ／経営と従業員の代表者たちの間のこの甚だ有益な協力（coopération nécessaire）は, 企業の長が企業委員会の会議を主宰するという事実のなかにあらわされる. こうした頻繁な接触から－（企業）委員会は少なくとも月 1 回開かれる. そこでは……経営と従業員がともに愛着をもつ共同事業（l'oeuvre commune）への心遣いが基調となるであろう－, われわれは企業の長と労働者の間に, 協力の新たな方法と新たな実践が生成するのを期待することができる. 実際, 企業委員会は要求的性格をもつものではない」.[59] オルドナンス第 3 条 1 項と c）項はいう,「経済的領域に関しては, 企業委員会は諮問的資格において, 以下の権限を有する. ／……／c）企業委員会は企業の組織, 管理及び一般的運営に関する問題について, 義務的に情報の提供を受ける. ……」と [Dans l'ordre économique, le comité d'entreprise exerce, à titre consultatif, les attributions ci-après : /…/c）Il est obligatoirement informé des questions intéressant l'organisation, la gestion et la marche générale de l'entreprise. …].

　一方で，微少だが，労働組合組織（CGT と CFTC）に対する配慮も怠らなかった．「提案理由書」はいう，「かれら（従業員の代表たち）は……労働組合の推薦（présentation）に基づき，……一部分労働者及び事務員により，一部分技師，セルヴィス長，職長及び同様の立場にある担当者により，選出されるであろう．この方法は，工場に民主主義をもたらす選挙の長所とフランス産業の刷新という大事業に関与することが不可欠である労働組合による指名（désignation）の長所を結びつける」[61]と．

　戦後初期，社会カトリシスム左派は「神の驚き」（Divine surprise．「フランスの枢機卿・大司教協議会」の表現）とでもいうべき影響を社会経済改革に及ぼした．オルドナンスはレオン，ロマネ，CFP そしてレジスタンス期社会カトリック左派によって継起的に展開された社会カトリシスムの思想と運動−労働者の人間性とその本質的価値に対する深い共感と敬意．労使相互の信頼と協力と善意，したがって資本・労働の「共働」−の結実として理解される．[62]

2　工場の「ソビエト化」に対する危惧

(1)「ソビエト化」の阻止

　共和国臨時政府は管理委員会と生産委員会の「ソビエト化」（sovietisme）を，したがって工場の「ソビエト化」を目の当たりに見て憂慮していた．この憂慮が臨時政府をして CGT=PCF と社会党の主張を排除する具体的かつ有力な根拠を構成していたことに，われわれは留意しなければならない．戦後初期，ある時には政府のイニシャチブに基づき，ある時にはシチュエーションに応じて任意に，企業の管理にかかわる委員会が多数設置された．その権限は製造技術に関する単なる監督権あるいは提案権から経営全般の管理権に至るまで，委員会ごとにさまざまであった．そのなかで，任意に設置された管理委員会や生産委員会のなかには「ソビエト化」を志向するものが数多くあった．[63][64]

　1944年9月22日の閣議決定に基づく9月29日の声明（コミュニケ）から知れるように，臨時政府は工場の「ソビエト化」阻止を強く意識していた．声明は次のようにいう，「政府は，いかなるオトリテもいかなる機関も，法規に基づく場合を除いて，・企・業・制・度・の・基・礎（les fondements du régime des entreprises．傍点部　原文イタリック）を変更する権限を有しないことを想起する，と決定した．政府は大企業において，労働者階級を彼らの意見陳述によって（企業の）管理に義務[65]

的に関わらせるため｣に，生産合同委員会のオルドナンスによる設置の原則を承認した」と[66]，「政府はこの声明によって，十分に数多くの企業があちらこちらで既に実践している，多かれ少なかれ過激な活動（opérations plus ou moins violentes. つまり管理委員会と生産委員会の活動－引用者）を否認しようと意図した」のであった[67]．生産合同委員会型の提案権はみとめるものの，管理委員会や生産委員会は企業の管理への労働者の効果的な参加（participation effective à la gestion）を介して「企業制度の基礎を変更する」がゆえに，別言すれば工場を「ソビエト化」するがゆえに，排除しなければならないというのである．まさしく資本主義的所有・管理の擁護である．CGT=PCF や社会党の主張する労使共同管理＝参加は，臨時政府によって，管理委員会や生産委員会と同様に，「企業制度の基礎を変更する」ことに，すなわち「ソビエト化」に直結すると危惧された．

(2) 管理委員会の設置状況
①設置の動機
パリ解放後，CNR の下部組織（臨時の地方行政権力）である「県解放委員会」と「地方解放委員会」（Comités locaux de la Libération）の支援のもとに，工場施設・設備の保全，戦後祖国の経済再建，国防産業の生産力増強を三位一体的動機に，のちに「venues du sol」と形容される管理委員会がアリエ県，リヨン，マルセイユ，トゥルーズなどで数多く，任意に設置された[68]．

②管理委員会についてのシュウォブ報告
1944 年 12 月 12 日の臨時諮問評議会で，「フランス産業家幹部同盟」のシュウォブ（Schwob）は，シチュエーションに応じて任意に設置された委員会を 3 つに分類する．企業愛国委員会，生産委員会，管理委員会である．管理委員会について，シュウォブは次のようにいう．「それら（管理委員会）は解放の直後に『県解放委員会』の決定に基づいて，とくにアリエ県において，同県の特殊な地域的事情のゆえに，とりわけ企業の操業を絶対的に不可能な状態に位置づけている数多くの企業経営者の逮捕あるいは逃亡のゆえに，設置されている．／（管理）委員会は『フランス技師・技術者同盟』（Union des Ingénieurs et Techniciens Français. 以下，Unitec と略記）の代表 1 名と CGT の代表 1 名及び企業指揮権を実質的に有する責任ある管理者から構成されている．委員会は企業の運営に関して『県解放委員会』に責任を負う．／少し異なる形態だが，

同様の試みはいくつかの地域とりわけリヨン地域においても見受けられる．そこでは委員会は，拘置中あるいは逃亡中の経営者にかわり地域の行政当局によって正式に任命された臨時管財官（administrateurs provisoires）に付設されている．例えば，ベルリエ工場の場合である」[69]と．

　管理委員会は，雇主・経営者がコラボであったために収用された企業あるいは雇主・経営者が逃亡した企業において，労働者=「県解放委員会」のイニシャチブに基づき，とくにリヨン・マルセイユの両地域とアリエ県において任意に設置された．戦後初期，ガール県・エロー県・タルン県・アヴェロン県の炭鉱企業をはじめとして，ドローム県のヴァランス精密ボルト製造企業（Valence）とルー製革企業（Roux），サン・テティエンヌのノディエール企業（Nodières），ボルドーのルドゥ・ポンプ企業（Ledoux），マルセイユ=キャプレット（Marseilles-Capelette）のノール製鋼所（Aciéries du Nord），アルデーシュ県のラファルグ・セメント企業，トゥルーズ電鉄会社，ベルリエ貨物自動車企業，フランコロル染料会社（Francolor），デロネ=ベルヴィル企業（Delaunay-Belleville）などに設置され，その数は100を超えた．管理委員は労働組合によって提出された候補者リストのなかから労働者の直接・秘密投票で選ばれた．すべてを網羅しているわけではないが，Bureau International du Travail, *La participation des organisations professionnelles à la vie économique et sociale en France,* Genève, 1948, pp.213-217 に管理委員会の一覧が掲載されている[70]．

(3)「ソビエト化」の具体例：ベルリエ管理委員会

　臨時政府のいう「ソビエト化」の中身をリヨン郊外のベルリエ貨物自動車企業（Société des automobiles Berliet. Établissements Berliet）の管理委員会を事例に検討する．1946年2月3日のリヨン地域金属労働者大会における労働・社会保障大臣 A. クロワザの発言によれば，ベルリエ管理委員会はもはや例外的存在ではない．むしろ国民経済再建のエッセンシャルな手法として人口に膾炙していた．いわく，「ベルリエ（管理委員会）の試みは，今日では，経済再建の試みのために労働者と技術者と技師を密接に結びつけることの出来る特殊な事例ではない．／かれらの精神とかれらの創造的資質及び勇気によって，かれらは常に高水準の生産目標を達成している．あなた方リヨンの金属労働者はベルリエの事例でもって，労働者はいかなる産業企業をも適正かつ良好に管理することが出来ないという伝説を，永久に葬り去っている」[71]と．

1944年9月，マリウス・ベルリエ（Marius Berliet）と彼の息子たちは対独協力のかどで逮捕された[72]．ローヌ=アルプ地方共和国監察官（Commissaire de la République de la région Rhône-Alpes）のイヴ・ファルジュ（リヨンの元ジャーナリスト．「国民戦線」の元指導者で共産主義者）は9月5日のアレテに基づいてベルリエ企業を収用し，レジスタンスの同志で共産主義者技師のマルセル・モスニエ（Marcel Mosnier）を収用管財官（administrateur-séquestre）に任命した．労働者とモスニエのイニシャチブに基づき，管理委員会が設置された．ファルジュも設置に同意した．技術者代表1，労働者代表2の計3名の委員が労働組合（CGT）によって提出された候補者リストのなかから労働者（ベルリエ労働者の98％はCGTに加入していた）の直接・秘密投票で選出され，ローヌ県知事によって承認された（委員会にはモスニエが議長として参加したので，合計4名構成）．管理委員会の任務はモスニエを補佐することにあった[73]．しかし，それは形式にしかすぎず，実質的には最高意志決定機関として企業の運営に機能した[74]．管理委員会の下には，作業場ごとに設置され，すべての労働者が参加する復興委員会（comités de bâtiment）と，復興委員会の代表から構成され，復興委員会の意見を集約する中央企業委員会（comité central d'entreprise）が置かれていた．管理委員会は両委員会をとおして生産的・職務的及び社会的事項に関する労働者のあらゆる提案・要望を吸い上げ，労働者と意志の疎通をはかりつつ，信頼と協力のもとに企業経営のプログラムを作成・執行した[75]．約100人いた技術者はというと，全員がUnitec Berlietに加入していた．かれら技術者は以下の委員会（commissions）を設置して研究開発に精励し，技術者代表をとおして管理委員会に成果を常時報告した[76]．生産技術改良委員会，製造委員会，節約委員会，生産拡大委員会，衛生委員会，職業・教養文化委員会，自動車工業集中委員会，都市計画委員会，エネルギー委員会，農業・輸送委員会．

　モスニエは1945年9月15日の「第2回従業員総会におけるベルリエ企業の収用管財官報告」において，次のようにいう．「（管理委員会の）会議において，工場の運営に関する諸問題が活発に協議され，そして（委員会のメンバーと）共同で決定されている－生産や原材料購入，雇用，賃金等に関する計画について．どのようなテーマが話しあわれようとも，不和・軋轢は一切ない．というのも，われわれは同じようなことを考え，同じように判断しているからである．労働者メンバーの参加，労働組合代表による十全なサポート，そして金

属労働組合の責任者たちからの効果的な精神的・物質的支援，これはこの新しい経営システムの中核的ファクターになっている」と．ファルジュも次のようにいう．「経営（収用管財官）と労働者の間の緊密なコンタクトが相互信頼の雰囲気のなかで当初から確立されている」，「収用管財官と管理委員会は再建，生産及管理の諸計画を完全な主権のもとに決定している．……労働者はその総体において，経営とのコンタクトを維持し，企業の全般的状況を把握している．このようにして，経営と労働は共同で，そして信頼と積極的な協力精神のもとで，かれら全員が一体であると感じている企業の営みに全力を傾注することができている」と．管理委員会はこれまでの内部就業規則を廃止した．そして，工場内にCGT支部を設置すること，組合掲示板を設置すること，組合が採用と解雇について監督権をもつこと，を承認した．「ソビエト化」の中身が明らかとなった．事実上の労働者自主管理（ファルジュのいう労働者民主主義 la démocratie ouvrière）である．

3　企業社会委員会との関連について

　ヴィシー政権下の企業社会委員会（Comités sociaux d'entreprises）と企業委員会の連続性を指摘する論者は数多い．両委員会の機能権限には現象的・形態的に一定の共通性なり類似性がみとめられるからである．すなわち，企業委員会と同様に，企業社会委員会には職務的事項（労働組織，労働衛生，労働安全）に関して，経営に意見を陳述し提案する権限がみとめられていた（「労働憲章」第31条）．社会・文化的事項についても，以下の企業福祉事業を管理する権限がみとめられていた（「同」第24・33条）．相互扶助組合（救済金庫），文化・余暇活動（図書室，研究サークル，社内報，野外活動，青年サークルなど），家族援助事業（結婚手当，出産手当，託児所など），従業員とその家族の物質的生活改善事業（労働者住宅，消費協同組合，社員食堂，工場医務室など）．

　しかしながら，両委員会の間には本質的な差異があった．経済・財務的事項に関しては，企業社会委員会に権限は－「情報の提供を受ける」権利を含めて－一切付与されていなかった（「同」第31条）．「それゆえ，（企業）社会委員会は工場の生産的・商務的そして財務的管理にかかる諸問題を見知ることはできない．それらの問題は雇主・経営者の排他的権限に属する」．

　委員の選出方法について．1941年10月4日に制定された「労働憲章」は企業社会委員会委員の選出方法に関して，とくには規定を定めていない．「同」

第26条は「最初の企業（社会）委員会は，企業の長の合意のもとに（en accord avec le chef de l'établissement），企業のさまざまなカテゴリーの従業員の代表から構成される」と規定するのみである．「企業の長の合意のもとに」のインプリケーションは，労働者による「代表」の自由な選出を実質上排除すること，すなわち企業の長による選出・任命にあった．オリヴィエ・クールシド（Olivier Kourchid）によれば，「企業の生産と生産性に最も貢献してきた社会的カテゴリーである優秀な労働者」のなかから，つまり熟練・永年勤続の多子家族労働者のなかから，企業の長によって委員は選出・任命された．「最初の」という文言は，臨時的な「代表」の「構成」の後にデモクラティックな「代表」選出方法を規則で定めるとも解釈されるが，実際には何らの規則も制定されなかった．したがって，委員の選出において，労働者の意志は反映されていない．労働者の直接・秘密投票で選出される企業委員会に比べると，企業社会委員会は委員の選出において非民主的・権威主義的であった．

　企業社会委員会設置の理念について．「労働憲章」の目的は，社会的・経済的に組織化された職業のなかに「協調と連帯」（la collaboration et la solidarité）に基づく労使共通利害社会を建設し，階級闘争を廃止して，生産の増大と社会秩序の回復をはかることにあった（「同」第1・2・24条）．その理念は社会カトリシズム右派を近代的に構成し直したもので，国家の主導のもとに労働者階級をパテルナリスト的・権威主義的支配構造のもとに取り込む職能的協調組合主義にあった．企業社会委員会は「労働憲章」体制の「隅のかしら石」である．設置理念は「労働憲章」に同一と判断される．

　企業委員会と企業社会委員会は社会・文化的事項の管理運営という機能権限において，形態的に類似性をもつ．また，雇主・経営者のオトリテを前提に，労使協調と生産力の向上を目指す点においても現象的に共通性をもつ．しかし，機能現象面での類似性や共通性を指摘すること以上に，いかなる経営社会理念のもとに設置されたのかという点が問われなければならない．両者の間には，設置の理念において，明確な差異がみとめられる．一方は社会カトリシズム左派の改革理念を継承し，労働者の人間性とその本質的価値の尊重を，したがって経営民主化を志向する．他方は社会カトリシズム右派の思想を近代的に鋳直し，権威主義的・家父長的国家パテルナリズムの建設を志向する．さらに委員の選出方法及び経済・財務的事項に関する労働者（従業員）委員の関与の有無についても明確な差異がみとめられる．こうした点を考慮に入れるとき，

企業委員会と企業社会委員会の連続性を指摘することには慎重であらねばならない[92]．先に引用した労働・社会問題委員会の 1944 年 12 月 5 日付報告書前文の指摘は正鵠を射るであろう．「企業委員会は，労働憲章が設立した企業社会委員会と何らの共通点も有していない．企業委員会は，実際，あらゆる国家的後見から自由な労働組合によって作成されたリストに基づき，労働者によって自由に選出された委員から構成されている．労働憲章は，『企業社会委員会の権限は企業の活動と管理へのあらゆる干渉から排除されている』と規定していたが，他方企業委員会は企業の管理について協議する権限をもっている」[93]．

注

1 *Journal Officiel de la République française,* Ordonnances et Décrets, 23 fév. 1945, p.954；Birien, J.-L., *Le comité d'entreprise : Rôle et fonctionnement,* Paris, Dalloz, 1981, pp.1-2.

2 *J.O.,* Ordonnances et Décrets, 23 fév. 1945, p.954；大谷眞忠「フランスにおける労働者の経営参加－企業委員会の成立を中心に－」『経済論集』（大分大学）第 38 巻　第 1 号，1986 年，25 頁．

3 Jeanneney, J.-N., "Hommes d'affaires au piquet. Le difficile intérim d'une représentation patronale (septembre 1944-janvier 1946)", in *Revue historique,* no.533, janvier-mars 1980, p.92. アラン・ルメノレルによれば，オルドナンスの根底には CNR 綱領にいう「真の経済的・社会的民主主義の樹立」を具体化せんとする意図があった (Leménorel, A., "Les comités d'entreprise et le social : paternalisme, néo-paternalisme, démocratie 1945-1990", in Gueslin, A. et P. Guillaume, sous la direction de, *De la charité médiévale à la sécurité sociale : Économie de la protection sociale du Moyen Âge à l'époque contemporaine,* Paris, Les Éditions Ouvrières, 1992, p.253). 他方 H. W. エールマンによれば，オルドナンスは CNR 綱領からというよりはむしろ「クルタン・リポート」から多大の影響を受けていた (Ehrmann, H. W., *op.cit.,* pp.373-374). 「クルタン・リポート」が CNR 綱領の策定に，とりわけ「経営参加」の条に与えた影響を考慮に入れるとき，ルメノレルとエールマンの指摘は基本的に同一であると判断される．なお，Brun, A. et H. Galland, préface d'A. Siegfried, *Droit du Travail,* Sirey, 1958, p.789 と Guitton, H., *op.cit.,* p.166 も参照した．

4 Michel, H., *op.cit.,* p.395；Cohen, M., *op.cit.,* p.40.

5 ILO, *Labour-Management co-operation in France,* Geneva, 1950, p.237. 戦後初期，フランス経済は生産設備と石炭・原材料の不足→工業生産の停滞→賃金水準の低下→国民の購買力低下→需要減少→経済停滞という悪循環に陥っていた．1944 年の工業生産指数は，1938 年を 100 とすると 38 であった．加えて，闇市場とハイパー・インフレが猛威をふるっていた．それゆえ，戦後フランスの経済再建には「生産力を増大すること」が急務であった (Steinhouse, A., *Workers' participation in Post-Liberation France,* Lanham, Lexington Books, 2001, p.11)．また，経済的自立→政治的自立→国家の安全保障確立というシェーマを実現するうえからも，経済の再建が焦眉の急であった．臨時政府首班のドゴールは 1945 年 5 月 24 日の臨時諮問評議会において，国民に対して次のように訴えている．「昨日まで，戦うこと以上に重要な国民的義務はなかった．今日よりは，生産すること以上に重要な義務はない」と．「生産力を増大すること」は「共働」を基礎とする．マルク・サンニエや CGE をとおして社会カトリシズム左派の影響を受けていたドゴールは，「（経済）再建の課題においては，労働者の技量のみならず，かれらのマインドとハートを（経営と）結合すること」がベースであると認識していた (ILO, *op.cit.,* pp.4-6；Guiol, P., "Le général de Gaulle et les conditions du monde ouvrier", in *Espoir,* no.58, 1987)．

　ここで，第二次大戦による損害を示しておこう．㋐人的損失：1939 年 9 月 1 日現在の人口は

4,150万．1946年1月1日には4,010万に減少．減少した140万の内訳は，永久的損失122万（自然増加マイナス60万，戦病死者62万），一時的損失18万（ドイツからの未引揚者2万，母国へ帰還した外国人16万）である．④労働力の損失：1936年現在の8,077,000人から，1945年10月1日には7,601,000人に減少．⑤資産の損失：大戦中に9,900億フラン（1938年のフラン換算）を失う．加えて，1939年8月～1945年12月に在外資産500億フラン（同）を失う．㊄建物の損壊：建物9,975,000戸のうち全壊477,000戸，半壊1,363,000戸．㊅輸送力の損失：〈鉄道〉蒸気機関車17,508両のうち4,180両が，貨車478,500両のうち310,000両が，客車37,000両のうち15,000両が破壊された．線路は総延長43,000 kmのうち25,000 kmが通行不能となった．大規模操車場は44のうち25が破壊された．鉄道関連施設は建物面積1,400万平方メートルのうち350万平方メートルが破壊された．〈道路〉通行不能な道路は延べ150 kmに及んだ．バス14,000台のうち5,000台が，トラック245,000台のうち60,000台が破壊された．〈河川〉1,050の施設が破壊された．河川航行船の20％にあたる2,400隻が破壊された．〈商船〉300万トン中180万トンを失った．敗戦国ドイツと同様に，壊滅的損害を受けたことが分かる（ILO, *op.cit.*, pp.1-2）．*L'Année politique 1944-45*, préface d'André Siegfried, Paris, Éditions Le Grand Siècle, 1946, pp.15-19; Le Crom, J.-P., "La naissance des comités d'entreprise…", p.59；村上光彦訳『ドゴール大戦回顧録Ⅰ』みすず書房，昭和35年，239-245頁にも，解放時のフランス経済の状態が鉱工業生産，運輸・交通，金融・財政，食料事情などを対象として，大戦前との比較で記されている．

6 J.O., Débats de l'Assemblée consultative provisoire, 13 déc. 1944, cité dans *L'Année politique 1944-45*, p.123.

7 *Ibid.*

8 *Ibid.*

9 *L'Année politique 1944-45*, pp.121-122.

10 Pepy, D. M., *op.cit.*, p.47.

11 *Ibid.*, pp.45, 56.

12 Raffalovich, O., "Institution des comités d'entreprise et l'évolution du service social du travail", in *Revue Française du Travail*, no.3-4-5, avril-mai-juin 1948, pp.136-137.

13 Le Crom, J.-P., "La naissance des comités d'entreprise…", p.68.

14 「提案理由書」には「イギリス，アメリカ，カナダにおける4年来の試みが示しているように」とあり，外国の「参加」制度もオルドナンスの制定に影響を与えたと考えられる．A. ブランとH. ギャランはイギリスの「合同生産委員会」（1942年），アメリカの「生産委員会」，ワイマール共和国における「経営協議会法」（Betriebsrätegesetz, 1920年2月4日）を取りあげて，その影響に言及している（Brun, A. et H. Galland, *op.cit.*, pp.789-790）．
オルドナンスの制定動機を単に戦後フランスの経済再建と政治的自立というプラグマチックな側面のみに求め，レジスタンスの「経済的・社会的再建諸計画」の理念を動機に含めない見解もある（Steinhouse, A., *op.cit.*, p.196；佐藤清「労働者代表制度と参加－フランス労使関係と企業委員会－」『中央大学経済研究所年報』第26号Ⅱ，1995年，194頁）．なお，田端博邦「前掲論文(1)」，37, 56頁も参照されたい．だが，戦後の経済再建と政治的自立は，別言すれば「生産力の増大」は，基本的に「経済的・社会的再建諸計画」の理念を基礎に－そして，理念と一体化して－現出するものである．シヨニスムやCGEのみならずルネ・ド・ラ・トゥール・デュ・パンからも影響を受けていたドゴールは，この点を十分に認識していた（Dreyfus, F.-G., *op.cit.*, p.193）．

15 J.O., Ordonnances et Décrets, 23 février 1945, p.954；Bouvier, P., *Travail et expression ouvrière : pouvoirs et contraintes des comités d'entreprise*, Paris, Éditions Galilée, 1980, p.21. ケイエイサンカを狭義において理解する論者は，企業の意志決定権が排他的に雇主・経営者に属していることを強調し，企業委員会のなかにサンカの要素をみとめない（佐藤清「前掲論文」，195頁）．

16 Bouvier, P., *op.cit.*, pp.20, 24；Brun, A. et H. Galland, *op.cit.*, p.811. モーリス・コーアンの提供を借りて，戦間期における労働組合の主張を大雑把に紹介しておこう．詳細については，Dehove, G., *Le contrôle ouvrier en France : l'élaboration de sa notion, ses conceptions*, Paris, Recueil Sirey, 1937, p.241 *sq.*；Laroque, P., *Les rapports entre patrons et ouvriers : leur évolution en France depuis le XVIIIe siècle, leur organisation contemporaine en France et à l'étranger*, Paris, Fernand

Aubier, 1938, p.281 *sq.* を参照されたい．㋐CGT：CGT 金属労連はフランス鉄鋼連合会に対して「労働者統制」(contrôle ouvrier) を要求した．鉄鋼連合会は，労使共同管理を内実とするこの要求を「工場のソビエト化」であると判断して拒絶した．㋑CGTU：労働者自主管理を主張した．㋒CFTC：当初，社会・文化的事項に限定して労働者自主管理を主張した．のちに，企業経営の全部について，労使共同管理を主張した．「Plan de rénovation économique et sociale」(1935 年) は「すべての企業において，管理への労働者の漸進的な参加」を謳う．㋓統一 CGT：CGT は 1935 年 9 月に統一を決定し，1936 年 3 月 2 日〜5 日のトゥルーズ大会で確認した．統一 CGT は，「労働者統制」＝労使共同管理を団体協約で実現しようとした (Cohen, M., *op.cit.*, p.38)．

17 "Demands d'Avis sur le projet d'ordonnance portant institution de comités d'entreprises", in *Documents de l'Assemblée Consultative Provisoire*, 1944, N° 176, séance du 21 novembre 1944, pp.36–38；Cohen, M., *op.cit.*, p.44. 補Ⅰ−5 表に企業委員会制度に関する草案・法令の主要事項別規定比較を一覧にしておく．

補Ⅰ−5 表　企業委員会制度に関する草案・法令の主要事項別規定比較

主要事項	臨時政府草案 (1944. 11. 21) Ⓐ	臨時諮問評議会の「意見」(1944. 12. 13) Ⓑ	オルドナンス (1945. 2. 22)	改正法 (1946. 5. 16)
適用部門	すべての工業及び商業企業．	すべての工業及び商業企業，官公庁，自由業，非営利会社，あらゆる種類の職業組合及び団体，配給部門，いわゆる組織委員会．	Ⓐ ＋ 省令で定められた官公庁，自由業，商工業的性格をもたぬ非営利会社，あらゆる種類の職業組合及び団体，公社・公団を含む，国務院のデクレで定められた公共事業体．	Ⓑ
適用企業規模	従業員数 100 人以上（省令で定められた場合には，100 人未満にも適用される）．	従業員数 50 人以上（省令で定められた場合には，50 人未満にも適用される）．	Ⓐ	Ⓑ
企業の組織，管理及び一般的運営に関する権限	『企業委員会は企業の管理及び一般的運営に関する問題について，義務的に情報の提供を受ける』．	『企業委員会は企業の組織，管理及び一般的運営に関する問題について，義務的に協議を受ける』．[この条の実体的含意は，CGT の構造改革的な「労働者統制」＝労使共同管理である．別言すれば，参加，つまり議決権をともなった協議権である］．	『企業委員会は企業の組織，管理及び一般的運営に関する問題について，義務的に情報の提供を受ける』．賃金権限外条項を設ける．	Ⓑ [この条の意味は「参加」，つまり議決権をともなわない協議権である］*．賃金権限外条項を削除．
利潤に関する権限	規定なし	企業の形態及び従業員の数にかかわらず，利潤について義務的に情報の提供を受ける．利潤の利用について提案を行うことができる．	株式会社あるいは従業員数 500 人以上の企業についてのみ，利潤について情報の提供を受ける—ただし，義務的にではなく—．利潤の利用について提案を行うことができる．	Ⓑ
株式会社における会計監査	『株式会社の場合，経営は企業委員会に対して，株主総会に提出する前に，損益勘定，年次貸借対照表，法定監査人の報告書及び株主総会に提出するその他の文書を提出しなければならない』．公認会計士は上記文書の検討のための会議に出席することができる．	『株式会社の場合，……』．＋公認会計士は株主総会に提出する会計文書の検討のための会議に出席することができる（公認会計士による補佐）．『公認会計士は，商法第 8 条以下に規定された会計簿を検査する権限を有する』（公認会計士による検査権）．	『株式会社の場合，……』．	Ⓑ

生産性の改善及び生産増大に関する提案	従業員による提案のみを検討する.	従業員と経営による提案の双方を検討する.	Ⓐ	Ⓑ
製品価格の値上げに関する権限	規定なし	規定なし	Ⓐ	意見陳述権と協議を受ける権利を設ける.
労働者委員の取締役会への出席権	規定なし	「諮問的資格で」有する.	Ⓐ	Ⓑ
経済的提案が企業の長によって拒絶された場合	企業委員会は，その提案が生産の増加を目的にしているならば，同数諮問評議会に訴えることができる.	企業委員会は，「組織委員会」の権限に属するあらゆる問題について，産業生産監督局長に訴えることができる.	企業委員会は，当該提案が3ヶ月以内に再提出された場合にのみ，産業生産監督局長に訴えることができる.	Ⓑ
守秘義務の範囲	職業上の秘密一般	「製造工程」に限定	秘密の性格をもつすべての情報	Ⓑ
労働者委員の有給活動時間	最大限10時間/月	20時間/月及び企業委員会・小委員会の会議時間	最大限15時間/月	Ⓑ
選挙権	21歳・勤続6ヶ月以上	18歳・勤続6ヶ月以上	18歳・勤続12ヶ月以上	Ⓑ
被選挙権	25歳・勤続1年以上	21歳・勤続1年以上	25歳・勤続2年以上（ただし，1948年までは勤続1年以上）	Ⓑ
企業の長が企業委員会の会議の開催を怠った場合の対処	規定なし	労働監督官が開催し，労働監督官が議長職をつとめる.	Ⓐ	Ⓑ
労働組合代表の企業委員会への出席権	規定なし	規定なし	Ⓐ	「諮問的資格で」1名出席しうる.
労働組合による労働者委員の罷免	規定なし	『委員会の委員は，その者を指名した労働組合の勧告により，その任期中においてその職を罷免されうる』.	Ⓐ	Ⓑ
理念的背景	社会カトリシズム左派の「経営参加」	構造改革派的な「労働者統制」	Ⓐ	本質的な背景Ⓐ 副次的な背景Ⓑ

ゴシックの部分は，筆者の理解に基づいて，追加したものである.
＊田端博邦の解釈はⒷに同じである（田端博邦「フランスにおける労働者参加制度（2）－企業委員会制度の成立と展開－」『社会科学研究』〈東京大学〉第27巻 第1号，1975年，57-62頁）．私見とは異なる．
臨時政府草案："Demands d'Avis sur le projet d'ordonnance portant institution de comités d'entreprises", in *Documents de l'Assemblée Consultative Provisoire*, 1944, N° 176, séance du 21 novembre 1944, pp.36-38. 臨時諮問評議会の「意見」："Rapport fait au nom de la commission du travail et des affaires sociales", in *Documents de l'Assemblée Consultative Provisoire*, 1944, Annexe N° 201, séance du 5 décembre 1944, pp.62-66. オルドナンス：Ordonnance N° 45-280 du 22 février 1945 instituant des comités d'entreprises (*J.O.*, Ordonnances et Décrets, 23 février 1945, pp.954-956). 改正法：Loi N° 46-1065 du mai 1946 tendant à la modification de l'ordonnance du 22 février 1945 instituant des comités d'entreprise (*J. O.*, Lois et Décrets, 17 mai 1946, pp.4251-4252). 以上の資料をもとにして作成した．なお，Cohen, M., préface de M. Jean Laroque, *Le droit des comités d'entreprise et des comités de groupe*, 6ᵉ édition, Paris, LGDJ, 2000, pp.52-53 も参照した．

　　ドゴール臨時政府の成立過程については Michel, H., *op.cit.*, pp.325-327 に，臨時諮問評議会の成立過程については *Ibid.*, pp.327-331 に詳述されている．
18　Montuclard, M., *La dynamique des comités d'entreprise : Exploration sociologique de quelques effets de l'institution des comités d'entreprise sur les relations industrielles*, Paris, Centre National de la Recherche Scientifique, 1963, p.20. ガジエのこの論考は大きな反響をよび，ギュイギュイ（G. Guigui. レジスタン名はヴァルラン Varlin）などは，「熟練は個人から作業班に，さらには仕事場に，そして時には工場に移転している．熟練を喪失した労働者にかわって，労働組合が彼ら労働者に対して産業の支配権（la maîtrise de l'industrie）を付与しなければならない」とまでいう（Dolleans, E., *Histoire du mouvement ouvrier*, Paris, Armand Colin, 1953, t.3, pp.146-147）．

19 Montuclard, M., *op.cit.,* p.21 ; Le Crom, J.-P., "Les syndicalismes et la crise du libéralisme (1930-1950), entre planisme, corporatisme et liberté", *Communication au colloque Le libéralisme "à la française" (18e‒20e siècles). Le libéralisme économique et politique en questions,* Centre Jean Bouvier, Université de Paris VIII, 3, 4, 5 octobre 1996, p.24.

20 "Rapport fait au nom de la commission du travail et des affaires sociales", in *Documents de l'Assemblée Consultative Provisoire,* 1944, Annexe N° 201, séance du 5 décembre 1944, pp. 62‒66.

21 *Ibid.*

22 田端博邦「前掲論文 (1)」, 44 頁. ガジエが実現を確信していた企業国有化は, サンディカリスト型の国有化であった. サンディカリスト型国有化については, 原輝史『フランス資本主義‒成立と展開‒』日本経済評論社, 1986 年, 370‒371, 382‒388 頁を参照した.

23 Montuclard, M., *op.cit.,* p.24.

24 *J.O.,* Débats de l'Assemblée consultative provisoire, 13 déc. 1944, cité dans *L'Année politique 1944-45,* p.124 et dans Le Crom, J.-P., "Les syndicalismes et la crise du libéralisme…", pp.22‒23.

25 Montuclard, M., *op.cit.,* p.24.

26 *Ibid.,* p.24.

27 *Projet d'ordonnance instituant des comités d'entreprise. Observations présentées par la CFTC,* s.d. (1944), cité par Le Crom, J.-P., "La naissance des comités d'entreprise…", p.70.

28 Cohen, M., *op.cit.,* p.52, Tableau no.1.

29 Jeanneney, J.-N., *op.cit.,* p.92.

30 Commission de Représentation patronale, *Note complémentaire sur l'institution des comités d'entreprise,* 31 octobre 1944, cité par Le Crom, J.-P., "La naissance des comités d'entreprise…", p.71.

31 Cohen, M., *op.cit.,* p.45.

32 Jeanneney, J.-N., *op.cit.,* p.92. CRP は㋐～㋔の要求を個々の政府高官に対しても提出している (*Ibid.*). アンリ・オーク宛：1944 年 10 月 18 日 (草案が正式に発表されたのは 11 月 21 日である. CRP は正式発表に先立ち, 10 月 12 日にパロディから草案の写しを受けとっていた) と 10 月 27 日. 工業生産大臣ラコスト宛：10 月 24 日と 11 月 23 日. 財政大臣エメ・ルペール (Aimé Lepercq) 宛：10 月 28 日. 労働・社会保障大臣パロディ宛：10 月 12 日と 12 月 4 日. 国民経済大臣 P. マンデス=フランス宛：11 月 4 日と 1945 年 1 月 9 日.

CRP はこれまで論者からあまり注目されてこなかった. G. ルフランと H. W. エールマンがともに CRP を Comité de Représentation patronale と誤って表記していることからも, 注目度の低さが知れる (Lefranc, G., *op.cit.,* p.129 ; Ehrmann, H. W., *op.cit.,* p.108). そこで, CRP の設立経緯と役割を簡潔に記しておく. ドゴール将軍の官房長ガストン・パレウスキ (Gaston Palewski) は 1944 年 9 月 2 日にエティエンヌ・ヴィレイ (Etienne Villey) を官邸に呼びだし, 産業界の意見を代弁する雇主・経営者のリストを作成するように依頼した. ヴィレイを主査として, 直ちに作業が開始された. 翌日, 15 名にのぼるリストが作成された. リストは 10 月 4 日にドゴールによって承認された. 同日 CRP が発足した.

この時期, 雇主・経営者は「mis au piquet」(ジャン=ノエル・ジャンヌネ) されており, 戦々としていた.「企業愛国委員会」の支援のもとに「追放委員会」(comités d'épuration) が多くの雇主・経営者を摘発・追放し, コラボ企業を収用していたからである.「もうすぐ収用されるのではないかという不安は, 一度のみならず, 雇主たちの弱みをついていた. そして, 収用される恐れのない雇主たちさえをも不安に陥れていた」(Ehrmann, H. W., *op.cit.,* p.100). CRP も「疑う余地のないオストラシズムの, 非常につらい, はなはだ遺憾な社会的」視線がみずからに注がれているのを感じていた. 圧力団体としての CRP の力は微弱で,「意見を聞いてもらうためには, 政府関係者のところへ何度も足を運ばねばならなかった」. こうした困難な状況下, CRP は政府と意思の疎通を可及的にはかり, 雇主・経営者層の利害の代弁につとめた (Jeanneney, J.-N., *op.cit.,* pp.86‒87, 91, 94).

33 Cohen, M., *op.cit.,* p.45.

34 Lettre au ministre du Travail, 20 janvier 1945, cité par Le Crom, J.-P., "La naissance des comités d'entreprise…", p.71.

35 Le Crom, J.-P., "La naissance des comités d'entreprise…", p.71.
36 *Ibid.*, オーギュスト・ドゥトゥフ (1883-1947) については以下を参照した. 廣田功「1930年代フランスの雇主層と経済社会の組織化－コルポラティスムとの関連を中心に」権上康男・廣田明・大森弘喜編『20世紀資本主義の生成　自由と組織化』東京大学出版会, 1996年, 111-147頁；Kuisel, R. F., "Auguste Detoeuf, conscience of French industry : 1926-47", in *International Review of Social History*, xx-2, 1975, pp.149-174.
37 *J.O.*, Débats de l'Assemblée consultative provisoire, 13 déc. 1944, p.486, cité par Cohen, M., *op.cit.*, p.45 et cité dans *L'Année politique 1944-45*, p.123.
38 Montuclard, M., *op.cit.*, p.23. なお, Bouvier, P., *op.cit.*, pp.19-20 も参照されたい. パロディが社会カトリック左派改革論の視点から,「参加」を力説している様子が窺える.
39 *L'Aube*, 14 décembre 1944, cité par Irving, R. E. M., *op.cit.*, p.120.
40 Irving, R. E. M., *op.cit.*, p.121.
41 J.-P. E. マルセル・ポワンブフ (1889・3・16～1974・6・8) はセーヌ県のモンルージェに生まれた. アラゴ初級学校 (Arago) を卒業したのち, 事務員として商店につとめた. 1905年 (16歳のとき) にシヨンの集会に参加し, 即入会した. 1910年, 彼は教皇の「静粛指導」にしたがった. マルク・サンニエの考えに共鳴しつつも, 青年共和国には加わらなかった. 1906年以来「商工業カトリック被傭者組合」のメンバー. 1919年には CFTC の設立に参加し, 以後は幹部として活躍した. 1937年に「労働高等評議会」(Conseil supérieur du travail) の委員に, 次いで「国民経済評議会」(Conseil national économique) の委員に就任した. 第二次大戦前夜には CFTC 副会長に就任した. 1941年3月に「労働憲章」の起草作業に参加することを一度は引き受けたが, すぐさま辞し,「自由フランス」に与した. 1943年4月にキリスト教サンディカリストとしてロンドンへ赴いた. 解放後, CFTC の代表になった. MRP の立党メンバー (http://www.assemblée-nationale.fr/histoire/biographies/IVRepublique/poimboeuf-mar…〈2011・2・27付〉).
42 *J.O.*, Débats de l'Assemblée consultative provisoire, 12 décembre 1944, pp.496-497, cité par Irving, R. E. M., *op.cit.*, p.122.
43 "Demands d'Avis sur le projet d'ordonnance portant institution de comités d'entreprises", p.37.
44 "Rapport fait au nom de la commission du travail et des affaires sociales", p.63.
45 田端博邦「前掲論文 (1)」, 54頁.
46 「同上」, 23, 56頁.
47 「同上」, 57頁.
48 「同上」, 52頁.
49 「同上」, 30頁.
50 「同上」, 31頁.
51 「同上」, 32, 48頁.
52 「同上」, 44, 52頁.
53 "Rapport fait au nom de la commission du travail et des affaires sociales", p.62.
54 *Ibid.*
55 Le Crom, J.-P., "La naissance des comités d'entreprise…", p.71.
56 *Ibid.*
57 Robert Le Goherel, *Cahiers politiques*, avril 1945, p.80, cité par Cohen, M., *op.cit.*, p.47.
58 *J.O.*, Ordonnances et Décrets, 23 février 1945, p.954 ; Mouradian, G., "Au lendemain d'un colloque sur l'histoire des Comités d'entreprise", in *Le Mouvement Social*, n°.176, juillet-septembre, 1996, p.4 ; Bouvier, P., *op.cit.*, pp.24-25. ピエール・ブーヴィエは「参加」の採択における MRP の役割・影響力を高く評価する.
59 *J.O.*, Ordonnances et Décrets, 23 fév. 1945, p.954.
60 *Ibid.*, p.955.
61 *Ibid.*, p.954.
62 Assemblée des Cardinaux et Archevêques de France, "Appel à la réconciliation nationale (28 février et 13 novembre 1945)", in Denis Maugenest, s.j., rassemblés et présentés, *Le discours social de l'Église*

catholique de France〔1891–1992〕, Paris, 1995, p.238.
63 生産合同委員会がこれにあたる。生産合同委員会の設置経緯と目的を簡潔に記しておく。「クルタン・リポート」の影響を受けていたアルジェの CFLN は，アメリカやカナダの生産委員会とりわけイギリスの「合同生産委員会」（Joint production commitees）を手本に（Le Crom, J.-P., "La naissance des comités d'entreprise…", pp.63–64 を参照。イギリスの「合同生産委員会」の機能については Chamley, P., "Les comités d'entreprise en Angleterre", in *Droit social*, no.7, juillet-août 1945, pp.263–316 を参照されたい）, 1944 年 5 月 22 日のデクレ（いわゆるデクレ・グルニエ）で航空機製造企業のなかに生産合同委員会を設置することを定めた（第 1・5 条）。

経緯は以下である。CFLN の労働・社会厚生省（Commissariat aux Travail et à la Prévoyance sociale）は「クルタン・リポート」の影響を受けて，技術的・職務的事項に限定して労働者の「経営参加」を検討していた。「専門委員会」（Comité technique）の設置企画である。同省の 1944 年 2 月 2 日付覚書から，企画立案された「専門委員会」の機能権限つまり「経営参加」の中身が知れる。㋑「参加」の範疇：「財務的及び商務的問題を明確に排除し」, 技術的・職務的事項に限定する。具体的には，「生産性の改善と生産の増大を目的としたすべての問題，とりわけ既に着手している事業の緊急性と必要性に関わる問題，労働者の生産的資質の向上，（労働者の）成長と適応，最適生産のための労働力資源の配分，超過労働時間の必要，輸送手段の活用，製造方法，廃棄物の再利用，浪費の縮減，設備の保全・更新に関わる問題」を範疇とする（Le Crom, J.-P., *L'introuvable démocratie salariale*…, p.33）。㋺「参加」の程度：労働・社会厚生大臣アドリアン・ティクシエ（Adrien Tixier）は次のようにいう。「提案理由書においても草案においても，『労働者統制』（contrôle ouvrier）あるいは『経済的及び財務的統制』（contrôle économique et financier）という表現は避けねばならない。さらに，私は戦術的な慎重のみならず，全体的な構想も重要であると考えている。……専門委員会に統制権（pouvoir de contrôle）あるいは決定権（pouvoir de décision）を用意することは時期尚早であると考える。現状では，専門委員会の役割は諮問的（consultatif）レベルに限定される」（*Ibid.*）。

PCF 党員であった CFLN の航空大臣（Commissaire à l'air）フェルナン・グルニエは，航空機製造企業における生産合同委員会の設置に関するデクレ草案を閣議に提出した。草案は生産合同委員会に決定権を付与していた。閣議は決定権にかかる条を拒否した。後日 1944 年 12 月 12 日の臨時諮問評議会におけるグルニエの発言によると，この条は過激すぎると判断されたのである。とくに労働・社会厚生大臣 A. ティクシエの反対は激しかった。草案は労働・社会厚生省で企画立案されていた「専門委員会」の機能権限に沿って大幅に修正され，諮問的性格の機関として閣議承認された（Cohen, M., *op.cit.*, p.41）。修正案は 1944 年 5 月 22 日にデクレとして成立した。

Décret N° 45-130 du 25 janvier 1945 portant création des comités mixtes de production dans les arsenaux et établissements de la marine et auprès des directions et services centraux（*J.O.*, Ordonnances et Décrets, 26 janvier 1945, pp.366–367）と同年 8 月 5 日の臨時政府デクレは，生産合同委員会の設置を陸海軍工廠の全部と軍備調達に直接的に協力する軍需工場にまで拡大した。

生産合同委員会の目的は，技術的・職務的事項に限定して，製造や設備及び組織の改善に関する提案をさまざまな形で従業員から吸いあげ，経営に提起することにあった（第 2・11 条）。経営は委員会から提起された提案を調査・セレクトし，適切なものを実践に移して生産力の増強をはかった。委員会が意思決定に関与することはみとめられていなかった。委員会には意見提案権のみが付与されていたのであって（第 11 条），提案を実践に移すかどうかを決定する権限は経営に属していた。だが－そして，この点が重要なのだが－委員会の意見と経営の意見が一致しない場合には，航空省（Commissariat à l'air）に設置され，航空大臣が最終決定権をもつ生産合同高等委員会（Comité supérieur des comités mixtes à la production）で，委員会の上訴に基づき審議がおこなわれ，対応が決定されることになっていた（第 17 条）。生産合同委員会は議長である工場長，そして技師，職長・技術者，労働者の各代表から構成されていた（第 3 条）。職長・技術者の代表と労働者の代表は，労働組合組織が作成した候補者リストに基づき，職長・技術者及び労働者の直接・秘密投票で選出された（第 3・4 条）。生産合同委員会はパリ地域の航空機製造企業では 1949 年頃まで存続した。ただし，もっぱら企業委員会にゆだねられた経済的任務を引き受ける 1 組織として存続した（Montuclard, M., *op.cit.*, pp.21–22；ILO, *op.cit.*, p.163）。

1944年5月22日のデクレ（Décret du 22 mai 1944 portant création de comités mixtes à la production dans les établissements techniques de l'air et d'un comité supérieur au commissariat à l'air）
－抜粋－

第1条　航空機製造部門の諸企業のなかに，企業ごとに1つの生産合同委員会（CMP）の組織を設置する．

第2条　（生産合同）委員会は，企業の生産性を改善する目的で従業員により様々な形で提出された提案を調査研究することを，そして取りあげられた提案の利用を（経営に対して）提起することを目的とする．

第3条　一方において職長と技術者は，他方において労働者は，労働組合組織によって提示されたリストに基づき，正代表と代表代理を選出する．
　　選挙は，1つの企業につき少なくとも5つに分けられた主要セクシオンごとに実施される．
　　追加セクシオンには，すべての管理セルヴィスが含まれる．
　　技師（haute maîtrise）の正代表1名と代表代理1名が，各セクシオンごとに，経営により任命される．
　　すべての主要セクシオンは3名のメンバーから構成された小委員会（sous-comité）1つを有する．
　　小委員会の総体が企業のCMPを形成する．CMPの議長は，技術担当副工場長の補佐をうけて，工場長がつとめる．

第4条　選挙は秘密投票で行われる．……選挙は，第1回投票は絶対多数で，第2回投票は比較多数で実施される．

第5条　CMPが設置される企業のリストは，航空大臣の省令によって決定される．

第11条　CMPは，以下の事項について権限を与えられる．
　　1つあるいは複数のセクシオンにかかわるすべての技術的提案の利用を経営に対して提起する．
　　1つのセクシオンの組織にかかわるすべての提案の利用を経営に対して提起する．
　　工場の全般的組織にかかわる要望を最高経営者（autorité supérieure）*に提出する．
　　（提起・提出の）決定は2/3以上の多数で行われる．しかし，工場長は決定に反対して，最高経営者に訴えることができる．

第15条　生産合同高等委員会（Comité supérieur des CMP）が航空省のなかに設置される．それは，労働者あるいは技術者の代表2名，職長の代表2名，経営の代表1名，航空大臣直属の代表1名を含む．（委員会の）議長は技術・産業局長がつとめる．航空省参謀部もみずからの代表1名を指名する．

第16条　生産合同高等委員会のメンバーは，労働者と技術者・職長の代表については，労働組合組織によって指名される．
　　経営の代表と技術・産業局の代表については，経営及び技術・産業局によって指名

第17条　生産合同高等委員会は各企業における事業計画及びそれらの計画の仕分けを協議する．生産合同高等委員会はCMPによって提出（上訴）されたすべての事案について審議し，対応を決定しなければならない．
　　生産合同高等委員会は2/3以上の多数で，最終的に決定をくだす航空大臣に対して，適用する提案を提示する．

第18条　…….CMPは月に2回，生産合同高等委員会は月に1回，会議を開く．

1944年5月22日

* : autorité supérieure とは，モーリス・モンチュクラールの解釈によれば，当該企業の最高経営者（Président-Directeur）のことである（Montuclard, M., op.cit., p.21）．ル・クロは当初，オトリテ・シュペリゥールを生産合同高等委員会の意味に理解していた（Le Crom, J.-P., "La naissance

des comités d'entreprise…", p.64). しかし，後にこの理解をあらため，モンチュクラールの解釈を受け入れた (Le Crom, J.-P., *L'introuvable démocratie salariale*…, p.34). 第 17 条に規定する CMP の生産合同高等委員会への「上訴権」(un droit d'appel) に止目するとき，ル・クロの当初の理解には無理があったといえる.

J.O., 27 mai 1944, p.421.

64　管理委員会については以下を参照した. CGT, *Les Comités d'entreprises : Les expériences étrangères, Analyse et commentaires de l'ordonnance du 22 février 1945,* Paris, vers 1945-1946, pp.9–10 ; ILO, *op.cit.,* p.164 ; Montuclard, M., *op.cit.,* p.22 ; Le Crom, J.-P., "Le comité d'entreprise, une institution sociale instable", in *L'enfance des comités d'entreprise,* Actes du colloque des 22-23 mai 1996, Roubaix, Centre des archives du monde du travail, 1997, pp.180–182.

65　Ehrmann, H. W., *op.cit.,* p.374 ; Lorwin, V. R., *The French Labor Movement,* Cambridge, Mass., Harvard University Press, 1954, p.263；田端博邦「前掲論文（1）」, 25, 35–36 頁.

66　*L'Année politique 1944-45,* p.120 ; Cohen, M., *op.cit.,* pp.43–44. なお，声明は MRP の事実上の機関紙『ローブ』(1944 年 9 月 30 日付) に掲載された.

67　*L'Année politique 1944-45,* p.120 ; Le Crom, J.-P., "La naissance des comités d'entreprise…", p.69.

68　Le Crom, J.-P., "La naissance des comités d'entreprise…", p.68.

69　Cohen, M., *op.cit.,* pp.42–43.

70　Le Crom, J.-P., "Le comité d'entreprise, …", pp.180–182.

71　"Programme d'action du Ministère du Travail : Discours prononcé par M. Ambroise Croizat, Ministre du Travail et de la Sécurité Sociale, le 3 Février 1946, au Congrès de la Métallurgie de la Région de Lyon", in *Revue Française du Travail,* avril 1946, p.8.

72　ベルリエ貨物自動車企業はドイツ軍へトラックを供給し，STO (強制労働徴用) にも積極的に協力していた．また，工場内には民兵団 (Milice) をリーダーとする警備隊を設置し，労働者に対してテルール的監視を行っていた．ベルリエ企業については，Farge, Y., "L'expérience Berliet", in *Revue Française du Travail,* mai 1946, pp.98–106 ; xxx, "Enquête sur les formes nouvelles d'organisation sociale des entreprises. II.-L'expérience Berliet", in *Droit social,* novembre 1946, pp.382–384 ; Peyrenet, M., *Nous prendrons les usines, Berliet : La gestion ouvrier（1944-1949),* Genève, 1980 を参照した.

73　ILO, *op.cit.,* pp.213–214 ; Steinhouse, A., *op.cit.,* p.104.

74　Steinhouse, A., *op.cit.,* p.102 ; Peyrenet, M., *op.cit.,* pp.35, 94.

75　Farge, Y., *op.cit.,* pp.99–101 ; xxx, *op.cit.,* pp.382–383.

76　xxx, *op.cit.,* p.383.

77　ILO, *op.cit.,* pp.213–214.

78　*Ibid.,* p.213.

79　*Ibid.,* p.214.

80　xxx, *op.cit.,* pp.382–384.

81　管理委員会の指導のもとで，ベルリエ企業の生産力は着実に回復した．1943 年を 100 とすると，1944 年 1 月～1944 年 8 月の生産指数は 63 (1944 年 5 月 2 日に工場は連合軍の空襲を受けた．75 発の爆弾が命中し，工場は大きな被害を出していた)，1944 年 9 月～1945 年 2 月は 108.5．1946 年上半期には 168.25 に上昇し，戦前の生産水準をほぼ回復した．車台製造数は 1944 年 9 月 20 台，10 月 70 台，11 月 150 台，1945 年 1 月 70 台，2 月 165 台，3 月以後は 200～300 台/月．部品の生産量は 1944 年 11 月 70 トン，1945 年は 115～210 トン/月，1946 年 11 月 250 トンと増加した．従業員は 1944 年 9 月の 3,800 人から 1947 年前半には 7,800 人に増えた (ILO, *op. cit.,* p.214 ; xxx, *op.cit.,* p.383)．売上高は 1945 年から 1946 年の間に 20％ 増加した．企業の資産総額は 1944 年の 8 億 1,000 万フランから 1946 年には 37 億 7,000 万フランに増大した．年利潤は 1944 年の 500 万フランから 1945 年には 4,300 万フランに増えた．ベルリエ企業国有化法案は 1947 年 1 月 14 日と 1948 年 2 月 17 日の 2 度にわたり，議会で否決された．ベルリエ企業の資産は 1949 年に旧株主に返還された．

　「ソビエト化」の代表的な事例としては，ベルリエ管理委員会のほかに，ノール製鋼所とフラ

ンコロル染料会社のケースが知られている（ILO, *op.cit.*, pp.214-215 ; Pasqualaggi, G., "Le cas〈Francolor〉", in *Droit social*, janvier 1950, pp.10-16 ; Pouderoux, N., "Une expérience française de sociologie industrielle", in *Revue Française du Travail*, no.19, octobre 1947, pp.853-864）.

　　従来からの雇主・経営者が存続していたので労働者自主管理とは言えないが，「技術的，管理的，商務的そして財務的なあらゆる歯車装置の効果的なコントロールを可能にする監視権を行使する」ことで，雇主・経営者の権限を大幅に制限し，「労働者統制」すなわち労使共同管理を労働者自主管理ともいうべきレベルで効果的に実践していたケース（生産委員会）として，エロー県ベジエル（Béziers）のフーガ企業（Fouga）及びトゥルーズの航空機製造研究 7 企業（SNCASE，ブレゲ Breguet，ラテコエール Latécoère, AIA, SNCASE ブラニヤック Blagnac, Air France, ERAE. 実際には，ラテコエールを除く 6 企業），さらにはプロヴァンス製作所（Ateliers et Chantiers de Provence），la CODER 企業をあげることができる（Accord collectif : Entre les Directeurs des Etablissements de Constructions et d'Etudes Aéronautiques de Toulouse et de la Région et, d'une part les représentants des organisations syndicales des métaux auxquelles sont rattachés les travailleurs des industries aéronautiques, d'autre part, les représentants des comités de libération des établissements d'études et de constructions aéronautiques de Toulouse et de la région, reproduit dans Pepy, Daniel M., *op.cit.*, pp.61-63 ; ILO, *op.cit.*, pp.216-217 ; Cohen, M., *op.cit.*, p.42 ; Le Crom, J.-P., "La naissance des comités d'entreprise…", pp.68-69 ; 田端博邦「前掲論文〈1〉」, 30-32 頁）.

82　Bouvier, P., *op.cit.*, p.16 ; Fridenson, P. et J.-L. Robert, "Les ouvriers dans la France de la Seconde Guerre mondiale : Un bilan", in Fridenson, P., sous la direction de, *Industrialisation et Sociétés d'Europe Occidentale 1880-1970*, Paris, Les Éditions de l'Atelier, 1997, p.215 ; Leménorel, A., *op.cit.*, p.252 ; Brun, A. et H. Galland, *op.cit.*, p.789 ; Le Crom, J.-P., "Le comité d'entreprise, …", p.177 ; 大谷眞忠「前掲論文」, 7 頁．連続説の論者はしばしば次の発言を引用する．⑦「社会的事業に関しては，私（アドリアン・ティクシエ）は，あなた（アンリ・オーク）が，労働憲章によって企業社会委員会に付与された権限を有意に参考にしうると思っています．企業委員会の権限を明示するうえで，恐らく（労働憲章の）いくつかの条は使用することができるでしょう」（CFLN の労働・社会厚生大臣でドゴール派幹部であった A. ティクシエが同副大臣 H. オークに送った「1944 年 2 月 26 日付の覚書」より．Le Crom, J.-P., "La naissance des comités d'entreprise…", p.62）．④「あなた方が提案している規定は，ヴィシー政権によって設置された極めて不完全な（企業）社会委員会を企業委員会に統合することを目的としている．もちろん，その内容と形式において根本的かつ不可欠な修正をともなうことは避けられないが」（1944 年 12 月 12 日の臨時諮問評議会審議における国民物資・生産・通信委員会 Commission de l'Equipement national, de la Production et des Communications 報告者シュウォブの発言より．*Ibid.*）．ただし，ピエール・ブーヴィエは，「労働憲章」体制と企業委員会の差異性についても少し指摘している（Bouvier, P., *op. cit.*, p.26）．

83　La Charte du Travail, Texte officiel de la loi du 4 octobre 1941, article 31（http : //www.marechal-petain.com/charte-travail.htm〈2010.12.14 付〉）; Bouvier, P., *op.cit.*, p.16.

84　La Charte du Traval, article 24 et 33 ; Bouvier, P., *op.cit.*, p.16.

85　Bouvier, P., *op.cit.*, pp.16-17.

86　La Charte du Travail, article 26. Ehrmann, H. W., *op.cit.*, p.91 ; Fridenson, P. et J.-L., Robert, *op.cit.*, p.215 も参照した．

87　Kourchid, O., "Un leadership industriel en zone interdite : la Société des mines de Lens et la Charte du travail", in *Le Mouvement Social*, n°.151, avril-juin 1987, pp.55-78. 通常，委員は雇主・経営者によって選出・任命されていたが，場合によっては「組合」（「労働憲章」第Ⅲ部の「組合」．ファシスト型強制参加方式の単一組合 syndicats professionnels uniques である．国家によって完全に支配されており，従来の自由労働組合とは組織原理を明確に異にする）によっても選出・任命されていた(La Charte du Travail, Titre III ; 原輝史『フランス戦間期経済史研究』日本経済評論社，1999 年，241 頁 ; H. W. エールマン，秋山芳意訳『フランス労働運動史』明玄書房，昭和 29 年，247-248 頁 ; Brun, A. et H. Galland, *op.cit.*, p.84 を参照した）．

88　Cohen, M., *op.cit.*, p.39.

89 La Charte du Travail, article premier, 2 et 24 ; Ehrmann, H. W., *op.cit.,* p.88 ; Kuisel, R. F., *op.cit.,* p.144.
90 Ehrmann, H. W., *op.cit.,* p.89 ; Kuisel, R. F., *op.cit.,* p.145 ; Bouvier, P., *op.cit.,* p.16 ; Steinhouse, A., *op.cit.,* p.88.
91 ヴィシー政権下の社会委員会（Comités sociaux）はどの程度機能を発現したのか．全国・地方・地域レベルの社会委員会（Comités sociaux locaux, régionaux et nationaux）については，労働者の反発及び重工業大雇主・経営者の無関心あるいはネガティブな態度の故に，ほとんど機能していなかったことが確認されている（Fridenson, P. et J.-L. Robert, *op.cit.,* p.215 ; H. W. エールマン『前掲訳書』，248-249, 264-265 頁）．R. ヴィネンは，重工業大雇主・経営者が「労働憲章」に対して－したがって，社会委員会に対してーネガティブな態度をとった理由を次の 3 点において整理する．1940 年 12 月になると，早くも彼らはドイツ軍の勝利に疑問を抱き始めた．そして，ヴィシー政権との連携に慎重な態度を取り始めた．そうしたなかで，⑦かれらは「労働憲章」という社会経済改革シェーマによりも，むしろ身近な企業経営に力を注ぐべきであると考えた．UIMM 会長のジャック・ランテ（Jacques Lentes）は 1941 年 1 月 22 日に，「今日の社会的問題とは，直ちにコルポラティフ諸制度（『労働憲章』体制）を構築すること（にあるの）ではなくて，むしろ諸企業の存続を可能にする実務的な仕事（に専心すること）である」と主張する．④かれらはコルポラティスムを人民戦線に対抗するための手段として活用してきた．しかし，人民戦線が崩壊し，労働組合が勢力を喪失したいま，もはや労働組合を脅威とはみなさず，むしろ戦争による経済機会を利用するうえでの必要なパートナーであるとみなした．そして，労働組合を廃止することは労働者に対する無益な挑発以外の何物でもないと考えた．⑦かれらは「労働憲章」を工業の繁栄に対する，またみずからの立場に対する潜在的脅威であるとみなした．というのも，かれらの多くは複数の工業部門が加入する雇主組合にみずからの社会的影響力を立脚させていたが，「労働憲章」はその土台を崩すと考えたからである（Vinen, R., *The politics of French business 1936-1945,* Cambridge, Cambridge University Press, 1991, pp.110-111）．エールマンは，「労働憲章（体制）は」，したがって社会委員会は「ヴィシー制度の没落以前に死んでしまっ」ていたと断定する（H. W. エールマン『前掲訳書』，249 頁）．
　ただし，エールマンは，企業社会委員会だけは労働者とその家族が最も必要としていたサーヴィス就中社員食堂を含む食料提供－企業社会委員会は「じゃがいも委員会」（comités patates）と渾名されていた－と相互扶助及び対独経済協力サボタージュの 3 点において，一定の機能を発現していたと指摘する（Ehrmann, H. W., *op.cit.,* p.91. Le Crom, J.-P., "Le comité d'entreprise, …", pp.176-177 も参照した）．ル・クロも近年における研究で，企業社会委員会の機能発現をポジティブに評価する．紹介しよう．1943 年現在の社会・文化的事項とりわけ食料提供（社員食堂・消費協同組合・共同購入制・労働者菜園），相互扶助，医療，社会援助（動員家族・STO 家族・捕虜家族への生活援助を含む）の分野においては，企業社会委員会の機能発現は順調であった（Le Crom, J.-P., "La naissance des comités d'entreprise…", p.60）．財源はすべて雇主が負担し，支出額は支払賃金額の約 2 倍にのぼっていた（*Ibid.*）．さらに「組合自由の回復に関する 1944 年 7 月 27 日のオルドナンス」による「労働憲章」の無効宣言（1944 年 7 月 27 日のオルドナンス第 1 条「〈職業の社会的組織化の関する 1941 年 10 月 4 日の法案〉と称されている法令及びその修正・補則・施行規則は無効であり，存続しない」．Ordonnance du 27 juillet 1944 relative au rétablissement de la liberté syndicale, in *J.O.,* du 30 août 1944, p.776）から 1945 年 2 月 22 日のオルドナンス発布までの間，企業社会委員会は上記事項に関してディー・ファクトに機能していた（Le Crom, J.-P., "La naissance des comités d'entreprise…", p.62）．ル・クロはまた，労働省社会委員会局の 1944 年 9 月付県別リポートを使用して，同年 8 月初頭における企業社会委員会のポジティブな機能発現を全国規模で確認している（ただし，唯一ロワール・エ・シェール県の企業社会委員会だけはネガティブであった）（*Ibid.*）．個別事例として，シュルゼ機械製造会社（Sulzer. パリ）とジアン製陶会社（Gien. ロワレ県）の企業社会委員会を取りあげている（*Ibid.*）．しかし，クリスチャン・ブージュアー（Christian Bougeard）によるブルターニュ地方の企業社会委員会に関する研究によれば，企業社会委員会は従来指摘されてきたほどには社会的・職業的機能を発現していない（Bougeard, C., "Le Syndicalisme ouvrier en Bretagne du Front populaire à la Second

Guerre mondiale", in *Le Mouvement Social,* n°.158, 1992, p.78).

　ムーリオ（R. Mouriaux）によれば，1944 年 1 月現在，フランス全体で 7,807 の企業社会委員会が機能していた（Leménorel, A., *op.cit.,* p.252）．労働省の覚書によれば，1944 年 10 月までに約 9,000 設置されていた．この約 9,000 のうち約 3,000 は従業員 100 人未満の企業に，つまり設置義務のない企業に設置されていた（Note du ministère du Travail, octobre 1944, cité par Le Crom, J.-P., "La naissance des comités d'entreprise…", p.60）．適用企業の大部分において設置されていたことが窺われる．

92　この点については，Raffalovich, O., *op.cit.,* p.143 ; Marius Bertou, Maurice Cohen et Jean Magniadas, *Regards sur les CE à l'étape de la cinquantaine,* Montreuil, VO édition, s.d.（1995）, p.19, cité par Le Crom, J.-P., *L'introuvable démocratie salariale…*, Notes du chapitre 1, 78）及び田端博邦「前掲論文（1）」，10-17 頁もあわせて参照した．

93　"Rapport fait au nom de la commission du travail et des affaires sociales", p.62. テトジャンは既に 1942 年 1 月に，企業社会委員会が「組織的パテルナリスムの法制的・強制的な装置」であることを看破していた（Teitgen, P.-H., "L'entreprise dans le régime de la Charte", in Collection *Droit social,* t.13, janvier 1942, p.40, cité par Le Crom, J.-P., "La naissance des comités d'entreprise…", p.60）．

Ⅳ　企業委員会令（オルドナンス）に対する反応

　経営と労働さらにプレスや労働問題研究団体はオルドナンスをどのように受け止めたのか．反応を検討することで，企業委員会制度すなわち「経営参加」に対する戦後初期の国民的理解度をさぐる．

1　雇主・経営者団体

(1)「青年雇主センター」（Centre des Jeunes Patrons. 以下，CJP と略記）

　社会カトリシスム左派社会改革に呼応する「社会的・倫理的」雇主・経営者団体 CJP は次のようにいう．「これまで経営者と労働者はごくまれに，論争・対立している場合にのみ，顔を合わすだけであった．（今後）企業委員会は率直な，そして（労使の）相互信頼の関係を促進する常設のコンタクトを提供するであろう」．1945 年 3 月 14 日には次のようにも述べる．企業委員会が「（労使）協調の有益な装置になる」かどうかは，「（企業の）長が自己の任務を果たし，従業員の代表たちが自己の任務を理解することに依存している」，「雇主・経営者と労働者の間に誠実な関係と相互信頼を導く永続的コンタクトを確立すること」が「生産において協力する人々を結合させるに違いない連帯」にとって，本質的であると．労使双方の誠実な取り組みを前提に，企業委員会制度のもつ労使協調・信頼促進機能に期待を寄せる．

(2) CFP

　この時期，CFP は約 15,000 名の会員を擁していた．企業委員会のもつ労使相互の意志疎通機能を高く評価し，企業内社会関係を協力・協調の方向に向けて前進させると判断する[4]．

(3) CNPF 結成準備委員会

　1945 年 10 月末に，CRP と「企業支援委員会」（Commission pour l'aide aux entreprises）は既存の雇主・経営者団体を 1 つの組織にまとめるために，主な雇主・経営者団体の代表を集めて「連絡委員会」（Comité de liaison）を結成した[5]．「連絡委員会」は 1945 年 11 月 21 日にパリで「雇主組合総会」（Assemblée générale des fédérations patronales）を開き，CRP を発展的に解消して CNPF 結成準備委員会を設置した（CNPF については，補論 II III 1 及び注 4 を参照されたい）．結成準備委員会は次のようにいう．「国民経済生活上，（オルドナンスは）労働者との一層緊密な連携にとって好ましい精神のもとで」実施されるのが望ましい．「この制度はただただ漸進的に発展しうるものである．拙速な展開はこの制度の成功を危険にさらすことになり，また制度が意図している生産的努力の増進を損なうことにもなる」と，戒心しながらも，企業委員会のもつ労使協調・生産力増大機能に一定の理解を示す[6]．しかし，翌年 1 月 1 日に正式に結成された CNPF は，2 月 21 日に，「全面的誠意をもって企業委員会の現行の法令（オルドナンス）を精神と条文において」実践する用意ができていると表明する[7]．

2　幹部職員団体

　技師と上級職員によって 1945 年に結成された「管理職総同盟」（Confédération Générale des Cadres. 以下，CGC と略記）は次のようにいう．「技術・事務幹部（カードル）は企業委員会の設置を歓迎する．そして，企業委員会に企業内の社会的雰囲気を変化させる役割を期待する．幹部は経営と労働を結びつけることに常に努力してきた．そして，さまざまな生産スタッフのセクシオン間の頻繁な接触が，非常にしばしば（労使の）誤解を解決することを確認してきた．経営者は実業をマネジすることに責任を負っている．それゆえに，決定の自由を主張することができる．しかし，労働者は悪しき経営のリスクに対抗するすべを保証されてはいない．それゆえ，かれら労働者は（経営に対する）諮問的関与

(contrôle) が行使されることを要求する資格をもつ」と[8]，企業委員会が経営＝労働の常設的コンタクト機関となり，労働の諮問的関与が反映されることで，企業の円滑な営みが促進されると期待する．

3 労働組合

(1) CGT 右派（後の CGT-Force Ouvrière）

『企業委員会委員に対する最初の一般指示』(Premières directives générales aux délégués dans les Comités d'entreprises, vers février 1945) は次のようにいう．「労働者は最も率直かつ公正に，みずからの生活を条件づける工場の営みに関心をもっている．……企業委員会制度とともに，誰もがその影響力を十分に理解するにちがいない社会的試みが始まる．しかし，この試みは雇主と労働者の間の諸関係の真実と誠意 (la vérité et la sincérité) のなかで，初めて全面的価値を発現する」と[9]．1945年5月10日付の *Le Peuple* もいう，「労働運動は（社会）改革を欲している．……試み（企業委員会）は雇主と労働者の間の諸関係の真実と絶対的誠意のなかで，初めて全面的価値を発現するであろう」と[10]．労使双方の誠実な取り組みによって，企業委員会は社会改革の推進に，つまり労働者の権利と地位の拡充に寄与すると期待する．

(2) CGT 左派

デュレ (J. Duret) は「労働者は失望している．かれらは事業の指揮のアソシエになると思っていた．かれらは企業の営みについて，いくつかの漠然とした対話に関わることのみしかみとめられていない」(*Le Peuple*, 1945年3月3日付) と表明する[11]．書記のガジエも「われわれは，(オルドナンスが) 労働者に対して，かれらが生活を営んでいる工場の歩みについて真剣に考えさせ，そして生産の増大に有益に寄与させることを可能にすると思っていた．しかし，こうした目的と企業委員会に委ねられた手段の間には，なんと大きな隔たりがあることか！」，「現実は法令よりも早くすすむ．(企業委員会の) 労働者委員は，世人が労働者委員に対して新しい権限を付与するのを長期にわたって拒否することができないことを立証するであろう」(『同上』) と表明し，また「企業委員会の設置が労働者によって……，非常に大きな感激をもって迎えられていないことは事実である」(*Le Peuple*, 1945年11月10日付) とも述べる[12]．1945年6月26日付のムルト・エ・モゼル県知事のリポートは，「(CGT) 労働者が

（企業委員会に）無関心である」ことを記している[13]．クレルモン゠フェランやナンシー及びシャロン・スル・マルヌ地域共和国監察官の1945年リポートも，CGT左派が企業委員会に無関心であることを観察している[14]．

　CGT左派のこうした反応は，企業委員会が経済・財務的事項とりわけ企業の組織，管理及び一般的運営に関する問題について，「情報の提供を受ける」権利のみしか有していないことに因していた．CGT書記局は1945年2月24日に，「CGTは不十分な法律が修正されるために最大限の努力をはらう．同時に，CGTは，企業委員会委員と労働組合がこの機関（企業委員会）の権限及び調査手段の拡充のために奮闘することを望む」と表明する[15]．

(3)　「CGT 国民同盟委員会」（Comité Confédéral National de la CGT）

　1945年3月26日に「委員会」は次のようにいう．「企業委員会に関する2月22日のオルドナンスは労働者階級を十分に信頼していない．それ（オルドナンス）は（臨時）諮問評議会の満場一致の意見を十分に考慮していない．政府はもっと多くの工場に企業委員会を設置し，労働者委員に彼らの任務遂行手段を付与しなければならない……．企業委員会に関するオルドナンスは，フランスの世論の代表的な組織に十分に立脚していない政策の1つの事例である．行き過ぎた私的利害が，依然として政治を左右している」と[16]．

(4)　CFTC

　1945年3月3日付の『サンディカリスム CFTC』は大略次のように記す．オルドナンスには労働者の権利の実現における重要な一歩がしるされている．しかし，それは非常に慎重な一歩でしかない．管理委員会の経験は無視され，臨時諮問評議会の「意見」は大部分が斥けられている．参加への歩みは不十分であると．CFTCの判断によれば，不十分の源は雇主の隠然たる影響力にあった．いわく，「雇主は法令を念入りに策定するあらゆるところで，また労働条件や労働者の生活に関する問題を審議するあらゆるところで，依然として相当に大きな影響力を保持している」．さらに，4月14日付『同』誌は「パテルナリスムは死んでいない」と題して論説を発表する[17]．そのなかで企業委員会を企業社会委員会以上のものにあらずと断定し，労働者は「大きな熱意」（grande ferveur）を示していないと記す[18]．また，J. ブロディエは同年6月9日付の『同』誌に「企業改革」（Réforme de l'Entreprise）と題する論考を寄せて次のよ

うにいう．「実際，労働者は，彼（労働者）がそれを用いて創造的活動を行っている生産手段の共同所有者になろうと考えている．……各々の共同所有者は，全体に対する管理に責任がある」と．中身と程度に差異はみとめられるものの，CGT 左派と同じく，CFTC もオルドナンスに失望と不満を抱いていた．

4 『ル・フィガロ』

「（フランスの復興のための）道具はここにある……．問題は，それがどのように用いられるかである．この意味で，企業委員会は信義の実践である．慣習のラディカルな変化が必要である．われわれは経営の公正なふるまいと労働者の誠実な協働に期待するのみである．少なくともフランスにおいては，今日に至るまで，この条件はほとんど満たされていない．雇主サイドには度を越した秘密厳守の伝統が，労働者サイドには（経営に対する）不信の伝統が存在している」(1945 年 5 月 15 日付) と述べる．同時に，「大勢の賃金被傭者の間に生まれた心の状態が真に協働 (co-opération) の精神であれば，そして，もし経営者の心の状態も率直で誠実であれば，企業委員会の設置はフランスの復興にとって決定的な要因になるであろう」(1945 年 5 月 5 日付) という某雇主の主張も掲載した．企業委員会の機能発現に不安を抱きつつも，労使の誠実で率直な取り組みを前提に，その生産力増大機能に期待を寄せる．

5 「フランス組織国民委員会」

「フランス組織国民委員会」(Comité National de l'Organisation Française. 1926 年設立．以下，CNOF と略記．会長はルイ・ダンティ=ラフランス Louis Danty-Lafrance）は戦後祖国の経済復興に資すべく，1945 年 6 月 20 日～22 日に，労働の科学的組織（テイラー主義，ファヨリスム）と労働心理及び労働のモラルに関する研究大会を開いた．企業委員会に関しても雇主・経営者，労働問題研究家，CFP，労働者によって幾つかの報告が提出された．「パリ地域キリスト教労働組合連合」(Union des Syndicats Chrétiens d'Ouvriers de Région Parisienne) の書記ビルジェ（Bilger）の報告で代弁させよう．彼は企業委員会のもつ労使協調機能に注目して次のようにいう．「われわれは幸いにも，いくつかの重要な改革がすでに実現していることを確認する．とりわけ企業委員会である．われわれは，もしわれわれが我々の兄弟労働者に対して企業の経営状態を，さらには国の経済状態をより一層知らせるならば，（労使）双方は正当

な要求を十分に理解しあうので，多くの対立は回避されるだろうと考えている」[23]と．

　雇主・経営者団体，カードル，プレス，労働問題研究団体そして CGT 右派は，労使双方の誠実で率直な取り組みを前提に，企業委員会制度が労使相互の信頼と協力及び労働者の地位の向上を具現し，戦後の経済再建にも寄与するであろうと期待を寄せた．対独勝利の一体感に基づく労使ハネムーンが湧出していた戦後初期においては，発足したばかりの企業委員会制度すなわち「経営参加」は労使協調と生産力増大を可能にする制度として一定の国民的理解を得ていたと判断される．ただし，CGT 左派と CFTC は失望・不満を表明していた．だが，この2労働組合組織にしても，前者はさしあたり企業委員会制度が造出する「生産の戦い」（la bataille de la production.「生産及び生産性の戦い」la bataille de la production et du rendement と記す場合もある．いずれも PCF の造語である）に期待をよせ，まずは「生産の前線で勝利すること」，「生産及び生産性の戦いに勝利するために，志を高く，前に向けても」つことを重視していた[24]．例示しよう．1946年2月22日〜23日にパリで開かれた CGT 金属労連主催第1回企業委員会全国大会（Conférence nationale des Comités d'entreprise）で採択された基本方針は「鉄鋼生産の戦いに勝利しよう．そうすれば，フランスは甦るであろう！」であった[25]．CGT 書記長ブノワ・フラションは1946年4月9日〜13日に万博展示会場で開かれた第26回 CGT 全国大会において，「企業委員会がより広範な権限をもつためには」闘争を継続的に遂行しなければならないとアッピールしつつも，同時に，オルドナンスは「生産の戦い」の造出において「最初の1つの成功」であると高評価した[26]．後者も企業委員会のなかに労働者の権利実現における明確な一歩前進を見出していた．CGT 左派・CFTC ともに企業委員会制度を全面否定的にとらえていたわけでは決してない．ともに，オルドナンスを一定の程度においてポジティブに受けとめていた．ただ，参加への歩みが不十分であると指摘し，その点に批判を集中していたのである．

注

1　Touchelay, B., "Gouvernement d'entreprise et perspectives historiques. 〈Le patronat français et le partage du pouvoir dans l'entreprise entre 1946 et 1968〉", *Neuvièmes journées d'histoire de la comptabilité et du management,* 20 et 21 mars 2003 と Denord, F. et O. Henry, *op.cit.,* pp.101-102 及

び Le Bot, F., "〈Jeunes patrons, soyez des patrons!〉. Le Centre des Jeunes patrons et l'organisation de l'économie et de la société (1938-1944)", Xe Congrès de l'AFSP, Section thématique 33 : L'action collective des élites économiques, Grenoble, septembre 2009 の提供を借りて，企業改革に対する CJP の基本姿勢を記しておく．

CJP は 1938 年 5 月 7 日に，経営・労働関係のコルポラティスム的再編の必要性を認識する社会カトリック左派，社会カトリック右派，「新自由主義」者などの改革的雇主・経営者（réformateurs patronaux）約 30 人によって，CCOP（1936 年 7 月 8 日に設立された「新自由主義」派雇主・経営者団体）の支援のもとに結成された（Touchelay, B., op.cit., p.5 ; Le Bot, F., op.cit., pp.3, 34）．きっかけは，人民戦線・マティニョン協定の体験であった．イニシャチブをとったのは CJP 初代会長に就任したジャン・メルシュ（Jean Mersch. 父親のアンリはシヨニスト，ジャンも ACJF のメンバー）であった．ただし，再編の理念と方法は構成各派ごとにばらばらで，統一的見解は形成されていなかった．ヴィシー期には誤って「国民革命」に共鳴したが，CJP 総体が反動・ペタニスト的偏倚を是認していたわけでは決してなかった（Le Bot, F., op.cit., p.34）．

第二次大戦後，CJP は 2 代会長ジャン・ドゥルメル（Jean Delemer. 在職 1943 年～1947 年）と 3 代会長ジャック・ヴァルニエ（Jacques Warnier. 在職 1947 年～1950 年，社会カトリック左派）の指導のもとに，社会カトリシスム左派社会改革に呼応する「社会的・倫理的」雇主・経営者団体へと明確に転向した（Touchelay, B., op.cit., pp.3, 5 ; Le Bot, F., op.cit., p.34）．1947 年 2 月には機関誌 Jeune Patron を復刊した（4,000 部/月）．会員数は戦後初期～復興期をとおして 100 人～数百人程度であった．CNPF に比べると，政治・経済・社会的影響力は著しく小さかった（Touchelay, B., op.cit., pp.3, 5）．

企業改革に関して，具体的に以下を提起・実践した（Ibid., pp.5-38）．

㋐企業内社会関係のヒューマニズム化を主張した．実践方策として，混合委員会の設置を提起した．

㋑1945 年 3 月にオルドナンス支持を表明した．

㋒1946 年 2 月に「企業改革のための行動委員会」（Commission d'action pour la réforme de l'entreprise）を設置し，大企業を対象に企業内社会関係の実態調査を実施した．

㋓Jeune Patron（1947 年 2 月，復刊号）で「企業委員会特集」を組んだ．発足後 2 年の企業委員会制度について，雇主・労働者委員間の意思の疎通が不十分であることを明らかにし，改善を喚起した．一方で，経済・財務的事項に関する協議権規定［とりわけ改正法第 3 条 c）項］を高く評価し，企業委員会が「雇主・経営者のオトリテと労働者委員の間に」協力・協調関係を作出して「（労使の）社会的和解及び労働者の生活水準向上の装置」（instruments de rapprochement social et de promotion ouvrière）となるよう提言した．1948 年 2 月の Jeune Patron でも同様の議論を展開した．

㋔1948 年頃から「左傾化」（gauchisme）し，ポール・バコンの提起「労働及び貯蓄会社」（本補論 小括 注 5 ㋑を参照されたい）を Jeune Patron（1948 年 2 月号）に掲載した．『同』1948 年 7 月～8 月号では，サン・テチィエンヌにおけるドゴール演説「資本＝労働アソシアシオン」（1948 年 1 月 4 日）を取りあげて紹介した．その後も Jeune Patron は，「労使共同管理」や利潤分配制についてポジティブな主張を展開した．

結成時の正式名称は Centre d'Études et d'Information des Jeunes Patrons であった（略称は「CJP」）．「Jeune Patronat français」と呼ばれることもあった．しかし，すぐに CJP に改めた．1966 年 3 月 19 日に MJD（Mouvement des Jeunes Dirigeants d'entreprises）と改称した．1968 年 6 月 15 日には CJD（Centre des Jeunes Dirigeants d'entreprises）と改称した．

2 　ILO, op.cit., p.221.
3 　Ibid., p.223.
4 　Ibid., p.221.
5 　主な雇主・経営者団体は以下であった．CRP, CJP,「企業支援委員会」,「中小企業総連合」（Confédération Générale des Petites et Moyennes Entreprises. 以下，CGPME と略記），Commission nationale interprofessionnelle des Salaires, Association interprofessionnelle régionales（Jeanneney, J.-N., op.cit., p.95）．

6　ILO, *op.cit.*, p.220.
7　Déclaration du CNPF remise le 21 février 1946 au président du gouvernement, M. Gouin, cité par Cohen, M., *op.cit.*, p.50.
8　ILO, *op.cit.*, p.221. また CGC は次のようにもいう.「何はともあれ, われわれは企業委員会を, 対立する両階級が対決する闘争の場あるいは不毛な非難の場とみなさないようにしなければならない.（企業委員会は）何よりもまず, 解決すべき諸問題について調査し, 誠実に話し合う機関でなければならない」と（*Ibid.*, p.223）.
9　Bois, P., "Les comités d'entreprises : Un espoir longtemps déçu peut-il renaître?", in *Droit social*, no.2, février 1969, p.86.
10　Bouvier, P., *op.cit.*, p.22.
11　*Ibid.* 田端博邦「前掲論文（1）」, 61頁に引用されている CGT 書記局の反応と書記長ブノワ・フラションのオルドナンス批判もあわせて参照されたい.
12　Bouvier, P., *op.cit.*, pp.22-23 ; Montuclard, M., *op.cit.*, p.25 ; Cohen, M., *op.cit.*, p.49. ガジエは 1945 年 3 月 2 日の臨時諮問評議会会議で,「意見」が無視されたことを取りあげて臨時政府を非難している. この日, ガジエが登壇したとき, ドゴールは, ガジエが政府非難を行うのを予め知っていたのかどうか分からぬが, 議場から出ていった（*Le Peuple*, 10 mars 1945, cité par Cohen, M., *op.cit.*, p.48）.
13　Steinhouse, A., *op.cit.*, p.90.
14　*Ibid.*, p.91.
15　*Le Peuple*, 3 mars 1945, cité par Cohen, M., *op.cit.*, p.48.
16　*Ibid.*, p.49.
17　Cohen, M., *op.cit.*, p.49.
18　Montuclard, M., *op.cit.*, p.25.
19　*Ibid.*, p.23.
20　Irving, R. E. M., *op.cit.*, p.123.
21　ILO, *op.cit.*, p.224. 雇主のなかには誠実を欠き, オルドナンスの規定を守らない者もいた. 例えば, エーヌ県の或る大規模既製服店の店主は, 自分が作成した候補者リストに基づいて企業委員会委員の選挙を行っていた（Montuclard, M., *op.cit.*, p.25）.
22　Comité National de l'Organisation Française, *L'Homme au travail : Journées d'Etudes du Comité National de l'Organisation Française des 20, 21 et 22 Juin 1945*, Paris, 1945, pp.20-21, 28, 32, 59, 199. CNOF の機能・目的と構成メンバーについては, Denord, F. et O. Henry, *op.cit.*, pp.88-89 を参照した.
23　CNOF, *op.cit.*, p.21.
24　1946 年 2 月 3 日のリヨン地域金属労働者大会における労働・社会保障大臣 A. クロワザの演説より（"Programme d'action du Ministère du Travail : …", p.8）.
　　管理委員会の指導下にあったベルリエ企業においても,「生産の戦い」が PCF 労働者を中心として規範的に展開された（ベルリエ労働者の約 9％ は PCF 党員であった）. 無断欠勤や勤務時間中の内職といった旧来の陋習は一掃された.「怠け者」（saboteur）を咎めるポスターが組合掲示板に張り出された. いわく,「仮病を使って仕事を休む者はわれわれ（ベルリエ）の集団にはふさわしくない. かれらは良心的な同僚労働者の軽蔑に値する」,「退社時刻になる前に帰宅の準備をすることで諸君が無駄にする 5 分/日は, 1 年間に 300 万フランの損失をもたらす」,「われわれの同僚 5,500 人のそれぞれが, 仕事の中断と再会のたびに僅か 5 分だけでも無駄にするならば, ……それは合計すると, 1 年間に 1,760 万フランの損失をもたらすことになる」と. 他方で, 社内報『コンタクト』はスタハノフ運動を紹介し, 勤勉な労働者を顔写真入りで称えた.「S 氏は捻挫をしていたにもかかわらず, 粘りづよく仕事に励んだ. T 氏は 15 日間, 唯一人毎日朝 6 時から夜 6 時まで働き, 生産をゆるぎないものにした. A 氏と R 氏と C 氏の班は 4 日間で 117 トンの部品を運搬した」云々である（Farge, Y., *op.cit.*, p.105 ; Le Crom, J.-P., *L'introuvable démocratie salariale…*, p.37）.
25　Lorwin, V. R., *op.cit.*, p.267.

26　Montuclard, M., *op.cit.,* p.34.

V　キリスト教社会経済秩序の提唱

　戦後初期，社会カトリシスムはレオン，ロマネ，CFP そしてレジスタンス期社会カトリック左派の思想と運動の堆積に立って，「神の驚き」とでもいうべき影響を社会経済改革に対して及ぼした．オルドナンスは嚆矢であった．この思潮と運動は「フランスの枢機卿・大司教協議会」（Assemblée des cardinaux et archevêques des France）の社会教書『国民和解に向けてのアッピール』（*Appel à la réconciliation nationale,* 28 février et 13 novembre 1945）と MRP の「企業改革」（la réforme de l'entreprise）を得て，社会経済構成にキリスト教秩序－とりわけ「経営参加」－の展開を熱誠的に提唱した．

1　『国民和解に向けてのアッピール』

　『アッピール』第 1 部　第 4 章　社会問題 29 節～40 節から，提唱の要旨が知れる．抜粋を掲げる．

　29 節（労働者のプロレタリア状況批判－節の見出しは引用者による．以下も同様）

　「歴代教皇とともに，われわれは，プロレタリア状況の厚顔無恥をとがめる．すなわち不安定，経済的従属，そしてしばしば貧困であるこの状況を．それ（この状況）は多くの労働者から真に人間的なあらゆる生活を奪い去っている」．

　30 節（利潤追求・効率至上主義批判）

　「歴代教皇とともに，われわれは，労働者の人間的位格への配慮よりも利潤と生産効率の追求を優先させてきたシステムにしたがう，資本主義制度の拝金主義（primat de l'argent）をとがめる」．

　32 節（共産主義・経済リベラリスム批判）

　「歴代教皇とともに，われわれは，近代的経済制度にあって，異なるそして一致しない利害が存在しつつも本質的に共通する利害によって協力しうる，且つ職業善のために一致しなければならない諸階級を互いに対立させる傾向を持つあらゆることがらをとがめる」．

33節（唯物思想批判）

「歴代教皇とともに，われわれは，魂を欠く行き過ぎた競争と貪欲な金銭欲に身を捧げている唯物思想をとがめる．人間存在の諸権利は神の子らの，そしてキリストにある兄弟の尊厳を求めている[7]」．

34節（人間的位格と家族を尊重する社会秩序の建設）

「歴代教皇とともに，われわれは，神の掟にしたがい，人間的位格の高潔な尊厳を尊重する，そして制度と自然社会がその固有の目的をもつ限り，この社会（cité）において家族に帰属しなければならない本質的な地位を家族に対して付与する，新たな社会秩序の建設を求める[8]」．

以下の節では，キリスト教社会経済秩序の建設推進に向けて，具体的方途が記される．

36節の1（私有財産の形成）

「適正賃金政策及び……生活条件の確立による労働者各人の漸進的な私有財産形成．私有財産権は人間的位格における自然権の1つであり，人間のよろこびの重要な1条件である[9]」．

37節の2（「経営参加」，成果参加）

「労働の，企業の，職業の，そして社会の組織への労働者の漸進的な参加．労働者は企業において，自分自身がより人間的な労働に向かっていることを真に自覚したいと願っている．そこにおいては，彼（労働者）は人間の責任を引き受けることができ，勇気と関心と良心でもって，よろこんで自己のあらゆる活動に取り組むことができる．彼（労働者）は企業の社会的及び経済的営みに，そして生産の成果に参加することを希求している[10]」．

38節（「経営参加」と雇主・経営者のオトリテ）

「この社会的諸進歩（「経営参加」）を実現するためには，構造の諸改革が必要である．われわれは，それら（諸改革）を受け入れようとしている．しかし，それらがより効果的であるためには，権限と道徳性に立脚した指揮の統一と企業の長のオトリテが十分に承認されること……が重要である[11]」．

40節の3（キリスト教組合，職業団体，企業委員会，人間共同体）

「最後にわれわれは，同一職業のさまざまなエリメントー雇主・経営者，カードル，労働者ーが秩序と公正と兄弟愛のもとに人間共同体を建設するのに寄与する，職業団体の設立を求める．……共同体に参加するあらゆる人々の誠実な共働の常時的コンタクトを企業委員会や混合委員会でもって構築するにちが

いないこの職業団体の土台として，教会はずっと前から，職業組合の正当性と必要性を主張してきた．われわれはカトリックに向かって以下のことを重ね重ね喚起するものである．すなわち彼ら（カトリック）の席は，生活の，労働の，そして社会の唯物論的諸概念でもって鼓吹された社会主義的もしくは共産主義的組合の外側にあって，キリスト教道徳と教会の社会思想からインスパイアされた真に職業的で任意的なキリスト教組合のなかにあるということを」[12]．

2　MRPの「企業改革」

(1) MRPの結成

　CNR内部における反共勢力の中心人物 G. ビドーと「キリスト教学生青年」の指導者ジルベール・ドリュ（Gilbert Dru. 1944年7月27日にドイツ軍に捕らえられ，リヨンで銃殺された．享年24歳）[13] によって練られていた人民民主党（以下，PDPと略記）や青年共和国などキリスト教民主主義勢力の糾合構想は，パリ解放直後の9月4日リヴォリ通り集会で，フランス史上初の本格的なキリスト教民主主義政党MRPの結成として具体化した（正式には1944年11月25日～26日の第1回MRP全国大会で結成）[14]．「キリスト教民主主義の父」と形容されたマルク・サンニエ，CNR議長のG. ビドー，CGEのメンバーで「闘争」のリーダーであったド・マントン，同テトジャン，「自由フランスの声」放送のモーリス・シューマン，『ローブ』の創刊者・主筆であったフランシスク・ゲェ（Francisque Gay）などの社会カトリック左派レジスタンスをはじめとして，PDP[15]，青年共和国[16]，「社会週間」，CFTC, ACJF, ACJF傘下の社会階層別諸組織のメンバー，その他「社会活動」によって民衆の生活を物質的にも霊的にも現在より高く引き上げようとする数多くのキリスト教民主主義運動家が，CNR綱領を改訂編集した「解放のための行動指針」（Lignes d'action pour la libération）のもとに参集した[17]．指導部（書記局と常任執行委員会）の大部分は社会カトリック左派レジスタンでしめられた[18]．戦間期・レジスタンス期のキリスト教民主主義政党・労働組合・諸勢力を結集し，人間の精神的自由と社会の公正を追求するMRPは，みずからを「国民を深遠かつ真の革命に向けて導くことができる民主主義的かつ民衆的な洞察の大いなる運動」（マルク・サンニエ）[19]として位置づけ，ドゴール将軍との連携を緊密にしつつ，中央，地域及び県レベルの組織を急速整備して勢力を全国的に拡大していった[20]．1945年12月現在の党員数は235,000人．復刊された『ローブ』は事実上MRP機

補Ⅰ-6表　議会選挙における MRP の得票率・議席獲得率等の推移

選挙実施日	得票数	得票率	議席数	議席獲得率	順位	第1党の議席獲得率
1945・10・21	4,580,222	23.9%	150(150)	25.6%	第2党	27.5%（共産党）
1946・ 6・ 2	5,589,213	28.2	166(169)	28.3	第1党	26.1*
1946・11・10	4,988,609	25.9	173(167)	27.6	第2党	29.2　（共産党）
1951・ 6・17	2,369,778	12.6	95(96)	15.1	第5党	19.1　（RPF）
1956・ 1・ 2	2,366,321	11.1	83(84)	14.0	第4党	25.2　（共産党）

*1946・6・2の選挙については，第2党（共産党）の議席獲得率である．
Williams, P. M., *French Politicians and Elections,* 1951-1969, p.293, cité par Irving, R. E. M., *Christian Democracy in France,* first published in 1973, Oxon, Routledge Revivals, 2010, p.74. 議席数の（　）の数値は，中木康夫『フランス政治史　中』未来社，1975年，166, 175, 180, 211, 270頁による．

関紙の役割を果たした[21]．

　補Ⅰ-6表から知れるように，MRP は戦後フランスの政治に重要な地位をしめた．議席数・得票率に変化はみられるものの，とくに1947年4月14日のドゴール派による「フランス国民連合」（Rassemblement du Peuple Français）結成の影響を受けて1951年以降は議席数・得票率を著しく減少させているものの，第四共和政フランスにおける主要政党の1つであり続けた[22]．

(2) MRP の「企業改革」

　MRP は第1回全国大会決議及び1945年8月25日～26日の全国協議会（Conseil national）で採択した選挙公約のなかで，「経営参加」，利潤参加，部分的国有化，国民経済の計画化を謳う[23]．1945年11月8日には MRP 綱領を採択する．綱領前文で，「レジスタンスの精神に忠実である MRP は，CNR 綱領が現在そして将来においても，政党の政治活動の基礎であらねばならないことを繰り返して主張する」と宣言し，第Ⅱ章で経済・財務的事項における「参加」の強化すなわちオルドナンスの一部改正を内実とした「企業改革」を掲げる[24]．骨子は「労働制度としての賃労働の状態（salariat）をアソシアシオンでもってプログレッシブに置き換える」ことにあった[25]．本補論 Ⅱ 3 (1) ① ㋒で考察したように，これが雇主・労働者のヒエラルキー関係すなわち資本主義賃労働制度の全面的否定＝廃止を意味するものでないことは言うまでもない．そうではなくて，全体主義的集産主義（collectivisme totalitaire）を排するとともに，個人主義的経済リベラリズムに由来する専横的ヒエラルキーを人間共同体的経営構造に転換するということであった．人間の自由（liberté de la personne）

と正義及び労使の「共働」をプリンシプルとする経済的・社会的民主主義（démocratie économique et sociale）の実践である[26]．*Politique sociale du MRP*, brochure はいう，「労働者各人が，自分たちは活発で尊重されている一員だと工業作業グループからみなされていることを，みずから認識しうるような状態に労働者を位置づけること．労働者各人にリスクとチャンスを引き受ける可能性を与えること．利害の共同体のみならず精神の共同体を（労使間に）形成するために，その必要条件をつくりだすこと．雇主・経営者と労働者をディー・ファクトに結合する（associer）こと．われわれが実践しようとしているのは，このような施策である」[27]と，E.-F. キャロの提供を借りて，「このような施策」の中身を具体的に確認する[28]．企業レベルに労使同数構成の混合委員会を設置して，賃金率，労働条件，労働紛争の予防と解決，労使の利害調和，職業生活上の諸課題と対策，企業の組織と管理の総体，これらを協議に付すことである[29]．もちろんモリゼ（Morizet）が，「MRP は産業組織における新しい均衡の探求を推奨することで（労使同数構成の混合委員会を設置することで），労働者階級の熱望を大幅に満足させるつもりである．しかし，そのことで，MRP は企業の長のオルガニザトゥールな，そして商務的な機能を組織的に制限しようなどとは思っていない．それどころか逆に，MRP は（企業の長の）個人的責務を可及的に活用するつもりである」（*Politique*, 1946 年 6 月号）と述べているように[30]，企業の意志決定権は雇主・経営者に属していた．

3　第四共和政憲法前文の労働者「参加」条項

　戦後初期，社会カトリシスム左派は『国民和解に向けてのアッピール』と MRP「企業改革」を得て，キリスト教原理に基づく社会経済秩序－とりわけ「経営参加」－の展開を熱誠的に提唱した．CGT=PCF と社会党の社会カトリシスム左派経営社会理念のインプリシットな受容のもとに公布された第四共和政憲法（1946 年 10 月 27 日公布）[31]前文は，その理念を確認する．いわく，「すべての労働者は，その代表者を通じて，労働条件の集団的決定および企業の管理に『参加』する」[32]．

注
1　Maugenest, D., s.j., rassemblés et présentés, *op.cit.*, pp.243-263.

2 戦後初期に続き，戦後復興期においても，キリスト教社会経済秩序の建設は提唱された．例えば，エミール・ロマネの「資本=労働アソシアシオン」構想である．Dreyfus, P., *Émile Romanet : père des Allocations Familiales*, Paris, Arthaud, 1964, pp.150-152, 170-172 の整理を借りて紹介する．
　㋐　1947 年 1 月の経営改革草案
「今日ほど，諸状況がフランス人に対して和解と団結の必要を課している時期はない．それを実践するうえでの重要な処方は……公正，責任，友愛そして兄弟的相互扶助の理念に立脚している」．「公正，友愛そして相互扶助の掟は，以下の機会を提供するであろう．－雇主・経営者に対しては，労働者を共働者とみなし，かれらの人間的尊厳を尊重し，かれらと対話し，かれらを企業の成果に関与させることで，企業の管理についての情報を（かれらに）提供する（機会を）．－労働者に対しては，かれらに能力と善き意志と献身を発揮させることで，職業意識及び十分に遂行してきた労働への愛を名誉としなければならないことを理解させる（機会を）．……こうした認識が労働社会における調和と平和を確立する」．「経営参加」と利潤参加の実践及び労働意識の新たなる展開が，キリスト社会教義に基づいて展望されている．
　㋑　『教会の社会思想』（*La doctrine sociale de l'Église*, 1949）
労働社会をキリスト教的に整序するために，十字軍を組織しなければならない．すなわち「労働社会を再キリスト教化するために投下されてきた努力を神が祝福するために，祈りをささげる」．「労働の場で発生するあらゆる問題の解決法を唯一的に内包している．そして，もしそれが実践されたならば，公正と人間的尊厳に立脚した職業組織の観点から，企業の改革が可能となるであろう教会の社会思想を広める」ことである．祈りと教会の社会思想の普及が，労働社会のキリスト教的整序の要件として提示されている．
　㋒　1953 年 7 月 5 日のサヴォワ県シャル=レ=オーでのフランシスコ会第三会講演：「兄弟愛と実践」
「雇主・経営者は事務員と労働者を，人間そして神の子らとしての尊厳を尊重しつつ，われわれの家族の一員とみなしつつ，経営に関与させつつ，取り扱うことを認識していますか．／（他方）事務員と労働者は，われわれの労苦において，労働における長や同僚との関係において，委ねられた仕事を円滑にする協調と献身の精神を発揮していますか」．これらを認識し発揮することで，「すべての者がどこででも神さまをみることができるのです」．労使相互の信頼と協力と善意がカトリック社会教義に基づいて強調され，経営・労働関係のキリスト教的整序が説かれる．
　㋓　キリスト教社会経済改革の道
ロマネは反社会主義と反経済リベラリズムの二重の闘いのなかで，宗教的衝動にかられて措定した企業改革を起点に社会経済構成の改革を展望する．企業レベルにおける「共働」を発展的に展開したロマネの「資本=労働アソシアシオン」構想である．「教会の社会思想に反する，そして宗教・家族・企業・職業・住宅・人間性を苦しめている，悪弊を取り除くこと．／労働者，雇主・経営者，事務員，すべての人々の世俗の福楽にとって必要な（福祉）諸制度をつくりだすこと．／このように，キリスト教社会規範の恩恵を実践することで社会平和がおとずれ，そして，それによって世界平和が実現するであろう」．
3　論者によれば，『国民和解に向けてのアッピール』は第 2 ヴァチカン公会議（1962 年～1965 年）に先行する戦後 20 年間，フランスにおけるキリスト教社会経済秩序建設の「道標」であり続けた（Maugenest, D., s.j., rassemblés et présentés, *op.cit.*, pp.239, 241）．
4　*Ibid.*, p.249.
5　*Ibid.*
6　*Ibid.*, 250.
7　*Ibid.*
8　*Ibid.*
9　*Ibid.*
10　*Ibid.*
11　*Ibid.*
12　*Ibid.*, p.251.

13 ジルベール・ドリュは国内レジスタンス運動の拠点リヨンに「市民運動キリスト教委員会」(Comité chrétien d'action civique) を設立し,「キリスト教青年戦士」(Jeunesses chrétiennes combattantes) を組織していた. 1943年に『マニフェスト』(Manifeste) を発表して檄を飛ばす. 大略以下であった. これまでの民主主義は見せかけの政治的民主主義でしかない.「人間の諸権利をキリスト教的インスピレーションの民主主義的神秘論と調和させる使命を担わされているのは, 旧来の桎梏を破棄しうる青年たち, 新しい力である」. そのために準備されるべき組織は「政党であると同時に, 思想の学派たる……運動」である.「運動の根底的紐帯は, 一時的な利害を超越した共同精神 (l'esprit commun) である」(Callot, E.-F., op.cit., p.95 ; Irving, R. E. M., op. cit., p.54).

1943年末, ドリュは G. ビドーと出会った. 出会いはドリュにとって命運的であった. 彼はビドーに対して畏敬の念をいだいた. ドリュのビドー観は「キリスト教学生青年」のドムナックによって的確に描写されている (Domenach, J.-M., Gilbert Dru, celui qui croyait au ciel, Paris, 1947, p.107 note, cité par Callot, E.-F., op.cit., p.96). 1944年1月, ビドー=ドリュによって練られていた「運動」(政党) の結成が決定された. テトジャン, CFTC の G. テシィエ, アンドレ・コーラン (André Colin. 元 ACJF 会長), プゼ (E. Pezet), アンドレ・ドブレ (André Debray), ジャン・ルトゥルノ (Jean Letourneau. 元 ACJF 会長), ロベール・ルクール (Robert Lecourt. FFEC), ジャン・レイモン=ローラン, キャトリース (A. Catrice), ルイ・ブール (Louis Bour), アンリ・ボワサール (Henri Boissard), フロイ (Ch. Flory), ルイ・テルノワール, ソランジュ・ランブラン (Solange Lamblin), ウール (Hours), ブランカール (Blanckaert), モーリス・ゲラン (Maurice Guérin), ペピィ (Pépy) らが奔走し, パリのみならず地方 (リヨン, グルノーブル, ノール県) においても結成準備が進められた (Ibid.).

14 党名については, 当初 Mouvement Républicain de Libération とか Démocratie chrétienne が候補にのぼっていた. しかし, 民衆を信頼し民衆とともに行動するという意志のもとに, 最終的には Populaire という言葉が冠せられた (Dreyfus, F.-G., op.cit., p.214).

15 PDP は第1回 MRP 全国大会の前日にあたる 1944 年 11 月 24 日に臨時大会を開いた. 執行委員長シャンペティエ・ド・リブ (Champetier de Ribes) の提案及びジャン・レイモン=ローランとシモン (P. Simon) の趣旨説明に基づき, いったん解党した後, 党員の略全員が MRP に参加することを決議した. 第二次大戦前に結成されていたフランス最大のキリスト教民主主義政党 PDP の決議は, MRP の初期発展に影響を与えた (Callot, E.-F., op.cit., p.97).

16 M. サンニエは MRP に結成当初から参加した. だが, 青年共和国のメンバー全員がサンニエと行動をともにしたわけではない. 1945 年 1 月と翌年 5 月の全国協議会に引き続き, 6 月には臨時全国大会が開催された. そこでメンバー個々の最終的態度が明らかにされた. ルール (Reult), ラルデノワ (Lardenois), セール (Ch. Serre), ロラン (Laurin), ジェルメーヌ (Germaine), マルテル=セリエ (Malleterre-Sellier), トリキャール=グラヴュロン (Tricard-Graveron) など大部分の者は MRP に合流した.「MRP はフランスのさまざまな熱望を統合するうえで, また……自由の社会主義を建設するうえで, 青年共和国よりも一層ふさわしい資質を有しているように思われる」(Ibid.). これが合流派の考え方であった. 他方,「レジスタンス社会民主連合」(Union Démocratique et Socialiste de la Résistance) に参加する者もいた. ウジェーヌ・クロディウス=プチ (Eugène Claudius-Petit) である. P. セールやラクロワ (Lacroix) のように, 政治的であるよりもむしろ観念的「運動」のままにあることを選好し, 青年共和国に踏みとどまろうとする者もいた (Ibid.).

17 Dreyfus, F.-G., op.cit., pp.213–214. MRP と CFTC の係わりについては, Lorwin, V. R., op.cit., p.296 を参照した.

18 MRP の書記局 (Bureau) と常任執行委員会 (Commission exécutive permanente) のメンバー一覧は Dreyfus, F.-G., op.cit., p.215 に掲載されている.

　　[書記局] 名誉局長：マルク・サンニエ. 局長：モーリス・シューマン. 副局長：シモーヌ・ロラン夫人 (Mme Simone Rollin), ジャン・キャトリース (Jean Catrice), フランソワ・レイル=スウル (François Reille-Soult), モーリス・ゲラン, ポール・バコン (Paul Bacon. JOC). 代表：アンドレ・コーラン. 書記：ロベール・ビシェ (Robert Bichet). 会計：アンドレ・ペロル (André

Pairault）．

　　［常任執行委員会］常任委員：G. ビドー，ド・マントン，テトジャン及び書記局のメンバー．選出委員：フランシスク・ゲ，スザンヌ・ランブラン（Mlle Suzanne Lamblin），ロベール・ルクール，ジャン・ルトゥルノ，フェルナン・ブグゾム（Fernand Bouxom），ルイ・プール，マクス・アンドレ（Max André），アンドレ・ドブレ，アンリ・ボワサール，ジョルジュ・ウーダン（Georges Hourdin）．

19　*Ibid.,* p.215.
20　*Ibid.,* pp.214, 216-219；Callot, E.-F., *op.cit.,* p.158；Lorwin, V. R., *op.cit.,* p.295. MRP は，世紀の交にレオンによって先駆的に開始されたキリスト教民主主義運動の半世紀をへた政治的結実とみなされる．MRP の成立過程については，中山洋平『戦後フランス政治の実験　第四共和制と「組織政党」1944-1952 年』東京大学出版会，2002 年，29-35 頁及び Irving, R. E. M., *op.cit.,* pp.74-105 を参照されたい．なお，E.-F. キャロは MRP の初期発展を以下の 3 要因に求めている．

　　㋐　キリスト教民主主義の伝統を継承していたこと．

　　MRP の公式機関誌 *Forces nouvelles* は 1944 年の特集号「MRP の諸起源と使命」（Origines et mission du MRP）において，キリスト教民主主義を MRP に固有のイデオロギーとして再確認する．「キリスト教民主主義により，MRP は正義と自由を信奉するあらゆる民主主義者の結集体となることができる．福音書から博愛の精神をくみとる信仰者も，道徳的には人間生活に唯一の喜びをもたらすであろう価値を信奉する無信仰者も，意識する，しないにかかわらず，共に皆キリスト教の影響で満たされた文明に属している．……MRP があらゆる人々を受け入れ，……かれらの願いを表明することで新しい様態を付与しなければならないのは，こうした文明においてである．その遂行がすべての善意の人々を結集し，また結集するにちがいないこの使命を確実なものとするために，MRP はフランスに生まれた」と（Callot, E.-F., *op.cit.,* p.99）．1945 年 12 月 13 日の第 2 回 MRP 全国大会（パリ）において，アルベール・ゴルテ（Albert Gortais）も「MRP は偶然の産物でもなければ，結党者たちの個人的イマジネーションの結実でもない．それは，歴史的思潮（キリスト教民主主義）を反映したものである」と述べる（*Ibid.*）．フォーヴェ（J. Fauvet）も確認する．「MRP の深遠な主張，それは，歴史を貫いて……自由と公正を調整しようとつとめている，長きにわたるキリスト教的伝統である」と（Fauvet, J., *Les forces politiques en France de Thorez à de Gaulles,* Éditions Le Monde, 1951, p.172, cité par Callot, E.-F., *op.cit.,* p.100）．

　　こうした確認・指摘を総括しつつ，ジャン・レイモン=ローランは Biton, L., *La démocratie chrétienne dans la politique française, sa grandeur, ses servitudes,* Angers, 1954 の序において，次のようにいう．「MRP はキリスト教民主主義の伝統において，第 3 世代を代表する．第 1 世代－1914 年以前の世代－はパイオニアの世代であった．かれらは開墾し種をまいた．しかし，かれら自身の手で収穫することはなかった．第 2 世代－戦間期の世代－は社会のさまざまなミリューにおけるエリートたちを結集して，かれらをととのえたカドルの世代であった．しかし，民衆とかかわり，そして政府あるいは国内外の営みの指導に組織的に参加することができるのは，今日の世代（第 3 世代：MRP）だけである」と（cité par Callot, E.-F., *op.cit.,* p.139）．

　　㋑　レジスタンス運動から生まれた政党であること．

　　E.-F. キャロはいう，「『75,000 人の銃殺者をだした党』（le parti des 75,000 fusillés）と呼ばれた共産党．殉教者を連想させるこの共産党に対峙して，MRP は，新しい政党であるのみならず，レジスタンス運動のなかから生まれた政党として堂々と存在しうる．……MRP はこの時期，……レジスタンス運動のミリューの化身政党として存在していた．そこに，リベラシオン期における（MRP 発展の）1 つの重要な切り札があった」と（Callot, E.-F., *op.cit.,* pp.103-104）．

　　㋒　カトリック団体の支援を得ていたこと．

　　MRP はカトリック団体が提供する人的・精神的支援を中央及び地方レベルで（とりわけ県単位に設置された Fédération MRP で），十全に享受していた（*Ibid.,* pp.102, 105）．

21　日刊紙『ローブ』はキリスト教民主主義勢力を再結集する目的で，1932 年 2 月にマルク・サンニエの親友フランシスク・ゲによって創刊された．当初の発行部数は約 12,000．編集内容は高水準にあった．エチオピア侵略戦争やスペイン内乱に関する論説及び『ラクシオン・フランセーズ』・『レコー・ド・パリ』との論戦は，『ローブ』に第一級のプレスティジを付与した（*Ibid.,* p.69）．1940年にドイツ軍により発刊禁止．リベラシオンとともに復刊し，MRP支持の論陣を張った．復刊後の発行部数は1946年6月で23万，平均すると約12万/月であった．F. ゲェが引退すると段々資金繰りに行き詰まった．1951年6月には45,000にまで発行部数は減少した．1951年10月20日号をもって休刊した．ボルヌ（E. Borne）は最終号で次のように述べる．「今後，何人も，『ローブ』の歴史をあとづけることなしには，最近20年間におけるキリスト教民主主義の歴史をあとづけることはできないであろう．そして，もし我々の理念（キリスト教民主主義）がレジスタンスと第四共和政の初期数年間を強力にインスパイアしているとするならば，それはやはり『ローブ』に負っていると言わねばならない」と（Ibid.）．『ローブ』はキリスト教民主主義運動の情宣・普及に機能し，事実上MRP機関紙としての役割を十分に果たした．F. ゲェの他，G. ビドー，G. テシィエ，Ed. ミシュレ，ド・マントン，J. ルトゥルノ，P.-H. シモン，L. テルノワール，マドル（J. Madaule）などが編集協力者として名を連ねていた．彼らは「『ローブ』の家族」であった（Ibid., p.70）．

22　Irving, R. E. M., *op.cit.*, pp.74, 266；中木康夫『前掲書』, 211頁．
23　Dreyfus, F.-G., *op.cit.*, pp.218, 226.
24　*L'Année politique 1944-45*, pp.475, 482.
25　*Ibid.*, p.482.
26　Dreyfus, F.-G., *op.cit.*, p.199；Callot, E.-F., *op.cit.*, p.143.
27　Dreyfus, F.-G., *op.cit.*, p.199；Callot, E.-F., *op.cit.*, p.144.
28　アソシアシオン構想の要件として，MRPは第1回全国大会以来ずっと利潤参加を視野に入れていた．1949年5月26日〜29日の第5回全国大会（ストラスブール）では，アルベール・ゴルテによって次のように主張されている．「労働者たちは，かれらがどのようなカテゴリーに属する者であれ，かれらの労働に依存している成果にアソシエし，直接的に関与しなければならない．正義（Justice）の掟と国民（Nation）の利害は一体のものである」と（Callot, E.-F., *op.cit.*, p.144）．
29　*Ibid.*
30　*Ibid.*, p.145.
31　補論ⅡⅠ及びⅣ1〜4を参照されたい．
32　*La Constitution de la IV{e} République Française, Préambule*, 27 octobre 1946, cité par Lorwin, V. R., *op.cit.*, p.255. 田端博邦によれば，第四共和政憲法前文に記された「この労働者参加条項が，企業委員会制度を生み出した思想と同一の思想によって支えられていたことは明らかである」（田端博邦「前掲論文〈2〉」, 38頁）．この点は首肯しうる．ただし，「企業委員会制度を生み出した思想」に関しては，筆者は田端と見解を異にする．同氏によれば，「労働者参加条項」は，PCFと社会党によって主導された反独占の民主主義すなわち独占資本の国有化（「社会化」）と不可分離な「労働者統制」の思想によって支えられていた（『同上』, 41-45頁）．

小括

オルドナンスはキリスト教企業アソシアシオンの基本性格に理念的源流をもつ社会カトリック左派社会経済改革の視点から生起した．産業界と労働界の間に対独勝利の一体感に基づくハネムーン（リベラシオン）が湧出していた戦後初期（解放〜1947年前半）に，雇主・経営者の意志決定権を尊重しつつ「生産のあらゆる要素の実り多い結合」を目的として設立された企業委員会に対しては，一定の国民的理解が寄せられた．そして，キリスト教社会経済秩序－とりわけ「経営参加」

−の建設推進が謳われた.

　では,戦後フランスにおける「経営参加」制度に隅柱を樹立する企業委員会は,フランス労働史・労使関係史に1つの「転換点」(turning point)を打刻する1947年秋〜1948年以降どのような展開をみせるのであろうか.東西対立の激化とともに,左右二大勢力は政治経済=イデオロギー的に対立・緊張関係に入る.軌を一にして,キリスト教民主主義政党MRPは衰微する.政治・社会構造における新たなる展開の生起である.MRPの内部でも,オルドナンスの一部改正を契機に,CFTCと連繋した,あるいは「フランスの防衛」の影響を受けた急進派が増勢する.CFTC=MRP急進派は「左傾化」(gauchisme)し,「経営参加」を発展的に前進させた「労使共同管理」を主張する.こうしたなかで,企業委員会は理念をスムーズに具体化し,「経営現実」として所期の機能を十全に発現するのであろうか.それとも「身のない貝殻」(coquille vide)になってしまうのであろうか.「転換点」から1950年代にかけての戦後復興期(la Reconstruction),企業委員会は,したがって「経営参加」制度は機能をどのように発現し,どのような成果を具現するのか.この点についての考察が次の課題として浮かびあがってくる.

注

1　オルドナンスの成立については,労働組合が対経営闘争のなかで「獲得した成果」であるとみなす見解もある.「フランス・サンディカリスムのオリジナルな創造物」とか「闘争の過程で獲得された解放の極めて重要な成果の1つ」である.あるいは「労働者階級の獲得物」(une conquête de la classe ouvrière),「労働運動の成果」(un acquis du mouvement ouvrier)である.一方,政治・経済・社会的コンテクストにおいて,ブルジョワジーの利害を擁護するための「経営による労働の懐柔」とみなす見解もある.これらの見解については,さしあたり,"La Conférence de travail sur les Comités d'entreprise de la Chambre Syndicale des Employés de la Région parisienne", in *Revue Française du Travail*, no.10, janvier 1947, p.55 ; Bouvier, P., *op.cit.*, p.20 ; Leménorel, A., *op.cit.*, p.252 ; Le Crom, J.-P., "Le comité d'entreprise, …", pp.174, 177–179 ; 民主社会主義研究会議産業民主主義研究委員会編『産業民主主義−現代の労使関係』ダイヤモンド社,昭和38年,148頁を参照した.

　　なお,オルドナンスの一部改正を含めた企業委員会法令の成立に関しては,田端博邦「前掲論文(1)・(2)」を参照されたい.田端の分析によれば,企業委員会法令は「労働者階級の下からの運動」=対資本・対経営闘争によって「獲得」されたものである.それは,戦後フランスにおける国民経済の復興及び改革と結合しており,資本に対する労働の「統制」を属性としてもつ(田端博邦「前掲論文〈2〉」,66–70頁;同「フランスにおける労働者参加制度の展開」『社会科学研究』〈東京大学〉第29巻　第6号,1978年,179頁).

2　戦後フランスにおける「経営参加」制度としては,企業委員会の他に,従業員代表制,炭坑夫安全代表制(Délégués à la sécurité des mineurs),労働の衛生安全条件委員会(Comité d'hygiène et de sécurité-conditions de travail)等がある.また,実現するには至らなかったものの,ドゴールは

補Ⅰ-7表　1919年～1962年のストライキ

年	件数 A	参加労働者数 B	損失日数	B/A
1919	2,026	1,151,000 人	15,478,000 日	568 人
1920	1,832	1,317,000	23,112,000	719
1921	475	402,000	7,027,000	847
1922	665	290,000	3,935,000	437
1923	1,068	331,000	4,172,000	310
1924	1,083	275,000	3,863,000	254
1925	931	249,000	2,046,000	268
1926	1,660	349,000	4,072,000	210
1927	396	111,000	1,046,000	279
1928	816	204,000	6,377,000	250
1929	1,213	240,000	2,765,000	198
1930	1,093	582,000	7,209,000	532
....	....	....	....	....
1936	16,907	2,423,000		143
1937	2,616	324,000		124
1938	1,220	1,333,000		1,093
....	....	....	....	....
1946	528	180,000	386,000	341
1947	2,285	2,998,000	22,673,000	1,312
1948	1,425	6,568,000	13,133,000	4,609
1949	1,426	4,330,000	7,129,000	3,036
1950	2,586	1,527,000	11,728,000	590
1951	2,514	1,754,000	3,495,000	698
1952	1,749	1,155,000	1,732,000	660
1953	1,761	1,783,000	9,722,000	1,012
1954	1,479	1,318,000	1,440,000	891
1955	2,672	1,069,000	3,078,000	400*
1956	2,440	981,000	1,422,000	402
1957	2,623	2,964,000	4,121,000	1,130
1958	954	1,112,000	1,138,000	1,165
1959	1,512	940,000	1,938,000	622
1960	1,494	1,072,000	1,070,000	718
1961	1,963	2,552,000	2,601,000	1,300
1962	1,884	1,472,000	1,901,000	781

1924年以降はアルザスとロレーヌの数値を含む.
*原文の数値は 397. 引用者が修正した.
Goetz-Girey, R., *Le mouvement des grèves en France 1919-1962*, Paris, Éditions Sirey, 1965, p.73.

1948年1月4日にサン・テチィエンヌ炭坑夫を前にして,「階級対立を解消して労働と経営を対等の立場に位置づけるために, 労働の経営への旧来の依存（を廃棄するために）」,「資本=労働アソシアシオン」構想を開陳している. ドゴールによれば,「資本=労働アソシアシオン」は「産業と労働組合主義の双方を刷新して職業的にし, さらには『政策を浄化する』」ものであった (Steinhouse, A., *op.cit.*, p.34). ドゴールの「アソシアシオン」構想については, Ehrmann, H. W., *op.cit.*, pp.299-300, 303-305 ; Gueslin, A., *op.cit.*, pp.173-174 ; Guiol, P., *op.cit.* を参照した.

3　1947年秋～1948年が「転換点」として位置づけられる根拠は, ⑦1947年秋～1948年にかけての激しいストライキ運動（補Ⅰ-7表参照）　④1947年12月の CGT 分裂　⑨CGT 委員の国家プラン委員からの撤退, に求められる (Steinhouse, A., *op.cit.*, p.2). 1947年5月4日のラマディエによる共産党閣僚の排除と7月12日のマーシャル・プランへの参加決定も「転換」に向かって

の先行的出来事とみなされる．
4　Callot, E.-F., *op.cit.*, pp.156–159.
5　Irving, R. E. M., *op.cit.*, p.107 ; Le Crom, J.-P., "Les syndicalismes et la crise du libéralisme…", p.25. MRP 急進派の「労使共同管理」主張の事例を掲げる．

　㋐　オルドナンスの一部改正前においても，既にモーリス・ゲランは独自に「労使共同管理」を唱えていた．1946 年 3 月 8 日に，国民議会で「労使共同管理」を訴えている（田端博邦「前掲論文(2)」, 44 頁）．もっとも，この時期，モーリス・ゲランの主張が MRP 総体において受け入れられることはなかった．

　㋑　ポール・バコンの提起：「労働及び貯蓄会社」
1947 年 3 月 13 日～16 日にパリで開かれた第 3 回 MRP 全国大会で，ポール・バコンは「経済と企業の改革」（La Réforme de l'Économie et de l'Entreprise）に関して報告を行った．企業の国家管理化あるいは経営権への国家の直接的介入を排除しつつ，彼は労働者の経済的・社会的並びに「精神的」解放をめざして，「労働及び貯蓄会社」（Société de Travail et d'Épargne）を立論した．「労働及び貯蓄会社」では最高意志決定機関として，株主代表，経営者代表，労働者代表の 3 者同数で構成された管理委員会（Comité de gestion）が設置される．それぞれの代表はそれぞれのカテゴリーから直接・秘密選挙で選出される．企業の長である代表経営者は管理委員会の受託者であり，管理委員会に対して責任を負う．バコンによれば，「この変革の実現（『労働及び貯蓄会社』の設立）は 1 つの革命である．それゆえ，変革を急激に実践しようとする試みは過早となる」．まずは従業員 500 人以上の大企業で，任意に－ただし，実践企業には企業財務上の優遇措置を与える－行うのが望ましい．バコンの提起は大会で承認を得るには至らなかった．しかし，MRP 総体の「労使共同管理」立論に向けて，最初の導火線をシステマティックに形成した（Irving, R. E. M., *op.cit.*, pp.125–126 ; Touchelay, B., *op.cit.*, pp.7–8）．

　㋒　「労働共同体」論
『ローブ』（1949 年 4 月 22 日号）によれば，「（企業委員会は）ソビエト化あるいは労使協力（collaboration）の装置としてではなく，資本主義企業を真の労働共同体（communautés du travail）に転換するための手段として」認識されるべきである（Irving, R. E. M., *op.cit.*, p.124）．「労働共同体」とは，MRP によれば，雇主と労働者代表が共同で（jointly）意志決定を行う企業のことである．つまり，企業委員会が「共同決定」の機関になっている企業を指す（*Ibid.*）．1949 年 11 月の国民議会審議において，モーリス・ゲラン，アンドレ・ドゥニ（André Denis），フランシーヌ・ルフェーヴル（Francine Lefebvre）の MRP 急進派 3 名はベルリエ企業の管理のあり方にかかわって，「共同決定」=「労使共同管理」を主張した（*J.O.*, Débats de l'Assemblée Nationale, 15 novembre 1949, pp.6105–6112, cité par Irving, R. E. M., *op.cit.*, p.125）．

　㋓　第 9 回 MRP 全国大会の決議（1953 年 5 月 22 日～25 日，パリ）
「労働者は，生産性（向上）の努力の成果に対してのみならず，管理の責任にも参加する」（Callot, E.-F., *op.cit.*, p.161 ; Irving, R. E. M., *op.cit.*, p.126）．

　㋔　テトジャンの提起：「労働の自然共同体」論
MRP の長老テトジャンは 1961 年にいう，「企業のオトリテは資本の代理人によってのみ行使されるべきであると命じた神の掟はない．労働（者）がこのオトリテの行使に漸次参加すべきであることは，われわれにとって本質的であるように思われる」と（M. Byé et al., *Le MRP-Cet Inconnu*, Éditions Polyglottes, 1961, p.94, cité par Irving, R. E. M., *op.cit.*, pp.63–64）．テトジャン「労働の自然共同体」論（communautés naturelles de travail）提起である（Irving, R. E. M., *op.cit.*, p.63）．

補論 II

戦後復興期フランスにおける企業委員会制度の機能実態

　オルドナンスの一部改正について，理念的背景を確定する．次いで，戦後復興期における企業委員会制度の中身と実在にアプローチする．企業委員会の本質，したがって社会カトリシスム左派経営社会理念（「経営参加」理念）の認識は，同時代多くの雇主・経営者と労働組合において不明確なままにあったことを検証する．そこに，キリスト教企業アソシアシオンの現代的意義に付着していた限界をみとめる．経営主体における経営理念と労働主体における労働意識の協力・協調に向けての交わりは，信頼と意志と能力において，未成熟なままにあった．

I　オルドナンスの一部改正

　オルドナンスは1946年5月16日に一部改正された（Loi N°46-1065 du 16 mai 1946 tendant à la modification de l'ordonnance du 22 février 1945 instituant des comités d'entreprise. 以下，改正法と略記）. 1945年12月22日，ガジエは臨時諮問評議会の「意見」を略そのまま復活させたオルドナンス改正法案を憲法制定国民議会（Assemblée nationale constituante）に提出した．労働・社会保障委員会はガジエ改正法案をもとにして，これに労働組合代表の企業委員会への出席権と製品価格の値上げに関する企業委員会の意見陳述権を追加した改正法案を改めて作成し，憲法制定国民議会に提出した．1946年4月8日と4月23日に，社会党（SFIO）のルネ・ペーテル（René Peeters）によって労働委員会で労働・社会保障委員会改正法案の趣旨説明がなされた．労働・社会保障委員会改正法案は4月24日に憲法制定国民議会で無修正可決され，1946年5月16日に発布された．1945年10月21日の憲法制定国民議会選挙における左翼の

勝利と 11 月 7 日の「左翼代表会議綱領」(Le programme de la Délégation des Gauches)の策定，そして 1946 年 1 月 26 日のグーアン社会党政権の成立及び PCF 5 名の入閣がオルドナンスに不満をいだく CGT 左派の要求を澎湃として増勢させ，改正を実現させたといわれている．

改正条項の大部分は「意見」の復活であった（補Ⅰ-5 表参照）．改正法の「提案理由書」はいう．「われわれは躊躇うことなくこれら（企業）委員会の数を増やし，その権限 (la compétence et les attributions) を拡充することができる」と．ただし-そして，このことが本質的に重要なのだが-，第 3 条 a)〜c) 項の改正と d) 項の設置は社会カトリシスム左派経営社会理念に基づいていた．c) 項を例に取り上げよう．労働・社会保障大臣 A. クロワザは第 3 条改正の主旨に賛同しつつ，「企業委員会は経営にとって代ってはならない」(1946 年 3 月の発言) と明言する．つまり，労働・社会保障委員会改正法案（実質的に，ガジエ改正法案と同じである）第 3 条 c) 項 Il est obligatoirement consulté sur les questions intéressant l'organisation, la gestion et la marche générale de l'entreprise は「意見」第 3 条 c) 項と一字一句同じであるけれども，「意見」にいう「諮問的資格において」(à titre consultatif) の「consulté」が実体的に労使共同管理を含意していたのに対して，労働・社会保障委員会改正法案（ガジエ改正法案）にいう「consulté」は，オルドナンス第 3 条 1 項において規定されていた「諮問的資格において」(à titre consultatif) の協議権を意味することを，A. クロワザは確認したのである．けだし，彼は第 3 条 c) 項改正の目的を次のように言明するであろう．「立法者は，これ（術語の変更=改正）によって，（雇主・経営者に対して）企業の営みにかかわる組織と管理の問題について，企業委員会と義務的に協議する必要があることを明示しようと考えた」と (1946 年 7 月 31 日付 A. クロワザの地区労働監督官宛通知)．監督官宛の通知が出された 1946 年は CGT と CNPF の間に対独勝利の一体感に基づくハネムーンが湧出し，両者の間に相互尊重・相互信頼という社会カトリシスム左派経営社会理念の受容合意が，すなわち企業内労使関係の協調的方向に向けての変化が，インプリシットに生成していた時期であることに留意しなければならない．A. クロワザは，「経営と労働が経済・財務的事項に関して，対立者 (adversaries) としてではなく，共働者として協議する」ことの必要を開陳したのである．「ユーフォリア」[本補論 Ⅳ 3 (1) を参照されたい]のもとでの経済・財務的事項における「参加」の強化（「情報の提供を受ける」権利から

「協議を受ける」権利へ）に他ならない．

　CGT＝PCF と社会党にとって，「参加」の強化と出席権・意見陳述権を追加した「意見」の復活は，一方において階級的使命に同定された戦後フランスの国民経済再建＝「生産の戦い」を派生的に造出する社会カトリシスム左派経営社会理念を，他方臨時諮問評議会多数派以来の「労働者統制」への陰伏的なアクセス願望を，アンビヴァレントリィに受容するものであった．

　オルドナンス草案策定・審議時の慎重－諮問的協議権に付着する実体の蓋然性に対する危惧［補論 I Ⅲ 1（3）を参照されたい］－を払拭して，1945 年 11 月 8 日の綱領で以下のように宣言していた MRP は，トリパルティスム（tripartisme）与党である社共の改正提起をポジティブに受けとめた．MRP 綱領はいう，「労働者に対して単なる監督権（pouvoir de contrôle：経済・財務的事項とりわけ企業の組織，管理及び一般的運営に関して〈情報の提供を受ける権利〉）を付与する企業委員会の設置は，労働者の解放にとって効果的ではない．／労働者は作業場の，工場の，企業のそれぞれの段階で，それぞれの管理の責任に，成果へと同様に，結合されなければならない．／今後は，／1°企業の新しい形態は，労働者を企業の運営（administration）に結合させるためにと同様に，作業場の管理（gestion）に結合させるために，法律によってつくり出されなければならない．／2°企業委員会についてのオルドナンスの改正は，労働者代表を管理運営に『参加』させるものでなければならない［補論 I Ⅴ 2（2）MRP の「企業改革」を参照されたい］．／国有化された企業（MRP のいう「国有化」は，エタティスト型国有化を指している）においてと同様に，私企業においても，労働制度としての賃労働の状態をアソシアシオン（人間共同体的経営構造）でもってプログレッシブに置き換えるために，こうした試みが推奨されなければならない」と（Programme du Mouvement Républicain Populaire, 8 novembre 1945, II.－経済的・社会的民主主義　企業改革）．社会カトリシスム左派経営社会理念の追求すなわち経済・財務的事項における諮問的協議権の希求である．

　元 CFTC 幹部で MRP 急進派に属していたモーリス・ゲランも社会カトリシスム左派経営社会改革推進の観点から，改正の主旨をポジティブに評価した．改正法に関する彼の見解から，知れる．「1946 年 5 月 16 日の法律はわが国の社会政策の進展において，1 つの重要な歩みを画する．雇用労働者 50 人～100 人の企業における企業委員会の義務的な設置，技術的事項のみならずビジネス

の一般的運営に関しても経営に対して提案を行うことができる委員会の（諮問的）権限，労働組合に対して付与された，とくに企業委員会において労働組合に付与された増勢的に重要な役割（ただし，「諮問的資格で」の），これらは改革の拡大のしるしである」（『ローブ』，1946年6月22日号[13]）．労使相互の信頼と協力を高度化しようとするモーリス・ゲランの意志表明に他ならない．

愚考するに，オルドナンスの一部改正は，本質的には，労働における人間の尊厳を尊重し，経営・労働関係の協調的方向への変化を高度に具現せんとする対自的（pour-soi）な意識レベルにおける社会カトリシズム左派経営社会理念の視点，副次的には1946年初頭における議会・政府の政治的性格を反映した，すなわち「独占資本の規制＝新しい民主主義的経済構造」の実現を前提とした社共の即自的（en-soi）な感性レベルにおける「労働者統制」の視点[14]，別異の次元と源流に発想するアンビヴァレントな2つの視点の並置的関与のもとに遂行された．

注

1　Cohen, M., préface de M. Jean Laroque, *Le droit des comités d'entreprise et des comités de groupe*, 6e édition, Paris, LGDJ, 2000, p.50；田端博邦「フランスにおける労働者参加制度（2）－企業委員会制度の成立と展開－」『社会科学研究』（東京大学）第27巻　第1号，1975年，47-49頁．

2　「左翼代表会議綱領」Ⅰ経済政策 2º b）「企業委員会の運営及び活動のあり方は，臨時諮問評議会によって満場一致で提案されるものでなければならない」．「左翼代表会議」とは左翼諸政党・組織の代表者の会議のことで，CGT，人権同盟，急進党，社会党，PCFの代表者から構成されていた．議長はPCFのブノワ・フラション（*L'Année politique 1944-45*, préface d'André Siegfried, Paris, Éditions Le Grand Siècle, 1946, pp.470-471）．

3　Le Crom, J.-P., *L'introuvable démocratie salariale : Le droit de la représentation du personnel dans l'entreprise*（1890-2002）, Collection "Le Présent Avenir", Paris, Éditions Syllepse, 2003, pp.51, 109. PCFとCGTの一体的な結びつきについては，*Ibid.*, pp.110-112；Steinhouse, A., *Workers' participation in post-liberation France*, Lanham, Lexington Books, 2001, pp.28-30を参照した．PCFの閣僚5名は以下である．副首相・国務大臣モーリス・トレーズ，労働・社会保障大臣 A. クロワザ，工業生産大臣マルセル・ポール（Marcel Paul），復興・都市計画大臣フランソワ・ビルゥ（François Billoux），軍需大臣シャルル・ティヨン（Charles Tillon）．PCFが社会経済行政の主要部分を掌握していたことが知れる．運輸，農業，食料統制の各大臣は社会党によって占められていた．

4　Leménorel, A., "Les comités d'entreprise et le social : paternalisme, néo-paternalisme, démocratie 1945-1990", in Gueslin, A. et P. Guillaume, sous la direction de, *De la charité médiévale à la sécurité sociale : Économie de la protection sociale du Moyen Âge à l'époque contemporaine*, Paris, Les Éditions Ouvrières, 1992, p.254.

5　事実上，ガジエ改正法案即改正法となっている．それゆえ，労働・社会保障委員会の改正法案（実質的に，ガジエ改正法案と同一である）第3条 c）項については，Loi N° 46-1065 du 16 mai 1946…, *Journal Officiel de la République française*, Lois et Décrets, 17 mai 1946, p.4251を参照した．「意見」は，「若干の修正」箇所を除くと，労働・社会問題委員会報告書と一字一句同じである［補論ⅠⅢ1（2）③ cを参照されたい］．それゆえ，「意見」第3条 c）項については，"Rapport fait

au nom de la commission du travail et des affaires sociales", in *Documents de l'Assemblée Consultative Provisoire*, 1944, Annexe N° 201, séance du 5 décembre 1944, p.63 を参照した.
6 「意見」にいう「諮問的資格において」の「consulté」の内容については，補論ⅠⅢ1（3）を参照されたい．
7 Steinhouse, A., *op.cit.*, p.94.
8 *Ibid.*
9 田端博邦「前掲論文（2）」，59頁．
10 MRP はグーアン政権に閣僚8名を送り込んでいた．国務大臣・副首相 F. ゲェ，国璽尚書・法務大臣テトジャン，外務大臣 G. ビドー，軍事大臣エドモン・ミシュレ（Edmond Michelet），郵政大臣ジャン・ルトゥルノ，公衆衛生・人口大臣ロベール・プリジャン（Robert Prigent），国務大臣ピエール・シュネイテル（Pierre Schneiter），同ピエール・フリムラン（Pierre Pflimlin）である．8名の入閣も，MRP が社共の改正提起にポジティブに反応した要因の1つ―ただし，副次的な―と考えられる．
11 MRP 綱領にいう「国有化された企業」とはエタティスト型国有企業のことである．1945年1月16日のオルドナンスによって国有化されたルノー公団がその代表例である．エタティスト型の国有企業においては，労働者代表がサンカする取締役会は，実質的に企業の長の諮問機関的な役割を演じるにすぎない．第二次大戦後における企業国有化とりわけ国有化の定義，国有化に対する各政党の見解，国有化の3類型〈サンディカリスト型・オトノミスト型・エタティスト型〉及び国有企業の経営政策については，原輝史『フランス資本主義―成立と展開―』日本経済評論社，1986年，第7章を参照した．
12 *L'Année politique 1944-45*, p.482.
13 Irving, R. E. M., *Christian Democracy in France*, first published in 1973, Oxon, Routledge Revivals, 2010, p.122.
14 田端博邦「前掲論文（2）」，60-62頁．田端は改正法制定の本質的視点を「労働者統制」に求めている．私見とは異なる．

Ⅱ 企業委員会制度

改正法を中心に，企業委員会制度の主な内容に接近する．

1 適用企業規模

臨時諮問評議会の「意見」は以下であった．「フランスには労働者を雇用している企業が約200万存在する．このうち，労働者を100人以上雇用している企業は僅か9,000でしかない．同50人～100人の企業は約10,000である．機械工業では，労働者を雇用している企業は3,200ある．このうち，雇用労働者100人以上の企業は僅かに563である．同50人～100人の企業は488である．化学工業部門には6,000の企業が存在するが，このうち雇用労働者100人以上の企業は500である．同50人～100人の企業は430である．／（労働・社会問題）委員会が提案するように，もし100人という数字を50人に引き下げたならば，法令の適用企業数は2倍になる」．「意見」をベースとした改正法第1条

により，適用企業は雇用労働者100人以上の商工業企業から，経済活動を営む同50人以上のすべての企業に拡大された（ただし，農業企業と公企業を除く）．その結果，企業委員会の設置を義務づけられた企業は，それまでの約7,500社（雇用労働者数250万）から約16,000社（同320万）に増加した．

2　委員の選挙

(1) 委員の数

委員の数は補Ⅱ-1表のとおりである（改正法　第5条）．委員は労働者による直接・秘密投票で選出された．「すべての代表的労働組合」（chaque organisation syndicale ouvrière représentative）の代表それぞれ1名も「諮問的資格で」企業委員会に出席した．

(2) 候補者リストの作成

選挙にあたっては，「代表的労働組合」が候補者リストを作成した．当該企業に「代表的労働組合」の組合員がいない場合には，未・非組合員のなかから候補者を選んでリストを作成した．1945年2月24日付の通知によりCGTとCFTCが，また1948年1月26日付の通知によりCGT-FOが，その後はCGCが，「代表的労働組合」として認定された．

(3) 議席の配分

オルドナンス草案第10条2項では多数代表制であった．ただし，同一カテ

補Ⅱ-1表　企業委員会委員の数　　　（人）

| 企業の規模 | 委員数 ||
(従業員数)	正委員*	代理委員**
50	2	2
51-75	3	3
76-100	4	4
101-500	5	5
501-1,000	6	6
1,001-2,000	7	7
2,001-	8	8

*délégué titulaire
**délégué suppléant：「諮問的資格で会議に出席する」．
Journal Officiel de la République française, Lois et Décrets, 17 mai 1946, p.4252と労働省労働統計調査部編著『外国労働法全書』労務行政研究所，昭和31年，325頁より作成．

ゴリーの委員定数が3名以上の場合に限り，比例代表制を一部導入していた．当初 CGT は多数代表制を，CFTC は比例代表制を主張していた．1944年12月13日の臨時諮問評議会労働・社会問題委員会審議で，両者の間に多数代表制で妥協が成立した．オルドナンスは多数代表制であった．その後 CFTC=MRP の提案に基づき，1947年7月7日の改正で比例代表制となった[10]．その結果，1つの労働組合が委員を独占する可能性は事実上なくなった．複数の労働組合が自己の影響力を選挙において反映させることが可能となった．

3 委員の任期と労働組合による罷免

オルドナンスでは委員の任期は原則として3年であった．改正法第9条で1年となった[11]．再選可．

改正法第9条3項は労働組合による委員の罷免を次のように規定する．「委員会の委員は，その者を指名した労働組合の勧告により，その任期中においてその職を罷免されうる．ただし，勧告は，秘密投票によってその者が属する選挙母体の過半数により承認されることを要する」[12]．

4 企業委員会の権限

(1) 一般的労働条件

企業委員会には一般的労働条件に関する決定権はみとめられていない．しかし，経営に対して改善を提案する権限はみとめられていた．一般的労働条件とは労働時間，超過労働，有給休暇，労働衛生（とくに照明・暖房・換気・清潔），労働安全，移動手段，設備・道具の整備及び賃金率をさす[13]．賃金率は当初，企業委員会の権限外に位置づけられていた．改正法第2条は権限外条項を削除した[14]．その結果，企業委員会は「企業の経済的及び財務的可能性さらには技術的諸条件を考慮に入れつつ，経済的観点から賃金問題を協議に付す」(1946年6月31日付の労働大臣通知）ことができるようになった[15]．だが賃金に関する個人的・集団的苦情は従業員代表（délégués du personnel）が経営に伝達していたので，また戦後早期には政府が賃金率を決定していたので，更にその後も労働協約によって決定されていたので[16]，企業委員会が賃金率を議事に取り上げることはほとんどなかった．ただし，Droit social によれば[17]，1950年代になると，CGT の政治主義的階級闘争路線の影響を強く受けた企業委員会では，賃金率が重要な協議テーマになっていた[18]．

(2) 社会・文化的事項
①範域

　ILOの規定によれば，社会・文化的事項（oeuvres sociales）[19]とは，㋐法的に設置義務を負っていない　㋑雇用契約に由来していない　㋒企業の任意的・自発的な資金提供により設置されている，この3条件を満たし，かつ「賃金所得者あるいは退職した賃金所得者及びかれらの家族の（生活の）ために企業内に設置されている」施設・制度・事業をさす．CGTも略同様の範域で社会・文化的事項を把握している[20]．オルドナンス第2条2項に則り社会・文化的事項の運営細則を定めた1945年11月2日のデクレも，社会・文化的事項を「労働者あるいは退職した労働者及びかれらの家族の（生活の）ために企業内に設置される」施設・制度・事業と把握する（第2条）．そして，次のように具体的に明記する．「1°プレヴォワイアンス及び相互扶助の社会的制度，例えば，上記退職年金制度や相互扶助組合　2°生活における安楽条件の改善を目的とした事項，例えば，社員食堂，消費協同組合，住宅，労働者菜園，託児所，野外学校[22]　3°余暇の利用とスポーツの組織化を目的とした事項　4°企業付属の，あるいは企業に依存した職業的・教育的制度，例えば，職業訓練・見習工センター，図書室，研究サークル，一般教養講座，家政講座　5°以下の任務をもつ社会的サーヴィス．a）企業の労働者の安楽に絶えず心を配り，仕事に（労働者が）適応することを促し，また企業の医療サーヴィスに寄与するサーヴィス　b）企業委員会及び企業の長によって定められた社会的実践を調整し，促進するサーヴィス　6°企業のなかに設置された医療サーヴィス」と（第2条）[23]．社会・文化的事項とは，第二次大戦前における企業パテルナリスム施策とほぼ同一の内容であったことが知れる．具体例として，1947年度におけるルノー公団（Régie Nationale des Usines Renault）の社会・文化的事項を掲げておく（補Ⅱ-2表）[24]．

②管理

　1945年11月2日のデクレ第3条は次のように記す．「1945年2月22日のオルドナンスの施行とともに設置された企業委員会は，第4条によって規定された条件のもとに，前に記された，法人格を有さない，ただし職業訓練・見習工センターを除く，あらゆる種類の社会・文化的事項の管理を保証する（assurer）．／企業委員会は下記第5条によって規定された範囲と条件のもとに，次項の規定する制約において，法人格を有する社会・文化的事項の管理に

補Ⅱ-2表　ルノー公団の社会・文化的事項一覧：1947年度　　（フラン）

事項	配分額
－社会的援助・施設・制度－	
総合事務所	4,000,000
ソーシャル・ワーカー	4,040,000
児童保護	1,160,000
託児所	150,000
裁縫作業センター	250,000
ヴォークレソン孤児院（Vaucresson）	2,500,000
保育所	4,000,000
ホリデー・ホーム	17,000,000
母親向けの軽食	400,000
母親向けの軽食時間（45分間）の賃金	1,096,000
子供用宿泊施設	50,000
直接的援助（救済物資，贈物，生活費貸付）	6,100,000
戦争犠牲者の遺児年金	237,000
労災犠牲者の遺児年金	375,000
クリスマスツリー	2,300,000
家政講座	50,000
裁縫センター	100,000
子供の木曜日	300,000
家族援助	1,000,000
養母特別手当	1,800,000
高齢労働者救済手当	1,400,000
出産有給休暇（賃金の1/2を支給）	720,000
－スポーツ・余暇活動－	
ビヤンクール五輪クラブへの補助金	4,904,000
余暇活動	1,678,000
スポーツ	162,000
－プレヴォワイアンス－	
相互扶助組合	896,400
月間分担金倍加　セクション1（1947年3月まで）	166,000
年間分担金倍加　セクション2	
ヌムール保養所（Nemours）	1,008,000
永年勤続手当	35,000,000
勤続30年特別手当	480,000
見習工向けの食事	2,475,000
高齢労働者向けの食事	540,000
小計	96,337,400
－社員食堂－	
1食につき20フランの補助金（推定）	150,000,000
合計	246,337,400

Syndicalisme（1947年5月14日付）による．ただし，この一覧には，予算が別途組まれていた以下の事項は含まれていない．食料品・家具・衣類・タイヤの配送センター，企業委員会から独立している協同組合，新婚世帯への貸付，法律相談，住宅サーヴィス，配達・引越しサーヴィスなど（ILO, *Labour-Management co-operation in France,* Geneva, 1950, p.191）．

参加する（participer）．／企業委員会は下記第6条によって規定された範囲と条件のもとに，相互扶助組合，企業の社会保険金庫，企業の被傭者に対して住宅及び労働者菜園あるいは職業訓練・見習工センターを保証することを目的と

した社会・文化的事項の管理に関与する（contrôler）」と．企業委員会による社会・文化的事項の管理は，a 完全管理（assurer : gestion complète, gestion directe）b 経営との共同管理（participer : gestion mixte, participation à la gestion）c 諮問的関与（contrôler : contrôle）の 3 形態に分類される．

　a　完全管理

　㋐法人格を有する事項　㋑職業訓練・見習工センター（見習学校を含む），労働者住宅，労働者菜園，相互扶助組合，企業の社会保険金庫．この㋐と㋑を除くすべての社会・文化的事項が完全管理の対象である．上記 11 月 2 日のデクレ第 4 条は次のように記す．「第 3 条 1 項において明記された社会・文化的事項の管理は，それらの財源調達の形態いかんにかかわらず，企業委員会自身により，あるいは企業委員会によって任命された特別小委員会（commission spéciale）または個人もしくは企業委員会からその目的のために委託を受けて設置された機関を介して，保証される．これらの個人あるいは機関は委託された権限の制約内において活動し，企業委員会に対して責任を負う」と．また第 7 条は，「企業委員会は職務上の諸問題（見習工制度，職業教育研修，職務分掌，労働条件の改善），本来的にいわゆる社会的諸問題（プレヴォワイアンス，相互扶助，労働者住宅と労働者菜園の改善，子供向けの事業），教育的あるいは余暇の組織化を目的とした諸問題（研究サークル，図書室，スポーツ団，野外活動）を調査研究するために，特別小委員会を設置することができる．／小委員会（commissions．特別小委員会のこと）の議長は企業委員会の委員でなければならない．小委員会のメンバーは企業委員会に属していない被傭者のなかからも選出されうる」と規定する．企業委員会は職務的及び社会・文化的諸問題について調査研究を行う小委員会に，もしくは企業委員会が委託した特別の機関または個人に，管理をゆだねることができた．完全管理の事項について，企業委員会は改廃・新設権をもつ．

　b　経営との共同管理

　法人格を有しているが，法的には企業に依存している社会・文化的事項が共同管理の対象である．ただし，a の㋑を除く．上記 11 月 2 日のデクレ第 5 条は次のように記す．「第 3 条 2 項において明記された社会的制度の理事会，理事会が存在していない場合には指導機関（organismes de direction），また，もし存在しているのならばそれらの制度の管理委員会（commissions de contrôle）または監督委員会（commissions de surveillance）は，メンバーの少なくとも半

数を企業委員会を代表するメンバーによって構成しなければならない．メンバーは企業委員会の外部からでも選びうる……」と．要するに，対象事項の理事会もしくは重役会あるいはそれに準ずる機関の構成メンバーのうち，少なくとも 1/2 は企業委員会を代表するメンバー（必ずしも委員でなくてよい）でなければならない．また，これらの事項の事務局には企業委員会によって任命された職員が最低 1 名配属されていなければならない．消費協同組合などが該当する．

　c　諮問的関与

　法人格を有し，独自の資金をもち，法的に企業から独立している事項が対象である（実質的には，これらの事項も企業と提携している）．具体的には a の㋑が該当する．経営によって直接的にマネジされており，企業委員会は当該事項の理事会あるいは重役会に委員 2 名を派遣して，諮問的資格で協議に参加する．

(3) 経済・財務的事項

　経済・財務的事項とは，㋐生産の増大と生産性の改善に関する事項　㋑企業の組織，管理及び一般的運営に関する事項　㋒企業の財務会計に関する事項をさす．これらの事項に関して，企業委員会は社会カトリシスム左派経営社会理念に基づき，「情報の提供を受ける」権利すなわち情報権（droit d'information）をもつとともに，「諮問的資格において」協議権（提案権）をもつ．決定権は企業の長に属する．

　生産の増大と生産性の改善に関する事項について．この事項は㋑㋒に比べると，経済・財務的性格は希薄である．むしろ技術的・職務的性格が濃く，一般的労働条件と共通する部分が極めて多い．それゆえ，オルドナンスの当初から協議権（提案権）がみとめられていた（Il 〈le comité d'entreprise〉 étudie toute les suggestions émises par le personnel dans le but d'accroître la production et d'améliorer le rendement de l'entreprise, et propose l'application des suggestions qu'il aura retenues）〔オルドナンス第 3 条 a）項〕．臨時諮問評議会の「意見」は以下であった．「〔労働・社会問題〕委員会は企業委員会の諮問権を拡充しなければならないと考える．経営に由来する提案についても，同じく企業委員会で検討することを可能にするようにしなければならないと考える」．「意見」第 3 条 a）項と一字一句同じではあるが，「意見」に付着する実体的含意を払拭

した，したがって社会カトリシズム左派経営社会理念に沿って定められた改正法第 3 条 a) 項により，企業委員会は労働者による提案のみならず経営によって提案された事項についても調査し協議することとなった[37]〔Il étudie toutes les suggestions émises par la direction ou le personnel dans le but d'accroître… (le reste sans changement)〕．

企業委員会は月に 1 回〜2 回開かれるだけであり（稀に，週に 1 回開かれることもあった），提案されたすべての事項について調査・協議することは，現実問題として不可能であった．6 ヶ月に 1 回しか会議が開かれない中央企業委員会では，尚更のこと不可能であった．そこで 1946 年 7 月 31 日付の大臣通知は，調査・協議の対象を一般的性格を帯びた最も重要な問題すなわち「生産計画の作成，機械・設備の改良と更新，原価の引下げに影響を及ぼす事項」に限定した[38]．

オルドナンスは企業の組織，管理及び一般的運営に関する事項について，企業委員会は経営から「義務的に情報の提供を受ける」（Il est obligatoirement informé…）〔第 3 条 c) 項〕と規定していたにすぎない．一方，臨時諮問評議会の「意見」は以下であった．「企業の管理と一般的運営に関する事項の情報を企業委員会に提供するだけでは十分でない．企業委員会はさらに，これらの事項及び企業の組織に関する事項について協議しなければならない」[39]．「意見」にいう「協議」に付着する実体的含意を払拭し，社会カトリシズム左派経営社会理念にしたがって定められた改正法第 3 条　c) 項は，「企業委員会は企業の組織，管理及び一般的運営に関する問題について，義務的に協議を受ける」と改めた．経営は情報を提供するとともに企業委員会での協議をへたあとで，これらの問題について決定を行うことになった[40]．ただし，経営は決定に関して企業委員会の意見を取り入れてもよいし，取り入れなくてもよい．

企業の財務会計に関する事項について[41]，臨時諮問評議会の「意見」は以下であった．「企業委員会によって集団の利益のもとに獲得された成果を株主だけが享受するのは，公正ではない．／企業委員会は……利潤の利用について提案をおこなう権利を受けとらねばならない．／臨時政府の法案は，企業委員会によって指名された公認会計士の権限を明確にしていない．公認会計士が会計簿を検査することができるように規定することは有用である．この規定の欠如は，かれら（公認会計士）の任務を効果のないものにする．／他方で，企業委員会の委員は，株主に対して提出される文書を，とくに株主リストと株主総会

出席者リスト及び過去3ヶ年の総会に提出された文書と総会議事録を，参照する可能性を有さねばならない[42]」．「意見」と一字一句同じではあるが，「意見」のいう「提案をおこなう権利」に付着する実体的含意を払拭して新設された改正法第3条 d) 項により，企業の形態及び雇用労働者の数にかかわらず，経営は利潤に関する情報を企業委員会に提供する義務を負うこととなった．同じく，企業の形態及び雇用労働者の数にかかわらず，企業委員会は利潤の利用について，経営に対して提案をおこないうることとなった (Il 〈le comité d'entreprise〉 est obligatoirement informé des bénéfices réalisés par l'entreprise et peut émettre des suggestions sur l'affectation à leur donner) － オルドナンスにおいては，利潤に関する情報の提供は義務的なものではなかった．le comité est, en outre, informé des bénéfices réalisés et peut émettre des suggestions sur leur emploi と記されていただけである．同第3条 c) 項に明記されている obligatoirement という文言は，そこには盛り込まれていなかった．情報の提供に基づく利潤利用の提案権に付着する実体的含意の蓋然性を危惧してのことである．それゆえ，オルドナンスにおいては，利潤に関する企業委員会の情報権と，情報権を前提とした利潤の利用についての提案権は，事実上ネガティブであったと推察される－．株式会社の場合，企業委員会は株主総会に提出される財務会計文書を事前に「知る」権利をもち，且つ公認会計士の検査のもとに財務会計についての「所見」を株主総会に提出する権利をもつこととなった．

なお，取締役会には2人の企業委員会委員が出席し，「諮問的資格で」(avec voix consultative) 協議に加わることが出来るようになった．社会カトリシズム左派経営社会理念に沿った改正であり，A. クロワザによれば，「企業の雇主・経営者と労働者を結びつける方向に向けての最初の一歩」であった[43]．

5 社会・文化的事項の財源

社会・文化的事項の実践は財源の裏付けを必要とする．では，財源に関してはどのような規定が設けられていたのか．財源の中心を構成していたのは経営（雇主）の拠出金である[44]．1945年11月2日のデクレ第19条2項は，オルドナンス第2条3項にしたがい，オルドナンスの制定に先行して社会・文化的事項を独自に実践していた企業の拠出金について次のように規定する．「雇主が法的な義務を負っていない企業の社会的制度の活動のために，退職年金に充当される分を除き，雇主によって払込まれる額．／雇主の拠出金は，いかなる場合

においても，最近3ヵ年間において，企業の上記社会的支出に充当された額の最も多い年度の総額－ただし，対応する必要がなくなった時の一時的な費用（支出）は除かれる－を下廻ることはできない」と，オルドナンスの制定後に社会・文化的事項を実践する企業については，労働協約で拠出金を定めることができた[46]。

財源規定はごく大雑把なものでしかなかった．大抵の場合，拠出金は支払賃金額の2％～3％であった．CGCが大企業150社（雇用労働者数175,000）の企業委員会を対象にして行った1947年の調査によると，平均は同2.25％であった[47]．労働省の調査によると，1948年で同2.07％，1950年同2.26％，1952年同2.02％，1954年同1.98％であった[48]．社会・文化的事項に関して，企業委員会が効果的に機能するためには，少なくとも同2.0％～2.5％を要するとみなされていた[49]．中小企業においては，財源不足に苦悩する企業委員会も少なくなかった[50]．拠出金は企業委員会によって社会・文化的事項の各施設・制度・事業に任意に配分された．

中央企業委員会（Comité central d'entreprise）は合同事業に必要な額を控除し，残りを事業所委員会（Comité d'établissement）に任意に配分した．事業所委員会は配分された額を各施設・制度・事業に任意に配分した[51]．

注

1 改正法については，J.O., Lois et Décrets, 17 mai 1946, pp.4251-4252を参照した．なお，労働省労働統計調査部編著『外国労働法全書』労務行政研究所，昭和31年，323-329頁に改正法の邦訳が掲載されている．

2 "Rapport fait au nom de la commission du travail et des affaires sociales", p.62.

3 J.O., Lois et Décrets, 17 mai 1946, p.4251. 季節工や臨時工であっても，年間6ヶ月以上にわたり「習慣的に」(habituellement) 就業している者は雇用労働者としてカウントされた（ILO, Labour-Management co-operation in France, Geneva, 1950, p.172）．
　　農業企業と公企業は企業委員会法令（オルドナンス・改正法）の適用を受けない．しかし，公企業については別途法律によって企業委員会の設置が義務づけられた（Le Guay, P., "La constitution et le fonctionnement des comités d'entreprises dans le secteur public", in Revue Française du Travail, no.9-10, septembre-octobre 1949, pp.480-489；"Quelques exemples de fonctionnement des comités d'entreprises 〈suite〉", in Revue Française du Travail, no.1-2-3, jan.-fév.-mars 1950, pp.33-44）．あるいはまた，オルドナンス第23条及び改正法第14条にしたがい，団体協約で企業委員会に準ずる組織を設置することも可能であった（Brun, A. et H. Galland, préface d'A. Siegfried, Droit du Travail, Sirey, 1958, p.825；Pepy, D. M., "Chronique des Comités d'Entreprises", in Droit social, mai 1945, p.189）．
　　業務運営上の理由から，1つあるいは複数の社会・文化的事項を共同で実践する必要がある場合には，1945年11月2日のデクレに基づき，企業委員会と同様の権限をもつ「企業間委員会」

(comités inter-entreprises) の設置がみとめられた．財源は，参加企業が雇用労働者数に応じて負担した．デクレ第9条1項にいう，「複数の企業があるいくつかの共同の社会的制度を有するとき，あるいは実践しようと検討するとき，関係する企業委員会は企業委員会それ自体と同様の権限をもつ企業間委員会を，共同制度の組織と機能に必要な範囲において，設置しなければならない」(Décret N° 45-2751 du 2 novembre 1945…, *J.O.*, Ordonnances et Décrets, 6 novembre 1945, p.7328). 第10条にいう，「……企業間委員会は上記第3条によって規定された権限を行使する．また法人格を享受し，企業委員会と同様の条件において活動する．／活動に必要な費用は，雇用している労働者数に応じて，諸企業により負担される」(*Ibid.*). 設置は少数であったが，以下の事例が確認される．クルブヴォワ地区の諸企業が社員食堂を共同で実践するために設置した「企業間委員会」，オルリー地区の空港施設諸企業が社員食堂を共同で実践するために設置した「企業間委員会」，パリの4保険会社が複数の社会・文化的事項を共同実践するために1946年5月27日に設置した「企業間委員会」，パリのポール・セザンヌ通りに本社をおく12の商工業企業が社員食堂（1日当たり1,000食提供），図書室（蔵書数4,000冊），スポーツ・クラブ，家政講座，ホリデー・ホーム，消費協同組合を共同実践するために設置した「企業間委員会」("L'extension des comités d'entreprises après la loi du 16 mai 1946", in *Revue Française du Travail*, juin 1946, p.249; ILO, *op.cit.*, pp.197-199).

4 この時期，フランスには約180万の企業（雇用労働者数約1,250万）が存在していた．残り約1,784,000の企業には企業委員会は設置されていなかったのかというと，必ずしもそうとは言い切れない．雇用労働者50人未満の企業についても，省令 (arrêtés ministériels) によって企業委員会の強制的設置が可能であったからである．また，従業員代表が企業委員会の役割を代行することも，一定の制約条件のもとに，みとめられていた (ILO, *op.cit.*, pp.171-172)．なお，モーリス・コーアンは，改正法によって適用企業は9,000社から19,000社に増加したというデータを紹介している (Cohen, M., *op.cit.*, p.51).

では，実際の設置状況はどうであったのか．ILOの調査によると，1946年3月1日現在，適用企業の60%で，1948年初めには54%で設置されている (ILO, *op.cit.*, pp.222-223). 1946年5月のピエール・シャンブラン (Pierre Chambelland) の調査によると，オルドナンス適用企業約7,500のうち約4,000 (53.3%) で設置されている．1954年の労働者調査によると，改正法適用企業の66%～80%で設置されている（A. シュトゥルムタール，隅谷三喜男他訳『工場委員会 - 職場組織の国際比較 -』日本評論社，昭和42年，56頁). 雇用労働者数100人未満の中小企業だけを取りあげると，1948年3月現在，約36%で設置されている (Leménorel, A., *op.cit.*, p.254). 調査者によって調査対象の地域・業種・企業規模に差異があるので，ある程度数値に違いはみとめられるものの，設置は必ずしもスムーズに進捗していなかったと判断される．補Ⅱ-3・補Ⅱ-4表から，1950年代初頭までは設置数・設置率ともに漸増しているが，その後は1960年代にかけて漸減していることが知れる．なお，大企業よりも中小企業において設置率は低い．*Revue Française du Travail* と *Droit social* 及びル・クロは，㋐大企業で設置率は比較的に高く，中小企業では低い　㋑工業とりわけ熟練男子成人労働者を大量に雇用する業種（冶金，建築，化学，木材など）で設置率は比較的に高く，商業・サーヴィス業とくに婦人労働者のしめる割合が大きい業種及び作業現場が移動する業種（建設，土木）または組合組織率の低い業種では低い　㋒パリ地域，ノール県，ローヌ県，ロワール県で設置率は比較的に高い，この3点を確認している ("L'activité des comités d'entreprises : Rapport de synthèse établi par M. Blanc"〈以下，"L'activité" と略記〉, in *Revue Française du Travail*, no.7, juillet 1948, pp.287-288 et no.12, décembre 1948, p.597 ; "L'expérience des Comités d'entreprises : Bilan d'une enquête"〈以下，"L'expérience" と略記〉, in *Droit social*, janvier 1952, p.17 ; Le Crom, J.-P., *L'introuvable démocratie salariale*…, pp.57-58, 97).

では，設置の遅緩は何に原因していたのか．主因はCGTの力量不足・力量低下と雇主・経営者のパテルナリスト路線回帰及び企業委員会に対する不信に求められる (Philip, A., *La démocratie industrielle*, Paris, Presses Universitaires de France, 1955, p.49). 労働者委員に立候補した者に対して人事面で圧力を加える雇主も少なからずいた (Le Crom, J.-P., *L'introuvable démocratie salariale*…, pp.75, 98). *Droit social* は次のようにまとめている．「現状(1950年代初頭)は(1945年～1946

補Ⅱ-3表　企業委員会の設置数・設置率：全国

調査年・月	設置数	設置率
1945年9月	2,000	26　　　　％
12月	2,300	34
1946年3月	2,600	34
5月	4,000	53*　　24**
7月	4,800	30
1947年7月	6,000	38
8月	8,000	45
9月	8,400	51
11月	8,800	53
1948年3月	9,250	
1950年5月	10,550	
1956年	8,890	
1957年	(9,500)	(52.7)
1962年	4,691	
1963年	(9,500)	(50.0)
1964年	(9,000)	(36.7)
1966年	(9,000)	(35.1)

*オルドナンスのもとでの数値
**改正法のもとでの数値
（　）の数値はCGTによる推定値
Chambelland, P., *Les comités d'entreprise. Fonctionnement et résultats pratiques,* Paris, Rousseau, 1949, pp.11-13, cité par Le Crom, J.-P., *L'introuvable démocratie salariale : Le droit de la représentation du personnel dans l'entreprise*（1890-2002）, Collection "Le Présent Avenir", Paris, Éditions Syllepse, 2003, p.57 と Le Crom, J.-P., *op. cit.,* p.75 及び Bouvier, P., *Travail et expression ouvrière : pouvoirs et contraintes des comités d'entreprise,* Paris, Éditions Galilée, 1980, p.36 より作成．

補Ⅱ-4表　企業委員会の設置率：5つの県　　　　（％）

県	1951年の設置率	1963年の設置率
テリトワール・ド・ベルフォール	88.97	57.14
カンタル	100.00	40.00
ロワール	67.48	33.40
オート・ロワール	76.32	37.29
ローヌ	88.52	42.63

Le Crom, J.-P., *L'introuvable démocratie salariale…,* p.75.

年と）まったく異なっている．まず第1に，労働組合組織の力量がCGTの分裂や労働者の全般的な組合離れにより，かなりの程度低下している．一時弱体化していた雇主は立ち直り，……企業委員会の影響力を弱めることに力を注いでいる．／その結果，……労働組合組織とりわけ労働者の（企業委員会に対する）無関心が漸次増大している．最もしばしば（労働者委員への）立候補者の不足が原因となって，企業委員会の形骸化あるいは廃止がすすんでいる」と（"L'expérience", in *Droit social,* janvier 1952, p.17）．中小企業においては雇主・労働者関係が伝統的に緊密・家族的であり，企業委員会設置の必要性があまり感じられなかったこと（le sentiment de l'inutilité），また雇主が設置にともなう煩雑な事務手続きを嫌ったこと，も理由としてあげられる（Bois, P., "Les comités d'entreprises : Un espoir longtemps déçu peut-il renaître?", in *Droit social,* no.2, Février 1969, p.87；"L'expérience", in *Droit social,* janvier 1952, p.16；"L'activité", in

Revue Française du Travail, no.12, décembre 1948, pp.594-599 ; A. シュトゥルムタール『前掲訳書』，48頁）．
5 *J.O.*, Lois et Décrets, 17 mai 1946, p.4252. この法定数はミニマムであり，労使の合意で委員の数を増やすことは可能であった（ILO, *op.cit.*, p.172）．
6 当初，CGT と CFTC はオルドナンス草案第6条の委員選挙規定を批判し，「労働組合の権限を一層強化し，企業委員会委員の活動に対する統制を常時保障する」観点から，労働組合組織による委員の指名を主張していた（Projet d'ordonnance instituant des comités d'entreprise, observations présentées par la CFTC, s.d.〈1944?〉, cité par Le Crom, J.-P., "La naissance des comités d'entreprise : une révolution par la loi?", in *Travail et Emploi*, no.63, 2/1995, p.73）．だが，この主張は企業社会委員会の非民主的・権威主義的選出方法を連想させた．一方で選挙は，期待されるデモクラシーをシンボライズしていた．その結果，CGT, CFTC ともにオルドナンス草案第6条を受け入れた（*Ibid.*）．
7 大臣通知（1936年8月17日付）を補足した労働・社会保障大臣パロディの通知（1945年5月28日付）から，「代表的労働組合」（organisations syndicales les plus représentatives）にかかる「代表性」（représentativité）の認定基準が知れる．以下である．㋐組合員数（effectifs）㋑独立性（indépendance）：組合員は雇主・経営者から自由であって，組合員であることを理由に雇主・経営者から圧力を受けていない　㋒組合基金（cotisations）：組合費の納入が規則正しく行われており，組合の自立を保証する基金がある　㋓経験，伝統，社会的活動，実績，道徳的影響力及び建設的エスプリにおいて，十全な組合である　㋔占領期における愛国的態度（attitude patriotique pendant l'occupation）（ILO, *op.cit.*, pp.14-16 ; 労働省労政局労働法規課編著『フランスの労使関係法制』日本労働研究機構，平成4年，17頁）．
8 当該企業に「代表的労働組合」の組合員がいない場合，「代表的労働組合」は候補者リストを作成しないこともあり得た．その場合，当該企業を管轄する労働監督官は，非組合によって作成された候補者リストへの投票を有効と認めた（ILO, *op.cit.*, p.174）．
　オルドナンスは選挙の方法を次のように定めていた．労働者による直接・秘密投票で，投票率50%以上を有効選挙とする．投票率が50%未満の場合，2回目，3回目の選挙を行う．1回目と2回目は「代表的労働組合」が指名した候補者のみが立候補しうる．3回目は，被選挙権をもつ者なら誰でも自由に立候補しうる．1947年7月7日の改正（Loi N° 47-1234 du 7 juillet 1947 instituant le régime de la représentation proportionnelle dans l'élection des membres des comités d'entreprise）で，選挙は2回までと改められた．1回目は「代表的労働組合」が指名した候補者のみが立候補しうる．投票率が50%未満の場合，2回目の選挙がおこなわれる．このときは，被選挙権をもつ者なら誰でも自由に立候補しうる．被選挙権については，改正法第7・8条を参照されたい（*J.O.*, Lois et Décrets, 7 et 8 juillet 1947, pp.6390-6391 ; *J.O.*, Lois et Décrets, 17 mai 1946, p.4252 ; Pepy, D. M., "Les comités d'entreprise. L'ordonnance du 23 Février 1945", in *Droit social,* mars 1945, p.51）．
9 ILO, *op.cit.*, pp.14-16.
10 Loi N° 47-1234 du juillet 1947…, *J.O.*, Lois et Décrets, 7 et 8 juillet 1947, p.6390 ; Le Crom, J.-P., *L'introuvable démocratie salariale*…, pp.53-55 ; Pepy, D. M., "Les comités…", p.51.『ロープ』（1947年7月6日号）はこの改正を「MRP の偉大な業績」であると称えている（Irving, R. E. M., *op. cit.*, p.123）．
11 Bouvier, P., *Travail et expression ouvrière : pouvoirs et contraintes des comités d'entrprise*, Paris, Éditions Galilée, 1980, p.31. 委員の任期を短縮した背景には，労働者委員が雇主に取り込まれるのを防ぐとともに，労働者委員に対する労働組合の影響力を強めようとする意図があった．8年後，今度は1954年1月9日の法律で任期2年に延長された．1年では委員は任務に精通することが困難で，職責を十分に遂行しえないというのが理由であった．この延長に対して，CGT は，労働者委員が雇主によって取り込まれ，経営のクリエンテス的存在である「社会問題専門員」（techniciens des problèmes sociaux, agents spécialisés）に転化してしまうのではないかと危惧し，反対した（*Ibid.*, p.31）．
　委員の任期については，前衛的雇主・経営者は当初から延長を唱えていた．例えば，「社会経

済進歩のための産業指導者協会」(Association des cadres dirigeants de l'Industrie pour le progrès social et économique. 以下, ACADI と略記) のナルドン (M. Nardon) は ACADI に提出した報告書『企業委員会の良好な機能に対する障害』(Les obstacles au bon fonctionnement des comités d'entreprises) において, 次のようにいう.「この期間 (任期) が長くなることは望ましい. (任期の) 延長は, 委員の職務形成 (formation) が十全になることを一定の程度において可能にする. さらに, 委員に対して管理の成果を, とりわけ社会・文化的事項の成果を明確に認識させることを可能にする」と ("L'expérience", in Droit social, janvier 1952, p.23). 任期の延長は委員の, ひいては企業委員会の機能の向上に寄与するとみなしていたのである. Droit social は「選出されたメンバーの個人的努力の連続性を確保するために, また, かれらに対して選挙母体からのより一層の自立を促すために, 任期をもっと長く, 例えば 3 年～4 年に延長する準備をしなければならない」という (Ibid.).

12 J.O., Lois et Décrets, 17 mai 1946, p.4252. 労働省労働統計調査部編著『前掲書』, 327 頁.
13 ILO, op.cit., p.184 ; Brun, A. et H. Galland, op.cit., p.814.
14 J.O., Lois et Décrets, 17 mai 1946, p.4251. 賃金率権限外条項の削除に関しては, CGT 金属労連と CFTC は 1946 年 6 月と 7 月に基本的支持を表明する (ILO, op.cit., pp.187–188). 一方, CNPF は 1946 年 4 月 27 日にグーアン首相宛に書簡を送付し, 反対の意志を表明していた.「賃金問題を企業委員会の (協議) 範囲に含めることは, 軋轢の要因を直ちに (労使間に) 持ち込むこととなるであろう. その結果, 新しい制度 (企業委員会制度) の有益な機能の可能性が制限されることになるであろう. 労働者はというと, このことから何ら現実的利益を得ることはないであろう」と (Ibid., p.186).
15 Lorwin, V. R., The French Labor Movement, Cambridge, Mass., Harvard University Press, 1954, p.265 ; ILO, op.cit., p.186.
16 ILO, op.cit., p.185.
17 "L'extension des comités d'entreprises…", p.252 ; A. シュトゥルムタール『前掲訳書』, 51 頁.
18 "L'expérience", in Droit social, mars 1952, p.165.
19 1982 年 10 月 28 日の法律に基づき, 社会事業 (oeuvres sociales) にかわって社会・文化的事項 (activités sociales et culturelles) という用語が用いられることとなった. ⑦oeuvres にはパテルナリスト的・恩恵的意味あいが付着しており, 用語としてはもはや不適切である ④企業委員会の文化的事業を拡充する, この 2 点から上記の法律が制定された (Cohen, M., op.cit., p.739).
20 ILO, op.cit., p.189.
21 Ibid., p.190.
22 ここでは, 野外学校のなかに holiday homes が含まれていると解される. ホリデー・ホームとは, 複数の世帯がコテージあるいはロッジを祝休日に共同で利用することをいう (Ibid., pp.188–190 ; Bouvier, P., op.cit., p.90).
23 Décret Nº 45-2751 du 2 novembre 1945 portant règlement d'administration publique pour l'application de l'ordonnance du 22 février 1945 instituant des comités d'entreprises, J.O., Ordonnances et Décrets, 6 novembre 1945, p.7328.
24 当時, ルノー公団は従業員 3 万人以上の巨大国有企業であった (ILO, op.cit., p.190). 同公団は 1945 年 1 月 16 日のオルドナンスによって国有化された「元」私企業である. 政府が資本参加する混合経済企業 (SNCF, Société nationales de constructions aéronautiques, Cie nationale Air-France, Cie Générale Transatlantique, Cie des Messageries Maritimes) 及び 1946 年 8 月 24 日の法律によって国有化された Société nationale de vente des surplus の企業委員会と同様に, 同公団に設置された企業委員会の構成・機能・権限は改正法第 1 条の定める適用企業のそれと同一であった (Le Guay, P., op.cit., pp.481–482).

1950 年代までは生活・食糧難を反映して, 社会・文化的事項のなかでも「社会的援助とプレヴォワイアンス事業」のしめるウエイトが大きかった. ジョンティル (A. Gentil) が CFTC の協力を得て 25 の企業委員会を対象にして行った 1959 年の調査によると, 7 が財源の 50% 以上を, 11 が 33% 以上を「社会的援助とプレヴォワイアンス事業」に割り当てている. 最も多いのはバス゠ピレネーのブレゲ企業委員会 (Bréguet) で, 88.4% である. しかもこの調査では社員食堂

(cantines) を「社会的援助」の項目から除外しているので，これを加えたならばウエイトはもっと大きくなる．事実，25のうち9が財源の1/3以上を社員食堂にあてている．一方，「スポーツ・余暇・文化的事業」のしめるウエイトは小さかった．25のうち3が財源の20％以上をこの事業に割り当てているのみで，4は10％以下，12は5％以下である（Leménorel, A., *op.cit.*, p.257）．第二次大戦後数年間，社会・文化的事項にしめる社員食堂のウエイトの大きさはILOとピエール・ブーヴィエによっても確認されている（ILO, *op.cit.*, p.230 ; Bouvier, P., *op.cit.*, pp.105-106）．

25　Décret N° 45-2751 du 2 novembre 1945…, *J.O.*, Ordonnances et Décrets, 6 novembre 1945, p.7328.
26　この他にも，企業委員会は経営の全額出資で設置することが法的に義務づけられていた－それゆえ，社会・文化的事項には属さないが－社会的医療サーヴィス（services médicaux et sociaux du travail）の実施と人事について，それぞれ「監督権」（droit de regard）と「合意」（accord）をもって関与する．社会的医療サーヴィスは労働衛生や職業病予防及び従業員の健康増進を目的としていた．主として「企業福祉指導員」（conseillères-chefs du travail）と「産業医師」（médecins du travail）が担当した（ILO, *op.cit.*, pp.192-196 ; Bouvier, P., *op.cit.*, p.98 ; Brun, A. et H. Galland, *op.cit.*, p.813 ; Petit, R., "La gestion des Oeuvres sociales par les Comités d'entreprise", in *Droit social*, mai 1946, pp.201-205 et juin 1946, pp.236-238 ; Décret N° 45-2751 du 2 novembre 1945…, Titre Ⅳ, *J.O.*, Ordonnances et Décrets, 6 novembre 1945, pp.7328-7329 ; Loi N° 46-2195 du 11 octobre 1946 relative à l'organisation des services médicaux du travail, *J.O.*, Lois et Décrets, 12 octobre 1946, pp.8638-8639 ; Décret N° 46-2729 du 26 novembre 1946 portant application de la loi du 11 octobre 1946 relative à l'organisation des services médicaux du travail, *J.O.*, Lois et Décrets, 30 novembre 1946, pp.10191-10194）．
27　1949年11月9日のデクレによって，労働者住宅は企業委員会の管轄外におかれた．労働者住宅の管理権は経営に属し，企業委員会は管理状態を確認する権限をもつだけとなった（A. シュトゥルムタール『前掲訳書』，46頁）．
28　ILO, *op.cit.*, p.192 ; Bouvier, P., *op.cit.*, p.99 ; Brun, A. et H. Galland, *op.cit.*, p.813.
29　Décret N° 45-2751 du 2 novembre 1945…, *J.O.*, Ordonnances et Décrets, 6 novembre 1945, p.7328.
30　*Ibid.*
31　「企業委員会は特別な諸問題を検討するために小委員会を設置することができる」（改正法第15条2項．*J.O.*, Lois et Décrets, 17 mai 1946, p.4252）．小委員会の数は企業委員会あるいは事業所委員会ごとに不定であった．また，常設の形態をとる場合もあれば，祝祭小委員会のように臨時の形態をとる場合もあった．社会・文化的事項にかかる企業委員会の仕事量が非常に多く，小委員会なしに任務を遂行することは事実上不可能であったことが，小委員会設置の理由である．社員食堂，共同購入制度，余暇活動，ホリデー・ホーム，保育所，幼稚園，図書室，合唱団，体育団などに設置されることが多かった．委員以外の労働者を「諮問的資格で」小委員会のメンバーに加えることはできたが，議長は必ず委員でなければならなかった．小委員会は，結果として，将来の企業委員会委員を養成する機能も果たしていた（ILO, *op.cit.*, pp.179, 192, 197-199）．

雇主は小委員会の構成に批判的であった．けだし，「企業委員会のいくつかの規約は，小委員会における経営の代表について何ら規定していない．このことは正当に批判することが出来るように思われる．なぜならば，この問題は企業委員会の一体性の原則（principe de l'unité）に反しているからである．……論理的にいって，企業委員会から派生している小委員会は，協議に経営の視点を取り入れることが出来るようにするために，経営の代表を1人含まねばならない」というであろう．企業委員会委員以外の労働者を「諮問的資格で」小委員会のメンバーに加えることが出来ることに関しても，「企業委員会に属していない外部のメンバーは……経営にシンパシィーを抱いていない」と雇主はみなしていた（"L'expérience", in *Droit social*, janvier 1952, p.27）．
32　ILO, *op.cit.*, pp.192-193 ; Bouvier, P., *op.cit.*, p.98 ; Brun, A. et H. Galland, *op.cit.*, p.813.
33　Décret N° 45-2751 du 2 novembre 1945…, *J.O.*, Ordonnances et Décrets, 6 novembre 1945, p.7328.
34　ILO, *op.cit.*, pp.193-194 ; Bouvier, P., *op.cit.*, p.97 ; Brun, A. et H. Galland, *op.cit.*, p.812.
35　企業委員会の意見（提案）と雇主の意志が異なる場合，行政による後見的調停が規定されていた．「企業の長又はその代理人は，議事録の通知を受けた次の企業委員会の会議において，提出

された要求の各々に対する自己の決定を，理由を付して報告しなければならない．その報告は議事録に記録される．／……企業委員会の提案が企業の長又はその代理人によって拒否された場合には，企業委員会は，その提案を産業生産監督局長に提出して検討を求めることができる．産業生産監督局長は権限ある団体に検討を委ね，その同数諮問評議会（conseil consultatif paritaire）は義務的に諮問を受ける．／同数諮問評議会がこの種の提案を検討するときは，労働・社会保障大臣の代理人は議決権をもって会議に出席するものとする」と（オルドナンス第 18 条，改正法第 13 条）．しかし，この条が戦後初期～復興期にかけて適用されたことはなかった（Montuclard, M., *La dynamique des comités d'entreprise : Exploration sociologique de quelques effets de l'institution des comités d'entreprise sur les relations industrielles,* Paris, Centre National de la Recherche Scientifique, 1963, pp.26–27 ; Le Crom, J.-P., "La naissance des comités d'entreprise…", p.65）．ただし，企業委員会を原告とし，雇主を被告とした司法訴訟は 2 件確認されている．ボン・マルシェ百貨店（パリ）とブリノン父子履物企業（A. Brinon et Fils. 旧セーヌ・エ・オワーズ県ブセェ，従業員 360 人）である．いずれも原告勝訴で，被告には損害賠償が命ぜられた（Montuclard, M., *op.cit.,* p.27）．

36　"Rapport fait au nom de la commission du travail et des affaires sociales", …, p.63.
37　J.O., Lois et Décrets, 17 mai 1946, p.4251.
38　ILO, *op.cit.,* pp.207–208 ; Brun, A. et H. Galland, *op.cit.,* p.815.
39　"Rapport fait au nom de la commission du travail et des affaires sociales", …, p.63.
40　J.O., Lois et Décrets, 17 mai 1946, p.4251 ; ILO, *op.cit.,* p.207.
41　J.O., Lois et Décrets, 17 mai 1946, p.4251.
42　"Rapport fait au nom de la commission du travail et des affaires sociales", …, p.63.
43　ILO, *op.cit.,* p.211.
44　経営（雇主）の拠出金のほかに，事業によっては労働者の拠出金もあった．消費協同組合や相互扶助組合への労働者の拠出である．ヴィシー政権が社会委員会に充当していた資産も企業委員会に移転された．その他，公的団体や労働組合の助成金，個人からの贈与・寄付も財源に組み入れられた（Décret N° 45-2751 du 2 novembre 1945…, *J.O., Ordonnances et Décrets,* 6 novembre 1945, p.7329）．
45　*Ibid.*
46　Bouvier, P., *op.cit.,* pp.92–93 ; ILO, *op.cit.,* p.201. 1944 年〜1948 年に物価が 5 倍に跳ね上がった．物価上昇に対処し，企業委員会に安定した財源を保証するために，1949 年 8 月 2 日に法律が制定された．次のように規定する．「企業委員会の社会的制度に出資するために雇主によって毎年払込まれる拠出金（contribution）は，いかなる場合においても，企業委員会によって社会・文化的事項（oeuvres sociales）の費用が引き受けられるようになる以前の 3 ヵ年間において，企業の社会的支出に充当された額の最も多い年度の総額－ただし，対応する必要がなくなったときの一時的な費用（支出）は除かれる－を下廻ることはできない．／この拠出金の支払賃金額に対する割合は，前項において定められた基準年における同様の割合（拠出金の支払賃金額に対する割合）を下廻ることはできない」(Loi N° 49-1053 du 2 août 1949 assurant des ressources stables aux comités d'entreprise, *J.O., Lois et Décrets,* 4 août 1949, p.7616 ; Brun, A. et H. Galland, *op.cit.,* p.818 ; Cohen, M., *op.cit.,* pp.769–770；大谷眞忠「フランスにおける労働者の経営参加－企業委員会の成立を中心に－」『経済論集』〈大分大学〉第 38 巻　第 1 号，1986 年，21 頁)．
47　ILO, *op.cit.,* pp.201–202. 企業の立地地域（都市部あるいは農村部），賃金率，社会・文化的事項の実践規模などにより，拠出金の支払賃金額に対する割合は異なっていた（*Ibid.,* p.201）．
48　Leménorel, A., *op.cit.,* p.255.
49　*Ibid.*
50　"Les Assises de la baisse des prix et la Conférence Nationale des Comités d'entreprise de la métallurgie", in *Revue Française du Travail,* no.14, mai 1947, p.498.
51　企業が 2 つ以上の事業所から構成され，それぞれの事業所の雇用労働者が 50 人以上の場合，事業所ごとに事業所委員会を設置する．ただし，50 人未満の事業所については，同じ企業の近隣の事業所委員会に所属するか，もしくは同じ地域内にある同じ企業の 50 人未満の事業所同士

で事業所委員会を設置する．事業所委員会の構成は企業委員会と同一である．権限及び義務は，「その事業所の長に委ねられた権限の範囲内において」，企業委員会と同一である．

中央企業委員会は事業所委員会の代表で構成され，委員の総数は 12 を超えない．ただし，事業所委員会が 13 以上存在する場合には 13 以上でもかまわない．会議は少なくとも 6 ヶ月に 1 回（6 月と 12 月），本社において開かれる．主な機能は，すべての事業所に共通する合同事業の実施と各事業所委員会への予算分配を行うことにある．株式会社の場合には，取締役会に出席する委員を任命する（"L'extension des comités d'entreprises…", p.243；ILO, op.cit., pp.182–183, 202–203；J.O., Ordonnances et Décrets, 23 fév. 1945, p.956）．

事業所委員会と中央企業委員会の具体的な構成と機能は，"L'expérience", in Droit social, janvier 1952, pp.29–33 et mars 1952, p.165 に詳述されている．

Ⅲ 企業委員会制度に対する反応

オルドナンスの一部改正以降，経営と労働は企業委員会制度を，したがって「経営参加」をどのように受け止めたのか．1947 年秋には東西対立が激しさを増し，「独占資本の規制＝新しい民主主義的経済構造」という CGT = PCF と SFIO の願望すなわち即自的な感性レベルにおける「労働者統制」の視点は消滅する．CGT = PCF は政治主義的階級闘争へ路線を転換する．主として経済・財務的事項に関する協議権規定に焦点を合わせ，戦後復興期（「転換点」〜1950 年代）における労使双方の姿勢をさぐる．

労働の代表として CGT を挙げる．理由は以下である．㋐「転換点」以降，CGT, CFTC, CGT-FO の間で路線上の対立が表面化した．企業委員会に関する見方についても 3 者の間に不協和音が生じ，一定の統一的・協力的な態度・姿勢をみとめることは最早できなくなった．㋑ 3 者のうちで CGT が組織と運動の両面において第一の「代表的労働組合」であり，企業委員会の活動に最も熱心であった（補Ⅱ-5・補Ⅱ-6 表参照）．CFTC と CGT-FO は CGT に比べると労働運動にしめる影響力は質・量ともに小さく，企業委員会の活動にもあまり熱心ではなかった．㋐について，Droit social は次のようにいう．「転換点」以降，「労働組合間の陰険な戦いと競争により，労働組合組織間の連帯と協力それ自体が大きく妨げられている．最も信用のおけない，そして最も不誠実な手段によって，ある者は（自分の所属する組合以外の）他の組合の権威を失墜させることに執念を燃やしているように思われる．労働者階級全体が苦悩している……．／こうした戦いと貶しあい（dénigrements）は，企業委員会と小委員会のあらゆる活動のなかに見出される」と．政治的闘争主義から距離をおく

補Ⅱ-5表　CGT の組合員数

年	組合員数
1945	377.5万人
1948	318
1949	314
1950	272
1951	260
1952	226
1953	211
1954	195

Le Crom, J.-P., "La naissance des comités d'entreprise : une révolution par la loi?", in *Travail et Emploi*, no.63, 2/1995, p.74 と Id., *L'introuvable démocratie salariale* …, p.116 より作成.

補Ⅱ-6表　企業委員会委員の選挙における CGT の得票率

年	得票率
1949	59.4%
1950	56.4
1951	56.8
1952	54.4
1953	54.8
1954–1955	54.9
1955–1956	53.8
1956–1957	53.5
1957–1958	53.1

Le Crom, J.-P., *L'introuvable démocratie salariale*…, p.116.

　CFTC と CGT-FO は，マルクス主義の立場から「現在の諸困難はやがて消滅するだろう．なぜならば，雇主層は消滅する運命にあるからだ」と主張するCGT と袂を分かつ．㋑について，*Droit social* はいう，「一般に，非 CGT 系労働組合（CFTC, CGT-FO）の企業委員会活動は引っ込み思案で，控えめで，優柔不断である．（委員）選挙のたびに，しばしば議席を増やしているにもかかわらず，その影響力は（議席数に相応して）ありうる大きさほど大きくはない．（非 CGT 系の）委員は，雇主が委員会の権限を次第に侵害するのを，反発することなく，常に拱手傍観している（例えば，雇主が会議の回数を減らしたり，経済的あるいは財務的事項に関する協議を廃止するのを）」と．

　経営の代表として CNPF（Conseil National du Patronat Français．フランス雇主・経営者全国評議会，通称「フランス経団連」．初代会長はジョルジュ・ヴィリエル Georges Villiers）を挙げる．理由は以下である．この時期，業種の枠をこえた全国レベルの雇主・経営者団体として CNPF, CFP, CJP, CGPME を挙げることができる．そのなかで，CNPF が雇主・経営者の経済的利害を最もよく代弁し，社会的・政治的にも最大の影響力を有していた．

1　適用企業の拡大（雇用労働者100人以上の企業から同50人以上の企業に拡大）

　結成準備委員会をへて1946年1月1日に正式に結成され，6月12日から実質的に活動を始めた CNPF は，政府に対して，この改正条項は中小企業の営みを圧迫するものであると抗議する．「中小規模の企業への（適用）拡大の影

響は十分に考慮されなかったように思われる．追加的な資金負担がこれら中小規模の企業に比例的に重くのしかかってくる．しかし何よりも，そうした（中小）企業の生産の可能性に非常に大きな影響を及ぼす．労働者の大部分は，彼らはしばしば非常に高度に熟練しているのだが，工場の（労働）時間表から免除される．この時間的損失は……生産量の維持と両立しない」と．こうした主張は戦後復興期において一貫していた．

2 「代表的労働組合」による候補者リストの作成規定と委員の罷免規定

(1) CNPF の見解

この2つの条項が委員と労働組合の接触を緊密にし，労働組合の委員に対する「後見」（労働組合と委員の結合）を作りだしていたことは否定しがたい．CNPF は1948年4月2日～4日に開催された CGT 金属労連主催第3回企業委員会全国大会宛の書簡のなかで，「企業委員会に対する外部からの干渉とりわけ労働組合のあらゆる干渉は，企業委員会の効果的な運営及び目的の実現を妨げるだけでしかない」と指摘し，この2つの条項に因する労働組合の「後見」が企業委員会の公正で安定的な機能の発現を妨げていると批判する．*Droit social* は，「労働組合組織は（企業）委員会のメンバーの候補者を指名することによって，また選出されたメンバーに指示を出すことによって，企業委員会に圧倒的な影響力を及ぼしている」，「企業委員会の委員は，選出された後には，労働組合に所属していることを忘れ，指名された労働組合組織からの大幅な自立を維持することが特に望まれる．指定委任（mandat impératif）は企業委員会を，そして議決機関を麻痺させる害悪である．企業委員会のメンバーは労働組合から完全に解放されねばならない」という CNPF 会員の見解を紹介する．なお，パリ商業会議所もこの2つの条項について，「絶えざる，そして遺憾な（労働組合の）圧力に委員をさらすこと」になり，企業委員会の安定が脅かされると危惧する．

(2) CGT の見解

CGT はこの2つの条項について，労働組合代表の企業委員会への出席権とともに，企業委員会と委員を「労働組合に忠実ならしめる」措置，「本質的に労働組合のディシプリンと調和した民主的措置である」とみなし，ポジティブに評価する．企業内での活動が法認されていない労働組合にとって，これら

の規定で委員をコントロールすることは企業内での組合活動を事実上可能にするものであった.

3 経済・財務的事項に関する協議権

改正法第3条により,企業委員会には経済・財務的事項に関する問題について,協議を受ける権利が付与(あるいは拡充)された.とりわけc)項により,企業委員会は企業の組織,管理及び一般的運営に関する問題について,それまでの「obligatoirement informé」から「諮問的資格において」「obligatoirement consulté」されることになった.

(1) CNPF の反応
①企業改革に対する CNPF の基本姿勢

1946年12月の総会で採択されたCNPF規約は,CNPFの目的を「雇主・経営者の機能と私企業」を擁護し,「オトリテの道徳的規範」を維持することに定める[11].オトリテを根幹にすえた伝統的企業経営の堅持である.規約に則り,会長ジョルジュ・ヴィリエルは1948年6月26日～27日のCNPFトゥケ大会(Touquet)で,「(法令による企業改革を)より前へ進めるまえに,既存のことがらを検討する」べく,改革の実践を一度中止すべきであると訴えた[12].また「(企業改革に関する)新しいテクストとか法令」は「祖国を麻痺状態にする」だけであり,諸困難の根源以外の何ものでもないと主張した.CNPFによれば,社会諸関係の発展は「(企業)構造の改革」に依存しているのではなく,企業の長のイニシャチブに依存していた[13].CJPの3代会長で社会カトリック左派のジャック・ヴァルニエは,ヴィリエルの言動に対して,「フランス雇主層(CNPF)は現今の大問題を無視しようとしているのではなかろうか?」(*Jeune Patron*, 1949年1月号)と不信をあらわにし,鋭く批判した[14].企業改革に対するCNPFの基本姿勢は非妥協的・硬直的にネガティブであった.

②協議権規定に対する CNPF の反応

CNPFは副会長兼社会委員会の長マルセル・ムーニエの名において,政府に対して,「改正法はオルドナンスの精神をひっくり返した」,「われわれが十分に支持していた制度(オルドナンス)の性格を変更した」(*Bulletin du CNPF*, no.2, 1946年12月15日号)と抗議する[15].さらに臨時大会を開いて,「(この改正は)当初の法令(オルドナンス)を改善することからかけ離れて,企業委員

会の良き機能を損なう不幸な曖昧さをもたらすであろう」と決議する[16]．同様の抗議は既に 4 月 27 日（グーアン首相宛）と 11 月 22 日（労働大臣 A. クロワザ宛）にも出されていた．前者では「近いうちに（改正法の見直しは）必要不可欠である」と主張し，後者では「国民議会は，安定勢力を取り戻したときには法令をつくりかえる義務がある」という[17]．CNPF は，改正法第 3 条とりわけ c）項が「企業の責任ある長のオトリテを妨げる」とともに，労使の信頼・協力にかえて労働の要求（revendication）を続生させるのではないかと強く危惧した[18]．リヨン地域の雇主・経営者の反応も，またパリとアヴィニョン両商業会議所の反応も同様であった[19]．ただし，CNPF に代表されるこうした反応は，当面，政府に対して開顕されただけであった．対独勝利の一体感に基づく労使のハネムーン情勢を考慮する CNPF は，さしあたり協議権規定をディー・ファクトに受け入れ，成り行きにしたがった．

だが，「転換点」を境界域としてそれ以降，CNPF は会員に対して以下の指示を出している．「法律はオトリテを創出することはできないし，オトリテを破壊することもできない」，「企業委員会の予めの諮問の有無にかかわらず，企業の長の決定権は依然として影響を受けずにある」との立場にたち，「意図的に不明瞭にされている法令条文のあまりにも自主性のない解釈は，過度な小心により，企業のよき営みの妨げに通じることになる．……それは雇主の責任と両立しない二重の指揮を企業のなかに持ち込むことになる」と[20]．要するに，改正条項を独自に解釈し，協議権規定を形骸化せよと指示したのである．

例えば，生産の増大と生産性の改善に関する企業委員会の調査・協議については次のようにいう．「重役会がそれら（生産の増大と生産性の改善）についての行動をとる前に，重役会のイニシャチブは企業委員会に提出されるべきであるとこの条項は意味している，と考える理由はない．そうではなくて，この条項は次のように結論づけられるべきである．すなわち，……重役会は，解決することが有益である（とみずからが考える）問題を調査するために，委員会を招集することができる（有益でないと思われる問題については，委員会を招集しなくてもよい）．そして，可及的にそのようにすることが，重役会自身の利益になる」と[21]．実際，*Droit social*（1952 年 3 月号）によれば，「生産と生産性の改善計画について，技術提案小委員会（Comité technique des suggestions）は多かれ少なかれ雇主の隠された妨害にぶつかっている．その結果，この小委員会は活動を停止している」[22]．

企業の組織，管理及び一般的運営に関する事項の協議についても，「企業の長のオトリテを大きく損なうであろう．1945年の法令は企業の長のオトリテを尊重する旨を明確に表明していたのだが，……（協議は）商工業上の営みにおける日々の決定において，常に害をもたらし，時に命取りになりかねない（決定の）遅れを生じさせるであろう」と激しく批判し，会員に対して「いかなる場合においても……企業の長の決定権は不動のものである」と明確に指示する[23]．

　財務会計に関する情報と協議については，条文にとらわれることなく，企業委員会の関与を排除するように指示する[24]．労働者委員の取締役会への出席権についても，CGTが「企業委員会委員は議決権をもたずに諮問的資格において取締役会に出席するのみであるが，（それでも）これは雇主と賃労働者の関係において1つの重要な変革の始まりを画する[25]」と高評価するのに対抗して，条文を無視するように指示する．

　CNPFのこうした反応・指示はCGTの政治主義的階級闘争路線への転換と軌を一にして強化され，会員の間に浸透した[26]．CNPFはCGTの路線転換を正確に把握していた．いわく，「企業委員会は事実上，労働組合の第一級の情宣の場になっている……．労働組合は（企業委員会を）組合闘争の延長の場にしている」(*Droit social*, 1952年1月号)[27]と．1948年4月のリヨン地域労働監督官エイマール（P. Aymard）の労働大臣ダニエル・マイエール宛リポートは，「経済（・財務）的事項の権限を十分に発現している企業委員会は少数である．一般的にいって，雇主は……組織と管理は経営のみに権限が属するとみなしている」と記す[28]．協議権規定に対する雇主・経営者の反応は著しくネガティブであった．

③雇主・経営者の反応事例

　1950年代初頭に *Droit social* によって行われたアンケート調査の回答を借りて，協議権規定に対する雇主・経営者の反応事例（反応の典型．l'attitude patronale, l'attitude des chefs d'entreprises）を紹介する．反応はシチュエーション（地域，業種，企業規模）に応じて多様である．だが，雇主・経営者の多様な反応（les attitudes patronales）のなかから，単なる反応（une attitude patronale）とはダイメンションを質的に異にする雇主・経営者の反応事例（反応の典型）を抽出することは可能である．

　某カードルのアンケート回答は次のようにいう．「もちろん，雇主の態度は

個別的な1つの事例である．しかし，(雇主としての)典型的な態度を抽出することはできる．／企業委員会に関する法令及びそこから生じたその後の展開は，雇主にとって望まれていたものではなかった．雇主がそれを甘受したのは，政治的状況の圧力のゆえにであった．この状況が十分に長い間続いていたので，雇主はできるかぎり必要最小限なものに限定しつつ，成り行きにしたがった．その後，危機が漸次遠ざかるとともに，雇主は最も危険と考えられる法令の諸条項すなわち企業の一般的営みと組織及び経済的・財務的問題に関する諸条項(協議権規定)を空文化することにつとめることで，新しい制度に対する自己の積極的協力を縮減していった．／現在，この趨勢はあらゆる領域において確認される．会議とりわけ中央企業委員会の会議，ことに一般的及び経済的問題に関する会議は間隔があく傾向にある．……ある化学大企業では，中央企業委員会の通常の会議は1年前から開かれていない．／……／経済的事項に関しては，雇主の情報提供は少なく，あるいは稀になっている．雇主〔の改正法第3条とりわけc)項に対するこうした反応 l'attitude〕により，何らかの影響力を行使しうる状態にある委員会はめったに存在しない．現行法令でとくに規定されている利潤の用途の問題についても」[29]と．

また，ある回答はいう．「最近，いくつかの大企業の普通の雇主は，企業委員会委員を前にして，従業員代表制と企業委員会を衰微するがままにしている某工場を称賛している．結論として，われわれは，何人かの前衛的雇主 (quelques patrons d'avant-garde) は別としても，雇主は企業委員会に対して不信を抱き続けており，もともと同意することを強制された譲歩の実施をそのディテイルにおいてしばしば蝕むことに次第に成功している，と断言することができる．雇主の意図は，しばしば公然と表明されているように，企業委員会を社会的な端役 (un rôle social subalterne) に位置づけておくことにある．完全に廃止するとは言わぬまでも」[30]と．要するに，「雇主は(『義務的に協議を受ける』権利をともなった)企業委員会に対して不信を抱き続け」，委員会を「社会的な端役に位置づけて」おこうと意図していた，といえる．

(2) CGTの反応
①労働組合運動の手段

CGT金属労連は当初，「(近い将来)企業委員会が経営の提案に対して否定的見解を表明し，そして経営が拒絶する代案を(企業委員会が)提示する」場

景を思い浮かべつつ,願望を込めて,「この法律(改正法とりわけ協議権規定)は労働者とフランス労働組合運動にとって1つの新しい前進へのステップをしるしている。それは,工場それ自体における民主的諸原理の展開に向けて,新しい可能性を与えるものである」(*La Revue économique et sociale*, 1946年8月～9月号)と述べる。だが,1948年4月のCGT金属労連主催第3回企業委員会全国大会では「企業委員会の労働者委員は,CGTのとる行動を全力をあげて全面的に支援することが自らの使命であると考える」と決議するに至る。モーリス(M. Maurice)は *Revue des Comités d'Entreprise*, no.10で次のように主張する。「企業委員会は1つの独立した組織とみなされてはならない。そうではなくて,企業委員会は労働組合運動の1つの歯車とみなされねばならない。企業委員会は労働組合から刺激を受けている。もし,企業委員会のすべての同志委員がこの考えに深く感化されているならば,(会議における)かれらの活動は,本質的に,労働組合支部と企業の労働者全員によって決定されたことがらから結果したものとなる」と。ロベール・ポール(Robert Paul)もいう,「中央企業委員会は労働組合運動の,看過することのできぬ,1要素である。労働組合運動を成就するために,中央企業委員会のメンバーは労働組合組織の本部で予め会議を開くことが不可欠である」と(*Revue des Comités d'Entreprise*, no.16)。さらにジャン・エタンダール(Jean Etendard)も「企業委員会を労働組合組織に結びつける絆によって,企業委員会は本来あらねばならないものとなるであろう。すなわち,労働組合支部の指導のもとで,労働者階級に奉仕するために戦う組織に」という(*Revue des Comités d'Entreprise*, no.27)。以上要するに,「転換点」以降,CGTは協議権をともなった企業委員会を,つまり協議権規定を,労働組合運動の手段として明確に認識していた。

②階級闘争の手段

階級闘争は労働組合運動を土台として展開する。「CGT書記局が諸々の労連の合意を得て企業委員会の活動を組織し,方向づけ,活力づけることを決定しているのは,この原則定立に基づく」(*Droit social*, 1952年2月号)。戦後初期に湧出した労使信頼・協調の方向性は今や消散していた。A.クロワザは企業委員会を「帝国主義戦争の煽動者たち」に対する戦いの手段として位置づける。CGTの某指導者は,「企業委員会は階級闘争の手段である。さもなければ,何物でもない」,「法令によれば,確かに企業委員会は混合委員会であり,経営と被傭者代表の共同協議の場である。(だが)このことは,(企業委員会

が）企業一家の集まり（un rassemblement de famille）であることを意味するものではない．また意味することもできない．そうではなくて，企業委員会は，労働組合支部が企業のなかに最も重要な組織を形成するための，階級闘争の戦場の１つなのである」という[39]．

ブノワ・フラションは「綱領的文書」に同定された「民主主義のための戦いにおける企業委員会」と題する論考のなかで次のように主張し，協議権をもつ企業委員会に，したがって協議権規定に，新たな政治・社会的任務を付与する．「企業委員会の労働者委員は，1948年においては1945年と同じように行動することはできない．……活動の新しい形態で，新しい状況に対応しなければならない．／経済的復興，生産の発展，設備の近代化，農業生産の発展と近代化，労働者大衆の状態の改善，物価の引下げと金融の安定化，自由の擁護と民主主義の獲得物は，今日においてもなお，各企業において，生産のための努力と経済的サボタージュに対する戦いを要求している．／何よりもまず，わが国を荒廃と混乱と失業そして外国による支配並びにアメリカ拡張主義者のための戦争へと導こうとしている者の企てを麻痺させねばならない．／企業委員会はこの行動において中心的役割を果たすことができるし，またそうしなければならない．／企業委員会は現在の状況をもたらした，そして労働者大衆に惨苦をもたらした責任者に対して告発状を起草することができるし，またそうしなければならない．／たとい，企業委員会の労働者委員が与えられた任務を成し遂げていないとしても，それは彼ら（労働者委員）の責任ではない．かれらは戦ってきた．そして，かれらはあらゆる法的手段を駆使して，だが労働者大衆に依存していることを決して忘れることなく，定期的に委任の報告を行いつつ，復興を妨害する者たちの責任を糾弾しつつ，戦い続けねばならない．／もちろん，戦い（résistances）を勝ち抜くために，あらゆる具体的手段を検討しなければならない……．／労働者階級とその組織に対抗し，実現した国有化を清算しようと策動している反動政府との熾烈な戦いなしには，フランスの救済と再生のこの計画が遂行され得ぬことは言うまでもない．／……今日，労働組合と常時連繋しつつ，そして労働組合の指導のもとに，またその指導に積極的に与しつつ，労働者委員は活動のこの新しい局面に対応するために，熱誠的に行動するであろう．かれらは，それがいかに困難で苛酷なものであれ，日々の任務を一心に，自信をもって遂行するであろう」（*Revue des Comités d'Entreprise*, 1948年4月創刊号）[40]．

ブノワ・フラションとガストン・モンムッソーの直接指導をうけて「カバンもち」と「日和見主義者」を一掃していたパリ地域金属労働者も CGT 指導部に対して，「雇主たちによってここ（企業委員会）に植えつけられたパテルナリスムの酵母を一掃し，そして企業委員会を階級闘争の武器にすること，……雇主たちとの協力の過程において，労働者の勝利を疑うことを可能にした偏向と戦う」ことを盟約する (*Le Peuple*, 1949 年 2 月 24 日号[41])．CGT は繰り返し檄を飛ばした．「企業委員会は階級闘争における 1 つの武器である．……それは，雇主と労働者の協力のための 1 つの装置とみなされてはならない」(*Revue des Comités d'Entreprise*, 1948 年 10 月号[42])，「階級闘争は企業委員会のなかで強化されねばならない．われわれの同志（労働者委員）は，いかなる時にも，雇主がわれわれの階級と対立する敵であることを銘記しなければならない．かれら（労働者委員）は労働者の運命を前進させるために派遣されているのであって，経営と協力するために派遣されているのではないことを決して忘れてはならない」(*Revue des Comités d'Entreprise*, 1950 年 6 月号[43])，「階級精神が CGT（労働者）委員の活動を導かねばならない」と (*Revue des Comités d'Entreprise*, no.27[44])．

いまや CGT は協議権規定を階級闘争の手段として，すなわち社会主義革命に向けての一里塚として，独自に認識した．当然のことながら，労使の協力・協調を目的とした協議についてはネガティブな態度をとった（モーリス・モンチュクラールのいう "négativisme" du refus[45])．CGT 金属労連主催第 3 回企業委員会全国大会における決議をもう一つ紹介しておこう．「代表（労働者委員）は以下を勝ちとるために戦うことを誓う．a) 原価の管理に関する企業委員会のより組織的な行動及びこの領域における企業委員会の権限の一層の活用　b) 企業の財務状況・利潤・製品価格についての管理と検査に関する企業委員会の権限拡大　c) 事実確認に基づく企業委員会の諸提案が実践されるための保証及びそれらの提案がもはや雇主の拒否又は国家機関の反感によって左右されないようにするための保証　d) 搾取，法外な利潤，投機的な値上げ及びその他の不当な操作を公然と咎める権限」(*Revue des Comités d'Entreprise*, 1948 年 5 月号[46])．これは企業委員会による経営管理と同義である．

③CGT 労働者委員の反応事例

Droit social によるアンケート調査の回答を借りて，1950 年代初頭における CGT 労働者委員の反応事例（反応の典型）を 2 つ紹介する．「ある会社の企業

委員会は，CGT が望んでいる代表的な事例である．／その会社は鉄鋼企業の典型とみなされる．／1° 事業所委員会（委員）は社会・文化的事項を決して蔑ろにしていない．だが，経済的事項に，階級闘争の問題と労働組合の影響力の問題に，とくに関心を注いでいる．2° 事業所委員会は，一方における工場長・カードルによって代表される経営，他方における（労働者委員によって代表される）労働組合とりわけ CGT，両者の熾烈な対立・闘争によって特徴づけられている」．[47]

「現在，工場を代表している唯一の労働組合は……CGT である．CGT の責任者は共産党の責任者である．／CGT の責任者は企業委員会の労働者委員である．このことから，（企業委員会の協議においては）政治的問題が工場のいかなる個別問題よりも優先されていることが分かるであろう．／われわれが企業委員会の数名の労働者委員に対して，委員会の本質的任務は何かと問うと，彼ら労働者委員はわれわれに対して，『委員会は労働組合（CGT）のために情報を集める任務をもつ』と答える．／要求的な活動が工場の良き営みの問題よりも，常に広範に上位におかれている……．／……1951 年における企業委員会の文書は 1945 年のそれと同じである．しかし，その精神は変化している．すなわち，企業委員会は本来の任務を放棄している．それ（企業委員会）は政治的な姿勢と密接に結びついている．／この結びつきは労働組合＝企業委員会の関係にあらわれている．われわれは労働組合の集会に参加した．そこでは企業委員会の活動が報告されていた．組合幹部の報告のなかに委員会の活動と組合の活動の区別を見出すことは困難であるように思われた．そこには労働運動が存在するのみであった．……われわれは企業委員会の協議議事録のなかに，某職長の工場からの追放を要求する（労働者委員の）経営への介入を見出す．某職長は工場の良き営みを考慮に入れているとは思われない，というのが要求の理由であった．労働組合の集会では，（労働者委員は）『雇主は，われわれが行動を起こす決意であることを十分に知っている』と叫んでいる」．[48] 協議権規定は CGT 労働者委員により，労働組合運動の手段として認識されていた．

注

1　"L'expérience", in *Droit social*, février 1952, p.100.
2　Bois, P., *op.cit.*, p.88.
3　"L'expérience", in *Droit social*, février 1952, p.96.

4 Touchelay, B., "Gouvernement d'entreprise et perspectives historiques. 〈Le patronat français et le partage du pouvoir dans l'entreprise entre 1946 et 1968〉", Neuvièmes journées d'histoire de la comptabilité et du management, 20 et 21 mars 2003, pp.3, 5. 発足時の CNPF は地域代表と特任メンバー及び以下の業種・部門の代表から構成されていた. 炭鉱・エネルギー資源, 機械・金属, 鉄鋼, 冶金, 化学, 繊維, 衣服・衣料, 木材, 建設資材, 建築, 公共事業, 製紙, 食料（生産）, 食料（流通・販売）, 商業, 皮革, 銀行, ホテル, 中小企業部門. 代表の名前は "La constitution du Conseil National du Patronat Français", in Revue Française du Travail, avril 1946, pp.52-54 に一覧が掲載されている. 事務局はパリ商業会議所のなかに置かれた.

5 ILO, op.cit., pp.171, 177.

6 Ehrmann, H. W., traduit de l'anglais par André Michel, La politique du patronat français 1936-1955, Paris, Armand Colin, 1959, p.379 ; Philip, A., op.cit., p.51. ただし, 労働組合の勧告に基づく労働者委員の罷免規定（改正法第 9 条 3 項）が適用されたことは, 1947 年 12 月の CGT 分裂における一部の事例を除くと, ほとんどなかった (Le Crom, J.-P., "La naissance des comités d'entreprise…", p.75).

労働者委員と労働組合の結びつきをディー・ファクトに緊密にした改正条項として, 第 4 条の守秘義務がある.「企業委員会の委員及び労働組合の代表は, 製造工程に関するすべての問題につき, 職業上の秘密を守らなければならない」. オルドナンス第 4 条では, 守秘義務の対象は会議における「秘密の性格をもつすべての情報」(tous les renseignements de nature confidentielle) と規定され, 事実上あらゆる事項に及んでいた. それゆえ, 労働者委員は自己の任務について完全に沈黙を守らなければならず, 労働組合と切り離されていた. オルドナンス第 4 条については, Pepy, D. M., "Les comités…", p.52 を参照されたい. しかし, 改正法第 4 条で,「製造工程に関するすべての問題」(tous les questions relatives aux procédés de fabrication) 以外は守秘義務の対象からはずされた. 労働者委員は労働組合の集会とりわけ執行委員会で活動状況を報告することが可能となった. 労働者委員と労働組合の結びつきは著しく強化された (ILO, op.cit., p.172 ; Lorwin, V. R., op.cit., p.270 ; J.O., Ordonnances et Décrets, 23 fév. 1945, p.955 ; "L'extension des comités d'entreprises…", p.247).

7 ILO, op.cit., p.228. M. ブランも同様の視点から分析を行っている. "L'activité", in Revue Française du Travail, no.12, décembre 1948, p.596 を参照.

8 "L'expérience", in Droit social, janvier 1952, p.22.

9 ILO, op.cit., p.176.

10 Ibid.

11 Touchelay, B., op.cit., p.4.

12 Ibid., p.8.

13 Ibid., p.9.

14 Ibid. 同時に, Jeune Patron の編集長アンリ・ダンノ (Henri Dannaud) もフランス雇主に対して,「フランス雇主はもはや苦情や泣きごとや批判には係わらず, 建設的政策の明確な主唱者になろう」(Jeune Patron, 1949 年 1 月号) と訴えた. CJP の CNPF 批判はその後も継続的に展開された (Ibid., pp.13-37).

15 ILO, op.cit., pp.220-221 ; Ehrmann, H. W., op.cit., p.377 ; Bouvier, P., op.cit., p.29. マルセル・ムーニエ (1893〜1971) は従業員数 300 人の電話器製造企業主で, エレベータ会社の重役も兼ねていた. オーギュスト・ドゥトゥフのあとを継いで「電気工業総雇主組合」(Syndicat général de la Construction électrique) 会長に就任した. UIMM では要職を歴任し, 1945 年には会長職についた. CNPF と金属・冶金業界の橋渡し役を担っていた. 独学で技術を習得した「たたきあげの実業家」であった (Touchelay, B., op.cit., p.3).

16 ILO, op.cit., p.220.

17 CNPF, Lettre du 27 avril 1946 au Président Félix Gouin, in L'Usine Nouvelle du 16 mai 1946 et Déclaration de M. Meunier au nom du CNPF le 22 novembre 1946, in Bulletin du CNPF, no.2, du 15 déc. 1946, p.6, cité par Cohen, M., op.cit., pp.50-51. CNPF は 1946 年 7 月 17 日にも「企業委員会高等協議会」(Commission Supérieure des Comités d'Entreprise. 本補論 Ⅴ 注 63 を参照されたい) に

対して同様の抗議文を送っている.
18 ILO, *op.cit.*, p.221.
19 1946 年 7 月 8 日付リヨン地域労働監督官の労働大臣宛リポートに記された改正法第 3 条に対する雇主・経営者の反応より（Steinhouse, A., *op.cit.*, p.94）. パリ商業会議所は 1946 年 3 月 20 日に改正法案を批判する文書を労働大臣 A. クロワザに提出し, 以下に係わる条の削除を要求している. アヴィニョン商業会議所も 4 月 3 日に同様の要求書を A. クロワザに提出している. ㋐適用企業規模の拡大　㋑経済・財務的事項に関する協議権　㋒公認会計士の補佐権・検査権　㋓守秘義務の縮減　㋔選挙権に必要な勤続期間及び被選挙権年齢の引き下げ　㋕委員の有給活動時間増加（Cohen, M., *op.cit.*, p.50）.
20 ILO, *op.cit.*, pp.208, 224 ; Lorwin, V. R., *op.cit.*, p.264.
21 ILO, *op.cit.*, p.205.
22 "L'expérience", in *Droit social*, mars 1952, p.173.
23 ILO, *op.cit.*, p.208.
24 *Ibid.*, p.212.
25 *Ibid.*, pp.211-212.
26 Steinhouse, A., *op.cit.*, p.98 ; Touchelay, B., *op.cit.*, pp.13-38.
27 "L'expérience", in *Droit social*, janvier 1952, pp.22-23.
28 Steinhouse, A., *op.cit.*, p.94.
29 "L'expérience", in *Droit social*, février 1952, p.93.
30 *Ibid.*, 94.
31 ILO, *op.cit.*, pp.208-209.
32 *Ibid.*, p.222.
33 *Ibid.*, p.228. CGT 建築労連書記のルネ・アラシャール（René Arrachard）は 1949 年に次のように述べている.「われわれの同志（労働者委員）が, 自分たちは企業委員会において労働者と CGT の代表であって, 企業の『忠実な管理人』ではない, ということを確信することは絶対的に重要なことである. ……かれらは, かれらを雇主に盲従させる, そして雇主の囚われ人ならしめる『会社人間』（l'esprit maison）とか『私ども』（les Nous）と縁を切らなければならない」（*Revue des Comités d'Entreprise*, 1949 年 1 月号）と（Montuclard, M., *op.cit.*, p.35 ; Le Crom, J.-P., *L'introuvable démocratie salariale*…, p.114）.
34 "L'expérience", in *Droit social*, février 1952, p.97.
35 *Ibid.*
36 *Ibid.*
37 *Ibid.*
38 Ehrmann, H. W., *op.cit.*, p.379.
39 Bois, P., *op.cit.*, p.88.
40 "L'expérience", in *Droit social*, fév. 1952, p.96 ; Lorwin, V. R., *op.cit.*, pp.267-268 ; Le Crom, J.-P., "La naissance des comités d'entreprise…", p.67 ; Id., "Le comités d'entreprise, une institution sociale instable", in *L'enfance des comités d'entreprise*, Actes du colloque des 22-23 mai 1996, Roubaix, Centre des archives du monde du travail, 1997, p.188.
　　CGT 金属労連主催第 3 回企業委員会全国大会も次のように決議していた.「物価騰貴を抑え, 生産を増やし, フランス経済を荒廃と外国の支配の脅威から守り, 失業不安を取り除き, そしてフランス人民の生活条件を大幅に改善することで,（企業委員会は）無秩序と混乱から祖国を救うことにおいて, 大いなる役割を果たすことができるし, また果たさなければならない」（ILO, *op.cit.*, p.228）.「アメリカ帝国主義の奴隷化計画（マーシャル・プラン）に対抗するために, 企業委員会を動員する」と（Lorwin, V. R., *op.cit.*, p.268）. 要するに,「企業委員会の活動家（労働者委員）は, 企業委員会の経営に対する活動を単に法律によって定められている範囲のみに限定しては決してならない」, つまり「律法主義的近視眼（マイオピア）」に陥ってはならないと戒めるのである（CGT, Fédération des Travailleurs de la Métallurgie, *Les Comités d'entreprise : Principes d'orientation, d'organisation et de fonctionnement*, 2d éd., Paris, 1947, p.13, cité par Lorwin, V. R., *op.cit.*, p.267）.

その根拠として,「このオルドナンスは団体協約または慣行に基づく企業委員会の活動あるいは権限に関する諸規定を妨げるものではない」(オルドナンス第23条,改正法第14条)が挙げられていた.CGT によれば,この条は,「オルドナンスの諸規定はリーガル・ミニマムにしかすぎない」ことを意味した (ILO, *op.cit.*, p.169).

41 Lorwin, V. R., *op.cit.*, p.269.「パテルナリスムの酵母」とか「労働者の勝利を疑うことを可能にした偏向」といった表現の背景には,デュシャ (J. Duchat) のいう次のような状況が往々にして存在していた.「代表(労働者委員)の多くに見受けられる階級意識の欠如は,雇主が代表を取り込み,かれらを(経営と)妥協させる方向に導くことを可能にしている.……これは,雇主が労働組合 (CGT) の支配に対して提供することを拒否しているものを,企業委員会に対してしばしば提供していることと無関係ではない.雇主はこのようにして,労働者に対して,企業委員会は(労働者の要求を)実現させる最良の可能性をもっているので,労働組合組織はもはや不必要である,という考えを信じ込ませようとしている」(*Revue des Comités d'Entreprise*, 1949 年 3 月号) (Montuclard, M., *op.cit.*, p.35 ; Le Crom, J.-P., *L'introuvable démocratie salariale*…, p.114).
42 Montuclard, M., *op.cit.*, p.33.
43 Lorwin, V. R., *op.cit.*, p.269.
44 "L'expérience", in *Droit social*, février 1952, p.96.
45 一方 CFTC は次のように述べて,協議権規定を一定の程度において評価する.「労働者はいまや,単に監督 (supervision) のみならず,リアルな協力 (collaboration) も有している.そして,現実的な協議 (consultation) の権利も有している.それは,1945 年のオルドナンスでは非常に制限されていたものである.この新しい諸規定は労働者階級の解放において 1 つの重要な前進をしるすものである.それはいまや,経営全般への漸進的な『参加』とみとめられる」と (ILO, *op.cit.*, p.222).
 しかし,労使共同管理の立場にたつ CFTC は,「これらは部分的な成果でしかない.依然として非常に不十分である」と続ける.そして,次のように要求する.「あらゆる産業組織における経済全般の完全なる鋳直しを.そこでは,『労働者』(man-worker) はもはや下位の人間とはみなされない.(彼は)『資本家』(man-money) と同等の地位にある現実の人間存在 (personality) とみなされる.そして,もはや付随的にではなく,原理(プリンシプル)において,企業の経営管理,所有及び利潤に現実的かつ十全に参加する権利を(『資本家』と同じように)有している」と (*Ibid.*).CFTC は参加を,革命の手段としてではなく,目的として把握していた.
46 Montuclard, M., *op.cit.*, p.33.
47 "L'expérience", in *Droit social*, février 1952, p.99.
48 *Ibid.*

Ⅳ 企業委員会における労使の対立・緊張関係の生成と展開

 H. W. エールマンによれば,改正法以後,労使は「敵対と疑いの伝統的な姿勢のなかに凍結」した.「凍結」の本質的な契機はいうまでもなく経済・財務的事項への労働のアクセス規定(協議権規定)にあった.ただし,私見によれば,協議権規定をめぐる CGT と CNPF の対立・緊張関係は「転換点」すなわち 1947 年 7 月頃までは,事実上顕在化していない.否むしろ,それまでは両者は信頼的・協調的でさえあった.1946 年のストライキによるフランス全体の労働損失日数 386,000 日は 1919 年~1962 年の 44 年間で最も少ない.著しく

少ない．スト発生件数 528 も解放～1962 年の 17 年間で最も少ない．同期間の年平均発生件数 1,851 の 1/4 強でしかない．スト 1 件当たりの参加者数 341 人も最も少ない．同じく同期間の年平均参加者数 1,157 人の 1/3 でしかない（補Ⅰ-7 表参照）．解放直後の CGT=PCF は，要求活動において非常に穏健であった．対独勝利の一体感に基づくハネムーンが労働組合組織と雇主・経営者団体の間に湧出し，1945 年 5 月 7 日以来両者の間にはオトリテと労働組合権の相互尊重が，つまり「現行法（オルドナンス=改正法）の枠内において，CGT は企業の長のオトリテに異議をはさまないし，CNPF も労働組合の諸権利の行使に異議をはさまない」（CGT=CNPF の共同声明：1947 年 7 月）という合意が，別言すれば労使相互の尊重と信頼という社会カトリシズム左派経営社会理念の受容が成立していたのである．1947 年 4 月初旬に開かれた CGT 金属労連主催第 2 回企業委員会全国大会において，CGT は企業委員会を資本主義体制の打倒=階級闘争を目的とした装置としてではなく，資本主義のブリュータルな性格を希釈化することを目的とした装置として理解するであろう．

対独勝利の一体感に基づくハネムーンの時期にインプリシットに生成し，改正法によって確定された合意したがって企業委員会制度=「参加」の受容は-「転換点」までしか存続しなかったが，その間-，CGT=PCF において，階級的使命としての戦後祖国の国民経済再建すなわち「生産の戦い」を派生的に造出した．

1 「生産の戦い」

(1) PCF 書記長モーリス・トレーズの発言

1945 年 7 月 21 日，モーリス・トレーズは企業委員会の役割を強調しつつ，ノール県ドゥエ郡ワジエルの炭鉱労働者に檄を飛ばす．「生産すること，それは今日，階級的義務の，フランス人の義務の最も崇高な形態である．昨日まで，われわれ々の武器はサボタージュであり，敵に対する武力行動であった．今日では，武器とは反動派の計画を挫折させるための生産である」と．企業委員会機能をとおして現出する国民経済の再建=「生産の戦い」に期待が寄せられた．

(2) 労働・社会保障大臣 A. クロワザの発言

A. クロワザは 1946 年 2 月 3 日のリヨン地域金属労働者大会における演説で

次のようにいう.「本質的なことは，祖国の再建と国民的復興のために，生産の絶えざる増大に，諸君の努力を最優先して傾けることである．／祖国が経験している深刻な現状において，このことは政府の政策の骨子をなす考えである．それは祖国の復興と福祉を規定するものである．／……／それゆえ，生産及び生産性の戦いに勝利するために，志を高く，前に向けてもとう！／前へ，栄光の日に向かって，苦悩をつき抜けよう！／明日のフランスに向かって前進！」，「われわれは苦悩の過去を依然として克服していない．しかし，克服は生産と連帯の努力に満場一致で団結した，自由な合意のディシィプリンに結集した，われわれすべてのフランス男子とフランス女子に依存している．さらに，可及的短期間に経済活動を再開すること，そしてその結果として，トラストの裏切りによって依然として打撃を被ったままにあるフランス財政の復興をなし遂げること，にも依存している」と.

(3) CGT 書記長ブノワ・フラションの発言

1946 年 4 月 9 日〜4 月 13 日の第 26 回 CGT 全国大会における「活動報告」で，ブノワ・フラションは次のようにいう.「経済の復興と輸送網の復旧及び生産手段の再建のために，われわれは解放(リベラシオン)の翌日から民衆運動の先頭に立っている．当時，こうした言葉を用いるわれわれは少数派であった．ある者は，労働者を生産の増大に奮励するように奨励することは労働組合の任務ではないと主張し，われわれを嘲弄して，われわれの努力を妨げようとした．／……／われわれは，あらゆる産業，あらゆる地域で，CGT の全組織が生産及び生産性の戦いに熱烈に参加していることを嬉しく思っている」，「われわれが労働者階級のためにより多くの食料，より多くの衣料・履物・世帯道具・住宅を望むとき，問題は単に賃金増だけではもはや解決されえない．第 1 に，それ（問題）は消費に充てられる商品の量と（経済）再建のリズムに依存している」，「CGT の偉大さは CGT に大きな責務を課している．CGT は革命やストライキを情宣するかわりに，われわれを社会的，経済的，政治的諸変化へと導く新しい要素(エレマン)について認識しなければならない．最も活動的な労連（Fédérations）は生産をスローガンにしている労連である」と.

(4) 第 26 回 CGT 全国大会の全体決議「フランスの労働者に対する宣言」

「パリ地域労働組合県連合」（Union départementale des Syndicats de la Région

Parisienne）の代表で，全体決議委員会（Commission de Résolution générale）の報告者であるウジェーヌ・エナフ（Eugène Hénaff）は，レオン・ジュオー，ブノワ・フラション，サイヤンそして全体決議委員会メンバーと連名で決議「フランスの労働者に対する宣言」（Manifeste aux Travailleurs de France et des pays d'Outre-Mer）を大会に提出した．「宣言」は満場一致で採択された．抜粋を記す．「CGT は生産を増大し，フランスの経済的自立を確立しなければならない．／CGT はより前へ，より迅速に進まなければならない．／CGT はフランス民衆に対して，より多くの食料・衣料・履物・家具・世帯道具を供給しなければならない．より速やかに住宅を再建しなければならない．／農民に対して，より多くの肥料と農機具を供給しなければならない．／（フランスが）輸入している製品と機械類を（自前で）生産するために，一層の努力を傾けねばならない．そして，経済的・政治的自立を確立しなければならない．／CGT は労働者階級及び最も恵まれていない民衆の境遇を改善しなければならない」[10]．

(5) 労働者の自主・自発的なディスィプリン

1945 年 11 月 9 日付のコレーズ県労働及び労働力局長リポートは次のように記す．「総生産量の関数である生産性プライム．このプライムは仕事に精励する労働者に配分される．欠勤者は作業場の同僚たちによる非常に厳格な（就業）秩序を思い浮かべる．雇主のコントロールよりも一層効果的な，そして企業内に異議を生じさせないに違いないこの自主規制（auto-contrôle）の方法は，（労働者の）欠勤に因する生産性の大幅な低下について，労働者の蒙を啓く．私は，企業委員会が設置されていない近隣の工場においても，間もなく類似の規制が導入されるであろうと確信している．集団的な労働意識と個人の責任感が陶冶される．それは企業の営みを本来的に前進させる．規律それ自体がしばしば非常に厳格である．追加休暇をとった労働者が解雇されたとき，同僚たちは雇主に対して，（解雇）処分は重すぎるとして異議申し立てをすることはなかった」[11]と．企業委員会制度を礎とした「生産の戦い」は工場内部における労働者・労働組合の自主・自発的な就業秩序によって強化された．

(6) 生産小委員会の設置

1945 年 11 月 2 日のデクレ第 7 条に基づき，職務上の諸問題を調査研究する生産小委員会（commissions production des comités d'entreprise）が企業委員会

補Ⅱ-7表　企業規模別にみた生産小委員会の設置率：1947 年前半　　（％）

企業規模	従業員数 100-200 人	201-500 人	501-1000 人	1001 人-	全体
設置率	15	19	36	50	22

Le Crom, J.-P., "La naissance des comités d'entreprise…", p.66.

によって自主的に設置された．大企業で（補Ⅱ-7表参考），とりわけ大量の成人男子労働者を雇用する冶金・機械・電気・化学部門で，比較的に多く設置された．生産小委員会は「生産の戦い」をうながす役割を果たした．sections d'analyse, commissions d'études du travail au rendement, commissions d'études techniques, commissions des normes, commissions de la répartition des tâches, commissions d'évaluation de temps も生産小委員会に分類される．

2　労働条件の改善に関する企業委員会の機能発現状況

「生産の戦い」の遂行という観点から，CGT=PCF は労働条件の改善に全力を傾けた．改善に対する CGT=PCF の関心は企業委員会活動をイクスプリシットに活性化した．労働条件の改善に関する企業委員会の機能発現を検証する．

(1)　1945 年 12 月 31 日付のパリ地域労働監督官リポート

「かれら（労働者委員）が慣れ親しんだテーマについて，企業委員会は協議をくり広げている．提出された主な提案は機械に関する緻密な改良，新しい資材の購入，進入路の補修，作業場組織と作業方法の改善を目的としたものである．こうした提案は雇主によって常に好意的に受けとめられている．だが，非常にしばしば，資材や原料の不足が原因で執行を先送りせざるを得ない状況にある」[12]．

(2)　1946 年 1 月 18 日付のルーアン第 8 地区労働監督官リポート

「（企業委員会で）取り扱われている問題は，主に設備と作業場の整備，一般的には工場の労働条件に関わるものである．（労働者）委員によってしばしば提案が行われている．それらは関心をひくものである．それらは（労使の）相互的善意の可及的範囲において具体化されている」[13]．

(3)　1946 年 3 月 31 日付のパリ地域労働監督官リポート

「（企業）委員会が最もしばしば係わっているのは，まさにこの領域（技術的

・職務的な労働条件）についてである．実施されてきた活動の決算表は，パリ地域の企業委員会が外国の生産委員会と比べて何ら遜色のないことを示している[14]」．

(4) 事例：パリ地域の機械製造会社（従業員数 410 人）
1947 年現在，企業委員会は以下について提案を行い，成果している[15]．
〈労働安全〉
・工場の照明：改善された結果，労災が減少し，生産性が向上した．
・防火セルヴィス（Service d'incendie）：安全委員会と共同で防火セルヴィスの改革を提案した．新しい消火装置・消火パイプが設置されるとともに，非常口の警報器の増設がすすんだ．
・引火性の燃料・資材・製品の保管：保管場所が特別な倉庫に移された．
・皮革製安全前掛け・安全手袋の採用：溶接工と金属板を扱うすべての労働者に支給された．火傷と切り傷が激減した．
・ゲージ（gabarits）の位置：位置が変更された．従来，労働者の頭上に吊してあったので，事故の原因になっていた．
〈労働衛生〉
・換気：塗装セクシオンのすべての作業場に強力な換気装置が設置された．鋳造場にも設置中である．
〈作業組織・その他〉
・工具保管システムの改善：改善された結果，鍵，ペンチ，金槌，ねじ回しといった工具の紛失が減少した．
・作業組織の改善と新機械の導入：現在では，穴開けドリル，研磨機，トレース台などすべての機械が必要に応じて適宜発注されている．生産性が向上した．
・割当て労働時間（temps alloués）の見直し：従来，ある作業の割当て労働時間は非常に長く，他の作業では短いというケースが多々見受けられた．それゆえ，作業部署によっては不満やねたみが生じていた．見直しが行われた結果，調整がすすみ，現在では大部分の労働者が生産性プライムを受け取っている．
・企画部の権限強化．
・個人用ロッカーの整備．

補Ⅱ-8表 一般的労働条件の改善に関して提案を行った企業委員会の割合（調査者：労働省統計局，調査対象：3464企業，調査時期：1947年4月） (%)

企業規模 労働条件	従業員数 100-200人の企業	同 201-500人	同 501-1000人	同 1001人以上	全体
労働時間	63	68	70	72	66
換気	42	55	61	70	51
労働安全	54	66	71	75	62
照明	43	53	53	69	50
暖房	49	60	63	74	57
更衣室	57	69	71	73	64
洗面所	49	61	68	71	58

Enquête d'avril 1947 auprès des secrétaires de CE（division statistique du ministère du Travail）portant sur 3464 établissements（50% des assujettis），cité par Le Crom, J.-P., "La naissance des comités d'entreprise…", p.66 より作成．

(5) 一般的労働条件の改善に関して提案を行った企業委員会の割合

補Ⅱ-8表から，一般的労働条件の改善に関する企業委員会の機能発現は1947年4月現在，略良好であったことが確認される[16]．

3 労使協調

(1)「ユーフォリア」

労働及び労働力地区監督局（Inspections divisionnaires du Travail et de la Main-d'Oeuvres）が実施した企業委員会の活動に関するアンケート調査から，地域，業種，企業規模によって遅速・程度差はみとめられるものの，「生産の戦い」の時期における企業委員会労使の，したがって企業内労使関係の協調的方向への傾斜が確認される．第1地区労働及び労働力局長（Directeur départemental du Travail et de la Main-d'Oeuvre à la 1ʳᵉ Circonscription）ブラン（M. Blanc）のいう「ユーフォリア」（Euphorie）である．*Revue Française du Travail*, no.12, décembre 1948に掲載された地区労働監督官のアンケート回答を引用する．

「多くの企業において，企業委員会制度は社会的雰囲気（企業内社会関係）に好影響をもたらしている．工場の営みについて判断することができる状態におかれた労働者は，それまでは知らなかった幾つかの困難な（経営）事情を知る．このことは，労働者の（経営に対する）批判を改める方向に作用している．協力の本当の精神（エスプリ）が経営とカードルと労働者の間に樹立されている」[17]．「しばしば開かれる（企業委員会の）会議は，最近まで対立していた社会的カテゴリーの和解を可能にしている．雇主，カードル，労働者は互いにより良く理解

し合い，それぞれの役割を正しく評価することを学んでいる．雇主は労働者の本質的な欲求について，より入念に考察するようになっている．労働者も，みずからの境遇が非常にしばしば企業の繁栄と結びついていることを理解している」[18]．「たびたびのコンタクトと共同の会議の習慣は，経営と労働組合の責任者の間の関係を改善することに確実に寄与している．労働組合は（経営に対して）より自発的に耳を傾け，そして幾つかの紛争の解決が容易になっている」[19]．「企業委員会制度は企業の社会的雰囲気（企業内社会関係）に好影響をもたらしている．大部分の雇主は，多かれ少なかれ確信をもって，（労働と）協力することを受け入れているように思われる．そして，企業委員会の関与（contrôle）をも受け入れている」[20]．

(2) ルノー公団と SNCASO の場合

元 CGE メンバーであったルノー公団総裁のピエール・ルフォシュは，㋐ CGT が組合のビラやパンフレットあるいは労働者委員の企業委員会報告を作業場に掲示すること　㋑部外者である金属労連書記が工場に出入りすること，を容認している．公団は，「総体的にいって，（ルノー公団の順調な）この発展は，何よりもまず労働組合組織とりわけ CGT によって発せられたスローガン（「生産の戦い」）に対して非常に大きな熱意で応えてきた労働者の努力に負っている」と述べる[21]．ナント近郊ブーグネェ（Bouguenais）の国営企業 SNCASO（Société Nationale des Constructions Aéronautiques du Sud-Ouest. Aérospatiale 社の前身）においては，1945 年から 1947 年前半にかけて，労働者委員は経営に対する批判を一切行っていない．経営も企業委員会による国内外の労働運動支援活動を容認している．ルノー公団と SNCASO の事例は，戦後初期におけるフランス企業一般に略共通してみられた現象である[23]．

4　協調から対立・緊張へ
　　－改正法第 3 条最終項をめぐる労使の不和・軋轢－

「凍結」の本質的契機は経済・財務的事項への労働のアクセス規定（協議権規定）にあった．だが，それに先行して，製品価格の値上げに関する規定（改正法第 3 条最終項）をめぐって労使間に不和・軋轢が生じ，「生産の戦い」の旗印が漸次後景に退いていたことに止目しなければならない．「凍結」はこの不和・軋轢を遠因としていた．

『企業委員会に関する 1948 年アンケートの総括』(Synthèse de l'enquête annuelle de 1948 sur les CE) によれば，「1945 年と 1946 年には，労働組合組織は（したがって企業委員会は）生産の改善（「生産の戦い」）に専心していたことが確認される. ……しかし，1947 年以後，生産に対するこの狂信的情熱はもはや人目を引くことのない形でしか現れていない」. また，M. ブランの総括によれば，「当初，企業委員会がしばしば雇主側の奇妙なシンパシィーの雰囲気のなかで開かれていたことは，また幾つかの（企業委員会）会議を見るに，立法府によって望まれた意味での労使協力がスタートしていたことは，明らかであり，否定しがたい. この時期，われわれは，わが国において十分に明瞭な（経済）再建が始まり，諸環境が労使協力の生成をうながしていたことを忘れない. 不幸にも，このユーフォリアは将来の不確実に満ちた状態に席を譲るべく，すぐに終了してしまった. 今や多くの場合，企業委員会委員の提案は脇に追いやられている. そして，ネガティブな，あるいは時間稼ぎのための遷延的なレスポンスが提案に対してなされている. 当初の信頼は疑念に取って代わられている. 雇主たちは企業委員会制度に敵対している，あるいは破壊活動を行っている，とまで非難されている. 一方企業委員会委員はというと，自己の提案が取り上げられないままにあるので，建設的な役割を忘れ去っている. そして，（経営に対する）その介入は雇主にとってはこのうえもなく不快で，要求的かつ疑い深い側面をおびている」（傍点　引用者）.[25]

変化はなぜ，どのようにして起こったのか. 1947 年秋以降－企業・業種によっては 1946 年後半以降－，合意（労使の相互尊重・相互信頼）したがって「生産の戦い」＝労使協調は消滅する.

(1) 製品価格の値上げに関する CGT 執行委員会の決議

改正法第 3 条最終項によれば，「企業委員会は価格の値上げに関して意見を述べる権限を有する. 企業委員会は価格の決定及び統制に関して責務を負う官吏から協議を受けることができる」. 国民的利益の擁護という観点から，CGT は価格問題を重要事項の 1 つに掲げていた. そして，この条項について，1946 年 6 月 5 日の執行委員会で次のように決議していた. 「今のところ，企業委員会は 1946 年 6 月～7 月以後，この任務に関してはあらゆる場合において，CGT 執行委員会によって決議された唯一の態度を取るのみである. すなわち，すべての労働組合組織は工業製品のあらゆる値上げに組織的に反対すること，そし

て，認めることが出来ないとみなさねばならないこの種の（値上げ）要求の協議を拒否すること」と[26].

(2) 値上げ反対の根拠

労働・社会保障大臣 A. クロワザは 1946 年 2 月 3 日のリヨン地域金属労働者大会でいう．「われわれは，ごく一般に消費されている製品の価格引き下げを実現することで，また，今は最低の率に基づいている賃金率を生産性（の上昇）とつり合わせることで，更には，極めてしばしば正当化できない販売価格と生産価格の隔たりを縮小することで，購買力の増大を達成することを欲する」と[27]．『CGT 金属労連ブリティン』(1946 年 5 月号) は大略次のようにいう．目下のところ，製品価格の値上げは雇主のための短期的な超過利潤に同定される．生産水準が回復し，販売価格が低すぎる水準にあると思われるまでは，値上げは控えるべきであると[28]．また，CGT 建築労連書記のルネ・アラシャールは 1946 年 6 月 5 日に開かれた CGT 執行委員会での改正法第 3 条最終項に関する上記決議に際して，次のようにいう．「第 2 の原則，それは企業の個別問題の上位に，とりわけ価格の領域に関しては，十分に理解された全体利益（国民的利益）が存在することを決して忘れてはならないということである．雇主による製品価格の値上げ要求に対して，労働者委員が誤って同意した事例は非常に数多くある．雇主は自分の立場を正当化するために，説得力を欠いた数多くの理由を常に並べたてる．かれら雇主は自分の企業に固有の理由を，わが社の経営は困難な状況下にあるということを，常に口に藉く．大所高所から考え，企業の個別問題を超えた視点に立って，認識すべき全体利益が存在することを想起しなければならない」と[29]．

(3) CGT 執行委員会の決議に対する CNPF の反論

CGT 執行委員会の決議に対して，CNPF は経営権の観点から直ぐさま批判を展開し，改正法第 3 条最終項の形骸化を主張した．「雇主の視点からすると，こうした協議をきっぱりとやめるのは当たり前のことである．価格に関して企業委員会が干渉することは規律の経済（l'économie de la loi）に反する．干渉は経営のすべての領域に対する企業委員会のくだらない介入を助長する．企業委員会は，（経営による）製品価格値上げの真摯な要求に対して，保証を設けることなく，何らの責任も負わず，何らの償いもしない．……CNPF はこの点

について，法律（改正法第3条最終項）を改正することに全力を注ぐ」と[30]．1946年の地区労働監督官リポートによれば，「雇主は，（労働者）委員が原価に関して調査することは悪行である，と常にみなしてい」た[31]．

(4) 企業委員会における対立・緊張関係の生成

製品価格の値上げに関する規定をめぐる不和・軋轢をきっかけに，社会カトリシスム左派経営社会理念の受容に関して成立していた CGT と CNPF の合意は漸次色褪せ，後景に退く．企業委員会の労使協調に向けての方向性は内部からゆらぎ始め，労使間に対立の危機をはらんだ状況（la situation conflictuelle）が発生する．1947年秋頃には，改正法第3条 a) 項〜d) 項にかかわって，とりわけ c) 項にかかわって，経済・財務的事項に関する協議権問題が全面的に表面化する．コンフリクチュアル状況は地域，業種，企業ごとに遅速・程度差をともないながらも，激越・破局的な対立・緊張の方向へと，つまり「凍結」へと突きすすむ[32]．

1948年のパリ地域労働監督官リポートはいう．「1946年まで，そこそこの規模の企業における生産と社会的雰囲気（企業内社会関係）は，企業委員会の存在によって事実上好ましい影響を受けていた．不幸にも，1947年（の秋以降）に発生した数多くのストライキのなかで，この好ましい影響は非常におぼつかなくなっている．大部分の大企業では，雇主は信頼に満ちた（労使）協力の希望を失っている」と[33]．*Droit social* によるアンケート調査の回答も次のようにいう．「この（パリ地域の金属会社の）企業委員会の1946年〜1947年における活動をあとづけるために，CGT が全国的プランとして採用していた立場をふり返っておくことは有意義である．CGT のスローガンは，祖国の再建をめざして，『大生産が必要だ』（il faut une grande production）であった．企業委員会活動を活性化したのはこのスローガンであった．／一方経営にとって，工場の再稼働に貢献する労働者を見出すことは，明らかに，願ったり叶ったりであった．／それゆえ，生産増大のための提案，賃金に関する協議，プライムに関わる問題が企業委員会のメンバーによって提起された．原則として，それらは受け入れられていた．／（しかし）1948年以後，諸問題は別の展開を見せる」と[34]．そして，1951年になるとブノワ・フラションは明言する．「資本主義体制のもとでは，とりわけ反動政府下の資本主義体制のもとでは，……（生産の増大と）生産性の向上は資本家の利益の増大と労働者の窮乏を意味する」と[35]．

5 協議権をめぐる労使の対立・緊張関係の展開

コンフリクチュアル状況とその激越・破局化に続き，1947年秋には東西対立が激化した．それにともない，一方においてCGTの政治主義的階級闘争路線への転換が，他方CNPFの政治的・社会的守旧への回帰が，進行した．これが「凍結」に拍車をかけた．雇主・経営者の脳裏にすり込まれていたオトリテ意識が再び，そして明確に前景に浮出した．オトリテは神聖な理念・現実であり，何人とも共有され得ない[36]．経済・財務的事項の問題に関する労働のアクセス規定（協議権規定）はオトリテとは相容れない．雇用労働者300人の大企業主は次のように言うであろう．「1° 企業委員会は無用の長物である．それ（企業委員会）は，共産主義者大臣が雇主階級とフランス企業を破壊しようとしてつくり出した制度である．企業委員会の役割は，十分によく機能している企業においては最小限度にまで縮小されねばならないし，労働者に対する単なる情報提供制度とならねばならない．2° 雇主が労働者を愛しているとき，彼はごく自然に企業内にすばらしい社会的事業を構築する．彼と労働者の間には，軋轢は一切存在していない．3° 労働者は何よりもまず平穏であること，責任を負わないことを欲している．すぐれた労働者は，たといその仕事により高い賃金が支払われるとしても，精神の緊張と責任が求められる仕事よりもむしろ機械的な労働をこなすことの方を選好する．4° 平均的な労働者は一般に，（企業の）管理に参加したいとは思っていない．かれらは企業を誠実に管理し，工場を十分に稼働させる雇主を欲しているだけである．5° 結局，（雇主が）何よりもまずなさねばならないこと，それはオトリテでもって自分の企業を『切り回す』こと，有能で信頼のおける献身的カードルを育成すること，労働者に経営状況の一般的な歩みを，詳しい説明をすることなしに，常に知らせること，ときどき利潤分配を実施すること，である」と．改正法第3条協議権規定[37]の全否定である．

一方，CGTは経済・財務的事項の問題に関する協議権規定を革命に向けての一里塚として把握した．企業委員会の労働者委員は経験豊富な年配のサンディカリスト労働者から，1世代若い新しいタイプの青年独身労働者＝政治闘争優先主義者に略全面的に切り替えられた．*Droit social* によるアンケート調査の回答を引用する．「一部のCGT労働者委員は，CGTの経済プログラムや運動形態及び要求を全面的に認めつつも，PCFによるCGTの政治化には反対し

ていた．また，企業レベルで PCF の情宣部員として行動することも拒否していた．こうした信念をもって活動する CGT 労働者委員が，委員の職を『すぐさま』追われ，交替させられたことに止目しなければならない．／こうして，最もしばしば，円熟した（大戦前からのサンディカリスト）熟年・壮年労働者に替わって労働者委員になっているのは青年独身者である」，「2 年前（1948年）から，パリ地域の某鉄鋼会社事業所委員会の雰囲気は（協調から対立・緊張へと）全面的に変化している．CGT の古くからの年配の組合員に替わって，青年組合員が委員になったからである．青年たちはパリ地域の（労働者教育）学校で（マルクス主義）研修を受け［本補論 Ⅴ 2（2）④を参照されたい］，*Revue des Comités d'Entreprise* の指示を実践している．／かれらの戦術は，政治的事項であれ，労働者に関する事項であれ，あらゆる事項あるいは大部分の事項に関する協議を工場長または社長を非難・攻撃することで台なしにし，組織的に企業委員会を妨害することにある」[38]．

一方におけるオトリテすなわちパテルナリスト意識，他方における政治主義的階級闘争意識．両者の政治経済=イデオロギー的利害状況は，およそ「転換点」以降，企業委員会における労使関係を協調の方向から激越的な対立・緊張の方向へとファンダメンタルに変容させた．某カードルはいう，「企業委員会の雰囲気は，身を危うくするような言動や前例をつくりだそうとしている敵対者たちの絶えざる戦いのそれである」，「企業委員会の代表（労働者委員）が労働組合によって指名されるという事実は，企業委員会のなかに政治的傾向を帯びた闘争意識をもち込んでいる．委員の大部分は『言語道断』不逞の輩であり，決して立派な人物ではない」（*La Chronique Sociale de France*, 1955 年 12 月号）[39] と．オルドナンスによって敷かれた「共働」の道は「凍結」した．労使の伝統的な対立・緊張関係が再び現出した[40]．第 30 回 CGT 全国大会（1955 年 6 月）で採択された『行動綱領』は，労働者委員の本質的任務を「資本主義的搾取の新しい手法を導入しようとする，あるいは現在行われている搾取手法を強化しようとする雇主のあらゆる試みを調査し告発する」ことに定めた[41]．

注

1　Ehrmann, H. W., *op.cit.*, pp.449–450.
2　ILO, *op.cit.*, p.224. 田端博邦は，「解放以後に，とくに生産闘争（「生産の戦い」のこと – 引用者）のなかに CGT の階級協調的立場を見るのは誤りである」と指摘する（田端博邦「前掲論文

〈2〉」，82頁）。私見とは異なる。
ただし，戦後初期における CGT の階級協調的立場（社会カトリシスム左派経営社会理念の受容）に対して，一部の CGT 幹部が個人的に戒心していたことは否定しがたい。例えば CGT 建築労連書記のルネ・アラシャールは 1946 年 6 月 5 日の CGT 執行委員会で，「企業委員会においては，労働者委員は自分が階級の代表であることを，そして雇主に対して階級的立場を堅持しなければならないことを，決して忘れてはならない。企業委員会の内部環境（「ユーフォリア」）は，われわれ（労働者）とわれわれの隣の席に座っている雇主の間に存在する境界と対立を解消することに帰着するものであってはならない」と発言するであろう（Le Crom, J.-P., *L'introuvable démocratie salariale* …, p.66）。

3 "Les Assises…", p.499.
4 Le Crom, J.-P., *L'introuvable démocratie salariale* …, p.58.
5 "Programme d'action du Ministère du Travail : Discours prononcé par M. Ambroise Croizat, Ministre du Travail et de la Sécurité Sociale, le 3 Février 1946, au Congrès de la Métallurgie de la Région de Lyon", in *Revue Française du Travail*, avril 1946, p.8.
6 *Ibid.*, p.7.
7 "Le 26e Congrès national de la Confédération Générale du Travail", in *Revue Française du Travail*, juillet 1946, p.326.
8 *Ibid.*
9 *Ibid.*, p.329.
10 *Ibid.*, p.333.「宣言」は次のようにもいう。「CGT は，労働者諸君が，最大限の生産を達成するために必要な労働努力を払われんことを訴えたい」（ジョルジュ・ルフラン，谷川稔訳『フランス労働組合運動史』文庫クセジュ，白水社，第 3 刷，1982 年，130 頁）。
11 Rapport du directeur départemental du travail et de la main-d'oeuvre de la Corrèze (9 novembre 1945), cité par Le Crom, J.-P., "Le comité d'entreprise,…", p.187.
12 Le Crom, J.-P., "La naissance des comités d'entreprise…", p.66.
13 Le Crom, J.-P., *L'introuvable démocratie salariale* …, p.59.
14 Le Crom, J.-P., "La naissance des comités d'entreprise…", p.66.
15 "Quelques exemples de fonctionnement de comités d'entreprises", in *Revue Française du Travail*, no.3-4, mars-avril 1949, pp.152-154.
16 Irving, R. E. M., *op.cit.*, p.123.
17 "L'activité", in *Revue Française du Travail*, no.12, décembre 1948, p.604.
18 *Ibid.*
19 *Ibid.*
20 *Ibid.*, p.603.
21 Le Crom, J.-P., "Le comité d'entreprise, …", p.186.
22 Le Crom, J.-P., *L'introuvable démocratie salariale* …, p.63.
23 Le Crom, J.-P., "Le comité d'entreprise, …", p.186.
24 *Synthèse de l'enquête annuelle de 1948 sur les CE*, cité par Le Crom, J.-P., "La naissance des comités d'entreprise…", p.67.
25 "L'activité", in *Revue Française du Travail*, no.12, décembre 1948, p.603.
26 Résolution de la commission administrative de la CGT du 5 juin 1946, cité par Le Crom, J.-P., *L'introuvable démocratie salariale* …, p.65.
27 "Programme d'action du Ministère du Travail : …", p.6.
28 *Bulletin fédéral des métaux*, no.2, mai 1946, cité par Le Crom, J.-P., *L'introuvable démocratie salariale* …, p.65.
29 Le Crom, J.-P., *L'introuvable démocratie salariale* …, p.66. CGT 指導部の指示が組合員＝労働者委員に十分に行き渡っていたかというと，必ずしもそうとは言い切れない部分もある。ポール・アリエ（Paul Ariès）は「（労働者委員の）雇主との共謀は，（両者の）同じような身振り・顔付きから，同じようなディスクール・憎悪から，直接的に読みとることができる」という。また，CGT

指導部は労働者委員に対して不信を抱いていたとさえいう。そして，労働者委員に対する不信は，CGT 指導部においてだけではなく，トロツキストやリベルテール（絶対自由主義者）の間でも見受けられたと指摘する（Le Crom, J.-P., "Le comité d'entreprise, …", pp.193, 321-322）。

1947 年 4 月の調査によると，企業委員会の 2/3 は CGT 指導部の指示に従っていない。労働者委員の一般的傾向は，雇主が製品価格の値上げを要求してきたときには同意するというものであった。製品価格の値上げは賃金の引上げやプライム・賞与によって労働者の購買力増加に結びつく，と労働者委員は考えていたという（Le Crom, J.-P., L'introuvable démocratie salariale…, p.66）。しかし "Les Assises…", p.499 によると，「物価高反対闘争地域委員会」（Comités locaux de lutte contre la vie chère）が 1947 年 3 月 29 日に主宰した「クリシィ価格引き下げ会議」は，企業委員会が CGT 指導部の指示を忠実に実践していたことを確認する。

30 CNPF, *Les attributions économiques et financières des comités d'entreprise*, 1946, cité par Le Crom, J.-P., *L'introuvable démocratie salariale*…, p.65.
31 Le Crom, J.-P., *L'introuvable démocratie salariale*…, p.65.
32 *Ibid.*, p.70.
33 "L'activité", in *Revue Française du Travail*, no.12, décembre 1948, p.600.
34 "L'expérience", in *Droit social*, février 1952, p.100.
35 Lorwin, V. R., *op.cit.*, p.269. SNCASO を事例に，企業委員会における対立・緊張関係の生成と展開を紹介する。

SNCASO 企業委員会における労使の対立・緊張関係の生成と展開	
1947・6・4	製品価格の値上げ及び生産設備と作業班の変更について，企業委員会は協議を受けなかった。労働者委員は憤慨した。以後，委員会における労使の信頼・協調関係は希薄化した。
1947・7・7	見習工の処分について，企業委員会は連絡を受けなかった。
1948・6	企業委員会の会議に階級的・論争的性格が濃く付着した。
1949・1・24	土曜労働に対する賃金支払いに関して，企業委員会は経営に「断固とした抗議」を行った。
1949・3・30	不当解雇について，企業委員会は経営に 2 度目の「断固とした抗議」を行った。
1949・9・4	経営は，労働者委員の F 氏（CGT）が組合掲示板に貼ったポスターを経営に対する「不服従アッピール」とみなし，改正法第 22 条に基づき，F 氏の解雇について企業委員会に同意を申し入れた。企業委員会は申し入れを拒絶した。逆に，経営に対して強く抗議した。
1950・3	経営の労働に対する抗議が続発した。
1952・6	「正当な理由なしに労働を放棄した」かどで，CGT の労働者 68 人が解雇された。4 日と 6 日には同じく CGT 労働者 14 人が「違法な政治スト」を煽ったという理由で解雇された。CGT は経営に処分の白紙撤回をせまった。CGT-FO と CFTC も CGT と共同歩調をとり，処分の白紙撤回を要求した。

Le Crom, J.-P., *L'introuvable démocratie salariale*…, pp.68-69 より作成。

36 Lorwin, V. R., *op.cit.*, pp.273-274.
37 "L'expérience", in *Droit social*, février 1952, p.94.
38 *Ibid.*, p.100.
39 *Ibid.*, p.94. 企業委員会における労使の対立・緊張関係の激化は，カードルたちが当初抱いていた期待とはまったく相容れぬものであった（Lorwin, V. R., *op.cit.*, p.266）。
40 Bouvier, P., *op.cit.*, ch. IV も参照した。
41 Montuclard, M., *op.cit.*, p.36. 第 30 回 CGT 全国大会で書記長ブノワ・フラションは，『経済綱領』は「資本主義制度を改良する可能性を労働者に信用させることで労働者の精神のなかに混乱の種をまいた」だけであり，「実際のところ，階級闘争の問題をもつれさせることで，そして資

本主義制度の一種の計画化であるエコノミー・ディリジェの可能性幻想を維持することで，有害であった」と自己批判した．そして，『経済綱領』を廃棄し，新たに対国家権力闘争と企業の真の社会化を明確に提起した，純粋に要求的性格の『行動綱領』を採択した（Le Crom, J.-P., *L'introuvable démocratie salariale*…, p.112; G. ルフラン，『前掲訳書』, 137頁）．

V 企業委員会制度の機能発現状況

　企業委員会は機能の発現において成功であったのか，それとも失敗であったのか．その程度はどうであったのか．*Droit social* は1952年1月に，2年前（1950年初頭）に実施したアンケート調査の結果に基づいて，企業委員会の機能は総じて「否定しがたいほどの危機」（une indéniable crise de l'institution）にあると記す．そして，次のようにいう．オルドナンスの「提案理由書」にしるされた社会カトリシズム左派経営社会理念すなわち「企業の管理に労働者を結合させるという大きな志」の「希望に応えている企業委員会は稀である．何と多くの委員会がまがいものでしかないことか．／いくつかの委員会は無気力な装置でしかない．そこでは，実りのある協議は一切行われていない．雇主の専制的性格，労働者委員の無知と不安，そしてしばしば見受けられる労働者委員の自立心の欠如が雇主の支配（l'emprise patronale）を増長させている．／……／ある場合には，企業委員会は（労働組合組織によって），労働組合運動のために……戦いの新しい手段を提供する階級闘争の改良された装置として利用されている」，「全体的視点にたって考察するならば，企業委員会の活動は，生産に対しては取るに足りない影響しか及ぼしていないし，社会的雰囲気（企業内社会関係）に及ぼしている影響については，意見が大きく分かれている．実際，委員会の設置とその機能は，社会的雰囲気に関しては，労働組織間及び労働組合と雇主の間に惹起してきたしばしば非常に辛辣な議論のゆえに，悪しき影響を及ぼしている．もし，われわれが，委員会の設置を希望していた多くの労働者は真に失望を感じているという事実を付け加えるならば，われわれはこの主張は批判に耐えうると考える」と．

　1956年の労働監督官リポートも次のように記す．全体的にみると，企業委員会制度は「克服しがたい諸困難」に陥っており，「いまや企業委員会の失敗は明白である．少なくとも従業員500人あるいはそれ以上の工場以外では，企業委員会はほとんど正常に機能していない」，「（アンドル・エ・ロワール県で

は）企業委員会は本質的に，労働憲章下の『（企業）社会委員会』という欺瞞的用語で思い出すパテルナリスト的組織になっている．労働組合と労働者の代表は，ずっと前から企業委員会に何らの信頼も寄せていない．そして，企業の営みを危険にさらすとか，労働者の雇用維持が危ぶまれるといった現実的危機に直面した場合にしか，（企業委員会の）招集を求めていない」と[5]．

同時代論者の分析によると，全体的にみると，企業委員会は機能の発現においてネガティブである．しかし，CJP と並び前衛雇主の代表的団体である ACADI の指摘は，また Droit Social によるアンケート調査は，正確な成否判定が極めて困難な作業であることを示唆している[6]．筆者はいくつかの研究成果[7]を整理することで，事項別に，成否の傾向を一定の精度において判定する．

1 社会・文化的事項

Revue Française du Travail（1948 年 7 月号）は，1948 年に労働及び労働力地区監督局によって実施されたアンケート調査を分析し，「企業委員会がみずからに付与されている任務を最もよく遂行しているのは社会的領域である，ということで，すべての地区労働監督官は合意している」と結論づける[8]．*Droit social*（1952 年 1 月号，3 月号）は「企業委員会の経験：調査結果」を発表し，「企業委員会制度の発足以来，われわれは圧倒的大多数の事例において，パテルナリスムの後退を，別言すれば経営の管理なしでの社会的領域における企業委員会の介入を，確認してきた．これは疑い得ない事実である」，「社会的活動（事項）においては，とにかく労働者による管理が雇主による管理にとって代わっている」と指摘し，「企業委員会が最も大きな成果をあげているのは，社会的領域においてである」と結論づける[9]．*La Chronique Sociale de France*（1955 年 12 月号）はリヨン地域において実施されたアンケート調査の分析結果「企業委員会 失敗か？成功か？その将来は」を発表し，最大公約数的評価であると断りつつも，「経済的プランに関しては90% 失敗，社会的プランに関しては75% 成功」と判定する[10]．3 誌ともに，従来のパテルナリスム管理にかわり，企業委員会による管理が著しく進捗している事実を確認する．ラファロヴィッチは制度発足の 3 年後に，「企業委員会は社会的活動（事項）の管理において役割を，重要な役割を果たしている．企業委員会は社会的活動の創出と機能に関して決定権をもっている」と指摘する[11]．CGT のミリタンも 1948 年に，社会・文化的事項について次のように分析する．「企業委員会は多くの分

野で否定しがたいほど明確に機能してきた．いまも機能し続けている．企業委員会の大部分は，（労使）合同の基礎にたって，つい最近まではパターナリスティックに管理されてきた社会・文化的事項を成功的に管理している．大抵の場合，企業委員会はそれらの成果を向上させることに重要な役割を果たしている」と（Le Peuple, 1948年2月5日号）．戦後復興期，社会・文化的事項に関しては，参加は略定着していたと判定して差し支えない．

　もちろん，「パテルナリスムは死んでいない」（『サンディカリスム CFTC』，1945年4月14日号）という主張を支持する見解も一部には依然として見受けられる．㋐財源と施設は経営に依存している　㋑議長職は企業の長もしくはその代理が任にあたっている　㋒オルドナンス第22条の解雇・停職規定に象徴されるごとく，労働者委員の活動それ自体に経営による圧力が一定の程度及んでいる，これらの要素を取りあげれば，そのようにとらえられなくもない．しかし，財源と施設及び議長職は法令の定めに基づくものであり，解雇・停職も「重大なる過失（faute grave）がある場合」すなわち「暴力行為，労働の自由に対する暴力をともなった侵害，従業員の安全を確保するのに必要とされる活動の拒否，資材設備や在庫の破損といった重大なる過失の場合」の即時停職（la mise à pied immédiate）を除いては，企業委員会の同意もしくは労働監督官の承認を必要とする．しかも解雇は労働監督官もしくは司法裁判所が決定権を有し，雇主は関与しえない．即時停職も「暫定的な決定」（une décision d'attente）でしかない．労働監督官あるいは司法裁判所によって停職が不当であると判断された場合，雇主は委員に対して停職期間の賃金を全額補償する義務を負う．さらに委員は解雇手続の一般原理として，「弁護側の申立て事由」（moyens de la défense）を行使する権利を有しており，この手続をへない解雇決定は無効とされた．その場合，委員は復職する．オルドナンス第22条は臨時政府草案第23条以来一字一句同じで，1944年12月13日の臨時諮問評議会でも審議の対象とはなっていない．改正法でも関心の対象とならなかった．Droit social の論者はこの条について何らコメントしていない．要するに，この条は左翼政党，労働組合，論者によって当然のこととして受容されていたのである．同条は委員に対する雇主の直接的・任意的な解雇・停職権を排除していると理解される．したがって，少なくとも社会・文化的事項に関する限り，上記の3要素がパテルナリスム的方向に作用したとは考えにくい．委員は，全員が労働者（一部は職員）であり，しかも「代表的労働組合」によって作成さ

れたリストのなかから労働者（一部は職員）の直接・秘密投票で選出されている．この点に止目するとき，社会・文化的事項の企業委員会による管理はファンダメンタルなものであったと判断される．

　企業委員会による管理の進捗要因を労働と経営の姿勢からさぐる．まず，CGT の積極的なアプローチが挙げられる．CGT は労使の協調を目的とした経済・財務的事項の協議にはネガティブであった．しかし，社会・文化的事項の管理に関しては，政治社会的戦略（戦術）の観点から積極的に支持した．労働者の生活・文化水準が依然として低かった戦後復興期，社会・文化的事項への取り組みは労働者の生活・文化水準の向上に直結する．その結果，労働組合へのかれらの関心が高まり，CGT の労働者に対する影響力は増大する，と判断したからである．一例を挙げよう．CGT は労働者とその家族がアメリカ拡張主義イデオロギーと戦い，社会主義イデオロギーに親しむようにとの願いから，情宣活動として，企業委員会の文化的事項への取り組みを積極的に支援した．いわく，「アメリカ拡張主義は政治・経済・社会の領域のみに限定されてはいない……．われわれは，フランス人の精神をゆがめ，虜にしようと企図している（アメリカの）圧力と侵入に直面している……．誰しもがフランスの映画館を駄作だらけのアメリカ映画に委ねることになる破廉恥な合意のことを，つまり 1945 年にブルムがワシントンを訪れたときに署名した合意のことを知っている．この合意をとがめねばならない．この合意はフランスの産業を滅ぼそうとする意志であり，さらにはフランス人民の魂を堕落させようとする企てである……．イデオロギー的にみて，企業委員会はどの程度アメリカ・トラストの拡張主義と戦える状況にあるのか．1945 年 2 月 22 日の法令は企業委員会に文化的事項の管理を託している．別言すれば，労働者を単なる賃金生活者の境遇から脱却させ，かれらを人間による人間の搾取から解放された状態に位置づける使命を託している．……われわれは，数千の企業のなかにあって，知識に飢え，自己教育を希求している労働者たちに対して，（アメリカ拡張主義のイデオロギーと戦う）精神の糧（le pain de l'esprit）を保証することができる……」(*Revue des Comités d'Entreprise*, 1948 年 4 月創刊号）と．*Revue des Comités d'Entreprise* は創刊以来，社会・文化的事項を継続的に紹介した．図書室（創刊号），演劇（no.2, 8, 10, 39），相互扶助組合（no.6, 7, 9），野外学校（no.14, 27），社員食堂（no.16），クリスマスツリー（no.31），医療セルヴィス（no.32, 37）といった具合である．

経営も企業委員会による管理を容認した．雇主たちは「かれら（労働者委員）に企業の経済的及び一般的諸問題に従事する時間（の余裕）をもはや与えることなしに，かれらを副次的な社会的任務（社会・文化的事項）に専念させることは極めて好ましいことである」と考えていた．労働者委員を社会的任務に就けることは，かれらに経営との共属一体感を培わせることになるので，かれらの「階級意識」(conscience ouvrière) を希釈するうえで効果的であると判断していたのである．それはまた，労働者委員を社会・文化的事項の活動に時間的にも体力的にも限度いっぱい従事させることで，経済・財務的事項の問題にかかる彼らの階級闘争活動を不可能ならしめる意図でもあった．1950 年に CFTC 金属労連事務局によって作成された『報告書』(*Rapport moral présenté par le bureau fédéral*) は，「雇主たちは（われわれを社会・文化的事項の活動に就けることで），企業委員会の真の任務（経済・財務的事項に関する闘争活動）からわれわれの注意と努力をそらしている」というであろう．

戦後復興期，「法令による１つの社会改革」(une réforme sociale par la loi) は，社会・文化的事項に関しては，労使双方の政治社会的戦略（戦術）のパラドクシカルな合致の所産として，結果的にポジティブに進捗した．

2　経済・財務的事項

(1) 協議権・情報権の機能不全

1947 年 3 月の第 3 回 MRP 全国大会において緊急動議が提出・採択された．いわく，「企業で働いている労働者は，成果に対してと同じように，マネジメントにも『参加』する権利を有する」．「ユーフォリア」のもとにあって顕在化してはいなかったが，経済・財務的事項にかかる協議権・情報権の機能不全状況を憂慮した MRP は，雇主・経営者に対して改正法第 3 条規定の誠実な履行を要求したのである．翌年の第 4 回 MRP 全国大会でも，アンドレ・コーラン (André Colin) の報告「一般政策」(La Politique Générale) において，上記緊急動議と同じ主旨がアッピールされた．ジョルジュ・ラセール (Georges Lasserre) は，「委員会はこの分野では最も小さな役割しか果たしていない」と指摘する．経済・財務的事項に関しては，企業委員会はほとんど機能していなかった．

機能不全＝形骸化を定量的に確認する．「企業の人間的構成のための行動」(Action pour une structure humaine de l'entreprise. *La Chronique Sociale de France*

の系統に属する労働問題研究団体）をはじめとするグループは，1955年にリヨン地域の企業委員会36を対象にアンケート調査を実施し，経済・財務的事項に関する協議権・情報権の実態について以下の結果を得た．㋐情報（ただし，財務会計・商務等の重要事項は含まれていない[34]）の提供を受けているだけである：29%　㋑情報の提供を受け，協議（ただし，形式的）がもたれている：8%　㋒情報の提供を受け，協議（ただし，実質的）がもたれている：6%　㋓情報の提供を受けていないし，協議も持たれていない：57%　㋔財務会計・商務文書に関する企業委員会の「所見」が株主総会に提出されている：0%[35]．以上を要するに，経済・財務的事項に関する協議権・情報権については，「法令に記されている目的は実現から程遠い状態にある．／（労使の）協調は実現していない．ただ，情報（重要事項は含まれていない）の提供が辛うじて43%（原文では50%となっているが，43%の誤植と思われる）の企業委員会において，ただし殆ど有効な協議なしに，実施されているのみである．／回答を寄せた33企業のうち2企業で，企業委員会は辛うじて経済・財務的事項に関する機能を果たしているにすぎない[36]」．

(2) 機能不全の要因
①雇主・経営者のパテルナリスト意識

現象的にみると，機能不全の第1の要因は経営による妨害行動に求められる．*Droit social* やアドルフ・シュトゥルムタール（Adolf Sturmthal）などの整理を借りて，具体例をあげる．㋐情報権：「企業委員会において，専ら議長が定期的に行っている企業の状態についての全体報告が，より良い理解を（企業委員会委員に）もたらしているとはいえない．説明される展望はしばしば歪められており，情報は不当に解釈されている[37]」．「大部分の雇主は企業委員会に対しても，公認会計士に対しても，とりわけ財務的事項に関する情報に必要不可欠な資料の提供を拒否している[38]」．重要な情報は提供されなかったし，提供されたとしても，大抵の場合，古いものでしかなかった[39]．㋑利潤の利用に関する提案：企業委員会の提案が受け入れられたケースはほとんどなかった[40]．㋒取締役会への出席：「企業委員会委員の取締役会への出席は，まず最初は，極めて重要な改革として，企業の営みを規則づける秘密の手段の認識への労働者の接近を真にしるすものとして，（企業の）管理への労働者の『参加』の決定的な一歩としてあらわれた．／実際には，この規定が著しく縮減された影響力しか

有していないことは明らかである．／世人は，この規定は絶対的に有用性がなく，効力もない，とあえて記してはいない．しかし，取締役会に出席するために任命された企業委員会委員の多くは，かれらの出席する会議がまったくうわべだけのものであるという欺かれた印象を，この取締役会の会議について語っている．／しばしば，この会議は，企業委員会委員にとって何らためにならない，少なくとも極めて取るに足りない月並みな一般論についての，相手を無視した議長の長広舌になってしまっている．／かれら（企業委員会委員）には，いくつかの場合にはすべてが『前もって作成され』ており，決定はかれらの出席なしに開かれた事前の会議で行われているようにさえ思われた」．「企業委員会の代表を除外した非公式の重役会（取締役会）が，公式の会議に先立って行われている．諸問題が本当に相談され，解決されるのは，この非公式の会合においてである．正式の重役会は，非公式に行われた諸決定を単に承認するだけとなってい」た[42]．㈢協議権全般：経営は，決定を急ぐ必要があったということを口実にして先に既成事実をつくり，そのあとで会議を開いた．事前に会議が開かれる場合もあったが，その場合の議題は取るに足りないものばかりであった（例：タイル張りの床の色の選択について）[43]．㈣改正法第3条「公認会計士による検査権」：Bulletin du CNPF（1947年3月号）は次のように判断している．a）公認会計士の検査対象は企業委員会に伝達される当該年度の会計簿に限定される．過年度の会計簿については，公認会計士は関わることができない．b）公認会計士による検査は会計監査の期間に限定される．c）賃金支払簿や給与支払簿は検査の対象外である[44]．

『企業委員会に関する1948年アンケートの総括』は，情報権・協議権に付着する欠陥について次のようにいう．「大抵の場合，雇主は大所高所から，企業委員会に対してこれらの問題（経済・財務的事項に関する問題）の経緯を，精緻な情報の提供を避けるために，多少の巧妙さを用いて，常に知らせておくことで満足している」（傍点　引用者）[45]，「世人は，経営が予め企業委員会と協議することなく，重要な決定をくだしている事実を指摘している．例えば，新しい製造方法の導入，他企業への一定量の製品提供，企業活動を大きく変更する取引契約の締結などである．本来，これら（の決定）には（予め）企業委員会活動の介入が求められるのだが，目下のところ企業委員会の権限の範囲が明確に定められていないので，介入（協議）を実施することは非常にむつかしい状態にある」と[46]．

Droit social の提供を借りて，経営による妨害行動の事例をもう少し紹介する．「今日，企業委員会の経済的役割に関する法令の諸条は，事実上その圧倒的大部分は空文化しているとみなさねばならない．（経営によって）決定が下されるに先だち，委員会が協議を受けることはない．事後報告が行われるケースとか，労働者と経営の間で何らかの話し合いがもたれるケースなどは，それだけで極めて満足すべきであるとみなさねばならない[47]」．「経済的領域における企業委員会の活動は，ほとんどすべての場合において，非常に微少か，もしくはまったく行われていないと言ってもよいほどである．／経営の歩みを真にあとずけることを可能にする十全かつ詳細な情報を企業委員会の委員に対して提供している企業は，ほとんど存在していない．企業委員会において，各々の委員が自己の意見を述べ，提案しうる，真に自由な協議を可能にしている企業はさらに稀である[48]」．「……すべては個別的な事例であり，それらを一般的性格を有するものと把握してはならないが，経済的領域に関しては，企業委員会に対する雇主の不信は一般的傾向である．（雇主の）率直で誠実な協力の事例は例外である．ナンテールのテレメカニク社のような輝かしい事例は例外である[49]．（テレメカニク社については，本補論　小括　注2を参照されたい）」．「企業委員会に対する雇主の姿勢は，労働者委員あるいは労働者の要求や提案が経営に利益をもたらす場合には好意的である．しかし，労働者委員が何らかの問題点を指摘したり，あるいは経営のみに関わる事項であると判断されることがらについて説明を求めてきた時には，雇主の姿勢は確実に秘密的であるように思われる．原則として，労働者委員が計画について協議を受けることはごく稀で，既成の事実を知らされるだけでしかない[50]」．

　では，なぜ経営は企業委員会の活動を妨害したのか．直接の理由は，雇主・経営者が委員を共働者とはみなしていなかったことにある．なぜ共働者とみなさなかったのか．理由は，経済・財務的事項に関する協議権・情報権規定に対する雇主・経営者の著しくネガティブな姿勢に求められる［本補論　Ⅲ 3（1）を参照されたい］．なぜネガティブであったのか．そのわけは，本質的なわけは，政治経済＝イデオロギー的利害の対立・緊張状況に刺激されて再び前景に浮出した雇主・経営者のオトリテ＝パテルナリスト意識に求められる[51]．既に補論Ⅰ　Ⅲ 1（2）④で検討したように，雇主・経営者にとって，経済・財務的事項に関わる権限は所有権意識ないしは経営者の基本機能に由来するオトリテと同義であり，たとい諮問的資格における協議であれ，これらの事項に労働者委

員が関与することは，情報権を含めて，オトリテに対する侵害以外の何物でもなかった[52]．

　オトリテを，したがって妨害行動の正当性を対外的にわかりやすく説明表示するために，しばしば「営業の秘密」が用いられた．マッシェイ=アリ会社（Massey-Harris）の事例を紹介しよう．1948年12月，マッシェイ=アリ企業委員会は18項目に及ぶ質問書を経営に提出した[53]．翌年2月5日，経営は「営業の秘密」を理由に，18項目中6項目（総売上高，支払賃金額，販売価格の値上げ率，社会・文化的事項への支出額など）についてのみ，しかも概略的かつ漠然とした説明に限定して，回答した．回答書『会社の活動及び計画に関する総括報告』の一節は次のように記す．「要するに，原価やその他の事項（生産技術・財務会計・商務に関する資料など）を詳細に公表することは会社の営みにとって利益にならないし，従業員の利益にもならない．企業委員会の役割は企業の営みを妨げることではない．会社の利益に反するような（あなた方の）要求，例えば競争企業をよろこばせるような要求は明らかに容認できない．あなた方（労働者委員）はこうした事象（「営業の秘密」）について，経営者に課せられている慎重さの根拠をはっきりと理解するであろう[54]」．ル・クロによれば，マッシェイ=アリ社の事例は決して例外ではない．シュネーデル社をはじめとして数多くの企業に共通する[55]．資本主義経営構造と一体化した「営業の秘密」，そして「営業の秘密」とトレード・オフにある労働者委員の協議権・情報権について，*Creuset-Voix des cadres*（1951年3月1日号）も次のように述べる．「企業委員会における労働者・雇主の経済的協力は困難である．そして，それには理由がある．取引，注文，財務，信用，資金投資及びそのしばしばの困難さ，設備……などの状態，企業のあらゆる経済状態，これらのすべてのことがらは従業員代表の無責任性及び企業委員会委員に課せられている法的な職業上の秘密とは容易に両立しない．／雇主の内密の報告書，会計状態，取引，計画，調査，納品，公認会計士の貸借対照表，取締役会に出席した労働者委員の報告書，これらすべては，現在の競争に基づく経済構造において，企業の良好な営みを妨げないための秘密のものとみなされうるものであるが，これらすべてのものは他の労働者委員によって，無意識のうちにであれ，直ちに明らかにされ，利用されるのである．／労働者委員にとって，これらのことの諸結果は極めて些細なものであるが，企業にとっては，諸結果は重大である．したがって，誠実な雇主は労働者委員に情報を漏れなく提供するのを，そして彼らに

意見を求めるのを躊躇うであろう．雇主の不信は，責任のない労働者委員のデマゴジックな利用を考慮すると，そして競争を前にした暴露を考慮すると，しばしば道理に適ったものであり，根拠のあるものである」．協議権・情報権と資本主義経営構造はトレード・オフにあるので，妨害行動は正当化されるというのである．階級闘争を前提にすえた労働者委員の干渉については，何をか言わんやであった．

②CGT の政治主義的階級闘争路線

機能不全の第 2 の要因として，CGT の政治主義的階級闘争路線をあげねばならない．CGT は社会・文化的事項の活動にはポジティブであった．しかし，労使の協力・協調を目的とした経済・財務的事項の協議にはネガティブな姿勢をとった．政治体制の変革という前提をともなわぬ経済・財務的事項への「諮問的資格」における「参加」は，逆に既存の体制を擁護することになると判断したからである．1947 年秋の路線転換以降，CGT にとって，企業委員会は「参加」の場ではなく，闘争の場でなければならなかった．

一方における雇主・経営者のオトリテ＝パテルナリスト意識，他方における CGT の政治主義的階級闘争路線，2 つの基本要因により，企業委員会は経済・財務的事項に関する問題の協議・情報において機能不全に陥っていた．

③政府の姿勢変化

第 3 の－ただし副次的な－要因として，政府の姿勢変化を指摘することができる．リベラシオン直後，労働省は県知事・共和国監察官・労働監督官を動員して，経済・財務的事項に関する問題について，労働者の「参加」を策励した．しかし，その後，政府の関心は専ら社会秩序の維持と投資の拡大，そして大企業との協力関係形成に移行していった．政府はこれまでの姿勢を変更した．企業委員会法令の履行を追求した労働省高官アンリ・オークと，法令に関心を示さなくなった彼の後任者ジョサン（Jaussand）及びラファロヴィッチの言動を比較するとき，変化は明白である．1944 年 1 月 10 日のデクレに基づいて同年 5 月から施行された共和国監察官制度は，既に 1946 年 3 月 26 日に廃止されていた．コラボ工場に対する接収政策も放棄された．県知事と労働監督官は経済・財務的事項に関する問題について，労働者「参加」の策励を中止し，本来の任務に専念した．ベアトリス・トゥシュレ（Béatrice Touchelay）のいう「le manque de volonté politique d'imposer des réformes」である．「企業委員会高等協議会」は雇主・経営者の側に立って判断を下すようになった．

④労働者委員の経済・財務的事項に関する知識と理解力の欠如

　副次的な要因の第2として，論者は経済・財務的事項に関する労働者委員の知識と理解力の欠如（le manque de formation des représentants des comités d'entreprise）をあげる．委員の知識と理解力の欠如が協議それ自体を著しく不可能ならしめていた，というのである．根拠として，CGT の次の発言がしば[64]しば引用される．「企業委員会委員が最初に直面する本質的な問題は容易に理解できる．かれら委員は，重要であることは十分に分かっているのだが，斬新さと事細かな複雑さのゆえに困惑してしまう諸問題について，雇主や技師と協議することを求められる．かれら委員はこうして，かれらの知らない言葉で話してくる人々（雇主や技師）を前にして，劣等感に陥ってしまいがちになる」（*La Voix du Peuple*, 1946年1月号）[65]．ここにいう「協議」が社会・文化的事項あるいは一般的労働条件についての協議であることは，誌の発行年月から分かる．それゆえ，改正法下の経済・財務的事項にかかわる協議については尚更のこと「困惑」し，「劣等感に陥ってしまいがち」になっていたと推測される．知識と理解力の欠如は労働者委員を一層優柔不断・小心にし，かれらの意欲にまでネガティブな影響を及ぼしていた[66]．「中央企業委員会は年に2回開かれる．しかし，決算表の説明は非常に素早く行われ，企業の活動については質問を何ら出すことが出来ないような形で報告されている．労働者委員は，彼を麻痺させ，介入しようとする意欲を妨げる，彼にとっては常人ならざるカードルによって圧倒されてい」た（*Droit social*, 1952年2月号）[67]．モーリス・モンチュクラールによれば，CGT 指導部は，労働者委員が「極めて不用心であり，雇主のセイレンの歌によって甚だしく魅了されかけるがままにある」ことを危惧していた[68]．

　しかし，こうした見解に批判的な証言・記録も見出される．まず，某労働監督官は社会・文化的事項に関する協議について，1940年代末に次のようにいう．「一般に，企業委員会が発足した当時と比べると，企業委員会委員の意見はより活発かつ思慮のあるものになっている．そして，今や協議における1つの重要なファクターになっている．社会・文化的事項にかかわる企業委員会の協議はかれら（労働者委員）に責任感を陶冶し，管理能力を発揮させることを可能にしている」と．また1948年～1954年頃の *Revue des Comités d'Entreprise*[69] は，製紙，繊維，製薬，航空，水力関連資材，電気，建設などの大企業では，労働者委員が毎月の受注量，予想受注量，原材料，労働者の賃金と幹部の俸

給，部門別の労働力構成変化，緊急時の生産計画，原価と販売価格，新工場の建設，設備投資，内部留保，生産量，雑経費の縮減といった経済・財務的諸問題について積極的に関心を示し，営業報告書の開示も求めていることを記している[70]．おそらくは，対経営闘争の戦術的視点から関心を示し，要求したのであろう．戦後復興期における労働者委員のこのポジティブな姿勢は，かれらの実践経験の日常的蓄積とともに，国土解放以来労働組合が組織してきた労働者教育講座の成果発現に負うところが大であった[71]．戦後初期についてはともかく，戦後復興期においては，労働者委員の経済・財務的事項に関する知識と理解力の欠如を指摘する論旨に対しては－労働組合組織による労働者教育の成果に疑問を呈する意見に耳を傾けつつも－慎重であらねばならない．

　労働組合組織による労働者教育の成果に疑問を呈する意見を紹介しておく．*Droit social*（1952 年 2 月号，3 月号）による．「労働者委員は，彼に与えられた任務について準備ができていなかった．生産及び生産性の問題，活動報告書，決算表の説明は（労働者教育にもかかわらず）労働者委員の理解を越えていたし，今もなお越えている[72]」．「労働者委員の教育研修は，彼が企業委員会の会議に参加するには，おしなべて非常に不十分である．彼は初歩的な知識しか得ていない[73]」．「(労働者教育にもかかわらず）経済的事項に関しては，労働者委員の知識が欠けていることは明らかである．28 人の委員で構成された中央企業委員会についていうと，僅か 4 人〜5 人の委員のみが決算表の説明を理解しようとするだけである[74]」．残りの 23 人〜24 人は，理解しようとすることさえ出来ないのであった．

⑤CGT の労働者教育講座

　筆者は労働者委員の経済・財務的事項に関する知識と理解力の欠如それ自体よりもむしろ彼らの知識と理解のあり方に，すなわち労働者教育講座の中身に関心を向ける．CGT は国土解放以来，一貫して労働組合運動に適った教育＝マルクス主義教育を労働者に施してきた．マルクス主義教育が CGT の政治主義的階級闘争路線への転換と軌を一にして－そして，一体化して－，戦後復興期に，経済・財務的事項に関する企業委員会の機能不全を促進する方向に作用したと考える．1947 年秋の路線転換以降，CGT にとって，企業委員会は協議の場ではなく，階級闘争の場であった．CGT 労働者教育講座の中身（マルクス主義に基づく教育方針と教育内容）に接近する．

　労働者が経済・法律，労働運動，社会思想などの専門知識を独学で身につけ

ることは，極めて困難であった．それゆえ，労働組合組織が教育講座を組織して労働者に研修を施すことが－労働者委員の給源＝ミリタンを養成するうえからも－緊要の課題であった[75]．CGT の機関紙 *Vie du Peuple*（1946 年 1 月号）に掲載されたリポート 2 編「労働者教育同盟センターの活動に関するリポート」（Rapport sur l'activité du Centre Confédéral d'Éducation Ouvrière）と「企業委員会委員の専門教育形成と組合幹部の養成に関するリポート」（Rapport sur la formation technique des Délégués dans les Comités d'Entreprises et la préparation des cadres syndicaux）はその証左である[76]．

a　CGT の労働者教育中央機関

㋐「労働者教育同盟センター」（Centre confédéral d'éducation ouvrière）

1945 年春に CGT の本部書記局に設置された．一般教養（国語，数学，英語，簿記など），経済学，社会思想史，労働運動史（労働史，フランス労働組合運動史）を 1 年間講義した[77]．

㋑「労働者教育常任委員会」（Comité permanent d'éducation ouvrière）

労働者委員を養成する専門機関として，1945 年 5 月に設置された．初級講座（premier degré）と研究週間（semaine d'étude）の 2 コースから構成されていた．

・初級講座

1945 年 5 月 4 日～8 月 1 日に第 1 回講座が開かれた．『CGT 初級教本』がテキストとして使用された．『教本』の内容は以下であった．企業活動（生産，商務，財務，管理），社会的事項（労働条件，社会保険料の企業負担分，社会的事業），法規（個人企業，商業会社，法律上の義務），基礎簿記と会計（説明と分類，会計原則，貸借対照表，損益計算書，会計簿，商務文書，工業簿記概説，年度比較），企業と経済活動及び渉外（個人・銀行・政府・外国及び他企業との関係，景気変動の影響），応用企業統計の基礎[78]．

・研究週間

1946 年 10 月 21 日～26 日に第 1 回研究週間が開かれた．初級講座を修了した者が受講した．講師は CGT 本部の書記であった．経済学，労働法，労働運動を講義した．内容は物価，賃金，通貨問題，社会保障，雇主・経営者団体，国有化，労働紛争，労働裁判，団体協約，国際労働組織，国際労働運動であった[79]．

b　CGT の労働者教育地方機関：「労働者教育センター」（Centre d'éducation

ouvrière)

CGT 県連合会（Unions départementaux CGT）と CGT 地域連合会（Unions locaux CGT）は全国の主要都市・地域に夜間講座「労働者教育センター」を計

補Ⅱ-9表　ノール県とパ・ド・カレー県に設置された「労働者教育センター」の 1946 年度カリキュラム案

	第1課程（1946年9月20日-12月20日）：労働者代表養成教育
1課	経済地理の基礎知識：a）フランス全国　b）ノール地域
2課	企業における労働者：フランス石炭公社（Charbonnages de France）から堅坑委員会（Comités de Puits）へ
	堅坑委員会：権限，その国民的かつ組合的重要性，実行会議
3課	賃金，賃金形態，賃金総額
4・5課	原価
6課	販売価格，仲買人と利幅
7課	労働条件，坑夫代表の役割，採炭に関する講義（道具・通送風など，道具に関する講義は映像によって補われる）
8・9・10課	坑夫の地位，団体協約，法規，自立金庫（caisse autonome），救済金庫
11課	地質学，炭層の表示（représentation du gisement），図面（plan），模型（maquette）
12課	その他（企業統合，企業集中）
	・・・・・・・・・・・・・・・・・・・・・・・・・・・・・・・・・・・・
	講義内容は炭鉱関係に集中している．しかし，必要に応じて，他業種に関わる講義も実施される．
	第2課程：組合教育
1課	労働組合運動の目的，労働組合の組織構造
2課	労働者階級，労働者階級の歴史的役割，フランス労働組合運動の特質
3課	イギリス労働組合運動，アメリカ労働組合運動，ソビエトの労働組合
4課	経済発展の法則，経済思想に関する講義（アダム・スミス，マルサス，リカード，セー，サン・シモン，フーリエ，ブランキ，ルイ・ブラン，プルードン，マルクスなど）
5課	価値，社会関係：生成，発展，消滅
6課	利潤，賃金
7課	資本，資本主義の発展
8課	帝国主義とファシズム
9課	原料の世界分布，世界の生産量
10課	勤労者諸階級と国民，国家と労働組合
11課	国有化と国家管理化，自由主義経済から社会主義経済へ
12課	労働組合の将来
	・・・・・・・・・・・・・・・・・・・・・・・・・・・・・・・・・・・・
	12の課に加えて，実務教育が行われる．例えば，事務局の設置準備，総会の開催準備，会計実習，パンフレットの編集，組合新聞のアッピール作成など．
	第3課程：余暇の組織化
1° 休養をとってくつろぐこと．骨の折れる苦しい労働環境で損なわれた健康を回復すること． 2° 文化活動に従事すること．ぼた山や工場の煙突のない地域へ出かけること．旅行など．	
	・・・・・・・・・・・・・・・・・・・・・・・・・・・・・・・・・・・・
	目下，この課程は第1・2課程ほどの重要性は有していない．しかし，休暇とツーリズムと労働の結合において，この課程は異論なしに有益となるであろう．今年度，「労働者教育センター」の受講者 50 人が西ドイツのシュヴァルツヴァルトとコンスタンツ湖を訪れている．

Bruhat, J., "La formation des cadres syndicaux", in *Revue Française du Travail*, novembre 1946, p.648–650.

133ヶ所設置した.『CGT初級教本』の他に, 経済学, 労働組合運動史, 労働法, 経済地理といった専門科目を講義した(一部の大都市では, 地元の労働組合が独自に夜間講座を開いていた. 例えば,「パリ地域冶金労働組合連合」Union des Syndicats des Travailleurs Métallurgistes de la Région Parisienne の講座である. 毎回数百人の労働者が受講していた). 補Ⅱ-9表に, ノール県とパ・ド

補Ⅱ-10表 「労働組合幹部学校」一覧:1945・10・1〜1946・7・14

「パリ地域労働組合連合」主催(Union des Syndicats de la Région Parisienne):1945年前半に開講. 研修日数15日.
「パリ地域冶金労働組合連合」主催(Union des Syndicats des Travailleurs Métallurgistes de la Région Parisienne):1945年5月に開講. 研修日数15日.
「イゼール県連合会」主催(Union Départementale de l'Isère):1945年11月17日に開講. 研修日数15日. 受講者数37人.
「建築労連」主催(Fédération du Bâtiment):第1期1945年12月10日〜12月22日. 第2期1946年1月7日〜1月19日. 第3期1946年1月28日〜2月9日. 第4期1946年5月. 各期とも受講者は建設労連の書記やCGT傘下の組合活動家及び戦災地域の代表者たちで, その数は26-29人.
「ブッシュ=デュ=ローヌ県労働組合連合」主催(Union des Syndicats des Bouches-du-Rhône):1946年1月2日に開講. 研修日数12日. 受講者数18人.
「農業労連」主催(Fédération de l'Agriculture):第1期1946年1月, 受講者数30人. 第2期1946年2月, 受講者数16人.
「オート=サヴォワ県連合会」主催(Union Départementale de la Haute-Savoie):1946年3月17日に開講. 研修日数8日. 受講者数20人.

Bruhat, J., *op.cit.*, p.651.

補Ⅱ-11表 「労働組合幹部学校」の基本的な研修内容

座学	
・フランスの社会経済構造	・生産とフランスの復興
・資本主義経済の特徴	・国有化
・独占と帝国主義	・賃金
・国際労働運動史と世界労連	・労働運動と生産における女性の役割
・労働者階級と民主主義	・労働運動と青年
・国民に対する労働者階級の使命	・企業委員会制度
・労働者と農民	・社会保障制度
・CGTの組織構造	・労働組合活動の方法
・労働者階級と中産階級(職人・小商人・管理職)の関係	
実習*	
・労働組合の現状と問題点についての説明	・組合予算の編成
・組合機関紙の編集	・社会保障に関する情報ファイルの作成
・会議・集会の準備	
・一般大衆向けのパンフレットとビラの作成	
・支部・分会ニュースの編集	
・企業委員会による社会・文化的事項の新設に関する模擬企画	

*「パリ地域労働組合連合」主催の場合.
Bruhat, J., *op.cit.*, pp.652-654.

・カレー県に設置された「労働者教育センター」の 1946 年度カリキュラム案を示す．マルクス主義教育の実施が知れる．受講者の大半は炭坑夫と冶金労働者であった．受講登録者は 953 人．出席率は約 50% であった[81]．

　c　「労働組合幹部学校」(Écoles de cadres syndicaux)

　CGT 県連合会や CGT 地域連合会あるいは CGT 労連が主催した 2〜4 週間の短期研修である．受講者は期間中，職務を離れて研修に専念した．組合幹部に必要な専門知識と実務が集中的に講義された．連合会・労連の幹部が講師をつとめた．補Ⅱ-10・補Ⅱ-11 表に，1945 年 10 月〜1946 年 7 月における「幹部学校」の一覧と研修内容を掲げる．「労働者教育センター」と同様に，マルクス主義教育の実施が知れる．研修修了者のなかから労働者委員が輩出した[82]．

　d　現職労働者委員を対象とした「研修講座」(Cours de formation)

　CGT は労働及び労働力地区監督局の協力を得て，1946 年にノール県のヴァランシエヌ，ドナン，リール，パ・ド・カレー県のベチューン，ラン等に「研修講座」を開いた．現職の労働者委員を対象に，経済学・法学の専門教育を施した．リセの教授が講師をつとめた[83]．

　e　運営費用

　CGT の自己資金と政府の助成金でまかなった．1945 年度の予算は 150 万フラン，支出は 80 万フランであった．1948 年 4 月に，企業委員会制度についての専門誌 Revue des Comités d'Entreprise を創刊した[84]．

3　個別事例

(1)「転換点」前（「ユーフォリア」の時期）における企業委員会の機能発現状況

①自家用飛行機製造企業（パリ地域，従業員約 400 人）[85]

　a　経済・財務的事項

　毎月 1 回定期的に開かれる会議で，小委員会の議長がそれぞれの小委員会について活動内容を報告した．企業委員会は従業員総会(Assemblées générales du personnel)において，経営と共同で生産の現状と見通しを報告した．

　b　「生産の戦い」

　㋐提案制度

　生産の増大と生産性の向上を目的に，報奨金付の提案制度を実施した．提案

は企業委員会が設置した生産小委員会で検討・セレクトされた．職長とカードルの意見を聴いたのち，採用に値すると思われる提案を経営に提出した．全従業員を対象としたこの制度は，原材料の節約と技能・技術の改良及び労働能率の向上に機能した．1947年7月の自家用飛行機開発コンクールでの入賞はその成果であった．

⑦一般的労働条件の改善

企業委員会は1947年4月に労働衛生・安全小委員会（commission d'hygiène et de sécurité．1947年8月1日のデクレで労働衛生・安全委員会 Comité d'Hygiène et de Sécurité に改編された）を設置した．小委員会は更衣室・医務室・シャワー設備の整備，布張り及び塗装作業場の衛生設備改善，労災防止と被労災者に対する救済の拡充に機能した．

c 社会・文化的事項

企業委員会もしくは小委員会が管理した（諮問的関与を含む）．主財源は経営の拠出金であった．1946年と1947年の拠出額は支払賃金額の6％であった．

⑦連帯基金（Fonds de solidarité）

相互扶助組合である．「パリ地域労働者家族共済組合」（Mutuelle familiale des travailleurs de la Région Parisienne）の機能を補完し，出産，死亡，兵役従事，長期療養に手当を支給した．1947年度の支給総額は98,000フランであった．企業委員会が設置した連帯小委員会（commission de solidarité）が管理に諮問的に関与した．

④職業講座（Perfectionnement professionnel）

1947年初頭に開講した．科目は技能，工業デッサン，数学．受講期間は3ヶ月．講師は技師と職長で，特別講師として大学教授を時々招いていた．成績優秀者20名は受講修了時に表彰され，昇進した．

⑦社員食堂

社員食堂小委員会が管理した．社員食堂には財源の最も多くの部分が割り当てられた．メニューは1種類．値段は従業員カテゴリーごとに企業委員会が決めていた．

1947年末までの値段

従業員のカテゴリー	値段
雑役工・単能工	31フラン
ポジション1の労働者	35
ポジション2と3の労働者	40
職長	48
カードル	60

㋓スポーツ・余暇

サッカー（2チーム），女子バスケットボール，陸上競技，体操，水泳，スケート，チェス，ピクニック，旅行などがあった．1946年4月に設置されたスポーツ・余暇小委員会（commission sports et loisirs）が管理した．

㋔野外学校

1947年には15人の子供がロワレ県の公立ジャンヌヴィリエル野外学校を40日間利用した．

その他，クリスマスツリー，図書室などがあった．

②**無線通信機器企業**（パリ地域，従業員760人）[86]

a 「生産の戦い」

企業委員会は小委員会を介して「生産の戦い」に取り組んだ．毎月1回開かれる会議で，小委員会から活動状況について報告を受けた．同時に，小委員会に対して，今後の活動に関して指示を出した．

㋐提案小委員会（commission des suggestions）

・構成

社長（Président directeur général），技師1，社会技師1，職長代表2，労働者代表2の計7名であった．

・機能

生産の増大と生産性の向上及び労働組織の改善に取り組んだ．提案箱に投函されたすべての提案を毎月1回検討し，有益な案を採用して実践に移した．採用した提案には報奨金を支給した．1945年10月〜1947年1月1日に計54件を採用し，計39,325フランの報奨金を支給した（1件当たり平均728フラン）．

㋑分析セクション

・構成

技師，職長，労働者の計3名であった．全員，企業委員会によって任命された．

・機能

生産性向上の観点から，従業員が指摘したあらゆる「問題点」(anomalies) を取りあげ，その原因を調査分析し，結果と対策を企業委員会に報告・提案した．資材の破損を防止する保管方法の工夫，道具・資材倉庫の設置，設計システムの改善，作業場・事務所の改良など，年間に約 90 件の「問題点」を取りあげ，対策を提案した．製造の領域のみならず，労働組織についても数多くの改善に取り組んだ．

b　社会・文化的事項

㋐見習工養成制度

企業委員会は製造長 1，技術職員 1，製図係 1，労働者 3 の計 6 名で構成された見習工制度及び技能研修小委員会（commission d'apprentissage et de perfectionnement）を設置して，青年労働者の育成につとめた．見習工は 3 ヶ月ごとに研修ノートを小委員会に提出した．小委員会委員はノートに所見を記し，評価を行った．見習工の保護者は所見・評価に目をとおした．

㋑相互扶助金庫（Caisse d'entraide）

疾病，結婚，出産，死亡及び特別救済に手当を支給した．従業員と雇主の拠出金（割合は 1：2）を原資とした．企業委員会は管理に諮問的に関与した．

㋒スポーツ・余暇

サッカー，バスケットボール，水泳，フェンシング，キャンピングなどがあった．技師，技術者，製図係，労働者の 4 名で構成されたスポーツ・余暇小委員会が管理した．

㋓労働者菜園

菜園小委員会は管理に諮問的に関与した．多子家族労働者に対して菜園を優先的に割り当てた．

㋔社員食堂

昼食を提供した．値段の 1/3 は，雇主が負担した．

その他，クリスマスツリー，「おやつ」などがあった．

③電気機器企業（南西地域，従業員約 800 人[87]）

a　経済・財務的事項

企業委員会は製造計画について，経営と協議した．

b　「生産の戦い」：一般的労働条件の改善

企業委員会が設置した生産小委員会は安全委員会（Comité de sécurité. 1945

年 2 月 1 日設置）と共同で，労働衛生・労働安全に取り組んだ．機械，プレス，塗装，電気分解，ワニス引きの各作業場ごとに衛生・安全規則を定め，施設・設備の改善と充実をはかった．保護安全函・排気口の設置，換気装置の導入，貨物用エレベータとプレス機械に安全装置を設置，すべての機械を地面の上に直接据え付ける，防火設備の充実，電気施設に遮蔽板を設置，照明の電圧を 24 ボルトに設定，配電網の整備などである．こうした取り組みは生産の増大と生産性の向上に結びついた．

c 社会・文化的事項

企業委員会もしくは小委員会が管理した（諮問的関与を含む）．主な財源は経営の拠出金であった．

㋐社員食堂

1946 年 2 月に設立された．社員食堂小委員会の指導のもとに，管理者（gérant）が管理の日常実務を引き受けた．管理者は女性業務係，料理長，豚肉仕入係，倉庫係，洗い場係，食材選別係の補佐を受けた．値段は小委員会と管理者が協議して決めた．メニューは約 20 種類．昼食のみであった．250 人収容の大食堂，中央竈・仕切り付き調理台・食器棚等から成る大調理場，食材選別場，食料保存倉庫，じゃがいも倉庫，冷蔵庫，皿洗場をそなえていた．

㋑消費協同組合

1947 年初めに市中心部に設立された．屠殺免許を取得しており，豚肉を社員食堂に供給した．企業委員会の指導のもとに，管理者と女性業務係 1 で構成された管理会（conseil d'administration）が管理の日常実務を引き受けた．

㋒スポーツ・余暇

「工場クラブ」（Club d'usine）として組織された．費用の 1/2 は経営の拠出金で，残り 1/2 は催し物・競技イベントの収入でまかなった．以下のクラブに約 250 人が加入していた．陸上競技，サッカー（3 チーム），ラグビー，バスケットボール（3 チーム），スキー（40 人），テニス（40 人），体操，ペタンク，グライダー，芸術（ダンス，音楽，演劇）．陸上競技場は公園のなかにあった．公園には，サッカー兼ラグビー場，バスケットボールコート，テニスコート，ペタンクコートも付設され，それぞれに更衣室とシャワーが備わっていた．毎年，他企業と交流試合を行った．

㋓見習学校（École d'apprentissage）

技師，カードル，労働者委員の 3 名で構成された見習学校小委員会が管理に

諮問的に関与した．3年制．定員は1学年15名．CAPの取得を目的としていた．見習工契約を結んだ者で，選抜試験に合格した者が入学した．第3学年は座学と工場実習．座学は技師AとM見習学校長のMが担当した．体育の授業も週2時間あった．第2・第1学年は主に工場で熟練工に就いて技能実習を行った．職業意識を高める目的で，精神工学（psychotechnique）も講義された．生徒の成績表は毎月保護者に送付された．生徒には技能習熟度・仕事量・熱意に応じて，所定の賃金率に基づき報酬が支払われた．

㋖野菜・果樹の栽培，豚・乳牛の飼育

野菜，桃，牛乳を消費協同組合と社員食堂に供給した．成育した豚は消費協同組合へ送った（豚は消費協同組合で精肉加工された）．

(2) 「転換点」後における企業委員会の機能発現状況
①繊維企業（南東地域，従業員500〜1,000人)[88]
  a 構成
  ㋐議長・委員

技師委員を除いて，事業所委員会委員は「代表的労働組合」の作成したリストに基づき選出された．通常，工場長が議長をつとめた．労働者委員は企業の長が議長であることを望んでいた．付議事項の大部分は，財政権限をもつ企業の長が議長であって初めて十分に協議しえたからである．「代表的労働組合」の代表2名（CGT 1名，CFTC 1名）も「諮問的資格で」会議に出席した．

選挙母体	正委員	代理委員
技師	1	1
職長	2	2
労働者	4	4
合計	7	7

  ㋑会議

少なくとも月に1回，原則として第1金曜日の勤務時間中に工場長室で開かれた．会議中に議長が議事日程を変更することはめずらしくなかった．

  ㋒小委員会

個別テーマを調査検討するために，事業所委員会によって小委員会が設置されていた．主な小委員会は購買小委員会（commission des achats，通称groupement d'achat），住宅・菜園小委員会（commission des logements et jardins），作業場小委員会（commission d'atelier），労働衛生・安全小委員会であった．

㊁議事録

議事録（procès-verbaux）は書記が作成した．次の会議の冒頭において読みあげられ，承認された．1部は工場長が保管し，もう1部は書記によって事業所委員会のアルシーヴに整理された．

b 機能

㋐経済・財務的事項

企業の長またはその代理は，必要であると判断した場合に限り，企業の一般的営みに関わる情報（生産量，売上高，改良事項，当面の課題など）を事業所委員会に提供した．

㋑一般的労働条件

事業所委員会は経営から一般的労働条件（労働安全，労働衛生，労働時間，人員配置，疲労減少措置，設備・道具の整備など）について意見を求められた．事業所委員会は当該事項について協議・提案した．経営によって作成された就業規則案も中央企業委員会で協議された．

㋒社会・文化的事項

事業所委員会は労働者とその家族の労働及び生活に関わる施設・制度・事業について，経営と協議した．事業所委員会は社会・文化的事項を管理した（assurer），あるいは管理に諮問的に関与した（contrôler）．

・相互扶助組合

12名で構成された理事会（Conseil d'administration）が管理した．事業所委員会は管理に諮問的に関与した．医療給付を主務とし，状況に応じて特別救済（secours spéciaux）を実施した．従業員の拠出金（月額25フラン）と経営の拠出金（従業員1人あたり月額25フラン）を原資とした．1949年現在，企業内社会保険と組み合わせて，歯科の治療給付を検討中である．

・労働者住宅と労働者菜園

住宅・菜園小委員会が住宅と菜園の割当を引き受けた．事業所委員会は小委員会を介して管理に諮問的に関与した．

・共同購入制度

購買小委員会が管理した．食料品（じゃがいも，栗，エンドウ豆など）と日用生活品（生地，衣料品，長靴，毛布，パンタロン，ストッキング，石鹸，木

材，石炭など）を仕入れ，週2回店舗を設けて販売した．購買代金は賃金から天引きした．

・体育講座（Cours d'éducation physique）

従業員の子供を対象に，スポーツ協会（Société sportive）の運動場で開講した．事業所委員会が管理し，指導員として男女各1名を配置していた．

・見習工センター

見習工養成について経営から意見を求められた事業所委員会は，見習工センター（Centre d'apprentissage）の設置を提案した．事業所委員会は見習工センターの管理に諮問的に関与した．

・その他，図書室，託児所（計画中）などがあった．

c　まとめ

事業所委員会は社会・文化的事項の管理に機能した（諮問的関与を含む）．一般的労働条件に関する問題も事業所委員会で協議された．経営は，必要と判断した場合に限り，企業の一般的営みに関する事項の情報を事業所委員会に提供した．経済・財務的事項の問題に関する協議は行われなかった．

②化繊企業（中部地域，従業員約1,100人）[89]

　a　構成

議長，CGT 正委員3，CGT-FO 正委員3の計7名．代理委員を含めると，計13名であった．

　b　機能

㋐経済・財務的事項

一部の生産計画もしくは特定のテーマに限定して，企業委員会は経営から情報の提供を受けた．協議は一切行われなかった．会計簿の検討に際しては，企業委員会は公認会計士を指名していた．

㋑一般的労働条件

企業委員会は提案箱に投函された技能・技術に関する提案を調査・検討した．提案制度は原材料の節約及び労働安全・労働衛生の改善に機能した．

㋒社会・文化的事項

コンスタントに機能を発現した．企業委員会が設置した小委員会は以下を管理した（諮問的関与を含む）．相互扶助金庫（従業員は賃金の0.5%を，経営は支払賃金額の1%を拠出），社員食堂，祝祭の催し物，スポーツ（バスケットボール，サッカー，ペタンク，ボート，水泳，釣りなど），労働者住宅，労

働者菜園，共同購入制度，見習工制度（実習，デッサン，技術・電気・化繊の講義．技師が講師をつとめた）．次の事項は，企業委員会が小委員会を介さずに直接管理した．社会的援助（生活給付など），野外学校，医務室（医師 1，正看護婦 1，准看護婦 3．レントゲン室と検査室をそなえていた），健康相談，乳児相談．

　主財源は経営の拠出金であった．1949 年度は約 500 万フランで，相互扶助金庫と社員食堂にそれぞれ 25% を，その他の事項に残り 50% を割り当てた．

③**輸送機器企業**（北部地域，従業員約 900 人[90]）

　a　構成

　議長，CGT 正委員 4，CGT-FO 正委員 2 の計 7 名．代理委員を含めると，計 13 名であった．

　b　機能

　㋐経済・財務的事項

　受注の減少に対処するために，事業所委員会は生産計画の見直しと人員の配置転換を重要課題として位置づけた．しかし，課題に関する協議は一切行われなかった．

　㋑一般的労働条件

　労働衛生・安全委員会と協力して，シャワー・事務所の整備，塗装係の設置といった労働環境の改善に取り組んだ．

　㋒社会・文化的事項

　事業所委員会は十全に機能を発現した．以下の事項は事業所委員会もしくは小委員会が管理した（諮問的関与を含む）．主財源は経営の拠出金（年間 600 万フラン）であった．

- 相互扶助組合：従業員は賃金の 0.5% を，経営は支払賃金額の 0.5% を拠出した．状況に応じて特別拠出も行った．
- 退職年金：受給資格は勤続 20 年・満 60 歳以上であった．給付月額は相互扶助組合から 2,000 フラン，事業所委員会から 3,000 フランの計 5,000 フランであった．
- 兵役従事手当：妻帯者には月額 1,500 フランを，扶養子供をもつ者には同 2,000 フランを，兵役期間中支給した．兵役終了時には，別途 1,000 フランを支給した．
- スポーツ：陸上競技場があった．他にサッカー場，バスケットボールコー

トもあった．地元地域の金属機械企業対抗クロスカントリー大会を主宰した．
・レクリエーション：観光旅行，日曜ハイキング，芸術サークル活動，音楽会を実施した．
・社員食堂：従業員1人あたり，年間3万フラン分の食事を無料で提供した．
・消費協同組合：売上高は非常に良好な水準にあった．
・家政講座：60人の婦人労働者が受講していた．他企業の婦人労働者も講座料を払えば受講しえた．
・労働者住宅：「職業間住宅センター」に加入していた．
・特別キャンプ：青年労働者を対象に実施した．希望者は休暇を取って参加した．
・その他：野外学校，見習工養成制度などがあった．

注

1　"L'expérience", in *Droit social*, janvier 1952, p.17.
2　*Ibid.*, p.18.
3　"L'expérience", in *Droit social*, février 1952, p.101.
4　Le Crom, J.-P., *L'introuvable démocratie salariale*…, p.76.
5　*Ibid.*
6　企業委員会の機能発現は企業規模，業種（例えば，金属・冶金業と銀行業），地域（例えば，東部・北部，南部，リヨン地域，パリ地域）ごとに差異がみられた．また，解放後の新たな政治・社会状況の生起により，同一企業においても年度によって変化がみられた．多様なシチュエーションが成否の判定作業を極めて困難にしていた（"L'expérience", in *Droit social*, janvier 1952, pp.15-17）．
7　邦文による精緻な先行研究としては，田端博邦「前掲論文(2)」，64-99頁がある．田端は *Droit social*（1952年1月～3月号）を用いて，1950年代初頭における企業委員会の機能発現状況を明らかにしている．
　　一般的労働条件とりわけ労働安全・労働衛生に関する企業委員会の機能発現は成功的であったと判定しうる．*Droit social* によるアンケート調査の回答を借りる．「企業委員会は……労働条件の改善に効果的に寄与している．その総体は，労働衛生とすべての従業員の福祉を増大させている」，「安全小委員会は毎月，労働事故の発生件数と発生場所，程度，原因，防止手段を調査することで，非常に有益な活動を展開している．／その結果，労働事故の多くは手や足や目視による取り扱いの事故であることが判明している．こうした事故を防止するために，安全手袋，安全眼鏡，安全靴が必要に応じて購入されている．／安全小委員会はセルヴィスごとに設置されている．そして，労働者に対して労働事故から身を守る必要性を訴える掲示キャンペーンをくり広げている」，「より重要な働きをしていると思われる小委員会は，労働衛生・安全小委員会である．この小委員会は会議を毎月開き，当該月に発生した労働事故を調査検討してアンケートを実施し，調査員の意見に基づいて事故防止に必要な措置を提案している」（"L'expérience", in *Droit social*, mars 1952, p.173）．

8 "L'activité", in *Revue Française du Travail*, no.7, juillet 1948, p.293.
9 "L'expérience", in *Droit social*, janvier 1952, p.21 et mars 1952, pp.163, 175.
10 "Les comités d'entreprise. Un échec? Une réussite? Leur avenir", in *La Chronique Sociale de France*, décembre 1955, cité par Leménorel, A., *op.cit.*, p.259.「企業の人間的構成のための行動」が中心となって，リヨン地域の36の企業委員会を対象にアンケート調査を実施した（Montuclard, M., *op. cit.*, p.18).
　　A. ジョンティルとピエール・ブーヴィエは，*La Chronique Sociale de France* の分析結果について基本的に支持を表明する（Bouvier, P., *op.cit.*, pp.64-65).
11　Raffalovich, O., "Institution des comités d'entreprise et l'évolution du service social du travail", in *Revue Française du Travail*, no.3-4-5, avril-mai-juin 1948, p.143.
12　ILO, *op.cit.*, pp.230-231.
13　Cité par Leménorel, A., *op.cit.*, p.249.
14　Bouvier, P., *op.cit.*, pp.11, 101. オルドナンス第22条「雇主が企業委員会の委員または代理委員を解雇しようとするときは，その解雇はすべて企業委員会の同意を得なければならない．同意が得られなかった場合は，その事業所を管轄する労働監督官が承認の決定を下すまでは解雇を行ってはならない．ただし，重大なる過失がある場合には，企業の長は，最終決定が出されるまでの間，関係者を即時停職とする権限を有する」（*J.O.*, Ordonnances et Décrets, 23 février 1945, p.956).
　　労働者委員は企業においては従業員であり，企業の長との関係におけるヒエラルキー的従属に束縛されている．しかし，企業委員会委員としてはこの従属関係から自由である．だが，ディー・ジュゥリにはそうであるとしても，労働者委員と従業員は不可分離な存在であるが故に，ディー・ファクトにはそうではなかった．企業委員会における労働者委員の言動は企業の長（企業委員会の議長）との間に不和・軋轢を生みだすもととなり，それが企業における従業員としての労働者委員にマイナスの作用を及ぼしたのである．雇主・経営者によっては，委員になった組合員労働者を人事や賃金で差別した（Bois, P., *op.cit.*, p.90 ; Ehrmann, H. W., *op.cit.*, p.383 ; Montuclard, M., *op.cit.*, pp.38-39). 中小企業では，雇主の報復をおそれて委員に立候補するのをためらう労働者もいた．そうした企業では，企業委員会は雇主・経営者からの独立を欠き，事実上機能停止に陥っていた（Lorwin, V. R., *op.cit.*, p.266).
15　オルドナンス第20条「企業の長は，企業委員会に，適当な部屋・設備・備品並びに必要とあればその会議及び書記的事務に必要な人員を提供しなければならない」（*J.O.*, Ordonnances et Décrets, 23 février 1945, p.956). オルドナンス第15条「企業委員会は，企業の長またはその代理によって主宰される」（*Ibid.*). だが，企業の長によって提供された施設・人員の具体的利用について，経営と企業委員会の間で意見の相違がしばしば生じていたと言われている．司法の判断を仰ぐ場合もあった（Durand, P., "Les rapports de l'entreprise et du comité d'entreprise", in *Droit social*, décembre 1951, pp.667-675).
16　「重大なる過失がある場合」とは，一般的には，企業委員会委員の言動が，企業従業員としての職務上の過ちも含めて，就業契約の履行あるいは職務の執行において著しく非難されるに相当する場合をいう（Brun, A. et H. Galland, *op.cit.*, p.810). 具体的には，CGT の認識によれば，所定の労働の放棄，怠慢で不品行な労働，資材・設備の故意による毀損，窃盗，酩酊状態での就業，信用失墜行為などの場合をさす．常習ではない遅刻や理由のある欠勤は「重大な過失」に含まれない（ILO, *op.cit.*, pp.177-178).
17　Circulaire TR. 9/50 du 22 mars 1950 relative aux mesures de licenciement à la suite des conflits collectifs du travail, *J.O.*, Lois et Décrets, 29 mars 1950, p.3427.
18　Brun, A. et H. Galland, *op.cit.*, pp.809-811.
19　*Ibid.*, p.806.
20　1951年6月2日のサン・テチィエンヌ民事裁判所判決（*Ibid.*).
21　しかし，社会・文化的事項の活動に関してはともかくとして，この排除規定が経済・財務的事項の活動についても企業委員会委員の雇用保障（sécurité de l'emploi）に効果的に作用していたかというと，疑問である．経済・財務的事項の活動に関しては，企業委員会委員の雇用保障はネ

ガティブであった. *Droit social* の指摘を借りよう.「法令によって委員会のメンバーに付与されている(雇用)保障は根本的に不十分であり,かつ-経験が示しているように-極めて空しいものであることを記しておく必要がある.実際,……従業員を保護し-彼に保障を付与し-,恣意や不正から彼を守るに違いない規則や制度が委員会のメンバーに対しては利益をもたらさないに違いないということは,言うまでもないことである」("L'expérience", in *Droit social*, janvier 1952, p.26).

1953年以降になると,社会・文化的事項の活動に関しても,それが著しく反経営的であると判断された場合には,企業委員会委員の雇用保障はネガティブな傾向をおびる.破毀院民事部の1952年11月27日判決は,解雇の決定や停職が不当である場合には「復職の義務」(obligation de réintégration)が雇主に科せられるが,民法典第1142条を適用することで,「復職の義務」は委員に対する損害賠償で代わりに執行されうると判断したからである(Brun, A. et H. Galland, *op. cit.*, pp.806-810).この判決は雇主のオトリテ強化に,別言すれば雇主による企業内労働運動の抑圧に有利に作用した.行政=雇主が「弁護側の申立て事由」手続を尊重せずに解雇決定しても,その結果「復職の義務」が雇主に科せられても,損害賠償を支払えば委員を解雇しえたからである(*Ibid.*, p.810).ガジエは1953年3月18日に「国民議会労働委員会」(Commission du Travail de l'Assemblée nationale)の名で提出した企業委員会制度改革案(いわゆるガジエ案)のなかで,企業委員会委員の雇用保障強化(選出されてから2年間は解雇されない)を要求している(Montuclard, M., *op.cit.*, p.39).

22 Ehrmann, H. W., *op.cit.*, p.382.
23 *Revue des Comités d'Entreprise*, no.1, avril 1948, pp.47-49, cité par Le Crom, J.-P., *L'introuvable démocratie salariale*…, pp.113-114.
24 "L'expérience", in *Droit social*, février 1952, p.98.
25 Montuclard, M., *op.cit.*, p.31 ; Leménorel, A., *op.cit.*, p.256.
26 Lorwin, V. R., *op.cit.*, pp.267, 271 ; Leménorel, A., *op.cit.*, p.256. マルセル・ダヴィド(Marcel David)は社会・文化的事項におけるパテルナリスム管理の存在を指摘する.彼の指摘は,一部の雇主・経営者が企業委員会による社会・文化的事項の管理について,依然としてネガティブな態度をとっていたことを示唆する(Leménorel, A., *op.cit.*, p.260). "L'expérience", in *Droit social*, février 1952, p.94 も同様の事実を指摘する.同じくピエール・ブーヴィエも,パテルナリスム管理を志向する雇主・経営者が根強く存在していた事実を指摘する(Bouvier, P., *op.cit.*, pp.89-91, 99-101).
27 Lorwin, V. R., *op.cit.*, pp.266-267. 臨時諮問評議会の「意見」すなわち「企業委員会の良好な活動を保証するために,委員の任務の遂行においては,かれらに対して大いなる便宜を提供する必要がある./(労働・社会問題)委員会はかれらの機能の遂行に必要な時間を月に10時間から20時間に増やすことを,そして(企業)委員会の会議で消費する時間はこの20時間から差し引かないと理解することを提案する」("Rapport fait au nom de la commission du travail et des affaires sociales", p.64)を受けて,改正法第10条は労働者委員の有給活動時間を15時間から20時間に増やしていた.
28 Lorwin, V. R., *op.cit.*, p.267. CGT-FO もこれと同主旨のことを述べている(*Ibid.*, p.270).
29 「法令による1つの社会改革」(une réforme sociale par la loi)は筆者の造語である.アラン・ルメノレルは企業委員会制度を「法令による1つの社会革命」(une révolution sociale par la loi)と言い表している(Leménorel, A., *op.cit.*, pp.251, 253, 264).ナンシー大学法学部教授のポール・デュラン(Paul Durand)も1959年に,"La représentation des travailleurs sur le plan de l'entreprise en droit français" のなかで,「法令による1つの革命」(une révolution par la loi)と表現している(Cité par Le Crom, J.-P., "La naissance des comités d'entreprise…", p.59).ルメノレル自身も言うように,企業委員会の本質は経営・労働の協力・協調(coopération nécessaire, collaboration employeur-salariés)にある.決して,労働者自主管理にあるのではない.「企業委員会は今後,企業内の労働と経営の co-opération に向けてのチャンネルとなるように位置づけられている.企業の繁栄を,したがって労使共通の利益を,より広範囲には(フランスという)コミュニティ全体の利益をもたらす co-opération に向けてのチャンネルとなるように」位置づけられているのである

(ILO, *op.cit.*, p.231). それゆえ「革命」という表現を用いても,資本主義企業構造を根底からくつがえす「企業組織の革命的変革」(un changement révolutionnaire dans la structure des entreprises) を意図していたのでは決してない. 実体は「改革」(réforme, innovation)・「刷新」(rénovation) である. 企業レベルにおける資本と労働の対立・対抗を社会カトリシズム左派経営社会理念に則り,より高い次元において調和統一することを意図した「社会主義ぬきの社会化」(socialisation sans socialisme) である. なお,エティエンヌ・ギルソン (Etienne Gilson) によれば,「la révolution par la loi」という表現それ自体は G. ビドーの造語である. そこでは,ゲバルトによってではなく,法令によって政治的・経済的・社会的にトータルな「真の民主主義」を建設せんとする意図が込められていた (Irving, R. E. M., *op.cit.*, p.54;"L'expérience", in *Droit social,* mars 1952, p.174).

30　Irving, R. E. M., *op.cit.*, p.124.
31　*Ibid.*
32　A. シュトゥルムタール『前掲訳書』, 51頁.
33　ILO, *op.cit.*, p.231;Ehrmann, H. W., *op.cit.*, p.373;Steinhouse, A., *op.cit.*, p.101;Dupeux, G., *La société française 1789-1970,* Paris, Librairie Armand Colin, 1972, p.214.
34　経営による企業委員会への情報の提供に関しては,重要な情報は提供されていないことがシュトゥルムタールの研究で明らかにされている. シュトゥルムタールに先行するこのアンケート調査の結果からも,シュトゥルムタールの指摘は妥当すると考えられる (A. シュトゥルムタール『前掲訳書』, 52頁).
35　"Les comités d'entreprise. Un échec? Une réussite? Leur avenir", cité par Le Crom, J.-P., *L'introuvable démocratie salariale…,* p.84.
36　*Ibid.* この結論は1960年代においても妥当する. P. ボワの提供を借りて,経済・財務的事項に関する企業委員会の1960年代における機能発現状況を整理しておこう. P. ボワは労働省の非公式データをもとにして分析を行っている. ㋐企業の組織,管理及び一般的運営に関する重要な情報の提供は,経営によって保証されていない. ㋑企業委員会は,経営が提供する情報で満足している. ㋒企業の組織及び管理の諸エリメントについて,ほとんど大部分の企業委員会は協議を受けていない. ㋓財務会計に関する情報については,経営は沈黙的である. ㋔利潤についての情報及び利潤の利用についても,経営は沈黙的である (Bois, P., *op.cit.*, pp.82-96).
37　"L'expérience", in *Droit social,* mars 1952, p.171.
38　"L'activité", in *Revue Française du Travail,* no.12, décembre 1948, pp.600, 605.
39　A. シュトゥルムタール『前掲訳書』, 52頁.
40　『同上』, 53頁.
41　"L'expérience", in *Droit social,* mars 1952, p.171;田端博邦「前掲論文 (2)」, 96-97頁.
42　A. シュトゥルムタール『前掲訳書』, 54頁.
43　『同上』, 53頁;Leménorel, A., *op.cit.*, p.260.
44　Le Crom, J.-P., *L'introuvable démocratie salariale…,* p.89.
45　*Ibid.,* p.83.
46　*Ibid.,* p.84.
47　"L'expérience", in *Droit social,* mars 1952, p.169.
48　*Ibid.*
49　*Ibid.,* p.170.
50　*Ibid.*
51　Steinhouse, A., *op.cit.*, pp.122-123, 134.
52　A. シュトゥルムタール『前掲訳書』, 52頁も参照した.
53　質問書は,Le Crom, J.-P., *L'introuvable démocratie salariale…,* pp.85-87 に全文が収録されている.
54　*Ibid.,* p.87.
55　*Ibid.,* p.88. M. ムーニエも同様のことをいっている (Meunier, M., "Compte rendu des travaux de la commission sociale au second semestre 1949 présenté à l'assemblée générale du 7 janvier 1950", in

56 "L'expérience", in *Droit social*, février 1952, p.95；田端博邦「前掲論文 (2)」, 90頁.
57 CGTの某活動家は, *Le Peuple* (1948年2月5日号) において次のように述べている.「企業委員会は社会・文化的事項の活動にみずからを限定し, 経済的任務をニグレクトすることで, 社会・文化的事項の任務にあまりにも専念しすぎている」と (ILO, *op.cit.*, p.231).
58 Brun, A. et H. Galland, *op.cit.*, p.828 ; Ehrmann, H. W., *op.cit.*, p.381. CGTのこの姿勢は, "L'expérience", in *Droit social*, février 1952, p.98 に掲載された利潤参加論と「資本=労働アソシアシオン」論に対するCGTの激越的批判からも知ることができる. 利潤参加論について, 『経済研究同盟センターの覚書』(*Note du Centre confédéral d'études économiques*) は次のようにいう.「労働者にとって利潤参加は, 労働者に固有の労働の生産物を資本家－資本家自身は生産にかかわることなく, 不当にそこから利益を得ているのだ－と共有すること, と同義である. それゆえに, 利潤参加は, 雇主の正統性と資本主義的利益の十分な根拠を労働者が公式に承認することである……. さらに, 『この参加は, 現実には, 巨大な茶番でしかなく, 決して公正なものではない』」と (*Revue des Comités d'Entreprise*, no.10).
「資本=労働アソシアシオン」論について, バルジョネ (A. Barjonet) は次のようにいう.「資本は常に, 必然的に, 労働の結実である. あるいはむしろ, 労働者階級によって無償で提供された剰余労働の結実である……. 個人としての資本家の資質あるいは欠点いかんにかかわらず, 本質的事実は存在する. すなわち, 資本家階級は階級としてある限り, 労働者階級の剰余労働で生活している. あらゆる資本のうち, 他人の無報酬の労働に由来していない資本は1つもない……. 理論的プランとしては, 『資本=労働アソシアシオン』は愚作 (une ineptie) である. 実践的プランとしては, それは労働者大衆に対する搾取を覆いかくす手法であり, 労働者を資本家の鎖で縛りつける手法であり, そして, とりわけ労働者から階級精神を失わせる手法である」と (*Revue des Comités d'Entreprise*, no.31).
59 フランソワ・ブロック=レネ (François Bloch-Lainé), 堀川マリ子・堀川士良訳『新しい経営参加－企業の革新のために－』中央大学出版部, UL双書, 1972年 (再版), 18-19頁も参照した.
60 Steinhouse, A., *op.cit.*, p.196.
61 *Ibid.*, p.101.
62 *Ibid.*, p.197 ; Touchelay, B., *op.cit.*, p.3.
63 「企業委員会高等協議会」は企業委員会の機能発現をスムーズに促すために, 1945年2月25日のアレテで労働・社会保障省のなかに設置された (1945年2月25日のアレテは Pepy, D. M., "Les comités…", p.61 に全文が収録されている). 主として, 企業委員会制度の実践において生じる問題を調査研究した. 政府委員10, 雇主委員6, 労働者委員6 (CGT 4, CFTC 2) の22人構成. 議長は労働・社会保障大臣. 1948年4月20日に改正され, それぞれ14, 7, 7 (CGT 3, CFTC 2, CGT-FO 2) の28人構成となった (ILO, *op.cit.*, p.168).
政府の姿勢変化については, "L'expérience", in *Droit social*, février 1952, p.92；"L'activité des comités d'entreprises depuis 1950", in *Revue Française du Travail*, octobre-décembre 1951, p.521 も参照した.
64 Lorwin, V. R., *op.cit.*, pp.265, 267, 272 ; Montuclard, M., *op.cit.*, p.30；フランソワ・ブロック=レネ『前掲訳書』, 19頁；大谷眞忠「前掲論文」, 16, 23頁を参照した.
65 ILO, *op.cit.*, p.226.
66 Montuclard, M., *op.cit.*, p.28.
67 "L'expérience", in *Droit social*, février 1952, p.102.
68 Montuclard, M., *op.cit.*, p.32.
69 ILO, *op.cit.*, p.229.
70 Montuclard, M., *op.cit.*, p.29.
71 ILO, *op.cit.*, p.229.
72 "L'expérience", in *Droit social*, février 1952, p.92.
73 *Ibid.*, p.102.
74 "L'expérience", in *Droit social*, mars 1952, p.170.

75 Bruhat, J., "La formation des cadres syndicaux", in *Revue Française du Travail*, novembre 1946, p.656；"Un an de fonctionnement des comités d'entreprise", in *Revue Française du Travail*, mai 1946, p.122.
76 Bruhat, J., *op.cit.*, p.645.
77 *Ibid.*, p.646.
78 *Ibid.*
79 *Ibid.*
80 *Ibid.*, p.647.
81 *Ibid.*
82 *Ibid.*, pp.650, 652.
83 "Un an de fonctionnement des comités d'entreprise", pp.122-123.
84 ILO, *op.cit.*, p.227.
85 "Quelques exemples de fonctionnement de comités d'entreprises en France", in *Revue Française du Travail*, no.1-2, janvier-février 1949, pp.24-26.
86 *Ibid.*, pp.19-24.
87 "Quelques exemples de fonctionnement de comités d'entreprises", in *Revue Française du Travail*, no.3-4, mars-avril 1949, pp.147-152.
88 "Quelques exemples de fonctionnement de comités d'entreprises", in *Revue Française du Travail*, no.5-6, mai-juin 1949, pp.334-338.
89 "L'activité des comités d'entreprises depuis 1950", pp.525-526.
90 *Ibid.*, pp.526-527.

小括－戦後復興期フランスにおける「経営参加」の特質－

オルドナンスの一部改正をへて1947年秋になると，東西対立の激化とともに，一方CGTの政治主義的階級闘争路線への転換が，他方CNPFのパテルナリスト路線への回帰が，著しく進行する．政治・社会構造における新たなる展開の生起である．企業委員会は左右二大勢力の政治経済＝イデオロギー的利害の対立・対抗にさらされながら，歩みを現実的に展開した．社会・文化的事項に関しては，労使双方の政治社会的戦略（戦術）がパラドクシカルに合致し，参加は結果的にポジティブに進捗した．経済・財務的事項に関する問題については，労働の情報権・協議権は経営によって実質的に排除されていた．政治的変革を第一義的に志向するCGTも「諮問的資格」における協議を体制内改良主義とみなし，これを鋭く拒絶した．かくして，経済・財務的事項に関しては，「参加」は有名無実と化していた．そこには，左右二大勢力の「せめぎあい」にさらされながら階級的に展開した戦後復興期フランスにおける「経営参加」の特質（限界）がみとめられる．

キリスト教企業アソシアシオンの「本質」に淵源を発する「経営参加」はオ

ルドナンス=改正法の施行とともに一般妥当する法的制度となった．キリスト教企業アソシアシオンの現代に連繫する積極的意義である．だが，企業委員会の中身と実在は所期の機能・目的に比して，極めて慎ましいものでしかなかった．労使の激越・破局的対立・対抗という新たな政治・社会構造のもとで，経営主体における経営理念と労働主体における労働意識の協力・協調に向けての交わりは，信頼と意志と能力において，未成熟なままにあったと言わねばならない．企業委員会の本質，したがって社会カトリシズム左派経営社会理念の認識は，同時代多くの雇主・経営者と労働組合において不明確なままにあった．そこには，キリスト教企業アソシアシオンの現代的意義に付着していた限界がみとめられる．フランス社会における経営民主主義に向けてのイデオロギー的転換は，労使双方において，現実的かつ十全に生起するまでには至らなかった．

戦後復興期，フランスにおけるキリスト教社会経済改革=「経営参加」は企業レベルにおける私的問題としての性格をディー・ファクトに内包し，一方企業パテルナリスムの伝統を継承した雇主・経営者のオトリテ=パテルナリスト意識に，他方労働組合の政治主義的階級闘争路線（対経営闘争）に制約されつつ，別言すれば所期の機能・目的から乖離しつつ，経営の伝統的意志決定権（オトリテ）を維持しながら，階級的に展開した．「経営参加」のフランス的特質（特殊フランス的性格）である[3]．

「経営参加」のフランス的特質は戦後復興期のフランスにおいて，「生産力の増大」・「生産性の増大」すなわち経済の再建に，どれ程の役割を果たしたのか．この点について，明確な判断を下すことはむつかしい．「全体的視点にたって考察するならば，企業委員会の活動は生産に対しては取るに足りない影響しか及ぼしていない……」という *Droit social* （1952年2月号）の評価に止目するのみである[4]．

注

1 企業委員会制度に対しては，logique de paternalisme の視点からは実体のない制度とか経営の付属物といった批判が，logique conflictuelle の視点からは労働組合運動の道具という批判が，往々にして浴びせられる．また，法令の弱点や問題点あるいは労働者委員の消極的・受動的姿勢さらにはカードルの存在等に止目し，さしあたり，スタティックな視点から「経営者的展開」を示唆する分析も見受けられる（大谷眞忠「前掲論文」，20–24頁）．本書では，労使の「せめぎあい」に着目し，戦後復興期フランスにおける企業委員会制度の中身と実在を「動態的」に考察した．

2 マレ（J. Marest）もフランスにおける「経営参加」を「un enjeu de classe」と表現し，階級的展開を示唆する（Leménorel, A., op.cit., p.265）．

こうした分析結果（一般的図式）ではカバーできない事例がいくつか存在する．第1は銀行業の場合である．銀行業では，オルドナンス=改正法の主旨（社会カトリシスム左派経営社会理念）が明確に発現していた．以下，1950年初頭に Droit social によって実施されたアンケート調査の提供を借りる．「銀行業においては，諸事実のなかに，悲観論が正当であることの証拠を一切見いだせない．銀行業では，企業委員会制度はスムーズに実現している．実施に必要な合意は極めて速やかに成立した．執拗な不合意の場合に法的に規定されていた労働監督官の調停に訴える必要は一切なかった．この好ましい状況の功績は，労働組合組織と並んで経営にも与えられた．両者はこの状況で多大な誠意を示してきた．銀行業全体が常に卓越した社会的雰囲気（企業内社会関係）を有しているという事実を考慮に入れるならば，この事態は驚くべきことではない．……企業委員会はあらゆる銀行で，5年前から極めて規則正しく機能している．企業委員会の会議の一般的様相や協議の熱心さ，熟慮の誠実は，まさに明確に，他の業種の模範となるものである」（"L'expérience", in Droit social, janvier 1952, pp.20–21）．

経済・財務的事項に関する機能発現をアルジェリア=チュニジア銀行を事例に確認する．「アルジェリア銀行の中央企業委員会は13の事業所委員会をもち，アルジェリア=チュニジア銀行総裁が議長をつとめている．中央企業委員会は良好な状態のなかで機能している．議長は委員会のメンバーに対して，労働の方法やあらゆる分野における可能な改善提案を行うことで企業の営みに『参加』するように，絶えず要望している．／専門セルヴィスによって調査研究されたすべての提案は，頻繁に実践に移されている．／経営は委員会のすべてのメンバーに，貸借対照表と『損益』計算書及び利潤の配分計画書を，年度の最初の会議の8日前に送付している」（"L'expérience", in Droit social, février 1952, pp.92–93）．

「社会・文化的事項に関しても，（銀行業は）極めて高く評価すべき成果をあげている．銀行の経営者と企業委員会（委員）の間で，非常に実りの多い協力が頻繁に確立されているからである．種々多様な社会・文化的事項の管理（gestion）に参加してきた，あるいは諮問的に関与（contrôle）してきた非常に多くの企業委員会委員の献身的行為に対しては，ここで特別の敬意を表さなければならない．／経営と企業委員会の間で協力を最も輝かしく具現しているのは，この社会的制度の領域においてである．それゆえ，われわれは銀行業における企業委員会の建設的成果について語ることができる」（"L'expérience", in Droit social, mars 1952, pp.163–164）．

カバーできない事例の第2は，「参加」を発展的に前進させたテレメカニク電器株式会社（Cie Télémécanique Électrique S. A.）の「労使共同管理」である．同社は配電設備と安全器の製造販売企業として1924年にジュール・サラザン（Jules Sarazin），ミッシェル・ル・グエルク（Michel Le Gouellec），ピエール・ブランシェ（Pierre Blanchet），アンドレ・ブランシェ（André Blanchet）（以上，全員が技術者）によってパリ地域のオー・ド・セーヌ県ナンテールに設立された．創業当初から企業福祉事業を積極的に実践し，1931年には全従業員を対象に一律15日間の有給休暇制度を導入した．1937年には全従業員を対象に利潤分配制度を導入した（Ehrmann, H. W., op.cit., p.307；吉森賢『フランス企業の発想と行動』ダイヤモンド社，昭和59年，248–249頁）．従業員数は1950年代前半で約2,000人であった．戦後設置されたテレメカニク企業委員会は社会・文化的事項のすべてを管理するとともに，新たな企業福祉の企画立案にも積極的に取り組んだ（Ehrmann, H. W., op.cit., p.308）．従業員持株制度（労働者が株式の15％を保有）も実施した（Ibid.）．注目すべきは，労働者の代表（企業委員会委員の間で互選）と経営の代表で構成された「最高委員会」（Comité des primes）の設置である．企業の組織，管理及び一般的運営に関する情報・資料の一切がこの「委員会」に提出された．会議では，労使相互の信頼と協力と善意のもとに活発な議論が展開された．団体協約の改定も「委員会」で決定された．毎月の利潤の50％を労働に分配する利潤分配制度の管理権も「委員会」に属していた．「最高委員会」は事実上，企業の意志決定機関としての役割を果たしていた（Ibid., p.307）．テレメカニク社のこうした実践すなわち「労使共同管理」は，労働者の人間的尊厳を尊重する社長アンリ・ミジュヨン（Henri Migeon）の伝道者的情熱（zèle missionnaire）に多くを負う．彼は「経済における人間関係改善委員会」（Comité pour l'Amélioration des Relations Humaines dans l'Économie）の創設者であった．

1952 年には CJP と ACADI 及び「資本＝労働アソシアシオンのための経営者連合」(Union des chefs d'entreprises pour l'Association du Capital et du Travail. 1945 年 7 月にアレクサンドル・デュボワ Alexandre Dubois のイニシャチブに基づいて設立された急進的な前衛雇主団体．約 50 人を結集．Touchelay, B., *op.cit.,* pp.6-8, 12) とともに，「企業内社会関係のヒューマニズム化」に関して声明をだす．骨子は，人間関係論的視点を取り入れながら雇主・経営者に「道徳的義務」の自覚を促し，労使相互の信頼と協力を「精神のプラン」から構築することにあった (Ehrmann, H. W., *op.cit.,* pp.385, 387-388)．アンリ・ミジュヨンによれば，CNPF の姿勢は「あべこべになったマルクシスム」(marxisme à rebours) であり，その主張からは，経営労働問題を社会的調和の方向において解決する方途は見出されない．労働組合を抑圧することは労働者の人間性に対する侮辱でしかない (*Ibid.,* p.308)．他方労働組合については，「労使共同管理」の建設と展開により，そのレゾン・デートルはおのずから消滅していくとみなす．「労使共同管理」の成果は瞠目的であった．テレメカニク社では赤字決算になったことは一度もない (吉森賢『前掲書』，248 頁)．ストライキも発生していない．ごく少数いた CGT 労働者は穏健であった．離職率はゼロに近い (Ehrmann, H. W., *op.cit.,* p.308)．労使の「せめぎあい」に制約されながら展開した戦後復興期フランスにおける「経営参加」の特質（限界）のなかにあって，労働者の人間的尊厳を尊重する経営ヒューマニズム企業テレメカニクの「労使共同管理」は，まさしく例外的な「共同体」実践であり，輝かしい光芒を放っていた．

　テレメカニク「共同体」の対極において，もう一つの特殊な事例を紹介しておかねばならない．ミシュラン企業委員会である．ミシュランでは，経済・財務的事項に関する問題については言を俟たないが，社会・文化的事項に関してもパテルナリスム管理が強力に遂行されていた．企業委員会の機能は略全面的に不調であった．少し長くなるので，このあと補論Ⅱの付論として記すことにする．

3　戦後復興期のフランスでは，ドイツ，オーストリアあるいは北欧諸国とは異なり，企業のなかにおける資本と労働の間に「歴史的妥協」(historical compromise) が成立する余地はほとんどなかった．クリス・ホーウェルとアダム・スタインハウスは，「経営参加」の特殊フランス的性格を他のヨーロッパ主要諸国における経営参加との比較において，「例外主義」(exceptionalism) と言いあらわしている．両氏は「例外主義」の要因を，雇主・経営者のオトリテ＝パテルナリスト意識については触れることなく，専らフランス労働組合の特徴（少数精鋭のミリタンを中心に構成されていること，即ち，低組織率と階級闘争路線）のなかに求めている (Howell, C., *Regulating labor : The state and industrial relations reform in postwar France,* Princeton, New Jersey, Princeton University Press, 1992, p.37 ; Steinhouse, A., *op.cit.,* p.10)．戦後復興期におけるフランス労働組合の低組織率と階級的性格については，Howell, C., *op.cit.,* pp.44-49 ; Steinhouse, A., *op.cit.,* pp.30-32 ; 田端博邦『グローバリゼーションと労働世界の変容－労使関係の国際比較』旬報社，2007 年，131-152, 234-235 頁を参照されたい．なお，ベアトリス・トゥシュレはクリス・ホーウェル及びアダム・スタインハウスとは意見を異にし，「例外主義」の要因を CNPF のオトリテ＝パテルナリスト意識に求めている (Touchelay, B., *op.cit.,* pp.1-13)．

4　"L'expérience", in *Droit social,* février 1952, p.101.

補論Ⅱの付論

戦後復興期における
ミシュラン企業委員会の機能実態
― 一般的図式(シェーマ)ではカバーできない第3の事例 ―

　戦後初期，産業界と労働界の間には対独勝利の一体感に基づくハネムーンが湧出していた．ここに取りあげるミシュラン社も例外ではなかった．時計記録係として新しく配属された CGT 労働者について，経営は「われわれの工場では，クレルモンでは，優秀な時計記録係は共産主義者である」と述べるであろう．ハネムーンはミシュラン社において企業委員会の設置をすみやかに実現した．だが，経済・財務的事項に関する問題については言うまでもないことだが，社会・文化的事項についてもミシュラン企業委員会はさまざまな困難と障害をかかえ込み，戦後初期と戦後復興期の全期，機能発現において略全面的にネガティブであった．戦後復興期におけるミシュラン企業委員会について，社会・文化的事項に関する機能実態に接近する．

注
1　第二次大戦中，ミシュラン社は対独生産協力に従事していた．それゆえ，戦後，ミシュランに対してコラボという非難が浴びせられた．CGT は「ファシスト，まむしの巣はまさしくミシュランにある」というであろう．しかし，ミシュランの対独生産協力は以下の理由から反国家的イデオロギーに基づく行為ではなかったと判定され，査問に付されなかった．㋐ミシュラン一族は連合軍・レジスタンスに参加していた．㋑ミシュラン社はレジスタンス運動を支援していた．㋒ロベール・ピュイズは従業員の生活と生産設備を守るために，しぶしぶ生産協力にしたがったにすぎない．㋓ミシュラン社はドイツ企業からの共同事業の申し入れを拒絶した．軍当局も貴重な戦略物資であるゴムを安定して確保するために，ミシュランを査問に付すことに反対した（Quincy-Lefebvre, P., "Le système social Michelin de 1945 à 1973 ou l'épuisement d'un modèle", in Gueslin, A., sous la dir. de, *Les hommes du pneu : Les ouvriers Michelin à Clermond-Ferrand de 1940 à 1980*, Paris, Les Éditions de l'Atelier/Les Éditions Ouvrières, 1999〈以下，Gueslin, A., [1999] と略記〉, pp.98-99）．
　ミシュラン社の〈対独生産協力〉の実態について，少し触れておく．ドイツ軍はミシュラン社に対する統制権を有してはいたものの，ミシュラン社に対して経営の自主権を事実上大幅に認めていた．ミシュラン社の経営自主権は，STO のためにやって来たヴィシー政府の代表が工場に入ろうとするのを拒否しうるほどに強大であった．それゆえ，ドイツ軍はミシュラン社の生産実態を正確に把握することができなかったといわれている．しかし，生産の 50% はドイツ軍向け

の各種タイヤであった．残り50％はフランス市民向けの日用生活品（自転車用タイヤ，同チューブ，ゴム製履物など）であった．1943年の下半期，カルム工場とカタルー工場を合わせると，自動車・オートバイのタイヤ93,484本，同チューブ58,996本をドイツ軍に納めている．1944年の第1四半期には，それぞれ52,545本，44,138本を納めている．イギリス空軍の爆撃をうけた後は，それぞれ1,001本，2,122本に激減している（Lottman, H., traduit de l'anglais〈américain〉par Marianne Véron, *Michelin 100 ans d'aventure*, Paris, Flammarion, 1998, pp.290-291）．ミシュラン社は自社製品の名声を守るために，ドイツ軍向けの製品であっても品質を落とすようなことはしなかった．しかし，納期を遅らせるサボタージュは行った．

次に，〈従業員の生活保全〉について触れておく．工場を閉鎖することも選択肢の1つであった．だが，その場合，労働者は失業するか，もしくは他の企業でドイツ軍向けの軍需物資生産に従事させられたであろう．あるいはSTOに徴用されたであろう．ピュイズは「妥協」することで，戦争前の労働者の約2/3にあたる10,000人～12,000人を雇用し続け，かれらの生活を守る決断を下したのであった（*Ibid.*, p.283）．

〈レジスタンス運動に対する支援〉について．CF周辺においてもレジスタンス運動は展開されていた．ミシュラン労働者の一部はPCF系の「自由射手遊撃隊」（Francs-Tireurs et Partisans）に加わっていた．地下発行の刊行物には『ビバンドゥム』という表題が掲げられていた．イギリス情報局の報告によると，ナチスは「この地域におけるレジスタンスの最大の指導者の一人はミシュラン氏である」とみなしていた．ミシュラン氏とはピュイズのことであった（*Ibid.*, p.288；Morge, R. L., *Michel, Marius, Marie et les autres…*, Clermond-Ferrand, De Barée, 2001, pp.195-198）．

〈ミシュラン一族の連合軍・レジスタンスへの参加〉について．アンドレ・ミシュランの二男マルセル（1886～1945）の家族を紹介する．ドイツ軍がCFへ進駐してきたとき，マルセルは54歳であった．彼は自由フランス軍とマキに加わり，密かに行動した．マルセルの息子たちのうち，長男フィリップと四男ウベールはロンドンへ逃れ，イギリス空軍のパイロットになった．1943年7月，マルセルと二男ジャックはゲシュタポに逮捕された．2人はブーヘンヴァルトに拘留され，その後ジャックはフロッセンベルグ収容所へ送られた．医師であったジャックは1945年4月にパットン軍団によって解放されるまで，医療労働に強制従事させられた．マルセルはというと，ブーヘンヴァルトの石切場で強制労働に従事させられたのち，1944年12月にオルドルフ収容所へ送られ，翌年1月に同地で病死した．マルセルの三男ジャン゠ピエールは自由フランス軍に参加し，1943年にコルシカで戦死した．マルセルの甥のエドアールはPDDとカンタル県でマキを指揮した（Lottman, H., *op.cit.*, p.285；Morge, R. L., *op.cit.*, pp.207-210）．

2　Lottman, H., *op.cit.*, pp.297-298．
3　新設のオルレアン工場に事業所委員会が設置された1951年以降，とりわけ中央企業委員会が設けられた1953年以降，CF工場の企業委員会はCF工場事業所委員会と記される．以下，ミシュラン企業委員会あるいは単に企業委員会と記した場合，特にことわりのない限り，1951年以降については国内のミシュラン諸工場事業所委員会総体を指している．それ以前については，CF工場の企業委員会を指している．

I　戦後初期の社会・文化的事項と企業委員会の設置

1　1945年～1946年の社会・文化的事項

(1) 医療保健事業

医療保健事業はミシュラン衛生事業株式会社（Société anonyme des Oeuvres d'Hygiène Michelin. 以下，OHMと略記）に再編されていた．医療施設として

はノール通り結核診療所（1921 年開院），ヌッフ=ソレイユ病院（1925 年開院．内科，外科，産婦人科），シャナ結核療養所，アルコンサ結核療養所，ラ・プレヌ住宅団地内の診療所と歯科クリニック，そして工場医務室があった[1]．

(2) 児童・少年保護施設[2]

OHM の管轄下にあった．ミシュラン労働者である親が結核を患い，療養している間，子供を保護収容する施設として発足した．孤児，シングル・マザーの子供，身体障害児も受け入れた．エスコロル（1945 年現在で 6〜14 歳の男子 75 人を収容）とラ・ペイルース（5 歳以下の幼児と 6〜14 歳の女子を収容）に設置されていた．青少年宿泊所（maison d'accueil）もこのカテゴリーに含まれる．

(3) 家族及び育児支援事業[3]

家族手当，出産手当，授乳手当，託児所，新婚家庭への生活費貸付，訪問看護婦制度，葬儀の無料引き受けが実施された．

(4) 購買組合[4]

住宅団地内には購買組合の店舗（succursales）が 10 ヶ所設けられていた．葡萄酒・肉・パンなどの食料品，衣料・家具・履物・材木・石炭・金物などの日用生活品を安価に提供した．店舗内には食堂とシャワー設備も用意されていた．1948 年にミシュラン工場従業員供給組合（Société d'Approvisionnement du Personnel des Usines Michelin. 通称 SAPUM）と改称した[5]．1950 年以後，各住宅団地に店舗が増設された．同時に，ミシュラン社とは関係のない市民も自由に購買組合を利用できるようになった．SAPUM は通常，供給組合（Société d'Approvisionnement. 通称 Socap）と呼ばれた．

(5) 家族菜園（Jardin familial）[6]

株式会社組織であった．株主はミシュラン一族と会社幹部で占められた．労働者は家族菜園と賃貸契約を結び，果樹・野菜栽培と小家畜の飼育に従事した．

(6) モンフェラン・スポーツ協会（ASM）[7]

戦前から設立されていたスポーツ・レクリエーション組織である．1959年までに陸上競技場・プール・体育館が拡張整備された．ラグビー，サッカー，フェンシング，自転車，バレーボール，バスケットボール，ハンドボール，テニス，体操，射撃，水泳の各クラブがあった．付属団体としてモンフェラン交響楽団（Amicale Symphonique Montferrandaise．オーケストラ，合唱団，器楽団，演劇団，ダンス部から構成）のほか，美術，ペタンク，釣り，切手収集，狩り，スキー，チェスの各同好会があった．

(7) 生活扶助事業

第二次大戦中に始められた事業－家長がSTOに徴用された留守家族[8]，出征兵士の留守家族，両親が収容所に入れられた子供たち，こうしたミシュラン労働者家族に対する生活資料の支給及び家賃免除・住宅補修－が戦後もしばらくの間続けられた．「母親のおやつ」（le goûter des mères）と「父親死亡見舞金」もこのカテゴリーに含まれる．前者は妊産婦あるいは乳児をもつ母親に対して，週に3回栄養食品を支給した．後者は「死亡年金」とは別に，経営による「施し」として，死亡した父親の賃金の6ヶ月分を遺族に給付した．[9]

(8) その他

ミシュラン学校，労働者住宅，野外学校（Colonies de vacances），企業内社会保険（Caisse primaire de Sécurité sociale），相互扶助組合（Société de secours mutuels du personnel des Établissements Michelin à Clermont-Ferrand），失業手当，社員食堂などがあった．

(9) 管理形態

略全部の事項が経営によって管理されていた．それゆえ，大戦前SSMの延長上にあったといえる．設置されたばかりの企業委員会は困難と障害を抱え込み，機能しうる状態にはなかった．戦後初期，ミシュラン社会・文化的事項は人民戦線期における労働者の「ソシアビリテ」志向を克服し，本来のダイナミクスを取り戻していた．生活・食糧難という社会事情に加えて，「共同的生活関係」が崩壊していたこの時期[10]，経営による「施し」すなわち生活給付は，対独勝利の一体感に基づく労使ハネムーンも与って，経営・労働間に一種の心的

親和状況を醸成していた．1945 年の社会・文化的事項支出額／総売上高は 5.1 ％に達していた[11]．

2　企業委員会の設置

　企業委員会はミシュラン企業パテルナリスムにピリオドを打つはずであった．しかし，一方における経営の徹底したオトリテ＝パテルナリスト意識，他方社会・文化的事項の管理引き受けに対するミシュラン労働者の消極的・受動的姿勢－ただし，さしあたっての－，この2つは企業委員会の機能発現を妨げた．戦後初期における労働と経営の企業委員会に対する反応は以下であった．

(1) 労働の反応

　1945 年 4 月末から 5 月初めにかけて，最初の委員選挙が実施された．だが，選挙に対する熱気はほとんど感じられなかった．労働は企業委員会について不安と期待の入りまじった，漠然とした反応を示すだけであった[12]．社会・文化的事項に関する知識に乏しく，管理経験をもたぬ労働者は，さしあたり，管理引き受けに対して消極的であった．経営の指導助言をあてにしていたふしさえ見受けられた[13]．

(2) 経営の反応

　ピュイズは，企業委員会の役割は「(現在) 在ることがらを批判することにあるのではなくて，提案を行うこと」にあると明言する[14]．企業委員会は会社の再建に向けて労働者の「提案」＝「協力」を引きだすために設置された装置である，と彼は理解していた．では，「提案」＝「協力」とは具体的にどのようなことを意味したのか．強力なパテルナリスト意識の持ち主ピュイズによれば，経営による社会・文化的事項の管理への労働の「協賛」であった[15]．

注
1　Quincy-Lefebvre, P., *op.cit.*, p.104.
2　*Ibid.*
3　*Ibid.*, p.105.
4　Lottman, H., *op.cit.*, p.315 ; Quincy-Lefebvre, P., *op.cit.*, p.105.
5　それまでの組合名 Société coopérative du personnel を改めたのは，coopérative に対しては国の補助金給付が廃止されることになったからである．名称の変更により，補助金の継続受給が可能

となった.
6　Quincy-Lefebvre, P., *op.cit.*, p.105.
7　*Ibid.*, p.107 ; Spinazze, C., *École et Entreprise : Les écoles primaires Michelin à Clermont-Ferrand de 1940 à 1967*, Thèse présentée pour le doctorat de nouveau régime, 1993-1994, p.60 ; Gueslin, A., "Le Système Social Michelin 1889-1940", in Gueslin, A., sous la dir. de, *Michelin, les hommes du pneu : Les ouvriers Michelin, à Clermont-Ferrand, de 1889 à 1940*, Paris, Les Éditions de l'Atelier / Les Éditions Ouvrières, 1993（以下，Gueslin, A.,［1993］と略記），pp.106-107.
8　1945年1月16日付の統計によると，STO に徴用されたミシュラン労働者とその家族は計1,500人にのぼる（Quincy-Lefebvre, P., *op.cit.*, p.107）.
9　ただし，不品行な配偶者や子育てを疎かにする配偶者には「父親死亡見舞金」は給付されなかった（*Ibid.*）.
10　Lamy, C., "Autour de Michelin : Mémoires", in Gueslin, A.,［1999］, pp.295, 298-299.
11　戦後初期以降においても，ミシュラン社の社会・文化的事項は質・量ともに充実していた．社会・文化的事項支出額／支払賃金額は1951年8.4％, 1967年9.0％であった．この数値は他企業に比して著しく大きかった．比較的に大きな割合を支出していたノルマンディ冶金会社（Société métallurgique de Normandie）でも，1966年6.72％, 1967年5.94％であった．ミシュラン CF 工場の労働者に対する支出額は，1963年に1人当たり平均921フランに達していた（Quincy-Lefebvre, P., *op.cit.*, pp.191-192）.
　　経営・労働間の心的親和の醸成には，会社主催の戦没者追悼式や復員・帰還者慰労歓迎会も一役かっていた．*Bulletin intérieur Michelin*（1945年8月～9月号）の提供を借りて，1945年6月7日と6月30日に開かれた慰労歓迎会の様子を紹介しておこう．会場の正面には故マルセル・ミシュランの肖像画が掲げられていた．戦没者に対して黙禱を捧げたあと，ビュイズが復員・帰還者に再会の喜びを述べた．次いで復員兵の代表が，留守家族に対する会社の生活扶助に謝意を表した．会は祖国の復興とミシュラン社の再建に取り組む出席者全員の決意表明＝「ラ・マルセイエーズ斉唱」で締めくくられた（*Ibid.*, p.100）.
12　*Ibid.*, p.112.
13　*Ibid.*, p.115.
14　*Ibid.*, p.113.
15　*Ibid.*

II　1950年ストライキと労使関係

1　1947年ストライキ

　1945年5月，人民戦線の「労働者英雄」マルシャディエ，ヴェルドゥ，エノの3名が CF に帰ってきた．かれらは労働の組織化を階級的に遂行し，CGT ミシュランを指揮して，1947年1月に功労割増し手当反対ストを，11月には政治ストを打った．前者は手当の白紙撤回に勝利したが，後者は県当局の積極的支持を得ることができず挫折した．ストは労使ハネムーンにピリオドを打つとともに，CGT 神話に終焉をもたらした．けだし，県知事は「先般（11月）のスト，そこでは CGT＝共産主義者の指導者が政治的策謀を練っていた，の挫折は CGT 主流派に属するミシュラン労働組合の信用に痛烈な打撃を与えた

補Ⅱ付−1表　CGT ミシュランの組合員数：CF 工場

年	組合員数	組織率
1947	10,033 人	77.3%
1948	6,617	
1949	4,463	31.8
1950	4,008	27.3
1951	2,820	
1952	2,754	
1953	2,523	
1954	2,563	
1955	2,247	
1956	2,370	
1957	1,827	
1958	2,080	
1959	1,506	
1960	1,641	
1961	1,874	

Quincy-Lefebvre, P., "Le système social Michelin de 1945 à 1973 ou l'épuisement d'un modèle", in Gueslin, A., sous la direction de, *Les hommes du pneu : Les ouvriers Michelin à Clermont-Ferrand de 1940 à 1980*, Paris, Les Éditions de l'Atelier / Les Éditions Ouvrières, 1999, p.147.

ように思われる」と記すであろう．組合員数はスト前の 10,033 人から，スト挫折直後には 6,617 人に激減した（補Ⅱ付−1 表参照）．従業員代表選挙における CGT 候補者の得票数は 1947 年の 7,535 から，1948 年には 4,635 に減少した．減少した 2,900 のうち，2,028 は CGT-FO へ，682 は CFTC へ流れた．ハネムーンの終了と神話の終焉は労使間に伝統的な対立・緊張関係を復活させた．

2　1950 年ストライキ

(1) ストライキの発生

　CGT, CFTC, CGT-FO のミシュラン 3 組合は 1950 年 2 月 11 日の法律第 21 条を根拠に，賃金は企業レベルの労使交渉で確定しうると認識し，1950 年 2 月 23 日に 3,000 フラン・最大 25% の段階的賃上げを要求した．2 月 27 日，会社側は 1948 年 11 月の賃金を基準に 8% の賃上げを実施すると回答した．だが，この回答は，1950 年 1 月の賃金をベースとした場合，引上げ率ゼロというものであった．3 組合は当然これを拒否した．2 月 28 日，会社側は，賃金率の決定は経営の専決事項であると表明する．「会社は，状況が許すときに必要な処置を実施することを慣習としてきた．われわれはこのやり方で行動し続ける．労働の停止を含むあらゆる示威行動は，問題を何ら解決するものではな

い」と[5]，3月2日にスト投票を行ったあと（組合の発表では，スト賛成票5,660，反対票4,956，無効票423．県当局の発表では，それぞれ5,631，4,835，418．レイモン・ルイ・モルジュ Raymond Louis Morge の調査では，5,195，3,454，393），3組合は直ちに「組合連帯ストライキ委員会」（Comité de grève intersyndicale. 以下，「ストライキ委員会」と略記）を結成した．3月3日にスト突入[6]．ストは63日間続いた．

(2) ストライキの経緯

ストは工場占拠で始まった．カトリック・ミリューはストを支援した[7]．県・市当局も当初，スト支持を表明した[8]．3組合の統一行動と世論の支持はストの長期化を支えた．「ストライキ委員会」は労働者に自尊と連帯を訴えた．他方，四面楚歌に陥った会社は労働者の疲労と組合間の不和・対立を待つ戦術をとった．こうしたなか，3月31日にクレルモン民事裁判所が県当局に対して，工場占拠労働者を排除するべしと命令をだした．また4月13日（14日とも言われている）にはMRPの労働大臣ポール・バコンが，1950年2月11日の法律第21条は組合の解釈どおりではないという政府見解を出した[9]．ストの長期化は自動車工業に深刻な影響を及ぼし始めた．世論も変化し，「ストライキ委員会」は次第に孤立していった．

(3) ストライキの挫折

4月にはいると，労働側に内紛が生じた．4月17日〜19日には，CGT-FOの職長・職員セクシオンと「ストライキ委員会」の間で暴力・監禁沙汰が発生した．マルシャディエは不利な状況を打開するために，ストの「政治化」を画策した．4月30日，政治ストに反対するCGT-FOが「ストライキ委員会」から離脱した．CGTに対しては闘争の「政治化」に，CFTCに対しては「賃金なしの2ヶ月後にすべての労働者が直面するであろう痛ましい生活苦」の無視に，非難が浴びせられた[10]．県当局は「ストライキ委員会」に対してストの中止を勧告した[11]．労働者の疲労は極限に達していた．5月4日，「ストライキ委員会」は解散を決定した．

3 1950年ストライキの意義

　1950年ストは「神聖な権利をみずから意欲する雇主の砦（オトリテ）」に対して，ミシュラン労働が総力を結集して挑んだ戦いであった．企業内労使関係に与えた影響は著大であった．

(1) ストライキ後のミシュラン労働組合
①CGT ミシュラン
　1947年11月と1950年のスト挫折後，組織率は著しく低下した（補Ⅱ付‐1表参照）．しかし，ミシュラン第一の組合として，対経営闘争の中核にあり続けたことに変わりはなかった（補Ⅱ付‐2表参照）．
②CFTC ミシュラン
　「キリスト教労働青年」に加入していたミシュラン労働者によって，1936年に結成された．リーダーはシャルル・ティシィエ（Charles Tissier）[13]．当初，労使協調を唱えて過激な闘争を否定していたが，1950年ストに際しては積極的に戦った．戦後ほぼ一貫して増勢し，1952年以降はミシュラン労働組合第二

補Ⅱ付‐2表　ミシュラン社の CF 工場企業委員会・事業所委員会委員の選挙における組合別得票率　（％）

年	CGT	CFTC(CFDT)*	CGT-FO	CGC	その他
1946	85.2	14.7			
1948	50.9	16.9	32.3		
1949	55.9	18.2	25.8		
1950	51.7	19.8	28.5		
1951	57.2	20.9	21.8		
1952	54.0	24.4	21.6		
1953	60.4	21.0	18.5		
1954	61.7	19.6	18.6		
1956	64.5	23.0	12.5		
1958	54.5	29.8	15.7		
1960	55.3	31.0	13.7		
1962	54.1	33.7	12.1		
1964	51.1	(38.9)	7.6	2.4	
1966	53.3	(42.6)	1.9	2.2	
1968	47.1	(43.0)	0.9		約 8.9
1970	50.5	(36.4)	‐		12.9
1973	53.9	(33.2)	5.9		7.0
1975	48.8	(36.4)	7.0		約 7.6

*CFDT は 1964 年に CFTC から分離して結成された．（　）の数値は CFDT の得票率．
Quincy-Lefebvre, P., *op.cit.*, pp.142-144.

の位置にあって，労働運動の進展に寄与した（補Ⅱ付-2表参照）．

③**CGT-FO** ミシュラン

1947年11月の政治ストに反対してCGTを離脱した労働者が中心となり，1948年1月25日に結成された．同年4月5日にはミシュラン技師・管理職組合（Syndicat des ingénieurs et cadres Michelin）を吸収した．主に下級職員と職長から支持されていた．[14] 1950年代後半以降，衰微した（補Ⅱ付-2表参照）．

(2) 闘争形態における変化

ストの挫折は労働者に苦難以外の何物をももたらさなかった．CFTCミシュランは，ストが結果として労働者とその家族の生活を圧迫したことを自己批判し，以後，闘争形態を非ストライキ型に転換した．[15] CGTミシュランも同様であった．「労働者英雄」に対する責任追及が行われ，マルシャディエ等は1955年までに組合職務をすべて解かれた．「労働者英雄」にかわり，ルネ・ドゥバ（René Debas），マルセル・デュヴィノ（Marcel Duvigneau），アンリ・バジェル（Henri Bagel）が新指導部を組織した．[16] CGTミシュランの社会的影響力は急衰した．ルネ・ドゥバは「ミシュランでは，なし得ることは何もない．労働者は恐怖を抱いている」と述べるであろう．[17] 機関誌 *La Voix des Bibs* の配布さえままならぬ状態であった．情勢を深刻に受けとめた新指導部は，人民戦線以来の栄光ある戦術=工場占拠ストを放棄する決定を下した．[18]

経営も，戦後復興期における企業福祉の基盤が予想外に不安定であることに気づいた．以後，イデオロギー的には絶対経営権(オトリテ)を堅持しつつも，これまでの超然主義をディー・ファクトに修正し，労働との対話に応じる柔軟路線を打ちだした．[19]

1950年ストは，一方における労働組合の闘争形態に転換を，他方経営の対労働姿勢に修正をもたらした．ミシュラン労使の闘争形態における変化である．

注

1　CF解放は1944年8月27日であった．ドイツの降伏は1945年5月7日であった．PCF系の *La Voix du Peuple*（1945年5月19日号）によると，マルシャディエ（1943年にヴィシー政府によって死刑を宣告された．後に終身禁固刑に減刑．逃亡してマキに参加．ゲシュタポによって再び捕らえられ，CFが解放されたときにはダショー Dachau に追放されていた）がCFに帰郷した

1945 年 5 月 17 日には 5 万人の市民が出迎えたという．『山岳』は数千人の市民と市幹部が出迎えたと報じている．いずれにしても，大歓迎のもとでの帰郷であった（Quincy-Lefebvre, P., *op. cit.*, p.95；Morge, R. L., *op.cit.*, pp.213-214）．

帰郷したとき，マルシャディエは既に CF 社会主義市政の市会議員に選出されていた．5 月 18 日には市の第 2 助役に任命された．その後，PCF 中央委員会委員に任命され，1946 年 1 月には CGT ピュイ゠ド゠ドーム県連合会の書記に就任した（Quincy-Lefebvre, P., *op.cit.*, pp.95-96）．

2 *Ibid.*, pp.116-119.
3 *Ibid.*, p.121.
4 *Ibid.*, pp.121-122.
5 *Ibid.*, p.152.
6 *Ibid.*, pp.153-154；Morge, R. L., *op.cit.*, p.258.
7 Quincy-Lefebvre, P., *op.cit.*, p.155；Morge, R. L., *op.cit.*, p.259.
8 Quincy-Lefebvre, P., *op.cit.*, p.156；Morge, R. L., *op.cit.*, p.259.
9 Quincy-Lefebvre, p., *op.cit.*, pp.157-158.
10 *Ibid.*, p.159.
11 *Ibid.*
12 *Ibid.*, p.151.
13 シャルル・ティシィエは 1919 年 7 月に CF で生まれた．父親はミシュランの鉄道作業員．母親もミシュランの自転車タイヤ工であった．5 歳でミシュラン幼稚園に入り，ミシュラン初級学校に進んだ．14 歳のときに，「小使」としてミシュラン社に採用された．その後，「ラ・ミシオン」に入学．彼は「ミシュランの子供」として成長した．しかし，1936 年 7 月 14 日に聖体の大祝日の行列に参加し，そこで小教区助任司祭の説教 – もし，エドアールが CFTC の主張に耳を傾けていたならば，「生じているすべてのこと」（1936 年 2 月と 6 月の工場占拠を含むミシュラン・ストライキ）は避けられたであろう – を聴く．このとき，彼は CFTC に入る決心をした．1937 年に CAP を取得して，ミシュラン正式労働者となった（Lottman, H., *op.cit.*, pp.240, 250）．
14 Quincy-Lefebvre, P., *op.cit.*, p.148.
15 *Ibid.*, p.160.
16 *Ibid.*, pp.161-162. ルネ・ドゥバは 1913 年に生まれた．「ラ・ミシオン」を卒業．CF 工場の従業員代表（1949 年～1967 年）と事業所委員会委員（1951 年～1968 年）をつとめた．1950 年～1966 年の 17 年間，CGT ミシュランの書記であった（*Ibid.*, p.146）．
17 PCF ピュイ゠ド゠ドーム県委員会が編集した *Membres du Comité fédéral, noms proposés par le Bureau fédéral actuel*, 1956 より（*Ibid.*, p.163）．
18 1958 年 3 月 12 日のストは，ストライキ型闘争から非ストライキ型闘争への転換における唯一の例外として理解される（*Ibid.*, p.164；Lottman, H., *op.cit.*, p.357）．
19 Quincy-Lefebvre, P., *op.cit.*, pp.162-163.

Ⅲ　社会・文化的事項の管理権をめぐる対立

　非ストライキ型闘争のもとで，労働組合は闘争の「場」を企業委員会制度のなかに求めた．以後，企業委員会の協議には，パイの分配をめぐる労使交渉に等行的な内容が付着した．社会・文化的事項の管理権に焦点を合わせ，一方における労働の管理権要求，他方経営の拒否という労使の対立・緊張関係から，戦後復興期ミシュラン企業委員会の機能実態に接近する．

1 企業委員会における労使の対立

　1952年9月5日付のCF工場事業所委員会議事録は，書記であるCGT労働者委員について，「(事業所委員会の) 書記としてよりもむしろ労働者委員の長，そして労働組合組織の事業所委員会代表として」振る舞い，委員会を「闘争の手段」にしていると記す．また，中央企業委員会の初代議長でピュイズの婿でもあったエミール・デュラン（Émile Durin）は1956年1月27日に，中央企業委員会は労働組合の「プロパガンダの演壇」になっていると述べる．会議は半ば「不毛かつ果てしない議論」の様相を呈していた．CFTCミシュランの結成メンバーで，1951年から1年間CF工場事業所委員会委員をつとめたアントワーヌ・バリエール（Antoine Barrière）は，1968年に当時のことを回想して次のように言っている．「これらの機関の会議では，非常にしばしば絶え間のない（労使の）勢力争いが繰り広げられた．まったく相容れない概念を述べあう対立の場でしかなかった．一方は最大限獲得しようと試み，他方は最小限の譲歩にとどめようとした」と．政治経済=イデオロギー的利害の対立・対抗を付着させた企業委員会は，社会・文化的事項の管理権についても，労使の熾烈な対立・緊張の場となっていた．

　社会・文化的事項の管理権をめぐる闘争を率先して戦ったのは，CGTミシュランとCFTCミシュランであった．CGTミシュランは「歴史的そして法的にみて，企業委員会は雇主のオトリテを挫折させるために設立されたものである」，「企業委員会は階級の敵のなかに進出している労働組合の延長とみなされねばならない」と言明し，労働組合運動・階級闘争の手段としての企業委員会を喚起・鼓舞した．政治・経済・社会的イデオロギーにおいて，CGTとCFTCの間には明確な差異があった．この事実は否定できない．しかし，こと社会・文化的事項の管理権要求に関しては，両者は共通のスタンスのもとに対経営闘争を共闘した．

2 対立の事例

　戦後復興期，社会・文化的事項の略全部は実質的に経営の管理下にあった．

(1) OHM

　OHMの取締役会はセルヴィス長から構成されていた．改正法第3条に基づ

き，労働者委員は「諮問的資格で」取締役会に出席することを要求した．しかし，峻拒された．CF 工場の事業所委員会は OHM の管理から除外されたままにあった．OHM 小委員会には労働者委員が出席していたが，小委員会も有名無実と化していた．一例をあげよう．1955 年にラ・ペイルース保護施設長と修道女従業員全員が突然解雇された．新しい施設長にはジャン・ミシュラン夫人の親友ネリ・デラムート（Nelly Deramoudt）が，新しい従業員には世俗者が採用された．この人事について，小委員会は事前に何も知らされず，単に事後承諾するだけであった．[8]

CGT の H. バジェルと CFTC の C. ティシィエは 1953 年 9 月 24 日の事業所委員会で，OHM の管理の現状は法令に違反していると批判した．[9] この批判に対して経営は，ミシュランには社会・文化的事項は存在せず，経営に付属する社会的医療サーヴィス（Service médico-social）が存在するのみであると反論した．さらに 1954 年 10 月 3 日の会議では，「（われわれは）法律によって定められた処方にしたがうつもりはない．しかし，法律が定める目的は達成するつもりである」と高飛車にでた．[10] 激しい対立が続いた．結局，管理の現状維持に行き詰まりを感じはじめていた経営は，1957 年になってやっと労働側の要求を不承不承一部受け入れた．経営は OHM の株式 12,000 のうち 60（0.5％）を事業所委員会に譲渡した．[11] この株式の譲渡は，事業所委員会が本来の立場で管理に参加しうるようになったことを意味するものでは決してない．ただ，これを契機に，労働者委員は「諮問的資格で」OHM の取締役会に出席することとなった．

(2) ASM

加入者の大部分が一般市民であることを理由に（1950 年～1951 年現在，ASM の加入者 6,105 人中ミシュラン従業員とその家族は 965 人〈16％〉でしかなかった），経営は，ASM はミシュランから独立した公共の事業であると主張し，労働者委員が ASM 管理委員会（comité directeur）に出席することを拒否していた．[12] これに対して CGT ミシュランは，ASM の従業員はミシュラン社の職員であり，施設はミシュラン社の所有にあると反論した．激論の末，経営側も，ASM の経費を会社が全部負担している事実から CGT の主張をしぶしぶ受け入れ，労働者委員の管理委員会への出席を一部認めた．1950 年代後半には複数の労働者委員が管理委員会に席をしめ，事務局にも 1 名が入った．H.

バジェルは1957年10月29日の事業所委員会で，管理委員会を労使同数構成とすること，事務局に2名の労働者委員を入れることを追加要求した．しかし，この要求は峻拒された[13]．

(3) 家族菜園

1951年以来，家族菜園の取締役会にはCF工場事業所委員会の労働者委員6名が「諮問的資格で」出席していた．1953年，委員の1人であるCGTのルネ・ドゥバが告訴され，取締役会に出席できなくなる事件が発生した．その直後，労働者委員は社長ドゥルトゥール（M. Deltour）不在のままに臨時取締役会を開いた．ドゥルトゥールは激怒し，急遽株主総会を招集して定款を改定した．その結果，取締役会の開催は毎月1回から年3回に変更された．さらに1954年8月31日には，取締役会を開くにあたっては取締役の2/3以上の同意が必要であると改められた．以後，取締役会はごく稀にしか開かれなくなった．1956年度は一度も開かれていない[14]．かくして，実質的に，労働者委員したがって事業所委員会は家族菜園の管理にまったく関与することが出来なくなった．

(4) 野外学校

1951年，C. ティシィエは野外学校小委員会（Commission des colonies de vacances）の議長職に就いた．彼はすぐさま野外学校の非教育的性格を看破し[15]，1952年に野外学校管理権のCF工場事業所委員会への移転を要求した．その結果，翌年7月24日に経営との間で以下の合意が成立し，管理権は一応は事業所委員会に属することになった．㋐野外学校の管理運営における日常業務は，経営側の責任者であるロベール・デュクロ（Robert Duclaux．ミシュラン学校長）とコスティル（Costilles）が引き受ける．㋑小委員会は野外学校について，調査権と提案権を自由に有する．㋒小委員会と経営側の責任者の間で意見のくい違いが生じた場合には，事業所委員会が決定を下す[16]．しかし，労使双方の不信は根深く，合意は尊重されなかった．人事や事務処理をめぐる対立・トラブルは絶えず発生した[17]．管理権は実質的に経営に属していた．

(5) ミシュラン学校

戦後復興期，CGTミシュランは経営に対してミシュラン学校管理権の企業

委員会への移転を要求し続けた．だが，フランソワ・ミシュランは一貫して拒否し，管理権を堅持して譲らなかった．企業委員会は学校の運営に一切関与し得なかった．「教会（建設）の問題は学校（建設）の問題よりも明らかに緊急ではない」（エドアール・ミシュラン[18]）．祈りの場よりも学びの場の建設をディー・ファクトに優先した祖父以来，学校はミシュラン企業福祉における「隅のかしら石」であった．ミシュラン人形成の場，良質労働力養成の礎として，その機能・役割は非常に重要視された．1959年には社会・文化的事項の財源の1/3弱がミシュラン学校に充当された[19]．ドブレ法（1959年）が施行された時でも，「隅のかしら石」としての地位を維持するために，フランソワは市当局と契約を結ばなかった．彼にとって学校は，ミシュラン企業福祉政策＝戦後SSM[20]そのものであった[21]．

注

1 Quincy-Lefebvre, P., *op.cit.*, p.166.
2 *Ibid.*
3 *Ibid.* エミール・デュランは1924年にミシュランに入社した．エドアールによって抜擢され，大戦中は人事部長をつとめた．戦後はセルヴィス長や工場長を歴任した．1950年より共同経営者（co-gérant）．1953年～1963年の間，中央企業委員会初代議長をつとめた．同委員会2代議長には，フランソワ・ミシュランの従弟で弁護士資格をもつフランソワ・ロリエ（François Rollier）が就任した．彼もまた，1965年に共同経営者になっている（*Ibid.*）．
4 *Ibid.*, p.167.
5 *Ibid.*, p.170.
6 *Ibid.*
7 1952年～1968年と1970年～1979年は，CGT組合員がCF工場事業所委員会の書記であった．書記代理はCFTC（1964年11月以降はCFDT）とCGTの組合員であった．1969年はCFDT組合員が書記であった．
8 Quincy-Lefebvre, P., *op.cit.*, p.171.
9 *Ibid.*, p.172.
10 *Ibid.*
11 *Ibid.*
12 *Ibid.*, p.176.
13 *Ibid.*, p.177.
14 *Ibid.*, pp.175-176.
15 当時，ミシュラン野外学校は県内に14ヶ所あった．ミシュラン学校の教員が指導員を兼ねていた．しかし，指導の方法と内容はかなりでたらめであった．一例をあげよう．C. ティシィエはサン＝タンテーム（Saint-Anthème）とサン＝ブレヴァン（Saint-Brevin）の両野外学校を1951年7月に訪問した．そのときの体験をふまえて，1951年9月7日のCF工場事業所委員会で大略次のように述べている．指導員たちは事業所委員会委員が訪問した時にだけ，食事前のお祈りを中止している．しかし，こういうやり方は子供たちに不信と混乱を植えつけるだけだと（*Ibid.*, p.178）．
16 *Ibid.*

17　*Ibid.,* p.180.
18　Spinazze, C., *op.cit.,* p.107.
19　Quincy-Lefebvre, P., *op.cit.,* p.185.
20　*Ibid.,* p.184.
21　ミシュラン学校は「ラ・ミシオン」を除いて，1968年に文部省に移管された．フランソワが文部省への移管を決意した理由については，*Ibid.,* pp.183-188; Spinazze, C., *op.cit.,* pp.30-37, 343-364, 396-401; Morge, R. L., *op.cit.,* pp.274-277に纏められている．なお，学校と並んでミシュラン企業福祉に重要なウエイトをしめた労働者住宅の管理権は，1949年11月9日のデクレにより経営に属していた．

終わりに

　第二次大戦後フランスにおける最強のパテルナリスト企業ミシュランの事例を紹介してきた．戦後復興期，雇主のパテルナリスト意識が徹底して強力であったミシュランでは，社会・文化的事項に関して，労使双方の間に政治社会的戦略（戦術）のパラドクシカルな合致は形成されなかった．同事項においては，労使の熾烈な管理権闘争のなかで，パテルナリスム管理が略全面的に遂行された．社会・文化的事項における企業委員会機能の不調である－経済・財務的事項に関する問題については言を俟たない－．ミシュラン企業委員会はテレメカニク「共同体」の対極における，一般的図式（シェーマ1）ではカバーできない第3の事例であった．

注
1　シュネーデル企業委員会は一般的図式（シェーマ）の典型であった．第二次大戦後，シャルル・シュネーデル（1898～1960）は社会・文化的事項（病院，養老院，託児所，相互扶助組合，消費協同組合，労働者菜園，社員食堂，野外学校，余暇・スポーツなど）の管理権を企業委員会に順次移転した．シュネーデル学校についても，1952年以降文部省への移管を漸次すすめ，1970年に移管を完了した（La Broise, T. de et F. Torres, *Schneider, l'histoire en force,* Paris, Édition Jean-Pierre de Monza, 1996, p.235）．

補論のまとめ

　第二次大戦後フランスの「経営参加」制度に隅柱を樹立する企業委員会法令（オルドナンス=改正法）について，制定過程を理念的背景に焦点を合わせつつ考察してきた．企業委員会法令はCFP社会経済理念を継承したレジスタンス期社会カトリック左派の社会経済改革案とりわけ「クルタン・リポート」と，同派改革論の思想的影響のもとに策定されたCNR綱領（第Ⅱ部：解放後に実施すべき諸措置　5緊要な諸改革を遂行するために　a経済的改革に関して　b社会的改革に関して，を指している．以下も同様）の堆積に立って成立していることが確認された．キリスト教社会改革倫理の大きな影響である．

　CFPは教会の社会教義を基礎に，キリスト教企業アソシアシオンの理念と実践を社会経済構成に拡延せんとする目的で結成された．その改革論は戦間期フランス社会にカトリック社会経済改革に対する関心を増大させ，レジスタンス期社会カトリック左派の社会経済改革案生成に一定の基本的素地を提供した．戦後経済の民主化・近代化を展望するレジスタンス期社会カトリック左派は，労働における人間の尊厳したがって労働者の人間性とその本質的価値に対する尊重を熱誠的に教示し，諮問・協議レベルにおける「経営参加」の実践を首唱した．主張は「クルタン・リポート」に結実するとともに，CNR綱領の策定に明確なインパクトを与えた．キース・ファン・ケルスベルヘンによれば，CNR綱領の「一般的原則」・「遠望の目標」を構築したのは社会カトリシスム左派社会経済理念であった．

　戦後初期，社会カトリシスムはレオン，ロマネ，CFPの改革理念を継承・展開したレジスタンス期社会カトリック左派の思想と運動の堆積－とりわけ「クルタン・リポート」とCNR綱領－に立って，「神の驚き」とでもいうべき影響を社会経済改革に対して及ぼした．企業委員会法令は嚆矢であった．雇主・経営者の意志決定権を尊重しつつ「生産のあらゆる要素の実り多い結合」を

目的として設立された企業委員会に対しては，一定の国民的理解が寄せられた．そして，キリスト教社会経済秩序（「経営参加」）の建設推進が謳われた．その理念は，1946年10月27日に公布された第四共和政憲法前文の労働者「参加」条項で確認された．

オルドナンスの一部改正をへて1947年秋になると，東西対立の激化とともに，一方CGTの政治主義的階級闘争路線への転換が，他方CNPFのパテルナリスト路線への回帰が，著しく進行した．企業委員会は左右二大勢力の政治経済=イデオロギー的利害の対立・対抗にさらされながら，歩みを現実的に展開した．社会・文化的事項に関しては，参加は，労使双方の政治社会的戦略（戦術）がパラドクシカルに合致し，結果的にポジティブに進捗した．経済・財務的事項に関する問題については，労働の協議権は経営によって実質的に排除されていた．政治的変革を第一義的に志向するCGTも「諮問的資格」における協議を体制内改良主義とみなし，これを鋭く拒絶した．かくして，経済・財務的事項に関しては，「参加」は有名無実と化していた．そこには，労使の「せめぎあい」に制約されながら階級的に展開した戦後復興期フランスにおける「経営参加」の特質（限界）がみとめられる．社会カトリシスム左派は「神の驚き」から一歩後退した位置にとどまる．

キリスト教企業アソシアシオンの「本質」に淵源を発する「経営参加」は一般妥当する法的制度となった．キリスト教企業アソシアシオンの現代に連繋する積極的意義である．しかし，企業委員会の中身と実在は所期の機能・目的に比して，極めて慎ましいものでしかなかった．労使の激越的な対立・対抗という新たな政治・社会構造のもとで，経営主体における経営理念と労働主体における労働意識の協力・協調に向けての交わりは，したがって社会カトリシスム左派経営社会理念の認識は，同時代多くの雇主・経営者と労働組合において未成熟・不明確なままにあったと言わねばならない．キリスト教企業アソシアシオンの現代的意義に付着していた限界である．フランス社会における経営民主主義に向けてのイデオロギー的転換は，労使双方において，現実的かつ十全に生起するまでには至らなかった．

戦後復興期，フランスにおけるキリスト教社会経済改革=「経営参加」は所期の機能・目的から乖離しつつ，経営の伝統的意志決定権を維持しながら，階級的に展開した．「経営参加」のこのフランス的特質（特殊フランス的性格）は，社会カトリシスム左派経営社会理念，第二次大戦後も継続する雇主・経営

者のパテルナリスト意識，そして労働組合の政治主義的階級闘争路線（対経営闘争），これら3者の鼎立と相克のもとに様々な変化をへながらも－1966年6月18日立法による企業委員会制度のゴーリズム的改編と1968年12月27日立法による企業内組合支部の法認以後も－，基本的に変わることなく維持される．戦後復興期のフランスにおいて，「経営参加」のフランス的特質が「生産力の増大」・「生産性の増大」に寄与することは，同時代の Droit social によれば，ほとんどなかったと考えられている．

注

1 企業委員会がその中身と実在において所期の機能・目的を十全に発現するためには，経営主体における経営的な理念と労働主体における労働に関する意識の協力・協調に向けての交わりが，政治経済＝イデオロギー的利害を乗り越えつつ，労使双方の信頼と意志と能力において成熟しなければならなかった．能力は訓練と経験によって陶冶される．しかし，意志がなければ能力は陶冶されない．訓練と経験は労使双方の相互理解のもとに，個別利害への確執をすて，共通の利益に結集する意志が存在する場合においてのみ実体化するからである．この意志が持続的に共有されるためには，お互いの信頼が必要である．

「不義」なる悪弊（飽くなき欲望）を矯め，個々の企業における労使双方がそれぞれ自己のことのみを考えるのではなくて，雇主・経営者においてはパテルナリスト意識の希薄化が，労働組合においては階級闘争にかわる適正な改良主義が，キリスト社会教義のもとに確立されねばならなかった．

"L'activité des comités d'entreprises depuis 1950", in *Revue Française du Travail*, octobre-décembre 1951, pp.520–521 においても，同様のことが指摘されている．

2 改正法以降も，企業委員会に関する法律は繰り返し修正された．1982年のオルー法制定までに計23回修正された．その中にあって，CJPやフランソワ・ブロック＝レネに代表される「雇主層の最も進歩的な部分」（l'aile la plus avancée du patronat）の主張を具体化した1966年6月18日法は最も重要な修正であった．目的は，雇主のオトリテを維持しつつ企業委員会のアイデンティティと機能権限を強化し，企業内労使関係をゴーリズム的「資本＝労働アソシアシオン」の方向において再構成することにあった．企業委員会のもつ情報権と協議権の拡大（第2・3・4・5条），労働組合代表の権利・地位の強化（第11・14条），企業委員会委員及び労働組合代表に対する「守秘義務」（obligation de discrétion à l'égard des informations présentant un caractère confidentiel）の拡大強化（第7条）を主内容とした（Loi N° 66-427 du 18 juin 1966 modifiant certaines dispositions de l'ordonnance N° 45-280 du 22 février 1945 instituant des comités d'entreprises, *J.O.*, Lois et Décrets, 25 juin 1966, pp.5267–5268； Bouvier, P., *Travail et expression ouvrière : pouvoirs et contraintes des comités d'entreprise*, Paris, Éditions Galilée, 1980, pp.32–33；田端博邦「フランスにおける労働者参加制度の展開」『社会科学研究』〈東京大学〉第29巻 第6号，1978年，193–201頁）．

ドゥビュ＝ブリデル（J. Debu-Bridel）は1966年6月18日法を高く評価した．いわく，「刷新された企業委員会．全国的な規模で平和と進歩をうながし，恵まれない人々の生活水準を向上させる効果的な制度を創出するであろう企業内協力の本質的装置」と（Bouvier, P., *op.cit.*, p.32）．一方CNPF主流派は極めて慎重な態度をとった．「企業委員会の活動に対する外部からのあらゆる干渉とりわけ労働組合の干渉は，企業委員会の良好な営みとプロジェの実行を妨げるだけでしかない」と（*Vie des Collectivités Ouvrières*, no.21, 21 janvier 1966, cité par Bouvier, P., *op.cit.*, p.32）．CGTも第7条「守秘義務」を取りあげて，大略次のように批判した．この規定がある限り，1966

年 6 月 18 日法は何ら現実的な変革をもたらさない．むしろ，労働者委員は労働組合や労働者に情報を伝達することができないので，労働者を組合から遠ざけてしまうことになるだろう．その結果，労働者は経営のクリエンテス的存在に零落してしまい，労働組合の活動は弱体化するだろうと（*Vie des Collectivités Ouvrières,* no.27, 27 septembre 1967, cité par Bouvier, P., *op.cit.,* p.33）．

3　Bouvier, P., *op.cit.,* pp.33-34. 戦後復興期から五月危機前後に至るフランス「経営参加」の歩みについては，Irving, R. E. M., *Christian Democracy in France,* first published in 1973, Oxon, Routledge Revivals, 2010, pp.127-129 ; Howell, C., *Regulating labor : The state and industrial relations reform in postwar Franc,* Princeton, New Jersey, Princeton University Press, 1992, ch.2-3 ; Le Crom, J.-P., "Le comité d'entreprise, une institution sociale instable", in *L'enfance des comités d'entreprise,* Actes du colloque des 22-23 mai 1996, Roubaix, Centre des archives du mondes du travail, 1997, pp.193-197 ; Le Crom, J.-P., *L'introuvable démocratie salariale : Le droit de la représentation du personnel dans l'entreprise（1890-2002）,* Collection "Le Présent Avenir", Paris, Éditions Syllepse, 2003, ch.3〜5 ; Touchelay, B., "Gouvernement d'entreprise et perspectives historiques. 〈Le patronat français et le partage du pouvoir dans l'entreprise entre 1946 et 1968〉", *Neuvièmes journées d'histoire de la comptabilité et du management,* 20 et 21 mars 2003 ;「フランスにおける労働者の経営参加」『世界の労働』第 24 巻　第 6 号，1974 年；田端博邦「前掲論文」，178-201 頁；同「フランスにおける労働者参加制度（2）-企業委員会制度の成立と展開-」『社会科学研究』（東京大学）第 27 巻　第 1 号，1975 年，99-106 頁を参照した．

終わりに

　七月王政期〜戦間期フランス大企業における企業福祉政策の生成と展開について，当初の課題設定と分析方法にしたがい，考察してきた．整理表示すると終-1表・終-2表のごとくである．主題のための基本的作業はある程度なし得たものと考える．

　史料実証の方法によって一般的並びに個別的検証を試みたこれらの作業は，如何なる結論をもたらし得るものであるか．各部ごとに「まとめ」を行ってきたが，全体としての理解を総括的に求めねばならない．

　企業福祉政策は，企業が，営利組織体としてのみずからの存立と発展を資本適合的＝戦略（戦術）的にはかるために，さらには自主・自立的な社会的形成体としてのレゾン・デートルを確立・発現するために，所与の歴史的・社会経

終-1表　企業福祉政策の生成と展開
1870 年代〜19 世紀末

時期	七月王政	第二帝政	第三共和政
	工業化期		社会問題の発生　「大不況」期　第二次工業化期
「型」	企業パトロナージュ		企業パテルナリスム
			キリスト教企業アソシアシオン
労働力の存在形態	農民労働者・農民的労働者		賃労働者
雇主・最高経営者の経営社会理念	「伝統主義的労働者観」「社会的義務意識」		ル・プレエ学派社会改良論
			カトリック社会教義
雇主・最高経営者＝労働者関係	共栄的な相互依存関係（経済的）親和的な保護・従属関係（心理的）		「全面管理」をベースとした相互利害関係
			労使相互の信頼と協力
本質機能	生活保障　労務政策（労働力の確保とその能率的利用）		労務管理（「経営による労働の『統合』」）
			カトリック社会教義に基づく生活保障及び「経営参加」
「型」の具体例	シュネーデル兄弟会社　アルザス綿企業		シュネーデル会社　利潤分配制度　SSM
			「キリスト教コルポラシオン」「ロマネ・システム」

済的条件のもとで，雇用労働者とその家族を対象に，みずからの費用負担で，自発的・任意的に実践した生活過程あるいは労働過程における施設・制度・事業であった．それは，市場の論理とは性格を異にする－しかしながら市場における企業の経済活動を阻害するものでは決してなく，むしろ企業活動の質（モラルとモラール）を高めることで，市場における企業の経済的営みとディー・ファクトに融和・適合する側面をもつ－「労働・生活共同体」システムを企業社会のなかに構築するものであった．フランス大企業の経営展開における特徴の1つである．

時期的継起と発生要因にしたがって，企業福祉政策に企業パトロナージュ，企業パテルナリスム，キリスト教企業アソシアシオンの3「型」（タイプ）を区分しえた．各「型」はフランス企業福祉政策における史的現実であり，現象的には「労働・生活共同体」システムとして等しく機能しつつも，それぞれに固有の形態と「本質」をもっていた．それらの「本質」をフランス資本主義の発展及び社会問題の発生との関連において「動態的」に整序し，且つそれらの－とりわけ，「経営参加」制度生成の理念におけるキリスト教企業アソシアシオンの－歴史的継続性を確認することで，全体としての統一的な理解を確定する．

終－2表 「経営参加」制度生成の理念におけるキリスト教企業アソシアシオンの歴史的継続性－現代的意義とその限界－

		キリスト教企業アソシアシオン	企業パテルナリスム
	戦間期	CFPの社会経済改革論	
1940年秋		［CGTプラン］ ［人民連合綱領］ ↓ 社会カトリック社会経済改革論に対する関心増大	
	レジスタンス期	社会カトリック左派社会経済改革案（「クルタン・リポート」）	
リベラシオン		［ヴィヨン案*］→CNR綱領	
1947年秋～1948年	戦後初期	**企業委員会法令（オルドナンス＝改正法）**	
	戦後復興期～	「参加」理念の認識は未成熟・不明確	東西対立の激化
		CGTの政治主義的階級闘争路線	雇主・最高経営者のパテルナリスト意識回帰
		労使の政治経済＝イデオロギー的「せめぎあい」	
		「経営参加」の階級的展開	

*「レジスタンス憲章草案」

・企業パトロナージュ

　農業的社会構造が支配的なフランス工業化期に，経営の論理と雇主の「伝統主義的労働者観」（アルザス〈ミュルーズ〉綿業においては「社会的義務意識」）を実践動機に，農民労働者・農民的労働者を対象として実践された．「柔軟な就労（雇用）形態」のもとに，一方工場労働力の確保とその能率的利用に（「労務政策」），他方労働者とその家族に対する生活保障に（「生活保障」），本質機能をポジティブに発現した．2つの本質機能は，前者は経営の論理に，後者は主としてキリスト教的特性を源泉とする雇主の「伝統主義的労働者観」（「社会的義務意識」）に基づくものであり，動機的には互いに独立的・自立的であった．しかし，それぞれの機能発現に際しては雇主と労働者の間に経済的な相互依存の共栄関係（前者）と保護・従属の心理的親和関係（後者）が創出され，両者は一体的・合一的に作用した．大企業の存立と発展に，したがってフランス工業化における大企業主導コースの展開にヴァイトルな役割を果した．

・企業パテルナリスム

　企業パトロナージュの展開形態として生成した．工業化の進展とインターの波及にともなって客体的に生起する新しい社会経済構造（賃労働者の形成）と思想状況（サンディカリスムの関与）は，体制変革型ストライキに凝縮された労使の組織的対立・対抗関係を，すなわち政治・経済・社会の全領域にトータルにかかわる社会問題を発生させた．労働運動対策機能に希薄であった企業パトロナージュは，激発するストライキ運動のなかに，その内在的限界をしるした．

　社会問題の発生を契機に，経営は企業パトロナージュに特徴的であった宗教的特性を払拭し，本質機能であった「生活保障機能」を賃労働者に対する「全面管理」の手段機能に転換した．そして，経営=労働の相互利害関係のもとに，賃労働者の主体的意志なり心性を資本適合的にコントロールする政策すなわち「経営による労働の『統合』」を，ル・プレェ学派社会改良イデオロギーの一定の影響のもとに，遂行した．「自己不安定性」という矛盾をパラドクシカルに内包しつつも，企業パテルナリスムは，「大不況」期～第二次工業化期フランス大企業の存立と発展を資本適合的にはかる労務管理政策として，㋐賃労働者の勤労意欲を刺激して生産能率を高め，利潤の増大をはかる「労働力の能率的利用」　㋑資本主義経営の政治的・社会的安定をはかる「労使関係改善」・「労

働運動対策」に，ヴァイトルに機能した．
・キリスト教企業アソシアシオン
　企業パテルナリスムと同じく社会問題への対応を核心にすえつつも，社会問題の本質を資本・賃労働の対立・対抗関係に求めるのではなく，雇主・労働者の宗教的貧困に求め，教会の社会教義に則り，労働者の人間性とその本質的価値に対する尊重に雇主・経営者の倫理的＝経済的義務を第一義的に措定した．労使相互の信頼と協力と善意のもとに，「キリストにある兄弟」たる労働者の生活保障および一定の範域と度合における「経営参加」を先駆的に実践し，成果した．企業は存在自体が1つの人間共同体（「人間的共働」の「場」）であるというキリスト教企業アソシアシオンの主張は，企業パテルナリスムの対極において，企業経営のあり方に，さらには社会経済構成に新しい－経済リベラリスムでもなく，社会主義でもない，キリスト社会教義を基底にすえた－民主的隅柱を提示した．
・「経営参加」制度生成の理念におけるキリスト教企業アソシアシオンの歴史的継続性－現代的意義とその限界－
　企業経営及び社会経済構成における民主的方向性の提示というキリスト教企業アソシアシオンの「本質」は，全社会的制度の危機のもとに，CFP社会経済理念と社会カトリシスム左派社会経済改革案とりわけ「クルタン・リポート」とCNR綱領（第Ⅱ部5 a b）に接続して，企業委員会法令（オルドナンス＝改正法）の制定に理念的源流を構成した．そして，「経営参加」を一般妥当する法的制度ならしめた．キリスト教企業アソシアシオンの現代に連繋する積極的意義である．しかし，現代的意義には条件と情勢の未熟のゆえに限界が付着していた．社会・文化的事項に関しては，参加は，労使双方の政治社会的戦略（戦術）がパラドクシカルに合致し，結果的にポジティブに進捗した．だが，経済・財務的事項に関する問題については，労働の情報権・協議権は経営によって実質的に排除されていた．政治的変革を第一義的に志向するCGTも「諮問的資格」における協議を体制内改良主義とみなし，これを鋭く拒絶した．かくして，経済・財務的事項に関しては，「参加」は有名無実と化していた．フランス社会における経営民主主義に向けてのイデオロギー的転換は，労使双方において，現実的かつ十全に生起するまでには至らなかった．社会カトリシスム左派経営社会理念の認識は，同時代多くの雇主・経営者と労働組合において不明確なままにあったと言わねばならない．企業パテルナリスムのディー・フ

ァクトな継続さらには CGT の政治主義的階級闘争路線が，したがって両者の思想的・政策的対立・対抗（左右二大勢力の政治経済＝イデオロギー的利害の対立・対抗）が，経営社会関係形成の伝統的基盤として第二次大戦後もなお強力に作用した．戦後復興期，フランスにおけるキリスト教社会経済改革＝「経営参加」制度は，一方企業パテルナリスムの伝統を継承した雇主・経営者のパテルナリスト意識に，他方労働組合の階級闘争路線（対経営闘争）に制約されつつ，別言すれば所期の機能・目的から乖離しつつ，経営の伝統的意志決定権(オートリテ)を維持しながら，階級的に展開した．「経営参加」における特殊フランス的性格（フランスの個性）である．

以上，当初の提題に対して，総括的な理解を得た．

参考文献

以下の参考文献は，本書を作成するにあたり直接引用したか，あるいは言及した文献のうち，主要なものを記している．

外国語文献

Aerts, E., Beaud, C. & J. Stengers, eds., *Liberalism and Paternalism in the 19th Century, Session B-13, Proceedings Tenth International Economic History Congress,* Leuven, Leuven University Press, August 1990.

Assemblée des Cardinaux et Archevêques de France, "Appel à la réconciliation nationale (28 février et 13 novembre 1945)", in Denis Maugenest, s.j., rassemblés et présentés, *Le discours social de l'Église catholique de France (1891-1992),* Paris, 1995.

Baddon, L., Hunter, L., Hyman, J., Leopold, J. and Ramsay, H., *People's Capitalism? : A Critical Analysis of Profit-sharing and Employee Share Ownership,* London and New York, Routledge, 1989.

Barber, E., *The Bourgeoisie in Eighteenth Century France,* Princeton, New Jersey, Princeton University Press, 1955.

Barjot, A., "La sécurité sociale", in Sauvy, A., *Histoire économique de la France entre les deux guerres,* divers sujets***, Paris, Fayard, 1972.

Beaubernard, R., *Montceau-les-Mines : Un Laboratoire Social au XIXe siècle,* Collection Pierre écrite, Avallon, Les Éditions de Civry, 1981.

Beaucarnot, J.-L., *Les Schneider, une dynastie,* Paris, Hachette, 1986.

Beaud, C., "Les Schneider au Creusot : un modèle paternaliste en réponse aux impératifs du libéralisme et à la montée du mouvement socialiste", in Aert, E. et al., eds., *Liberalism and Paternalism in the 19th Century, Session B-13, Proceedings Tenth International Economic History Congress,* Leuven, Leuven University Press, August 1990.

Bellescize, Diane de, "Le Comité général d'Études de la Résistance", in *Revue d'Histoire de la Deuxième Guerre Mondiale,* no.99, juillet 1975.

Bergeron, L., *Les capitalistes en France (1780-1914),* Paris, Gallimard, 1978.

Bergeron, L., *Le Creusot, une ville industrielle, un patrimoine glorieux,* Paris, 2001.

Bergery, C.-L., *Cours de sciences industrielles : Économie industrielle,* t.I–t.III, Metz, 1829, 1830, 1831.

Bergery, C.-L., "Discours prononcé dans la séance publique de la Société de prévoyance et de secours mutuels, 1831", reproduit dans Bergery, C.-L., *Cours de sciences industrielles : Économie industrielle,* t.III, Metz, 1831.

Bibliothèque du Musée Social, *Émile Cheysson : sa vie et son oeuvre,* Paris, 1910.

Birien, J.-L., *Le comité d'entreprise : Rôle et fonctionnement,* Paris, Dalloz, 1981.

Bois, P., "Les comités d'entreprises : Un espoir longtemps déçu peut-il renaître?", in *Droit social,* no.2, février 1969.

Bougeard, C., "Le Syndicalisme ouvrier en Bretagne du Front populaire à la Second Guerre mondiale", in *Le Mouvement Social,* n°.158, 1992.

Bourdelais, P., "Des représentations aux realités, les contremaîtres du Creusot 1850-1900", in Lequin, Y. et S. Vandecasteele, éd., *L'Usine et le bureau : Itinéraires sociaux et professionnels dans l'entreprise XIXe et XXe siècles,* Lyon, Presses Universitaires de Lyon, 1990.

Bouvier, P., *Travail et expression ouvrière : pouvoirs et contraintes des comités d'entreprise,* Paris, Éditions Galilée, 1980.

Bruhat, J., "La formation des cadres syndicaux", in *Revue Française du Travail,* novembre 1946.

Bruhat, J., "Anticléricalisme et Mouvement ouvrier en France avant 1914", in *Christianisme et monde ouvrier,* études coordonnées par F. Bédarida et J. Maitron, Cahier du "Mouvement Social", n°.1, Paris, Les Éditions Ouvrières, 1975.

Brun, A. et H. Galland, préface d'A. Siegfried, *Droit du Travail,* Sirey, 1958.

Bureau, P., *L'association de l'ouvrier aux profits du patron et la participation aux bénéfices,* Paris, 1898.

Butler, R. et P. Noisette, *Le logement social en France 1815-1981 : De la cité ouvrière au grand ensemble,* Paris, Librairie François Maspero, 1983.

Callot, E.-F., *Le Mouvement Républicain Populaire, Origine, Structure, Doctrine, Programme et action politique,* Paris, Éditions Marcel Rivière et Cie, 1978.

CGT, *Les Comités d'entreprises : Les expériences étrangères, Analyse et commentaires de l'ordonnance du 22 février 1945,* Paris, vers 1945-1946.

Chamley, P., "Les comités d'entreprise en Angleterre", in *Droit social,* no.7, juillet-août 1945.

Chassagne, S., *Le Coton et ses Patrons, France, 1760-1840,* Paris, Éditions de École des Hautes Études en Sciences Sociales, 1991.

M. Chatelus, *Mémoire sur l'Usine du Creusot,* Mémoire d'élève ingénieur de l'École des Mines, 1835. (手稿資料)

Chazelle, H., *Le Creusot : histoire générale,* Dôle, 1936.

Chevalier, M., *De l'industrie manufacturière en France,* Paris, 1841.

Chorel, A. P., "Émile Romanet : un catholique social dans l'industrie grenobloise au début du siècle", in Durand, J.-P., Comte, B., Delpal, B., Ladous, R., Prudhomme, C., sous la direction de, *Cent ans de catholicisme social à Lyon et en Rhône-Alpes : La postérité de Rerum novarum,* Paris, Les Éditions Ouvrières, 1992.

Coffey, J. L., *Léon Harmel : Entrepreneur as Catholic Social Reformer,* Notre Dame, Indiana, University of Notre Dame Press, 2003.

Cohen, M., préface de M. Jean Laroque, *Le droit des comités d'entreprise et des comités de groupe, 6e édition,* Paris, LGDJ, 2000.

Coirard, R., *L'apport des catholiques sociaux à la politique familiale française,* Aix-en-Provence, 1943.

Comité des Intérêts Métallurgiques, *Observations présentées à MM. les Membres de la Commission des chemins de fer à la Chambre des Députés, sur la situation des usines à fer,* Paris, 1840.

Comité National de l'Organisation Française, *L'Homme au travail : Journées d'Etudes du Comité National de l'Organisation Française des 20, 21 et 22 Juin 1945,* Paris, 1945.

Coston, H., publié sous la direction de, *Dictionnaire de la Politique Française,* Tome 2, Paris, Publications Henry Coston, 1972.

Dansette, A., *Histoire religieuse de la France contemporaine : l'église catholique dans la mêlée politique et sociale,* Paris, Flammarion, 1965, édition revue et corrigée, 1984.

Daumas, J.-C., "Des politiques paternalistes dans la draperie elbeuvienne à la fin du XIXe siècle", in Schweitzer, S., réunis par, *Logiques d'entreprises et politiques sociales des XIXe et XXe siècles,* Oullins, Programme Rhône-Alpes, 1993.

Dautry, R., *Notice sur la vie et les travaux de M. Eugène Schneider 1868-1942,* Paris, 1948.

Debouzy, M., "Interview de Marcel Donati, ouvrier lamineur à Usinor-Rehon, militant CGT (30 septembre 1985)", in *Le Mouvement Social,* n°.144, juillet-septembre 1988.

Debouzy, M., "Permanence du paternalisme?", in *Le Mouvement Social,* n°.144, juillet-septembre 1988.

Dehove, G., préface de René Hubert, *Le contrôle ouvrier en France : l'élaboration de sa notion, ses conceptions,* Paris, Librairie du Recueil Sirey, 1937.

D'Eichthal, E., *La participation aux bénéfices : facultative et obligatoire* (Extrait des *Annales Économiques*), Paris, 1892.

Delpal, B., "Léonce Chagot : maître de forges à Montceau-les-Mines", in Durand, J.-D. et al., sous la direction de, *Cent ans de Catholicisme social à Lyon et en Rhône-Alpes : La postérité de Rerum novarum,* Paris, Les Éditions Ouvrières, 1992.

Denord, F. et O. Henry, "La ⟨modernisation⟩ avant la lettre : le patronat français et la rationalisation (1925-1940)", in *Sociétés contemporaines,* no.68, 2007/4.

Deslandres, M. et A. Michelin, *Il y a cent ans : État physique et moral des ouvriers au temps du libéralisme, Témoignage de Villermé,* Paris, 1938.

Devillers, C. et B. Huet, préface de Louis Bergeron, *Le Creusot : naissance et déveppement d'une ville industrielle, 1782-1914,* Seyssel, 1981.

Dewerpe, A., "Conventions patronales : L'impératif de justification dans les politiques sociales des patronats français (1800-1936)", in Schweitzer, S., réunis par, *Logiques d'entreprises et politiques sociales des XIXe et XXe siècles,* Oullins, Programme Rhône-Alpes, 1993.

Discours de M. Schneider (d'Autun), député de Saône-et-Loire, *Discussion de la loi sur la police du roulage-rappel de la question des canaux,* séance du 20 avril (Chambre des députés, session de 1843).

Dolleans, E., *Histoire du mouvement ouvrier,* Paris, Armand Colin, 1953.

Dreyfus, F.-G., *Histoire de la démocratie chrétienne en France : De Chateaubriand à Raymond Barre,* Paris, Éditions Albin Michel, 1988.

Dreyfus, P., *Émile Romanet : père des Allocations Familiales,* Paris, Arthaud, 1964.

Dumay, J.-B., introduction et notes par Pierre Ponsot, préface d'Ernest Labrousse, *Mémoires d'un militant ouvrier du Creusot (1841-1905),* Paris, Maspero-Presses Universitaires de Grenoble, 1976.

Dumay, J.-B., *Un fief capitaliste, Le Creusot,* Dijon, 1891.

Dumond, L., "L'arrière-plan technique et commercial", in Gueslin, A., sous la direction de, *Michelin, les hommes du pneu : Les ouvriers Michelin, à Clermond-Ferrand, de 1889 à 1940,* Paris, Les Éditions de l'Atelier / Les Éditions Ouvrières, 1993.

Dumortier, J., *Le syndicat patronal textile de Roubaix-Tourcoing de 1942 à 1972,* Lille, 1975.

Dureault, B., "Le Creusot à la veille de la Révolution de 1830", in *Revue d'Histoire de la Sidérurgie,* t.9, 1968.

Duroselle, J.-B., *Les débuts du catholicisme social en France (1822-1870),* Paris, Presses Universitaires de France, 1951.

Dutton, P. V., *Origins of the French welfare state : The struggle for social reform in France 1914-1947*, Cambridge, Cambridge University Press, 2002.

Duveau, G., *La vie ouvrière en France sous le Second Empire*, Paris, Gallimard, 1946.

D'Ydewalle, C., *Au Bon Marché : de la boutique au grand magasin*, Paris, Plon, 1965.

Ehrmann, H. W., traduit de l'anglais par André Michel, *La politique du patronat français 1936-1955*, Paris, Armand Colin, 1959.

Elwitt, S., *The Third Republic defended : Bourgeois reform in France, 1880-1914*, Baton Rouge, Louisiana State University Press, 1986.

Epsztein, L., *L'Économie et la morale aux débuts du capitalisme industriel en France et en Grande-Bretagne*, Paris, 1966.

Exposition universelle internationale de 1900 à Paris, Comité départemental de la Marne, *L'Économie Sociale et les institutions de prévoyance*, Reims, 1900.

Exposition universelle internationale de 1900 à Paris, *Rapports du jury international*, Groupe XVI, Paris, M CMIV.

Fairchilds, C., "Masters and Servants in Eighteenth-Century Toulouse", in *Journal of Social History*, 12, Spring, 1979.

Farge, Y., "L'expérience Berliet", in *Revue Française du Travail*, mai 1946.

Fargeton, A., *Les grandes heures du Creusot et de la terre de Montcenis*, Le Creusot, 1958.

Féron-Vrau, M., *Des habitations ouvrières à Lille en 1896*, Lille, 1899.

Flamand, J.-P., *Loger le peuple : Essai sur l'histoire du logement social en France*, Paris, 1989.

Fohlen, C., "The Industrial Revolution in France", in Cameron, R. E., ed., *Essays in French Economic History*, Homewood, Illinois, 1970.

Fournière, E., *Ouvriers et Patrons*, Paris, 1905.

Freedeman, C. E., *Joint-Stock Enterprise in France 1807-1867 : from priviledged company to modern corporation*, Chapel Hill, The University of North Carolina Press, 1979.

Frey, J.-P., *La ville industrielle et ses urbanités : La distinction ouvriers / employés, Le Creusot 1870-1930*, Bruxelles, 1986.

Frey, J.-P., préface de Marcel Roncayolo, *Le rôle social du patronat : Du paternalisme à l'urbanisme*, Paris, Éditions L'Harmattan, 1995.

Fridenson, P. et J.-L. Robert, "Les ouvriers dans la France de la Seconde Guerre mondiale : Un bilan", in Fridenson, P., sous la direction de, *Industrialisation et Sociétés d'Europe Occidentale 1880-1970*, Paris, Les Éditions de l'Atelier, 1997.

Garmy, R., *Histoire du mouvement syndical en France, Des origines à 1914*, Paris, Bureau d'Éditions, 1933.

Gaudemar, J.-P. de, *L'ordre et la production : naissance et formes de la discipline d'usine*, Dunod, 1982.

Gibson, R., "The French nobility in the nineteenth century-particularly in the Dordogne", in Howorth, J. and P. G. Cerny, ed., *Elites in France*, London, 1981.

Gignoux, C.-J., *L'économie française entre les deux guerres 1919-1939*, Paris, 1943.

Gille, B., *Recherches sur la formation de la grande entreprise capitaliste 1815-1848*, Paris, 1959.

Gille, B., "Analyse de l'industrie sidérurgique en France à la veille de 1830", in *Revue d'Histoire de la Sidérurgie*, t.3, 1962.

Gille, B., "La formation du prolétariat ouvrier dans l'industrie sidérurgique française", in *Revue* d'Histoire de la Sidérurgie, t.4, 1963.

Gille, B., "La sidérurgie française au XIXe siècle avant l'acier", in Revue d'Histoire de la Sidérurgie, t.7, 1966.

Gille, B., La sidérurgie française au XIXe siècle, Genève, 1968.

Goetz-Girey, R., Le mouvement des grèves en France 1919-1962, Paris, Éditions Sirey, 1965.

Gossman, L., French Society and Culture : Background for eighteenth century literature, Lionel, New Jersey, Prentice Hall, 1972.

Groux, G. et C. Lévy, La possession ouvrière : Du taudis à la propriété (XIXe-XXe siècles), Paris, 1993.

Gruson, Claude, "René Courtin, 1900-1964", in Revue de l'Institut International de Statistique, vol.32, 1964.

Guerrand, R.-H., Les origines du logement social en France, Paris, Les Éditions Ouvrières, 1967.

Gueslin, A., L'invention de l'économie sociale : Le XIXe siècle français, Paris, Economica, 1987.

Gueslin, A., L'État, l'économie et la société française XIXe-XXe siècle, Paris, Hachette, 1992.

Gueslin, A., "Le Système Social Michelin 1899-1940", in Gueslin, A. et P. Guillaume, sous la direction de, De la charité médiévale à la sécurité sociale : Économie de la protection sociale du Moyen Âge à l'époque contemporaine, Paris, Les Éditions Ouvrières, 1992.

Gueslin, A., "Le Système Social Michelin 1889-1940", in Gueslin, A., sous la dir. de, Michelin, les hommes du pneu : Les ouvriers Michelin, à Clermont-Ferrand, de 1889 à 1940, Paris, Les Éditions de l'Atelier / Les Éditions Ouvrières, 1993.

Gueslin, A., sous la dir. de, Les hommes du pneu : Les ouvriers Michelin à Clermont-Ferrand de 1940 à 1980, Paris, Les Éditions de l'Atelier/Les Éditions Ouvrières, 1999.

Guillet, L., "Notice biographique : Eugène Schneider 1868-1942", in Revue de Métallurgie, no.5, mai 1943.

Guiol, P., "Le général de Gaulle et les conditions du monde ouvrier", in Espoir, no.58, 1987.

Guitton, G. S. J., Léon Harmel 1829-1915, 2 tomes, Paris, Éditions Spes, 1927.

Guitton, G. S. J., La vie ardente et féconde de Léon Harmel, Paris, Éditions Spes, 1929.

Guitton, H., Le catholicisme social, Paris, Les Publications Techniques, 1945.

Guyot, Y., translated from the French by Leppington, Principles of social economy, London, 1884.

Habaru, A., Le Creusot, terre féodale : Schneider et les marchands de canons, Paris-Bruxelles, 1934.

Harmel, L., Manuel d'une corporation chrétienne, première édition, Tours, Alfred Mame et fils, Libraires-Éditeurs, 1877.

Harp, S. L., Marketing Michelin : Advertising and Cultural Identity in Twentieth-Century France, Baltimore, The Johns Hopkins University Press, 2001.

Hatzfeld, H., Du paupérisme à la sécurité sociale, 1850-1940. Essai sur les origines de la Sécurité sociale en France, Paris, Armand Colin, 1971.

Henry, P., préface de M. Joseph Zamanski, Le mouvement patronal catholique en France, Paris, Librairie du Recueil Sirey, 1936.

Hilaire, Y.-M., "Les Ouvriers de la région du Nord devant l'Eglise catholique 19e et 20e siècles", in Christianisme et monde ouvrier, études coordonnées par F. Bédarida et J. Maitron, Cahier du "Mouvement Social", n°.1, Paris, Les Éditions Ouvrières, 1975.

Hirsch, A., "Le logement", in Sauvy, A., Histoire économique de la France entre les deux guerres, divers sujets∗∗∗, Paris, Fayard, 1972.

Hoog, G., *La coopération de production : origines et institutions,* Paris, Presses Universitaires de France, 1942.

Hoog, G., *Histoire du catholicisme social en France 1871-1931,* Nouvelle Édition, Paris, Éditions Domat, 1946.

Howell, C., *Regulating labor : The state and industrial relations reform in postwar France,* Princeton, New Jersey, Princeton University Press, 1992.

Humphreys, G. C., *Taylorism in France : The impact of scientific management on factory relations and society,* New York, Garland Publishing, 1986.

Husson, F., *L'industrie devant les problemes économiques et sociaux, travail-mutualité-épargne,* Tours, 1888.

ILO, *Labour-Management co-operation in France,* Geneva, 1950.

Irving, R. E. M., *Christian Democracy in France,* first published in 1973, Oxon, Routledge Revivals, 2010.

Jeanneney, J.-N., "Hommes d'affaires au piquet. Le difficile intérim d'une représentation patronale (septembre 1944-janvier 1946)", in *Revue historique,* no.533, janvier-mars 1980.

Jondot, M., "La formation de la population creusotine 1780-1800", in *Milieux,* no.10, juin-septembre 1982.

Kemp, T., *Industrialization in Nineteenth-century Europe,* London, Longman, 1969.

Kemp, T., *Economic forces in French history,* London, 1971.

Kersbergen, K. van, *Social Capitalism : A study of Christian democracy and the welfare state,* London and New York, Routledge, 1995.

Kolboom, I., traduit de l'allemand par J. Etoré, préface de Henri Weber, *La revanche des patrons : le patronat face au Front populaire,* Paris, Flammarion, 1986.

Kott, S., "Le paternalisme alsacien à l'épreuve de la législation sociale allemande (1850-1914)", in Aert, E. et al., eds., *Liberalism and Paternalism in the 19th Century, Session B-13, Proceedings Tenth International Economic History Congress,* Leuven, Leuven University Press, August 1990.

Kourchid, O., "Un leadership industriel en zone interdite : la Société des mines de Lens et la Charte du travail", in *Le Mouvement Social,* n°.151, avril-juin 1987.

Kuisel, R. F., "Auguste Detoeuf, conscience of French industry : 1926-47", in *International Review of Social History,* xx–2, 1975.

Kuisel, R. F., *Capitalism and the state in modern France : Renovation and economic management in the twentieth century,* Cambridge, Cambridge University Press, 1981.

La Broise, T. de et F. Torres, *Schneider, l'histoire en force,* Paris, Édition Jean-Pierre de Monza, 1996.

La Chambre de commerce du département de Saône-et-Loire, *À M. le Ministre de l'Agriculture et du Commerce,* Chalon-sur-Saône, le 9 juillet 1849.

Lahor, J., *Les habitations à bon marché et un art nouveau pour le peuple,* Paris, 1904.

Lambert-Dansette, J., *La vie des chefs d'entreprise 1830-1880,* Paris, Hachette, 1992.

Lamy, C., "Mémoires d'entreprise", in Gueslin, A., sous la dir. de, *Michelin, les hommes du pneu : Les ouvriers Michelin, à Clermont-Ferrand, de 1889 à 1940,* Paris, Les Éditions de l'Atelier / Les Éditions Ouvrières, 1993.

Lamy, C. et J.-P. Fornaro, *Michelin-ville : Le logement ouvrier de l'entreprise Michelin 1911-1987,* Nonette, Éditions Créer, 1990.

Landes, D. S., "Religion and Enterprise : The case of the French Textile Industry", in Carter, E. C., Forster, R. & J. N. Moody, eds., *Enterprise and Entrepreneurs in Nineteenth and Twentieth Century France*, Baltimore, The Johns Hopkins University Press, 1976.

Lanessan, J.-L. de, *La concurrence sociale et les devoirs sociaux*, Paris, 1904.

Laroque, P., *Les rapports entre patrons et ouvriers : leur évolution en France depuis le XVIIIe siècle, leur organisation contemporaine en France et à l'étranger*, Paris, Fernand Aubier, 1938.

Le Bot, F., "〈Jeunes patrons, soyez des patrons!〉. Le Centre des Jeunes patrons et l'organisation de l'économie et de la société (1938-1944)", *Xe Congrès de l'AFSP, Section thématique 33 : L'action collective des élites économiques*, Grenoble, septembre 2009.

Leclaire, *À nos anciens et nouveaux collaborateurs*, 15 fév. 1869, reproduit dans *Règlement de la Maison Leclaire, A. Defournaux et Cie, Mise en vigueur à partir du 16 février 1869*, Paris, 1869.

Le Crom, J.-P., "La naissance des comités d'entreprise : une révolution par la loi?", in *Travail et Emploi*, no.63, 2/1995.

Le Crom, J.-P., "Les syndicalismes et la crise du libéralisme (1930-1950), entre planisme, corporatisme et liberté", *Communication au colloque Le libéralisme "à la française" (18e-20e siècles). Le libéralisme économique et politique en questions*, Centre Jean Bouvier, Université de Paris VIII, 3, 4, 5 octobre 1996.

Le Crom, J.-P., "Le comité d'entreprise, une institution sociale instable", in *L'enfance des comités d'entreprise*, Actes du colloque des 22-23 mai 1996, Roubaix, Centre des archives du monde du travail, 1997.

Le Crom, J.-P., *L'introuvable démocratie salariale : Le droit de la représentation du personnel dans l'entreprise (1890-2002)*, Collection "Le Présent Avenir", Paris, Éditions Syllepse, 2003.

Lefébure, L., *Le Devoir social*, Paris, 1890.

Lefort, J^H., *Intempérance et misère*, Paris, 1875.

Lefranc, G., *Les organisations patronales en France : du passé au présent*, Paris, Payot, 1976.

Le Guay, P., "La constitution et le fonctionnement des comités d'entreprises dans le secteur public", in *Revue Française du Travail*, no.9-10, septembre-octobre 1949.

Leménorel, A., "Les comités d'entreprise et le social : paternalisme, néo-paternalisme, démocratie 1945-1990", in Gueslin, A. et P. Guillaume, sous la direction de, *De la charité médiévale à la sécurité sociale : Économie de la protection sociale du Moyen Âge à l'époque contemporaine*, Paris, Les Éditions Ouvrières, 1992.

Le Musée d'Orsay et l'Écomusée du Creusot-Montceau, *Les Schneider, Le Creusot : une famille, une entreprise, une ville (1836-1960)*, Librairie Arthème Fayard / Éditions de la Réunion des musées nationaux, 1995.

L'enfance des comités d'entreprise, Actes du colloque des 22-23 mai 1996, Roubaix, Centre des archives du monde du travail, 1997.

Lengelé, R., *La mission économique et sociale du patronat français*, Paris, Librairie Bernard Grasset, 1942.

Le Play, F., sous la direction de, *Ouvriers des Deux Mondes*, collection : est-ce ainsi que les hommes vivent? À l'enseigne de l'Arbre Verdoyant Éditeur, 1983.

Lettre de A. Audiganne à M. Leclaire du 19 novembre 1868, reproduit dans *Règlement de la Maison Leclaire, A. Defournaux et Cie, Mise en vigueur à partir du 16 février 1869*, Paris, 1869.

Levasseur, É., *Histoire des classes ouvrières et de l'industrie en France de 1789 à 1870*, deuxième édit., t.2, 1903, reprinted, AMS, 1969.

L'Huillier, F., *La lutte ouvrière à la fin du Second Empire*, Paris, Armand Colin, 1957.

Locke, R. R., *Les fonderies et forges d'Alais à l'époque des premiers chemins de fer 1829-1874*, Paris, 1978.

Lorwin, V. R., *The French Labor Movement*, Cambridge, Mass., Harvard University Press, 1954.

Lottman, H., traduit de l'anglais (américain) par Marianne Véron, *Michelin 100 ans d'aventure*, Paris, Flammarion, 1998.

Lynch, K. A., *Family, class, and ideology in early industrial France : Social policy and the working-class family, 1825-1848*, Madison, Wisconsin, The University of Wisconsin Press, 1988.

Magraw, R., *A history of the French working class : The age of artisan revolution*, vol.1, Oxford and Cambridge, Blackwell, 1992.

Magraw, R., *A history of the French working class : Workers and the bourgeois republic*, vol.2, Oxford and Cambridge, Blackwell, 1992.

Maison Leclaire, Alfred Defournaux et Cie, *Procès-verbal de la 30e Assemblée générale de la Société de prévoyance et de secours mutuels des ouvriers et employés de la Maison Leclaire*, 16 mai 1869, reproduit dans *Règlement de la Maison Leclaire, A. Defournaux et Cie, Mise en vigueur à partir du 16 février 1869*, Paris, 1869.

Maison Leclaire, Alfred Defournaux et Cie, *Acte de Société, le 6 janvier 1869*, reproduit dans *Règlement de la Maison Leclaire, A. Defournaux et Cie, Mise en vigueur à partir du 16 février 1869*, Paris, 1869.

M. Leclaire, *Suite du compte rendu*, Paris, 1869, reproduit dans *Règlement de la Maison Leclaire, A. Defournaux et Cie, Mise en vigueur à partir du 16 février 1869*, Paris, 1869.

Marczewski, J., *Introduction à l'histoire quantitative*, Genève, 1965.

Massard, M., "Syndicalisme et milieu social 1900-1940", in *Le Mouvement Social*, n°.99, 1977.

Maza, S. C., *Servants and Masters in Eighteenth-Century France – The uses of loyalty –*, Princeton, New Jersey, Princeton University Press, 1983.

Mazataud, P., "Force industrielle et tempérament familial", in Gueslin, A., sous la direction de, *Michelin, les hommes du pneu : Les ouvriers Michelin, à Clermont-Ferrand, de 1889 à 1940*, Paris, Les Éditions de l'Atelier / Les Éditions Ouvrières, 1993.

Melucci, A., "Action patronale, pouvoir, organisation : Règlements d'usine et contrôle de la main-d'oeuvre au XIXe siècle", in *Le Mouvement Social*, n°.97, octobre-décembre 1976.

Michel, H., *Les courants de pensée de la Résistance*, Paris, Presses Universitaires de France, 1962.

Michelin et Cie, *Deux exemples d'application de la méthode Taylor chez Michelin*, Clermont-Ferrand, 1925.

Michelin, François avec Ivan Lévai et Yves Messarovitch, *Et Pourquoi pas?*, Paris, Bernard Grasset, 1998.

Miller, M. B., *The Bon Marché : Bourgeois culture and the department store, 1869-1920*, Princeton, New Jersey, Princeton University Press, 1981.

Ministère du Travail, Office du Travail, *Enquête sur la participation aux bénéfices*, Paris, 1923.

Montuclard, M., *La dynamique des comités d'entreprise : Exploration sociologique de quelques effets de l'institution des comités d'entreprise sur les relations industrielles*, Paris, Centre National de la Recherche Scientifique, 1963.

Moon, P. T., *The labor problem and the social catholic movement in France : A study in the history of social politics,* New York, 1921.

Moss, B. H., *The Origins of the French Labor Movement 1830-1914 : The socialism of skilled workers,* Berkeley, University of California Press, 1976.

Mossmann, X., *Un industriel alsacien : Vie de F. Engel-Dollfus,* Mulhouse, 1886.

Mottez, B., *Systèmes de salaire et politiques patronales : Essai sur l'évolution des pratiques et des idéologies patronales,* Paris, 1966.

Moulin, A., translated from the French by M. C. and M. F. Cleary, *Peasantry and Society in France since 1789,* Cambridge, Cambridge University Press, 1991.

Mouradian, G., "Au lendemain d'un colloque sur l'histoire des Comités d'entreprise", in *Le Mouvement Social,* n°.176, juillet-septembre, 1996.

M. Moutard, *Mémoire sur la fabrication de la fonte et du fer au Creusot,* Mémoire d'élève ingénieur de l'École des Mines, 1848.（手稿資料）

Nitti, *Le Socialisme catholique,* Paris, 1894.

Noiret, C., *Mémoires d'un ouvrier rouennais,* Rouen, 1836.

Noiriel, G., "Du «patronage» au «paternalisme» : la restructuration des formes de domination de la main-d'oeuvre ouvrière dans l'industrie métallurgique française", in *Le Mouvement Social,* n°.144, juillet-septembre 1988.

Noiriel, G., translated from the French by Helen McPhail, *Workers in French Society in the 19th and 20th Centuries,* New York, BERG, 1990.

Ott, F., "La Société industrielle de Mulhouse face aux bouleversements de l'annexion allemande", in Tuffery-Andrieu, J.-M., sous la dir. de, *La responsabilité sociale de l'entreprise en Alsace et en Lorraine du XIXe au XXIe siècle,* Collection 〈Pour une histoire du travail〉, Rennes Cedex, Presses Universitaires de Rennes, 2011.

Palewski, J.-P., *Histoire des chefs d'entreprise,* Paris, 1928.

Parize, R., "La stratégie patronale au Creusot pendant les grèves de 1899-1900", in *Cahiers de l'Institut Maurice Thorez,* n°.24, 1978.

Pasqualaggi, G., "Le cas 〈Francolor〉", in *Droit social,* janvier 1950.

Pedersen, S., *Family, dependence, and the origins of the welfare state. Britain and France, 1914-1915,* Cambridge, Cambridge University Press, 1993.

Pelloutier, F. et M. Pelloutier, *La vie ouvrière en France,* Paris, 1900, réimpression, 1975.

Pepy, D. M., "Les comités d'entreprise. L'ordonnance du 23 Février 1945", in *Droit social,* mars 1945.

Pepy, D. M., "Chronique des Comités d'Entreprises", in *Droit social,* mai 1945.

Perrot, M., "Travailler et produire : Claude-Lucien Bergery et les débuts du ménagement en France", in *Mélanges d'histoire sociale offerts à Jean Maitron,* Paris, Les Éditions ouvrières, 1976.

Perrot, M., "Le regard de l'autre : les patrons français vus par les ouvriers (1880-1914)", in Levy-Leboyer, M., études rassemblées, *Le Patronat de la seconde industrialisation,* Cahiers du "Mouvement Social", no.4, Paris, Les Éditions ouvrières, 1979.

Petit, R., "La gestion des Oeuvres sociales par les Comités d'entreprise", in *Droit social,* mai 1946 et juin 1946.

Peyrenet, M., *Nous prendrons les usines, Berliet : La gestion ouvrier (1944-1949),* Genève, 1980.

Philip, A., *La démocratie industrielle,* Paris, Presses Universitaires de France, 1955.

Pic, P., *Traité élémentaire de législation industrielle : les lois ouvrières,* quatrième édit., Paris, 1912.

Picard, R., *Le contrôle ouvrier sur la gestion des entreprises,* Paris, 1922.

Picard, R., *Le salaire et ses compléments : allocations familiales, assurances sociales,* Paris, 1928.

Picot, G., *Un Devoir social et les logements d'ouvriers,* Paris, C. Lévy, 1885.

Picot, G., *La lutte contre le socialisme révolutionnaire,* Paris, Armand Colin, 1895.

Picot, G., *Discours prononcé à Orléans le 21 Septembre 1902,* Au siège de la Ligue de la Liberté d'Enseignement, Paris, 1902.

Pinot, R., *Le Comité des Forges de France au service de la nation,* Paris, Armand Colin, 1919.

Pinot, R., *Les oeuvres sociales des industries métallurgiques,* Paris, Armand Colin, 1924.

Planus, *Aux forgerons du Creusot : discours prononcé dans l'église de Saint-Laurent du Creusot,* Autun, 1888.

Pouderoux, N., "Une expérience française de sociologie industrielle", in *Revue Française du Travail,* no.19, octobre 1947.

Pound, N. J. G., "Historical Geography of the Iron and Steel Industry of France", in *Annals of the Association of American Geographers,* vol.47, 1957.

Quincy-Lefebvre, P., "Le système social Michelin de 1945 à 1973 ou l'épuisement d'un modele", in Gueslin, A., sous la dir. de, *Les hommes du pneu : Les ouvriers Michelin à Clermond-Ferrand de 1940 à 1980,* Paris, Les Éditions de l'Atelier / Les Éditions Ouvrières, 1999.

Raffalovich, O., "Institution des comités d'entreprise et l'évolution du service social du travail", in *Revue Française du Travail,* no.3-4-5, avril-mai-juin 1948.

Règlement de la Maison Leclaire, A. Defournaux et Cie : Instructions pour les ouvriers et employés, reproduit dans *Règlement de la Maison Leclaire, A. Defournaux et Cie, Mise en vigueur à partir du 16 février 1869,* Paris, 1869.

Reid, D., *The Miners of Decazeville : A Genealogy of Deindustrialization,* Cambridge, Mass., Harvard University Press, 1985.

Reid, D., "Industrial Paternalism : Discourse and Practice in Nineteenth-Century French Mining and Metallurgy", in *Comparative Studies in Society and History,* vol.27, no.4, October 1985.

Reid, D., "The Limits of Paternalism : Immigrant Coal Miner's Communities in France 1919 - 1945", in *European History Quarterly,* vol.15, 1985.

Reid, D., "Schools and the paternalist project at Le Creusot 1850-1914", in *Journal of Social History,* fall, 1993.

Rémont, C., *Union des oeuvres ouvrières catholiques, Congrès de Lyon, Compte rendu, 24-28 août 1874,* Paris, 1875.

Roy, J.-A., *Histoire de la famille Schneider et du Creusot,* Paris, 1962.

Saposs, D. J., *The labor movement in post-war France,* first published in 1931, reissued by Russell & Russell, New York, 1972.

Schmitt, abbé P., préface de Raymond Oberlé, *Mulhouse au XIXe siècle : La montée du catholicisme,* Strasbourg, Éditions Coprur, 1992.

Schneider et Cie, *Établissements de MM. Schneider et Cie,* Paris, 1901.

Schneider et Cie, *Économie Sociale : Institutions de MM. Schneider et Cie,* Nevers, 1905.

Schneider et Cie, *Chantiers de Chalon-sur-Saône : Constructions navales,* Paris, 1912.

Schneider et Cie, *Les Établissements Schneider : Économie Sociale,* Paris, 1912.

Schneider et Cie, *The Schneider Works : Social Economy,* Paris, 1914.

Schneider, J.-E., *Note remise à la Commission de la Chambre des députés chargée de l'examen du*

Projet de loi des Douanes, Paris, 1847.

Schweitzer, S., ″«Paternalismes» ou pratiques sociales?″, in Schweitzer, S., réunis par, *Logiques d'entreprises et politiques sociales des XIXe et XXe siècles,* Oullins, Programme Rhône-Alpes, 1993.

Silly, J.-B., ″La reprise du Creusot 1836-1848″, in *Revue d'Histoire des Mines et de la Métallurgie,* t.1, 1969.

Simon, J., *L'Ouvrière,* Paris, 1864.

Soboul, A., *La France à la veille de la Révolution, II : le mouvement des idées,* Les cours de Sorbonne, Paris, 1969.

Société anonyme des Mines, Forges et Fonderies du Creusot et de Charenton, *Rapport sur les établissements du Creusot, adressé par les Membres du Conseil d'administation à MM. les membres du Conseil extraordinaire dans la séance du 24 octobre 1828,* 1828.

Spinazze, C., *École et Entreprise : Les écoles primaires Michelin à Clermont-Ferrand de 1940 à 1967,* Thèse présentée pour le doctorat de nouveau régime, 1993-1994.

Stearns, P. N., *Revolutionary Syndicalism and French Labor : A Cause without Rebels,* New Brunswick, New Jersey, Rutgers University Press, 1971.

Stearns, P. N., *Lives of Labor : Work in a Maturing Industrial Society,* New York, Holmes and Meier Publishers, 1975.

Stearns, P. N., *Paths to Authority : The middle class and the industrial labor force in France, 1820-1848,* Chicago, University of Illinois Press, 1978.

Steinhouse, A., *Workers' Participation in Post-Liberation France,* Lanham, Lexington Books, 2001.

Stone, J. F., *The Search for Social Peace : Reform legislation in France, 1890-1914,* Albany, State University of New York Press, 1985.

Sutet, M. et J.-P. Brésillon, *Du Terroir à l'Usine : Le Creusot, Montceau-les-Mines autrefois,* Collection : Vie quotidienne autrefois, Le Coteau, Les Éditions HORVATH, 1983.

Talmy, R., *Le syndicalisme chrétien en France 1871-1930,* Paris, 1965.

Thuillier, A., *Économie et Société Nivernaises au début du XIXe siècle,* Paris, 1974.

Thuillier, G., préface de Paul Leuilliot, *Georges Dufaud et les débuts du grand capitalisme dans la métallurgie en Nivernais au XIXe siècle,* Paris, SEVPEN, 1959.

Touchelay, B., ″Gouvernement d'entreprise et perspectives historiques.〈Le patronat français et le partage du pouvoir dans l'entreprise entre 1946 et 1968〉″, *Neuvièmes journées d'histoire de la comptabilité et du management,* 20 et 21 mars 2003.

Trimouille, P., préface par Annie Kriegel, *Léon Harmel et l'usine chrétienne du Val des Bois（1840-1914）: Fécondité d'une expérience sociale,* Lyon, 1974.

Trimouille, P., ″Léon Harmel et les patrons du Nord : la crise de 1893-1894″, in *Revue du Nord,* Cent ans de catholicisme social dans la région du Nord, Actes du colloque de Lille des 7 et 8 décembre 1990, n°s. 290-291, avril-septembre 1991.

Trombert, A., *La participation aux bénéfices, exposé des différentes méthodes adoptées pouvant servir de guide pratique pour l'application du régime,* troisieme édit., Paris, 1924.

Uhry, J., *Les grèves en France et leur solutions,* Paris, 1903.

Véron, E., *Les institutions ouvrières de Mulhouse et des environs,* Paris, Hachette, 1866.

Vial, J., *L'industrialisation de la sidérurgie française 1814-1864,* Paris, 1967.

Vichniac, J. E., *The Management of Labor : The British and French Iron and Steel Industries, 1860-*

1918, Industrial development and social fabric, vol.10, London, JAI Press Inc., 1990.

Villey, E., *L'Organisation professionnelle des employeurs dans l'industrie française*, Paris, 1923.

Vinen, R., *The politics of French business 1936-1945*, Cambridge, Cambridge University Press, 1991.

Vitoux, M.-C., *Paupérisme et assistance à Mulhouse au XIXe siècle*, Strasbourg, Association des Publications près les Universités de Strasbourg, 1986.

Weill, G., *Histoire du mouvement social en France 1852-1902*, Paris, 1904.

Wieviorka, O., *Une certaine idée de la Résistance : Défense de la France 1940-1949*, Paris, Éditions du Seuil, 1995.

Willard, C., "Les attaques contre Notre-Dame de l'Usine", in *Christianisme et monde ouvrier*, études coordonnées par F. Bédarida et J. Maitron, Cahier du "Mouvement Social", n°.1, Paris, Les Éditions Ouvrières, 1975.

Woronoff, D., *Histoire de l'industrie en France : Du XVIe siècle à nos jours*, Paris, 1994.

xxx, "Enquête sur les formes nouvelles d'organisation sociale des entreprises. II.-L'expérience Berliet", in *Droit social*, novembre 1946.

Young, A., with an introduction, biographical sketch, and notes by M. Betham-Edwards, *Travels in France*, London, 1889.

"Demands d'Avis sur le projet d'ordonnance portant institution de comités d'entreprises", in *Documents de l'Assemblée Consultative Provisoire*, 1944, N° 176, séance du 21 novembre 1944.

"La Conférence de travail sur les Comités d'entreprise de la Chambre Syndicale des Employés de la Région parisienne", in *Revue Française du Travail*, no.10, janvier 1947.

"La constitution du Conseil National du Patronat Français", in *Revue Française du Travail*, avril 1946.

"L'activité des comités d'entreprises : Rapport de synthèse établi par M. Blanc", in *Revue Française du Travail*, no.7, juillet 1948 et no.12, décembre 1948.

"L'activité des comités d'entreprises depuis 1950", in *Revue Française du Travail*, octobre-décembre 1951.

"Le 26e Congrès national de la Confédération Générale du Travail", in *Revue Française du Travail*, juillet 1946.

"Les Assises de la baisse des prix et la Conférence Nationale des Comités d'entreprise de la métallurgie", in *Revue Française du Travail*, no.14, mai 1947.

"L'expérience des Comités d'entreprises : Bilan d'une enquête", in *Droit social*, jan.-fév.-mars 1952.

"L'extension des comités d'entreprises après la loi du 16 mai 1946", in *Revue Française du Travail*, juin 1946.

"Programme d'action du Ministere du Travail : Discours prononcé par M. Ambroise Croizat, Ministre du Travail et de la Sécurité Sociale, le 3 Février 1946, au Congrès de la Métallurgie de la Région de Lyon", in *Revue Française du Travail*, avril 1946.

"Quelques exemples de fonctionnement de comités d'entreprises en France", in *Revue Française du Travail*, no.1-2, janvier-février 1949.

"Quelques exemples de fonctionnement de comités d'entreprises", in *Revue Française du Travail*, no.3-4, mars-avril et no.5-6, mai-juin 1949.

"Quelques exemples de fonctionnement des comités d'entreprises (suite)", in *Revue Française du Travail*, no.1-2-3, jan.-fév.-mars 1950.

"Rapport fait au nom de la commission du travail et des affaires sociales", in *Documents de l'Assemblée Consultative Provisoire,* 1944, Annexe N° 201, séance du 5 décembre 1944.
"Un an de fonctionnement des comités d'entreprise", in *Revue Française du Travail,* mai 1946.

Annuaire Statistique de la France, résumé rétrospectif, 1937.
Journal Officiel de la République française, Ordonnances et Décrets, 27 mai 1944, 30 août 1944, 26 janvier 1945, 23 février 1945, 6 novembre 1945.
Journal Officiel de la République française, Lois et Décrets, 17 mai 1946, 12 octobre 1946, 30 novembre 1946, 7 et 8 juillet 1947, 4 août 1949, 29 mars 1950, 25 juin 1966.
L'Année politique 1944-45, préface d'André Siegfried, Paris, Éditions Le Grand Siecle, 1946.

日本語文献
伊東光晴・石川博友・植草益編『世界の企業3　フランス・イタリアの政府と企業』シリーズ比較企業体制，筑摩書房，1975年．
海原峻『フランス現代史』平凡社，昭和49年．
エーデルマン，J.監修，坂本康實訳『ヘフナー社会・経営倫理』同文館，昭和42年．
エールマン，H. W., 秋山芳意訳『フランス労働運動史』明玄書房，昭和29年．
エレンスタイン，J.ほか，杉江栄一・安藤隆之訳『フランス現代史　上』青木書店，1974年．
エンゲルス，F., 大内兵衛訳『住宅問題』岩波文庫　第5刷，1993年．
遠藤輝明「フランス産業革命の展開過程」（高橋幸八郎編『産業革命の研究』岩波書店，昭和40年）．
遠藤輝明「フランスにおける企業経営の歴史的特質」（責任編集　伊東光晴・石川博友・植草益『世界の企業3　フランス・イタリアの政府と企業』シリーズ比較企業体制，筑摩書房，1975年）．
遠藤輝明「資本主義の発達と『工場／都市』－ル・クルーゾにおける『工場の規律』と労使関係－」（遠藤輝明編『地域と国家－フランス・レジョナリスムの研究－』日本経済評論社，1992年）．
大谷眞忠「フランスにおける労働者の経営参加－F. ペルーの所説を中心として（1）－」『経済論集』（大分大学）第25巻　第2号，1973年．
大谷眞忠「フランスにおける労働者の経営成果への参加－ルクレールからリベラシオンまで－」『経済論集』（大分大学）第27巻　第3号，1975年．
大谷眞忠「フランスにおける労働者の経営参加－企業委員会の成立を中心に－」『経済論集』（大分大学）第38巻　第1号，1986年．
大森弘喜「19世紀末農業恐慌とフランス農業の構造変化」『エコノミア』（横浜国立大学）第55号，1975年．
大森弘喜『フランス鉄鋼業史－大不況からベル＝エポックまで－』ミネルヴァ書房，1996年．
大森弘喜「第一次大戦前フランスにおける社会事業の組織化」（権上康男・廣田明・大森弘喜編『20世紀資本主義の生成　自由と組織化』東京大学出版会，1996年）．
桂圭男「産業革命期における新興工業都市の経済発展と労働運動－フランスのクルーゾ市を事例として－」（谷和雄編『西洋都市の発達』山川出版社，1965年）．
河野健二編『資料フランス初期社会主義　二月革命とその思想』平凡社，1979年．
北村次一『ドイツ企業家史研究』法律文化社，1976年．

北村次一『経営理念と労働意識　ドイツ・キリスト教社会改革史』経済社会学叢書5，新評論，1980年．
木下賢一『第二帝政とパリ民衆の世界「進歩」と「伝統」のはざまで』山川出版社，2000年．
木元進一郎『労働組合の「経営参加」』新訂増補　森山書店，1986年．
ケテラー，W. E. von，桜井健吾訳・解説『労働者問題とキリスト教』晃洋書房，2004年．
古賀和文「フランス工業化過程におけるパテルナリズムの役割－アルザスの企業家と労使関係－」『経営史学』第13巻　第2号，1979年．
古賀和文『近代フランス産業の史的分析』学文社，昭和58年．
権上康男「新自由主義の歴史的起源と戦後フランス資本主義（1938-73年）」『歴史と経済』第181号，2003年．
齊藤佳史「産業革命期フランス・アルザス地方におけるパテルナリズム」『土地制度史学』第164号，1999年．
齊藤佳史「19世紀フランスの企業内福利制度に関する考察」『専修大学社会科学研究所月報』no.468，2002年．
齊藤佳史「19世紀フランスにおけるパトロナージュと社会運営－ル・プレとシェイソンを中心として－」『専修経済学論集』第37巻　第2号，2002年．
齊藤佳史「第三共和政期フランスにおけるパテルナリズム」『歴史と経済』第212号，2011年7月．
佐伯哲朗「フランス労働総同盟の経済革新プランと反ファシズム闘争」『労働運動史研究』（労働運動史研究会）63号，1980年．
作道潤「十九世紀フランスにおける企業者活動の諸特徴－産業企業家の経営理念をめぐって－」『経営史学』第25巻　第4号，1991年．
作道潤『フランス化学工業史研究－国家と企業－』有斐閣，1995年．
佐藤清「労働者代表制度と参加－フランス労使関係と企業委員会－」『中央大学経済研究所年報』第26号Ⅱ，1995年．
柴田三千雄他編『世界歴史大系　フランス史3』山川出版社，1995年．
清水克洋「産業革命期における労働者の貧困問題－ヴィレルメ調査報告の検討を中心に－」『経済論叢』第127巻　第2・3号．
シャンボン，A.，福元啓二郎訳『仏レジスタンスの真実　神話・伝説・タブーの終わり』河出書房新社，1997年．
シュヴァリエ，L.，喜安朗他訳『労働階級と危険な階級』みすず書房，1993年．
シュトゥルムタール，A.，隅谷三喜男他訳『工場委員会－職場組織の国際比較－』日本評論社，昭和42年．
平実「フランスにおける労働者の企業利益参加について」『大阪経大論集』第66号，昭和43年．
高田馨『成果分配論』経営学全書13，丸善，昭和46年．
谷川稔『フランス社会運動史　アソシアシオンとサンディカリスム』山川出版社，1983年．
田端博邦「フランスにおける労働者参加制度（1）－企業委員会制度の成立と展開－」『社会科学研究』（東京大学）第26巻　第6号，1975年．
田端博邦「フランスにおける労働者参加制度（2）－企業委員会制度の成立と展開－」『社会科学研究』（東京大学）第27巻　第1号，1975年．
田端博邦「フランスにおける労働者参加制度の展開」『社会科学研究』（東京大学）第29巻　第6号，1978年．

田端博邦『グローバリゼーションと労働世界の変容－労使関係の国際比較』旬報社, 2007 年.
淡徳三郎『レジスタンス　第二次大戦におけるフランス市民の対独抵抗史』新人物往来社, 昭和 45 年.
中央出版社編『教会の社会教書』中央出版社, 1991 年.
冨永理恵「フランスにおける社会カトリシズムと経済社会の組織化（1904-39 年）－『フランス社会週間』の活動を中心にして－」『歴史と経済』第 194 号, 2007 年.
ドフラーヌ, J., 野沢協訳『フランスの左翼　1789 年から今日まで』文庫クセジュ, 白水社, 1972 年.
中木康夫『フランス政治史　上』未来社, 1975 年.
中木康夫『フランス政治史　中』未来社, 1975 年.
中野隆生「フランス繊維業における福祉事業と労働者の統合－1920 年代のリールを中心に－」『社会経済史学』第 48 巻　第 6 号, 1983 年.
中野隆生「フランス第二帝政期における労働者住宅の建設と販売－ミュルーズ第一次労働者都市をめぐって－」『人文学報』（東京都立大）第 216 号, 1990 年.
中野隆生「フランス第二帝政期における労働者住宅と民衆生活－ミュルーズ労働者都市の拡張と変容－」『人文学報』（東京都立大）第 229 号, 1992 年.
中野隆生『プラーグ街の住民たち－フランス近代の住宅・民衆・国家－』山川出版社, 1999 年.
中野隆生「日本におけるフランス労働史研究」『大原社会問題研究所雑誌』No.516, 2001 年 11 月.
中山洋平『戦後フランス政治の実験　第四共和制と「組織政党」1944-1952 年』東京大学出版会, 2002 年.
西川知一『近代政治史とカトリシズム』有斐閣, 昭和 52 年.
服部春彦『フランス産業革命論』未来社, 1968 年.
原輝史編『フランス経営史』有斐閣双書, 昭和 55 年.
原輝史『フランス資本主義－成立と展開－』日本経済評論社, 1986 年.
原輝史編著『科学的管理法の導入と展開－その歴史的国際比較－』昭和堂, 1990 年.
原輝史「戦間期フランス企業における科学的管理法の導入と展開－ポン゠タ゠ムソン社の事例を中心に－」『経営史学』第 28 巻　第 1 号, 1993 年.
原輝史『フランス戦間期経済史研究』日本経済評論社, 1999 年.
平田好成『フランス人民戦線論史序説』法律文化社, 1977 年.
廣田明「フランス・レジョナリスムの成立－ル・プレェ学派における家族, 労働, 地域－」（遠藤輝明編『地域と国家－フランス・レジョナリスムの研究－』日本経済評論社, 1992 年）.
廣田功「フランス労働運動における『国有化』政策の生成－第一次大戦後危機と CGT 多数派－」『労働運動史研究』（労働運動史研究会）63 号, 1980 年.
廣田功「戦間期フランス労働運動とディリジスム」（遠藤輝明編『国家と経済　フランス・ディリジスムの研究』東京大学出版会, 1982 年）.
廣田功『現代フランスの史的形成　両大戦間期の経済と社会』東京大学出版会, 1994 年.
廣田功「『大戦』とフランス経済社会の再編」『歴史と経済』第 191 号, 2006 年 4 月.
深澤敦「フランスにおける第一次大戦時『行動委員会（PS・CGT・FNCC）』上・下－救済・連帯活動の分析を中心として－」『立命館産業社会論集』第 32 巻　第 2・3 号, 1996 年.
深澤敦「非市場的調整の発展－20 世紀フランスにおける労働と福祉－」『土地制度史学』別冊

（創立50周年記念大会報告集），1999年9月．
深澤敦「フランス六大鉄道会社における退職年金制度の形成」『経済経営研究所年報』（関東学院大学）第22集，2000年．
深澤敦「フランスにおける家族手当制度の形成と展開－第一次世界大戦後のパリ地域補償金庫を中心として－（上）」『立命館産業社会論集』第43巻　第4号，2008年3月．
藤村大時郎「産業革命期フランス製鉄業における工場労働者の形成－フランス中部の一工場を中心にして－」『経済論究』（九州大学）第35号，1975年．
藤村大時郎「第二帝政期フランス製鉄業において展開された経営労務諸施策に関する一考察－技能養成と労働力統轄を中心として－」『経済学研究』（九州大学）第41巻　第5号，1976年．
藤村大時郎「第二帝政期フランスにおける経営パターナリズムをめぐって－同時代の労働問題研究家の関心状況を中心として－」『社会経済史学』第44巻　第6号，1979年．
藤村大時郎「フランスのル・クルゾーにおける経営パターナリズムの展開：1836-1914－その経営的機能と経済的役割を中心として－」『鹿児島県立短期大学紀要』第31号，1980年．
ブロック=レネ，F.，堀川マリ子・堀川士良訳『新しい経営参加－企業の革新のために－』中央大学出版部，UL双書，1972年（再版）．
プロ，D.，見富尚人訳『崇高なる者－19世紀パリ民衆生活誌－』岩波文庫，1990年．
ベンディクス，R.，大東英祐・鈴木良隆訳『産業における労働と権限－工業化過程における経営管理のイデオロギー－』東洋経済新報社，昭和55年．
槙原茂「世紀転換期フランスにおけるカトリック結社運動」『西洋史学報』（広島大学西洋史研究会）20号，1993年．
増田正勝『キリスト教経営思想－近代経営体制とドイツ・カトリシズム－』森山書店，2000年．
マルクス，K.，高木幸二郎監訳『経済学批判要項（草案）』第2分冊　大月書店，1959年．
ミシュレ，J.，大野一道訳『民衆』みすず書房，第2刷，1985年．
宮本悟「1932年フランス『家族手当制度』の形成過程－企業内福利厚生施策から家族手当制度へ－」『大学院研究年報』（中央大学）第24号，1995年2月．
宮本悟「フランスにおける家族手当制度の形成過程－1932年『家族手当法』の成立とその後－」『経済研究所年報』（中央大学）第26号Ⅰ，1995年．
宮本悟「フランス労働組合の社会保障運動－労働価値説の視点から－」『静岡県立大学短期大学部特別研究報告書』（平成17年度）．
ミュラシオル，J.-F.，福本直之訳『フランス・レジスタンス史』文庫クセジュ，白水社，2008年．
本久洋一「フランスにおける初期『労働契約』論争の研究－パテルナリストとコントラクチュアリスト－」『早稲田法学』第72巻　2号，1997年．
湯浅赳男「30年代フランスにおける危機への対応－『改革プラン』と『人民戦線』－」『社会経済史学』第41巻　第6号，1976年．
吉田克己『フランス住宅法の形成－住宅をめぐる国家・契約・所有権－』東京大学出版会，1997年．
ルフラン，G.，小野崎晶裕訳『労働と労働者の歴史』芸立出版，昭和56年．
ルフラン，G.，谷川稔訳『フランス労働組合運動史』文庫クセジュ，白水社，第3刷，1982年．
労働省労政局労働法規課編著『フランスの労使関係法制』日本労働研究機構，平成4年．

労働省労働統計調査部編著『外国労働法全書』労務行政研究所, 昭和 31 年.
ロム, J., 木崎喜代治訳『権力の座についた大ブルジョワジー－19 世紀フランス社会史試論－』岩波書店, 昭和 46 年.

あとがき

　企業福祉政策を企業経営の展開のなかに位置づけて吟味し，できるだけ体系的な記述を試みてきた．だが，歩みはたどたどしく，まさに迂回と転換そして挫折の繰り返しであった．成果はあまりにもささやかで拙く，恥じざるを得ない．各「型」（タイプ）に典型的な個別事例は狭い私見におけるものであり，依然として対象的に限定的である．記述対象は製造業企業に集中し，他産業部門の大企業に対する関説に欠けている．限られた，わずかな一端に触れ得たにすぎない．七月王政期～戦間期フランス企業福祉政策の「本質」と現象形態すべてを吟味し得たものとは言いがたい．史的分析としては些か偏倚的であるとの批判は免れず，成果は限定的である．さらに，社会カトリシスム左派社会経済改革案と企業委員会制度の機能実態について，個別事例の精緻な準備に欠如した．そのため，キリスト教企業アソシアシオンの歴史的継続性－現代的意義とその限界－に関して，微視的検証に疎かとなった．主題論点を十分にふさわしい対象・方途で精細周密に実証・考察しえたかどうか，疑問が残る．

　それでも何とか本書を纏めることができたのは，ともすれば投げやりになりがちな筆者を励まし，あたたかく見守ってくださった先生方のおかげです．まず何よりも，大学院時代そして公務員・高校教員になってから後もお世話になった，今は亡き恩師北村次一先生の学恩に対して衷心より謝意を表します．まがりなりにも今日まで研究を続けてこられたのは，先生の教えと温かい励ましがあったからに他なりません．学部ゼミナールの恩師天川潤次郎先生には西洋経済史への興味関心を育んでいただきました．また文献の精確な読み方を徹底して教えていただきました．J. R. ヒックスの *A Theory of Economic History*, London, Oxford University Press, 1969 を第 5 別館の小教室で毎週輪読したことが，つい昨日のことのように思い出されます．［初校校正中に，天川先生の突然の訃報に接しました．悲しみのなかを，しばらくは呆然としているばかりでした．七夕会のときの元気なお姿が胸にうかんでまいります］．

　藤井和夫先生には今に至るまで実にあたたかいご指導とご厚意を賜り，お世話になりました．ゼミナールでお教えいただいたことは，私の数少ない財産の一つとなっております．この機会に是非心からの謝意を表したいと思います．故作道潤先生には生前，文献の入手を含め，温かい励ましのお言葉を頂きまし

た．市川文彦先生からは心こまやかな配慮を賜りました．和田将幸先生（神戸学院大学非常勤講師）からは，お会いするたびに研究上の貴重なアドヴァイスをいただきました．感謝申し上げます．

　旧兵庫県社会科研究会の先輩・同僚の先生方には『会誌』・『研究紀要』の編集をとおして，多くのことを教えて頂きました．筆者が勤務してきた学校の諸先生にはパソコンの操作と外国語の発音について大変お世話になりました．感謝申し上げます．

　関西学院大学出版会の田中直哉氏と松下道子氏には出版について格別のお世話になりました．心からのお礼を述べます．

　いま再び，北村ゼミナール・モットー『研学愚直』を仰ぎみます．

　最後に私事で恐縮ですが，故郷の亡き父母に思いをいたします．そして，妻と家族に感謝します．妻久美子の理解と支えがなければ，本書が日の目を見ることはなかったと思います．

　　2012 年 5 月
　　2014 年 9 月　追記

　　　　　　　　　　　　　　　　　　　　　　　岡　田　益　三

著者略歴

岡田益三

1948 年 10 月　徳島県に生まれる
1972 年　3 月　関西学院大学経済学部卒業
1975 年　3 月　関西学院大学大学院経済学研究科修士課程修了
神戸市役所・兵庫県立高校に勤務する．2013 年 3 月退職．

フランスにおける企業福祉政策の生成と展開
企業パトロナージュ・企業パテルナリスム・キリスト教企業アソシアシオン

2015年6月30日 初版第一刷発行

著　者	岡田 益三
発行者	田中きく代
発行所	関西学院大学出版会
所在地	〒662-0891
	兵庫県西宮市上ケ原一番町1-155
電　話	0798-53-7002
印　刷	協和印刷株式会社

©2015 Masuzo Okada
Printed in Japan by Kwansei Gakuin University Press
ISBN 978-4-86283-200-9
乱丁・落丁本はお取り替えいたします。
本書の全部または一部を無断で複写・複製することを禁じます。
http://www.kwansei.ac.jp/press